Dr. Michael Dzieia, Heinrich Hübscher, Hans-Joachim Petersen, Harald Wickert

Elektronik Tabellen

Geräte- und
Systemtechnik

6. Auflage

Bestellnummer 235057

westermann

Diesem Buch wurden die bei Manuskriptabschluss vorliegenden neuesten Ausgaben der DIN-Normen, VDI-Richtlinien und sonstigen Bestimmungen zu Grunde gelegt. Verbindlich sind jedoch nur die neuesten Ausgaben der DIN-Normen und VDI-Richtlinien und sonstigen Bestimmungen selbst.

Die DIN-Normen wurden wiedergegeben mit Erlaubnis des DIN Deutsches Institut für Normung e.V. Maßgebend für das Anwenden der Norm ist deren Fassung mit dem neuesten Ausgabedatum, die bei der Beuth-Verlag GmbH, Burggrafenstraße 6, 10787 Berlin, erhältlich ist.

Die in diesem Werk aufgeführten Internetadressen sind auf dem Stand zum Zeitpunkt der Drucklegung. Die ständige Aktualität der Adressen kann vonseiten des Verlages nicht gewährleistet werden. Darüber hinaus übernimmt der Verlag keine Verantwortung für die Inhalte dieser Seiten.

Druck: westermann druck GmbH, Braunschweig

service@westermann-berufsbildung.de
www.westermann-berufsbildung.de

Bildungshaus Schulbuchverlage Westermann Schroedel Diesterweg Schöningh Winklers GmbH, Postfach 33 20, 38023 Braunschweig

ISBN 978-3-14-**235057**-8

westermann GRUPPE

GHS-Gefahrenklassen und ihre Piktogramme

Physikalische Gefahren (16 Gefahrenklassen)

▪ Explosive Stoffe bzw. Gemische – instabil, explosiv – explosiv, Kat. 1.1–1.3 ▪ Selbstzersetzliche Stoffe und Gemische ▪ Organische Peroxide ▪ Explosive Stoffe, Kat. 1.4	 H200 H201 H202, H203 H240, H241 H240, H241 H204	Gefahr bzw. Achtung 
▪ Entzündbare Gase, Kat. 1 ▪ Entzündbare Aerosole, Kat. 1 ▪ Entzündbare Flüssigkeiten, Kat. 1 ▪ Entzündbare Flüssigkeiten, Kat. 2 ▪ Entzündbare Feststoffe, Kat. 1 ▪ Entzündbare Feststoffe, Kat. 2	H220 H222 H224 H225 H228 H228	Gefahr bzw. Achtung 
▪ Entzündbare Aerosole, Kat. 2 ▪ Entzündbare Flüssigkeiten, Kat. 3	H223 H226	Achtung 
▪ Pyrophore Flüssigkeiten und Feststoffe, Kat. 1 ▪ Stoffe und Gemische, die in Berührung mit Wasser entzündbaren Gase etwickeln, Kat. 1, 2, 3 ▪ Selbstzersetzliche Stoffe und Gemische ▪ Selbsterhitzungsfähige Stoffe und Gemische, Kat. 1, 2 ▪ Organische Peroxide	H250 H260, H261 H241, H242 H251, H252 H241, H242	Achtung bzw. Gefahr 
▪ Oxidierende Gase, Kat. 1 ▪ Oxidierende Flüssigkeiten, Kat. 1, 2, 3 ▪ Oxidierende Feststoffe, Kat. 1, 2, 3	H270 H271, H272 H271, H272	Achtung bzw. Gefahr 
▪ Gase und Druck – verdichtete Gase – verflüssigte Gase – Tiefgekühlt verflüssigte Gase – gelöste Gase	 H280 H280 H281 H280	Achtung 
▪ Stoffe und Gemische, die gegenüber Metallen korrosiv sind, Kat. 1	H290	Achtung 

Gesundheitsgefahren (10 Gefahrenklassen)

▪ Akute Toxität, Kat. 1, 2 – Oral – Dermal – Inhalativ ▪ Akute Toxität, Kat. 3 – Oral – Dermal – Inhalativ	 H300 H310 H330 H301 H311 H331	Gefahr 
▪ Keimzellmutagenität, Kat. 1A, 1B ▪ Karzinogene Wirkung, Kat. 1A, 1B ▪ Reproduktionstoxische Wirkung, Kat. 1 A, 1B ▪ Spezifische Zielorgan-Toxität bei einmaliger Exposition, Kat. 1 ▪ Spezifische Zielorgan-Toxität bei wiederholter Exposition, Kat. 1 ▪ Sensibilisierung der Atemwege, Kat. 1 ▪ Aspirationsgefahr, Kat. 1	H340 H350 H360 H370 H372 H334 H304	Gefahr 
▪ Keimzellmutagenität, Kat. 2 ▪ Karzinogene Wirkung, Kat. 2 ▪ Reproduktionstoxische Wirkung, Kat. 2 ▪ Spezifische Zielorgan-Toxität bei einmaliger Exposition, Kat. 2 ▪ Spezifische Zielorgan-Toxität bei wiederholter Exposition, Kat. 2	H341 H351 H361 H371 H373	Achtung 
▪ Akute Toxität, Kat. 4 - Oral - Dermal - Inhalativ	 H302 H312 H332	Achtung 
▪ Hautätzende Wirkung, Kat. 1A, 1B, 1C ▪ Schwere Augenschädigung, Kat. 1	H314 H318	Gefahr 
▪ Hautreizend, Kat 2. ▪ Augenreizend, Kat. 2 ▪ Sensibilisierung der Haut, Kat. 1 ▪ Spezifische Zielorgan-Toxität bei einmaliger Exposition, Kat. 3 - Atemwegsreizend - Narkotischer Effekt	H315 H319 H317 H335 H336	Achtung 

Umweltgefahren

▪ Akut gewässergefährdend, Kat. 1 ▪ Chronisch gewässergefährdend, Kat. 1	H400 H410	Achtung 

Vorwort
Preface

Elektroniker/Elektronikerinnen für Geräte und Systeme sind ausgebildete Fachleute, die überwiegend im industriellen Bereichen, wie z. B.

- der Automatisierungstechnik,
- dem Maschinenbau,
- der Mess-, Regel- und Steuerungstechnik,
- der Informations- und Kommunikationstechnik,
- der Kraftfahrzeugtechnik,
- der Medizintechnik und
- der Informations-/Kommunikationstechnik

eingesetzt werden.

Die auszuführenden beruflichen Tätigkeiten umfassen dabei u. a. die Bereiche

- Entwicklung,
- Prüfung/Test,
- Fertigung,
- Inbetriebnahme,
- Instandhaltung/Reparatur,
- Qualitätsmanagement und
- Kundenberatung und -betreuung.

Um diese Vielfalt der beruflichen Anforderungen erfüllen zu können, sind Kernkompetenzen im Bereich Elektrotechnik, Elektronik, Geräteelektronik, Mikroelektronik, Hard- und Software, Schaltungstechnik, Messen/Steuern/Regeln, Mess- und Prüftechnik und der Elektromechanik während der Ausbildung zu erwerben.

Neben diesen technischen Kernkompetenzen sind Kenntnisse über industrielle Prozessabläufe, Qualitätsmanagement, Vertragsgestaltung, Kundenberatung und -betreuung sowie Produktpräsentation erforderliche und begleitende Bestandteile der umfassenden Ausbildung.

Für Hinweise und Verbesserungsvorschläge sind Autoren und Verlag jederzeit aufgeschlossen und dankbar.

Autoren und Verlag

Braunschweig 2017

Dieses Ausbildungsspektrum verlangt zwangsläufig auch nach einer entsprechenden Ausbildungsunterstützung in Form geeigneter Fachliteratur, die mit dem vorliegenden Tabellenbuch Elektronik Tabellen Geräte- und Systemtechnik in allen Richtungen gewährleistet ist.

Durch die Aufteilung des Tabellenbuches in neun Kapitel sind die tätigkeitsbezogenen Themenbereiche verständlich und umfassend abgebildet.

In jedem der Kapitel finden sich die relevanten Informationen in klar strukturierter und für den Lernenden in leicht erfassbarer Form dargestellt. Auf die Aktualität der Informationen wurde dabei größter Wert gelegt.

Das überaus umfangreiche Sachwortregister in deutscher und englischer Sprache liefert neben einem schnellen Zugriff auf die gewünschten Informationen auch den leichten Einstieg in die entsprechende englischsprachige Terminologie.

Auch nach der Ausbildung ist das Tabellenbuch Elektronik Tabellen Geräte- und Systemtechnik ein alltäglicher Begleiter in der beruflichen Praxis, um ggf. neu vorliegende oder aufzufrischende Tätigkeitsanforderungen mit einem entsprechenden Studium in diesem Buch abzudecken. Die Inhalte der 6. Auflage wurden durchgängig aktualisiert und erweitert. Sie basieren auf dem gegenwärtigern Stand der Technik.

Grundlagen

1

Allgemeine mathematische Zeichen und Begriffe
General Mathematical Signs and Terms

Zeichen	Verwendung	Sprechweise (Erläuterungen)
Pragmatische Zeichen (nicht mathematisch im engeren Sinne. Die Bedeutung ist von Fall zu Fall zu präzisieren.		
≈	$x \approx y$	*x* ist ungefähr gleich *y*
≪	$x \ll y$	*x* ist klein gegen *y*
≫	$x \gg y$	*x* ist groß gegen *y*
≙	$x \triangleq y$	*x* entspricht *y*
...		und so weiter bis, und so weiter (unbegrenzt), Punkt, Punkt, Punkt
Allgemeine arithmetische Relationen und Verknüpfungen		
=	$x = y$	*x* gleich *y*
≠	$x \neq y$	*x* ungleich *y*
<	$x < y$	*x* kleiner als *y*
≤	$x \leq y$	*x* kleiner oder gleich *y*, *x* höchstens gleich *y*
>	$x > y$	*x* größer als *y*
≥	$x \geq y$	*x* größer oder gleich *y*, *x* mindestens gleich *y*
+	$x + y$	*x* plus *y*, Summe von x und *y*
-	$x - y$	*x* minus *y*, Differenz von *x* und *y*
·	$x \cdot y$ oder xy	*x* mal *y*, Produkt von *x* und *y*
— oder /	$\frac{x}{y}$ oder x/y	*x* durch *y*, Quotient von *x* und *y*
Σ	$\sum_{i=1}^{n} x_i$	Summe über x_i von *i* gleich 1 bis *n*
~	$f \sim g$	*f* ist proportional zu *g*

Zeichen	Verwendung	Sprechweise (Erläuterungen)
Elementare Geometrie		
π		pi (3,1415926 ...)
e		e (2,718281 ...)
	x^n	*x* hoch n, n-te Potenz von *x*
$\sqrt{\ }$	$\sqrt{x}$	Wurzel (Quadratwurzel) aus *x*
$\sqrt[n]{\ }$	$\sqrt[n]{x}$	n-te Wurzel aus *x*
$\lvert\ \rvert$	$\lvert x \rvert$	Betrag von *x*
∞		unendlich
Elementare Geometrie		
⊥	$g \perp h$	*g* und *h* stehen senkrecht zueinander (*g* orthogonal zu *h*)
‖	$g \parallel h$	*g* ist parallel zu *h*
↑↑	$g \uparrow\uparrow h$	*g* und *h* sind gleichsinnig parallel
↑↓	$g \uparrow\downarrow h$	*g* und *h* sind gegensinnig parallel
∡	∡ (*g*, *h*)	(nicht orientierter) Winkel zwischen *g* und *h*
∢	∢ (*g*, *h*)	orientierter Winkel von *g* nach *h* (Zählrichtung festgelegt)
—	$\overline{PQ}$	Strecke von *P* nach *Q*
d	*d* (*P*, *Q*)	Abstand (Distanz) von *P* nach *Q*
Δ	Δ (*ABC*)	Dreieck *ABC*
≅	$M \cong N$	*M* ist kongruent zu *N*

Winkelfunktionen
Trigonometric Functions

Winkelfunktionen (rechtwinklige Dreiecke)

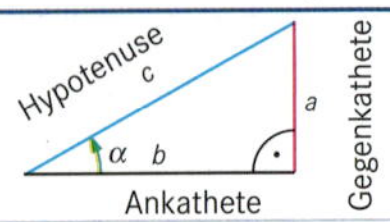	$\sin \alpha = \frac{a}{c}$	Sinus α = $\frac{\text{Gegenkathete}}{\text{Hypotenuse}}$	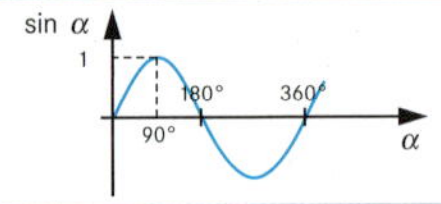
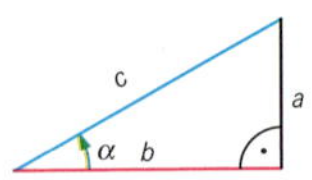	$\cos \alpha = \frac{b}{c}$	Cosinus α = $\frac{\text{Ankathete}}{\text{Hypotenuse}}$	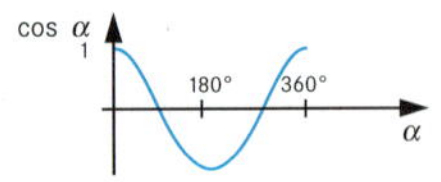
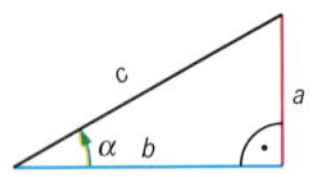	$\tan \alpha = \frac{a}{b}$	Tangens α = $\frac{\text{Gegenkathete}}{\text{Ankathete}}$	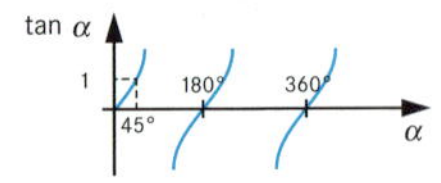
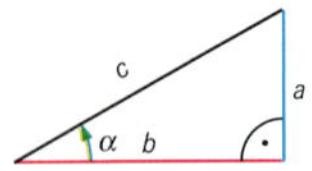	$\cot \alpha = \frac{b}{a}$	Cotangens α = $\frac{\text{Ankathete}}{\text{Gegenkathete}}$	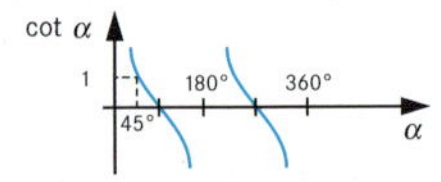

Vorzeichen der Winkelfunktionen in den vier Quadranten

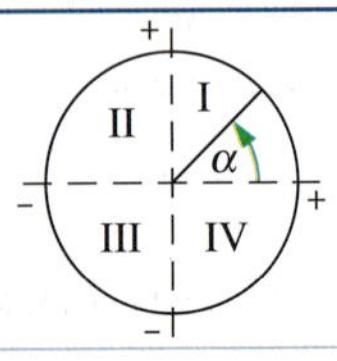

Quadrant	Winkel	sin	cos	tan	cot
I	0° ... 90°	+	+	+	+
II	90° ... 180°	+	–	–	–
III	180° ... 270°	–	–	+	+
IV	270° ... 360°	–	+	–	–

Addition und Subtraktion
Addition and Subtraction

Addition

Summand + Summand + ... = Summe

$$\underbrace{a + b + \ldots}_{\text{Term}} = x \quad (a, b, x \in \mathbb{R})$$

Ein **Term** ist ein mathematischer Ausdruck, der aus Zahlen, Variablen und Rechenzeichen besteht.

Regeln

- Kommutativgesetz $a + b = b + a$
- Assoziativgesetz $(a + b) + c = a + (b + c)$

Rechenoperation in Klammer zuerst ausführen!

- Klammern auflösen

$a + (+b) = a + b$
$a + (-b) = a - b$

$a - (+b) = a - b$
$a - (-b) = a + b$

$a + (b + c) = a + b + c$
$a + (b - c) = a + b - c$

$a - (b + c) = a - b - c$
$a - (b - c) = a - b + c$

- Mehrere Klammern

$a - [(b - c) - (a + c)] = a - [b - c - a - c] = 2a - b + 2c$

Zuerst innere Klammer auflösen!

- Irrationale Zahlen

z. B.: $\sqrt{2} + 3 \approx 1{,}414 + 3 \approx 4{,}414$

(Rundungsregeln anwenden)

Subtraktion

Minuend − Subtrahend = Differenz

$a - b = c \quad (a, b, c \in \mathbb{R})$

Wenn der Subtrahend größer als der Minuend ist, wird die Differenz negativ.

Brüche

- Gleichnamige Brüche (Zähler addieren bzw. subtrahieren, Nenner unverändert belassen) $\frac{a}{b} \pm \frac{c}{b} = \frac{a \pm c}{b}$
- Ungleichnamige Brüche (Hauptnenner bilden, kleinste gemeinsame Vielfache) $\frac{a}{b} \pm \frac{c}{d} = \frac{a \cdot d \pm b \cdot c}{b \cdot d}$
- Term als Zähler (Klammer um Zähler)

$\frac{a + b}{c} + \frac{c - d}{c} = \frac{(a + b) + (c - d)}{c}$

Beträge

Soll von einer Zahl nur der Wert ohne Berücksichtigung des Vorzeichens geschrieben werden, setzt man die Zahl zwischen zwei senkrechte Striche (Betrag).

$|-13| = 13 \qquad |1{,}5| = 1{,}5$

Multiplikation und Division
Multiplication and Division

Multiplikation

Faktor · Faktor = Produkt

$a \cdot b = c \quad (a, b, c \in \mathbb{R})$

Kommutativgesetz $a \cdot b = b \cdot a$
Assoziativgesetz $a \cdot (b \cdot c) = (a \cdot b) \cdot c$

Division

$\frac{\textbf{Dividend}}{\textbf{Divisor}}$ **= Quotient** $\quad \frac{a}{b} = c$

$(a, b, c \in \mathbb{R}, b \neq 0)$

Regeln

- Division durch Null ist nicht erlaubt!
- Division durch 1 $\frac{a}{1} = a$
- Vorzeichen $\frac{+a}{+b} = \frac{a}{b} \quad \frac{-a}{+b} = -\frac{a}{b} \quad \frac{+a}{-b} = -\frac{a}{b} \quad \frac{-a}{-b} = \frac{a}{b}$
- Punktrechnung vor Strichrechnung (Rechnung höherer Ordnung geht vor)

$4 \cdot a = 4a \qquad a \cdot b = ab$

Rechenzeichen kann entfallen

$(+a) \cdot (+b) = ab$
$(+a) \cdot (-b) = -ab$

$(-a) \cdot (+b) = -ab$
$(-a) \cdot (-b) = ab$

$a \cdot 0 = 0$
$a \cdot 1 = a$

$3a \cdot 8b = 24ab$
$ab \cdot cd = abcd$

$3a + 8b = 3a + 8b$
$ab + cd = ab + cd$

- Distributivgesetz $a(b + c) = ab + ac$
- Ausklammern

$4a + 9a - 3a = (4 + 9 - 3) \cdot a = 10a$

$ba + ca - da = (b + c - d) \cdot a$

$2a + 3a - 4m + m = a \cdot (2 + 3) + m \cdot (-4 + 1) = 5a - 3m$

$ba + ca + dm + fm = a \cdot (b + c) + m \cdot (d + f)$
$(a + b) \cdot (c + d) = a(c + d) + b(c + d) = ac + ad + bc + bd$

- Irrationale Zahlen werden multipliziert und dividiert, nachdem man gerundet hat.

Brüche $(a, b, x \in \mathbb{R})$

- Multiplikation $\frac{a}{b} \cdot c = \frac{ac}{b} \quad \frac{a}{b} \cdot \frac{c}{d} = \frac{ac}{bd} \quad \frac{a}{b} \cdot \frac{b}{a} = 1$
- Division $\frac{a}{b} : c = \frac{a}{bc} \quad \frac{a}{b} : \frac{c}{d} = \frac{ad}{bc}$ (mit Kehrwert multiplizieren)

Potenzieren

$a^n = c$ $\quad n \in \mathbb{N}$ $\quad$ a Basis

$a^n = \underbrace{a \cdot a \cdot \ldots \cdot a}_{n\ \text{Faktoren}} = c$ $\quad a, c \in \mathbb{R}$ $\quad$ n Exponent, c Potenz

Regeln

- Positive Basis $\quad a \geq 0;\ b \geq 0;\ c \geq 0$

  $a^b = c$

- Negative Basis $\quad a > 0;\ c > 0;\ n \in \mathbb{N}$

  Exponent geradzahlig $\quad (-a)^{2n} = c$

  Exponent ungeradzahlig $\quad (-a)^{2n+1} = -c$

- Addition und Subtraktion von Potenzen mit der gleichen Basis und dem gleichen Exponenten

- Distributivgesetz $\quad a \cdot b^n \pm c \cdot b^n = (a \pm c) \cdot b^n$

- Multiplikation und Division von Potenzen mit der gleichen Basis

  $a^m \cdot a^n = a^{m+n}$ $\quad a^1 = a$ $\quad a^{-n} = \frac{1}{a^n}$

  $a^m : a^n = a^{m-n}$ $\quad a^0 = 1$

- Multiplikation und Division von Potenzen mit dem gleichen Exponenten

  $a^m \cdot b^m = (ab)^m$ $\quad a^m : b^m = \frac{a^m}{b^m} = \left(\frac{a}{b}\right)^m$

- Potenzieren von Potenzen $\quad (a^b)^c = a^{bc}$

  Binomische Formeln:

  $(a + b)^2 = a^2 + 2ab + b^2$

  $(a - b)^2 = a^2 - 2ab + b^2$

  $(a + b)\,(a - b) = a^2 - b^2$

Radizieren

$\sqrt[n]{a} = b$ $\quad a, b \in \mathbb{R}$ $\quad$ n Wurzelexponent

$a^{\frac{1}{n}} = b$ $\quad n \in \mathbb{Z}$ $\quad$ a Radikand

$a \geq 0$ $\quad$ b Wurzel

Regeln

- Addition und Subtraktion von Wurzeln mit gleichem Exponenten und gleichem Radikanden

  $b \cdot \sqrt[n]{a} \pm c \cdot \sqrt[n]{a} = (b \pm c)\sqrt[n]{a}$ $\quad a \geq 0$; $n \in \mathbb{N};\ n \neq 0$

- Multiplikation und Division von Wurzeln mit gleichem Exponenten

  $n\sqrt[x]{a} \cdot m\sqrt[x]{b} = nm\sqrt[x]{ab}$

  $m\sqrt[y]{a} : n\sqrt[y]{b} = \frac{m}{n}\sqrt[y]{\frac{a}{b}}$

- Potenzieren und Radizieren $\quad (m, n \in \mathbb{R})$

  $\left(\sqrt[n]{a}\right)^m = \sqrt[n]{a^m}$

  $\sqrt[n]{a^m} = a^{\frac{m}{n}}$

  $\frac{1}{\sqrt[n]{a^m}} = a^{-\frac{m}{n}}$

  $a^{\frac{m}{n}} \cdot a^{\frac{p}{q}} = a^{\frac{m}{n} + \frac{p}{q}}$

  $a^{\frac{m}{n}} : a^{\frac{p}{q}} = a^{\frac{m}{n} - \frac{p}{q}}$

  $\sqrt[m]{\sqrt[n]{a}} = \sqrt[m \cdot n]{a}$

  $\left(a^{\frac{m}{n}}\right)^{\frac{p}{q}} = a^{\frac{mp}{nq}}$

Zehnerpotenzen

$10^n = c$ $\quad n \in \mathbb{Z}$

$10^n = \underbrace{10 \cdot 10 \cdot 10 \cdot \ldots \cdot 10}_{n\ \text{Faktoren}}$ $\quad$ Basis 10

$10^0 = 1$	
$10^1 = 10$	$10^{-1} = \frac{1}{10} = 0{,}1$
$10^2 = 100$	$10^{-2} = \frac{1}{100} = 0{,}01$
$10^3 = 1000$	$10^{-3} = \frac{1}{1000} = 0{,}001$
$10^4 = 10\,000$	$10^{-4} = \frac{1}{10\,000} = 0{,}0001$

Beispiele

Addieren	$4 \cdot 10^2 + 2 \cdot 10^2 = (4 + 2) \cdot 10^2 = 6 \cdot 10^2$		
Subtrahieren	$4 \cdot 10^2 - 2 \cdot 10^2 = (4 - 2) \cdot 10^2 = 2 \cdot 10^2$		
Multiplizieren	$10^4 \cdot 10^3$	$= 10^{(4+3)}$	$= 10^7$
Dividieren	$\frac{10^4}{10^3}$	$= 10^{(4-3)}$	$= 10^1$
Potenzieren	$(10^2)^3$	$= 10^{2 \cdot 3}$	$= 10^6$
Radizieren	$\sqrt{10^6}$	$= 10^{\frac{6}{2}}$	$= 10^3$

Logarithmieren
Take the Logarithm

Definition

$a^n = c$ $\quad$ $\mathbf{\log_a c = n}$ (sprich: Logarithmus zur Basis a von c ist n)

a Basis
c Numerus
n Logarithmus

Der Logarithmus n gibt an, mit welcher Zahl man die Basis a potenzieren muss, um den Numerus c als Potenz zu erhalten.

Sonderfälle und Umrechnungen

$\log_a 0 = -\infty$ $\quad$ $\log_a 1 = 0$ $\quad$ $\lg 10 = 1$

$\log_a \infty = \infty$ $\quad$ $\log_a a = 1$ $\quad$ $\ln e = 1$

$\text{lb}\, 2 = 1$

$$\log_a b = \frac{\log_c b}{\log_c a}$$

$\ln x = 2{,}30258 \cdot \lg x$

$\text{lb}\, x = 3{,}32193 \cdot \lg x$

$\ln x = 0{,}69314 \cdot \text{lb}\, x$

Regeln $\quad$ $a > 0;\ c > 0;\ d > 0$

- Multiplizieren
  $\log_a (c \cdot d) = \log_a c + \log_a d$ — Multiplikation wird zur Addition
- Dividieren
  $\log_a \frac{c}{d} = \log_a c - \log_a d$ — Division wird zur Subtraktion
- Potenzieren
  $\log_a c^n = n \cdot \log_a c$ — Potenzieren wird zum Multiplizieren
- Radizieren
  $\log_a \sqrt[m]{c} = \frac{1}{m} \log_a c$ — Radizieren wird zum Dividieren

Gebräuchliche Basen

Basis	Logarithmus-Bezeichnung	Schreibweise	Taschenrechner
10	dekadischer (Zehnerlogarithmus)	lgc $\log_{10} c$	log
e = 2,71828...	natürlicher	lnc $\log_e c$	ln
2	binärer	lbc $\log_2 c$	

Logarithmische Teilung (dekadischer Logarithmus)

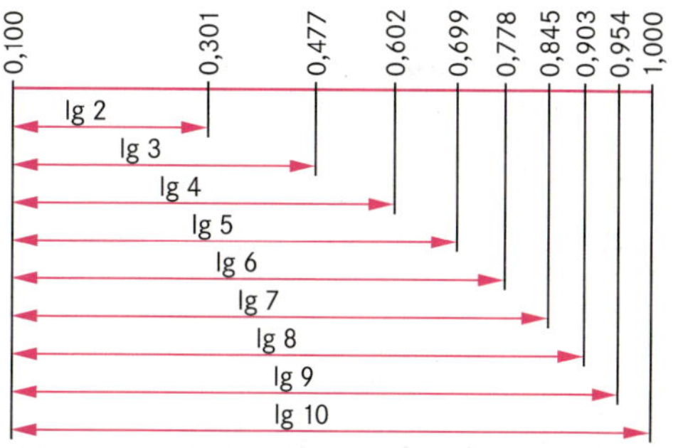

Binäre und hexadezimale Potenzen
Binary and Hexadecimal Powers

Binäre Potenzen

$\mathbf{2^n = c}$ $\quad$ $\mathbf{2^n = 2 \cdot 2 \cdot \ldots \cdot 2}$ $\quad$ $n \in \mathbb{Z}$ Basis 2

$\mathbf{2^{-n} = \frac{1}{2^n}}$ $\quad$ $\mathbf{2^{-n} = \frac{1}{2} \cdot \frac{1}{2} \cdot \ldots \cdot \frac{1}{2}}$

Beispiele

$2^0 = 1$	
$2^1 = 2$	$2^{-1} = \frac{1}{2} = 0{,}5$
$2^2 = 4$	$2^{-2} = \frac{1}{4} = 0{,}25$
$2^3 = 8$	$2^{-3} = \frac{1}{8} = 0{,}125$
$2^4 = 16$	$2^{-4} = \frac{1}{16} = 0{,}0625$
$2^5 = 32$	$2^{-5} = \frac{1}{32} = 0{,}03125$
$2^6 = 64$	$2^{-6} = \frac{1}{64} = 0{,}015625$
$2^7 = 128$	$2^{-7} = \frac{1}{128} = 0{,}0078125$
$2^8 = 256$	$2^{-8} = \frac{1}{256} = 0{,}00390625$

Abkürzungen durch Vorsatzzeichen

1 k (Kilo) $= 2^{10} = 1024$

1 M (Mega) $= 2^{20} = 2^{10} \cdot 2^{10} = 1048576$

1 G (Giga) $= 2^{30} = 2^{10} \cdot 2^{10} \cdot 2^{10} = 1073741824$

Hexadezimale Potenzen

$\mathbf{16^n = c}$ $\quad$ $\mathbf{16^n = 16 \cdot 16 \cdot \ldots \cdot 16}$ $\quad$ $n \in \mathbb{Z}$ Basis 16

$\mathbf{16^{-n} = \frac{1}{16^n}}$ $\quad$ $\mathbf{16^{-n} = \frac{1}{16} \cdot \frac{1}{16} \cdot \ldots \cdot \frac{1}{16}}$

Beispiele

$16^0 = 1$	
$16^1 = 16$	$16^{-1} = \frac{1}{16} = 0{,}0625$
$16^2 = 256$	$16^{-2} = \frac{1}{256} = 0{,}00390625$
$16^3 = 4096$	$16^{-3} = \frac{1}{4096} = 0{,}244140 \cdot 10^{-3}$
$16^4 = 65\,536$	$16^{-4} = \frac{1}{65\,536} = 0{,}015259 \cdot 10^{-3}$

Umrechnungsbeispiele

2^4	$= 16^1 =$	$16 =$	$10\,000_B =$	10_H
2^8	$= 16^2 =$	$256 =$	$100\,000\,000_B =$	100_H
2^{16}	$= 16^4 =$	$65\,536 =$	$64\ K =$	$10\,000_H$
2^{20}	$= 16^5 =$	$1\,048\,576 =$	$1\ M =$	$100\,000_H$

B: Binär; H: Hexadezimal

Zahlen und Zahlensysteme
Numbers and Number Systems

Dezimalzahlen-System

- Zeichenvorrat: 0, 1, 2, 3, 4, 5, 6, 7, 8, 9
- Mögliche unterschiedliche Zeichen pro Stelle: 10
- Basis 10 (B = 10)
- Kennzeichnung: Index 10 oder D (dezimal)

Stelle	4.	3.	2.	1.		1.	2.
Wertigkeit	10^3	10^2	10^1	10^0		10^{-1}	10^{-2}
	1000	100	10	1		1/10	1/100
Beispiel:	**5**	**0**	**3**	**2**	,	**1**	**2**
	$5\cdot10^3$	$+\ 0\cdot10^2$	$+\ 3\cdot10^1$	$+\ 2\cdot10^0$		$+\ 1\cdot10^{-1}$	$+\ 2\cdot10^{-2}$

Dualzahlen-System

- Zeichenvorrat: 0 und 1
- Mögliche unterschiedliche Zeichen pro Stelle: 2
- Basis 2 (B = 2)
- Kennzeichnung: Index 2 oder B (binär)

Stelle	4.	3.	2.	1.		1.	2.
Wertigkeit	2^3	2^2	2^1	2^0		2^{-1}	2^{-2}
	8	4	2	1		1/2	1/4
Beispiel:	**1**	**0**	**0**	**1**	,	**1**	**1**
	$1\cdot2^3$	$+\ 0\cdot2^2$	$+\ 0\cdot2^1$	$+\ 1\cdot2^0$		$+\ 1\cdot2^{-1}$	$+\ 1\cdot2^{-2}$

Hexadezimal-Zahlensystem (Sedezimal-System)

- Zeichenvorrat: 0, 1, 2, 3, 4, 5, 6, 7, 8, 9, A, B, C, D, E, F
- Mögliche unterschiedliche Zeichen pro Stelle: 16
- Basis 16 (B = 16)
- Kennzeichnung: Index 16 oder H (hexadezimal)

Stelle	4.	3.	2.	1.		1.	2.
Wertigkeit	16^3	16^2	16^1	16^0		16^{-1}	16^{-2}
	4096	256	16	1		1/16	1/256
Beispiel:	**1**	**3**	**F**	**C**	,	**5**	**A**
	$1\cdot16^3$	$+\ 3\cdot16^2$	$+\ F\cdot16^1$	$+\ C\cdot16^0$		$+\ 5\cdot16^{-1}$	$+\ A\cdot16^{-2}$

Vergleich zwischen Zahlensystemen

dual	dezimal	hexadezimal	dual	dezimal	hexadezimal
0	0	0	10000	16	10
1	1	1	10001	17	11
10	2	2	10010	18	12
11	3	3	10011	19	13
100	4	4	10100	20	14
101	5	5	10101	21	15
110	6	6	10110	22	16
111	7	7	10111	23	17
1000	8	8	11000	24	18
1001	9	9	11001	25	19
1010	10	A	11010	26	1A
1011	11	B	11011	27	1B
1100	12	C	11100	28	1C
1101	13	D	11101	29	1D
1110	14	E	11110	30	1E
1111	15	F	11111	31	1F

Komplementbildung

B-Komplement: Ergänzung der gegebenen Zahl zur ganzen Potenz der Basis des gewählten Zahlensystems.

(B-1)-Komplement: B-Komplement minus 1

Beispiele:

Basis	Zahl	B-Komplement	(B-1)-Komplement
		Zehnerkomplement	Neunerkomplement
B = 10	6	4	3
	73	27	26
		Zweierkomplement	Einerkomplement
B = 2	111	001	000
	101	011	010

Umwandlungen von Zahlen

Dezimalzahl in Dualzahl (Divisionsverfahren)

Beispiel: $13{,}3_D$

Ganzzahliger Anteil	Nachkommastelle
13 : 2 = 6 Rest 1	0,3 · 2 = 0,6 + 0
6 : 2 = 3 Rest 0	0,6 · 2 = 0,2 + 1
3 : 2 = 1 Rest 1	0,2 · 2 = 0,4 + 0
1 : 2 = 0 Rest 1	0,4 · 2 = 0,8 + 0
	0,8 · 2 = 0,6 + 1
	0,6 · 2 = 0,2 + 1
	. = .
	. = .
$13_D = 1101_B$	$0{,}3_D = 0{,}010011..._B$

$13{,}3_D = 1101{,}0\overline{1001}..._B$

Dezimalzahl in Hexadezimalzahl (Divisionsverfahren)

Beispiel: $5116{,}33_D$

5116 : 16 = 319 Rest C	0,33 · 16 = 0,28 + 5
319 : 16 = 19 Rest F	0,28 · 16 = 0,48 + 4
19 : 16 = 1 Rest 3	0,48 · 16 = 0,68 + 7
1 : 16 = 0 Rest 1	0,68 · 16 = 0,88 + A
	0,88 · 16 = 0,08 + E
	. = .
	. = .
$5116_D = 13FC_H$	$0{,}33_D = 0{,}547AE..._H$

$5116{,}33_D = 13FC{,}547AE..._H$

Hexadezimalzahl in Dezimalzahl

1. Potenzwert-Verfahren

Beispiel:

$COA{,}E_H = 12\cdot16^2 + 0\cdot16^1 + 10\cdot16^0 + 14\cdot16^{-1}$

$= 3072 + 0 + 10 + 0{,}875$

$= 3082{,}875_D$

2. Horner-Schema

Beispiel: $13FC{,}E8_H$

1 3 F C	0, E8
16 · 1 + 3 = 19	8 : 16 = 0,5
16 · 19 + 15 = 319	(14 + 0,5) : 16 = 0,90625
16 · 319 + 12 = 5116	
$13FC_H$ = 5116_D	$0{,}E8_H$ = 0,90625

$13FC{,}E8_H = 5116{,}90625_D$

Dualzahl in Dezimalzahl

1. Potenzwert-Verfahren

Beispiel:

$1001{,}11_B = 1\cdot2^3 + 0\cdot2^2 + 0\cdot2^1 + 1\cdot2^0 + 1\cdot2^{-1} + 1\cdot2^{-2}{}_D$

$= 8 + 0 + 0 + 1 + 0{,}5 + 0{,}25_D$

$= 9{,}75_D$

2. Horner-Schema

Beispiel: $1101{,}0101_B$

1 1 0 1	0,0101
2 · 1 + 1 = 3	1 : 2 = 0,5
2 · 3 + 0 = 6	(0 + 0,5) : 2 = 0,25
2 · 6 + 1 = 13	(1 + 0,25) : 2 = 0,625
	(0 + 0,625) : 2 = 0,3125
1101_B = 13_D	$0{,}0101_B$ = $0{,}3125_D$

$1101{,}0101_B = 13{,}3125_D$

Umwandlung von Zahlen

Hexadezimalzahl in Dualzahl

Jede Ziffer ist durch die entsprechende vierstellige Dualzahl auszudrücken.

Beispiel:

```
  7      C      3
  /      |      \
0111   1100   0011
```

$7C3_H = 0111\ \ 1100\ \ 0011_B$

Dualzahl in Hexadezimalzahl

- Dualzahl in „Viererblöcke“ aufteilen
- Jedem Block ist die Hexadezimalzahl zuzuordnen.

Beispiel:

```
0101   1110
 5      E
```

$0101\ 1110_B = 5E_H$

Römische Zahlen

I = 1	XI = 11	CX = 110
II = 2	XX = 20	CC = 200
III = 3	XXX = 30	CCC = 300
IV = 4	XL = 40	CD = 400
V = 5	L = 50	D = 500
VI = 6	LX = 60	DC = 600
VII = 7	LXX = 70	DCC = 700
VIII = 8	LXXX = 80	DCCC = 800
IX = 9	XC = 90	CM = 900
X = 10	C = 100	M = 1000

Rechnen mit Dualzahlen

Addition

0 + 0 = 0
0 + 1 = 1
1 + 0 = 1
1 + 1 = 10
0,1 + 0,1 = 1,0

Beispiel: Übertrag (Carry)

```
     110,11
+   1011,01
    1111,10   Carry
   10010,00
```

Subtraktion

0 − 0 = 0
10 − 1 = 1
1 − 0 = 1
1 − 1 = 0
0,1 − 0,1 = 0,0

Beispiel: Entleihung (Borrow)

```
   11000,11
-   1101,01
   11110,00   Borrow
    1011,10
```

Multiplikation

0 · 0 = 0
0 · 1 = 0
1 · 0 = 0
1 · 1 = 1

Beispiel:

```
1010 · 101,1
   1010
+   0000
+    1010
+     1010
  110111,0
```

Division

0 : 0 = nicht definiert
0 : 1 = 0
1 : 0 = nicht definiert
1 : 1 = 1

Beispiel:

```
1010 : 11 = 11,01 (Periode 01)
- 11
 100
-  11
   10
-  11
  100
-  11
   10
```

Standard-Zahlenmengen
Standard Number Sets

DIN 5473: 92-07

Zeichen	Definition	Sprechweise	Beispiele
ℕ oder **N**	Menge der **nichtnegativen ganzen Zahlen**. Menge der **natürlichen Zahlen**. ℕ enthält die Zahl 0.	Doppelstrich-N	
ℤ oder **Z**	Menge der **ganzen Zahlen**	Doppelstrich-Z	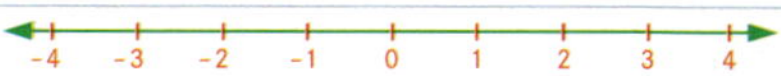
ℚ oder **Q**	Menge der **rationalen Zahlen**	Doppelstrich-Q	
ℝ oder **R**	Menge der **reellen Zahlen**	Doppelstrich-R	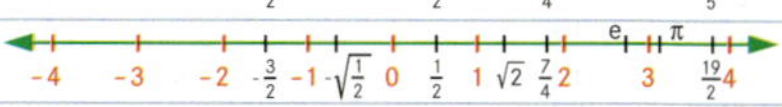
ℂ oder **C**	Menge der **komplexen Zahlen**	Doppelstrich-C	

Zeichen und Begriffe der Mengenlehre
Signs and Terms of Set Theory

Zeichen	Verwendung	Sprechweise (Erläuterungen)
$\in$	$x \in M$	x ist Element von M
$\notin$	$x \notin M$	x ist nicht Element von M
	$x_1, \dots x_n \in A$	$x_1, \dots, x_n$ sind Elemente von A
$\{\ \mid\ \}$	$\{x \mid \varphi(x)\}$	die Klasse (Menge) aller x mit $\varphi(x)$
$\{\ ,\dots,\}$	$\{x_1, \dots, x_n\}$	die Menge mit den Elementen $x_1, \dots, x_n$
$\subseteq$	$A \subseteq B$	A ist Teilmenge von B, A sub B
$\subset$ $\neq$	$A \subset B$ $\neq$	A ist echte Teilklasse von B, A echt sub B
$\cap$	$A \cap B$	A geschnitten mit B, Durchschnitt von A und B
$\cup$	$A \cup B$	A vereinigt mit B, Vereinigung von A und B
Ø oder {}		leere Menge

Gleichungen
Equations

Term: Sammelname für einzelne Summen, Differenzen, Produkte usw.
Gleichung: Zwei Terme, die durch ein Gleichheitszeichen verknüpft sind.

Beide Terme kann man mit gleichen Zahlen, Größen und Einheiten Addieren, Subtrahieren, Dividieren (≠ 0), Potenzieren, Radizieren.

Lösen linearer Gleichungen mit einer unbekannten Größe
- Brüche beseitigen
- Klammern auflösen
- Glieder ordnen und zusammenfassen
- Unbekannte Größen auf eine Seite bringen
- Unbekannte Größen berechnen
- Ergebnis durch Einsetzen der unbekannten Größe in Ausgangsgleichung überprüfen (keine Reihenfolge)

Es gilt immer: Term 1 = Term 2
Lösen von linearen Gleichungen mit zwei unbekannten Größen

1. Einsetzungsverfahren
- Eine Gleichung nach einer der unbekannten Größen umstellen.
- Umgestellte Gleichung in die zweite Gleichung einsetzen.

2. Gleichsetzungsverfahren
- Beide Gleichungen nach derselben unbekannten Größe umstellen.
- Terme gleichsetzen.
- Term nach verbleibenden Unbekannten auflösen.

3. Additionsverfahren
- Gleichung so umstellen, dass die eine unbekannte Größe in beiden Gleichungen den gleichen Faktor, aber ein umgekehrtes Vorzeichen besitzt.
- Beide Gleichungen addieren.

Vektoren
Vectors

Schreibweise	***A, B, ..., a, b, ...*** $\vec{A}, \vec{B}, ..., \vec{a}, \vec{b}, ...$
Grafische Darstellung	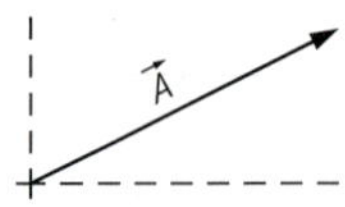
Komponenten eines Vektors	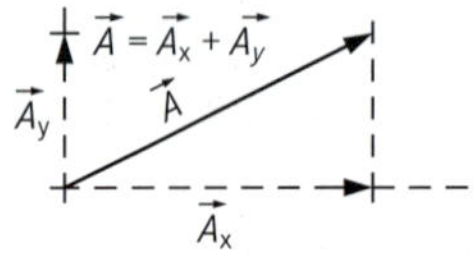
Betrag eines Vektors	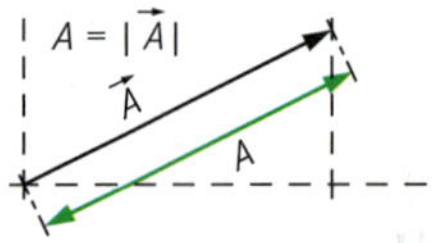
Multiplikation mit einem Skalar	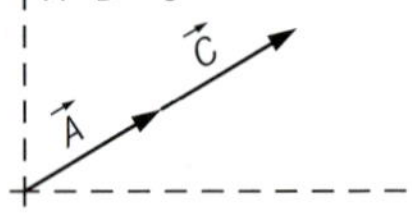
Addition von Vektoren	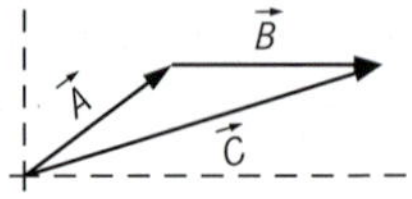
Subtraktion von Vektoren	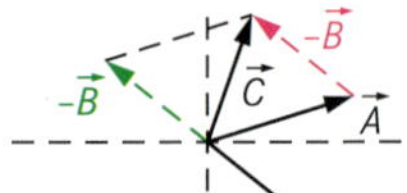

Prozent- und Zinsrechnung
Calculation of Percentages and of Interests

Prozentrechnung

$$P = \frac{G \cdot p}{100\,\%}$$

G: Grundwert
P: Prozentwert
p: Prozentsatz

Prozent (%) bedeutet: $1\,\% = \frac{1}{100}$

Promile (‰) bedeutet: $1\,‰ = \frac{1}{1000}$

Zinsrechnung

$$Z = \frac{K \cdot p \cdot t}{100\,\%}$$

Z: Zinsen in €

K: Kapital in €

p: Zinssatz in % pro Jahr (a)

t: Zeit in Jahren (a)

Zahlen und Zahlensysteme
Numbers and Number Systems

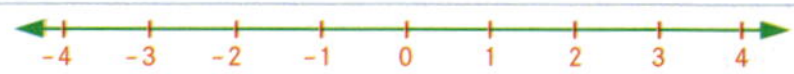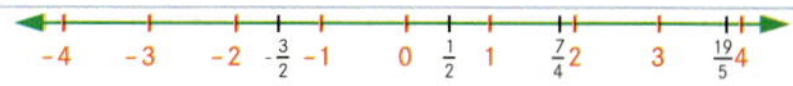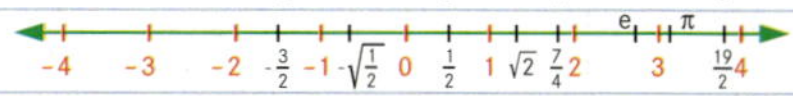

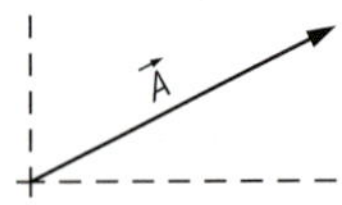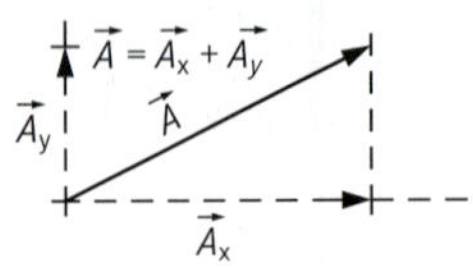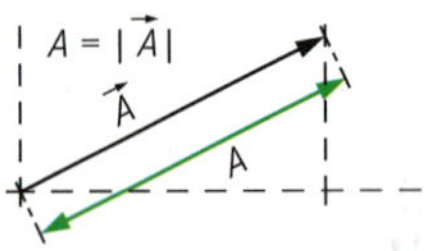

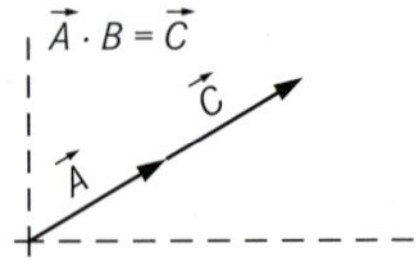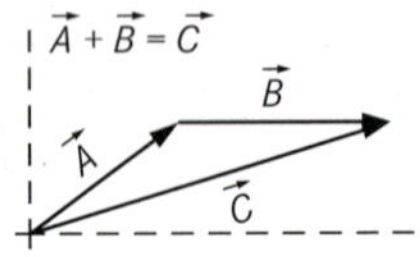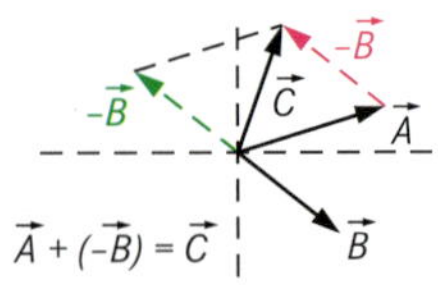

Quadrat

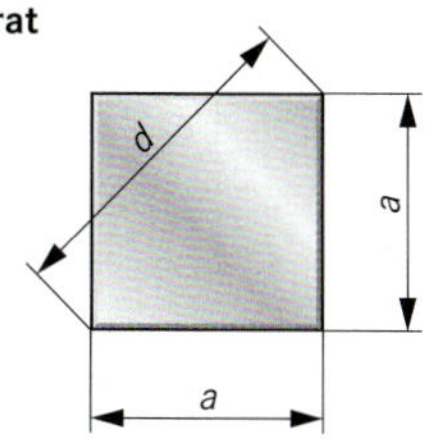

$A = a^2$

$U = 4 \cdot a$

$d = \sqrt{2} \cdot a$

Kreis

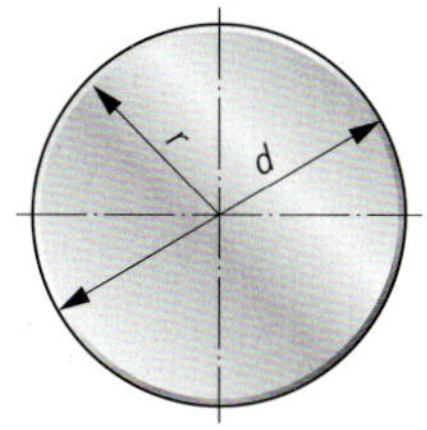

$A = \pi \cdot r^2$

$A = \frac{\pi \cdot d^2}{4}$

$U = \pi \cdot d$

Rechteck

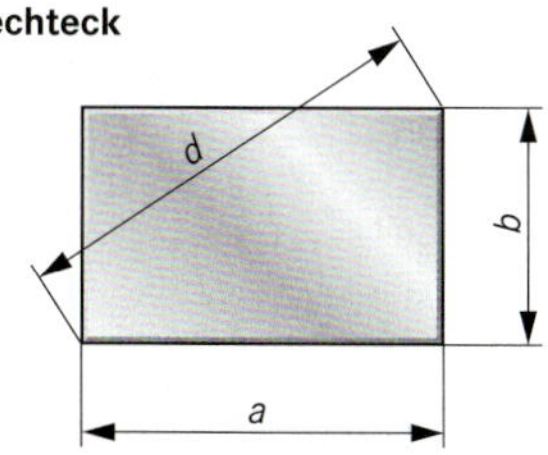

$A = a \cdot b$

$U = 2 \cdot (a + b)$

$d = \sqrt{a^2 + b^2}$

Kreisring

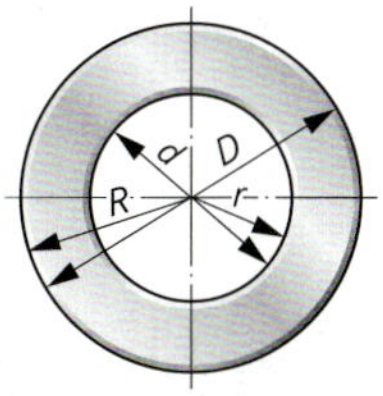

$A = \pi \, (R^2 - r^2)$

$A = \frac{\pi}{4} \, (D^2 - d^2)$

Raute (Rombus)

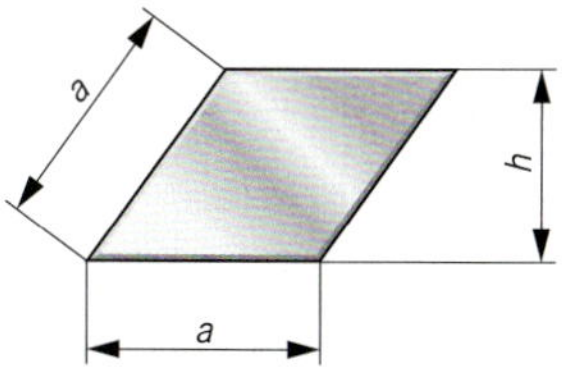

$A = a \cdot h$

$U = 4 \cdot a$

Trapez

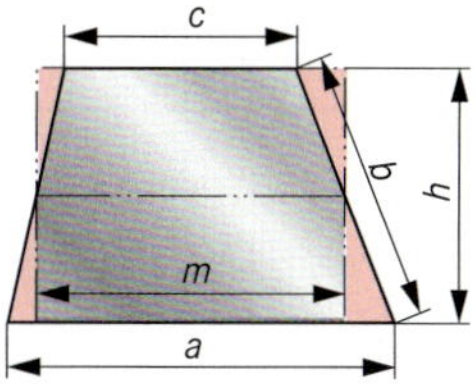

$A = m \cdot h$

$m = \frac{a + c}{2}$

$U = a + b + c + d$

Parallelogramm

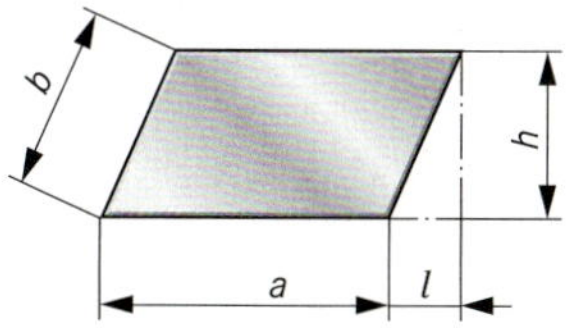

$A = a \cdot h$

$U = 2 \, (a + \sqrt{l^2 + h^2})$

$U = 2 \, (a + b)$

Dreieck

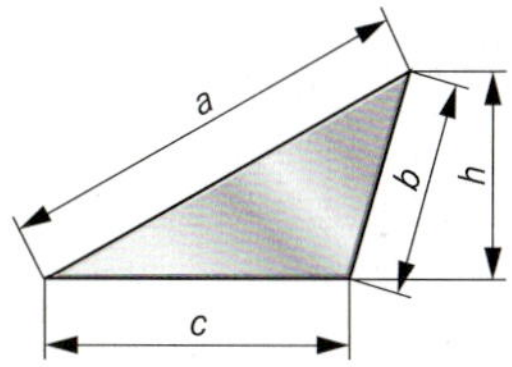

$A = \frac{c \cdot h}{2}$

$U = a + b + c$

Würfel

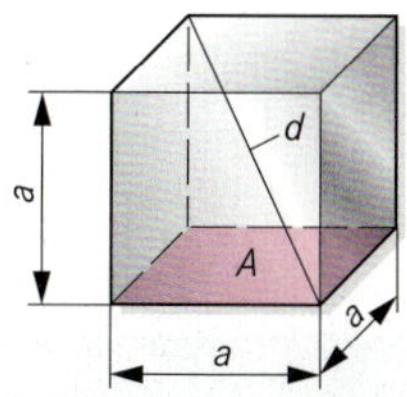

$V = a^3$

$d = a \sqrt{3}$

$A_0 = 6 \cdot a^2$

A_0: Oberfläche

Prisma

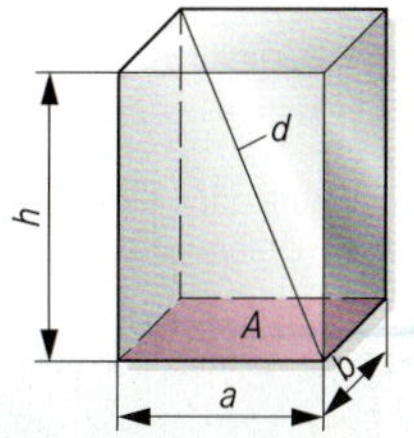

allgemein: $V = A \cdot h$

$V = a \cdot b \cdot h$

$d = \sqrt{a^2 + b^2 + h^2}$

$A_0 = 2(a \cdot b + a \cdot h + b \cdot h)$

A_0: Oberfläche

Zylinder

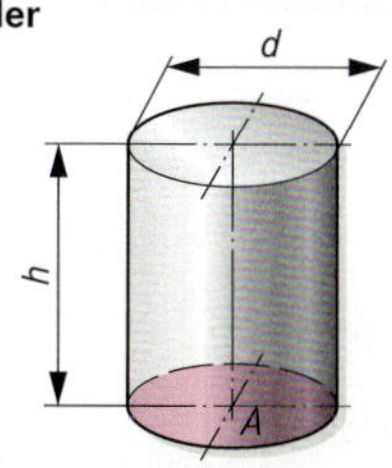

$V = \frac{\pi \cdot d^2}{4} \cdot h$

$A_M = \pi \cdot d \cdot h$

$A_0 = \pi \cdot d \cdot h + \frac{\pi \cdot d^2}{2}$

Pyramide

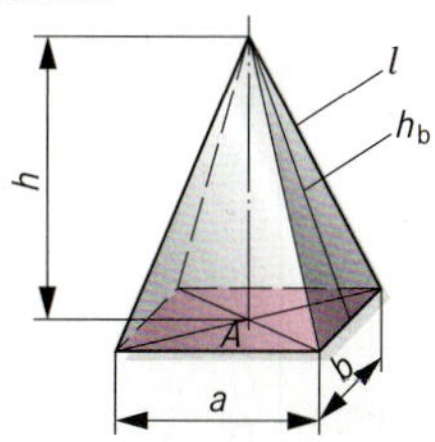

$V = \frac{a \cdot b \cdot h}{3}$

$h_b = \sqrt{h^2 + \frac{a^2}{4}}$

$l = \sqrt{h_b^2 + \frac{b^2}{4}}$

Physikalische Größen und Einheiten
Physical Quantities and Units of Measure

SI-Basiseinheiten[1]

DIN 1301: 1993-12

Größe	Formelzeichen	Einheitenname	Einheitenzeichen
Länge	l	Meter	m
Masse	m	Kilogramm	kg
Zeit	t	Sekunde	s
Elektrische Stromstärke	I	Ampere	A
Thermodynamische Temperatur	T	Kelvin	K
Stoffmenge	n	Mol	mol
Lichtstärke	I_v	Candela	cd

[1] **S**ystème **I**nternational d'Unités (Internationales Einheitensystem)

Vorsätze und Vorsatzzeichen für dezimale Teile und Vielfache von Einheiten

DIN 1301: 1993-12

Faktor	Vorsätze	Vorsatzzeichen	Faktor	Vorsätze	Vorsatzzeichen	Faktor	Vorsätze	Vorsatzzeichen
10^{-24}	Yocto	y	10^{-3}	Milli	m	10^{6}	Mega	M
10^{-21}	Zepto	z	10^{-2}	Zenti	c	10^{9}	Giga	G
10^{-18}	Atto	a	10^{-1}	Dezi	d	10^{12}	Tera	T
10^{-15}	Femto	f	10^{1}	Deka	da	10^{15}	Peta	P
10^{-12}	Piko	p	10^{2}	Hekto	h	10^{18}	Exa	E
10^{-9}	Nano	n	10^{3}	Kilo	k	10^{21}	Zetta	Z
10^{-6}	Mikro	µ				10^{24}	Yotta	Y

Schreibweise

DIN 1313: 1978-04

Beispiel: Größenwert = Zahlenwert · Einheit

$l = \{l\} \cdot [l]$ Länge = Zahlenwert der Länge · Einheit der Länge

$l = 3 \cdot \mathrm{m}$

Physikalische Gleichungen

DIN 1313: 1978-04

Größengleichungen	Einheitengleichungen	Zahlenwertgleichungen
z. B. $v = \frac{s}{t}$ $m = 8$ kg	z. B. 1 m = 100 cm 1 h = 3600 s 1 kWh = $3{,}6 \cdot 10^6$ Ws	z. B. $\{v\} = 3{,}6 \frac{\{s\}}{\{t\}}$
Zugeschnittene Größengleichung		
z. B. $\frac{v}{\mathrm{km/h}} = 3{,}6 \cdot \frac{s/\mathrm{m}}{t/\mathrm{s}}$		v in m/s s in m t in s

Größen	Erklärungen	Beispiele
Skalar	Zur eindeutigen Festlegung genügt die Angabe des ■ Zahlenwertes und der ■ Einheit.	Masse, m Zeit, t Arbeit, W
Vektor	Zur eindeutigen Festlegung sind erforderlich: ■ Zahlenwert, ■ Einheit, ■ Richtung im Raum oder in der Ebene, ■ Richtungssinn (Drehsinn)	Kraft $\vec{F}$, Geschwindigkeit $\vec{v}$, Elektrische Feldstärke $\vec{E}$

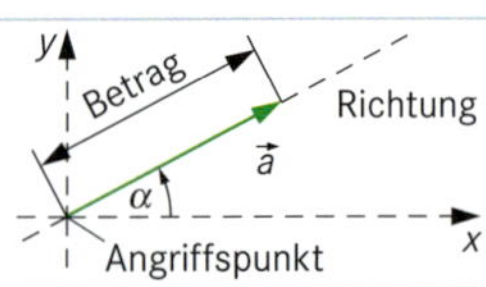

Griechisches Alphabet
Greek Alphabet

Α α	Alpha	Ι ι	Iota	Ρ ϱ	Rho
Β β	Beta	Κ ϰ	Kappa	Σ σ	Sigma
Γ γ	Gamma	Λ λ	Lambda	Τ τ	Tau
Δ δ	Delta	Μ μ	My	Υ υ	Ypsilon
Ε ε	Epsilon	Ν ν	Ny	Φ φ	Phi
Ζ ζ	Zeta	Ξ ξ	Xi	Χ χ	Chi
Η η	Eta	Ο ο	Omikron	Ψ ψ	Psi
Θ ϑ	Theta	Π π	Pi	Ω ω	Omega

Formelzeichen	Bedeutung	SI-Einheit	Einheitenname, Bemerkungen
Längen und ihre Potenzen, Winkel			
x, y, z	Kartesische Koordinaten	m	Meter
α, β, γ	ebener Winkel, Drehwinkel	rad	Radiant, 1 rad = 1 m/m
ϑ, φ	(bei Drehbewegungen)		1 Vollwinkel = 2π rad Grad: 1° = (π/180 rad)
Ω, ω	Raumwinkel	sr	Steradiant, 1 sr = 1 m^2/m^2
l, b, h	Länge, Breite, Höhe, Tiefe	m	Meter, 1 int. Seemeile = 1852 m
δ, d	Dicke, Schichtdicke	m	
r	Radius, Halbmesser, Abstand	m	
f	Durchbiegung, Durchhang	m	
d, D	Durchmesser	m	
s	Weglänge, Kurvenlänge	m	
A, S	Flächeninhalt, Fläche, Oberfläche	m^2	Quadratmeter 1 a = 10^2 m^2
S, q	Querschnittsfläche, Querschnitt	m^2	1 ha = 10^4 m^2
V	Volumen, Rauminhalt	m^3	Kubikmeter, 1 l (Liter) = 1 dm^3
Zeit und Raum			
t	Zeit, Zeitspanne, Dauer	s	Sekunde, min, h (Stunde), d (Tag)
T	Periodendauer, Schwingungsdauer	s	
τ, T	Zeitkonstante	s	
f, ν	Frequenz, Periodenfrequenz	Hz	Hertz, 1 Hz = 1 s^{-1}, $f = 1/T$
f_0	Kennfrequenz, Eigenfrequenz im ungedämmpften Zustand	Hz	
ω	Kreisfrequenz, Pulsatanz (Winkelfrequenz)	s^{-1}	$\omega = 2\pi f$
n, f_r	Umdrehungsfrequenz (Drehzahl)	s^{-1}	1 min^{-1} = (1/60) s^{-1}
ω, Ω	Winkelgeschwindigkeit, Drehgeschwindigkeit	rad/s	
α	Winkelbeschleunigung, Drehbeschleunigung	rad/s^2	
λ	Wellenlänge	m	
v, u, w, c	Geschwindigkeit	m/s	1 km/h = 1/3,6 (m/s)
c	Ausbreitungsgeschwindigkeit einer Welle	m/s	
a	Beschleunigung	m/s^2	
g	örtliche Fallbeschleunigung	m/s^2	g_n = 9,80665 m/s^2 (Normfallbeschl.)
Mechanik			
m	Masse, Gewicht als Wägeergebnis	kg	Kilogramm, 1 t (Tonne) = 1 Mg
ϱ, ϱ_m	Dichte, volumenbezogene Masse	kg/m^3	1 g/cm^3 = 1 kg/dm^3 = 1 Mg/m^3
F	Kraft	N	Newton, 1 N = 1 kg · m/s^2 = 1 J/m
F_G, G	Gewichtskraft	N	
M	Drehmoment, Kraftmoment	N · m	
p	Druck	Pa	Pascal, 1 Pa = 1N/m^2, 1 bar = 10^5 Pa
μ, f	Reibungszahl	1	$\mu = F_R/F_N$, F_R: Reibungskraft
W, A	Arbeit	J	Joule, 1 J = 1 N · m = 1 W · s
E, W	Energie	J	1 Wh = 3,6 kJ; eV (Elektronenvolt)
E_p, W_p	potenzielle Energie	J	
E_k, W_k	kinetische Energie	J	
P	Leistung	W	Watt, 1 W = 1 J/s
η	Wirkungsgrad	1	
Thermodynamik und Wärmeübertragung			
T, Θ	Temperatur, thermodynamische Temperatur	K	Kelvin
$\Delta T, \Delta t, \Delta\vartheta$	Temperaturdifferenz	K	
t, ϑ	Celsius-Temperatur	°C	Grad Celsius, $t = T - T_o$; T_o = 273,15 K
α_l	(thermisch) Längenausdehnungskoeffizient	K^{-1}	
α_v, γ	(thermisch) Volumenausdehnungskoeffizient	K^{-1}	
Q	Wärme, Wärmemenge	J	Joule
R_{th}	thermischer Widerstand, Wärmewiderstand	K/W	$R_{th} = \Delta\vartheta/\Phi_{th}$
λ	Wärmeleitfähigkeit	W/(m · K)	
k	Wärmedurchgangskoeffizient	W/(m^2 · K)	
C_{th}	Wärmekapazität	J/K	
c	spezifische Wärmekapazität	J/(kg · K)	auch: massenbezogene Wärmekapazität

Formelzeichen	Bedeutung	SI-Einheit	Einheitenname, Bemerkungen
Elektrizität und Magnetismus			
Q	elektrische Ladung	C	Coulomb, 1C = 1A · s, 1A · h = 3,6 kC
e	Elementarladung	C	
D	elektrische Flussdichte	C/m^2	
P	elektrische Polarisation	C/m^2	
φ, φ_e	elektrisches Potenzial	V	Volt, 1 V = 1 J/C
U	elektrische Spannung, Potenzialdifferenz	V	
E	elektrische Feldstärke	V/m	1 V/mm = 1 kV/m
C	elektrische Kapazität	F	Farad, 1 F = 1 C/V, $C = Q/U$
ε	Permittivität	F/m	früher: Dielektrizitätskonstante
ε_o	elektrische Feldkonstante	F/m	Permittivität des leeren Raumes
ε_r	Permittivitätszahl, relative Permittivität	1	früher: Dielektrizitätszahl
I	elektrische Stromstärke	A	Ampere
J	elektrische Stromdichte	A/m^2	$1\ A/mm^2 = 1\ MA/m^2$, $J = I/A$
Θ	Durchflutung (magnetische Spannung)	A	
H	magnetische Feldstärke	A/m	1 A/mm = 1 kA/m
Φ	magnetischer Fluss	Wb	Weber, 1 Wb = 1 V · s
B	magnetische Flussdichte	T	Tesla, $1T = 1\ Wb/m^2$, $B = \Phi/S$
L	Induktivität, Selbstinduktivität	H	Henry, 1 H = 1 Wb/A
μ	Permeabilität	H/m	$\mu = B/H$
μ_o	magnetische Feldkonstante	H/m	Permeabilität des leeren Raumes
μ_r	Permeabilitätszahl, relative Permeabilität	1	$\mu_r = \mu/\mu_o$
R_m	magnetischer Widerstand, Reluktanz	H^{-1}	
Λ	magnetischer Leitwert, Permeanz	H	
R	elektrischer Widerstand, Wirkwiderstand, Resistanz	Ω	Ohm, 1 Ω = 1 V/A
G	elektrischer Leitwert, Wirkleitwert, Konduktanz	S	Siemens, $1\ S = 1\ \Omega^{-1}$, $G = 1/R$
ϱ	spezifischer elektrischer Widerstand, Resistivität	Ω · m	$1\ \mu\Omega \cdot cm = 10^{-8}\ \Omega \cdot m$, $1\ \Omega \cdot mm^2/m = 10^{-6}\ \Omega \cdot m = 1\ \mu\Omega \cdot m$
$\gamma, \sigma, \varkappa$	elektrische Leitfähigkeit, Konduktivität	S/m	$\gamma = 1/\varrho$
X	Blindwiderstand, Reaktanz	Ω	
B	Blindleitwert, Suszeptanz	S	$B = 1/X$
$Z, \|Z\|$	Scheinwiderstand, Betrag der Impedanz	Ω	$\underline{Z}$: Impedanz (komplexe Impedanz)
$Y, \|Y\|$	Scheinleitwert, Betrag der Admittanz	S	$\underline{Y}$: Admittanz (komplexe Admittanz)
Z_w, Γ	Wellenwiderstand	Ω	
W	Energie, Arbeit	J	Joule
P, P_p	Wirkleistung	W	
Q, P_q	Blindleistung	W	Energietechnik: var (Var), 1 var = 1 W
S, P_s	Scheinleistung	W	Energietechnik: VA (Voltampere)
φ	Phasenverschiebungswinkel	rad	auch Winkel der Impedanz
$\delta_\varepsilon, \delta_\mu$	Verlustwinkel (Permittivität, Permeabilität)	rad	
λ	Leistungsfaktor	1	$\lambda = P/S$, Elektrotechnik: $\lambda = \cos \varphi$
d	Verlustfaktor	1	
N	Windungszahl	1	
Akustik			
p	Schalldruck	Pa	Pascal
c, c_a	Schallgeschwindigkeit	m/s	
L_p, L	Schalldruckpegel		wird in dB angegeben
L_N	Lautstärkepegel		wird in phon angegeben
Licht, elektromagnetische Strahlung			
I_v	Lichtstärke	cd	Candela
Φ_v	Lichtstrom	lm	Lumen, 1 lm = 1 cd · sr
L_v	Leuchtdichte	cd/m^2	
E_v	Beleuchtungsstärke	lx	Lux, $1\ lx = 1\ lm/m^2 = 1\ cd \cdot sr/m^2$
η	Lichtausbeute	lm/W	
c_o	Lichtgeschwindigkeit im leeren Raum	m/s	$c_o = 2{,}99792485 \cdot 10^8\ m/s$
f	Brennweite	m	

Masse — m

Kilogramm kg

Eigenschaften:
- Trägheitswirkung gegenüber einer Änderung des Bewegungszustandes und
- Anziehung auf andere Körper (Gravitation)

Die Masse ist ortsunabhängig.

Kraft — F

Newton N $\quad 1\ \text{N} = 1\ \text{kg} \cdot \text{m/s}^2$

Produkt aus der
- Masse m eines Körpers und
- Beschleunigung a.

$$F = m \cdot a$$

Gewichtskraft — F_G, G

Newton N $\quad 1\ \text{N} = 1\ \text{kg} \cdot \text{m/s}^2$

Produkt aus der
- Masse m eines Körpers und
- (örtlichen) Fallbeschleunigung g.

$$F_G = m \cdot g$$

Die Gewichtskraft ist ortsabhängig.

Arbeit — W

Joule J, Newtonmeter N · m,
Wattsekunde W · s $\quad 1\ \text{Nm} = 1\ \text{Ws}$

Eine mechanische Arbeit wird verrichtet, wenn an einem Körper längs eines Weges s eine Kraft F wirkt.

$$W = F \cdot s$$

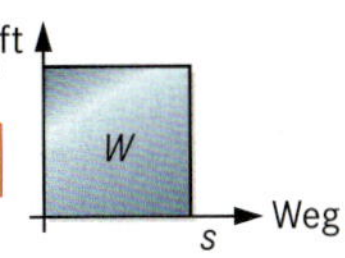

Hub-, Reibungs-, Federspann-, Beschleunigungsarbeit

Leistung — P

Watt W
$1\ \text{W} = 1\ \text{N} \cdot \text{m/s}$

Wenn in einer bestimmten Zeit Arbeit verrichtet wird, nennt man dies Leistung (Arbeit pro Zeit).

$$P = \frac{W}{t}$$

Mit $W = F \cdot s$ und $v = \frac{s}{t}$ ergibt sich

$$P = F \cdot v$$

Drehmoment — M

Newtonmeter N · m

Ein Drehmoment entsteht, wenn eine Kraft außerhalb eines Drehpunktes angreift (z. B. Motorachse).

$$M = F \cdot r$$

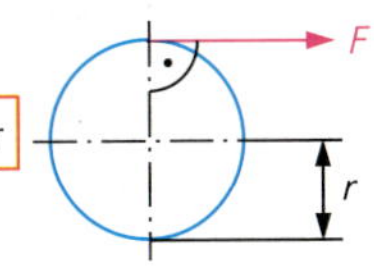

r: Abstand vom Drehpunkt

Energie — E

Newtonmeter N · m, Joule J
Wattsekunde W · s
$1\ \text{N} \cdot \text{m} = 1\ \text{W} \cdot \text{s} = 1\ \text{J}$

Umwandlung:
Wenn Arbeit verrichtet wird, entsteht Energie. Mit dieser Energie kann wieder Arbeit verrichtet werden.

Arbeit	→ Energie; $W = E$
Hubarbeit	→ Energie der Lage (potentielle Energie)
Beschleunigungsarbeit	→ Bewegungsenergie (kinetische Energie)

$$E_k = \frac{m \cdot v^2}{2}$$

Energieerhaltung:
Die Summe der Energien ist konstant ($E_p + E_k$ = konstant).

Wirkungsgrad — η

Der Wirkungsgrad ist gleich dem Quotienten aus der abgegebenen Arbeit W_{ab} (bzw. Leistung) und der zugeführten Arbeit W_{zu} (bzw. Leistung).

$$\eta = \frac{W_{ab}}{W_{zu}} \qquad \eta = \frac{P_{ab}}{P_{zu}}$$

$$W_v = W_{zu} - W_{ab}$$

$$P_v = P_{zu} - P_{ab}$$

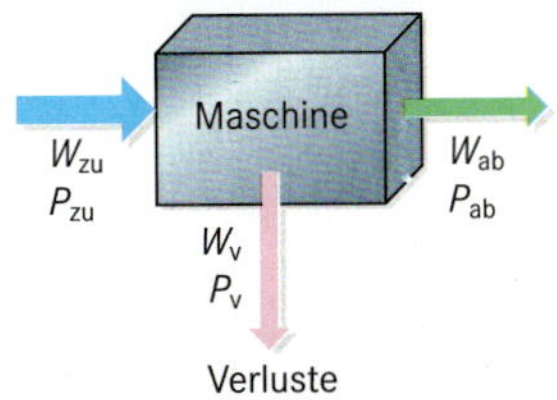

Geschwindigkeit — v

Meter/Sekunde m/s; km/h; m/min

Beschleunigung — a

Meter/Sekundenquadrat m/s^2

Geradlinig gleichförmige Bewegung

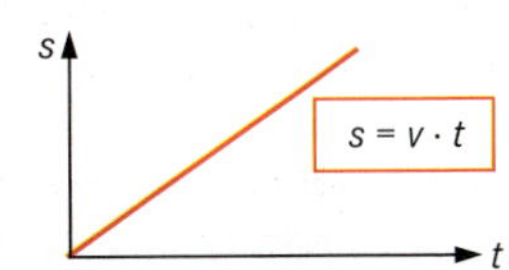

$$s = v \cdot t$$

Gleichmäßig beschleunigte Bewegung

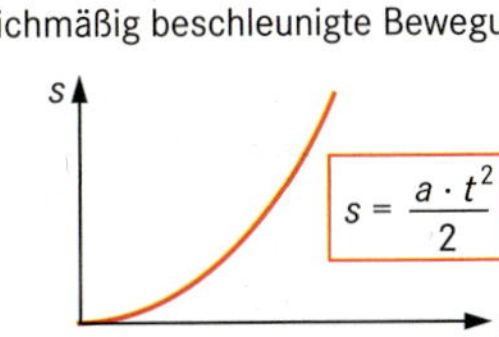

$$s = \frac{a \cdot t^2}{2}$$

Druck — p

Newton/Quadratmeter N/m^2
$1\ \text{N/m}^2 = 1\ \text{Pa}$ (Pascal)
$1\ \text{N/m}^2 = 10^{-5}\ \text{bar}$
$1\ \text{bar} = 10^5\ \text{N/m}^2$

Druck entsteht, wenn eine Kraft auf eine Fläche einwirkt.

$$p = \frac{F}{A}$$

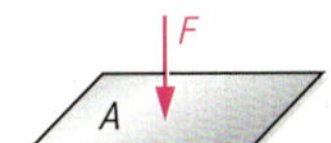

Dichte — ϱ

Gramm/Kubikzentimeter g/cm^3
kg/dm^3
Mg/m^3

Die Dichte eines Stoffes ist der Quotient aus der Masse m und dem Volumen V.

$$\varrho = \frac{m}{V}$$

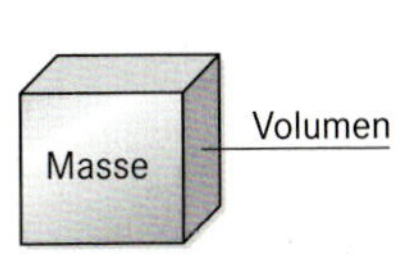

Gleichförmige Kreisbewegung

Der Betrag der Geschwindigkeit ist stets gleich.

T:	Zeit für eine Umdrehung
$2 \cdot \pi \cdot r$:	Wegstrecke bei einer Umdrehung
a_r:	Radialbeschleunigung

$$v = \frac{s}{T}$$

$$v = \frac{2 \cdot \pi \cdot r}{T}$$

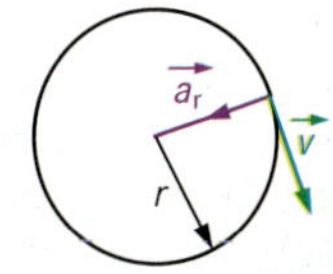

Zusammensetzung von Kräften

Winkel zwischen den Kräften	Wirkungslinie	Zeichnerische Darstellung	Resultierende Kraft F_R
$\alpha = 0°$	gleich	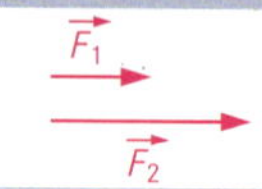	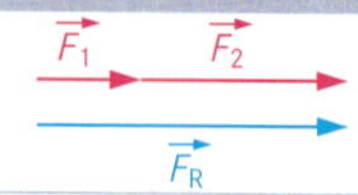 $F_R = F_1 + F_2$
$\alpha = 180°$	gleich	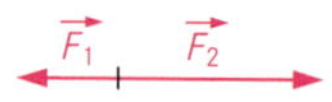	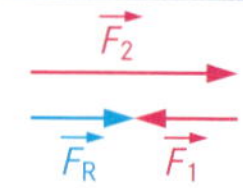 $F_R = F_2 - F_1$
$\alpha = 90°$	senkrecht zueinander	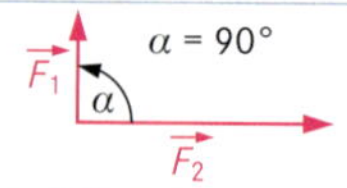	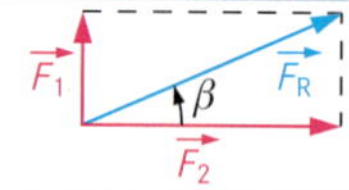 $F_R = \sqrt{F_1^2 + F_2^2}$ $\tan \beta = \frac{F_1}{F_2}$
α beliebig	beliebig	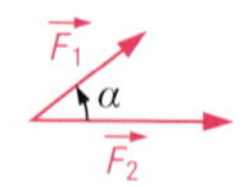	$F_R = \sqrt{F_1^2 + F_2^2 - 2\,F_1 \cdot F_2 \cdot \cos(180° - \alpha)}$ 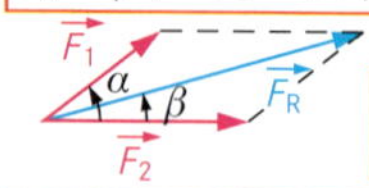 $\tan \beta = \frac{F_1 \cdot \sin \alpha}{F_2 + F_1 \cos \alpha}$

Zerlegung von Kräften

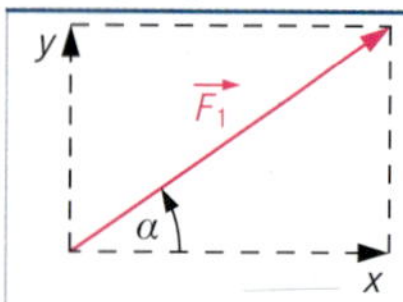

Zerlegung ⟹ in Komponenten

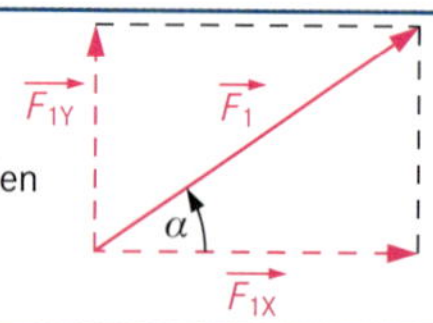

$\vec{F}_{1x}$ und $\vec{F}_{1y}$ sind de Komponenten von $\vec{F}_1$ in Richtung des vorgegebenen Koordinatensystems.

$F_{1x} = F_1 \cdot \cos \alpha$

$F_{1y} = F_1 \cdot \sin \alpha$

Zusammenhang zwischen Masse und Kraft

Ort	Masse in kg	Fallbeschleunigung in $\frac{m}{s^2}$	Gewichtskraft in N
Äquator (Erde)	100	9,87	978
Pol (Erde)	100	9,84	984
Mond	100	1,62	162

Reibung
Friction

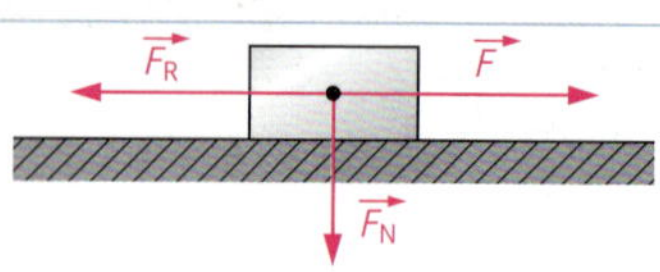

$F_R = \mu \cdot F_N$

F_R: Reibungskraft
μ: Reibungszahl
F_N: Normalkraft
(senkrecht zur Bewegungsrichtung)

Die Reibungskraft hängt nicht von der Größe der Berührungsfläche ab.

Haftreibung	Gleitreibung	Rollreibung
Haftreibung tritt auf, bevor sich ein Körper bewegt.	Wenn Köper aufeinander gleiten, tritt Gleitreibung auf.	Wenn ein Körper auf einem anderen Körper rollt, tritt Rollreibung auf

Beispiele für Reibungszahlen

Stoffe	Haftreibungszahl	Gleitreibungszahl		Rollreibungszahl
		trocken	flüsssig	
Gleitlager	0,1	–	0,03	0,001
Stahl auf Stahl	0,3	0,2	0,04	
Stahl auf Holz	0,5	0,3	0,05	
Lederriemen auf Stahl	0,6	0,3	–	0,02 ... 0,03
Gummireifen aus Asphalt	0,8	0,7	0,3	
Mauerwerk auf Beton	1,0	0,8	–	

Hebel und Rollen
Levers and Pulleys

Zweiseitig ungleicharmiger Hebel

Momentengleichgewicht

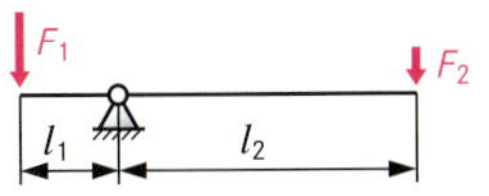

$F_1 \cdot l_1 = F_2 \cdot l_2$

Arbeit

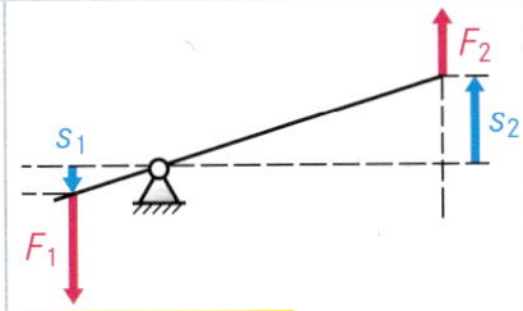

$F_1 \cdot s_1 = F_2 \cdot s_2$

Feste Rolle

Momentengleichgewicht

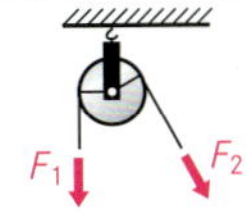

$F_1 = F_2$

Arbeit

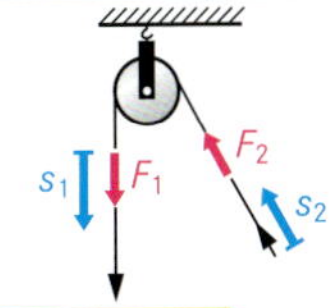

$F_1 \cdot s_1 = F_2 \cdot s_2$

Einseitig ungleicharmiger Hebel

Momentengleichgewicht

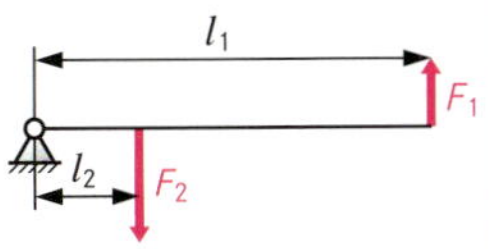

$F_1 \cdot l_1 = F_2 \cdot l_2$

Arbeit

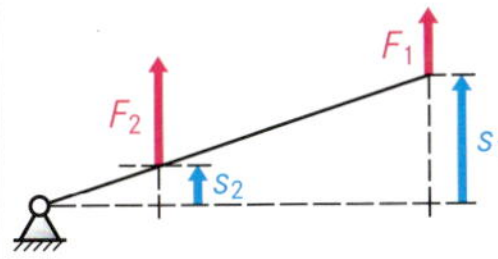

$F_1 \cdot s_1 = F_2 \cdot s_2$

Lose Rolle

Momentengleichgewicht

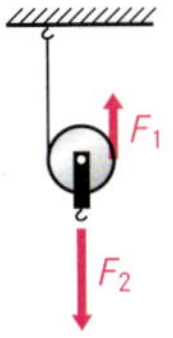

$F_1 = \frac{F_2}{2}$

Arbeit

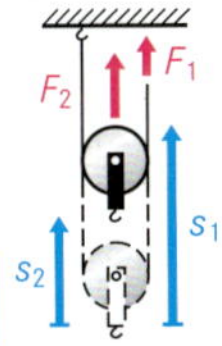

$F_1 \cdot s_1 = F_2 \cdot s_2$

Beispiele

Zweiseitiger Hebel

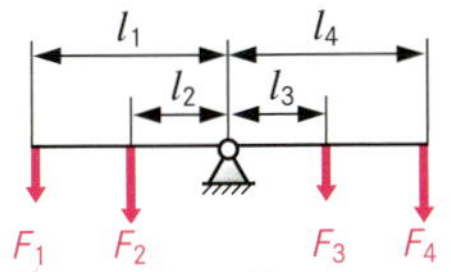

$\Sigma M_l = \Sigma M_r$

$F_1 \cdot l_1 + F_2 \cdot l_2 = F_3 \cdot l_3 + F_4 \cdot l_4$

M_l: Linksdrehendes Moment

M_r: Rechtsdrehendes Moment

Winkelhebel

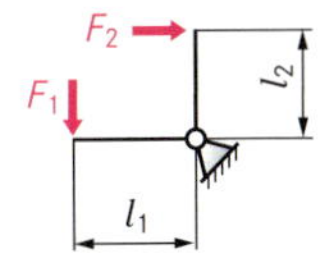

$M_l = M_r$

$F_1 \cdot l_1 = F_2 \cdot l_2$

Flaschenzug

Momentengleichgewicht

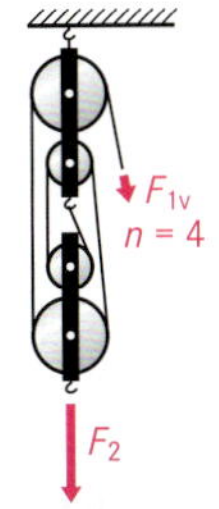

$F_1 = \frac{F_2}{n}$

Arbeit

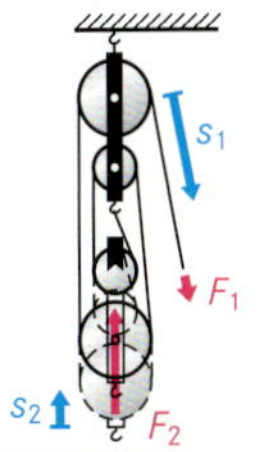

$F_1 \cdot s_1 = F_2 \cdot s_2$

Getriebe, Übersetzungen
Gears, Transmission Ratios

Flachriemengetriebe mit einfacher Übersetzung

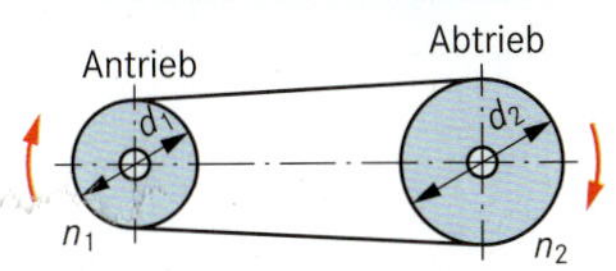

$i = \frac{n_1}{n_2} \qquad i = \frac{d_2}{d_1}$

$d_1 \cdot n_1 = d_2 \cdot n_2$

d: Durchmesser

n: Drehzahl

i: Übersetzungsverhältnis

Zahnradgetriebe mit einfacher Übersetzung

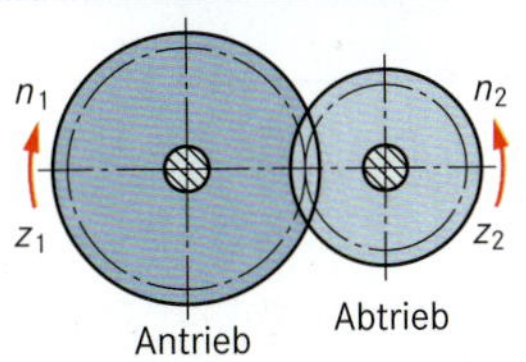

$i = \frac{n_1}{n_2} \qquad i = \frac{z_2}{z_1}$

$n_1 \cdot z_1 = n_2 \cdot z_2$

z: Zähnezahl

Flachriemengetriebe mit doppelter Übersetzung

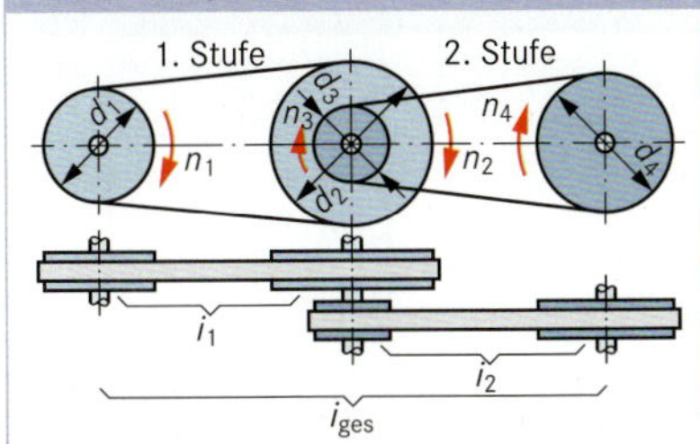

$i_{ges} = i_1 \cdot i_2$

$i_{ges} = \frac{n_1}{n_4}$

$i_{ges} = \frac{d_2 \cdot d_4}{d_1 \cdot d_3}$

$n_4 = n_1 \frac{d_1 \cdot d_3}{d_2 \cdot d_4}$

i_1, i_2: Einzelübersetzungsverhältnis

i_{ges}: Gesamtes Übersetzungsverhältnis

Zahnradgetriebe mit doppelter Übersetzung

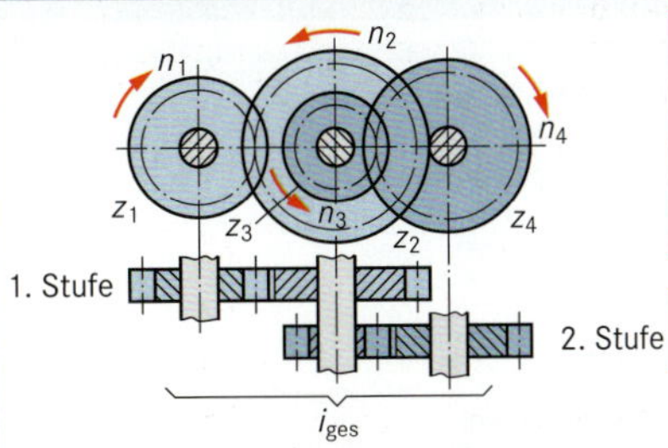

$i_{ges} = i_1 \cdot i_2$

$i_{ges} = \frac{n_1}{n_4}$

$i_{ges} = \frac{z_2 \cdot z_4}{z_1 \cdot z_3}$

$n_4 = n_1 \frac{z_1 \cdot z_3}{z_2 \cdot z_4}$

i_{ges}: Gesamtes Übersetzungsverhältnis

Definition

p: Druck	$[p] = \frac{N}{m^2}$	$1\,\frac{N}{m^2} = 1$ Pa (Pascal)	
F: Kraft	$[F] = N$	$1\,\frac{N}{m^2} = 10^{-5}$ bar	$p = \frac{F}{A}$
A: Fläche	$[A] = m^2$	$1\text{ bar} = 10^5\,\frac{N}{m^2}$	

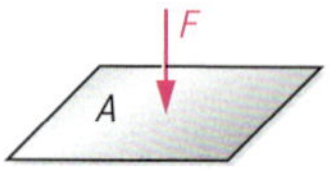

Umrechnung nicht mehr anzuwendender Druckeinheiten

$1\,\frac{kp}{cm^3} = 1\text{ at} = 98066{,}5\text{ Pa} = 0{,}980665\text{ bar}$

$1\text{ Torr} = \frac{1\text{ atm}}{760} = 133{,}322\text{ Pa} = 1{,}33322\text{ mbar}$

$1\text{ atm} = 101325\text{ Pa} = 1{,}01325\text{ bar}$

$1\text{ mm Hg} = 133{,}322\text{ Pa} = 1{,}33322\text{ mbar}$

$1\text{ m WS} = 9806{,}65\text{ Pa} = 98{,}0665\text{ mbar}$

WS: Wassersäule; Hg: Quecksilber

Hydraulischer Druck

p: Hydrostatischer Druck
h: Höhe der Flüssigkeitssäule
ϱ: Dichte der Flüssigkeit
g: Fallbeschleunigung
A: Bodenfläche
F_B: Bodendruckkraft

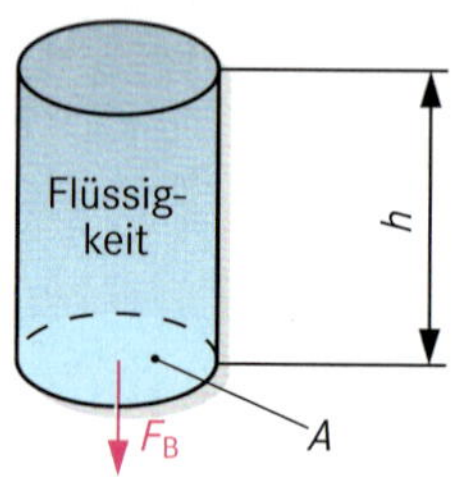

$$p = \varrho \cdot g \cdot h$$

$$F_B = \varrho \cdot g \cdot h \cdot A$$

Hydraulische Anlagen

Druckgleichgewicht

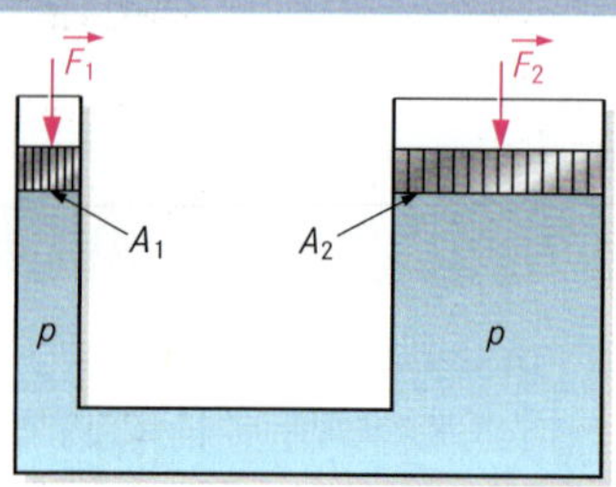

$$\frac{F_1}{A_1} = \frac{F_2}{A_2} \qquad \frac{F_1}{F_2} = \frac{A_1}{A_2}$$

Verrichtete Arbeit

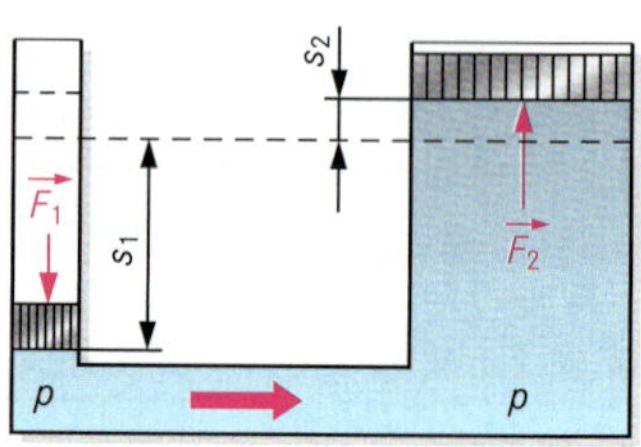

$$F_1 \cdot s_1 = F_2 \cdot s_2 \qquad \frac{F_1}{F_2} = \frac{s_2}{s_1}$$

Auftriebskraft
Buoyant Force

Die Auftriebskraft, die ein Körper in einer Flüssigkeit erfährt, ist gleich der Gewichtskraft der von diesem Körper verdrängten Flüssigkeit.

F_A: Auftriebskraft
ϱ_{Fl}: Dichte der Flüssigkeit
V_K: Volumen des eingetauchten Körpers
g: Fallbeschleunigung
F_G: Gewichtskraft des Körpers
m_{Fl}: Masse der verdrängten Flüssigkeit

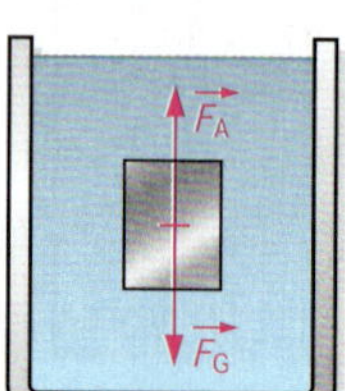

$$F_A = m_{FL} \cdot g$$

$$\varrho_{Fl} = \frac{m_{Fl}}{V_K}$$

$$F_A = \varrho_{Fl} \cdot g \cdot V_K$$

Temperatur (tiefste Temperatur ϑ_0 = –273,15 °C = 0 K, absoluter Nullpunkt)

Temperatur	Kelvin-Temperatur	Celsius-Temperatur	Fahrenheit-Temperatur
Formelzeichen	T	t, ϑ	t, ϑ
Einheitenzeichen	K (Kelvin)	°C (Grad Celsius)	°F (Grad Fahrenheit)
Einheit der Temperaturdifferenz	1 K (Kelvin)	1 K (Kelvin)	–
Zusammenhang	0 K = –273 °C 273 K = 0 °C 373 K = 100 °C	$\vartheta_c = \vartheta_K - 273\ K$	$\vartheta_F = \frac{9}{5}\vartheta_c + 32°$ $\vartheta_c = (\vartheta_F - 32°)\frac{5}{9}$

Temperaturmessung

Flüssigkeitsthermometer mit Quecksilber	–30 °C ... 280 °C	Segerkegel	220 °C ... 2000 °C
Flüssigkeitsthermometer mit Quecksilber und Gasfüllung	–30 °C ... 750 °C	Metallausdehnungsthermometer	–20 °C ... 500 °C
Flüssigkeitsthermometer mit Alkohol	–110 °C ... 50 °C	Elektrische Widerstandsthermometer	–250 °C ... 1000 °C
Thermocolore	150 °C ... 600 °C	Glühfarben	500 °C ... 3000 °C
		Gasthermometer	–272 °C ... 2800 °C

Ausdehnung durch Wärme

lineare Ausdehnung

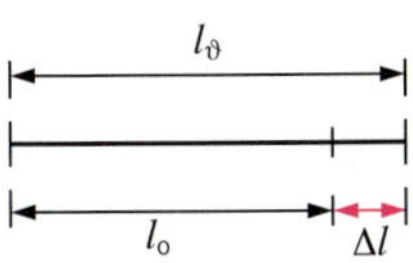

l_0: Anfangslänge
Δl: Längenänderung
l_ϑ: Endlänge
$\Delta\vartheta$: Temperaturänderung
α: Längenausdehnungskoeffizient

$$\Delta l = l_0 \cdot \alpha \cdot \Delta\vartheta$$
$$l_\vartheta = l_0 + \Delta l$$
$$l_\vartheta = l_0 (1 + \alpha \cdot \Delta\vartheta)$$

$[\alpha] = \frac{1}{K}$

kubische Ausdehnung

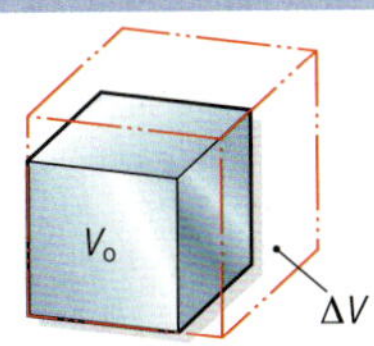

V_0: Anfangsvolumen
ΔV: Volumenänderung
V_ϑ: Endvolumen
$\Delta\vartheta$: Temperaturänderung
γ: Volumenausdehnungskoeffizient

$$\Delta V = V_0 \cdot \gamma \cdot \Delta\vartheta$$
$$V_\vartheta = V_0 + \Delta V$$
$$V_\vartheta = V_0 (1 + \gamma \cdot \Delta\vartheta)$$

Es gilt angenähert:

$\gamma \approx 3\alpha \qquad [\gamma] = \frac{1}{K}$

Wärmemenge Q

$$Q = m \cdot c \cdot \Delta\vartheta$$

Q: Wärmemenge $[Q]$ = J (Joule)
m: Masse
$\Delta\vartheta$: Temperaturänderung
c: spezifische Wärmekapazität

$[c] = \frac{kJ}{kg \cdot K}$

Die einem Körper zugeführte oder von ihm abgegebene Wärmemenge ist abhängig vom Produkt aus der Masse, der spezifischen Wärmekapazität und der Temperaturänderung.

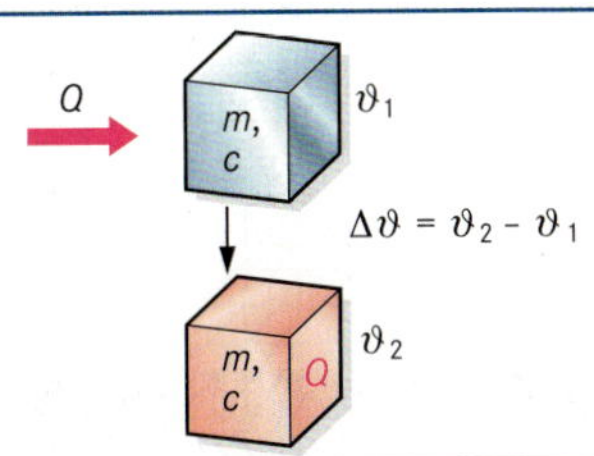

Mischungsvorgänge

abgegebene Wärmemenge = aufgenommener Wärmemenge

$$Q_{ab} = Q_{auf}$$

$$m_1 \cdot c_1 (\vartheta_1 - \vartheta_m) = m_2 \cdot c_2 (\vartheta_m - \vartheta_2)$$

$$\vartheta_m = \frac{m_1 \cdot c_1 \cdot \vartheta_1 + m_2 \cdot c_2 \cdot \vartheta_2}{m_1 \cdot c_1 + m_2 \cdot c_2}$$

ϑ_m: Mischungstemperatur

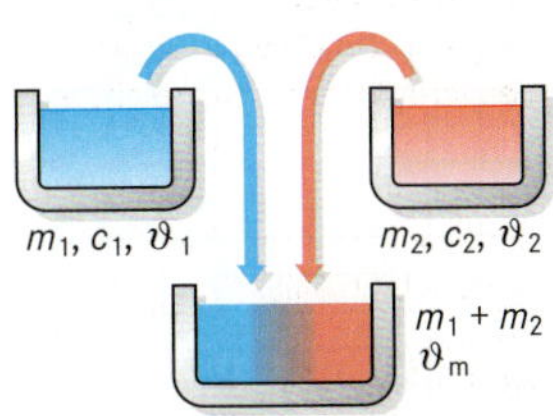

Schall

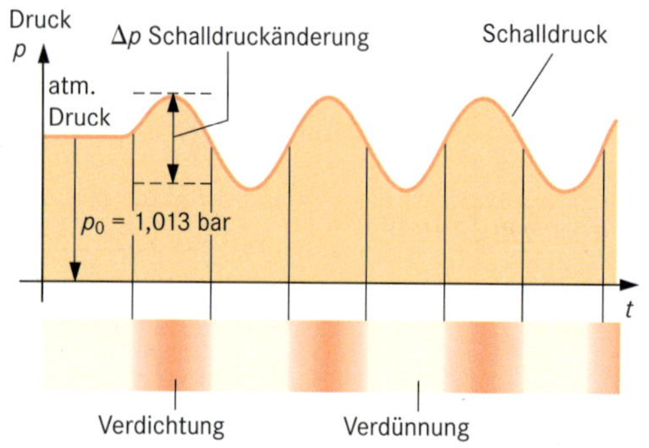

Lautstärken von Schallquellen

Schallquelle	Lautstärkepegel L_N in phon	Schalldruck p in µbar
Hörschwelle	0	$2 \cdot 10^{-4}$
Flüstern in 1 m Entfernung	30	$6{,}4 \cdot 10^{-3}$
mittlere Sprachwiedergabe	50	$6{,}4 \cdot 10^{-2}$
Verkehrslärm	70	$6{,}4 \cdot 10^{-1}$
Presslufthammer	90	6,4
startendes Flugzeug, 5 m Abstand	110	64
Schmerzschwelle	130	640

Schallgeschwindigkeit

$$c = f \cdot \lambda \qquad [c] = \frac{\text{m}}{\text{s}}$$

c: Schallgeschwindigkeit
f: Frequenz
λ: Wellenlänge

Wellenarten

Longitudinalwellen (Längswellen)
Schwingungsrichtung der Teilchen ist identisch mit der Ausbreitungsrichtung des Schalls.

Transversalwellen (Querwellen)
Teilchen schwingen quer zur Ausbreitungsrichtung des Schalls.

Lautstärkepegel

Angabe: L_N in phon

Der Lautstärkepegel eines beliebigen Schalleindrucks beträgt z. B. x phon, wenn von einem gehörmäßig normalempfindenden Beobachter der Schall als gleich laut wahrgenommen wird wie ein Ton mit f = 1 kHz, dessen Schalldruckpegel x dB beträgt.

Lautheit

Angabe: N in sone

Die Lautheit ist der Stärke der Schallwahrnehmung normalhörender Beobachter proportional.

Schalldruckpegel L_p in Abhängigkeit von der Frequenz (Kurven gleicher Lautstärke, Sinustöne)

gehörmäßig normalempfindende Personen, Alter: 18–25 Jahre

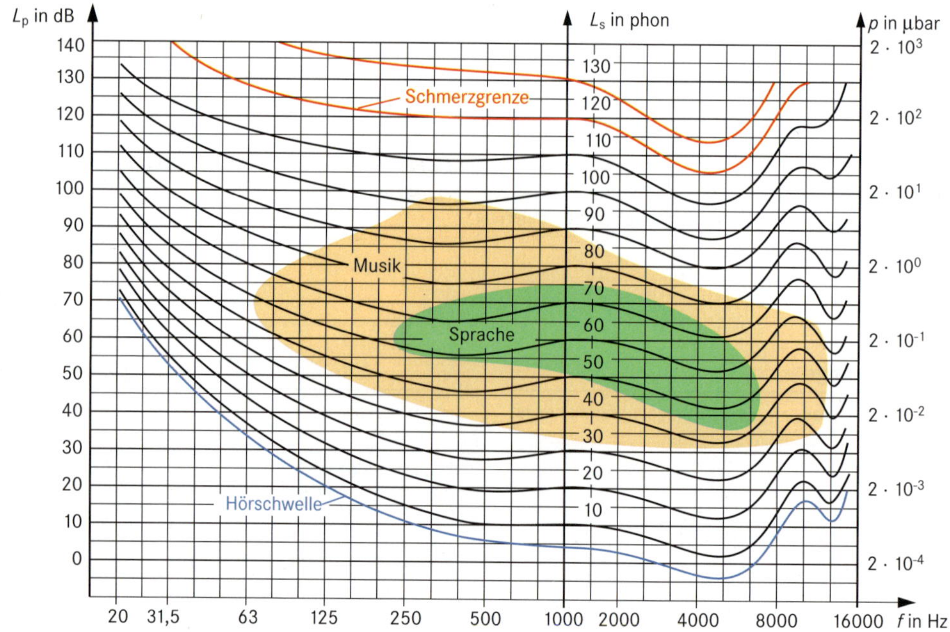

Schalldruckpegel L_p

$$L_p = 20 \lg \frac{p}{p_0} \text{ dB}$$

p: Effektiver Schalldruck
$p_0 = 20\ \mu N/m^2$

p_0: Schalldruck in Luft
$p_0 = 2 \cdot 10^{-4}\ \mu bar$

Schallschnellepegel L_v

$$L_v = 20 \lg \frac{v}{v_0} \text{ dB}$$

v: Effektive Schallschnelle

v_0: Schallschnelle in Luft
$v_0 = 50$ nm/s

Schallintensitätspegel L_I

$$L_I = 10 \lg \frac{I}{I_0} \text{ dB}$$

I: Schallintensität
$I_0 = 10^{-12}\ W/m^2$

I_0: Schallintensität in Luft
$I_0 = 1\ pW/m^2$

Schallleistungspegel L_p

$$L_p = 10 \lg \frac{P}{P_0} \text{ dB}$$

P: Schallleistung
$P_0 = 1 \cdot 10^{-12}$ W

P_0: Schallleistung in Luft
$P_0 = 1$ pW

Zusammenhang zwischen Lautheit und Lautstärkepegel

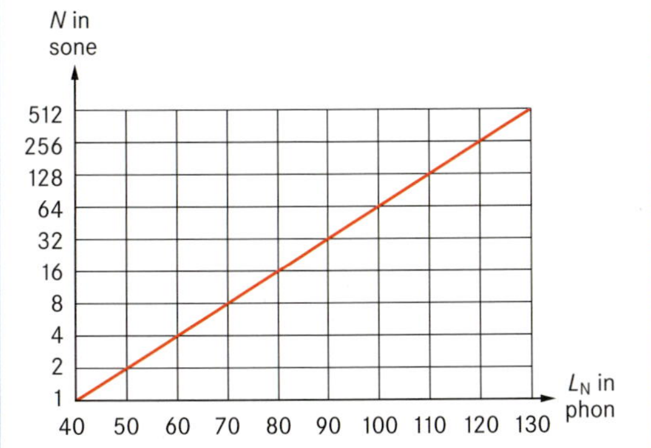

Bewertungskurve für Schallpegelmesser

Bei der Schallpegelmessung wird das Schallereignis ähnlich dem menschlichen Ohr durch ein zwischengeschaltetes Filter bewertet (Filter A). Das Messergebnis entspricht somit dem Schallempfinden des Menschen.

Bewertungskurve

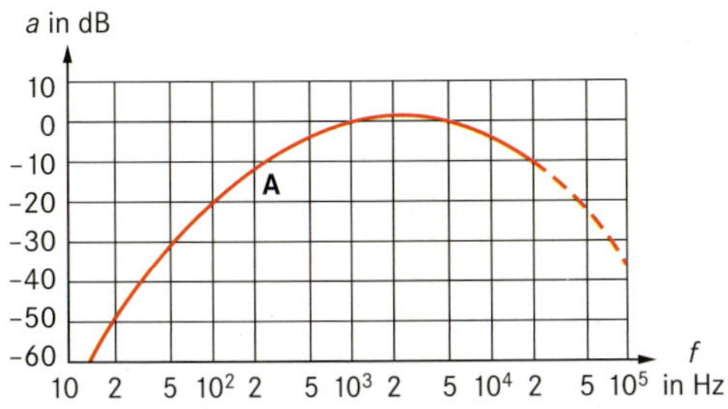

Messschaltung

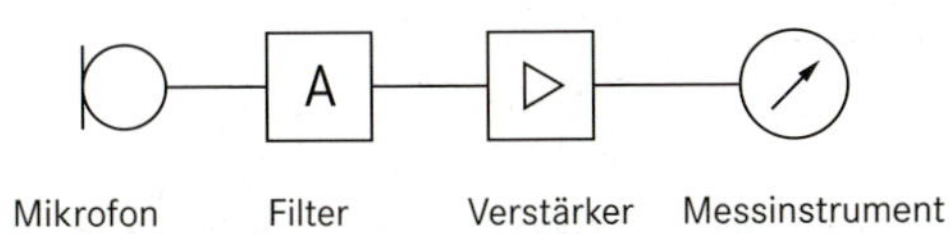

Schallgeschwindigkeiten und Materialkenngrößen bei 20 °C

Stoff	Dichte ϱ in $\frac{g}{cm^3}$	Schallgeschwindigkeit c in $\frac{m}{s}$	Feldkennimpedanz Z_0 in $\frac{N \cdot s \cdot 10^6}{m^3}$
Aluminium	2,7	6260	16,9
Beton	2,6	3100	8,06
Eisen	7,9	5000	39,5
Gummi	1,5	1480	2,22
Kupfer	8,9	4700	1,3
Messing	8,6	3400	41,8
Polystyrol	1,1	1800	1,98
PVC	1,2	80	0,096
Silber	10,5	3600	37,8
Stahl	7,8	5850	45,6
Zink	7,14	2680	19,14
Alkohol	0,79	1180	0,992
Quecksilber	13,55	1451	19,7
Trafoöl	0,9	1425	1,3
Wasser	1,0	1440	1,4
Sauerstoff	$1{,}4 \cdot 10^{-3}$	316	$442 \cdot 10^{-6}$
Luft	$1{,}2 \cdot 10^{-3}$	343	$412 \cdot 10^{-6}$

Feldkennimpedanz:
$Z_0 = \varrho \cdot c$ $\quad\varrho$: Dichte $\quad c$: Schallgeschwindigkeit

Schallleistungen von Schallquellen

Schallquelle	Schallleistung P in W
Umgangssprache (Mittelwert)	$7 \cdot 10^{-6}$
Höchstwert der menschlichen Stimme	$2 \cdot 10^{-3}$
Klavier	$2 \cdot 10^{-1}$
Autohupe	5
Lautsprecher	10
Sirene	1000

Optische Strahlung

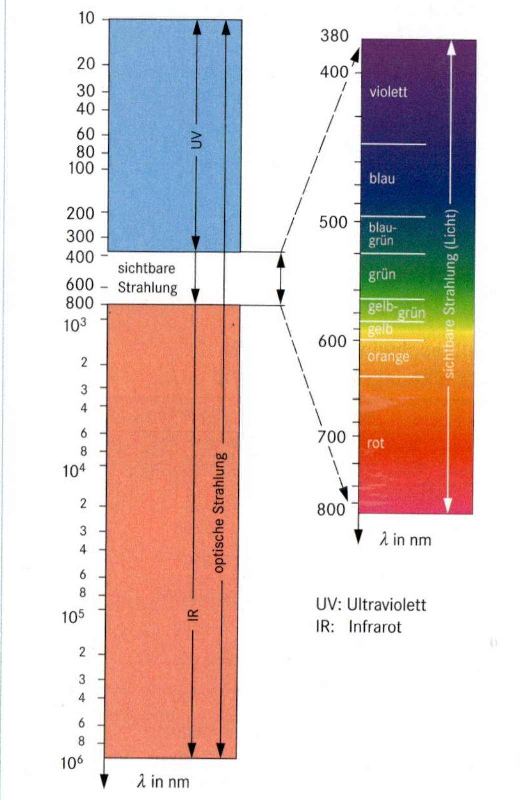

Relativer spektraler Helligkeitsempfindlichkeitsgrad (Augenempfindlichkeit)

Tagessehen: $V(\lambda)$
Helligkeitsadaption oberhalb von 10 lx, photooptischer Bereich, Zapfen-Sehen;
Strahlungsäquivalent: K_m = 683 lm/W

Nachtsehen: $V'(\lambda)$
Dunkeladaption unterhalb 0,1 lx, skoptischer Bereich, Stäbchen-Sehen;
Strahlungsäquivalent: K_m = 1699 lm/W

Die Kurven sind Mittelwerte, die an vielen Personen ermittelt wurden.

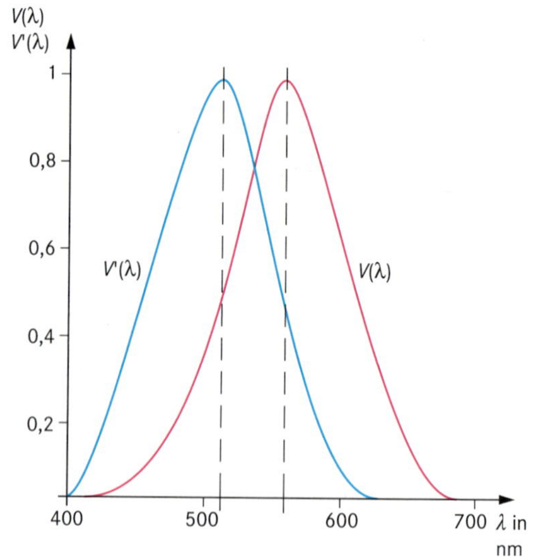

Wellenlängenbereiche der UV- und IR-Strahlung

Name	Kurzzeichen	Wellenlänge λ in nm	Frequenz f in THz	Energie Q_e in eV
Ultraviolettstrahlung (UV)	UV-C < VUV[1]	100 ... 200	3.000 ... 1.500	12,4 ... 6,2
	UV-C < FUV[2]	200 ... 280	1.500 ... 1.070	6,2 ... 4,4
	UV-B (Mittleres UV)	280 ... 315	1.070 ... 950	4,4 ... 3,9
	UV-A (Nahes UV)	315 ... 380	950 ... 790	3,9 ... 3,3
Sichtbare Strahlung, Licht	VIS	380 ... 780	790 ... 385	3,3 ... 1,6
Infrarot-Strahlung (IR)	NIR[3] < IR-A	780 ... 1400	385 ... 215	1,6 ... 0,9
	NIR[3] < IR-B	1.400 ... 3.000	215 ... 100	0,9 ... 0,4
	IR-C < MIR[4]	3.000 ... 50.000	100 ... 6	0,4 ... 0,025
	IR-C < FIR[5]	50.000 ... $1 \cdot 10^6$	6 ... 0,3	0,025 ... 0,001

[1] Vakuum UV, [2] Fernes UV, [3] Nahes IR, [4] Mittleres IR, [5] Fernes IR

Strahlungsphysikalische (radiometrische) Größen (radiometric units)

- rein physikalische Betrachtungsweise
- Index e bedeutet: energetische
- Bereich von 10^1 ... 10^6 nm

Lichttechnische (fotometrische) Größen (photometric units)

- physiologische Bewertung durch das menschliche Auge
- Index v bedeutet: visuell
- Teilbereich der optischen Strahlung, 380 nm ... 780 nm

Reflexion an spiegelnden Flächen

Ebene Fläche

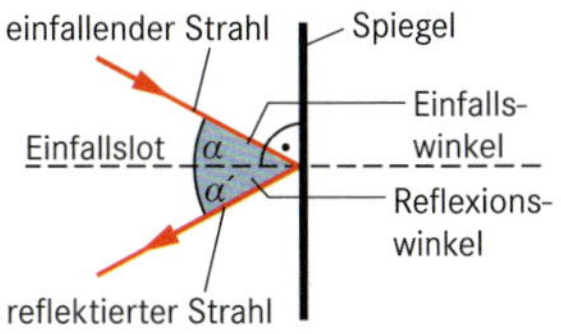

Einfallender Strahl, reflektierter Strahl und Einfallslot liegen in einer Ebene. Einfallswinkel und Ausfallswinkel sind gleich groß.

$$\alpha = \alpha'$$

Gewölbte Fläche (Hohlspiegel)

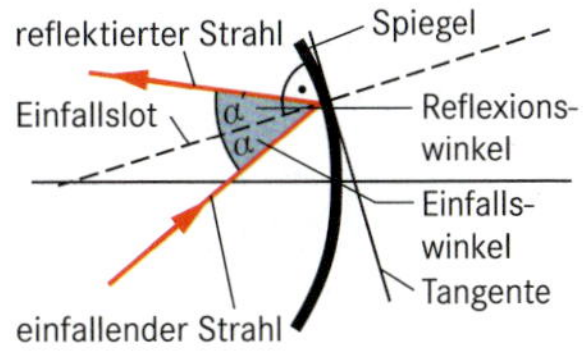

Lichtbrechung

Ebene Fläche (z. B. Glas)

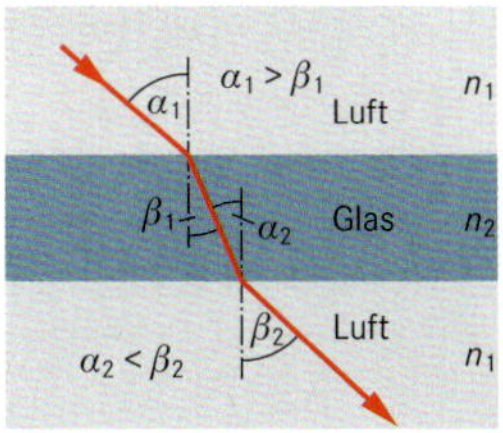

Wenn Licht von einem optischen Medium in ein anderes übergeht, ändert das Licht seine Geschwindigkeit c und damit seine Richtung. Der Quotient n (**Brechzahl**) aus dem Sinus des Einfallswinkels α und dem Sinus des Brechungswinkels β ist konstant

$$\frac{\sin\alpha}{\sin\beta} = \frac{c_1}{c_2} = \frac{n_2}{n_1}$$

Prisma

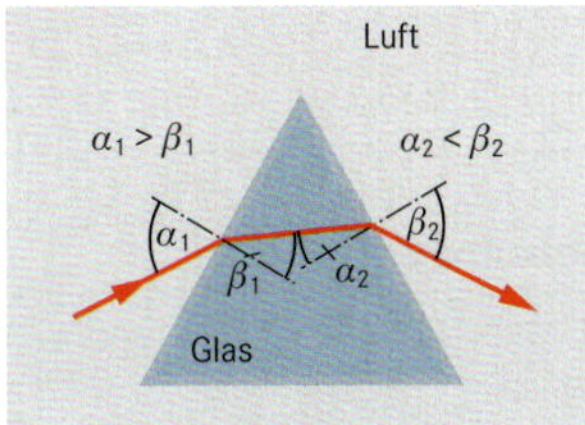

Linsen

Sammellinsen (Konvexlinsen)

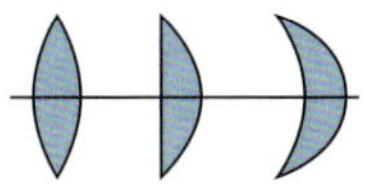

F_1, F_2: Brennpunkte

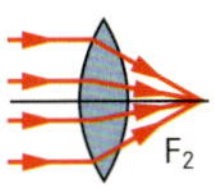

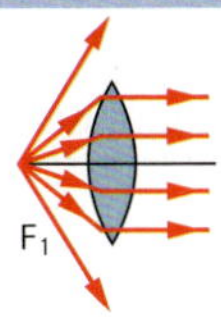

F_1, F_2: Brennpunkte

Zerstreuungslinsen (Konkavlinsen)

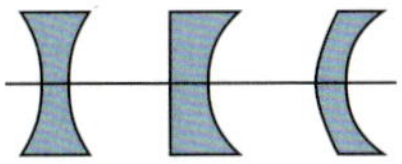

F_1, F_2: Brennpunkte

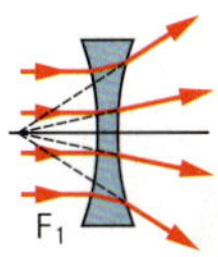

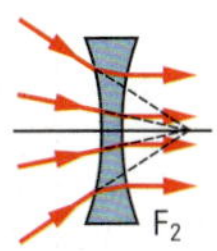

F_1, F_2: Brennpunkte

Lichttechnische Größen

Formelzeichen, Formeln	Größe	Einheit
Q, W	Lichtmenge Q	Lumensekunde, lm · s
$\Phi_V = \frac{Q}{t}$	Lichtstrom Φ_V	Lumen, lm 1 lm = 1 cd · sr
Sender		
$I_V = \frac{\Phi}{\Omega}$	Lichtstärke I_V	Candela, cd
$L_V = \frac{\Phi}{\Omega \cdot A \cdot \cos\varepsilon}$	Leuchtdichte L_V (Lichtstärke/Fläche)	Candela/Quadratmeter cd · m^{-2}
Empfänger		
$E_V = \frac{\Phi}{A}$	Beleuchtungsstärke E_V (Lichtstrom/Fläche)	Lux, lx 1 lx = 1 lm · m^{-2}
$H_V = E \cdot t$	Belichtung H_V	Luxsekunde, lx · s 1 lx · s = 1 lm · s · m^{-2}

Raumwinkel Ω, ω

Einheit: Steradiant (sr)

$$\Omega = \frac{A}{r^2}$$

1 sr bei r = 1 m und A = 1 m^2

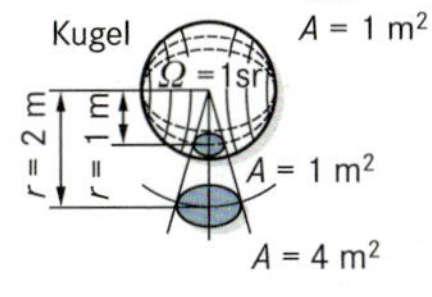

Lichtstrom Φ_V

Lichtquelle

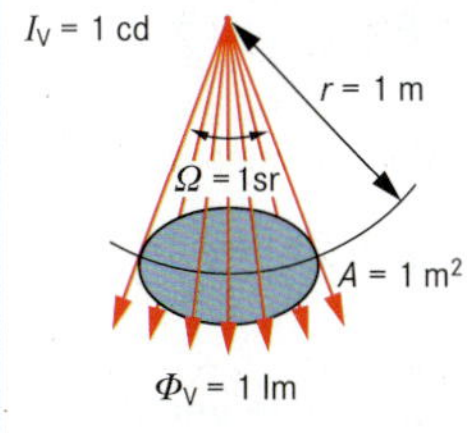

Belichtung H_V

Lichtquelle

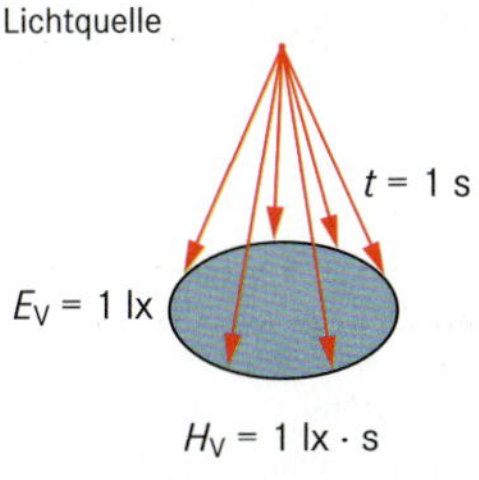

Beleuchtungsstärke E_V

Lichtquelle

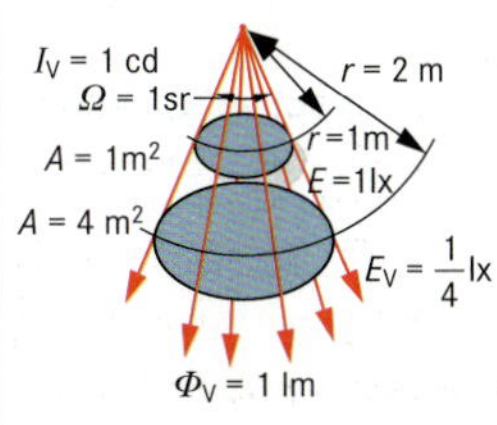

Stoffeinteilung

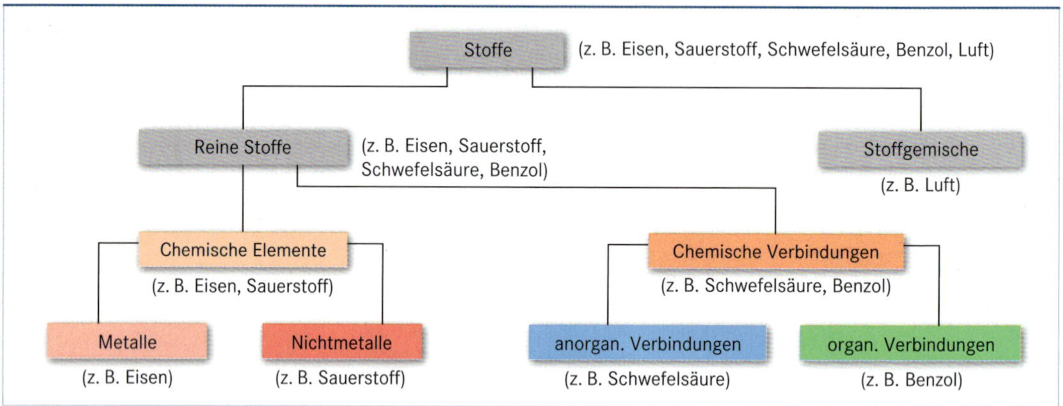

Atomaufbau

Atomkern		Atomhülle
Protonen	Neutronen	Elektronen
Elektrisch positive Masseteilchen. Die Protonen bestimmen den Charakter des Elements. Protonenzahl = Kernladungszahl = Ordnungszahl	Elektrisch neutrale Masseteilchen. Die Neutronenzahl kann für die Atomkerne des gleichen Elements unterschiedlich sein (Isotope).	Elektrisch negative Masseteilchen. Bei einem neutralen Atom ist die Protonenzahl gleich der Elektronenzahl.

Atomteilchen

Name	Ladung *e* in As	Masse *m* in g
Elektron	$-1{,}602 \cdot 10^{-19}$	$9{,}1089 \cdot 10^{-28}$
Neutron	0	$1{,}6748 \cdot 10^{-24}$
Proton	$+1{,}602 \cdot 10^{-19}$	$1{,}6725 \cdot 10^{-24}$
Schalen	**Elektronen**	**Bezeichnung**
K	2	1 s
L	2, 6	2 s, 2 p
M	2, 6, 10	3 s, 3 p, 3 d
N	2, 6, 10, 14	4 s, 4 p, 4 d, 4 f

Atommodell

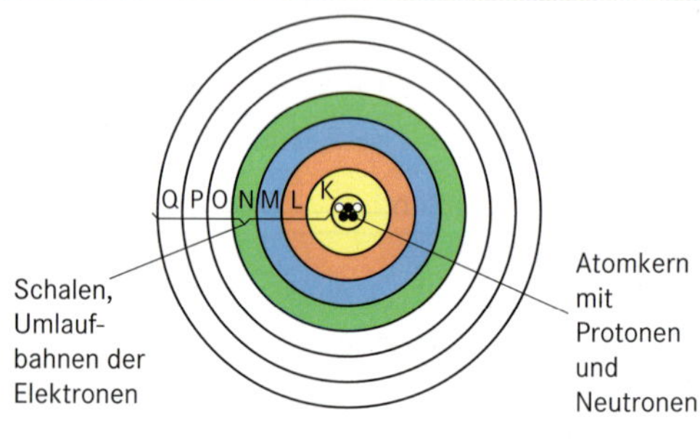

Relative Atommasse *A*

$$A = \frac{\text{Masse des neutralen Atoms}}{\frac{1}{12}\text{ der Masse des Kohlenstoffsatoms }^{12}\text{C}}$$

Eine relative Masseneinheit beträgt $1{,}6605 \cdot 10^{-27}$ kg.

Atomsymbole und ihre Schreibweise

	Chlormolekül	Chlorid-Ion	Wasserstoffmolekül	Natriumchloridmolekül
ohne Angabe der Ionenladung	Cl_2		H_2	NaCl
mit Angabe der Ionenladung		2 Cl^-	2H^-	$(Na^+ Cl^-)$

Beispiel:

A = Z + N
(N: Neutronenzahl)

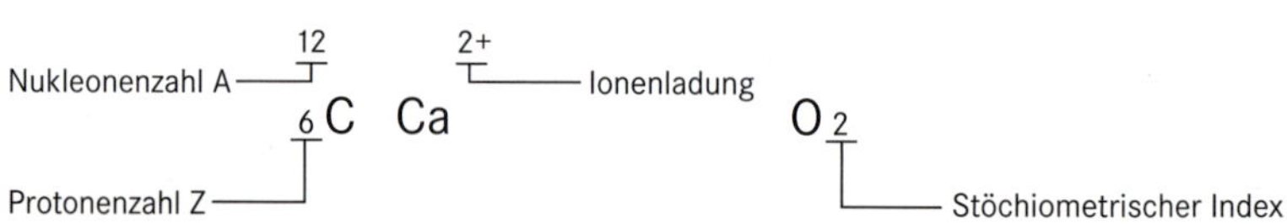

Oxidationszahlen: $C^{IV} (Cl^{-I})_4$; $Na_2 \overset{6+2-}{[SO_4]}$

Periodensystem
Periodic System

Gruppe* / Periode (Schale)	1 (Ia)	2 (IIa)	3 (IIIb)	4 (IVb)	5 (Vb)	6 (VIb)	7 (VIIb)	8 (VIII)	9 (VIII)	10 (VIII)	11 (Ib)	12 (IIb)	13 (IIIa)	14 (IVa)	15 (Va)	16 (VIa)	17 (VIIa)	18 (VIIIa)
1 (K)	1 H -252,9 0,0899																	2 He -268,9 0,1785
2 (L)	3 Li 180,5 0,534	4 Be 1278 1,848											5 B 2300 2,46	6 C 3550 3,51	7 N -195,8 1,2506	8 O -182,96 1,429	9 F -188,1 1,696	10 Ne -246,1 0,899
3 (M)	11 Na 97,8 0,971	12 Mg 648,8 1,738											13 Al 660,5 2,699	14 Si 1410 2,33	15 P 44 1,82	16 S 113 2,07	17 Cl -34,6 3,214	18 Ar -189,4 1,784
4 (N)	19 K 63,7 0,862	20 Ca 839 1,55	21 Sc 1539 2,989	22 Ti 1660 4,51	23 V 1890 6,09	24 Cr 1857 7,19	25 Mn 1246 7,21	26 Fe 1535 7,86	27 Co 1495 8,89	28 Ni 1453 8,902	29 Cu 1083,5 8,96	30 Zn 419,6 7,14	31 Ga 29,8 5,904	32 Ge 937,4 5,323	33 As 613 5,72	34 Se 217 4,82	35 Br 58,8 3,14	36 Kr -152,3 3,749
5 (O)	37 Rb 39 1,532	38 Sr 769 2,63	39 Y 1523 4,469	40 Zr 1855 6,506	41 Nb 2468 8,57	42 Mo 2617 10,28	43 Tc 2172 11,5	44 Ru 2310 12,45	45 Rh 1966 12,41	46 Pd 1552 12,02	47 Ag 961,9 10,5	48 Cd 321 8,642	49 In 156,6 7,31	50 Sn 232 7,29	51 Sb 630,7 6,691	52 Te 449,6 6,24	53 I 113,5 4,93	54 Xe -107 5,897
6 (P)	55 Cs 28,4 1,873	56 Ba 725 3,65	57…71	72 Hf 2150 13,31	73 Ta 2996 16,654	74 W 3407 19,26	75 Re 3180 21,20	76 Os 3045 22,61	77 Ir 2410 22,65	78 Pt 1772 21,45	79 Au 1064,4 19,32	80 Hg 356,6 13,546	81 Tl 1457 11,85	82 Pb 327,5 11,34	83 Bi 271,4 9,80	84 Po 254 9,20	85 At 302 k. A.	86 Rn -61,8 9,73
7 (Q)	87 Fr 27 k. A.	88 Ra 700 5,50	89…103	104 Rf 261,109 k. A.	105 Db 262,114 k. A.	106 Sg 263,118 k. A.	107 Bh 262,123 k. A.	108 Hs 265 k. A.	109 Mt 266 k. A.	110 Ds 269 k. A.	111 Rg 272 k. A.	112 Uub* 285 k. A.	113 Uut* 284 k. A.	114 Uuq* 289 k. A.	115 Uup* 288 k. A.	116 Uuh* 292 k. A.	117 Uus* k. A. k. A.	118 Uuo* k. A. k. A.
6 (P)	Lanthanoide		57 La 920 6,145	58 Ce 798 6,77	59 Pr 931 6,773	60 Nd 1010 7,008	61 Pm 1080 7,264	62 Sm 1072 7,52	63 Eu 822 5,26	64 Gd 1311 7,89	65 Tb 1360 8,23	66 Dy 1409 8,56	67 Ho 1470 8,795	68 Er 1522 9,066	69 Tm 1545 9,321	70 Yb 824 6,966	71 Lu 1656 9,841	
7 (Q)	Actinoide		89 Ac 1047 10,07	90 Th 1750 11,72	91 Pa 1554 15,37	92 U 1132,4 18,95	93 Np 640 20,45	94 Pu 641 19,84	95 Am 994 13,67	96 Cm 1340 13,51	97 Bk 986 13,25	98 Cf 900 15,10	99 Es 860 k. A.	100 Fm 1526 k. A.	101 Md 827 k. A.	102 No 827 k. A.	103 Lr 1627 k. A.	

Ordnungszahl – Elementsymbol – Kristallstruktur

Schmelzpunkt (feste Elemente)
Siedepunkt (flüssige/gasförmige Elemente)

Dichte:
feste/flüssige Elemente in kg/dm³
gasförmige Elemente in kg/m³

26 Fe 1535 7,86

Gruppierung

Fe festes Element
Hg flüssiges Element
O gasförmiges Element
U natürliches, radioaktives Element
Rf künstliches, radioaktives Element
Uub* vorläufiges Symbol

* IUPAC-Empfehlung
herkömmliche Gruppenbezeichn.
k. A.: keine Angabe

Nichtmetall, Leichtmetall, Edelmetall, Halbmetall, Schwermetall, Edelgas

amorph, kubisch-flächenzentriert, monoklin, rhomboedrisch, hexagonal, kubisch-raumzentriert, orthorhombisch, tetragonal

Stoffwerte
Physical Characteristics

Name	Kurzzeichen	Dichte ϱ ϱ in $\frac{kg}{dm^3}$	Schmelzpunkt ϑ_{Fl} in °C	Siedepunkt ϑ_G in °C	Spez. Schmelzwärme q in $\frac{kJ}{kg}$	Spez. Wärmekapazität c in $\frac{kJ}{kg \cdot K}$	Längen-/Volumen-Ausdehnungskoeffizient α in $\frac{10^{-6}}{K}$
Glas	–	2,4 … 2,7	≈ 700	–		0,850	5
Polyvinylchlorid	PVC	1,35	–	–	165	1,500	8,0
Quarz	SiO_2	2,1 … 2,6	1480	2230		0,745	8
Cu-Legierung	CuAl 10Fe5Ni5 CuSn 6 CuZn 28	7,4 … 7,7 7,4 … 8,9 8,4 … 8,7	≈ 1040 ≈ 900 ≈ 950	≈ 2300 ≈ 2300 ≈ 2300	 167	440 380 390	0,000016 0,0000175 0,0000185
Stahl, unlegiert	C 22	7,85	1510	≈ 2500	205	490	0,000011
Wasser (destilliert)	H_2O	1,00 (4 °C)	0	100		4,182	207
Luft	–	1,29 (mg/cm³)	-220	-191,4		0,716 (V = Konst.)	

Stoffwerte von chemisch reinen Elementen (20 °C und 1,013 · 10⁵ Pa)

Physical Characteristics of Pure Chemical Elements

Name	Kurzzeichen	Ordnungszahl	Elektrische Leitfähigkeit $\varkappa$ in $\frac{MS}{m}$	Temperaturkoeffizient α_{20} in $\frac{10^{-3}}{K}$	Spez. Wärmekapazität c in $\frac{kJ}{kg \cdot K}$	Dichte ϱ in $\frac{kg}{dm^3}$ Gas: $\frac{mg}{cm^3}$	Schmelzpunkt ϑ_{Fl} in °C	Siedepunkt ϑ_G in °C	Spez. Schmelzwärme q in $\frac{kJ}{kg}$	α in $\frac{10^{-6}}{K}$
Aluminium	Al	13	37,8[1]	4,7[1]	0,899	2,7	660	2270	398	23,9
Antimon	Sb	51	2,59	6,4	0,210	6,69	630,5	1640	163	10,8
Argon	Ar	18	–	–	–	1,78	-189	-186	–	–
Arsen	As	33	–	4,7	0,350	5,73	618	sublimiert	–	10,8
Barium	Ba	56	2,78	6,5	0,277	3,8	710	1696	–	19
Beryllium	Be	4	31,2	9,0	1,885	1,85	12,83	1870	–	12,3
Bismut	Vi	83	0,91	4,5	0,126	9,8	271	1560	54	13,5
Blei	Pb	82	4,77	4,2	0,130	11,34	327	1750	25	29
Bor (bei 0°C)	B	5	0,91	–	0,960	1,7 ... 2,3	2300	2500	–	8
Brom (bei 18°C)	Br	35	–	–	–	3,19	-7,3	59	–	1150
Cadmium	Cd	48	13,7	4,2	0,230	8,64	321	767	54	29,4
Calcium	Ca	20	–	–	0,630	1,55	850	1439	329	–
Chlor	Cl	17	–	–	–	3,214	–	-34,1	–	–
Chrom	Cr	24	6,76	5,9	0,460	7,1	1900	2300	314	8,5
Cobalt	Co	27	17,8	5,9	0,437	8,9	1490	3200	243	15
Eisen	Fe	26	10	4,6	0,466	7,87	1535	2880	268	11
Fluor	F	9	–	–	–	1,69	-218	-188	–	–
Gallium	Ga	31	2,5	4,0	–	5,91	29,75	2400	–	18
Germanium	Ge	32	0,0011	1,4	0,310	5,32	938	2700	409	6
Gold	Au	79	47,6	4,0	0,130	19,3	1063	2700	63	14,3
Helium	He	2	–	–	5,230	0,18	-272	-268,9	–	–
Indium	In	49	–	–	–	7,3	155	2000	238	44
Iridium	Ir	77	20,4	4,1	–	22,65	2454	>4800	–	–
Jod	J	53	–	–	0,220	4,94	113,7	184,5	62	–
Kalium	K	19	15,9	5,7	0,750	0,86	63,5	776	58	84
Kohlenstoff	C	6	–	–	0,500	3,51	–	–	–	–
Krypton	Kr	36	–	–	–	3,74	-157,2	-152,9	–	–
Kupfer	Cu	29	58[2]	4,3[2]	0,390	8,93	1083	2390	205	16,8
Lithium	Li	3	11,7	4,9	–	0,53	180	1340	669,9	58
Magnesium	Mg	12	23,3	4,1	0,924	1,74	650	1097	373	26
Mangan	Mn	25	2,56	5,3	0,504	7,43	1244	2152	264	15
Molybdän	Mo	42	20	4,7	0,270	10,2	2620	5550	273	5
Natrium	Na	11	23,3	5,4	1,260	0,97	97,7	883	113	72
Neon	Ne	10	–	–	–	0,899	-248	-246	–	–
Nickel	Ni	28	14,5	6,7	0,441	8,9	1452	3075	301	13
Osmium	Os	76	10,5	4,2	–	22,7	2500	4400	–	5
Palladium	Pd	46	10,2	3,7	–	12	1554	3387	–	10,6
Phosphor (bei 0°C)	P	15	–	–	0,755	1,83	44,1	280	21	–
Platin	Pt	78	10,2	3,9	0,134	21,4	1769	3800	100	9
Quecksilber	Hg	80	1,063	0,99	0,138	13,96	-38,9	357	11,3	182
Radium	Ra	88	–	–	–	5	700	1140	–	–
Radon	Rn	86	–	–	–	–	-71	-61,9	–	–
Sauerstoff	O	8	–	–	0,920	1,43	-219	-183	13	–
Schwefel (bei 0°C)	S	16	–	–	0,710	2,07	112,8	444,6	38	90
Selen	Se	34	–	–	0,330	4,8	220	688	83	–
Silber	Ag	47	67,1	4,1	0,230	10,5	960,8	1980	105	19,7
Silicium	Si	14	0,001	–	0,075	2,35	141,4	2630	142	7
Stickstoff	N	7	–	–	1,050	1,25	-210	-196	–	–
Strontium	Sr	38	3,25	3,8	0,075	2,54	757	1366	136	–
Tantal	Ta	73	7,14	3,5	0,138	16,6	2990	4100	172	6,5
Tellur	Te	52	0,0016	–	0,200	6,24	453	1390	140	17,2
Thallium	Tl	81	6,25	5,2	0,134	11,85	303	1457	–	2,9
Titan	Ti	22	2,38	5,4	0,630	4,5	1660	3535	88	8,2
Uran	U	92	4,76	2,8	0,120	18,7	1130	3500	365	
Vanadium	V	23	–	3,9	0,504	6,1	1900	3000	343	8,3
Wasserstoff	H	1	–	–	14,240	0,09	-257	-252	–	–
Wolfram	W	74	18,2	4,8	0,143	19,3	3380	4727	193	4,5
Xenon	Xe	54	–	–	–	–	-112	-108	–	–
Zink	Zn	30	17,6	4,2	0,395	7,13	419,5	906	100	29
Zinn	Sn	50	8,7	4,6	0,228	7,29	232	2360	59	27

Leitungsmaterial: [1] Aluminium $\varkappa > \frac{35\ MS}{s}$ $\varrho < 0{,}02857\ \mu\Omega m$ $\alpha_{20} = 0{,}0036\ K^{-1}$ [2] Kupfer $\varkappa > 56\ \frac{MS}{m}$ $\varrho < 0{,}01786\ \mu\Omega m$ $\alpha_{20} = 0{,}0039\ K^{-1}$

Stoffabscheidung durch Elektrolyse

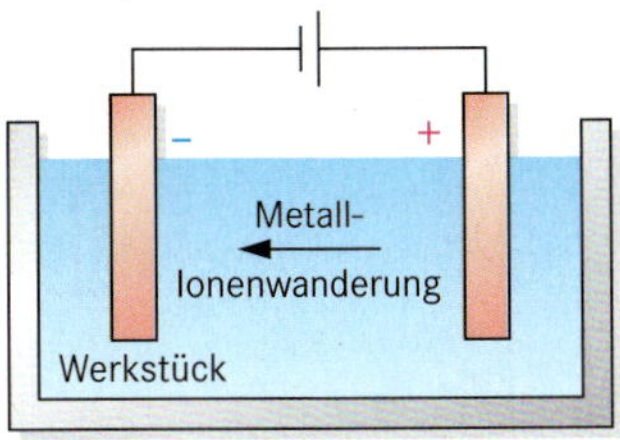

Wirkungsgrad (Stromausbeute)

Katodischer Wirkungsgrad

$\eta = \frac{m^*}{c \cdot I \cdot t}$ m^*: verfügbare Masse

Der Wirkungsgrad ist stark von der Anlage abhängig.

Die Verluste entstehen durch:
- Nebenreaktionen (z. B. Wasserstoffabscheidung)
- Zusammensetzung der Flüssigkeit
- Erwärmung der Flüssigkeit

Massenberechnung (Faradaysches Gesetz)

$m = c \cdot I \cdot t$

m: Masse

c: elektrochemisches Äquivalent

$[c] = \frac{\text{mg}}{\text{As}}, \frac{\text{g}}{\text{Ah}}$ $1\,\frac{\text{mg}}{\text{As}} = \frac{3{,}6\ \text{g}}{\text{Ah}}$

I: Stromstärke

t: Zeit

Schichtdicke s

$s = \frac{m}{A \cdot \varrho}$ $s = \frac{c \cdot I \cdot t}{A \cdot \varrho}$ $s = \frac{c \cdot J \cdot t}{\varrho}$

ϱ: Dichte

Stromdichte J

$J = \frac{I}{q}$ q: Fläche $[J] = \frac{\text{A}}{\text{dm}^2}$

Metall	Wertigkeit	elektrochem. Äquivalent c in $\frac{\text{g}}{\text{A} \cdot \text{h}}$	Metall	Wertigkeit	elektrochem. Äquivalent c in $\frac{\text{g}}{\text{A} \cdot \text{h}}$	Metall	Wertigkeit	elektrochem. Äquivalent c in $\frac{\text{g}}{\text{A} \cdot \text{h}}$
Al Aluminium	III	0,3356	Au Gold	I	7,3490	Mn Mangan	II	1,0249
Pb Blei	II	3,8654	Au Gold	III	2,4497	Ni Nickel	II	1,0954
Cd Cadmium	II	2,0969	Co Kobalt	II	1,0994	Pt Platin	IV	1,8195
Cr Chrom	III	0,6467	Cu Kupfer	I	2,3707	Ag Silber	I	4,0247
Cr Chrom	VI	0,3233	Cu Kupfer	II	1,1854	Zn Zink	II	1,2197
Fe Eisen	II	1,0419	Mg Magnesium	II	0,4535	Sn Zinn	II	2,2142

Korrosionsschutzmaßnahmen
Corrosion Protection Measures

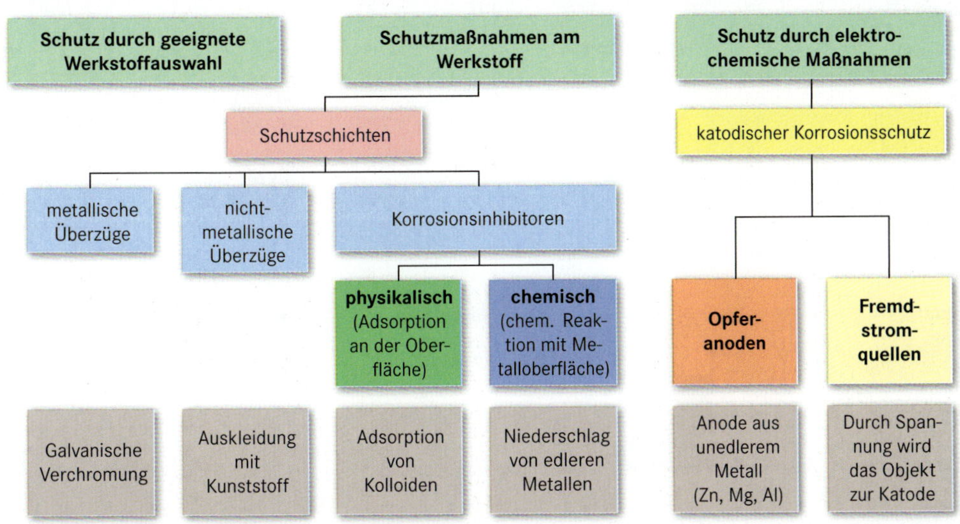

Größe	Darstellung	Größen und Formelzeichen	Einheit und Einheitenzeichen	Formel
Spannung	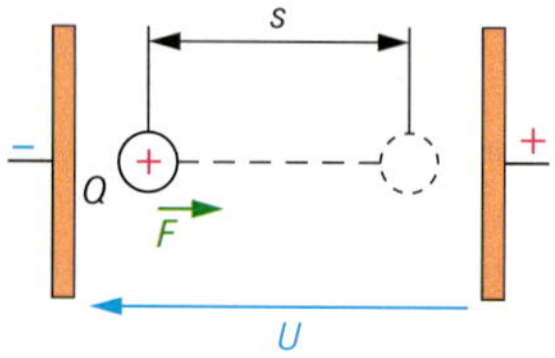	Spannung *U*	Volt V	$U = \frac{W}{Q}$
		Ladung *Q*	Coulomb C Amperesekunde As	
		Arbeit *W*	Wattsekunde Ws, VAs	
	Die **elektrische Spannung** zwischen zwei Punkten eines elektrischen Feldes ist gleich dem Quotienten aus der verrichteten Verschiebungsarbeit und der bewegten Ladung.			
Stromstärke	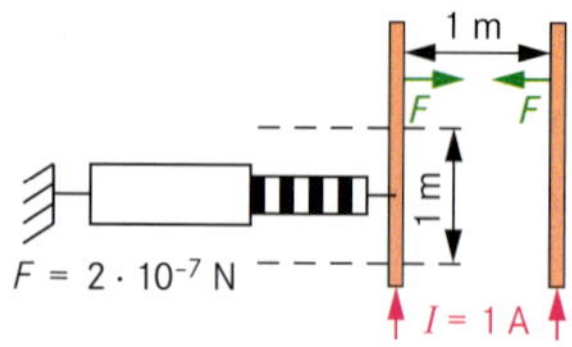	Stromstärke *I*	Ampere A	$I = \frac{Q}{t}$
		Zeit *t*	Sekunde s 1 C = 1 As	
	Ein Ampere ist die Stärke eines zeitlich unveränderlichen elektrischen Stromes durch zwei geradlinige, parallele, unendlich lange Leiter, die einen Abstand von 1 m haben und zwischen denen im leeren Raum je 1 m Doppelleitung eine Kraft von $2 \cdot 10^{-7}$ N wirkt.			
Stromdichte	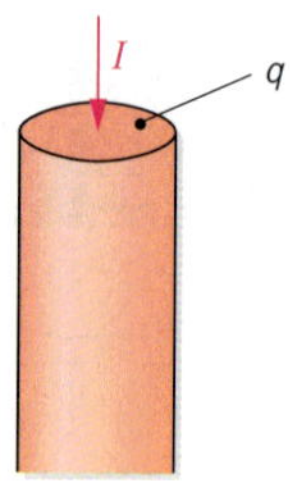	Stromdichte *J*	Ampere durch Quadratmeter $\frac{A}{m^2}$	$J = \frac{I}{q}$
		Querschnittsfläche *q*	Quadratmeter m^2 $1\ m^2 = 10^4\ cm^2$ $= 10^6\ mm^2$	
Stromstärke, Spannung, Widerstand und Leitwert	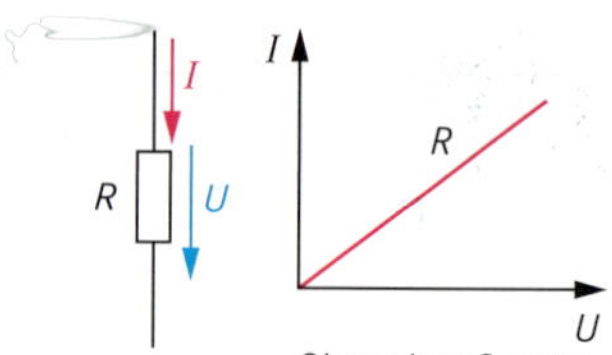Ohmsches Gesetz	Widerstand *R*	Ohm Ω $1\ \Omega = 1\ \frac{V}{A}$	$I = \frac{U}{R}$
		Leitwert *G*	Siemens S $1\ S = 1\ \frac{A}{V}$	$G = \frac{1}{R}$ $I = G \cdot U$
Elektrische Arbeit	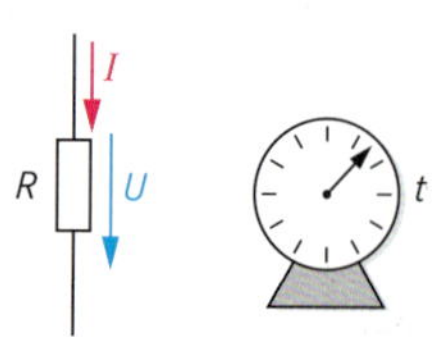	Elektrische Arbeit *W*	Wattsekunde Ws, VAs 1 kWh = $3{,}6 \cdot 10^6$ Ws 1 Nm = 1 Ws = 1 J	$W = U \cdot I \cdot t$ $W = P \cdot t$
Elektrische Leistung	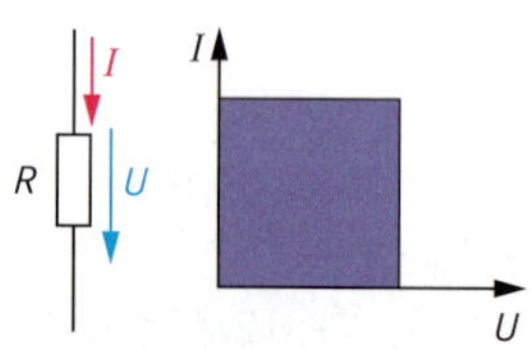	Elektrische Leistung *P*	Watt W, VA	$P = \frac{W}{t}$ $P = U \cdot I$ $P = I^2 \cdot R$ $P = \frac{U^2}{R}$

Elektrischer Widerstand
Electrical Resistor

Bezeichnung	Darstellung	Größen und Formelzeichen	Einheitenzeichen	Formel
Widerstand von Leitern	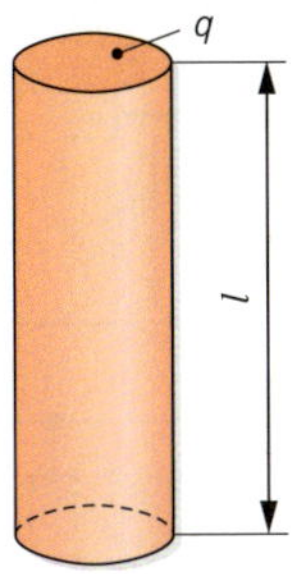	R : Widerstand l : Leiterlänge q : Querschnittsfläche	Ω m m^2, mm^2	$R = \frac{\varrho \cdot l}{q}$
		ϱ : Spezifischer Widerstand	$\Omega \cdot m$, $\Omega \cdot \frac{mm^2}{m}$ $1\ \Omega \cdot \frac{mm^2}{m} = 1\ \mu\Omega \cdot m$	$\varkappa = \frac{1}{\varrho}$
		$\gamma, \varkappa$: Elektrische Leitfähigkeit	$\frac{S}{m}$, $\frac{S \cdot m}{mm^2}$ $1\ \frac{S \cdot m}{mm^2} = 1\ \frac{MS}{m}$	$R = \frac{l}{\varkappa \cdot q}$
Widerstand und Temperatur	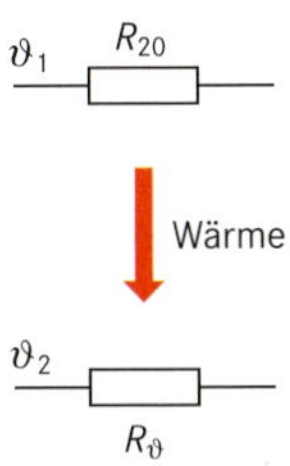	ΔR : Widerstandsänderung	Ω	$\vartheta < 200\ °C$ $\Delta R = R_{20} \cdot \alpha \cdot \vartheta$
		R_{20} : Widerstand bei 20 °C	Ω	
		$\alpha; \beta$: Temperaturkoeffizient	$\frac{1}{K}$; K^{-1}; $\frac{1}{K^2}$; K^{-2}	$R_\vartheta = R_{20} + \Delta R$ $R_\vartheta = R_{20}(1 + \alpha \cdot \Delta\vartheta)$
		$\Delta\vartheta$: Temperaturänderung	K	$\vartheta > 200\ °C$
		R_ϑ : Widerstand nach Erwärmung	Ω	$R_\vartheta = R_{20}(1 + \alpha \cdot \Delta\vartheta + \beta \cdot \Delta\vartheta^2)$

Normspannungen
Standard Voltages

Betriebsmittel für Nennspannungen unter 120 V AC

bevorzugt		6	12		24		48			110
ergänzend	5			15		36		60	100	

Betriebsmittel für Nennspannungen unter 750 V DC

bevorzugt						6			12		24		36		48	60	72		96	110		220		440	
ergänzend	2,4	3	4	4,5	5		7,5	9		15		30		40				80			125		250		600

Drehstrom-Vierleiter- oder -Dreileiternetze

- Nennspannungen in V, AC, 50 Hz, zwischen 100 V und einschließlich 100 V
- Die niedrigen Werte sind Spannungen zum Neutralleiter.
- Die höheren Werte sind Spannungen zwischen Außenleitern.

230	230/400	400/690	1000

Bahnnetze

- Die Klammerwerte sind nicht bevorzugte Werte.

■ **Gleichstrom**

Spannung in V		
niedrigste	Nennspannung	höchste
(400)	**(600)**	(720)
500	**750**	900
1000	**1500**	1800
2000	**3000**	3600

■ **Wechselstrom**

Spannung in V			Frequenz in Hz
niedrigste	Nennspannung	höchste	
(4750)	**(6250)**	**(6900)**	50
12000	**15000**	**17250**	16 2/3
19000	**25000**	**27500**	50

Drehstromnetze über 1 kV

- Die Netze sind grundsätzlich Dreileiternetze.
- Spannungsangaben zwischen Außenleitern in 1 kV
- Die Klammerwerte sind nicht bevorzugte Werte.

■ **bis einschließlich 35 kV**

Höchste Betriebsmittelspannung	Netz-Nennspannung	
12	11	10
(17,5)	–	(15)
24	22	20
36	33	30
40,5	–	35

■ **bis einschließlich 230 kV**

Höchste Betriebsmittelspannung	Netz-Nennspannung	
72,5	66	69
100	90	–
123	110	115
145	132	138
(170)	(150)	(154)
245	220	230

■ **über 245 kV**

Höchste Betriebsmittelspannung						
(300)	362	420	525 550	765 800	1100	1200

Vorzeichen und Richtungssinne von Strom und Spannung

Gleicher Bezugssinn	Ungleicher Bezugssinn		Verbraucher-Pfeilsystem	Erzeuger-Pfeilsystem
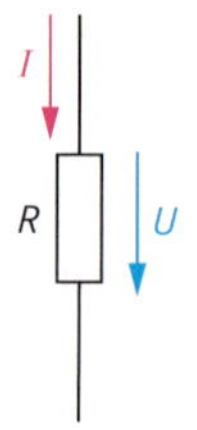 $U = I \cdot R$	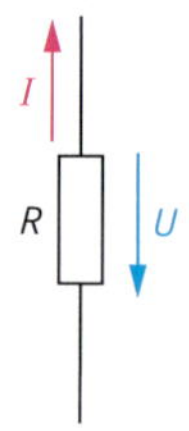 $U = -I \cdot R$	**Spannungsquelle**	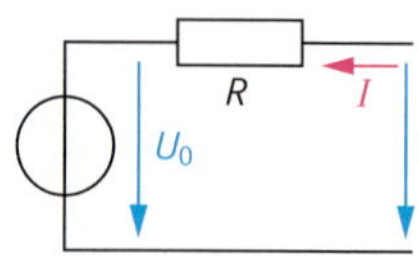 $U = U_0 + I \cdot R$	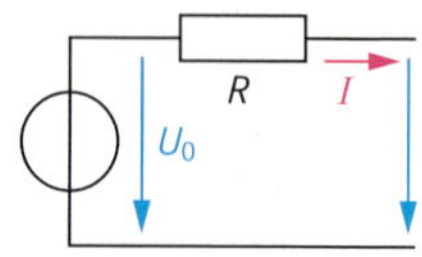 $U = U_0 - I \cdot R$
		Stromquelle	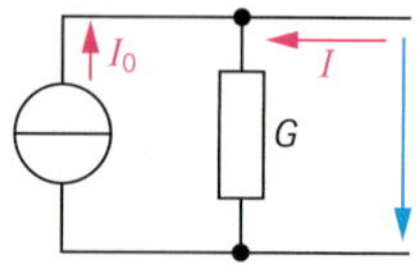 $I = -I_0 + G \cdot U$	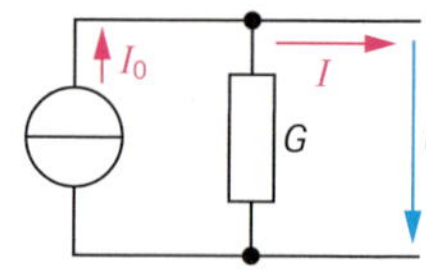 $I = I_0 - G \cdot U$

Erstes Kirchhoffsches Gesetz (Knotenregel)

In jedem Knotenpunkt ist die Summe aller Ströme Null.

$$\sum I = 0$$

$$I_1 - I_2 - I_3 + I_4 + I_5 = 0$$

Beispiel:

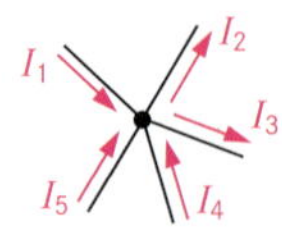

Zweites Kirchhoffsches Gesetz (Maschenregel)

Die Summe aller Teilspannungen entlang eines geschlossenen Weges (willkürlich gewählter Umlaufsinn) ist Null.

$$\sum U = 0$$

$$-U_1 + I \cdot R_1 + I \cdot R_2 - U_2 + I \cdot R_3 = 0$$

Beispiel:

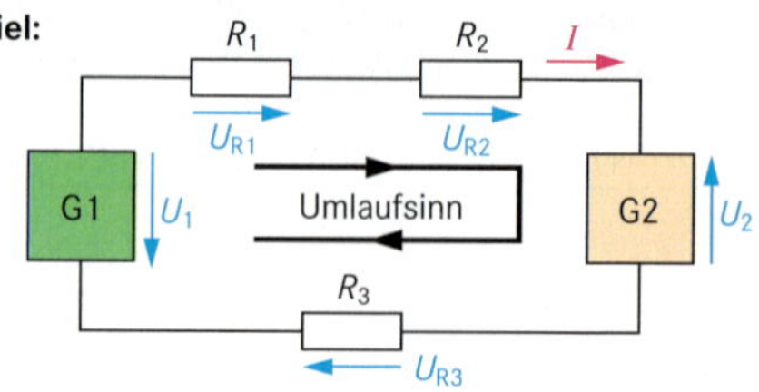

	Reihenschaltung	Parallelschaltung
Schaltung	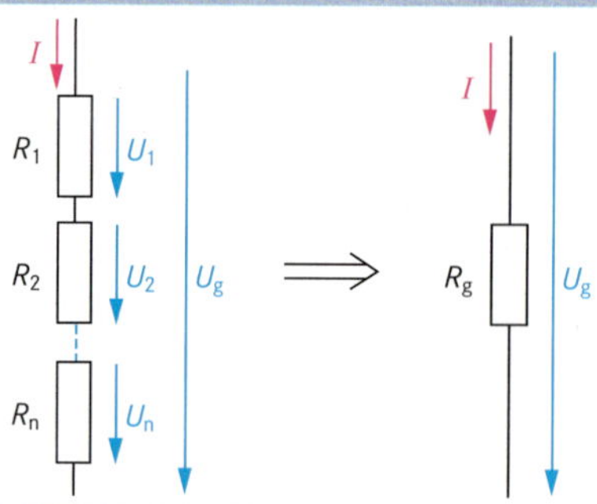	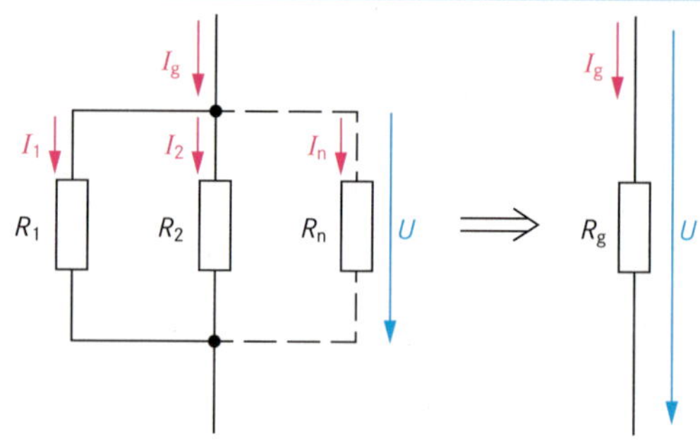
Spannung	$U_g = U_1 + U_2 + \ldots + U_n$	Alle Widerstände liegen an derselben Spannung U.
Stromstärke	Durch alle Widerstände fließt derselbe Strom I.	$I_g = I_1 + I_2 + \ldots + I_n$
Widerstände und Leitwerte	$R_g = R_1 + R_2 + \ldots + R_n$	$\frac{1}{R_g} = \frac{1}{R_1} + \frac{1}{R_2} + \ldots + \frac{1}{R_n}$ $G_g = G_1 + G_2 + \ldots + G_n$
Verhältnisse	$\frac{U_1}{U_2} = \frac{R_1}{R_2}; \quad \frac{U_1}{U_n} = \frac{R_1}{R_n}; \quad \frac{U_1}{U_g} = \frac{R_1}{R_g}; \ldots$	$\frac{I_1}{I_2} = \frac{R_2}{R_1}; \quad \frac{I_1}{I_n} = \frac{R_n}{R_1}; \quad \frac{I_1}{I_g} = \frac{R_g}{R_1}; \ldots$

Unbelasteter Spannungsteiler	Belasteter Spannungsteiler
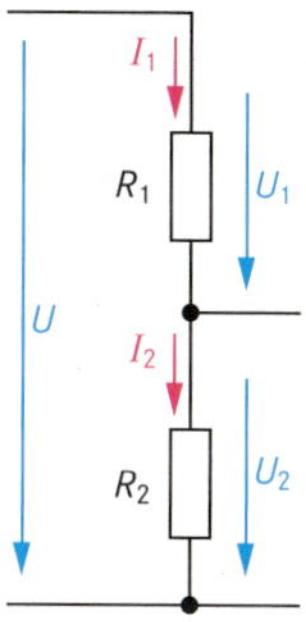 $\frac{U_2}{U} = \frac{R_2}{R_1 + R_2}$	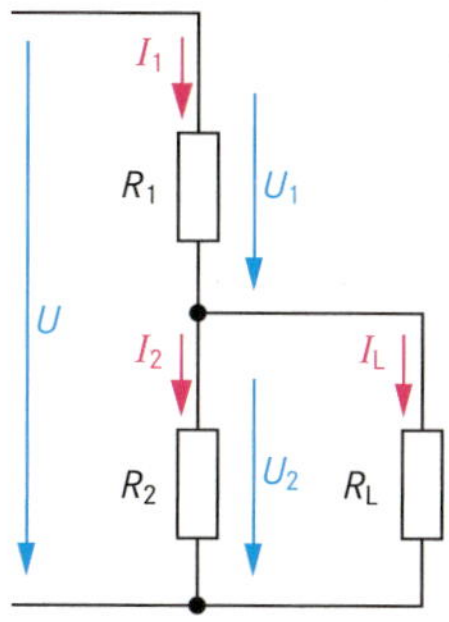 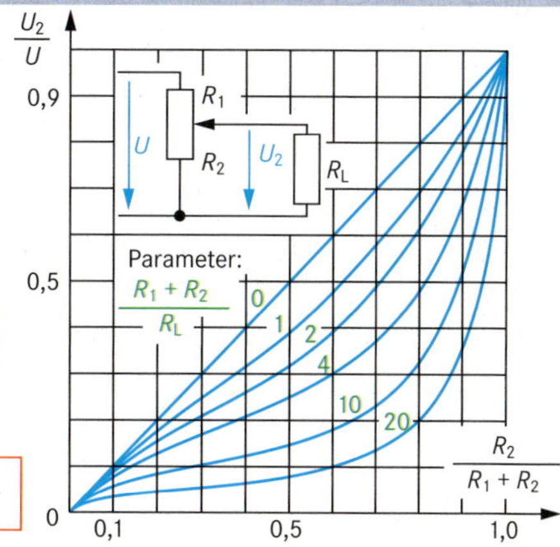 $\frac{U_2}{U} = \frac{R_2 \cdot R_L}{R_1\,(R_2 + R_L) + R_2 \cdot R_L}$

Messbereichserweiterung

Spannungsmessung 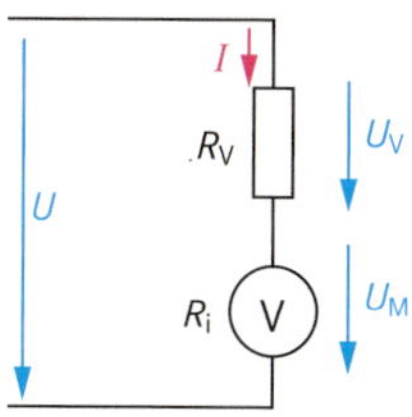	n : Faktor der Messbereichserweiterung R_v : Vorwiderstand R_i : Innenwiderstand U_M: Spannung am Messwerk bei Vollausschlag I : Strom durch das Messwerk bei Vollausschlag	$n = \frac{U}{U_M}$ $R_v = \frac{U - U_M}{I}$ $R_v = (n - 1)\,R_i$
Strommessung 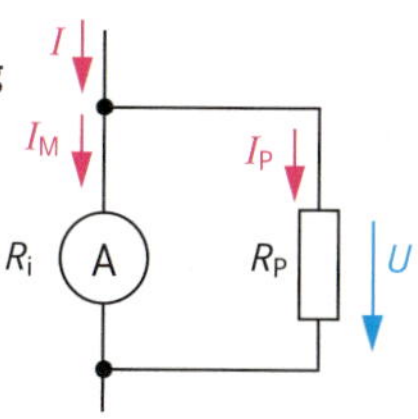	n : Faktor der Messbereichserweiterung R_p : Parallelwiderstand R_i : Innenwiderstand U : Spannung am Messwerk bei Vollausschlag I_M : Strom durch das Messwerk bei Vollausschlag	$n = \frac{I}{I_M}$ $R_p = \frac{U}{I - I_M}$ $R_p = \frac{R_i}{(n - 1)}$

Gruppenschaltung

Beispiel:

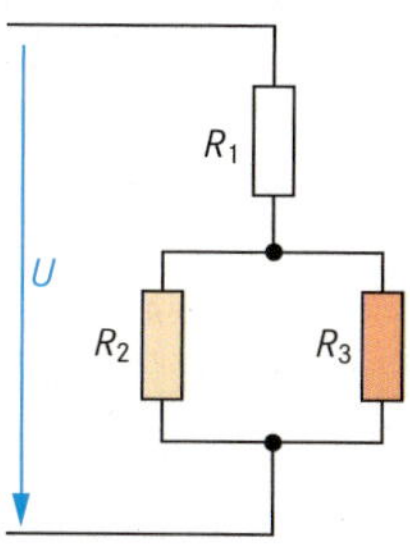

- Zum Widerstand R_1 liegt in Reihe die Parallelschaltung aus den zwei Widerständen R_2 und R_3.
- Die Schaltung muss so verändert werden, dass eine Grundschaltung entsteht.

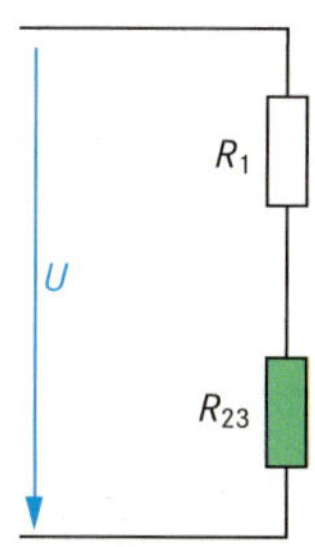

- Die Parallelschaltung aus R_2 und R_3 kann zu einem Widerstand R_{23} zusammengefasst werden.

$R_{23} = R_2 \parallel R_3$
(II bedeutet: parallel)

$R_{23} = (R_2 \cdot R_3) : (R_2 + R_3)$

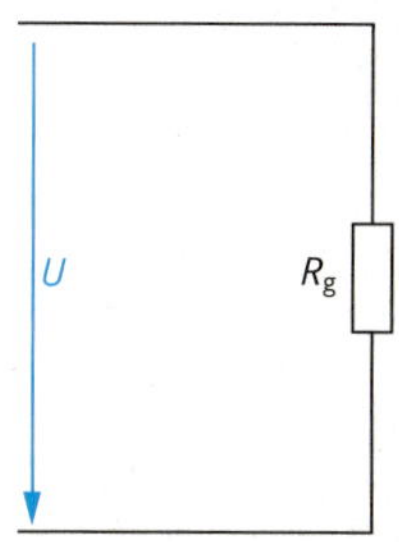

- Der Gesamtwiderstand lässt sich jetzt durch Addition ermitteln.

$R_g = R_1 + R_{23}$

Spannungsquelle mit Innenwiderstand

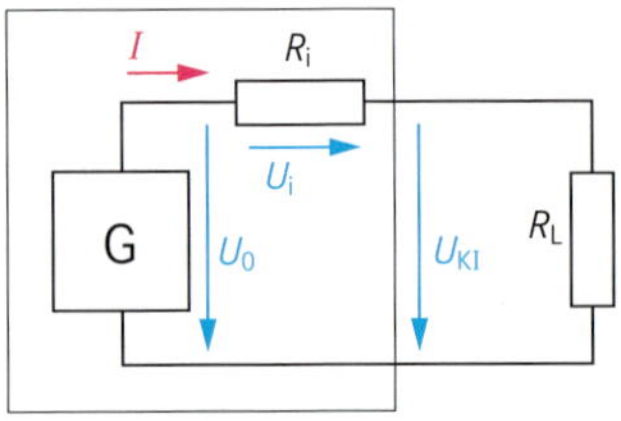

- U_0 : Leerlaufspannung (Quellenspannung)
- U_{Kl} : Klemmenspannung
- ΔU : Spannungsänderung
- R_i : Innenwiderstand
- R_L : Belastungswiderstand
- I_k : Kurzschlussstromstärke
- ΔI : Stromänderung
- P_L : Ausgangsleistung
- P_i : Verlustleistung der Spannungsquelle

$$U_0 = U_i + U_{Kl}$$

$$I = \frac{U_0}{R_i + R_L} \qquad I_k = \frac{U_0}{R_i}$$

$$R_i = \frac{U_i}{I} \qquad R_i = \frac{\Delta U_{KL}}{\Delta I}$$

$$U_{Kl} = U_0 - I \cdot R_i$$

Anpassung

Stromanpassung, $R_L \ll R_i$

Maximale Stromstärke

$$I \approx \frac{U_0}{R_i}$$

$$U_{Kl} \approx \frac{U_0 \cdot R_L}{R_i}$$

$$P_L \approx 0$$

Spannungsanpassung, $R_L \gg R_i$

Maximale Spannung

$$I \approx \frac{U_0}{R_L}$$

$$U_{Kl} \approx U_0$$

$$P_L \approx 0$$

Leistungsanpassung, $R_L = R_i$

Maximale Leistung

$$I = \frac{U_0}{2R_i} \qquad I = \frac{U_0}{2R_L}$$

$$U_{KL} = \frac{U_0}{2}$$

$$P_L = \frac{U_0^2}{4R_i} \qquad P_i = \frac{U_0^2}{4R_L}$$

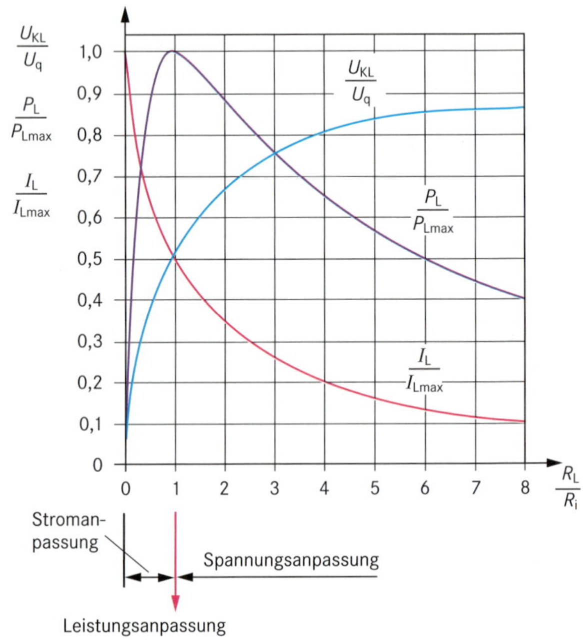

Reihenschaltung

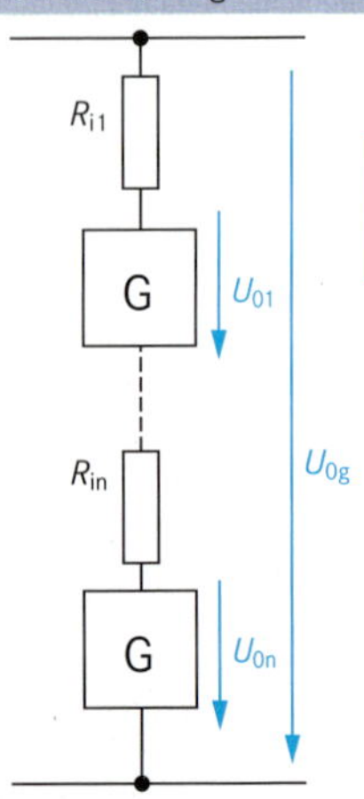

$$U_{0g} = U_{01} + \dots + U_{0n}$$

$$R_{ig} = R_{i1} + \dots + R_{in}$$

Parallelschaltung

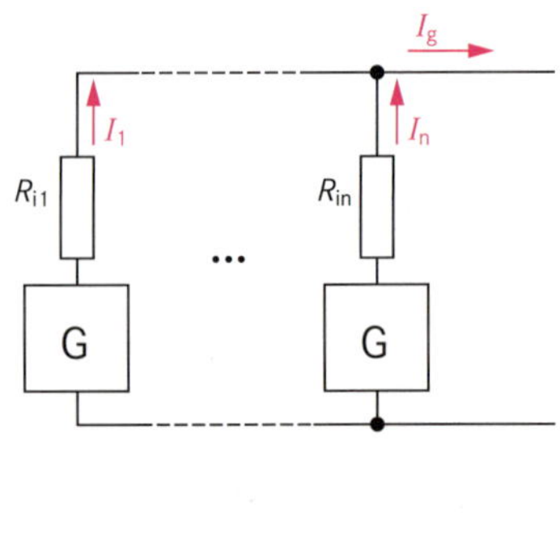

$$I_g = I_1 + \dots + I_n$$

$$\frac{1}{R_{ig}} = \frac{1}{R_{i1}} + \dots + \frac{1}{R_{in}}$$

Bei unterschiedlichen Leerlaufspannungen fließen zwischen den Spannungsquellen Ausgleichsströme.

Kraft zwischen Ladungen (Coulombsches Gesetz)

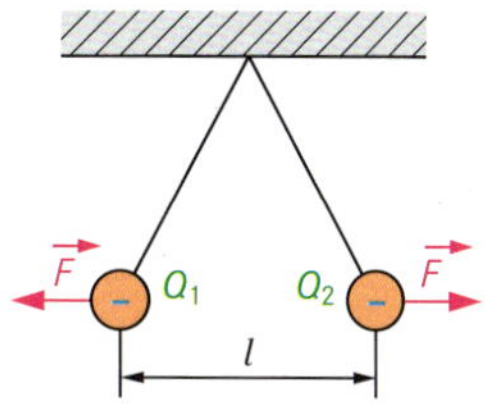

F : Kraft zwischen den Ladungen
Q_1, Q_2 : Ladungen
ε : Permittivität
ε_o : Elektrische Feldkonstante
ε_r : Permittivitätszahl
l : Abstand der Ladungen

$$F = \frac{Q_1 \cdot Q_2}{4\pi\varepsilon \cdot l^2}$$

$$\varepsilon = \varepsilon_o \cdot \varepsilon_r$$ $[\varepsilon_r] = 1$

$\varepsilon_o = 8{,}86 \cdot 10^{-12}\,\frac{\text{As}}{\text{Vm}}$

Elektrische Feldstärke

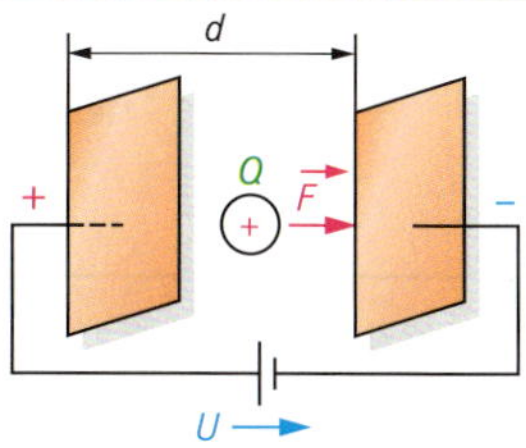

E : Elektrische Feldstärke
F : Kraft auf die Ladung im Feld
Q : Ladung im Feld
U : Spannung zwischen den Platten
d : Abstand der Platten

$$E = \frac{F}{Q}$$ $[E] = \frac{\text{N}}{\text{C}}$

1 C = 1 As

$$E = \frac{U}{d}$$ $[E] = \frac{\text{V}}{\text{m}}$

Kondensator und Kapazität

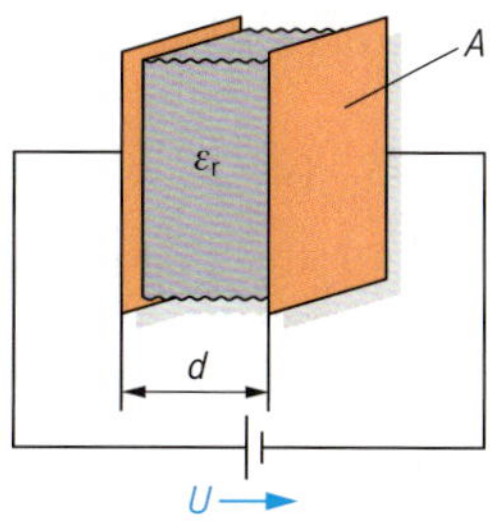

C : Kapazität des Kondensators
Q : Ladung des Kondensators
U : Spannung zwischen den Kondensatorplatten
ε : Permittivität
ε_o : Elektrische Feldkonstante
ε_r : Permittivitätszahl
A : Plattenfläche
d : Plattenabstand
W : Gespeicherte Energie des Kondensators

$$C = \frac{Q}{U}$$ $[C] = \frac{\text{As}}{\text{V}}$

$$C = \frac{\varepsilon \cdot A}{d}$$ $1\,\frac{\text{As}}{\text{V}} = 1$ F (Farad)

$$\varepsilon = \varepsilon_o \cdot \varepsilon_r$$ $[\varepsilon_r] = 1$

$\varepsilon_o = 8{,}86 \cdot 10^{-12}\,\frac{\text{As}}{\text{Vm}}$

$$W = \frac{C \cdot U^2}{2}$$ $[W] = \text{V As}$

Parallelschaltung von Kondensatoren

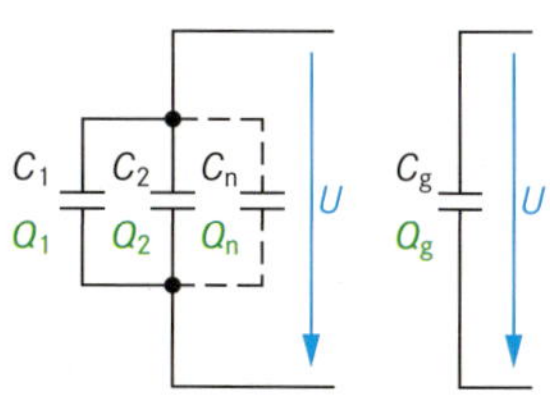

$Q_1 \dots Q_n$: Ladungen der Einzelkondensatoren
$C_1 \dots C_n$: Kapazitäten der Einzelkondensatoren

Q_g: Ladung der Gesamtkapazität
C_g: Gesamtkapazität

$$Q = C \cdot U$$

$$Q_g = Q_1 + Q_2 + \dots + Q_n$$

$$C_g = C_1 + C_2 + \dots + C_n$$

Reihenschaltung von Kondensatoren

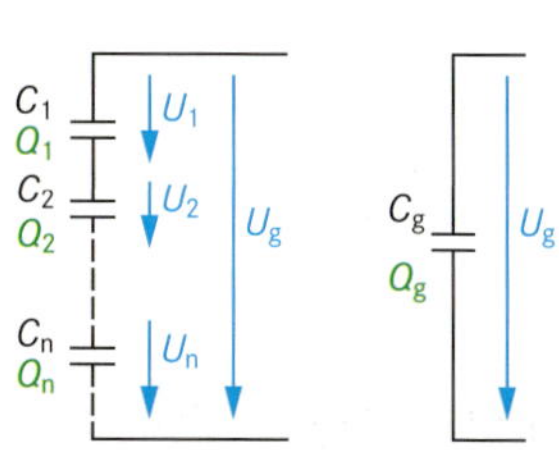

$Q_1 \dots Q_n$: Ladungen der Einzelkondensatoren
$C_1 \dots C_n$: Kapazitäten der Einzelkondensatoren

Q_g: Ladung der Gesamtkapazität
C_g: Gesamtkapazität

$U_1 \dots U_n$: Einzelspannungen
U_g: Gesamtspannung

$$Q = C \cdot U$$

$$Q_g = Q_1 = Q_2 = \dots = Q_n$$

$$U_g = U_1 + U_2 + \dots + U_n$$

$$\frac{1}{C_g} = \frac{1}{C_1} + \frac{1}{C_2} + \dots + \frac{1}{C_n}$$

Magnetische Feldstärke

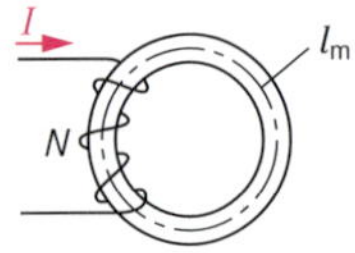

H : Magnetische Feldstärke
I : Stromstärke
N : Windungszahl
l_m: Mittlere Feldlinienlänge
Θ: Elektrische Durchflutung

$$H = \frac{I \cdot N}{l_m}$$

$$\Theta = I \cdot N$$

$[H] = \frac{\text{A}}{\text{m}}$

$[\Theta] = \text{A}$

Magnetische Flussdichte (Induktion)

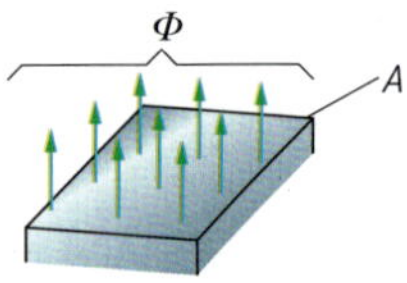

B : Magnetische Flussdichte
Φ: Magnetischer Fluss
A : Fläche

$$B = \frac{\Phi}{A}$$

$[\Phi] = \text{V s}$
$1 \text{ V s} = 1 \text{ Wb}$ (Weber)

$[B] = \frac{\text{V s}}{\text{m}^2}$

$\frac{1 \text{ V s}}{\text{m}^2} = 1 \text{ T}$ (Tesla)

Zusammenhang zwischen magnetischer Feldstärke und Flussdichte

Vakuum (Luft)

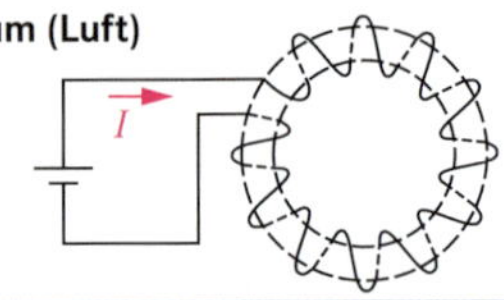

μ_o : Magnetische Feldkonstante

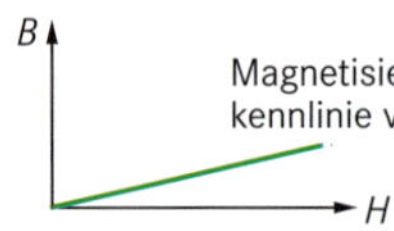

$$B = \mu_o \cdot H$$

$$\mu_o = 1{,}257 \cdot 10^{-6} \, \frac{\text{V s}}{\text{A m}}$$

Eisenkern

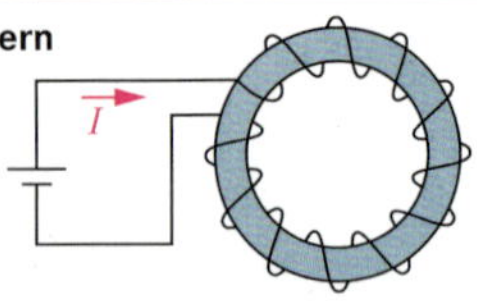

μ_r: Permeabilitätszahl
μ : Permeabilität

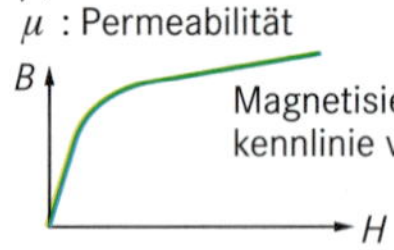

$$B = \mu \cdot H$$

$\mu = \mu_o \cdot \mu_r$ $\quad [\mu_r] = 1$

Stromdurchflossener Leiter im Magnetfeld

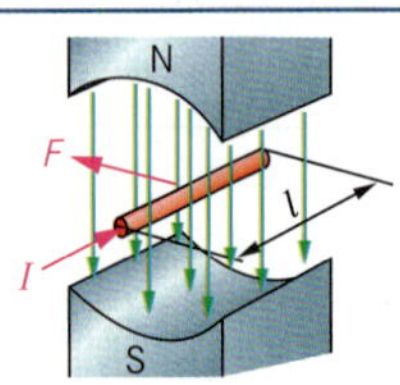

F : Kraft auf den Leiter
I : Stromstärke
l : Leiterlänge im Magnetfeld
z : Anzahl der Leiter

$$F = B \cdot I \cdot l \cdot z$$

$[F] = \text{N}$

Spule im Magnetfeld

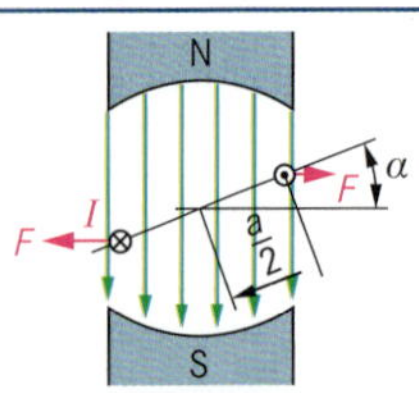

M: Drehmoment
a : Spulenlänge
N : Windungszahl

$$M = \frac{F \cdot a \cdot \sin \alpha}{2}$$

$$F = 2 \cdot N \cdot B \cdot l \cdot I$$

Induktivität der Spule

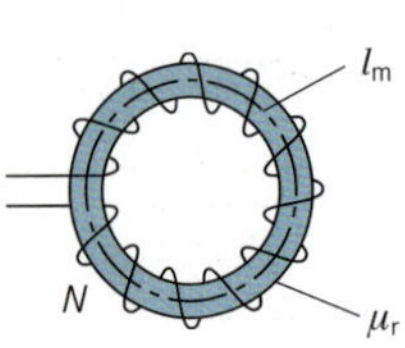

L : Induktivität
N : Windungszahl
A : Fläche (Querschnitt der Spule)
μ_o : Magnetische Feldkonstante
μ_r : Permeabilitätszahl
μ : Permeabilität
l_m : Feldlinienlänge (mittlere)
W : Energie der Spule

$$L = \frac{\mu \cdot N^2 \cdot A}{l_m}$$

$$\mu = \mu_o \cdot \mu_r$$

$$W = \frac{L \cdot I^2}{2}$$

$[L] = \frac{\text{V s}}{\text{A}}$

$1 \frac{\text{V s}}{\text{A}} = 1 \text{ H}$ (Henry)

$[\mu_r] = 1$

Induktion der Bewegung

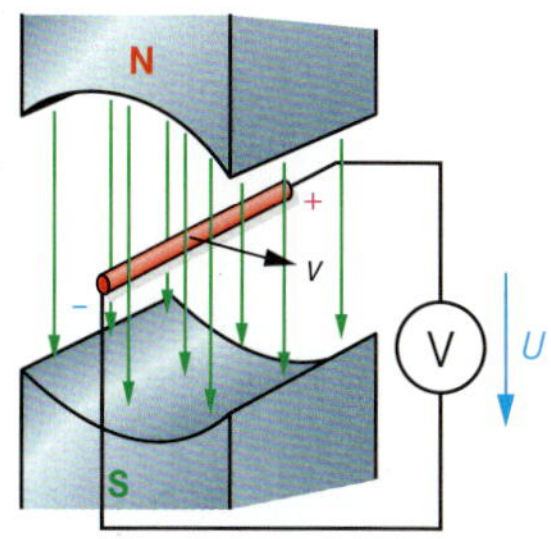

U : Induktionsspannung
B : Magnetische Flussdichte
l : Leiterlänge im Magnetfeld
v : Geschwindigkeit des Leiters
z : Anzahl der Leiter

$$U = B \cdot l \cdot v \cdot z$$

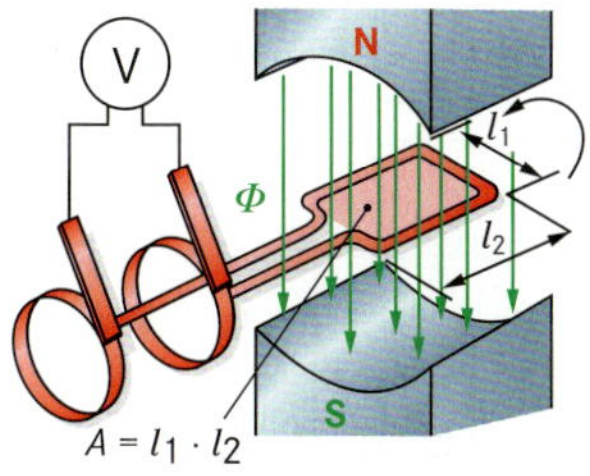

U : Induktionsspannung
N : Windungszahl
$\Delta\Phi$: Flussänderung
Δt : Zeitänderung

$$U = N \cdot \frac{\Delta\Phi}{\Delta t}$$

$$U = -N \cdot \frac{\Delta\Phi}{\Delta t}$$

Das Vorzeichen hängt vom gewählten Richtungssinn ab.

Induktion der Ruhe

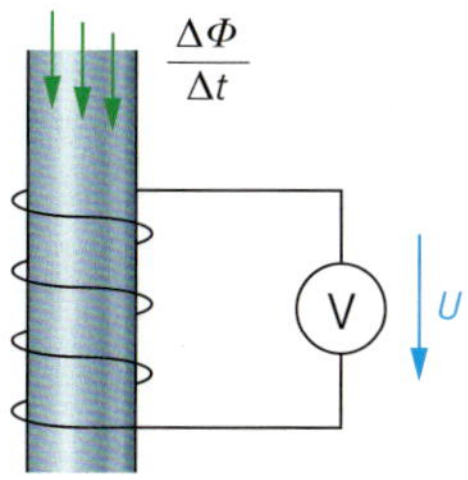

U : Induktionsspannung
N : Windungszahl
$\Delta\Phi$: Flussänderung
Δt : Zeitänderung

$$U = N \cdot \frac{\Delta\Phi}{\Delta t}$$

$$U = -N \cdot \frac{\Delta\Phi}{\Delta t}$$

Das Vorzeichen hängt vom gewählten Richtungssinn ab.

Einphasentransformator, Übertrager

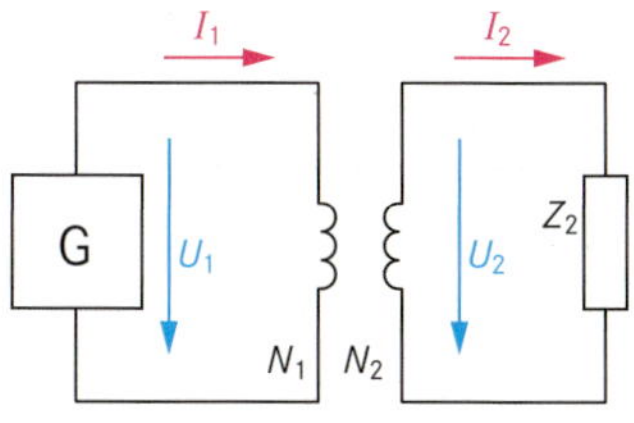

U_1 : Primärspannung
U_2 : Sekundärspannung
I_1 : Primärstromstärke
I_2 : Sekundärstromstärke
N_1 : Primärwindungszahl
N_2 : Sekundärwindungszahl
Z_1 : Primärer Scheinwiderstand
Z_2 : Sekundärer Scheinwiderstand
$ü$: Übersetzungsverhältnis

$$\frac{U_1}{U_2} \approx \frac{N_1}{N_2} \qquad ü = \frac{N_1}{N_2}$$

$$\frac{I_1}{I_2} \approx \frac{N_2}{N_1}$$

$$\frac{Z_1}{Z_2} \approx \left(\frac{N_1}{N_2}\right)^2$$

Schaltungen mit Spulen

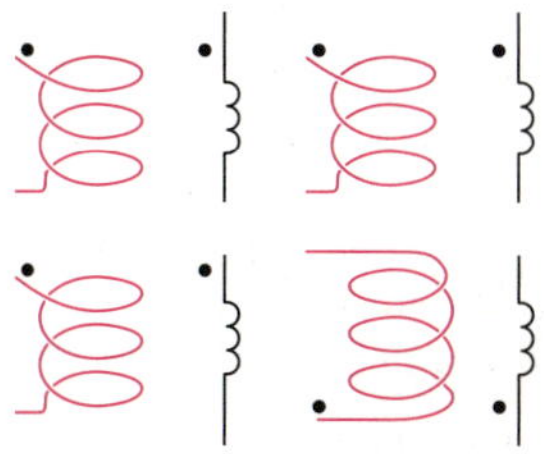

L : gesamte Selbstinduktivität
L_1, L_2 : Einzelinduktivitäten
L_{12} : Gegeninduktivität

$$L = L_1 + L_2 + 2\,L_{12}$$

$$L = L_1 + L_2 - 2\,L_{12}$$

Kondensator (Kapazität)

Aufladung

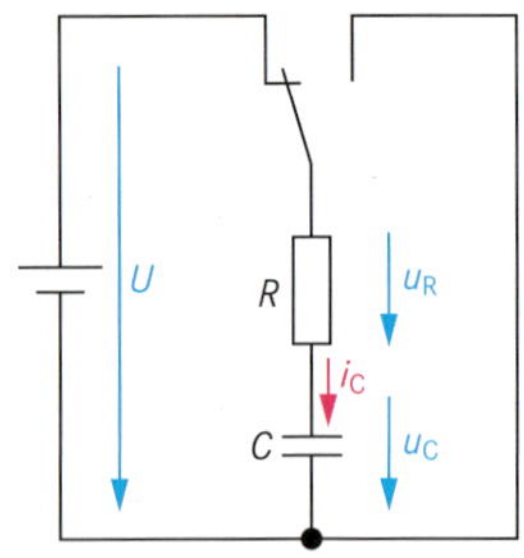

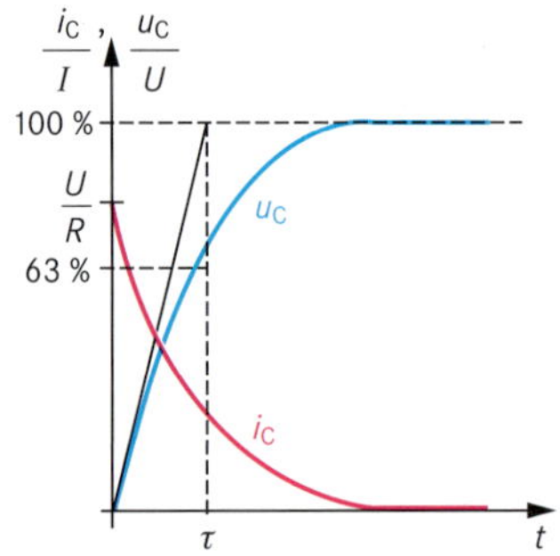

$\tau = R \cdot C$ $[\tau] = s$

$u_C = U(1 - e^{-\frac{t}{\tau}})$ $e = 2{,}718\ldots$

$i_C = \frac{U}{R} \cdot e^{-\frac{t}{\tau}}$

bei t ≈ 5 τ:
Kondensator geladen
(99,33 % von U)

τ : Zeitkonstante
u_C: Spannung am Kondensator
i_C : Stromstärke in der Reihenschaltung

Entladung

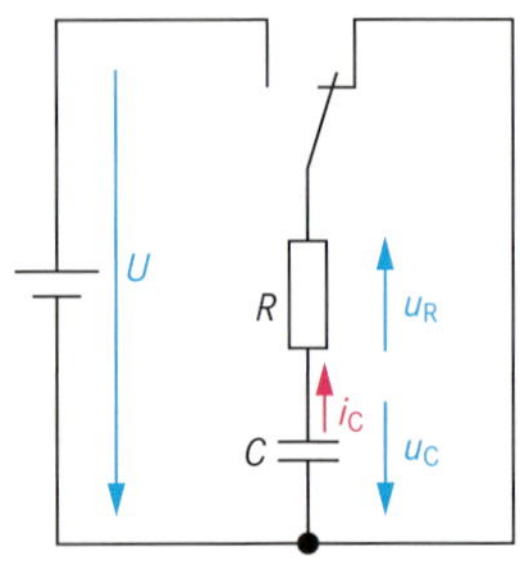

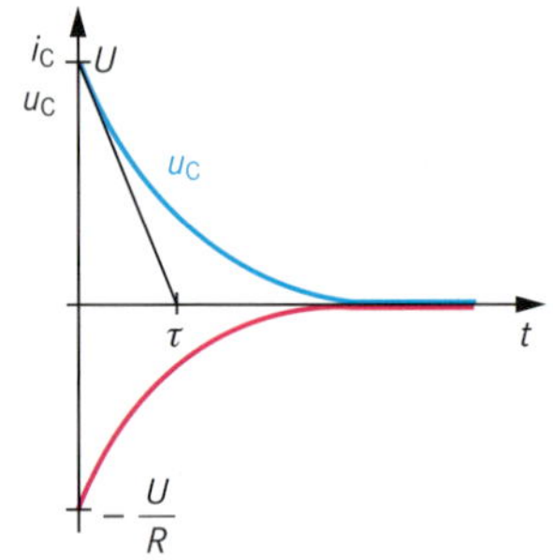

$\tau = R \cdot C$ $[\tau] = s$

$u_C = U \cdot e^{-\frac{t}{\tau}}$ $e = 2{,}718\ldots$

$i_C = -\frac{U}{R} \cdot e^{-\frac{t}{\tau}}$

bei $t \approx 5\ \tau$:
Kondensator entladen

τ : Zeitkonstante
u_C: Spannung am Kondensator
i_C : Stromstärke in der Reihenschaltung

Induktivität

Einschaltvorgang

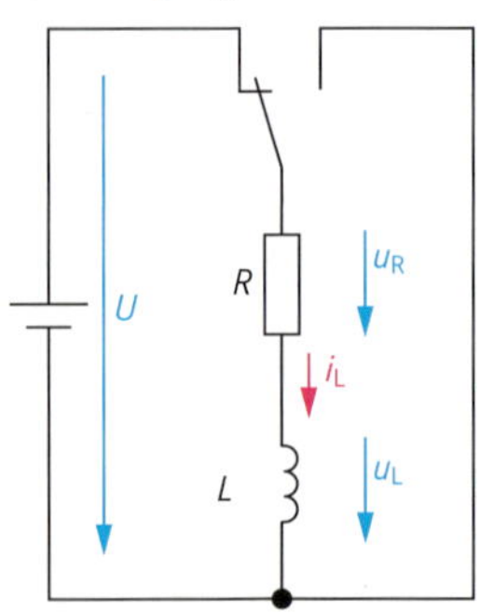

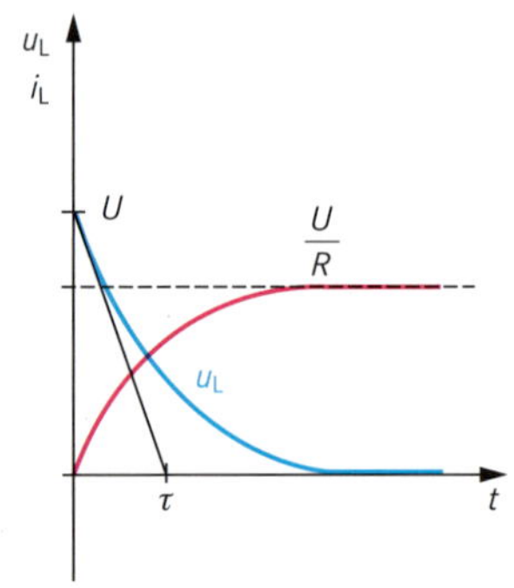

$\tau = \frac{L}{R}$ $[\tau] = s$

$u_L = U \cdot e^{-\frac{t}{\tau}}$ $e = 2{,}718\ldots$

$i_L = \frac{U}{R}(1 - e^{-\frac{t}{\tau}})$

τ : Zeitkonstante
u_L: Spannung an der Induktivität
i_L : Stromstärke in der Reihenschaltung

Ausschaltvorgang

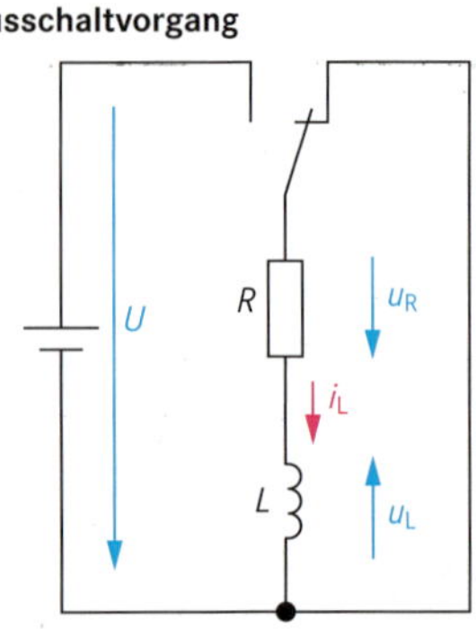

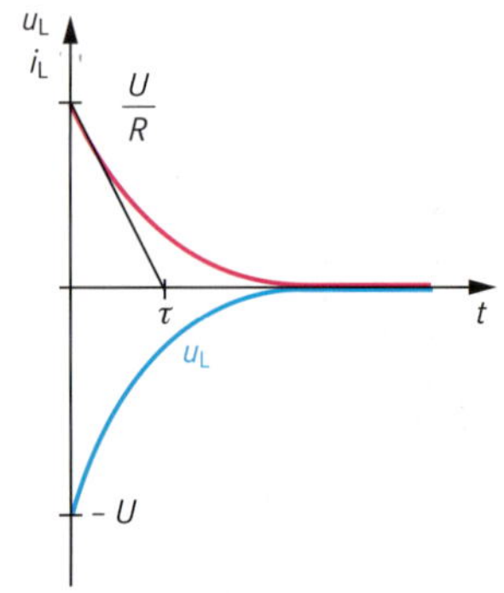

$\tau = \frac{L}{R}$ $[\tau] = s$

$u_L = -U \cdot e^{-\frac{t}{\tau}}$ $e = 2{,}718\ldots$

$i_L = \frac{U}{R} \cdot e^{-\frac{t}{\tau}}$

τ : Zeitkonstante
u_L: Spannung an der Induktivität
i_L : Stromstärke in der Reihenschaltung

Sinusförmige Wechselspannung

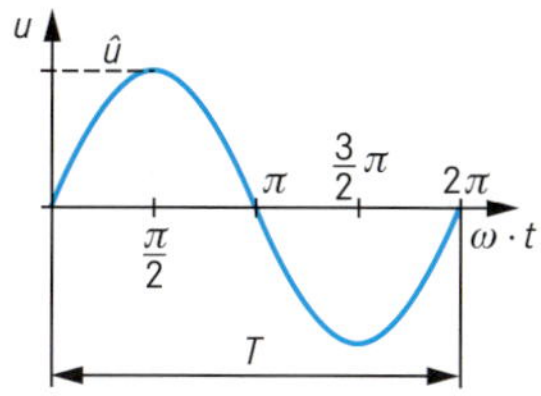

u, i : Momentanwerte (Augenblickswerte)
$\hat{u}, \hat{\imath}$: Maximalwerte, Spitzenwerte, Amplitude
f : Frequenz
T : Periodendauer
ω : Kreisfrequenz
p : Polpaarzahl
n : Drehzahl

$$u = \hat{u} \sin \omega \cdot t$$
$$\omega = 2\pi \cdot f$$
$[\omega] = \frac{1}{\text{s}}$

$$f = \frac{1}{T}$$
$$f = p \cdot n$$
$[f] = \text{Hz}$
$[n] = \frac{1}{\text{s}}$

Spitzen- und Effektivwerte

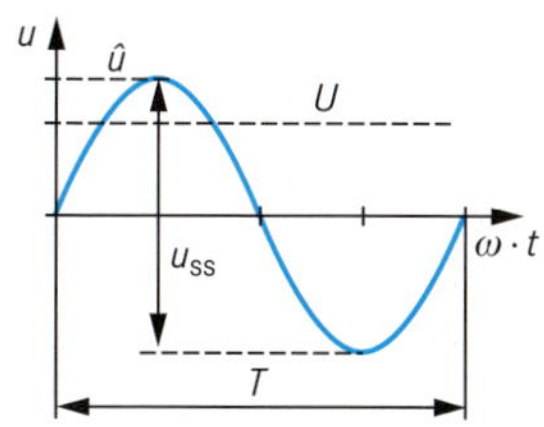

$\hat{u}, \hat{\imath}$: Maximalwerte, Spitzenwerte, Amplituden
U, I : Effektivwerte auch: U_{eff} und I_{eff}

$u_{\text{ss}}, i_{\text{ss}}$: Spitze-Spitze-Wert

$$U = \frac{\hat{u}}{\sqrt{2}}$$
$$I = \frac{\hat{\imath}}{\sqrt{2}}$$

$$u_{\text{ss}} = 2 \cdot \hat{u}$$
$$i_{\text{ss}} = 2 \cdot \hat{\imath}$$

Addition phasenverschobener Spannungen und Ströme

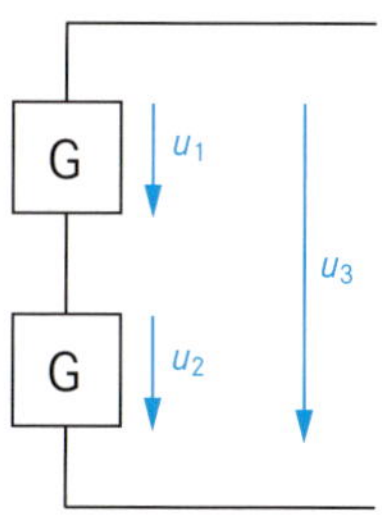

$\varphi_{13}, \varphi_{32}, \varphi_{12}$: Phasenverschiebungswinkel

$\hat{u}_1, \hat{u}_2$: Spitzenwerte der Einzelspannungen

$\hat{u}_3$: Spitzenwert der Gesamtspannung

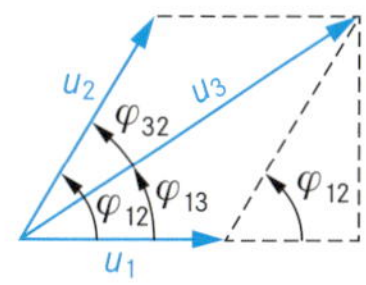

$$u_3^2 = u_1^2 + u_2^2 - 2 \cdot u_1 \cdot u_2 \cdot \cos(180° - \varphi_{12})$$

$$\tan \varphi_{13} = \frac{u_2 \cdot \sin \varphi_{12}}{u_1 + u_2 \cdot \cos \varphi_{12}}$$

Leistungen im Wechselstromkreis

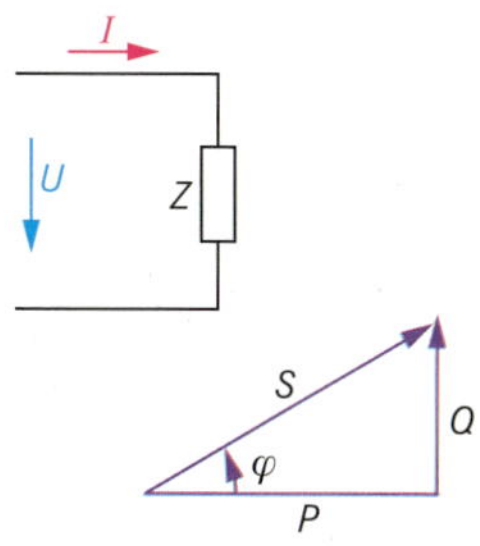

S : Scheinleistung
P : Wirkleistung
Q : Blindleistung
$\cos \varphi$: Leistungsfaktor
λ : Wirkleistungsfaktor

$\sin \varphi$: Blindleistungsfaktor

$$S = U \cdot I$$
$$S = \sqrt{P^2 + Q^2}$$
$$P = U \cdot I \cdot \cos \varphi$$
$[S] = \text{V} \cdot \text{A}$
$[P] = \text{W}$

$$\cos \varphi = \frac{P}{S}$$
$$\lambda = \frac{P}{S}$$

$$Q = U \cdot I \cdot \sin \varphi$$
$[Q] = \text{var}$

Rechtecksignale

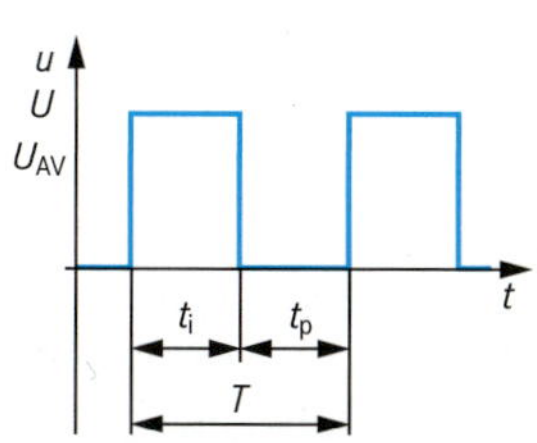

t_i : Impulsdauer
t_p : Pausendauer
T : Periodendauer
f : Frequenz
g : Tastgrad
U_{AV} : Mittelwert
V : Tastverhältnis

$$T = t_i + t_p$$

$$f = \frac{1}{T}$$
$$g = \frac{t_i}{T}$$

$$V = \frac{1}{g}$$

$$U_{\text{AV}} = \frac{U \cdot t_i}{T}$$

Schaltung	Stromstärke und Spannung	Widerstand und Leitwert	Leistung
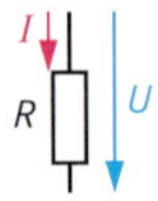	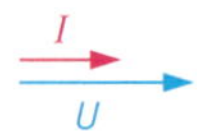 $I = \frac{U}{R}$ $\varphi = 0°$	$R = \frac{U}{I}$	$P = U \cdot I$ $P = I^2 \cdot R$ $P = \frac{U^2}{R}$
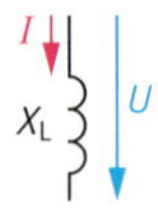	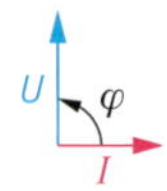 $I = \frac{U}{X_L}$ $\varphi = 90°$ (induktiv)	$X_L = 2\pi \cdot f \cdot L$ $X_L = \omega \cdot L$	$Q_L = U \cdot I$
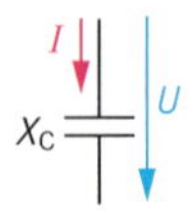	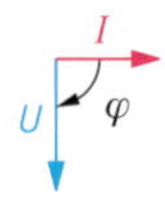 $I = \frac{U}{X_C}$ $\varphi = 90°$ (kapazitiv)	$X_C = \frac{1}{2\pi \cdot f \cdot C}$ $X_C = \frac{1}{\omega \cdot C}$	$Q_C = U \cdot I$
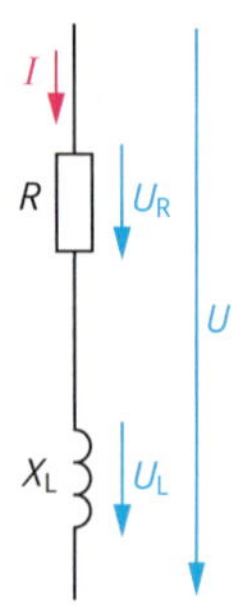	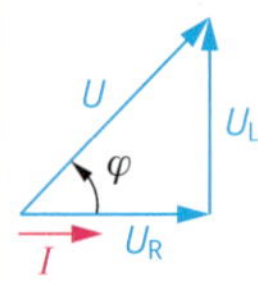 $I = \frac{U_R}{R}$ $I = \frac{U_L}{X_L}$ $I = \frac{U}{Z}$ $U^2 = U_R^2 + U_L^2$ $\tan\varphi = \frac{U_L}{U_R}$ $\sin\varphi = \frac{U_L}{U}$; $\cos\varphi = \frac{U_R}{U}$	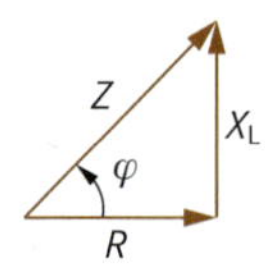 $Z^2 = R^2 + X_L^2$ $\tan\varphi = \frac{X_L}{R}$ $\sin\varphi = \frac{X_L}{Z}$; $\cos\varphi = \frac{R}{Z}$	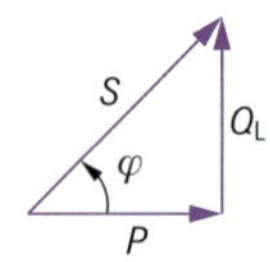 $P = U_R \cdot I$ $Q_L = U_L \cdot I$ $S = U \cdot I$ $S^2 = P^2 + Q_L^2$ $\tan\varphi = \frac{Q_L}{P}$ $\sin\varphi = \frac{Q_L}{S}$; $\cos\varphi = \frac{P}{S}$
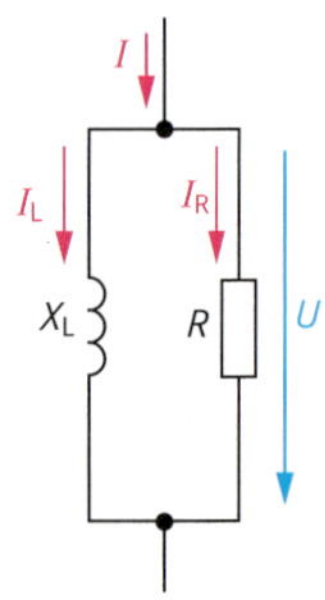	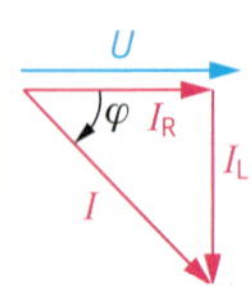 $U = I_R \cdot R$ $U = I_L \cdot X_L$ $U = I \cdot Z$ $I^2 = I_R^2 + I_L^2$ $\tan\varphi = \frac{I_L}{I_R}$ $\sin\varphi = \frac{I_L}{I}$; $\cos\varphi = \frac{I_R}{I}$	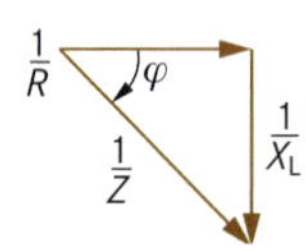 $Y^2 = G^2 + B_L^2$ $\left(\frac{1}{Z}\right)^2 = \left(\frac{1}{R}\right)^2 + \left(\frac{1}{X_L}\right)^2$ $\tan\varphi = \frac{R}{X_L}$ $\sin\varphi = \frac{Z}{X_L}$; $\cos\varphi = \frac{Z}{R}$	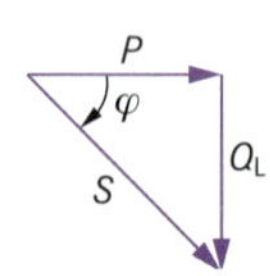 $P = U \cdot I_R$ $Q_L = U \cdot I_L$ $S = U \cdot I$ $S^2 = P^2 + Q_L^2$ $\tan\varphi = \frac{Q_L}{P}$ $\sin\varphi = \frac{Q_L}{S}$; $\cos\varphi = \frac{P}{S}$
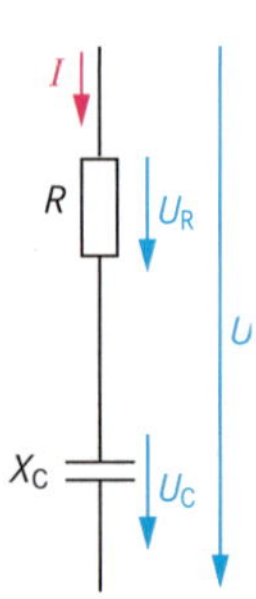	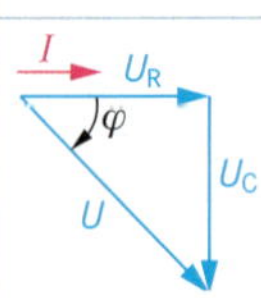 $I = \frac{U_R}{R}$ $I = \frac{U_C}{X_C}$ $I = \frac{U}{Z}$ $U^2 = U_R^2 + U_C^2$ $\tan\varphi = \frac{U_C}{U_R}$ $\sin\varphi = \frac{U_C}{U}$; $\cos\varphi = \frac{U_R}{U}$	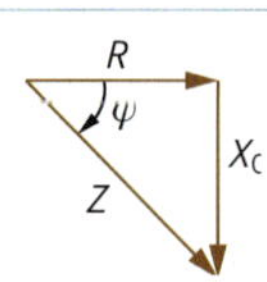 $Z^2 = R^2 + X_C^2$ $\tan\varphi = \frac{X_C}{R}$ $\sin\varphi = \frac{X_C}{Z}$; $\cos\varphi = \frac{R}{Z}$	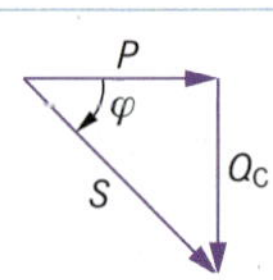 $P = U_R \cdot I$ $Q_C = U_C \cdot I$ $S = U \cdot I$ $S^2 = P^2 + Q_C^2$ $\tan\varphi = \frac{Q_C}{P}$ $\sin\varphi = \frac{Q_C}{S}$; $\cos\varphi = \frac{P}{S}$

Schaltung | Stromstärke und Spannung | Widerstand und Leitwert | Leistung

Parallelschaltung R – C

Schaltung

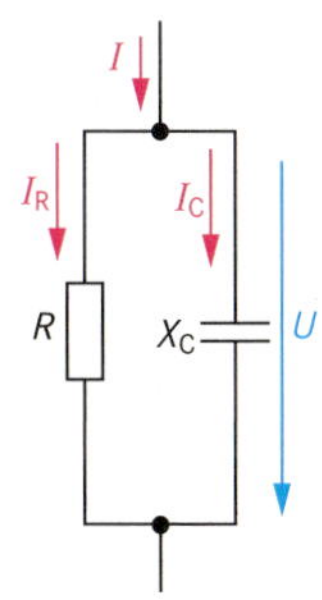

Stromstärke und Spannung

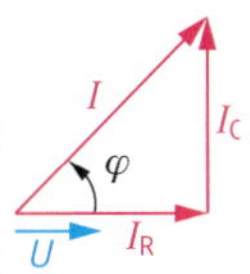

$I_R = \frac{U}{R}$

$I_C = \frac{U}{X_C}$

$I = \frac{U}{Z}$

$I^2 = I_R^2 + I_C^2$

$\tan\varphi = \frac{I_C}{I_R}$; $\cos\varphi = \frac{I_R}{I}$

$\sin\varphi = \frac{I_C}{I}$

Widerstand und Leitwert

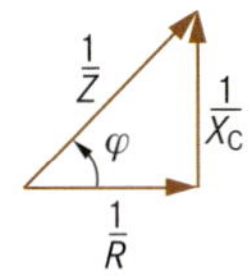

$Y^2 = G^2 + B_C^2$

$\left(\frac{1}{Z}\right)^2 = \left(\frac{1}{R}\right)^2 + \left(\frac{1}{X_C}\right)^2$

$\tan\varphi = \frac{R}{X_C}$; $\cos\varphi = \frac{Z}{R}$

$\sin\varphi = \frac{Z}{X_C}$

Leistung

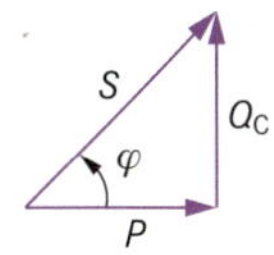

$P = I_R \cdot U$

$Q_C = I_C \cdot U$

$S = I \cdot U$

$S^2 = P^2 + Q_C^2$

$\tan\varphi = \frac{Q_C}{P}$; $\cos\varphi = \frac{P}{S}$

$\sin\varphi = \frac{Q_C}{S}$

Reihenschaltung R – L – C

Schaltung

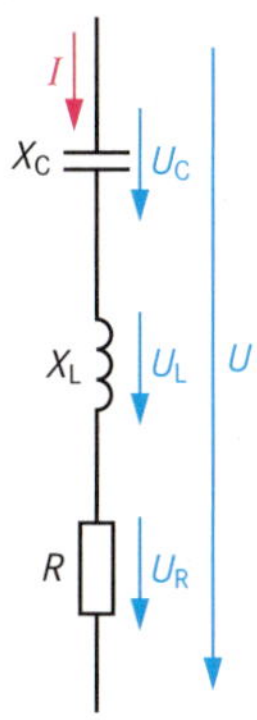

Stromstärke und Spannung ($U_L > U_C$ | $U_L < U_C$)

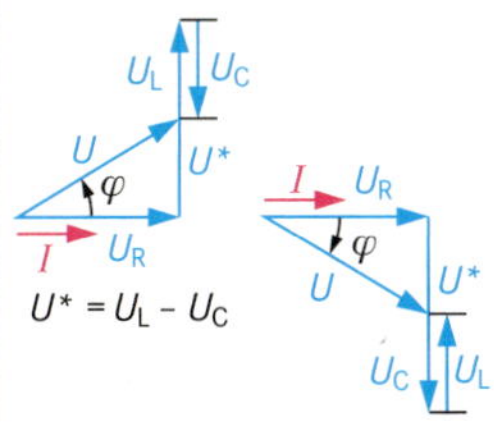

$U^* = U_L - U_C$

$U^* = U_C - U_L$

$U^2 = U_R^2 + U^{*2}$

$\tan\varphi = \frac{U^*}{U_R}$

$\sin\varphi = \frac{U^*}{U}$; $\cos\varphi = \frac{U_R}{U}$

Widerstand und Leitwert ($X_L > X_C$ | $X_L < X_C$)

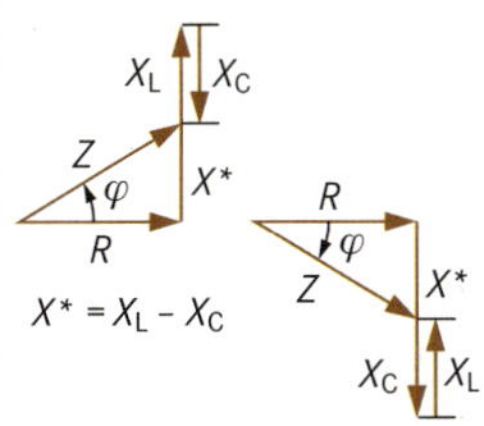

$X^* = X_L - X_C$

$X^* = X_C - X_L$

$Z^2 = R^2 + X^{*2}$

$\tan\varphi = \frac{X^*}{R}$

$\sin\varphi = \frac{X^*}{Y}$; $\cos\varphi = \frac{R}{Z}$

Leistung ($Q_L > Q_C$ | $Q_L < Q_C$)

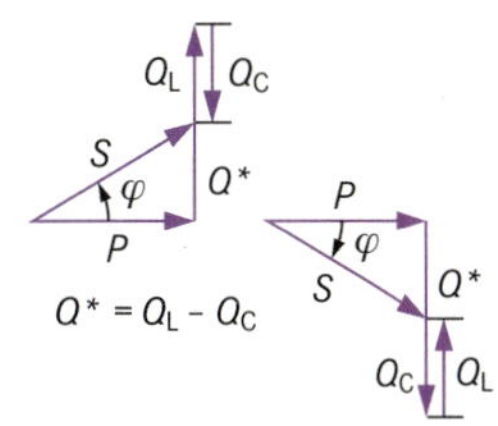

$Q^* = Q_L - Q_C$

$Q^* = Q_C - Q_L$

$S^2 = P^2 + Q^{*2}$

$\tan\varphi = \frac{Q^*}{P}$

$\sin\varphi = \frac{Q^*}{S}$; $\cos\varphi = \frac{P}{S}$

Parallelschaltung R – L – C

Schaltung

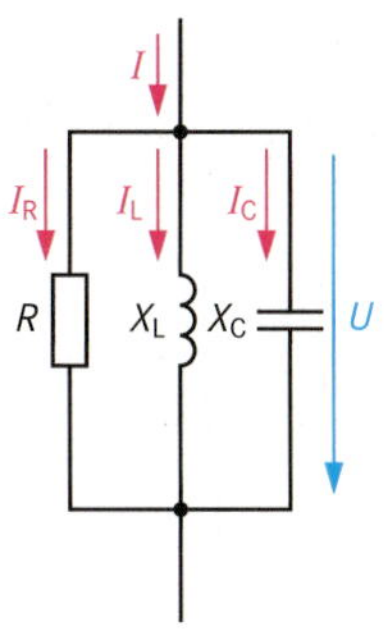

Stromstärke und Spannung ($I_C > I_L$ | $I_C < I_L$)

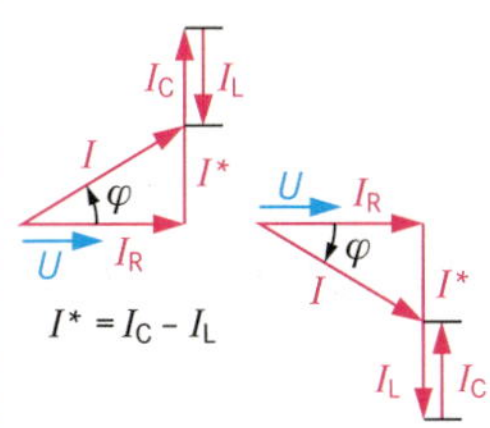

$I^* = I_C - I_L$

$I^* = I_L - I_C$

$I^2 = I_R^2 + I^{*2}$

$\tan\varphi = \frac{I^*}{I_R}$

$\sin\varphi = \frac{I^*}{I}$; $\cos\varphi = \frac{I_R}{I}$

Widerstand und Leitwert ($X_C < X_L$ | $X_C > X_L$)

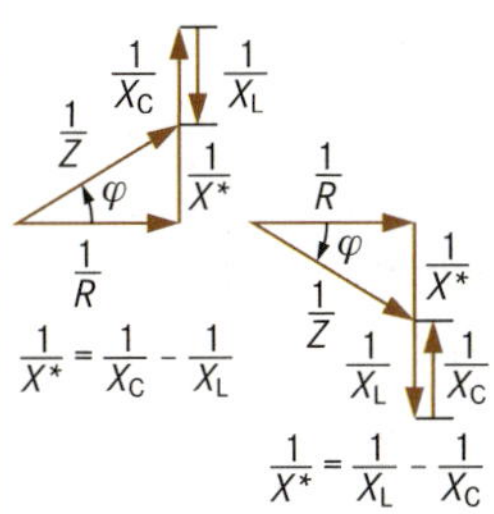

$\frac{1}{X^*} = \frac{1}{X_C} - \frac{1}{X_L}$

$\frac{1}{X^*} = \frac{1}{X_L} - \frac{1}{X_C}$

$Y^2 = G^2 + B^{*2}$

$\left(\frac{1}{Z}\right)^2 = \left(\frac{1}{R}\right)^2 + \left(\frac{1}{X^*}\right)^2$

$\tan\varphi = \frac{R}{X^*}$

$\sin\varphi = \frac{Z}{X^*}$; $\cos\varphi = \frac{Z}{R}$

Leistung ($Q_C > Q_L$ | $Q_C < Q_L$)

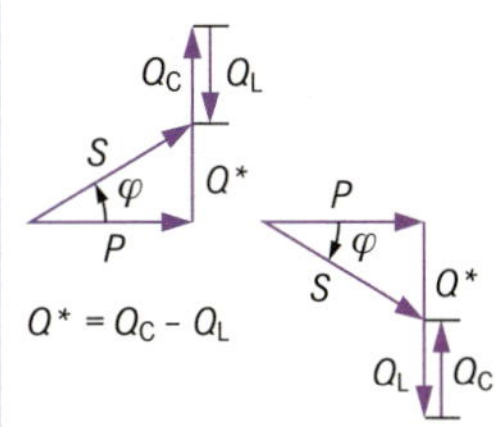

$Q^* = Q_C - Q_L$

$Q^* = Q_L - Q_C$

$S^2 = P^2 + Q^{*2}$

$\tan\varphi = \frac{Q^*}{P}$

$\sin\varphi = \frac{Q^*}{S}$; $\cos\varphi = \frac{P}{S}$

Reelle Zahlen

Reelle Zahlen
z.B. ganze rationale Zahlen (2, 3, 4, ...),
gebrochene rationale Zahlen (1/4; 1/3; ...)

Irrationale Zahlen
z.B. $\pi = 3{,}14159...$, $e = 2{,}71828...$
$\sqrt{2} = 1{,}414...$, $\sqrt{3} = 1{,}73...$,

Imaginäre Zahlen

Die Imaginäre Zahl ist $\sqrt{-1}$.
Dieser Ausdruck wird mit **j** bezeichent.

Beispiele: $j \cdot 3 = \sqrt{-1} \cdot 3$ $\quad j^2 = -1$
$j^3 = -\sqrt{-1}$ $\quad j^4 = 1$

Komplexe Zahlen

Verbindung aus einer reellen Zahl mit einer imaginären Zahl, z. B. $z = 4 + j \cdot 3$

Grafische Darstellung in der Gauß'schen Zahlenebene

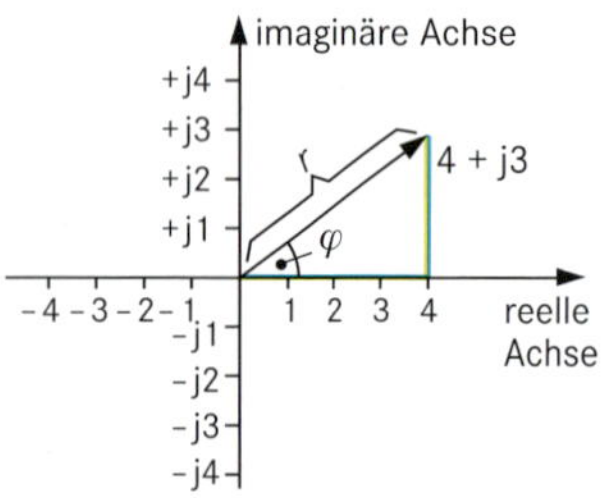

Algebraische Form: $z = a + jb$ $\quad z = 4 + j \cdot 3$

Trigonometrische Form: (Rechteckkoordinaten) $z = r\,(\cos\varphi + j\sin\varphi)$ $\quad z = 5\,(0{,}8 + j\,0{,}6)$

Exponentielle Form: (Polarkoordinaten) $z = r \cdot e^{j\varphi}$ $\quad z = 5 \cdot e^{j36{,}9°}$

Berechnungsformeln:
$r = \sqrt{a^2 + b^2}$
$a = r \cdot \cos\varphi$
$\tan\varphi = \frac{b}{a}$
$b = r \cdot \sin\varphi$

Komplexer Scheinwiderstand, Leitwert, Phasenverschiebungswinkel

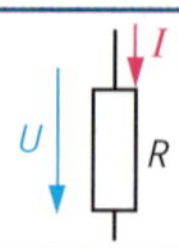

$Z = R$ $\quad \underline{Z} = R \cdot e^{j0°}$
$Y = G$ $\quad \underline{Y} = G \cdot e^{j0°}$
$\varphi = 0°$

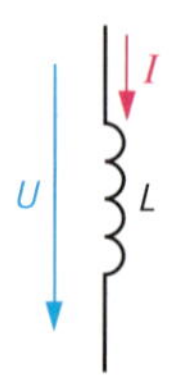

$\underline{Z} = j\,X_L = j\omega L$ $\quad Z = \omega L$
$\underline{Y} = -j\,B_L = \frac{1}{j\omega L} = -j\,\frac{1}{\omega L}$
$Y = \frac{1}{\omega L}$
$\varphi = -90°$
$\underline{Z} = X_L \cdot e^{j90°}$ $\quad \underline{Y} = B_L \cdot e^{-j90°}$

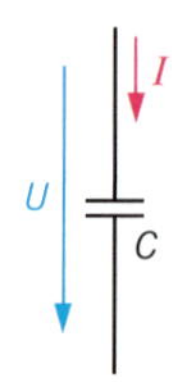

$\underline{Z} = -j\,X_C = \frac{1}{j\omega C} = -j\,\frac{1}{\omega C}$
$Z = \frac{1}{\omega C}$
$\underline{Y} = jB_C = j\omega C$ $\quad Y = \omega C$
$\varphi = -90°$
$\underline{Z} = X_C \cdot e^{-j90°}$ $\quad \underline{Y} = B_C \cdot e^{j\,90°}$

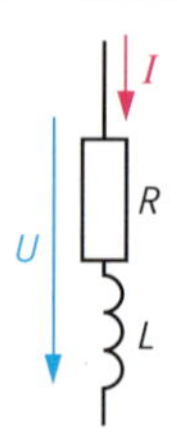

$\underline{Z} = R + j\omega L$ $\quad Z = \sqrt{R^2 + (\omega L)^2}$
$\underline{Y} = \frac{R}{R^2 + (\omega L)^2} - j\,\frac{\omega L}{R^2 + (\omega L)^2}$
$\tan\varphi = \frac{\omega L}{R}$
$\underline{Z} = Z \cdot e^{j\varphi}$

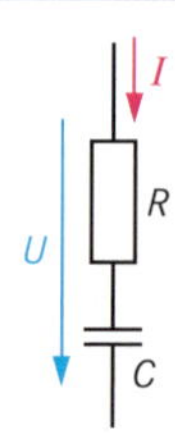

$\underline{Z} = R - j\,\frac{1}{\omega C}$; $Z = \sqrt{R^2 + \left(\frac{1}{\omega C}\right)^2}$
$\underline{Y} = \frac{R\,(\omega C)^2}{(R\,\omega C)^2 + 1} + j\,\frac{\omega C}{(R\,\omega C)^2 + 1}$
$\tan\varphi = \frac{1}{\omega CR}$
$\underline{Z} = Z \cdot e^{-j\varphi}$

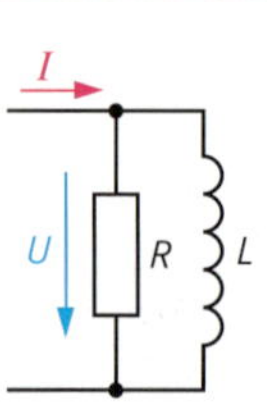

$\underline{Y} = \frac{1}{R} - j\,\frac{1}{\omega L}$; $Y = \sqrt{\left(\frac{1}{R}\right)^2 + \left(\frac{1}{\omega L}\right)^2}$
$\underline{Z} = \frac{R\,(\omega L)^2}{R^2 + (\omega L)^2} + j\,\frac{R^2\,\omega L}{R^2 + (\omega L)^2}$
$\tan\varphi = \frac{R}{\omega L}$
$\underline{Y} = Y \cdot e^{j\varphi}$

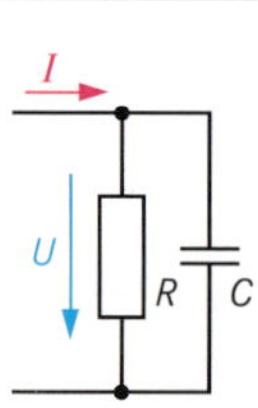

$\underline{Y} = \frac{1}{R} + j\,\omega C$; $Y = \sqrt{\left(\frac{1}{R}\right)^2 + (\omega C)^2}$
$\underline{Z} = \frac{R}{1 + (R\omega C)^2} - j\,\frac{R^2\,\omega C}{1 + (R\omega C)^2}$
$\tan\varphi = \omega CR$
$\underline{Y} = Y \cdot e^{j\varphi}$

Spannungsverlauf (Liniendiagramm)

Drei um 120° (6,67 ms) phasenverschobene Wechselspannungen.

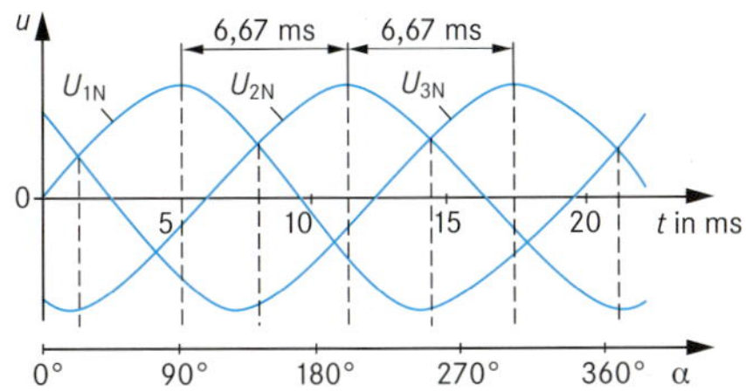

Spannungsversorgung

1. Transformatorstation
2. Übertragungsstrecke
3. Hausanschlusskasten

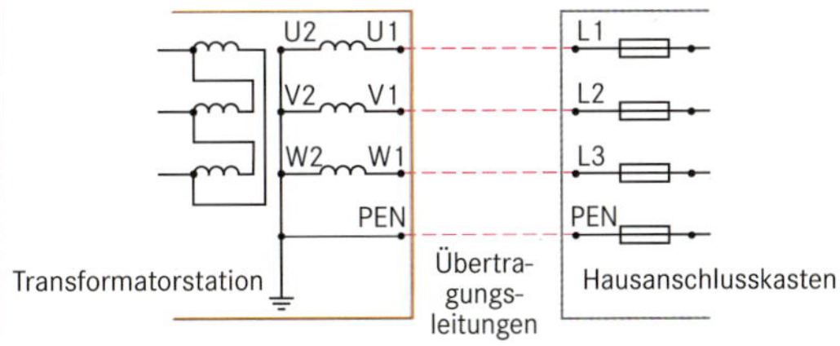

Zeigerdiagramm

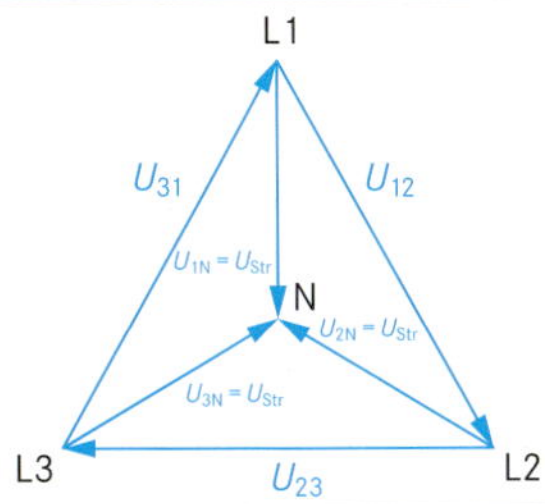

Spannungen

Außenleiterspannungen
$U_{12} = U_{23} = U_{31} = 400$ V

Strangspannungen
$U_{1N} = U_{2N} = U_{3N} = 230$ V

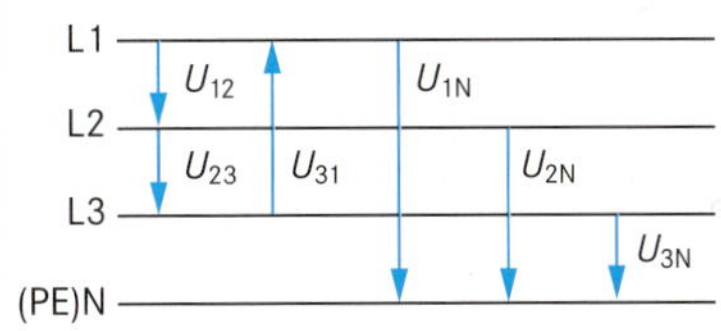

$U_{12} = \sqrt{3} U_{1N}$

Stromsysteme
Current Systems

Kennzeichnung von Systempunkten und Leitern

Stromsystem	Teil	Außenpunkte, Außenleiter	Mittelpunkt, Mittelleiter, Sternpunkt, Neutralleiter	Bezugs-erde	Schutz-leiter geerdet	Neutral-leiter, PEN-Leiter
Gleichstrom	Netz	Polarität: positiv: L+; negativ: L–	M	E	PE	–
m-Phasen-system	Netz	vorzugsweise: L1, L2, L3 ... Lm	N			
		zulässig auch: 1, 2, 3, ... m				
Drehstrom	Netz	vorzugsweise: L1, L2, L3				PEN
		zulässig auch: 1, 2, 3,				
	Betriebsmittel	allgemein: U, V, W				

Beispiele von Formelzeichen für Spannungen

Art der Spannungen	Stromsystem		Formelzeichen
Außenleiterspannungen	Gleichstromsystem		U, U_{L+}, U_{L-}
	m-Phasensystem		U_{12}, U_{23}, U_{34} ... U_m
	Drehstromsystem		U_{12}, U_{23}, U_{31}
	Drehstrom-Generatoren, -Motoren, -Transformatoren		U_{UV}, U_{VW}, U_{WU}
Außenleiter-Mittelspannung	Gleichstromsystem		U, U_{L+M}, U_{M-L}
Sternspannungen	Sternschaltung	m-Phasensystem	U_{1N}, U_{2N}, U_{3N} ... U_{mN}
		Drehstromsystem	U_{1N}, U_{2N}, U_{3N}
	Drehstrom: Generatoren, Motoren, Transformatoren		U_{UN}, U_{VN}, U_{WN}
Mittelpunktspannung	Gleichstromsystem		U_{ME}
Sternpunktspannung	Sternschaltung: m-Phasensystem, Drehstromsystem		U_{NE}

Rechtecksignale

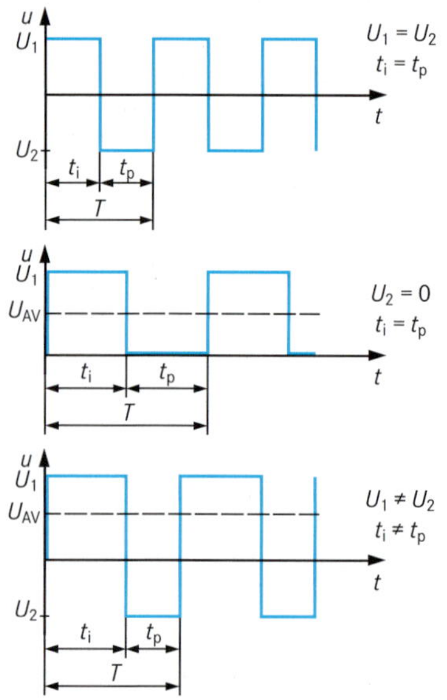

t_i: Impulsdauer

t_p: Pausendauer

T: Periodendauer

f: Frequenz

g: Tastgrad

V: Tastverhältnis

$\bar{u}$, U_{AV}: Arithmetischer Mittelwert

$$T = t_i + t_p$$

$$f = \frac{1}{T} \qquad V = \frac{1}{g}$$

$$g = \frac{t_i}{T}$$

$$U_{AV} = \frac{U_1 \cdot t_i + U_2 \cdot t_p}{T}$$

Signallaufzeit

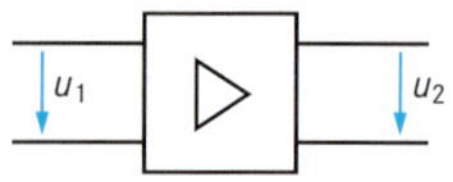

t_l: Signallaufzeit

Bezugspegel müssen nicht immer bei 50 % von $\hat{u}$ liegen.

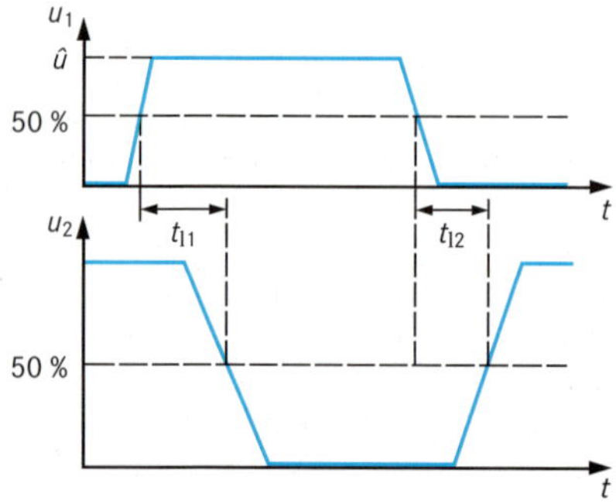

Impulsform

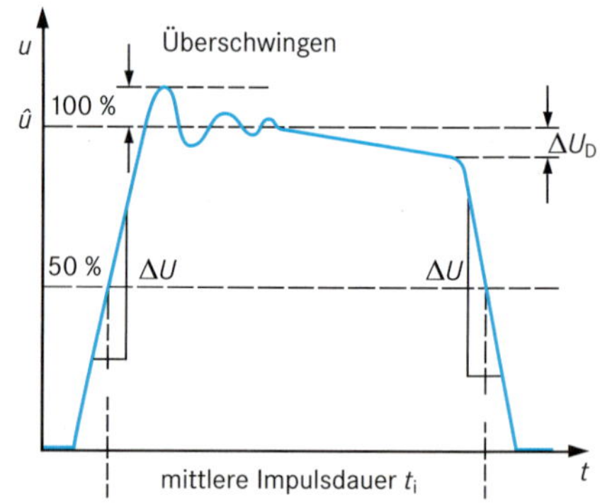

$\hat{u}$: Amplitude
D: Dachschräge
S: Flankensteilheit
ΔU: Spannungsänderung
Δt: Zeitänderung
t_i: Impulsdauer

$$D = \frac{\Delta U_D}{\hat{u}}$$

$$S = \frac{\Delta U}{\Delta t} \qquad [S] = \frac{V}{s}$$

Impulsverformung

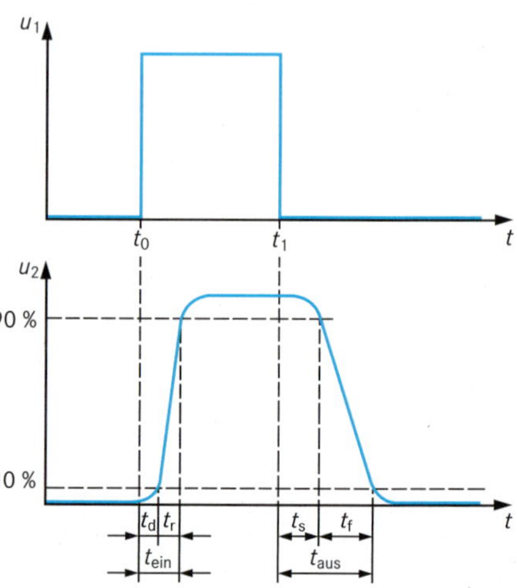

t_d: Verzögerungszeit (delay time)
t_r: Anstiegszeit (rise time)
t_s: Speicherzeit (storage time)
t_f: Abfallzeit (fall time)
t_{ein}: Einschaltzeit
t_{aus}: Ausschaltzeit

$$t_{ein} = t_d + t_r$$
$$t_{aus} = t_s + t_f$$

Digitalisierung

1. Die Quelle liefert ein analoges Signal ①.
2. Durch **Abtastung** werden in bestimmten Zeitabschnitten Spannungswerte entnommen ②.
3. Jeder Pulsamplitude wird in der **Quantisierungstufe** ③ ein bestimmter Wert zugeordnet. Wenn der Abtastwert zwischen den Stufen liegt, ergeben sich Fehler. Sie sind um so kleiner, je größer die Zahl der Quantisierungsstufen ist.
4. Jeder Stufe wird danach eine bestimmte Bitfolge zugeordnet (Codierung ④ durch ein Codewort). In diesem Fall sind es 3 Bit.

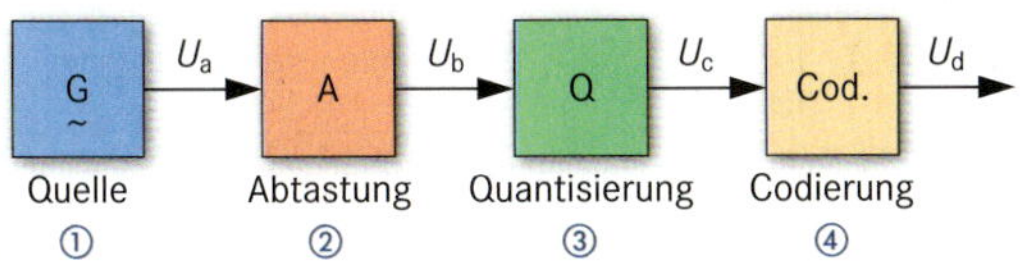

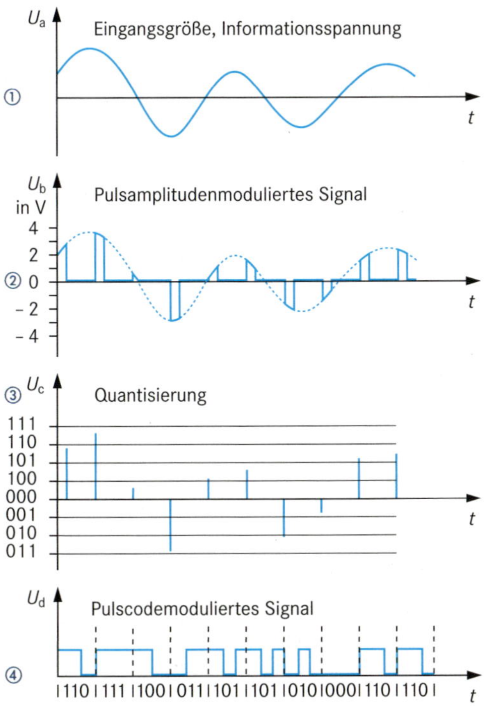

Umsetzer

Analog-Digital-Umsetzer

Beispiel:
Ein rampenförmiges Signal (analog) wird mit binären Signalen (0 und 1) in einen Signalfluss von 4 Bit (Dual-Code) umgesetzt.

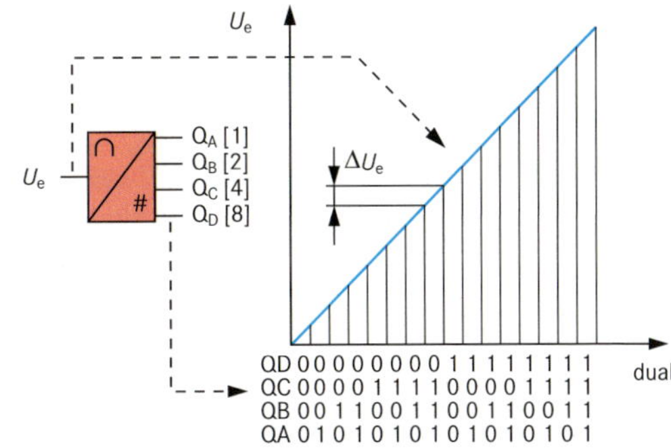

Digital-Analog-Umsetzer

Beispiel:
Eine 4 Bit Signalfolge (Dual-Code) wird in ein treppenförmiges Signal umgesetzt. Nach anschließender Glättung ist wieder ein analoges Signal vorhanden.

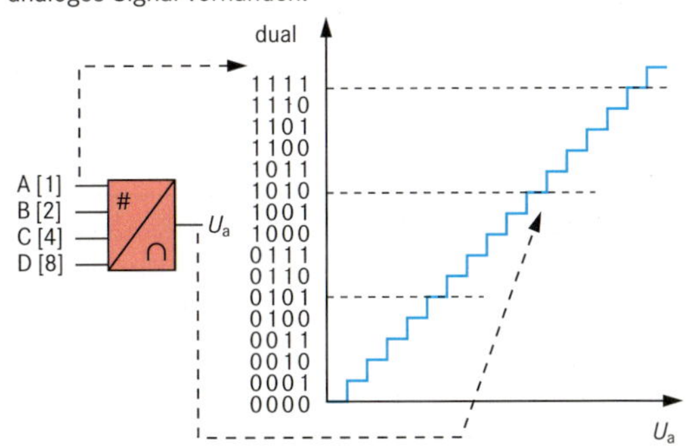

Bit und Byte

Bit: Binary Digi**t**, Binärziffer
Kleinste Informationeinheit der Computertechnik und anderer digital arbeitender Systeme.

Byte: Einheit von 8 Bit
z.B.: 01101011

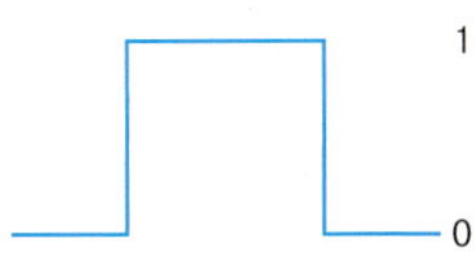

Kapazitätsangaben

- Das Byte (B) ist die Standardeinheit für die Angaben der Kapazitäten von
  - permanenten Speichermedien (z.B. Festplatte, CD, DVD, USB-Stick, Speicherkarten) und
  - flüchtigen Speichern (z.B. Arbeitsspeicher).
- Verwendet werden **Präfixe** (Vorsilben) zur Basis 10 und 2.
- Hersteller von permanenten Speichermedien verwenden zur Kapazitätskennzeichnung Dezimalpräfixe. Unterschiede entstehen, wenn z.B. im PC die Anzeige durch Binärpräfixe erfolgt.

Präfixe zur Basis 10 (Dezimalpräfixe)	
Symbol	Bedeutung
kB, Kilobyte	10^3 B = 1.000 B
MB, Megabyte	10^6 B = 1.000.000 B
GB, Gigabyte	10^9 B = 1.000.000.000 B
TB, Terabyte	10^{12} B = 1.000.000.000.000 B

Präfixe zur Basis 2 (Binärpräfixe)	
Symbol, Name	Bedeutung
KiB, Kibibyte	2^{10} B = 1.024 B
MiB, Mebibyte	2^{20} B = 1.048.576 B
GiB, Gibibyte	2^{30} B = 1.073.741.824 B
TiB, Tebibyte	2^{40} B = 1.099.511.627.776 B

Allgemeine Begriffe

Qualität	Zuverlässigkeit	Fehler	Funktionsfähigkeit
Beschaffenheit einer Einheit (Bauteil, Gerät, Einrichtung), festgelegte und vorausgesetzte Erfordernisse zu erfüllen.	Beschaffenheit einer Einheit bezüglich ihrer Eignung, während oder nach vorgegebenen Zeitspannen bei vorgegebenen Anwendungsbedingungen die Zuverlässigkeitsforderungen zu erfüllen.	▪ Unzulässige Abweichung eines Bauteilemerkmales (Wertes) vom Sollwert. ▪ Wert außerhalb des Toleranzbereiches.	Eignung einer Einheit, eine geforderte Funktion unter vorgegebenen Anwendungsbedingungen zu erfüllen.

Fehlerklassen	Fehleranteil	dpm (**D**efekte **p**er **M**illionen)	ppm (**p**arts **p**er **M**illionen)
Einteilung der Bauelementefehler in ▪ Totalfehler, ▪ elektrische Fehler, ▪ mechanische Fehler.	Anteil der fehlerhaften Bauelemente innerhalb einer Lieferung. Angegeben wird der Wert in %.	Einheit für die Anzahl fehlerhafter Bauteile $1\ \text{dpm} = 1 \cdot 10^{-6}$ $= 1 \cdot 10^{-4}\ \%$ 10 000 dpm = 1 %. Angabe wird bei Ein- bzw. Ausgangsprüfung verwendet.	Einheit zur Angabe über Funktionsfehler über den gesamten Herstellvorgang. $1\ \text{ppm} = 1 \cdot 10^{-4}\ \%$.

Konformität (Übereinstimmung)

Sortierprüfung	Stichprobenanweisung	Stichprobenprüfung	Stichprobenplan
Sämtliche gefundenen defekten Bauteile werden aus einer Lieferung aussortiert (100 % Prüfung).	Anweisung über die Anzahl der Bauteile in der Stichprobe und Angabe der Qualitätskriterien für die Bauteile.	Prüfung der Qualität anhand einer Stichprobenanweisung zur Beurteilung des Prüfloses.	Zusammenstellung von Stichprobenanweisungen. Es wird unterschieden zwischen **normaler**, **verschärfter** und **reduzierter** Prüfung.

Zuverlässigkeit

Frühausfall	Ausfallsatz a	Ausfallzeitpunkt	Ausfallursache
Ausfall in der Anfangszeit der Beanspruchung (etwa 100 ... 5000 Stunden bei 40 °C).	Anteil ausgefallener Bauteile während einer angegebenen Beanspruchungsdauer. $a = \frac{r}{n}$ $\quad \frac{\text{Ausfälle}}{\text{Anzahl}}$ Wird in % angegeben. Beispiel: n = 2 000 Bauelemente r = 2 Ausfälle ergibt Ausfallsatz = 0,1 %.	Tatsächlicher Zeitpunkt des Ausfalls. (Ist der tatsächliche Ausfallzeitpunkt nicht feststellbar, muss ein fiktiver Ausfallzeitpunkt festgelegt werden.)	Umstände während der Entwurfs-, der Fertigungs- oder der Nutzphase einer Einheit, die zu einem Ausfall geführt haben.

Zuverlässigkeitsfunktion

- Die Zuverlässigkeitsfunktion $R(t)$ gibt an, mit welcher Wahrscheinlichkeit eine Betrachtungseinheit im Zeitraum von 0 bis t funktionsfähig ist (Betriebszeiten $T > t$).

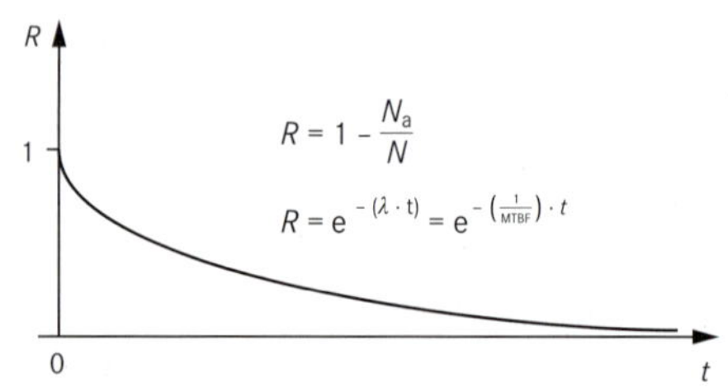

$$R = 1 - \frac{N_a}{N}$$

$$R = e^{-(\lambda \cdot t)} = e^{-\left(\frac{1}{MTBF}\right) \cdot t}$$

λ: Ausfallrate
MTBF: Mean Time Between Failures
N_a: Anzahl ausgefallener Einheiten
N: Gesamtzahl der Einheiten

Ausfallhäufigkeit

Für nichtinstandzusetzende Einheiten

$$L(\Delta t) = \frac{n_g(t_1) - n_g(t_2)}{n_0}$$

mit $\Delta t = t_2 - t_1 > 0$ und Nenner konstant

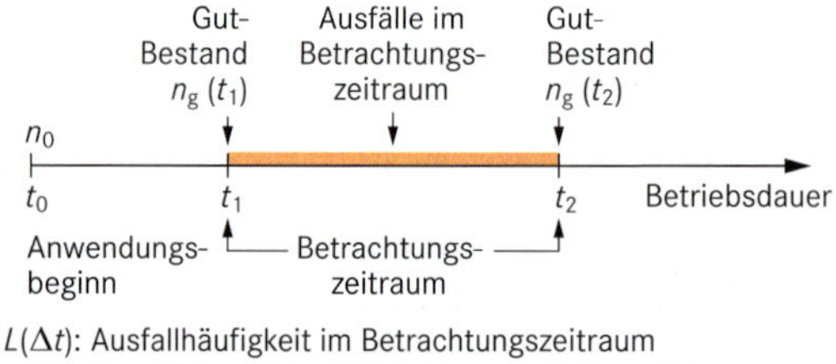

$L(\Delta t)$: Ausfallhäufigkeit im Betrachtungszeitraum
$n_g(t_1)$: Anzahl der „Guten" Einheiten zum Zeitpunkt t_1
$n_g(t_2)$: Anzahl der „Guten" Einheiten zum Zeitpunkt t_2
n_0: Anzahl der Einheiten bei Anwendungsbeginn (Anfangsbestand)

Anwendungsklassen und Zuverlässigkeitsangaben für Bauelemente

Utilization Classes and Reliability Data for Components

DIN 40040: 1987-04

Beispiel Klimatischer Bereich G P E / L T / W N Z

- Untere Grenztemperatur — G
- Obere Grenztemperatur — P
- Feuchtebeanspruchung — E
- **Zuverlässigkeit** Ausfallquotient — L
- Beanspruchungsdauer — T
- **Mechanische Anwendung** mechanische Beanspruchung — W
- Luftdruck — N
- Sonderbeanspruchung (Einzelbestimmung) — Z

1. Buchstabe: Untere Grenztemperatur ϑ_{min} in °C

A – D	frei	**J**	−10
E	−65	**K**	0
F	−55	**L**	+5
G	−40	**Z**	Einzelbestimmung der Hersteller
H	−25		

5. Buchstabe: Beanspruchungsdauer in Stunden

Q	300 000	**U**	3000
R	100 000	**V**	1000
S	30 000	**W**	300
T	10 000	**Z**	Einzelbestimmung der Hersteller

2. Buchstabe: Obere Grenztemperatur ϑ_{max} in °C

A	400	**N**	90
B	350	**P**	85
C	300	**Q**	80
D	250	**R**	75
E	200	**S**	70
F	180	**T**	65
G	170	**U**	60
H	155	**V**	55
J	140	**W**	50
K	125	**Y**	40
L	110	**Z**	Einzelbestimmung der Hersteller
M	100		

6. Buchstabe: Grenzwerte der mechanischen Beanspruchung

	Schwingungsbeanspruchung		Schockbeanspruchung	
	Frequenz in Hz 10 Hz bis ...	Beschleunigung in m/s^2	Beschleunigung in m/s^2	Zeit in ms
Q	2000	500	1000	6
R	2000	200	1000	6
S	2000	100	500	11
T	500	100	300	18
U	55	50	300	18
V	55	50	150	11
W	55	20	150	11
Z	Einzelbestimmung der Hersteller			

3. Buchstabe: Feuchtebeanspruchung

	Höchstwerte der relativen Luftfeuchtigkeit in %				Bemerkungen
	Jahresmittel [1]	30 Tage im Jahr [1]	60 Tage im Jahr [1]	Übrige Tage [2]	
A	≤ 100	–	–	–	andauernde Nässe
B	frei				
C	≤ 95	100	–	100	Betauung
R	≤ 90	100	–	95	
D	≤ 80	100	–	90	
E	≤ 75	95	–	85	[3]
F	≤ 75	95	–	85	keine Betauung
G	≤ 65	–	85	75	
H	≤ 50	–	75	65	
J	≤ 50				
Z	Einzelbestimmung der Hersteller				

[1] Über das ganze Jahr verteilt
[2] Unter Einhaltung des Jahresmittels
[3] Seltene und leichte Betauung

7. Buchstabe: Luftdruck

	Untere Druckgrenze in mbar	Entspricht einer Betriebshöhe in m über NN
N	840	1000
R	700	2200
S	600	3500
T	530	4300
U	300	8500
V	85	16 000
W	44	20 000
Y	20	26 000
Z	Einzelbestimmung der Hersteller	

8. Buchstabe: Sonderbeanspruchung Z

Beispiele

- Spritzwasser, Regen, Schnee, Vereisung, Schwall-, Strahl-, Druckwasser
- Trockenheit, Meeres-, Industrieluft, Isolierstoffausdünstung in abgeschlossenen Räumen
- Staub, Sandsturm
- Sonnenstrahlung, andere Strahlung

4. Buchstabe: Ausfallquotient in Ausfällen je 10^9 Bauelementestunden

D	0,1	**J**	30	**P**	10 000	**U**	3 000 000
E	0,3	**K**	100	**Q**	30 000	**V**	10 000 000
F	1	**L**	300	**R**	100 000	**W**	30 000 000
G	3	**M**	1000	**S**	300 000	**Z**	Einzelbestimmung der Hersteller
H	10	**N**	3000	**T**	1 000 000		

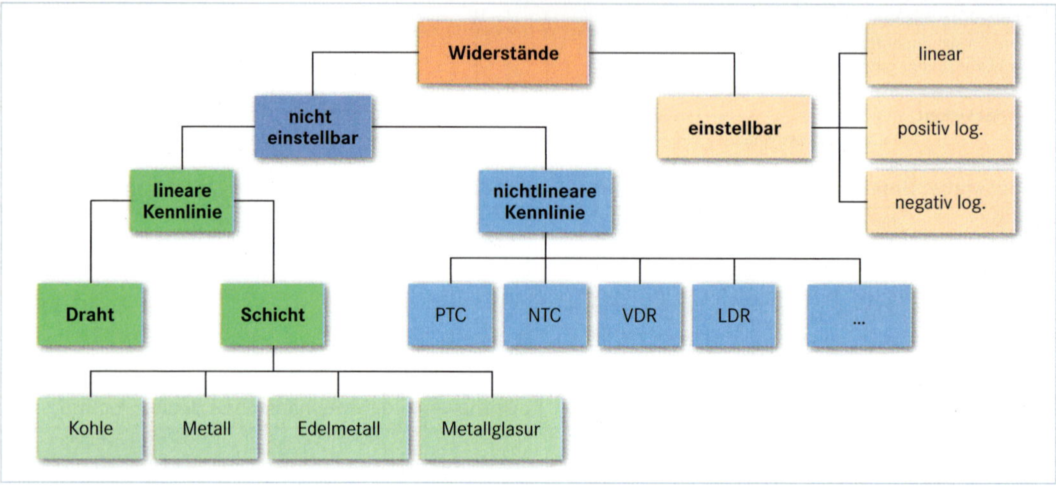

Drahtwiderstände

Anforderungen

- Hoher spezifischer Widerstand
- Große spezifische Wärmekapazität
- Schlechte Wärmeleitfähigkeit
- Gute Korrosionsbeständigkeit
- Gute Zunderbeständigkeit
- Kleiner Ausdehnungskoeffizient
- Kleiner Temperaturkoeffizient (gewünscht bei Messwiderständen)
- Gute mechanische Eigenschaften (z. B. elastisch, stoßfest)
- Gute technologische Eigenschaften (lötbar, warmfest, u. U. schweißbar)

Wertebereich	Toleranz	Werkstoffe	Temperaturbereich	Belastbarkeit bei 70 °C	Temperatur-koeffizient
0,1 Ω bis 300 kΩ	±0,01 % bis ±20 %	Chrom-Nickel Kupfer-Nickel Kupfer-Mangan	-50 °C bis +500 °C	0,25 W bis 100 W	$\pm 1 \cdot 10^{-6}$ K^{-1} bis $\pm 200 \cdot 10^{-6}$ K^{-1}

Lineare Schichtwiderstände

Merkmale	**Kohle**, C	**Metall**, Cr/Ni	**Edelmetall**, Au/Pt
Herstellverfahren	Thermischer Zerfall von Kohlenwasserstoffen	Aufdampfen im Hochvakuum	Reduktion von Edelmetall-salzen durch Einbrennen
Spezifischer Widerstand	$3000 \cdot 10^{-6}\ \Omega \cdot cm$	$\approx 100 \cdot 10^{-6}\ \Omega \cdot cm$	$\approx 40 \cdot 10^{-6}\ \Omega \cdot cm$
Schichtdicke	$10 \dots 30\,000 \cdot 10^{-9}$ m	$10 \dots 100 \cdot 10^{-9}$ m	$10 \dots 1000 \cdot 10^{-9}$ m
Widerstand	1...5000 Ω	20...1000 Ω	0,5...100 Ω
Temperaturkoeffizient	$(-200 \dots -800) \cdot 10^{-6} \cdot K^{-1}$	$\pm 100 \cdot 10^{-6} \cdot K^{-1}$	$(+250 \dots +350) \cdot 10^{-6} \cdot K^{-1}$
maximale Schichttemperatur	125 °C	175 °C	155 °C
Drift nach 10^4 h Lagerung bzw. bei Belastung auf 125 °C in %	-0,5 ... +1,5	-0,6 ... +1	-0,5
Stromrauschen	klein	sehr klein	sehr klein
Nichtlinearität	klein	sehr klein	sehr klein
Anwendungen	Vermittlungstechnik, Datentechnik, Weitverkehrstechnik, Elektronik	Für extreme klimatische und elektrische Beanspruchungen, Luft- und Raumfahrt, Messgeräte	Kompensation in Transistorschaltungen, Hochlastwiderstände mit Sicherungswirkung

Unterscheidungen und Begriffe

Betätigung durch		Widerstandsmaterial aus		
Schieben	Drehen ①②④	Draht ②④	Schicht ①	
	■ eingängig ① ■ mehrgängig ② (Wendelpotenziometer)		■ Kohle ① ■ Cermet[1) ③ ■ Leitplastik	1) Cermet: ceramic metal, Werkstoff aus Metallkeramik (große Härte, elektrisch leitfähig)

Potentiometer (Potentiometer):
- Ursprünglicher Begriff für Spannungsteiler zur Einstellung von Spannungen (Potentiale)
- Heute: Allgemeine Verwendung für einstellbaren Widerstand (Schieben, Drehen)

Trimmer: ③
- Einstellbarer Widerstand mit entsprechendem Werkzeug (z. B. Schraubendreher)

Ausführungen

①

②

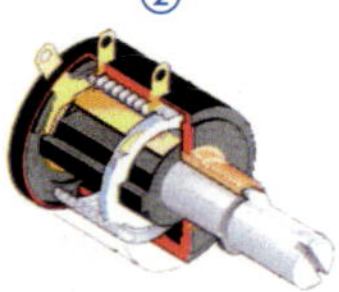

③

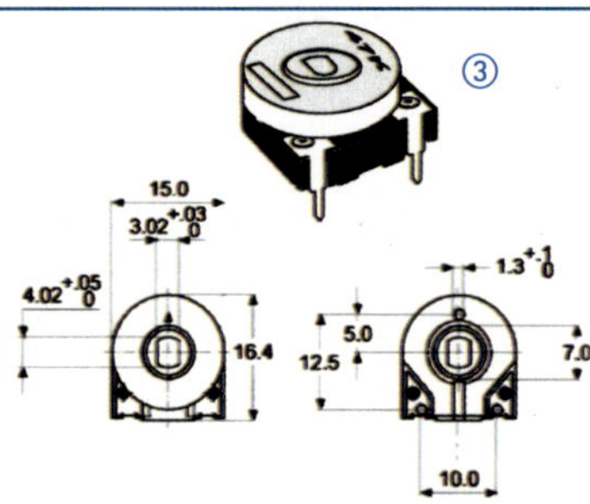

④

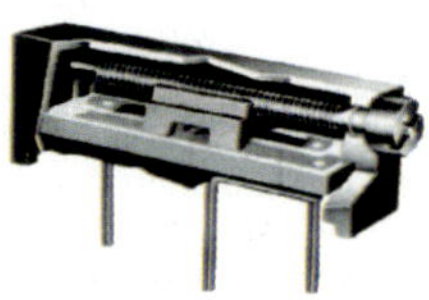

Kennlinien

linear

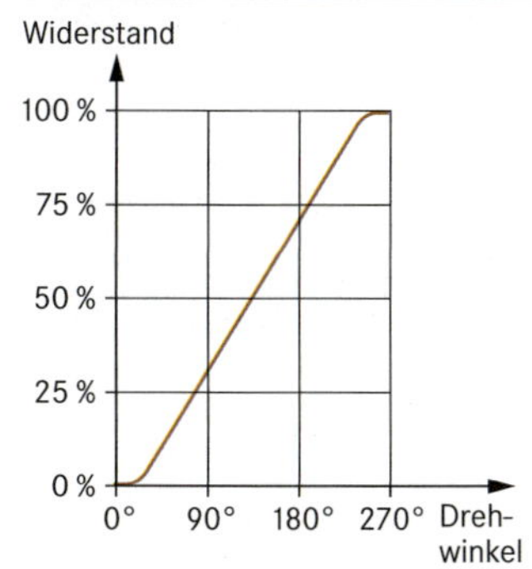

linear mit Drehschalter

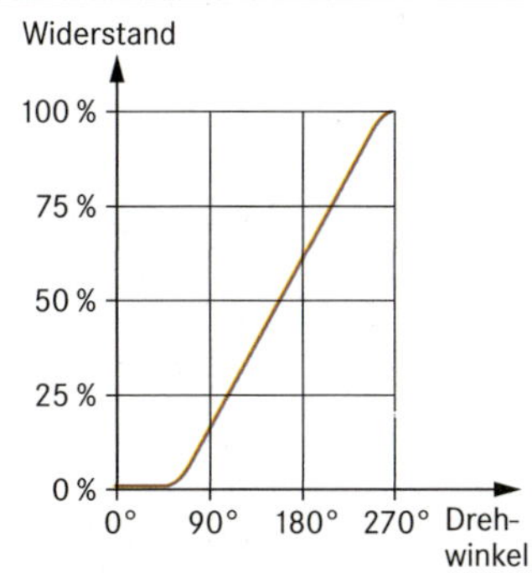

linear mit Drehschalter

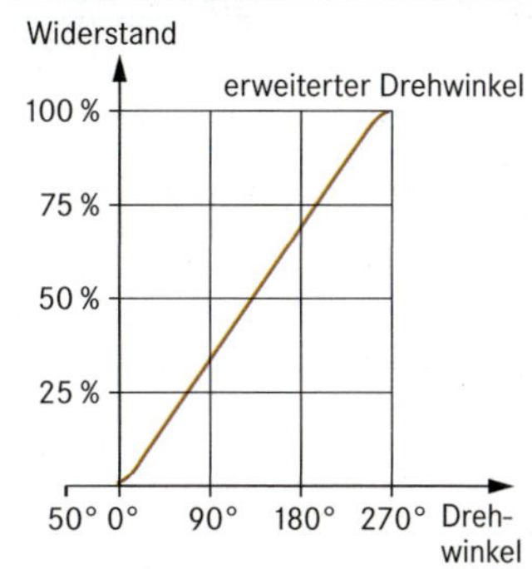

negativ logarithmisch

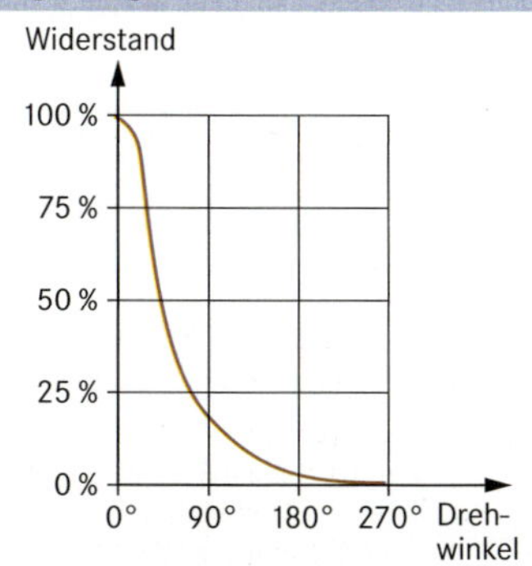

positiv logarithmisch

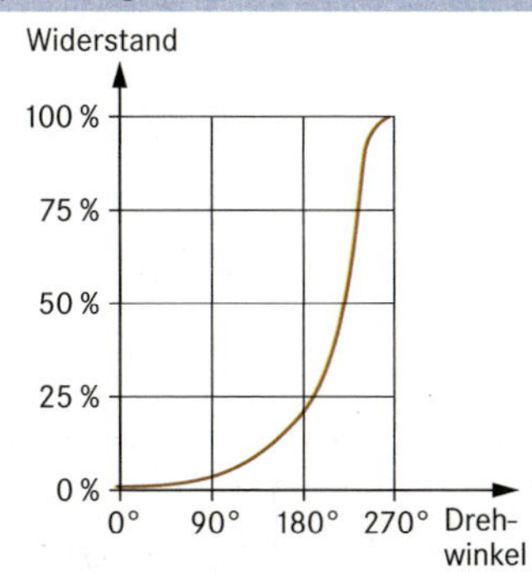

linear positiv logarithmisch

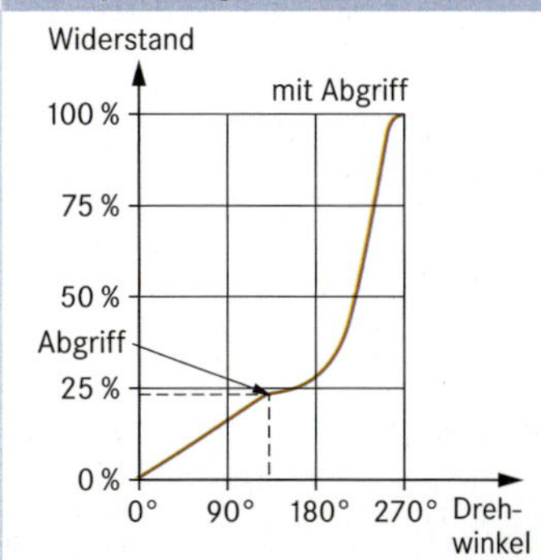

Farbkennzeichnung von Widerständen

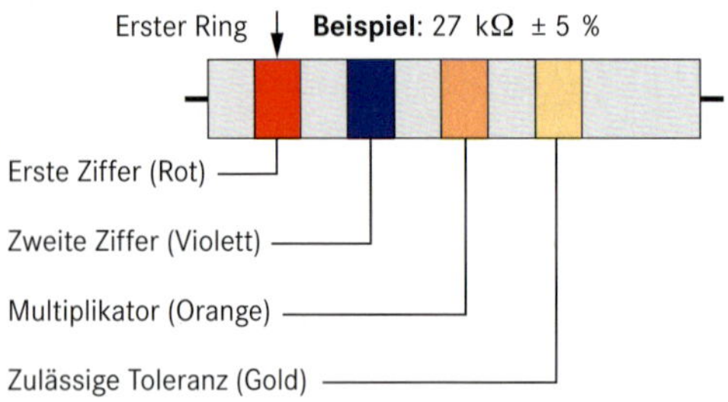

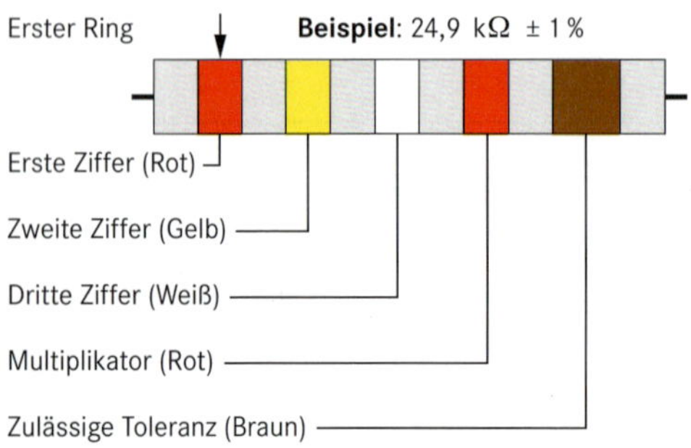

Temperaturkoeffizient:

- sechster und breiter Farbring, evtl. unterbrochen
- Schraubenlinie

Vorzugsreihen für Bemessungswerte bis ±5 % zulässige Abweichung DIN IEC 63: 1985-12

E3 (> ±20 %)	E6 (±20 %)	E12 (±10 %)	E24 (±5 %)
1,0	1,0	1,0	1,0
			1,1
		1,2	1,2
			1,3
2,2	1,5	1,5	1,5
			1,6
		1,8	1,8
			2,0
	2,2	2,2	2,2
			2,4
		2,7	2,7
			3,0
4,7	3,3	3,3	3,3
			3,6
		3,9	3,9
			4,3
	4,7	4,7	4,7
			5,1
		5,6	5,6
			6,2
	6,8	6,8	6,8
			7,5
		8,2	8,2
			9,1

Farbschlüssel

Kennfarbe	Widerstandswert in Ω		Zulässige relative Abweichung des Widerstandswertes	Temperatur-Koeffizient (10^{-6}/K)
	zählende Ziffern	Multiplikator		
silber	–	10^{-2}	±10 %	–
gold	–	10^{-1}	± 5 %	–
schwarz	0	10^{0}	–	±250
braun	1	10^{1}	± 1 %	±100
rot	2	10^{2}	± 2 %	± 50
orange	3	10^{3}	–	± 15
gelb	4	10^{4}	–	± 25
grün	5	10^{5}	± 0,5 %	± 20
blau	6	10^{6}	± 0,25 %	± 10
violett	7	10^{7}	± 0,1 %	± 5
grau	8	10^{8}	–	± 1
weiß	9	10^{9}	–	–
keine	–	–	± 20 %	–

Wertkennzeichnung durch Buchstaben DIN EN 60 062: 1994-10

Kennbuchstabe	Multiplikator	Beispiele
p	Pico 10^{-12}	3µ3 = 3,3 µF
n	Nano 10^{-9}	m33 = 330 µF
µ	Mikro 10^{-6}	33m = 33 000 µF
m	Milli 10^{-3}	R33 = 0,33 Ω
R, F	10^{0}	3R3 = 3,3 Ω
K	Kilo 10^{3}	33K = 33 kΩ
M	Mega 10^{6}	330K = 330 kΩ
G	Giga 10^{9}	M33 = 0,33 MΩ
T	Tera 10^{12}	3M3 = 3,3 MΩ

Buchstabenkennzeichnung der zulässigen Abweichungen

Symmetrische Abweichung in %	
zulässige Abweichung	Kennzeichen
± 0,1	B
± 0,25	C
± 0,5	D
± 1	F
± 2	G
± 5	J
±10	K
±20	M
±30	N
Unsymmetrische Abweichung in %	
+30 ... –10	Q
+50 ... –10	T
+50 ... –20	S
+80 ... –20	Z
Symmetrische Abweichung in absoluten Werten (Kapazitätswerte unter 10 pF)	
± 0,1	B
± 0,25	C
± 0,5	D
± 1	F

Farbkennzeichnung von Bauelementen
Colour Marking of Components

Kondensatoren

Beispiele: 27 nF, 10 % Toleranz, 400 V

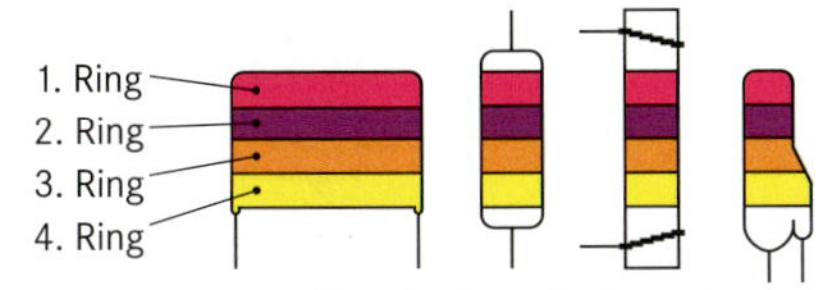

Verschiedene Bauformen

Farbe	Ring 1. Ziffer 1.	2. Ziffer 2.	3. Multiplikator	4. Toleranz C < 10 pF	4. Toleranz C > 10 pF	5. Betriebsspannung in V
schwarz	0	0	x1pF		20 %	
braun	1	1	x10pF	0,1pF	1 %	100
rot	2	2	x100pF	0,25pF	2 %	200
orange	3	3	x1nF			300
gelb	4	4	x10nF			400
grün	5	5	x100nF	0,5%	5 %	
blau	6	6				600
violett	7	7				700
grau	8	8	x0,01pF			800
weiß	9	9	x0,1pF	1pF	10 %	
gold						1000
silber						2000
keine				20%		500

Tantalkondensatoren

Beispiele: 5,6 µF; 6,3 V

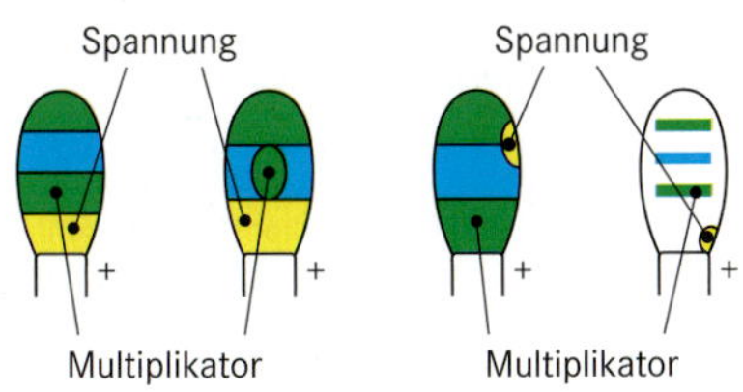

Farbe	Ring 1 Ziffer 1.	2 Ziffer 2.	3 Multiplikator	4 Betriebsspannung in V
schwarz	0	0	x 1	10
braun	1	1	x 10	1,5
rot	2	2	x 100	(rosa) 35
orange	3	3		(rosa) 35
gelb	4	4		6,3
grün	5	5		16
blau	6	6		20
violett	7	7	x 0,001	
grau	8	8	x 0,01	5
weiß	9	9	x 0,1	3

Induktivitäten

Farbe	Ring 1 Ziffer 1.	2 Ziffer 2.	3 Multiplikator	4 Toleranz
schwarz		0	1 µH	
braun	1	1	10 µH	
rot	2	2	100 µH	
orange	3	3		
gelb	4	4		
grün	5	5		
blau	6	6		
violett	7	7		
grau	8	8		
weiß	9	9		
gold			0,1 µH	5 %
silber			0,01 µH	10 %
keine				20 %

Dioden

Beispiele (Pro Electron): BAX 35

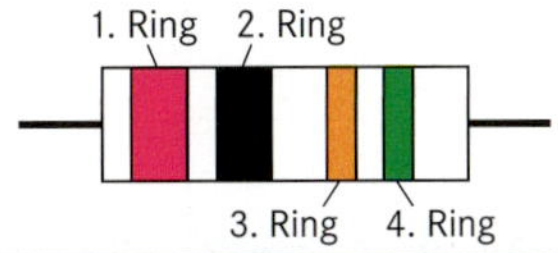

JEDEC (Joint Electronic Devices Engineering Council)

Farbe	Ring 1. breit Katode Ziffer 1.	2. Ziffer 2.	3. Ziffer 3.	4. Ziffer 4.
schwarz	0	0	0	0
braun	1	1	1	1
rot	2	2	2	2
orange	3	3	3	3
gelb	4	4	4	4
grün	5	5	5	5
blau	6	6	6	6
violett	7	7	7	7
grau	8	8	8	8
weiß	9	9	9	9

Pro Electron

Farbe	Ring 1. breit Katode Buchstabe 1. und 2.	2. Buchstabe 3.	3. Ziffer 1.	4. Ziffer 2.
schwarz		X	0	0
braun	AA		1	1
rot	BA		2	2
orange		S	3	3
gelb		T	4	4
grün		V	5	5
blau		W	6	6
violett			7	7
grau		Y	8	8
weiß		Z	9	9

Heißleiter NTC-Widerstand (**N**egative **T**emperature **C**oefficient)	**Kaltleiter** PTC-Widerstand (**P**ositive **T**emperature **C**oefficient)	**Varistoren** VDR-Widerstand (**V**oltage **D**ependent **R**esistor)
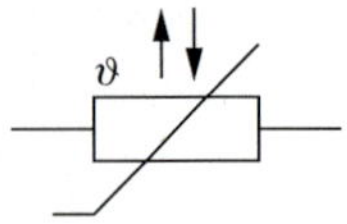	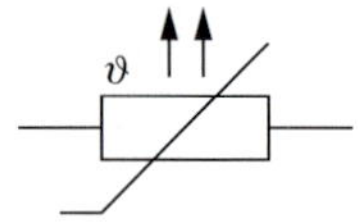	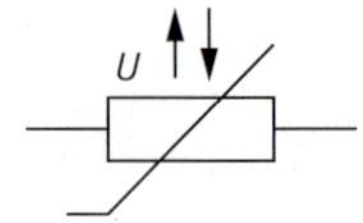
Heißleiter sind temperaturabhängige Halbleiterwiderstände, deren Widerstandswerte sich mit steigender Temperatur verringern.	Kaltleiter sind temperaturabhängige Widerstände, deren Widerstandswerte bei ansteigender Temperatur annähernd sprungförmig ansteigen, sobald eine bestimmte Temperatur überschritten wird.	Varistoren sind Widerstände, deren Widerstandswerte sich bei ansteigender Spannung verringern.
Material: polykristalline Mischoxidkeramik	Material: ferroelektrische Keramik, z. B. TiO_3	Material: Siliciumkarbid, $\alpha < 5$, Zinkoxid, $\alpha < 30$
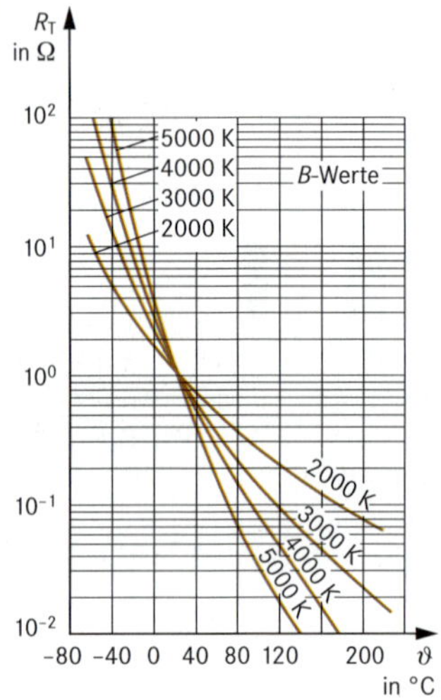	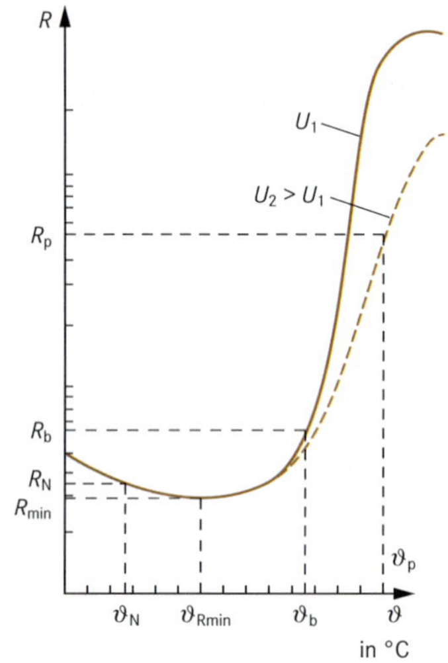	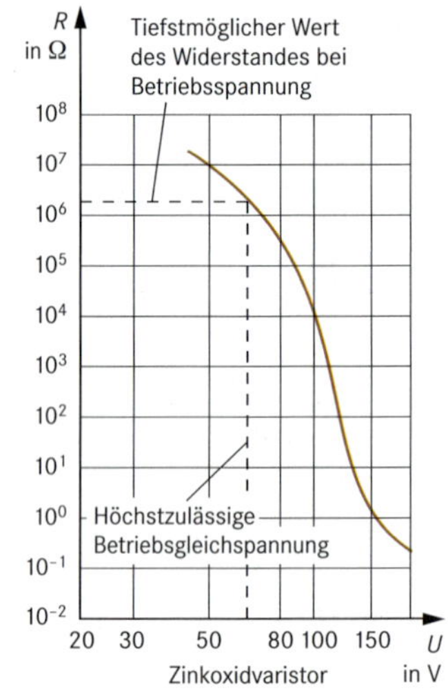

Heißleiter

Temperatur-Koeffizient α_R

$$\alpha_R = \frac{-B \cdot 100}{T_2} \qquad [\alpha_R] = \% \qquad [T] = \mathrm{K}$$

T: Temperatur in Kelvin

***B*-Wert**

B: *B*-Wert als Maß für die Temperaturabhängigkeit des Heißleiters in K (Kelvin), Materialkonstante

$$B = \frac{T_1 \cdot T_2}{T_2 - T_1} \ln \frac{R_1}{R_2}$$

R_1: Widerstandswert in Ω bei T_1 in K (Kelvin)

R_2: Widerstand in Ω bei T_2 in K (Kelvin)

Kaltleiter

R_N: Bemessungswiderstandswert bei $\vartheta_N = 25\ °C$

R_{min}: Kleinster Widerstandswert

R_p: Widerstandswert bei der höchstzulässigen Spannung

α_R: Temperaturkoeffizient

β: Spannungsabhängigkeit (der Widerstandswert des Kaltleiters ist spannungsabhängig)

Beispiele:

$R_{min} = 50\ \Omega$
$\vartheta_{Rmin} = 20\ °C$
$R_b = 100\ \Omega$
$\vartheta_b = 60\ °C$
$R_p \geq 50\ k\Omega$
$\vartheta_p = 110\ °C$

$U_{max} = 30\ V$
$\alpha_R = 20\ \%/K$

Varistoren

$$R = \frac{U^{(1-\alpha)}}{K}$$

K: Elementarkonstante in Ampere, von der Geometrie abhängig

α: Nichtlinearitätsexponent

Kennwerte

Beispiele:

$\alpha > 30$ bei ZnO (Zinkoxidvaristoren)
Betriebstemperatur: −40 °C ... +85 °C

Betriebsspannung: 14 ... 1500 V

Ansprechzeit: < 50 ns

Stoßstrom: bis 4000 A

Dauerbelastbarkeit: 0,8 W

Heißleiter

Heißleiter in Scheibenform

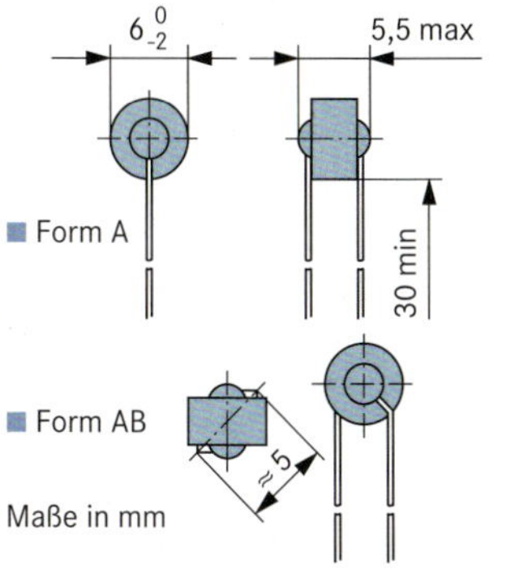

Betriebs-bedingungen	Klimatische Anwendungsklasse		
	FKF	HKF	HHH
untere Grenz-temperatur	-55 °C	-25 °C	-25 °C
obere Grenz-temperatur	125 °C	125 °C	155 °C

Bemessungswiderstandswert
10 Ω bis 100 kΩ
R_N bei 25 °C (R_{25})

zulässige Abweichung vom Bemessungswiderstand ±10 %; ±20 %

Belastbarkeit P_{max} bei 25 °C: 0,6 W

Kaltleiter

- ohne Umhüllung, metallisierte Stirnseiten

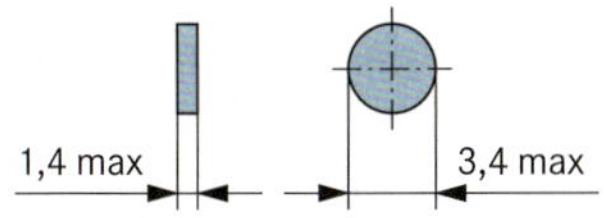

- ohne Umhüllung, radiale Anschlussdrähte

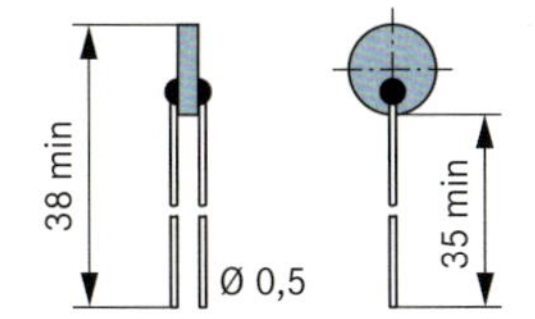

- mit Kunststoffumhüllung

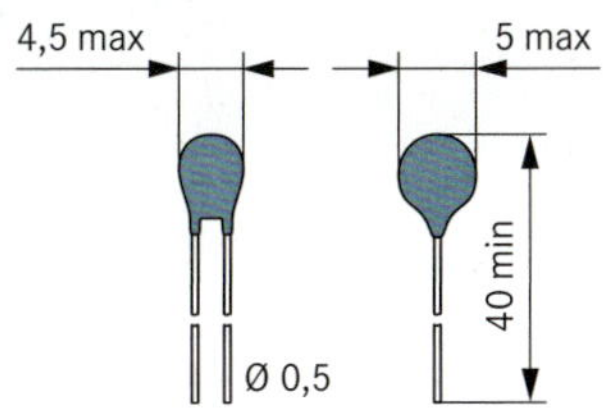

Bezugstemperatur:
-30 °C ... +180 °C
Endtemperatur:
+40 °C ... +220 °C

Maße in mm

Varistoren

Scheibenform

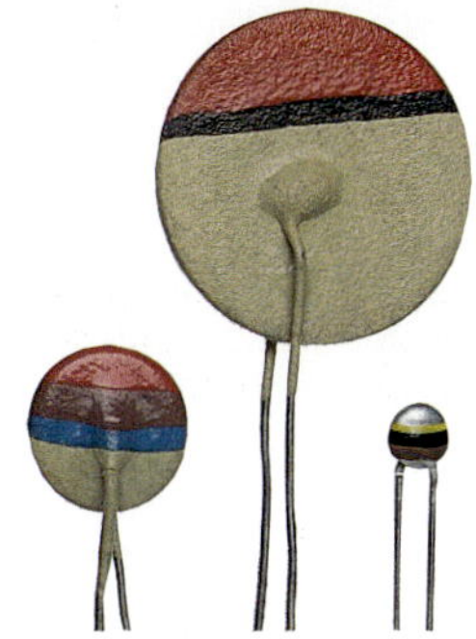

Blockform

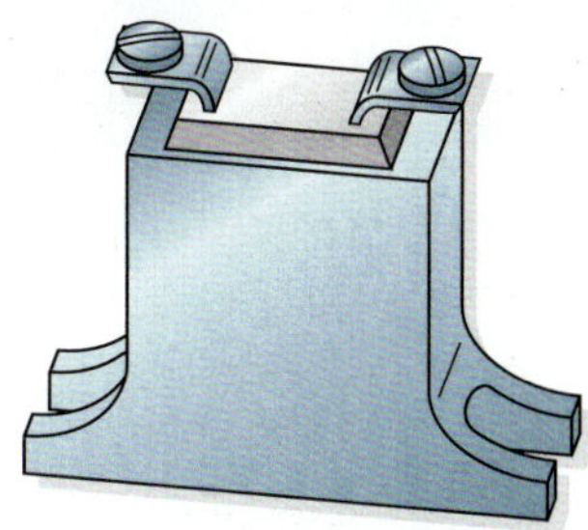

Anwendungen

Arbeitspunkt-stabilisierung

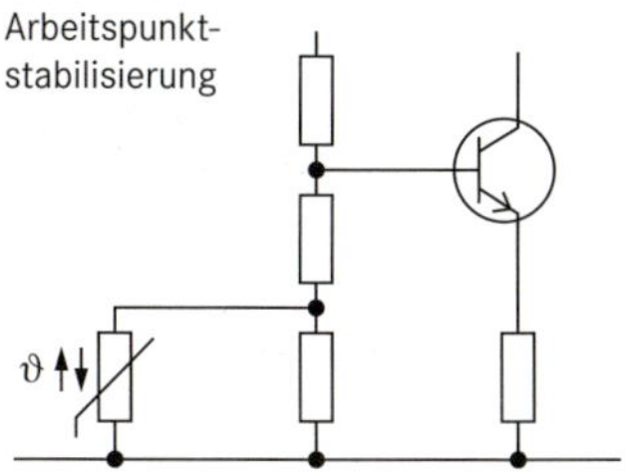

Flüssigkeitsniveaufühler

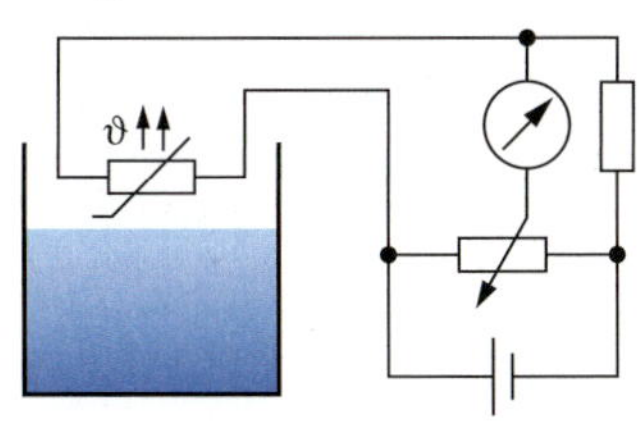

Überspannungsschutz von Halbleiterschaltungen

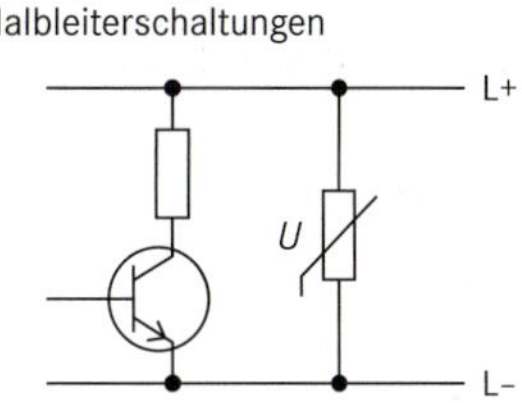

Temperaturmessung

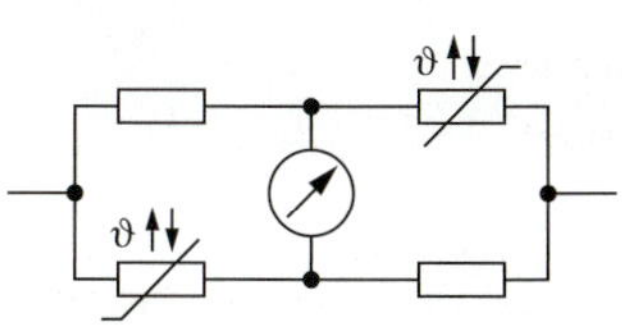

Temperaturregelung für eine Heizung

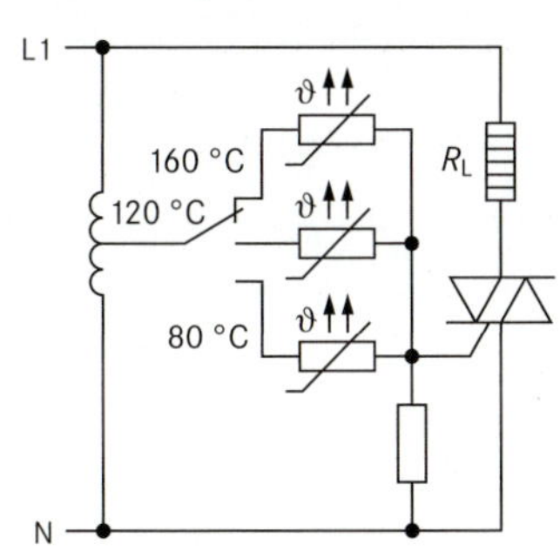

Spannungsstabilisierung

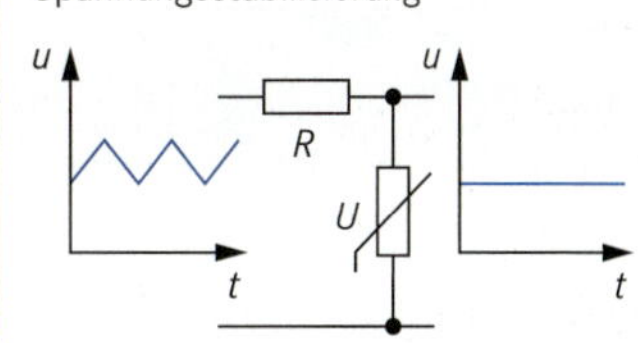

Anzugs-verzögerung

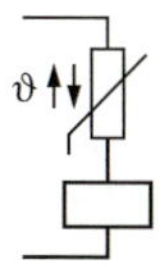

Abfallverzögerung

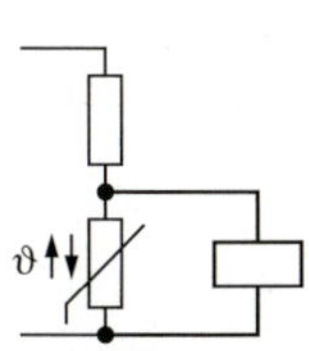

Absorption von Schaltenergie (Überspannungsableiter)

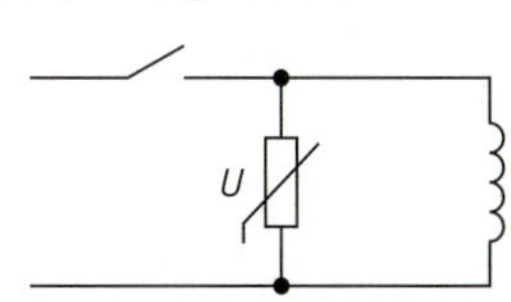

Widerstands-Werkstoffe
Resistance Materials

Kurzname (Handelsnamen als Beispiel)	ϱ in $\frac{kg}{dm^3}$	R_m in $\frac{N}{mm^2}$	α in $\frac{10^{-6}}{K}$	λ in $\frac{W}{m \cdot K}$	c in $\frac{J}{g \cdot K}$	T_s in °C	T_A in °C	ϱ_{20} in μΩm	α_{20} in $\frac{10^{-3}}{K}$	besondere Eigenschaften	Verwendung
CuNi2	8,9	220	16,5	130	0,38	1090	300	0,05	+1,4	weich lötbar	niedrigohmige Widerstände, Heizdrähte, Heizkabel mit niedriger Temperatur
CuNi6	8,9	250	16	92	0,38	1095	300	0,10	+0,7		
CuMn 12Ni (Manganin)	8,4	390	18	22	0,41	960	140	0,43	±0,01	hohe zeitliche Konstanz des Widerstandes	Mess- und Normalwiderstände, Vorschaltwiderstände
CuNi44 (Konstantan)	8,9	420	13,5	23	0,41	1280	600	0,49	-0,08 ±0,04	gut zunderbeständig	Heizdrähte, Potentiometer
CuNi 10	8,9	290	16	59	0,38	1100	400	0,15	+0,35	korrosions- und zunderbeständig	

Kontakt-Werkstoffe
Contact Materials

Kurzname	ϱ in $\frac{kg}{dm^3}$	T_S in °C	λ in $\frac{W}{m \cdot K}$	$\varkappa$ in $\frac{MS}{m}$	α in 10^{-3} K^{-1}	Verwendungsbeispiele
Reine Metalle						
Ag (Feinsilber)	10,5	961	1	67,1	4,1	Relais
Au (Feingold)	19,3	1063	0,72	47,6	4	Telekommunikation
Ir	22,5	2454	0,14	20,4	4,1	Legierungen
Pd	12,0	1552	0,17	9,8	3,7	Telekommunikation
Re	21,0	3180	0,14	5,3	4,5	Unterbrecher-Kontakte
Hg	13,6	-39	10	1,04	-	Ex-Schaltgeräte
Legierungen						
CuAg (2 ... 6 % Ag) (Silberbronze)	9,2	1010	0,27	38	-	Federn, Messer, Elektroden
Ag (2 % Cu + Ni) (Hartsilber)	10,5	945	0,97	52	3,5	Schütze, Relais
PtIr (80 % Pt)	21,7	1840	0,042	3,2	0,77	in Mess- und F-Technik
PtAg (70 % Pt)	12,8	1090	-	3,4	0,3	Schütze, Relais

Magnet-Werkstoffe
Magnetic Materials

Übertragerblech										
Kurzname	Bestandteile	Kennzeichnung		ϱ in $\frac{kg}{dm^3}$	$\varkappa$ in $\frac{MS}{m}$	H_c in $\frac{A}{m}$	$B_{Sät}$ in T	μ_{16} (μ_4)	T_{Entmag} in °C	Handelsnamen (Beispiele)
		Farbe	Strichanzahl							
A0	Stahl mit 2,5 ... 4,5 % Si	–	0	7,7	2,5	100	2,03	450	750	Trafoperm
A2		hell	2	7,63	1,82	60	2	800 ... 900	750	
A3		grün	3	7,57	1,47	35	1,92	750 ... 900	750	Hyperm 4
E3	Ni-Fe-Legierung mit ≈ 75 % Ni	hellrot	1	8,6	2,00	2	0,7 ... 0,8	(16 000 ... 35 000)	400	Mumetall, Hyperm 500
E4		hellrot/weiß	je 1	8,7	1,82	1	0,6 ... 0,8	(30 000 ... 40 000)	270 ... 400	

Übersicht

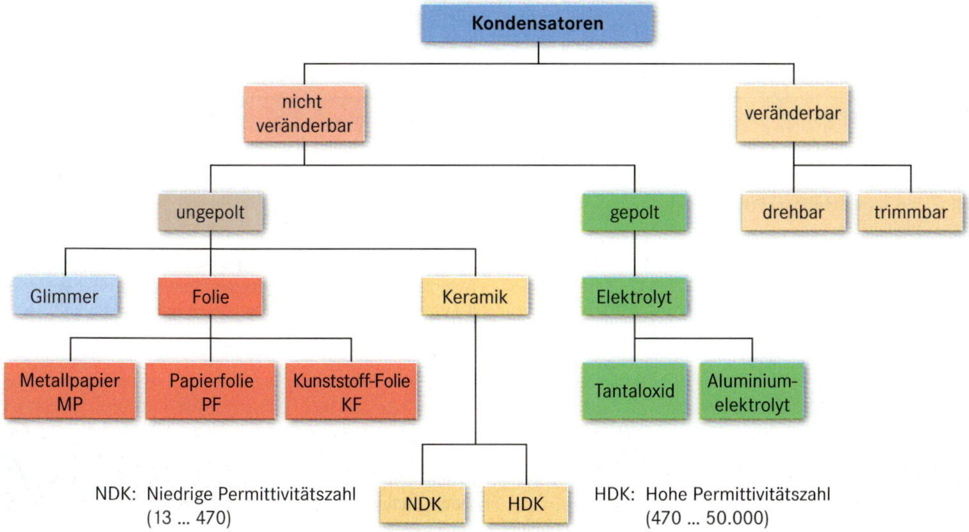

Kennzeichnung der Anschlüsse für Kondensatoren bis 1000 V
Designation of Capacitors up to 1000 V

Kondensator	Bauform, Gehäuse, Anschlüsse	Kennzeichnung
Papier-, Metallpapier-, Kunststoff-, Folienkondensatoren (KS-Kondensatoren)	Gehäuse: Zylinder- oder quaderförmig Anschlüsse: Axiale Draht- oder Lötfahnen	Außenbelag: durch Strich (Umfang) Farbring zur Kennzeichnung der Bemessungsspannung: Blau: 25 V, Gelb: 63 V, Rot: 160 V, Grün: 250 V, Violett: 400 V, Schwarz: 630 V, Braun: 1000 V
	Gehäuse: Zylinder- oder quaderförmig Anschlüsse: Einseitige Draht- oder Lötfahnen	Außenbelag: durch Strich (Umfang)
	Gehäuse: Zylinder- oder quaderförmig	Außenbelag: ⊥
Glimmerkondensator	alle Bauformen vorhanden	
Keramik-Kondensatoren	Rohrkondensatoren, Scheibenkondensatoren mit axialen oder radialen Anschlüssen	Der Innenbelag wird durch ein Farbzeichen gekennzeichnet (Temperaturkoeffizient), Typ I A: weißer Punkt für den Außenbelag
Aluminium-Elektrolytkondensatoren	Gehäuse: Zylinder- oder quaderförmig mit einseitigen Anschlüssen	Pluspol: +
	Gehäuse: Zylindrisch mit axialen Anschlüssen	Pluspol: + Minuspol: Strich auf dem Umfang
	Verschiedene Bauformen und Anschlüsse (Schraubenanschluss, Lötfahnen usw.)	Minuspol: – Pluspol: +; Kennzahl 1 oder rote Farbe

Kennzeichnung nach Stromart		ungepolte Kondensatoren	gepolte Kondensatoren
Gleichstrom	Stranganfang und Strangende	A-B, C-D, ...	+ und – bzw. A-B, C-D, ...
	Sternende	A, B, C, ...	A, B, C, ...
	Mittelpunkt	MP	MP
Einphasenstrom		U-V	
Zweiphasenstrom	verkettet	U, XY, V	
	unverkettet	U-X, V-Y	
Drehstrom	verkettet	U, V, W	
	unverkettet	U-X, V-Y, W-Z	
	Mittel- bzw. Sternpunkt	Mp	

Kondensatorart	Temperaturbereich in °C	Verlustfaktor $\tan\delta$ in 10^{-3}	Bevorzugte Anwendung
Papierkondensatoren			
Papierkondensator	−55 ... +125	50 Hz: 2 ... 2,7	Glättungs- und Hochspannungskondensator, Stoß- und Stützkondensatoren, besonders für 50 Hz, bis 10 kHz möglich
Metallpapier-Gleichspannungskondensatoren			
MP	−55 ... +85	50 Hz: 7 ... 8 1 kHz: 12	Nachrichtentechnik: Koppel-, Glättungs-, Hochspannungs-, Stoß- und Stützkondensatoren
Metallisierte Kunststoffkondensatoren			
MKU	−55 ... +70/+85	1 kHz: 12 ... 15	Für Gleichspannung, aber auch für reduzierte Wechselspannung, Miniaturtechnik, Hochtemperatur, Glättung, Kopplung, Ablenkstufen von CRT-Fernsehgeräten, besonders verlustarmer Kondensator, viele Bauformen (auch in Schichtausführung mit Rastermaß)
MKT	−55/−40 ... +100	1 kHz: 5 ... 7	
MKC	−55/−40 ... +85/+100	1 kHz: 1 ... 3	
MKP	−40 ... +85	1 kHz: 0,25	
Verlustarme Kondensatoren			
KS	−55/−10 ... +70	1 MHz: 0,4 ... 1	Schwingkreiskondensatoren in frequenzbestimmenden Kreisen, Filter, hochisolierte Kopplung und Entkopplung, Miniaturtechnik; Hochtemperatur (Glimmer- und Glaskondensatoren), Blockkondensatoren, Messkondensatoren, Glas: sehr hohe Konstanz und Strahlungsfestigkeit
MKS	−55 ... +70	1 kHz: 0,5 ... 1	
KP	−55/−25 ... +85	1 MHz: 0,3 ... 1	
Glimmer-Kondensator	−40 ... +80	1 MHz: ≤ 0,2 (< 1 nF)	
MK	−55 ... +85	1 kHz: ca. 1	
Glas-Kondensatoren	−55 ... +125	1 MHz: < 0,5	
Keramik-Kondensatoren			
NDK-Kondensator (ε_r = 13 ... 470)	−55/− 25 ... +85/+125	1 MHz: 0,4 ... 1	In frequenzstabilisierten Schwingkreisen zur Temperaturkompensation, Filter-, Hochspannungs-, Impuls-Kondensatoren, auch als Chip
HDK-Kondensator (ε_r = 700 ... 50 000)	−55/+10 ... +70/+125	1 kHz: 10 ... 20	Kopplung, Siebung, Hochspannungs-, Impulskondensator, auch als Chip
Elektrolyt-Kondensatoren			
Aluminium-Elektrolytkondensator	−55/−25 ... +70/+125	50 Hz: 80 ... 300 (bis 1000 µF)	Sieb-, Koppel-, Glättungs-, Block-, Motorkondensator, Energiespeicher
Tantal-Elektrolytkondensator	−55 ... +85 (+125)	120 Hz: ≤ 40 ... 350	Nachrichtentechnik, Mess- und Regelungstechnik, Chip-Kondensator für Hybridschaltung; Glättung und Kopplung

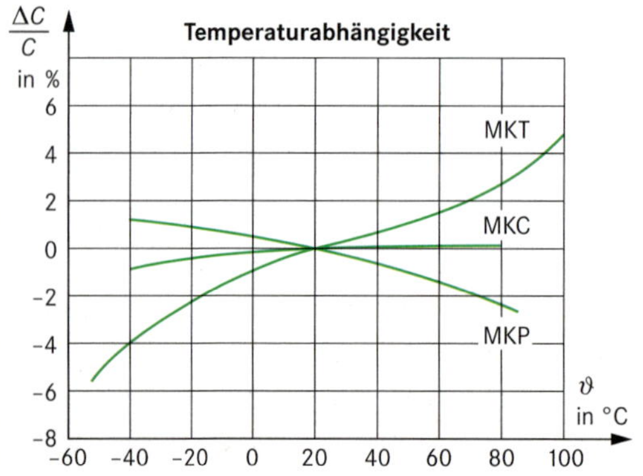

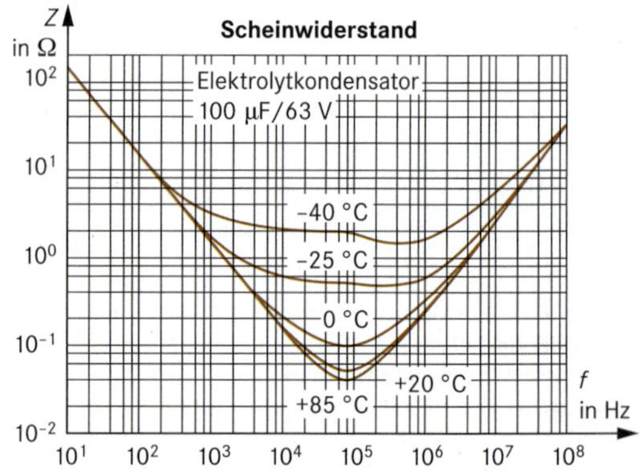

Bemessungsgleichspannungen für Kondensatoren bis 1000 V

Kondensator	Papierkondensator	MP-Kondensator	Kunststoff-Folienkondensator	Glimmerkondensator	Keramik-Kondensator	Aluminium-Elektrolytkondensator	Tantal-Elektrolytkondensator
Bemessungsspannung in V	40, 63, 100, 160, 250, 400, 630, 1000	63, 100, 160, 250, 400, 630, 1000	63, 100, 160, 250, 400, 630, 1000	250, 1000	40, 63, 100, 160, 250, 630, 1000	10, 25, 100, 250, 1000	6,3; 10, 16, 25
Zulässige Abweichung in %	±5; ±10; ±20;	±10; ±20	±0,3; ±0,5; ±1; ±2; ±2,5; ±5; ±10; ±20;	ab 10 pF ±0,1; ±0,5; ±1; ±2; ±5; ±10; ±20	ab 10 pF ±1; ±2; ±5; ±10; ±20; +50 ... -20; +80 ... -20; +100 ... -20	+20 ... -0; +30 ... -10; +30 ... -20; +5 ... -0; +50 ... -10; +5 ... -20; +80 ... -10; +100 ... -10; +100 ... 20	±5; ±10; ±20; +50 ... -10; +50 ... -20

Werte der R 5-Reihe: 6,3; 10; 16; 25; 40; 63; 100; 160; 250; 400; 630; 1000

Zulässige Abweichungen in %							
B: ±0,1	**C:** ±0,3	**D:** ±0,5	**F:** ±1	**G:** ±2	**H:** ±2,5	**J:** ±5	**K:** ±10
M: ±20	**W:** +20 ... -0	**Q:** +30 ... -10	**R:** +30 ... -20	**Y:** +50 ... -0	**T:** +50 ... -10	**S:** +50 ... -20	**U:** +80 ... -0
Z: +80 ... -20	**V:** +100 ... -10	**ohne:** +100 ... -20					

Kurzform der Benennung von Kunststoff-Folienkondensatoren

M K C

- C – Art des Dielektrikums
- K – Dielektrikum: Kunststoff
- M – Metallisierte Beläge (falls Metallfolienbeläge: kein Zeichen)

Kennbuchstabe und Art des Dielektrikums	
C: Poly**c**arbonat	**T:** Poly**t**erephthalat
P: Poly**p**ropylen	**U:** Cell**u**loseacetat
S: Poly**s**tyrol	

Kondensatoren zum Betrieb von Entladungslampen
Capacitors for Operation of Discharge Lamps

Beispielhafter Aufbau

B: Papierkondensator rund
C: MP-Kondensator, rund

Maße in mm

l_1: 102 mm ... 210 mm
d_1: 30 ... 50 mm
d_2: M8- oder M12-Gewinde
l_2: 8 mm

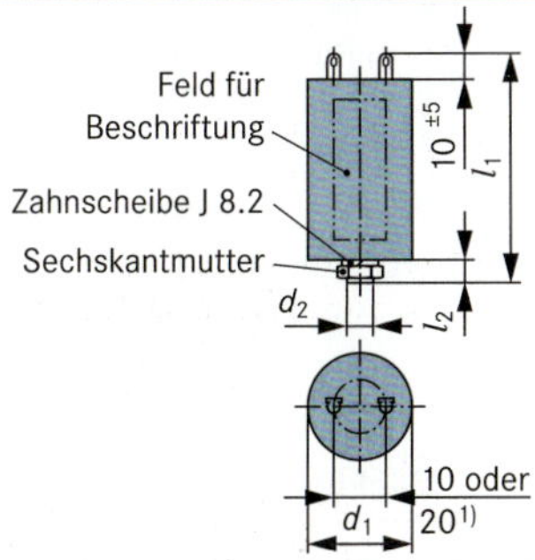

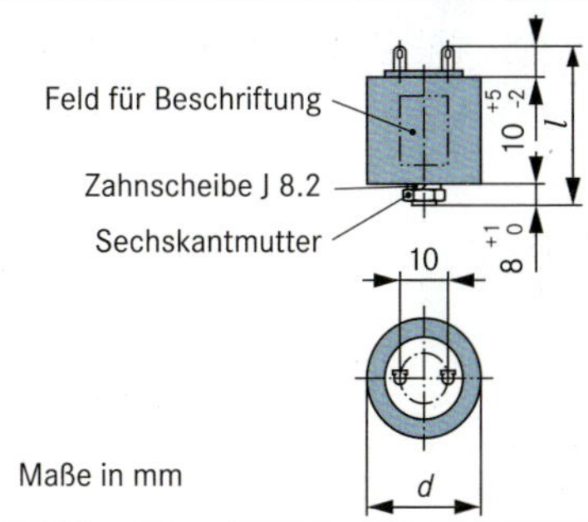

[1] vorzugsweise 10 mm

Blindleistungen von Kondensatoren zur Kompensation

Berechnung	$\cos\varphi_1$	$\cos\varphi_2 = 0{,}7$	$\cos\varphi_2 = 0{,}8$	$\cos\varphi_2 = 0{,}9$	$\cos\varphi_2 = 0{,}96$	$\cos\varphi_2 = 1{,}0$
$Q_C = P \cdot (\tan\varphi_1 - \tan\varphi_2)$	0,3	2,16	2,43	2,70	2,89	3,18
Q_C: Kapazitive Bindleistung in var	0,4	1,27	1,54	1,81	2,00	2,29
P: Wirkleistung in W	0,5	0,71	0,98	1,25	1,44	1,73
φ_1: Phasenverschiebungswinkel vor der Kompensation	0,6	0,31	0,58	0,85	1,04	1,33
φ_2: Phasenverschiebungswinkel nach der Kompensation	0,7		0,27	0,54	0,73	1,02
	0,8			0,27	0,46	0,75

Induktivitäten

- **Wicklung**
  - Windungs-/Wicklungszahl
  - Wickelschema
  - Material
  - Isolierung
- **Montage**
  - SMD
  - Drahtanschluss
  - ...
- **Kern**
  - Material
  - Form
- **Luftspalt**
  - ohne
  - mit (fest/variabel)
- **Stromkompensation**
  - ohne
  - mit

Kernmaterialien

Ferromagnetische Kernmaterialien werden vorzugsweise bei Spulen im niedrigen Frequenzbereich eingesetzt.

- Hohe Permeabilitäten
- Betrieb bis zur Sättigungsmagnetisierung

Oxidkeramische Ferrite finden bei Spulen im höheren Frequenzbereich ihren Einsatz.

- Hoher spezifischer Widerstand verhindert spürbare Wirbelstromverluste.
- Mn-Zn-Ferrite bis 1,5 MHz
- Ni-Zn-Ferrite bis 600 MHz

Elektrische Kenndaten

U_R: Bemessungsspannung
I_R: Bemessungsstromstärke
L_R: Bemessungsinduktivität
L_S: Streuinduktivität
R: Gleichstromwiderstand
C_R: Wicklungskapazität
Kapazität zwischen Leitungen; wirksam bei sehr hohen Frequenzen
Q: Güte ($Q \approx L_R/R$)

Kernformen (Auswahl)

P (**p**ot/Schalenkern)

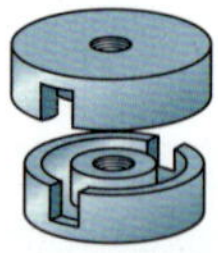

- magnetisch geschlossen und daher streufeldarm
- präzise Abstimmung möglich (durch Abgleichschraube)
- Schwingkreisspulen
- klirrarme, breitbandige Kleinsignalübertrager

E

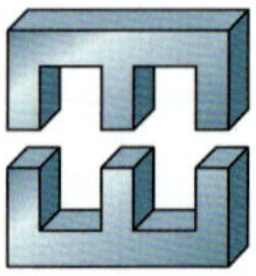

- mehrere E-Kerne zu einem größeren aneinander
- für verbesserte Wicklung auch mit rundem Schenkel verfügbar (ER)
- je nach Werkstoff für Frequenzen von 10 kHz bis > 500 kHz

RM (**r**ectangular **m**odular)

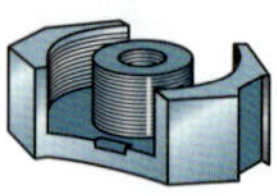

- automatengerechte Fertigung
- verlustarme Filter
- hochstabile Filter
- klirrarme Breitbandübertrager
- Leistungsanwendung (Speicherdrosseln)

PM (**p**ot core and **m**odular)

- großer Flussquerschnitt
- hohe Leistung bei wenigen Windungen
- Leistungsübertragung bis 300 kHz

U/UI

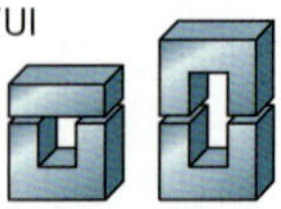

- leicht kombinierbar
- große Sättigungsinduktivität
- geringe Verlustleistung
- Leistungsübertragung >1 kW

Ring

- aufwändige Fertigung der Wicklung
- Anwendung bis MHz-Bereich
- EMV-Drossel

Stromkompensation

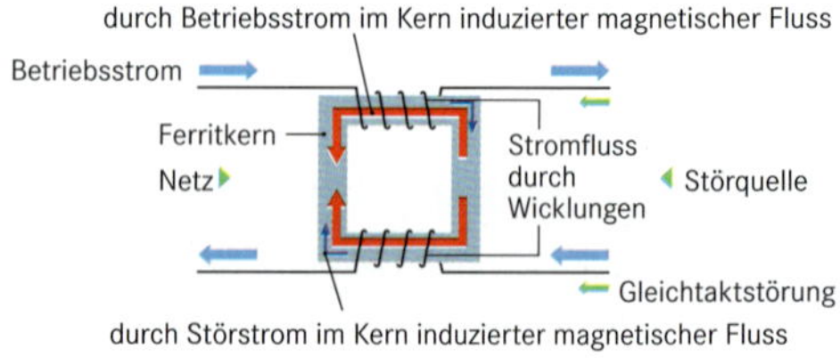

- Elektronische Geräte erzeugen häufig Gleichtaktstörungen
- Magnetischer Fluss des Betriebsstromes kompensiert sich zu Null → keine Kernsättigung
- Auf Betriebsstrom wirkt nur Streuinduktivität
- Induktivität nur für Störstrom wirksam

Beispiel:

Schaltzeichen:

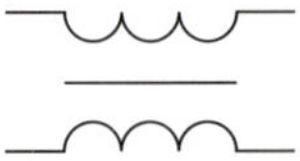

Wicklung

Einlagenwicklung

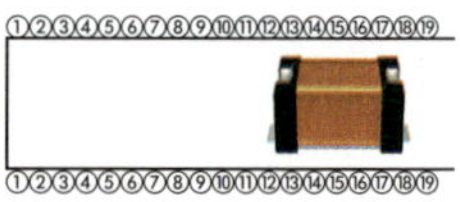

Zweilagenwicklung

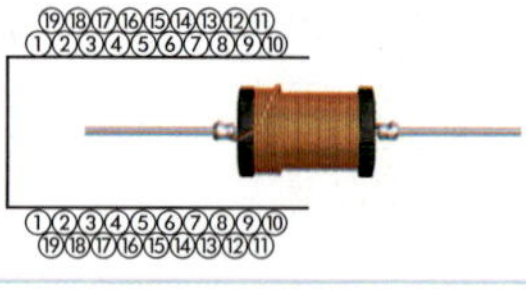

Wildwicklung

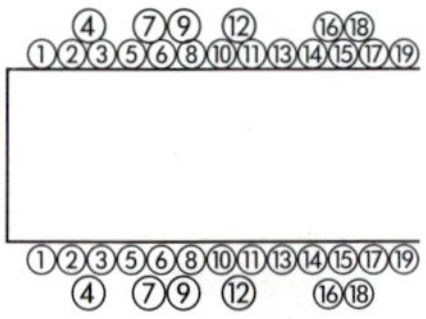

Übertrager, allgemein

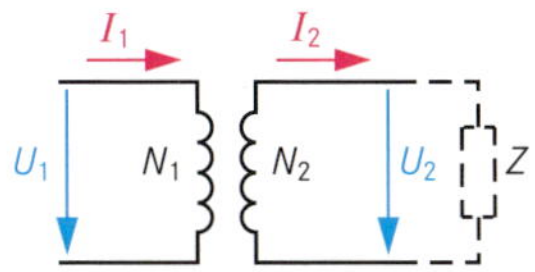

$$\ddot{u} = \frac{N_1}{N_2}$$

$$\ddot{u}^2 = \frac{Z_1}{Z_2}$$

$$\frac{I_1}{I_2} = \frac{N_2}{N_1} = \frac{U_2}{U_1}$$

$\ddot{u}$: Übersetzungsverhältnis
Z_1: Eingangs-Wechselstromwiderstand
Z_2: Ausgangs-Wechselstromwiderstand

Kenngrößen

Magnetische Formgrößen pro Kernsatz

l_e: mittlere magnetische Weglänge im Kern
$\Sigma l/A$: magnetischer Formfaktor
A_e: effektiver magnetischer Querschnitt

Elektrische Kenngrößen

f: Schaltfrequenz
A_N: Wickelquerschnitt
A_L: Induktivitätsfaktor $A_L = L/N^2$ (Spezifische Induktivität für $N = 1$)

Typ/ Anwendung	Hauptmaße (Größtwerte) Kern			Spulenkörper		Magnetische Kenngrößen			Elektrische Kenngrößen	
	Größe	a in mm	b in mm	c in mm	d in mm	l_e in mm	$\Sigma l/A$ in mm^{-1}	A_e in mm^2	A_N in mm^2	A_L-Wert in nH
P-Kern										Ferrit N30
	P 4,6 x 4,1	4,65	4,1	2,05	0,49	7,6	2,60	2,8	0,8	800
	P 5,8 x 3,3	5,8	3,3	1,65	0,67	7,9	1,68	4,7	0,95	1500
	P 7 x 4	7,35	4,2	2,15	1,05	10,0	1,43	7,0	2,2	2000
	P 9 x 5	9,3	5,4	2,8	1,30	12,2	1,25	9,8	3,6	2500
▪ Kleinsignal-	P 11 x 7	11,3	6,6	3,4	1,60	15,9	1,00	15,9	4,2	3500
▪ Breitband-übertrager	P 14 x 8	14,3	8,5	4,9	2,20	20,0	0,80	25	8,4	4600
	P 18 x 11	18,4	10,6	6,0	3,05	25,9	0,60	43	16,0	5900
	P 22 x 13	22,0	13,6	7,8	3,55	31,6	0,50	63	23,4	7600
	P 26 x 16	26,0	16,3	6,9	4,05	37,2	0,40	93	32,0	9700
	P 30 x 19	30,5	19,0	11,4	4,85	45,0	0,33	136	48,0	11 500
	P 36 x 22	36,0	22,0	12,8	5,85	52,0	0,26	202	63,0	15 200
RM-Kern										Ferrit N30
	RM 4	9,8	10,5	5,78	1,50	22,0	1,7	13	7,7	1900
	RM 5	12,3	10,5	4,88	2,07	22,1	0,93	23,8	15	3500
▪ Kleinsignal-	RM 6	14,7	12,5	6,53	2,42	28,6	0,78	36,6	9,5	4300
▪ Breitband-,	RM 7	17,2	13,5	7,05	3,17	30,4	0,7	43	30	5000
▪ Leistungs-übertrager	RM 8	19,7	16,5	9,15	3,47	38	0,59	64	21,4	5700
	RM 10	24,7	18,7	10,7	4,25	44	0,45	98	41,5	7600
	RM 12	29,8	24,6	14,8	5,1	57	0,39	146	73	8400
	RM 14	34,6	30,2	18,7	6,0	70	0,35	200	107	9500
ETD-Kern										Ferrit N87
	ETD 29	30,6	9,8	19,4	4,90	71	0,92	76	97	2200
	ETD 34	35,0	11,1	20,9	5,80	78,6	0,81	97,1	122	2600
	ETD 39	40,0	12,8	25,7	6,90	92,2	0,74	125	178	2800
▪ Leistungs-übertrager	ETD 44	45	15,2	29,5	7,10	103	0,60	173	210	3500
	ETD 49	49,8	16,7	32,7	8,25	114	0,54	211	269	3800
	ETD 54	55,8	19,3	36,8	8,57	127	0,49	280	315	4450
	ETD 59	61,2	22,1	41,2	8,87	139	0,38	368	365	5300
U-Kern										Ferrit N27
▪ Leistungs-übertrager	U 15	15,9	6,7	10,3	3,7	48	1,5	32	37	1200
	U 20	21,4	7,7	14,7	4,5	68	1,23	55	70	1600
	U 25	25,0	13	20,0	5,9	86	0,82	105	138	2500

P-Kern

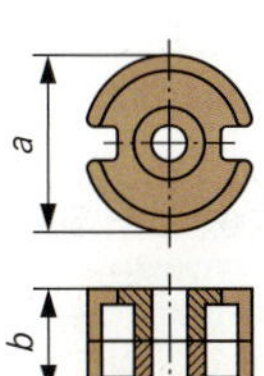

RM-Kern

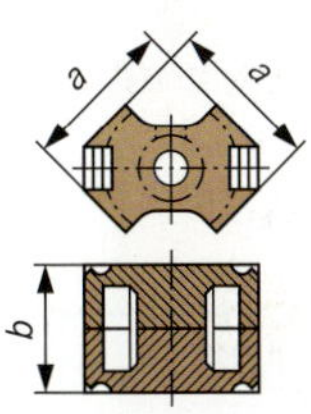

ETD-Kern (Halber Kernsatz)

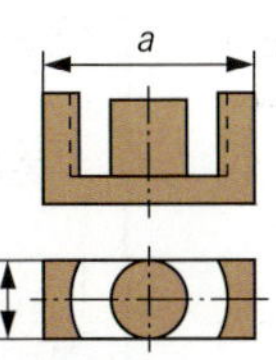

U-Kern (Halber Kernsatz)

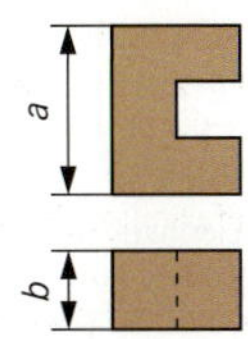

Spulenkörper

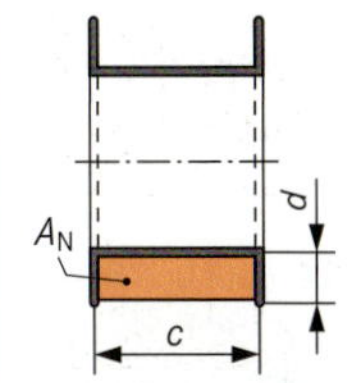

Arten

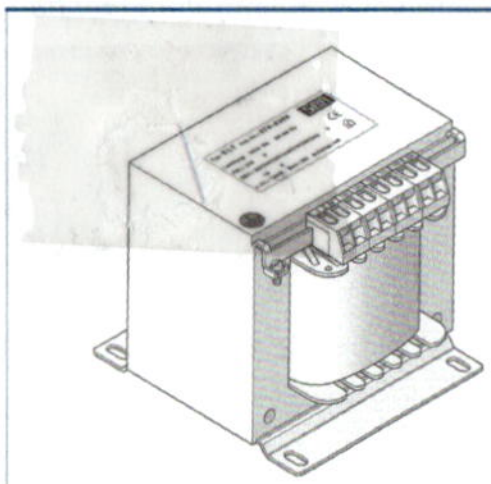

- **Transformatoren**
  - **Einphasentransformatoren**
    - Kleintransformatoren
    - Schweißtransformatoren
    - Messwandler
    - Stelltransformatoren
  - **Drehstromtransformatoren**
    - Block- oder Maschinentransformatoren
    - Netztransformatoren
    - Verteilungs- oder Ortsnetztransformatoren

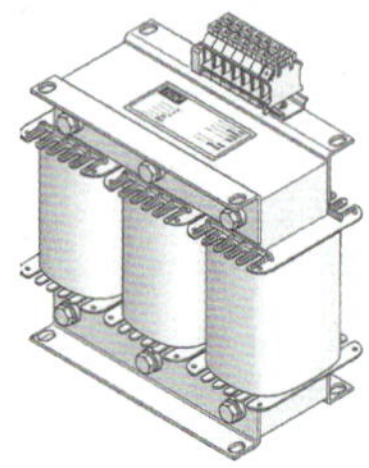

Kleintransformatoren:

Sicherheitstransformatoren
- Trenntransformatoren
- Steuertransformatoren
- Spielzeugtransformatoren
- Klingeltransformatoren
- Handleuchtentransformatoren
- Transformatoren für medizinische Geräte (med)

Netzanschlusstransformatoren
Verwendung: Verstärkeranlagen, Gleichrichteranlagen, Elektrozaun-Geräte

Zündtransformatoren
Verwendung: Zünden von Gas- und Ölfeuerungsanlagen

Betriebszustände

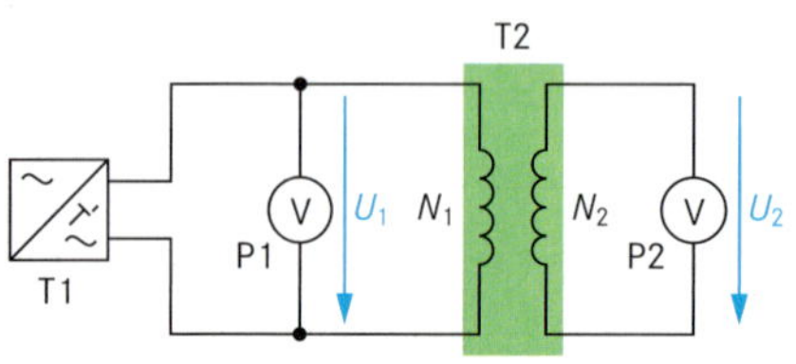

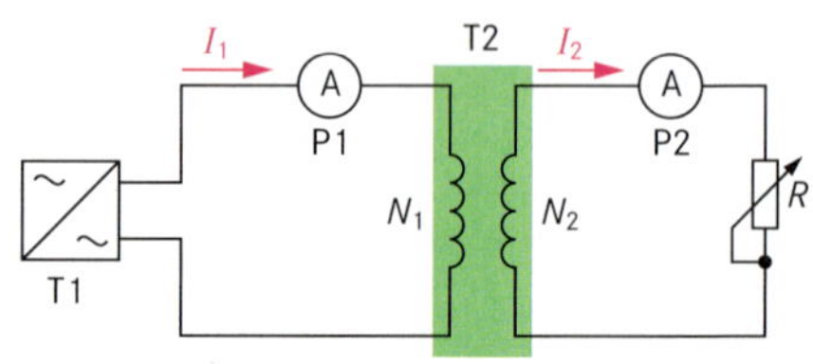

Spannungsübersetzung

$$\frac{U_1}{U_2} = \frac{N_1}{N_2}$$

Übersetzungsverhältnis

$$ü = \frac{U_1}{U_2}; \quad \frac{N_1}{N_2} = ü; \quad ü = \frac{I_2}{I_1}$$

Stromübersetzung

$$\frac{I_2}{I_1} = \frac{N_1}{N_2}$$

Widerstandsübersetzung

$$ü^2 = \frac{Z_1}{Z_2}$$

Energieumwandlung

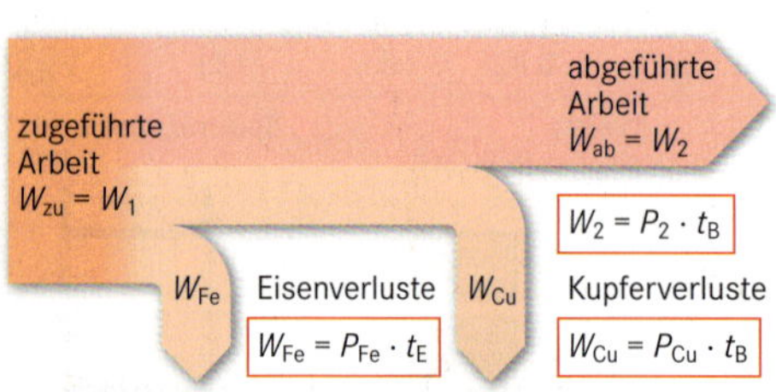

$$W_2 = P_2 \cdot t_B$$

$$W_{Fe} = P_{Fe} \cdot t_E$$

$$W_{Cu} = P_{Cu} \cdot t_B$$

Leerlauf und Belastung ⇒ Eisenverluste
Belastung ⇒ Kupferverluste (Leerlauf: $W_{vCu} \approx 0$)

Ströme

- **Leerlaufstrom I_0**
  - **Wirkstrom I_w**: verursacht die Wirbelströme im Eisenkern (Eisenverluststrom) und Kupferverluste
  - **Blindstrom I_m**: bewirkt die Ummagnetisierung des Eisenkerns (Magnetisierungsstrom)

Anwendungen	Bezeichnung/ Bildzeichen	Verwendung/ Kennzeichnung	Eigenschaften
Schutzmaßnahme Schutztrennung	**Trenntransformator**[1)] 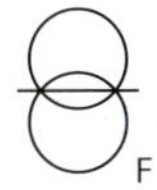	allgemein	$U_{1n} \leq 1000$ V $S_n \leq 25$ kVA (einphasig) $U_{2n} \leq 500$ V $S_n \leq 40$ kVA (mehrphasig) $U_{2n} \leq 708$ V (gleichgerichtet) $f_n \leq 500$ Hz Galvanische Trennung auch bei Defekt
Bade- und Duschräume		für Rasiersteckdose 	$U_{1n} \leq 250$ V 20 VA < $S_n \leq 50$ VA $U_{2n} \leq 250$ V Schutzart mindestens IPX1 Bedingt oder unbedingt kurzschlussfest
Schutzmaßnahme Sicherheitskleinspannung	**Sicherheitstransformator** 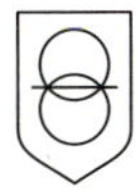	allgemein	$U_{1n} \leq 1000$ V $S_n \leq 10$ kVA (einphasig) $U_{2n} \leq 50$ V $S_n \leq 16$ kVA (mehrphasig) $U_{2n} \leq 120$ V (gleichgerichtet) $f_n \leq 500$ Hz Galvanische Trennung auch bei Defekt
Kinderspielzeug	Fail-Safe-Sicherheitstransformator[2)] 	für Spielzeug 	$U_{1n} \leq 250$ V $S_n \leq 200$ VA $I_{2n} \leq 10$ A $U_{2n} \leq 24$ V $f_n = 50/60$ Hz $U_{2n} \leq 33$ V (gleichgerichtet) Schutzklasse II Selbsttätig zurückstellender Überlastauslöser
Haussignalanlagen	nicht kurzschlussfest 	für Klingelanlagen 	$U_{1n} \leq 250$ V $S_n \leq 100$ VA $U_{2n} \leq 33$ V (8 V; 10 V; 12 V; 16 V; 24 V) $U_{2n} \leq 46$ V (gleichgerichtet)
Beleuchtung in besonderen Räumen	kurzschlussfest	für Handleuchten 	$U_{2n} \leq 50$ V (6 V, 12 V, 24 V) Schutzklasse III
Elektronische Geräte	**Geräte- oder Netztransformator**[1)]	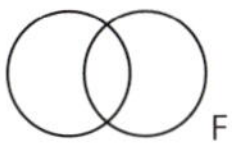	$U_{1n} \leq 1000$ V $S_n \leq 10$ kVA (einphasig) $U_{2n} \leq 1000$ V $S_n \leq 16$ kVA (mehrphasig) $U_{2n} \leq 1415$ V (gleichgerichtet) $f_n \leq 1$ MHz
Meldung Steuerungen Verriegelung	**Steuertransformator**[1)]	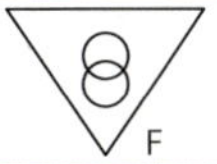	$U_{1n} \leq 1000$ V $f_n \leq 500$ Hz $U_{2n} \leq 1000$ V $U_{2n} \leq 1415$ V (gleichgerichtet)
Medizinische Geräte	**Transformator für medizinische Zwecke**		$U_{2n} \leq 24$ V, in Sonderfällen 6 V Schutzklasse II
Gas- und Ölfeuerungsanlagen	**Zündtransformator**	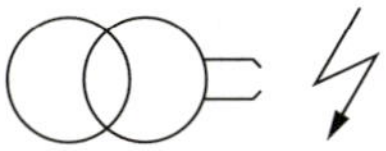	$U_2 = 5; 7; 10; 14$ kV Primär- und Sekundärwicklung galvanisch getrennt
Elektroschweißen	**Schweißtransformator**		$U_2 \leq 70$ V, $U_2 \leq 42$ V in engen Metallbehältern I_2 steuerbar
Betrieb bei abweichenden Netzspannungen	**Spartransformator**	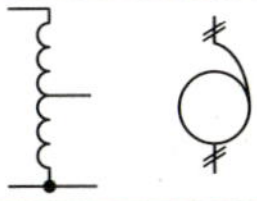	Keine galvanische Trennung $S_D = U_2 \cdot I_2$ $S_B = S_D\left(1 - \frac{U_2}{U_1}\right)$ $S_B = S_D\left(1 - \frac{U_1}{U_2}\right)$ $U_1 > U_2$ $U_2 > U_1$
Anlassen von Drehstrommotoren		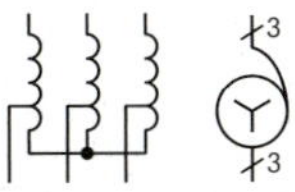	

[1)] Können als Fail-Safe-Transformator, nicht kurzschlussfeste oder kurzschlussfeste (bedingt oder unbedingt kurzschlussfest) Transformatoren gebaut sein.

[2)] Fail-Safe-Transformatoren fallen im Fehlerfall dauerhaft aus und stellen dabei keine Gefahr für Anwender und Umgebung dar.

[3)] Bedingt kurzschlussfeste Transformatoren schalten den Eingangs- oder den Ausgangsstromkreis des Transformators bei Überlast oder Kurzschluss mit eigener Schutzeinrichtung aus.

Kennzeichnungen

Beispiel: B C X 70

- Ausgangsmaterial → B
- Hauptfunktion → C
- X → Hinweis auf kommerziellen Einsatz (X, Y, Z)
- 70 → Registriernummer (2 oder 3 Ziffern)

1. Kennbuchstabe	Ausgangsmaterial	2. Kennbuchstabe	Bedeutung	2. Kennbuchstabe	Bedeutung
A	Germanium	A	Diode, allgemein	N	Optokoppler
B	Silizium	B	Kapazitätsdiode	P	z. B. Fotodiode, Fotoelement
C	z. B. Gallium-Arsenid (Energieabstand ≥ 1,3 eV)	C	NF-Transistor	Q	z. B. Leuchtdiode
		D	NF-Leistungstransistor	R	Thyristor
D	z. B. Indium-Antimonid (Energieabstand ≥ 0,6 eV)	E	Tunneldiode	S	Schalttransistor
		F	HF-Transistor	T	z. B. steuerbare Gleichrichter
		G	z. B. Oszillatordiode	U	Leistungsschalttransistor
R	Fotohalbleiter- und Hallgeneratoren-ausgangsmaterial	H	Hall-Feldsonde	X	Vervielfacher-Diode
		K (M)	Hallgenerator	Y	Leistungsdiode
		L	HF-Leistungstransistor	Z	Z-Diode

Dioden

Bauformen	Glasgehäuse D0-7	Glasgehäuse D0-35	Metallgehäuse D0-13
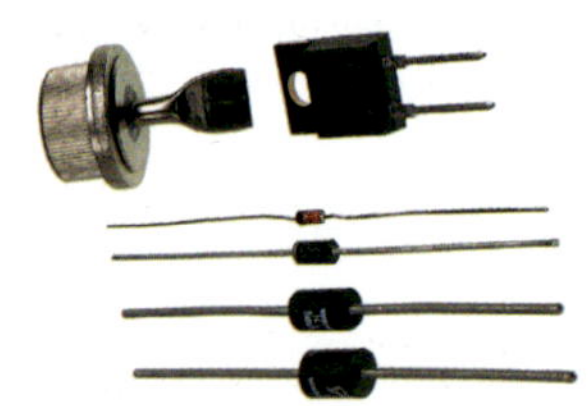	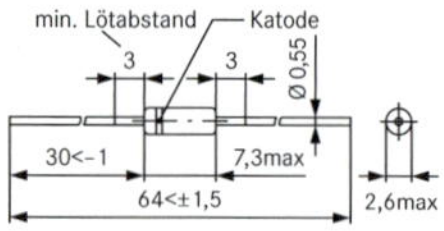 **Beispiel:** Germanium-Universal-Diode AA 118	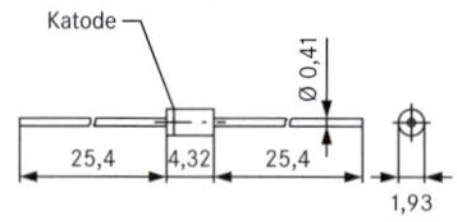 **Beispiel:** Silizium-Universal-Diode BAY 61	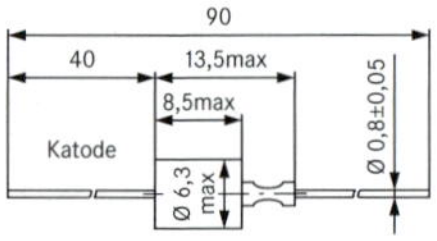 **Beispiel:** Z-Diode 1,3 Watt BZD 10 C 9 V 1

Schaltzeichen und Anschlüsse

Anode 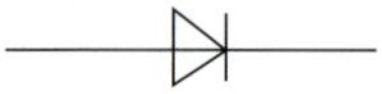 Katode

Die Diode wirkt wie ein Ventil. Wenn an der Anode der Pluspol liegt, fließt Strom. Wenn an der Anode der Minuspol liegt, ist die Diode gesperrt.

Anwendungen

- Begrenzung von Spannungen
- Gleichrichtung von Wechselspannung
- Stabilisierung von Spannungen

Transistoren

Bauformen	Metallgehäuse T0-39	Kunststoffgehäuse T0-220 mit Metallflansch	Metallgehäuse T0-3
	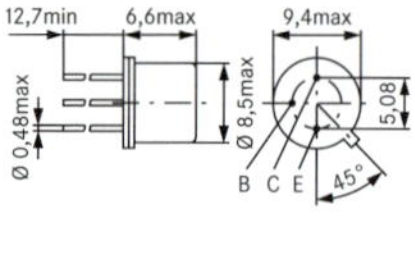 **Beispiel:** Silizium-NPN-Transistor BC 140	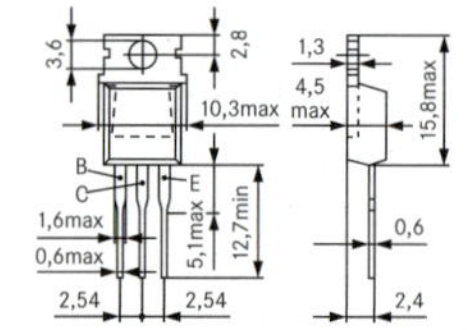 Kollektor mit Montageflansch verbunden **Beispiel:** Silizium-NPN-Darlingtransistor BD 649	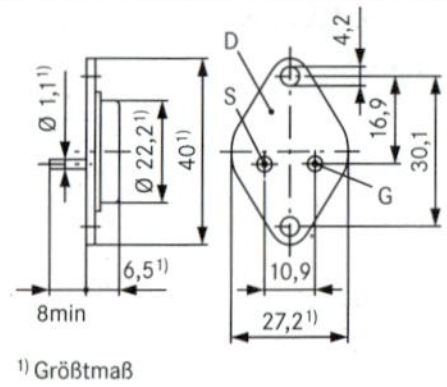 [1] Größtmaß **Beispiel:** MOS-Leistungstransistor BUZ 32

Schaltzeichen und Anschlüsse

Bipolare Transistoren

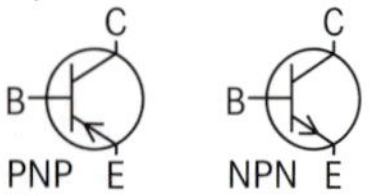

B: Basis (Eingangselektrode)
E: Emitter (gemeinsame Elektrode)
C: Kollektor (Ausgangselektrode)

Anwendungen

- Prinzip: Mit kleinen elektrischen Größen erfolgt eine Steuerung des Kollektorstromes
- Verstärkung kleiner Wechselspannungen
- Schalten von Spannungen und Stromstärken (elektronischer Schalter)

Schaltzeichen	Kennlinien	Kennwerte	Anwendungen
Diode 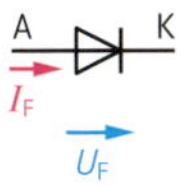	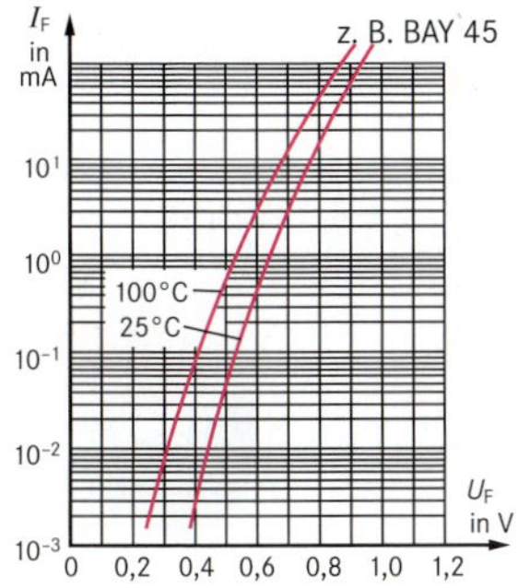Durchlasskennlinie bei ϑ_u = 25 °C bzw. 100 °C	**Germanium-Dioden:** U_{TO} = 200 mV ... 400 mV U_{RM} ≤ 100 V I_F ≤ 150 mA I_R ≤ 300 µA $R_{th\,JU} \leq 400\,\frac{K}{W}$ ϑ_u = –55 °C ... +75 °C **Silizium-Dioden:** U_{TO} = 0,6 V ... 0,8 V U_{RM} = 30 V ... 3,5 kV I_F = 150 mA ... 750 A I_R = 0,5 mA ... 50 mA ϑ_u = –40 °C ... +150 °C	**Germanium-Dioden:** ▪ Universaldiode im HF-Bereich, bedingt durch die geringe Sperrschichtkapazität ▪ Schaltdiode **Silizium-Dioden:** ▪ Gleichrichterdioden bis Höchstleistungsbereich ▪ Diodenschalter, z. B. Schutz vor Falschpolung ▪ Begrenzerdiode für kleine Spannungen
Z-Diode 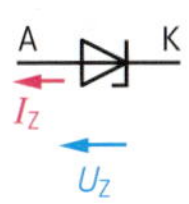	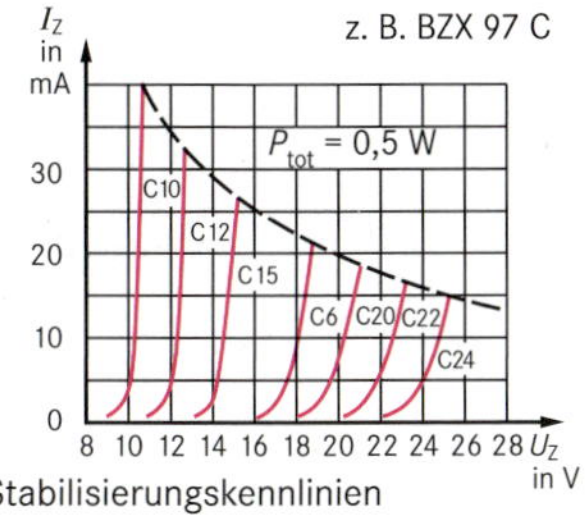Stabilisierungskennlinien	Stabilisierungseffekt bei Sperrrichtungsbetrieb U_Z = 1,8 V ... 200 V P_{tot} ≤ 50 W ϑ_u ≤ 150 °C Bei $U_Z \leq 5{,}1$ V negativer und bei $U_Z \geq 5{,}1$ V positiver Temperaturkoeffizient.	▪ Stabilisierung bzw. Begrenzung von Gleichspannungen ▪ Gegenreihenschaltung von Z- und normalen Dioden zu Referenzdioden mit besonders kleiner Temperaturabhängigkeit ▪ TAZ-Dioden (Transient Absorption Zener) zum Schutz vor zu hohen Spannungsspitzen
Schottky-Diode (Schaltzeichen nicht genormt) 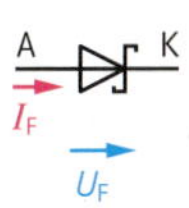	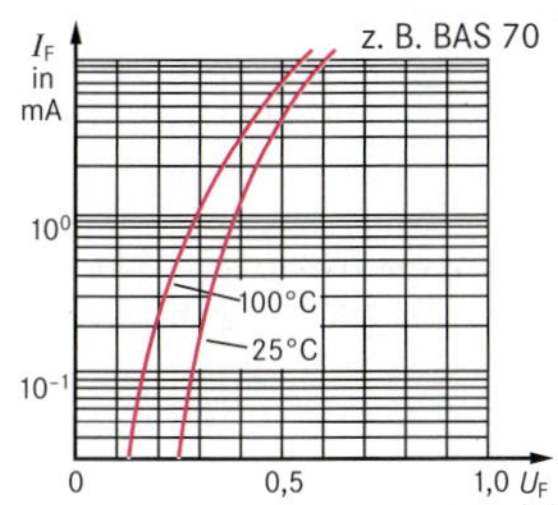Durchlasskennlinien	Schaltzeiten < 1 ns U_{TO} < 300 mV U_{RM} ≤ 70 V I_F < 80 A I_R < 200 nA ϑ_u = –65 °C ... +125 °C	▪ Extrem schnelle Diodenschalter in der HF- und Mikrowellentechnik f > 15 GHz ▪ integrierte Schaltungen der Digitaltechnik ▪ Gleichrichter in Schaltnetzteilen
Kapazitäts-Diode 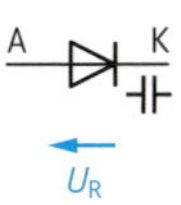	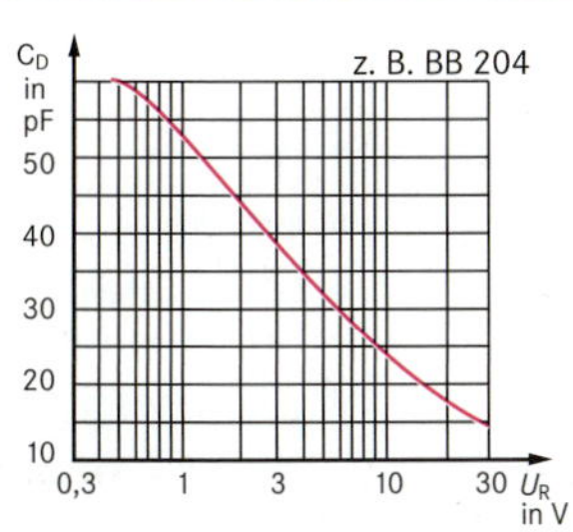Kapazitätskennlinie	Diodenkapazität C_D sinkt mit steigender Sperrspannung. C_D ≤ 60 pF U_{RM} = 30 V I_F = 100 mA ϑ_u = –55 °C ... +125 °C	▪ Schwingkreiskapazitäten in HF-Technik ▪ Nachstimmschaltungen ▪ Koppelelemente in Filtern mit regelbarer Bandbreite

U_{TO}: Schleusenspannung	U_F: Durchlassspannung
I_F: Durchlassstrom	I_R: Sperrstrom
ϑ_u: Umgebungstemperatur	U_{RM}: max. Sperrspannung
U_Z: Z-Spannung	$R_{th\,JU}$: thermischer Widerstand zwischen Sperrschicht und Umgebung

	Bipolartransistor	Unipolartransistor (Feldeffekttransistor)	
		Sperrschicht FET	Isolierschicht FET
Aufbau	**Beispiel:** NPN-Transistor 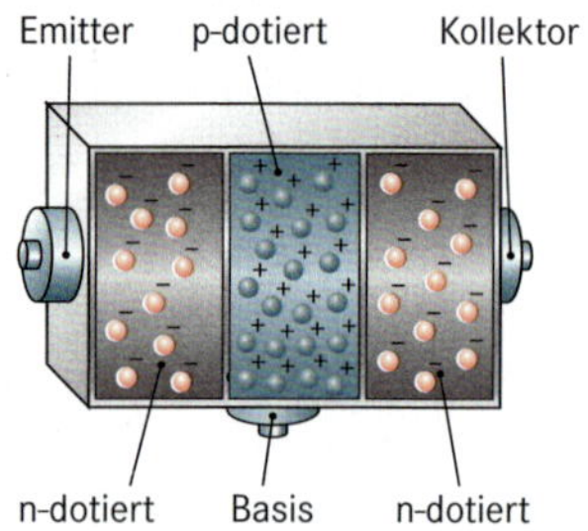	**Beispiel:** N-Kanal FET 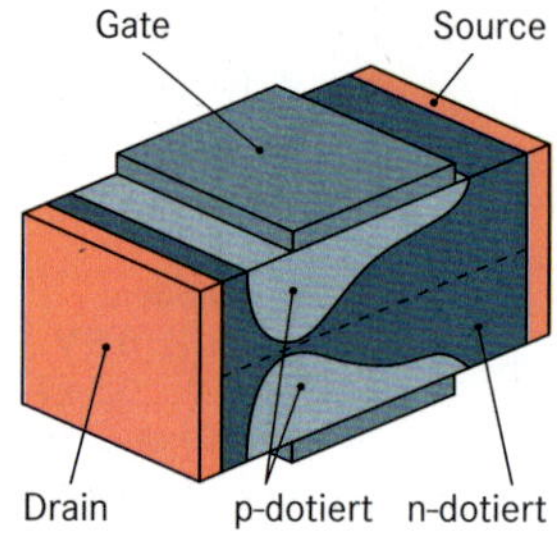	**Beispiel:** MOS-FET 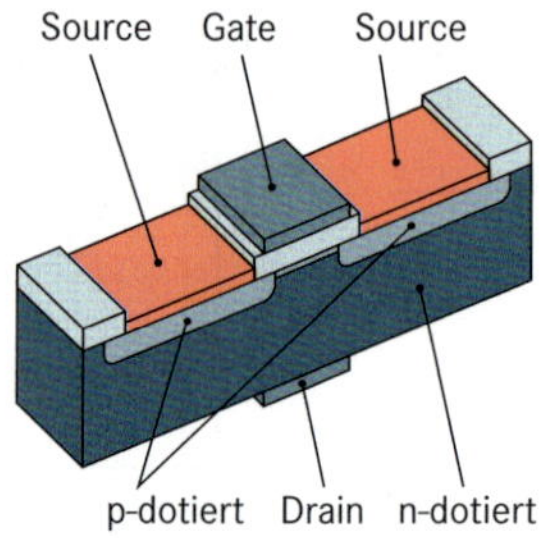
Symbole	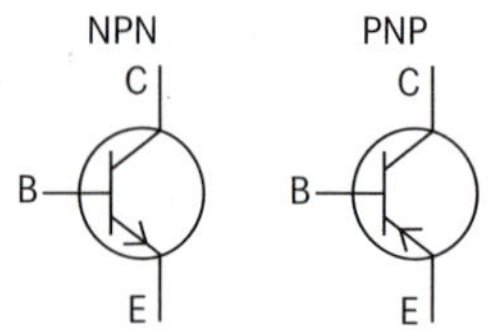	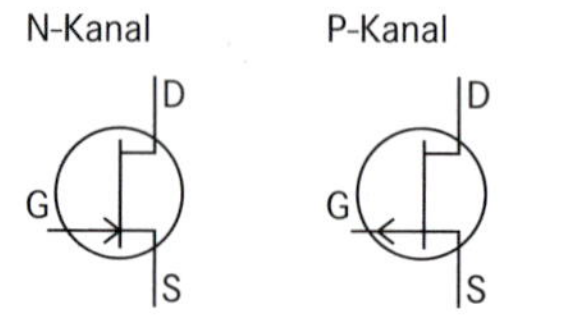	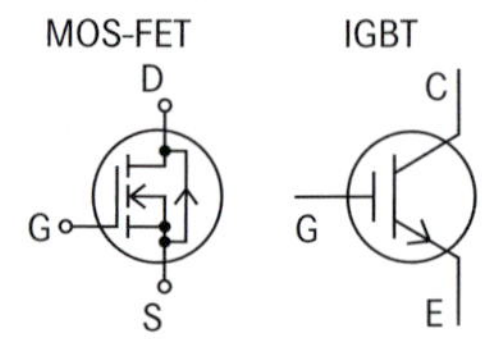
Kennlinien (Beispiele)	NPN 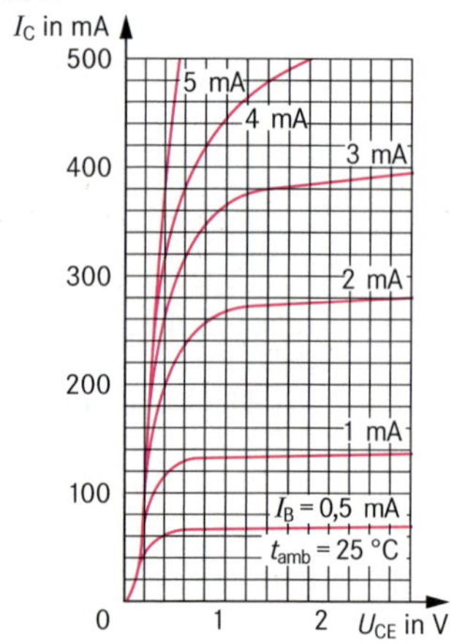 Ausgangskennlinie mit I_B als Parameter	N-Kanal 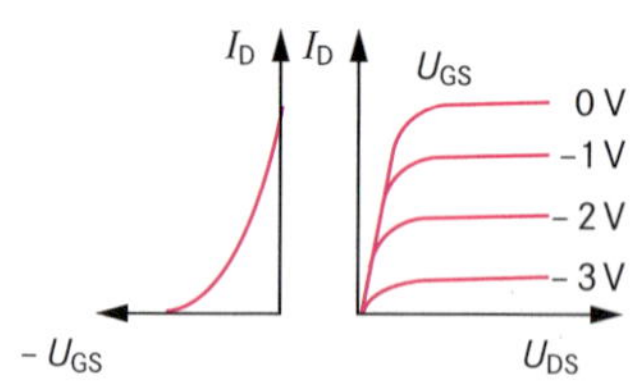 P-Kanal 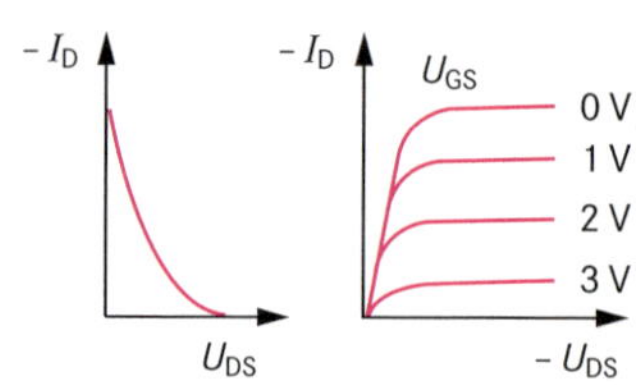	MOS-FET 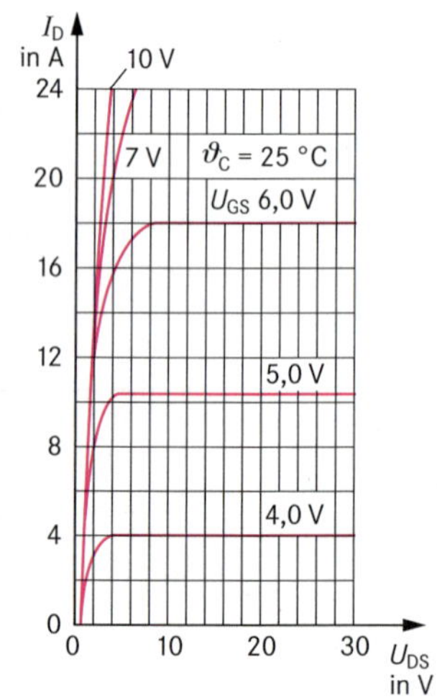
Eigenschaften	■ hohe Stromverstärkung β = 20…1000 ■ geringer Eingangswiderstand	■ mit geringer Leistung ansteuerbar ■ empfindlich gegen elektrostatische Aufladung ■ Verhalten wie steuerbarer Widerstand	■ U_{DS} < 1 kV U_{CE} < 6,5 kV ■ I_D < 1 kA I_D < 2,5 kA ■ geringe Schaltverluste (gegenüber Bipolartransistor) ■ empfindlich gegen elektrostatische Aufladung
Anwendungen	■ NF-Verstärker ■ Impedanzwandler ■ Oszillatorschaltungen ■ Schalten kleiner Leistungen (z. B. Relais, Lampe, Leistungsverstärker bei digitalen Schaltungen)	■ HF-Verstärker ■ Grundelement für Operationsverstärker ■ digitale Verknüpfungen ■ Hochvoltinverter ■ Konstantspannungsquellen	■ Schalter in leistungselektronischen Anwendungen ■ Stellglied für lineare Leistungsstellung (z. B. linearer Spannungsregler)

Arbeitspunkteinstellung

Vorwiderstand zwischen Betriebsspannung und Basis

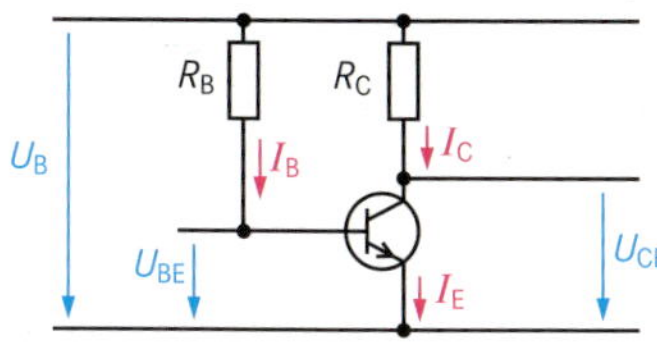

$R_B = \frac{U_B - U_{BE}}{I_B}$ $\quad R_C = \frac{U_B - U_{CE}}{I_C}$

Vorwiderstand zwischen Kollektor und Basis

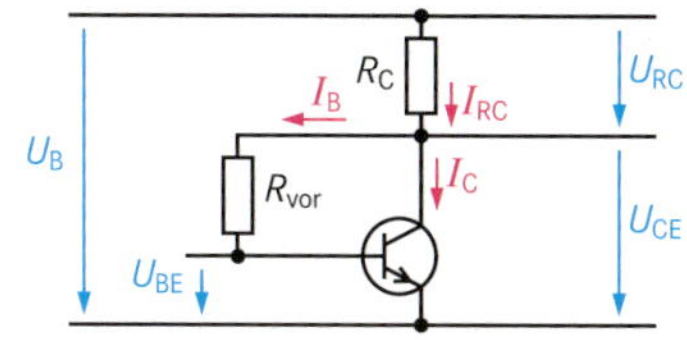

$I_{RC} = I_B + I_C$ $\quad U_{RC} = (I_B + I_C) \cdot R_C$

$U_{CE} = U_B - U_{RC}$ $\quad R_{vor} = \frac{U_{CE} - U_{BE}}{I_B}$

Basisspannungsteiler

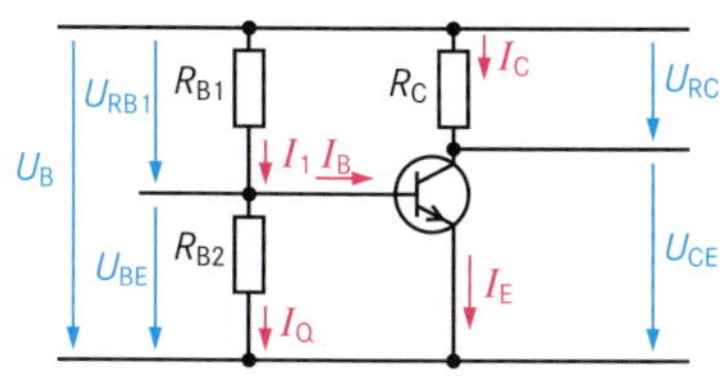

$U_{RB1} = I_1 \cdot R_{B1}$ $\quad U_{RC} = I_C \cdot R_C$

$R_{B1} = \frac{U_B - U_{BE}}{I_1}$ $\quad R_{B2} = \frac{U_B - U_{RB1}}{I_Q}$

$I_1 = I_B + I_Q$ $\quad I_Q = 5 \dots 10 \cdot I_B$

Arbeitspunkt bei halber Betriebsspannung

Schaltungen wie in linker Spalte!

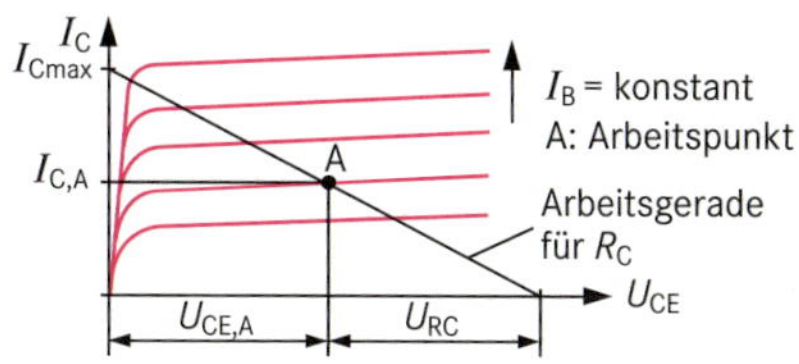

$U_{CE,A} = \frac{U_B}{2}$ $\quad U_B = I_{C,A} \cdot R_C + U_{CE,A}$

$I_{CA} = \frac{I_{Cmax}}{2}$ $\quad U_{RC} = I_{C,A} \cdot R_C$ $\quad R_C = \frac{U_B}{2 \cdot I_{C,A}}$

Emitterwiderstand

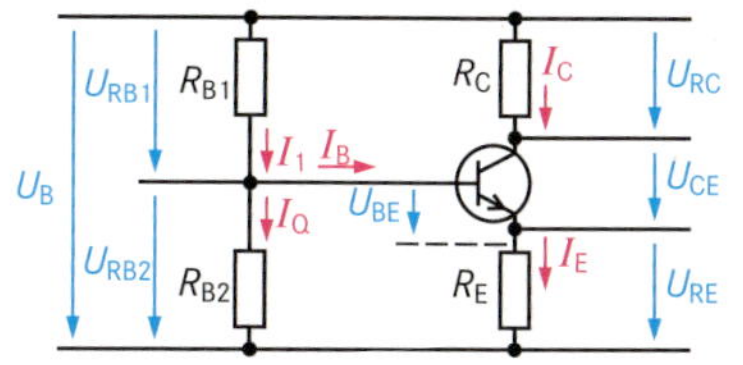

$U_{RE} = \frac{1}{5} U_B \dots \frac{1}{4} U_B$ $\quad U_{RE} = U_B - U_{RC} - U_{CE}$

$U_{RB1} = U_B - U_{RB2}$ $\quad U_{RB2} = U_{BE} + U_{RE}$

$R_{B1} = \frac{U_{RB1}}{I_1}$ $\quad R_{B2} = \frac{U_{RB2}}{I_Q}$ $\quad R_E = \frac{U_{RE}}{I_E}$; $R_C = \frac{U_{RC}}{I_C}$

Differenzverstärker

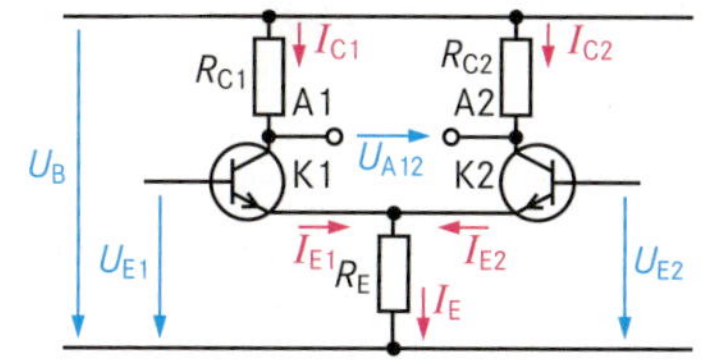

Spannungsverstärkung $v_U = \frac{U_{A1} - U_{A2}}{U_{E1} - U_{E2}} = \frac{U_{A12}}{U_D}$

$-U_{A1} = v_U \cdot U_{E1}$ $\quad -U_{A2} = v_U \cdot U_{E2}$

$I_E = I_{E1} + I_{E2}$

Darlington-Schaltung

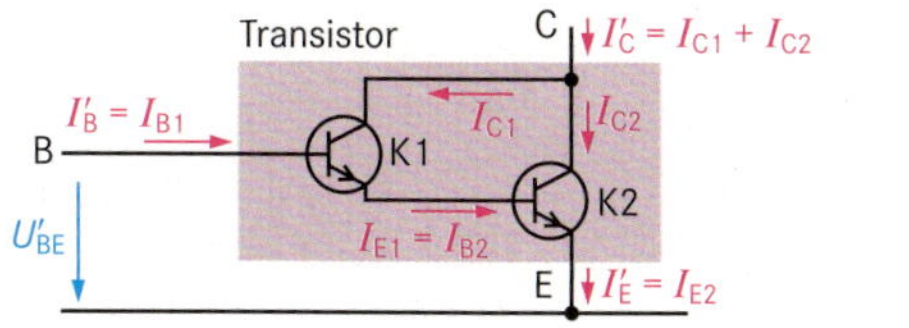

$U'_{BE} = U_{BE1} + U_{BE2}$ $\quad r'_{BE} \approx 2 \cdot r_{BE1}$

$B' = B_1 \cdot B_2$ $\quad \beta' = \beta_1 \cdot \beta_2$ $\quad r'_{CE} = r_{CE2} \parallel \frac{2 r_{CE1}}{\beta_2}$

Komplementär-Darlington-Schaltung

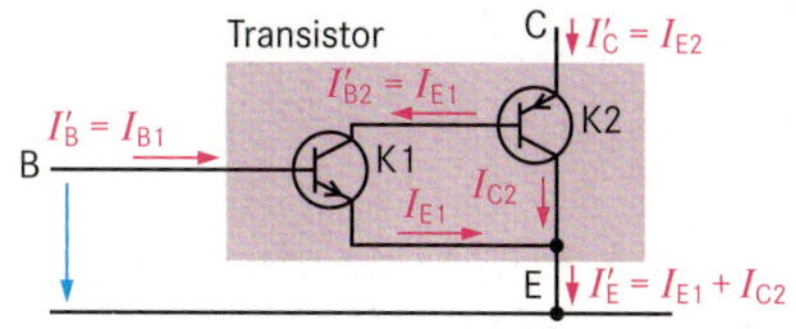

$U'_{BE} = U_{BE1}$ $\quad r'_{BE} = r_{BE1}$

$B' = B_1 \cdot B_2$ $\quad \beta' = \beta_1 \cdot \beta_2$ $\quad r'_{CE} = r_{CE2} \parallel \frac{r_{CE1}}{\beta_2}$

Strichwerte, wie z. B. U'_{BE} oder r'_{CE} beziehen sich auf den Darlington-Transistor

Emitterschaltung

Schaltung	Wechselstrom-Ersatzschaltung
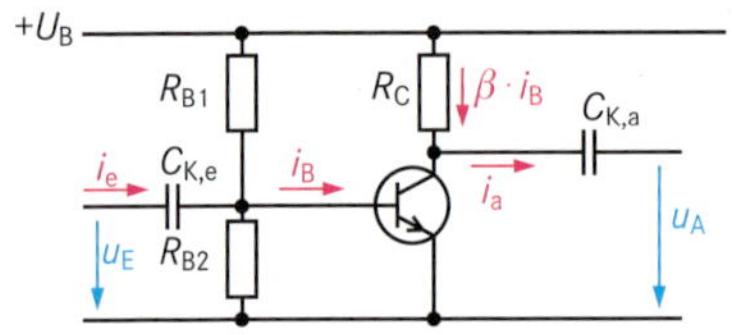	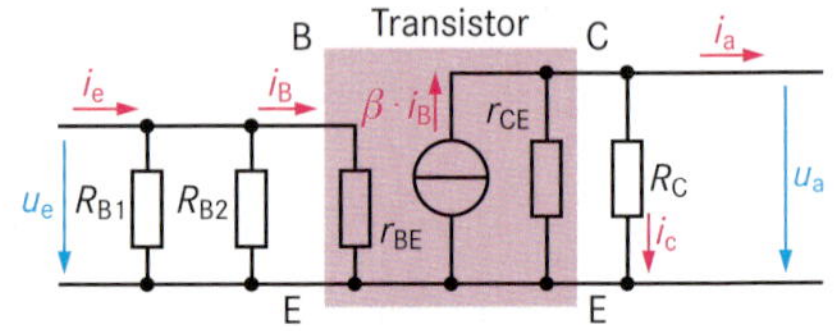

Eigenschaften

$R_B = \dfrac{R_{B1} \cdot R_{B2}}{R_{B1} + R_{B2}}$ $\qquad v_u = -\beta \dfrac{R_C}{r_{BE}}$

$r_e = \dfrac{r_{BE} \cdot R_B}{r_{BE} + R_B}$ $\qquad r_a = \dfrac{r_{CE} \cdot R_C}{r_{CE} + R_C}$

$v_i = \beta$ $\qquad v_p = v_u \cdot v_i$

$f_{gu} = \dfrac{1}{2\,\pi\, C_{K,e} \cdot r_e}$ $\qquad f_{go} = \dfrac{1}{2\,\pi\, C_{BE} \cdot r_{BB}}$

Anwendungen, Werte[1)]

- Universelle Schaltung zur Spannungs- und Stromverstärkung im NF- und HF-Bereich.

r_e = 20 Ω ... 5 kΩ $\qquad r_a$ = 5 kΩ ... 20 kΩ
v_u = 300 ... 1000 $\qquad v_i$ = 50 ... 300
φ = 180° $\qquad f_{gu} \approx$ 20 Hz

Kollektorschaltung

Schaltung	Wechselstrom-Ersatzschaltbild
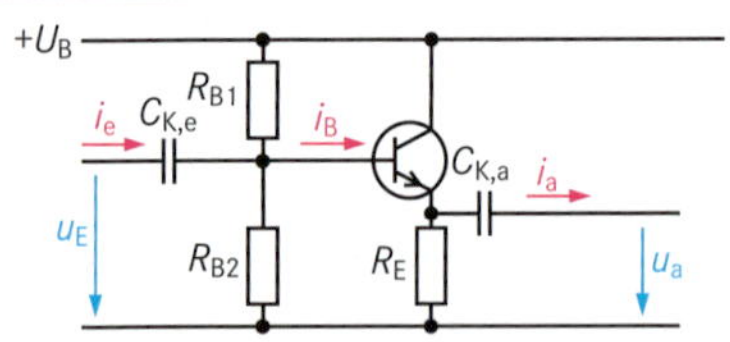	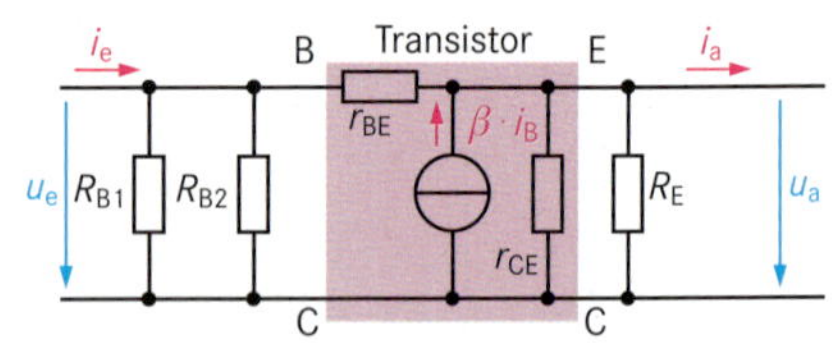

Eigenschaften

$r_e = \dfrac{(r_{BE} + \beta \cdot R_E) \cdot R_B}{r_{BE} + \beta \cdot R_{BE} + R_B}$ $\qquad R_B = \dfrac{R_{B1} \cdot R_{B2}}{R_{B1} + R_{B2}}$

$v_u = \dfrac{\beta \cdot R_E}{\beta \cdot R_E + r_{BE}} < 1$ $\qquad r_a = \dfrac{\frac{r_{BE}}{\beta} \cdot R_E}{\frac{r_{BE}}{\beta} + R_E}$ $\qquad f_{go} < f_\beta$

$v_i \approx \beta$

Anwendungen, Werte[1)]

- NF-Eingangsverstärker
- Impedanzwandler

r_e = 10 kΩ ... 200 kΩ $\qquad r_a$ = 4 Ω ... 100 Ω
v_u = 0,9 ... 0,98 $\qquad v_i$ = 30 ... 500
v_p = (0,9 ... 0,98) $\qquad f_{gu} \approx$ 20 Hz
$v_{i\varphi}$ = 0°

Basisschaltung

Schaltung	Wechselstrom-Ersatzschaltung
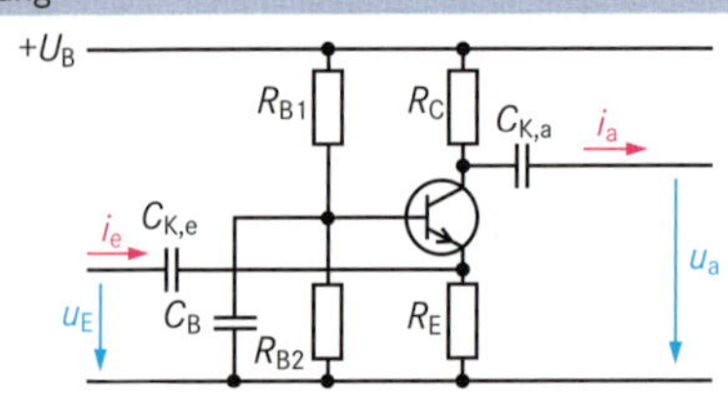	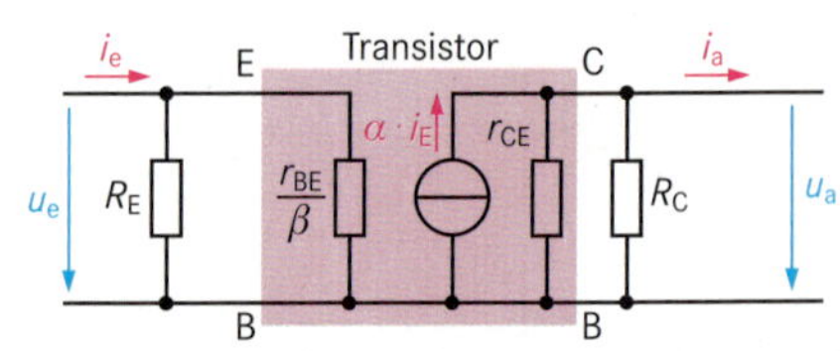

Eigenschaften

$r_e = \dfrac{\frac{r_{BE}}{\beta} \cdot R_E}{\frac{r_{BE}}{\beta} + R_E}$ $\qquad r_a = \dfrac{r_{CE} \cdot R_C}{r_{CE} + R_C}$

$v_i \approx \dfrac{\beta}{\beta + 1} < 1$

$v_u = \beta \cdot \dfrac{R_C}{r_{BE}}$ $\qquad f_{go} \approx \beta \cdot f_b$

Anwendungen, Werte[1)]

- Oszillatorschaltungen
- HF-Verstärker

r_e = 10 Ω ... 100 Ω $\qquad r_a$ = 50 kΩ ... 1 MΩ
v_u = 100 ... 500 $\qquad v_i$ ≤ 1
φ = 0° $\qquad v_p \approx v_u$
$f_{gu} \approx$ 20 Hz

[1)] Werte können ggf. deutlich abweichen. r_{BB}: Basisbahnwiderstand, r_e, r_a: Wechselstrom-Eingangs-/-Ausgangswiderstand, v_u: Wechselspannungsverstärkung, v_i: Wechselstromverstärkung, v_p: Leistungsverstärkung, Phasenverschiebung zwischen u_A und u_E, f_{gu}, f_{go}: Untere/obere Grenzfrequenz, β: Transistor-Wechselstromverstärkung, f_b: Frequenz mit 70,7 % der Stromverstärkung bei Transitfrequenz f_T.

- Mehrstufige Verstärker entstehen durch Kettenschaltung zweier oder mehrerer Einzelverstärker.
- Verhalten des Gesamtverstärkers wird durch die jeweiligen Kopplungsarten bestimmt.
- Bandbreite des Gesamtverstärkers ist kleiner als die Bandbreite einer Verstärkerstufe.

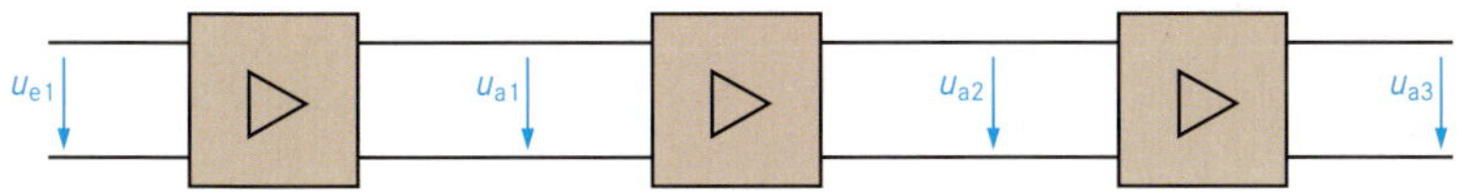

$v_{u1} = \frac{u_{a1}}{u_{e1}}$ $v_{u2} = \frac{u_{a2}}{u_{a1}}$ $v_{u3} = \frac{u_{a3}}{u_{a2}}$

Gesamtverstärkung $v_{ug} = v_{u1} \cdot v_{u2} \cdot v_{u3}$

Gleichstromkopplung (Galvanische Kopplung)

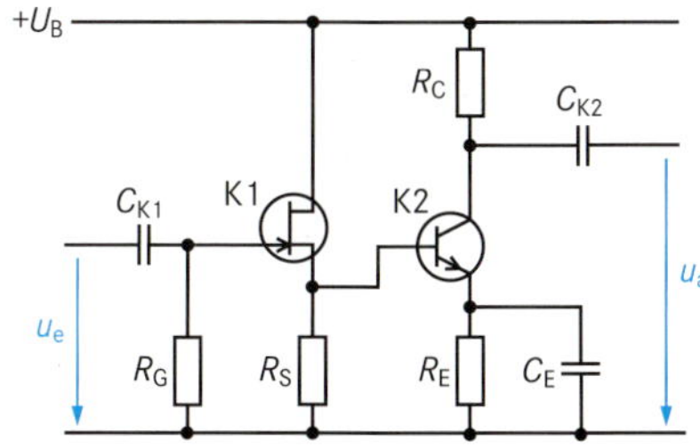

- Einsatz als Verstärker im Gleichspannungs- und NF-Bereich
- Bei Verstärkeraufbau mit NPN-Transistoren nimmt die Aussteuerbarkeit der Folgestufen durch Erhöhung der Ruhespannung ab.
- Vermeidung dieser Nachteile durch Einsatz von komplementären Transistoren
- Schaltbild hat in 1. Stufe Drainschaltung mit hohem Eingangswiderstand für schwach belastbare Signalquellen
- Spannungsverstärkung erfolgt in Emitterschaltung der 2. Stufe
- Gegenseitige Beeinflussung der Stufen bei Arbeitspunktverschiebungen

Kapazitive Kopplung (*RC*-Kopplung)

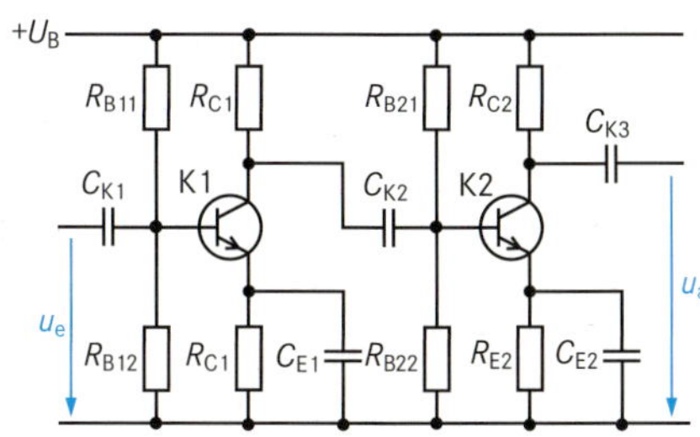

- Einsatz als NF-Verstärker mit frequenzabhängiger Kopplung
- Durch gleichspannungsmäßige Trennung entfällt gegenseitige Beeinflussung bei einzelnen Arbeitspunktverschiebungen.
  Die Bandbreite B' des mehrstufigen Verstärkers ist kleiner als Bandbreite B der einzelnen Stufen.

  $f'_{gu} \approx \sqrt{n} \cdot f_{gu}$ $f'_{go} \approx \frac{1}{\sqrt{n}} f_{go}$

- Bei unterer bzw. oberer Grenzfrequenz ist

  $v_{gu} = \left(\frac{1}{\sqrt{2}}\right) n \cdot (v_{u1} \cdot v_{u2} \cdot \ldots \cdot v_n).$

Gegenkopplung

- Die gegenphasige Rückkopplung des Ausgangssignales von Verstärkern bewirkt Linearisierung und Stabilisierung der Verstärkung.
- Durch Gegenkopplung können die Verstärkereigenschaften v_u, v_i, r_e und r_a beeinflusst werden.
- Grundsätzliche Unterscheidung nach Strom- oder Spannungsgegenkopplung.
- Rückgeführtes Signal kann dem Eingang parallel als Gegenkopplungsstrom oder seriell als Gegenkopplungsspannung zugeführt werden.

Gegenkopplungsfaktor $k = \frac{u_{GK}}{u^*_a}$ bzw. $k = \frac{i_{GK}}{i^*_a}$

Gegenkopplungsgrad: $1 + k \cdot v$

$v^*_u = \frac{v_u}{1 + k \cdot v_u}$ $v^*_i = \frac{v_i}{1 + k \cdot v_i}$

Bei $v_u \gg 1$ gilt: Bandbreite $B^* = B \cdot \frac{v_u}{v^*_u}$

$v^*_u \approx \frac{1}{k}$ bzw. $v^*_i \approx \frac{1}{k}$

Kennzeichnung der bei Gegenkopplung wirksamen Größen mit *.

- Halbleiterstruktur: z. B. V-MOS, U-MOS, HEX-FET, dadurch Spannungen von $U_{DS} \geq 1$ kV bei $I_D \geq 5$ A möglich.
- Zum Teil sind Schutzelemente wie z. B. Freilaufdiode mit in den FET integriert.
- Kombination von MOS-FET und Bipolartransistor ergibt BIMOS-Transistor.

Vorteile:
- Hohe Schaltleistung und Überlastsicherheit
- Einfaches Parallelschalten mehrerer Transistoren zur Leistungssteigerung
- Sehr hohe Schaltgeschwindigkeiten, $T_s \leq 10$ µs
- Sehr hohe Grenzfrequenzen

Anwendungen:
- Getaktete Stromversorgungsgeräte
- Motorsteuerung, z. B. in Umrichtern
- Leistungsendstufen in Datentechnik
- Kfz-Elektronik, z. B. in Zündschaltung

Leistungs-BIMOS-Transistor (IGBT)

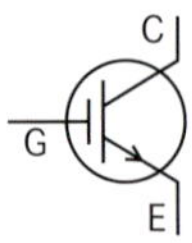

IGBT
(**I**nsulated **G**ate **B**ipolar **T**ransistor)

- Schaltgeschwindigkeit, Ansteuerleistung und Robustheit wie Leistungs-MOS-FET.
- Geringer Einschaltwiderstand wie beim bipolaren Darlington-Transistor.
- Einsatz in Frequenzumrichtern, getakteten Stromversorgungen für Schweißgeräte, Schaltnetzteile größerer Leistung, Kfz-Zündung.

Beispiel: Kennwerte

- Kollektorstrom I_C = 25 A bei ϑ_G = 25 °C
- Verlustleistung P_{tot} = 2000 W bei ϑ_G = 25 °C
- Wärmewiderstand Chip-Gehäuse $R_{thJC} \leq 0{,}63\ \frac{K}{W}$
- Gate-Schwellenspannung U_{GE} = 5 V
- Kollektor-Emitter-Sättigungsspannung $U_{CE\,(sat)}$ = 2,5 V
- Kollektor-Emitter-Durchbruchspannung $U_{(BR)\,CE}$ = 1000 V

Leistungs-MOS-FET
mit integriertem Übertemperaturschutz

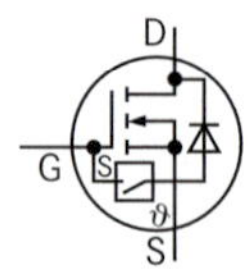

TEMP – FET
(**Tem**peratur **P**rotected-**FET**)

- Integrierte Freilaufdiode erspart externe Schutzbeschaltung.
- Sensorchip S ist in Hybridtechnik auf FET-Chip geklebt und elektrisch mit Gate und Source verbunden.
- Thyristorähnlicher Sensor schaltet bei ϑ_G = 155 °C durch und sperrt FET solange, bis Haltestrom mindestens 5 µs unterbrochen wird.

Beispiel: Abschaltzeit

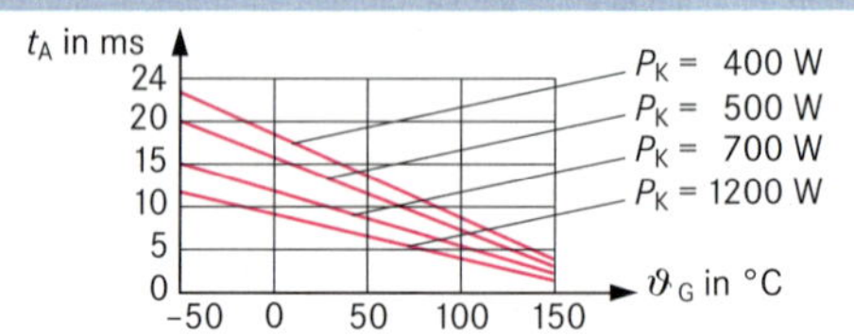

Auswahl von Modulen

Anwendungen:
- Halb- und Vollbrückenschaltungen
- Drehstrom-Umrichter
- AC- und DC-Schalter, DC-Chopper
- Induktive Heizungen

Eigenschaften:
- CMOS-kompatible Eingänge
- Niedrige Wärmewiderstände
- Integrierter Übertemperatur-, Überstrom- und Überspannungsschutz

Bauelemente

Modulschaltung	U_{DS} in V	I_D in A	P_D in W	R_{thJC} in K/W	$R_{DS(on)}$ in Ω	Beispiele: Bauformen
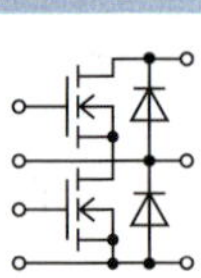	200	130	700	0,18	20,0	 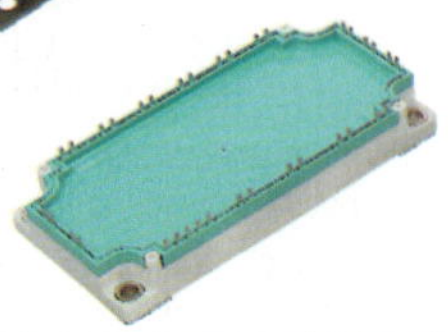
	200	450	2000	0,06	4,3	
	200	250	1040	0,12	8,6	
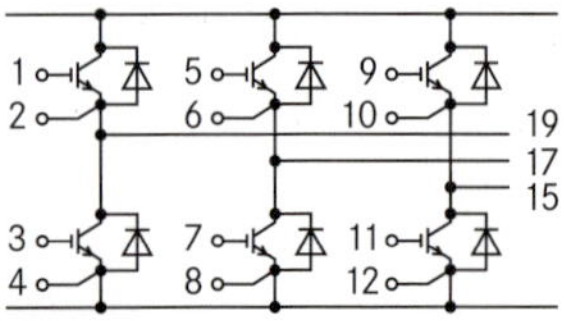 1 2 3 4 5 6 7 8 9 10 11 12 19 17 15	U_{CES} in V	I_C in A	P_{tot} in W	R_{thJC} in K/W Trans.	$R_{DS(on)}$ in Ω	
	600	100	430	0,29	0,55	
	1200	150	680	0,182	0,36	

<table>
<tr><th>Schaltung</th><th>Wechselstrom-Ersatzschaltbild</th><th>Eigenschaften, Werte[1]</th></tr>
<tr><td colspan="3">Sourceschaltung mit Sperrschicht-FET</td></tr>
<tr><td>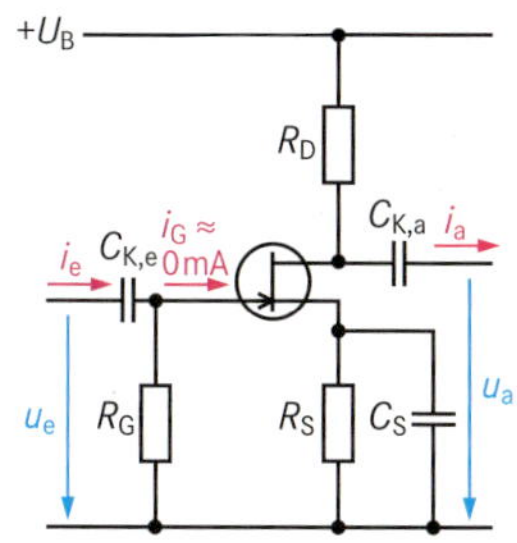
</td>
<td>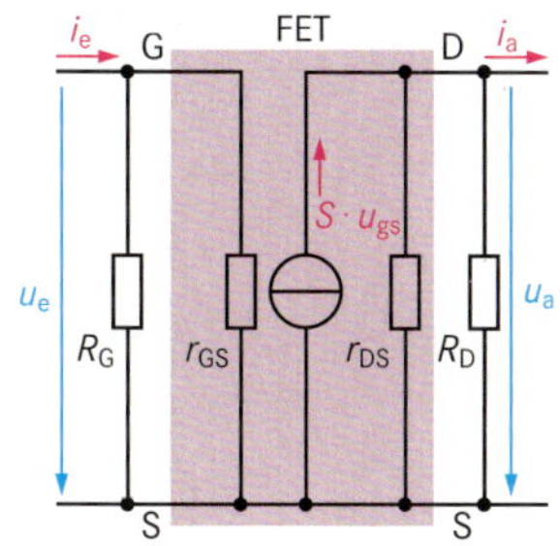
</td>
<td>

- Nahezu leistungslose Ansteuerung, da $r_{GS} \geq 10\ G\Omega$.
- Einsatz als Verstärkerschaltung im NF- und HF-Bereich.

$r_e = \frac{r_{GS} \cdot R_G}{r_{GS} + R_G}$ $r_e = 1\ M\Omega \dots 10\ M\Omega$

$r_a = \frac{r_{DS} \cdot R_D}{r_{DS} + R_D}$ $r_a = 2\ k\Omega \dots 10\ k\Omega$

$S = \frac{\Delta I_D}{\Delta U_{GS}}$ $v_u = \frac{\Delta U_{DS}}{\Delta U_{GS}}$

$v_u = -S \cdot r_a$ $v_u = 5 \dots 20$

$v_i \to \infty$ $\varphi = 180°$
</td></tr>
<tr><td colspan="3">Drainschaltung mit Sperrschicht-FET</td></tr>
<tr><td>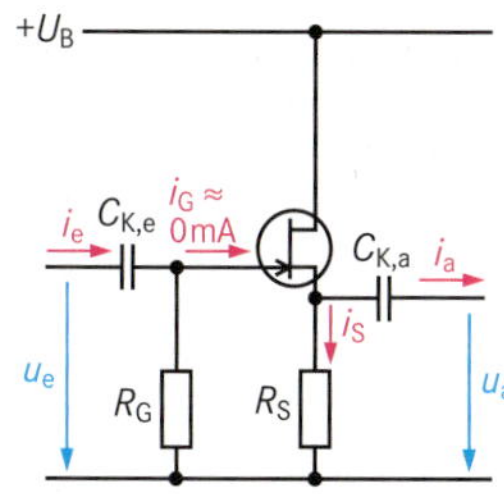
</td>
<td>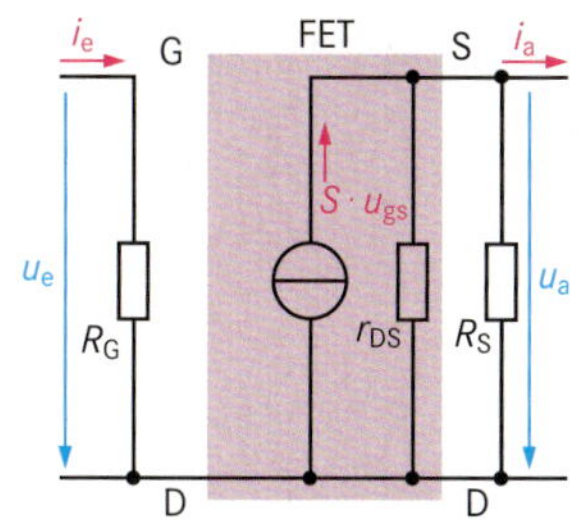
</td>
<td>

- Erzeugung der negativen Gatespannung (wie oben) über R_S. $-U_{GS} = R_S \cdot I_D$
- Einsatz als Vorverstärker und Impedanzwandler.

$r_e \approx R_G$ $r_e = 1\ M\Omega \dots 20\ M\Omega$

$r_a \approx \frac{1}{S}$ $r_a = 100\ \Omega \dots 1\ k\Omega$

$v_u = \frac{S \cdot R_s}{1 + S \cdot R_s} \leq 1$

$\varphi = 0°$
</td></tr>
<tr><td colspan="3">Sourceschaltung mit Isolierschicht-FET (selbstleitend, N-Kanal)</td></tr>
<tr><td>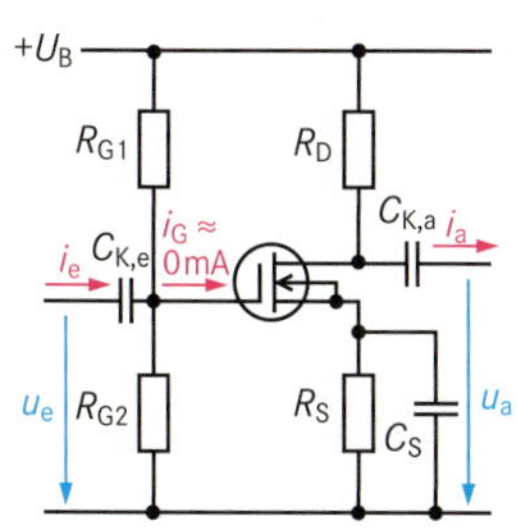
</td>
<td>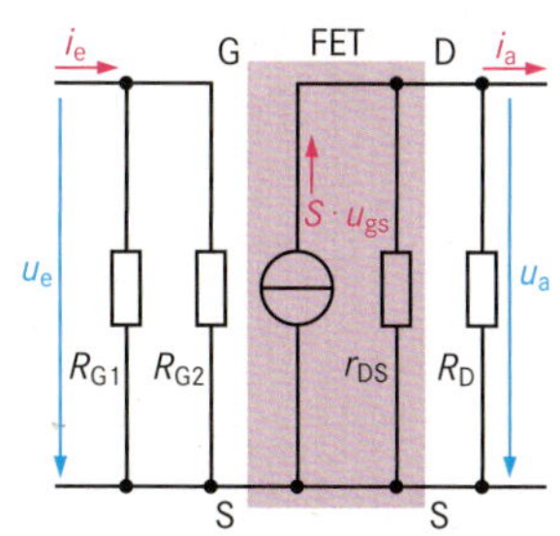
</td>
<td>

- Leistungslose Ansteuerung, da $r_{GS} \geq 10\ T\Omega$.
- Bei $U_{GS} = 0$ V ist Drain-Source-Strecke bereits leitend.

$r_e = \frac{R_{G1} \cdot R_{G2}}{R_{G1} + R_{G2}}$ $r_e = 1\ M\Omega \dots 10\ M\Omega$

$r_a = \frac{r_{DS} \cdot R_D}{r_{DS} + R_D}$ $r_a = 10\ k\Omega \dots 100\ k\Omega$

$v_u = -S \cdot r_a$, mit $r_a \approx R_D$

$v_u \approx -S \cdot R_D$ $v_u = 5 \dots 20$

$\varphi = 180°$
</td></tr>
<tr><td colspan="3">Drainschaltung mit Isolierschicht-FET (selbstsperrend, N-Kanal)</td></tr>
<tr><td>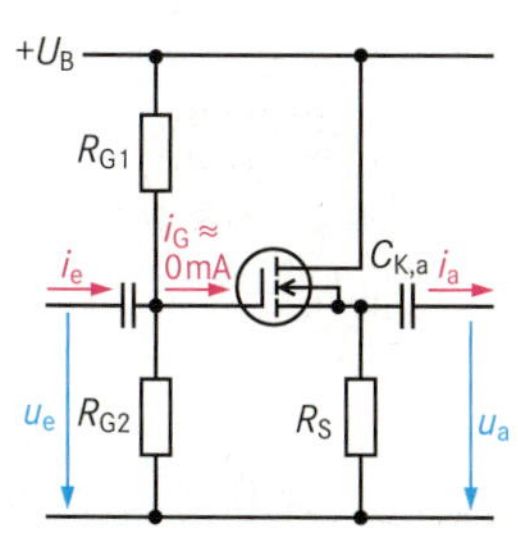
</td>
<td>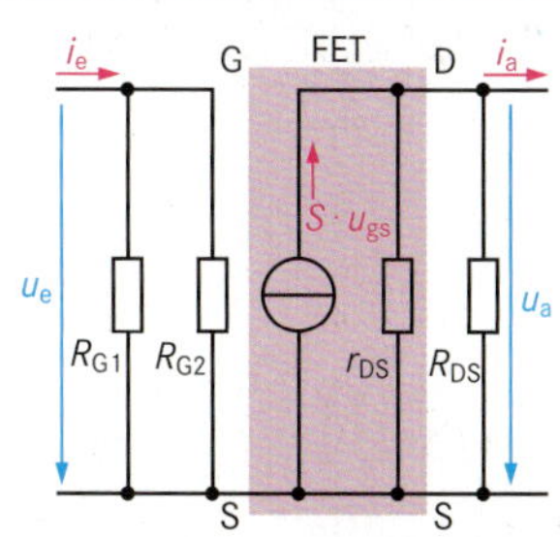
</td>
<td>

- Leistungslose Ansteuerung, da $r_{GS} \geq 10\ T\Omega$.
- Bei $U_{GS} = 0$ V ist Drain-Source-Strecke gesperrt.

$r_e = \frac{R_{G1} \cdot R_{G2}}{R_{G1} + R_{G2}}$ $r_e = 1\ M\Omega \dots 10\ M\Omega$

$r_a \approx \frac{1}{S} \parallel R_S$ $r_a \approx \frac{1}{S}$ für $R_s > 1\ k\Omega$

$v_u \approx \frac{S \cdot R_S}{1 + S \cdot R_S}$ $v_u \leq 1$

$\varphi = 0°$
</td></tr>
</table>

[1] Angegebene Kennwerte können im Einzelfall deutlich unter- bzw. überschritten werden.
S: Steilheit, ca. 1 mS ... 50 mS für Sperrschicht-FET, 4 mS ... 20 mS für Isolierschicht-FET

Triggerdioden, UJT

Schaltzeichen	Kennlinie	Eigenschaften	Anwendung, Kennwerte
Zweirichtungsdiode (**Di**ac: **Di**ode **a**lternating **c**urrent) 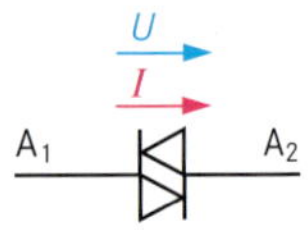	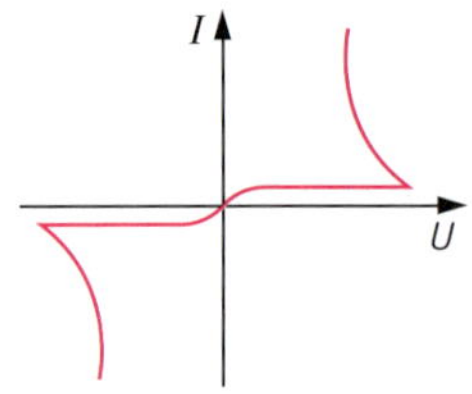	Stetiger Übergang im Durchbruchbereich Hohe Durchlassspannung.	■ Triggern von Zündströmen für Triacs Kippspannung ca. 35 V ■ Durchlassstromstärke stark von Impulslänge abhängig ■ Maximale Verlustleistung ca. 300 mW
Unijunktion-Transistor UJT, (auch Doppelbasisdiode) 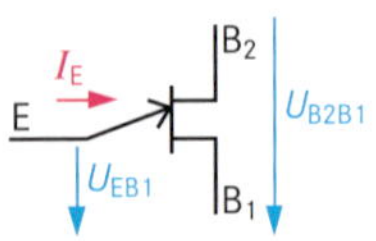	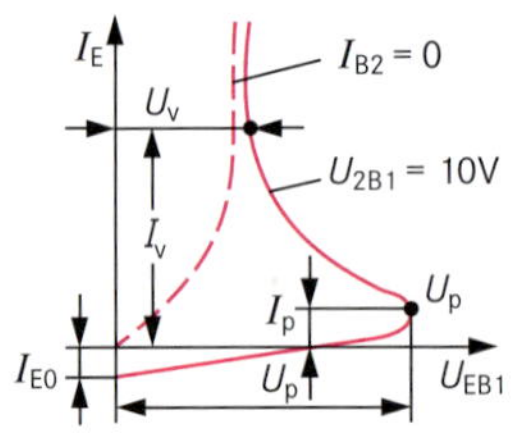	Mit steigender Spannung U_{EB1} kehrt sich der Sperrstrom um. Ab Höckerspannung U_p wird die Emitter-B1-Strecke leitend.	■ Ansteuern von Triacs und Thyristoren ■ RC-Generatoren ■ Spannung: max. 30 V ■ Stromstärke: max. 50 mA

Thyristoren, Triac

Schaltzeichen	Kennlinie	Eigenschaften	Anwendung, Kennwerte
P-Gate-Thyristor 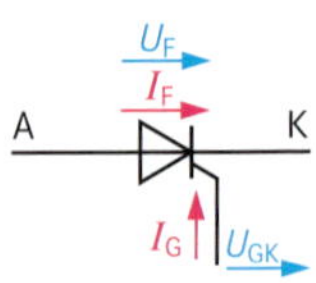	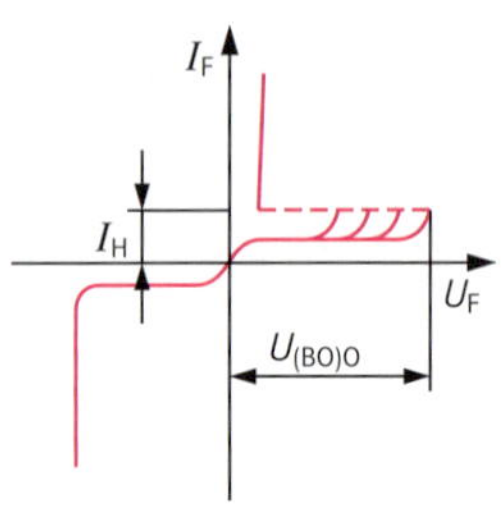	Thyristortriode ■ katodenseitig steuerbar ■ rückwärtssperrend	Stromrichter bis zu größten Leistungen Von 100 V ... 4000 V, Stromstärken je nach Bauart bis max. 1000 A bei Scheibenthyristoren, wassergekühlt
N-Gate-Thyristor 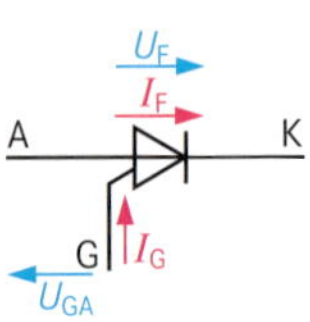		Thyristortriode ■ anodenseitig steuerbar ■ rückwärtssperrend	Kleinleistungsbereich Bei Beschaltung mit Spannungsteiler auch als PUT
Abschaltbarer Thyristor (**GTO**, **G**ate-**t**urn-**o**ff) 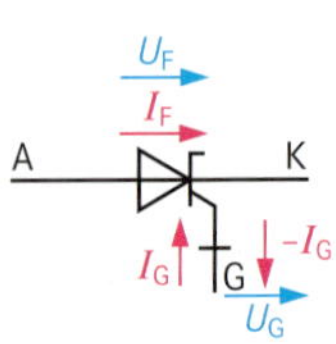	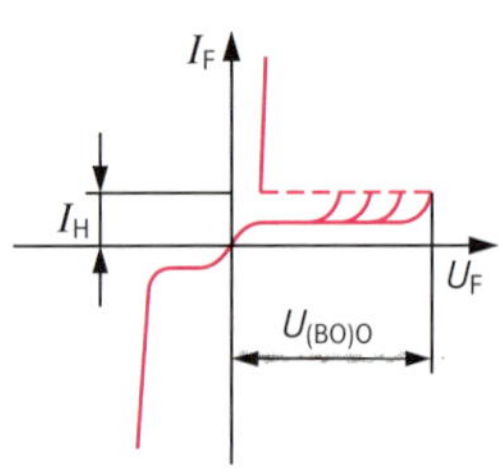	Thyristortriode ■ katodenseitig steuerbar ■ Sperren von I_F mit negativem Gatestrom ■ rückwärtssperrend	Gleichstromsteller bis zum mittleren Leistungsbereich Spannung ≤ 1200 V Stromstärken ≤ 400 A
Zweirichtungsthyristor, Triac (**Tri**ode **a**lternating **c**urrent) 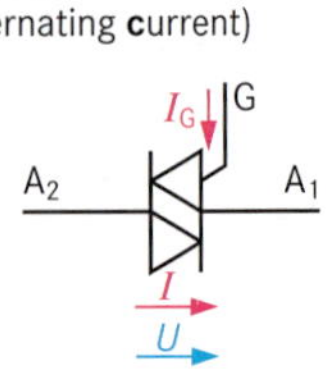	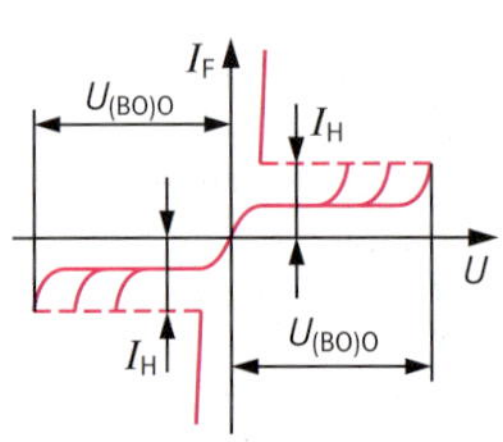	■ Verhalten ähnlich antiparallel geschalteter Thyristoren ■ Zündung mit positivem oder negativem Gatestrom unabhängig von Polung der Anoden	Phasenanschnittssteuerungen, elektronische Relais und Schütze im Klein- und im Mittelleistungsbereich. Spannungen bis 1200 V, Stromstärken bis ca. 300 A

Schaltzeichen	Typische Kennlinien	Eigenschaften	Anwendungen
Fotowiderstand (**LDR**, **L**ight-**D**ependant-**R**esistor) 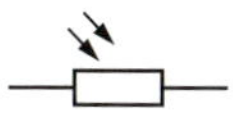	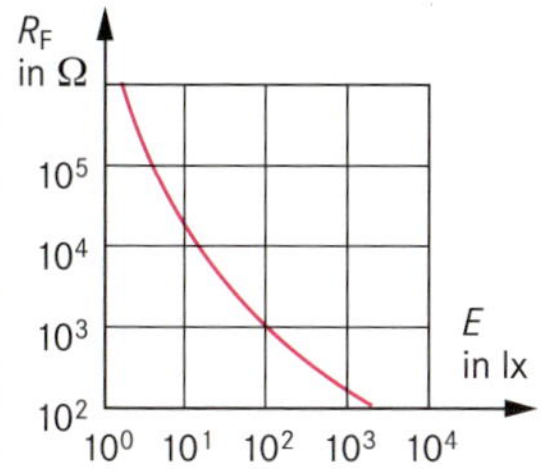	Passives Bauelement: ■ Je nach Basismaterial empfindlich von λ = 0,5 ... 8 µm (UV- bis IR-Bereich) ■ Höchste Lichtempfindlichkeit ■ Träge bei Helligkeitsänderung ■ Betriebsspannung bis zu mehreren 100 V ■ Belastbarkeit bis 500 mW	■ Einsatz im Gleich- und Wechselstromkreis ■ Beleuchtungsstärkemessung, Dämmerungsschalter
Fotodiode 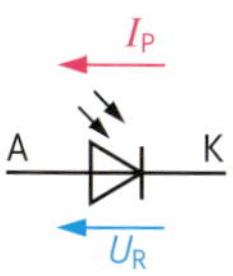	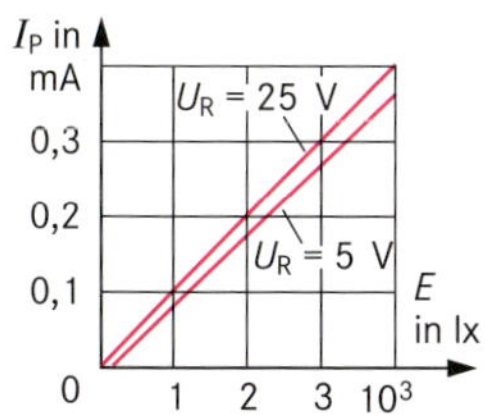	■ Betrieb in Sperrrichtung ■ Geringe Lichtempfindlichkeit ■ Sehr kurze Ansprechzeit ■ Stromstärke annähernd proportional zur Beleuchtungsstärke ■ Verlustleistung bis maximal 150 mW ■ Grenzfrequenz bei ca. 500 MHz	■ Messaufgaben ■ Spannungen bis 25 V
Fototransistor 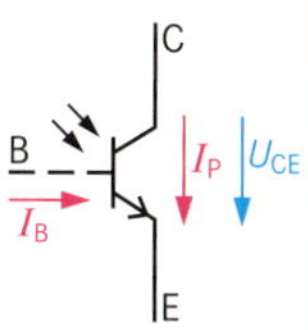	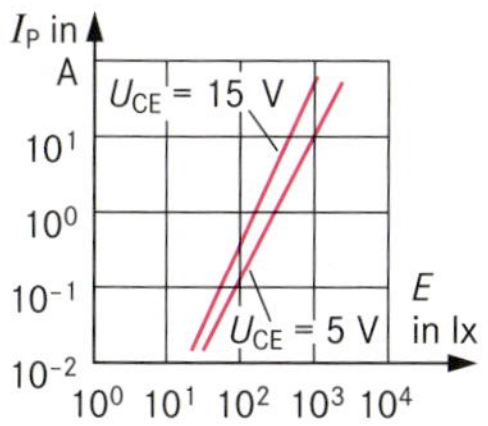	■ Wirkungsweise wie Fotodiode mit Verstärker, daher 100- bis 500fach größere Empfindlichkeit ■ Einstellung des Arbeitspunktes mit dem Basisanschluss (nicht immer vorhanden) ■ Grenzfrequenz bei ca. 0,5 MHz	■ Fotoelektronische Empfänger in Überwachungs- und Regelkreisen
Fotothyristor 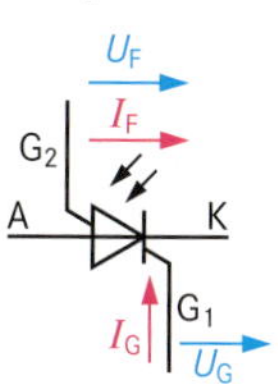	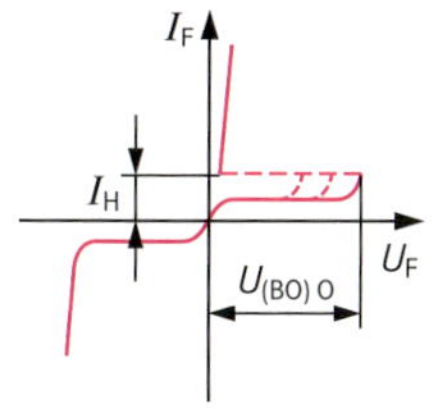	■ Zündung durch – Gatestrom oder – Lichtimpuls ■ Löschen durch – Unterschreiten des Haltestromes oder – durch negativen Impuls auf Anodenanschluss	■ Kleinleistungsbereich, Verlustleistungen bis 500 mW ■ Hochspannungstechnik, Zündung über Lichtwellenleiter (LWL), ≤ 4000 V, ≤ 10 A
Solarzelle (Fotoelement) 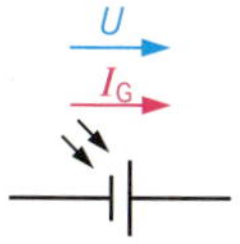	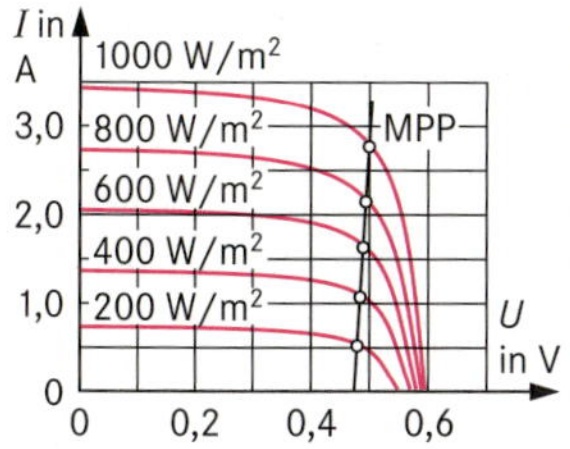	■ Aktives Bauelement Entnehmbare Leistung ist abhängig von – Lichtintensität (W/m²), – Zellentemperatur und – Größe der aktiven Fläche ■ **MPP**: **M**aximum **P**ower **P**oint Betriebspunkt mit max. elektrischer Leistung	■ Energiegewinnung aus Sonnenlicht ■ Parallel- und Reihenschaltung ermöglicht Leistungen im kW Bereich
Lumineszenzdiode (**LED**, **L**ight-**E**mitting-**D**iode) 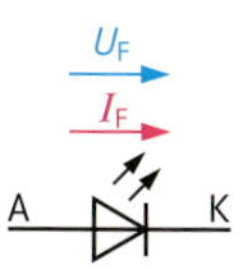	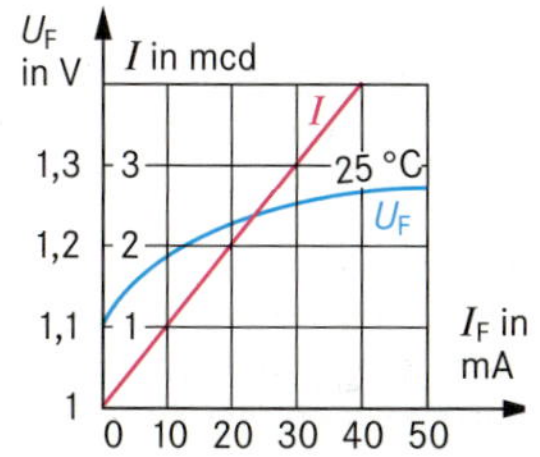 I: Lichtstärke in Achsenrichtung	■ Lichtaussendung im Durchlassbereich ■ Robust, hohe Lebensdauer, klein ■ Geringe Sperrspannung ■ Modulierbar bis 20 MHz ■ Konstantstromquelle erforderlich ■ Rot, gelb, grün, blau, infrarot, weiß	■ Anzeigen, Zeichen- und Zifferndarstellung ■ Sender in Optokopplern, Lichtwellenstrecken, Infrarotsteuerungen ■ Durchlassstromstärke bis ca. 400 mA

7-Segment-Anzeige

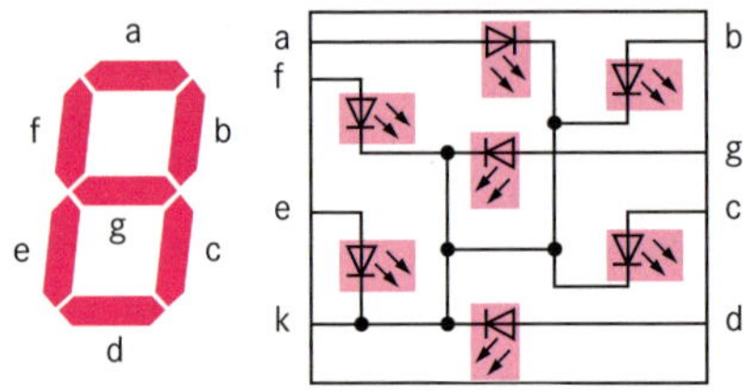

0123456789

- Zusammengesetzt aus einzelnen LEDs; mit gemeinsamer Anode bzw. Katode verfügbar.

Laserdiode

Light **A**mplification by **S**timulated **E**mission of **R**adiation

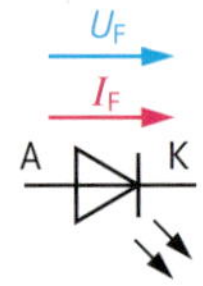

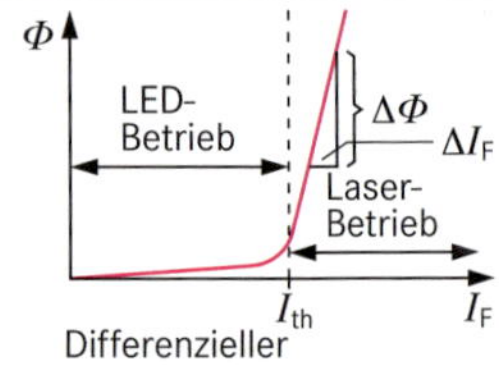

Differenzieller Wirkungsgrad: $\Delta\Phi / \Delta I_F$

- LED mit Laserresonator emittiert Laserstrahlung
- Farben: rot, gelb, grün, infrarot
- Gefahr der Augenschädigung!
- Anwendung bei LWL-Sendern, Laserdruckern, CD-/DVD-Geräten
- Φ: Lichtstrom

Flüssigkristall-Anzeigen (LCD-Anzeigen)

Funktionsprinzip

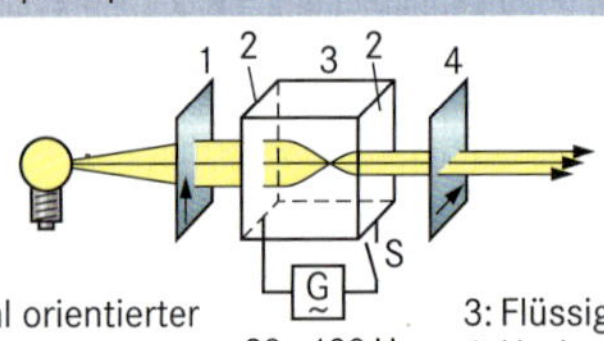

1: Vertikal orientierter Polarisator
2: Transparente Elektroden
3: Flüssigkristallschicht
4: Horizontal orientierter Polarisator

LCDs sind je nach Reflektorart mit oder ohne Hintergrundbeleuchtung betreibbar.

Erklärung

- **Ohne Spannung:** Licht wird durch Flüssigkristalle um 90° gedreht und kann beide Polarisationsfilter passieren: Symbole hell, Umfeld hell
- **Mit Spannung:** Keine Drehung der Lichtpolarisation: Symbole dunkel, Umfeld hell
- **Parallelorientierte Polarisatoren:** umgekehrter Effekt (Symbole hell, Umfeld dunkel)
- **Schaltzeit** ist stark temeperaturabhängig, für extreme Temperaturbereiche verschiedene Flüssigkeiten
- **Farbige** LCDs: Aufdruck farbiger Tinten
- **Betriebsspannung:** ca. 3 ... 15 V AC, f = 30 ... 100 Hz

Vakuum-Fluoreszenz-Anzeigen (VF-Anzeigen)

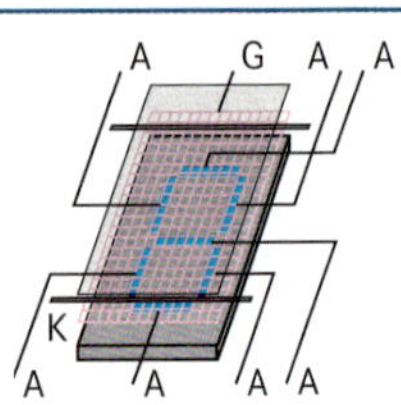

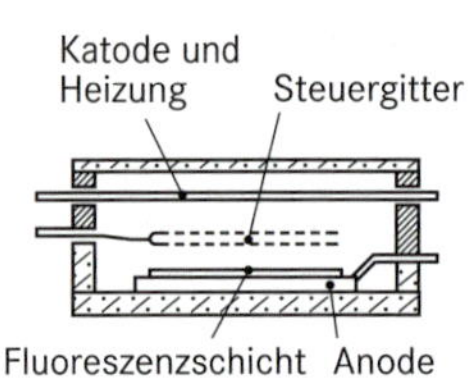

- Aufbau und Funktion wie direktgeheizte Triode
- Anoden leuchten, wenn Anoden an Pluspotenzial liegen und Gitter gegen Katode positiv ist
- Gitter gegen Katode negativ: Segment dunkel
- Segmentanode abgeschaltet: Segment dunkel
- **Farben:** blau/grün, grün, gelb, rot, orange (je nach Anodenbeschichtung)
- **Betriebsspannung** (Anodenspannung): 25 ... 50 V

Optokoppler

Kenngrößen

CTR: Koppelfaktor, auch Stromübertragungsverhältnis (**CTR: C**urrent-**t**ransfer-**r**atio)

$$CTR = \frac{I_C}{I_F} \text{ (in \%)}$$ bei I_F = 10 mA und U_{CE} = 5 V

U_{ISOL}:	Isolationsprüfspannung	(max. ≈ 10 kV)
I_F:	Dioden-Durchlassstromstärke	(max. ≈ 80 mA)
I_C:	Kollektorstromstärke	(max. ≈ 100 mA)
f_g:	Grenzfrequenz	(typ. 250 kHz)

Ausführungen

Schaltung	Bemerkung
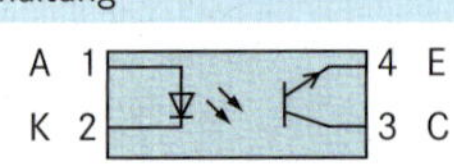	Basisanschluss nicht vorhanden
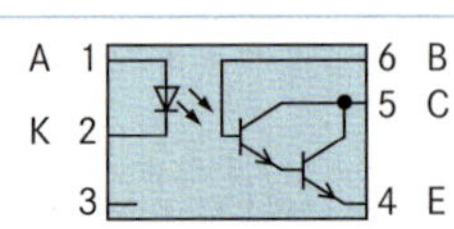	Darlington-Fototransistor $\frac{I_C}{I_F} > 500\,\%$
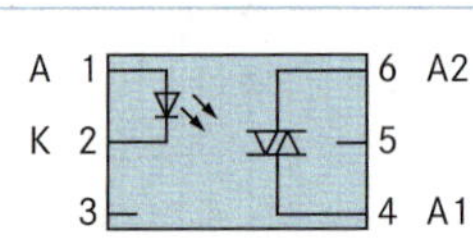	Triac-Koppler, Schaltverhalten, für Wechselspannung, Spitzensperrspannung bis 600 V

Hallgenerator

Halleffekt

Ein Halbleiterplättchen wird von einem Steuerstrom I_1 durchflossen und von einem Magnetfeld durchsetzt. Eine Spannung U_2 (Hallspannung) entsteht an den Anschlüssen 3–4.

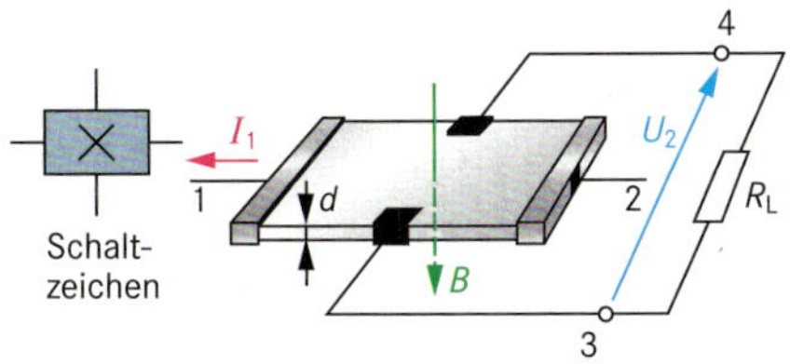

Lineare Anpassung

Abschlusswiderstand für lineare Anpassung R_L:
Widerstand R_L, bei dem Linearität zwischen der steuerstrombezogenen Hallspannung U_2/I_1 und dem Steuerfeld erreicht wird.

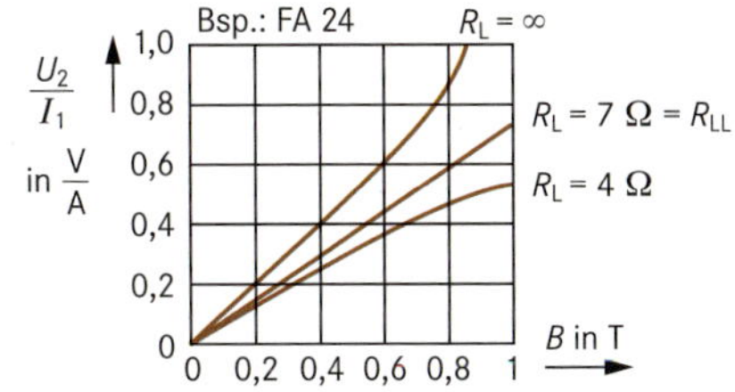

Lineare Anpassung mit R_L

Charakteristische Größen

- Leerlaufhallspannung U_{20}: Spannung U_2 bei $R_L = \infty$, Bemessungsinduktion (z. B. 1 T) und Bemessungssteuerstromstärke I_{1N}.

$$U_{20} = \frac{A_h}{d} \cdot I_1 \cdot B$$

Typ. Werte 50 ... 1000 mV

- Hallkonstante A_h:
  Material- und formgebungsabhängige Konstante in $\frac{m^3}{As}$
- Induktionsempfindlichkeit K_{BO}:
  Material- und formgebungsabhängige Konstante

$$K_{BO} = \frac{U_{20}}{I_{1N} \cdot B}$$

Typ. Wert: 0,5 ... 100 $\frac{V}{AT}$

Steuerbemessungsstrom I_{1N}, Typ. Wert: 10 ... 400 mA

Anwendung

- Feldregelung
- Sensor
- Multiplikation
- Feldmessung (auch bei tiefen Temperaturen)

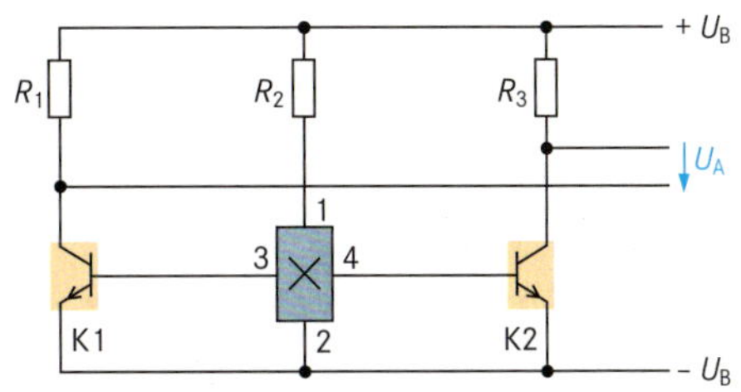

Feldplatte

Aufbau

- Der Widerstandeines Halbleitermaterials nimmt bei wachsendem magnetischen Feld beliebiger Polarität zu.
- Die Struktur des Materials bewirkt Umlenken der Strombahnen bei Feldeinwirkung.
- Bei konstanter Feldstärke sind Strom und Spannung linear.
- Mit der Gestaltung des Mäanders wird der Grundwiderstand R_o beeinflusst.

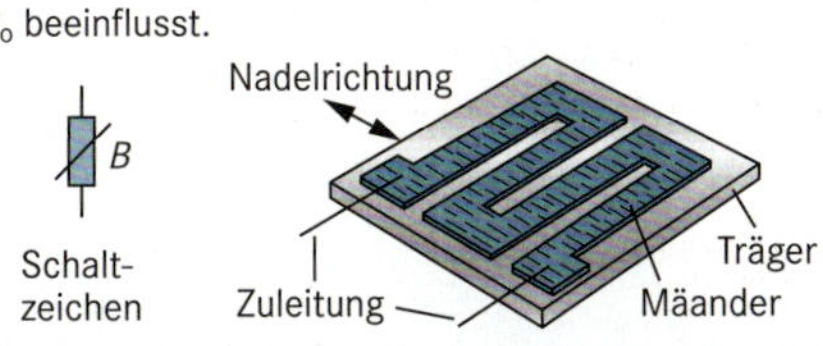

Anwendung

- Positionserfassung
- Drehzahl- und Drehsinnerfassung
- Winkelschrittgeber
- Potenziometer

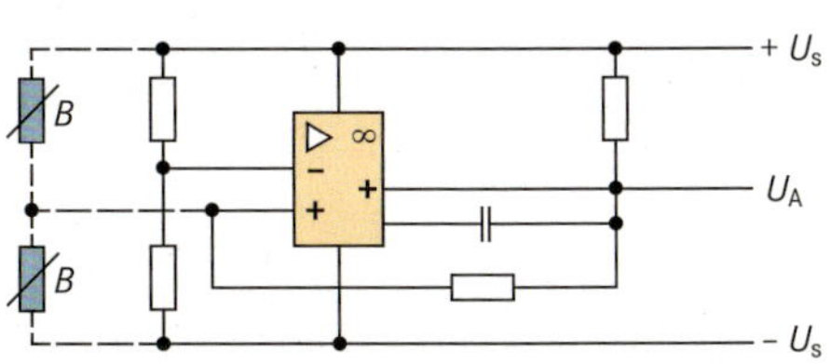

Beispiel: Schaltung für Differenzial-Feldplatten-Positionssensoren

Charakteristische Größen

- Grundwiderstand R_o:
  Widerstand der Feldplatte ohne Einwirkung eines Magnetfeldes
- Widerstand R_B im Magnetfeld:
  Widerstand bei senkrecht einwirkendem Magnetfeld

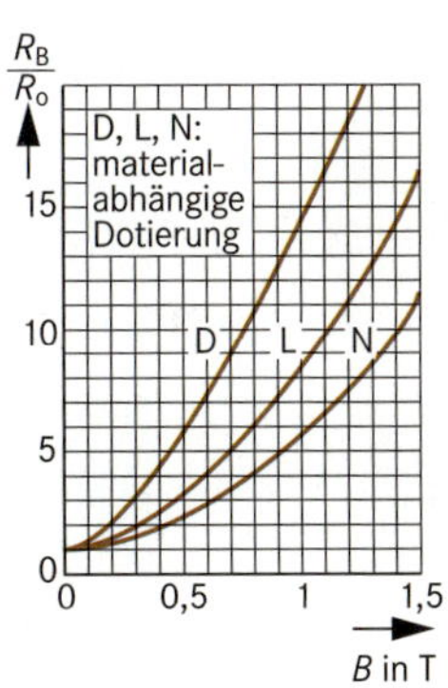

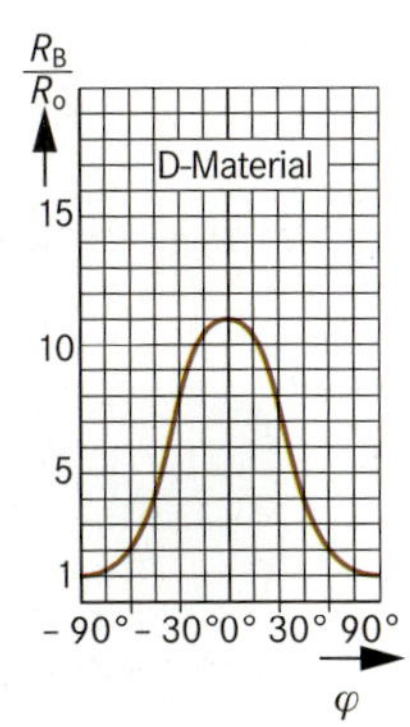

φ: Neigungswinkel des Magnetfeldes (D-Halbleitermaterial)

Merkmale

- Schwingquarze bestehen aus einem dünnen Quarzplättchen (SiO_2: Siliziumdioxid).
- Bei Anlegen eines elektrischen Wechselfeldes entstehen Deformationsschwingungen, wenn die Anregungsfrequenz mit der Eigenfrequenz des Plättchens übereinstimmt (Resonanzkreis mit geringer Dämpfung).
- Schwingquarze können in **Serien-** oder **Parallelresonanz** betrieben werden.

Schaltung

Schaltzeichen

Ersatzschaltung

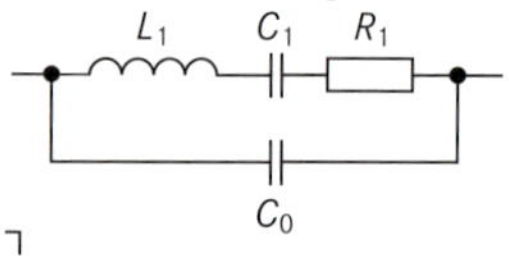

C_L: Lastkapazität

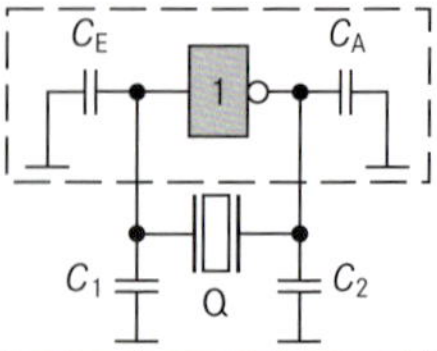

$$C_L = \frac{(C_1 + C_E) \cdot (C_2 + C_A)}{(C_1 + C_E) + (C_2 + C_A)}$$

C_E: Eingangskapazität
C_A: Ausgangskapazität

Temperaturgang

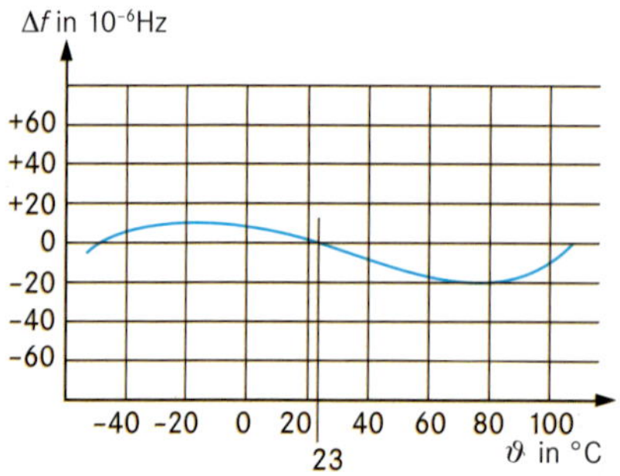

Charakteristische Größen

Serienresonanzfrequenz Blindwiderstand = 0 Ω, C_o oder R_1 vernachlässigt	$f_s = \frac{1}{2\pi \sqrt{L_1 C_1}}$
Parallelresonanzfrequenz Scheinwiderstand = ∞, R_1 vernachlässigt	$f_p = \frac{1}{2\pi \sqrt{L_1 \frac{C_1 \cdot C_0}{C_1 + C_0}}}$
Lastresonanzfrequenz Scheinwiderstand: reell, Quarz einschließlich parallel oder in Serie geschaltete Lastkapazität C_L	$f_L = f_s \sqrt{1 + \frac{C_1}{C_0 + C_L}}$ $= f_s \left(1 + \frac{C_1}{2\,(C_0 + C_L)}\right)$
Ziehbereich relative Frequenzänderung zwischen zwei Lastkapazitätswerten	$PR = \left\lvert \frac{f_{L1} - f_{L2}}{f_r} \right\rvert$ $= \left\lvert \frac{C_1\,(C_{L2} - C_{L1})}{2 \cdot (C_0 + C_{L1}) \cdot (C_0 + C_{L2})} \right\rvert$
Ziehempfindlichkeit Frequenzänderung pro pF Lastkapazitätsänderung, angegeben in 10^{-6}/pF	$S = -\frac{C_1}{2\,(C_0 + C_L)^2}$
Güte	$Q = \frac{2\pi\, f_S\, L_1}{R_1}$

C_L: Lastkapazität: die für den Quarz wirksame Eingangskapazität der Oszillatorschaltung

Interner Aufbau

Beispiel: 28 MHz Quarz

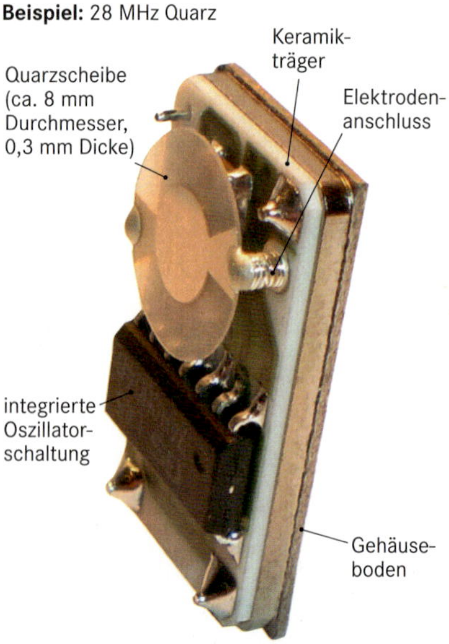

Bauformen

Bezeichnung	K3A (DIN) HC-48U (USA)	SMD 03025/4s
- Grundtonquarz: Schwingquarz ist für den Betrieb auf einer Grundschwingung ausgelegt - Obertonquarz: Schwingquarz ist für den Betrieb auf einer Oberschwingung ausgelegt	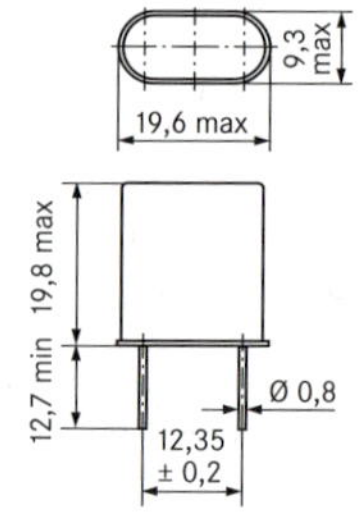 Maße in mm	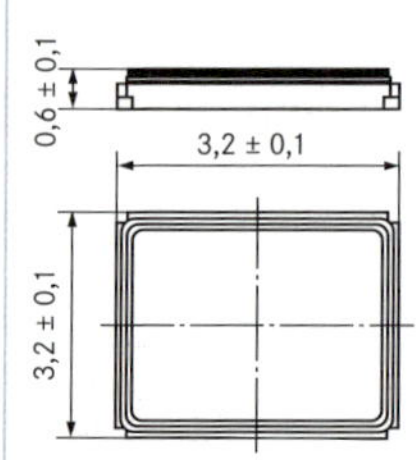 Maße in mm
Grundton in MHz	0,8 ... 40	12 ... 40
3. Oberton in MHz	16 ... 90	–
Güte Q	Grundton: 1 ... 2 · 10^6	1 ... 2 · 106
Toleranz der Bemessungsfrequenz Δf	±100 · 10^{-6} Hz (23 °C)	±5 · 10^{-6} Hz (23 °C)
Frequenzstabilität	±50 · 10^{-6} Hz (0 ... +50 °C)	±3 · 10^{-6} Hz (0 ... +50 °C)
Lastkapazität C_L	16 ... 32 pF	

Merkmale

- **S**urface **M**ounted **D**evices (**SMD**) sind elektrische Bauelemente, die
  - in den mechanischen Abmessungen wesentlich verkleinert und
  - ohne Drahtanschlüsse

  ausgeführt sind.
- Die Befestigung auf den Leiterplatten erfolgt durch Lötflächen, die in der Regel stirnseitig an den Bauteilen angebracht sind.
- Die **Gehäusegröße** wird durch eine vierstellige Bezeichnung (z. B. 0207) angegeben.
- Dabei geben die ersten beiden Ziffern die Länge und die beiden folgenden Ziffern die Breite des Bauelementes an (Bauelementhöhe ist nicht darin enthalten).
- Die Einheit für die Maße ist entweder [Zoll/100] (wobei 1 inch Einheit für Zoll 25,4 mm entsprechen) oder auch metrisch (Angabe in mm).
- Bedingt durch die geringen Abmessungen der Bauelemente wird die Kennzeichnung in unterschiedlichen Varianten (zum Teil herstellerspezifisch) ausgeführt.
- Die derzeit vorhandenen Bauformen sind entweder rechteckig oder zylindrisch.
- Eine eindeutige Identifikation bei Halbleitern ist in der Regel nur durch die Anwendung von Datenblättern oder durch Identifikationslisten (z. B. aus dem Internet) möglich.

Bauformbenennung

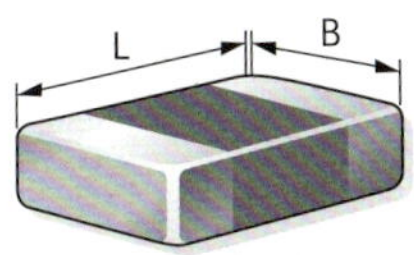

Benennung Zoll	Länge in inch	Breite in inch	Benennung metrisch	Länge in mm	Breite in mm
0603	0.063 ± 0.004	0.031 ± 0.004	1608	1,60 ± 0,1	0,80 ± 0,1
1210	0.126 ± .006	0.098 ± .006	3225	3,20 ± 0,15	2,50 ± 0,15
2512	0.250 ± .005	0.126 ± .003	6330	6,35 ± ,13	3,20 ± ,08

Widerstände (zylindrisch)

- Widerstände sind in quader- und zylinderförmiger Bauform verfügbar
- Die zylindrische Bauform wird mit **MELF** bezeichnet (**M**etal **E**lectrode **L**eadless **F**aces: Metallelektroden „Gesichter")

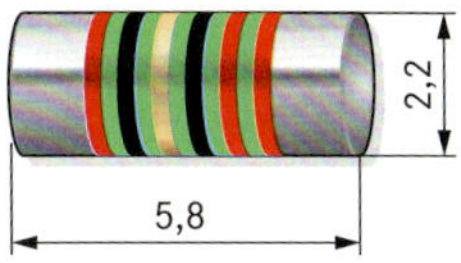

MMB (MELF; 1 Watt, 500 V)
Gehäuseform (metrisch) 0207

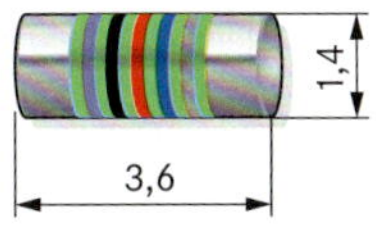

MMA (MiniMELF; 0,5 Watt, 200 V)
Gehäuseform (metrisch) 0204

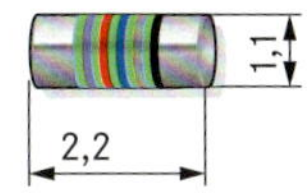

Maße in mm

MMU (MicroMELF; 0,2 Watt, 100 V)
Gehäuseform (metrisch) 0102

Farbcodierung

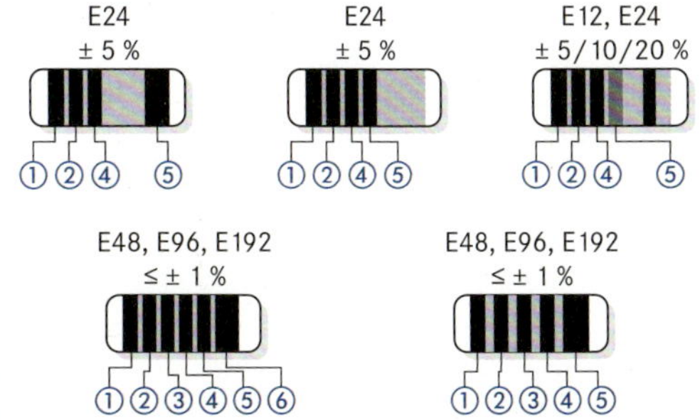

① 1. Stelle
② 2. Stelle
③ 3. Stelle
④ Multiplikator
⑤ Toleranzwert
⑥ Temperaturkoeffizient

Temperaturkoeffizient in ppm/K			
Braun	±100	Orange	±15
Rot	±50	Blau	±10
Gelb	±25	Violett	±5

Farbe	Wertigkeit	Multiplikator	Toleranz
Keine			±20 %
Silber		10^{-2}	±10 %
Gold		10^{-1}	±5 %
Schwarz	0	10^{0}	
Braun	1	10^{1}	±1 %
Rot	2	10^{2}	±2 %
Orange	3	10^{3}	
Gelb	4	10^{4}	
Grün	5	10^{5}	±0,5 %
Blau	6	10^{6}	±0,25 %
Violett	7	10^{7}	±0,1 %
Grau	8	10^{8}	
Weiß	9	10^{9}	

Widerstände (quaderförmig)

- Die rechteckige Bauform wird auch als Chipbauform (kurz „Chip") bezeichnet.
- Die Codierung des Widerstandswertes erfolgt dabei mit Ziffern und Buchstaben.
- Die Anzahl der verwendeten Stellen deutet auf den jeweiligen Toleranzbereich (Genauigkeit) hin.
- Bei Widerständen mit **Standardtoleranzen** sind drei Stellen aufgedruckt, wobei
  - die ersten beiden Stellen den Grundwert und
  - die dritte Stelle die Anzahl der Zehnerpotenzen angibt.
- Widerstände mit **engeren Toleranzen** werden mit vierstelligem Aufdruck versehen, wobei
  - die ersten drei Stellen den Grundwert und
  - die vierte Stelle die Anzahl der Zehnerpotenzen angibt.
- Der **Buchstabe R** wird als Ersatz für das Komma verwendet.

Codierung

Reihe E24 mit 2 %, 5 % und 10 % Toleranz		Reihe E24, E48, E96 mit <1 % und 2 % Toleranz	
Bemessungswert	Bezeichnung	Bemessungswert	Bezeichnung
0,01 Ω ... 0,091 Ω	R010 ... R091	0,01 Ω ... 0,091 Ω	R010 ... R091
0,1 Ω ... 0,91 Ω	R10 ... R91	0,1 Ω ... 0,976 Ω	R100 ... R976
1 Ω ... 9,1 Ω	1R0 ... 9R1	1 Ω ... 9,76 Ω	1R00 ... 9R76
10 Ω ... 91 Ω	100 ... 910	10 Ω ... 97,6 Ω	10R0 ... 97R6
100 Ω ... 910 Ω	101 ... 911	100 Ω ... 976 Ω	1000 ... 9760
1 kΩ ... 9,1 kΩ	102 ... 912	1 kΩ ... 9,76 kΩ	1001 ... 9761
10 kΩ ... 91 kΩ	103 ... 913	10 kΩ ... 97,6 kΩ	1002 ... 9762
100 kΩ ... 910 kΩ	104 ... 914	100 kΩ ... 976 kΩ	1003 ... 9763
1 MΩ ... 9,1 MΩ	105 ... 915	1 MΩ ...9,76 MΩ	1004 ... 9764
10 MΩ ... 91 MΩ	106 ... 916	10 MΩ ...97,6 MΩ	1005 ... 9765
100 MΩ ... 910 MΩ	107 ... 917	100 MΩ ... 976 MΩ	1006 ... 9766

Beispiele:

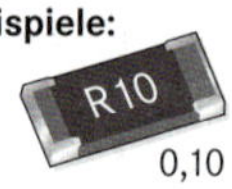

0,10 Ω

$10 \times 10^5\ \Omega = 1\ M\Omega$

10,0 Ω

$100 \times 10^2\ \Omega = 10\ k\Omega$

Kondensatoren

- Kondensatoren in SMD-Bauform gibt es u. a. als Tantal-, Keramik-, Aluminium- und Folien-Kondensatoren.
- Die jeweiligen Gehäusegrößen werden, wie bei den Chip-Widerständen, mit einem vierstelligen Zahlencode definiert.
- Verfügbare Kapazitätswerte und Spannungsfestigkeiten sind den jeweiligen Datenblättern zu entnehmen.
- Die Kennzeichnung erfolgt in der Regel durch einen **Zahlencode** (Ausnahme Keramikkondensatoren).
- Keramikkondensatoren sind überwiegend nicht gekennzeichnet und somit nur durch Messung zu ermitteln.

Beispiel: Tantalkondensator

Gehäuseform: 6032-28

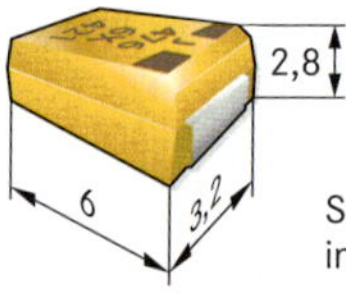

Maße in mm

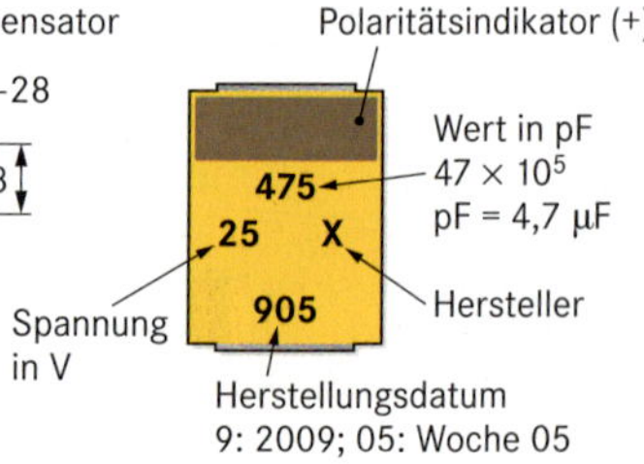

Dioden

- Dioden in SMD-Technik sind in verschiedenen Gehäuseformen und -materialien verfügbar.
- Bei den Kunststoffgehäusen sind die Anschlüsse als Lötanschluss ausgeführt.
- Die Glasgehäuseversion sind als MiniMELF oder MicroMELF (**MELF: M**etal **El**ectrode **L**eadless **F**aces) mit stirnseitigen Lötanschlüssen (wie bei den Widerständen) ausgeführt.
- Die vorhandenen Technologien sind u. a. Kleinsignaldioden, Leistungsdioden und Z-Dioden
- Der Diodentyp wird bei Kunststoffgehäusen mit einem herstellerspezifischen Code ausgeführt und bei Glasgehäusen nicht dargestellt.
- Jeweilige Werte sind den Datenblättern zu entnehmen.

Beispiele:

MiniMELF, Typ BAV 100
Gehäuseform: SOD80

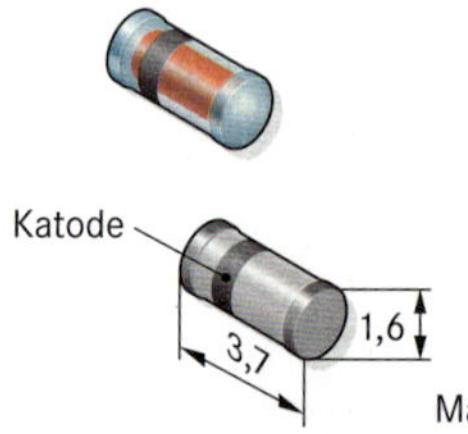

Typ BAT 43W
Gehäuseform: SOD123

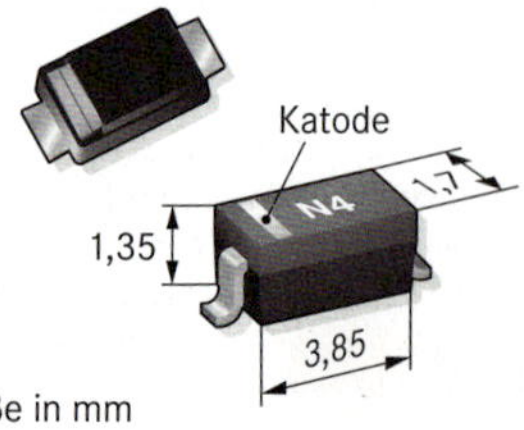

Maße in mm

Transistoren

- Transistoren (z. B. bipolar, MOS) werden u. a. in Kunststoff- oder Keramikgehäusen mit unterschiedlichen Anschlüssen geliefert.
- Die Gehäuseformen sind klassifiziert nach **JEDEC** (**J**oint **E**lectron **D**evice **E**ngineering **C**ouncil), **JEIDA** (**J**apan **E**lectronic **I**ndustry **D**evelopment **A**ssociation) oder auch herstellerspezifisch.
- Für die Kennzeichnung des Transistors gibt es keine einheitlichen Regeln.
- Die Identifikation des jeweiligen Typs ist daher nur über die Datenblätter des Herstellers oder über Referenzlisten (im Internet) möglich.
- Neben Einzeltransistoren sind auch komplexe Transistorkombinationen oder auch andere Halbleiter in den unterschiedlichen Gehäusen untergebracht.

Beispiele:

JEDEC SOT 23

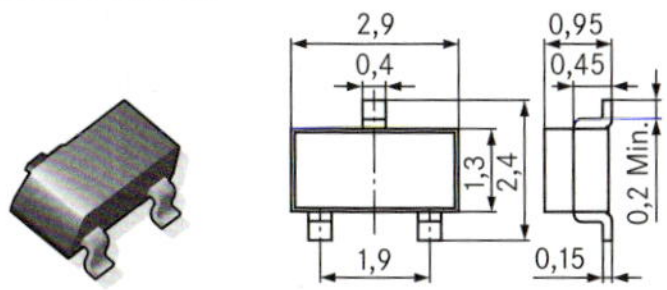

JEDEC SOT 428

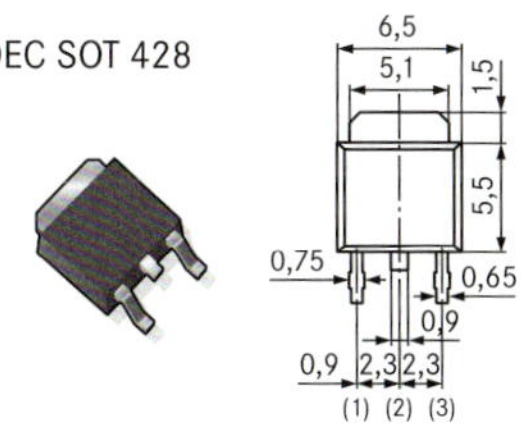

JEIDA SC 63

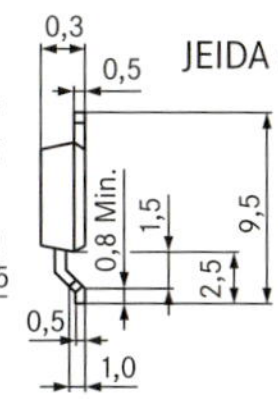

JEDEC MO 240

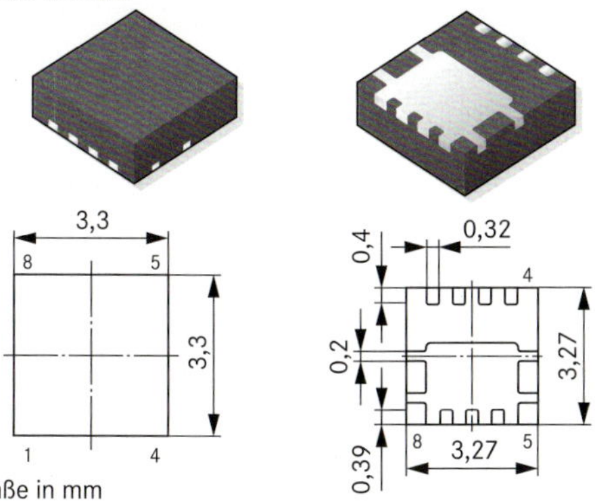

Maße in mm

Herstellerspezifische Gehäuse

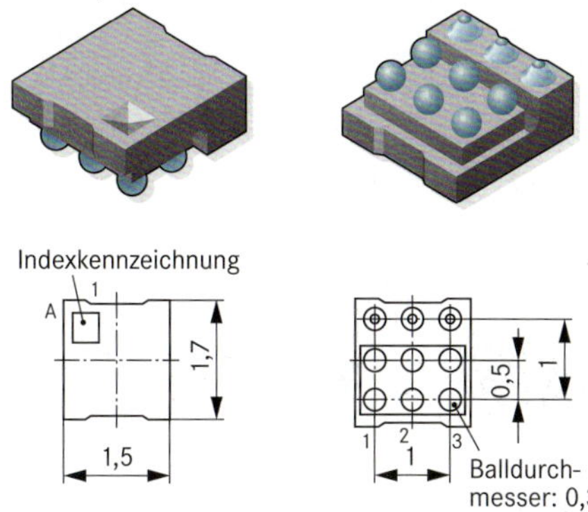

Induktivitäten

- Induktivitäten sind in geschirmter und ungeschirmter Bauform verfügbar.
- Der Wertebereich liegt zwischen 1 nH und 10 mH.
- Die Kennzeichnung des Induktivitätswertes erfolgt herstellerspezifisch mit Ziffern und Buchstaben.
- Die Gehäuseabmessungen werden mit vierstelligen Zahlen angegeben.

Beispiel: Ungeschirmte Leistungsinduktivität

Gehäuseform: 1608
Induktivitätswert: 10 µH
$I_{Sät.}$: 1,1 A

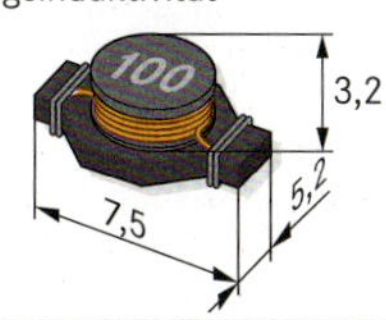

Maße in mm

Sicherungen

- Die Kennzeichnung von **Schmelzsicherungen** erfolgt entweder durch einen entsprechenden „lesbaren Aufdruck" oder durch einen Kennbuchstaben bzw. Ziffer, der herstellerspezifisch die typischen Daten der Sicherung angibt.
- Die Gehäusebauformen sind vierstellig klassifiziert.
- **Selbstrückstellende Sicherungen (PTC Fuses: Positive Temperature Coefficient)**
  - dienen als sekundärer Schutz von Elektronikkomponenten
  - wirken durch Widerstandserhöhung bei erhöhtem Stromfluss und kehren nach Abkühlung in den Ausgangszustand zurück (keine galvanische Unterbrechung).

Beispiele:

Schmelzsicherung
U_{max}: 250 V AC
I_{BC}: 100 A
I_{Trip}: 1,0 A
Charakteristik: T (träge)

PTC Fuse
Gehäuse 2029
U_{max}: 16 V DC
I_{max}: 100 A
I_{Hold}: 1,36 A
I_{Trip}: 2,7 A

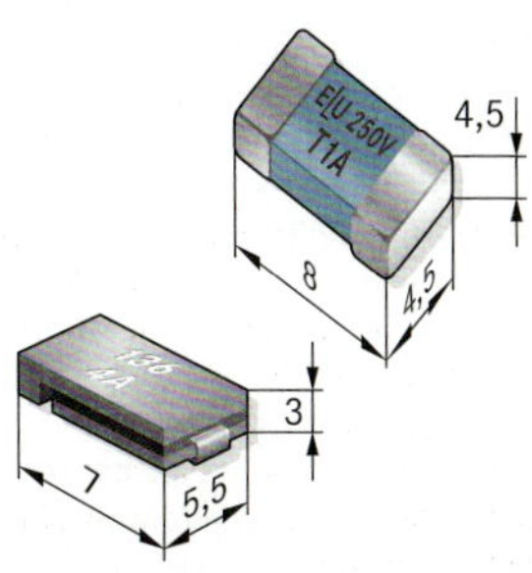

Maße in mm

Aufbau

Operationsverstärker enthalten einen Differenzverstärker und einen nachgeschalteten, meist mehrstufigen Verstärker.

Blockschaltbild

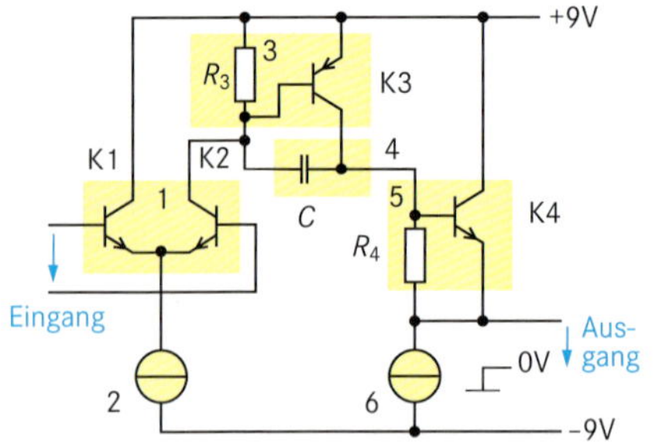

1: Differenz-Verstärker
2, 6: Konstantstromquellen
3: Verstärkerstufe
4: Kompensations-Kapazität
5: Ausgangsstufe

Frequenzverhalten

Infolge interner Phasendrehung bei hohen Frequenzen besteht Schwingneigung.
Daher ist eine Reduzierung der Verstärkung um 20 dB/Dekade mittels C_K und R notwendig (häufig bereits intern vorhanden).

Frequenzkompensation

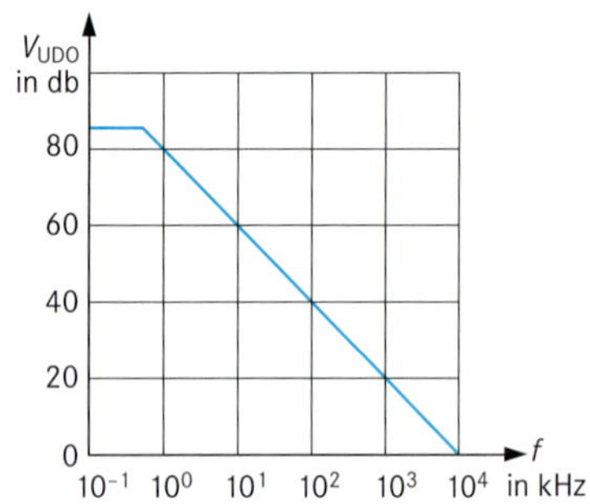

Schaltzeichen

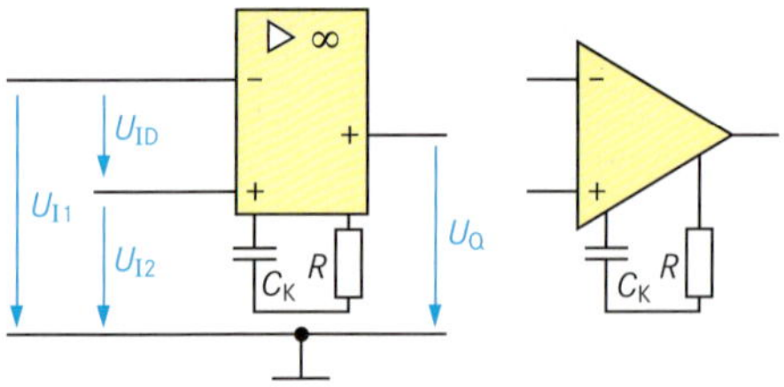

$U_{ID} = U_{I1} - U_{I2}$
Darstellung: einpolig, ohne Speisespannungsanschlüsse
–: Invertierender Eingang
+: Nichtinvertierender Eingang
C_K, R: Frequenzkompensation
U_{ID}: Differenz-Eingangsspannung

Übertragungskennlinie

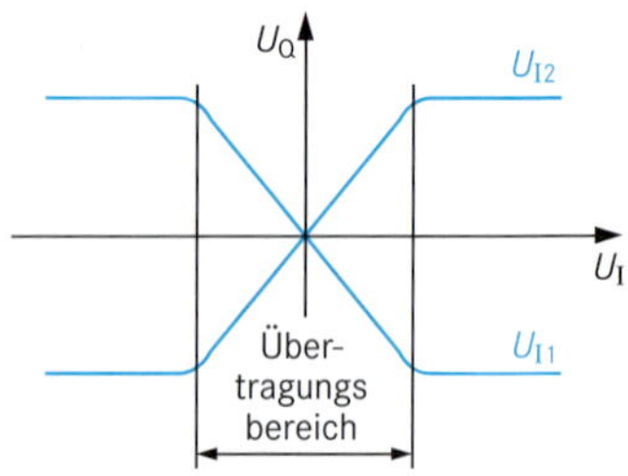

Anwendungsbereiche

Industrielle Elektronik, Regelungstechnik, NF-Technik

Begriff, Formelzeichen	Definition	Beziehung	Typ. Werte
Eingangs-Null-Spannung (input-offset-voltage) U_{I0}	Spannungsdifferenz, die an den Eingängen angelegt werden muss, damit die Ausgangsspannung Null ist.	$U_{I0} = U_{I1} - U_{I2}$ bei $U_Q = 0$ V und Generatorwiderstand $R_G = 50\ \Omega$	maximal ± 6 mV
Gleichtakt-Eingangsspannung (common mode input voltage) U_{IC}	Arithmetischer Mittelwert der Eingangsspannungen, wenn die Ausgangsspannung Null ist.	$U_{IC} = \frac{U_{I1} + U_{I2}}{2}$	
Eingangs-Null-Strom (input-offset-current) I_{IOS}	Differenz der Eingangsströme im Arbeitsbereich, wenn die Ausgangsspannung Null ist.	$I_{IOS} = I_{I1} - I_{I2}$	80 nA
Eingangs-Ruhestrom (input-bias-current) I_I	Mittlerer statischer Eingangsstrom, der für die Funktion des OP notwendig ist.	$I_I = \frac{I_{I1} + I_{I2}}{2}$	80 nA
Differenz-Leerlaufspannungs-Verstärkung (open-loop-voltage-gain) v_{UDO}	Verstärkung einer Differenz-Eingangsspannung ohne Gegenkopplung	$v_{UDO} = \frac{U_Q}{U_{ID}}$ $= 20 \log \frac{U_Q}{U_{ID}}$ in dB	80 dB
Gleichtakt-Leerlaufspannungs-Verstärkung (common-mode-voltage gain) v_{UCO}	Verhältnis der Ausgangsspannung zur Gleichtakt-Eingangsspannung	$v_{UCO} = \frac{U_Q}{U_{IC}}$	

Invertierer

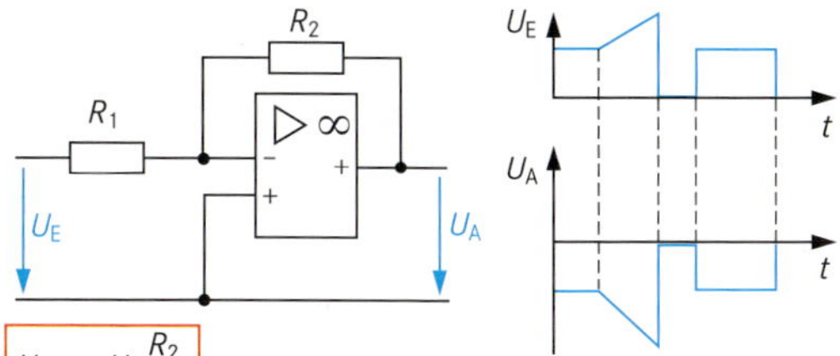

$U_A = -U_E \dfrac{R_2}{R_1}$

Nichtinvertierer

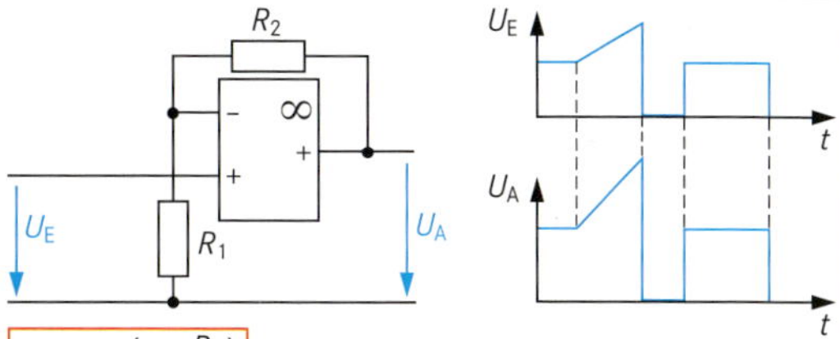

$U_A = U_E \left(1 + \dfrac{R_2}{R_1}\right)$

Differenzierer

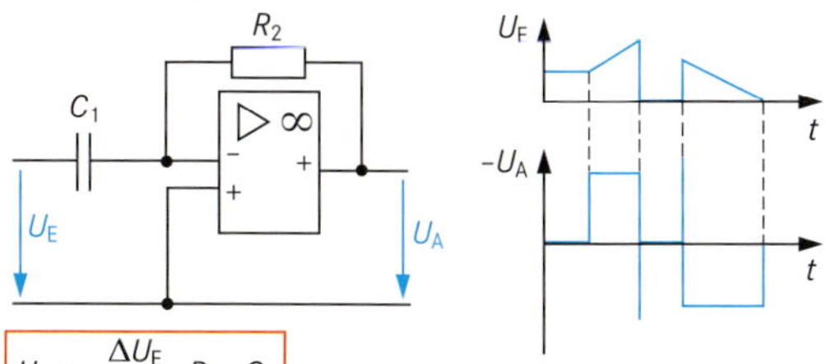

$U_A = -\dfrac{\Delta U_E}{\Delta t} \cdot R_2 \cdot C_1$

Integrierer

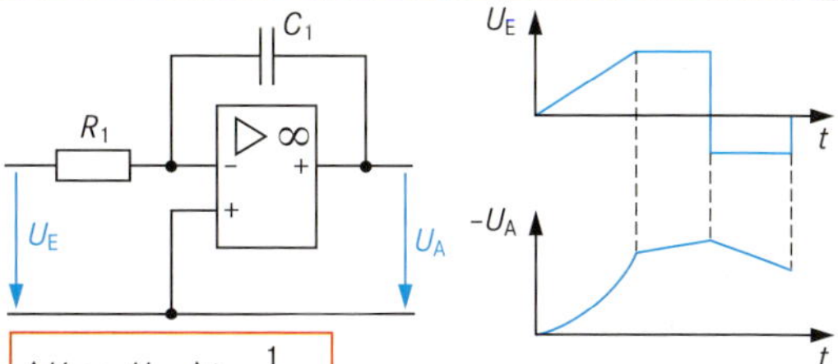

$\Delta U_A = -U_E \cdot \Delta t \dfrac{1}{R_1 \cdot C_1}$

Differenzverstärker

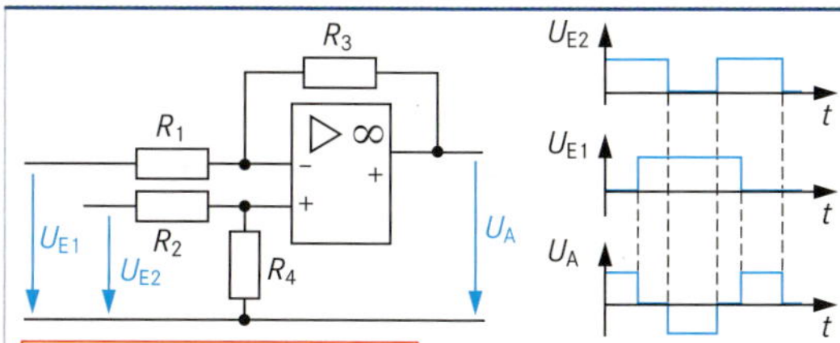

$U_A = U_{E2} \dfrac{R_4 (R_1 + R_3)}{R_1 (R_2 + R_4)} - U_{E1} \dfrac{R_3}{R_1}$

Summierer

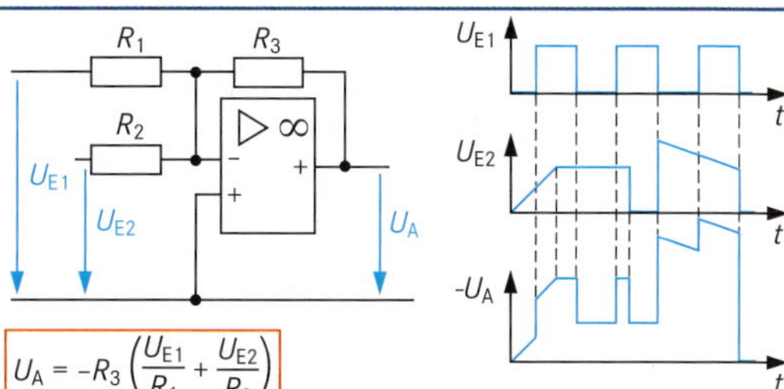

$U_A = -R_3 \left(\dfrac{U_{E1}}{R_1} + \dfrac{U_{E2}}{R_2}\right)$

Impedanzwandler

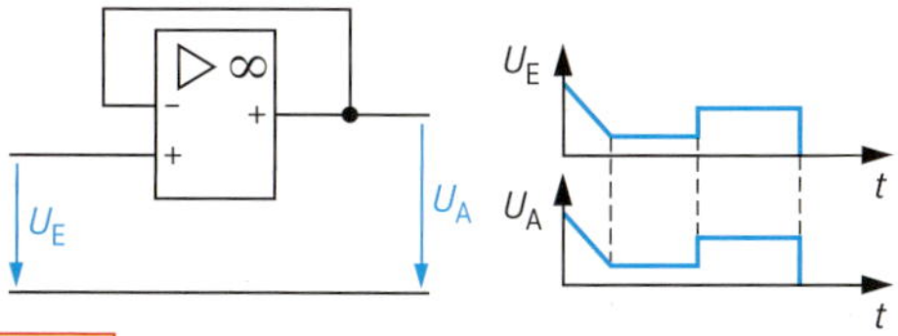

$U_A = U_E$

Strom-Spannungswandler

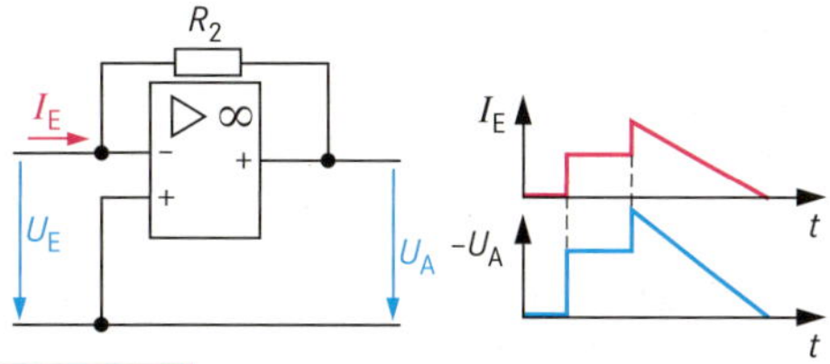

$U_A = -I_E \cdot R_2$

Spannungs-Komparator

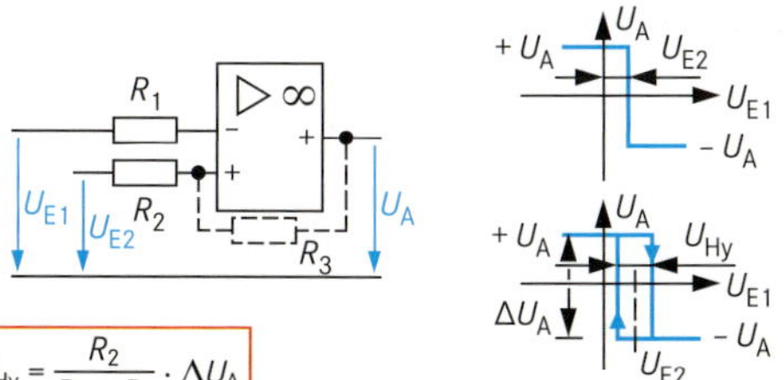

$U_{Hy} = \dfrac{R_2}{R_2 + R_3} \cdot \Delta U_A$

Spannungs-Stromwandler

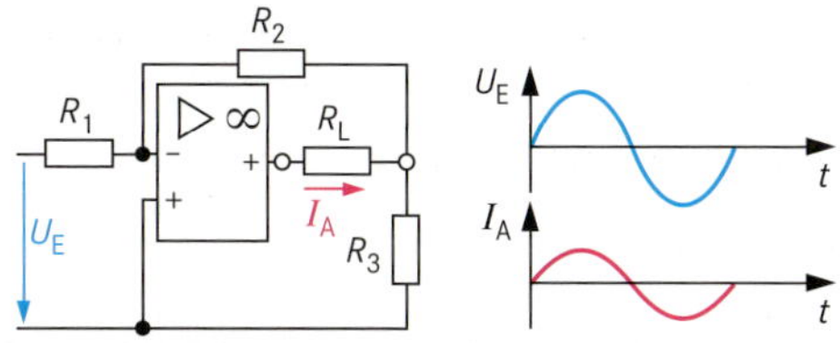

$I_A = \dfrac{U_E}{R_1} \left(1 + \dfrac{R_2}{R_3}\right)$

Schaltung	Grenzfrequenz f_g	Durchlasskurve und Phasenverschiebungswinkel
Tiefpass (1. Ordnung) 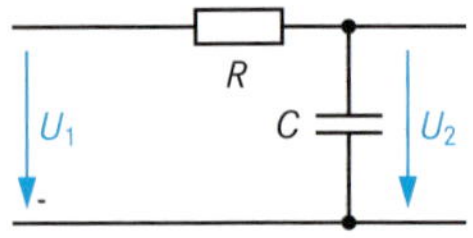	f_g bei: $\frac{U_2}{U_1} = \frac{1}{\sqrt{2}}$ $f_g = \frac{1}{2\pi \cdot R \cdot C}$	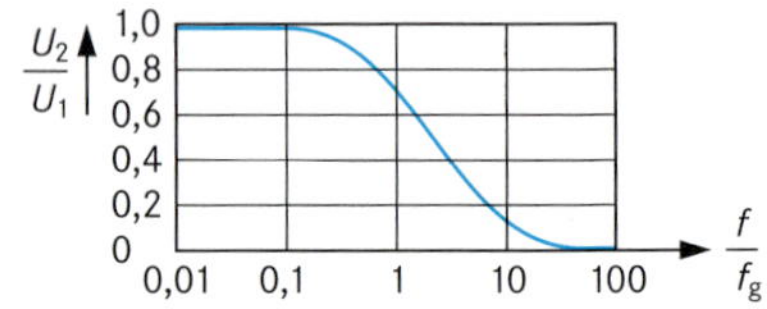
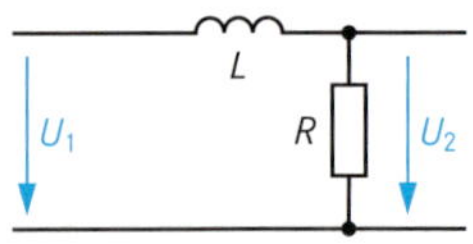	$f_g = \frac{R}{2\pi \cdot L}$	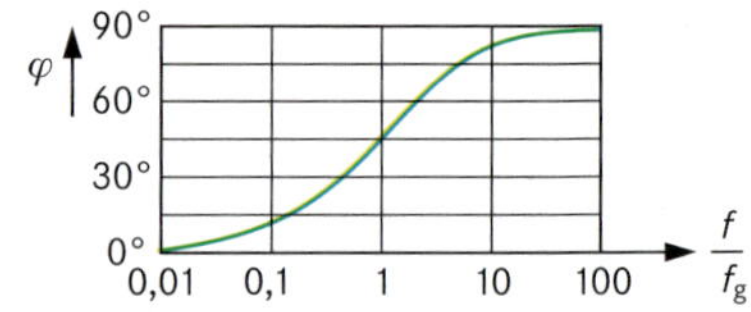
Tiefpass (3. Ordnung) 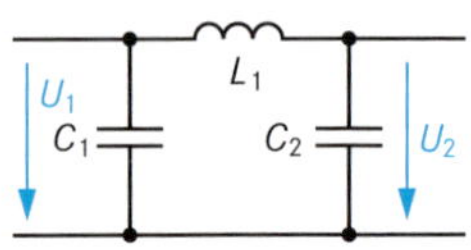	$C_1 = C_2 = C$ $f_g = \frac{1}{2\pi \sqrt{L_1 \cdot C}}$	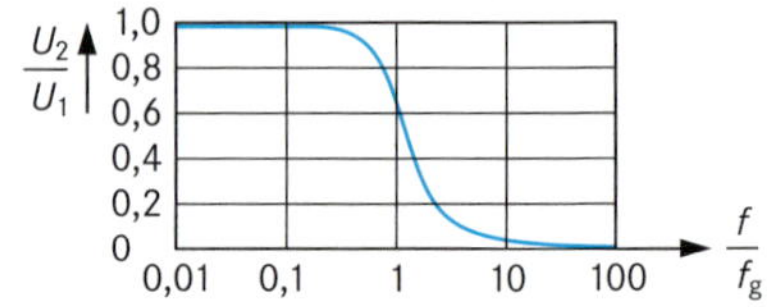
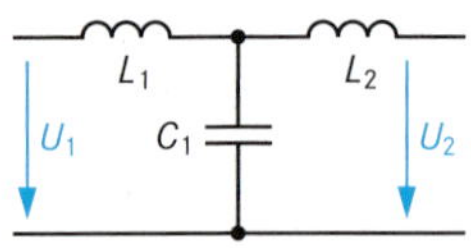	$L_1 = L_2 = L$ $f_g = \frac{1}{2\pi \sqrt{L \cdot C_1}}$	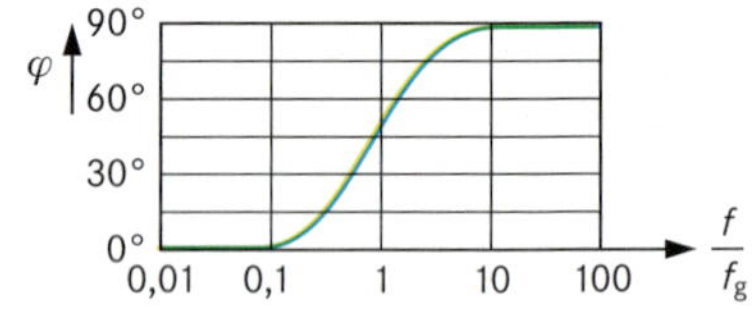
Hochpass (1. Ordnung) 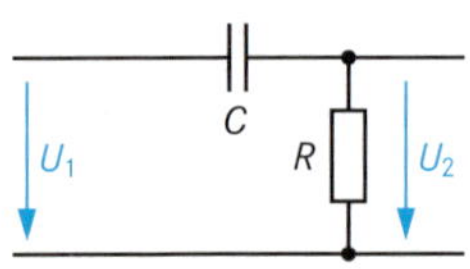	$f_g = \frac{1}{2\pi \cdot R \cdot C}$	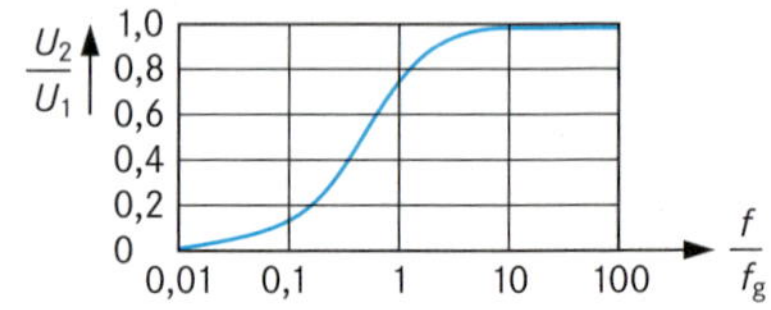
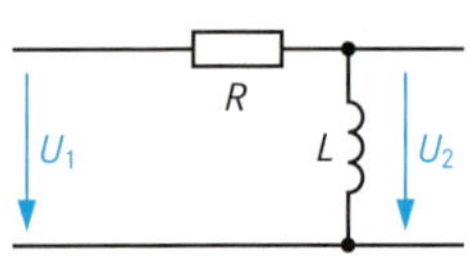	$f_g = \frac{R}{2\pi \cdot L}$	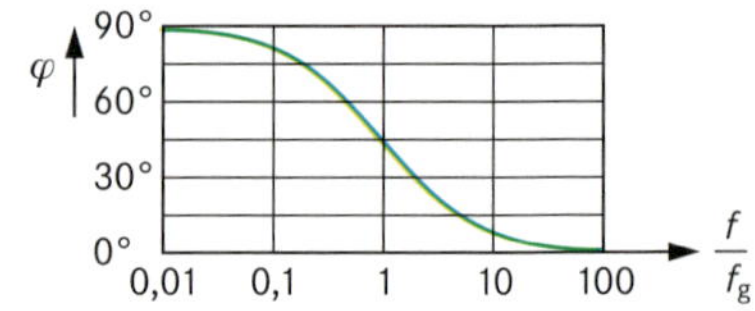
Hochpass (3. Ordnung) 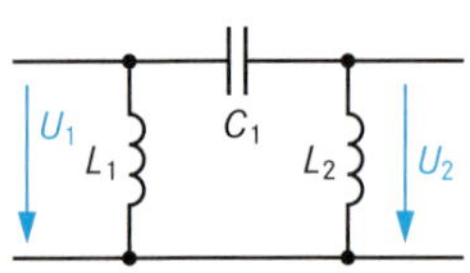	$L_1 = L_2 = L$ $f_g = \frac{1}{2\pi \sqrt{L \cdot C_1}}$	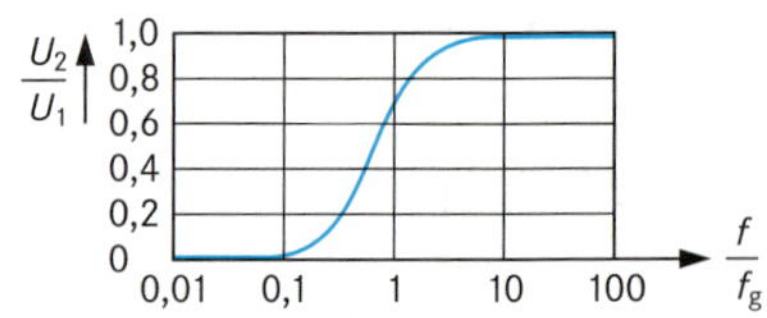
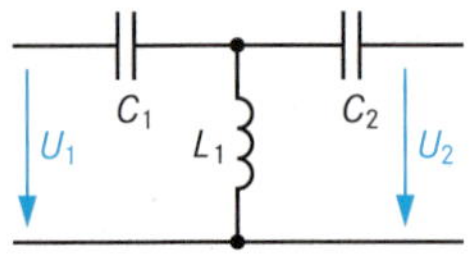	$C_1 = C_2 = C$ $f_g = \frac{1}{2\pi \sqrt{L_1 \cdot C}}$	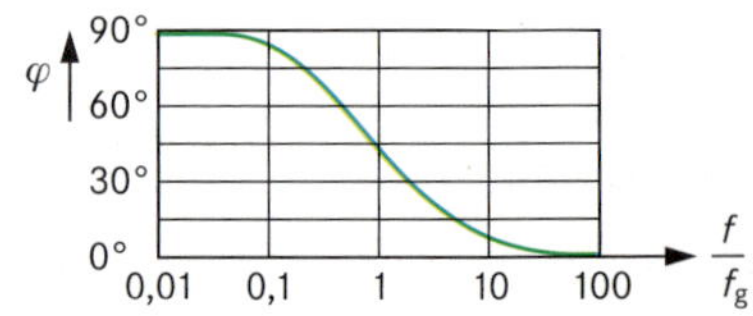

Umrechnungen zwischen *RC*-Schaltungen

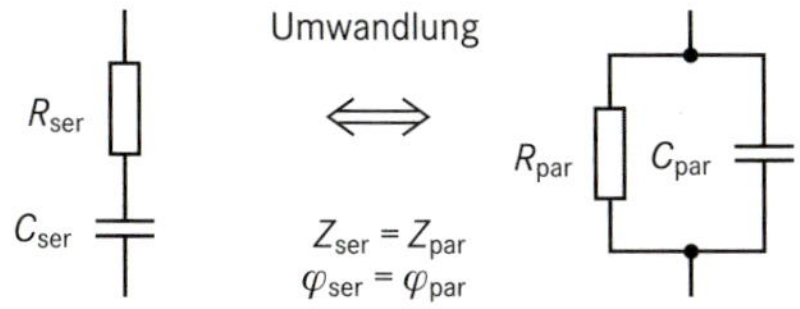

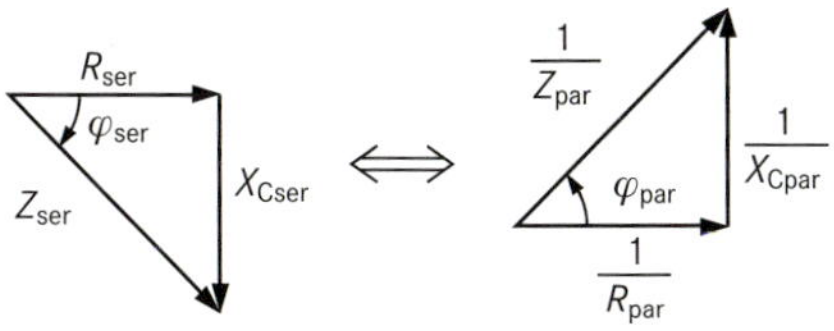

$$R_{par} = R_{ser}\left(1 + \left(\frac{X_{Cser}}{R_{ser}}\right)^2\right)$$

$$X_{Cpar} = X_{Cser}\left(1 + \left(\frac{R_{ser}}{X_{Cser}}\right)^2\right)$$

Umrechnungen zwischen *RL*-Schaltungen

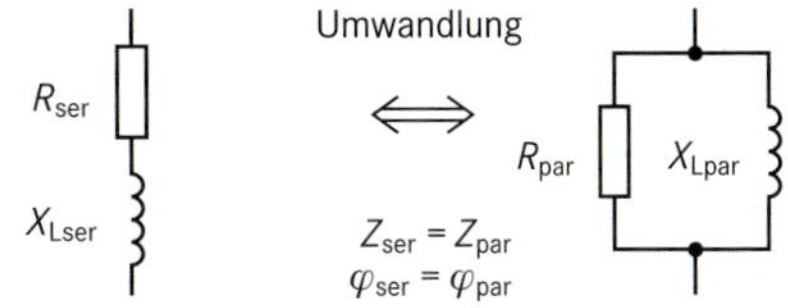

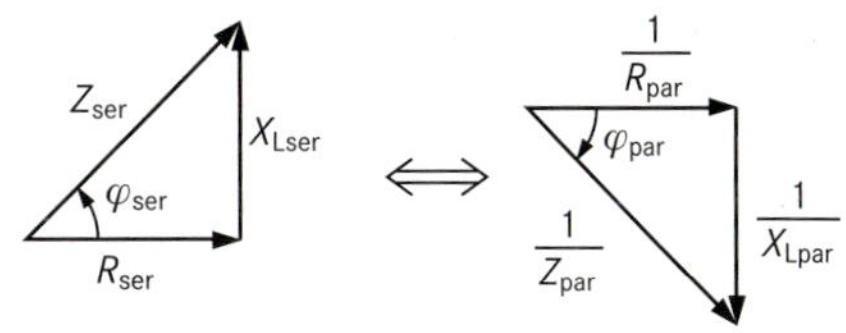

$$R_{par} = R_{ser}\left(1 + \left(\frac{X_{Lser}}{R_{ser}}\right)^2\right)$$

$$X_{Lpar} = X_{Lser}\left(1 + \left(\frac{R_{ser}}{X_{Lser}}\right)^2\right)$$

Verlustbehafteter Kondensator

Ersatzschaltbild

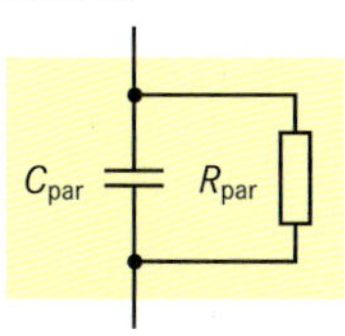

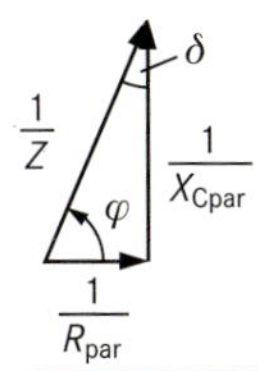

$$\tan\delta = \frac{X_{Cpar}}{R_{par}}$$

d:	Verlustfaktor	
$\tan\delta$:	Verlustfaktor	$d = \tan\delta$
Q:	Güte (Gütefaktor)	$Q = \frac{R_{par}}{X_{Cpar}}$
R_{par}:	Paralleler Verlustwiderstand	$Q = \frac{1}{d}$

Verlustbehaftete Spule

Ersatzschaltbild

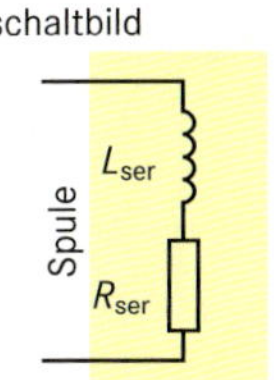

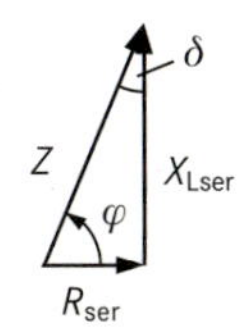

$$\tan\delta = \frac{R_{ser}}{X_L}$$

d:	Verlustfaktor	
$\tan\delta$:	Verlustfaktor	$d = \tan\delta$
Q:	Güte (Gütefaktor)	$Q = \frac{X_{Lser}}{R_{ser}}$
R_{ser}:	Serieller Verlustwiderstand	$Q = \frac{1}{d}$

Schwingkreis

Schaltungen

Paralleler Verlustwiderstand des Kondensators vernachlässigt.

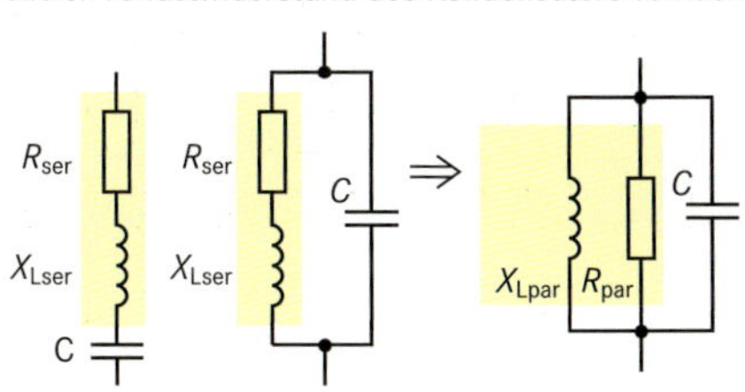

Resonanzwiderstand

Reihenschwingkreis
$Z_o = R_{ser}$

Parallelschwingkreis
$Z_o = R_{par}$

Umrechnungsformeln

$Q = \frac{X_{Lser}}{R_{ser}}$ $\qquad$ $Q = \frac{R_{par}}{X_{Lpar}}$

$$R_{par} = R_{ser}\,(1 + Q^2)$$
$$X_{Lpar} = X_{Lser}\,\left(1 + \frac{1}{Q^2}\right)$$

bei $Q > 10$ gilt: $X_{Lpar} \approx X_{Lser}$

Resonanz bei: $X_{Lpar} = X_C$

Resonanzfrequenz: $f_o = \frac{1}{2\pi\sqrt{L_{par} \cdot C}}$

Tiefpass 1. Ordnung

A_0: Verstärkung bei $f = 0$ Hz
f_g: Grenzfrequenz

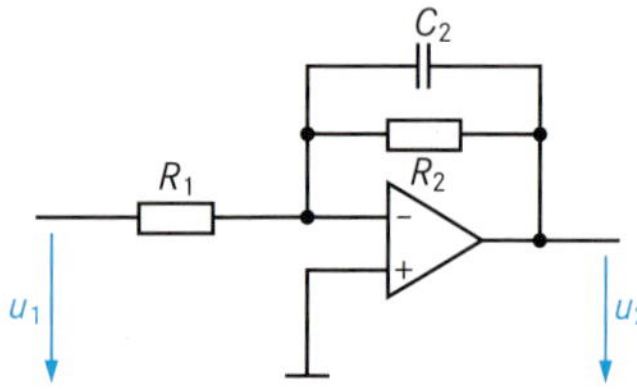

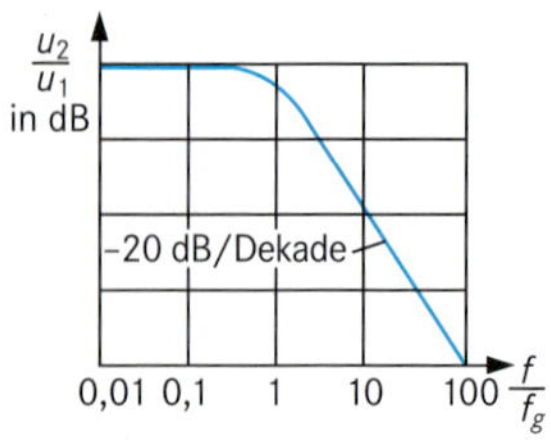

$$A_0 = -\frac{R_2}{R_1}$$

$$f_g = \frac{1}{2\pi \cdot R_2 \cdot C_2}$$

Hochpass 1. Ordnung

A_∞: Verstärkung bei $f \gg f_g$
f_g: Grenzfrequenz

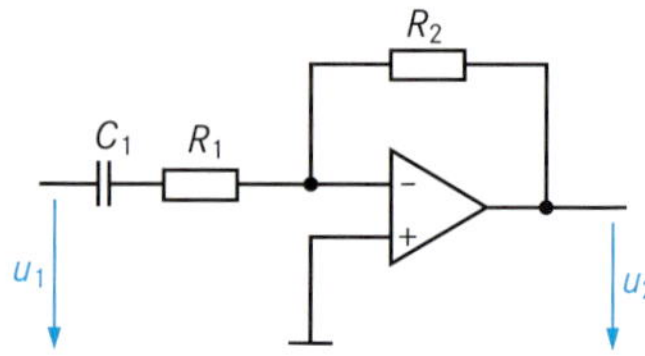

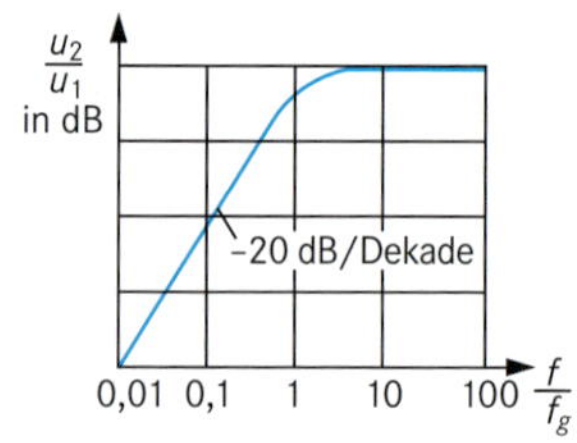

$$A_\infty = -\frac{R_2}{R_1}$$

$$f_g = \frac{1}{2\pi \cdot R_1 \cdot C_1}$$

Tiefpass 2. Ordnung

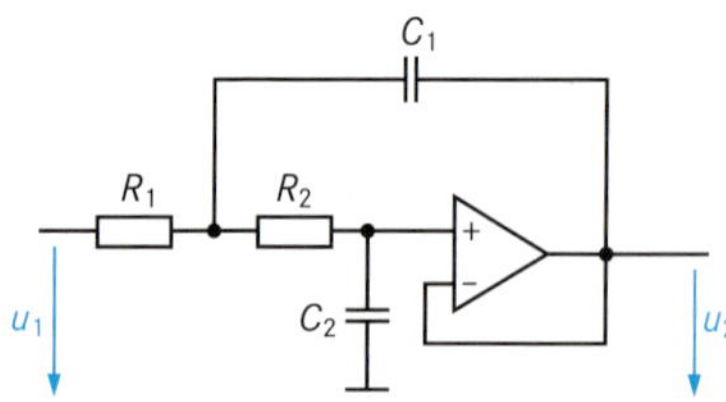

$$f_g = \frac{1}{2\pi \sqrt{R_1 \cdot R_2 \cdot C_1 \cdot C_2}}$$

$$A_0 = 1$$

Abfall: –40 dB/Dekade

Hochpass 2. Ordnung

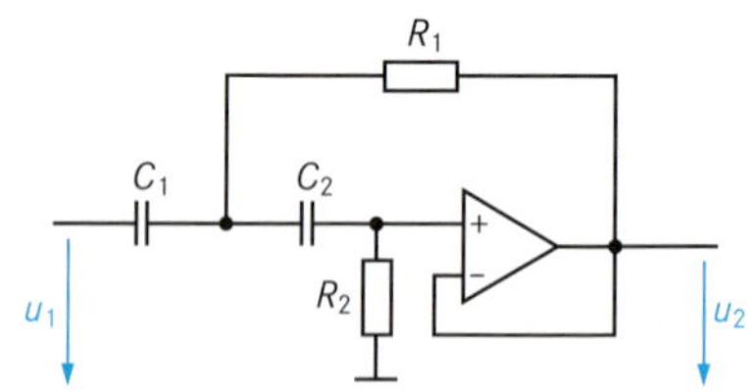

$$f_g = \frac{1}{2\pi \sqrt{R_1 \cdot R_2 \cdot C_1 \cdot C_2}}$$

$$A_\infty = 1$$

Anstieg: 40 dB/Dekade

Bandpass aus Tief- und Hochpass

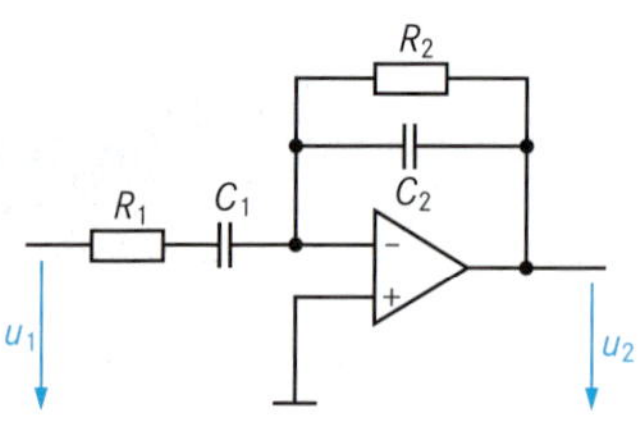

$f_{g1} = f_{g2}$

Resonanzfrequenz: $f_0 = \frac{1}{2\pi \cdot R_1 \cdot C_1}$

$f_0 = \frac{1}{2\pi \cdot R_2 \cdot C_2}$

Verstärkung bei f_0: $A = -\frac{R_2}{2R_1}$

Bandpass mit Mehrfachgegenkopplung

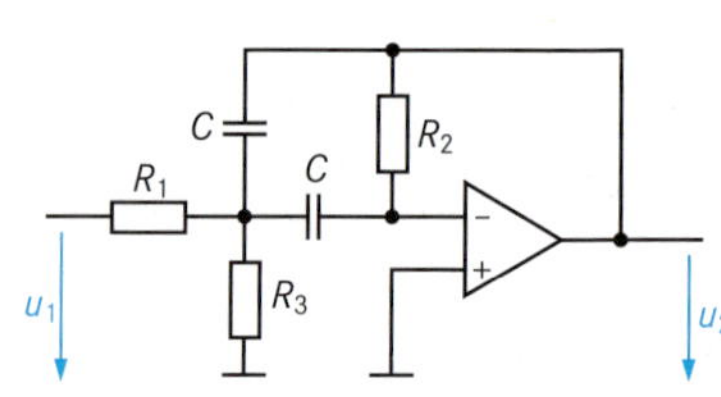

Resonanzfrequenz: $f_0 = \frac{1}{2\pi C} \sqrt{\frac{R_1 + R_3}{R_1 R_2 R_3}}$

Verstärkung bei f_0: $A = -\frac{R_2}{2R_1}$

Prinzip der Schwingungserzeugung

v: Verstärkungsfaktor

k: Rückkopplungsfaktor

$v \cdot k = 1$ (komplexe Größen, Amplituden- und Phasenlage spielen eine Rolle)

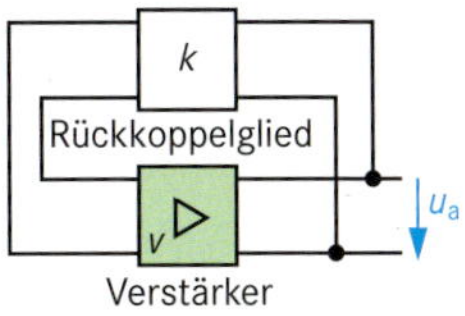

Amplitudenbedingung:
Amplitude der zurückgeführten Spannung muss so groß sein, dass alle Wirkverluste ausgeglichen werden.

Phasenbedingung:
Die Phasenlage der zurückgeführten Spannung muss so sein, dass nach der Verstärkung die Phasenlage von u_a wieder erreicht wird.

Meißner-Oszillator

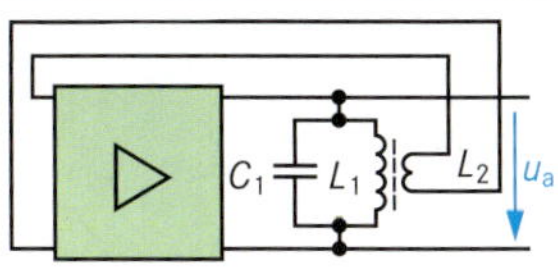

Colpitts-Oszillator

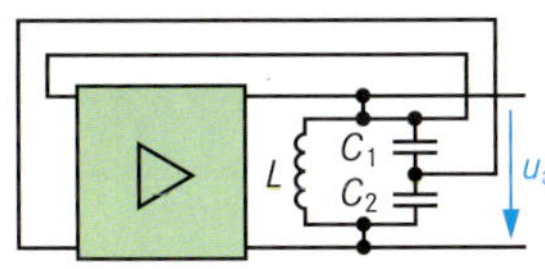

Hartley-Oszillator

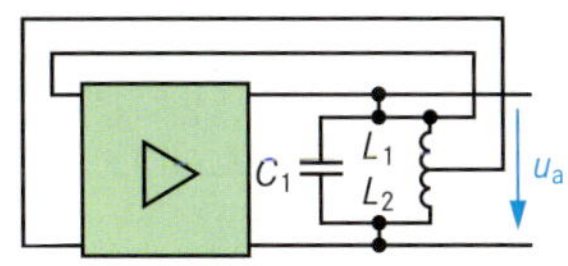

RC-Phasenschieberoszillatoren

Prinzip

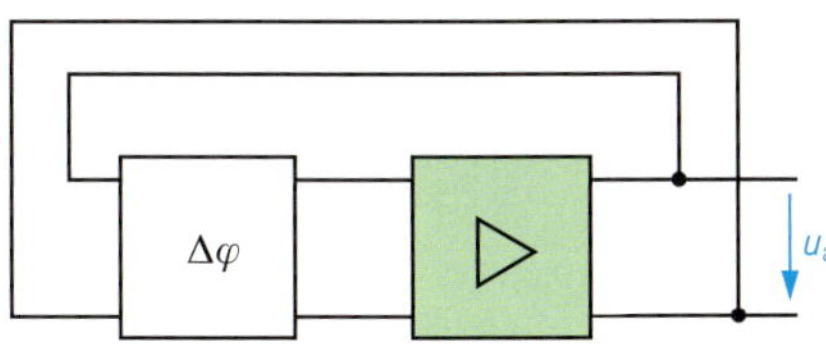

Schaltungsbeispiel

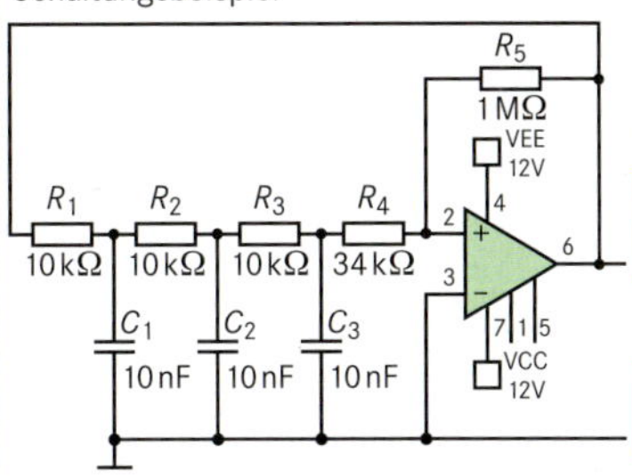

mit Hochpässen

$$f_o = \frac{1}{2\pi \cdot \sqrt{6}\, R \cdot C}$$

mit Tiefpässen

$$f_o = \frac{\sqrt{6}}{2\pi \cdot R \cdot C}$$

Wien-Robinson-Oszillator

Prinzip

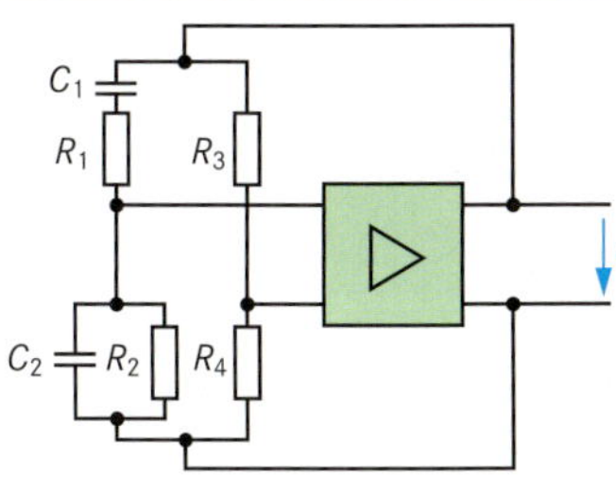

Schaltungsbeispiel

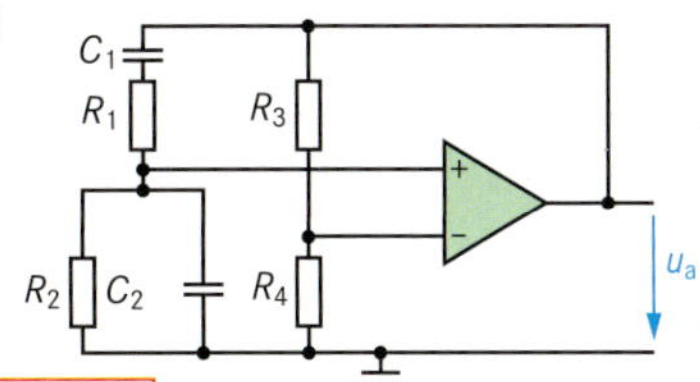

$$f_o = \frac{1}{2\pi \cdot \sqrt{R_1 \cdot R_2 \cdot C_1 \cdot C_2}}$$

Quarzoszillator
Crystal Oscillators

Prinzip

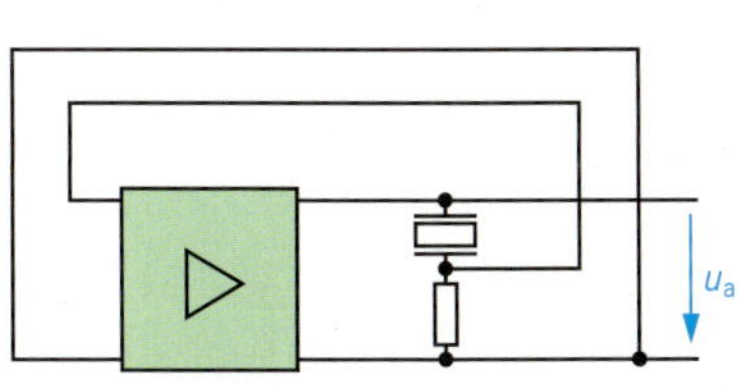

Schwingquarz

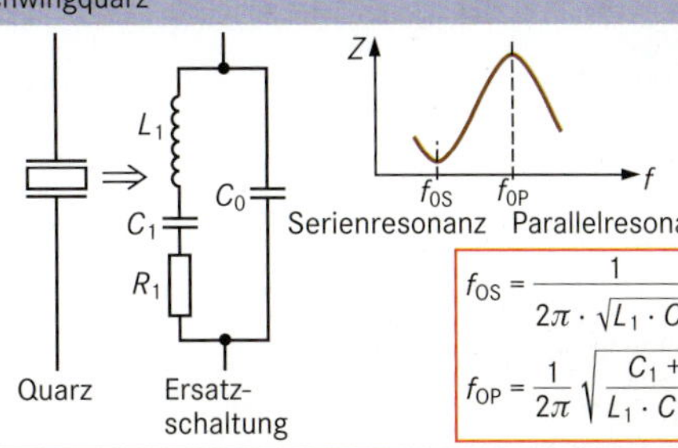

$$f_{0S} = \frac{1}{2\pi \cdot \sqrt{L_1 \cdot C_1}}$$

$$f_{0P} = \frac{1}{2\pi} \sqrt{\frac{C_1 + C_0}{L_1 \cdot C_1 \cdot C_0}}$$

Schwingkreise
Resonant Circuits

Parallelschwingkreis

Konstante Spannung

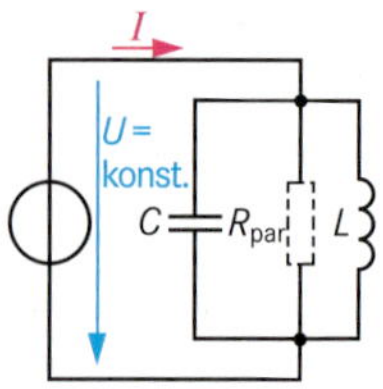

Konstante Stromstärke

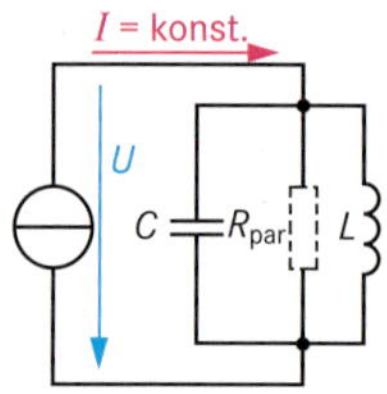

Stromstärke

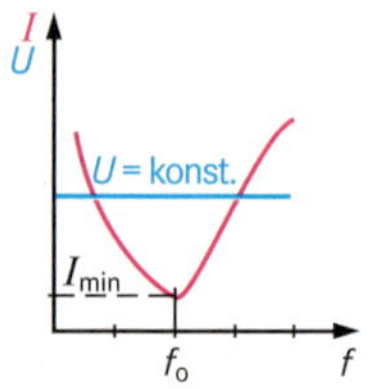

Spannung

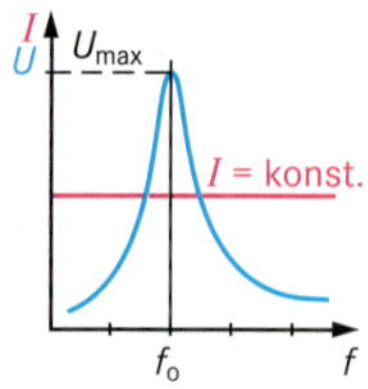

Phasenbeziehung

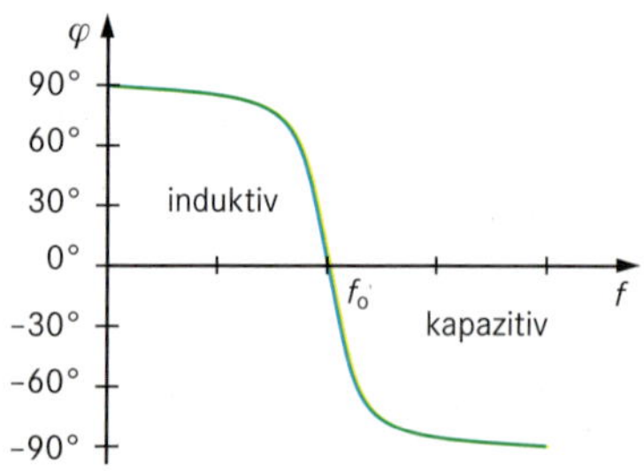

Impedanz

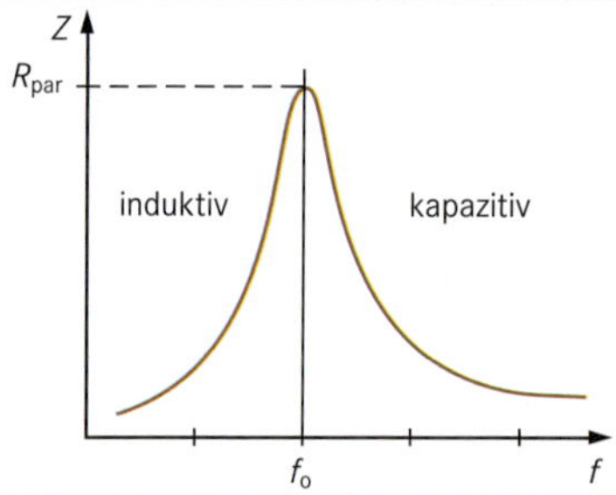

Serienschwingkreis

Konstante Spannung

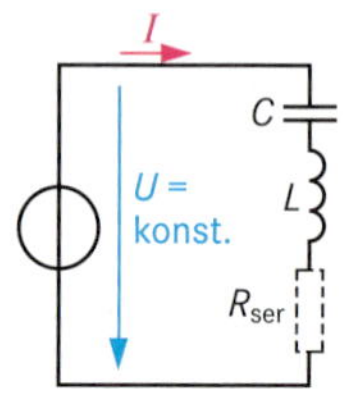

Konstante Stromstärke

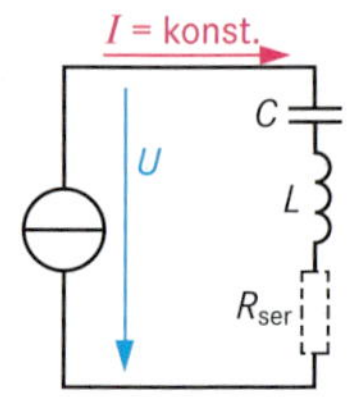

Stromstärke

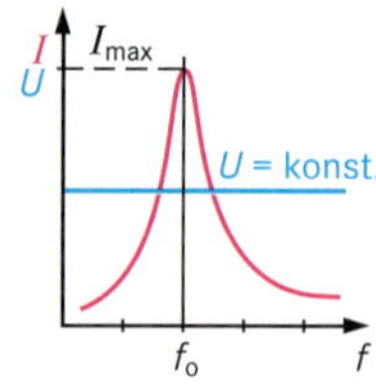

Spannung

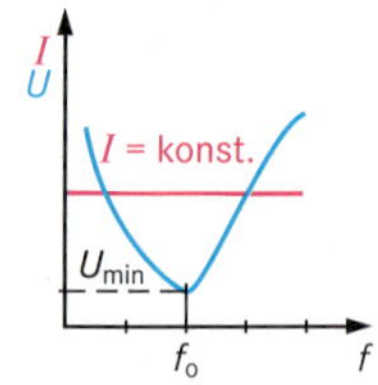

Phasenbeziehung

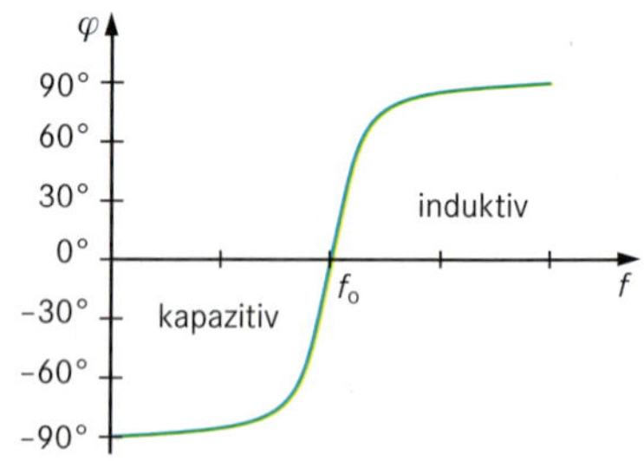

Impedanz

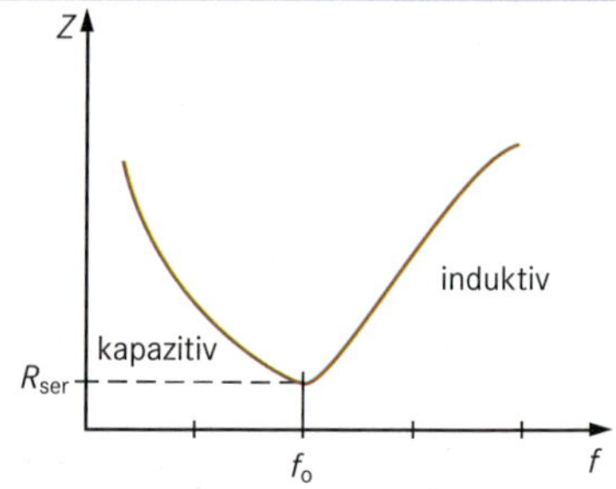

Resonanz

$X_L = X_C$

$$f_o = \frac{1}{2\,\pi\,\sqrt{L \cdot C}}$$

f_o: Resonanzfrequenz

R_o: Resonanzwiderstand

Bandbreite

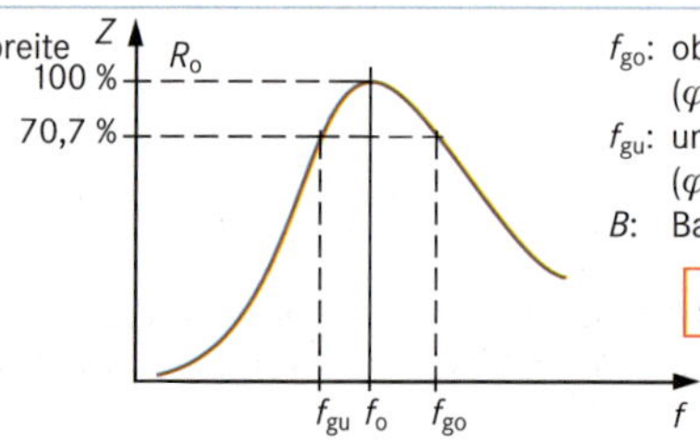

f_{go}: obere Grenzfrequenz ($\varphi = 45°$)

f_{gu}: untere Grenzfrequenz ($\varphi = 45°$)

B: Bandbreite

$$B = f_{go} - f_{gu}$$

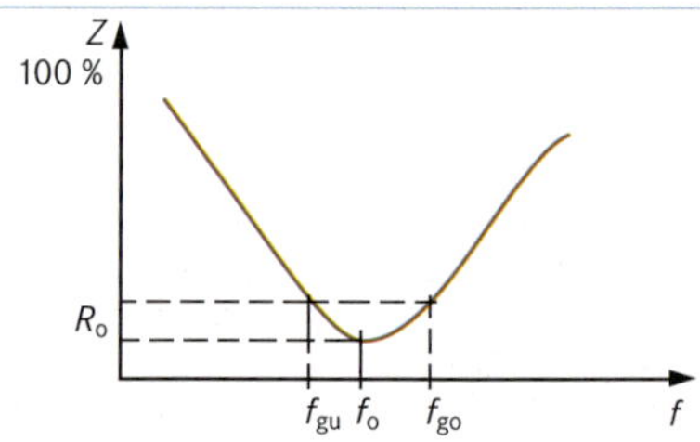

Keramikresonator

Merkmale

- Keramikresonatoren
  - sind passive mechanische Resonatoren,
  - wirken auf Basis des piezoelektrischen Effekts in Parallelresonanz
- Genauigkeit: typisch +/– 0,5 % (bei 25 °C)
- Temperaturkoeffizient: 10^{-5} pro °C im Temperaturbereich von –20 °C bis +80 °C
- Bei Resonatoren mit drei Anschlüssen sind die erforderlichen Lastkondensatoren bereits integriert.
- Vorteil: **kleine Bauform** (geringes Gewicht) und die **Abgleichfreiheit**
- Anwendung u. a. bei Mikrocontrollern mit internem Schwingkreis als taktfrequenzbestimmende Komponente.

Bauformen

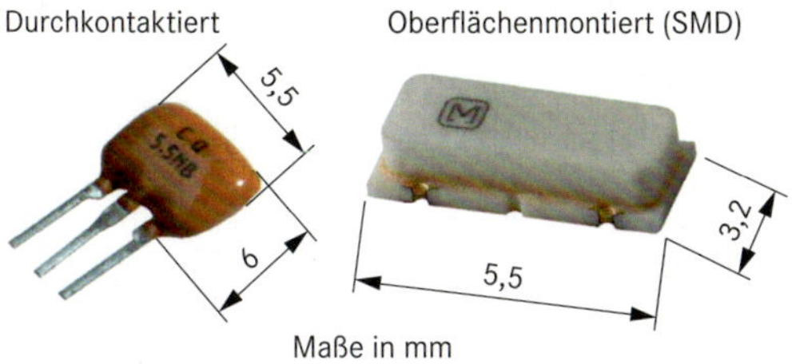

Anwendung

Beispiel: Anschaltung an Mikrocontroller (PIC)

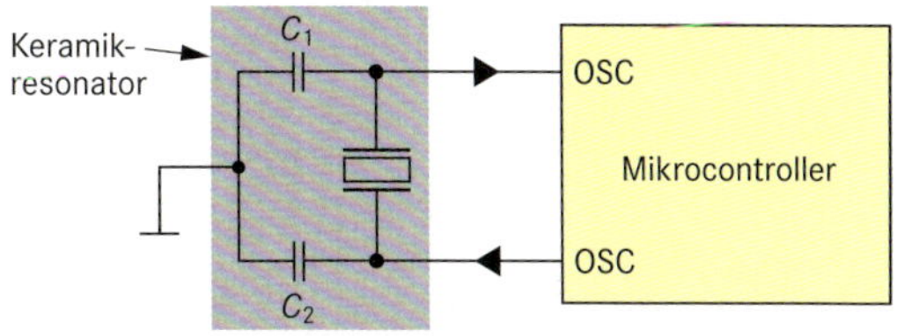

C_1: 30 pF und C_2: 30 pF bei 4 MHz Taktfrequenz

Halbleitertaktgeber

Merkmale

- Halbleitertaktgeber sind
  - einfach zu handhaben und preiswert,
  - **unempfindlich** gegenüber Erschütterungen, Stoßbeanspruchungen und elektromagnetischer Beeinflussung.
- Die Betriebsspannung liegt in der Regel zwischen 2,5 V und 5 V und entspricht damit der Spannung der übrigen Schaltungsteile (z. B. Mikroprozessor).
- Genauigkeit (z. B. 2 %) ist abhängig von der Stabilität der Versorgungsspannung.
- Vorteil: betrieblicher Temperaturbereich von –40 °C bis +125 °C.
- Durch zusätzliche Schaltungsteile (z. B. Spannungsüberwachung und Watchdog (Wachhund) auf dem Chip ist eine komplette Betriebsüberwachung des Mikrocontrollers möglich.

Anwendung

Beispiel: Taktgeber mit Watchdog und Betriebsspannungsüberwachung

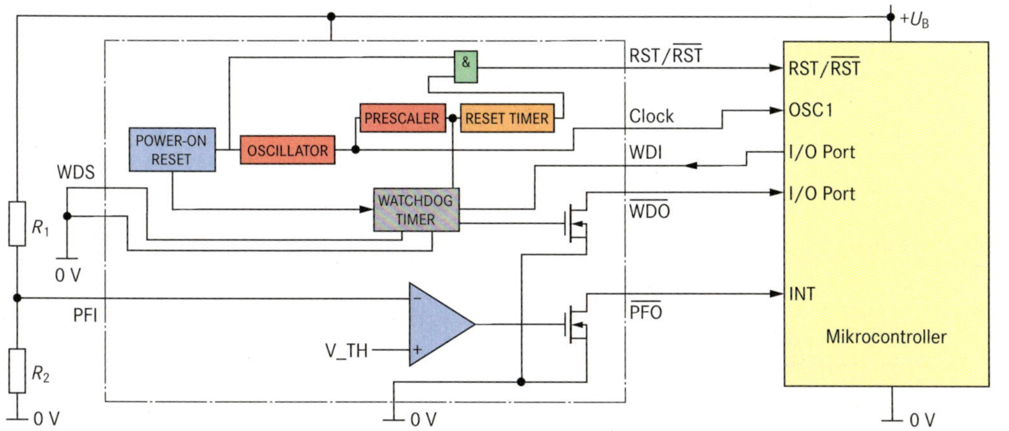

I/O Port:	**I**nput/**O**utput (Ein-/Ausgang)	**WDI:**	**W**atch**d**og **I**nput (Watchdog Eingang)
PFO:	**P**ower **F**ail **O**utput (Versorgungsspannung – Unterschreitung)	**WDS:**	**W**atch**d**og Time Out **S**elect (Watchdog Überwachungszeit – Auswahl)
PFI:	**P**ower **F**ail **I**nput (Spannungsüberwachung)	**WDO:**	**W**atch**d**og **O**utput (Watchdog Ausgang)
RST:	Reset Output/Reset Input (Rücksetzausgang/Rücksetzeingang)	**V_TH:**	**V**oltage **Th**reshold (Überwachungsspannungsschwelle)
R_1, R_2:	Spannungsteiler zur Festlegung der unteren Versorgungsspannungsgrenze	$+U_B$:	Versorgungsspannung

Merkmale

- Zeitgeber sind universelle Schaltungseinheiten für vielfältige zeitabhängige Funktionen, wie z. B:
  - Multivibratoren (astabil, bistabil),
  - Zeitverzögerungen (Einschalt-/Ausschaltverzögerungen),
  - Zeitablaufsteuerungen.
- Die Schaltkreise werden mit Widerständen und Kondensatoren als zeitbestimmende Komponenten beschaltet.
- Im industriellen Bereich kommt als **Zeitgeberbaustein** (timer) häufig der Schaltkreis xx 555 zur Anwendung (xx: Herstellerkennzeichnung).
- Der xx555 ist sowohl in bipolarer Technik als auch in CMOS-Technik verfügbar.
- Die Vorteile der CMOS-Technik liegen dabei in der geringen Verlustleistung und den geringeren Schaltstörungen gegenüber der Ausführung in der bipolaren Technik.
- Als **Grundfunktion** wird die Zeit für das Aufladen bzw. Entladen eines externen Kondensators als zeitbestimmender Wert verwendet.
- Die **Zeitgenauigkeit** wird bei beiden Versionen überwiegend durch die Toleranzen der externen Komponenten bestimmt.

Architektur

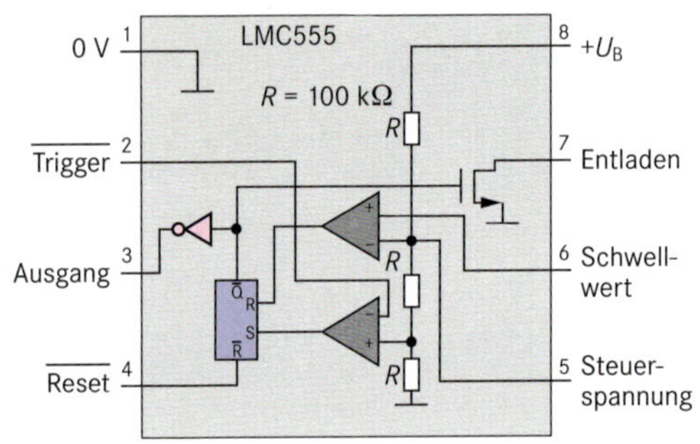

Typische Werte

Paramter	$+U_B$ in V	Wert min.	Wert typ.	Wert max.	Einheit
Versorgungsstrom	5		100	250	µA
Steuerspannung	5	2,9	3,3	3,8	V
Ausgangsspannung bei low-Pegel	5		0,3	0,6	V
Ausgangsspannung bei high-Pegel	5	4,4	4,7		V
Triggerspannung	5	1,3	1,6	1,9	V
Zeitgenauigkeit	5	1,0	1,1	1,2	ms

Monostabiler Betrieb

Schaltung

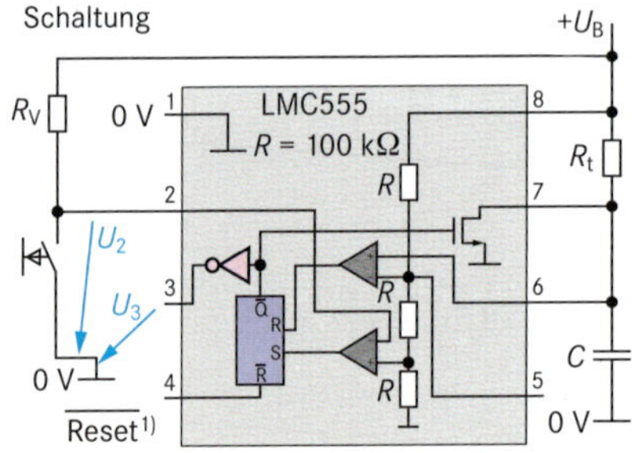

1) falls nicht erforderlich mit 0 V verbinden

Nomogramm

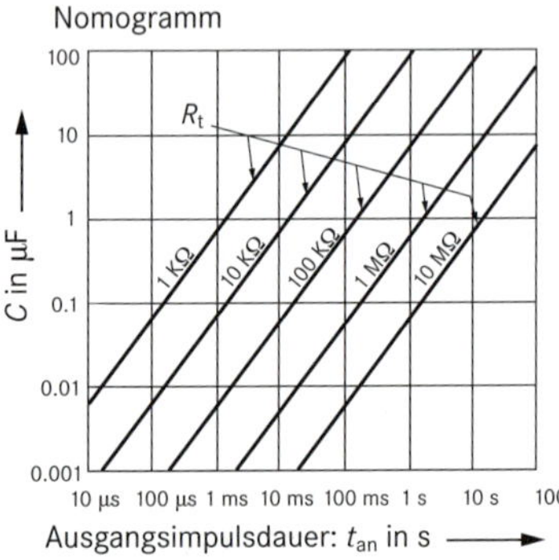

Ausgangsimpulsdauer:

$t_{an} = 1{,}1 \times R_t \times C$

R_t in Ω, C in µF

t_{an} in s

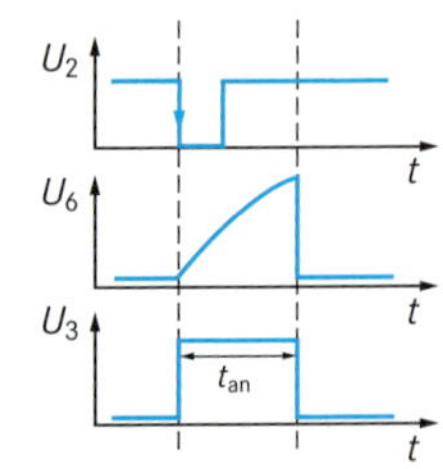

Astabiler Betrieb

Schaltung

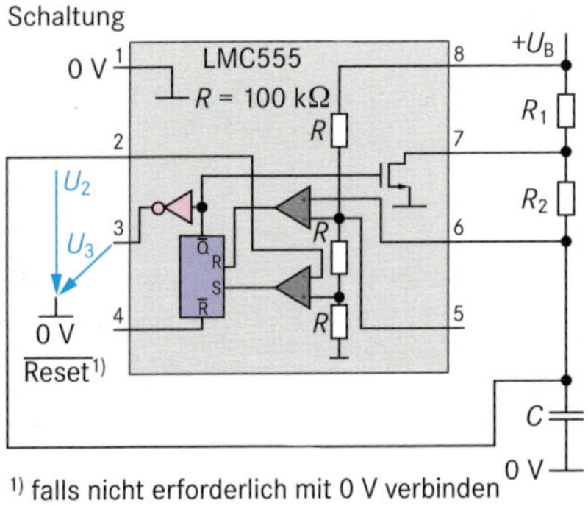

1) falls nicht erforderlich mit 0 V verbinden

Nomogramm

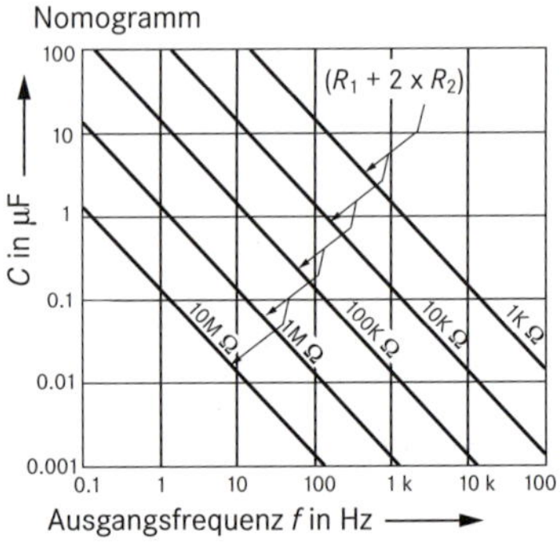

Ausgangsfrequenz:

$$f = \frac{1}{T} = \frac{1{,}44}{(R_1 + 2 \times R_2) \times C}$$

Periodendauer:

$T = t_1 + t_2$

Aufladezeit:

$t_1 = 0{,}693 \times (R_1 + R_2) \times C$

Entladezeit:

$t_2 = 0{,}693 \times R_2 \times C$

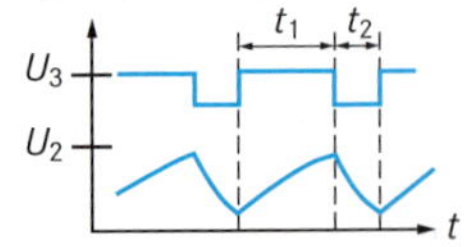

Mikrocontroller

2

Merkmale

- Mikrocontroller sind Mikroprozessoren, die mit **zusätzlichen Funktionseinheiten** auf einem einzigen Halbleiterkristall integriert sind.
- Sie sind Bestandteil fast aller elektronischen Geräte (z. B. Waschmaschinen) bzw. Steuerungen und in unterschiedlchen Ausprägungen von einer Reihe von Halbleiterherstellern verfügbar.
- Die **grundsätzlichen** Bestandteile eines Mikrocontrollers sind
  - CPU (Central Processing Unit: Zentrale Verarbeitungseinheit)
  - Programm- und Datenspeicher (program and data memory)
  - Takterzeugung/Taktverstärkung,
  - Unterbrechungssteuerung.
- Als **ergänzende** Funktionseinheiten sind mindestens integriert
  - Ein-/Ausgaberegister (Ports),
  - Timer für Zeitfunktionen,
  - spezifische Register für die Programmbearbeitung bzw. Zwischenspeicherung von Daten.
- Je nach Anwendungsgebiet sind **optionale** Funktionseinheiten integriert, wie z. B.
  - Digital-/Analogwandler,
  - Pulsweitenmodulationssteuerung,
  - Kommunikationsschnittstellen.
- Die Verarbeitungsbreite (Wortbreite) beträgt 4 Bit, 8 Bit, 16 Bit oder 32 Bit.
- Die Taktfrequenzen reichen bis zu 200 MHz.
- Die auf dem Chip integrierten **Speicher** sind in unterschiedlichen Größen und Technologien verfügbar.
- Der **Programmspeicher** wird überwiegend als Flash-Speicher (EEPROM) und der Datenspeicher als statischer Speicher (Datenverlust nach Spannungsausfall) integriert.
- Programme sind in der Regel durch Programmierungssteuerung auf dem Chip im System ladbar (**ISP: I**n **S**ystem **P**rogramming).
- Der Befehlsvorrat ist optimiert auf die internen Registerstrukturen (**RISC: R**educed **I**nstruction **S**et **C**omputer).
- Die **Programm- und Ein-/Ausgabesteuerung** ist im Rahmen der Programmerstellung zu realisieren.
- Die **Programmierung** erfolgt in Assembler, einer höheren Programmiersprache (z. B. C) oder unter Anwendung von grafischen Editoren.
- Die angebotenen **Entwicklungssysteme** ermöglichen einen Programmtest sowohl auf der Simulationsebene als auch in entsprechenden Ablaufumgebungen mit der zugehörigen Hardware.
- Mit dem Begriff **Embedded Controller** (eingebettete Controller) werden Mikrocontroller bezeichnet, die als Bestandteil in Geräten integriert sind.
- Der größte Marktanteil wird derzeit durch 8 Bit Mikrocontroller belegt, wobei die 16 Bit Controller zunehmend angewendet werden (bedingt durch höhere funktionale Anforderungen).
- Die Anwendung von Mikrocontrollern erfolgt **funktionsspezifisch** für eine definierte Aufgabe (z. B. Ansteuerung eines Displays oder Motors).
- Bedingt durch die verfügbaren Speichergrößen sind Betriebssysteme, wie vom PC bekannt, nicht anwendbar.

Marktsegmentierung

- Eine grobe Marktsegmentierung ist anhand der Prozessor-Wortbreite für die interne Verarbeitung möglich.
- Bedingt durch die unterschiedlichen Leistungsmerkmale in den jeweiligen Segmenten ist eine exakte Abgrenzung zu benachbarten Segmenten nur schwer möglich

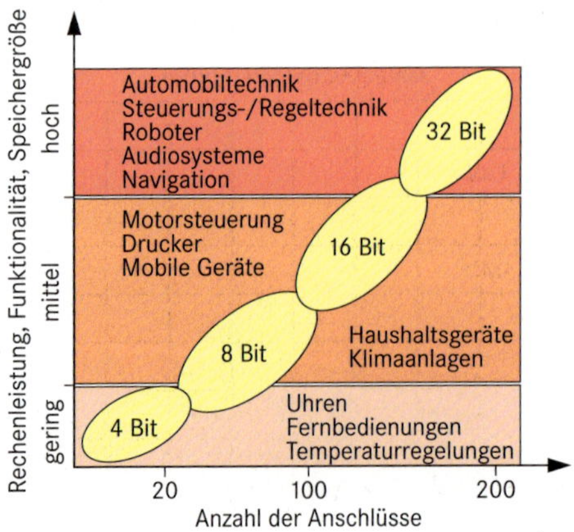

Funktionseinheiten

Beispiel:
Renesas R8C
(mit 16 Bit CPU)

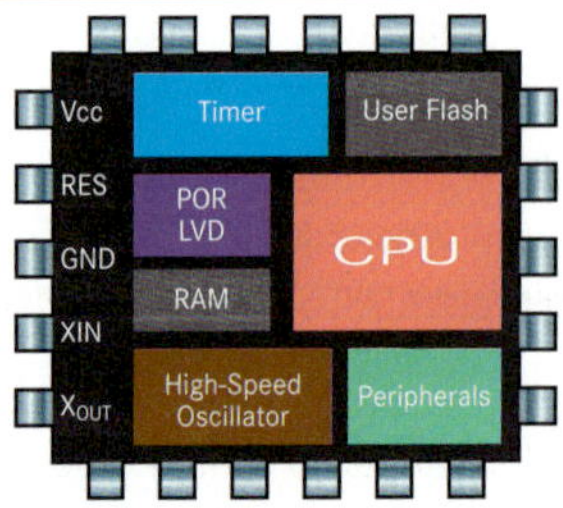

V_{CC}	Positive Betriebsspannung
RES (Reset)	Rücksetzeingang
GND (Ground)	0 V Betriebsspannung
X_{IN}/X_{OUT}	Taktanschluss
POR (Power on Reset)	Spannungseinschaltung Rücksetzsteuerung
LVD (Low Voltage Detection)	Unterspannungserkennung
User Flash	Programmspeicher
Timer	Zeitgeber
RAM	Arbeitsspeicher
Peripherals	Ein-/Ausgabeschaltungen

Marktübersicht

- Mikrocontroller werden u. a. von folgenden Halbleiterherstellern angeboten:
  Atmel, Freescale, Fujitsu, Infineon, Microchip, NEC Electronics, NXP, Renesas, ST Microelectronics, Texas Instruments.
- Die **Leistungsmerkmale** der einzelnen Mikrocontrollertypen sind u. a. bestimmt durch Kriterien wie
  - interne Wort-Verarbeitungsbreite,
  - Speichergröße,
  - Taktgeschwindigkeit und
  - Art und Umfang integrierter Peripherieschaltungen.
- Grundsätzlich erfolgt die Einteilung nach der Wort-Verarbeitungsbreite in Gruppen (4-Bit, 8-Bit, 16-Bit, 32-Bit).
- Innerhalb der jeweiligen Gruppe (Familie) existieren weitere Unterscheidungsmerkmale, wie z. B. die Speicherart bzw. -größe und/oder die Anzahl der Ports.
- Ein wesentlicher Hintergrund für diese Vielfalt ist die **optimale Preisgestaltung** (Kosten) für den jeweiligen Mikrocontrollertyp bezogen auf den Anwendungsbereich.
- Im Rahmen einer Marktstudie (EMITT Solutions, 2008) wurde für das Jahr 2007 eine verkaufte Stückzahl von 10 Millarden Mikrocontrollern ermittelt.

Marktübersicht

Weltmarktumsatz (Marktvolumen)
Bezogen auf die drei Gruppen 8-Bit und 32-Bit ist eine Erhöhung der Wachstumsrate bei 16-Bit und 32-Bit erkennbar (Marktstudie Fa. Renesas)

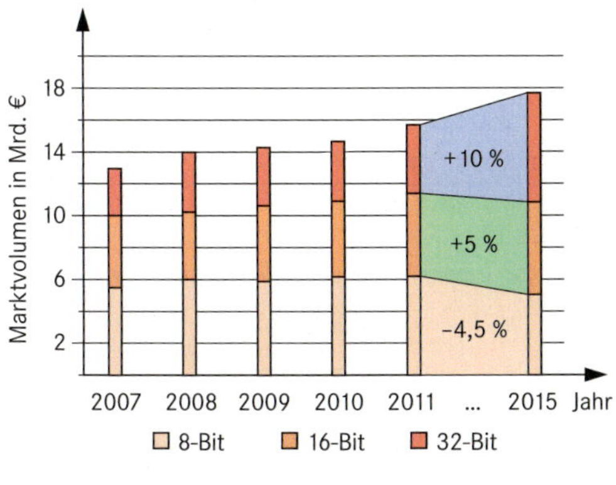

Globale Verteilung des Einsatzes (Marktstudie EMITT Solutions, 2008)	
Asien (einschließlich Japan)	37 %
Europa	28 %
Nordamerika	25 %
Rest der Welt	10 %

Anwendungsbereiche (Angaben in Prozent)
(**Beispiel:** Fa. Renesas)

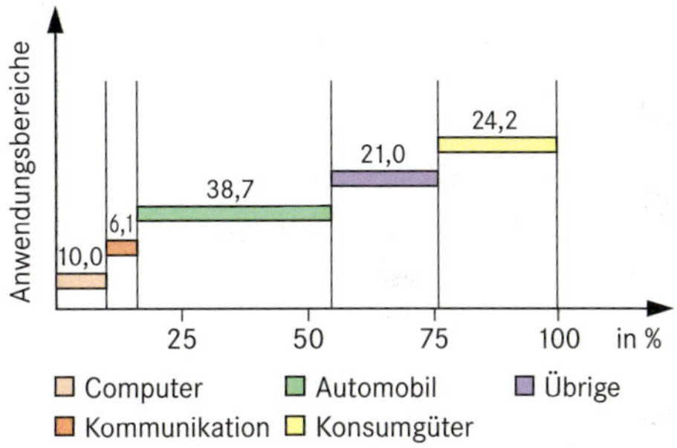

Auswahl

- Aus der Vielzahl von verfügbaren Mikrocontrollern ist für den vorgesehenen Anwendungsfall der optimale Typ auszuwählen.
- Hierzu empfiehlt sich eine detallierte Anforderungsliste mit geforderten **Kriterien** zu erstellen und mit den verfügbaren Mikrocontrollertypen abzugleichen.
- Die Anforderungskriterien sind dabei entsprechend der Projektzielsetzung zu **priorisieren** (z. B. Prio 1 für Energiebedarf, da das Gerät mit Batterien betrieben wird).

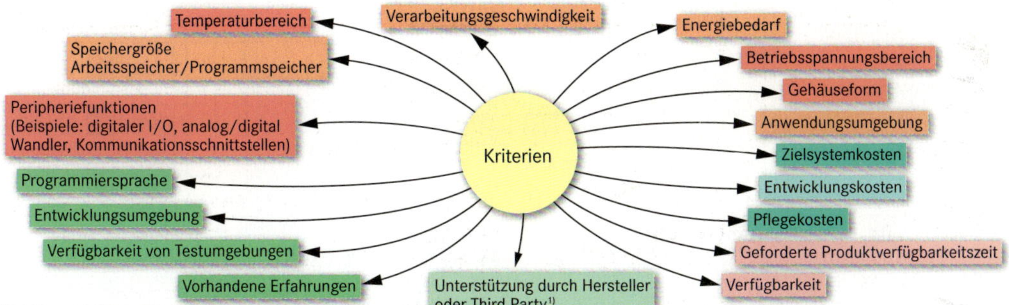

[1)] Third Party: Dritthersteller bzw. Drittlieferant

Merkmale

- Für kleine Steuerungsaufgaben ist der Mikrocontroller Typ 16Fxx der Fa. Microchip geeignet.
- Dieser Controller verfügt u. a. über
  - 8-Bit Wortbreite,
  - 35 Befehle,
  - 1024 Worte Programmspeicher (Flash),
  - 68 Byte RAM-Datenspeicher,
  - 64 Byte Daten EEPROM,
  - Direkte, indirekte und relative Adressierung,
  - 13 I/O Anschlüsse mit individueller Richtungssteuerung,
  - Betriebsspannungsbereich 2,0 V bis 5,5 V,
  - Stromaufnahme < 2 mA bei 5 V und 4 MHz Taktfrequenz.

Anschlussbelegung

Gehäuse 18-pin PDIP

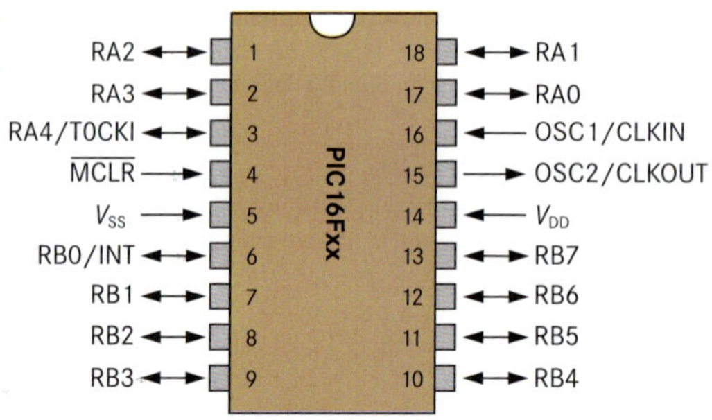

RA0 ... RA4	Bidirektionale Ein-/Ausgänge
RB0 ... RB7	Bidirektionale Ein-/Ausgänge
RB6	Takteingang für Programmierung
RB7	Dateneingang für Programmierung
OSC1/CLKIN	Quarzanschluss Eingang/externer Takteingang
OSC2/CLKOUT	Quarzanschluss Ausgang/Taktausgang in Betriebsart RC
$\overline{MCLR}$	Rücksetzeingang oder Programmierspannungseingang
TOCKI	Takteingang für Timer (TMR0)
INT	Externe Unterbrechungsanforderung
V_{SS} $(+U_B)$	0 V für Logik und I/O Anschlüsse
V_{DD} (0 V)	Positive Versorgungsspannung für Logik und I/O Anschlüsse

Interner Aufbau

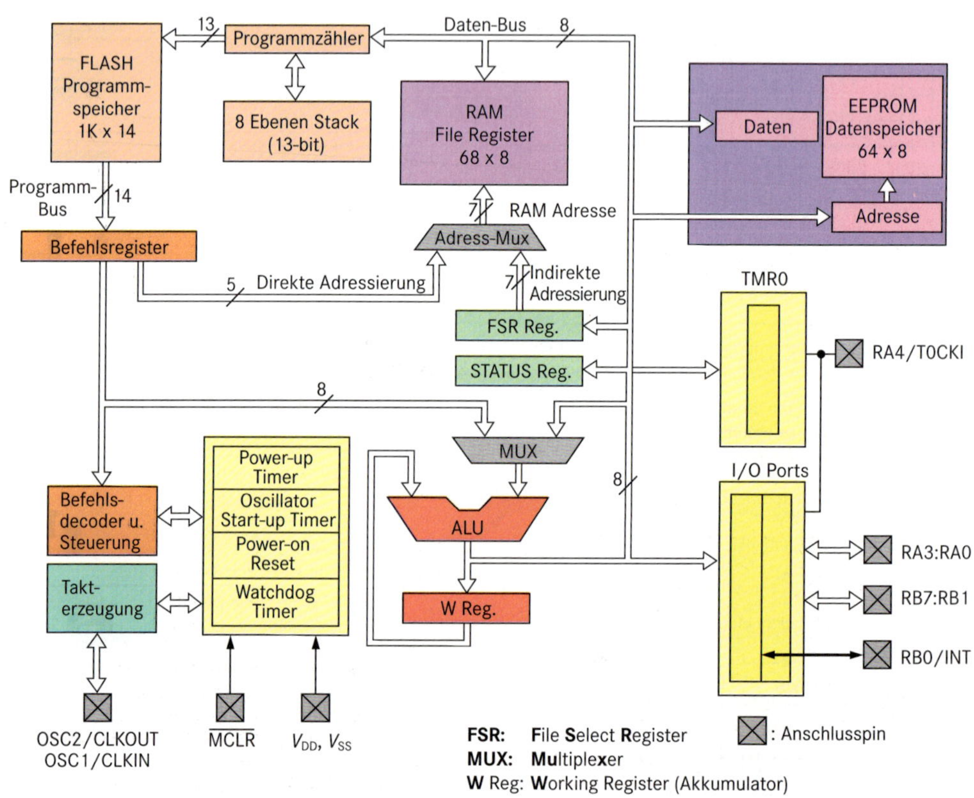

Merkmale

- Im PIC16F84A sind die drei Speicherbereiche
  - Flash-Programmspeicher,
  - RAM-Datenspeicher und
  - EEPROM-Datenspeicher

  physikalisch implementiert.
- Der Flash-Datenspeicher beinhaltet das Anwenderprogramm und die Programmkonstanten (dauerhaft).
- Der RAM-Datenspeicher beinhaltet die errechneten Zwischenergebnisse zur weiteren Programmbearbeitung (flüchtig).
- Der EEPROM-Datenspeicher beeinhaltet z. B. Parametrierdaten (dauerhaft).

Flash-Programmspeicher

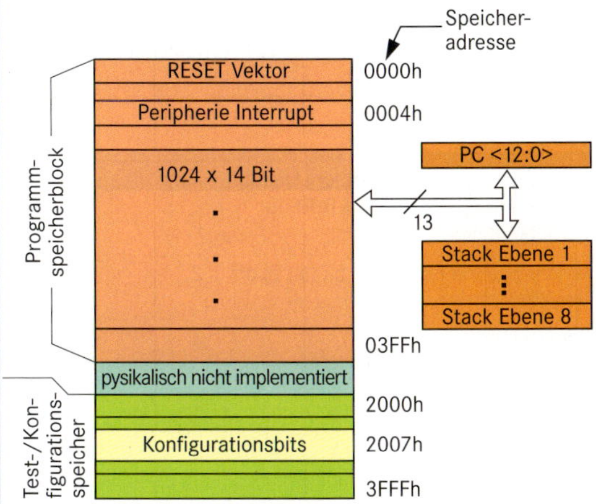

- Das Anwenderprogramm wird elektrisch mit einem Programmiergerät über zwei Pins geladen (**ICSP**: **I**n **C**ircuit **S**erial **P**rogramming).
- Garantiert werden 10000 Programmierzyklen
- Daten bleiben nach Spannungsabschaltung dauerhaft gespeichert
- Verfügt über 1024 Speicherzellen, mit jeweils 14 Bit
- Der Reset Vektor (**Startadresse** nach Einschalten der Versorgungsspannung) liegt auf der Adresse 0000h.
- Interruptanforderungen von extern (Peripherie) werden über die Adresse 0004h gesteuert.
- Die Adressierung erfolgt über den Program-Counter (PC) bzw. über den Stackbereich (mit CALL, RETURN, RETFIE, RETLW).
- Der Test-/Konfigurationsspeicher ist nur während der Programmierung ansprechbar.

RAM-Datenspeicher

	Speicheradresse	Bank 0	Bank 1	Speicheradresse
SFR	00h	Indirekt Adress.[1]	Indirekt Adress.[1]	80h
SFR	01h	TMR0	OPTION_REG	81h
SFR	02h	PCL	PCL	82h
SFR	03h	STATUS	STATUS	83h
SFR	04h	FSR	FSR	84h
SFR	05h	PORTA	TRISTA	85h
SFR	06h	PORTB	TRISB	86h
SFR	07h	–	–	87h
SFR	08h	EEDATA	EECON1	88h
SFR	09h	EEADR	EECON2[1]	89h
SFR	0Ah	PCLATH	PCLATH	8Ah
SFR	0Bh	INTCON	INTCON	8Bh
GPR	0Ch … 4Fh	68 General Purpose Registers (SRAM)	Mapped (accesses) in Bank 0	8Ch … CFh
GPR	50h … 7Fh			D0h … FFh

[1] kein physikalisches Register, xxh: xx (hexadezimal)

- Der RAM-Datenspeicher ist als statischer RAM aufgebaut (Datenverlust nach Spannungsabschaltung).
- Jede Speicherzelle verfügt über 8 Bit.
- Ist aufgeteilt in die beiden Bereiche
  - **S**pecial **F**unction **R**egisters (**SFR**) und
  - **G**eneral **P**urpose **R**egisters (**GPR**).
- SFRs steuern den Ablauf im Mikrocontroller.
- STATUS, OPTION, INCON, PCLund PCLATH steuern die interne Bearbeitung.
- EEADR, EEDATA, EECON dienen zur Bearbeitung des EEPROM-Speichers (schreiben/lesen).
- PORTA, PORTB, TRISA, TRISB steuern die Ports.
- TMR0 steuert den Taktgeber bzw. Zähler.
- GPRs stehen als allgemeiner Speicherbereich für den Anwender zur Verfügung.
- Beide Speicherbereiche sind in Banken unterteilt.
- Die Auswahl der jeweiligen Speicherbank erfolgt über spezielle Steuerbits, die im Statusregister festgelegt sind (RP0).
- Register Bank Select bits
  - RP0 = 00h adressiert die Bank 0 von 00h bis 7Fh (Adressen von 50h bis 7Fh werden als 0 gelesen),
  - RP1 = 01h adressiert die Bank 1 von 80h bis FFh (Adressen von D0h bis FFh werden als 0 gelesen)
- Die Speicherzellen können angesprochen werden
  - direkt über eine absolute Adresse oder
  - indirekt über FSR (File Select Register).
- Die GPR-Adressen in Bank 1 werden auf den Adressen in Bank 0 abgebildet; somit greifen die Adressen auf die identische Speicherzelle zu (z. B.: 0Ch und 8Ch).

Befehlsübersicht

Befehl (Mnemonic)	Operanden	Bedeutung	Aktion	Status Register	Zyklen
ADDLW	k	Add Literal and W	**W = W + k**	C, DC, Z	1
ADDWF	f,d	Add W and f	**d** = 0 → **W** = **W** + **f** **d** = 1 → **f** = **f** + **W**	C, DC, Z	1
ANDLW	k	AND Literal with W	**W** = **W** AND **k**	Z	1
ANDWF	f,d	AND W with f	**d** = 0 → **W** = **W** AND **f** **d** = 1 → **f** = **f** AND **W**	Z	1
BCF	f,b	Bit Clear f	CLEAR bit **b** of register **f**	none	1
BSF	f,b	Bit Set f	SET bit **b** of register **f**	none	1
BTFSC	f,b	Bit Test, Skip if Clear	SKIP next line if bit **b** of register **f** is clear (= 0)	none	1 (2)
BTFSS	f,b	Bit Test f, Skip if Set	SKIP next line if bit **b** of register **f** is set (= 1)	none	1 (2)
CALL	k	Call Subroutine	CALL subroutine that starts at memory location **k** (move to line after CALL when RETURN is reached in subroutine)	none	2
CLRF	f	Clear f	Clear memory location **f** and set **Z** bit (bit 2) of STATUS register	Z	1
CLEARW	–	Clear W	Clear **W** register and set **Z** bit (bit 2) of STATUS register	Z	1
CLRWDT	–	Clear Watchdog Timer	Reset (CLEAR) Watchdog Timer, reset prescaler of WDT	$\overline{TO}$ → 1 $\overline{PD}$ → 1	1
COMF	f,d	Complement f	**d** = 0 → **W** = 1's compliment of **f** **d** = 1 → **f** = 1's compliment of **f**	Z	1
DECF	f,d	Decrement f	**d** = 0 → **W** = f – 1 **d** = 1 → **f** = f – 1	Z	1
DECFSZ	f,d	Decrement f, Skip if 0	**d** = 0 → **W** = **f** – 1, Next line skipped if result = 0 **d** = 1 → **f** = **f** – 1, Next line skipped if result = 0	none	1 (2)
GOTO	k	Unconditional Branch	Jump (GOTO) to address k	none	2
INCF	f,d	Increment f	**d** = 0 → **W** = f + 1 **d** = 1 → **f** = f + 1	Z	1
INCFSZ	f,d	Increment f, Skip if 0	**d** = 0 → **W** = **f** + 1, Next line skipped if result = 0 **d** = 1 → **f** = **f** + 1, Next line skipped if result = 0	none	1 (2)
IORLW	k	Inclusive OR Literal with W	**W** = **W** OR **k**	Z	1
IORWF	f,d	Inclusive OR W with f	**d** = 0 → **W** = **W** OR **f** **d** = 1 → **f** = **f** OR **W**	Z	1
MOVF	f,d	Move f	**d** = 0 → **W** = **f** **d** = 1 → **f** = **f**	Z	1
MOVLW	k	Move Literal to W	**W = k**	none	1
MOVWF	f	Move W to f	**f = W**	none	1
NOP	–	No Operation	No Operation	none	1
RETFIE	–	Return From Interrupt	Return from Interrupt (TOS → PC/1 → GIE	none	2
RETLW	k	Return with Literal in W	RETURN from subroutine with „**k**" in „**W**"	none	2

W: Work Register (Accumulator); Zwischenspeicher
f: Speicherzelle oder vom Anwender definierte Variable
k: Konstante oder Zeichen (Zahl)
b: definierte Bitstelle in 8 Bit Speicherzelle
d: definiert Speicherort für Berechnungsergebnis
none: kein(es)

Befehlsübersicht

Befehl (Mnemonic)	Operanden	Bedeutung	Aktion	Status Register	Zyklen
RETURN	–	Return from Subroutine	Jump to the line of code that is immediately after the line that this subroutine was called from	none	2
RLF	f,d	Rotate Left f through Carry	**d** = 0 → **W** = **f** rotated 1 bit to the left through „C" flag **d** = 1 → **f** = **f** rotated 1 bit to the left through „C" flag	C	1
RRF	f,d	Rotate Right f through Carry	**d** = 0 → **W** = **f** rotated 1 bit to the right through „C" flag **d** = 1 (...) = **f** = **f** rotated 1 bit to the right through „C" flag	C	1
SLEEP	–	SLEEP	Puts PIC into SLEEP mode with the oscillator stopped (00h → WDT, 0h → WDT prescaler)	1 → $\overline{TO}$ 0 → $\overline{PD}$	1
SUBLW	k	Subtract W from Literal	**W** = **k** - **W**	C, DC, Z	1
SUBWF	f,d	Subtract W from f	**d** = 0 → **W** = **f** - **W** **d** = 1 → **f** = **f** - **W**	C, DC, Z	1
SWAPF	f,d	Swap Nibbles in f	**d** = 0 → **W** = **f** with nibbles swapped (i. e. 5A → A5) **d** = 1 → **f** = **f** with nibbles swapped (i. e. 5A → A5)	none	1
XORLW	k	Exclusive OR Literal with W	**W** = **W** XOR **k**	Z	1
XORWF	f,d	Exclusive OR W with f	**d** = 0 → **W** = W XOR **f** **d** = 1 → **f** = W XOR **f**	Z	1

Beispiele

Befehl	Operand	Funktion
ADDLW	6	Der Wert von W wird um 6 (in diesem Fall 6h, siehe unten) erhöht.
ADDWF	0 x 22,1	Zum Inhalt der Speicherzelle mit der Adresse 22h wird der Inhalt von W addiert. Die Summe wird in der Speicherzelle 22h abgelegt.
ADDWF	0 x 22,0	Zum Inhalt von W wird der Inhalt der Speicherzelle mit der Adresse 22h addiert. Die Summe wird in W abgelegt.
CLRW		In das Arbeitsregister (W) wird 0 geschrieben.
MOVF	PORTA,0	Der Inhalt von Register PORTA wird in das Arbeitsregister (W) kopiert.
MOVLW	.5	Der Wert 5 (dezimal) wird in das Arbeitsregister geschrieben.
MOVWF	PORTA	Schreibt den Inhalt von W in das Register von Port A.
SUBWF	0 x 22,1	Der Inhalt der Speicherzelle 22h wird um den Inhalt von W vermindert. Das Ergebnis wird in der Speicherzelle mit der Adresse 22h abgelegt.
GOTO	start	Unbedingter Sprung. Setzt das Programm an der Stelle fort, die mit „start" gekennzeichnet ist. Die Bezeichnung start wird als Sprungmarke definiert.

Schreibregeln

- Die Assemblerprogrammiersprache MPLAB basiert auf einem Textzeileneditor.
- Auf der ersten Position einer Zeile beginnen Sprungmarken oder Kommentare.
- Vor einem Assemblerbefehl steht ein Tabulator- oder Leerzeichen.
- Befehle können groß oder klein geschrieben werden.
- Bei Namen und Variablen ist die Schreibweise (Groß- und Kleinschreibung) zu beachten.
- Kommentare beginnen mit einem Semikolon (;). Kommentare über mehrere Zeilen beginnen jeweils mit einem Semikolon am Zeilenanfang.
- Zahlensysteme werden wie folgt geschrieben
  - hexadezimal: 0x15 oder h'15'
  - dezimal: d'112' oder .112
  - binär: b'01010101'

Merkmale

- Die **SFR** (**S**pecial **F**unction **R**egisters: spezielle Funktionsregister) dienen zur Steuerung der CPU- und der Peripherie-Funktionen.
- Sind realisiert im statischem RAM in Bank 0 und Bank 1
- Die Inhalte (Werte) der Register sind bei den verschiedenen Rücksetz-Möglichkeiten unterschiedlich.

Anordnung

Adr.	Name	Bitposition							
		7	6	5	4	3	2	1	0
Bank 0									
00h	INDF	Verwendet Inhalt von FSR zur Adressierung des Datenspeichers (nicht physikalisch)							
01h	TMRO	8 Bit Echtzeit Taktgeber/Zähler							
02h	PCL	Niederwertige 8 Bit des Programmzählers							
03h	STATUS[2]	IRP	RP1	RP0	$\overline{TO}$	$\overline{PD}$	Z	DC	C
04h	FSR	Indirekter Adresszeiger für Datenspeicher							
05h	PORTA[4]	–	–	–	RA4/T0CKI	RA3	RA2	RA1	RA0
06h	PORTB[5]	RB7	RB6	RB5	RB4	RB3	RB2	RB1	RB0/INT
07h	–	Nicht implementiert, gelesen als '0'							
08h	EEDATA	EEPROM Daten Register							
09h	EEADR	EEPROM Adress Register							
0Ah	PCLATH	–	–	–	Schreibpuffer für oberen 5 Bit PC[1]				
0Bh	INTCON	GIE	EEIE	TOIE	INTE	RBIE	TOIF	INTF	RBIF
Bank 1									
80h	INDF	Verwendet Inhalt von FSR zur Adressierung des Datenspeichers							
81h	OPTION_REG	RBPU	INTEDG	TOCS	TOSE	PSA	PS2	PS1	PS0
82h	PCL	Niederwertige 8 Bit des Programmzählers							
83h	STATUS[2]	IRP	RP1	RP0	$\overline{TO}$	$\overline{PD}$	Z	DC	C
84h	FSR	Indirekter Adresszeiger für Datenspeicher							
85h	TRISA	–	–	–	PORT A Datenrichtungs-Register				
86h	TRISB	PORT B Datenrichtungs-Register							
87h	–	Nicht implementiert, gelesen als '0'							
88h	EECON1	–	–	–	EEIF	WRERR	WREN	WR	RD
89h	EECON2	EEPROM Steuerregister 2 (nicht physikalisch implementiert)							
0Ah	PCLATH	–	–	–	Schreibpuffer für oberen 5 Bit des PC[1]				
0Bh	INTCON	GIE	EEIE	TOIE	INTE	RBIE	TOIF	INTF	RBIF

x: beliebig –: nicht implementiert (gelesen als 0)

[1] Das obere Byte des Programmzählers ist nicht direkt zugänglich. PCLATH wird als Hilfsregister für den Programmzähler (PC<12:8) verwendet. Der Inhalt von PCLATH kann in das obere Byte des Programmzählers geladen werden; Inhalt von Programmzähler PC<12:8 kann nicht in PCLATH geladen werden.

[2] $\overline{TO}$ und $\overline{PD}$ werden durch $\overline{MCLR}$ nicht beeinflusst.

[3] Rücksetzen kann, neben Spannungseinschalten-Rücksetzen, durch $\overline{MCLR}$ und Watchdog Timer Reset erfolgen. Dabei sind **andere Werte** der **SFR** vorhanden.

[4] Diese Anschlüsse (Port A und Port B) werden nach dem Rücksetzen als Eingang konfiguriert.

[5] Beinhaltet den Wert des Port-Ausgangsspeichers.

Bezeichnungen

EEADR	EEPROM Address	PCL	Program Counter (low byte)
EECON 1 (2)	EEPROM Control Register	PCLATH	Program Counter Latch register
EEDATA	EEPROM Data	PORTA (PORTB)	Port A und Port B
FSR	File Select Register (Address pointer)	STATUS	Status Register
INCON	Interrupt Control Register	TMR0	Timer 0
INDF	Indirect Addressing (not physical)	TRISA	Data Direction Register Port A
OPTION_REG	Option Register	TRISB	Data Direction Register Port B

Statusregister

- Das Statusregister (03h/83h) beinhaltet den arithmetischen Zustand der ALU, den Rücksetz-Zustand und die Bank-Auswahlbit für den Datenspeicher.
- Grundsätzlich kann das Statusregister als Zielregister verwendet werden.
- Falls ein Befehl verwendet wird, der den Zustand von Z, DC oder C beeinflusst, wird das Beschreiben dieser Bits im Statusregister verhindert.
- Mit den Befehlen BCF, BSF, SWAPF und MOVWF kann das Statusregister beschrieben werden, da diese Befehle die Bits Z, DC und C nicht verändern.
- $\overline{TO}$ und $\overline{PD}$ sind nicht beschreibbar.

Anordnung

Bitposition ⟶ Bit 7 … Bit 0

STATUS	IRP	RP1	RP0	$\overline{TO}$	$\overline{PD}$	Z	DC	C
	R/W-0	R/W-0	R/W-0	R-1	R-1	R/W-x	R/W-x	R/W-x

Name	Funktion
IRP, IRP1	In PIC16F84 nicht implementiert
RP0	**R**egister Bank Auswahl (direkte Adressierung) 1: Bank 1 (80h – FFh), 0: Bank 0 (00h – 7Fh)
$\overline{TO}$	**T**ime-**O**ut 1: Nach Spannung ein, CLRWDT, SLEEP 0: WDT time-out
$\overline{PD}$	**P**ower-**D**own 1: Nach Spannung ein oder durch CLRWDT 0: nach Ausführung von SLEEP
Z	**Z**ero 1: Ergebnis einer arithmetischen oder logischen Operation ist null 0: Ergebnis einer arithmetischen oder logischen Operation ist **nicht** null
DC	**D**igit **C**arry/$\overline{\text{Borrow}}$ 1: Stellenübertrag vom vierten niederwertigsten Bit des Ergebnisses ist erfolgt 0: Stellenübertag vom vierten niederwertigsten Bit des Ergebnisses ist nicht erfolgt
C	**C**arry/$\overline{\text{Borrow}}$ (Befehle: ADDWF, ADDLW, SUBLW, SUBWF; für $\overline{\text{Borrow}}$ ist die Polarität umgekehrt) 1: Stellenübertrag vom höchstwertigen Bit (MSB) des Ergebnisses ist erfolgt 0: Kein Stellenübertrag vom MSB des Ergebnisses

0: Bit ist gelöscht
1: Bit ist gesetzt
R: lesbares Bit
n: Wert nach Spannung ein
W: beschreibbares Bit
x: Bit ist beliebig
☒: nicht implementiert

Option-Register

- Das Option-Register (81h) kann gelesen und beschrieben werden.
- Beinhaltet verschiedene Bits zur Steuerung von
  - TMR0/WDT prescaler,
  - external INT input und
  - TMR0 und pull-ups an PORTB.

Anordnung

Bitposition ⟶ Bit 7 … Bit 0

OPTION_REG	$\overline{RBPU}$	INTEDG	TOCS	TOSE	PSA	PS2	PS1	PS0
	R/W-1	R/W-1	R/W-1	R/W-1	R/W-1	R/W-1	R/W-1	R/W-1

Name	Funktion
$\overline{RBPU}$	PORT**B** **P**ull-**U**p Enable 1: Pull-Ups freigegeben 0: Pull-Ups freigegeben durch individuelle Port-Latch Werte
INTEDG	**Int**errupt **Edg**e Select 1: Unterbrechung bei ansteigender Flanke an PIN RB0/INT 0: Unterbrechung bei fallender Flanke an PIN RB0/INT
TOCS	**TMR0** **C**lock **S**ource Select 1: Übergang an PIN RA4/TOCKI 0: Interner Befehlszyklus Takt
TOSE	**TMR0** **S**ource **E**dge Select 1: Erhöhen bei high-to-low Übergang an PIN RA4/TOCKI 0: Erhöhen an low-to-high Übergang an PIN RA4/TOCKI
PSA	**P**re**s**caler **A**ssignment 1: Vorteiler zugeordnet zu WDT 0: Vorteiler zugeordnet zu Timer0
PS2, **PS**1, **PS**0	**P**rescaler Rate **S**elect (siehe Tabelle)

Bit-Wert	TMR0 Rate	WDT Rate
000	1:2	1:1
001	1:4	1:2
010	1:8	1:4
011	1:16	1:8
100	1:32	1:16
101	1:64	1:32
110	1:128	1:64
111	1:256	1:128

siehe oben

INTCON

- Das INTCON Register (Interrupt Control: Unterbrechungssteuerung) kann gelesen und beschrieben werden.
- Beeinhaltet die verschiedenen Freigabe-Bits für alle Interrupt-Quellen
- Unterbrechungskennzeichen-Bits werden bei **jeder** Unterbrechungsanforderung gesetzt, **unabhängig** vom Zustand des zugehörigen Freigabe-Bits oder der generellen Unterbrechungsfreigabe (GIE).

Anordnung

Bitposition ⟶ Bit 7 … Bit 0

	Bit 7							Bit 0
INTCON	GIE	EEIE	TOIE	INTE	RBIE	TOIF	INTF	RBIF
	R/W-0	R/W-0	R/W-0	R/W-0	R/W-0	R/W-0	R/W-0	R/W-x

Name	Funktion	Name	Funktion
GIE	Generelle Unterbrechung 1: Freigabe aller unmaskierten Unterbrechungen 0: Sperren aller Unterbrechungen	TOIF	TMR0 Überlauf Unterbrechung 1: TMR0-Register ist übergelaufen; löschen durch Anwendersoftware 0: TMR0-Register ist nicht übergelaufen
EEIE	EEPROM-Schreiben 'fertig' Unterbrechung 1: Freigabe 0: Sperren	INTF	RB0/INT externe Unterbrechung 1: RB0/INT externe Unterbrechung ausgelöst; löschen durch Anwendersoftware 0: RB0/INT externe Unterbrechung nicht ausgelöst
TOIE	TMR0 Überlauf Unterbrechung 1: Freigabe 0: Sperren		
INTE	RB0/INT externe Unterbrechung 1: Freigabe 0: Sperren	RBIF	RB Port-Zustandsänderung Unterbrechung 1: Zustandsänderung mindestens an einem der Portanschlüsse RB7 : RB4 erfolgt 0: Keine Zustandsänderung an den Portanschlüssen RB7 : RB4
RBIE	RB Port-Zustandsänderung Unterbrechung 1: Freigabe 0: Sperren		

0: Bit gelöscht 1: Bit gesetzt R: lesbar W: beschreibbar n: Wert nach Einschalten x: beliebig

PCL und PCLATH

- Der Programmzähler (PC) beinhaltet die Adresse des zu lesenden Befehls.
- Er ist 13 Bit breit und eingeteilt in PCL (Program Counter Low) und PCH (Program Counter High).
- PCL ist direkt les- oder beschreibbar
- PCH ist nicht direkt les- oder beschreibbar.
- Alle Änderungen in PCH erfolgen über PCLATH.

Anordnung

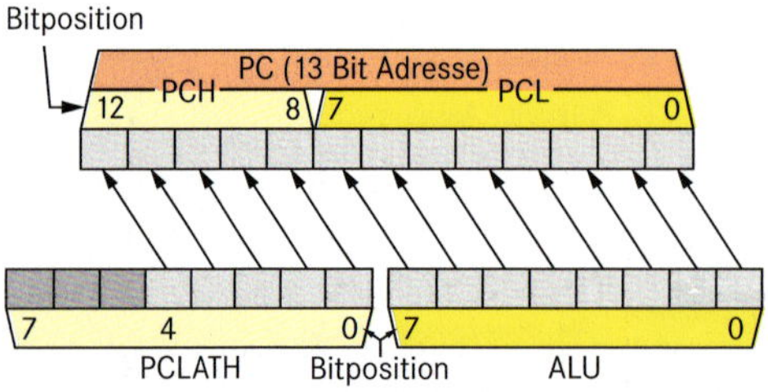

Stack

- Der Stack (Kellerspeicher) speichert den Inhalt des PC (Programmzählers) bei Unterbrechungen (z. B. bei CALL oder INTERRUPT).
- Insgesamt sind 8 Rücksprungadressen speicherbar.
- Der Stackinhalt wird nach RETURN, RETLW oder RETFIE wieder in den PC geschrieben.
- Ist durch den Anwender nicht les- oder beschreibbar.

INDF und FSR

- Indirekte Adressierung wird z. B. eingesetzt bei der Bearbeitung von Tabellen oder beim Löschen/Beschreiben von Speicherbereichen.
- INDF ist kein physikalisches Register.
- Die Adressierung von INDF verweist auf die Adresse, die im FSR Register steht (FSR-Inhalt ist der Adresszeiger).
- Falls INDF selbst indirekt gelesen wird, ist das Ergebnis 00h.
- Indirektes Schreiben in INDF erzeugt eine NOP-Operation.

Beispiel für Speicher löschen:

Aufgabe: Lösche die Speicherzellen im RAM beginnend bei Adresse 30h bis Adresse 3Fh

```
         .
         .
         movlw   0x30     ; Lade Adresse 30h in W
         movwf   FSR      ; setze Zeiger auf
                          ; Adresse 30h
NEXT     clrf    INDF     ; lösche die aktuelle
                          ; Speicherzelle
         incf    FSR      ; erhöhe den Adresszeiger
         btfss   FSR, 6   ; alle gelöscht?
         goto    NEXT     ; nein, die nächste Zelle
                          ; löschen
Continue
         .
         .
```

Merkmale

- PORTA ist ein 5 Bit breiter **bidirektionaler** Ein-/Ausgangsanschluss (Port)
- Die jeweilige **Richtung** (Eingang oder Ausgang) wird über das **Richtungsregister TRISA** gesteuert, wobei das jeweilige TRISA - Bit bedeutet:
  TRISA = 1: Anschluss als Eingang konfiguriert
  TRISA = 0: Anschluss als Ausgang konfiguriert.
- Bei Lesen des Ports werden die Zustände an den Anschlüssen gelesen.
- Bei Schreiben des Ports werden die Daten in die Zwischenspeicher (Daten FF) geschrieben.
- Anschluss RA4 ist
  - ein gemultiplexter Anschluss mit TIMER0 als RA4/T0CKI-Eingang,
  - ausgerüstet mit Schmitt-Trigger Eingang und
  - open-drain Ausgang.
- Die übrigen PORT-Anschlüsse sind:
  - TTL Eingangsstufen
  - CMOS Ausgangsstufen.

Schaltung

PORTA, Anschluss RA0, RA1, RA2, RA3

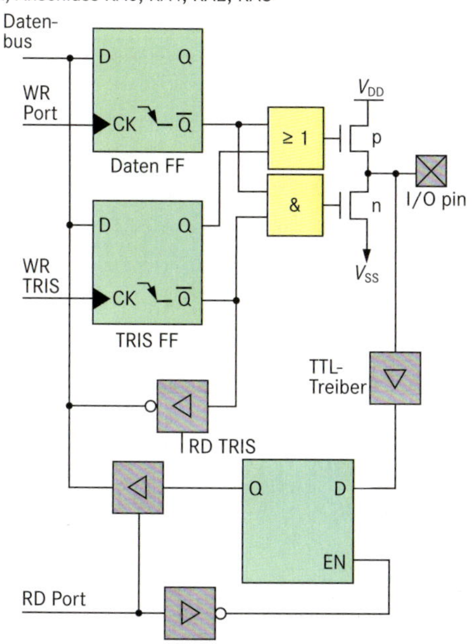

PORTA, Anschluss RA4

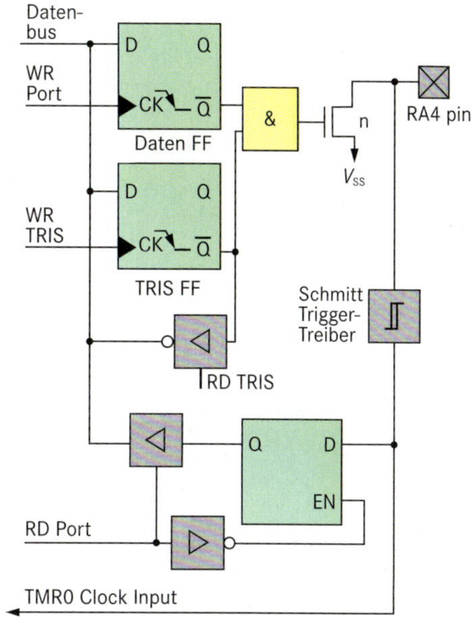

⊠: Anschlusspin WR: Write RD: Read **Hinweis:** Nach Spannung ein sind die Anschlüsse als Eingang konfiguriert

Anordnung

Adresse	Name	7	6	5	4	3	2	1	0
05h	PORTA				RA4/T0CKI	RA3	RA2	RA1	RA0
85h	TRISA				TRISA4	TRISA3	TRISA2	TRISA1	TRISA0

Legende: (schraffiert): nicht implementiert (gelesen als 0)

Beispiel: PORTA Initialisierung

```
BCF     STATUS, RP0   ; BIT RP0 in Status löschen
                      ; (Bank 0 auswählen)
CLRF    PORTA         ; Ausgabe FFs löschen
BSF     STATUS, RP0   ; Bank 1 auswählen
MOVLW   0x0F          ; Datenrichtung festlegen
MOVWF   TRISA         ; Setze RA<3...0> als
                      ; Eingänge/RA 4 als
                      ; Ausgang
```

Elektrische Daten

TTL - I/O-Port (Port A und Port B)

Bezeichnung	Wert (min./max.)	Einheit
Input low voltage	V_{SS}/0,8	V
Input high voltage	2,0/V_{DD}	V
Output low voltage	–/0,6	V
Output high voltage	V_{DD}–0,7/–	V
Output low current	8,5	mA
Output high current	–3,0	mA

V_{DD}: +4,5 V bis 5,5 V V_{SS}: 0 V
Negatives Vorzeichen: Strom fließt aus dem Anschluss heraus

Merkmale

- PORTB ist ein 8 Bit breiter **bidirektionaler** Ein-/Ausgangsanschluss.
- Die jeweilige **Richtung** (Eingang oder Ausgang) wird über das **Richtungsregister TRISB** gesteuert, wobei das jeweilige TRISB - Bit bedeutet:
  TRISA → 1: Anschluss als Eingang konfiguriert
  TRISA → 0: Anschluss als Ausgang konfiguriert
- Bei Lesen des Ports werden die Zustände an den Anschlüssen gelesen.
- Bei Schreiben des Ports werden die Daten in den Zwischenspeicher (Daten FF) geschrieben.
- Jeder Anschluss verfügt über einen internen **pull-up Widerstand** (Einschaltung für alle durch RBPU = 0).
- Pull-up wird ausgeschaltet bei Spannung ein bzw. Konfiguration des PIN als Ausgang.
- RB 7 : RB 4 erzeugen einen Interrupt bei Zustandswechsel an den PIN's (als Eingang konfiguriert), werden verodert und erzeugen Interrupt RBIF (INTCON <0>).
- Funktion dient u. a. zur Aktivierung aus SLEEP

Schaltung

PORT B, Anschluss RB0, RB1, RB2, RB3

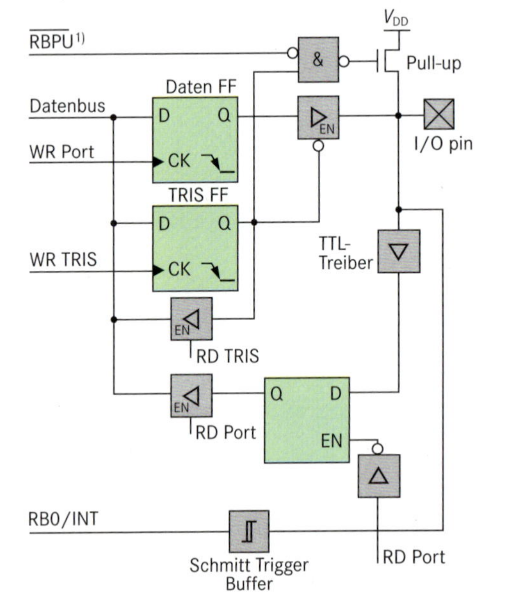

PORT B, Anschluss RB4, RB5, RB6, RB7

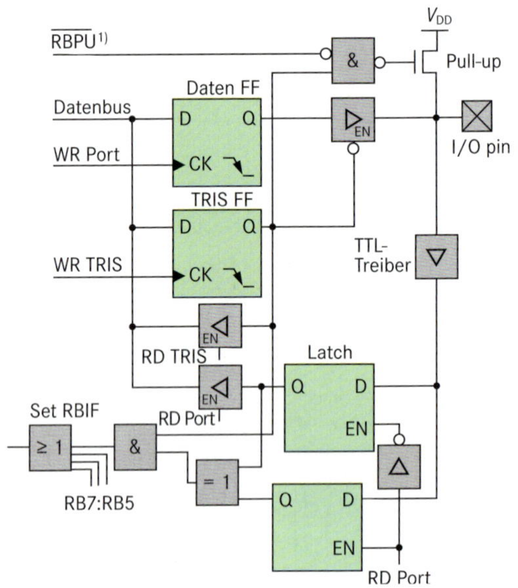

⊠: Anschlusspin   WR: Write   RD: Read   1) TRISB = 1: gibt pull-up frei (RBPU = 0 in OPTION_REG)

Anordnung

Adresse	Name	7	6	5	4	3	2	1	0
06h	PORTB	RB7	RB6	RB5	RB4	RB3	RB2	RB1	RB0/INT
086h	TRISB	TRISB7	TRISB6	TRISB5	TRISB4	TRISB3	TRISB2	TRISB1	TRISB0
81h	OPTION_REG	RBPU	INTEDG	TOCS	TOSE	PSA	PS2	PS1	PS0
0Bh, 8Bh	INTCON	GIE	EEIE	TOIE	INTE	RBIE	TOIF	INTF	RBIF

Legende: ▒ : nicht verwendet von PORTB

Beispiel: PORTB Initialisierung

```
BCF     STATUS, RP0   ; BIT RP0 in Status löschen
                      ; (Bank 0 auswählen)
CLRF    PORTB         ; Ausgabe FFs löschen
BSF     STATUS, RP0   ; Bank 1 auswählen
MOVLW   0xCF          ; Datenrichtung festlegen
MOVWF   TRISB         ; Setze RB <3 : 0> als
                      ; Eingang/RB <5 : 4> als
                      ; Ausgang/RB <7 : 6 > als
                      ; Eingang
```

Elektrische Daten

Schmitt Trigger I/O Port (Port A und Port B)

Bezeichnung	Wert (min./max.)	Einheit
Input low voltage	V_{ss}/0,2 V_{DD}	V
Input high voltage	0,8/V_{DD}	V

V_{DD}: +5 V V_{SS}: 0 V
Jeder I/O Port kann eine kapazitive Last von maximal 50 pF treiben. Höhere Ströme sind über nachgeschaltete externe Verstärkerstufen realisierbar.

Merkmale

- Das TIMER0 Module (Zeitgebereinheit) ist
  - als **Zeitgeber** (Timer) oder **Zähler** (Counter; 8 Bit; Auswahl über T0CS) einsetzbar,
  - lesbar und beschreibbar,
  - intern oder extern taktbar,
  - über internen Vorteiler (Prescaler) ansteuerbar.
- Erzeugt einen Überlauf-Interrupt (T0IF) bei Übergang von FFh nach 00h
- Bei **externer Taktung** erfolgt die Zählung entweder mit ansteigender oder abfallender Flanke (T0SE).
- Im **Timerbetrieb** mit internem Takt wird der Zählerstand mit jedem Befehlszyklus erhöht (ein Befehlszyklus beinhaltet 4 interne Oszillator-Takte).
- Bei Verwendung eines externen Taktgebers sind Bedingungen für die Taktform (high/low) einzuhalten.
- Im Zählerbetrieb wird der Zählerstand entweder mit ansteigender oder abfallender Flanke an RA4 erhöht.
- Der Vorteiler (Prescaler; 8 Bit)
  - dient zur Verlängerung der Zeit bzw. der Vorteilung der externen Impulse,
  - ist entweder dem Zeitgeber oder dem Watchdog-Timer über PSA zugeordnet (nicht gleichzeitig),
  - ist nicht lesbar oder beschreibbar.
- Die Vorteilungsrate wird über PS0, PSA1 und PS2 eingestellt.
- Befehle, die TMR0 beschreiben (z. B. MOVWF 1), löschen den Vorteiler.

Schaltung

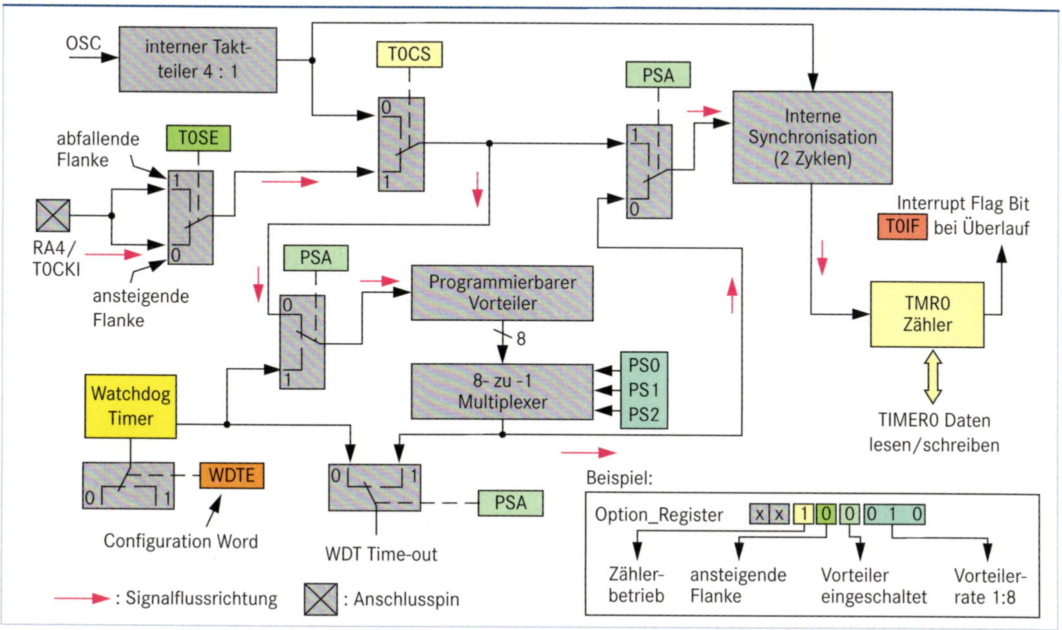

Anordnung

Adresse	Name	7	6	5	4	3	2	1	0
01h	TMR0	Timer0 Module Register							
0Bh, 8Bh	INTCON	GIE	EEIE	T0IE	INTE	RBIE	T0IF	INTF	RBIF
81h	OPTION_REG	RBPU	INTEDG	T0CS	T0SE	PSA	PS2	PS1	PS0
85h	TRISA	-	-	-	PORTA Data Direction Register				

Legende: ▨ : nicht verwendet von Timer 0 (gelesen als 0) -: nicht implementiert

Watchdog Timer

- Der Watchdog Timer
  - ist ein unabhängiger Zeitgeber innerhalb des Mikrocontrollers
  - ist freilaufend mit einem eigenen internen RC-Oszillator,
  - dient zur **Überwachung** der Betriebsfunktion (Programmbearbeitung)
  - muss vom Anwenderprogramm in regelmäßigen Zeitabständen zurückgesetzt werden, damit kein Überlauf steht (Überlauf erzeugt einen Rücksetzvorgang).
- Nennwert der **Überwachungszeit** liegt bei 18 ms ohne Verwendung des Vorteilers, bzw. bei 2,3 s mit Vorteiler
- WDT-Funktion kann nur über **WDTE** im **CONFIGURATION WORD** während der Programmierung des Mikrocontrollers abgeschaltet werden

Merkmale

- Über das **Configuration Word** (Konfigurationswort) werden bestimmte Grundeinstellungen für den Mikrocontroller vorgenommen, wie
  - Programmschutz
  - Power-up Timer
  - Watchdog Timer
  - Oszillatorauswahl
- Die Konfigurationsbits werden als Assembleranweisung in das Assemblerprogramm eingebunden (z. B.: __Config 'Bxxxxxxxxxxxxx') und die jeweiligen Bits werden durch 0 gesetzt.
- Das Configuration Word ist in Speicheradresse 2007h angeordnet.
- **CP nicht gesetzt**: Programmspeicherinhalt kann ausgelesen werden.
- **CP gesetzt:** Programmspeicherinhalt kann **nicht** gelesen werden und nur durch Neuprogrammierung geändert werden (Schutz gegen unerwünschtes Auslesen).
- **$\overline{\text{PWRTE}}$** realisiert eine feste Zeitverzögerung (nominal 72 ms) zur Verlängerung des Rücksetzvorgangs.
- Diese Bits werden zusammen mit dem Anwenderprogramm über ein Programmiergerät und einer speziellen Programmiersoftware in den Mikrocontroller 'gebrannt'.

Anordnung

Bitposition

Bit 13													Bit 0
CP	CP	CP	CP	CP	CP	CP	CP	CP	CP	$\overline{\text{PWRTE}}$	WDTE	FOSC1	FOSC0
R/P-u	R/P-u	R/P-u	R/P-u	R/P-u	R/P-u	R/P-u	R/P-u	R/P-u	R/P-u	R/P-u	R/P-u	R/P-u	R/P-u

Name	Funktion	Name	Funktion
CP	Codeschutz 1: Codeschutz abgeschaltet 0: Gesamter Programmspeicher ist gegen Auslesen geschützt	FOSC1 FODC0	Oszillatorauswahl 11: RC-Oszillator (Widerstand/Kondensator) 10: HS-Oszillator (Hochfrequenzquarz/Resonator) 01: XT-Oszillator (Quarz/Resonator) 00: LP-Oszillator (leistungsarmer Quarz)
$\overline{\text{PWRTE}}$	Power-up Timer Enable 1: abgeschaltet 0: eingeschaltet		
WDTE	Watchdog Timer Enable 1: eingeschaltet 0: abgeschaltet	R: lesbar P: programmierbar u: ungeändert	

FOSC0/FOSC1

- Die Art der Taktversorgung des Mikrocontrollers kann durch verschiedene Oszillatorvarianten erfolgen (Auswahl über FOSC0 und FOSC1).
- Die **preiswerteste** Variante ist die Beschaltung mit einer RC-Kombination.
- Die Genauigkeit ist abhängig von der Stabilität der Versorgungsspannung, den Toleranzen von R und C und der Umgebungstemperatur

Variante 1

XT, HS, LP (mit Quarz oder Resonator)

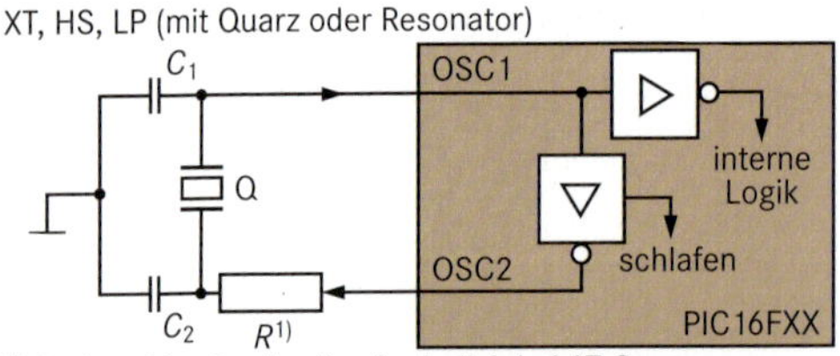

1) Serienwiderstand ggf. erforderlich bei AT-Quarz
Kondensatoren C_1 und C_2 bei Schwingquarzanwendung

Betriebsart	Taktfrequenz	C_1/OSC1 (pF)	C_2/OSC2 (pF)
LP	32 kHz 200 kHz	68 bis 100 15 bis 33	68 bis 100 15 bis 33
XT	100 kHz 2 MHz 4 MHz	100 bis 150 15 bis 33 15 bis 33	100 bis 150 15 bis 33 15 bis 33
HS	4 MHz 20 MHz	15 bis 33 15 bis 33	15 bis 33 15 bis 33

Variante 2

HS, XT, LP (externer Quarzschwingkreis, Resonator oder Taktgeber)

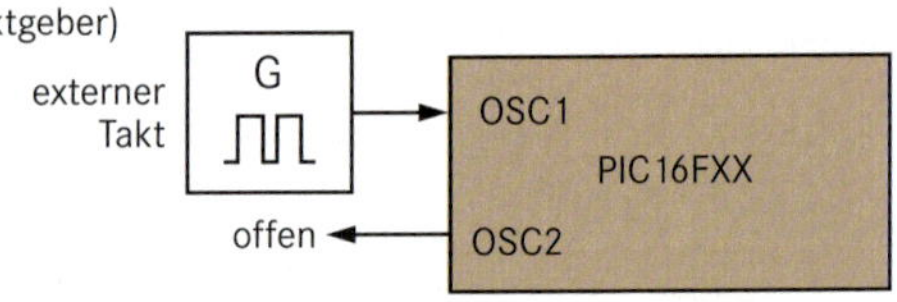

Variante 3

RC (externe R/C-Beschaltung)

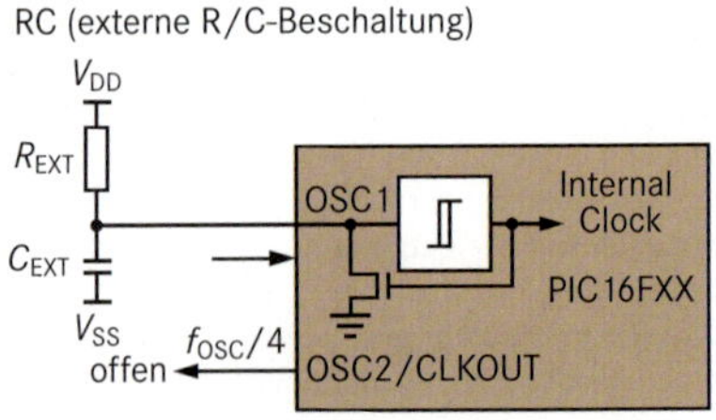

Grenzwerte:
R_{EXT} = 5 kΩ bis 100 kΩ
C_{EXT} >20 pF
Beispiel:
R = 5,1 kΩ
C = 22 pF ergibt
f_{OSC} = 10 MHz

Merkmale

- Das Rücksetzen bringt den Mikrocontroller in eine definierte Grundstellung (z. B. Programmzähler).
- Rücksetzen wird ausgeführt durch
  - Spannungseinschaltung (Power-on Reset [POR]),
  - Master-Reset bei normalem Betrieb ($\overline{\text{MCLR}}$),
  - Master-Reset bei Schlafbetrieb ($\overline{\text{MCLR}}$),
  - Watchdog Timer-Reset bei normalem Betrieb oder
  - Watchdog Timer-Reset bei Schlafbetrieb.
- Die Registerinhalte nach der Durchführung der jeweiligen Rücksetzfunktion sind auf der Seite Mikrocontroller PIC16Fxx Rücksetzen 2 dargestellt.

Schaltung

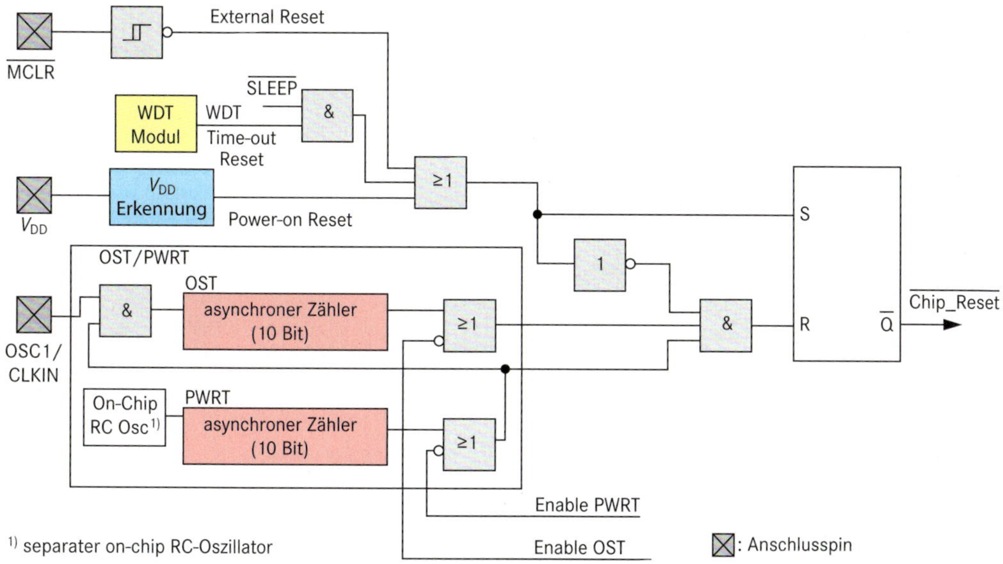

1) separater on-chip RC-Oszillator

Funktionen

Power-on Reset (POR)

- Resetvorgang wird durch internen Rücksetzimpuls bei Anstieg der Betriebsspannung im Bereich von 1,2 V bis 1,7 V (Anstiegsrate der Betriebsspannung muss > 0,05 V/ms sein) ausgelöst
- Bei zu **geringer** Anstiegsrate (< 0,05 V/ms) der Betriebsspannung ist die unten gezeigte Schaltung anzuwenden.

Oszillator Start-up Timer (OST)

- Er erzeugt eine Verzögerung von 1024 Taktzyklen (Eingang OSC1) nach Ablauf von PWRT. Damit ist sichergestellt, dass die externe Quarz- bzw. Resonatorbeschaltung angeschwungen und stabilisiert ist.
- OST Time-Out ist nur aktiv bei XT, LP und HS Betrieb und wirkt nur bei Power-on Reset bzw. Wake-up (aufwecken) von Sleep (Schlafbetrieb).

Betriebsspannung-Anstiegsrate

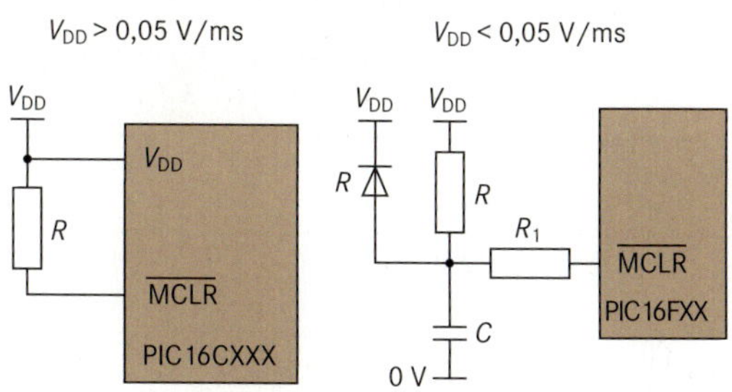

$R < 40\ \text{k}\Omega$, damit Spannungsfall nicht höher als 0,2 V über R.
R_1: Strombegrenzung für $\overline{\text{MCLR}}$ (100 Ω bis 1 kΩ).
Die Diode dient zur schnellen Entladung von C bei Spannungsabschaltung.

Zeitdiagramm

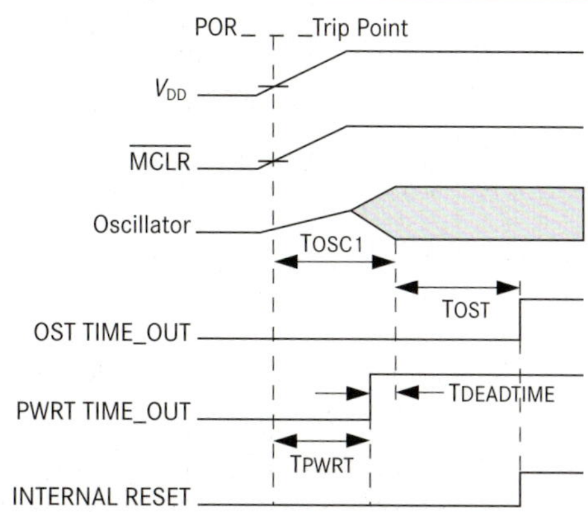

Registerzustände

Register Bezeichnung	Adresse	Power-on Reset	$\overline{MCLR}$ bei - Normalbetrieb - Schlafbetrieb WDT-Reset bei Normalbetrieb	Wake-up von Schlafbetrieb - durch Interrupt - durch WDT Time-out
W	-	xxxx xxxx	uuuu uuuu	uuuu uuuu
INDF	00h	---- ----	---- ----	---- ----
TMR0	01h	xxxx xxxx	uuuu uuuu	uuuu uuuu
PCL	02h	0000 0000	0000 0000	PC + 1[2]
STATUS	03h	0001 1xxx	000q quuu[3]	uuuq quuu[3]
FSR	04h	xxxx xxxx	uuuu uuuu	uuuu uuuu
PORTA[4]	05h	---x xxxx	---u uuuu	---u uuuu
PORTB[5]	06h	xxxx xxxx	uuuu uuuu	uuuu uuuu
EEDATA	08h	xxxx xxxx	uuuu uuuu	uuuu uuuu
EEADR	09h	xxxx xxxx	uuuu uuuu	uuuu uuuu
PCLATH	0Ah	---0 0000	---0 0000	---u uuuu
INTCON	0Bh	0000 000x	0000 000u	uuuu uuuu[1]
INDF	80h	---- ----	---- ----	---- ----
OPTION_REG	81h	1111 1111	1111 1111	uuuu uuuu
PCL	82h	0000 0000	0000 0000	PC + 1(2)
STATUS	83h	0001 1xxx	000q quuu[3]	uuuq quuu[3]
FSR	84h	xxxx xxxx	uuuu uuuu	uuuu uuuu
TRISA	85h	---1 1111	---1 1111	---u uuuu
TRISB	86h	1111 1111	1111 1111	uuuu uuuu
EECON1	88h	---0 x000	---0 q000	---0 uuuu
EECON2	89h	---- ----	---- ----	---- ----
PCLATH	8Ah	---0 000	---0 0000	---u uuuu
INTCON	8Bh	0000 000x	0000 000u	uuuu uuuu[1]

u: unverändert x: beliebig -: nicht implementiert (gelesen als 0) q: Wert ist abhängig von Bedingung

1) Eines oder mehrere Bits in INTCON sind betroffen (um Wake-up zu verursachen).

2) Der Programmzähler wird mit 0004h geladen, wenn Wake-up durch Interrupt verursacht und GIE-Bit gesetzt ist.

3) Reset-Werte für Programmzähler und STATUS Register siehe Tabelle unten

4) Mit jedem Rücksetzen des Mikrocontrollers sind die Anschlüsse als Eingang konfiguriert.

5) Dieser Wert steht in den Ausgaberegistern.

Programmzähler (PC) und STATUS Register Zustände

Vorgang	Programmzähler	STATUS Register
Power-on Reset	000h	0001 1xxx
$\overline{MCLR}$ (bei Normalbetrieb)	000h	000u uuuu
$\overline{MCLR}$ (bei Schlafbetrieb)	000h	0001 0uuu
WDT Reset (bei Normalbetrieb)	000h	0000 1uuu
WDT Wake-up	PC + 1	uuu0 0uuu
Interrupt Wake-up aus Schlafbetrieb	PC + 1	uuu1 0uuu

u: unverändert x: beliebig

Interrupt

- Der Mikrocontroller verfügt über die Interruptquellen:
  - externer Interrupt an Port RB0/INT
  - TMR0 Überlauf
  - PORTB Zustandsänderungen und
  - Daten EEPROM Schreibzyklus komplett.
- Diese Interruptanforderungen, sowie die zugehörigen Freigabebits werden in INTCON angezeigt.
- Eine Interruptauslösung
  - löscht GIE (General Interrupt Enable),
  - speichert die Rücksprungadresse im Stack und
  - lädt den Programmzähler mit 0004h.
- Mit RETFIE (Return From Interrupt) wird das GIE-Bit (Globale Freigabe Interruptanforderungen) gesetzt.
- Externe Interruptanforderungen (RB0/INT0, PORTB) werden frühestens nach drei bis vier Befehslzyklen erkennbar.
- Die eigentliche Interruptquelle wird durch Abfragen der Interruptbits per Anwendersoftware ermittelt.
- Zur erneuten Freigabe weiterer Interruptanforderungen muss die Anwendersoftware das jeweilige Bit löschen.
- **Hinweis:** Grundsätzlich werden die Interruptbits unabhängig von den Maskierungsbits und dem GIE-Bit gesetzt.

RB0/INT

- Dieser Interrupt
  - ist flankengetriggert
  - setzt INTF
  - ist durch INTE abschaltbar
  - muss durch Anwendersoftware in der zugehörigen Bearbeitungsroutine gelöscht werden
  - kann den Mikrocontroller aus dem Schlafbetrieb wecken, wenn INTE vor dem Schlafbefehl gesetzt wurde (Zustand von GIE legt fest, ob zur Unterbrechungsstelle nach dem Wake-up gesprungen wird)

TMR0

- Überlauf in TMR0 (FFh ⟶ 00h) setzt T0IF
- Freigabe bzw. Sperre durch setzen/löschen von T0IE

PORTB

- Zustandsänderung an PORTB <7 : 4> setzt RBIF
- Freigabe bzw. Sperre durch setzen/löschen von RBIE
- Impulse müssen mindestens einen Zyklus lang sein

Daten EEPROM

- EEIF wird gesetzt nach vollständigem Schreibzyklus
- Freigabe bzw. Sperre durch setzen/löschen von EEIE

SLEEP

- Der SLEEP-Befehl setzt den Mikrocontroller in einen Betriebszustand mit **geringer Energieaufnahme** (z. B. bei Anwendungen mit Batteriebetrieb).
- Mit Ausführung von SLEEP werden, wenn freigeben,
  - der Watch dog Timer gelöscht (bleibt betriebsfähig)
  - $\overline{PD}$ Bit gelöscht
  - $\overline{TO}$ Bit gesetzt
  - Oszillatortreiber abgeschaltet
  - I/O Ports im Zustand wie vor der Ausführung belassen
- Für eine weitere Reduzierung der Leisungsaufnahme sind zusätzliche Maßnahmen (z. B. I/O Beschaltung) erforderlich.
- **Aufwecken** aus dem Schlafzustand erfolgt über
  - externen RESET an $\overline{MCLR}$
  - WDT Wake-up (muss freigegeben sein)
  - Interrupt an RB0/INT, Änderungen an RB oder
  - Daten EEPROM Schreibzyklus vollständig
- Interruptanforderungen durch die Peripherie werden während des Schlafbetriebes nicht bearbeitet
- $\overline{MCLR}$ erzeugt einen Rücksetzvorgang des Mikrocontrollers (Neustart bei PC = 0h)
- Die übrigen Ereignisse realisieren eine Fortsetzung im Programm nach dem SLEEP Befehl.
- $\overline{PD}$ (gesetzt bei Power-up) wird gelöscht mit SLEEP.
- $\overline{TO}$ wird gelöscht, wenn WDT Time-out erfolgt.

Zeitablauf bei Wake-up durch INTERRUPT RB0/INT

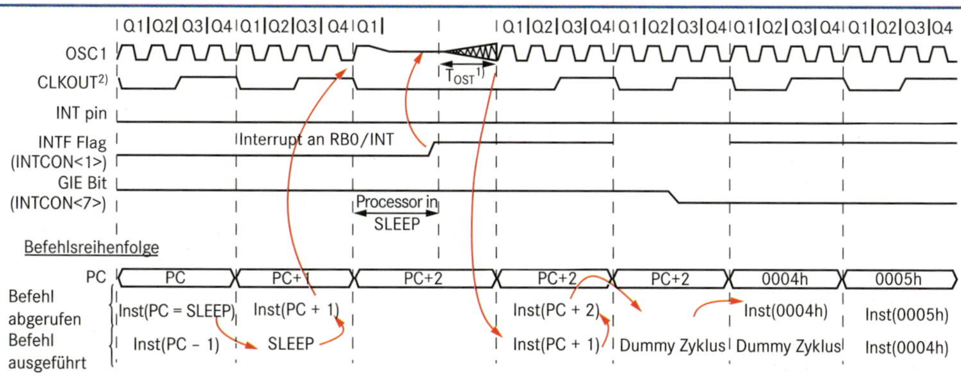

⟶ : Ablaufreihenfolge

1) T_{OST} = 1024 x T_{OSC} (nicht bei RC Betrieb)

2) CLKOUT nicht vorhanden; nur als Zeitreferenz

Vorraussetzung:

XT, HS bzw. LP Taktbetrieb / GIE = 1 : Aufruf der Interruptroutine

GIE = 0 : Rückkehr zum Befehl nach dem Sleep-Aufruf

Merkmale

- Die Daten im EEPROM sind im normalen Betrieb lesbar und beschreibbar (Adresse: 0h bis 3Fh; 64 Byte).
- Die Adressierung erfolgt über 4 SFR Register
  - EECON1 (Control-Bits; 88h)
  - EECON2 (nicht physikalisch implementiert; 89h)
  - EEDATA (8 bit Daten für lesen/schreiben; 08h)
  - EEADR (Adresse; 09h)
- Das Beschreiben einer Zelle löscht automatisch den vorherigen Inhalt.
- Die Schreibzeit wird über interne Hardware gesteuert.
- Der Zeitbedarf für das Schreiben ist abhängig von der Betriebsspannung, Umgebungstemperatur und variiert von von Chip zu Chip.

Anordnung EECON1

Bitposition → Bit 7 … Bit 0

	Bit 7							Bit 0
EECON				EEIF	WRERR	WREN	WR	RD
	u-0	u-0	u-0	R/W-0	R/W-x	R/W-0	R/S-0	R/S-0

Name	Funktion
Bit 7, 6, 5	nicht implementiert (gelesen als 0)
EEIF	EEPROM-Schreiben Unterbrechung 1: Schreibvorgang vollständig (durch Anwenderprogramm löschen) 0: Schreibvorgang nicht vollständig oder nicht gestartet
WRERR	EEPROM Fehler Kennzeichen 1: Schreiboperation vorzeitig beendet 0: Schreibvorgang vollständig
WREN	EEPROM Schreibfreigabe Bit 1: Schreibzyklen freigegeben 0: Schreibzyklen gesperrt
WR	EEPROM Schreiben Control-Bit 1: Starten Schreibzyklus (Bit wird duch Hardware nach erfolgtem Schreibvorgang gelöscht; Kann durch Software nur gesetzt werden)
RD	EEPROM Lesen Control-Bit 1: Lesevorgang initiiert (Bit wird gelöscht durch Hardware; kann durch Software nur gesetzt werden) 0: Kein Lesevorgang initiiert

R: lesbar — 0: Bit gelöscht — x: beliebig
1: Bit gesetzt — u: nicht implement. — -n: Wert nach Spannung ein Rücksetzvorgang (POR)
W: beschreibbar — S: setzen

EEPROM lesen

- Zum Lesen: Adresse der Speicherzelle in EEADR laden und EEECON1 Bit 0 (lesen) setzen.

```
BCF     STATUS,   RP0     ; Bank 0 auswählen
MOVLW   CONFIG_ADDR       ;
MOVWF   EEADR             ; Adresse der zu
                          ; lesenden Zelle laden
BSF     STATUS,   RP0     ; Bank 1 auswählen
BSF     EECON1,   RD      ; Inhalt der Zelle lesen
BCF     STATUS,   RP0     ; Bank 0 auswählen
MOVF    EEDATA,   W       ; Daten in W laden
```

EEPROM schreiben

- Zum Beschreiben: Speicheradresse in EEADR und Daten in EEDATA laden; danach die folgende Sequenz programmieren.

```
BSF     STATUS,   RP0     ; Bank 1 auswählen
BCF     INTCON,   GIE     ; Interrupte ausschalten
BSF     EECON1,   WREN    ; Schreiben freigeben
MOVLW   55h               ;
MOVWF   EECON2            ; 55h in EECON2
                          ; schreiben
MOVLW   AAh               ;
MOVWF   EECON2            ; AAh in EECON2
                          ; schreiben
BSF     EECON1,   WR      ; WR-Bit setzen
                          ; (startet schreiben)
BSF     INTCON,   GIE     ; Interrupte freigeben
```

(MOVWF EECON2 … BSF INTCON, GIE farbig markiert:) Diese Reihenfolge ist unbedingt einzuhalten

EEPROM Schreibprüfung

- Die Überprüfung der geschriebenen Werte garantiert eine fehlerfreie Abspeicherung im EEPROM.
- Sinnvoll insbesondere, wenn der Mikrocontroller unter harten Bedingungen (z. B. Temperaturbereich) eingesetzt wird.

Beispiel:

```
        BCF     STATUS,   RP0     ; Bank 0 auswählen
         :                        ; beliebiges
                                  ; Programm
         :                        ;
        MOVF    EEDATA,   W       ; muss in
                                  ; Bank 0 sein
        BSF     STATUS,   PR0     ; Bank 1 auswählen
READ
        BSF     EECON1,   RD      ; ja! geschriebenen
                                  ; Wert lesen
        BCF     STATUS,   RP0     ; Bank 0 auswählen
                                  ; Ist der Wert in W
                                  ; und in EEDATA
                                  ; identisch?
        SUBWF   EEDATA,   W       ;
        BTFSS   STATUS,   Z       ; ist die Differenz
                                  ; gleich 0?
        GOTO    WRITE_ERR         ; nein; setze
                                  ; Fehlerkennung
```

Merkmale

- Für die Programmierung des Mikrocontrollers bietet der Hersteller die Entwicklungsumgebung (**IDE: I**ntegrated **D**evelopment **E**nvironment) MPLAB an. Diese beinhaltet eine Reihe von Werkzeugen u. a. zur
  - Erstellung,
  - Test,
  - Simulation und
  - Programmierung der Anwendersoftware.
- Sie ist lauffähig unter Windows.
- Wesentlicher Vorgang einer Programmerstellung ist das Umsetzen der Aufgabenstellung in einen ablauffähigen Maschinencode.
- Dazu werden die einzelnen Befehle in der vorgesehenen Reihenfolge mit dem Assembler (MPASM) zeilenweise geschrieben (es entsteht der Quellcode).
- Durch einen Übersetzungsvorgang wird die Textfolge in den Maschinencode übersetzt (HEX-File).
- Zusätzlich werden weitere Protokolldateien (z. B. Speicherbelegung, LST (Listing)-Datei, COD (Code)-Datei) erzeugt.
- Als höhere Programmiersprache werden u. a. angeboten:
  - ANSI C-Compiler, BASIC, Pascal und
  - grafische Entwicklungsumgebungen (Flowcode).

Formatvorlage in MPASM

- Das Assemblerprogramm hat eine typische Struktur, die bestimmte Informationen beinhaltet, z. B.:
  - Prozessortyp ①
  - prozessorabhängige Include-Dateien ②
  - Anwenderprogramm
  - Programmende-Kennzeichen ③
- Include-Dateien sind einzelne Programmteile, die spezifische Funktionen beinhalten und mehrfach verwendet werden sollen. Diese werden vom Assembler an die jeweilige Stelle im Programm gesetzt.
- Der Hersteller liefert für jeden Mikrocontrollertyp die entsprechenden Informationen in Form von .asm-Dateien mit

```
;------------------------------------------------------------------------------
; Filename:          *.asm
; Date:
; File Version:
; Author:
; Company:
;------------------------------------------------------------------------------
; Features:
;------------------------------------------------------------------------------
; Ports:
;------------------------------------------------------------------------------
          ①  list          p=16F84A          ; list definiert den Controller
          ②  #include      <p16F84A.inc>     ; Headerdatei mit Registernamen
             errorlevel    -302              ; suppress message 302
             __CONFIG      _CP_OFF & _WDT_OFF & _PWRTE_ON & _HS_OSC
;              Config:     no code protect, no watchdog,
;              power-up timer enabled, 4 MHz .. 20 MHz clock
;------------------------------------------------------------------------------
; VARIABLE DEFINITIONS
;------------------------------------------------------------------------------
temp_01         equ        0x0C              ; temporäres Zählregister
temp_02         equ        0x0D              ; temporäres Zählregister
;------------------------------------------------------------------------------
                ORG        0x000             ; Anfangsadresse 0x000
;------------------------------------------------------------------------------
; Hauptprogramm: main
;------------------------------------------------------------------------------
main                                         ; Ports konfigurieren
                bsf        STATUS, RP0       ; auf Bank 1 schalten
                movlw      0x1f
                movwf      TRISA             ; RA0-RA4 Eingänge
                movlw      0x00
                movwf      TRISB             ; RB0-RB7 Ausgänge
                bcf        STATUS, RP0       ; auf Bank 0 schalten
                                             ; Initialisierungen:
                clrf       PORTB             ; Port B löschen
;------------------------------------------------------------------------------
mainloop                                     ; Hauptzyklus

                goto       mainloop
;------------------------------------------------------------------------------
          ③    end                           ; Programmende
;------------------------------------------------------------------------------
```

Programmkopf (Zeilen 1–18); Symbolik (Zeilen 18–23); Flash-Anhang (Zeilen 23–25); Konfigurationen (Zeilen 25–37); Haupt-Zyklus (Zeilen 37–41); Programmende (Zeilen 41–43)

Spalten: Zeilennummer | labels | Befehle/Direktiven | Operanden

Gehäuseform 40-Pin PDIP (Plastic Dual Inline Package)

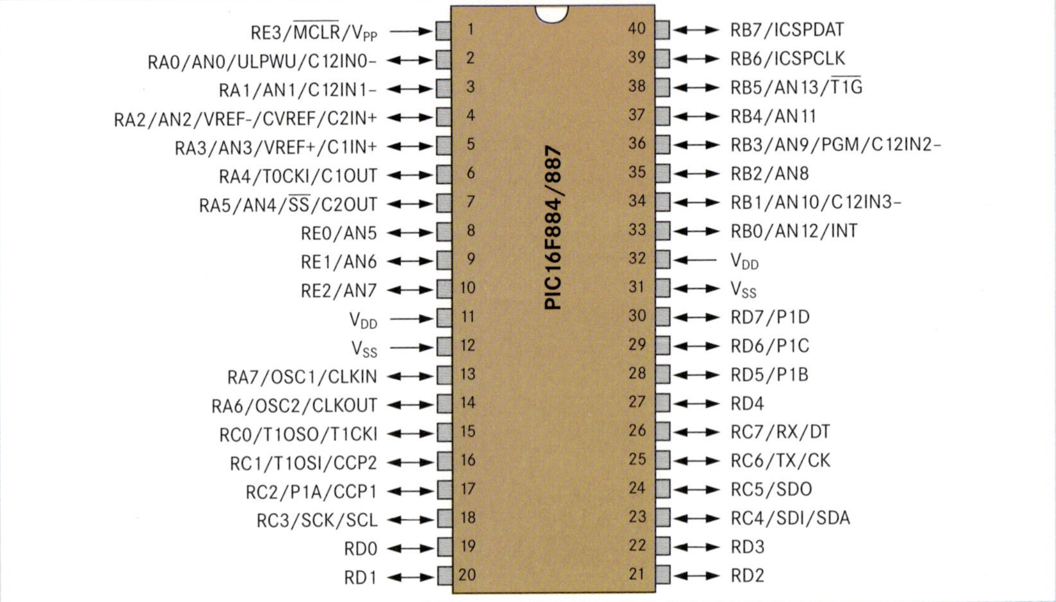

Bedeutung/Funktion

AN0 ... AN13	Analog-/Digitalwandler-Eingang 0 ... 13	PGM	Niederspannungs-ICSP^{TM} Programmierfreigabe
C12IN0-	Komparator C1 oder C2 negativer Eingang	RA0 ... RA7	Universelle Ein-/Ausgänge Port A
C12IN1-	Komparator C1 oder C2 negativer Eingang	RB0 ... RB7	Universelle Ein-/Ausgänge Port B
C12IN2-	Komparator C1 oder C2 negativer Eingang	RC0 ... RC7	Universelle Ein-/Ausgänge Port C
C12IN3-	Komparator C1 oder C2 negativer Eingang	RD0 ... RD7	Universelle Ein-/Ausgänge Port D
C1IN+	Komparator C1 positiver Eingang	RE0 ... RE3	Universelle Ein-/Ausgänge Port E
C1OUT	Komparator C1 Ausgang	RX	EUSART asynchroner Eingang
C2IN+	Komparator C2 positiver Eingang	SCK	SPI Takt
C2OUT	Komparator C2 Ausgang	SCL	I^2C^{TM} Takt
CCP1	Erfassen/Vergleichen/PWM1	SDA	I^2C Dateneingang/-ausgang
CCP2	Erfassen/Vergleichen/PWM2	SDI	SPI Daten Eingang
CLKIN	Externer Takteingang/RC-Oszillator Anschluss	SDO	SPI Daten Ausgang
CLKOUT	FOSC/4-Ausgang	$\overline{SS}$	Slave Auswahleingang
CK	EUSART synchroner Takt	T0CKI	Timer0 Takteingang
CV_{REF}	Komparator Spannungsreferenz-Ausgang	T1CKI	Timer1 Takteingang
DT	EUSART synchrone Daten	$\overline{T1G}$	Timer1 Zählfreigabe Eingang
ICSPCLK	Serielle Programmierung Takt	T1OSI	Timer1 Oszillatoreingang
ICSPDAT	ICSP^{TM} Daten E/A	T1OSO	Timer1 Oszillatorausgang
INT	Externer Interrupt	TX	EUSART asynchrone Übertragung
$\overline{MCLR}$	Master-Rücksetzen mit internem pull-up	ULPWU	Ultra Low-Power Weck-Eingang
OSC1	Quarz/Resonator	VPP	Programmierspannung
OSC2	Quarz/Resonator	VREF-	A/D negative Referenzspannung Eingang
P1A	PWM Ausgang	VREF+	A/D positive Referenzspannung Eingang
P1B	PWM Ausgang	V_{SS}	Betriebsspannung 0 V
P1C	PWM Ausgang	V_{DD}	Positive Versorgungsspannung

Gesamtaufbau

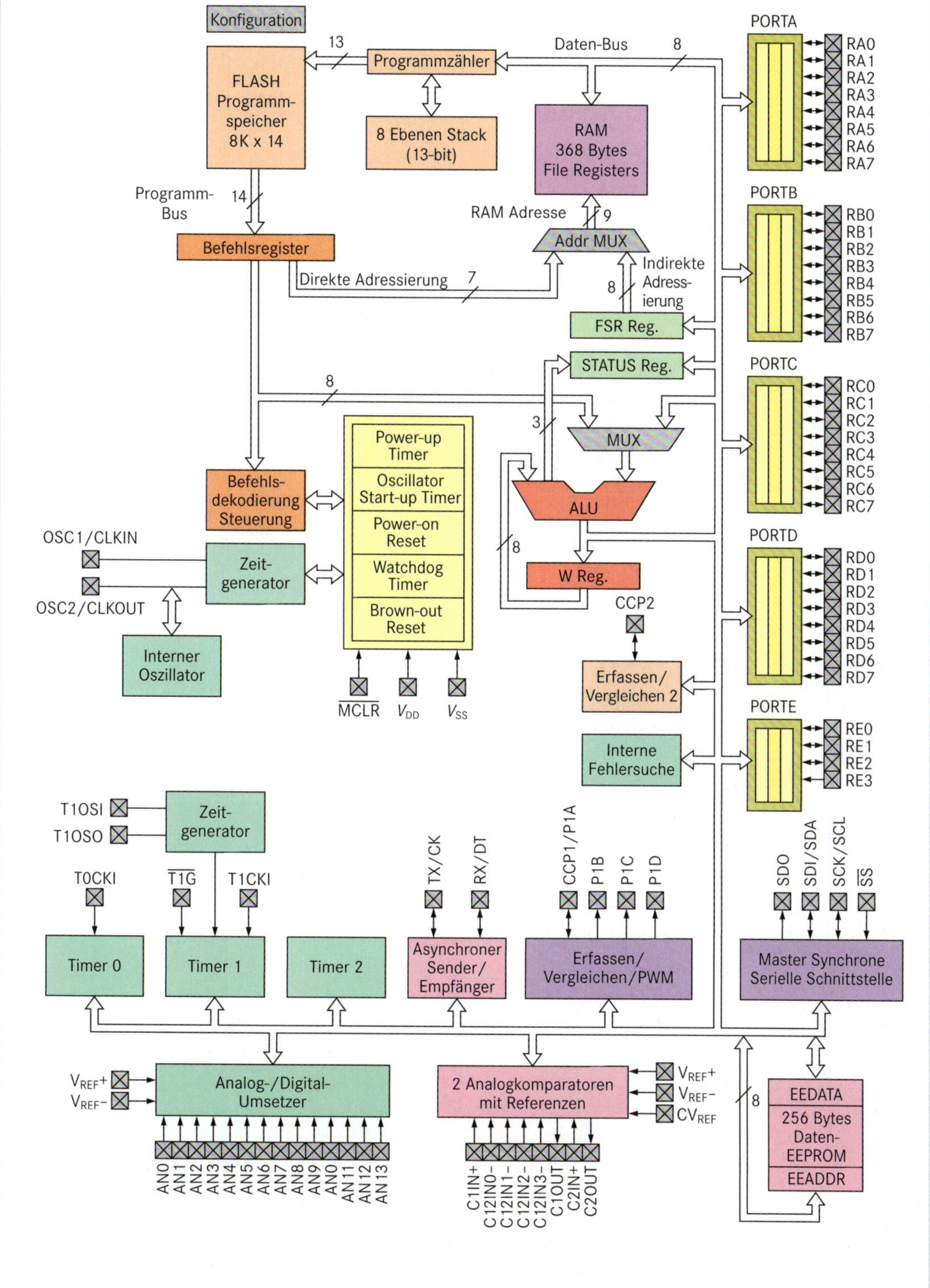

FSR: **F**ile **S**elect **R**egister **MUX**: **Mul**tiple**x**er **W** Reg: **W**orking Register (Akkumulator) ☒: Anschlusspin

Mikrocontroller PIC16F887 Spezielle Funktionsregister
Microcontroller PIC16F887 Special Function Registers

Datenspeicher Organisation

Bank 0	Adresse	Bank 1	Adresse	Bank 2	Adresse	Bank 3	Adresse
Indirect addr.[1]	00h	Indirect addr.[1]	80h	Indirect addr.[1]	100h	Indirect addr.[1]	180h
TMR0	01h	OPTION_REG	81h	TMR0	101h	OPTION_REG	181h
PCL	02h	PCL	82h	PCL	102h	PCL	182h
STATUS	03h	STATUS	83h	STATUS	103h	STATUS	183h
FSR	04h	FSR	84h	FSR	104h	FSR	184h
PORTA	05h	TRISA	85h	WDTCON	105h	SRCON	185h
PORTB	06h	TRISB	86h	PORTB	106h	TRISB	186h
PORTC	07h	TRISC	87h	CM1CON0	107h	BAUDCTL	187h
PORTD	08h	TRISD	88h	CM2CON0	108h	ANSEL	188h
PORTE	09h	TRISE	89h	CM2CON1	109h	ANSELH	189h
PCLATH	0Ah	PCLATH	8Ah	PCLATH	10Ah	PCLATH	18Ah
INTCON	0Bh	INTCON	8Bh	INTCON	10Bh	INTCON	18Bh
PIR1	0Ch	PIE1	8Ch	EEDAT	10Ch	EECON1	18Ch
PIR2	0Dh	PIE2	8Dh	EEADR	10Dh	EECON2[1]	18Dh
TMR1L	0Eh	PCON	8Eh	EEDATH	10Eh	Reserved	18Eh
TMR1H	0Fh	OSCCON	8Fh	EEADRH	10Fh	Reserved	18Fh
T1CON	10h	OSCTUNE	90h		110h		190h
TMR2	11h	SSPCON2	91h		111h		191h
T2CON	12h	PR2	92h		112h		192h
SSPBUF	13h	SSPADD	93h		113h		193h
SSPCON	14h	SSPSTAT	94h		114h		194h
CCPR1L	15h	WPUB	95h		115h		195h
CCPR1H	16h	IOCB	96h	General Purpose Registers 16 Bytes	116h	General Purpose Registers 16 Bytes	196h
CCP1CON	17h	VRCON	97h		117h		197h
RCSTA	18h	TXSTA	98h		118h		198h
TXREG	19h	SPBRG	99h		119h		199h
RCREG	1Ah	SPBRGH	9Ah		11Ah		19Ah
CCPR2L	1Bh	PWM1CON	9Bh		11Bh		19Bh
CCPR2H	1Ch	ECCPAS	9Ch		11Ch		19Ch
CCP2CON	1Dh	PSTRCON	9Dh		11Dh		19Dh
ADRESH	1Eh	ADRESL	9Eh		11Eh		19Eh
ADCON0	1Fh	ADCON1	9Fh		11Fh		19Fh
	20h		A0h		120h		1A0h
	3Fh	General Purpose Registers 80 Bytes		General Purpose Registers 80 Bytes		General Purpose Registers 80 Bytes	
General Purpose Registers 96 Bytes	40h						
	6Fh		EFh		16Fh		1EFh
	70h	accesses 70h–7Fh	F0h	accesses 70h–7Fh	170h	accesses 70h–7Fh	1F0h
	7Fh		FFh		17Fh		1FFh

[1] Kein physikalisches Register

Nicht implementierter Datenspeicherbereich, gelesen als 0

STATUS

Bitposition ⟶ Bit 7 … Bit 0

STATUS	Bit 7							Bit 0
	IRP	RP1	RP0	$\overline{TO}$	$\overline{PD}$	Z	DC	C
	R/W-0	R/W-0	R/W-0	R-1	R-1	R/W-x	R/W-x	R/W-x

Name	Funktion	Name	Funktion
IRP	Register Bank Auswahl (für indirekte Adressierung) 1: Bank 2,3 (100h ... 1FFh) 0: Bank 0,1 (00h ... FFh)	RP1 RP0	Register Bank Auswahl (für direkte Adressierung) 00: Bank 0 (00h ... 7Fh) 01: Bank 1 (80h ... FFh) 10: Bank 2 (100h ... 17Fh) 11: Bank 3 (180h ... 1FFh)

$\overline{TO}$ $\overline{PD}$ Z DC C : Funktionen wie bei PIC16Fxx

INTCON

Bitposition ⟶ Bit 7 … Bit 0

INTCON	Bit 7							Bit 0
	GIE	PEIE	T0IE	INTE	RBIE	T0IF	INTF	RBIF
	R/W-0	R/W-0	R/W-0	R/W-0	R/W-0	R/W-0	R/W-0	R/W-x

Name	Funktion	Name	Funktion
PEIE	Peripherie Unterbrechungsfreigabe 1: Alle unmaskierten Peripherie-Unterbrechungen freigegeben 0: Alle Peripherie-Unterbrechungen gesperrt	RBIF	Port B Zustandsänderung Unterbrechung 1: Wenn mindestens ein Eingang an Port B den Zustand geändert hat 0: Keine Zustandsänderung an keinem Eingang

Anmerkungen: 1. IOCB muss gesetzt sein. 2. T0IF wird gesetzt, wenn Timer0 überläuft (Timer0 wird durch RESET nicht geändert und sollte initialisiert werden bevor T0IF gelöscht wird).

GIE T0IE INTE RBIE T0IF INTF : Funktionen wie bei PIC16Fxx

ANSEL

Bitposition ⟶ Bit 7 … Bit 0

Bit 7							Bit 0
ANS7	ANS6	ANS5	ANS4	ANS3	ANS2	ANS1	ANS0
R/W-1	R/W-1	R/W-1	R/W-1	R/W-1	R/W-1	R/W-1	R/W-1

Name	Funktion
ANS0 ... ANS7	Analog Auswahl Auswahl zwischen Analog- oder Digitalfunktion für die Anschlüsse PIN 10, 9, 8, 7, 5, 4, 3, 2 1: Anschluss ist festgelegt als Analogeingang 0: Anschluss ist festgelegt als Digitaleingang oder andere spezielle Funktion

Anmerkungen: 1. Ein auf analog gesetzter Eingang schaltet die digitale Eingangsschaltung, die weak pull-ups und die Unterbrechung bei Zustandsänderung ab. 2. Das zugehörige TRIS bit muss auf Eingangsbetrieb gesetzt sein, um den Anschluss über die externe Spannung steuern zu können.

ANSEL H

Bitposition ⟶ Bit 7 … Bit 0

Bit 7							Bit 0
-	-	ANS13	ANS12	ANS11	ANS10	ANS9	ANS8
		R/W-1	R/W-1	R/W-1	R/W-1	R/W-1	R/W-1

Name	Funktion
ANS8 ... ANS13	Analog Auswahl Auswahl zwischen Analog- oder Digitalfunktion für die Anschlüsse PIN 38, 33, 37, 34, 36, 35 1: Anschluss ist festgelegt als Analogeingang 0: Anschluss ist festgelegt als Digitaleingang oder andere spezielle Funktion

Anmerkungen: siehe ANSEL

TIMER1 Control Register

Bitposition ⟶ Bit 7 … Bit 0

T1GINV[1]	TMR1GE[2]	T1CKPS1	T1CKPS0	T1OSCEN	$\overline{\text{T1SYNC}}$	TMR1CS	TMR1ON
R/W-0	R/W-0	R/W-0	R/W-0	R/W-0	R/W-0	R/W-0	R/W-0

R/W: Lesen/Schreiben 0: Bit gelöscht

Name	Funktion	Name	Funktion
T1GINV	**Timer1 Gate** (Freigabe) **Inv**ertierung[1] 1: Timer1 Gate ist aktiv-high (Timer1 zählt) 0: Timer1 Gate ist aktiv-low (Timer1 zählt)	**$\overline{\text{T1SYNC}}$**	**Timer1** External Clock Input **Sync**hronization Control (Externer Takteingang Synchronisationssteuerung) TMR1CS: 1 1 ⟶ Keine Synchronisation mit externem Takt 0 ⟶ Synchronisation mit externem Takt TMR1CS: 0 Bit wird ignoriert. Timer1 verwendet internen Takt
TMR1GE	**Timer1 G**ate **E**nable (Steuerungsfreigabe)[2] TMR1ON: 0 bedeutet Gate Enable wird ignoriert TMR1ON: 1 1: Timer1 Zählungen werden gesteuert durch Timer1 Gate Funktionen 0: Timer1 zählt immer		
T1CKPS1 **T1CKPS0**	**Timer1** Input **Clock Prescale S**elect (Takt Eingangsvorteiler-Auswahl) 11 ⟶ 1:8 Vorteiler Wert 10 ⟶ 1:4 Vorteiler Wert 01 ⟶ 1:2 Vorteiler Wert 00 ⟶ 1:1 Vorteiler Wert	**TMR1CS**	**Timer1 C**lock **S**ource Select (Taktquelle-Auswahl) 1: Externer Takt von T1CKI pin (steigende Flanke) 0: Interner Takt (FOSC/4)
T1OSCEN	LP **Osc**illator **En**able Control (Freigabe) 1 = LP Oszillator freigegeben für Timer1 Takt 0 = LP Oszillator ist abgeschaltet	**TMR1ON**	**Timer1 ON** (Ein) 1: Freigabe Timer1 0: Anhalten Timer1

Anmerkungen: [1] T1GINV invertiert die Timer1 Gatelogik, unabhängig von der Quelle
[2] TMR1GE muss entweder $\overline{\text{T1G}}$ pin oder C2OUT als Timer1 Gatequelle verwenden (Auswahl durch T1GSS von CM2CON1-Register)

TIMER2 Control Register

Bitposition ⟶ Bit 7 … Bit 0

-	TOUTPS3	TOUTPS2	TOUTPS1	TOUTPS0	TMR2ON	T2CKPS1	T2CKPS0
R/W-0	R/W-0	R/W-0	R/W-0	R/W-0	R/W-0	R/W-0	R/W-0

R/W: Lesen/Schreiben 0: Bit gelöscht

Name	Funktion	Name	Funktion
TOUTPS 3 ... 0	Timer2 **Out**put **P**ostscaler **S**elect 0000 ⟶ 1:1 Nachteiler 0001 ⟶ 1:2 Nachteiler 0010 ⟶ 1:3 Nachteiler 0011 ⟶ 1:4 Nachteiler 0100 ⟶ 1:5 Nachteiler 0101 ⟶ 1:6 Nachteiler 0110 ⟶ 1:7 Nachteiler 0111 ⟶ 1:8 Nachteiler 1000 ⟶ 1:9 Nachteiler 1001 ⟶ 1:10 Nachteiler 1010 ⟶ 1:11 Nachteiler 1011 ⟶ 1:12 Nachteiler 1100 ⟶ 1:13 Nachteiler 1101 ⟶ 1:14 Nachteiler 1110 ⟶ 1:15 Nachteiler 1111 ⟶ 1:16 Nachteiler	**TMR2ON** **T2CKPS 1 ... 0**	**Timer2 ON** (Ein) 1: Timer2 ist ein 0: Timer2 ist aus **Timer2 Clock Prescale S**elect (Taktvorteiler) 00: Vorteiler ist 1 01: Vorteiler ist 4 1x: Vorteiler ist 16

Eigenschaften

- Die Analog-/Digitalwandlereinheit wandelt ein analoges Eingangssignal in einen 10 Bit Binärcode.
- Die Analogsignale werden einer **Abtast- und Halteschaltung** über einen Multiplexer zugeführt und in einem A/D-Wandler umgesetzt.
- Die Wandlung erfolgt als **sukzessive Approximation** (schrittweise Annäherung).
- Das Umsetzergebnis wird in ADRESL und in ADRESH gespeichert.
- Die Erzeugung (intern oder extern) der **Referenzspannung** kann über Software eingestellt werden.

ADCON0 (A/D CONTROL REGISTER 0)

Bitposition ⟶ Bit 7 … Bit 0

ADCS1	ADCS0	CHS3	CHS2	CHS1	CHS0	GO/$\overline{\text{DONE}}$	ADON
R/W-0	R/W-0	R/W-0	R/W-0	R/W-0	R/W-0	R/W-0	R/W-0

R/W: Lesen/Schreiben 0: Bit gelöscht

Name	Funktion
ADCS 1 … 0	**A/D** Conversion **C**lock **S**elect (Wandungstakt Auswahl) 00: FOSC/2 01: FOSC/8 10: FOSC/32 11: FRC (Takt eines ausgewählten internen Oszillators, max. 500 kHz)
CHS 3 … 0	Analog **Ch**annel **S**elect (Analogeingang Auswahl) 0000: AN0 1000: AN8 0001: AN1 1001: AN9 0010: AN2 1010: AN10 0011: AN3 1011: AN11 0100: AN4 1100: AN12 0101: AN5 1101: AN13 0110: AN6 1110: CVREF 0111: AN7 1111: Feste Referenzspannung (0.6 V)
GO/$\overline{\text{DONE}}$	A/D Conversion Status (A/D Wandlung Status) 1: A/D Wandlungszyklus in Bearbeitung Startet den Wandlungszyklus Wird automatisch durch Hardware gelöscht, wenn die A/D-Wandlung durchgeführt wurde 0: A/D-Wandlung fertig/nicht in Bearbeitung
ADON	ADC Enable (Freigabe) 1: A/D-Wandlung ist freigegeben 0: A/D-Wandlung ist abgeschaltet und benötigt keinen Betriebsstrom

ADCON1 (A/D CONTROL REGISTER 1)

Bitposition ⟶ Bit 7 … Bit 0

ADFM	-	VCFG1	VCFG0	-	-	-	-
R/W-0		R/W-0	R/W-0				

R/W: Lesen/Schreiben 0: Bit gelöscht

Name	Funktion
ADFM	**A/D** Conversion Result **Form**at Select (A/D-Wandlungsformat Ergebnis Auswahl) 1: Rechts ausgerichtet 0: Links ausgerichtet
VCFG1	**V**oltage **Ref**erence 1: VREF- pin 0: VSS
VCFG0	Voltage Reference 1: VREF+ pin 0: VDD

ADRESH/ADRESL (ADC RESULT REGISTER)

Bitposition ⟶ Bit 7 … Bit 0

ADRESH ADFM: 0

ADRES9	ADRES8	ADRES7	ADRES6	ADRES5	ADRES4	ADRES3	ADRES2
R/W-x	R/W-x	R/W-x	R/W-x	R/W-x	R/W-x	R/W-x	R/W-x

ADRES 9 … 2: A/D-Wandlungsergebnis (oberen 8 bit des 10 bit Wandlungsergebnisses)

ADRESL ADFM: 0

ADRES1	ADRES0	-	-	-	-	-	-
R/W-x	R/W-x						

R/W: Lesen/Schreiben x: Bit beliebig

ADRES 1 … 0: A/D-Wandlungsergebnis (unteren 2 bit des 10 bit Wandlungsergebnisses)

Eigenschaften

- Diese Funktionseinheit ist eine **serielle Kommunikationsschnittstelle**.
- Sie wird verwendet zur Anschaltung von z. B.
  - seriellen EEPROMs oder
  - seriellen Anzeigeeinheiten
- Als Betriebsarten können ausgewählt werden
  - **I²C** (**I**nter **I**ntegrated **C**ircuit) und
  - **SPI** (**S**erial **P**ort **I**nterface).
- Der I²C-Betrieb ist möglich als
  - Single-Master Betrieb,
  - Multi-Master Betrieb und als
  - Slave Betrieb.

SSPSTAT (SSP STATUS REGISTER)

Bitposition → Bit 7 … Bit 0

SMP	CKE	D/$\overline{A}$	P	S	R/$\overline{W}$	UA	BF
R/W-0	R/W-0	R-0	R-0	R-0	R-0	R-0	R-0

R/W: Lesen/Schreiben 0: Bit gelöscht

Name	Funktion	Name	Funktion
SMP	**Samp**le (Abtast-Bit)	**S**	**S**tart
CKE	SPI **C**loc**k** **E**dge Select (SPI Taktflankenauswahl)	**R/W**	**R**ead/**W**rite Information (nur I²C-Betrieb)
D/A	**D**aten/**A**ddresse (nur I²C-Betriebsart)	**UA**	**U**pdate **A**ddress (Adress-Aktualisierungskennzeichen; nur 10-bit I²C-Betrieb)
P	**S**topp	**BF**	**B**uffer **F**ull Status (Puffer gefüllt)

SSPCON (SSP CONTROL REGISTER 1)

Bitposition → Bit 7 … Bit 0

WCOL	SSPOV	SSPEN	CKP	SSPM3	SSPM2	SSPM1	SSPM0
R/W-0	R/W-0	R/W-0	R/W-0	R/W-0	R/W-0	R/W-0	R/W-0

R/W: Lesen/Schreiben 0: Bit gelöscht

Name	Funktion	Name	Funktion
WCOL	**W**rite **Col**lision Detect (Schreibkollision Erkennung)	**CKP**	**C**loc**k** **P**olarity Select (Taktpolarität Auswahl)
SSPOV	Receive **Ov**erflow Indicator (Überlauf Anzeige)	**SSPM 3 ... 0**	**S**ynchronous **S**erial **P**ort **M**ode Select (Betriebsartauswahl)
SSPEN	**S**ynchronous **S**erial **P**ort **En**able (Portfreigabe)		

SSPCON2: SSP CONTROL REGISTER 2

Bitposition → Bit 7 … Bit 0

GCEN	ACKSTAT	ACKDT	ACKEN	RCEN	PEN	RSEN	SEN
R/W-0	R-0	R/W-0	R/W-0	R/W-0	R/W-0	R/W-0	R/W-0

R/W: Lesen/Schreiben 0: Bit gelöscht

Name	Funktion	Name	Funktion
GCEN	**G**eneral **C**all **En**able (Generelle Freigabe; nur im I²C-Slave Betrieb)	**RCEN**	**R**e**c**eive **En**able (Empfangsfreigabe; nur im I²C-Slave Betrieb)
ACKSTAT	**Ack**nowledge **Stat**us (Bestätigung Status; nur im I²C-Slave Betrieb)	**PEN**	Stop Condition **En**able (Stopp Zustandsfreigabe; nur im I²C-Slave Betrieb)
ACKDT	**Ack**nowledge **D**a**t**a (Bestätigung Daten; nur im I²C-Slave Betrieb)	**RSEN**	**R**epeated **S**tart Condition **En**abled (Wiederholte Startfreigabe; nur im I²C-Slave Betrieb)
ACKEN	**Ack**nowledge Sequence **En**able (Bestätigung Sequenzfreigabe; nur im I²C-Slave Betrieb)	**SEN**	**S**tart Condition **En**abled (Startbedingung freigegeben; nur im I²C-Slave Betrieb)

Anmerkung: Für ACKEN, RCEN, PEN, RSEN, SEN: Dürfen nur gesetzt werden, wenn die I²C-Funktionseinheit im Ruhebetrieb ist; SSPBUF darf nicht beschrieben werden (oder Schreiben in SSPBUF ist abgeschaltet)

Merkmale

- Die Programmierung von Mikrocontrollern kann sowohl in der Assembler-Programmiersprache als auch in der höheren **Programmiersprache C** erfolgen.
- Für die Programmierung in C wird in der Regel von den Chipherstellern ein **C-Compiler** (Umsetzungsprogramm in die Maschinensprache) angeboten.
- Diese C-Compiler beinhalten überwiegend den **ANSI C**-Standard mit entsprechenden Abwandlungen für den spezifischen Prozessortyp.
- Durch vorhandene **Softwarebibliotheken** können z. B. mathematische Berechnungen in Form von ablauffähigen Funktionen ohne Programmieraufwand eingebunden werden.
- Bedingt durch den begrenzten Speicherumfang bei Mikrocontrollern sind einige Besonderheiten in der Programmierung (z. B. Anzahl der Variablen und Datentypen) zu beachten.
- Die Programmierung in C bietet **Vorteile** insbesondere bei umfangreichen Programmen und in der Softwarepflege.
- Aus der Vielzahl der angebotenen C-Compiler bietet sich für die PIC16-Mikrocontroller der HI-Tech C-Compiler an.

Formatvorlage

```
/*---------------------------------------
 Filename:                          vorlage01_887.c
 Date:
 File Version:
 Author:
 Company:           David-Roentgen-Schule Neuwied
---------------------------------------
 Features:
---------------------------------------
 Ports:
---------------------------------------*/
#include <htc.h>        // Standard-Header
__CONFIG(LVPDIS&FCMEN&IESODIS&BORDIS&CPD&UNPROTECT&MCLREN&PWRTEN&WDTDIS&HS);
__CONFIG(BORV21);
//---------------------------------------
/*        Config:   Low Voltage Programming Enable bit off
;                   Fail-Safe Clock Monitor Enable bit on
;                   Internal External Switchover mode off
;                   Brown-out Reset off
;                   Data Code Protection bit off
;                   Code Protection bit off
;                   MCLR on (HV-Programming, Reset)
;                   Power-up Timer on
;                   Watchdog Timer off
;                   High Speed External Oscillator (> 4.0000 MHz)
;                   Flash Program Memory Self Write off
;                   Brown-out Reset set to 2.1 V
---------------------------------------*/
void init_io(void);
//---------------------------------------
void main( )                          // Hauptprogramm
{
 init_io( );
 while(1)
 {
                                      // hier steht der C-Code des Hauptzyklus
 }
{
//---------------------------------------
void init_io(void)
{
  ANSEL=0x00;              // all ANx pins digital
  ANSELH=0x00;
  TRISA=0xFF;         // Port A -> Eingänge; 0=output, 1=input
  TRISB=0x00;         // Port B -> Ausgänge
  PORTB=0x00;              // Port B löschen
}
//---------------------------------------
```

Header-Datei
Konfigurationswort
Kommentarblock
Funktionsprototyp
Hauptfunktion
Funktionsaufruf
Endlosschleife
Kommentar

Programmablaufplan	Beispiel	Bemerkung

Einseitige Verzweigung 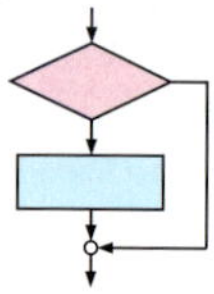	if(Bedingung){
	  Anweisungsblock;
	}
		In Abhängigkeit eines Ausdruckes wird ein Block einmal oder gar nicht durchlaufen.

Zweiseitige Verzweigung 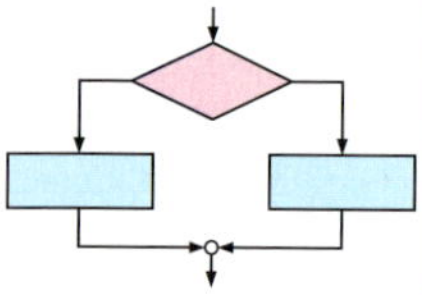	if(Bedingung){
	  Anweisungsblock 1;
	}
	else{
	  Anweisungsblock 2;
	}
		In Abhängigkeit eines Ausdruckes wird ein Block 1 oder Block 2 durchlaufen.

Geschachtelte Verzweigung 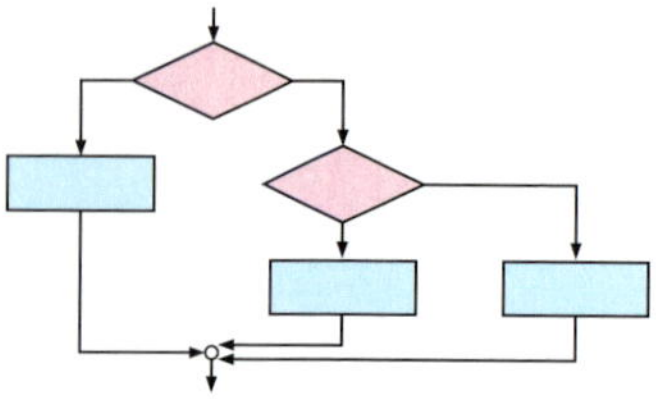	if(Bedingung){
	  Anweisungsblock 1;
	}
	else if(Bedingung_2){
	  Anweisungsblock 2;
	}
	else{
	  Anweisungsblock 3;
	}
		Ist der Ausdruck 1 wahr wird Block 1 durchlaufen.
		Ist der Ausdruck 2 wahr wird Block 2 durchlaufen.
		Sonst Block 3.

Mehrfachauswahl 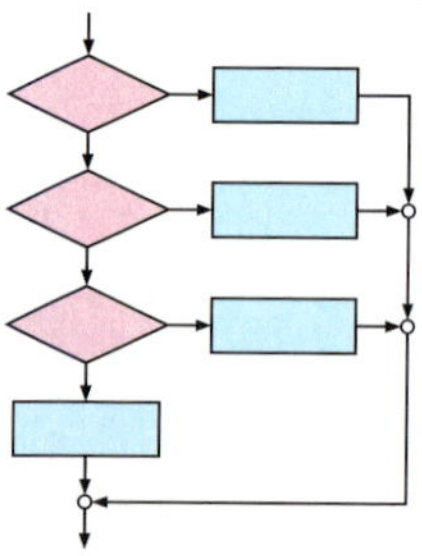	switch (x)
	{
	  case 1: Anweisung1;
	    break;
	  case 2: Anweisung2;
	    break;
	  case 3: Anweisung3;
	    break;
	  default: Anweisung4;
	}
		In Abhängigkeit der Variablen x wird die entsprechende Anweisung ausgeführt.
		Dann wird angebrochen.
		Ist x nicht 1, 2 oder 3 wird die Anweisung unter „default" ausgeführt.

Kopfgesteuerte Schleife 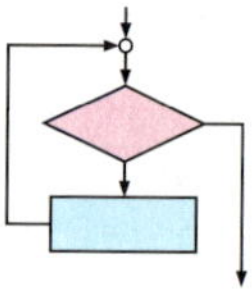	while (Bedingung){
	  Anweisungsblock;
	}
		Am Anfang der Schleife wird der Ausdruck geprüft.
		Die Schleife wird mehrmals, einmal oder keinmal durchlaufen.

Fußgesteuerte Schleife 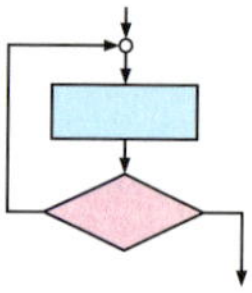	do{ Anweisungsblock; } while (Bedingung)	Die Schleife einmal durchlaufen, dann wird der Ausdruck geprüft. Ist der Ausdruck wahr wird die Schleife nochmals durchlaufen.

Zählschleife 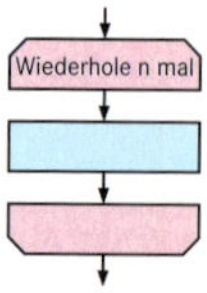	for(int x=0;x<Wert;x++){
	  Anweisungsblock;
	}
		Eine Variable zählt die Schleifendurchläufe und wird nach jedem Durchlauf um 1 erhöht.

Endlosschleife 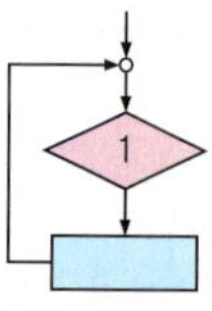	while (1){
	  Anweisungsblock;
	}
		Die Schleife wird immer durchlaufen, da die Bedingung immer erfüllt ist. (1 = true)

Merkmale

- Für die Programmierung gibt es neben den textorientierten Editoren auch Werkzeuge, die auf **grafischer** Basis arbeiten (z. B. Flowcode der Fa. Matrix Multimedia).
- Die Programmerstellung erfolgt mittels **Icons**, die an die Symbole aus Programmablaufplänen angelehnt sind. Diese werden mit der Maus aus der Symbolleiste ausgewählt und an der entsprechenden Stelle im Flussdiagramm angeordnet.
- Zusätzlich zur Programmerstellung sind in der Entwicklungsumgebung Möglichkeiten zum Programmtest (Simulation des Flussdiagramms) und zur Programmierung des entsprechenden Mikrocontrollers enthalten.
- Zur Unterstützung beim Programmtest können Peripheriekomponenten an die Ports des Mikrocontrollers angeschlossen werden.
- Spezifische Eigenschaften der Peripheriekomponenten werden über Untermenüs eingestellt.
- Komponentenmakros oder selbst erstellte Makrofunktionen können als kompletter Baustein in das jeweilige Programm mit eingebunden werden.
- Die Compilierung zum ablauffähigen Maschinencode erfolgt in der Reihenfolge Grafik – C – Assembler – Maschinencode.

Oberfläche

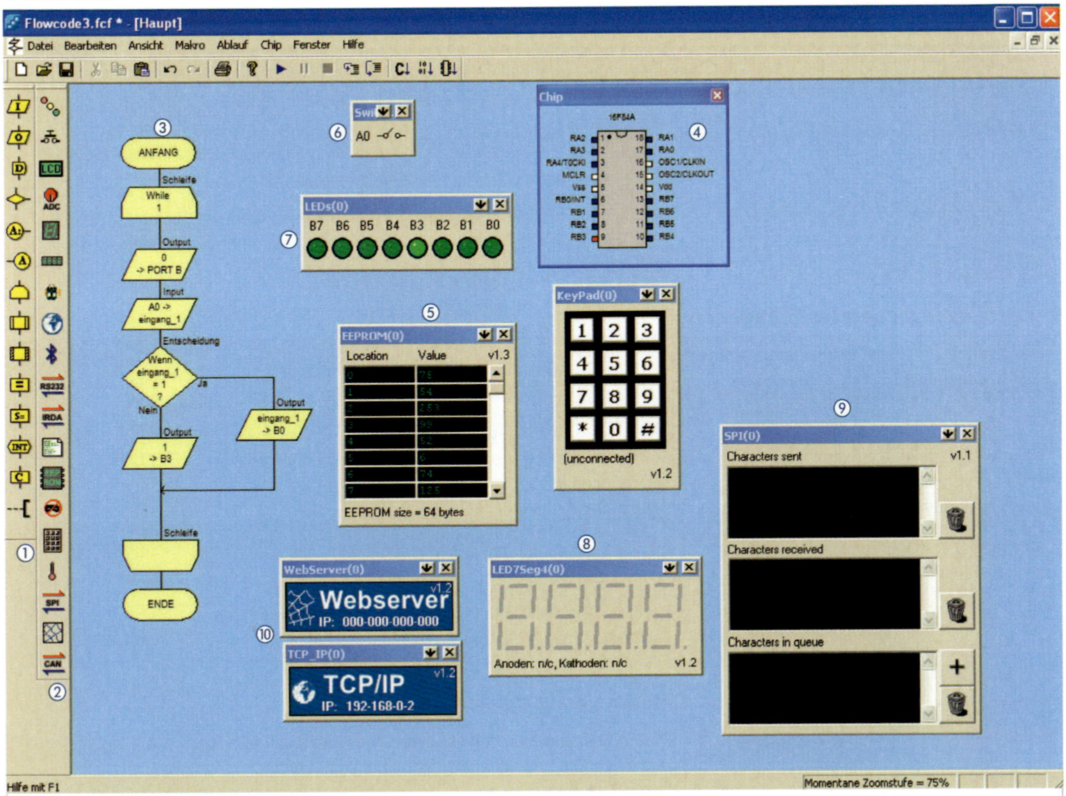

① Programm-Iconleiste:
enthält die für die Programmierung verwendbaren Icons (z. B. Input, Schleife, Entscheidung)

② Komponenten-Iconleiste:
beinhaltet die verwendbaren Komponenten (z. B. Taster, Schalter, LED-Anzeige, Schnittstellen)

③ Programm-Flussdiagramm:
Befehle (Programm-Icons) werden zwischen die Begrenzer Anfang und Ende eingefügt

④ Mikrocontrollerauswahl:
zeigt den ausgewählten Mikrocontrollertyp mit den entsprechenden Gehäuseanschlüssen

⑤ EEPROM-Darstellung:
zeigt die Inhalte des EEPROM-Speichers Komponentenmodul

⑥ Schalter:
Eingabesimulation während des Programmtests

⑦ Komponentenmodul LED-Anzeige:
optische Zustandsanzeige der angeschlossenen Ausgänge

⑧ Komponentenmodul Zehnertastatur und Siebensegmentanzeige:
Ein-/Ausgabegabe von nummerischen Werten

⑨ SPI-Modul (Serial Port Interface):
Schnittstelle zum Senden und Empfangen von seriellen Daten

⑩ Webserver-/TCP/IP-Modul:
Netzwerkschnittstelle bzw. WEB-Server

Sicherheitsanforderungen

- Mikrocontroller in Haushaltsgeräten müssen Sicherheitsstandards erfüllen, damit für den Anwender keine Gefährdungen entstehen.
- Die vorhandenen Sicherheitsstandards (DIN EN 60730) definieren Maßnahmen zur
  - Ausfalloffenbarung (Fehlererkennung) und
  - Fehlerbehandlung.

Geräteeinteilung

- Die Geräte werden in die drei Anwendungsklassen A, B und C ① eingeteilt.
- Die Klasse B stellt dabei den größten Anteil des Einsatzvolumens dar.

Sicherheitsmaßnahmen und Testfunktionen

- Für jede Klasse sind spezifische Sicherheitsmaßnahmen erforderlich ②. Für die Funktionseinheiten ③ des Mikrocontrollers sind u. a. festgelegt
  - Fehlerannahmen ④ und
  - zugehörige Fehlerauswirkungen, die aus einer Gefährdungsanalyse ermittelt werden.
- Die Fehleroffenbarung erfolgt durch spezifische Testfunktionen ⑤, die zyklisch und unabhängig vom eigentlichen Funktionsprogramm ablaufen.
- In der Regel liefern die Mikrocontrollerhersteller entsprechende Testroutinen oder Anwendungsrichtlinien mit.

Anwendungsklassen und Sicherheitsmaßnahmen

Anwendungsklasse ①	A	B	C
Beispiele	Beleuchtung Timer Schalter	Übertemperatursicherungen Türverriegelungen (z. B. Waschmaschinen)	Automatische Brennersteuerungen Übertemperatursicherungen geschlossener Wasserheizsysteme
Sicherheitsmaßnahmen ②	Keine besonderen Maßnahmen	Umfassende Maßnahmen zum Selbsttest des eingesetzten Mikrocontrollers	Erweiterte Architektur, z. B. getrennte Überwachungseinrichtung (zweiter Mikrocontroller)

Fehlerannahmen und Testfunktionen

Funktion/ Funktionseinheit ③	Fehlerannahmen (Beispiele) ④	Testfunktionen zur Fehleroffenbarung ⑤	Testfunktion realisiert durch
Register in CPU	Stuck-at	Funktionsprüfung oder periodischer Selbsttest	CPU-Test
Programmzähler in CPU	Stuck-at	Funktionstest oder periodischer Selbsttest oder unabhängige Zeitschlitzüberwachung oder logische Überwachung des Programmablaufs	CPU-Test
Interruptbehandlung und -verarbeitung	Kein Interrupt/ zu häufiger Interrupt	Funktionsprüfung oder Zeitschlitzüberwachung	CPU-Test oder Watchdog
Takt	Falsche Frequenz	Periodisch modifizierte Prüfsumme oder mehrere Prüfsummen oder Wort-Absicherung (Einzelbit-Redundanz)	Separater Watchdog
Festwertspeicher	Alle Einzelbitfehler	Periodisch modifizierte Prüfsumme oder mehrere Prüfsummen oder Wort-Absicherung (Einzelbit-Redundanz)	Flash-Test
Arbeitsspeicher	Gleichspannungsfehler	Periodisch modifizierte Prüfsumme oder mehrere Prüfsummen oder Wort-Absicherung (Einzelbit-Redundanz)	RAM-Test

Stuck-at: stehenbleiben, einfrieren

Testfunktion

Beispiel: Arbeitsspeichertest

- Test der einzelnen Speicherstellen (MARCH C/MARCH X)
- Erlaubt das Erkennen von Fehlern u. a. in
  - Speicherzellen, Treibern
  - Datenleitungen
  - Übersprechen zwischen einzelnen Speicherzellen

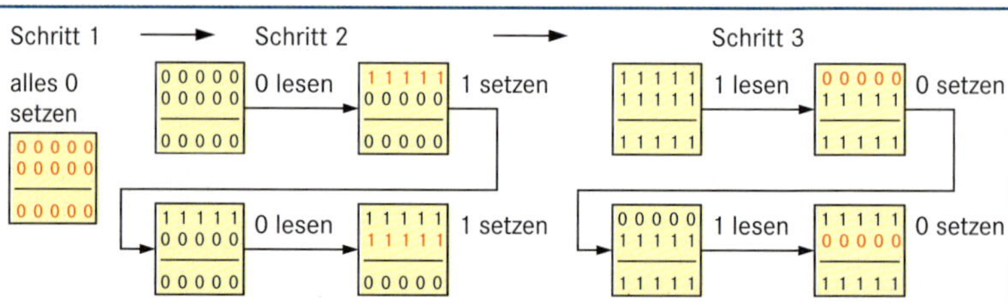

Schritt 4 und Schritt 5 laufen in umgekehrter Richtung von der höchsten zur niedrigsten Adresse

Steuerungs- und Regelungssysteme

3

Verknüpfungsbausteine

Schaltzeichen	Schaltfunktion, Benennung	a	b	x
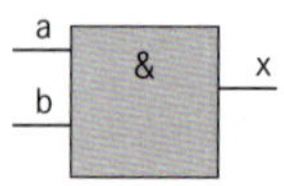	**UND-Verknüpfung** (Konjunktion) $x = a \wedge b$ $x = a \cdot b$ (a und b)[1]	0	0	0
		0	1	0
		1	0	0
		1	1	1
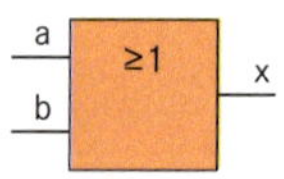	**ODER-Verknüpfung** (Disjunktion) $x = a \vee b$ $x = a + b$ (a oder b)[1]	0	0	0
		0	1	1
		1	0	1
		1	1	1
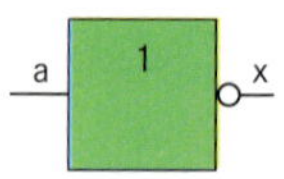	**NICHT** (Negation) $x = \overline{a}$ $\neg$ a (nicht a)[1]	0	–	1
		1	–	0
		–	–	–
		–	–	–
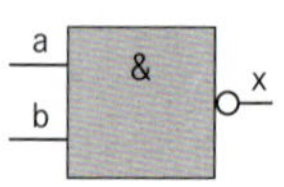	**NAND-Verknüpfung** $x = \overline{a \wedge b}$ $x = a \overline{\wedge} b$ (a nand b)[1]	0	0	1
		0	1	1
		1	0	1
		1	1	0
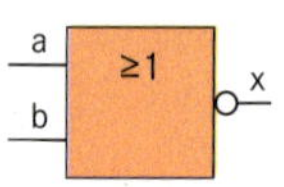	**NOR-Verknüpfung** $x = \overline{a \vee b}$ $x = a \overline{\vee} b$ (a nor b)[1]	0	0	1
		0	1	0
		1	0	0
		1	1	0
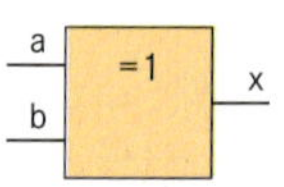	**Exklusiv-ODER** (Antivalenz) $x = (a \wedge \overline{b}) \vee (\overline{a} \wedge b)$ $x = a \not\leftrightarrow b$ (a xor b)[1]	0	0	0
		0	1	1
		1	0	1
		1	1	0
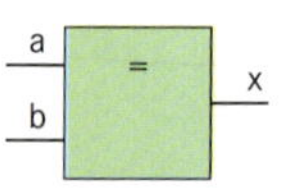	**Exklusiv-NOR** (Äquivalenz) $x = (a \wedge b) \vee (\overline{a} \wedge \overline{b})$ $x = a \leftrightarrow b$ (a Doppelpfeil b)[1]	0	0	1
		0	1	0
		1	0	0
		1	1	1
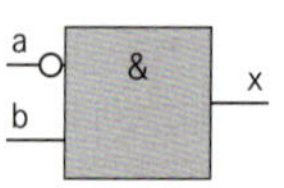	**Sperrgatter** (Inhibition) $x = \overline{a} \wedge b$	0	0	0
		0	1	1
		1	0	0
		1	1	0
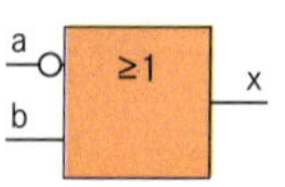	**Subjunktion** (Implikation) $x = \overline{a} \vee b$ $x = a \rightarrow b$ (a Pfeil b)[1]	0	0	1
		0	1	1
		1	0	0
		1	1	1

[1] Benennung nach DIN 66000

Schaltalgebra

Konjunktion (UND-Funktion)	**Disjunktion** (ODER-Funktion)	**Negation** (NICHT-Funktion)
$x = a \wedge 0 = 0$	$x = a \vee 0 = a$	$x = \overline{a}$
$x = a \wedge 1 = a$	$x = a \vee 1 = 1$	$x = \overline{\overline{a}} = a$
$x = a \wedge a = a$	$x = a \vee a = a$	$x = \overline{\overline{\overline{a}}} = \overline{a}$
$x = a \wedge \overline{a} = 0$	$x = a \vee \overline{a} = 1$	

Rechenregeln

Vertauschungsregel (Kommutatives Gesetz)

$x = a \wedge b = b \wedge a$
$x = a \vee b = b \vee a$

Beispiel:

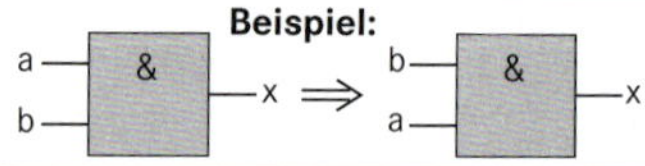

Verbindungsregel (Assoziatives Gesetz)

$x = a \wedge b \wedge c = a \wedge (b \wedge c) = b \wedge (a \wedge c) = c \wedge (a \wedge b)$
$x = a \vee b \vee c = a \vee (b \vee c) = b \vee (a \vee c) = c \vee (a \vee b)$

Beispiel:

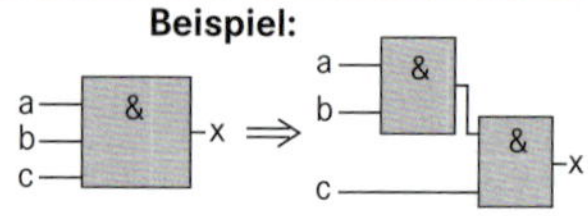

Verteilungsregel (Distributives Gesetz)

$x = a \wedge b \vee a \wedge c = a \wedge (b \vee c)$
UND-Funktion geht vor ODER-Funktion
$x = (a \vee b) \wedge (a \vee c) = a \vee (b \wedge c)$

Beispiel:

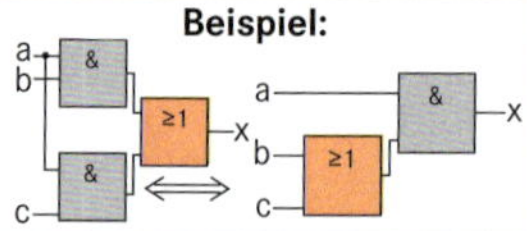

De Morgansches Gesetz

$x = a \wedge b = \overline{\overline{a} \vee \overline{b}}$

Beispiel:

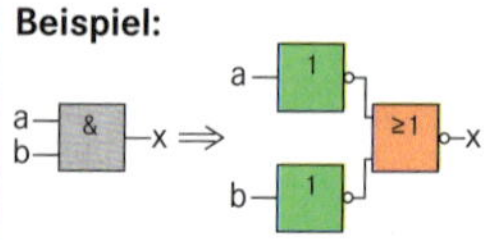

$x = \overline{a \wedge b} = \overline{a} \vee \overline{b}$

$x = a \vee b = \overline{\overline{a} \wedge \overline{b}}$

Beispiel:

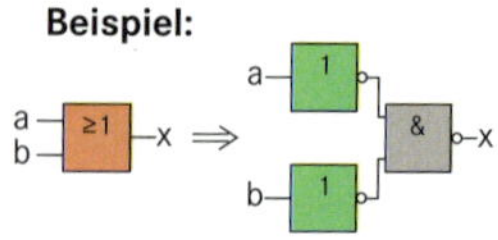

$x = \overline{a \vee b} = \overline{a} \wedge \overline{b}$

Vereinfachungen

Beispiel:

$x = a \wedge (a \vee b) = a$
$x = a \vee a \wedge b = a$

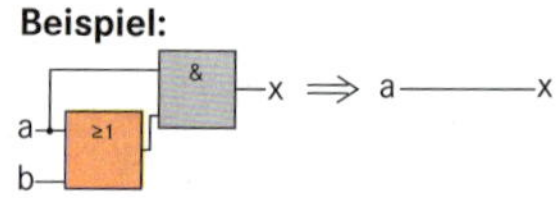

$x = a \wedge (\overline{a} \vee b) = a \wedge b$
$x = a \vee (\overline{a} \wedge b) = a \vee b$

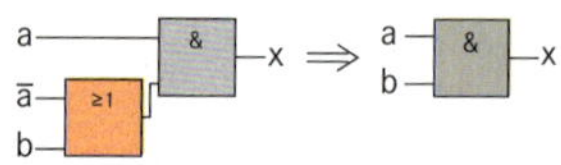

$x = a \vee \overline{a} \wedge \overline{b} = a \vee \overline{b}$
$x = \overline{a} \vee a \wedge b = \overline{a} \vee b$
$x = \overline{a} \vee a \wedge \overline{b} = \overline{a} \vee \overline{b}$

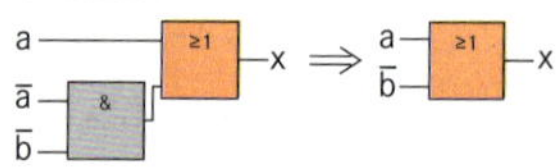

Ersetzen

UND durch ODER

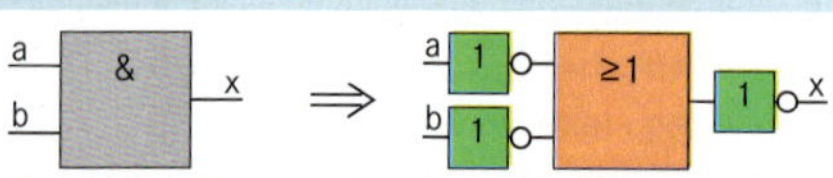

ODER durch UND

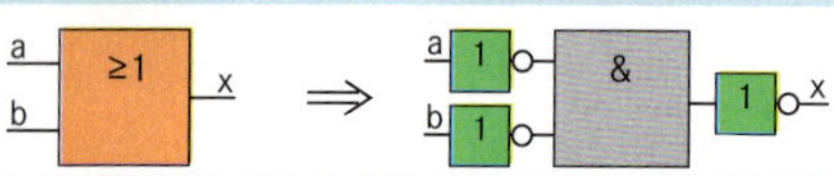

Ersetzen von Verknüpfungsgliedern
Man erhält gleichwertige Verknüpfungsglieder, wenn

1. alle UND durch ODER,
2. alle ODER durch UND ersetzt und
3. alle Anschlüsse gegenüber dem Ausgangszustand invertiert werden.
(Ausnahme: NICHT-Glied)

Bezeichnungsschema[1]

Beispiel: SN74LS244N

SN	74	LS				244		N	
①	②	③	④	⑤	⑥	⑦	⑧	⑨	⑩

① **Kennzeichnung Standard (SN)**	
SN:	Standard Vorzeichen
SNJ:	Entspricht MIL-PRF-38535 (QML)
② **Temperaturbereich**	
54:	Militärisch, 74: Kommerziell
④ **Spezielle Funktionen** (Beispiele)	
Leer	Keine speziellen Funktionen
C	Einstellbare Versorgungsspannung
D	Level-Shifting Diode (CBTD)
H	Bus Hold (ALVCH) Schaltung (CBTK)
S	Schottky Clamping Diode (CBTS)
⑤ **Bit-Breite** (Beispiele)	
Leer	Gates, MSI, and Octals
1G	Single Gate
2G	Dual Gate
8	Octal IEEE 1149.1 (JTAG)
16	Widebus (16-, 18- and 20-bit)
32	Widebus+ (32- and 36-bit)
⑥ **Optionen** (Beispiele)	
Leer	Keine Optionen
2	Serielle Dämpfungswiderstände am Ausgang
4	Pegelanpassung
25	25 Ω Leitungstreiber
⑦ **Funktion** (Beispiele)	
244	Nichtinvertierende Puffer/Treiber
374	D-Typ Flip-Flop
640	Invertierender Empfänger
⑧ **Ausgabestand** (Beispiele)	
Leer	Kein geänderter Ausgabestand
Buchstabe	A bis Z kennzeichnet Ausgabestand
⑨ **Gehäusebauform**	
N	Plastic-Dual-In-Line Package (PDIP)
⑩ **Verpackung**	

1) nach Texas Instruments

③ **Familie**	
Leer	Transistor-Transistor Logic (TTL)
ABT	**A**dvanced **B**iCMOS **T**echnology
ABTE/ETL	**A**dvanced **B**iCMOS **T**echnology/ **E**nhanced **T**ransceiver **L**ogic
AC/ACT	**A**dvanced **C**MOS Logic
AHC/AHCT	**A**dvanced **H**igh-Speed **C**MOS Logic
ALB	**A**dvanced **L**ow-Voltage **B**iCMOS
ALS	**A**dvanced **L**ow-Power **S**chottky Logic
ALVC	**A**dvanced **L**ow-**V**oltage **C**MOS Technology
ALVT	**A**dvanced **L**ow-**V**oltage BiCMOS **T**echnology
AS	**A**dvanced **S**chottky Logic
AUC	**A**dvanced **U**ltra-Low-Voltage **C**MOS Logic
AUP	**A**dvanced **U**ltra-Low-**P**ower CMOS Logic
AVC	**A**dvanced **V**ery Low-Voltage **C**MOS Logic
BCT	**B**i**C**MOS Bus-Interface **T**echnology
CB3Q	**C**ross**b**ar Bus-Switch 2.5 V/3.3 V Low-Voltage High-Bandwidth Technology Logic
CB3T	**C**ross**b**ar Bus-Switch 2.5 V/3.3 V Low-Voltage **T**ranslator Technology Logic
CBT	**C**ross**b**ar **T**echnology
CBT-C	**C**ross**b**ar 5-V Bus-Switch **T**echnology Logic with 0,2 V Undershoot Protection
CBTLV	**C**ross**b**ar **T**echnology **L**ow-**V**oltage Logic
F	**F** Logic
FB	**B**ackplane Transceiver Logic/**F**uturebus+
GTL	**G**unning **T**ransceiver **L**ogic
GTLP	**G**unning **T**ransceiver **L**ogic **P**lus
HC/HCT	**H**igh-Speed **C**MOS Logic
HSTL	**H**igh-**S**peed **T**ransceiver **L**ogic
LS	**L**ow-Power **S**chottky Logic
LV-A	**L**ow-**V**oltage CMOS Technology
LV-AT	**L**ow-**V**oltage CMOS Technology - **T**TL Comp
LVC	**L**ow-**V**oltage **C**MOS Technology
LVT	**L**ow-**V**oltage BiCMOS **T**echnology
PCA/PCF	I2C Inter-Integrated Circuit Applications
S	**S**chottky Logic
SSTL	**S**tub **S**eries-**T**erminated **L**ogic
SSTU	**S**tub **S**eries-**T**erminated **U**ltra-Low-Volt. Logic
TVC	**T**ranslation **V**oltage **C**lamp Logic
VME	**VERSAm**odule **E**urocard Bus Technology

Kenndaten einiger Logikfamilien

Technologie		AHC	AUC	CBT	F	LS	LVC	LVT
Betriebsspannung	in V	5	0,8 ... 2,5	5	5	5	2,0 ... 3,6	2,7 ... 3,3
Betriebsspannungsbereich	in V	4,5 ... 5,5	0,8 ... 2,7	4,0 ... 5,5	4,5 ... 5,5	4,75 ... 5,25	1,65 ... 3,6	2,7 ... 3,6
Temperaturbereich	in °C	-40 ... +85	-40 ... +85	-40 ... +85	0 ... +70	0 ... +70	-40 ... +85	-40 ... +85
U_{IH}	in V	2	[2]	2	2	2	[2]	2
U_{IL}	in V	0,8	0 ... 0,7	0,8	0,8	0,8	[2]	0,8
I_{OH}	in mA	-8	-9[2]	-	-1	-0,4	-24	-12
I_{OL}	in mA	8	9[2]	-	20	8	24	12
t_{pd} (max.)	in ns	8,5	2,2[2]	0,25	6	15	4,5	5,3

2) abhängig von der Betriebsspannung

Regeln

- Karnaugh-Veitch-Diagramme (K-V-Diagramme, K-V-Tafeln) sind grafische Verfahren zur Vereinfachung von Schaltfunktionen.
- Die Anzahl a der Felder in der K-V-Tafel ist abhängig von der Anzahl n der Eingangsvariablen: $a = 2^n$.
- Angeordnet werden die Eingangsvariablen in der Form, dass jeweils von Spalte zu Spalte und von Zeile zu Zeile nur eine Variable geändert wird.
- In die Felder werden die Werte aus der Wertetabelle eingetragen.
- Felder, die nicht belegt sind, können je nach gewählter Methode mit 0 oder 1 ergänzt werden.
- **Mintermmethode:** möglichst viele Felder, die eine 1 enthalten (Vollkonjunktionen) zu 2er-, 4er-, 8er- oder 16er-Blöcken zusammenfassen.
- Es dürfen nur die Vollkonjunktionen zusammengefasst werden, die mit einer Seite aneinanderstoßen (nicht mit Ecken).
- Variable innerhalb eines Blockes, die negiert und nicht negiert auftreten, entfallen.
- Die je Block verbleibenden Variablen werden UND-verknüpft.
- Diese UND-Verknüpfungen werden durch ODER-Verknüpfungen zusammengefasst und ergeben die Schaltfunktion in Disjunktiver Minimalform.
- **Maxtermmethode:** Vereinfachen zum Zusammenfassen und Reduzieren wie bei der Mintermmethode mit den Feldern, die eine 0 enthalten.
- Die Umwandlung in die konjunktive Minimalform erfolgt durch nochmalige Negation und Anwendung des de Morganschen Theorems.
- K-V-Tafeln werden nur für bis zu 5 Eingangsvariable aufgestellt.

Wertetabelle | **Funktionsgleichung** | **K-V-Tafel** (Minimierte Funktionsgleichung)

Beispiel für 2 Variable

	a	b	x	Vollkonjunktion	Volldisjunktion
1	0	0	1	$x = \bar{a} \wedge \bar{b}$	
2	0	1	0		$\bar{x} = a \vee \bar{b}$
3	1	0	1	$x = a \wedge \bar{b}$	
4	1	1	0		$\bar{x} = \bar{a} \vee \bar{b}$

Mintermmethode

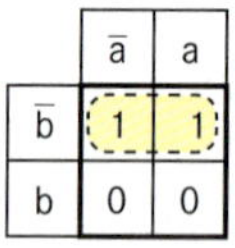

$x = \bar{b}$

Maxtermmethode

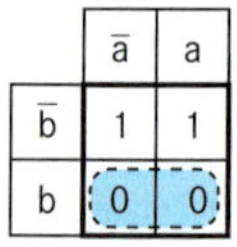

$\bar{x} = b$

Beispiel für 3 Variable

	a	b	c	x	Vollkonjunktion	Volldisjunktion
1	0	0	0	1	$x = \bar{a} \wedge \bar{b} \wedge \bar{c}$	
2	0	0	1	1	$x = \bar{a} \wedge \bar{b} \wedge c$	
3	0	1	0	1	$x = \bar{a} \wedge b \wedge \bar{c}$	
4	0	1	1	0		$\bar{x} = a \vee \bar{b} \vee \bar{c}$
5	1	0	0	1	$x = a \wedge \bar{b} \wedge \bar{c}$	
6	1	0	1	0		$\bar{x} = \bar{a} \vee b \vee \bar{c}$
7	1	1	0	0		$\bar{x} = \bar{a} \vee \bar{b} \vee c$
8	1	1	1	0		$\bar{x} = \bar{a} \vee \bar{b} \vee \bar{c}$

Mintermmethode

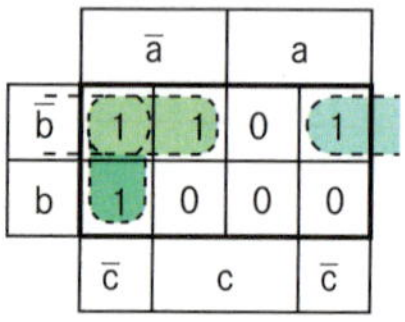

Disjunktive Minimalform

$x = (\bar{a} \wedge \bar{c}) \vee (\bar{b} \wedge \bar{c}) \vee (\bar{a} \wedge \bar{b})$

Maxtermmethode

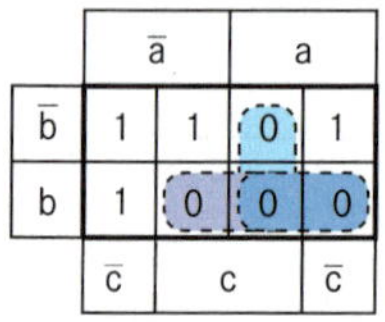

Disjunktive Minimalform

$\bar{x} = (a \wedge c) \vee (b \wedge c) \vee (a \wedge b)$

Konjunktive Minimalform

$x = (\bar{a} \vee \bar{c}) \wedge (\bar{b} \vee \bar{c}) \wedge (\bar{a} \vee \bar{b})$

K-V-Tafel für 4 Variable

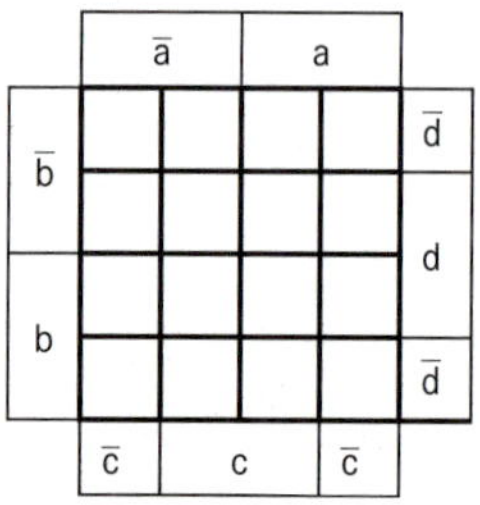

K-V-Tafel für 5 Variable

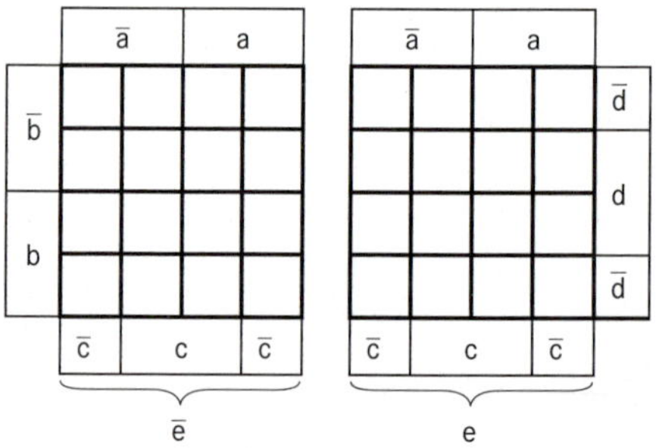

Schmitt-Trigger

- Digitale Schnittstellen, insbesondere Eingangsinterfaces, verlangen Signale mit bestimmten maximalen Anstiegs- bzw. Abfallzeiten.
- Zur Erfüllung dieser Forderung werden in der Regel Impulsformerstufen eingebaut.
- Diese Impulsformerstufen werden mit Schmitt-Trigger-Schaltungen realisiert und erzeugen aus langsam ansteigenden Eingangssignalen schlagartig umschaltende Signale.

Sechsfach invertierend (74LS14)

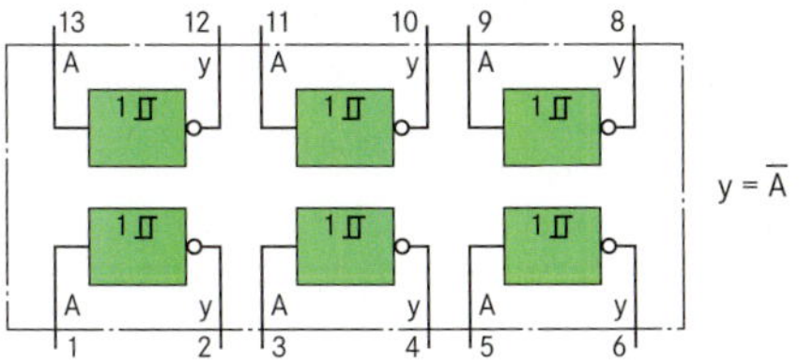

Schaltverhalten (Abhängigkeiten)

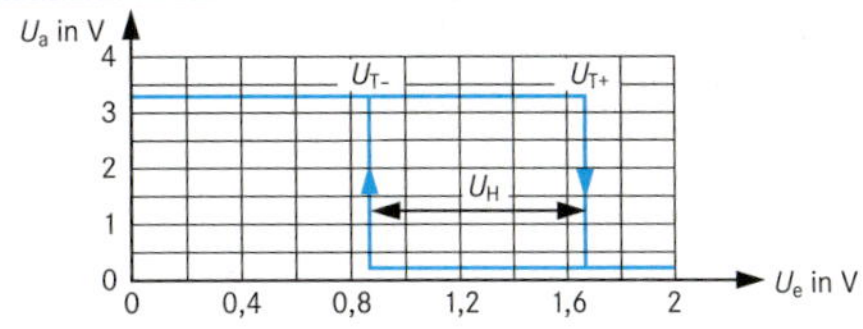

U_H: Hystereseschaltspannung
U_{T+}: obere Schaltschwelle
U_a: Ausgangsspannung
U_{T-}: untere Schaltschwelle

Analog-Digital-Umsetzer

- Sie setzen analoge Signale, die in der Regel gefiltert sind, in digitale Signale um.
- Sie arbeiten nach unterschiedlichen Umsetzungsverfahren.

Parallelverfahren

- Die Eingangsspannung wird **gleichzeitig** mit *n* festen Referenzspannungen verglichen.
- Das Ergebnis wird in einem Schritt ermittelt.

Stufenumsetzer

- Eingangsspannung wird **nacheinander** mit *n*-Referenzspannungen verglichen (sukzessive Approximation).
- Anzahl der Referenzspannungen entspricht der Stellenzahl der dualen Ausgangszahl.

Zählverfahren

- Eingangsspannung wird mit einer Referenzspannung verglichen (kleinster Wert ≙ LSB).
- Dieser Wert wird so oft aufaddiert, bis der Wert der Eingangsspannung erreicht ist.

Direkt-Umsetzer

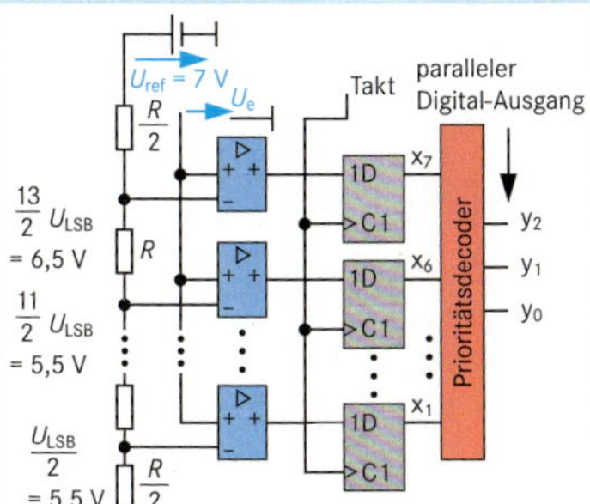

LSB: Last Significant Bit

Stufenrampen-Umsetzer

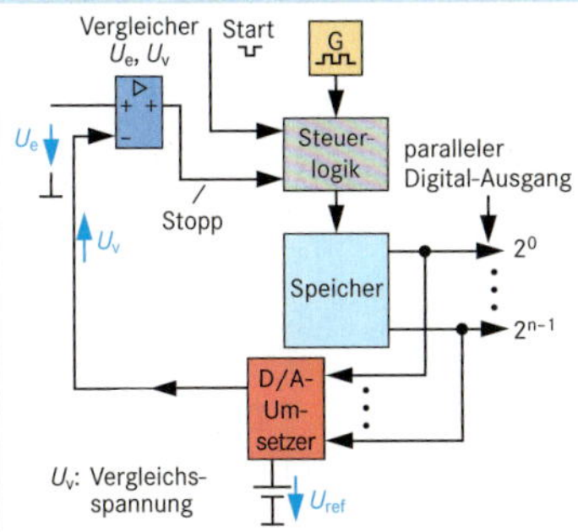

Dual-Slope-Umsetzer

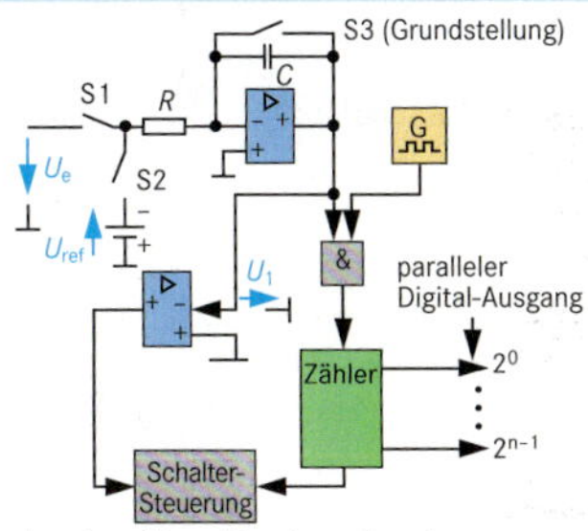

Impulse während t_2 entsprechen dem Wert der Eingangsspannung

Digital-Analog-Umsetzer

- Digital-Analog Umsetzer setzen digitale Signale in analoge Signale um.
- Sie arbeiten nach unterschiedlichen Umsetzungsverfahren.

Direktes Verfahren

- Für jede umzusetzende digitale Zahl ist eine diesem Wert entsprechende Spannungsquelle erforderlich.
- Die Spannungsquellen werden einzeln oder getrennt eingeschaltet.

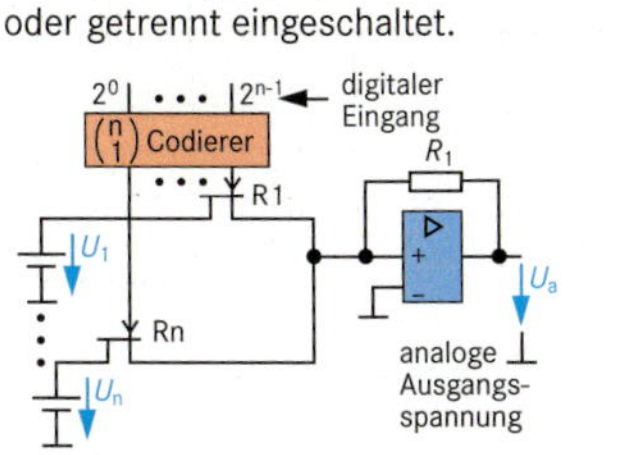

Paralleles Verfahren

- Jedem Digitaleingang ist eine unterschiedlich gewichtete Spannungs- oder Stromquelle zugeordnet.
- Sie werden entsprechend der anliegenden Dualzahl eingeschaltet und aufsummiert.

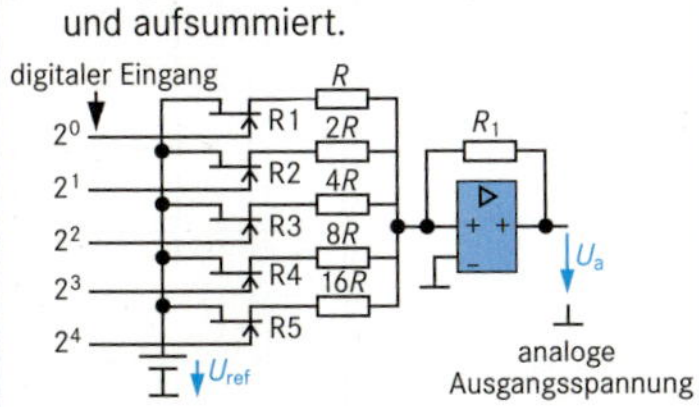

Sägezahnverfahren (Dual-Slope)

- Beim Sägezahnverfahren wird nur eine Referenzspannung benötigt.
- Digitalwert wird im Zähler auf Null gezählt. Benötigte Zeit ist proportional zum Digitalwert.

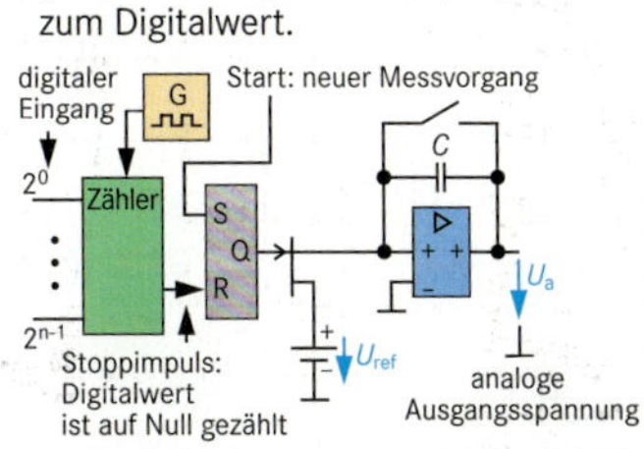

Kipp-Schaltungen

Schaltzeichen	Wertetabelle
Master-Slave-FF, zweiflanken-gesteuert	

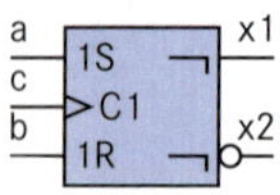

a	b	c	x_1	x_2
x	x	0	x_{1n}	x_{2n}
1	0	⎍	1	0
0	1	⎍	0	1
0	0	⎍	x_{1n}	x_{2n}
1	1	⎍	(0)	(0)

x: beliebiger Zustand unbestimmt

Schaltzeichen	Wertetabelle
J-K-Master-Slave-FF, zweiflanken-gesteuert	

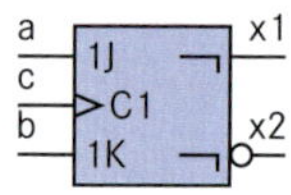

a	b	c	x_1	x_2
x	x	0	x_{1n}	x_{2n}
1	0	⎍	1	0
0	1	⎍	0	1
0	0	⎍	x_{1n}	x_{2n}
1	1	⎍	x_{2n}	x_{1n}

x: beliebiger Zustand Wechseln

Frequenzteiler

Teilerarten

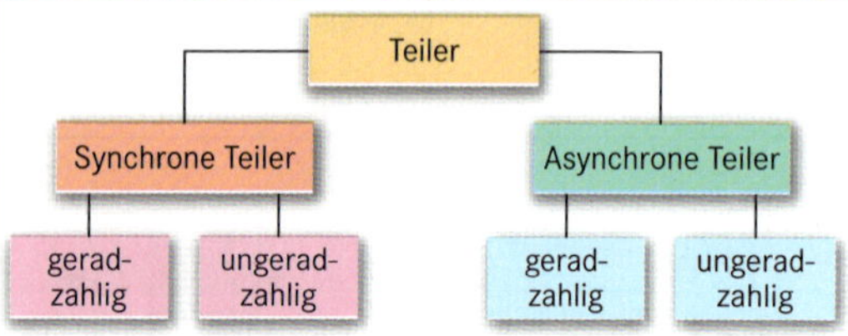

Asynchrone Teiler sind in der Zählfrequenz eingeschränkt (Aufsummierung der Schaltzeiten).

Synchrone Teiler: Jedes Flipflop wird vom Takt direkt angesteuert. Höchste Betriebsfrequenzen sind möglich.

Geradzahliger asynchroner Teiler

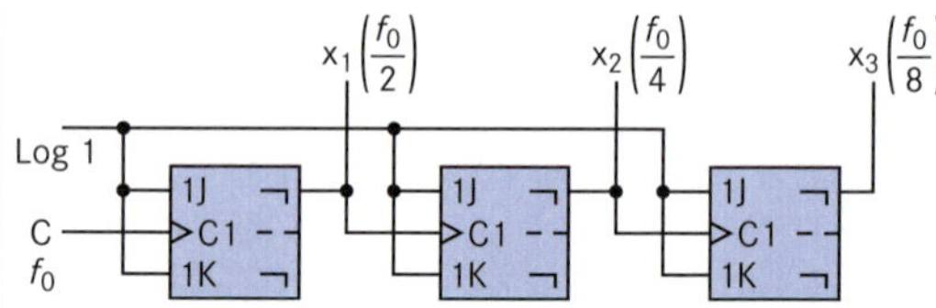

Teilungsverhältnis ergibt sich aus der Anzahl n der Flipflops.
$N = 2^n$

$$f_T = \frac{f_0}{2^n}$$

f_0: Eingangsfrequenz
f_T: geteilte Frequenz
n: Zahl der FF

Rechenschaltungen

Halbaddierer

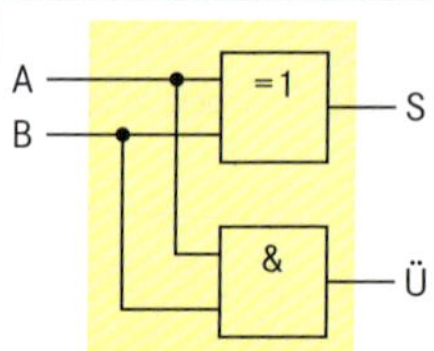

1-Bit-Volladdierer

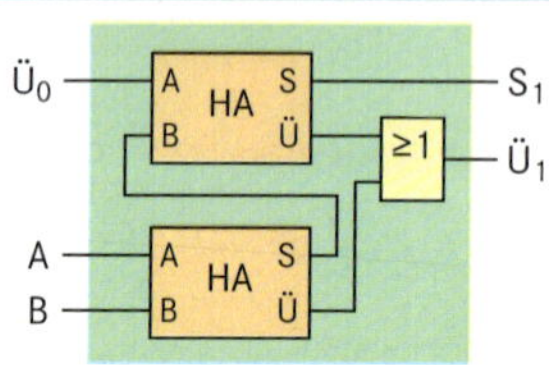

4-Bit-Volladdierer

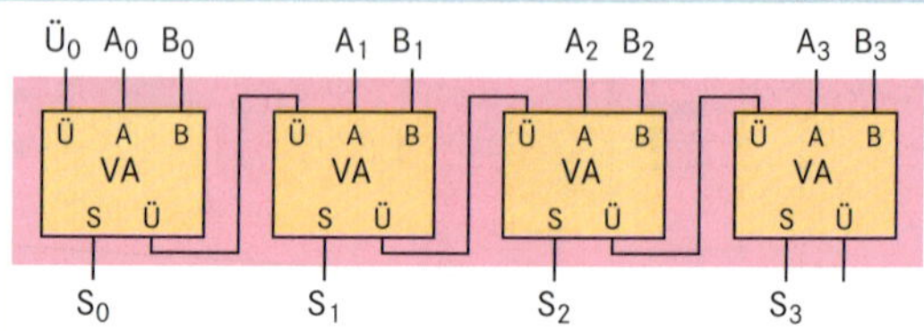

Multiplexer

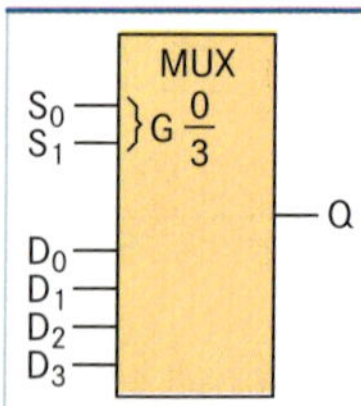

- S wählt binär codiert einen Eingang an.
- Je nach S wird Eingang $D_0 \dots D_3$ auf Ausgang Q geschaltet.
- Multiplexer sind für analoge und digitale Signale verfügbar.

Demultiplexer

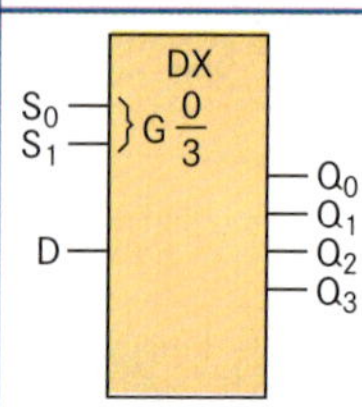

- S wählt binär codiert einen Ausgang an.
- Je nach S wird Eingang D auf Ausgang $Q_0 \dots Q_3$ geschaltet.
- Demultiplexer sind für analoge und digitale Signale verfügbar.

Binärzähler

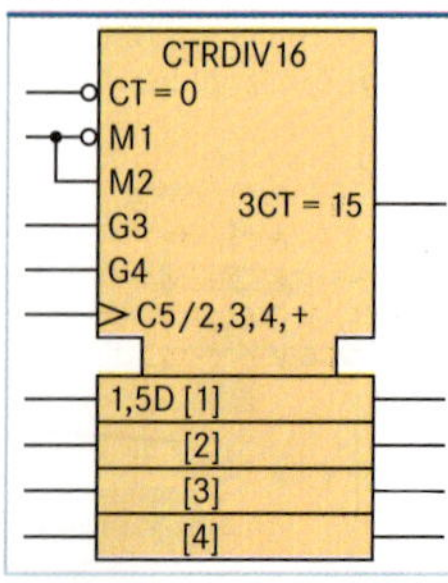

CT = 0	Zähler löschen
M1 = 0	Zähler mit Eingangsdaten laden
C5 ...	Takteingang
3CT ...	Übertragsbit
G3, G4	Zählerfreigabe, wenn G3 = 1 und G4 = 1

Schieberegister

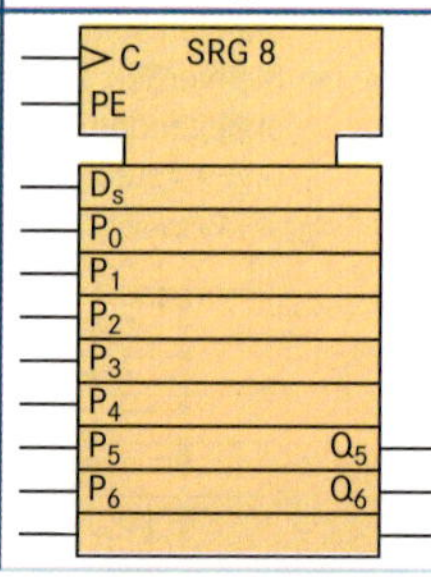

C:	Takteingang
PE:	Daten von parallelem Eingang laden
D_s:	Serieller Dateneingang
$P_0 \dots P_7$:	Paralleler Dateneingang
$Q_5 \dots Q_7$:	Paralleler Ausgang der letzten drei Bits

Merkmale

- Digitale Signalprozessoren werden zur digitalen Bearbeitung von analogen Signalen mit **numerischen Methoden** verwendet.
- Filtern unerwünschte Signalkomponenten aus einem Signalgemisch
- Erzeugen gewünschte Wellenformen
- Verändern Amplitudeneigenschaften
- Ermitteln bestimmte Inhalte aus einem Signalgemisch
- Arbeiten in Echtzeit
- Verarbeiten die einzelnen Befehle des Befehlssatzes in einem Taktzyklus
- Führen vollständige Multiplikation und Akkumulation in einem Taktzyklus durch
- Sind intern in der Harvard-Architektur aufgebaut (getrennte Programm- und Datenspeicher)

Anwendungen

- Digitale Filtertechnik (Ersatz von analogen Filtern)
- Spracherkennung, Sprachsynthese
- Bildübertragung, Bilddatenkompression
- Robotersteuerung, Motorsteuerung
- Digitale Vermittlungsanlagen
- Freisprechtelefone, Funktelefon
- Mustererkennung, Radartechnik
- Spektralanalyse, Ultraschall-Geräte

Anwendungsprinzip

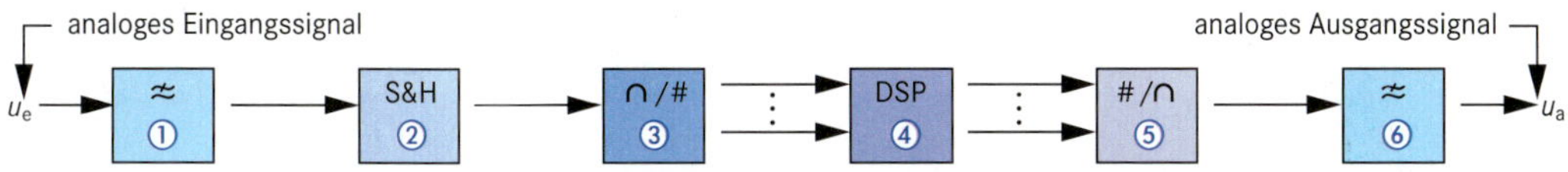

Tiefpassfilter ①
Begrenzt das Eingangssignal in seiner Bandbreite (filtert nicht gewünschte Signalanteile aus)

Sample & Hold-Schaltung ②
Tastet das Eingangssignal mit mindestens der doppelten Signalfrequenz ab (Nyquist Theorem) und stellt Amplitudenwert zur Digitalisierung bereit

Analog-/Digital-Umsetzer ③
Setzt das analoge Signal in digitales Signal um

Digitaler Signalprozessor ④
Verändert das digitale Eingangssignal entsprechend den Berechnungsformeln und den gespeicherten Daten

Digital-/Analog-Umsetzer ⑤
Setzt die digitalen Ausgangssignale des DSP in analoge Werte um

Ausgangsfilter ⑥
Filtert die bei der A/D-Umsetzung entstehenden hochfrequenten Signalanteile aus (Signalglättung)

Architektur

Beispiel: ADSP 2105

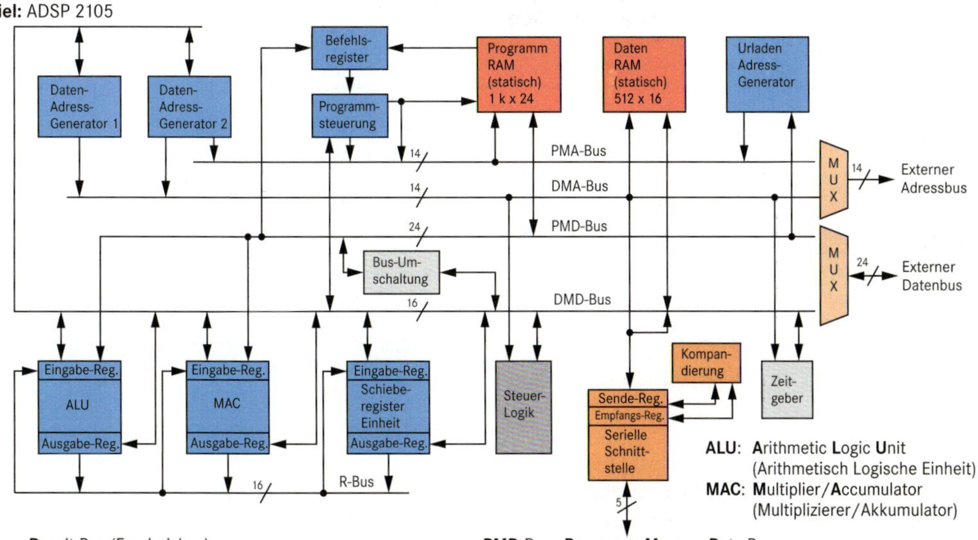

R-Bus: **R**esult-Bus (Ergebnisbus)
PMA-Bus: **P**rogram **M**emory **A**ddress-Bus (Programmspeicher Adressbus)
DMA-Bus: **D**ata **M**emory **A**ddress-Bus (Datenspeicher Adressbus)
PMD-Bus: **P**rogramm **M**emory **D**ata Bus (Programmspeicher Datenbus)
DMD-Bus: **D**ata **M**emory **D**ata Bus (Datenspeicher Datenbus)

Übersicht

Feldprogrammierbare Logikbausteine (**F**ield **P**rogrammable **L**ogic **D**evice) zählen zu den integrierten Schaltungen, die sich wie folgt einordnen lassen:

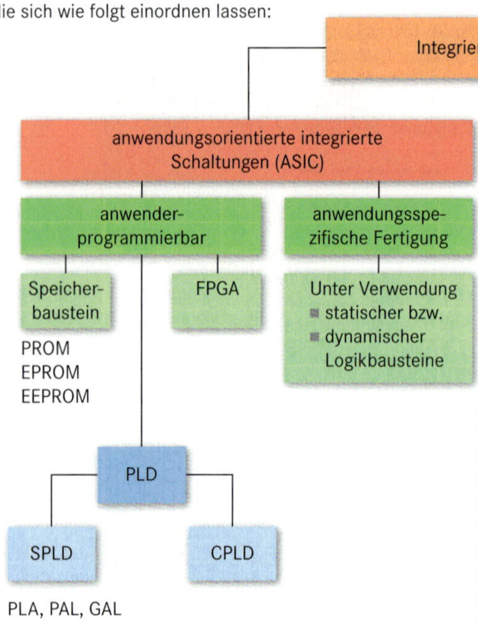

ASIC: **A**pplication **S**pecific **I**ntegrated **C**ircuits
CPLD: **C**omplex **P**rogrammable **L**ogic **D**evice
EPROM: **E**rasable **P**rogrammable **R**ead **O**nly **M**emory
EEPROM: **E**lectrically **E**rasable **P**rogrammable **R**ead **O**nly **M**emory
FPGA: **F**ield **P**rogrammable **G**ate **A**rray
GAL: **G**ate **A**rray **L**ogic
PAL: **P**rogrammable **A**rray **L**ogic
PLA: **P**rogrammable **L**ogic **A**rray
PLD: **P**rogrammable **L**ogic **D**evice
PROM: **P**rogrammable **R**ead **O**nly **M**emory
SPLD: **S**imple **P**rogrammable **L**ogic **D**evice

Speicherprogrammierbare Bausteine

Merkmale

- Die Bausteine werden anwendungsunabhängig produziert.
- Die Programmierung erfolgt elektrisch durch den Benutzer und wird je nach Typ unterschieden:
  PROM – Sicherungen selektiv durchbrennen
  EPROM – Löschen mittels UV-Bestrahlung
  EEPROM – Elektrisches beschreiben und löschen
- Die Zuordnung der Funktion zwischen Eingangs- und Ausgangsvariablen erfolgt über den Speicherinhalt.
- Alle möglichen Kombinationen der Eingangsvariablen müssen dabei berücksichtigt werden.

Struktur eines Speicherblocks

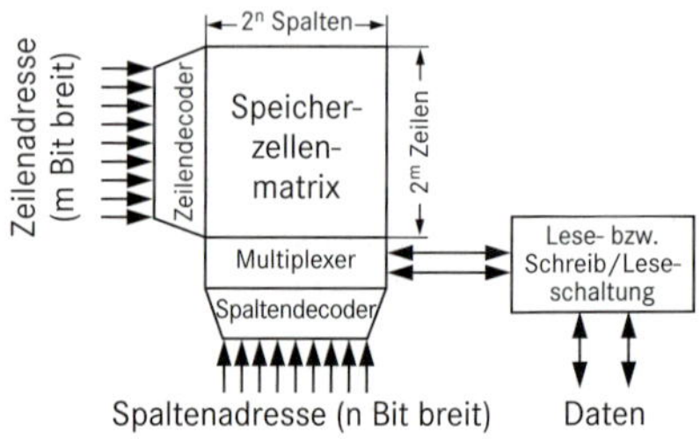

Anwenderprogrammierbare logische Felder (SPLD)

Programmable Array Logic (PAL)

- Diese Bausteine werden eingesetzt, wenn nicht alle Kombinationen der Eingangsvariablen h benötigt werden.
- Bei einem PAL steht zur Programmierung nur ein Feld von UND-Verknüpfungen zur Verfügung.

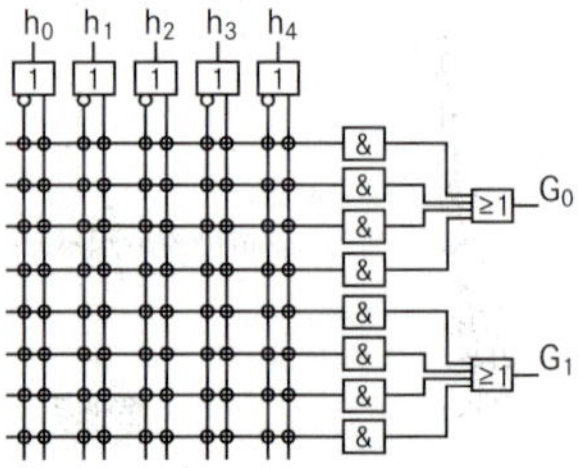

$h_o \dots h_n$: Eingänge
$G_o \dots G_{nm}$: Ausgänge

Programmable Logic Array (PLA)

- Diese Bausteine können nur einmal programmiert werden (OTP: One Time Programmable).
- Bei einem PLA-Baustein erfolgt die Programmierung über ein Feld (Array) aus UND- sowie ODER-Verknüpfungen.

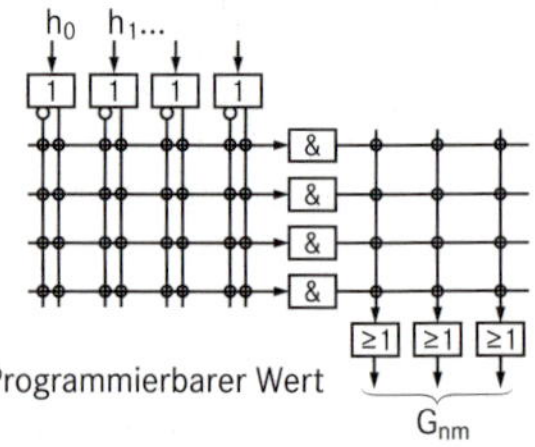

✦: Programmierbarer Wert

Merkmale

- FPGAs sind wiederprogrammierbare Chips und ersetzen zunehmend herkömmlich benutzerdefinierte ASICs sowie Prozessoren für Steuerungs-, Regel- und Signalverarbeitungsanwendungen.
- Die Funktionsart der einzelnen Blöcke eines FPGA sowie die Verbindungsleitungen zwischen diesen Blöcken wird programmiert.
- FPGA-Chips werden dort eingesetzt, wo ein hohe Signalverarbeitungsgeschwindigkeit bei einer maximalen Flexibilität in der Anpassung der Schaltung erforderlich wird (z. B. FFT-Analyse).
- Sie gestatten eine flexible und kostengünstige Fertigung für anwenderspezifische Schaltungen in geringen Stückzahlen.
- Die Programmierung erfolgt durch eine logisch funktionelle Beschreibung mit Hilfe einer Hardwarebeschreibungssprache (z. B. VHDL).

Aufbau

- Im wesentlichen bestehen FPGAs aus einer Anordnung von Logikzellen und der Verdrahtung auf dem Chip.
- Die Anordnung der Zellen sowie der Verdrahtung entscheidet über die Architektur des Chips (z. B. symmetrisches Array, Sea-of-Gates).
- Die IO-Zellen (IOB) stellen die Verbindung zur Außenwelt her.
- Die Logikblöcke (CLB Configurable Logic Block) werden über eine Routing-Matrix auf unterschiedliche Art miteinander verbunden.
- Die Verdrahtung nimmt den wesentlichen Anteil (90 %) der Chipfläche ein.
- Die CLBs stellen den eigentlichen Kern des FPGA dar. Sie bestehen mindestens aus einer so genannten Look-Up-Table (LUT) mit einer bestimmten Anzahl von Flip-Flops.
- Die LUT enthält die Wahrheitstabelle der programmierten Binärfunktion.

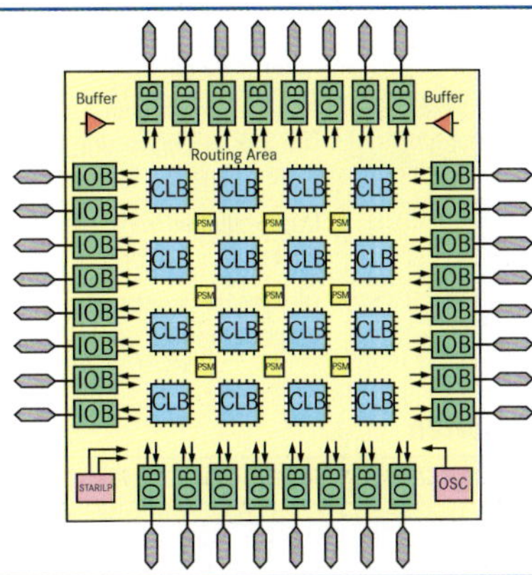

Vorteile

- Höhere Leistungsfähigkeit und Geschwindigkeit durch Hardwareparallelität
- Niedrigere Kosten gegenüber kundenspezifischen ASICs (Application Specific Integrated Circuit) bei geringeren Stückzahlen. Insbesondere treten bei ASICs hohe Kosten für das Non-Recovering-Engineering (NRE-Kosten) auf.
- Durch flexible Technologie sind sie gut geeignet für die Prototypenherstellung (kurze Markteinführungszeiten).
- Durch die Programmausführung in Hardware sind FPGAs zuverlässiger. Sie benötigen kein Betriebssystem.
- FPGA-Chips eignen sich für den Langzeiteinsatz, da sie durch die Rekonfigurierbarkeit den zukünftigen Anforderungen angepasst werden können.

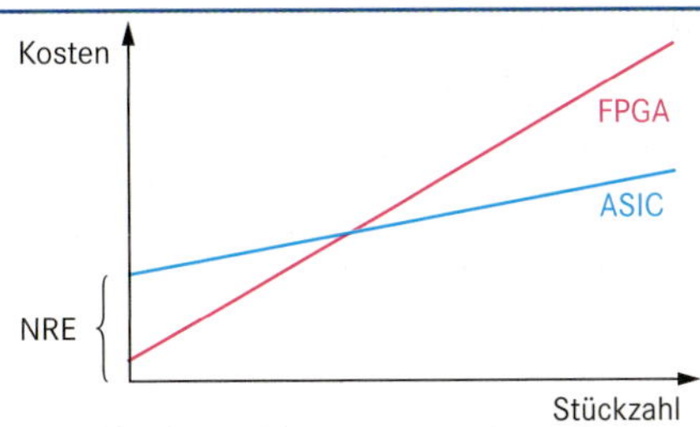

NRE-Kosten: Einmalige Investitionsaufwand für Neuentwicklung, z. B. Vorbereitungskosten der Fertigung, Designtest oder Prototypenherstellung.

Auswahlkriterien

- Zur Auswahl eines FPGA-Chips sollten folgende Leistungsfaktoren berücksichtigt werden:
  - Anzahl und Aufbau der Logikblöcke
  - Größe der Logikblöcke (Granularität, z. B. feinkörnig)
  - Anordnung der Zellen und Verbindungselemente
  - Art der Verbindungsleitungen
  - Anzahl der Verbindungsleitungen
  - Programmierverfahren
- Weiterhin können Besonderheiten des jeweiligen Chips (z. B. RAM-Kapazität) die Auswahl beeinflussen.

Beispiel: Xilinx FPGA Virtex-6, Typ XCE6VLE760
- Logische Zellen 758784
- Slices 118560
- Flip-Flops 948480
- Max. RAM 8280 Kbits
- Konfigurationsspeicher 176,3 Mbits

Prinzipien

- Die **Steuerkette** besteht aus einer **Steuereinrichtung**, einem **Stellglied** und der **Steuerstrecke**.
- Die Eingangsgrößen wirken über die Steuereinrichtung auf die Steuerstrecke. Die Ausgangsgröße ist eine beeinflusste Eingangsgröße.
- Die Art der Beeinflussung der Ausgangsgröße ist von der Steuerstrecke abhängig.
- Im Gegensatz zur Regelungstechnik besitzt die Steuerkette keinen **geschlossenen Wirkungskreis**.

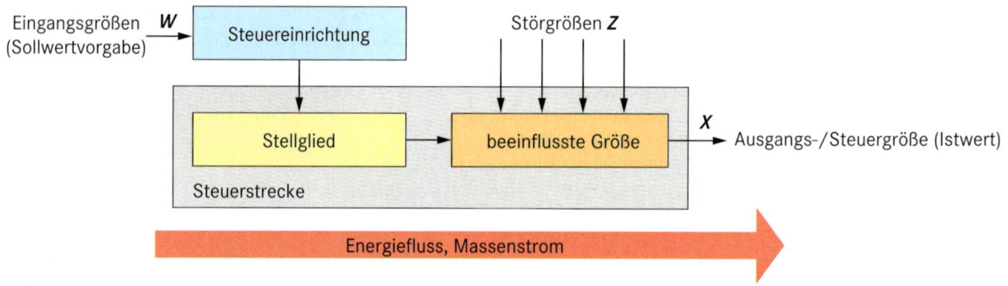

Bezeichnung	Erklärung	Beispiele
Steuereinrichtung	Die Steuereinrichtung bildet in Abhängigkeit der Sollwertvorgaben am Eingang die Stellgröße.	Taster, logische Schaltung, Zeitglied
Stellglied	Das Stellglied wird von der Stellgröße beeinflusst und steuert so den Energiefluss der Steuerstrecke. Es ist ein Teil der Steuerstrecke.	Relais, Transistor, Triac
Steuerstrecke	Die Steuerstrecke ist ein Anlagenteil, der das Stellglied und die aufgabenmäßig beeinflussten Größen enthält.	elektrischer Antrieb

Steuerungsarten

Unterscheidung	Erklärung	Unterscheidung	Erklärung
Signalverarbeitung		**Programmierung**	
Synchrone Steuerung	Die Signalverarbeitung erfolgt taktsynchron.	Verbindungsprogrammierte Steuerung (**VPS**)	Die Funktion der Steuerung wird durch die Verdrahtung der Elemente realisiert.
Asynchrone Steuerung	Die Signaländerungen werden nur von der Änderung der Eingangssignale ausgelöst. Es gibt kein Taktsignal.	Speicherprogrammierbare Steuerung (**SPS**)	Die Steuerungsfunktion wird durch die Ausführung eines Steuerungsprogramms ausgelöst. Das Steuerungsprogramm ist in einem Speicher abgelegt.
Verknüpfungssteuerung	Den Zuständen der Eingangsgrößen werden über Boolsche Verknüpfungen definierte Zustände der Ausgangssignale zugeordnet.	Steuerungen mit Mikrocontroller	Die Steuerfunktion wird durch die Befehlsfolge des Mikrocontrollers realisiert.
Steuerungsablauf		**Hierarchische Zuordnung**	
Ablaufsteuerung	Steuerungen, die einen schrittweisen Ablauf voraussetzen. Die Übergangsbedingungen steuern die Abfolge von einem Schritt zum Nachfolgenden.	Einzelsteuerung	Es handelt sich um **eine** Funktionseinheit zur Steuerung eines einzelnen Stellgliedes.
Zeitgeführte Ablaufsteuerung	Ablaufsteuerung, deren Übergangsbedingung nur von der Zeit abhängt	Gruppensteuerung	Funktionseinheit zur Steuerung eines Teilprozesses, der aus mehreren Einzelsteuerungen besteht
Prozessabhängige Ablaufsteuerung	Ablaufsteuerungen, deren Übergangsbedingungen von den zu steuernden Prozesssignalen abhängen	Prozesssteuerung	Eine Funktionseinheit zur Steuerung eines Prozesses, die den Gruppensteuerungen übergeordnet ist.

Farben für Drucktaster und Signalleuchten
Colours for Push-Buttons and Signal Lamps

DIN EN 60 204-1: 1998-11

Farbe	Bedeutung	Anwendungen		Beispiele
		Drucktaster	Signalleuchten	
ROT	Gefahr	NOT-AUS	Gefahrbringender Zustand, sofort Ausschalten (Störung)	
GELB	Achtung Anormal	Beseitigung von anormalen Bedingungen bzw. unerwünschten Änderungen	Beseitigung von anormalen Bedingungen bzw. unerwünschten Änderungen	
GRÜN	Normal	Vorbereiten/Bestätigen/ START/EIN Verboten bei STOPP/AUS	Die physikalische Größe liegt im normalen Bereich.	
BLAU	Zwingend	Vorbestimmte Maßnahme wird durchgeführt, z. B. Rückstellen	Vorbestimmte Maßnahmen durchführen, z. B. Werte eingeben	
WEISS	Keine bestimmte	Bevorzugt anwenden für **START/EIN** **STOPP/AUS**	Kontrolle, ob Umschaltung notwendig	
GRAU				
SCHWARZ				

Anschlussbezeichnungen von Schützen und Relais
Terminal Markings of Contactors and Relays

DIN EN 50 005: 1977-07
DIN EN 50 011: 1978-05 DIN EN 50 012: 1978-05

Hauptschaltglieder, Schutzeinrichtungen	Ziffern	Bedeutung	Beispiele
	1 2	Schaltglied 1	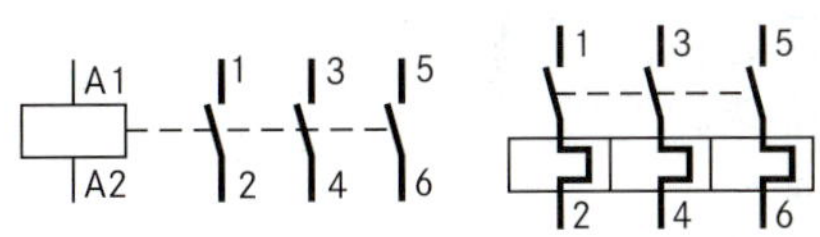
	3 4	Schaltglied 2	
	5 6	Schaltglied 3	
	7 8	Schaltglied 4	
	9 0	Schaltglied 5	
Hilfsschaltglieder	Funktionsziffer	Kontaktart	Beispiele
	1 2 5 6	Öffner ① Öffner mit besonderer Funktion, z. B. verzögert	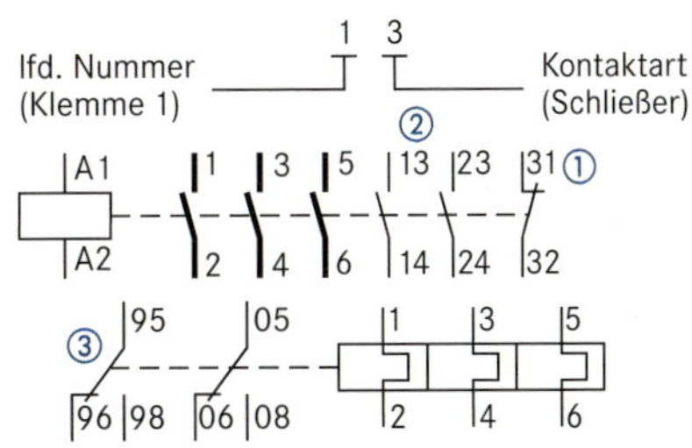
	3 4 7 8	Schließer ② Schließer mit besonderer Funktion, z. B. blinkend	
	1 2 4 5 6 8	Wechsler Wechsler ③ mit besonderer Funktion, z. B. Schutz	
Antriebe und Auslöser	Antrieb	Anschlussart	Beispiele
	A Spule B 2. Spule ④	Spulenanfang: 1 Spulenende: 2 Anzapfungen: 3, 4, ...	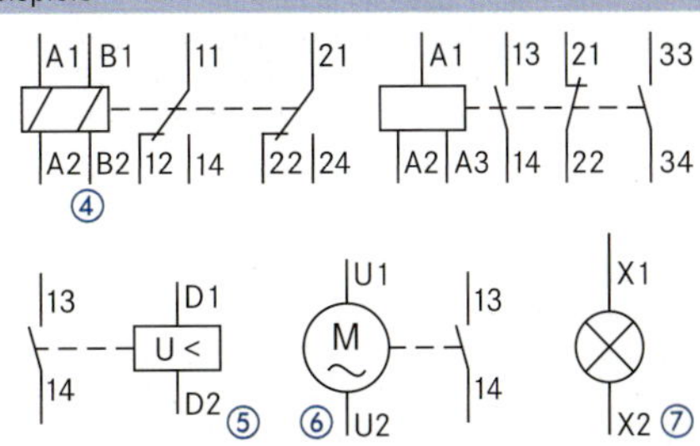
	C Arbeitsstromauslöser D Unterspannungsauslöser ⑤ E Verriegelungsauslöser		
	U Motoren ⑥ X Leuchtmelder ⑦		

Aufbau und Funktion

- Schütze sind Schalter, die durch einen Elektromagneten betätigt werden. Bei Stromfluss (Gleich- oder Wechselstrom) durch eine Spule wird ein Eisenanker angezogen, Kontakte (**Schaltglieder**) werden geschlossen oder geöffnet.
- Bevorzugte Betriebsspannungen: 24 V, 48 V, 110 V, 230 V
- **Hauptschütze (Lastschütze)** werden für das direkte Schalten von elektrischen Maschinen oder elektrischen Geräten in Stromkreisen eingesetzt und besitzen dafür Hauptschaltglieder vorhanden bzw. nachrüstbar. Zusätzlich sind Hilfsschaltglieder (in der Regel bis 10 A belastbar) vorhanden bzw. nachrüstbar.
- **Hilfsschütze (Steuerschütze)** sind im Prinzip wie Hauptschütze aufgebaut. Mit den Schaltgliedern können Ströme bis 10 A bzw. 16 A geschaltet werden. Mit ihnen werden im Wesentlichen Steuerungsaufgaben realisiert.

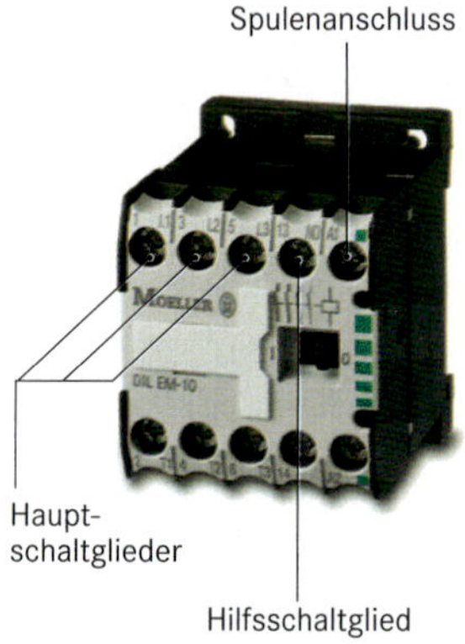

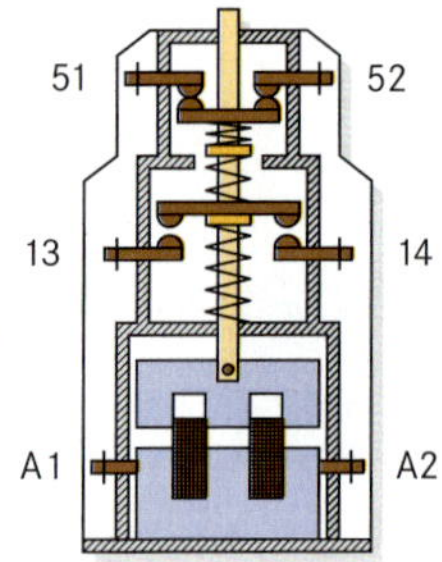

Anschlussbezeichnungen

- **Spule:** A1 und A2
- **Hauptschaltglieder:** eine Ziffer, z. B. 1 und 2, 3 und 4, ...
- **Hilfsschaltglieder:** zwei Ziffern, z. B. für Öffner 21 und 22, für Schließer 13 und 14
  1. Ziffer: Ordnungsziffer (Klemmenreihenfolge von links nach rechts)
  2. Ziffer: Funktionsziffer (1 und 2 für Öffner, 3 und 4 für Schließer)

Beispiel:
Hauptschütz mit 3 Hauptschaltgliedern und 4 Hilfsschaltgliedern (2 Schließer und 2 Öffner)

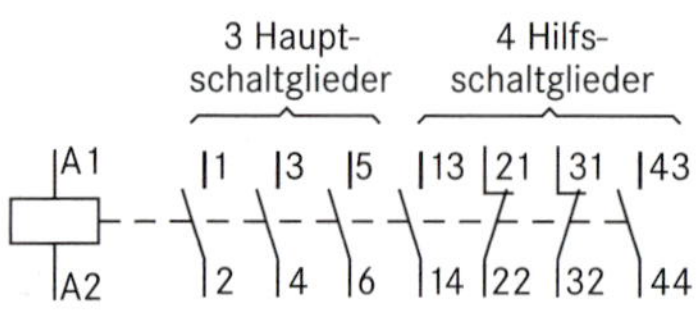

Kennzahl des Schützes 22 (2 Schließer und 2 Öffner)

Beispiel:
Hilfsschütz mit zwei Etagen
Untere Etage: 2 Schließer und ein Öffner
Obere Etage: 4 Schließer und ein Öffner

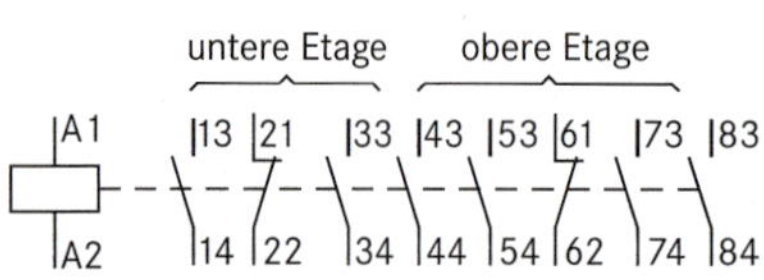

Kennzahl des Schützes 62 (6 Schließer und 2 Öffner)

Schütze mit Zeitverhalten (Zeitrelais)

Ansprechverzögerung

- Der Steuerbefehl wird erst nach Ablauf der voreingestellten Zeit *t* wirksam.
- Die Umschaltung bleibt bis zum Abschalten des Spulenstroms bestehen.

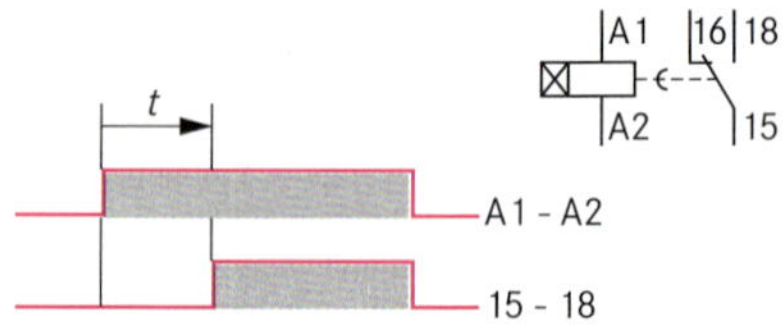

Abfallverzögerung

- Das Zeitrelais wird ständig mit Spannung versorgt.
- Durch den potenzialfreien Schließer erfolgt die Umschaltung.
  Sie bleibt bis zum Ablauf der Zeit *t* bestehen.

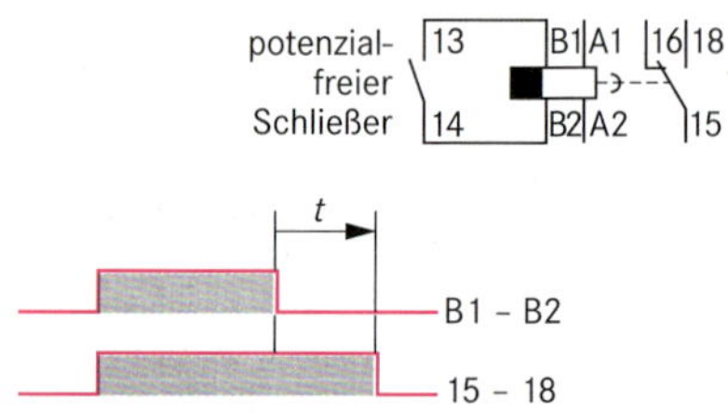

Blinkverhalten (Blinkrelais)

- Nach Ablauf der eingestellten Blinkzeit *t* erfolgt das ständige Umschalten.

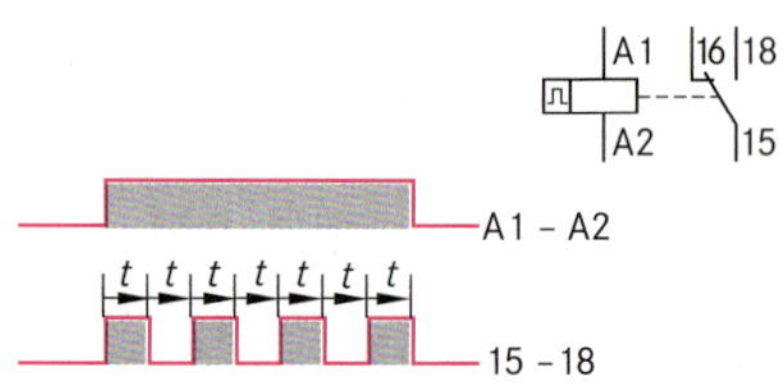

Ungepoltes Relais

Grundsätzlicher Aufbau

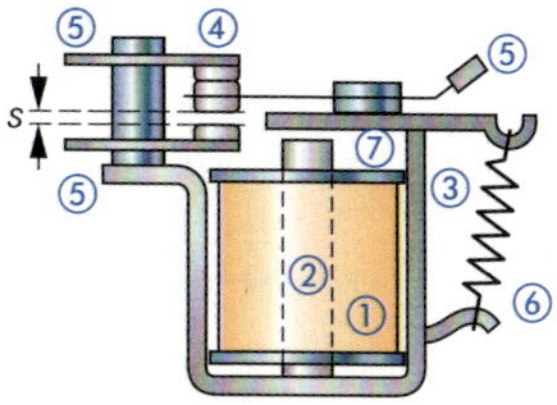

- Spule ①
- Ferromagnetischer Kern ②
- Joch ③
- Kontakte ④
- Zuführungen ⑤
- Rückstellfeder ⑥
- Beweglicher Anker ⑦

Relais in Kompaktbauweise

- Der Ankerluftspalt liegt in der Mitte der Spule.
- Das Innere der Spule ist die schutzgasgefüllte Kontaktkammer.

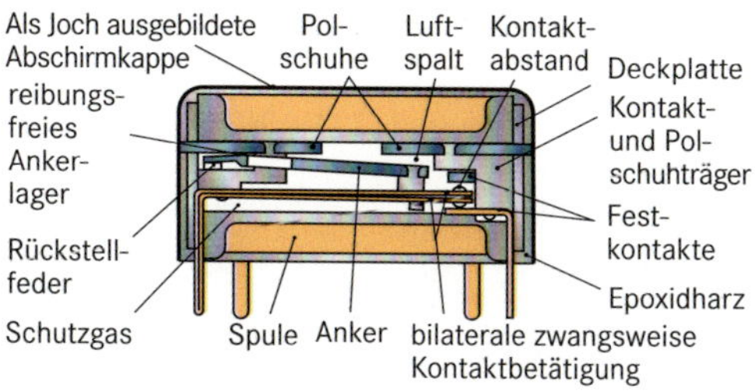

Reed-Relais

Grundsätzlicher Aufbau

- Verschlossenes Gasröhrchen mit zwei eingeschmolzenen ferromagnetischen Kontaktzungen (engl.: reed)
- Erregerspule umschließt das Glasröhrchen

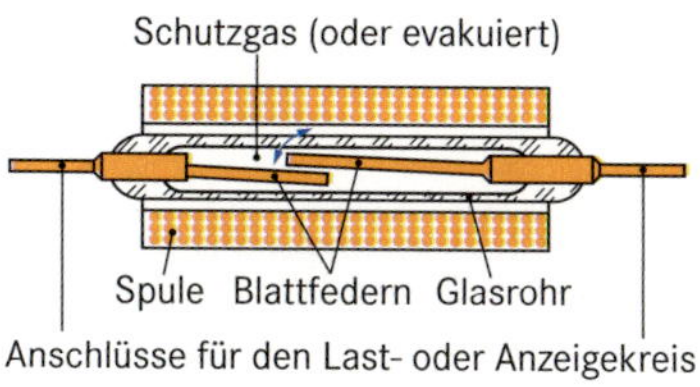

Sicherheitsrelais

- Mindestens zwei voneinander unabhängige in Serie geschaltete Kontakte ①. Wenn einer der Kontakte verschweißt, so muss der in Serie liegende zweite Kontakt die Abschaltung übernehmen.
- Die Kontakte im Kontaktsatz sind miteinander zwangsgeführt ②.

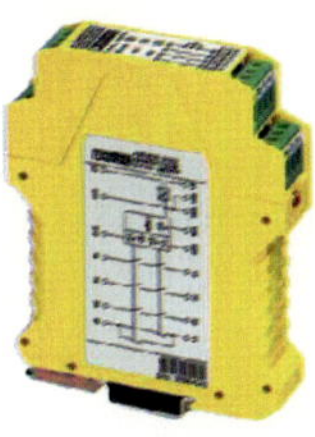

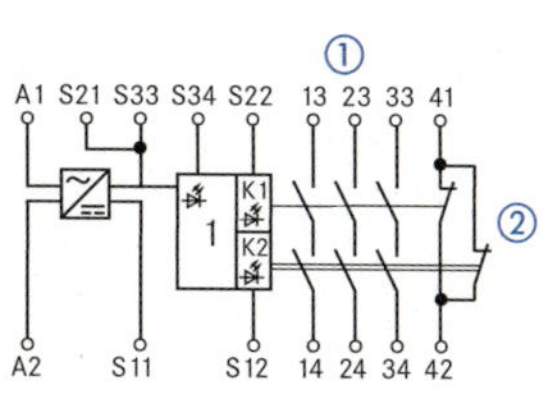

Schutzarten

- **RT 0** (Unenclosed relay)
  Offenes und somit ungeschütztes Relais
- **RT I** (Dust protection relay)
  Staubgeschützt mit Kapselung, bewegliche Teile sind geschützt
- **RT II** (Flux proof relay)
  Gegen Flussmittel geschützt (bei Lötarbeiten)
- **RT III** (Wash tight relay)
  Waschdicht, geeignet für Lötbadverarbeitung mit anschließendem Waschverfahren
- **RT IV** (Sealed relay)
  Das Relais ist so gekapselt, dass keine Umgebungsatmosphäre eindringen kann.
- **RT V** (Hermetically sealed relay)
  Hermetisch dichtes Relais, höchste Qualitätsstufe (EN 116000-3, IEC 61810-7)

Schutzbeschaltungen

Funktion:

- Belastung der Kontakte reduzieren
- Schutz der elektronischen Bauelemente vor hohen Induktionsspannungen (Stromänderung in der Spule) Gleichstromschutzbeschaltung

Gleichstromschutzbeschaltung

- **Freilaufdiode**

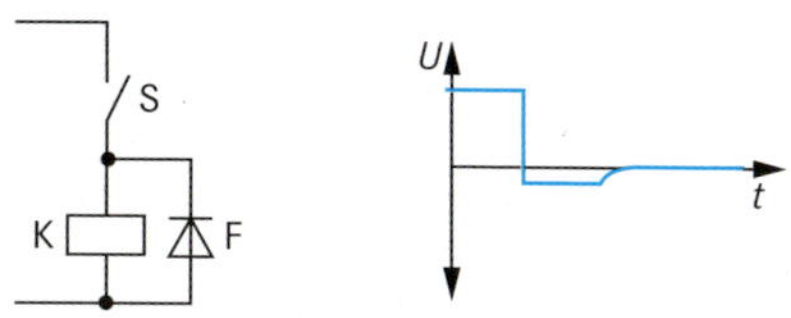

Abschaltspannung 0,7 V (Silizium-Diode), geringe Kosten, geringer Platzbedarf

Wechselstrom- und Gleichstromschutzbeschaltung

- **RC**

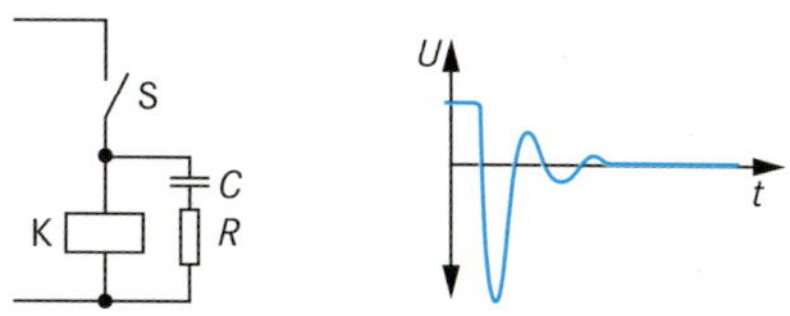

Hohe Stromspitze, großer Platzbedarf

- **Varistor**

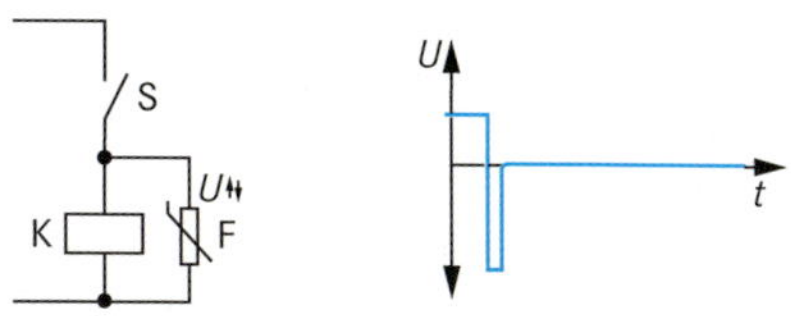

Große Überspannung, großer Platzbedarf

Aufbau und Bezeichnungen

- Elektronisches Lastrelais (**ELR**)
- Halbleiterrelais
- Halbleiterlastrelais
- Halbleiterschütz
- **SSR** (Solid State Relay)

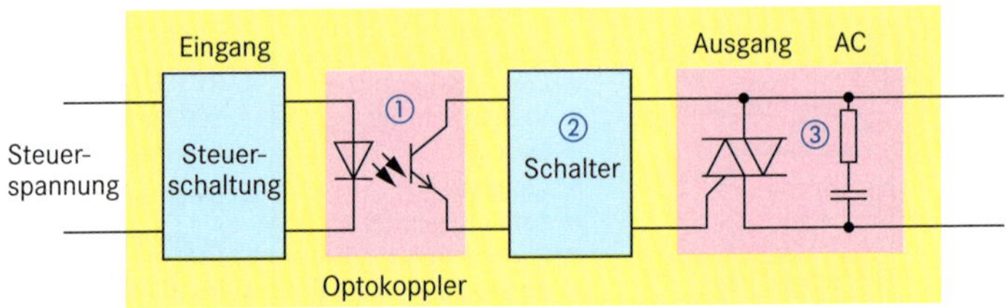

Funktion und Schaltverhalten

- Eingangsschaltung mit Optokoppler ① (galvanische Trennung zwischen Ein- und Ausgang)
- Schalter ② (bei Wechselspannung in der Regel Nullspannungsschalter)

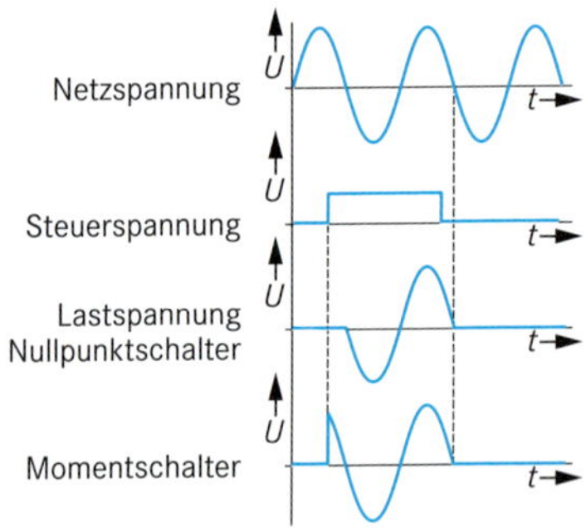

- Ausgangsschaltung mit Leistungshalbleiter ③ bei
  - Gleichspannung: Bipolarer Transistor, MOSFET, Thyristor
  - Wechselspannung: Triac, antiparallele Thyristoren

Vor- und Nachteile von Schaltgeräten

Eigenschaft	mechanisch	elektronisch
Steuerleistung	–	+
Lebensdauer	–	+
Prellverhalten	–	+
Schaltzeiten	–	+
Schalthäufigkeit	–	+
Kontaktzahl und -art	+	–
Galvanische Trennung, Leckstrom	+	–
Lebensdauer	–	+
Schaltgeräusch	–	+
Korrosionsfestigkeit	–	+
Verlustleistung	+	–
Nullpunktschaltend	–	+

Eingangsschaltungen (Prinzip)

Gleichspannung	Wechselspannung
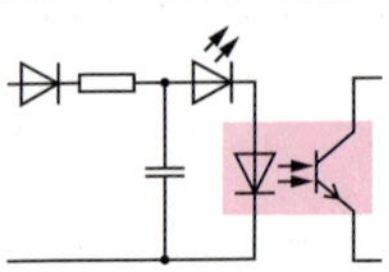	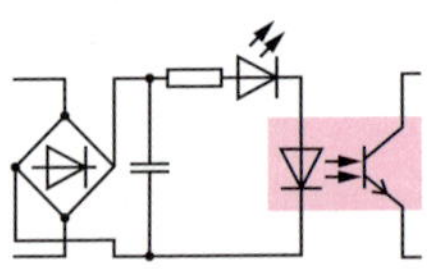

Ausgangsschaltungen Gleichspannung

Zweileiterausgang

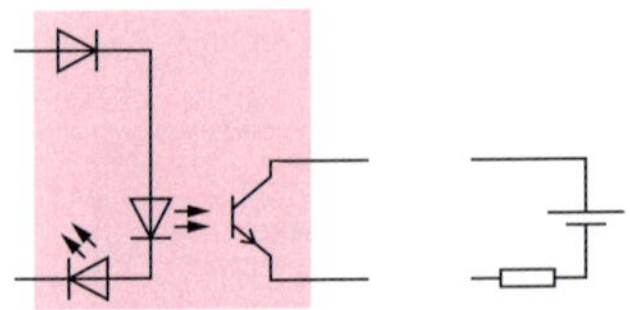

Dreileiterausgang

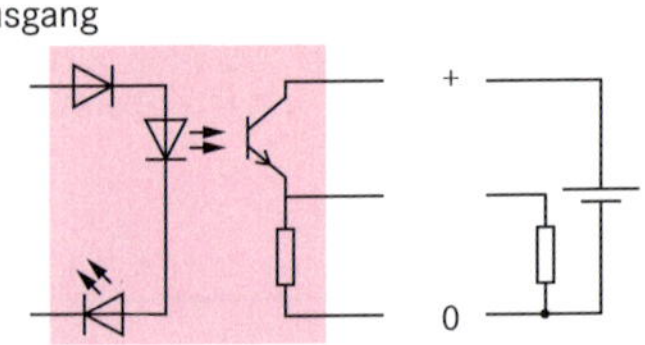

Schutzbeschaltungen bei induktiver Last

Gleichspannung	Wechselspannung
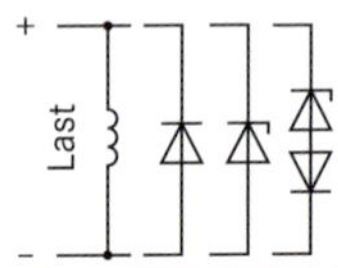	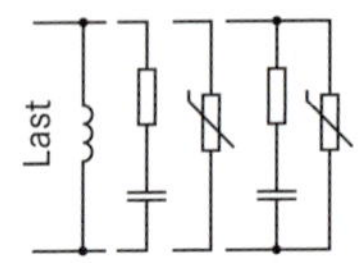

Elektronisches Relais für 3 Phasen

Beispiel:

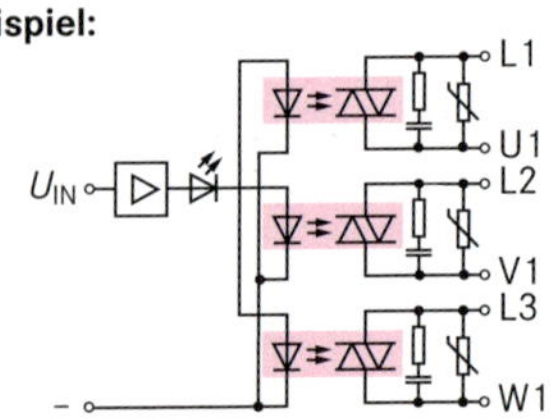

Eingangsdaten

Steuerspannung:	24 V DC ± 20 %
Eingangsstromstärke:	ca. 8 mA

Ausgangsdaten

Betriebsspannung:	400 V AC, 50/60 Hz
Betriebsspannungsbereich:	110 ... 440 V AC
Max. Dauerlaststromstärke:	3 × 9 A
Sperrspannung:	800 V
Prüfspannung Ein-/Ausgang:	2,5 kV_{eff}

Merkmale

- Zeitrelais sind Geräte, die u. a. eingesetzt werden als
  - Zeitgeber,
  - Impulsgeber und
  - Blinker.
- Sie werden angewendet z. B. zur
  - Vorgabe von Zeitabläufen,
  - Überwachung von Schaltabläufen und
  - Anlauf- und Nachlaufunterdrückung.

Aufbau/Funktionen

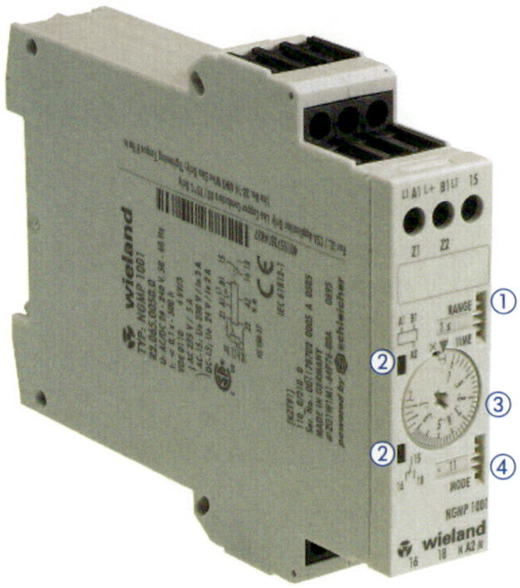

① Bereichswahlschalter
- Einzelschritteinstellung
- Schnelleinstellung
- Anzeigefenster

② LED-Anzeige

③ Zeiteinstellscheibe

④ Betriebsartenwahlschalter
- Einzelschritteinstellung
- Schnelleinstellung
- Anzeigefenster

Schaltbild

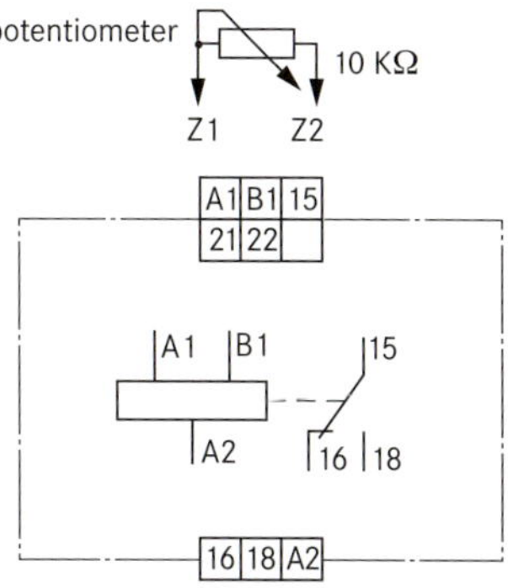

Zeitbereiche	
≤ 0,1 bis 1 s	1,5 bis 30 min
0,15 bis 3 s	3 bis 60 min
0,5 bis 10 s	5 bis 100 min
1,5 bis 30 s	0,15 bis 3 h
5 bis 100 s	0,5 bis 10 h
15 bis 300 s	1,5 bis 30 h
0,5 bis 10 min	5 bis 100 h
50 bis 1000 s	15 bis 300 h

Schaltabläufe

Ansprechverzögert

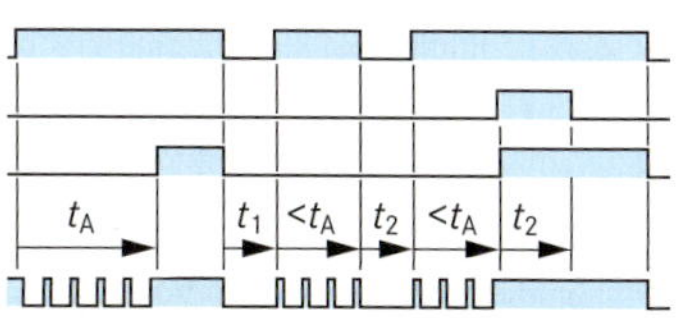

A1 – A2 Erregungsgröße
B1 – A2 Sofortsignal
15 – 18 Verzögertes Schaltglied
15 – 16 LED grün

LED grün Erregungsgröße

t_A: Ablaufzeit

t_S: Sofortsignal, muss > Mindesteinschaltdauer 1 (≤ 25 ms) sein

t_1: Ausschaltzeit, muss > Wiederbereitschaftszeit 1 (≤ 50 ms) sein

t_2: Ausschaltzeit, muss > Wiederbereitschaftszeit 2 (≤ 50 ms) sein

Impulsformend

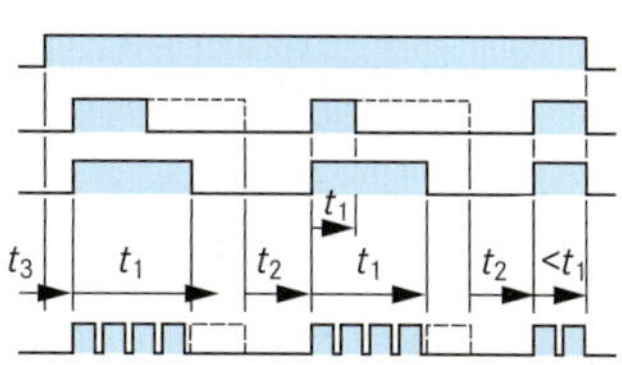

A1 – A2 Hilfsversorgung
B1 – A2 Erregungsgröße
15 – 18 Verzögertes Schaltglied
15 – 16 LED grün

LED grün Erregungsgröße

t_I: Impulszeit

t_1: Einschaltzeit, muss > Mindesteinschaltdauer 1 (≤ 25 ms) sein

t_2: Ausschaltzeit, muss > Wiederbereitschaftszeit 2 (0 ms) sein

t_3: Zeit zwischen dem Einschalten der Hilfsversorgung und Erregungsgröße, muss > Wiederbereitschaftszeit 2 (0 ms) sein

Aufbau

- Eine einfache Form einer speicherprogrammierbaren Steuerung (z. B. SIMATIC S7-1500) besteht aus den Baugruppen
  - **PS** ① (**P**ower **S**upply: Stromversorgung),
  - **CPU** ② (**C**entral **P**rocessing **U**nit: Zentraleinheit) und
  - **SM** ③ (**S**ignal **M**odule: Signalbaugruppe).
- Die Eingangssignale der Sensoren werden von der SPS erfasst, im Steuerungsprogramm verarbeitet und die Ausgänge gesteuert.
- Die Zentralbaugruppe beinhaltet folgende Bereiche:
  - **Funktionsbereiche**
    PAE: Prozess**a**bbild der **E**ingänge
    PAA: Prozess**a**bbild der **A**usgänge
    Interner Bus: Informationsaustausch in der Zentralbaugruppe
    Steuerwerk: Verarbeitung des Steuerprogramms
  - **Speicherbereiche**
    Programmspeicher: Enthält das Anwenderprogramm
    Merker: Speicherung der programmspezifischen Zwischenergebnisse
    Zähler: Speicherung der Ergebnisse aus Zähloperationen
    Zeitglieder: Speicherung der Ergebnisse aus Zeitoperationen
- Übertragung des Programms vom PC zur SPS erfolgt über eine Netzwerkverbindung (LAN)
- Einsatz von Bussystemen (PROFIBUS, ASI-Bus, Industrial Ethernet) zur Ankopplung der externen Prozessperipherie an die SPS

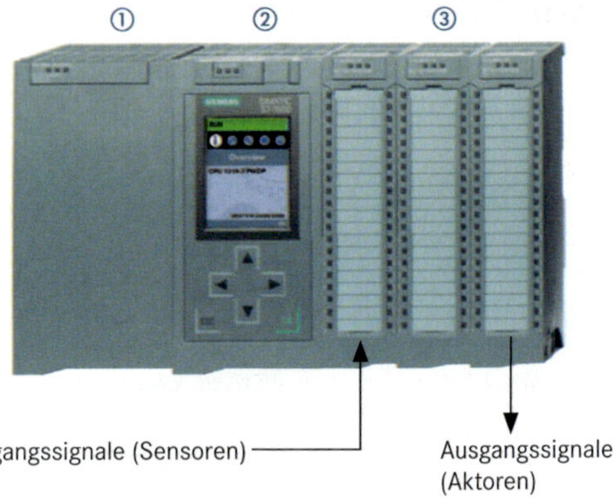

Zentralbaugruppe

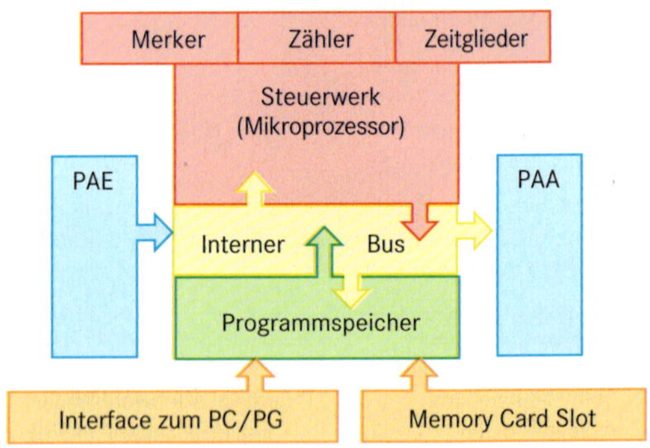

Programmiersprachen für SPS

Bezeichnung	Abk.	Eigenschaften	Beispiel

Anweisungs**l**iste	**AWL**	Die Anweisungen werden als Text formuliert und in der Reihenfolge notiert, in der sie von der CPU abgearbeitet werden. Die Beispielanweisungen entsprechen der Step7-Syntax, die sich von der Norm IEC 61131-3 unterscheiden.	`U E 0.1`
			`U E 0.2`
			`O E 0.3`
			`= A 0.1`

Strukturierter **T**ext	**ST**	Textorientierte Hochsprache zur Realisierung komplexer Funktionen und mathematischer Algorithmen.	`A0.1 := E0.1 & E0.2 OR E0.3`
Funktions**b**au**s**teinsprache	**FBS**	Grafisch orientierte Programmiersprache, die die aus der boolschen Algebra bekannten Logiksymbole verwendet. Sie ist besonders für Verknüpfungssteuerungen geeignet.	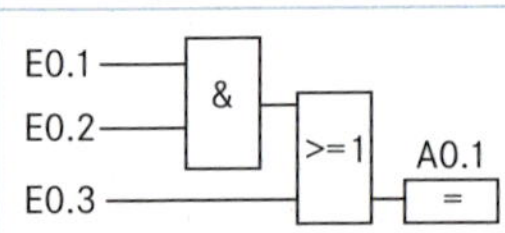
Kontakt**p**lan	**KOP**	Grafisch orientierte Programmiersprache, die der Darstellung in Stromlaufplänen nachempfunden ist. Sie ist besonders für Verknüpfungssteuerungen geeignet.	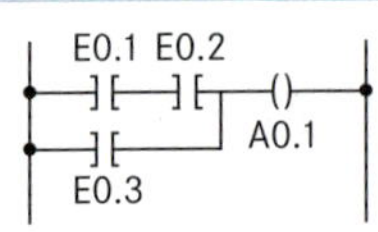
Ablauf**s**prache	**AS**	Grafisch orientierte Darstellung zur Realisierung von Ablaufsteuerungen. Die Einzelschritte (Aktionen) werden in einer Schrittkette aufgelistet, die durch Weiterschaltbedingungen (Transitionen) miteinander verbunden sind.	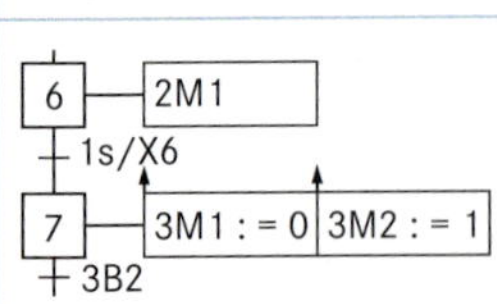

Baugruppen

Beispiel: Simatic S7

- Die Baugruppen werden auf einer Profilschiene montiert.
- Die Anordnung der Baugruppen auf der Profilschiene ist fest vorgegeben:
  Steckplatz 1: Netzteil ①
  Steckplatz 2: Zentralbaugruppe ②
  Steckplatz 3: Anschaltbaugruppe (optional) ③
  Steckplatz 4-11 bzw. 3-10: weitere Baugruppen
- Über eine **MPI**-Schnittstelle ④ (**M**ulti **P**oint **I**nterface), PROFIBUS oder TCP/IP-Verbindung können mehrere SIMATIC S7-Steuerungen miteinander kommunizieren.
- MPI-Schnittstelle:
  Herstellerspezifische Schnittstelle zur Kommunikation zwischen SIMATIC-Geräten, z. B. CPUs.
- Zur Programmierung der SPS wird ein Computer über eine LAN- oder MPI-Schnittstelle mit der SPS verbunden.
- Das MPI-Netzwerk kann aus mehreren Segmenten mit bis zu 127 Teilnehmern bestehen (max. 32 pro Segment). Die Entfernung zwischen den Teilnehmern kann max. 50 m (ohne Repeater) betragen.
- Die Verbindungen werden über PROFIBUS-Leitungen (geschirmte Zweidrahtleitungen nach dem RS485 Standard) und PROFIBUS-Stecker hergestellt.
- Es werden Übertragungsraten von 19,2 kbit/s bis 12 Mbit/s erreicht.
- Baugruppen einer SPS sind offene Betriebsmittel und dürfen daher nur in geschlossenen Gehäusen, Schränken oder in elektrischen Betriebsräumen montiert werden.
- Werden zum Aufbau mehrere Profilschienen erforderlich (max. 4 Schienen), leitet die Anschaltbaugruppe den Rückwandbus der SPS zur nächsten Baugruppe weiter.

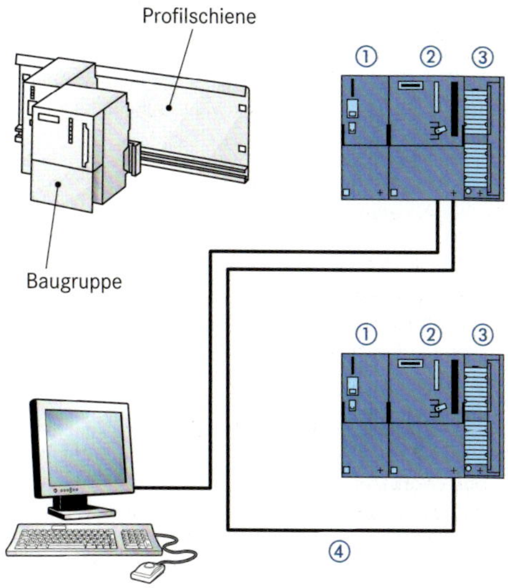

MPI-Stecker:

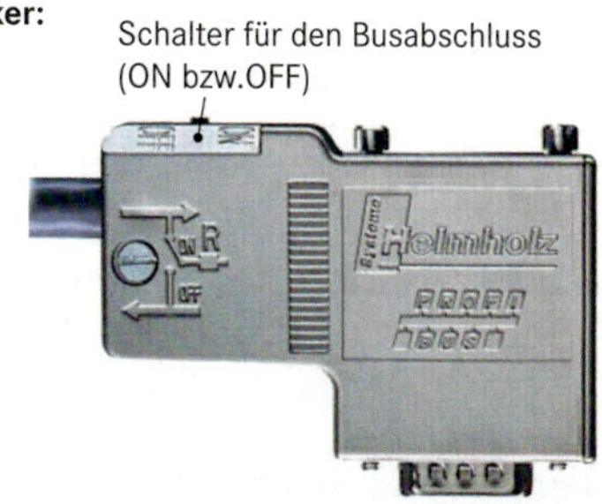

Beispiele

Komponente	Funktion	Abbildung	Komponente	Funktion	Abbildung
PS (**P**ower **S**upply)	Stellt die Betriebsspannung von 24 V DC zur Verfügung und versorgt die Laststromkreise	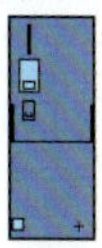	**IM** (**I**nterface **M**odule)	Verbindung des Rückwandbusses bei Anwendung mehrerer Baugruppenträger (Profilschienen)	
CPU (**C**entral **P**rocessing **U**nit)	Führt das Anwendungsprogramm aus; Spannungsversorgung des Rückwandbusses		**CP** (**C**ommunication **P**rocessor)	Entlastung der CPU von Kommunikationsaufgaben, z. B. zur Anschaltung vom PROFIBUS-DP	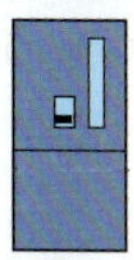
SM (**S**ignal **Mo**dule)	Anpassung unterschiedlicher Prozesssignalpegel (Ein-/Ausgabebaugruppe)	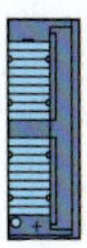	RS485 Repeater	Verstärkung der Signale in einem MPI bzw. PROFIBUS Netzwerk	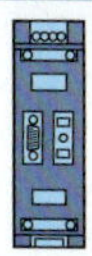
FM (**F**unction **M**odule)	Realisierung zeitkritischer und speicherintensiver Aufgaben (z. B. Regler)	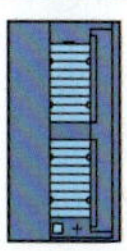	Profilschiene	Baugruppenträger zur Aufnahme der Module	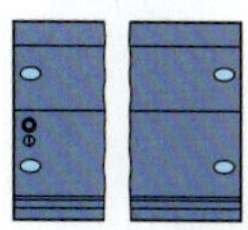

Programmstrukturen

- Die **strukturierte Programmierung** dient zur Effizienzsteigerung bei der Programmerstellung, da die Teilaufgaben des Projektes in wiederverwendbare Bestandteile gegliedert werden.
- Das Anwenderprogramm ist in Form von **Code-** und **Datenbausteinen** im Speicher der SPS abgelegt.
- In einem **Programmzyklus** werden jeweils das Prozessabbild der Eingänge (PAE) eingelesen, schrittweise verarbeitet und das Ergebnis des Prozessabbildes der Ausgänge (PAA) an der Ausgabebaugruppe ausgegeben.
- Beim **linearen Programm** ① befinden sich alle Anweisungen im **Organisationsbaustein** OB1. Die verwendeten Operanden sind überall im Programm gültig (Globale Variablen).
- Die **Organisationsbausteine** werden ereignisgesteuert vom Betriebssystem gestartet.
- Bei der strukturierten Programmierung ② wird zwischen der Programmierung mit bzw. ohne wiederverwendbaren Bausteinen unterschieden.
- Die Programmfunktionen werden dazu in **Funktionen (FC)** und **Funktionsbausteine (FB)** programmiert und auch als bibliotheksfähige Bausteine bezeichnet.
- Wiederverwendbare FCs bzw. FBs verwenden lokale anstatt globale Variablen. Dadurch kann der gleiche Programmcode in verschiedenen SPS-Programmen verwendet werden.
- **Lokale Variable** sind durch ein Rautezeichen (z. B. #EIN) vor dem Variablennamen gekennzeichnet und erfordern eine Zuordnung der Variablen zu den Ein- und Ausgängen der Anlage.

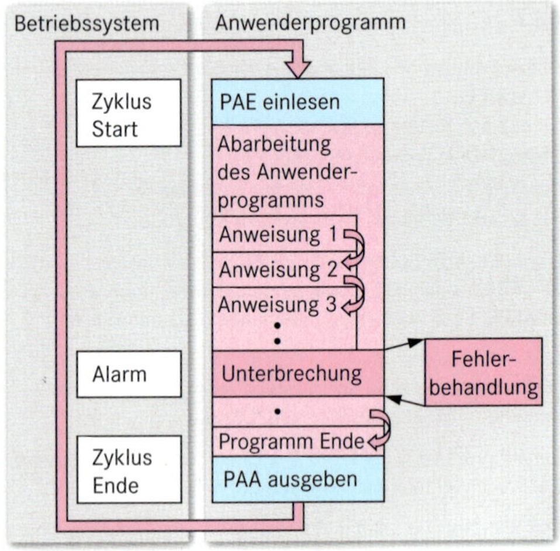

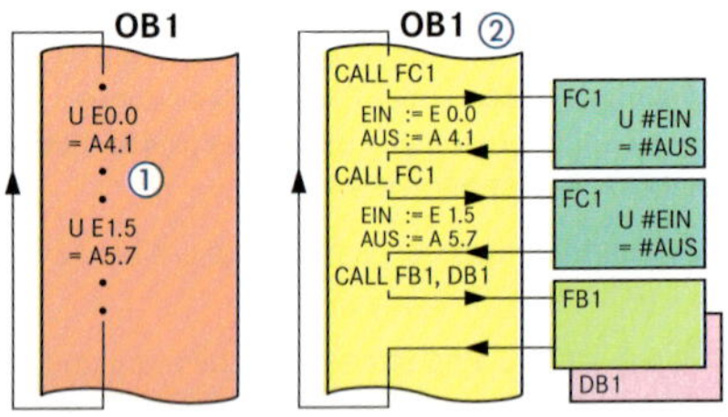

Codebausteine	
OB (**O**rganisations**b**austein)	Software-Schnittstelle zwischen dem Betriebssystem der CPU und dem Anwenderprogramm
FC (**F**unktionen)	Abgeschlossener Programmteil z. B. für Berechnungen oder Verknüpfungen. Kann mehrfach aufgerufen werden. Alle internen Daten werden nach Verlassen des Bausteins gelöscht.
FB (**F**unktions**b**austein)	Enthält, wie ein FC, einen abgeschlossenen Programmteil, allerdings werden die Signalzustände, Zählerstände usw. in einem Datenbaustein (Instanz-DB) gespeichert.
SFC und **SFB** (**S**ystem**f**unktionen)	Vom Hersteller vordefinierte Codebausteine (z. B. Regler, Wandler).
Datenbausteine	
Instanz-DB (Instanz-Datenbaustein)	Dieser Baustein speichert die Daten der zugehörigen Instanz (z. B. FB).
Global-DB (Global-Datenbaustein)	Der Global-DB ist ein gemeinsamer Datenspeicher für OBs, FBs und FCs.

Organisationsbausteine (Auswahl)

Anlauf-OBs	
OB 100	Neustart (Warmstart)
OB 101	Wiederanlauf
OB 102	Kaltstart
Zyklischer Programmlauf	
OB 1	Hauptprogramm
Periodische Programmunterbrechung	
OB 10-17	Uhrzeitalarme
OB 30-38	Weckalarme

Ereignisgesteuerte Programmunterbrechung	
OB 20-23	Verzögerungsalarme
OB 40-47	Prozessalarme
OB 80	Zeitfehler
OB 81	Stromversorgungsfehler
OB 82	Drahtbruch am Eingang einer diagnosefähigen Baugruppe
OB 83	Ziehen/Stecken einer Baugruppe
OB 84	CPU Hardware-Fehler
OB 85	Programmablauffehler
OB 87	Kommunikationsfehler

Merkmale

- GRAFCET (**GRA**phe **F**onctionnel de **C**ommande **E**tape **T**ransition) ist für den Planer ein rein grafisches und technologieunabhängiges System zur Darstellung von Ablaufsteuerungen mit Hilfe von
  - Schritten,
  - Aktionen und
  - Weiterschaltbedingungen.
- Der GRAFCET-Plan berücksichtigt die Betriebsarten, gibt allerdings keinerlei Aufschluss über die Betriebsmittel.

GRAFCET-Plan

Beispiel:

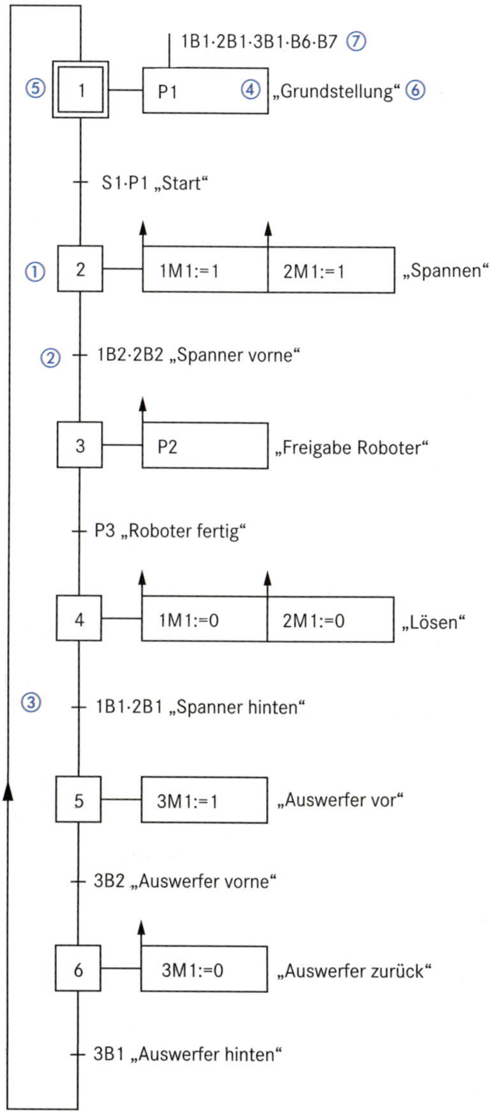

Regeln

- Der Plan besteht aus Schritten ① und Transitionen ②.
- Die Schritte und Transitionen (Weiterschaltbedingungen) sind durch Wirkungslinien ③ miteinander verbunden.
- Den Schritten sind Aktionen ④ zugeordnet, die ausgeführt werden, wenn der zugehörige Schritt aktiv wird.
- Die Schritte werden mit einer alphanumerischen Bezeichnung versehen.
- Schritte sind entweder aktiv oder inaktiv und werden von oben nach unten durchlaufen.
- Jede Ablaufsteuerung besitzt einen Initialschritt ⑤, der beim Start aktiviert wird.
- Kommentare ⑥ werden in Anführungszeichen geschrieben.

Transition

- Die Transition (Weiterschaltbedingung) kann umgangssprachlich oder mit Hilfe von Symbolen erfolgen.
  Eine Weiterschaltung von einem zum nächsten Schritt erfolgt, wenn der davorliegende Schritt aktiv ist und die Transitionsbedingung erfüllt ist
  (z. B. 1B1 · 2B1 · 3B1 · B6 · B7 ⑦).
- Zwischen zwei Schritten muss stets eine Transition eingefügt werden.
- Ein- bzw. Ausschaltverzögerungen werden durch die Angabe der Zeitverzögerung vor oder nach der Bedingung angegeben, z. B. 4s/1B1.
- Steigende und fallende Flanken eines Signals werden durch Pfeile gekennzeichnet. ↑ ↓
- Wird eine Schrittnummer als Variable in einer Bedingung gewünscht, wird vor die Schrittnummer ein X gestellt, z. B. 5s/X2 (Bedeutung: Es wird 5 Sekunden nach Aktivierung von Schritt 2 in Schritt 3 weitergeschaltet.)

Aktion

- Die Zuweisung steht in einem Rechteck neben der Aktion:

nicht speichernde Wirkung — speichernde Wirkung

- Pfeile zeigen an, ob die Aktion zu Beginn oder am Ende des Schrittes erfolgt:

Beginn — Ende

- Durch einen senkrechten Strich kann zusätzlich eine Bedingung definiert werden:

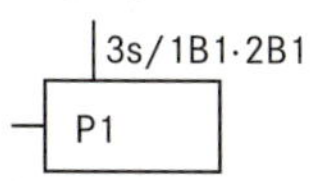

Bedeutung:
3 Sekunden Einschaltverzögerung, nachdem die Bedingung erfüllt ist.

- Mehrere Schritte in einer Aktion werden in getrennten Rechtecken dargestellt:

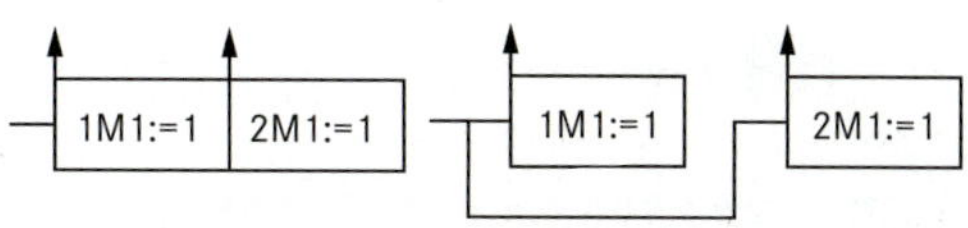

Eigenschaften

- Sie enthalten alle Komponenten zur Ausführung von Aufgaben aus dem Bereich der Steuerungs- und Automatisierungstechnik in einem kompakten Gehäuse.
- Das System ist modular aufgebaut und lässt sich durch eine Vielzahl von Komponenten (z. B. Display, Kommunikationsmodule, usw.) erweitern.

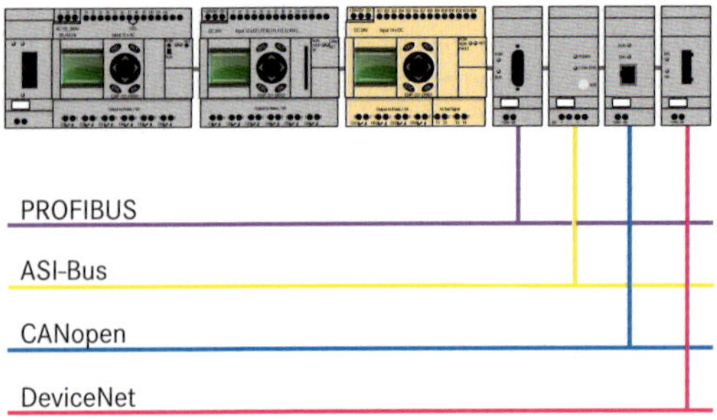

- Die Programmierung erfolgt direkt am Gerät, über eine Software in den Programmiersprachen AWL, KOP, FBS, ST, AS oder mit einem grafischen Funktionsplaneditor.
- Über ein externes grafisch orientiertes Display lassen sich Texte, Grafiken usw. visualisieren und zusätzlich notwendige Steuer- und Regelfunktionen anzeigen bzw. bedienen.
- Vorteile: Kompakten Bauform, günstiger Preis und einfache Programmierung und Parametrierung.

Beispiel

Typ easyControl EC4P-221-MTXD1

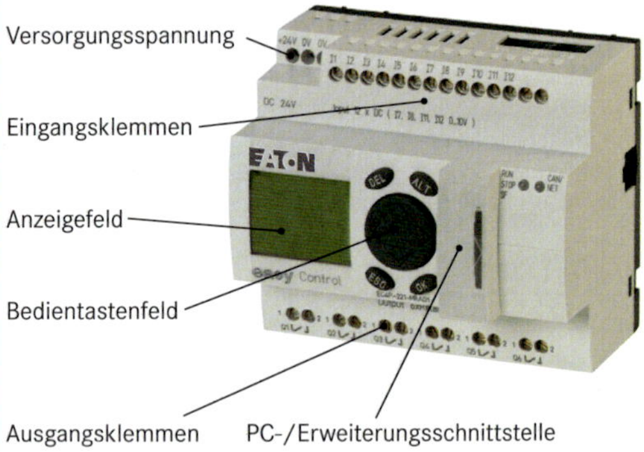

Technische Daten

- Versorgungsspannung: 24 V DC
- Leistungsaufnahme: 3,4 W
- Eingänge: 12 digitale, davon 4 auch als analog nutzbar
- Ausgänge (wahlweise):
  - 6 Relaisausgänge bzw.
  - 8 Transistorausgänge
  - 1 Analogausgang optional
- Ausgangsstromstärke:
  - 8 A (Relais)
  - 0,5 A (Transistor)
- Weitere Optionen: z. B. CANopen, Ethernet

Sicherheitsgerichtete Kleinsteuerungen

- Spezielle Kleinsteuerungen realisieren sicherheitsgerichtete Funktionen.
- Sicherheitsapplikationen bis
  - Kategorie 4 nach DIN EN 954-1
  - PL e nach DIN EN IEC 13849-1
  - SILCL 3 nach DIN EN 62061
  - SIL 3 nach DIN EN 61508
- Programmierung durch Zuweisung von vorprogrammierten Sicherheitsbausteinen, die vorab geprüft und zugelassen werden, z. B.:
  - Stillsetzen im Notfall
  - Bedienung durch Zweihandschaltung
  - Sicheres Starten
  - Zustimmschalter
  - Überwachung von Sicherheitseinrichtungen (Schutztür, Lichtvorhang)
  - Betriebsartenwahl
  - Stillstandsüberwachung
  - Höchstdrehzahlüberwachung
  - Sichere Zeitrelais
- Erweiterungen und Kommunikation mit Kleinsteuerungen ohne Sicherheitsfunktionen sind möglich.

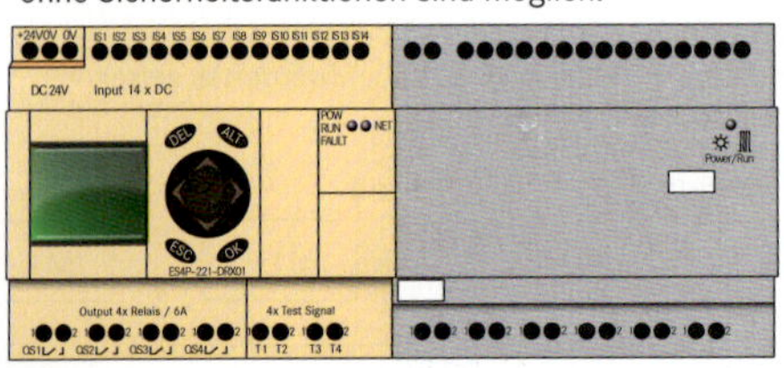

Beispiel

Typ easyControl ES4P-221-DRXD1

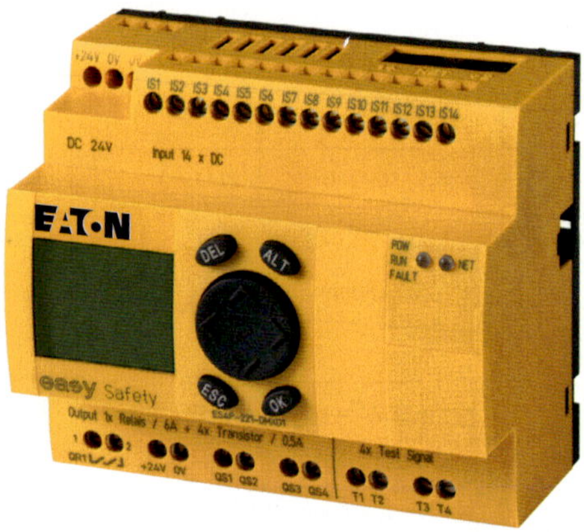

Technische Daten

- Versorgungsspannung: 24 V DC
- Leistungsaufnahme: < 6 W
- Eingänge: 14 sichere Eingänge
- Ausgänge (wahlweise):
  - 4 Relaisausgänge bzw.
  - 4 Testsignale (24 V DC)
- Ausgangsstromstärke:
  - Thermischer Strom 6 A (Relais)

Sensoren in Steuerungen

- Sensoren sind in der Regel Bestandteile eines modularen Steuerungs-Systems.
- Die Module sind in vielen Fällen autonom funktionsfähig. Sie lassen sich separat überprüfen.
- Module haben definierte Schnittstellen.
- Die Ausgangsgröße (Aktor) ist eine Funktion der Eingangsgröße (Sensor).

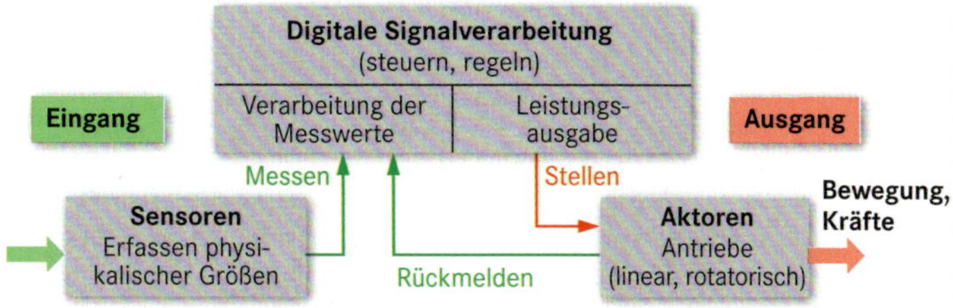

Aktive Sensoren

Die mit dem Sensor zu messende Größe wird **direkt** in eine elektrische Größe umgewandelt (bevorzugt elektrische Spannung).

Beispiele:

- Temperatur → Spannung (Thermoelement)
- Magn. Flussdichte → Spannung (Hallsonde)
- Kraft → Ladung (Piezokristall)
- Beleuchtungsstärke → Stromstärke (Fotodiode)

Passive Sensoren

Zur Umwandlung der zu messenden Größe benötigt der passive Sensor elektrische Energie (**indirekte Umwandlung**). Die elektrische Energie (Stromstärke, Spannung) wird durch die Sensorgröße beeinflusst.

Beispiele:

Resistive Änderung bei
- Dehnmessstreifen
- Temperaturabhängigen Widerständen
- Feldplatten
- Fotowiderständen
- Leitfähigkeitsmesszellen

Kapazitive Beeinflussung durch
- Abstandsänderung der Platten
- Flächenänderung
- Veränderung des Dielektrikums
- Veränderung des elektrischen Feldes

Induktive Beeinflussung durch
- Änderung der geometrischen Abmessungen von Spulen
- Permeabilitätsveränderung
- Veränderung des Dielektrikums
- Veränderung des magnetischen Feldes

Lichtstrombeeinflussung durch Änderung der
- Intensität
- Wellenlänge bzw. Frequenz
- Polarisation

Sensoreinteilung nach der Art des Ausgangssignals

- **Analogausgang**
  Das Messsignal wird in ein stetiges Ausgangssignal umgewandelt.

  Beispiele:
  - Spannung 0 V…10 V; 2 V…10 V
  - Stromstärke 0 mA…20 mA; 4 mA…20 mA

- **Binärausgang (schaltende Sensoren)**
  Am Ausgang sind nur zwei Zustände möglich, zwischen denen bei Über- bzw. Unterschreitung eines Schwellwertes gewechselt wird. Wenn die beiden Schwellwerte verschieden sind, ergibt sich im Schaltverhalten eine **Hysterese**.

  Beispiele:
  - Näherungsschalter durch kapazitive, induktive oder optische Beeinflussung (Lichtschranken)
  - Ultraschall-Näherungsschalter
  - Mechanische Endschalter (Schnappschalter)

- **Digitalausgang**
  Das Ausgangssignal ist ein digital codiertes Signal, das über diese Schnittstelle direkt in Bus-Systeme eingekoppelt werden kann.

Sensoreinteilung nach der Art der Messgröße

Geometrisch	Bewegung	Kraft
Länge Volumen Winkel Füllstand Anwesenheit Kontur Position …	Weg Geschwindigkeit Drehzahl Beschleunigung Vibration Phasenlage Frequenz …	Masse Kraft Druck Drehmoment Dehnung Härte Elastizität …
Hydrostatisch, hydrodynamisch	**Thermisch, kalorisch**	**Chemisch, biologisch**
Druck Durchfluss Strömungsgeschwindigkeit Teilchendichte Viskosität …	Temperatur Wärmemenge Wärmeströmung Leitfähigkeit Spezifische Wärmekapazität …	Leitfähigkeit pH-Wert Feuchtigkeit Substanzart Anwesenheit von Substanzen …
Optisch	**Elektrisch**	**Strahlung**
Beleuchtungsstärke Absorption und Emission Brechung Farbart Polarisation …	Ladung Spannung Stromstärke Leistung Leitfähigkeit Feldstärke Potenzial …	Strahlungsart Aktivität Dosis Energiedichte …

Aufbau eines digitalen Sensorsystems (dreistufiger AD-Umsetzer)

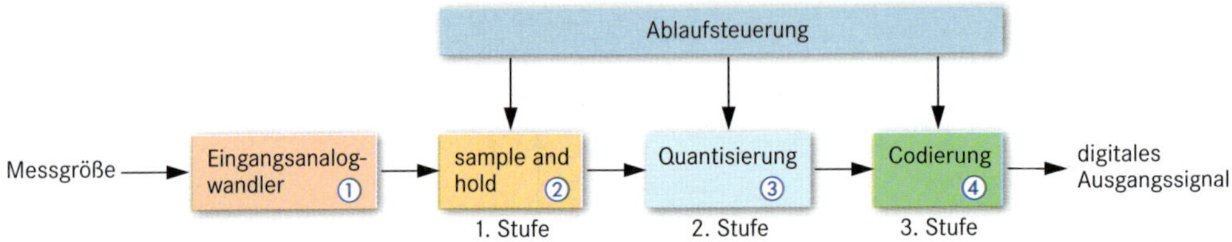

① Umsetzung der nichtelektrischen Messgröße in ein analoges elektrisches Signal.

② Abtastung des Messwertes in der Zeit t_{ab}, Messwerterhaltung für die Zeit t_{hold}.

③ Messbereichsunterteilung in endliche Zahl von Teilbereichen. Davon abhängig sind Auflösung und Messfehler.

④ Teilbereichsumwandlung in bestimmten Code sowie Anzeige bzw. Weiterleitung.

Widerstandsmessung

Anwendungen für Widerstandsmessungen sind:

- Temperaturmessung (z. B. PT 100)
- Messung mechanischer Spannungen (Dehnungsmessstreifen)
- Strommessung (über Shunt)

Fehlerquellen:
Die Anschlussleitung des Sensors hat einen eigenen Widerstand. Dieser ist abhängig von der Temperatur und der Leitungslänge. Er verfälscht je nach Schaltungsart das Messergebnis. Je kleiner der zu messende Widerstand ist, desto größer ist der Messfehler.

Zweileitermessung

Spannungsgespeiste Messbrücke

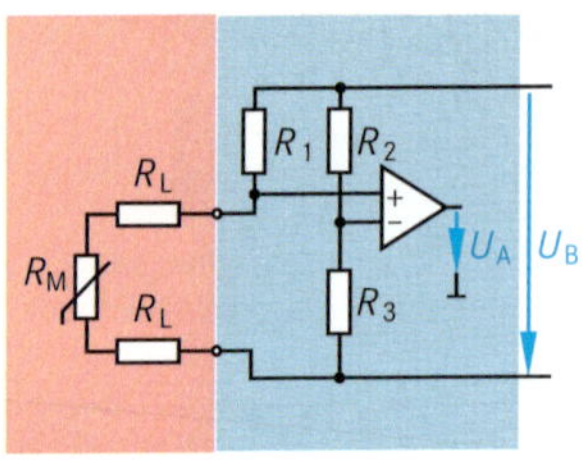

Leitungswiderstand R_L führt zu

- Messfehlern (R_M + 2 R_L)
- Nullpunktverschiebungen bei Widerstandsänderung in der Messleitung (R_L)

Dreileitermessung

Spannungsgespeiste Messbrücke

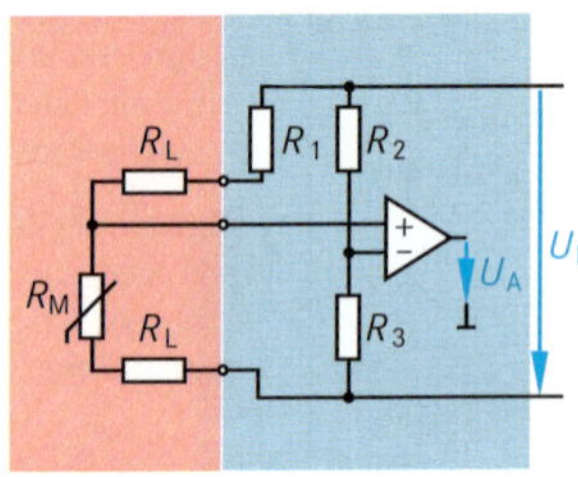

- Leitungswiderstand R_L ist auf obere und untere Brückenhälfte gleich verteilt. Temperatureinflüsse werden dadurch kompensiert.
- Der Messfehler ist geringer als bei der Zweiteilermessung, aber noch vorhanden.

Vierleitermessung

Stromgespeiste Messung

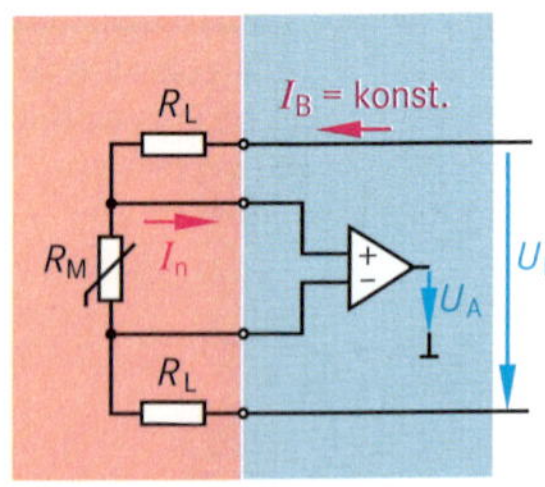

- Messstrom I_B = konstant
- Messstrom zum Operationsverstärker I_n = 0 A, da Eingangswiderstand $R_E = \infty$
- $U_A \sim R_M$
- Keine Messfehler durch R_L

Sensorsignalübertragung

Konventionell

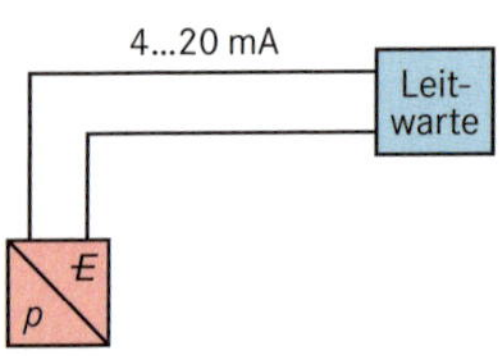

- Digitales Sensorsignal wird in analoges 4 ... 20 mA-Signal umgewandelt und zur Leitwarte übertragen.

Intelligent

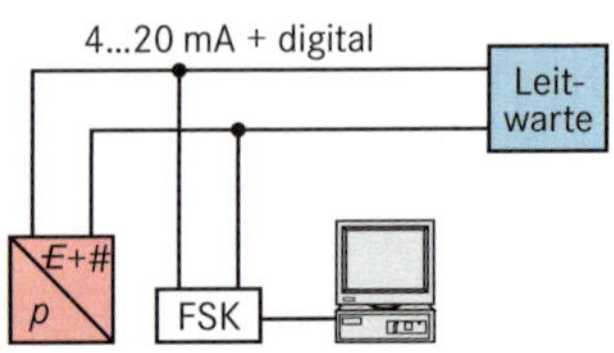

- Analogem 4 ... 20 mA-Signal wird frequenzmoduliertes Signal überlagert (FSK = **F**requency **S**hift **K**eying).
- Speicherung von Werten und Ereignissen zur Prozessoptimierung möglich.

Feldbus

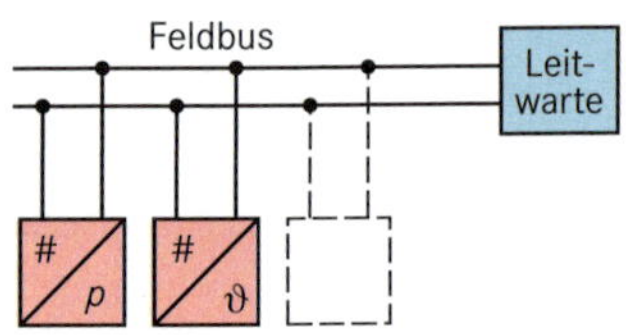

- Digitale Kommunikation zwischen Sensoren und Aktoren möglich.
- Eigensichere Speisung und Datenübertragung von Leitwarte ins Feld.

Messprinzip

- Die Erkennung erfolgt durch Dämpfung des elektromagnetischen Wechselfeldes einer Spule ① (offener Schalenkern) durch metallene Leiter.
- Es werden in den metallenen Leiter Wirbelströme induziert, die dem Feld Energie entzieht. Die Schwingungsamplitude des Oszillators ② verringert sich.
- Das Signal wird demoduliert ③, in ein Schaltsignal umgeformt ④ und entsprechend verstärkt ⑤.

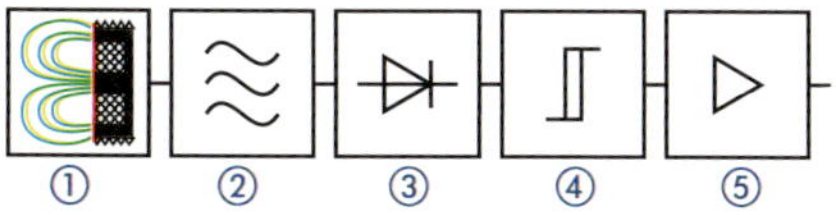

Schaltabstand

Der Schaltabstand *s* des Sensors wird durch eine **Normmessplatte** bestimmt:

- Quadratische Platte aus Fe 360 (ISO 630: 1980)
- Dicke d = 1 mm
- Seitenlänge *a* entsprechend dem Durchmesser der aktiven Fläche des Sensors

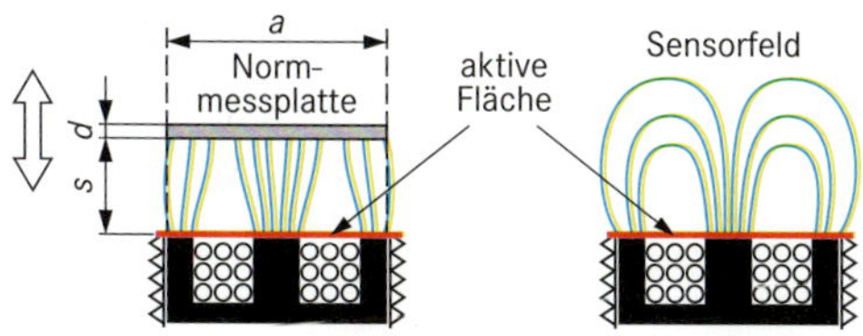

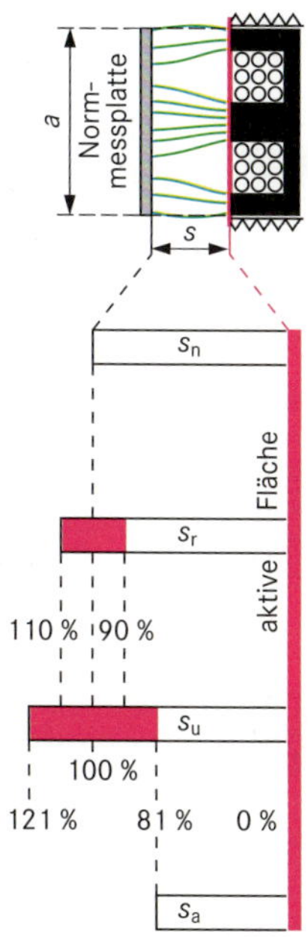

Zur Kennzeichnung von Sensoren werden folgende Schaltabstände angegeben:

- ***s*: Schaltabstand**
  Er ist der Abstand, bei dem ein Signalwechsel ausgelöst wird.
- **s_n: Bemessungsschaltabstand**
  Er ist eine Sensorkenngröße, ohne Berücksichtigung von Fertigungstoleranzen.
- **s_r: Realschaltabstand**
  Er ist der Schaltabstand, der bei festgelegten Bedingungen gemessen wird.
- **s_u: Nutzschaltabstand**
  Er ist der zulässige Abstand innerhalb der angegebenen Spannungs- und Temperaturbereiche.
- **s_a: Gesicherter Schaltabstand**
  Dieser Abstand ist bei festgelegten Spannungs- und Temperaturbereichen gewährleistet.

Korrekturfaktoren

Die Art des Materials im magnetischen Feld beeinflusst den Schaltabstand. Die Reduzierung des Schaltabstandes gegenüber dem Material der Normmessplatte wird als Faktor angegeben.

Werkstoff	Faktor	Werkstoff	Faktor
Stahl	1,0	Aluminium	0,30 ... 0,45
Kupfer	0,25 ... 0,45	Nickel	0,65 ... 0,75
Messing	0,35 ... 0,50	Gusseisen	0,93 ... 1,05

Schaltfrequenz

- Sie ist die Zahl der maximal möglichen Schaltfolgen pro Sekunde.
- Gedämpft wird mit Normmessplatten, die sich auf einer rotierenden und nichtleitenden Scheibe befinden.
- Das Flächenverhältnis von Eisen zu Nichteisen beträgt 1:2.
- Die Bemessungsschaltfrequenz ist erreicht, wenn das Ein- oder Ausschaltsignal 50 µs betragen ($\Delta t_1 = \Delta t_2$).

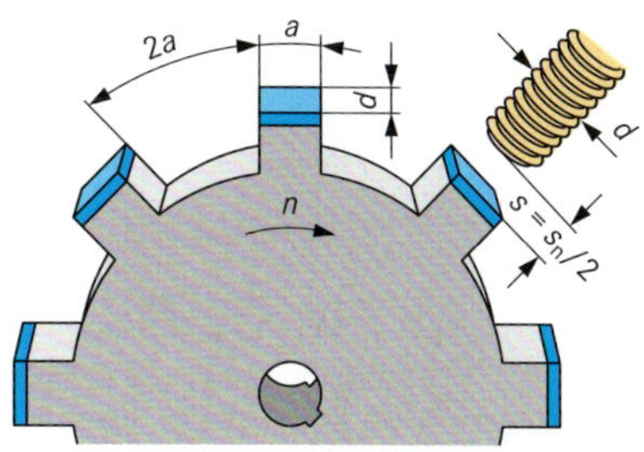

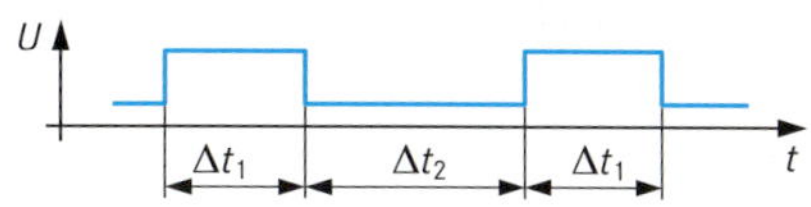

Beispiel einer Ausgangsschaltung, 3-Draht, DC

PNP

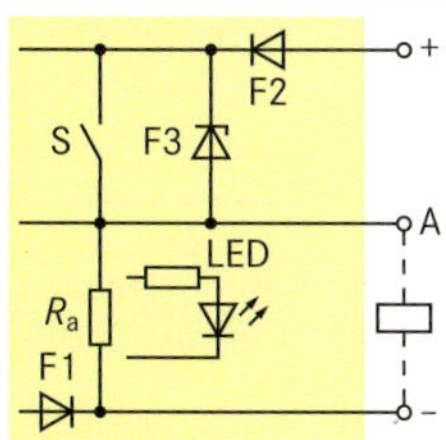

S: Halbleiterschalter

NPN

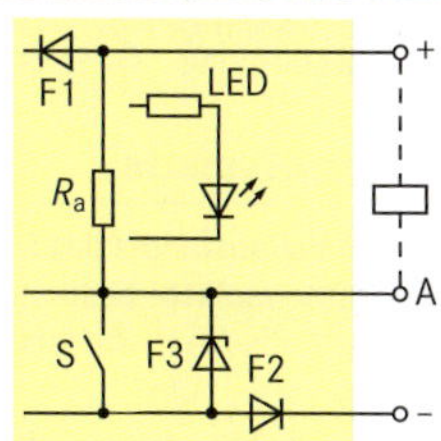

S: Halbleiterschalter

Bauformen

Messprinzip

- Die Erkennung erfolgt durch Änderung des elektrischen Feldes eines Kondensators ① durch
  - metallische und
  - nichtmetallische Objekte (fest oder flüssig).
- Durch das externe Material ändert sich die Dielektrizitätskonstante ε_r bzw. die Kapazität.
- Durch die Kapazitätsänderung verändert sich die Schwingkreisfrequenz des Oszillators ②. Sie wird durch nachgeschaltete Stufen ③ ausgewertet.

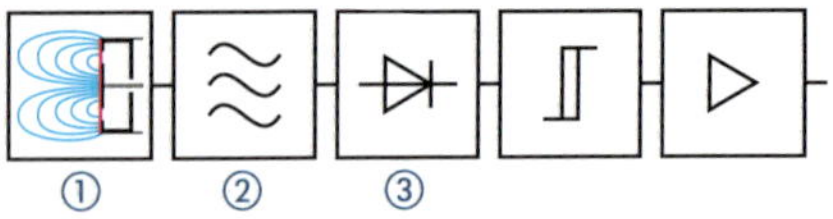

Schaltabstand

- **Nutzschaltabstand s_u**
  Er ist der zulässige Schaltabstand innerhalb der angegebenen Spannungs- und Temperaturbereiche:
  $0{,}72\ s_n \leq s_u \leq 1{,}325\ s_n$
- **Gesicherter Schaltabstand s_a**
  Er ist der Abstand, in dem ein gesicherter Betrieb bei festgelegtem Spannungs- und Temperaturbereich gewährleistet ist:
  $0 \leq s_a \leq 0{,}72\ s_n$

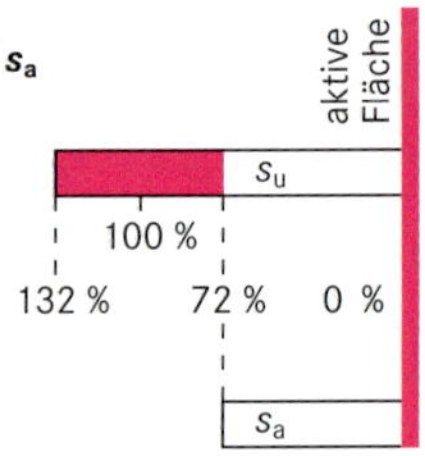

Beeinflussungsarten der Messsonde

Nicht leitendes Material

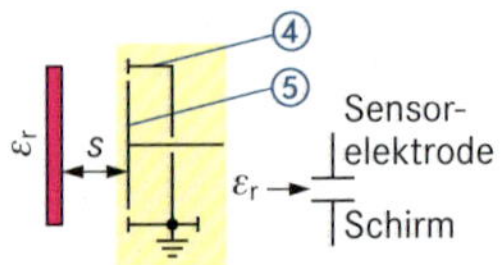

Durch das nicht leitende Material verändert sich die Gesamtkapazität.

Leitendes und isoliertes Material

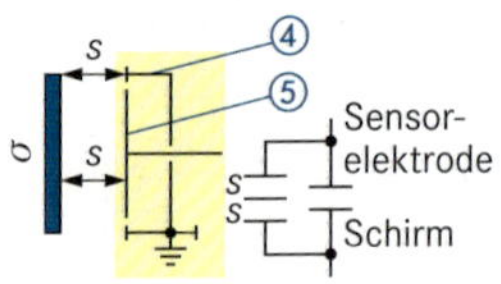

Es entstehen zwei in Reihe liegende Kondensatoren, die zur Sensorkapazität parallel liegen. Die Gesamtkapazität vergrößert sich.

Leitendes und geerdetes Material

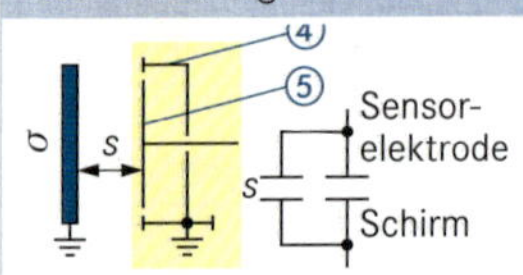

Es entsteht ein zusätzlicher, zur Sensorkapazität parallel liegender Kondensator. Die Gesamtkapazität vergrößert sich.

④ Abschirmung ⑤ Sensorelektrode

Anwendungen

Verpackung	Füllstand	Qualität
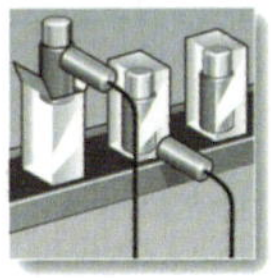	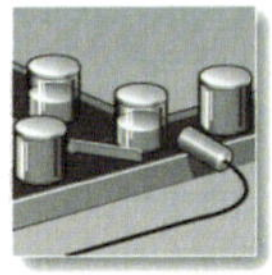	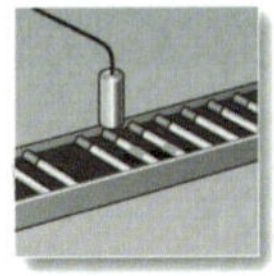
Füllstand	**Fehler**	**Messführung**
	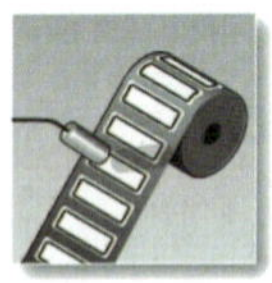	
Zählen	**Inspektion**	**Zufluss**

Normmessplatte

Der Schaltabstand *s* des Sensors wird durch eine **Normmessplatte** bestimmt:

- Quadratische Platte aus Fe 360 (ISO 630: 1980)
- Dicke *d* = 1 mm
- Seitenlänge *a* entsprechend dem Durchmesser der aktiven Fläche des Sensors

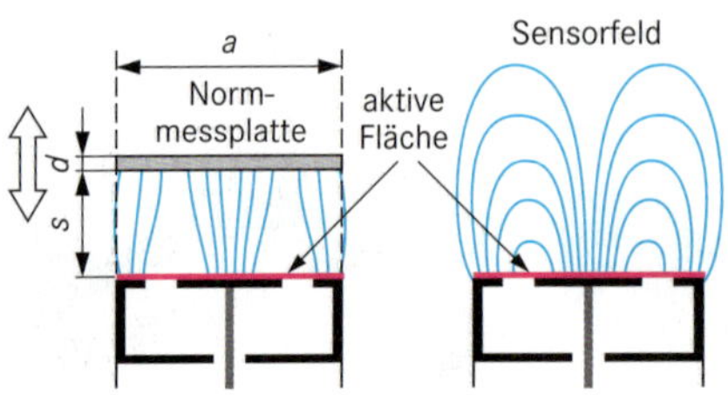

Korrekturfaktor

Wenn ein nicht leitendes Material in das Sensorfeld eintritt, ändert sich die Kapazität in Abhängigkeit von ε_r, der Eintauchtiefe und vom Abstand zur „aktiven Fläche“.
Je nach Material muss der Schaltabstand durch einen Faktor korrigiert werden.

Material	Korrekturfaktor
Metalle	1
Holz	0,2 ... 0,7
Glas	0,5
Wasser	1,0
PVC	0,6
Öl	0,1

Bauformen

Widerstandsthermometer

- Normierte Platin-Temperatursensoren (temperaturabhängiger Widerstand) entsprechend DIN EN 60 751
- Der Bemessungswert wird bei 0 °C angegeben.
- Widerstandsänderungen bis ca. 100 °C:
  PT 100: 0,4 Ω/K; PT 500: 2,0 Ω/K; PT 1000: 4,0 Ω/K
- Kennlinien

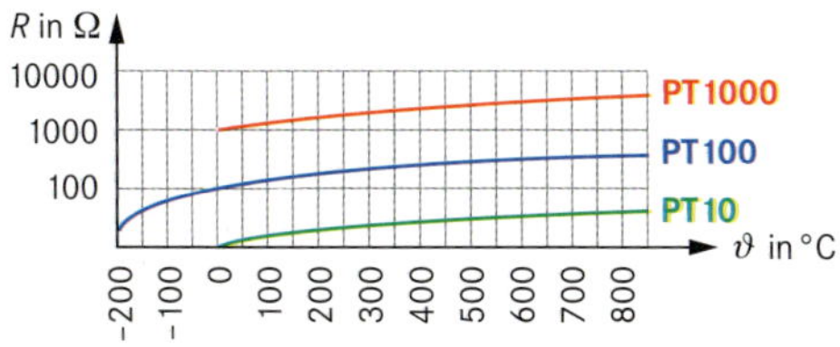

Aufbau

In DIN 43 764 bis 43 769 sind verschiedene Schutzrohr-Bauformen für unterschiedliche Aufgabenstellungen festgelegt.

Beispiel: Form B

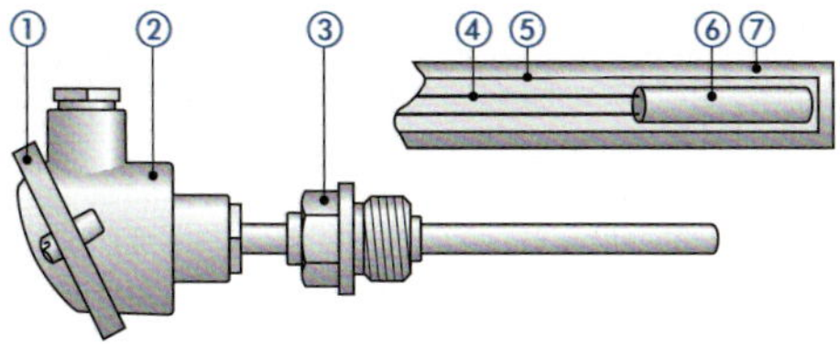

① Anschlusskopf ② Anschlusssockel ③ Verschraubung
④ Anschlussleiter ⑤ Einsatzrohr ⑥ Temperatursensor
⑦ Schutzrohr

Form	Ausführung und Anwendung
A	Emailliertes Rohr, Befestigung mit verschiedenen Anschlagflanschen, Rauchgas-Messung
B	Rohr mit angeschweißtem Gewinde G 1/2A
C	Rohr mit angeschweißtem Gewinde G 1A
D	Druckfestes, dickwandiges Rohr zum Einschweißen
E	Am Ende verjüngtes Rohr für schnell ansprechendes Verhalten, Befestigung durch verschiebbaren Anschlagflansch
F	Rohr wie Form E, jedoch angeschweißter Flansch
G	Rohr wie Form E, jedoch mit angeschweißtem Gewinde G 1A

Anschlussmöglichkeiten

- **Zweileitertechnik**
  Sensor und Auswerteschaltung sind gemeinsam mit einer zweiadrigen Leitung verbunden. Da der Leitungswiderstand und der Sensor in Reihe liegen, kommt es zu einer Messwertverfälschung (Kompensation erforderlich).
- **Dreileitertechnik**
  Ein zusätzlicher Leiter wird zum Sensor geführt, so dass zwei Messkreise entstehen. Der Leitungswiderstand sowie seine Temperaturabhängigkeit lassen sich kompensieren.
- **Vierleitertechnik**
  Durch den Sensor fließt ein Konstantstrom. Der Spannungsfall am Sensor wird abgegriffen und an den Eingang einer hochohmigen Auswerteschaltung geführt. Leitungswiderstände und deren Temperaturabhängigkeit sind weitgehend ohne Einfluss.

Thermoelemente

- Thermoelemente geben eine Spannung (μV) ab, wenn zwischen den Kontaktstellen ein Temperaturunterschied besteht.
- Prinzip:

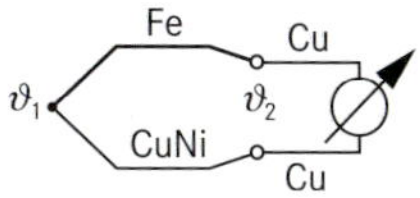

- Kennlinien

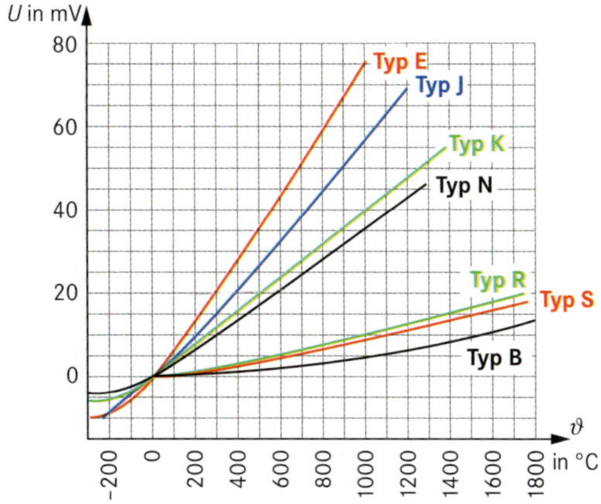

Farbkennzeichnung von Thermoelementen

Typ/Norm/ Werkstoff	Farbcode	Typ/Norm/ Werkstoff	Farbcode
B EN 60 584 Pt30 % Rh-Pt	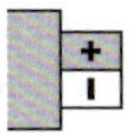	**L** DIN 43 710 Fe-CuNi	
E EN 60 584 NiCr-CuNi		**R** EN 60 584 Pt13 % Rh-Pt	
J EN 60 584 Fe-CuNi		**T** EN 60 584 Cu-CuNi	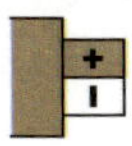
K EN 60 584 NiCr-Ni		**U** DIN 43 710 Cu-CuNi	

Anschluss und Bauformen

Thermospannungsklemmpaar, Typ K

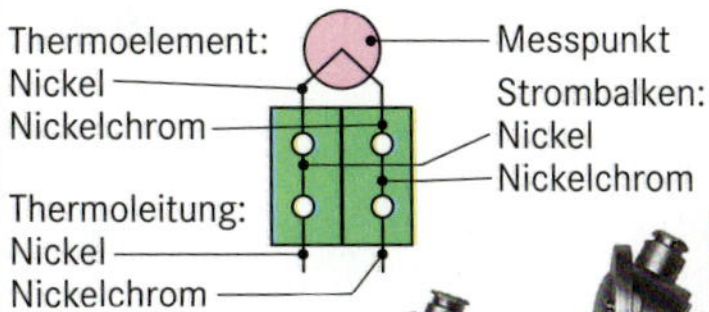

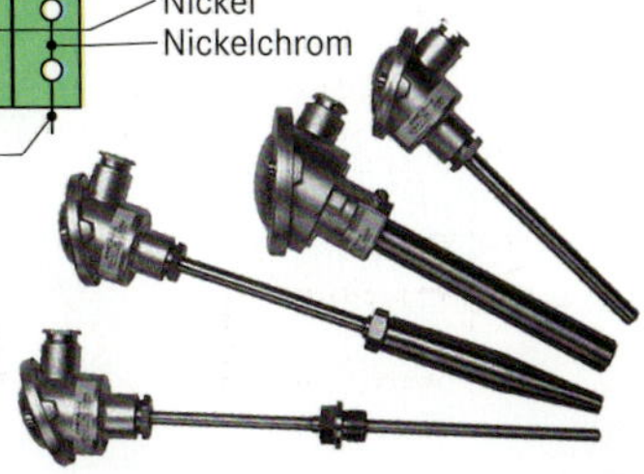

Messprinzip

- Durch Krafteinwirkung (Druck, Zug) auf elektrische Leiter kommt es zu einer Verformung. Dadurch verändert sich der Querschnitt und der spezifische Widerstand (**piezoresistiver Effekt**).

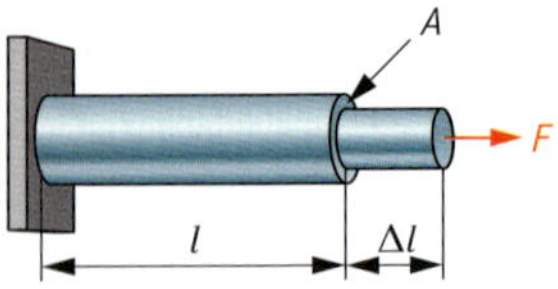

$$\frac{\Delta l}{l} = \varepsilon$$

F: Kraft

ε: Dehnung

$F \sim \varepsilon$ (im elastischen Bereich)

ΔR: Widerstand

R: Gesamtwiderstand

$$\frac{\Delta R}{R} = k \cdot \varepsilon$$

Material	Konstantan	NiCr	PtW	Si
k	2,05	2,2	4,0	10 ... 200

Metallische Dehnmessstreifen (DMS)

- Metallischer Leiter (Folien) sind mäanderförmig angeordnet.
- Die Querschnittsveränderung und die Veränderung des spezifischen Widerstandes sind die Ursachen für die Widerstandsänderung.

Dehnung in einer Richtung

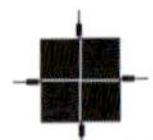

Dehnung in zwei Richtungen

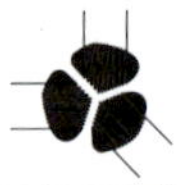

Dehnung in drei Richtungen

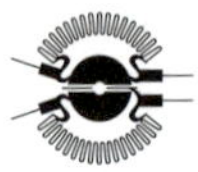

Torsion (Verdrehung)

Werte:
120 Ω
350 Ω
600 Ω
1000 Ω

Halbleiter Dehnmessstreifen

- Der piezoresistive Effekt ist bei Halbleitern größer als bei Metallen. Er hängt von der Orientierung der Halbleiterkristalle und der Dotierung mit Fremdatomen ab.
- Es werden in der Regel 4 Widerstände (R_1 bis R_4) auf einer Membran angeordnet:
  - alle im Randbereich, siehe Abbildung (ca. 3,5 kΩ, ΔR bis 1 kΩ)
  - alle im Zentrum
  - zwei im Randbereich, zwei im Zentrum
- Die Widerstände werden als Messbrücke geschaltet.

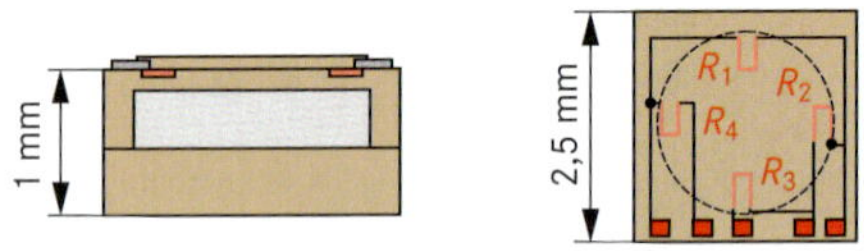

Beispiel: Gekapselter Druckaufnehmer (siehe Fotos)

- Membran mit wenigen hundertstel Millimetern
- Membran ist mit Sicken (konzentrisch eingeprägte Wellen) versehen. Dadurch ist eine spannungsfreie Deformation gewährleistet.
- Der Druck wird über die Membran und über das im Innern befindliche Öl auf die Membran der Druckmesszelle übertragen.

Schaltungen

- Brückenschaltung mit 1 bis 4 DMS als Brückenwiderstände
- Abgeschirmte 4-(6-)adrige Standardleitung mit nachfolgendem Brückenverstärker

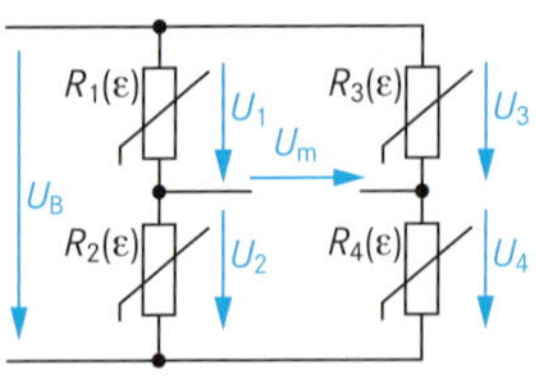

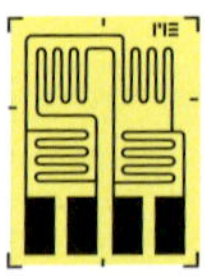

- **Beispiel**
  Zwei DMS zur Torsionsmessung

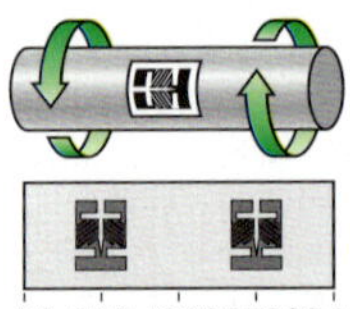

Keramische Drucksensoren

- Die DMS-Vollbrücke wird auf eine Keramik-Membran (Aluminiumoxid) aufgebrannt (1000 °C). Dadurch verschmilzt die Messbrücke mit dem biegsamen Keramik-Substrat.
- Vorteile des Keramikmaterials:
  Extrem hart, sehr elastisch, guter Isolator, große Zugfestigkeit, sehr biegsam
- Die Messbrücke ist im Vergleich zu metallischen DMS und Silizium-DMS hochohmig (→ geringe Leistung).

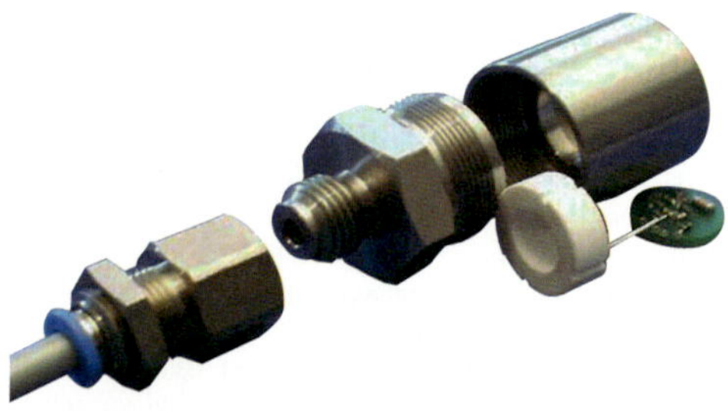

Piezoelektrischer Effekt

- Bei Krafteinwirkung verschieben sich die im Kristallverband eingelagerten Ladungen.
- Zwischen den Elektroden an der Oberfläche treten durch die Krafteinwirkung Ladungsunterschiede auf.
- Das Ladungssignal wird in ein proportionales Spannungs- oder Stromsignal umgewandelt und zur Anzeige bzw. Steuerung verwendet.

d: Piezoelektrischer Koeffizient (temperaturabhängig)
C: Coulomb

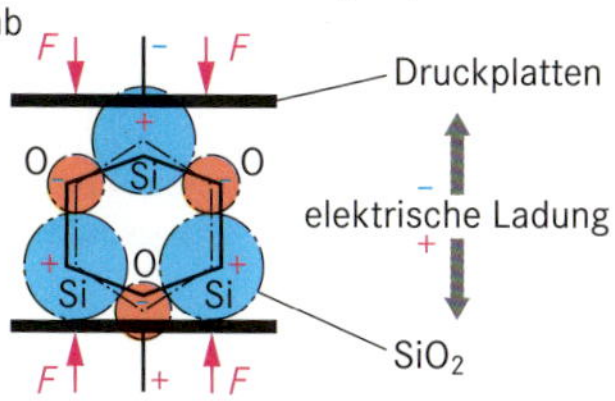

Material	*d* in pC/N	Material	*d* in pC/N
Turmalin	1,83	Lithiumtantalat $LiTaO_3$	9,2
Quarz SiO_2	2,3	Piezoelektrische Keramik	590

Aufbau eines Kraftsensors

Messbereich: mN bis 120 kN (Beispiel)

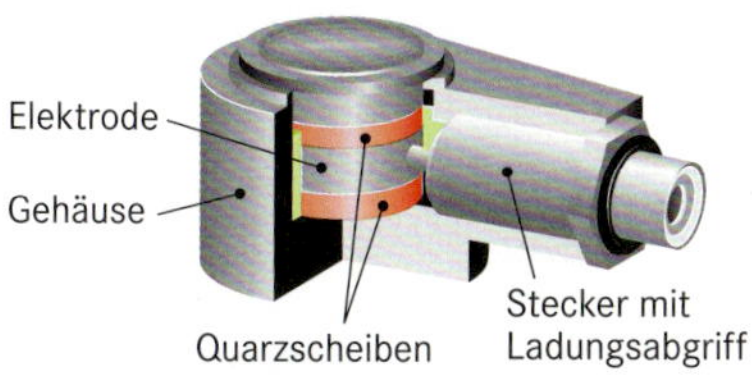

Drucksensoren

- Messbereich: 0,1 mbar ... 4000 mbar (Beispiel)
- Sind eine besondere Form von Kraftsensoren
- Auf eine Membran (konstante Fläche) wirkt die Kraft, so dass die ausgeübte Kraft proportional zum Druck ist.
- Absolutdruck: Druck wird bezüglich Vakuum gemessen.
- Differenzdruck: Druck wird bezüglich eines Referenzdrucks gemessen.

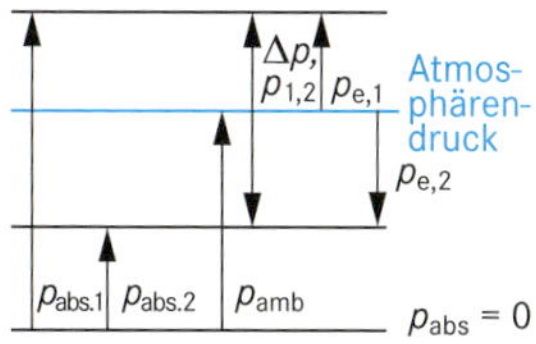

p_{abs}: Absolutdruck (Druck gegenüber dem Druck 0 im leeren Raum)
p_{amb}: Absolutdruck Atmosphärendruck
Δp, $p_{1,2}$: Druckdifferenz, Differenzdruck
p_e: Atmosphärische Druckdifferenz

Anwendung keramischer Drucksensoren

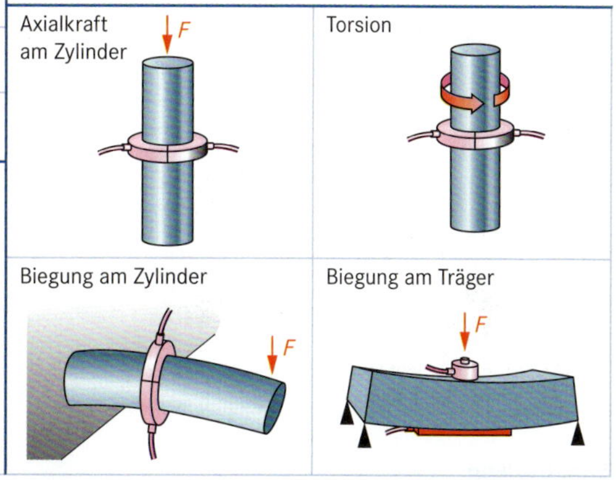

Messprinzip

- Die Kraft auf eine bekannte Masse wird gemessen. Die Masse ist an einer Feder (z. B. Blattfeder, Federkonstante *D*) in einem Gehäuse aufgehängt und wird durch die Kraft *F* in Richtung *z* ausgelenkt.

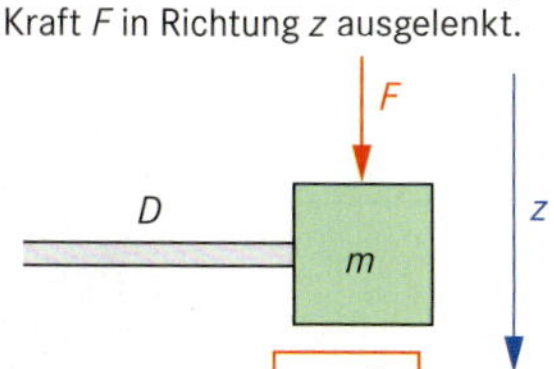

- Formelmäßige Beziehung: $a = \frac{F}{m}$

  m: Seismische Masse
  a : Beschleunigung
  g : 9,81 m/s² (Erdbeschleunigung)

Bauformen

- **Kapazitiv**
  Verschiebung der seismischen Masse in einem Kondensator, der dadurch seine Kapazität verändert.
  Prinzip:

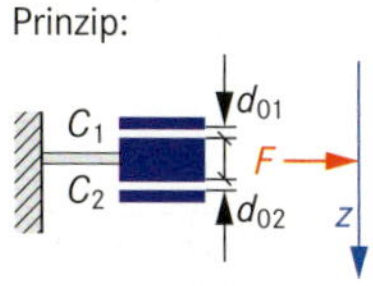

  Aufbau aus Polysilizium:

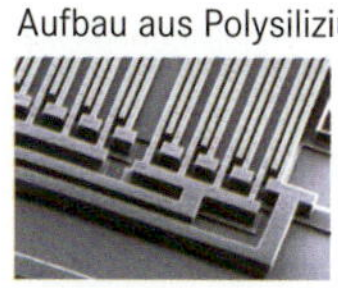

- **Piezoresistiv**: Widerstandsänderung durch Materialdehnung
- **Piezoelektrisch**: Durch Belastung piezoelektrischer Materialien treten an den Oberflächen Ladungen auf.
- **Optisch**: Änderung der Lichtintensität, Zählung des Durchlaufs von Interferenzstreifen, Laser-Doppler-Effekt

Merkmale

- Beschleunigungssensoren zählen zu den **MEMS-Sensoren** (**M**icro **E**lectro **M**echanical **S**ystem)
- Sie gehören zu der Gruppe der Trägheitssensoren und messen, je nach Ausführung, die Beschleunigung in allen drei Bewegungsachsen (X, Y, Z) gleichzeitig.
- Es handelt sich um ein miniaturisiertes System, das sowohl elektrische/elektronische und mechanische Komponenten enthält.
- Auf einem Mikrochip sind neben dem eigentlichen Sensor zusätzliche Signal- und Auswerteeinheiten enthalten.

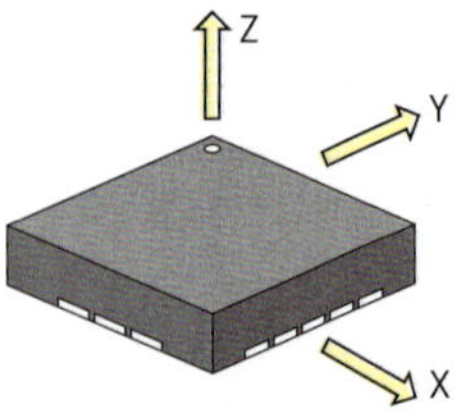

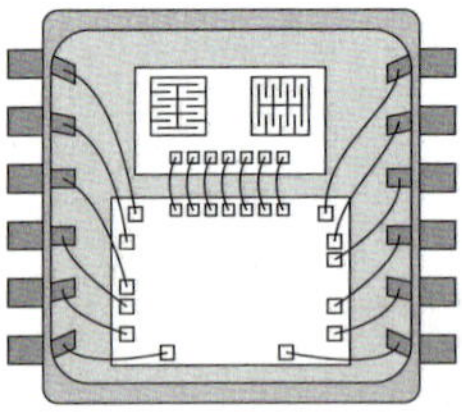

- Die Abmessungen der einzelnen Sensor-Komponenten betragen zwischen 1 µm und 100 µm.

Physikalische Grundlagen

- Die **Beschleunigung *a*** beschreibt die zeitliche Änderungsrate seiner Geschwindigkeit *v*.

$$a = \frac{\Delta v}{\Delta t} \qquad [a] = \frac{m}{s^2}$$

- Der Wert der Beschleunigung ist für die Beschreibung von Bewegungsvorgängen eines Körpers bzw. die auf ihn einwirkenden Kräfte von großer Bedeutung.
- Der Beschleunigungssensor bestimmt die Kraft *F*, die auf eine Testmasse *m* einwirkt und errechnet daraus die Beschleunigung *a*.

$$a = \frac{F}{m}$$

- In der Praxis wird die Beschleunigung häufig als Vielfaches der Erdbeschleunigung $g = 9{,}81\ \text{m/s}^2$ angegeben.
  Beispiele:
  - < 0,5 g: Anfangsbeschleunigung eines Sprinters
  - 1 g: Vollbremsung beim Auto
  - 1,5 g: Maximalwert bei einer Kinderschaukel
  - 6 g: Formel-1 Wagen in schnellen Kurven
  - 300 g: Waschmaschine im Schleudergang

Messverfahren

Kapazitives Verfahren

Prinzip:
- Feder-Masse-System
- Kapazitätsänderung zweier Kondensatoren
- Auswertung mit einer Wheatstone-Messbrücke

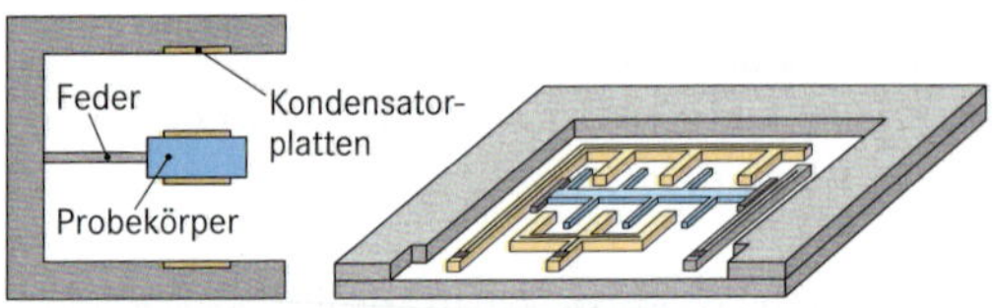

Eigenschaften:
- hohe Empfindlichkeit und Stabilität
- geringer Leistungsbedarf

Piezoelektrisches Verfahren

Prinzip:
- Dehnung/Stauchung des Piezokristalls
- Druck/Zug führt zu einer Ladungsänderung
- Auswertung über einen Ladungsverstärker

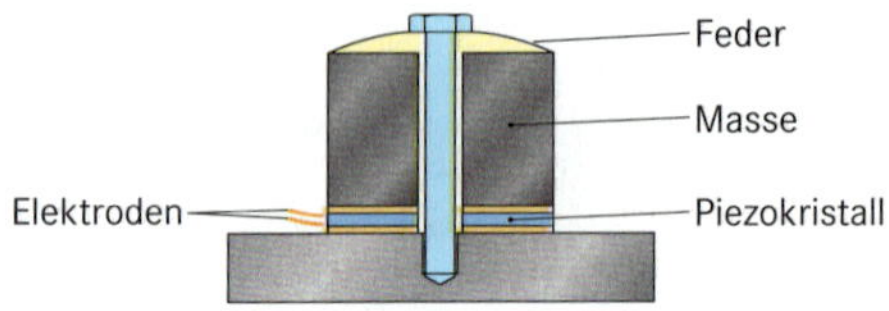

Eigenschaften:
- hohe Linearität und Langzeitstabilität
- sehr robust, da keine beweglichen Teile

Piezoresistives Verfahren

Prinzip:
- Dehnung der piezoresistiven Widerstandsmessstreifen
- Auswertung mit einer Wheatstone-Messbrücke

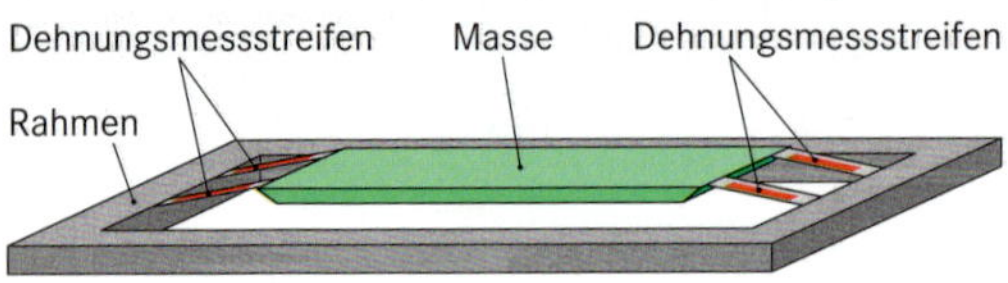

Eigenschaften:
- hohe Empfindlichkeit
- einfache Auswertung (Messbrücke)

Hall-Effekt Verfahren

Prinzip:
- Magnetische Masse an einer Feder
- Bewegung wird durch Hall-Sensor erfasst
- unterhalb montierte Platte dient zur Dämpfung

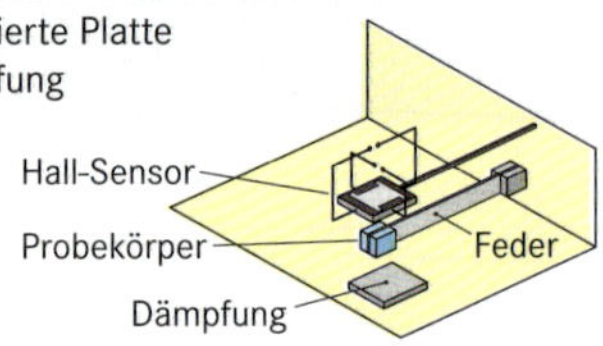

Eigenschaften:
- hohe Zuverlässigkeit
- geringer Energieverbrauch

Einsatzbereiche

- Sicherheitssysteme (z. B. ABS im Auto)
- Vibrationen bei Maschinen oder Gebäuden messen
- Erdbebenüberwachung
- Luftfahrt
- Alarmsysteme
- Computerfestplatten zur Head-Crash Vermeidung
- Smartphone und Digitalkamera
- Steuerung von Videospielen

Beispiel

- Programmierbare Messbereiche: ± 2 g; ± 4 g; ± 8 g; ± 16 g
- Auflösung im ± 2 g-Bereich: 0,24 mg
- Versorgungsspannung: U_{DD} = 1,62 ... 3,6 V
- Temperaturbereich: T = – 40 °C ... + 85 °C

Kontrastsensoren

- Die Helligkeitsunterschiede (Graustufen) zwischen dem Testgut und der darauf angebrachten Markierung werden ausgewertet.
- Sender und Empfänger befinden sich auf einer gemeinsamen optischen Achse (Atokollimationsprinzip).
- Anwendungsbereiche: Verpackungsindustrie, Etikettiermaschinen

Druckmarkenleser

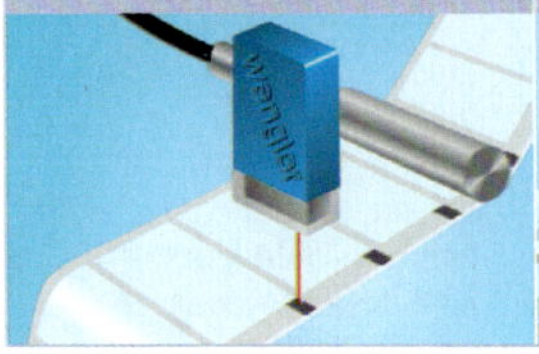

Kontrastmessung

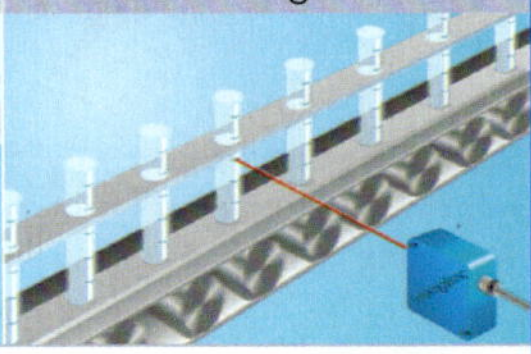

Lichtgitter

- Sonderausführung der Einweg-Lichtschranke
- Parallele Anordnung von mehreren Einweg-Lichtschranken
- Alle Sender sowie alle Empfänger sind jeweils in einem Gehäuse zusammengefasst.
- Die Schaltausgänge sind logisch verknüpft.
- Anwendung: Überwachung größerer Flächen

Roboterabsicherung

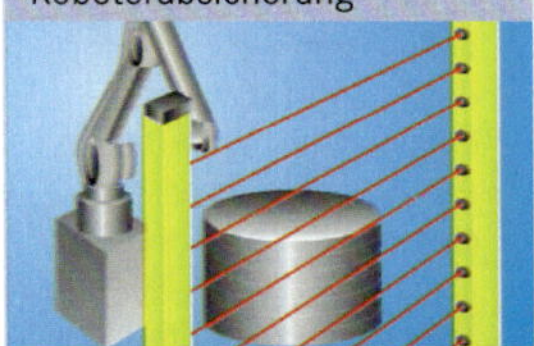

Muting

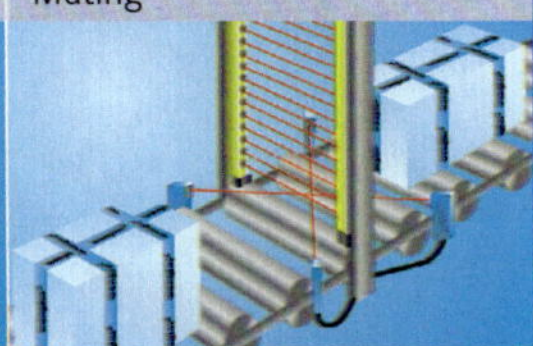

Kaskadierung zweier Lichtgitter

Floating Blanking

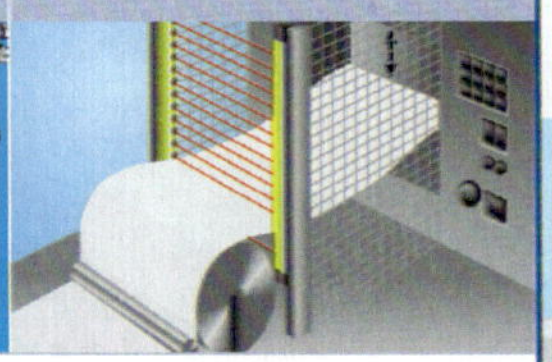

Barcodescanner

- Ein Identifikationssystem für optisch verschlüsselte Informationen
- Laserstrahl wird mit hoher Geschwindigkeit über den Strichcode geführt.
- Die Intensität des reflektierten Lichts hängt davon ab, ob der Laserstrahl auf einen Strich oder eine Lücke fällt.
- Der im Scanner vorhandene Empfänger rekonstruiert aus diesen Lichtschwankungen die gespeicherte Information.

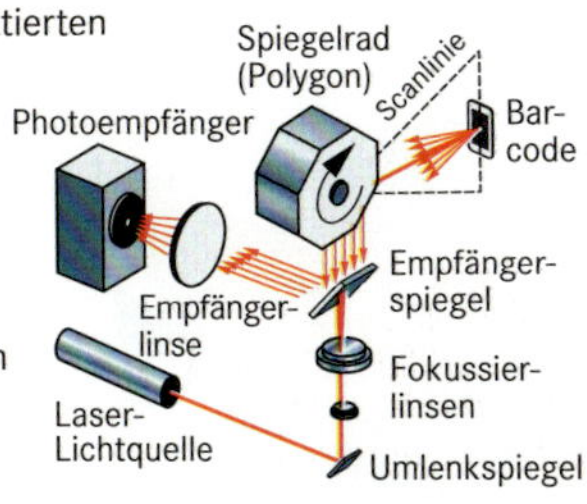

Farbsensoren

- Prinzip: Zerlegung des vom Objekt reflektierten Lichts
- Verfahren:
  - Das Objekt wird mit weißem Licht bestrahlt (z. B. weiße LED). Rote, grüne und blaue Anteile werden herausgefiltert und über die einzelnen Lichtstärken wird die Objektfarbe ermittelt.
  - Das Objekt wird mit den Sendefarben Rot, Grün und Blau sequenziell bestrahlt. Die Lichtstärke des reflektierten Lichts wird für jede Farbe einzeln gemessen. Aus den drei Werten kann die Farbe des Objekts ermittelt werden.

Farbsensor mit Glasfaser

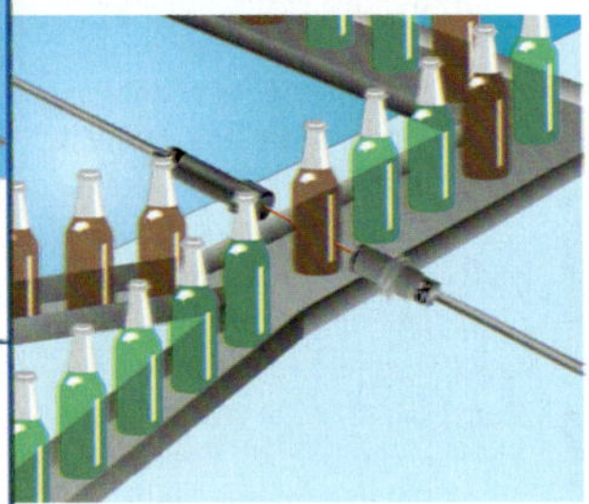

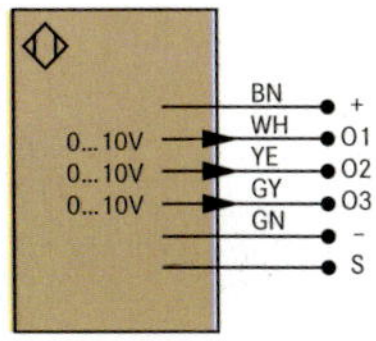

O : Analogausgang
BN, GN : Betriebs-Spannung
S : Synchronisation

Spektrale Empfindlichkeit	400 nm ... 700 nm
Maximal zulässiges Fremdlicht	10^3 lx
Öffnungswinkel	12°
Versorgungsspannung	20 V ... 30 V DC
Stromstärke bei U_B = 24 V	< 50 mA
Anzahl der Farbausgänge	3
Analoge Farbwerte für	blau/grün, rot/grün
Analoger Grauwert	ja
Analoger Ausgang	0 V ... 10 V

Farbsensor mit Reflektor, für durchsichtige Medien

- Gleichzeitige Auswertung von drei Farben
- Ausgang: Schaltausgang oder Schnittstelle

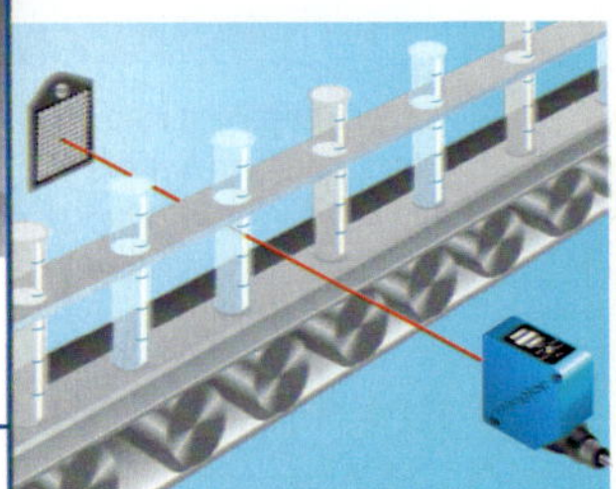

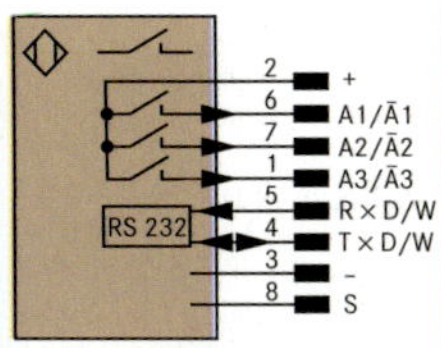

Spektrale Empfindlichkeit	10 nm ... 1000 nm
Lichtart	Weißlicht
Lichtfleckdurchmesser	10 mm
Maximal zulässiges Fremdlicht	10^3 lx
Versorgungsspannung	10 V ... 30 V DC
Stromstärke bei U_B = 24 V	< 50 mA
Anzahl der Schaltausgänge	3
Schaltausgang kurzschlussfest	PNP, 200 mA
Spannungsfall Schaltausgang	1,5 V
Schnittstelle	RS 232 (RGB-Farbwert)

Lichtschranken

Reflexions-Lichtschranke

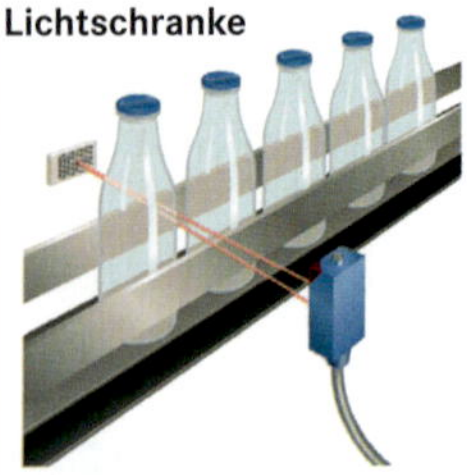

- Sender und Empfänger in einem Gehäuse
- Große Reichweiten, matte Oberflächen werden erkannt, geeignet für transparente Objekte
- Stapelhöhenüberwachung, Abtasten von Objekten auf Förderbändern, Erfassen transparenter Objekte

Reflexions-Lichtschranke mit Polarisationsfiter

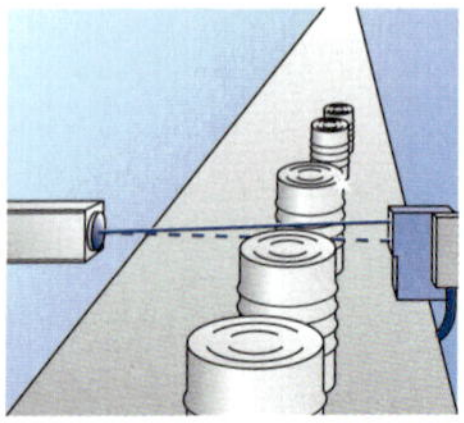

- Sender und Empfänger in einem Gehäuse
- Vom Sender geht polarisiertes Licht aus. Das vom Reflektor in der Polarisationsebene gedrehte Licht löst keinen Schaltvorgang im Sensor aus.
- Erkennen glänzender Objekte, da durch sie keine Drehung der Polarisationsebene erfolgt

Einweg-Lichtschranke

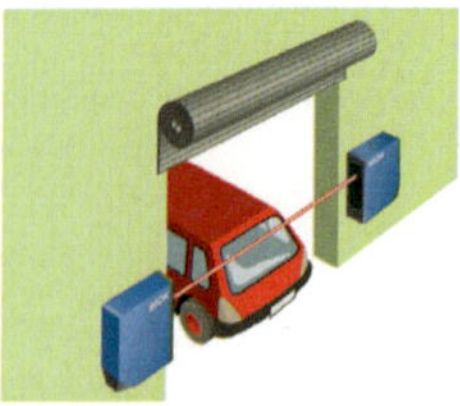

- Sender und Empfänger in getrennten Gehäusen
- Große Reichweiten möglich, Schaltpunkt unabhängig von der Oberfläche des Objektes, hohe Reproduzierbarkeit aufgrund der schmalen aktiven Bereiche
- Überwachung, Zählen, Positionieren von Objekten

Gabellichtschranke

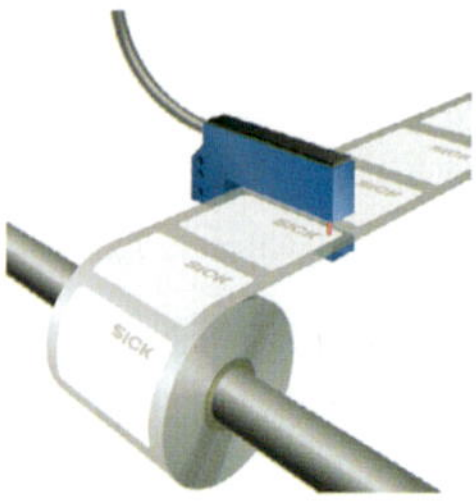

- Einwegprinzip mit Sender und Empfänger in einem Gehäuse
- Fest vorgegebener Abstand zwischen Sender und Empfänger (Gabelweite), präzise gebündelter Lichtaustritt
- Hohe Detektionsgenauigkeit, geringe Lichtdämpfungsunterschiede werden erkannt.

Lichtschranke mit Lichtleitern

- Ausführung als Einweg- und Reflexionslichtschranke
- Schwer zugängliche Orte sind gut erreichbar
- Erkennung sehr kleiner Objekte

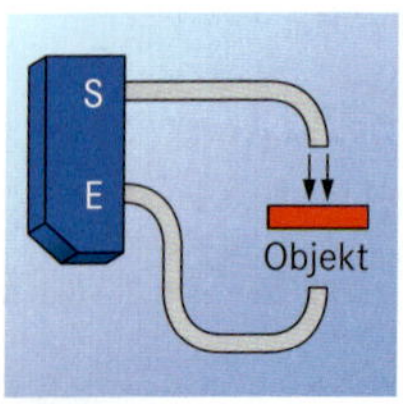

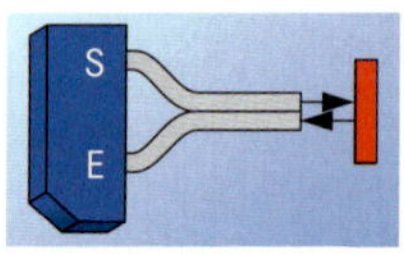

Lichttaster

Reflexions-Lichttaster

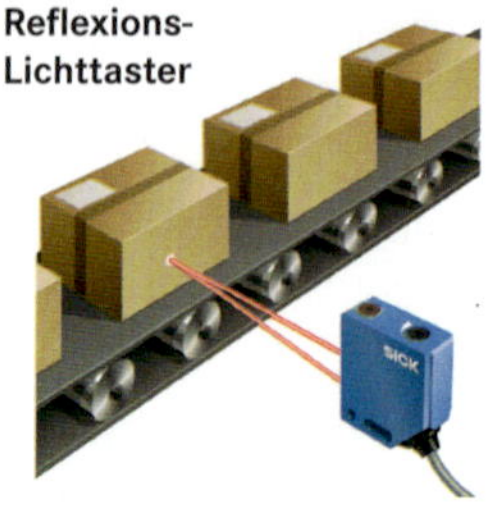

- Gemeinsames Gehäuse für Sender und Empfänger
- Tastbereich abhängig vom Reflexionsgrad der Objekte, geeignet zur Unterscheidung von dunklen und hellen Objekten.
- Zählen, Anwesenheitskontrolle von Objekten

Reflexions-Lichttaster mit Hintergrundunterdrückung

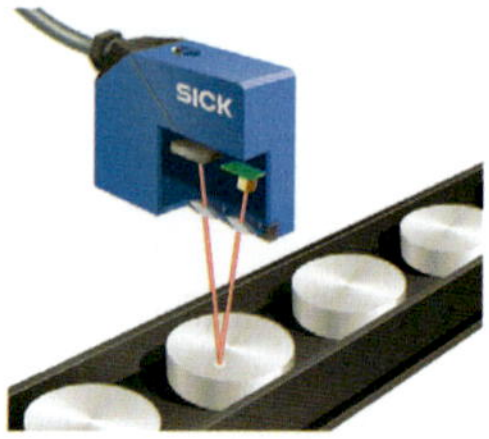

- Einstellung des Winkels zwischen Sende- und Empfangslichtstrahl ergibt definierten Tastbereich
- Objekte außerhalb des Tastbereichs werden ignoriert, Einfluss von Oberfläche und Farbe der Objekte gering
- Erkennen kleiner Gegenstände, Kontrolle der Inhalte von Behältern

Lichtschnittsensor

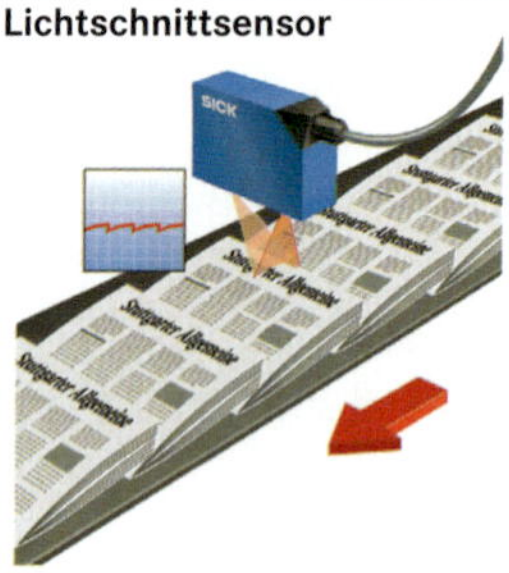

- Sender und Empfänger in einem Gehäuse
- Laserlinie fährt in definiertem Winkel über das Tastobjekt. Auf dem Empfängerarray wird eine dem Höhenprofil entsprechende Linie als Kontur abgebildet (Bild im Bild).
- Überwachen von Stapelhöhen, Füllständen, Objektorientierungen

Abstandsensor

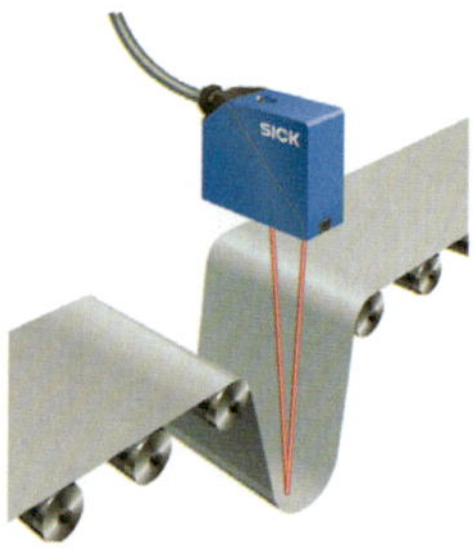

- Sender und Empfänger in einem Gehäuse
- Anwesenheit und Position eines Objektes werden nach dem Triangulationsprinzip ermittelt. Ausgabe kontinuierlicher Entfernungswerte mittels Analogschnittstelle. Digitale Schnittstelle signalisiert vorhandene Objekte.
- Tastweite: ca. 300 bis 3000 mm

Lumineszenztaster

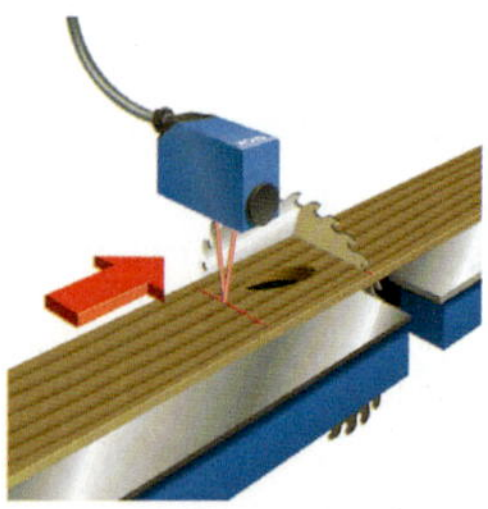

- Sender und Empfänger in einem Gehäuse
- Gesendetes UV-Licht des Tasters trifft auf lumineszierende Pigmente, die zum Leuchten angeregt werden.
- Nur von markierten Objekten zurückgestrahltes Licht wird im Empfänger des Tasters ausgewertet.

Betriebsarten

Einwegbetrieb

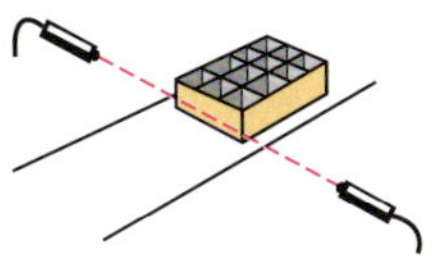

- Sender und Empfänger in getrennten Gehäusen
- Unterbrechung des Lichtstrahls löst Schaltvorgang aus
- Reichweite bis 100 m

Reflexionsbetrieb

- Sender und Empfänger meist in einem Gehäuse
- Das Objekt ist Reflektor.
- Montageaufwand geringer
- Reichweite bis ca. 4 m

Systemarten

Faseroptische Lichtschranken

Einweg-Lichtschranke

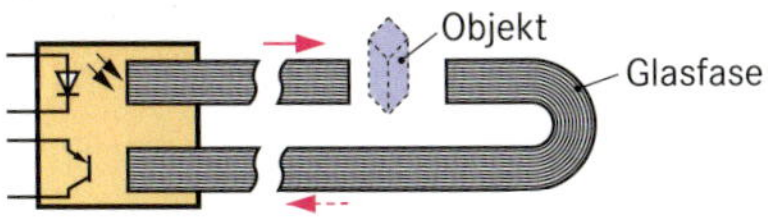

- Lichttransport zu sonst unzugänglichen Orten
- Explosionsschutz möglich
- Erkennung sehr kleiner Objekte (< 0,5 mm)

Reflexions-Lichtschranke

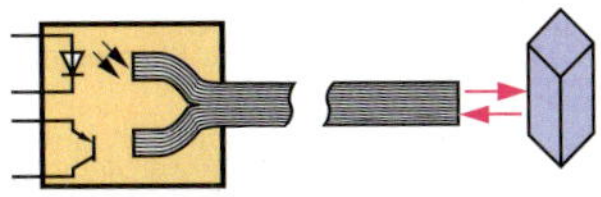

- Sende- und Empfangsfasern im gemeinsamen LWL-Kabel
- Verlauf der Fasern im Kabel bewirkt diffusen Lichtaus-/eintritt am Kabelende.

Doppel-Einweg-Lichtschranke

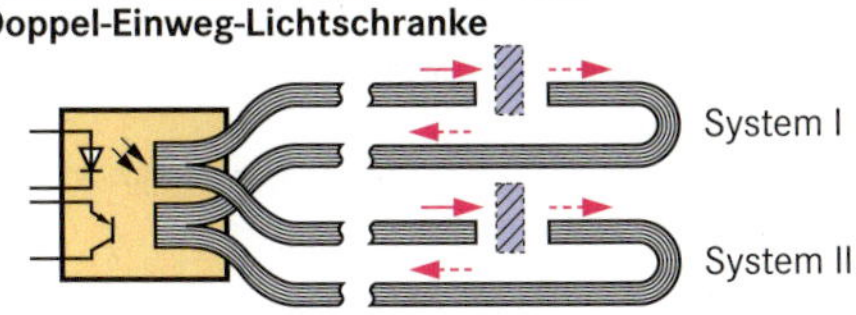

- Sende- und Empfangsfasern je zur Hälfte in zwei getrennten LWL-Kabeln
- Zwei Objekte maximal werden gleichzeitig erfasst.
- Optische ODER-Verknüpfung

Doppel-Reflexions-Lichtschranke

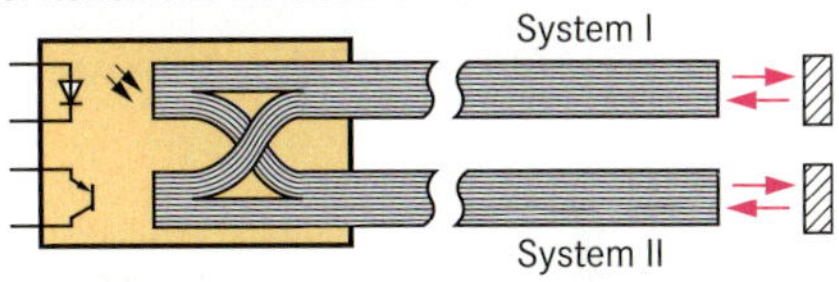

- Sende- und Empfangsfasern je zur Hälfte in zwei getrennten LWL-Kabeln
- Zwei Objekte werden maximal gleichzeitig erfasst.
- Optische ODER-Verknüpfung

Linsenoptische Lichtschranken

Hintergrundausblendung

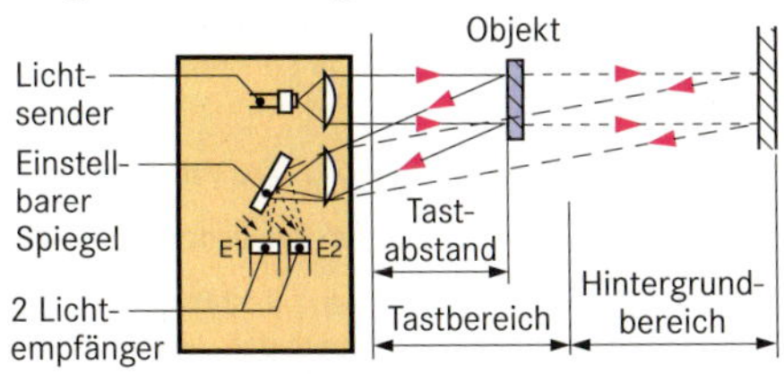

- Hintergrund kann Tastergebnis verfälschen.
- Messung mit zwei Empfängern, die Licht vom Objekt und vom Hintergrund erhalten.
- Auswertung: Lichtanteil an E1 größer bedeutet, dass Objekt vorhanden ist.

Störlichtausblendung

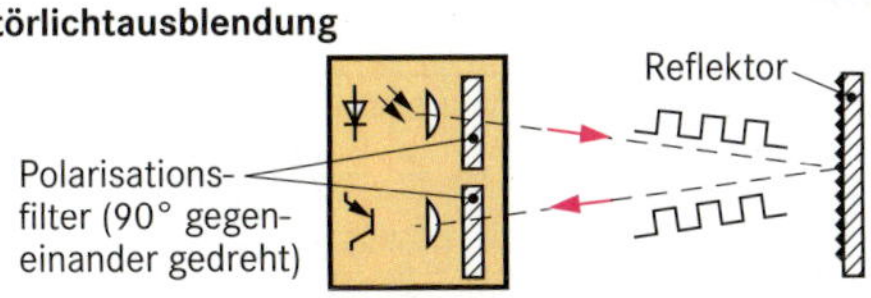

- Optik mit Lichtpolarisation und gepulstem Licht
- Sender und Empfänger synchron gepulst
- Polarisationsebenen von Sender und Empfänger um 90° gedreht
- Reflektor dreht Lichtpolarisation ebenfalls um 90°.
- Es wird nur Licht vom eigenen Sender empfangen.
- Hohe Funktionssicherheit
- Material, das nicht die Polarisationsebene dreht, wird als Objekt erkannt.

Lumineszenzabtastung

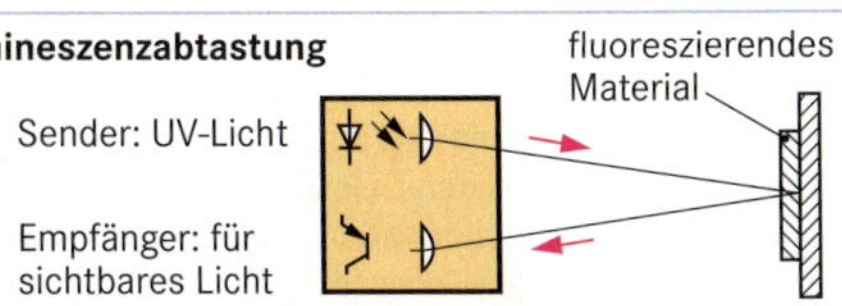

- Erkennen der Vollständigkeit von Schichten (z. B. von Flüssigkeiten auf Oberflächen)
- Sender gibt UV-Licht ab, das von einer lumineszierenden Beimischung in der Schicht in sichtbares Licht umgewandelt wird.
- Fremdlichtausblendung: Sender und Empfänger synchron gepulst

Optischer Distanzsensor

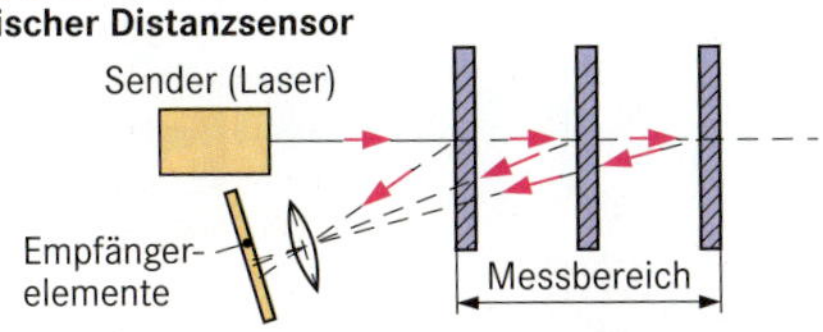

- Empfängerelemente liefern zwei Teilströme, deren Höhe von der Position des Lichtflecks bestimmt wird.
- Analoges, abstandsproportionales Ausgangssignal zwischen 1 ... 10 V
- Messbereich: ca. 0,2 ... 1 m

Bildaufnahmeröhren

Bildwandler

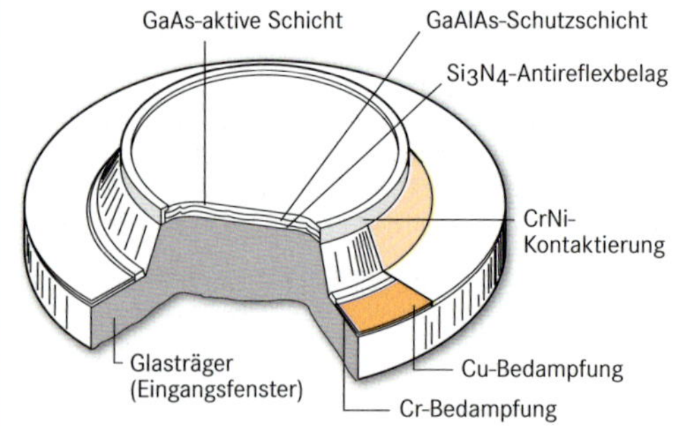

- Nehmen für das menschliche Auge primär nicht sichtbare Bildinformationen auf.
- Photonen der Objektstrahlung werden in Elektronen umgesetzt (äußerer lichtelektrischer Fotoeffekt), verstärkt und auf Leuchtschirm sichtbar als Bild wiedergegeben.
- **Bildwandler** besteht aus Fotokatode, elektronenoptischem Wandler und Leuchtschirm.
- **Fotokatode** besteht aus unterschiedlichen Materialien (z. B. Gallium-Arsenid, mit hoher Infrarotempfindlichkeit).

Kameraröhren

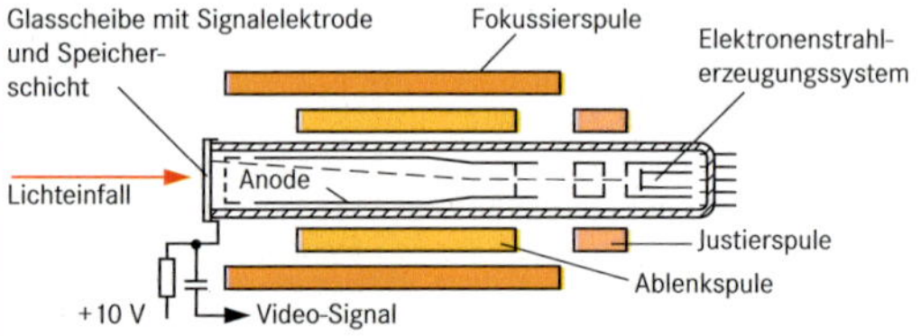

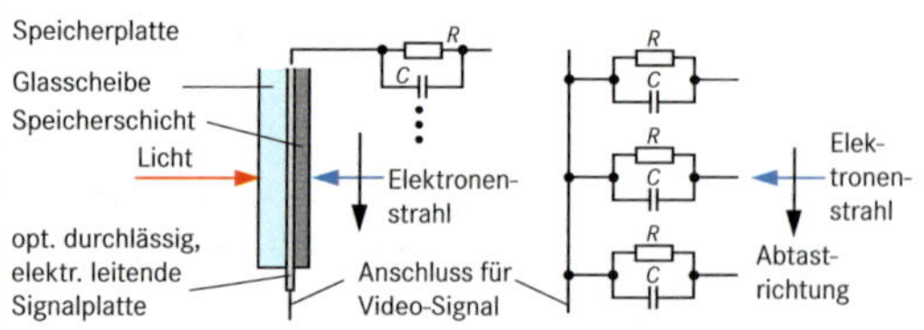

- **Vidikon** (vide, lat. = sehe, Ikon, griech. = Bild) arbeitet mit innerem Fotoeffekt.
- Halbleiterschicht am Röhreneingang (Antimonsulfid) ändert Widerstand durch äußere Belichtung (Photoneneinfall).
- Über Elektronenstrahl erfolgt zeilenweises Abtasten der Speicherschicht.
- Aufladeimpuls des Elektronenstrahls wird kapazitiv ausgekoppelt und stellt Videoinformation dar.
- Röhre bei hohen Beleuchtungsniveaus einsetzbar.
- **Plumbicon** hat Wandlerschicht aus fotoleitendem Bleioxid.
- Einsatz bei Farbfernsehtechnik, da hohe Empfindlichkeit und niedriger Dunkelstrom.

Halbleiter-Bildaufnehmer

Frame-Transfer-Bildaufnehmer in Dual-Inline-Gehäuse

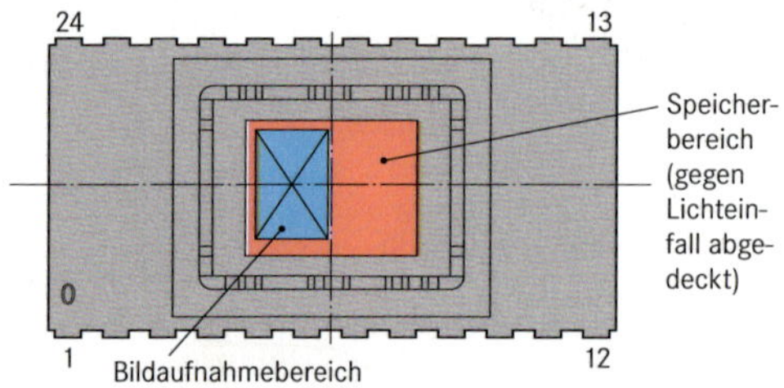

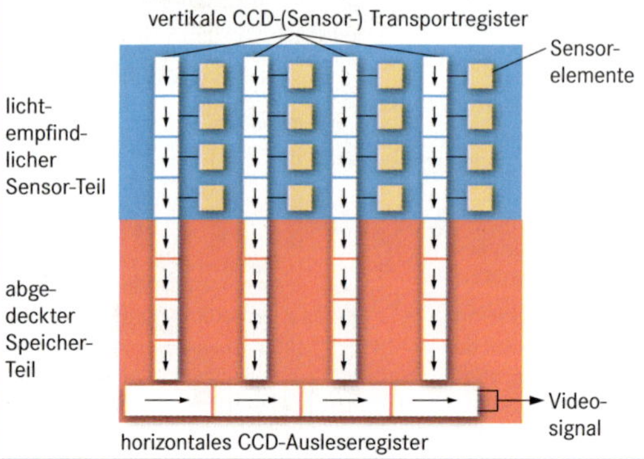

- Sensorelemente bestehen aus MOS-Kondensatoren oder pn-Dioden aus Silizium.
- Das Prinzip der Ladungsspeicherung wird verwendet.
- Signalstrom ist linear abhängig von Beleuchtungsstärke.
- **Zeilensensoren:** Aufgeladene Sperrschichtkapazitäten der Dioden werden durch Belichtung entladen, anschließend Speicherkapazitäten bildpunktweise über MOS-Transistoren wieder aufgeladen.
  Ladestrom erzeugt am Arbeitswiderstand das Videosignal. Ladungstransport kann auch über analoge CCD-Transportregister (Charged Coupled Device: Ladungsgekoppelte Einheiten) erfolgen.
- **Interline-Transfer-Bildaufnehmer:** beinhaltet Bildaufnehmer und Speicherbereich auf der optisch wirksamen Fläche. Sensoren spaltenförmig angeordnet. Anzahl entspricht der aufzulösenden Zeilenzahl. Vertikale CCD-Transportregister lesen Informationen aus und transportieren sie über horizontale Ausleseregister zum Verstärker.
- **Frame-Transfer-Bildaufnehmer** Bildbereich und Speicherbereich voneinander getrennt.
- **x-y-adressierte Bildaufnehmer:** matrixförmige Anordnung der Fotoelemente.

Merkmale

- Drehgeber sind elektromechanische Geräte, die zur Erfassung u. a. von **Drehzahlen**, **Winkelpositionen** und **Geschwindigkeiten** eingesetzt werden.
- Hierzu wird der Drehgeber entweder auf die rotierende Welle des Antriebssystems aufgesetzt (**Hohlwellengeber**) oder über eine mechanische Kopplung mit der Welle verbunden (**Achsdrehgeber**).
- Unterschieden werden Drehgeber anhand des internen Abtastprinzips in
  - **Inkrementaldrehgeber** und
  - **Absolutdrehgeber**.
- Die Erfassung der Bewegung erfolgt entweder über **optische** oder **magnetische** Verfahren.
- Bei der optischen Abtastung sind in beiden Drehgeberarten rotierende Scheiben mit Strichmustern (Hell-/Dunkelzonen) enthalten, die über optische Sensoren während der Drehbewegung abgetastet werden.
- Absolutdrehgeber werden unterschieden nach
  - **Single-Turn** - Drehgeber (einzelne Umdrehung) und
  - **Multi-Turn** - Drehgeber (mehrere Umdrehungen).
- Bei Single-Turn wird eine volle Umdrehung der Antriebswelle in die Anzahl der Messschritte (z. B. 8192 Schritte) aufgelöst.
- Bei Multi-Turn werden sowohl die Messschritte pro Umdrehung als auch mehrere Umdrehungen erfasst.
- Auflösungen pro Einzelschritt bis zu 4 µm sind möglich.

Inkrementaldrehgeber

- Beim Inkrementaldrehgeber besteht dieses Muster aus einer Spur, die in gleichen Abständen nebeneinander angeordnete Striche enthält.
- Somit ergibt sich eine fortlaufende Impulsausgabe auf einem Ausgang A während der Drehung.
- Über einen zweiten Ausgang B werden gleichzeitig die um 90° versetzten Abtastimpulse zur Ermittlung der Drehrichtung (Rechts/Links) ausgegeben.
- Zur Ermittlung der Nullstellung wird eine weitere optische Marke als einzelner Impuls pro Umdrehung ausgegeben.

Absolutdrehgeber

- Beim Absolutdrehgeber sind mehrere Spuren konzentrisch auf der Scheibe aufgebracht, die parallel abgetastet und als serieller Datenstrom ausgegeben werden.
  Das Muster auf diesen Spuren enspricht dabei der gewünschten absoluten Codierung (z. B. Gray-Code).
- Damit ist die jeweilige Position zu jedem Zeitpunkt (z. B. nach dem Einschalten der Versorgungsspannung) sofort verfügbar.

Codescheiben

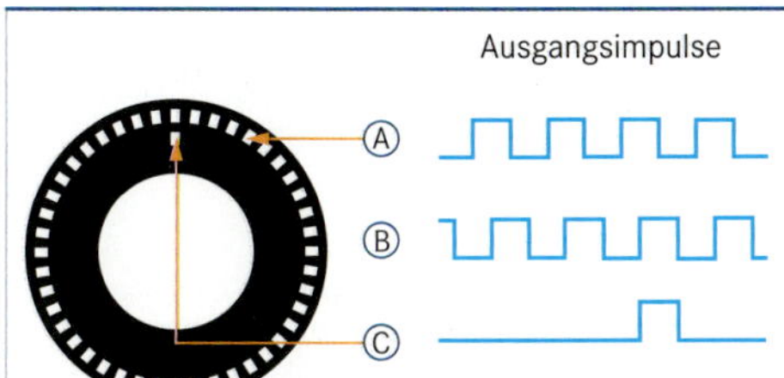

(A) Inkrementalspur
(B) um 90° versetzt zu A
(C) Referenzmarke (1 Impuls pro volle Umdrehung)

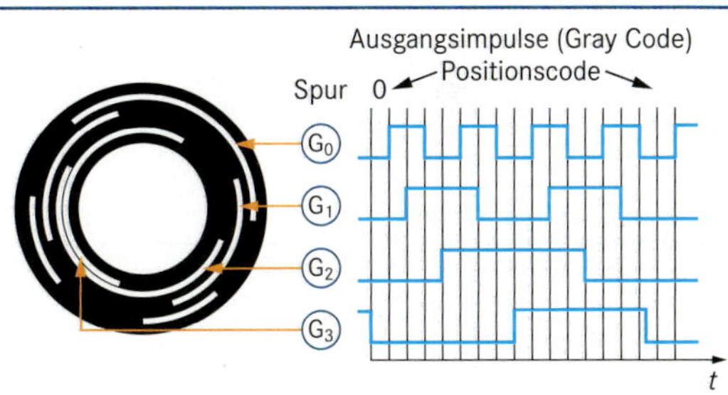

Mechanischer Aufbau

Beispiel: Absolutdehgeber in Multi-Turn-Ausführung

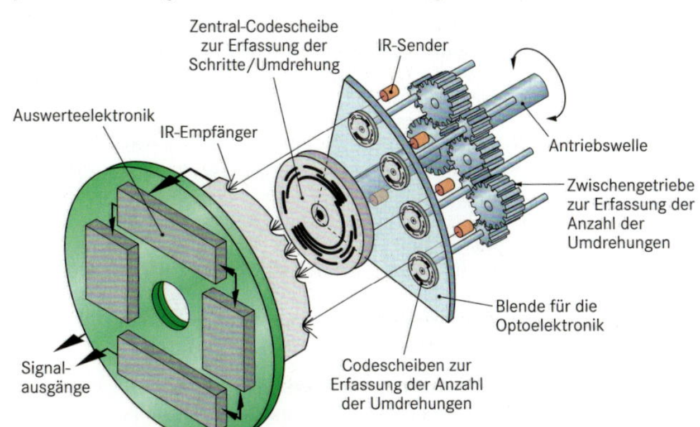

mit Hohlwelle

mit Achswelle

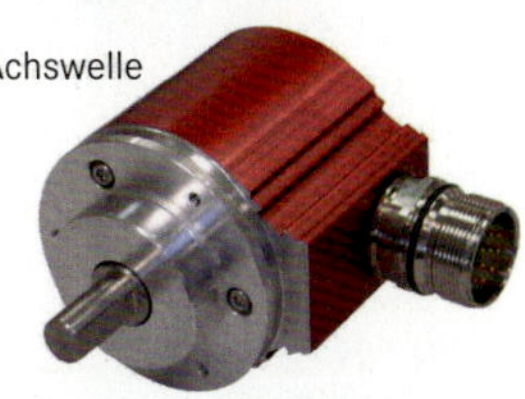

Aktoren
Actuators

Merkmale:

- Ein Aktor (Aktuator) ist ein System (Stellglied), mit dem eine physikalische Größe beeinflusst wird.
- Die Steuerung (Stellsignal, Eingangsinformation) erfolgt in der Regel mit elektrischen Signalen.
- Zur Funktion muss in der Regel Energie separat zugeführt werden (Hilfsenergie).
- Die Eingangsinformation wird verarbeitet, die Hilfsenergie wird in eine andere Energie umgewandelt.

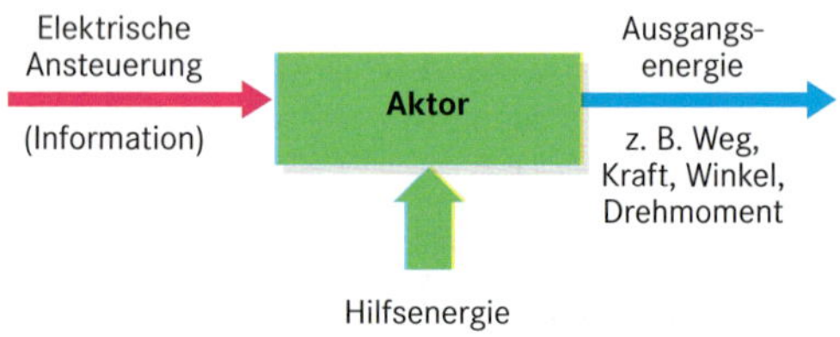

Einteilung nach der Hilfsenergie

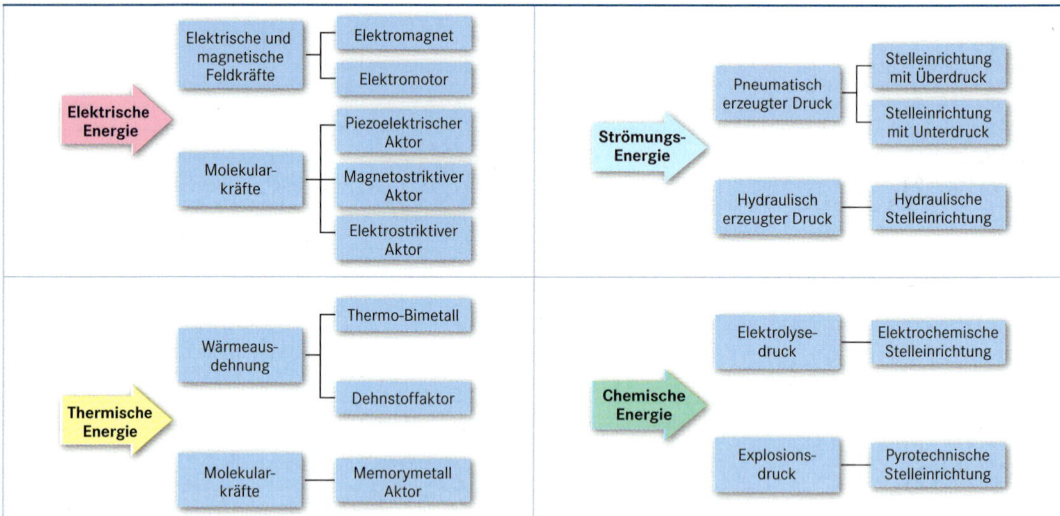

Funktionen von Aktoren

- Bewegen
  - Translation
  - Rotation
  - Schwingung
  - Bremsen
  - Bewegung in Bahnen
  - ...
- Halten
- Positionieren
- Bearbeiten
- Fördern
  - Gase
  - Flüssigkeiten
  - feste Körper, Partikel
  - ...
- Heizen und Kühlen
- Beschallen
- Beleuchten
- Ionisieren, Bestrahlen
- ...

Fluidische Aktoren

Mit Hilfe von gasförmigen oder flüssigen Medien lassen sich Kräfte und Bewegungen erzeugen. Die Medien besitzen dabei kinetische (Strömung) oder potenzielle Energie.

- Geradlinige Bewegung wird erzeugt mit
  - einfachwirkenden und
  - doppeltwirkenden Zylindern.
- Drehbewegung (Rotation) wird erzeugt mit
  - Luft- bzw. Hydromotoren,
  - Drehzylindern und
  - Schwenkantrieben.

Physikalische Effekte bei Aktoren

- **Piezoelektrisch**
  Bei bestimmten Kristallen lassen sich durch ein äußeres elektrisches Feld geometrische Veränderungen hervorrufen.
- **Elektrodynamisch**
  Auf einen stromdurchflossenen Leiter im Magnetfeld wirkt eine Kraft (z. B. Motor).
- **Elektromagnetisch**
  Zwischen ungleichnamigen Polen eines Magneten treten Anziehungskräfte und zwischen gleichnamigen Polen Abstoßungskräfte auf (z. B. Reluktanzmotor, Hubmagnet).
- **Elektrostriktiv**
  Durch ein externes elektrisches Feld kommt es zur Polarisation in bestimmten Kristallen. Die Symmetrie der Kristalle ändert sich und es verändern sich die geometrischen Abmessungen.
- **Magnetostriktiv**
  Durch ein externes Magnetfeld werden Moleküle in bestimmten ferromagnetischen Werkstoffen (z. B. Terfenol TbDyFe) ausgerichtet. Es kommt zu geometrischen Veränderungen.
- **Magneto- und elektrorheologisch**
  Die Viskosität von Flüssigkeiten lässt sich durch magnetische bzw. elektrische Felder verändern.

Piezo-Effekt

- Piezo (griechisch): Druck
- Bestimmte Kristalle (z. B. Quarz) und Keramiken geben bei Krafteinwirkung Ladungen ab (Sensor). Der Effekt wird durch Ionenverschiebung im Innern des Kristalls erreicht (piezoelektrischer Effekt).
- Umkehrung (inverser piezoelektrischer Effekt): Wenn Ladungen (elektrisches Feld) auf die Oberfläche gebracht werden, deformieren sich die Kristalle (Aktor). Unter Einfluss des elektrischen Feldes verändern sich die Abmessungen. Wenn die Verformung behindert wird, treten entsprechende Kräfte auf.
- Werkstoffe:
  - Natürliche Kristalle: Quarz, Turmalin, Seignettesalz
  - Synthetische Keramiken: z. B. PZT (Blei-Zirkonat-Titanat)

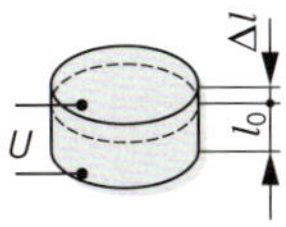

- Legt man eine Wechselspannung an, beginnt das Material zu schwingen (Schwingquarz).
- Längenänderung: $\Delta l / l_0 = 10^{-3}$
  - Hochvolt-Aktoren (... 1500 V): Anfangslänge 1 mm → Δl = 1 µm
  - Niedervolt-Aktoren (ab 60 V): Anfangslänge 0,1 mm → Δl = 0,1 µm

Merkmale

- Bei großen Kräften können geringe Stellwege realisiert werden (z. B. Stapelbauweise).
- Bei relativ großen Stellwegen können nur geringe Kräfte realisiert werden (Biegewandler).
- Nichtlineares Verhalten:

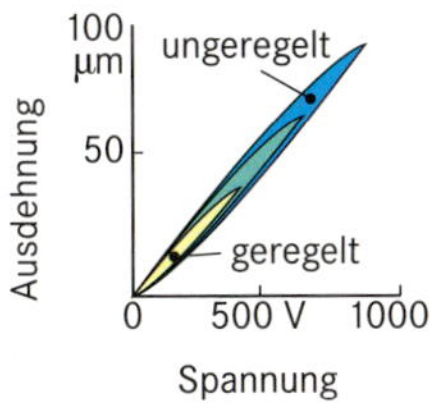

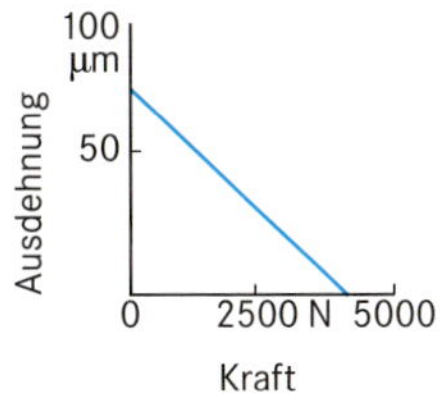

- Elektrische Ansteuerung
- Geringe Leistung, Dichte, geringes Gewicht
- Hohe Steifigkeit
- Sehr kleine Positionsänderungen (nm-Bereich)
- Große Ausdehnungsgeschwindigkeit
- Keine Verschleißteile
- Hoher Wirkungsgrad (etwa 50 %)
- Relativ hohe Betriebsspannung

Bauformen

Stapel

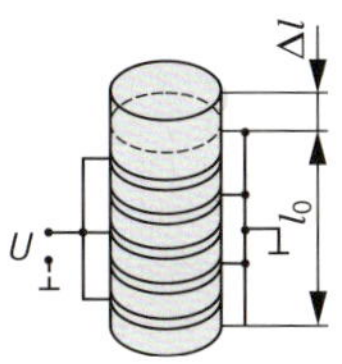

Δl = 20 µm ... 200 µm
$F \leq$ 30 kN
U ... 1 kV

Stapel mit Hebelübersetzung

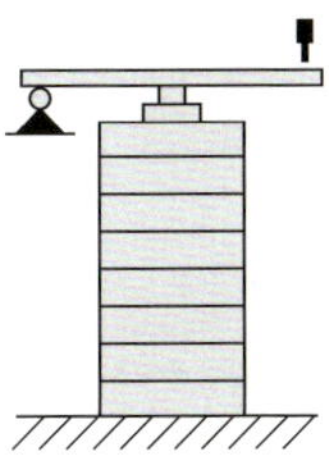

$\Delta l \leq$ 1 mm
$F \leq$ 3,5 kN
U ... 1 kV

Streifen

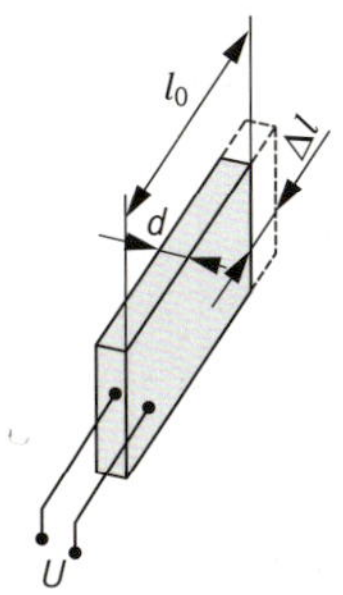

$\Delta l \leq$ 50 µm
$F \leq$ 1 kN
U ... 500 V

Biegescheibe, -wandler

Aufbau: bimorphe Bauweise
Streifen ①: z. B. Stahl
Streifen ②: Piezokeramik

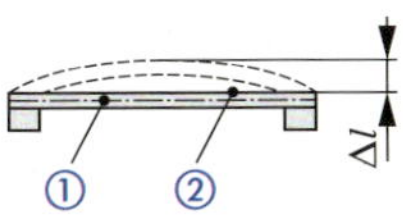

$\Delta l \leq$ 0,5 mm; $F \leq$ 50 N
U ... 500 V

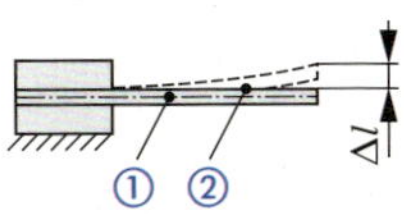

$\Delta l \leq$ 1 mm; $F \leq$ 5 N
U ... 400 V

Ausgangsschaltungen Gleichspannung

- Schalter
  Vorteile: geringes Gewicht, geringes Volumen, keine magnetischen Felder
  Nachteile: last- und temperaturabhängig

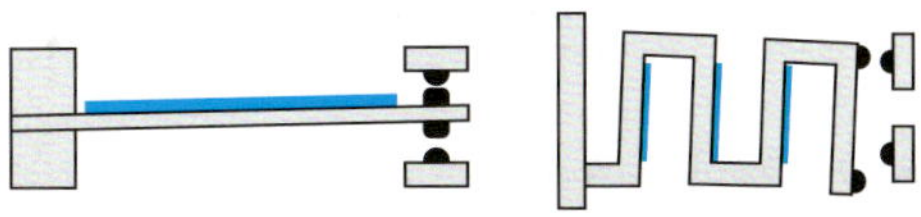

- Mikropositionierung
- Schwingungsdämpfung
- Rotationsantriebe

Beispiele

- Ventilsteuerung
  - Monolithischer Vielschichtaktor
  - Kräfte im kN-Bereich
  - Stellwege bis 50 µm
  - Ansprechzeiten < 1 ms (erheblich geringer als bei magnetischen Akoren)

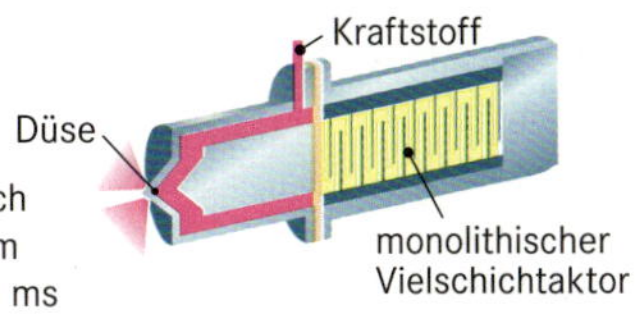

- Lichtwellenleiterjustierung

  Wenn Lichtwellenleiter mit wenigen µm Durchmesser miteinander verbunden werden müssen, muss die Positionierung durch eine Regelung auf 0,1 µm möglich sein.

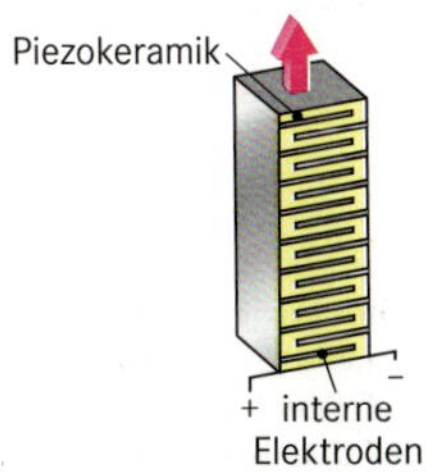

Thermobimetalle

Aufbau und Verhalten

- Thermobimetalle sind Verbundstoffe aus mindestens zwei Metallen mit unterschiedlichen Wärmeausdehnungskoeffizienten α.
- Bei Temperaturänderung kommt es zu einer Krümmung. Diese Krümmung kann je nach Aufbau zu einer Hub- oder Drehbewegung führen.

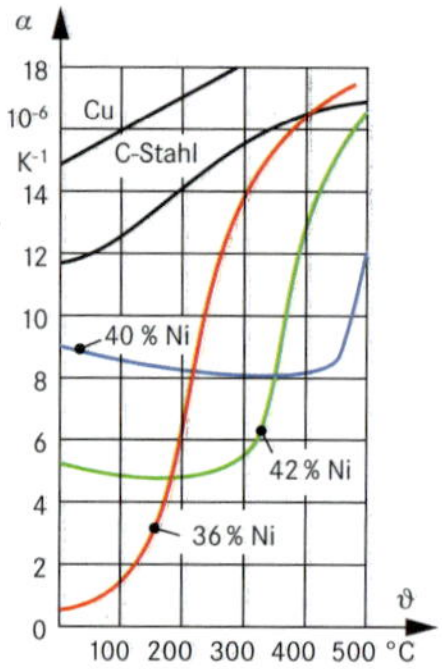

Material:
Nickel-Eisen-Legierungen
- FeNi36 (Handelsname Invar)
- FeNi42, FeNi48 (für höhere Temperaturen)

Merkmale:
Große Stabilität, geringer Preis, geringe Stellkraft

Ausführungsformen

Streifen

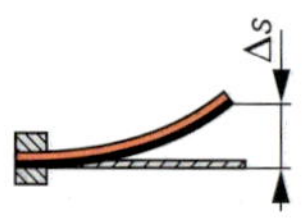

Streifen in U-Form

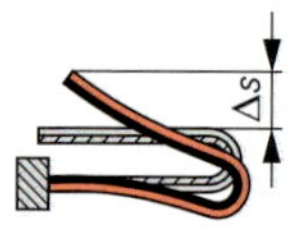

Spirale

Anwendungsbeispiel

Thermoschalter

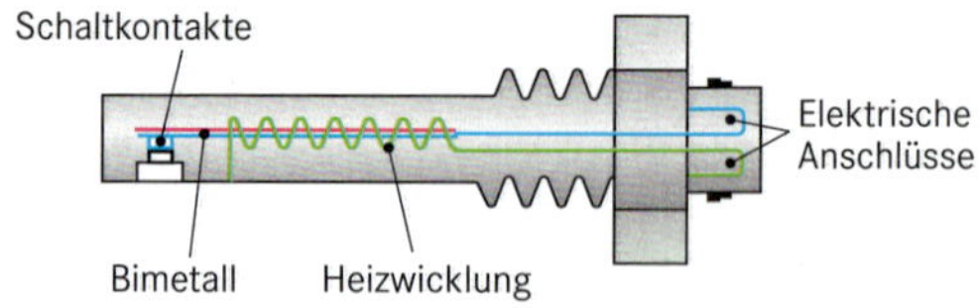

Dehnstoff Aktoren

Funktion

- Der Druckbehälter ist mit einem Stoff gefüllt, der einen großen Volumenausdehnungskoeffizienten γ besitzt, z. B. Wachs, Paraffin, Silikonöl.
- Bei Erwärmung (z. B. Schmelzen) nimmt das Volumen zu. Es wirkt eine Kraft auf den Kolben und es kommt zu einer Hubbewegung.
- Bei Abkühlung wird der Kolben durch eine Rückholfeder in die Ausgangslage zurückgeführt.

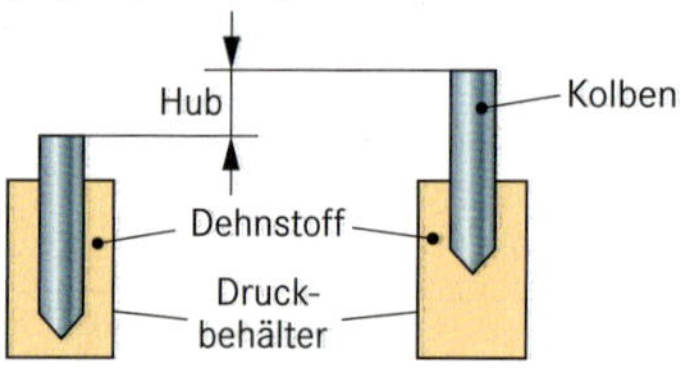

Anwendungsbeispiel

Dehnstoffantrieb (Kolben mit Hubbewegung)

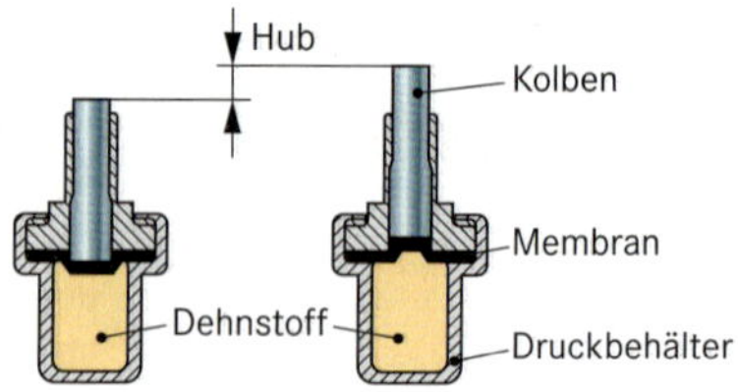

Merkmale:
- Mechanisch robust
- Kein Einfluss von elektromagnetischen Feldern
- Großer Hub, große Stellkraft
- Geringe Dynamik
- Einsatz in begrenzten Temperaturbereichen

Formgedächtnis-Legierungen

- Legierungen mit Formgedächtnis (**SMA: S**hape **M**emory **A**lloy) aus Nickel-Titan (Handelsname Nitinol)
- **Erscheinung**
  Ein plastisch verformter Draht oder Blechstreifen kann verbogen werden, nimmt aber durch Erwärmung wieder seine ursprüngliche Form an.
- **Erklärung**
  - Der thermische Formgedächtniseffekt (Shape-Memory) wird durch rasches Abkühlen des Werkstoffes eingestellt. Dabei erfolgt eine Gefügeumwandlung des Austenits in Martensit. Bei Erwärmung stellt sich das ursprünglich austenitische Gefüge wieder ein.
  - Die Umwandlung der Struktur ist mit einem Energieumsatz verbunden. Zur Bildung von Austenit wird während der Erwärmung Energie benötigt. Sie wird beim Abkühlen und der Umwandlung in Martensit wieder frei.
  - Bei Behinderung der Rückverformung können große Kräfte erzeugt werden (Aktor).

- **Umwandlungsbeispiel**

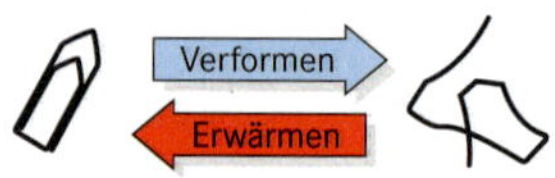

- **Einsatzgebiet**
  Mikroaktorik (Medizin-, Elektro-, Automobil-, Mess- und Regelungstechnik)
- **Probleme und Einschränkungen**
  - Stabilität des Formgedächtniseffektes (zur Zeit begrenzte Zyklenzahl)
  - Begrenzter Temperaturbereich (bis ca. 100 °C)
- **Anwendung**
  - Aktor zur Erzeugung großer Kräfte bei großen Stellwegen
  - Die Betätigung kann durch eine elektrische Direktheizung über die Formgedächtnislegierung erfolgen.

Merkmale

- **Rheologie:** Teilgebiet der Physik, das sich mit dem Fließverhalten von Substanzen (insbesondere Flüssigkeiten) befasst.
- Elektrorheologische (**ERF**) bzw. magnetorheologische Flüssigkeiten (**MRF**) sind Flüssigkeiten, deren Fließverhalten durch äußere elektrische bzw. magnetische Felder beeinflussbar ist. Der Fließwiderstand steigt mit der elektrischen bzw. magnetischen Feldstärke. Der Effekt tritt bei Gleich- und Wechselfeldern auf.
- Nach Abschalten der Felder wird der ursprüngliche Zustand wieder eingenommen. Die Reaktionszeiten betragen wenige Millisekunden (2 bis 3 ms).
- Zusammensetzung: Isolierende Silikonöle- und synthetische Öle (Suspensionen), Stabilisator und polarisierte bzw. ferromagnetische Partikel (20 % bis 60 %, Durchmesser 1 bis 10 µm).
- Anforderungen an Stoffe: Alterungsstabilität, Wasserfreiheit, geringe elektrische Leitfähigkeit, einfache Entsorgung usw.

Anwendungsmöglichkeiten des rheologischen Effektes

Schermodus	Fließmodus	Quetschmodus
▪ Flüssigkeit befindet sich zwischen zwei entgegengesetzt gepolten Elektroden. Eine ist beweglich.	▪ Flüssigkeit befindet sich zwischen zwei entgegengesetzt gepolten und feststehenden Platten.	▪ Flüssigkeit befindet sich zwischen zwei entgegengesetzt gepolten Platten.
▪ Die Flüssigkeit wird zwischen zwei parallelen Platten geschert. Der Strömungswiderstand zwischen den Flüssigkeitsschichten ist veränderbar.	▪ Der Strömungswiderstand wird in einem Kanal beeinflusst.	▪ Eine Platte ist in zwei Richtungen beweglich (Quetschvorgang).
▪ Anwendung: Übertragenes Moment ist steuerbar → Kupplung.	▪ Anwendung: Ventil	▪ Anwendung: Druckpolster → Dämpfung von Schwingungen

Elektrorheologische Flüssigkeiten

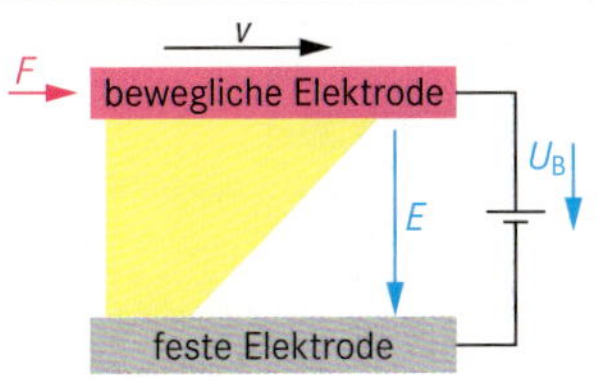

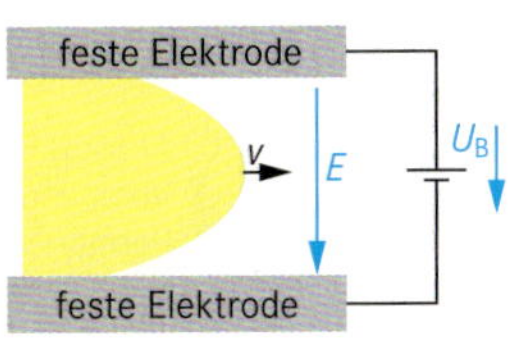

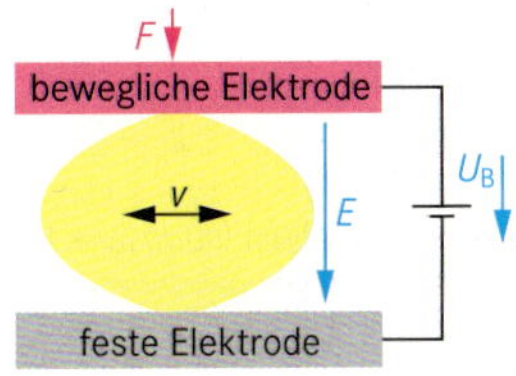

Magnetorheologische Flüssigkeiten

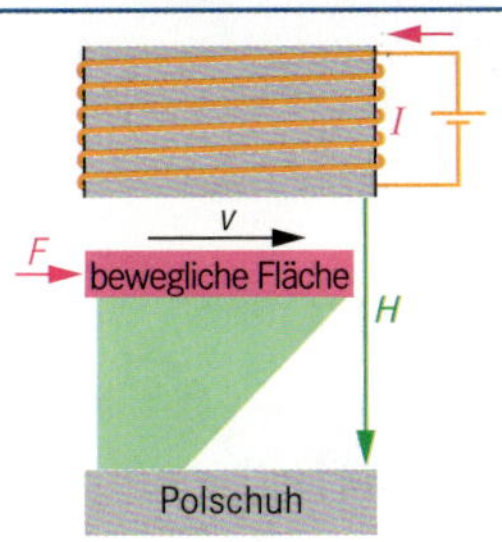

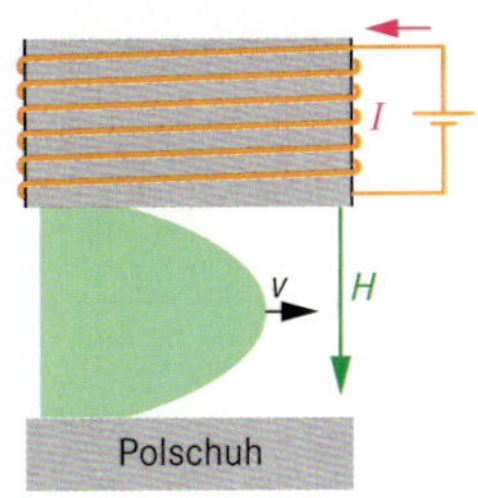

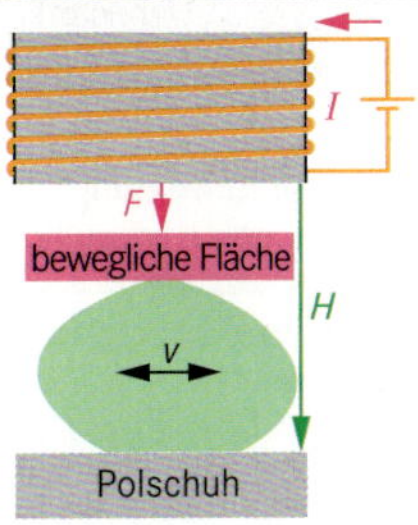

Prinzip Scheibenkupplung mit ERF

Anwendung

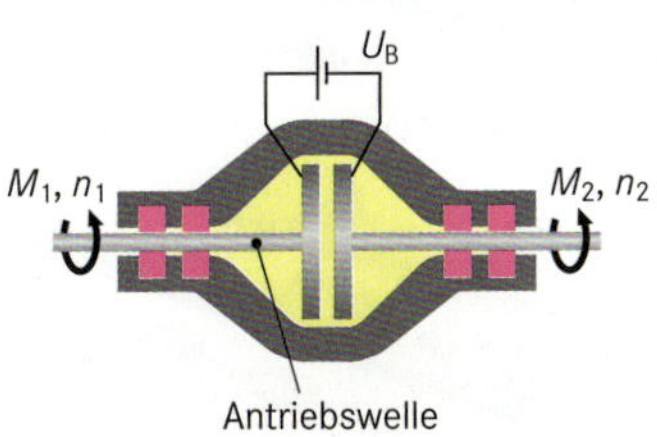

Fließkurve MRF

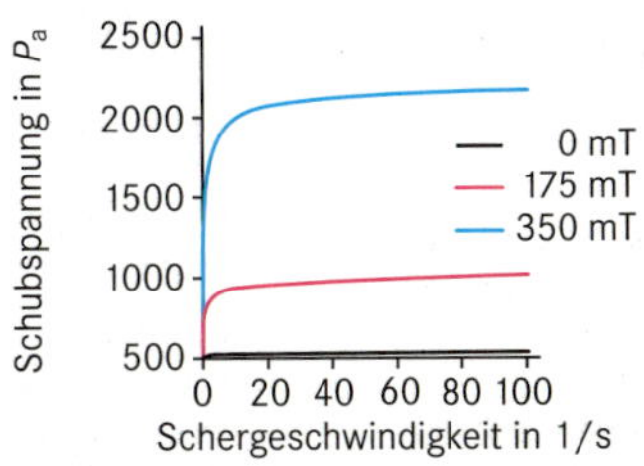

Prinzip Dämpfer mit MRF

Anwendung

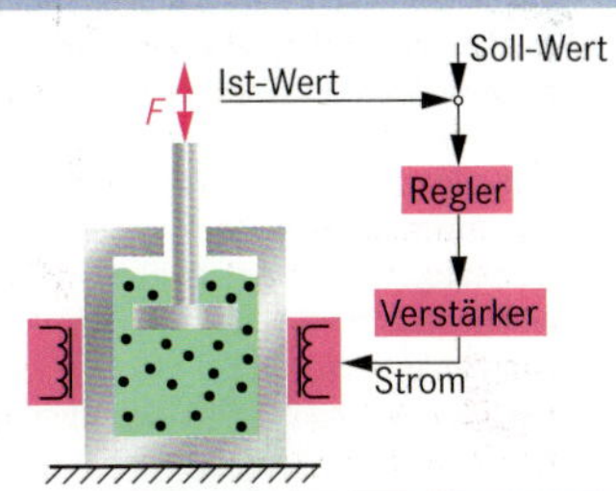

Merkmale magnetostriktiver Materialien

- **Magnetostriktion**
  Änderung der mechanischen Abmessungen (volumeninvariante Längenänderungen) eines ferromagnetischen Materials auf Grund eines äußeren Magnetfeldes (maximal ca. 80 kA/m)

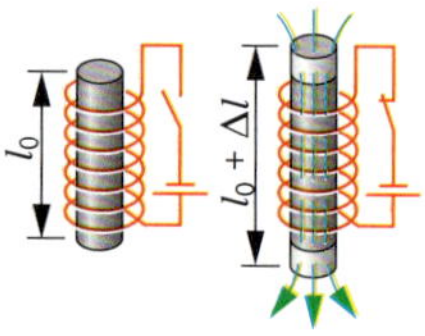

- **Längenänderungen**
  $\Delta l / l_0$ = 0,15 ... 0,2 %

- **Werkstoff**
  - Eisen-Selten-Erden-Verbindungen (Handelsname z. B. Terfenol-D: Terbium-Ferrum-Dysprosium, $Tb_{0,3}Dy_{0,7}Fe_2$)
  - Amorphe Einzel- und Viellagenschichten (Stäbe, Rohre)
  - Spröde (keine spanende Bearbeitung) und zugkraftempfindlich
  - Korrosionsgefährdet
  - Schlecht zu bearbeiten
  - Zulässige Druckbelastung erheblich größer als Zugbelastung
  - Temperaturabhängigkeit:
    Bei $\Delta\vartheta$ von 100 °C liegt die thermische Dehnung im Bereich der Längenänderung durch Magnetostriktion
  - Permeabilität ist klein, $\mu_r < 10$

Aktoren

- **Eigenschaften**
  - Große Kräfte (z. B. 500 N) und große Dynamik
  - Kurze Stellwege mit hoher Positionsgenauigkeit (Ansteuerung von Ventilen und Stellelementen in Maschinen)
  - Bei gewünschter positiver und negativer Auslenkung muss das Material mechanisch vorgespannt und vormagnetisiert werden (Permanent- oder Elektromagnet)
  - Sehr kurze Reaktionszeiten (μs-Bereich)
  - Hoher Wirkungsgrad (75 %)
  - Effekt bis ca. 400 °C nutzbar
  - Starke Magnetfelder, kein leistungsloses Halten
  - Nichtlinearität (Sättigung, Hysterese) → Kompensation durch nichtlineare Regelung
- **Anwendungen**
  - Mikropositionierung
  - Linearmotor
  - Wurmmotor
  - Rotatorische Antriebe
  - Servoventile
  - Einspritzventile
  - Aktive Schwingungsdämpfung

Beispiel

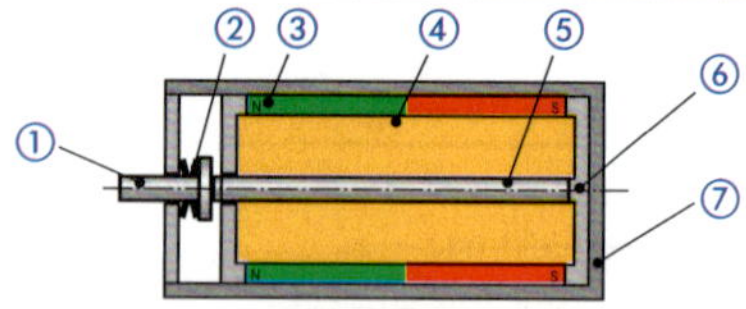

① Abtrieb ② Vorspannfeder ③ Permanentmagnet ④ Wicklung ⑤ Terfenol-D-Stab ⑥ Magnetischer Kreis ⑦ Gehäuse

Linearantriebe
Linear Drives

Direkte lineare Bewegung

- **Pneumatik- und Hydraulikzylinder**
  Die Kolbenbewegung wird kraftschlüssig mit einer magnetischen Kupplung auf den Außenläufer übertragen.
- **Linearmotor**
  Mechanische Übersetzungselemente entfallen, Achse des Linearmotors besteht aus einer einfachen Konstruktion mit geringer Masse (große Dynamik), minimale Wartung.

Umformung einer Drehbewegung

- **Gewindespindel**
  Eine Mutter wird durch die Drehbewegung einer Spindel linear bewegt.
- **Kugelgewindeantrieb**
  Kugeln wälzen sich durch Laufrillen in der Spindel und der Mutter (mit Rückführkanal).
- **Zahnstangenantrieb**
  Zahnstange wird durch die Drehbewegung eines Zahnrades verschoben.
- **Bandgetriebe**
  Ein Flachriemen oder eine Kette wird durch einen Motor angetrieben.

Beispiele für Umformungseinheiten

Keilwellen, Kreuzrollenlager

Kugelgewindetriebe, Linearachsen

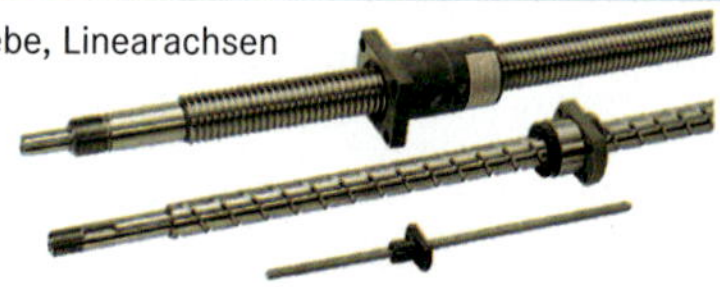

Linearführungen, Kugelbüchsen (mit und ohne Ketten)

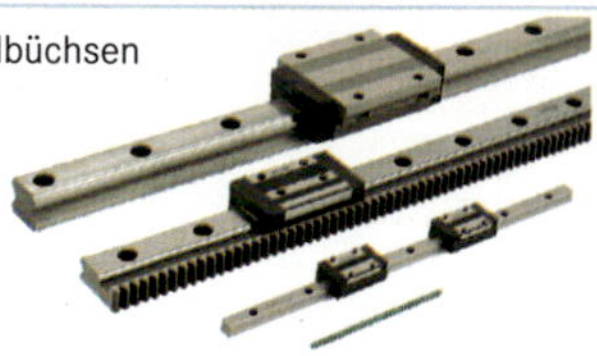

Prinzip

Aufbau
Ständer und Läufer eines Elektromotors sind auf einer Ebene ausgebreitet („abgewickelt"). Sie werden als Primär- (beweglich) und Sekundärelement (fest) bezeichnet.
An Stelle eines Drehfeldes entsteht ein lineares Wanderfeld.

- **Asynchronprinzip**
  - Beweglicher Schlitten mit dreiphasiger „Ständerwicklung"
  - Maschinenbett (Stahl) mit Kurzschlussgitter aus Aluminiumstäben
- **Synchronprinzip**
  - Permanentmagnete (Neodyn) bzw. Elektromagnete im Maschinenbett

Systemkomponenten

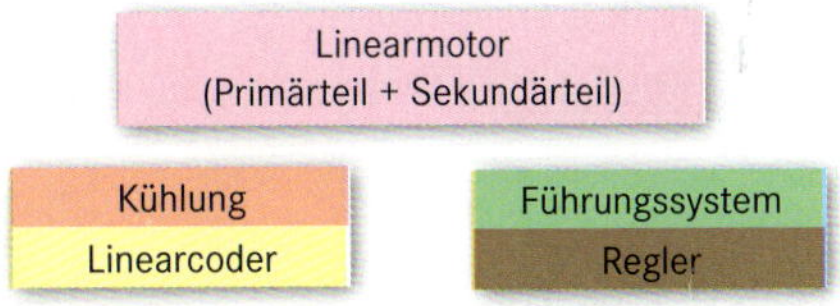

- **Linearcoder**
  - Maßstab mit Abtastkopf (optisch, magnetisch oder induktiv)
  - Inkrementelle Positionsinformation aus zwei sinusförmigen 90° phasenverschobenen Analogsignalen
- **Regler**
  Motorstrom, Geschwindigkeit, Position

Eisenbehaftet (Ironcore)

- Sekundärteil (Stator) besitzt eine ein- oder zweiseitige Magnetanordnung ①.
- Primärteil (Läufer ②) besteht aus einer dreiphasigen Wicklung, die in Nuten eines Blechlaminats eingelegt und vergossen ist. Sie wird durch einen Servoregler angesteuert.

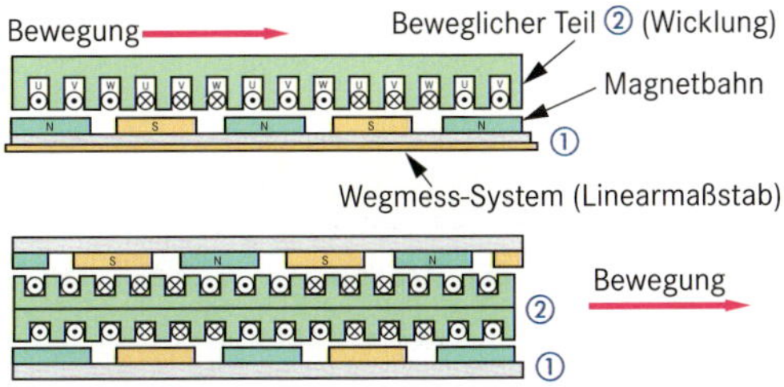

Beispiel: Hauptachsen für Werkzeugmaschinen

Bauformen

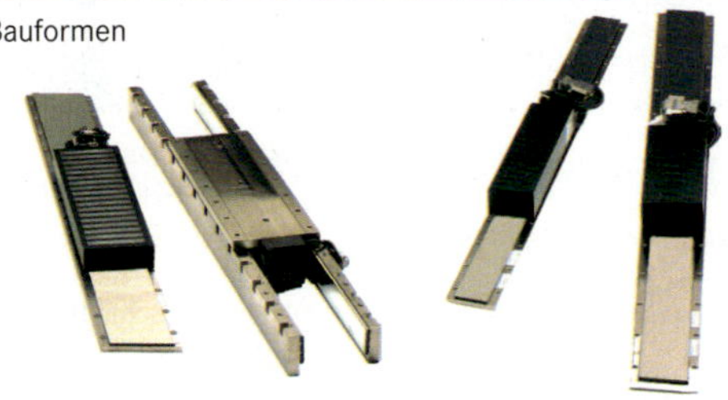

Eisenlos (Ironless)

- Sekundärteil (Stator ①) besteht aus einem U-förmigen Profil, das auf beiden Seiten mit Magneten bestückt ist. Nord- und Südpole sind abwechselnd angeordnet.
- Primärteil (Läufer ②) besteht aus einer dreiphasigen Wicklung, die in Epoxidharz eingegossen ist. Sie wird von einem Servoregler angesteuert.
- Das Kommutierungssignal wird über ein angebrachtes Längenmesssystem oder durch Hallsensoren erzeugt (im Läufer integriert).

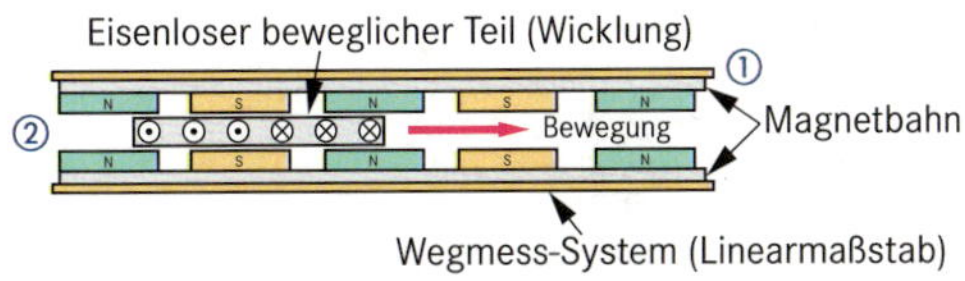

Beispiel: Schnelle und hochgenaue Aufgaben, z. B. für Bestückungsmaschinen

Bauformen

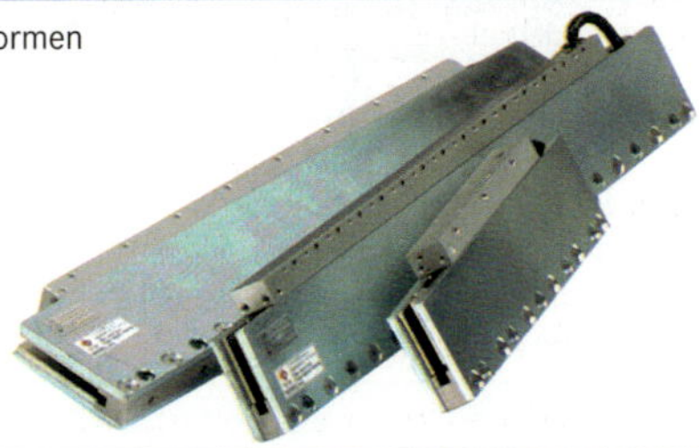

Gegenüberstellung

Merkmale	Ironcore	Ironless
	Beispiele	
Bewegbare Masse	> 50 kg	< 5 kg
Beschleunigung	2 *g*	10 *g*
Kraft	> 1 kN	< 500 N
Geschwindigkeit	> 3 m/s	7 m/s
Verfahrweg	2 m	0,5 m
Positionierungsgenauigkeit	5 µm	0,5 µm
Bewegbare Masse	groß	klein
Dauerleistung	hoch	gering

Qualitätskriterien

- Genauigkeit (DIN EN ISO 9283)
  - Punkt-zu-Punkt-Bewegung
  - Bewegung entlang der Bahn
- Positionssteifigkeit
  - Statisch: Fähigkeit, die aktuelle Position auch unter dauerhaft wirkender Kraft zu halten (z. B. Bearbeitungskräfte)
  - Dynamisch: Verhalten des Systems bei einem impulsartigen Krafteinfluss
- Einschwingverhalten
  Zeitraum zwischen dem erstmaligen Erreichen der Soll-Position und dem endgültigen Verbleib in der Endposition

Begriffe, Formelzeichen, Kennlinien

n	Drehzahl, Umdrehungsfrequenz
z	Schrittzahl, Schritte je Umdrehung
α	Schrittwinkel, Winkel je Steuerimpuls
p	Polpaarzahl
m	Phasenzahl
f_z	Schrittfrequenz, Schritte je Sekunde (f_s = konstant)
f_s	Steuerfrequenz entspricht f_z, wenn kein Schrittfehler
f_{AOm}	Maximale Steuerfrequenz, höchste Steuerfrequenz, bei welcher der unbelastete Motor ohne Schrittfehler starten und stoppen kann.
M_L	Lastdrehmoment
J_{Lm}	Grenz-Lastträgheitsmoment im Startbereich

$$n = 60 \, \frac{f_z}{z} \qquad \alpha = \frac{360°}{z} = \frac{360°}{2 \cdot m \cdot p}$$

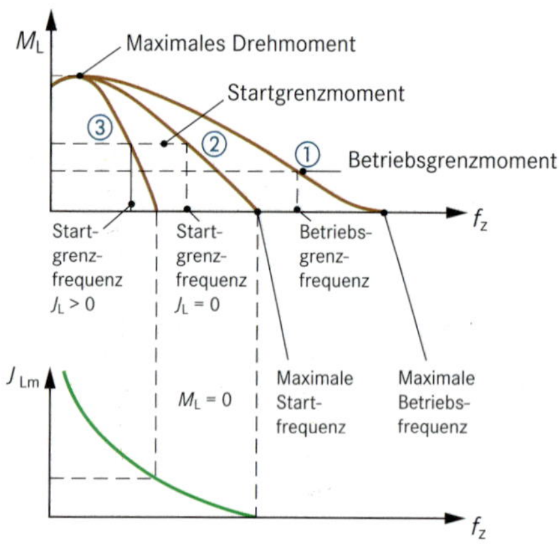

① Begrenzung für Betriebsbereich

② Begrenzung für Startbereich, $J_L = 0$

③ Begrenzung für Startbereich, $J_L > 0$

Eigenschaften der Ansteuerungsarten

Ansteuerungsart	Vorteile
unipolar	Einfache Leistungsschaltstufen (einfacher Umschalter)
bipolar	Cu-Volumen gut genutzt, höheres Drehmoment, höhere Schrittfrequenz
Konstantspannungs-(L/R-)Steuerung	Höhere Schrittfrequenz durch kleinere Zeitkonstante L/R, preiswerte Strombegrenzung durch Widerstand
Konstantstrom-(Chopper-)Steuerung	Optimale Motorleistung, hohe Schrittfrequenz, hohes Drehmoment, hoher Wirkungsgrad
Vollschrittbetrieb	Höheres Drehmoment
Halbschrittbetrieb	Doppelte Schrittzahl gegenüber Vollschrittbetrieb, geringeres Überschwingen

Ansteuerungsarten

unipolar
mit R_s: L/R-Steuerung

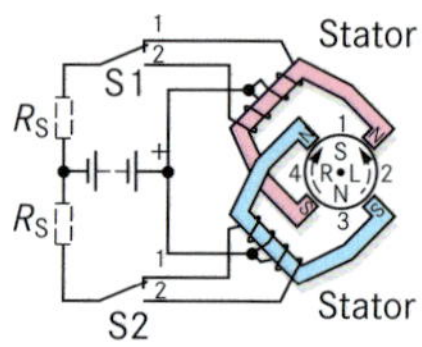

bipolar
mit R_s: L/R-Steuerung

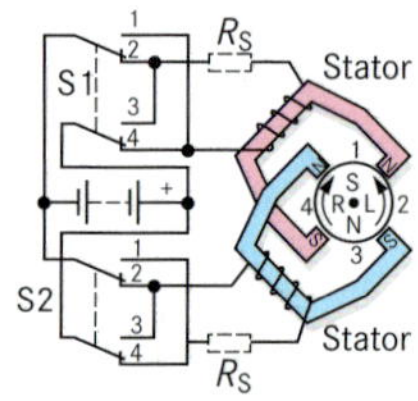

Schritt-Nr. bei Drehrichtung		Halbschrittbetrieb							
		unipolar				bipolar			
		S1	S1	S2	S2	S1	S1	S2	S2
R	L	1	2	1	2	1,3	2,4	1,3	2,4
1	1	x	–	x	–	–	x	–	x
1 ½	½	x	–	–	–	–	x	–	–
2	4	x	–	–	x	–	x	x	–
2 ½	3 ½	–	–	–	x	–	–	x	–
3	3	–	x	–	x	x	–	x	–
3 ½	3 ½	–	x	–	–	x	–	–	–
4	2	–	x	x	–	x	–	–	x
½	1 ½	–	–	x	–	–	–	–	x
1	1	x	–	x	–	–	x	–	x

Vollschrittbetrieb ergibt sich, wenn die roten Zahlen entfallen.

Konstantstrom-(Chopper-)Steuerung

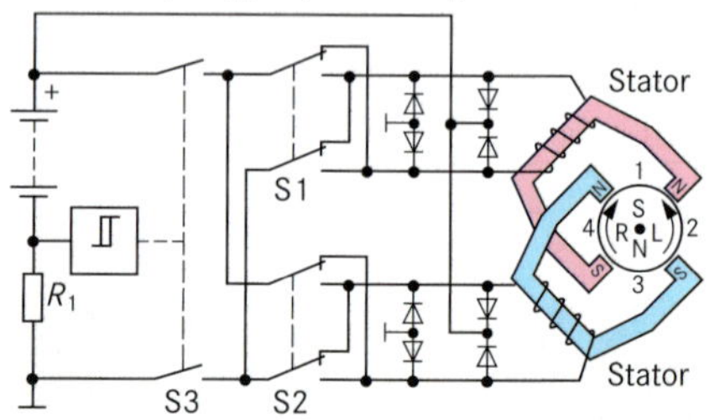

Schalter S3 wird nach Erreichen des zulässigen Steuerstromes geöffnet. Die Freilaufdioden führen den abklingenden Strom, bis S3 nach Erreichen der unteren Schaltschwelle schließt usw.

Schrittmotorsteuerung, bipolar

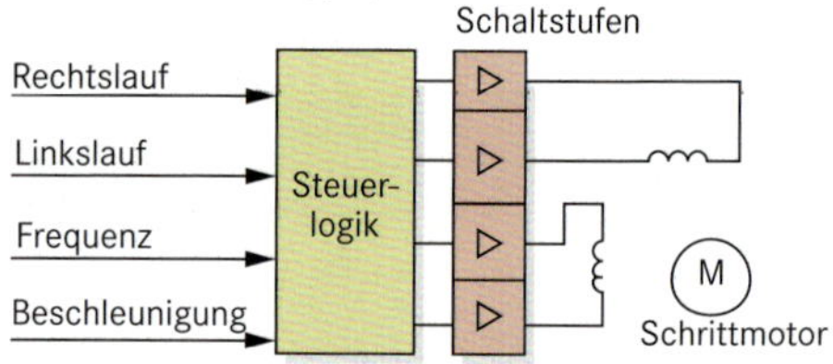

Fahrprofil

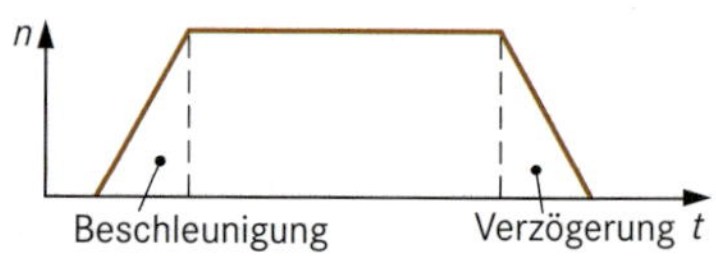

Anwendungen

- Antriebe kleiner mechatronischer Systeme, z. B. Werkzeugmaschinen, Kfz-Anwendungen, Medizin-/Labortechnik, Fotooptik, usw.
- Häufig sind klassische Bauformen von Motoren in kleinen Anwendungen nicht mehr zu realisieren

Auswahlkriterien

- Drehzahl/Geschwindigkeit, Drehmoment/Kraft
- Linear-/Drehantrieb
- Integrationsmöglichkeit in Gesamtsysteme
- Bedienungs- Wartungsmöglichkeit
- Zuverlässigkeit
- Schwingungsarmut, Geräuscharmut

Funktionsprinzipien

- **Antrieb mit begrenzter Bewegung**
  - Elektromagnet
  - Elektrodynamischer Linearantrieb
  - Hybridschrittantrieb
- **Antrieb mit kontinuierlicher Bewegung**
  - Kommutatormotor
  - bürstenlose Remanenzmotoren
  - geschaltete Reluktanzmotoren
  - Drehfeldmotor
- **Schrittmotor**
- **Piezoelektrischer Antrieb**
  - Wurmmotor
  - Schreitmotoren
  - Ultraschallmotor
  - Wanderwellenmotor

Piezoelektrische Antriebe

Wurmmotor

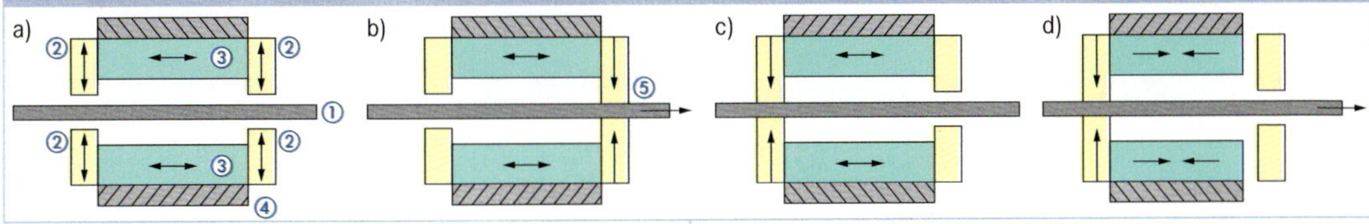

Komponenten:
beweglicher Läufer ①, Klemmaktor ②, Translationsaktor ③, mech. Befestigung ④

Kenndaten:
- Positioniergenauigkeit: 2 ...4 nm
- v_{max} = 0,5 ... 2 mm/s
- Fixierung oder Freilauf des Läufers möglich

Funktion:
a) Sind alle Aktoren im Ruhezustand, ist der Läufer frei beweglich.
b) Zunächst wird der Läufer einseitig festgeklemmt ⑤. Anschließend dehnt sich der Piezoaktor ①. Der Läufer wird nach rechts bewegt.
c) Der Läufer wird auf der Gegenseite eingeklemmt.
d) Der Aktor ① geht in Ruhezustand und zieht sich zusammen. Der Läufer bewegt sich nach rechts.

Schreitmotor

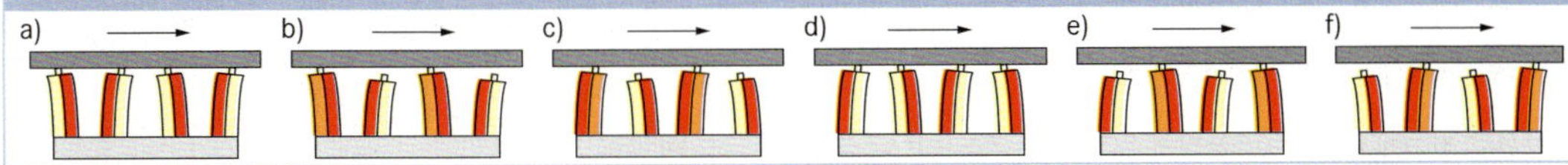

Komponenten:
Je zwei Piezoaktoren bilden ein Bein. Durch unterschiedliche Ansteuerung ist die Länge der Beine veränderbar und ein Biegemoment ist möglich.

Kenndaten:
- Schrittweite: 3 µm
- v_{max} = 12,5 mm/s
- Im Stillstand fixiert
- Haltekraft: 7 N

Funktion:
- Mindestens zwei Beine heben den Läufer an (b).
- Die tragenden Beine biegen sich und bewegen so den Läufer (c).
- Die anderen Beine sind entgegengesetzt gebogen und übernehmen den Läufer (d)
- Die anderen Beinpaare bewegen den Läufer weiter (e).

Wanderwellenmotor

Komponenten:
Der Aktor besteht aus sehr vielen aneinander gereihten Piezoaktoren. Diese können ringförmig oder linear angeordnet sein.

Funktion:
- Alle Piezoaktoren werden zum Schwingen angeregt.
- Durch Überlagerung der Schwingungen entsteht eine Wellenbewegung.
- Jeder Aktor führt an der Spitze eine elliptische Bewegung durch. Diese bewegt den Rotor.

Kenndaten:
- Drehzahl: 0 ... 80 U/min
- Drehmoment: 0 ... 4 Nm
- Hohes Drehmoment bei allen Drehzahlen

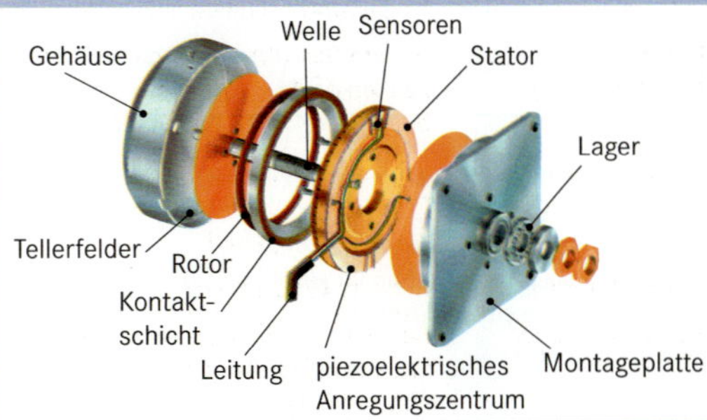

Komponenten

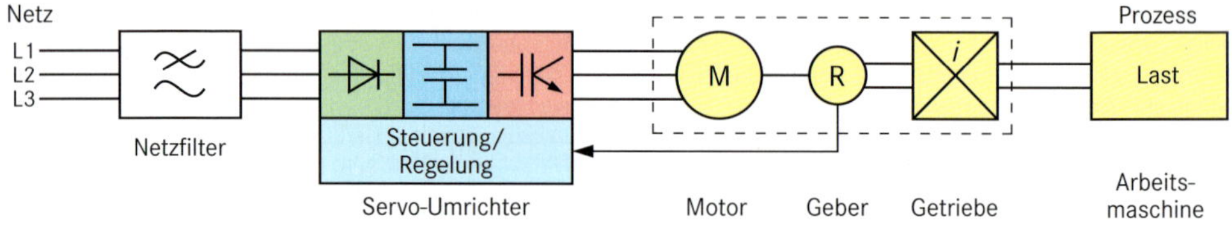

R = Resolver

Servo-Umrichter	Motor	
Schrittmotor-Ansteuerung	**Schrittmotor** (Geber kann entfallen, Sonderanwendungen)	
2- oder 4-Quadranten Gleichstromsteller	**Gleichstrommotor** (nur noch bei Sonderanwendungen wegen Wartungsaufwand der Bürsten)	
3 separate Wechselrichter mit integriertem Brems-Chopper oder rückspeisefähigem Zwischenkreis-gleichrichter	**Asynchronmotor** ■ geringes Trägheitsmoment ■ hohe Überlastfähigkeit ■ hohe Maximaldrehzahl	**Synchronmotor** ■ hohes Beschleunigungsvermögen ■ hoher Wirkungsgrad ■ kleines Bauvolumen mit hohem Drehmoment

Geber		
digital		analog
Inkrementalgeber	Absolutwertgeber (Winkel als Absolutwert erfassbar)	

Inkrementalgeber

- Lichtschranke wird durch Lochblende ① unterbrochen.
- Jeder Lichtimpuls entspricht einem definierten Winkelschritt.
- Zweite Spur ist um ¼ der Schrittweite *c* versetzt. Mit Auswertelogik ist Drehrichtungserkennung möglich.
- Absoluter Messwert ist nur im Speicher vorhanden. Nach Spannungsunterbrechung muss der Messwert neu justiert werden.

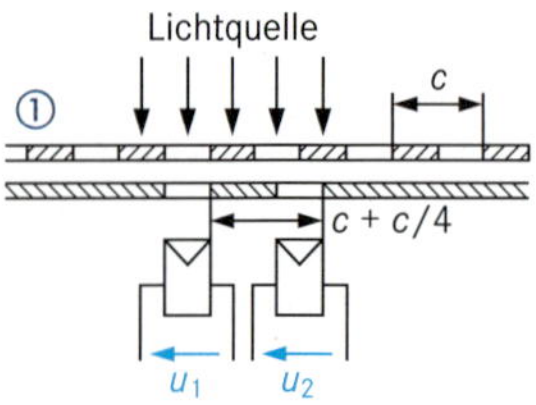

Encoder

- Codescheibe ② enthält die Information des Winkels in Helldunkel-Feldern
- Lichtschranken ③ werten den Wert der Codescheibe aus.
- Aus dem Digitalwert lässt sich der aktuelle Winkel errechnen.

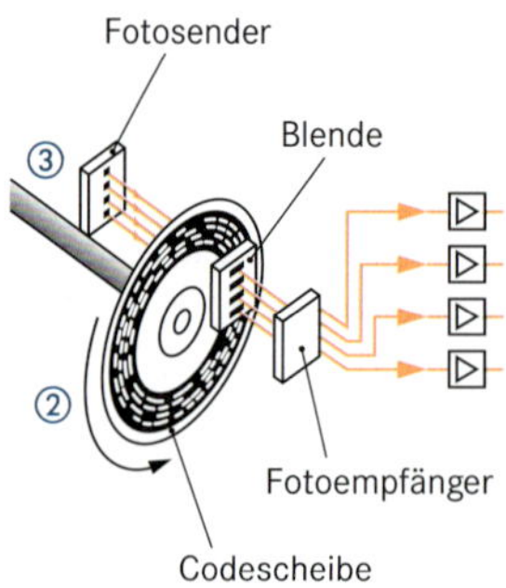

Resolver

- Zwei Statorwicklungen sind geometrisch um 90° versetzt.
- Drehwinkel zwischen 0 und 360° absolut bestimmbar
- u_{S1} und u_{S2} haben eine Phasenverschiebung von 90°.
- Je nach Drehwinkel der Rotorwicklung ergibt sich eine Phasenlage zwischen u_R und u_{S1} in Abhängigkeit des Drehwinkels φ.

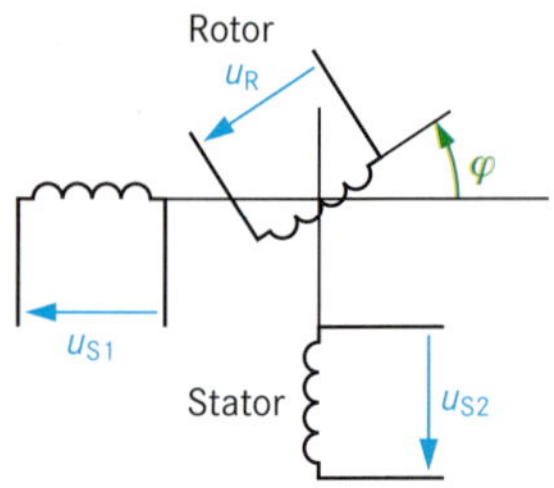

Merkmale

- Großer Drehzahlstellbereich 0,01 ... 10000 1/min
- Hohes Drehmoment und Dynamik (kurzzeitige Spitzendrehmomente)
- Hohe Kurzzeitüberlastbarkeit
- Gute Rundlaufeigenschaften im gesamten Drehzahlbereich
- Hohe Genauigkeit bei Positionierung bzw. Winkelgleichlauf
- Hohe Schutzart

Anwendungen

- Antriebssysteme mit mehreren zu koordinierenden Bewegungen
- Positionieraufgaben mit hoher Genauigkeit (z. B. Roboter, Werkzeugmaschinen, Handhabungsgeräte)
- Verkettung mehrerer Antriebe mit hohen Anforderungen an Winkelgleichlauf (z. B. Druckmaschinen, Transportanlagen, Schneideeinrichtungen)
- Elektronische Kurvenscheiben

Herkömmliche Automatisierungs-Struktur

- Feldgeräte ① sind z. B. Sensoren, Aktoren, Ein- und Ausgabegeräte, die in einem Automatisierungsprozess eingesetzt werden.
- Sie sind über Schnittstellen (z. B. 4 ... 20 mA) an Rangierverteiler ② angeschlossen (parallele Verdrahtung).
- Regler ③ übertragen die Ein- bzw. Ausgangssignale an die Rechner ④ (**DCS: D**ata **C**ollecting **S**ystem).
- Nachteile:
  - Aufwändige Verdrahtung
  - Eingeschränkte Kommunikation, sie erfolgt vorwiegend nur in eine Richtung (unidirektional) z. B.: Sensor → Steuerung, Steuerung → Aktor

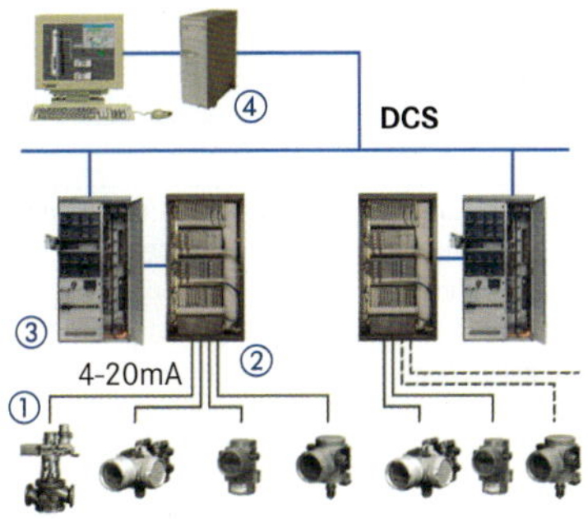

Feldbus

- Es gibt zahlreiche Feldbusausführungen. Deshalb ist „Feldbus" ein Gattungsbegriff.
- Für die Feldgeräte wird ein Bus ⑤ zur Datenübertragung verwendet (eine Busleitung). → geringer Verdrahtungsaufwand
- Busse mit unterschiedlichen Datenraten können über ein Verbindungsmodul ⑥ vernetzt werden.
- Die Daten werden digital in Form von Telegrammen übertragen.
- Die Kommunikation erfolgt bidirektional.
- Die Gesamtheit aller Vorgänge kann erfasst und beeinflusst werden (z. B. Prozessdaten, Zustandsdaten, Wartungs- und Störungssignale).
- Je nach Feldbus werden 2, 4 oder 5-adrige Leitungen verwendet.
- Vorteile:
  - Geringere Installationskosten
  - Flexible Handhabung (z. B. Konfiguration im Offline-Betrieb, Erweiterung)

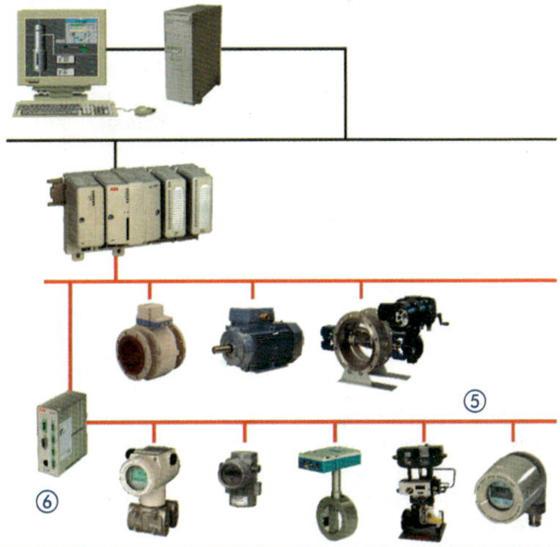

Feldbusarten

Bezeichnung		Anwendungsbereiche
ARCNET:	**A**ttached **R**esources **C**omputer **Net**work	Automotive-Bereich[1], Industrieautomatisierung, Medizintechnik
ASI, AS-i:	**A**ctuator-**S**ensor-**I**nterface	Anschluss von Sensoren und Aktoren
BACnet:	**B**uilding **A**utomation and **C**ontrol **Net**work	Gebäudeautomation
BITBUS		Automatisierungstechnik
ByteFlight		Sicherheitskritische Anwendungen im Automotive-Bereich[1]
CAN:	**C**ontroller **A**rea **N**etwork	Vernetzung von Steuergeräten im Automotive-Bereich[1]
CANopen		Basiert auf CAN, Automotive-Bereich[1], Embedded Systems
DALI:	**D**igital **A**ddressable **L**ighting **I**nterface	Beleuchtungstechnik in der Gebäudeautomatisierung
DIN-Messbus		Fertigungstechnik, Qualitätssicherung, Prozesskontrolle
EIB (KNX):	**E**uropean **I**nstallation **B**us	Hausinstallation
FlexRay		Automotive-Bereich[1]
Foundation Fieldbus		Prozessautomatisierung
Interbus		Maschinenbau, Anlagenbau
LCN:	**L**ocal **C**ontrol **N**etwork	Universelles Gebäudeleitsystem
LIN:	**L**ocal **I**nterconnect **N**etwork	Kommunikation von intelligenten Sensoren und Aktoren im KFZ
LON:	**L**ocal **O**perating **N**etwork	Gebäudeautomation
M-Bus:	Meter-**Bus**	Verbrauchserfassung (Wärme, Wasser, Strom, Gas)
MOST:	**M**edia **O**riented **S**ystems **T**ransport	Multimedia im Automotive-Bereich[1]
P-NET:	**P**rocess **Net**	Prozessautomation, Vernetzung verteilter Prozesskomponenten
PROFIBUS:	**Pro**cess **Fi**eld **Bus**	Maschinen- und Anlagenbau, Prozessautomation
SafetyBUS		Sicherheitsrelevante Anwendungen in der Steuerungstechnik
TCN:	**T**rain **C**ommuncation **N**etwork	Fernsteuerung, Eisenbahnfahrzeuge

[1] Oberbegriff für Fahrzeuge, die von Kraftmaschinen angetrieben werden, spurgebunden oder nicht spurgebunden

Arbeitsweise

- **Bezeichnungen**
  - **AS-i**: **A**ctuator-**S**ensor-**I**nterface (Aktuator-Sensor-Schnittstelle oder
  - ASI, ASI-Bus (alternative Bezeichnungen)
- **Single-Master-System**
  - Über den Master wird jedem Slave durch ein Adressiergerät eine eindeutige Adresse zugewiesen.
  - Der Master ① erfasst zyklisch alle projektierten Slaves (Sensoren ②, Aktoren ③) und tauscht mit ihnen die Ein- und Ausgangsdaten aus.
  - Nutzdaten im Telegramm: 4 Bit
  - Maximale Zykluszeit: 10 ms (Version 2.11)
  - Serielles Übertragungsprotokoll
  - Version 2.0: Maximal 31 Teilnehmer mit je 4 Ein- und Ausgängen
  - Version 2.11: Maximal 62 Teilnehmer mit je 4 Ein- und Ausgängen

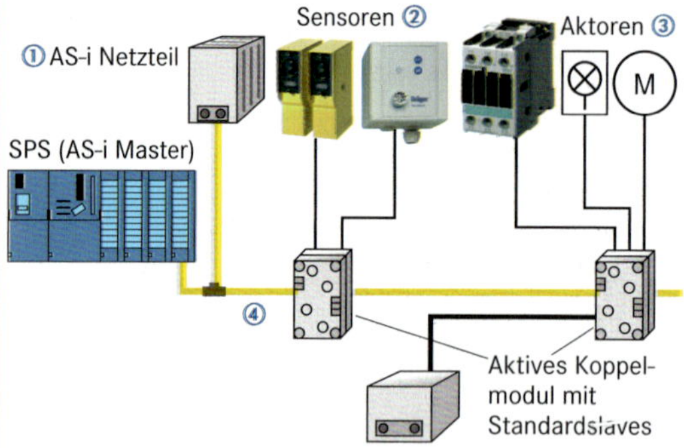

Übertragungsmedium

- Zweiadrige Leitung, keine Abschirmung und keine Verdrillung erforderlich
- Die Leitung dient neben der Datenübertragung gleichzeitig der Spannungsversorgung (24 V DC bis 30 V DC).
- Stromstärke bis 8 A
- Leitungslänge:
  - ohne Repeater bis 100 m
  - mit Repeater bis 300 m
- Keine Abschlusswiderstände erforderlich
- Einfache Montage für den Feldeinsatz:
  - Zweiadrige gelbe Profilleitung ④ (2 x 1,5 mm²)
  - Sie wird ohne Vorbereitung über zwei Durchdringungsdorne ⑤ angeschlossen.
- Anstatt der Profilleitung kann auch jede andere 2-Draht-Leitung verwendet werden.

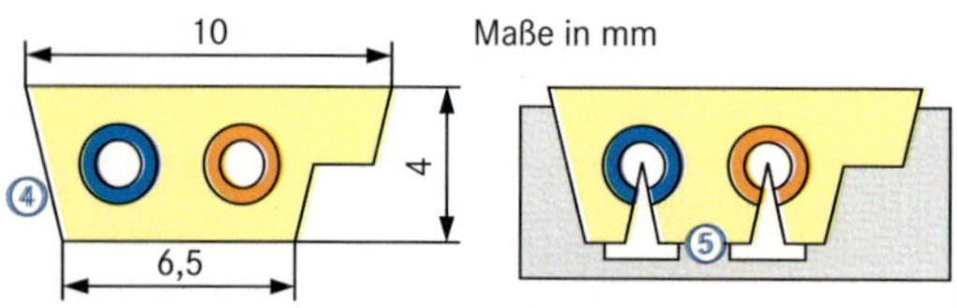

- Für den Einsatz in Schaltschränken kann eine weitere Profilleitung verwendet werden; Querschnitt 2 x 0,8 mm².

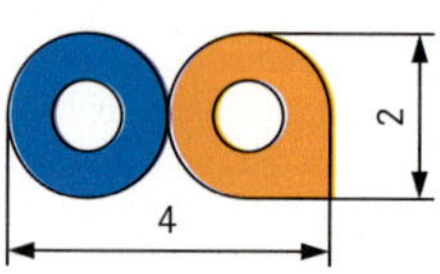

AS-i Module

- AS-i Module (**Koppelmodule**) arbeiten im Prinzip wie Ein- oder Ausgabegruppen und verbinden die Sensoren und Aktoren mit dem AS-i Master.
- Der Anschluss der Sensoren und Aktoren erfolgt über M12 Stecker.
- **Aktive AS-i Module**: Anschluss konventioneller Aktoren und Sensoren.
- **Passive AS-i Module**: Nur Sensoren und Aktoren mit entsprechender Hardware sind anschließbar.

Montage eines AS-i Moduls

- Koppelmodul aufschrauben.
- AS-i Leitung ⑥ einlegen. Sie wird durch eine Führung mechanisch fixiert.
- Dichtungsstücke einlegen.
- Durch Zuschrauben des Moduls wird die Leitung auf die Kontaktschwerter gedrückt und dadurch eine sichere elektrische Verbindung hergestellt.
- Schutzart IP67

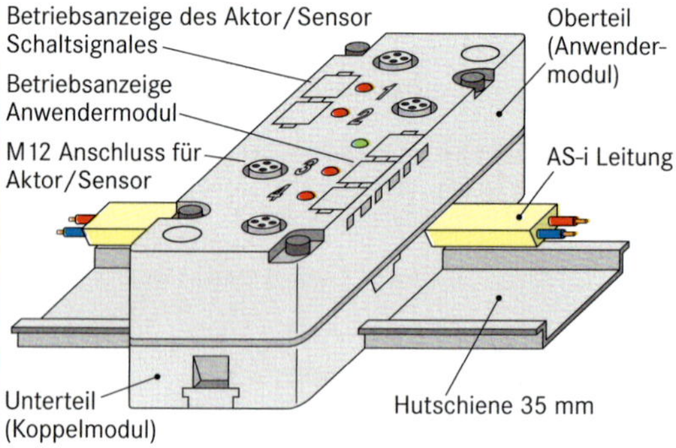

AS-i Master

- Master kann ein externes Gerät, ein Bestandteil der SPS oder in einem PC integriert ⑦ sein.
- Am Master sind keine Einstellungen (z. B. Zugangsberechtigungen, Datenraten, Telegrammtyp) erforderlich. Sie werden automatisch ausgeführt.
- Organisation des Datenverkehrs mit den AS-i Slaves ⑧ über die AS-i Leitung ⑨ u. a. durch
  - Abfrage der Signale,
  - Übertragung von Parametereinstellungen an die Teilnehmer,
  - Netzüberwachung und
  - kontinuierliche Diagnosen.
- Schnittstellen zu anderen Bussystemen (z. B. PROFIBUS, PROFINET) lassen sich mit dem Master realisieren.

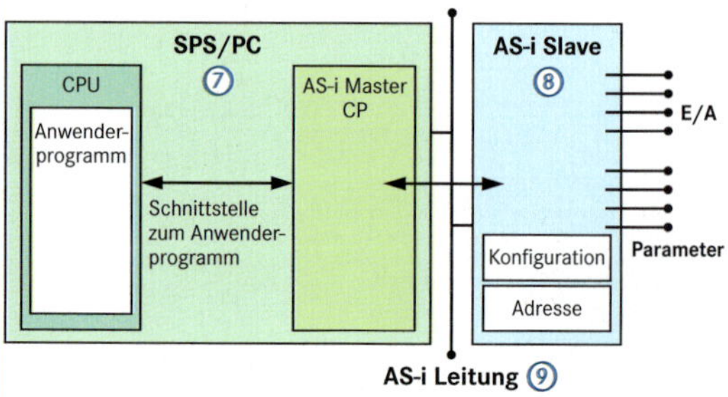

Merkmale

- Mit dem ASIsafe-Konzept (**AS-I**nterface **S**afety at Work) lassen sich sicherheitsgerichtete Komponenten in ein ASI-Netz integrieren.
- Die Komponenten ersetzen die elektromechanischen Einrichtung durch ein Sicherheitssystem über den ASI-Bus.
- Beispiele für sicherheitsgerichtete Komponenten:
  - Not-Halt-Schalter
  - Schutztür-Schalter, Sicherheits-Lichtgitter
- Die Komponenten sind voll kompatibel zu den bekannten ASI-Komponenten (Master, Slaves, Netzteil usw.) und können gemeinsam an der gelben ASI-Leitung betrieben werden.
- Die Sicherheitsschaltgeräte besitzen entweder einen ASI-Chip zum direkten Busanschluss oder werden über Sicherheits-Slaves angeschlossen.

Komponenten

Funktion

- Kernstück von ASIsafe ist der **Sicherheitsmonitor**, der unabhängig von der SPS ständig die Sicherheits-Slaves und ihre Signale überwacht.
- Sendet ein Sicherheitsschaltgerät ein Signal, schaltet der Monitor die geführten Anlagenteile über seine Freigabekontakte in max. 40 ms ab.
- Mehrere Sicherheitsmonitore sind möglich, um eine Anlage selektiv abschalten zu können.
- Die Sicherheitsapplikation (z. B. Not-Halt-Funktion) wird mittels Software erstellt und in den Monitor geladen.
- Sollen die Monitorsignale über den ASI-Master in die SPS übertragen und weiterverarbeitet werden, braucht der Monitor eine ASI-Adresse.
- Sicherheitsmonitor und Sicherheits-Slaves können an beliebiger Stelle an das ASI-Netz angeschlossen werden.

Beispiel für ein Sicherheits-Slave mit Not-Halt-Taster

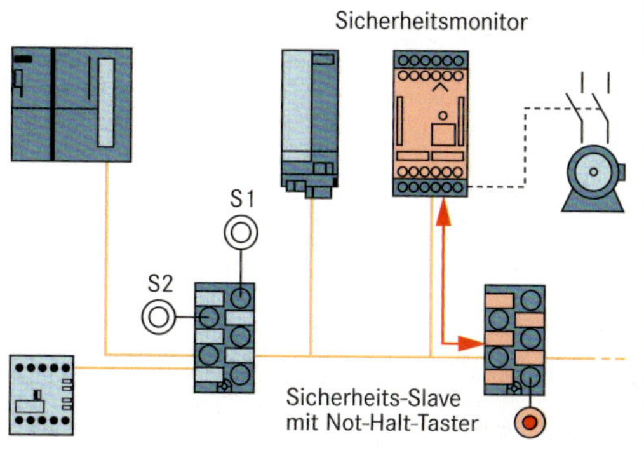

PROFIsafe
PROFIsafe

Merkmale und Funktion

- PROFIsafe wird für eine fehlersichere Kommunikation über PROFINET und PROFIBUS genutzt (IEC 61508) und erfüllt die höchsten Sicherheitsanforderungen für die Prozess- und Fertigungsindustrie.
- PROFIsafe ist eine Softwarelösung, die als zusätzliche Schicht (**PROFIsafe Layer**) in den Geräten (z. B. Betriebssystem der fehlersicheren CPU 315F-2PN/DP) eingefügt ist.
- Die Sicherheitsdaten werden zusätzlich zu den Standarddaten in das Telegramm aufgenommen und bilden so das PROFIsafe- Telegramm. Dadurch können Standarddaten und fehlersichere Daten über denselben Bus ohne zusätzliche Hardware übertragen werden.
- Fehlermöglichkeiten beim Übertragen von Daten (z. B. Adressverfälschung, Verlust, Verzögerung) begegnet das System mit folgenden Maßnahmen:
  - Fortlaufenden Durchnummerierung der PROFIsafe-Daten
  - Zeitüberwachung (Watch-Dog)
  - Kennung zwischen Sender und Empfänger, z. B. über eindeutige PROFIsafe-Adressen
  - Optimierte Erkennung verfälschter Datenbits eines Telegramms (CRC: Cyclic-Redundancy-Check).

PROFIsafe Layer

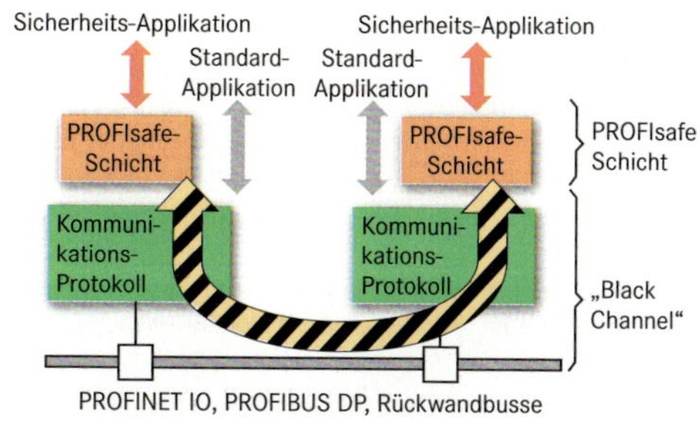

■ Sicherheitsbezogene Telegrammstruktur

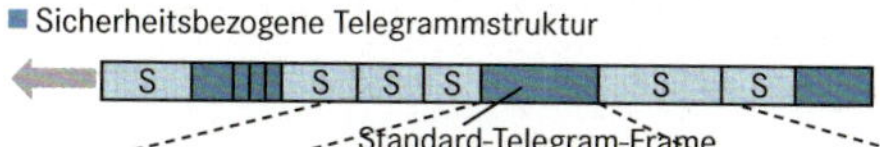

F-Nutzdaten	Status/ Steuerbyte	Laufende Nummer	CRC2	Standard-Nutzdaten
Max. 12 bzw. 122 Bytes	1 Byte	1 Byte	2/4 Bytes	240/238- F-Nutz

Max. 244 Bytes DP-Nutzdaten

Arbeitsweise und technische Daten

- **PROFIBUS** (**Pro**cess **Fi**eld **Bus**) wird für die Prozess- und Feldkommunikation im Nah- und Fernbereich eingesetzt.
- Automatisierungsgeräte, wie z. B. SPS, PCs ① als aktive Busteilnehmer, können mit den passiven Teilnehmern wie z. B. Bedien- und Beobachtungsgeräten, Sensoren oder Aktoren ② über den Bus kommunizieren.
- Es handelt sich um einen **Multi-Master-Bus** (mehrere Master), deren aktive Teilnehmer (z. B. SPS, PC) über einen Token-Ring (IEEE 802.5) miteinander verbunden sind.
  - Token (Zeichen, Marke): Hilfsmittel, um Prozesse (Kommunikation, usw.) zu synchronisieren. Wer das Token besitzt, kann einen Prozess einleiten. Wenn das Token freigegeben wird, darf ein anderer aktiver Teilnehmer einen weiteren Prozess einleiten usw.
  - Dauer der Kommunikation: Abhängig von der Token-Soll-Umlaufzeit
  - Wenn die Token-Soll-Umlaufzeit noch nicht überschritten ist, darf jeder aktive Teilnehmer mindestens eine Nachricht höchster Priorität und weitere normale Nachrichten senden.

Logischer Tokenring zwischen den Master-Geräten

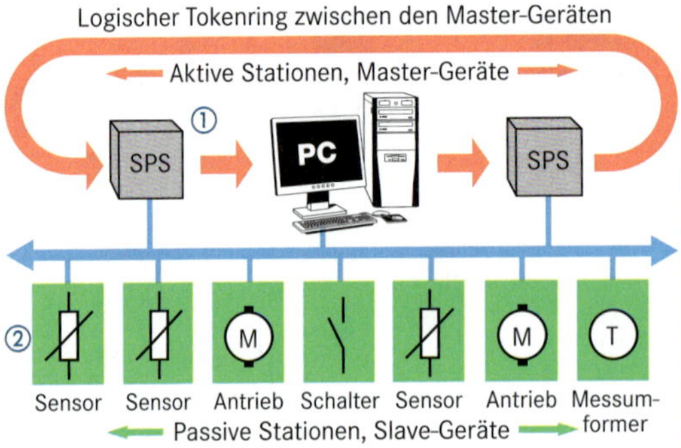

- Die An- und Abkopplung der Slaves ist im laufenden Betrieb möglich (nicht bei LWL).
- Konfiguration und Parametrieren der Peripheriegeräte erfolgt mit entsprechender Software.
- Die Peripheriegeräte und Anwenderprogramme werden auf den PROFIBUS-Takt synchronisiert.
- Reaktionszeit: 1,9 ms bis 10 ms
- Datenübertragungsraten: 9,6 kbit/s bis 12 Mbit/s (einstellbar)
- Leitungslänge abhängig vom verwendeten Kabeltyp und von der Datenübertragungsrate
- Maximale Teilnehmerzahl: 126 (Bussegmente mit je 32 Teilnehmern)

Adressen

- Jeder Teilnehmer erhält eine eindeutige Adresse im Bereich 0 ... 127.
- Die Slave-Adresse wird an einem DIL-Schalterblock binär kodiert eingestellt.

Adresse	Teilnehmer
0	Diagnosegerät (z. B. Programmiergerät)
1 ... n	Master
n ... 125	Slaves
126, 127	Reservierte Adressen

Varianten

- IEC 61784-1; Industrial communication networks – Profiles – Part 1: Fieldbus profiles
  Die einzelnen Feldbusse werden dort als „**C**ommunication **P**rofile **F**amilies“ (**CPF**) geführt.
- **PROFIBUS-DP**
  - **DP**: **D**ezentrale **P**eripherie
  - Anschluss von dezentraler Peripherie an eine zentrale Steuerung
  - Schnelle Reaktionszeiten
  - Datenraten: Maximal 12 Mbit/s auf verdrillten Zweidrahtleitungen und/oder Lichtwellenleitern
  - Maximale Busausdehnung: Cu-Leiter 9,6 km; LWL 90 km
- **PROFIBUS-PA**
  - **PA**: **P**rozess **A**utomation
  - IEC 61158-2: 2011-09
    Industrielle Kommunikationsnetze – Feldbusse
    Teil 2: Spezifikation und Dienstfestlegungen des Physical Layer
  - Erweiterung von PROFIBUS-DP
  - Für explosionsgefährdete Bereiche (Ex-Zonen 0 und 1) geeignet
  - Datenübertragungsrate bis zu 31,25 kbit/s
- **PROFIBUS-FMS**
  - **FMS**: **F**ieldbus **M**essage **S**pecification
  - Datenkommunikation zwischen Automatisierungssystemen unterschiedlicher Hersteller
- **PROFIsafe**
  - Sicherheitsgerichtete Kommunikation auf ein und derselben Busleitung

Übertragungstechnik

- RS485 Schnittstelle, 9-polige SUB-D-Steckverbindung
- Übertragungsleitung:
  - Zweidrahtleitung (geschirmt und verdrillt)
  - Lichtwellenleiter
  - Kurze Stichleitungen
- **Abschlusswiderstände**:
  - Bei Kupferleitern an beiden Leitungsenden
  - Sie sind oft im PROFIBUS-Stecker integriert.
  - Können an den Segmentenden zugeschaltet und dazwischen abgeschaltet werden
- **Leiterkennzeichnung**: A und B

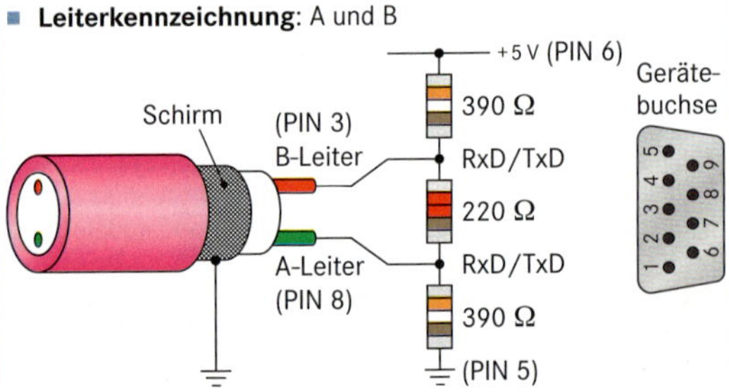

- Aus den Spannungen der Leiter A und B gegen Masse wird die Differenz gebildet. Mit dieser Spannungsdifferenz werden die Daten störsicher übertragen.
  - TxD: Senden (Transmit Data)
  - RxD: Empfangen (Receive Data)
- Erster und letzter Busteilnehmer muss terminiert sein.

Merkmale

- PROFINET: **Pro**cess **F**ield Ether**net**
- Offener Industrial Ethernet Standard
  - Nutzung von Industrial Ethernet für die Leit-, Zell- und Feldebene in der Automatisierungstechnik
  - Anwendung von IT-Diensten
  - Integration in bestehende Feldbussysteme (z. B. PROFIBUS DP, Interbus)
  - Echtzeitfähiges Ethernet möglich
  - Sicherheitstechnik über Bussystem ist möglich (z. B. Not-Halt)
- Datenverkehr
  - Zyklisch:
    Datenverkehr findet mit festen Taktzeiten statt, von der Zentraleinheit an die Peripheriegeräte
  - Azyklisch:
    Verwendung für Ereignisse, z. B. Senden von Parametrierungs- und Konfigurationsdaten zwischen Zentraleinheit und Peripheriegeräten
- Es gibt zwei Funktionsklassen:
  - **PROFINET-IO** (dezentrale Feldgeräte, **I**n **O**ut), gedacht als Nachfolger von PROFIBUS DP
  - **PROFINET-CBA** (autonom arbeitende Teilanlagen, **C**omponent **B**ased **A**utomation)

  Beide Funktionsklassen können separat oder kombiniert zur gleichen Zeit am selben Bus kommunizieren.
- Es gibt drei **Protokollstufen**:
  - **TCP/IP**: Reaktionszeiten im Bereich von 100 ms, z. B. für die Inbetriebnahme einer Anlage (PROFINET-CBA)
  - **RT** (**R**eal **T**ime): Anwendungen im Bereich bis 100 ms Zykluszeiten für PROFINET-IO und -CBA, ohne Taktsynchronität
  - **IRT** (**I**sochronous **R**eal **T**ime): Anwendungen im Bereich < 1 ms Zykluszeiten für PROFINET-IO, mit Taktsynchronität

PROFINET-IO

- Datenaustausch zwischen Controllern (Master-Funktion) und Ethernet-basierten Feldgeräten (Devices, Slave-Funktion)
- Parametrierung und Diagnose
- Provider-Consumer-Verfahren:
  - Teilnehmer sind gleichberechtigt
  - Der Sender ist ein Provider, der seine Dienste an die Kommunikationspartner überträgt
  - Über die Projektierung wird die Gleichberechtigung eingeschränkt.

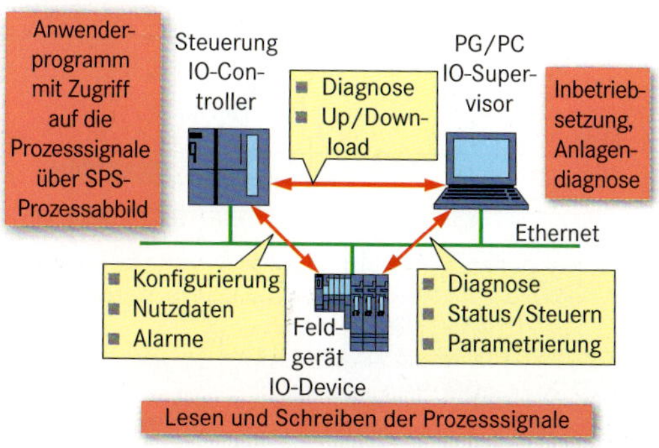

Komponenten für PROFINET-IO

- **IO-Controller:**
  Steuergerät für Automatisierungsaufgaben (z. B. zentrale SPS), in dem das Programm abläuft
- **IO-Device:**
  - Dezentrales Feldgerät, das vom IO-Controller gesteuert und kontrolliert wird.
  - Ein IO-Device kann aus mehreren Modulen bestehen. Die Eigenschaften werden durch eine GSD-Datei (Generic Station Description) in **XML** (e**X**tensible **M**arkup **L**anguage) beschrieben (GSDML).
- **IO-Supervisor:**
  Entwicklungswerkzeug, z. B. Programmier-, Diagnose und Parametriergerät (HMI-, Diagnose-Station)
- Die Komponenten erhalten IP-Adressen.
- Die Signalverteilung erfolgt über Switches (z. B. als Stern oder Baum).

Applikationsbeziehung

AR: Application **R**elation
Durch die Applikationsbeziehung wird die Kommunikation zwischen den Komponenten gekennzeichnet. Der gegenseitige Datenaustausch erfolgt über Datenkanäle.

Kommunikationsbeziehung

CR: Communication **R**elation

- **IO CR:**
  Sensor- und Aktorsignale eines IO-Device werden vom IO-Controller in Echtzeit zyklisch gelesen bzw. geschrieben.
- **Alarm CR:**
  Alarme werden in Echtzeit azyklisch vom IO-Device zum IO-Controller übertragen.
- **Record Data CR:**
  Konfigurationsdaten eines IO-Device werden vom Provider azyklisch ohne Echtzeit gelesen und geschrieben.

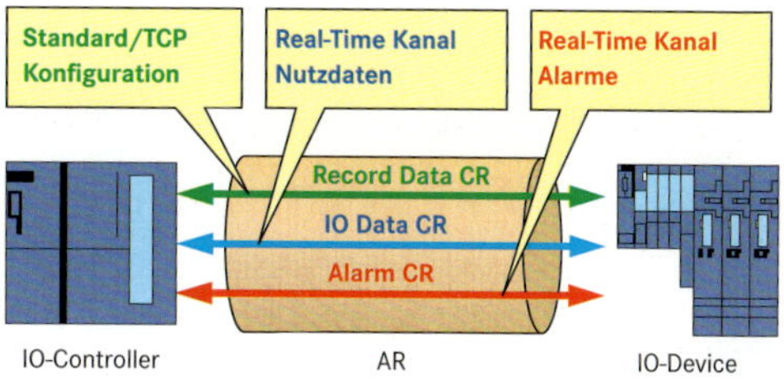

PROFINET-CBA

- Das System besteht aus verschiedenen Automatisierungskomponenten (mechanisch, elektrisch, informationstechnisch).
- Die Komponentenbeschreibung erfolgt mit einer PCD-Datei (PROFINET Component Description) in XML.
- In parallel angeordneten RT-Kanälen sind Datenzyklen wie bei PROFINET-IO möglich.

Struktur (z. B. Messdatenerfassung)

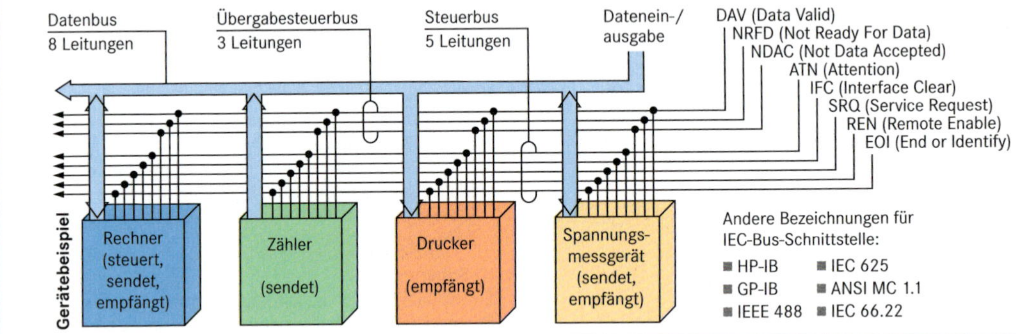

Andere Bezeichnungen für IEC-Bus-Schnittstelle:

- HP-IB
- IEC 625
- GP-IB
- ANSI MC 1.1
- IEEE 488
- IEC 66.22

Steckverbinderbelegung

IEEE 488

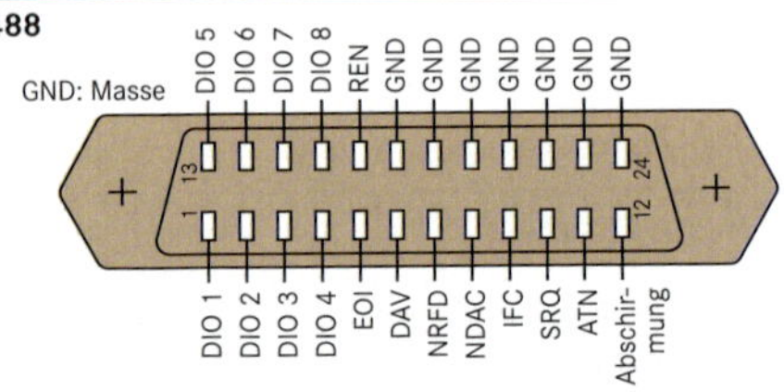

IEC 625

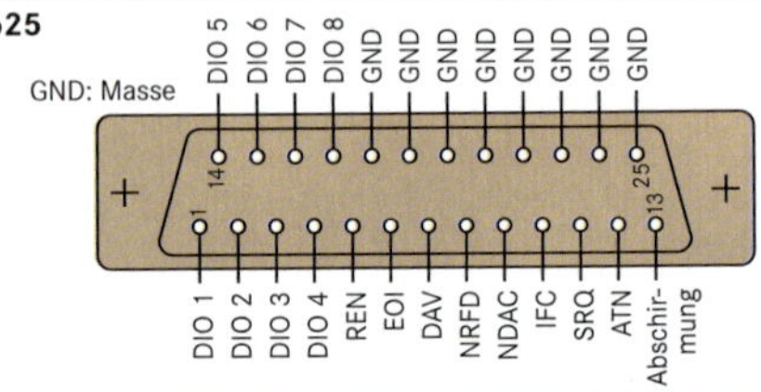

I²C-Bus

Merkmale

- **I²C:** Inter-**IC**-Bus; serielles Bussystem zur Kopplung von ICs über kurze Entfernungen (innerhalb von Geräten, z. B. Telefon, Kopierer, Mikrocontroller).
- Datenrate: max. 100 kbit/s.
- Bussystem besteht aus Datenleitung **SDA** (**S**erial **D**ata **L**ine: serielle Datenleitung) und **SCL** (**S**erial **C**lock **L**ine: Serielle Taktleitung).
- Takt- und Datenleitungen werden über Pull-up-Widerstände an positive Versorgungsspannung geschaltet.
- Signal-Pegel sind abhängig von Versorgungsspannung der eingesetzten Treiber.
- Alle Busteilnehmer sind als **wired and** (verdrahtetes UND) an das Bussystem angeschaltet (0-Signal ist beherrschend).
- Teilnehmer am Bus werden nach Funktion bezeichnet.
- **Transmitter** sendet Daten auf den Bus
- **Receiver** empfängt Daten vom Bus
- **Master** initiiert Übertragung, sendet Taktimpulse und schließt Übertragung ab
- **Slave** Teilnehmer, wird vom Master adressiert
- **Multimaster** mehr als ein Master im System, von denen jeder die Kontrolle übernehmen kann
- Versorgungsspannung für NMOS: +5 V ± 10 %
  0-Signal ≙ max. 1,5 V; 1-Signal ≙ min. 3,0 V
- Versorgungsspannung für C-MOS (variable U_B)
  0-Signal ≙ max. 0,3 x U_B; 1-Signal ≙ min. 0,7 x U_B
- Ausgangsspannung für beide Technologien: max. 0,4 V bei 3 mA Sink-Strom.
- Kabelkapazität: max. 400 pF (einschließlich der Teilnehmeranschlüsse)

Aufbau

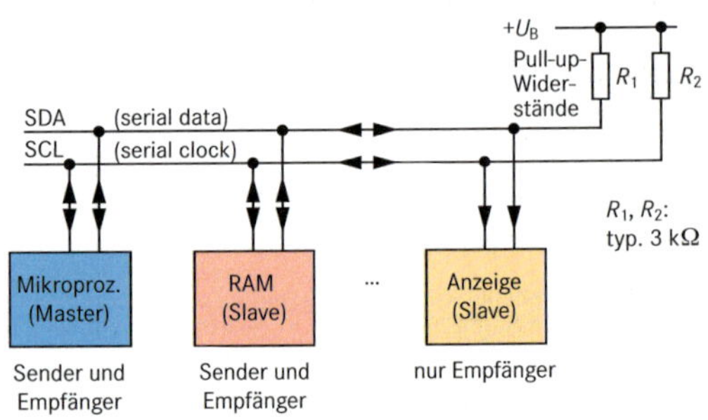

Innenschaltung der Schnittstelle

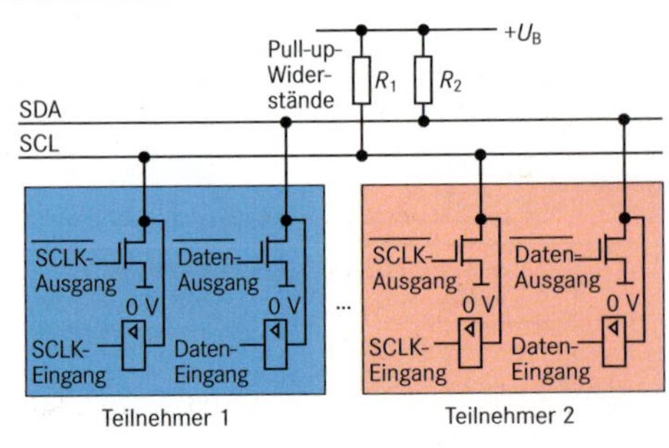

Merkmale:
- Weitverzweigte dezentrale Netze
- Ausführung des Datennetzes als Linien-, Ring oder Sternnetz
- Knoten bilden kleine Funktionseinheiten mit eigener „Intelligenz".
- Maximal 127 Knoten bilden ein Teilnetz; mehrere Teilnetze werden zu einem Bereich zusammengefasst.
- Integration unterschiedlicher Gewerke (Subnet)
- Anbindung an das Internet/Intranet möglich
- Die LONWORKS-Technologie wird von einem Standardisierungsgremium (LONMARK) überwacht.

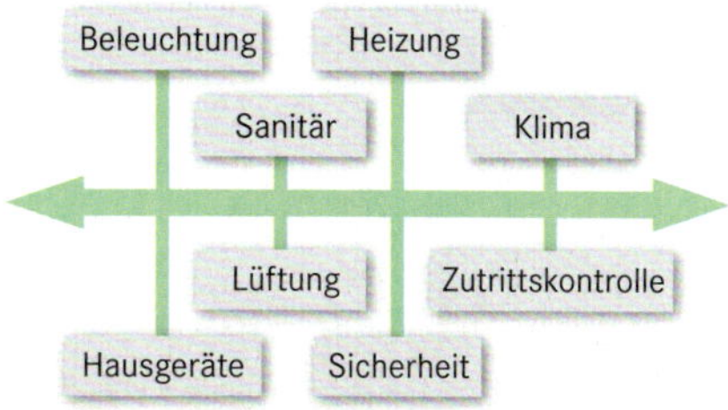

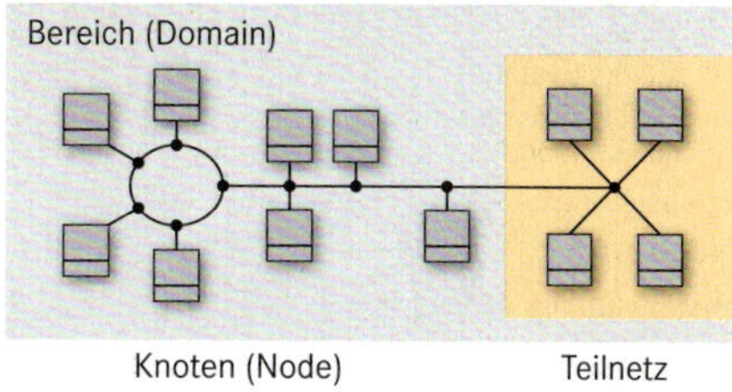

LONWORKS-Bausteine:
Alle Geräte basieren auf speziellen Mikroprozessoren (Neuron-Chip), die über Transceiver an die unterschiedlichen Übertragungsmedien angeschlossen werden. Die Sprache innerhalb des LON heißt Lon-Talk. Die Programmierung erfolgt über die Entwicklungswerkzeuge LonBuilder oder Node-Builder.

Vorteile:
- Sensoren und Aktoren besitzen eigene „Intelligenz"
- Informationsverarbeitung findet vor Ort statt
- Minimaler Verdrahtungsaufwand
- Keine zentrale Verarbeitungseinheit erforderlich

LON-Netzwerk		
deutsch	englisch	Zahlenbereich
Bereichs-Nr.	Domain-ID	1 ... 2^{48}
Teilnetz-Nr.	Subnet-ID	1 ... 255
Konten-Nr.	Node-ID	1 ... 127

LCN – Local Control Network

Merkmale:
- LCN ist sowohl in Großobjekten als auch im Ein- oder Mehrfamilienhaus einsetzbar.
- Alle LCN-Module werden an 230 V angeschlossen.
- Es ist kein getrennt verlegtes Busnetz erforderlich.
- Die Kommunikation erfolgt über einen zusätzlichen Leiter, der zusammen mit der 230 V-Versorgungsleitung geführt werden darf.
- Die Ausbaugrenze liegt bei 30000 Modulen.

LCN-Modul

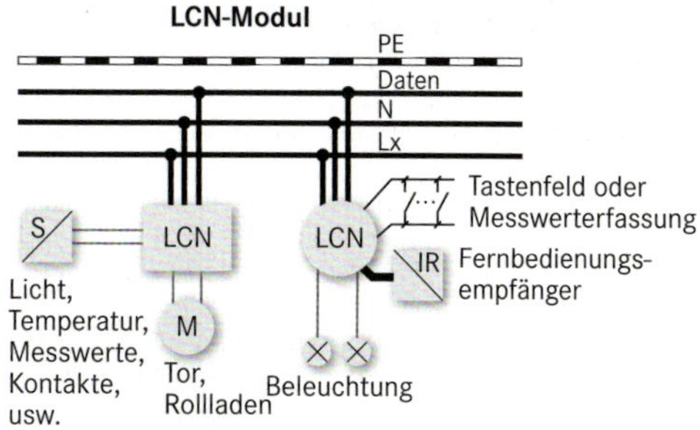

Funktion:
Die Nachrichten werden über eine Ader und den N-Leiter zwischen den Geräten ausgetauscht. Alle LCN-Module verfügen über zwei Aus- und zwei bzw. drei Eingänge, Zeitgeber und Verknüpfungsbausteine. Maximal 250 Module können über eine Datenader zu einem Segment zusammengeschaltet werden.

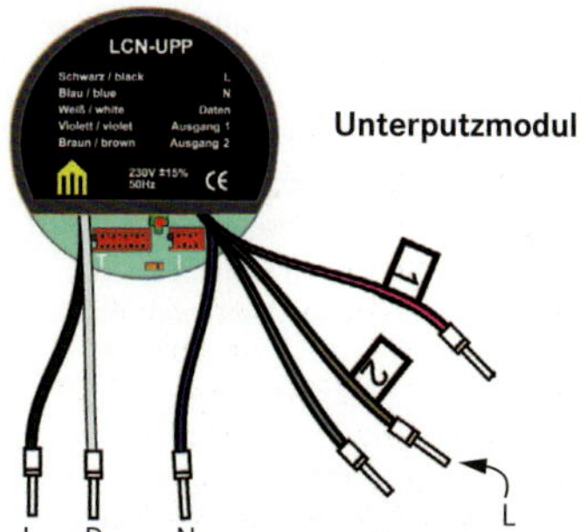

Unterputzmodul

Vorteile:
- Kein separates Datennetz notwendig.
- Sensoren und Aktoren sind in einem Gerät vereint.
- Die LCN-Module stellen standardmäßig mehrere Funktionen zur Verfügung (z. B. schalten, regeln, dimmen).
- Kostengünstig in der Erstausrüstung und bei Nachrüstung bestehender Installationen.

Busstruktur

CAN

- **CAN: C**ontroller **A**rea **N**etwork
- Ursprünglich für den Automobilbereich von Intel und Bosch (1981) entwickelt. Zielsetzung: Gewichtsverringerung, vereinfachte Kabelführung, einfache Erweiterung
- Heute offenes System. Beispiele: Haushaltsgeräte, Textilmaschinen, Medizintechnik, Automatisierungstechnik, Automobilbereich.
- Durch hohe Stückzahlen sind Komponenten für die Busankopplung preisgünstig.

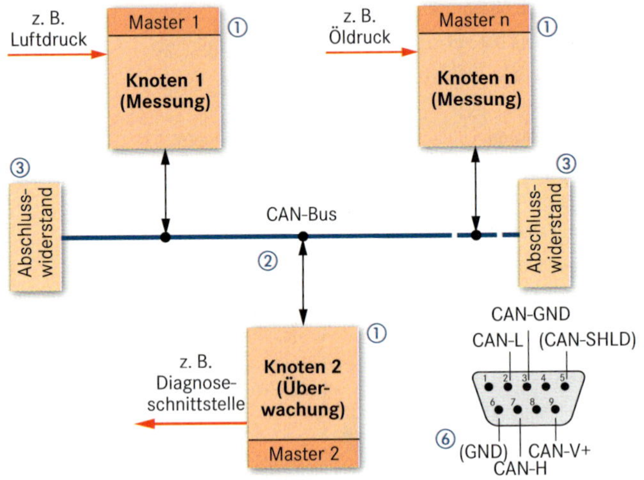

Merkmale

- **Multimaster-Betrieb**
  Jeder Teilnehmer (Knoten) ① kann über den seriellen Bus ② mit jedem Teilnehmer kommunizieren, 9-polige Sub-D-Steckverbinder ⑥.
- Die Ankopplung (Sende-/Empfangsstufe) an den Bus erfolgt durch CAN-Controller („intelligente" Ein-/Ausgabeeinheiten, Sensoren, Aktoren) ④.
- **Objektorientierte Adressierung:** Der Sender der Nachricht ordnet seiner Nachricht eine eindeutige Nachrichtennummer (**Identifier**) zu und sendet diese. Er legt also die Priorität seiner Nachricht fest. Aufgrund der Software entscheiden die Teilnehmer (Einzel- oder Mehrfachempfang), ob die Nachricht für sie bedeutsam ist.
- Busteilnehmer sind gleichberechtigt.
  Bus wird ständig überwacht, ob gleichzeitig gesendet wird (**CSMA/CD**-Verfahren, **C**arrier **S**ense **M**ultiple **A**ccess with **C**ollision **D**etection).
- **Datenkollision** wird durch rezessive (nachgebend „1") und dominante (überschreibend „0") Bits vermieden. Wenn zwei Teilnehmer gleichzeitig senden, dominiert derjenige, dessen Bitkombination in der ersten Stelle eine „0" aufweist (CSMA/**CA**; ... with **C**ollision **A**voidance).
- Topologie in Linienstruktur (Zweidrahtleitung, ungeschirmt bzw. geschirmt, LWL) mit Abschlusswiderständen (Bus-Termination) ③ bei Zweidrahtleitung.
- Die Teilnehmerzahl wird nur durch die Leistungsfähigkeit der angekoppelten Bausteine begrenzt.
- Passive Abschlüsse: CAN-High (CANH) und CAN-Low (CANL). Die Datenübertragung erfolgt durch Spannungsdifferenzsignale zwischen den Busleitungen (dadurch hohe Störsicherheit).
- Übertragungsraten:
  - 1 Mbit/s bei 40 m
  - 50 kbit/s bei 1 km
    (CAN High-Speed 125 kbit/s bis 1 Mbit/s; CAN Low-Speed bis 125 kbit/s)

Physikalische Bus-Ankopplung

Beispiel:

Bus Abschluss

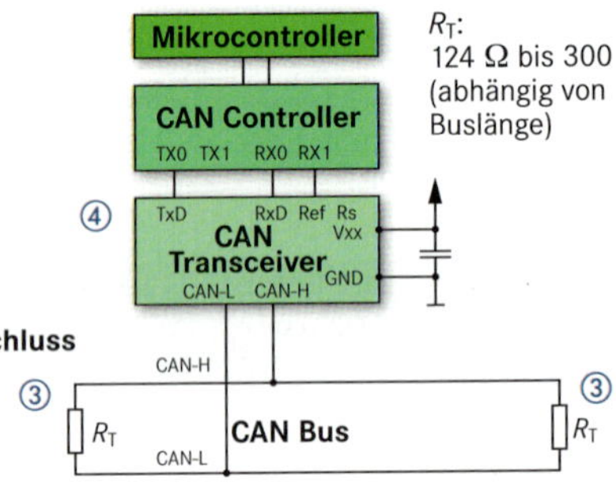

R_T: 124 Ω bis 300 Ω (abhängig von Buslänge)

Datenrahmen

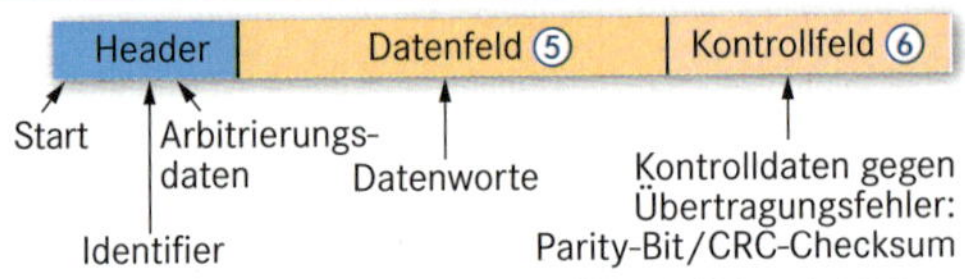

- Zwei Standards: CAN 2.0 A (Identifier 11 Bit) und 2.0 B (Identifier 29 Bit)
- Arbitration ist ein Zugangsverfahren, bei dem sich die Nutzer nach einer gegenseitigen Vereinbarung das Zugangsrecht übertragen.
- Datenwort ⑤: bis 64 Bit (8 Byte)
- Kontrollfeld: 27 Bit ⑥
- Es werden kurze Nachrichten von 110 Bit (CAN 2.0 A) gesendet, jedoch mit geringer Datenübertragungszeit (z. B. bei 40 m Buslänge und 1 Mbit/s und hochpriorer Nachricht 134 μs). Dadurch sind Echtzeit-Anwendungen möglich.
- Bitcodierung: NRZ-Verfahren (Non-Return-to-Zero, Buspegel bleibt konstant)
- OSI-Schichten 1, 2 und 7

Busstruktur

P-NET

- **Multimaster-Feldbus** für die Prozessautomation zur Vernetzung verteilter Prozesskomponenten (PCs, „intelligente“ Sensoren und Aktoren, Ein- und Ausgabemodule)
- 32 Master pro Bussegment
- Multinetfähiger Feldbus
- Antwortzeiten bis zu einigen Millisekunden
- Buslänge bis zu einem Kilometer

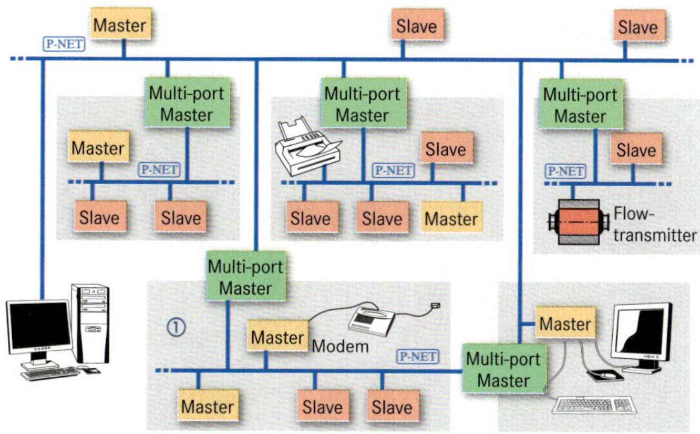

Merkmale

- Anwendungen:
  - Übertragung digitaler Prozessdaten (Messwerte, Statusinformationen, Grenzwerte, Fehlermeldungen, ...)
  - Datenerfassung
  - Konfiguration von Modulen, Sensoren
  - Download von Programmen
- Die Busstruktur besteht aus einzelnen Zellen ①, die bestimmten Abschnitten einer Anlage entsprechen. Zellen können ausfallen, ohne dass andere beeinflusst werden.
- Innerhalb jeder Zelle werden Daten erfasst und Regelungen vorgenommen (verteilte „Intelligenz“). Dadurch verringert sich der Datenaustausch mit „höheren“ Ebenen.
- Rechenleistung des gesamten Systems kann durch Hinzufügen zusätzlicher Master vergrößert werden.
- **Multi-Net-Struktur**:
  Direkte Adressierung zwischen verschiedenen Bussegmenten
- Hierarchische Strukturierung der Bussegmente ist nicht erforderlich.
- Daten können als komplette Prozesswerte (z. B. Temperatur, Druck, Stromstärke) oder als Blöcke (typisch 32 unabhängige binäre Signale) übertragen werden.
- Slaves können Daten verarbeiten und parallel Datenrahmen übertragen. Die Bearbeitung einer Anfrage wird vom Slave gestartet, sobald das erste Datenbyte empfangen wird.
- Slave muss auf eine Anfrage innerhalb von 390 µs antworten (dadurch keine Notwendigkeit für Mehrfachanfragen).
- Kommunikation: Master sendet Anfrage und adressierter Slave gibt Anwort sofort zurück. Anfragetypen: Lesen oder Schreiben
- Zugriffsberechtigung auf den Bus geschieht durch „virtuelles token passing“ (benötigt keine über den Bus zu versendende Nachricht). Jeder Master erhält eine Adresse (zwischen 1 und Gesamtzahl der vorhandenen Master). Wenn ein Master seinen Buszugriff beendet hat, wird der Token automatisch an den nächsten Master durch einen zyklischen und zeitbasierten Mechanismus weitergegeben. Komponenten – einschließlich der Master – können abgeschaltet werden, ohne dass das verbleibende Bussystem beeinflusst wird. Programmausführung kann innerhalb einer Zelle auf einen anderen Prozessor übertragen werden.
- Geschirmte Zweidrahtleitung
- RS485
- Buslänge von bis zu 1200 m ohne Repeater
- Asynchrone Daten im NRZ-Code
- OSI-Schichten 1, 2, 3, 4 und 7
- Datenrahmen ist auf 56 Bytes begrenzt. Wenn größere Datenmengen erforderlich sind, werden die Daten automatisch auf mehrere nachfolgende Übertragungen aufgeteilt.
- Datenrate bis zu 76,8 kbit/s

P-NET-Modul (Beispiel)

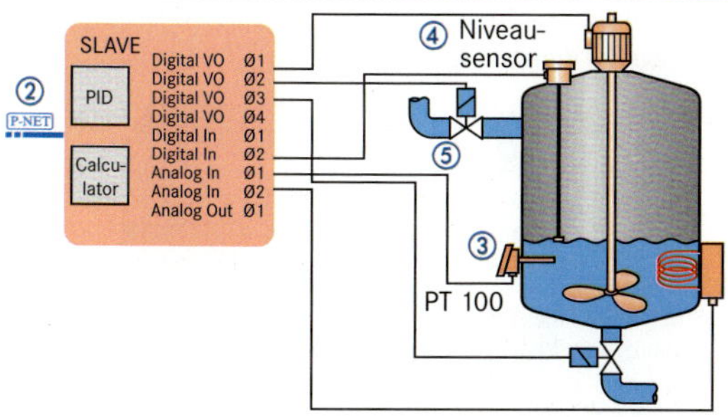

- Vom Master werden die Sollwerte für Temperatur und Füllstand über den Bus vorgegeben ②.
- Das Modul übernimmt folgende selbstständige Aufgaben:
  - Temperaturregelung ③
  - Füllstandsregelung ④
  - Steuerung des Befüllvorgangs ⑤

Busstruktur

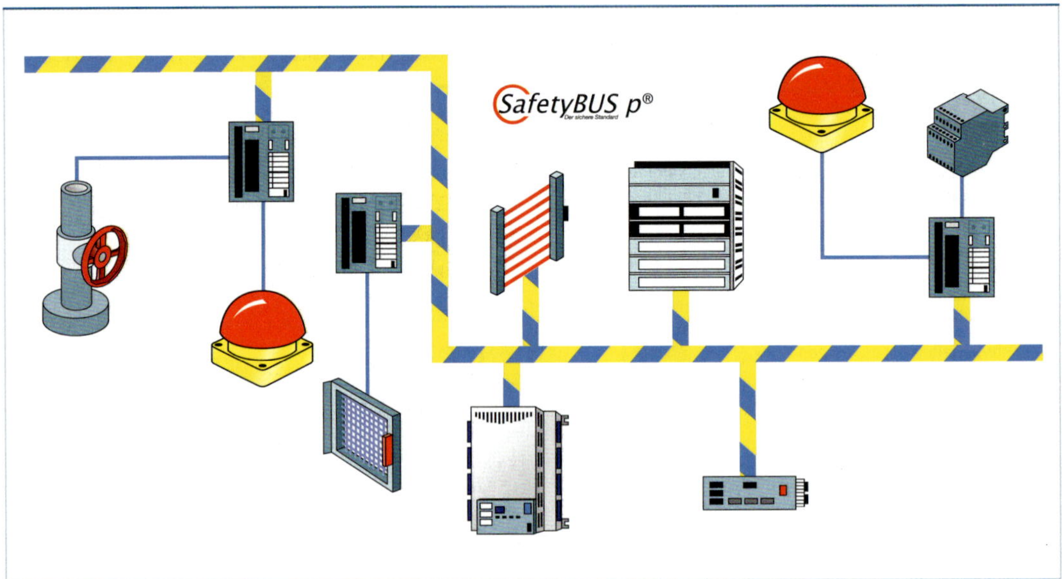

Merkmale

- Offenes und sicheres Bussystem entsprechend der Sicherheitskategorie 4 der EN 954-1 (ein Fehler darf nicht zum Verlust der Sicherheitsfunktion führen). Der SafetyBUS erfüllt SIL 3 der IEC 61508.
- Verwendbar für sicherheitsgerichtete Anwendungen
- Ereignisorientiertes Multi-Master System (Nachrichten werden nur gesendet, wenn sich ein Zustand geändert hat), basierend auf dem CAN-Bus. Die Kontaktbelegung der 9-poligen Sub-D-Steckverbinder entspricht dem CAN-Bus.
- Kurze Reaktionszeiten, bis zu 25 ms
- Datenübertragungsraten
  - Bei 100 m 500 kbit/s
  - Bei 3500 m 20 kbit/s
- Lineare Bustopologie, der Bus wird mit einem Widerstand abgeschlossen. Mit einem Router kann der Bus verlängert oder in logische Segmente aufgeteilt werden.
- Durch Netzstrukturelemente (Active Junction) können Stern- und Baumstrukturen aufgebaut werden (bis zu 64 Teilnehmer, in 32 Gruppen unterteilbar).
- Zusammenhängende Komponenten können als Gruppen konfiguriert und im Störfall abgeschaltet werden.
- Die Anbindung der Aktoren erfolgt zweikanalig. Die Busverbindung ist einkanalig und erfolgt über ein sicheres Telegramm. Die Auswertung in der Sicherheitssteuerung erfolgt zwei- oder dreikanalig.
- Prinzipien:
  - Die Dezentralisierung der Sicherheitssteuerung erfolgt über dezentrale Ein-/Ausgabeeinheiten.
  - Es wird eine Direktanbindung der sicherheitsgerichteten Sensoren und Aktoren an den Bus vorgenommen.
  - Es erfolgt eine sicherheitsgerichtete Kopplung mehrerer Sicherheitssteuerungen.

Leitungen

- Mehrfachgeschirmte Vierdrahtleitung (+ Schirmleitung)
  - Daten: braun und grün
  - Energie: rot (+) und schwarz (GND)
    30 m: max. 2,5 A; 100 m: max. 0,8 A

Beispiel:
High-Current-Ausführung
für feste Installationen
(z. B. Kabelkanal)

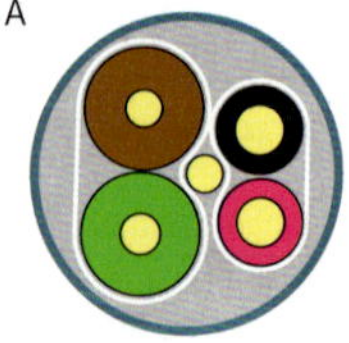

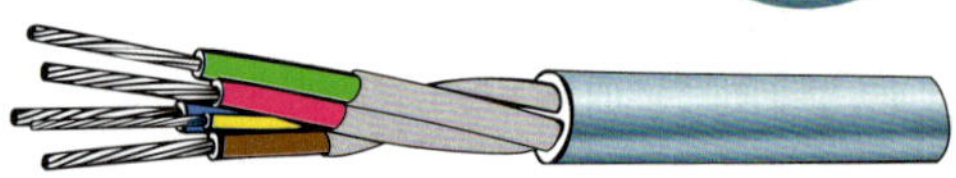

Busstecker (Beispiel)

Stecker zum Anschluss von SafetyBUS p-Teilnehmern an ein Buskabel aus Kupfer (9-poliger Sub-D-Steckverbinder)

Merkmale:
- Von außen zuschaltbarer Abschlusswiderstand (automatische Trennung des abgehenden Busstranges)
- Integrierte Zugentlastung
- Robustes Kunststoffgehäuse

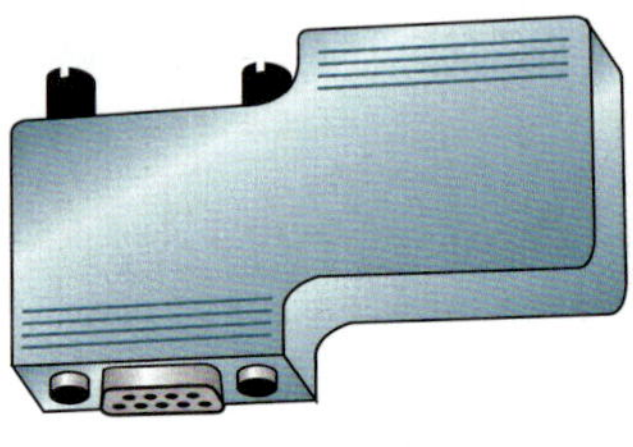

Merkmale

- Bei IO-Link handelt es sich um ein **standardisiertes Kommunikationssystem** zwischen Sensoren und Aktoren.
- Die Standardisierung umfasst die
  - elektrischen Anschlussdaten und das
  - Kommunikationsprotokoll.
- Die Intelligenz der Sensoren ist gekennzeichnet durch z. B. Seriennummern oder Parameterdaten (z. B. Empfindlichkeiten, Schaltverzögerung, Kennlinie).
- IO-Link lässt sich in gängige Feldbus- und Automatisierungssysteme integrieren.
- Ein IO-Link-System besteht aus einem Master ① und entsprechenden Sensoren ② und Aktoren.
- Der IO-Master ist die Schnittstelle zur übergeordneten Steuerungseinheit (z. B. SPS ③) und kann in die SPS integriert oder separat eingefügt sein ④. Der IO-Master ist verantwortlich für die Kommunikation mit den angeschlossenen Geräten.
- Der IO-Master besitzt einen oder mehrere Ports ⑤. An jedem Port kann ein IO-Link-Gerät angeschlossen werden. Dadurch kann zwischen der E/A-Baugruppe und seinem Sensor oder Aktor eine **Punkt-zu-Punkt-Verbindung** hergestellt werden. Es handelt sich dabei nicht um eine Busverdrahtung, sondern um eine **Parallelverdrahtung**.
- Durch einheitliche und ungeschirmte 3-Leiter-Verbindungen für Sensoren und Aktoren ist der Verdrahtungsaufwand gering.
- Steckverbinder und ihre Pinbelegung entsprechen Standardsensoren ⑥.
- Möglichkeiten/Vorteile durch IO-Link:
  - Zentrale Fehlerdiagnose und -ortung bis zur Sensor-/Aktorebene
  - Die Inbetriebnahme und Instandhaltung werden erleichtert, indem sich Parameter direkt aus der Applikation dynamisch ändern lassen.
  - Durch zentral verwaltete Daten und die Reproduzierbarkeit von Parametern ist eine schnellere Projektierung möglich.
  - Umrüst-/Stillstandszeiten lassen sich reduzieren.
  - Abwärtskompabilität mit Standard E/As ist gegeben.
  - Einfacher Austausch ohne zusätzliche Softwareänderung ist möglich.

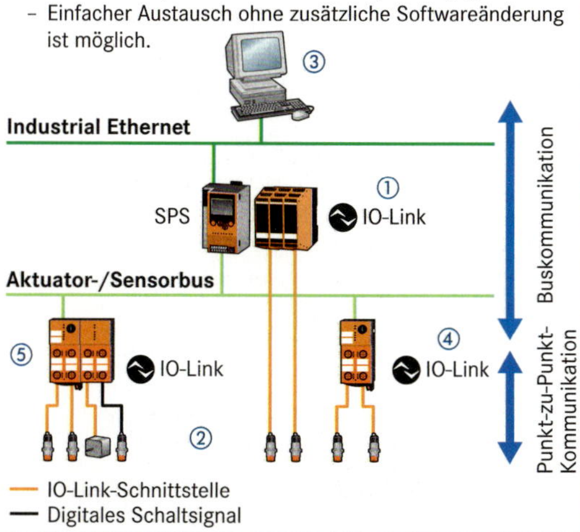

Anwendungsbeispiel IO-Link und E/A-Module

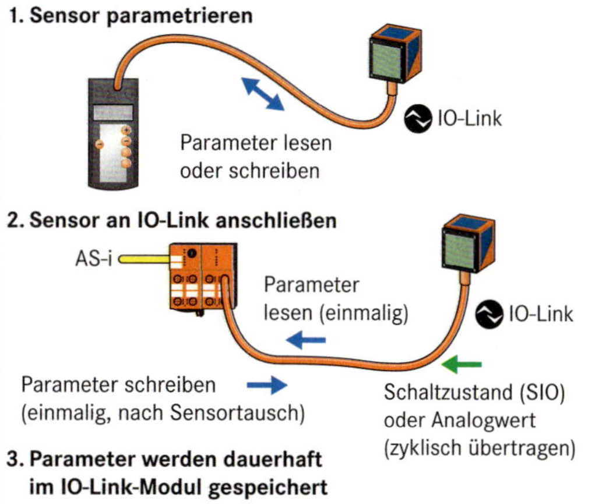

Betriebsarten der IO-Link-Schnittstelle

- Die Kommunikation erfolgt über Pin 4 ⑥ (M12-Stecker). Der Signalpegel liegt bei standardisierten 24 V DC. Über Pin 4 sind zwei Betriebsarten möglich, die sich beliebig kombinieren lasssen:
  - **SIO**-Modus (**S**tandard **IO** Modus) ⑦
    Damit lassen sich Schaltzustände realisieren.
  - **COM**-Modus ⑧
    Kommunikation der Prozessdaten, Geräteparameter mit drei unterschiedlichen Datenraten
- Kommunikationsbeispiel:
  - Ein optischer Entfernungssensor wird azyklisch und seriell mit Parameterdaten über den IO-Master versorgt.
  - Danach kann bei einer Objekterkennung der Sensor ein zyklisch binäres Signal liefern.

Betriebsarten	Datenaustausch	Nettodaten (typisch)	Übertragungszeit bei 38,4 kbit/s
SIO	zyklisch binär	1 Bit	< 0,1 s
Prozessdaten	zyklisch seriell	1 ... 32 Byte	2,3 ... 32 ms
Geräteparameter	azyklisch seriell	1 ... 32 Byte	2,3 ... 32 ms

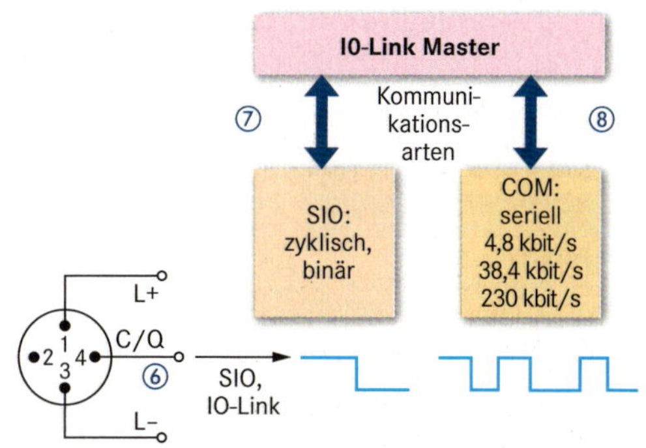

Eigenschaften

- Linien- oder Baumtopologie möglich
- Speisung der Feldgeräte über den Bus
- Einsatz in Ex-Bereich möglich (Eigensicherheit)
- Automationsaufgaben durch Feldgerät ausführbar
- An-/Abklemmen von Teilnehmern im Betrieb möglich

Kommunikationseigenschaften

- Multi-Master fähig
- Zeitliches Verhalten vorhersagbar (deterministisch)
- **DDT** (**D**istributed **D**ata **T**ransfer) verteilte Datenübertragung
- Datenrate 31,25 kbit/s
- Datenübertragung im Manchestercode

Zertifizierung

- Fieldbus Foundation ist eine unabhängige Organisation.
- Ziel ist die Entwicklung eines internationalen Einheitsfeldbus für Automatisierungssysteme.
- Zertifizierte Foundation-Fieldbus-Mitglieder dürfen ein Logo tragen.

FOUNDATION ™

Funktionsblöcke

Jedes Gerät enthält vorgegebene, standardisierte Funktionsblöcke.

Dies sind z. B.:

- Analogeingang, Digitaleingang (Sensoren)
- Analogausgang, Digitalausgang (Aktoren)
- PD-Regler, PID-Regler

Installation

Topologie

- Maximale Buslänge je Segment 1900 m
- Mit Repeater können max. fünf Bussegmente gekoppelt werden
- Maximal 32 Teilnehmer je Bussegment
- Im Ex-Bereich deutlich weniger als 32 Teilnehmer je Segment; Eigensicherheit muss im Einzelfall nachgewiesen werden
- Bussegmente immer beidseitig mit Busabschluss (Terminator) abschließen
- Stichleitungen möglichst über Verbindungsbaugruppen (Junction Box) anschließen
- Schirmung nicht zwingend erforderlich aber empfohlen
- Schirm einseitig erden

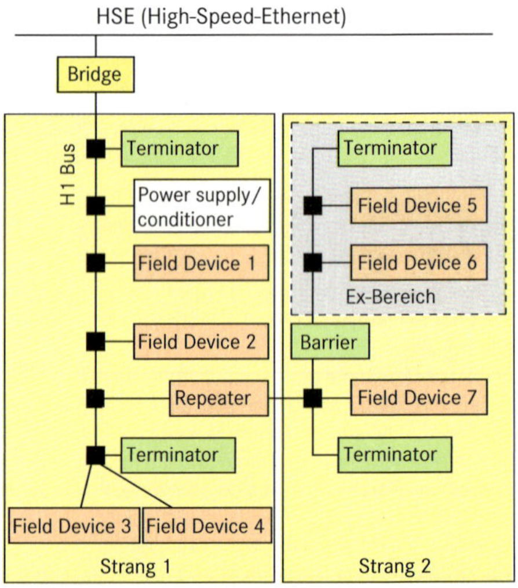

Maximale Stichlängen

Geräteanzahl	1 Gerät je Stichleitung	2 Geräte je Stichleitung	3 Geräte je Stichleitung	4 Geräte je Stichleitung
25–32	1 m	1 m	1 m	1 m
19–24	30 m	1 m	1 m	1 m
15–18	60 m	30 m	1 m	1 m
13–14	90 m	60 m	30 m	1 m
1–12	120 m	90 m	60 m	30 m

Busleitungen

	Typ A	Typ B	Typ C	Typ D
Kabelaufbau	verdrilltes Adernpaar, geschirmt	einzelne oder mehrere verdrillte Adernpaare, Gesamtschirm	mehrere verdrillte Adernpaare, nicht geschirmt	mehrere nicht verdrillte Leitungen, nicht geschirmt
Aderquerschnitt	0,8 mm^2 (AWG 18)	0,32 mm^2 (AWG 22)	0,13 mm^2 (AWG 26)	1,25 mm^2 (AWG 16)
Kabellänge inkl. Stichleitungen	1900 m	1200 m	400 m	200 m

Komponenten

Bridge	Verbindet den relativ langsamen H1-Bus mit übergeordnetem schnellen Bussystem
Power supply	Versorgung aller Busteilnehmer mit elektrischer Energie
Power conditioner	Begrenzung der eingespeisten Energie und Vermeidung von Signalverzerrungen durch Energiequelle.
Terminator	Busabschluss zur Vermeidung von Reflexionen
Repeater	Verbindung zwischen mehreren Bussegmenten
Barrier	Barriere zum Ex-Bereich; stellt Eigensicherheit sicher

Merkmale

- Der Standard TIA-EIA-485 (alte Bezeichnung: RS-485) definiert die **elektrischen Eigenschaften** einer Datenübertragungsschnittstelle (Sender, Empfänger, Leitung), die
  - leitungsgebunden,
  - digital (ohne Modulation) und
  - seriell

  arbeitet.
- Übertragungssignal: **differenzielles Signal** (invertiertes und nicht invertiertes Datensignal) über ein verdrilltes, geschirmtes **Aderpaar**.
- Die Signalamplitude beträgt +/- 200 mV bezogen auf die halbe Betriebsspannung.
- **Punkt-zu-Punkt**- und **Multipunktverbindungen** ist realisierbar.
- Multipunktverbindungen: mehrere Teilnehmer an die gemeinsame Verbindungsleitung angeschlossen.
- Halbduplexkommunikation erfordert ein Aderpaar.
- Vollduplexkommunikation benötigt zwei Aderpaare.
- Die Anzahl der gemeinsam an einem Verbindungskabel betreibbaren Transceiver (Transmitter/Receiver) ist abhängig von dem Eingangswiderstand (**Unit Load**) der einzelnen Transceiver.

Aufbaurichtlinie

- Bei Transceivern mit z. B. 1/8 Unit Load sind bis zu 256 Transceiver an einem Bus betreibbar.
- Die max. **Leitungslänge** ist auf 1200 m (max. 90 kbit/s) festgelegt.
- Als max. **Datenrate** sind 10 Mbit/s spezifiziert (Leitungslänge von max. 12 m)
- Der Aufbau des Verbindungsnetzes ist als Liniennetz vorzunehmen (kurze Stichleitungen zulässig).
- Als **Verbindungsleitung** ist eine verdrillte Bauform mit 120 Ω Leitungswellenwiderstand anzuwenden.
- Die Verbindungsleitung ist an beiden Enden mindestens mit je einem **passiven Abschlusswiderstand** (120 Ω) zu versehen, um Signalreflexionen zu vermeiden.
- Bei räumlich ausgedehnten Netzen sind die entsprechenden **Potenzialunterschiede** und **Spannungsfälle** zu berücksichtigen.
- Angewendet werden u. a. die Trennung über Optokoppler oder zusätzliche Masseverbindungen zum Potenzialausgleich (zusätzliche Ausgleichsverbindung).
- Repeater werden zur Reichweitenverlängerung eingesetzt.
- Der Standard spezifiziert **keine Festlegung** für die Art des Datenaustausches (Übertragungsprotokolle) und auch keine Belegung der Verbindungsstecker.
- Diese Informationen sind, sofern erforderlich, aus den einschlägigen Dokumenten zu entnehmen.

Halbduplex-Bus

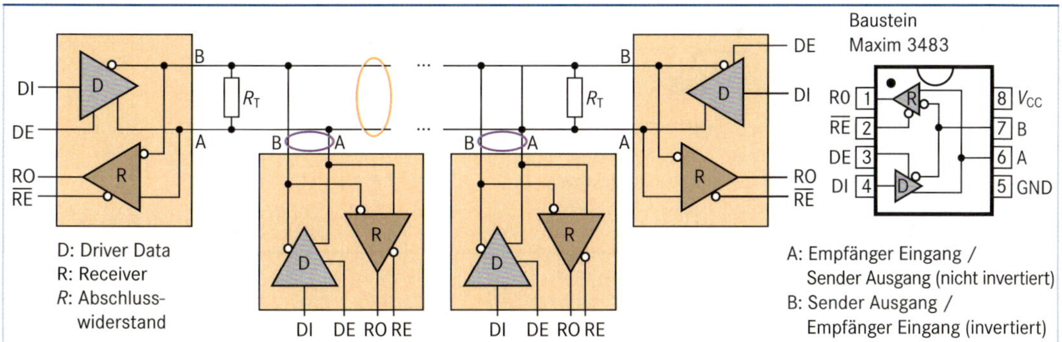

Vollduplex-Bus

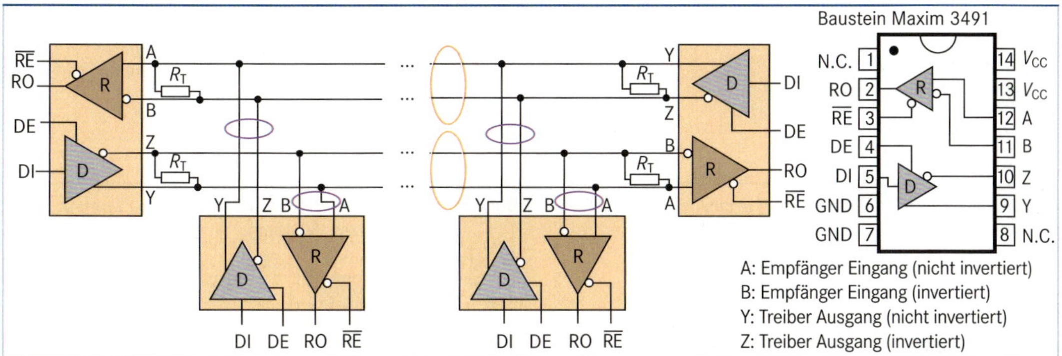

Hauptleitung (verdrillt und geschirmt)
Stichleitung (verdrillt und geschirmt)

GND: Ground (0 V)
V_{CC}: Versorgungsspannung
R_T: Abschlusswiderstand

DI (Driver Input): Dateneingang
DE (Driver Output Enable): Senderfreigabe
RO (Receiver Out): Datenausgang
RE/Receiver Output Enable: Empfangsfreigabe

Merkmale

- Messumformer wandeln die gemessene physikalische Größe (z. B. Temperatur) in ein elektrisch verarbeitbares Signal um. Sie gibt es in Hutschienenbauform und in **Kopfbauform**.
- Die Parametrierung der Kopfbauform erfolgt z. B. über das **HART**-Protokoll (**H**ighway **A**ddressable **R**emote **T**ransducer: Adressierbarer, ferngesteuerter Messumformer).
- Die Kommunikation basiert im einfachsten Fall auf dem Master-Slave-Prinzip.
- Die Daten werden in Form von Telegrammen als **frequenzmodulierte Signale** dem analogen Stromsignal rückwirkungsfrei überlagert.
- Als Master wirkt das Parametriergerät, das an die Ausgangsleitungen des Messumformers angeschlossen wird.
- Die Parametrierung kann auch im laufenden Betrieb (rückwirkungsfrei) erfolgen.
- Die Erweiterung des HART-Standards berücksichtigt **funkbasierende Systeme** (IEEE 802.15.4).

Beispiel: Kopfbauform
(Direkter Einbau in den Anschlusskopf des Messfühlers)

Messumformer

Messsonde

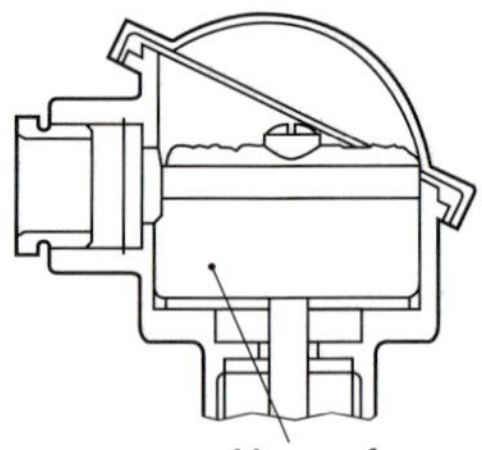

Anschluss

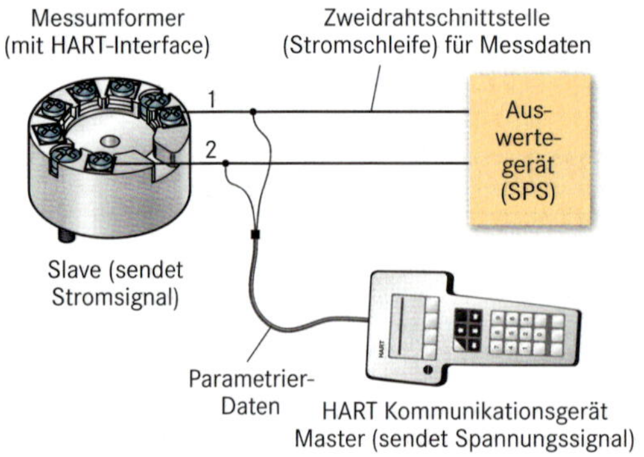

Signalüberlagerung

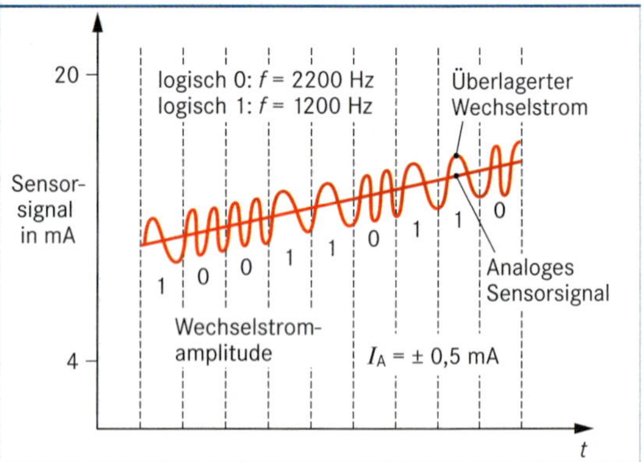

Protokoll

Architekturmodell

OSI-Modell	HART
Anwendungs-schicht	HART-Kommandos
⋮	⋮
Sicherungs-schicht	HART-Protokollregeln
Physikalische Schicht	Bell 202 (FSK)

Daten-Rahmenformat

PRÄ	S	A	E	K	B	STA	D	P

PRÄambel: Synchronisiert die Teilnehmer (0xFFH)
Start: Senderkennzeichen
Adresse: Adresse des Feldgerätes
Erweiterung: bei Bedarf
Kommando: Kommandoart
Byte-Zähler: Telegrammlänge
STAtus: Zustand (nur vom Slave)
Daten: Daten
Prüf: Prüfsumme mit Hamming-Distanz 4

Messtrenner

- **Messtrenner (Trennverstärker)** beinhalten eine galvanische Entkopplung zwischen dem Eingangskreis und dem Ausgangskreis ① des Messumformers.
- Sie sind verfügbar als **passive** (ohne) oder **aktive Trenner** (mit externer Energieversorgung).
- Sie werden eingesetzt in Anlagen mit weiträumiger Verteilung der Messstellen zur Potenzialtrennung.

Beispiel: Aktiver Trenner mit wahlweise Strom-/Spannungseingang (bzw. Ausgang)

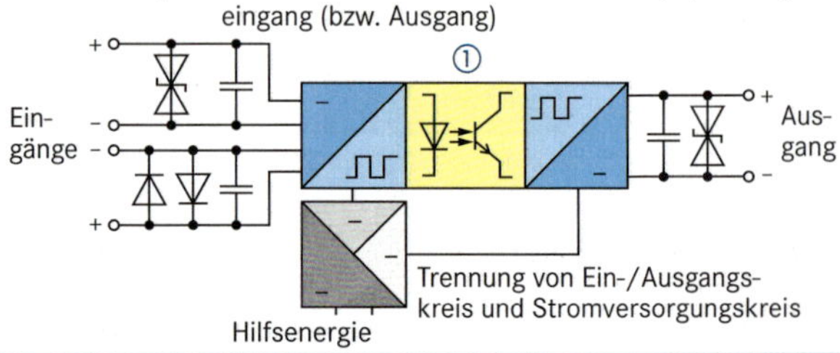

Beispielschaltung (Referenzkennzeichnung nach DIN EN 81346)

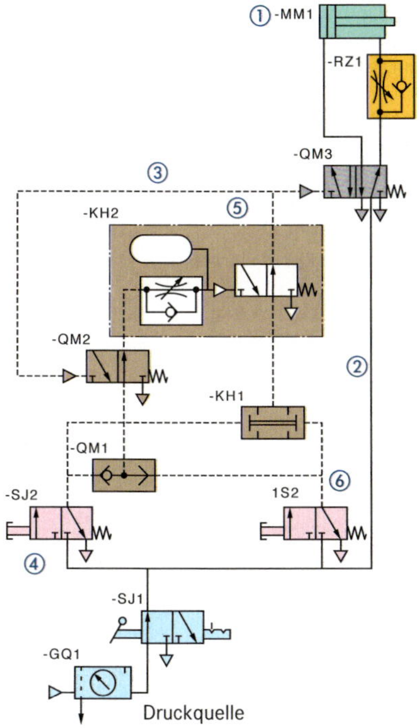

Signal-/ Energiefluss

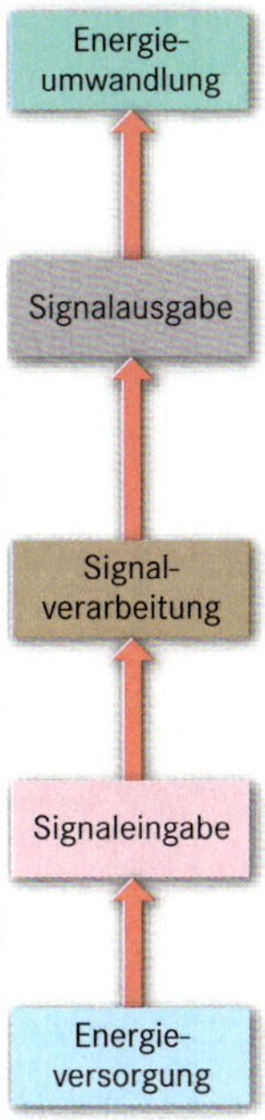

Beispiele:

Arbeitsglieder
- Zylinder
- Motoren

Stellglieder
- Wegeventile

Steuerglieder
- Wegeventile
- Wechselventile
- Zweidruckventile
- Druckventile
- Schrittschalter

Signalglieder
- Wegeventile mit Taster
- Sensoren
- Schalter
- Programmgeber

Versorgungsglieder
- Verdichter
- Druckluftspeicher

Darstellungsregeln für Pläne

- Signalfluss von unten nach oben
- Objekte (Zylinder, Ventile, ...) möglichst waagerecht von links nach rechts, von unten nach oben (entsprechend dem Signalfluss)
- Objekte in Ausgangsstellung (z. B. nach dem Einschalten der Anlage, Betätigung des Starttasters)
- Leitungen und Verbindungen möglichst kreuzungsfrei zeichnen.
- Energiequelle unten, links.
- Antriebe ① oben, von links nach rechts.
- Arbeits- und Anschlussleitungen als durchgezogene Linien ②
- Steuerleitungen als unterbrochene Linien ③
- Mechanische Verbindung als Doppellinie ④
- Baugruppen ggf. durch strichpunktierte Linien umgrenzen ⑤
- Punkte als Verbindung, Verzweigung ⑥

Referenzkennzeichnungen in pneumatischen Systemen (Gegenüberstellung)

DIN EN 81346-1, -2: 2010-05

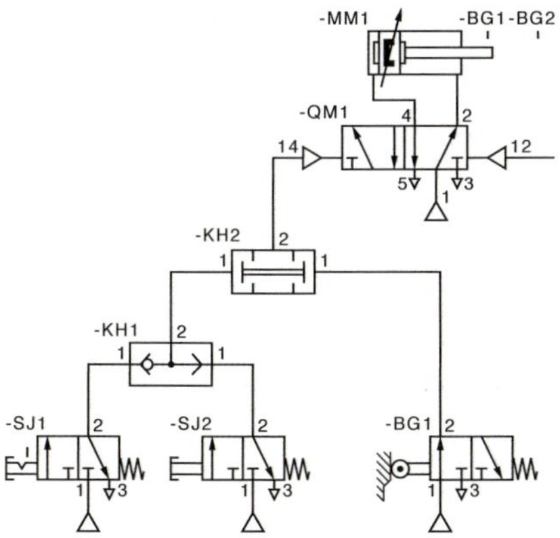

Verwendet werden einheitliche Kennzeichen in allen technischen Systemen mit vier Symbolen:

- **Vorzeichen**: (-) Produkt, (+) Einbauort, (=) Funktion
- **1. Kennbuchstabe** (Hauptklasse)
- **2. Kennbuchstabe** (Unterklasse), kann entfallen, wenn 1. Kennbuchstabe ausreicht.
- **Zählnummer** für gleichartige Bauteile, fortlaufende Nummerierung Beispiel: -SJ1, -SJ2, ...

Beispiele:

AZ: Wartungseinheit
BF: Durchflusssensor
BG: Endschalter
BP: Drucksensor
FC: Elektrische Sicherung
GP: Pumpe
GQ: Lüfter, Kompressor
KF: Hilfsschütz, Regler, Relais
KH: Fluidregler, Ventilblock, Signalverknüpfung
MA: Elektromotor
MB: Betätigungsspule
MM: Zylinder
QM: Wegeventil
RM: Rückschlagventil
RN: Drossel
RZ: Drosselrückschlagventil
SF: Taster
RZ: Handbetätigtes Ventil

ISO 1219-1: 2012-06; ISO 1219-2: 2012-09

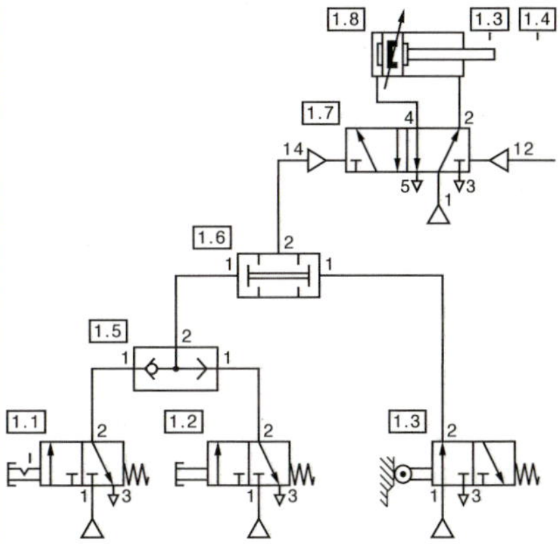

Verwendet wird folgender Bezeichnungsschlüssel: X-XX.X (umrahmt), Reihenfolge:

- **Anlagenbezeichnung** (kann entfallen, bei nur einer Anlage)
- **Medienschlüssel** (z. B. P: Pneumatik, kann bei eindeutigen Plänen entfallen)
- **Schaltkreisnummer** (beginnt bei 0 für die Versorgung, danach fortlaufend), jeder Schaltkreis besitzt eine eigene Nummer
- **Bauteilnummer**; Bauelemente mit gleicher Bauteil-Kennzeichnung werden fortlaufend von unten nach oben und von links nach rechts nummeriert.

Arten

- **Wegeventile**
  In Steuerungen verwendbar als
  - Stellglied
  - Verarbeitungsglied
  - Eingabeglied
- **Sperrventile**
  Zur Beeinflussung der Druckluftrichtung (z. B. Rückschlagventil, Wechselventil, Zweidruckventil)
- **Stromventile**
  Zur Beeinflussung der Durchflussmenge (z. B. Drosselventil)
  Häufig: Kombinationen aus Sperr- und Stromventilen
- **Druckventile**
  Einstellung und Regelung eines bestimmten Ausgangsdrucks

Schaltstellungen (DIN ISO 1219)

Jede Schaltstellung wird durch ein Quadrat dargestellt.	
Zwei Schaltstellungen	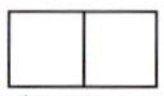
Drei Schaltstellungen	
Ruhestellung ① (unbetätigt), Ausgangsstellung: ohne Leitungsanschlüsse **Schaltstellung** ② (betätigt), Arbeitsstellung: mit Leitungsanschlüssen	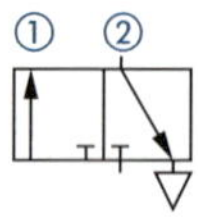

Strömungswege

Die Strömungswege der Druckluft werden in jedes Quadrat eingetragen. - geöffnet: Richtungspfeil ③ - gesperrt: Querstrich ④	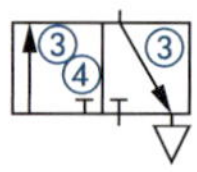

Anschlusskennzeichnung

Durch Ziffern oder Buchstaben **Beispiel:** Ruhestellung - Druckluft am Anschluss 1 - Entlüftung von 2 nach 3 Schaltstellung - Strömungsweg von 1 nach 2 geöffnet	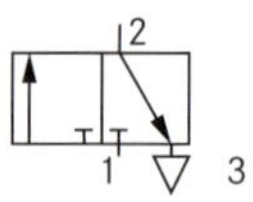

Arbeits- und Ausgleichsleitungen

1	P	Druckluftanschluss
2, 4	A, B	Arbeitsleitung
3, 5	R, S	Entlüftungsleitung

Steuerleitungen

10	Z	anliegendes Signal gesperrt, Durchgang von 1 nach 2
12	Y, Z	anliegendes Signal verbindet 1 mit 2
14	Z	anliegendes Signal verbindet 1 mit 4
81, 91	Pz	Hilfssteuerluft

Bezeichnung der Wegeventile

1. Anzahl der Anschlüsse
2. Anzahl der Schaltstellungen (durch Querstrich getrennt)

Beispiel: 3 Anschlüsse
2 Schaltstellungen

3/2 Wegeventil

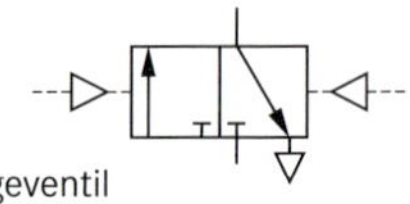

Sprechweise: Drei-Strich-Zwei Wegeventil

2/2 Wegeventil

Sperr-Ruhestellung

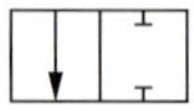

Durchfluss-Ruhestellung

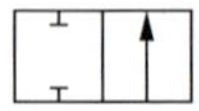

Im Gegensatz zum 3/2 Wegeventil ist hier keine Entlüftung vorgesehen. Häufige Bauform: Kugelsitzventil

3/2 Wegeventil

Sperr-Ruhestellung

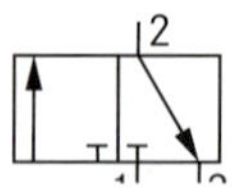

Durchfluss-Ruhestellung

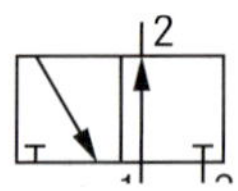

Signale können gesetzt und rückgesetzt werden.
Über Anschluss 3 erfolgt die Entlüftung.

Kugelsitzventil (Beispiel)

unbetätigt, Entlüftung

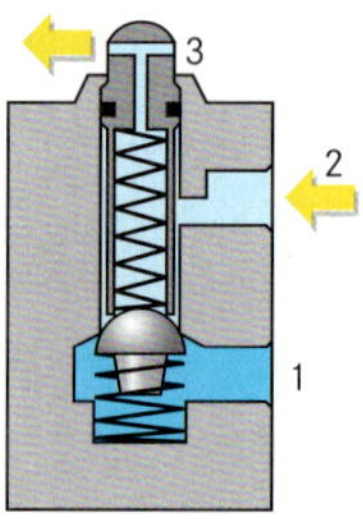

betätigt, Durchfluss

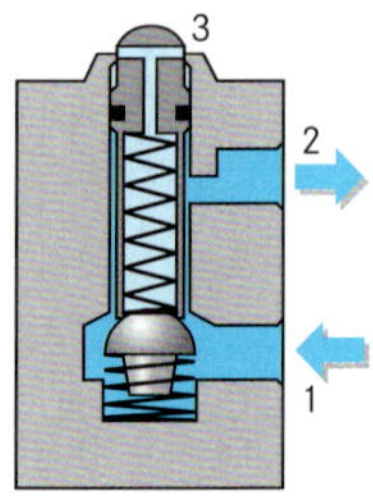

Tellersitzventil (Beispiel)

unbetätigt, Entlüftung

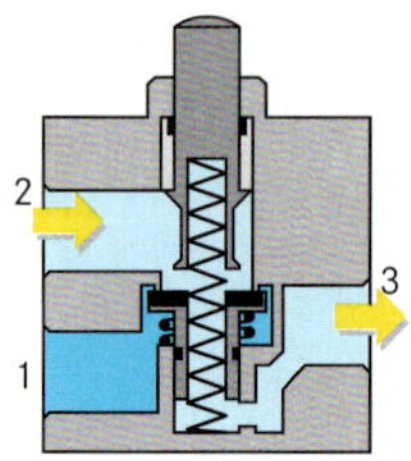

betätigt, Durchfluss

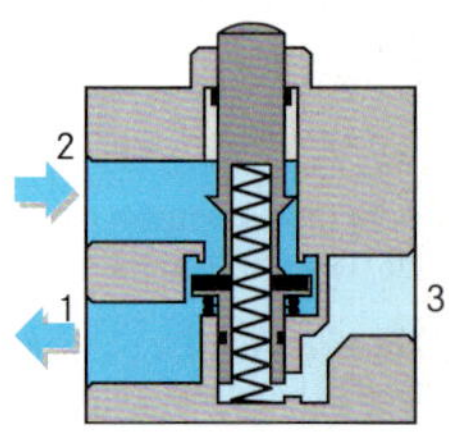

4/2 Wegeventil, in beide Richtungen

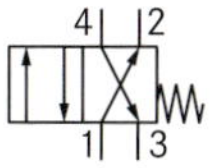

Durchfluss von 1 nach 2 und von 4 nach 3

- Ventil besitzt zwei Steuerkolben
- Das 4/2 Wegeventil erfüllt dieselbe Funktion wie eine Kombination aus zwei 3/2 Wegeventilen (ein Ventil in Sperr-Ruhestellung, das andere in Durchfluss-Ruhestellung).
- Einsatzgebiet: Doppeltwirkende Zylinder

Beispiel (Tellersitz):
unbetätigt betätigt

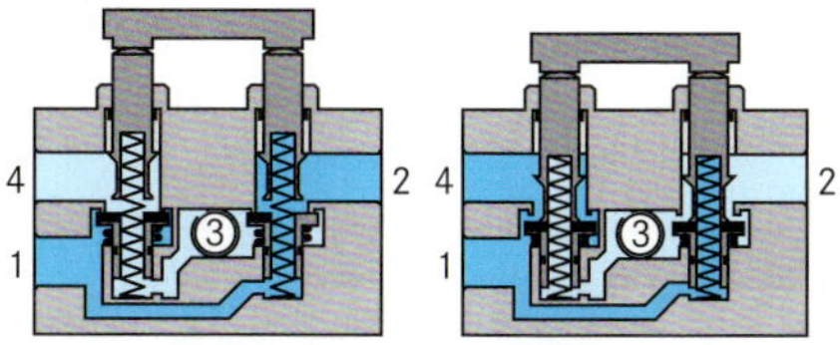

5/2 Wegeventil (Impulsventil)

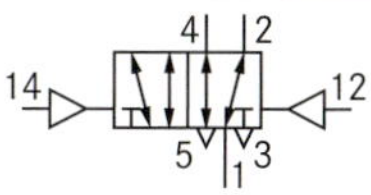

- Das Ventil besitzt speicherndes Verhalten.
- Die Umschaltung wird durch ein kurzes Signal an den Steueranschlüssen 12 (Durchfluss von 1 nach 2) bzw. 14 (Durchfluss von 1 nach 4) erreicht.
- Anwendung: Ansteuerung doppeltwirkender Zylinder

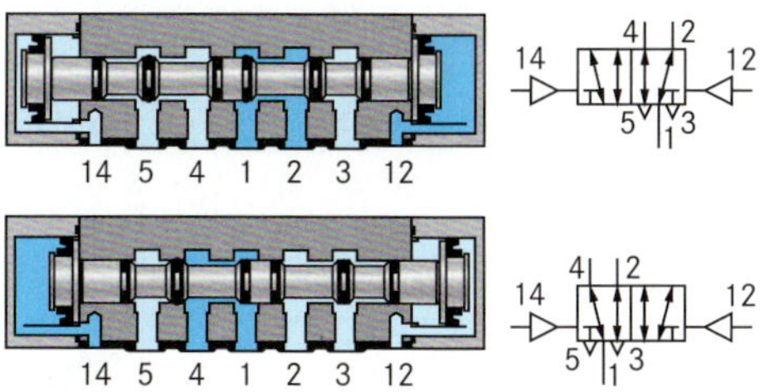

Bauformen von 3/2 und 5/2 Wegeventilen

Rückschlagventil

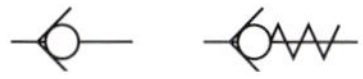

federbelastet

- Der Durchfluss ist nur in eine Richtung möglich, die andere Richtung ist gesperrt.
- Die Sperrung wird unwirksam, wenn die Kraft der Druckluft größer als die Vorspannkraft der Feder ist.
- Anwendung: Bei Druckausfall an Spannzylindern sorgen Rückschlagventile dafür, dass der Druck im Zylinder bestehen bleibt.

Schnellentlüftungsventil

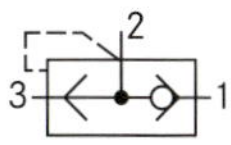

- Aufgabe:
  Schnelle Entlüftung von Leitungen und Baugliedern
- Installation direkt oder nahe am Arbeitsglied
- Vorteil:
  Durch schnellere Entlüftung erreicht man eine höhere Kolbengeschwindigkeit.

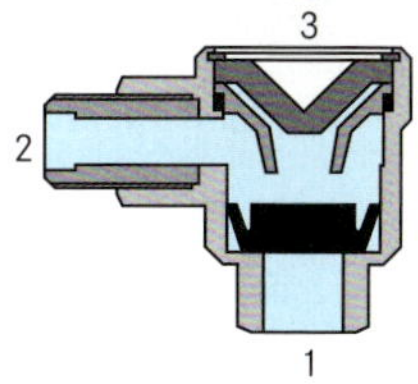

Drosselventil (Stromventil)

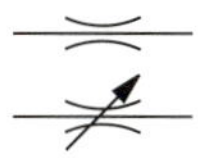

fest

einstellbar

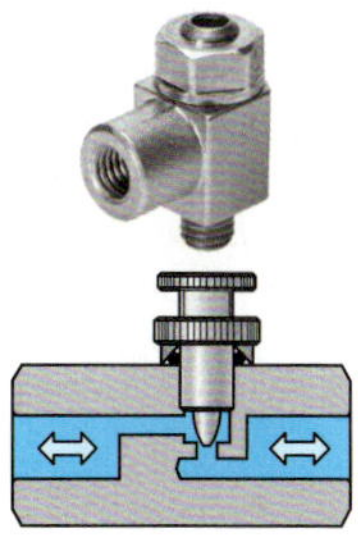

- Mit dem Drosselventil kann der Druckluftstrom beeinflusst werden.
- Drosselventile sollen nicht vollständig geschlossen werden.
- Anwendung: Zuluft- und Abluftdrosselung von Zylindern

Drosselrückschlagventil

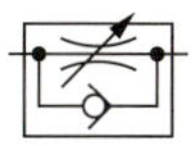

Kombination aus Drosselventil und Rückschlagventil

- Ungehinderter Durchfluss in eine Richtung, in Gegenrichtung kann die Druckluft nur durch den eingestellten Querschnitt fließen
- Installation direkt oder nahe am Zylinder
- Anwendung:
  Zuluft- und Abluftdrosselung von Zylindern, Signalverzögerung

Arbeitsglieder für

geradlinige Bewegung	Drehbewegung	Schwenkbewegung
Zylinder	Motoren	Schwenkantriebe

Einfachwirkender Zylinder

Bauformen:
- Kolbenzylinder
- Membranzylinder
- Rollenmembranzylinder

- Druckluft ① wirkt nur von einer Seite auf den Kolben.
- Arbeit wird nur in eine Richtung verrichtet.
- Der Rückhub erfolgt über die gespannte Feder ②.
- Die Ansteuerung erfolgt über 3/2 Wegeventile.

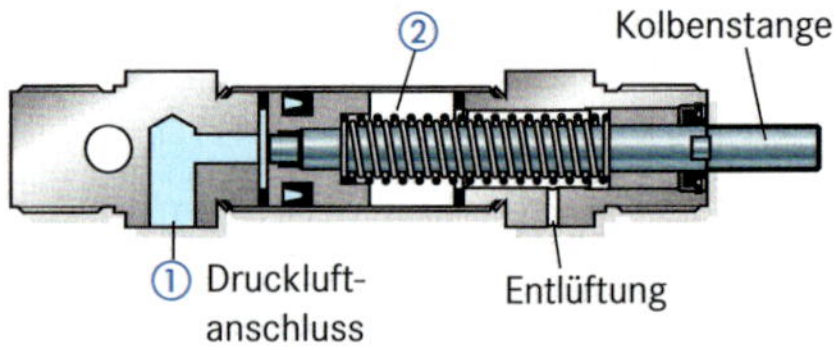

Doppeltwirkender Zylinder

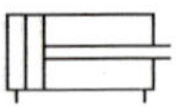

Bauformen:
- Kolbenzylinder
- Zylinder mit durchgehender Kolbenstange
- Tandemzylinder
- Mehrstellungszylinder

- Druckluft kann von beiden Seiten ① und ② auf den Kolben einwirken.
- Unterschiedliche Kräfte beim Ein- und Ausfahren, da ein Kolbenboden um die Fläche der Kolbenstange verringert ist.
- Dämpfer an den Endlagen verringern Stöße.
- Die Ansteuerung erfolgt über 5/2 bzw. 5/3 Wegeventile.

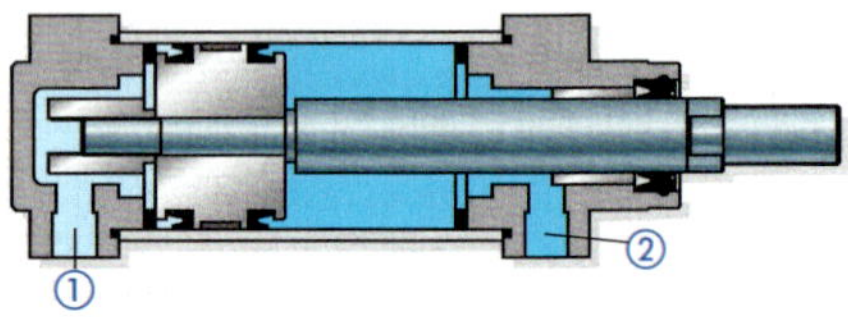

Zylinder mit einstellbaren Dämpfungen

einfach

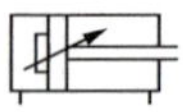

doppelt

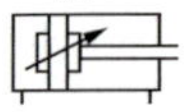

Drehzylinder

Drehmoment:
0,5 Nm bis 150 Nm
(bei 600 kPa)

- Ein Zahnrad ① wird durch das Zahnprofil ② des Kolbens angetrieben.
- Die lineare Bewegung des Kolbens wird in eine Drehbewegung (0° bis 360°) umgesetzt.

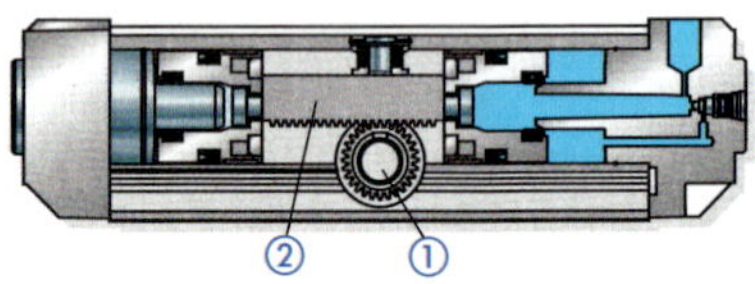

Schwenkantrieb

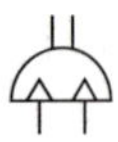

Drehmoment:
0,5 Nm bis 20 Nm
(bei 6 bar)

- Der Schwenkflügel ① wird durch Druckluft ② angetrieben.
- Die Drehbewegung wird direkt auf die Antriebswelle übertragen (0° bis 270°).

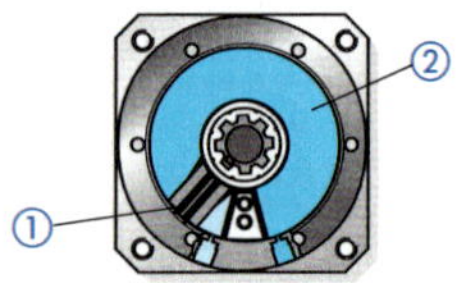

Bauformen (Beispiele)

Minizylinder:
Durchmesser 8 bis 25 mm, einfach- oder doppeltwirkend, runde oder ovale Ausführung, auch in Messing oder Edelstahl

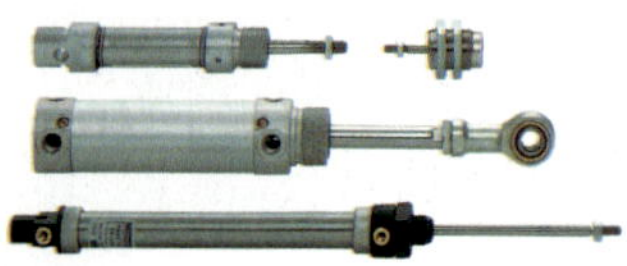

Profilzylinder:
Durchmesser 32 bis 200 mm, einfach- oder doppeltwirkend, auch mit Führung und Feststelleinheit

Kompaktzylinder:
Durchmesser 12 bis 100 mm, einfach- oder doppeltwirkend, Luftanschlüsse wahlweise vorne radial, hinten radial, hinten axial oder konventionell vorne und hinten

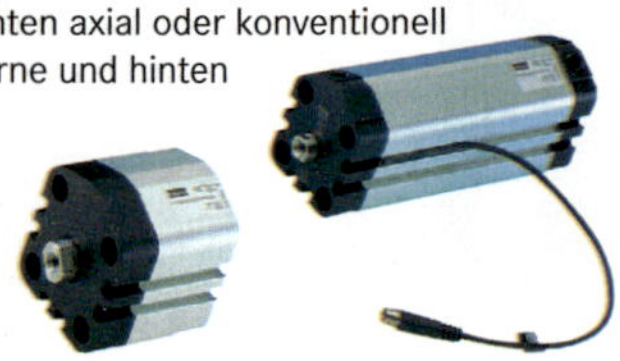

Begriff

In der Elektropneumatik kommt es zum Einsatz bzw. zur Kombination elektrischer und pneumatischer Bauglieder, Komponenten und Bauteile.

Aufgabenteilung (Beispiele):

elektrisch
Steuerung und Signalverarbeitung
- Schalter
- Sensoren
- Stellglieder
- Verknüpfungsglieder
- ...

→

pneumatisch
Ausgabe, Verrichtung von Arbeit
- Ventile
- Aktoren
- Zylinder
- Motoren
- ...

Schaltzeichen

Elektromagnetische Betätigung	Spulenkennzeichnung bei Ventilen
beidseitig	In elektrischen Schaltplänen
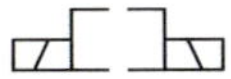	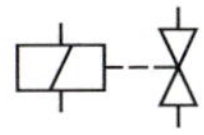
mit Federrückstellung	Y1, Y2, ...
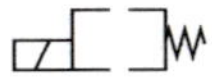	
mit Vorsteuerung	
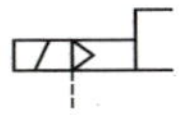	

Umwandlung eines pneumatischen Signals in ein elektrisches Signal (Umschalter)

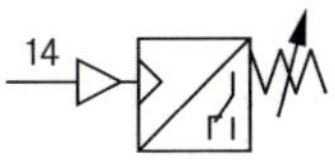

- Die Ausgabe des elektrischen Signals kann auch indirekt über z. B. Reed-Kontakte oder andere magnetische Schaltglieder erfolgen.

- Die elektrischen Kontakte arbeiten in diesem Fall als Umschalter (Wechsler).
- Die Druckluft des pneumatischen Steuersignals 14 drückt gegen die Membran ①.
- Bei genügend großem Druck wird die Federkraft überwunden und es kommt zu einer Umschaltung ②.

unbetätigt

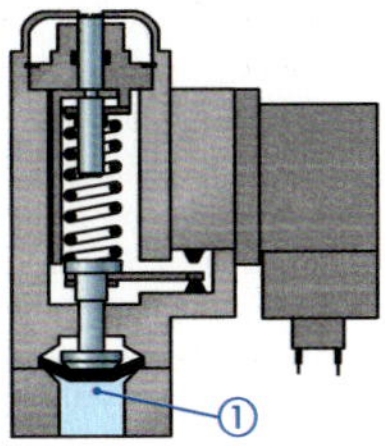

betätigt

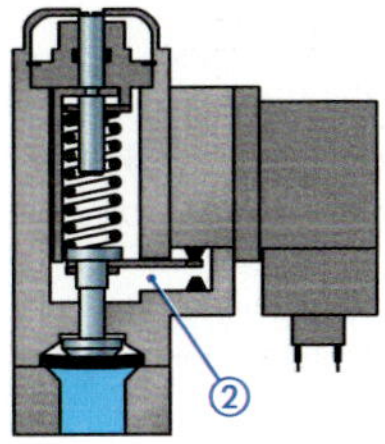

3/2 Magnetwegeventil, vorgesteuert

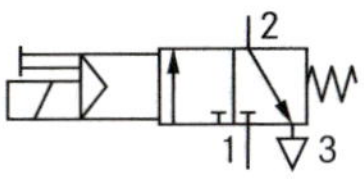

- Vorteile der Vorsteuerung: Geringerer Verbrauch an elektrischer Energie

- Ausgangsstellung: Durch die Spule ① fließt kein Strom. Das Ventil befindet sich in der Ruhestellung. Der Anschluss 2 ist nach 3 entlüftet.
- Strom fließt durch die Spule und das Vorsteuerventil ② wird betätigt. Der Vorsteuerkanal wird frei.
- Das Vorsteuerventil betätigt das Ventil ③, Druckluft strömt von 1 nach 2.

unbetätigt

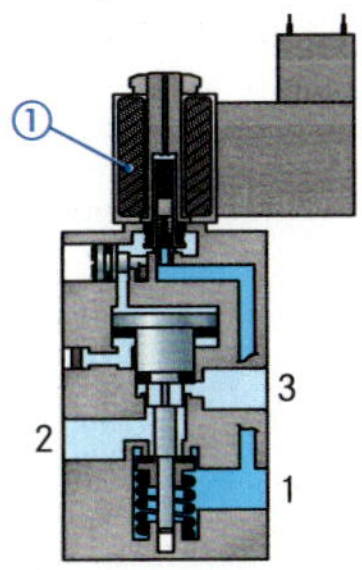

betätigt

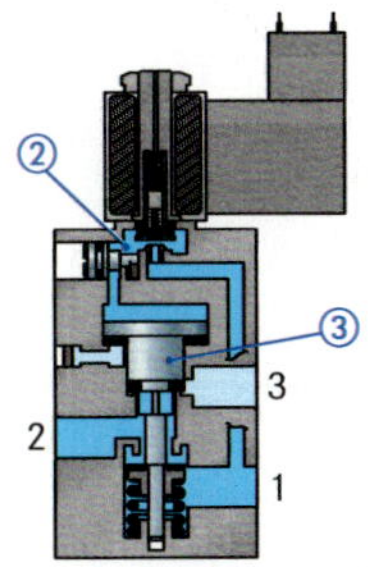

5/2 Magnetwegeventil, vorgesteuert, Handhilfsbetätigung

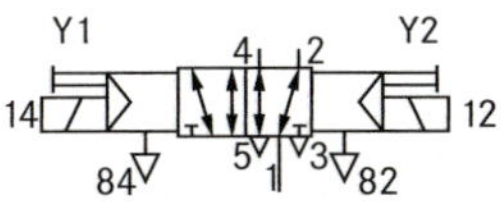

- Situation 1: Strom fließt durch Y1, Y2 ist stromlos
- 3 ist gesperrt, 4 wird nach 5 entlüftet
- Druckluft gelangt von 1 nach 2

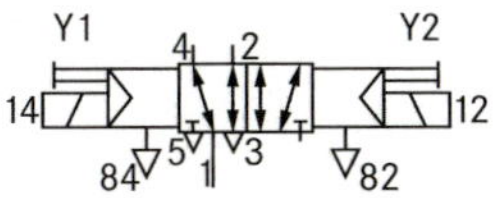

- Situation 2: Strom fließt durch Y2, Y1 ist stromlos
- 5 wird gesperrt, 2 wird nach 3 entlüftet
- Druckluft gelangt von 1 nach 4

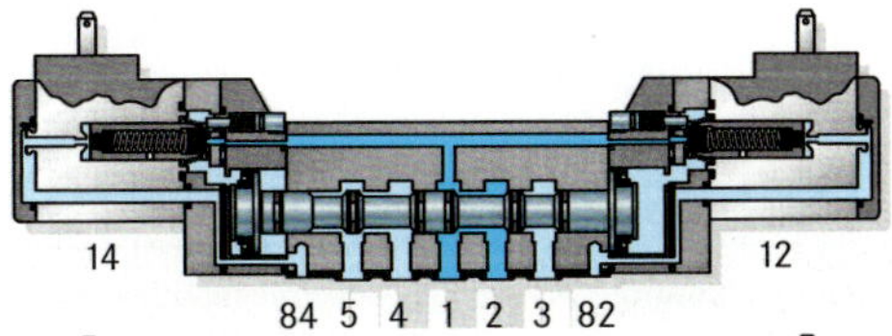

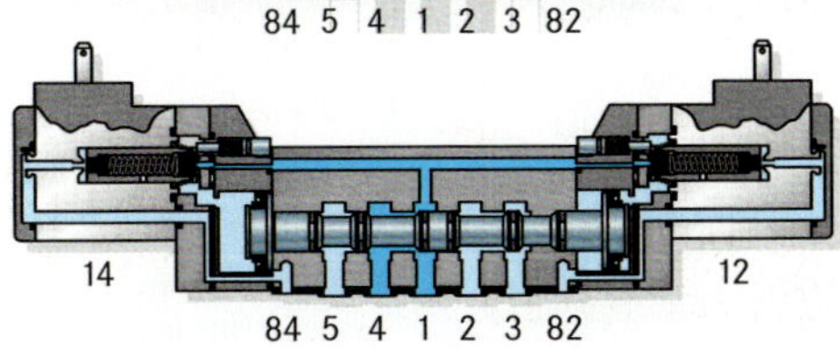

Merkmale

- Magnetventile sind elektrisch angesteuerte Ventile und bestehen bei einfacher Ausführung aus
  - einer Magnetspule,
  - einem beweglichen Spulenkern mit einer Dichtung und
  - einer Druckfeder.
- Bei **Gleichspannungsansteuerung** ist der Spulenstrom begrenzt durch den Wirkwiderstand der Spule.
- Das Anzugsverhalten wird bestimmt durch die Zeitkonstante $\tau = L/R$.
- Bei **Wechselspannungsansteuerung** ist der Spulenstrom durch die Spulenimpedanz festgelegt und erzeugt im Einschaltmoment einen höheren Anzugstrom (Vorteil: schnelle Ventilöffnung).
- Ein eingebauter **Kurzschlussring** verhindert bei Wechselspannungsansteuerung eine pulsierende Bewegung des Spulenkerns aufgrund der Netzfrequenz (Verschleißreduzierung).
- Nachteilig bei Wechselspannungsansteuerung sind
  - die elektrischen **Wechselstromverluste** und
  - die Bereitstellung einer geeigneten Wechselspannung (Kleinspannung durch Transformator oder isolierte Netzspannung [Schutztrennung]).
- Zur Vermeidung von Abschaltspitzen (Störstrahlung) ist eine geeignete **Schutzbeschaltung** direkt an der Spule erforderlich.

Beispiel: Direkt-wirkendes Magnetventil
Ventil geöffnet (Spule angesteuert, Kern angezogen)

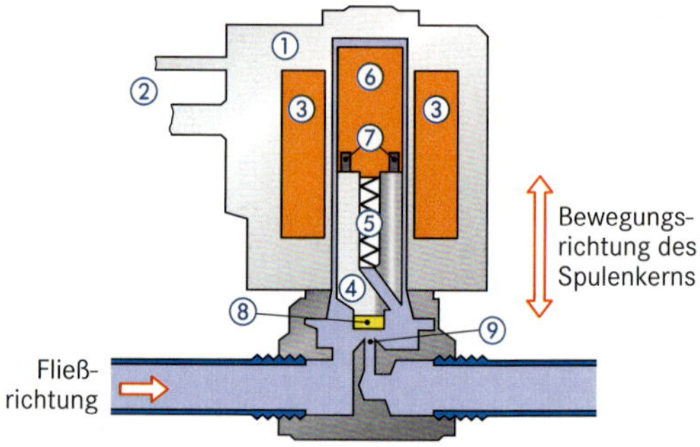

① Ventilgehäuse
② Zuführung elektrische Anschlüsse
③ Magnetspule
④ Spulenkern
⑤ Druckfeder
⑥ Anschlagbegrenzer
⑦ Kurzschlussring
⑧ Ventildichtung
⑨ Ventilöffnung/Ventilsitz

Schaltverhalten

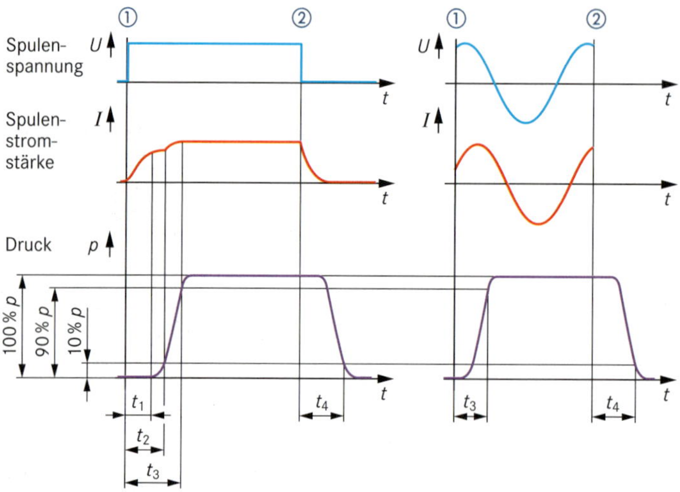

①: Ansteuersignal eingeschaltet

②: Ansteuersignal ausgeschaltet

t_1: Zeit der Selbstinduktion der Spule; nach t_1 Bewegungsbeginn des Spulenkerns

t_2: Bewegungsende des Spulenkerns

t_3: Durchflussmedium-Ansprechzeit nach Steuersignaleinschaltung

t_4: Durchflussmedium-Ansprechzeit nach Steuersignalausschaltung

$$\text{Schaltspiele pro Minute} = \frac{60}{t_3 + t_4}\ \text{s}$$

t_3 und t_4 in s

Schutzbeschaltung

Diodenbeschaltung

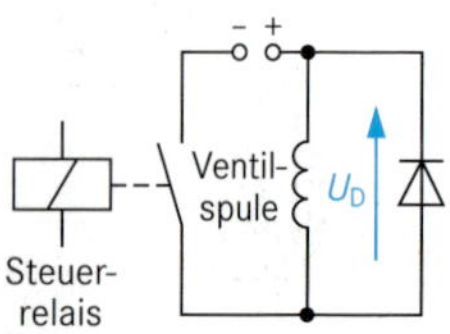

- Zusätzliche Abfallverzögerung hoch
- Induktionsspannungsbegrenzung auf U_D
- Kostengünstig, einfach
- **Nicht geeignet** für Wechselspannung

Varistorbeschaltung

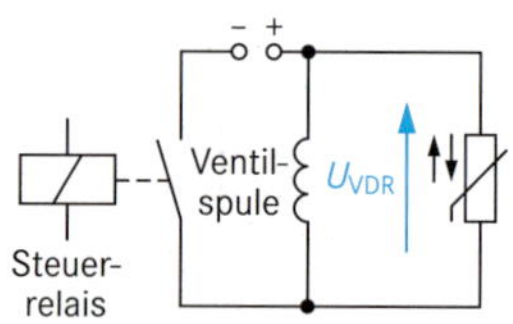

- Zusätzliche Abfallverzögerung mittel bis gering
- Induktionsspannungsbegrenzung auf U_{VDR}
- Hohe Energieabsorption
- **Geeignet** für Wechselspannung

Ausgangsstellung

Wenn in einem Pneumatikplan ein Ventil in der Ausgangsstellung betätigt ist, wird dieses durch die Darstellung eines Schaltnockens verdeutlicht.

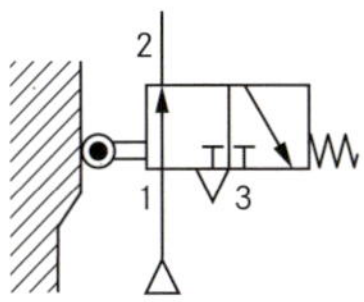

Energieversorgung

Die Energieversorgung ist in den nachfolgenden Schaltungen nicht mitgezeichnet worden.
- Energiequelle ①
- Einschaltventil ②

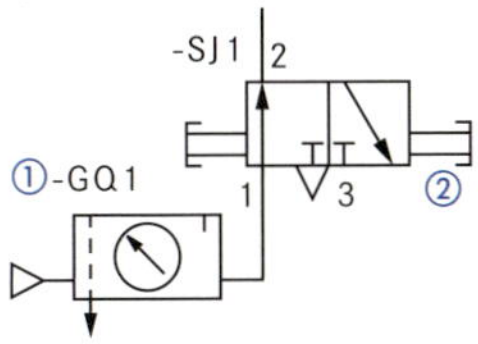

Direkte Ansteuerung

Einfachwirkender Zylinder

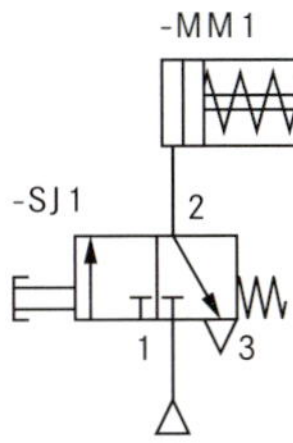

Doppeltwirkender Zylinder

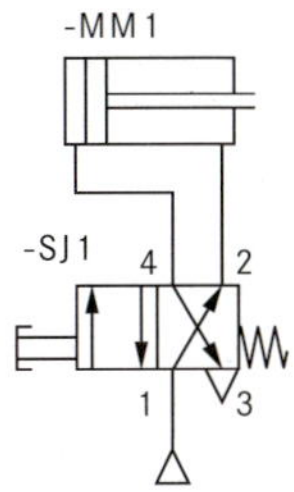

Indirekte Ansteuerung

Einfachwirkender Zylinder

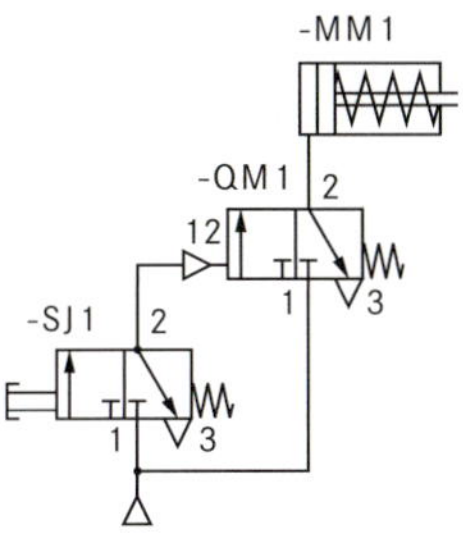

Doppeltwirkender Zylinder

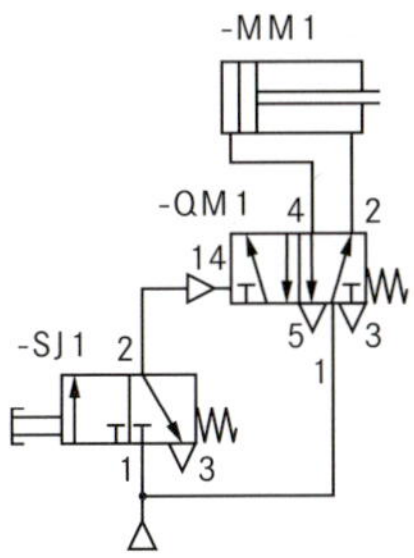

Zwei Eingabeglieder

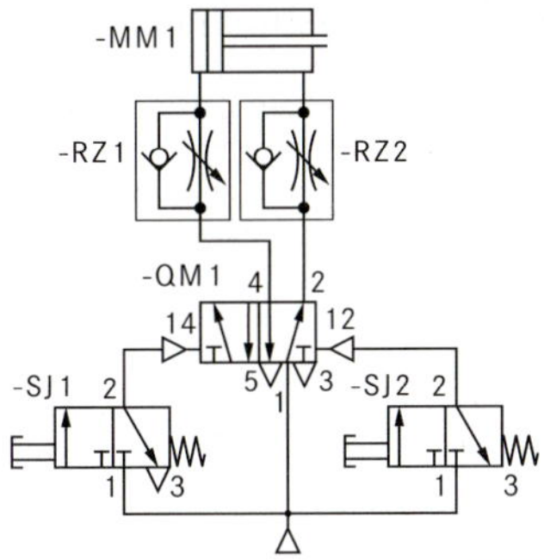

UND-Funktion

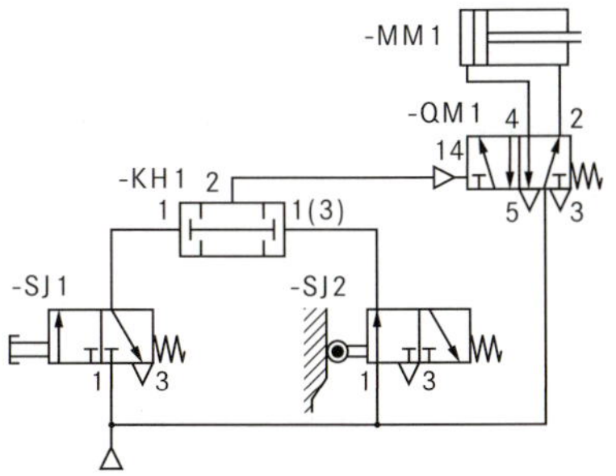

ODER-Funktion

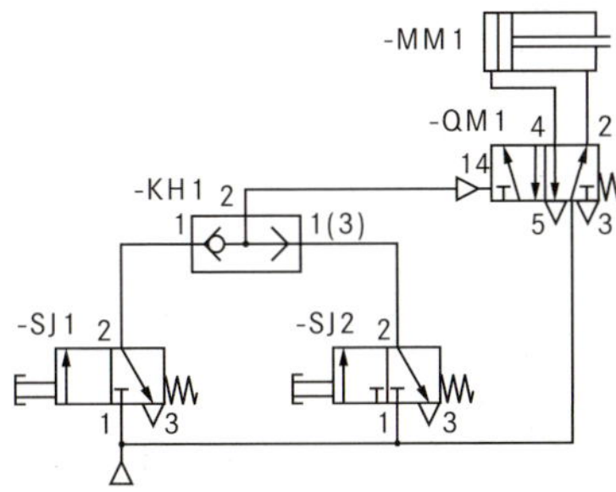

Luftdrosselung bei doppeltwirkendem Zylinder

Zuluft

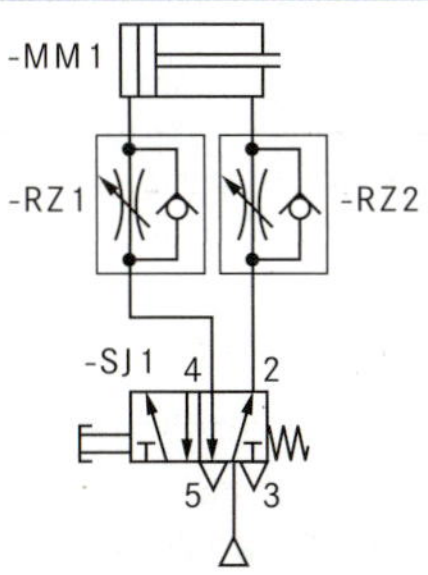

Abluft

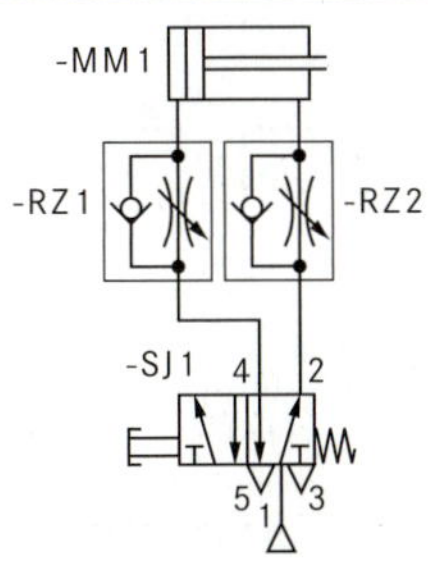

Schnellentlüftung

Einfachwirkender Zylinder

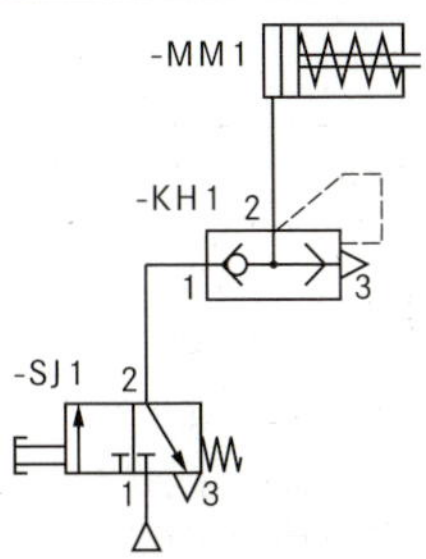

Doppeltwirkender Zylinder

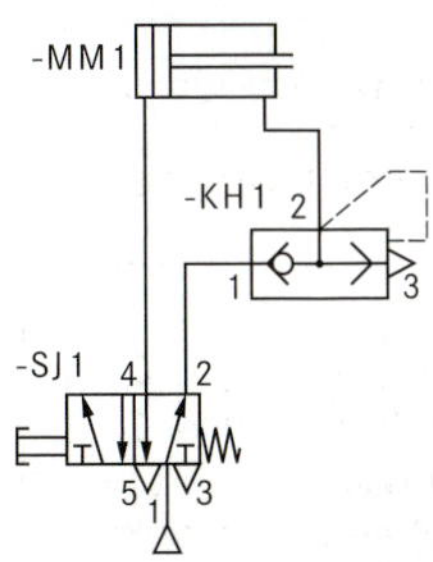

Drei Eingabeglieder

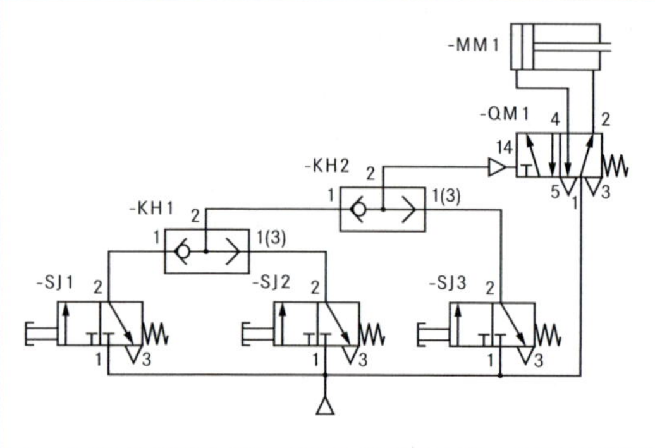

Druckabhängige Steuerung

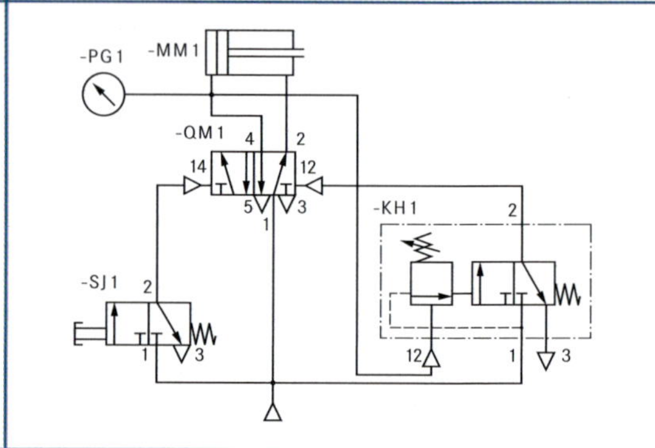

Anzugsverzögerung mit 3/2 Wegeventil

Sperrnullstellung

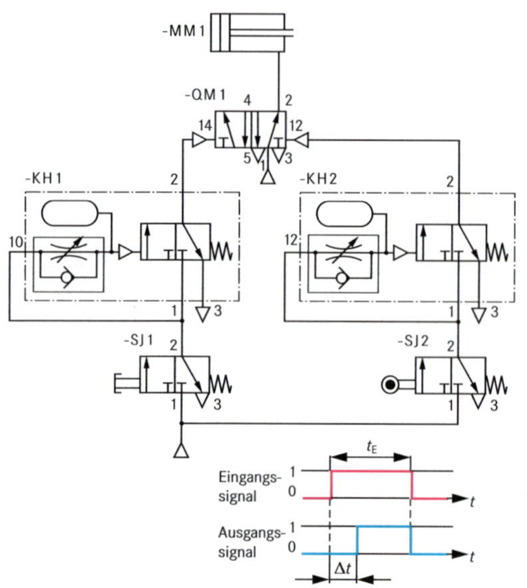

t_E: Eingangsimpulszeit
Δt: Verzögerungszeit

Durchflussnullstellung

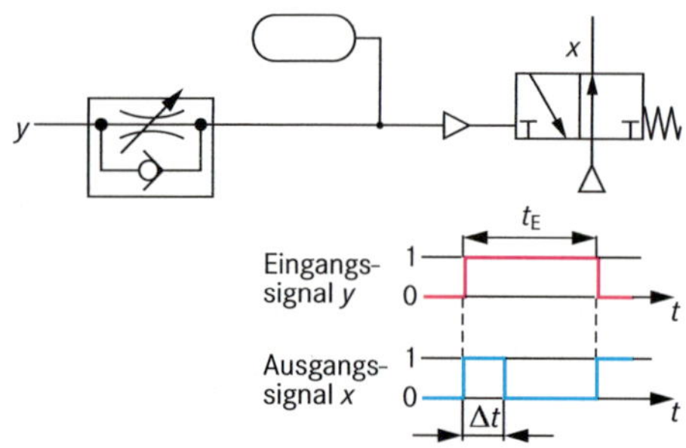

t_E: Eingangsimpulszeit
Δt: Verzögerungszeit

Abfallverzögerung mit 3/2 Wegeventil

Durchflussnullstellung

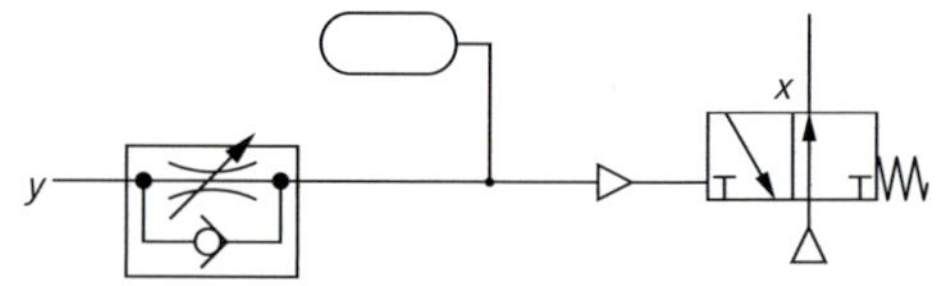

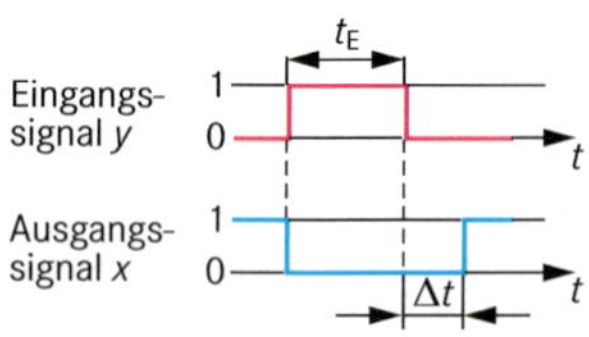

t_E: Eingangsimpulszeit
Δt: Verzögerungszeit

Anzugs- und Abfallverzögerung mit 3/2 Wegeventil

Sperrnullstellung

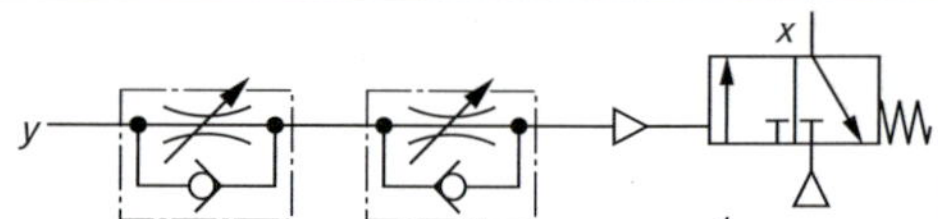

Δt_1, Δt_2 :
Verzögerungszeiten der Drosselrückschlagventile
t_E: Eingangsimpulszeit
t_A: Ausgangsimpulszeit

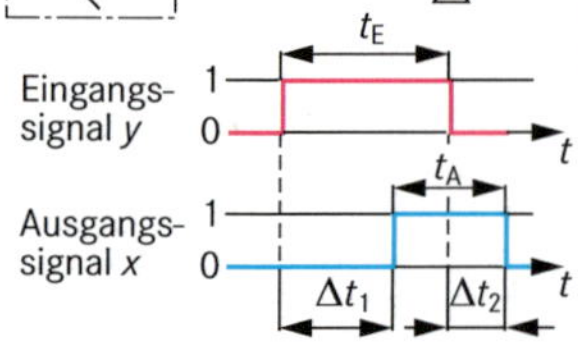

Durchflussnullstellung

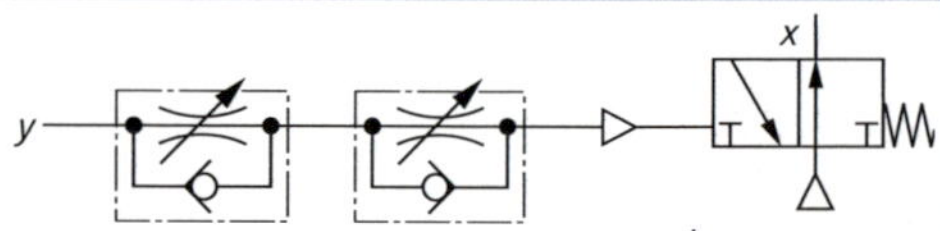

Δt_1, Δt_2:
Verzögerungszeiten der Drosselrückschlagventile
t_E: Eingangsimpulszeit
t_A: Ausgangsimpulszeit

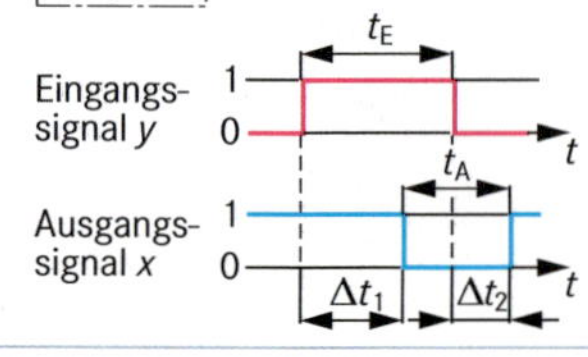

Offenes System

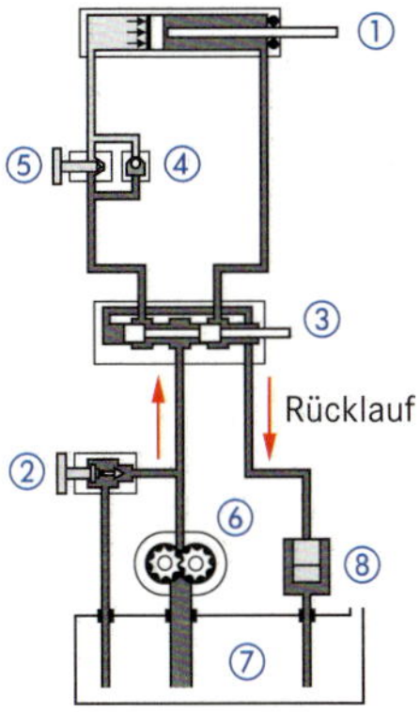

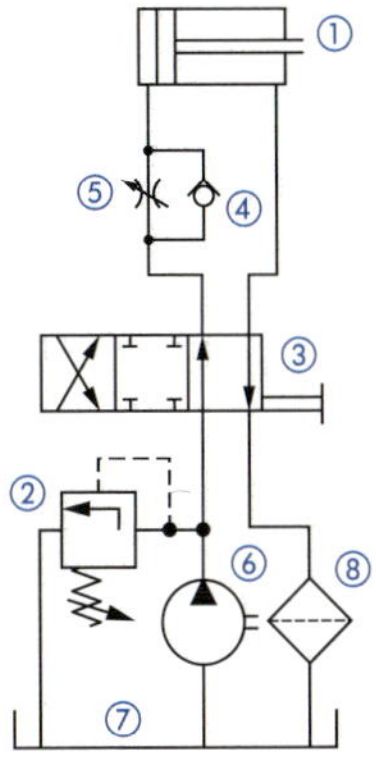

Energieabgabe
- Zylinder ①

Energiesteuerung
- Druckbegrenzungsventil ②
- 4/3 Wegeventil ③
- Rückschlagventil ④
- Drosselventil ⑤

Energieumwandlung
- Hydropumpe ⑥

Öl-Aufbereitung
- Tank ⑦
- Filter ⑧

Geschlossenes System

Anwendung:
- Systeme mit hydraulischen Motoren
- Volumenstrom kann in diesem System rasch umgesteuert werden

Grundsätzliche Arbeitsweise:
- Mit einer Pumpe wird das Öl in einem Kreislauf transportiert und damit ein Motor angetrieben.
- Der Ölbehälter dient lediglich zur Auffüllung der Anlage und zum Ausgleich von Ölverlusten.
- Druckbegrenzungsventile sorgen für einen konstanten Druck.
- Rückschlagventile beeinflussen die Fließrichtung.

Anschlussbezeichnungen in hydraulischen Plänen

P: Druckanschluss
T: Rücklaufanschluss
A, B: Arbeitsanschlüsse
L: Lecköl

Hydraulikaggregat

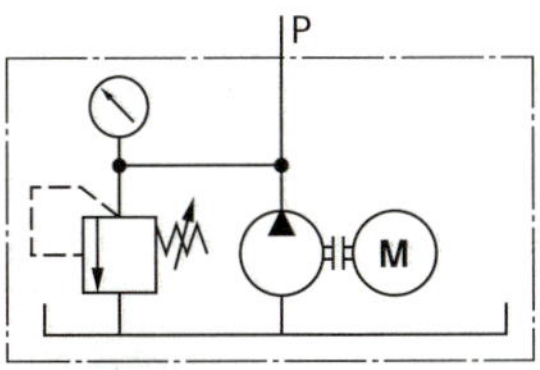

Bestandteile:
- Antriebsmotor
- Hydraulikpumpe mit Ansaugfilter
- Druckbegrenzungsventil (Sicherheit)
- Öltank

Hydrospeicher

Anwendungen:
- Energiespeicherung zur Einsparung von Pumpen-Antriebsleistung
- Energiereserve bei Notfällen
- Ausgleich von Leckverlusten
- Stoß- und Schwingungsdämpfung
- Schockabsorption

Wirkungsweise:
- Beim Anstieg des Flüssigkeitsdrucks wird Gas verdichtet.
- Beim Absinken des Drucks expandiert das verdichtete Gas und verdrängt die gespeicherte Flüssigkeit in den Hydraulikkreislauf.

Bauformen:
- Membran- und Blasenspeicher

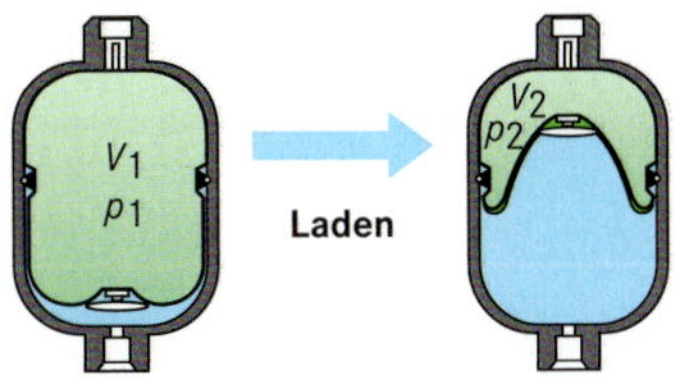

Sicherheitsmaßnahmen bei Eingriffen in hydraulische Systeme

1. Motor und Pumpen ausschalten
2. Speicher entlasten
3. Last absenken
4. Druck überprüfen

Kennzeichen des Regelns

- Fortlaufende Erfassung der zu regelnden Größe
- Vergleichen der Regelgröße mit der Führungsgröße
- Angleichen der Regelgröße an die Führungsgröße
- Geschlossener Wirkungsablauf (Regelkreis)

Elemente der Regelungstechnik

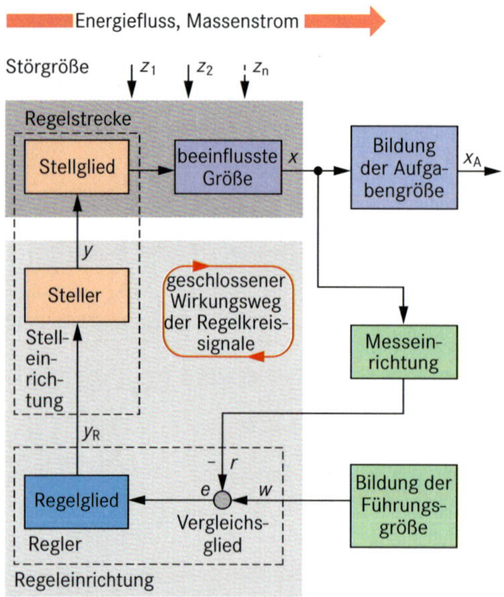

Beispiel: Drehzahlregelung

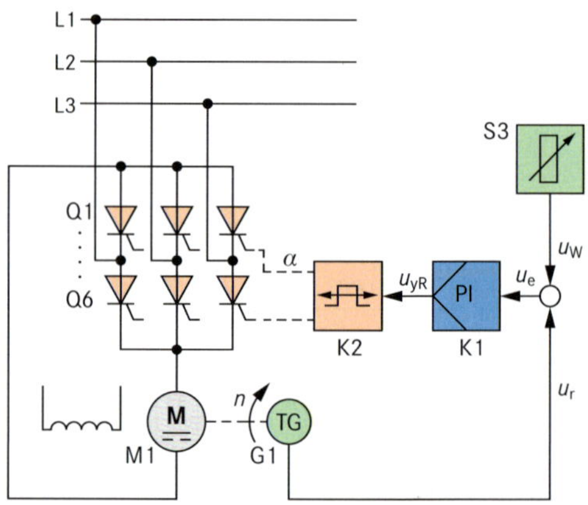

Bezeichnung	Erklärung	Beispiel
Regelstrecke	Sie ist Teil des Systems oder Wirkungsplans, der beeinflusst werden soll.	Q1 ... Q6, M1
Regler	Er besteht aus Vergleichsglied und Regelglied.	K1
Regeleinrichtung	Teil des Wirkungsweges, der die aufgabengemäße Beeinflussung der Strecke über das Stellglied bewirkt.	Vergleichsglied, K1
Steller	Er ist eine Funktionseinheit, in der aus der Reglerausgangsgröße die zur Aussteuerung des Stellgliedes erforderliche Stellgröße gebildet wird.	K2
Stellglied	Es ist eine Funktionseinheit am Eingang der Regelstrecke, die in den Massenstrom oder Energiefluss eingreift. Das Stellglied gehört zur Strecke.	Q1 ... Q6

Größen der Steuerungs- und Regelungstechnik

Regelgröße	x	Größe der Regelstrecke, die zum Regeln erfasst und der Messeinrichtung zugeführt wird.	Störgröße	z	Von außen wirkende Größe, die die beabsichtigte Beeinflussung in der Steuerung oder Regelung beeinträchtigt.
Aufgabengröße	x_A	Von der Steuerung oder Regelung zu beeinflussende Größe, die mit der Regelgröße verknüpft sein muss, aber nicht unbedingt zum Regelkreis gehört.	Führungsgröße	w	Von der Steuerung oder Regelung unbeeinflusste Größe, der die Steuerung oder Regelung folgen soll. Sie wird dem Regelkreis von außen zugeführt.
Stellgröße	Y	Ausgangsgröße der Steuer- oder Regeleinrichtung, zugleich Eingangsgröße der Strecke. Sie überträgt die steuernde Wirkung der Einrichtung auf die Strecke.	Rückführgröße	r	Aus der Messung der Regelgröße hervorgegangene und dem Vergleichsglied zugeführte Größe.
			Regeldifferenz	e	Differenz zwischen der Führungsgröße w und der Rückführgröße r $e = w - r$

Zeitverhalten von Führungsgrößen

Bezeichnung	Erklärung	Beispiel
Folgeregelung	Die Regelgröße folgt der von außen vorgegebenen, zeitlich veränderlichen Führungsgröße.	Witterungsgeführte Heizungsregelung
Zeitplanregelung	Die Führungsgröße wird nach einem Zeitplan vorgegeben.	Heizungsregelung mit tage- oder wochenweiser Programmierung
Festwertregelung	Die Führungsgröße ist auf einen festen Wert eingestellt bzw. innerhalb des Führungsbereiches einstellbar.	Drehzahlregelung, Spannungsstabilisierung

Zeitverhalten von Regelkreisgliedern

Um optimales Zusammenwirken von Regelstrecke und Regeleinrichtung zu erreichen, ist die Kenntnis des zeitlichen Verhaltens der einzelnen Glieder notwendig. Zur Untersuchung wird vorzugsweise die Regelstrecke mit verschiedenartigen Änderungen der Eingangsgröße beaufschlagt und die Ausgangsgröße im zeitlichen Verlauf beobachtet.

Verfahren	Erklärung	Zeitlicher Verlauf
Sprungantwort	Zeitlicher Verlauf der Ausgangsgröße ① nach einer sprungartigen Änderung der Eingangsgröße ②.	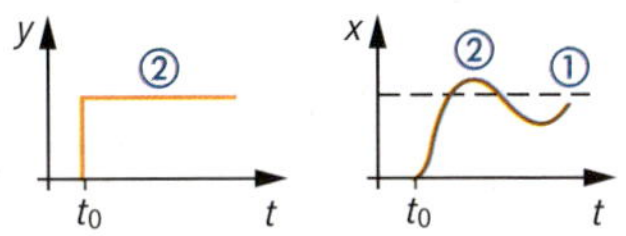
Impulsantwort	Zeitlicher Verlauf der Ausgangsgröße ① bei einem Nadelimpuls ③ der Eingangsgröße.	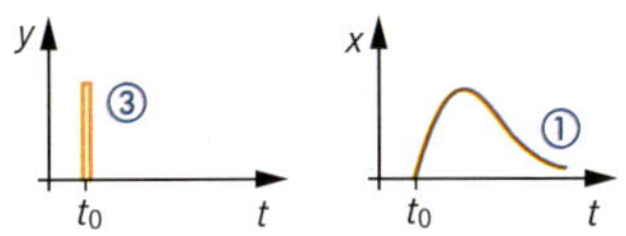
Anstiegsantwort	Zeitlicher Verlauf der Ausgangsgröße ① bei einer Anstiegsfunktion mit definierter Änderungsgeschwindigkeit ④ als Eingangsgröße.	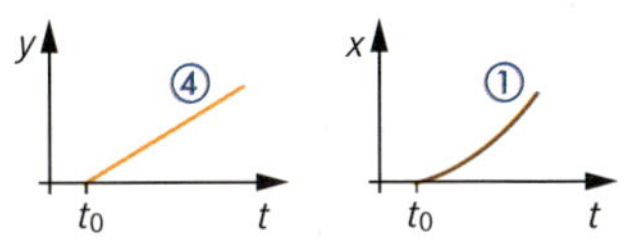
Sinusantwort	Zeitlicher Verlauf der Ausgangsgröße ① bei sinusförmigem Verlauf ⑤ und Durchfahren der Frequenzen $\omega = 0$ bis $\omega = \infty$, ($\omega = 2\pi f$, Kreisfrequenz) der Eingangsgröße. Der Frequenzgang ($\lvert G(\omega)\rvert = \lvert x/y\rvert$) und der Phasengang (Phasenwinkelverlauf $\varphi = f(\omega)$) werden im Bode-Diagramm zur Beurteilung der Stabilität des Regelkreises dargestellt.	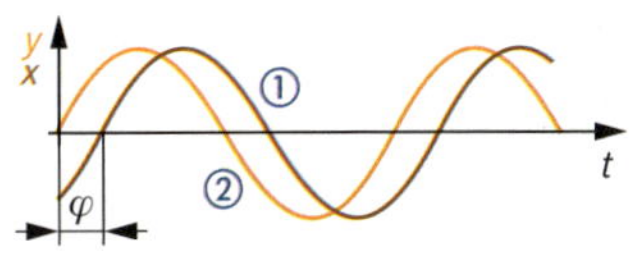

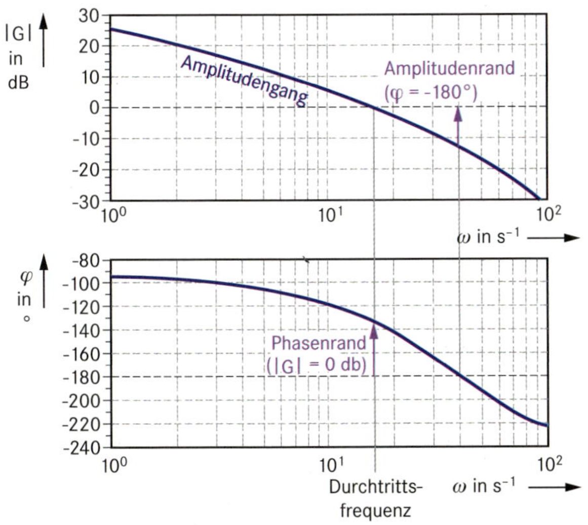

Regelkreisverhalten:

- Es werden der Betrag der Übertragungsfunktion (Amplitudengang) und der Phasenwinkel (Phasengang) bei verschiedenen Frequenzen der Sinusanregung dargestellt.

Reglerauslegung/Stabilitätsbetrachtung:

- **Reihenschaltung** mehrerer Strecken und Regler können durch Addition der Einzelkurven dargestellt werden.
- Größen zur Reglerauslegung
  - Durchgangsfrequenz: f bei $\lvert G\rvert = 0$
  - Phasenrand: bei Durchtrittsfrequenz
- Bei **positivem Phasenrand** ist der Regler stabil.
- **Höherer Phasenrand** ergibt Stabilitätsreserven.
  20 % ... 50 %: gutes Störungsverhalten
  40 % ... 70 %: gutes Führungsverhalten
- **Durchtrittsfrequenz** ist Maß für die Reglerschnelligkeit.

Sprungantwort-Verfahren
Dem Sprungantwort-Verfahren kommt in der Praxis die größte Bedeutung zu, da sich damit die Übergangsfunktion meist mit geringem Aufwand experimentell ermitteln lässt.

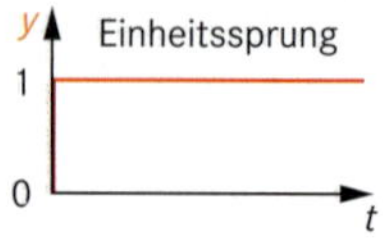

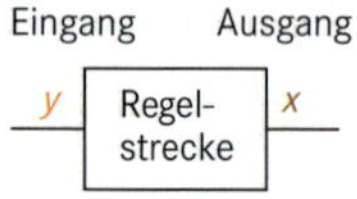

	Bezeichnung, Kenngrößen	Sprungantwort	Beispiel	Übergangsverhalten
P-Strecken (Strecken mit Ausgleich)	**P_0-Strecke** Proportional-Beiwert $K_{PS} = x/y$	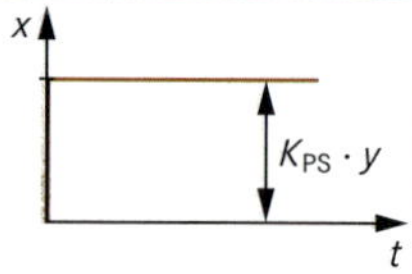	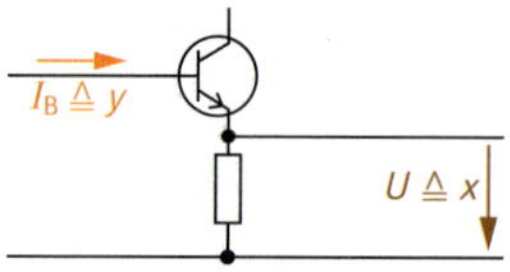	x folgt proportional unverzögert der Eingangsgröße y.
	PT_1-Strecke Proportional-Beiwert $K_{PS} = x_\infty/y$ T_S: Zeitkonstante	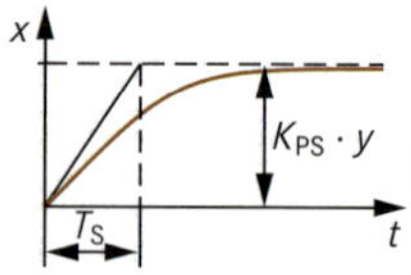	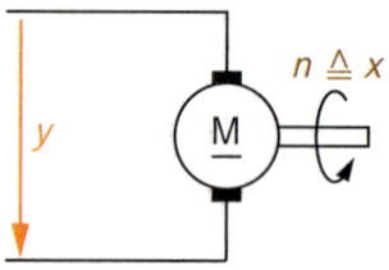	x folgt proportional, nach einer e-Funktion verzögert, der Eingangsgröße y.
	PT_2-Strecke Proportional-Beiwert $K_{PS} = x_\infty/y$ T_u: Verzugszeit T_g: Ausgleichszeit	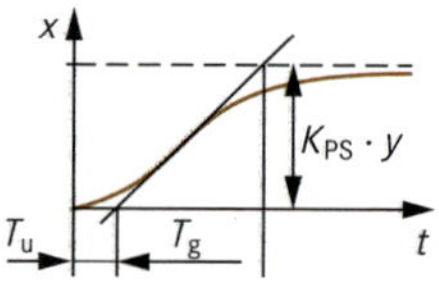	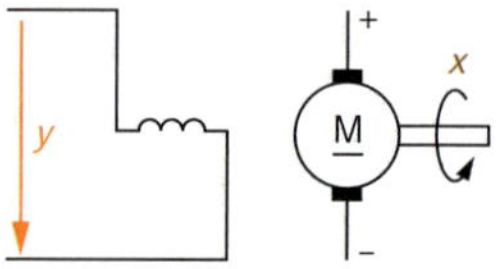	x folgt proportional, mit zwei Zeitkonstanten verzögert, der Eingangsgröße y.
	PT_t-Strecke Proportional-Beiwert $K_{PS} = x/y$ T_t: Totzeit	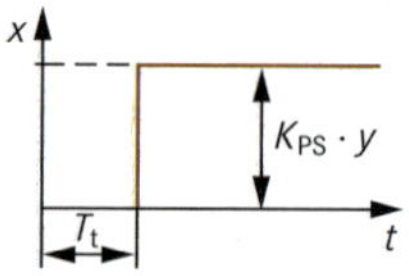	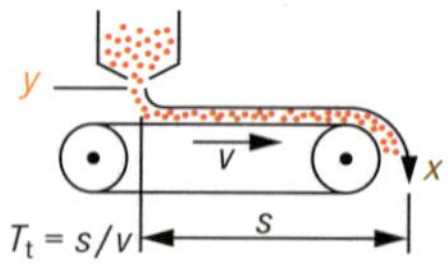	x folgt proportional, um die Zeit T_t verzögert, der Eingangsgröße y.
	PT_t-T_1-Strecke Proportional-Beiwert $K_{PS} = x_\infty/y$ T_t: Totzeit T_S: Zeitkonstante	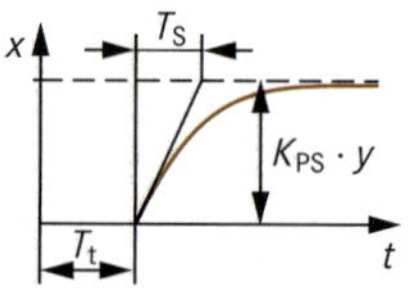		x folgt proportional, mit einer e-Funktion und einer Totzeit verzögert, der Eingangsgröße y.
I-Strecken (Strecken ohne Ausgleich)	**I_0-Strecke** Integrierzeit T_{IS} Integrierbeiwert $K_{IS} = v_x \cdot \frac{1}{y}$ $v_x = \frac{\Delta x}{\Delta t}$	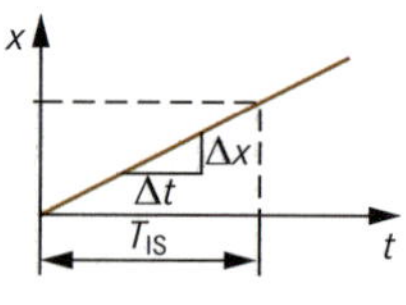	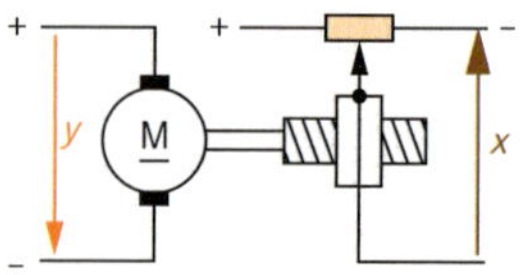	x ist das Zeitintegral der Eingangsgröße y.
	IT_1-Strecke T_{IS}: Integrierzeit T_S: Verzögerungs-zeitkonstante	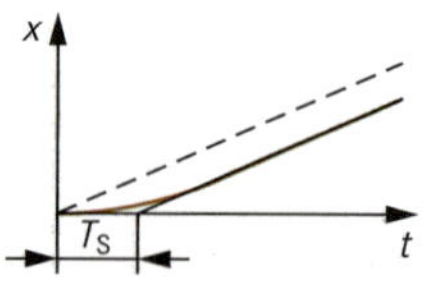	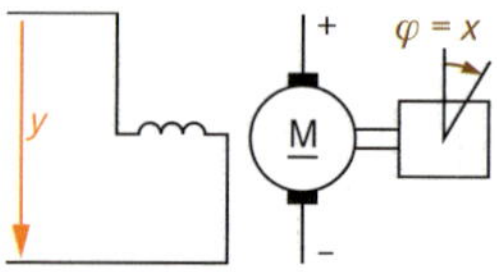	x ist das Zeitintegral, verzögert mit einer Zeitkonstanten, der Eingangsgröße y.
	IT_t-Strecke T_{IS}: Integrierzeit T_t: Totzeit	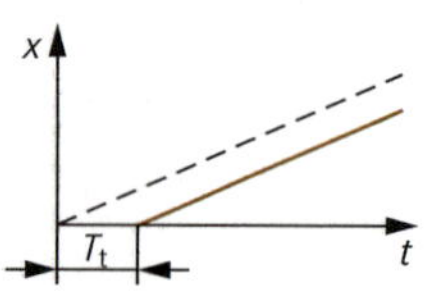	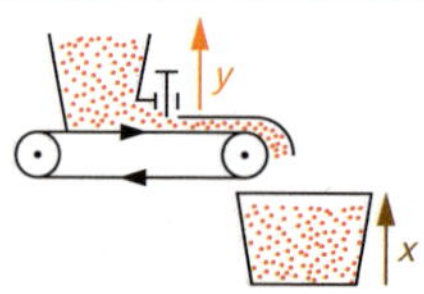	x ist das Zeitintegral, verzögert mit der Totzeit T_t, der Eingangsgröße y.

Bei stetig wirkenden Regeleinrichtungen kann die Stellgröße y innerhalb des Stellbereiches Y_h jeden Wert annehmen. Die mit elektronischen Reglern relativ einfach realisierbaren gewünschten Eigenschaften werden hier stellvertretend auch für nicht elektronisch (mechanisch, pneumatisch, hydraulisch) arbeitende Regeleinrichtungen behandelt.

Regler: Typ	Regler: Kenngrößen	Reglerantwort	Erklärung
P	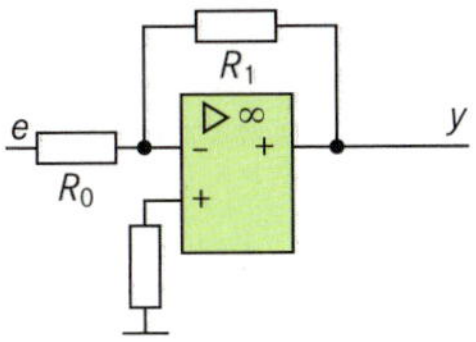 $K_p = \frac{R_1}{R_0} = \frac{y - y_0}{e}$	**Sprungantwort** 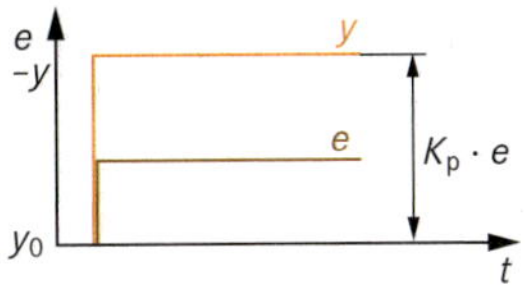	Die Regeldifferenz bewirkt eine proportionale Stellgröße. K_p: Proportionalbeiwert
D	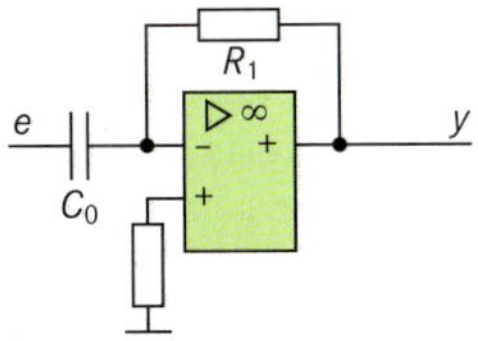 $K_D = (y - y_0)\frac{\Delta t}{\Delta e}$ $K_D = R_1 \cdot C_0 = T_D$	**Anstiegsantwort** 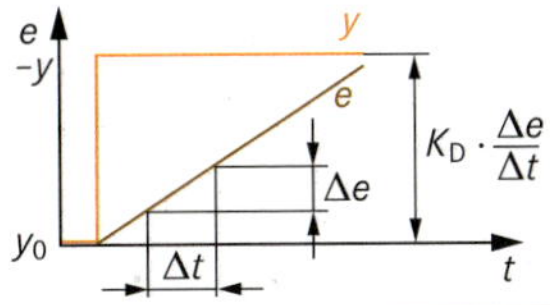	Die Änderungsgeschwindigkeit der Regeldifferenz bewirkt einen bestimmten Wert der Stellgröße. K_D: Differenzierbeiwert T_D: Differenzierzeit
I	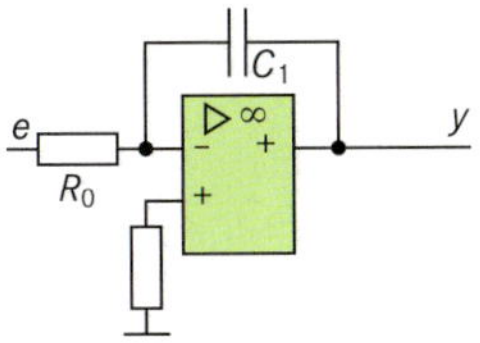 $K_I = \frac{1}{e} \cdot \frac{\Delta y}{\Delta t}$ $K_I = \frac{1}{R_0 \cdot C_1} = \frac{1}{T_I}$	**Sprungantwort** 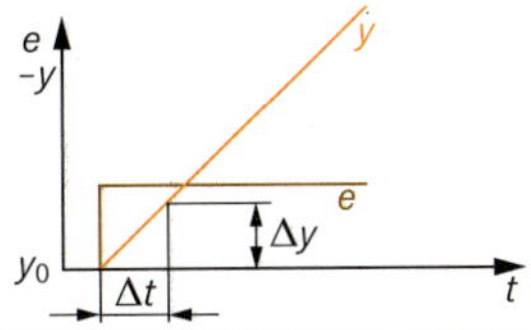	Die Regeldifferenz bewirkt eine bestimmte Änderungsgeschwindigkeit der Stellgröße. K_I: Integrierbeiwert T_I: Integrierzeit
PD	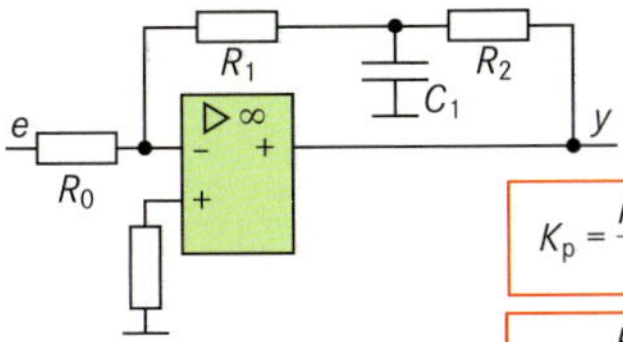 $K_p = \frac{R_1 + R_2}{R_0} = \frac{K_D}{T_v}$ $T_v = \frac{R_1 \cdot R_2}{R_1 + R_2} \cdot C_1$	**Anstiegsantwort** 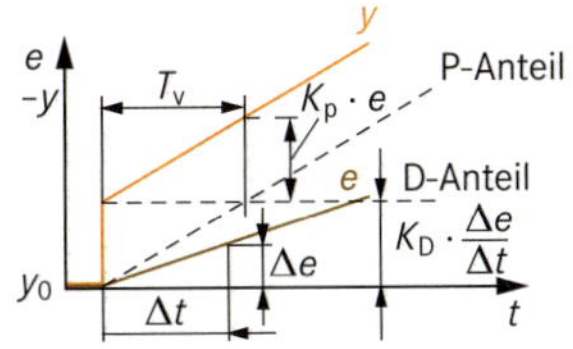	Die Regeldifferenz bewirkt eine Stellgrößenänderung mit P- und D-Anteil. K_p: Proportionalbeiwert T_v: Vorhaltezeit
PI	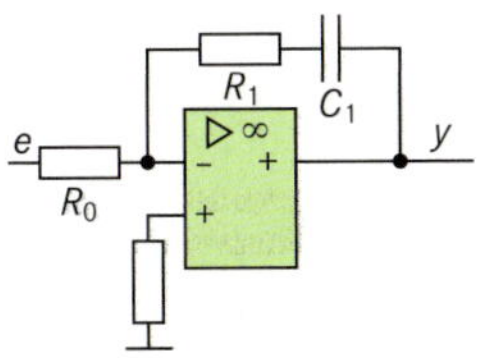 $T_n = R_1 \cdot C_1$ $T_I = R_0 \cdot C_1$ $K_p = \frac{y_p}{e} = \frac{R_1}{R_0}$ $K_I = \frac{K_p}{T_n} = \frac{1}{R_0 \cdot C_1}$	**Sprungantwort** 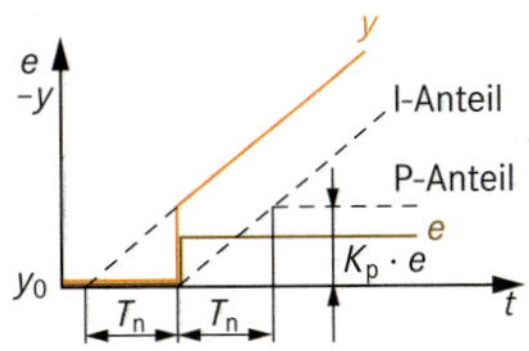	Die Regeldifferenz bewirkt eine Stellgrößenänderung mit P- und I-Anteil. T_n: Nachstellzeit
PID	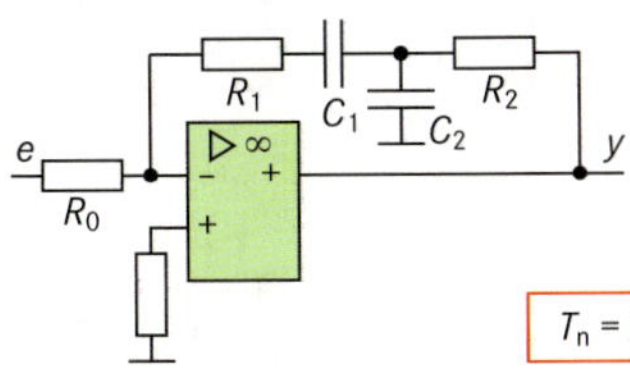 $T_n = (R_1 + R_2)\,C_1$ $K_p = \frac{R_1 + R_2}{R_0}$ $T_v = \frac{R_1 \cdot R_2}{R_1 + R_2} \cdot C_2$	**Sprungantwort** 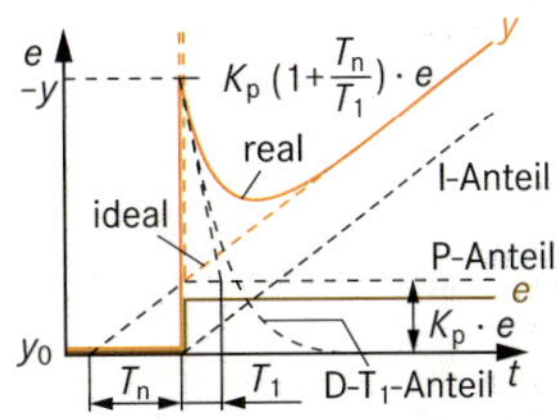	Die Regeldifferenz bewirkt eine Stellgrößenänderung mit P-, I- und D-Anteil (idealer Regler). Ein realer Regler besitzt die Zeitkonstante T_1, die mit zusätzlichem R (in Reihe zu C_2, nicht dargestellt) gezielt eingestellt werden kann. PI(D – T_1) -Verhalten

Zweipunkt-Regeleinrichtung
Die Stellgröße kann beim Zweipunktregler nur zwei Zustände annehmen: EIN und AUS.
Zweipunktregler eignen sich aufgrund des unstetigen Verhaltens nur zum Betrieb an solchen Regelstrecken, deren Veränderung der Regelgröße zeitbehaftet (verzögert) erfolgt.

Dreipunkt-Regeleinrichtung
Dreipunktregeleinrichtungen verfügen über drei Schaltzustände: Zustand I – AUS – Zustand II.
Auch diese Reglerart kann nur an verzögerten Regelstrecken und Regelstrecken mit I-Verhalten betrieben werden.

Zweipunktregler

Kennlinie, Kenngrößen

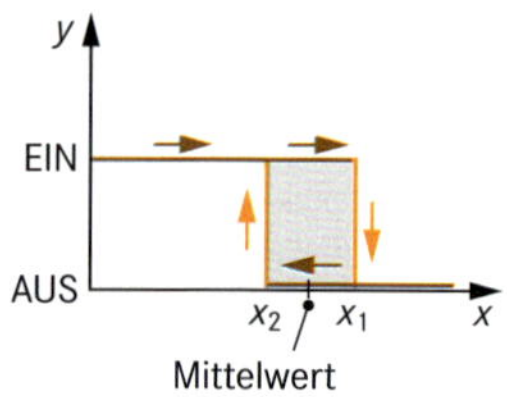

T_t: Totzeit
T_s: Zeitkonstante der Regelstrecke

Zeitverhalten

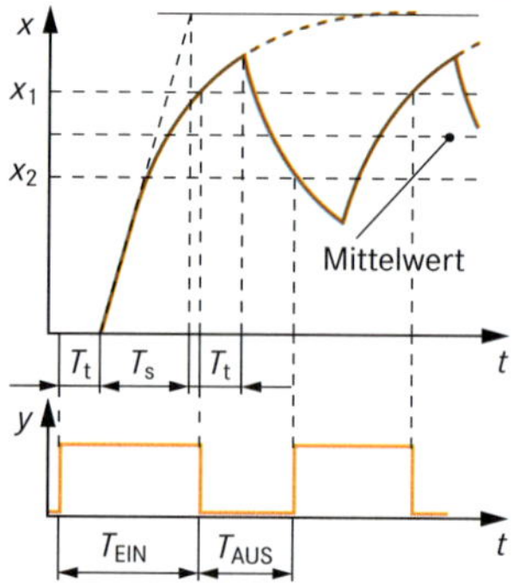

Elektronische Ausführung

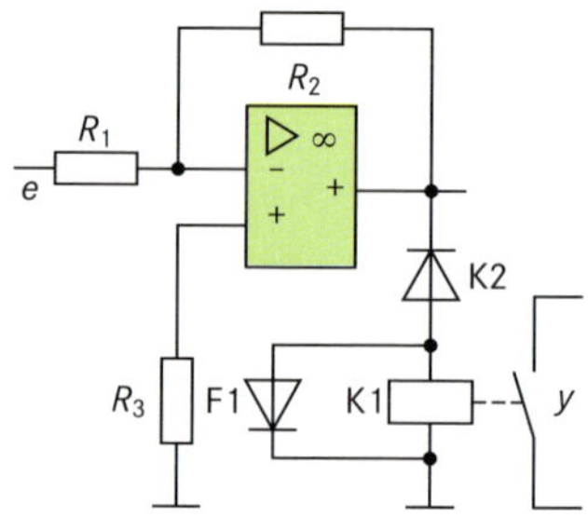

Dreipunktregler

Kennlinie, Kenngrößen

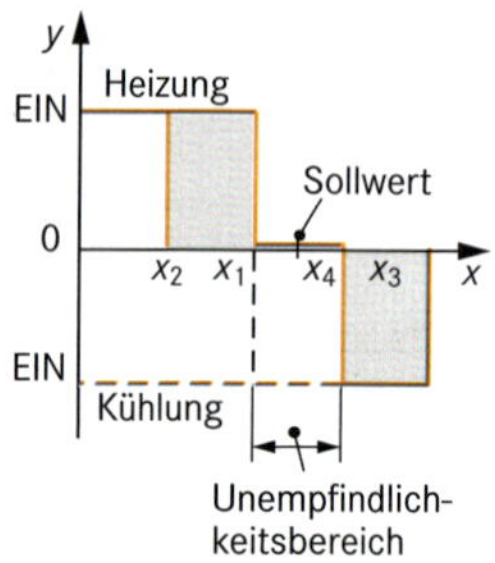

T_t: Totzeit
T_s: Zeitkonstante der Regelstrecke

Zeitverhalten

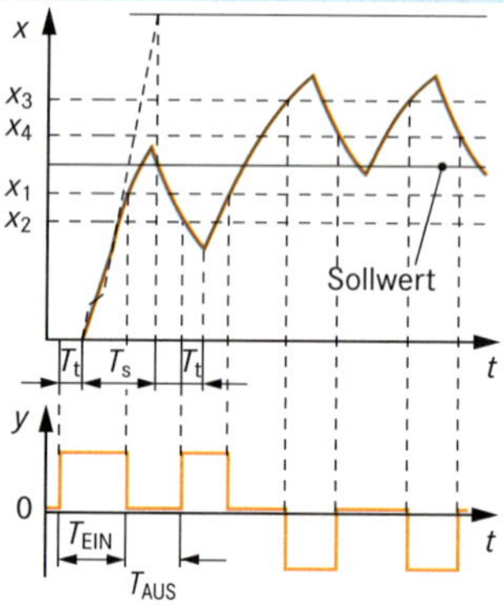

Elektronische Ausführung

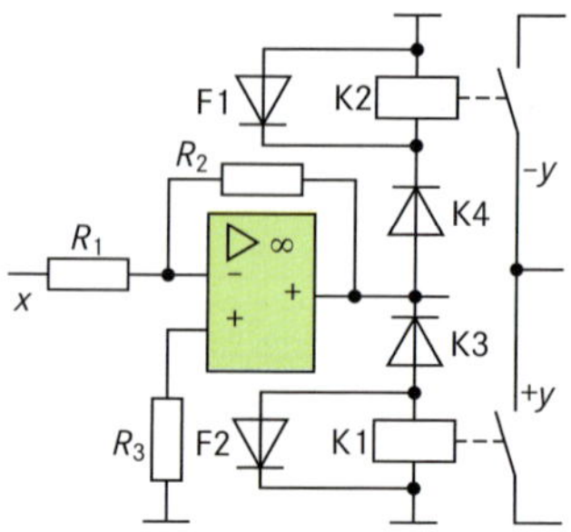

Eignung von Reglern bei gegebener Strecke

	Strecke		Regler: P	I	PI	PD	PID	2-Punkt-Regler
P-Strecken	P_0		ungeeignet	geeignet	besonders geeignet	ungeeignet	ungeeignet	ungeeignet
	PT_1		geeignet	geeignet	geeignet	ungeeignet	ungeeignet	geeignet
	PT_2		ungeeignet	ungeeignet	geeignet	ungeeignet	besonders geeignet	geeignet
	PT_T		ungeeignet	geeignet	besonders geeignet	ungeeignet	ungeeignet	ungeeignet
	PT_tT_1	$\tau \gg T_t$	geeignet	ungeeignet	besonders geeignet	geeignet	geeignet	geeignet
		$\tau > T_t$	ungeeignet	ungeeignet	geeignet	ungeeignet	geeignet	ungeeignet
I-Strecken	I_0		geeignet	ungeeignet	geeignet	ungeeignet	ungeeignet	geeignet
	IT_1		ungeeignet	ungeeignet	geeignet	geeignet	besonders geeignet	geeignet
	IT_t		ungeeignet	ungeeignet	ungeeignet	geeignet	geeignet	ungeeignet

■ besonders geeignet ■ geeignet ■ ungeeignet

Einstellung von Reglern
Adjustment of Controllers

Kriterien

Eine Regeleinrichtung ist um so besser eingestellt,

- je kleiner die bleibende Regeldifferenz e,
- je kürzer die Einschwingzeit und
- je kleiner die Überschwingweite x_m ist.

Bei zu großer (Regel-)Kreisverstärkung kann der Regelkreis instabil werden.

$V_0 = K_{PR} \cdot K_{PS}$
K_{PR}: P-Beiwert (Regler)
K_{PS}: P-Beiwert (Strecke)
T_g: Ausgleichszeit
T_u: Verzugszeit

Sprungantwort der Regelstrecke

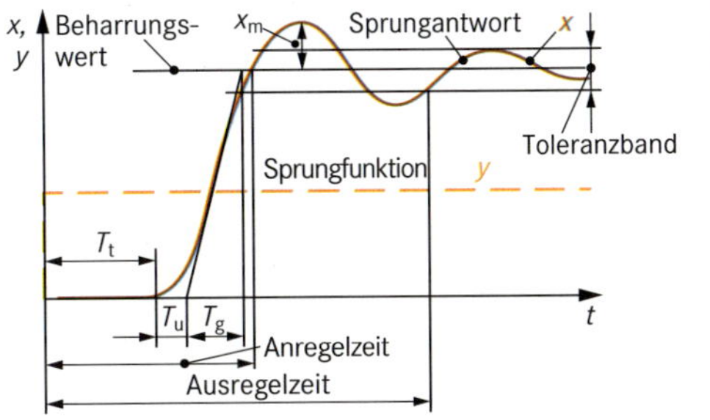

Verläufe von Regelvorgängen

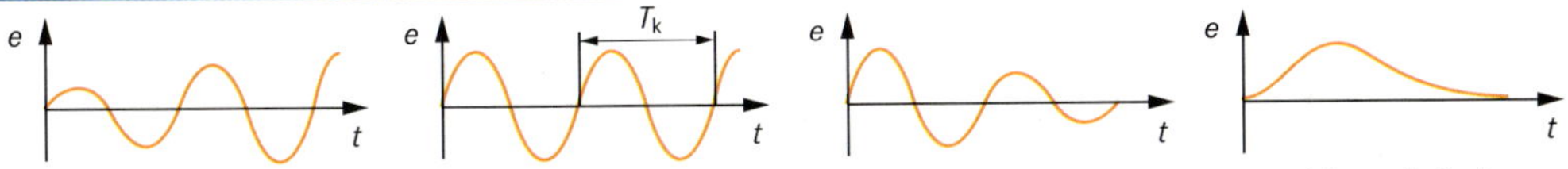

1. instabil 2. Stabilitätsgrenze 3. stabil, periodisch 4. stabil, aperiodisch

Verfahren von Ziegler und Nichols

Verfahren bei nicht bekannten Kennwerten.

1. Regler als P-Regler im geschlossenen Regelkreis betreiben ($T_n = \infty$; $T_v = 0$ eingestellt).
2. Proportionalbeiwert K_{PR} erhöhen bis Regeldifferenz e Dauerschwingungen mit konstanter Amplitude ausführt.
3. In diesem Zustand Schwingungsdauer T_K und kritischen P-Beiwert K_{PRK} bestimmen.
4. Günstigste Reglereinstellung aus Tabelle entnehmen.

Reglertyp	P-Wert K_{PR}	Vorhaltzeit T_v	Nachstellzeit T_n
P	$0{,}5 \cdot K_{PRK}$	–	–
PD	$0{,}8 \cdot K_{PRK}$	$0{,}12 \cdot T_K$	–
PI	$0{,}45 \cdot K_{PRK}$	–	$0{,}85 \cdot T_K$
PID	$0{,}6 \cdot K_{PRK}$	$0{,}12 \cdot T_K$	$0{,}5 \cdot T_K$

Verfahren von Chien, Hrones und Reswick

Kennwerte einer Regelstrecke ggf. durch Sprungantwort (s. o.) ermitteln und in nachstehender Tabelle einsetzen. Dabei unterscheiden, ob

- der Regelverlauf aperiodisch oder
- periodisch, mit ca. 20 % Überschwingen erfolgen soll, bzw. ob
- der Regelverlauf
  - aperiodisch oder
  - periodisch sein soll.
- Optimierung auf
  - Ausregeln von Störungen (durch Störgrößen) oder
  - Änderung der Führungsgröße

Angestrebt wird die kleinstmögliche Dauer des Ausregelvorganges.

Totzeit T_t und Verzugszeit T_u, die bei Strecken mit P-T_t-T_n-Charakter zusammen die Ersatztotzeit T_{tE} bilden ($T_t + T_u = T_{tE}$), beeinträchtigen die Regelbarkeit einer Strecke, wenn sie im Verhältnis zur Ausgleichszeit T_g groß sind.

Richtwerte:
gut regelbar: $T_g / T_{tE} > 10$
mäßig regelbar: $T_g / T_{tE} > 4 \dots 9$
schlecht regelbar: $T_g / T_{tE} < 3$

Ist keine Totzeit vorhanden, wird für T_{tE} in den folgenden Gleichungen T_u eingesetzt.
Bei Regelstrecken ohne Ausgleich $\frac{1}{K_I}$ für $\frac{T_g}{K_{PS}}$ einsetzen.

Reglertyp	Störung		Führung	
	Aperiodischer Regelvorgang	Periodisch mit ≈ 20 % Überschwingen	Aperiodischer Regelvorgang	Periodisch mit ≈ 20 % Überschwingen
P	$K_{PR} = 0{,}3 \cdot \frac{T_g}{K_{PS} \cdot T_{tE}}$	$K_{PR} = 0{,}7 \cdot \frac{T_g}{K_{PS} \cdot T_{tE}}$	$K_{PR} = 0{,}3 \cdot \frac{T_g}{K_{PS} \cdot T_{tE}}$	$K_{PR} = 0{,}7 \cdot \frac{T_g}{K_{PS} \cdot T_{tE}}$
PI	$K_{PR} = 0{,}6 \cdot \frac{T_g}{K_{PS} \cdot T_{tE}}$	$K_{PR} = 0{,}7 \cdot \frac{T_g}{K_{PS} \cdot T_{tE}}$	$K_{PR} = 0{,}35 \cdot \frac{T_g}{K_{PS} \cdot T_{tE}}$	$K_{PR} = 0{,}6 \cdot \frac{T_g}{K_{PS} \cdot T_{tE}}$
	$T_n = 4 \cdot T_{tE}$	$T_n = 2{,}3 \cdot T_{tE}$	$T_n = 1{,}2 \cdot T_{tg}$	$T_n = T_g$
PID	$K_{PR} = 0{,}95 \cdot \frac{T_g}{K_{PS} \cdot T_{tE}}$	$K_{PR} = 1{,}2 \cdot \frac{T_g}{K_{PS} \cdot T_{tE}}$	$K_{PR} = 0{,}6 \cdot \frac{T_g}{K_{PS} \cdot T_{tE}}$	$K_{PR} = 0{,}95 \cdot \frac{T_g}{K_{PS} \cdot T_{tE}}$
	$T_v = 0{,}42 \cdot T_{tE}$	$T_v = 0{,}42 \cdot T_{tE}$	$T_v = 0{,}5 \cdot T_{tE}$	$T_v = 0{,}47 \cdot T_{tE}$
	$T_n = 2{,}4 \cdot T_{tE}$	$T_n = 2 \cdot T_{tE}$	$T_n = T_g$	$T_n = 1{,}35 \cdot T_g$

Signalformen

wertdiskret-zeitkontinuierlich	wertdiskret-zeitdiskret

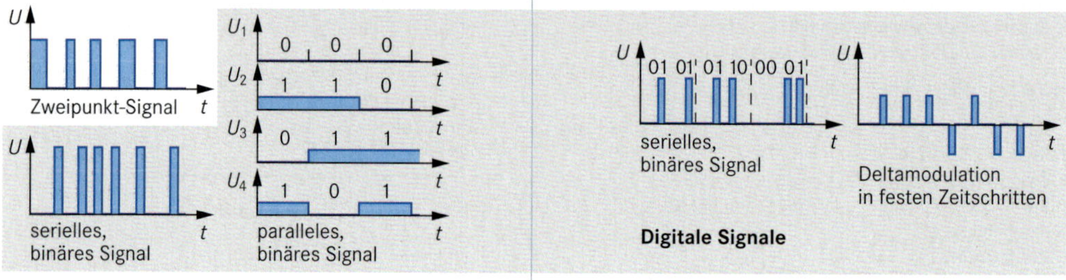

Arbeitsprinzip

Regelkreis mit Digitalregler

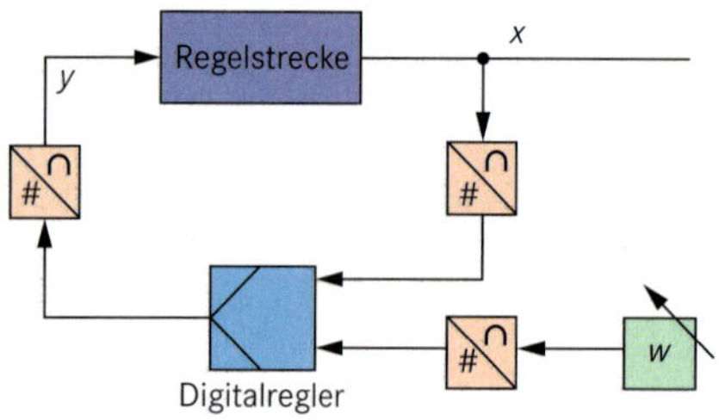

- Führungsgröße *w* und Regelgröße *x* ist in Form digital codierter Zahlenwerte erforderlich.
- Eventuell müssen diese Größen mittels Analog-/Digital-umsetzern erzeugt werden.
- Die Berechnung der Stellgröße benötigt eine endliche Zeit.
- Der Istwert wird in zeitlichen Abständen gemessen und gespeichert.
- Bei der Rechnerregelung sind der Regelalgorithmus und die Regelparameter in Form eines Programms im Speicher abgelegt.
- Die Errechnete Stellgröße *y* wird bis zum nächsten Schritt gespeichert und ggf. digital/analog umgesetzt.

Begriffe

Begriff	Erklärung
Abtastregelung, zyklisch (polling)	Messstelle wird in festen Zeitabständen T_A abgefragt.
Abtastregelung, azyklisch (interrupt)	Messstelle wird nur bei Bedarf abgefragt (Programmunterbrechung).
Adaptive Regelung	Regeleinrichtung passt sich veränderlichen Betriebsbedingungen (auch Struktur- und Parameteränderungen in der Regelstrecke) selbsttätig an.
Algorithmus	Vollständig festgelegte endliche Folge von Vorschriften, nach denen aus zulässigen Eingangsgrößen eines Systems gewünschte Ausgangsgrößen erzeugt werden.
Parameteridentifizierung	Ermittlung von Systemparametern aus der Messung zeitveränderlicher Größen des Systems.

Selbstoptimierung (Adaption)

Erklärung

Verfahren zur selbsttätigen Anpassung der Reglerparameter an die Regelstrecke.
Die Anpassung kann einmalig erfolgen (bei invariablen Regelstrecken) oder ständig mit volladaptiven Reglern an Regelstrecken mit veränderlichen Streckenparametern.
Mögliche Verfahren:

- Nach Ziegler/Nichols werden K_{PRkrit} und T_{krit} gemessen, die Reglerparameter errechnet und der Regler eingestellt.
- Im Sprungantwortverfahren werden die Regelstreckenparameter aufgenommen, für die der Regler optimal angepasst wird.
- Optimierung mit Parameterschätzung und mathematischen Modellen (Prozessrechner).

Regelkreis mit adaptivem Regler

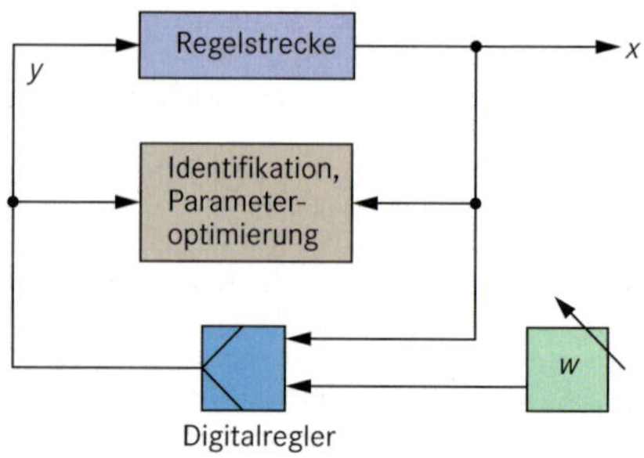

Aufgaben und Ziele

- Gefahren entstehen z. B. durch Fehlfunktion einer Anlage, fehlerhaftes zu bearbeitendes Material, Fehlbedienung usw.
- Aufkommende bzw. bestehende Gefahren für Personen, Maschinen oder Arbeitsgut abwenden bzw. mindern
- Nach Betätigen der Not-Aus-Einrichtung muss die Gefahr automatisch und in bestmöglicher Weise abgewendet werden.
- Not-Aus schaltet die elektrische Energieversorgung ab, um elektrische Gefährdungen abzuwenden.
- Not-Halt stoppt eine gefahrbringende Bewegung

Anwendungen

- Pumpeinrichtungen für brennbare Flüssigkeiten (z. B. Tankstellen, Tanklager)
- Lüftungsanlagen
- Prüf- und Forschungseinrichtungen
- Räume für Ausbildungszwecke, Laboratorien
- Heizungs-, Kesselanlagen
- Großküchen
- Maschinen

Elektrische Maschinen

- Bei elektrischen Maschinen werden Handlungen für den Notfall unterschieden.
  Diese sollen eine bestehende Gefährdung abwenden.
- Sollen Maschinen stillgesetzt werden, sind unterschiedliche Stopp-Kategorien zu unterscheiden.

Handlungen im Notfall	Stopp-Kategorie	Bedeutung
■ Stillsetzen im Notfall[1] (Risiko durch einen Prozessablauf oder eine Bewegung), Stopp-Kategorie auswählen ■ Ausschalten im Notfall[1] (Risiko durch elektrische Gefährdung) ■ Einschalten im Notfall (Warneinrichtungen, Schutzeinrichtungen) ■ Ingangsetzen im Notfall (Gefahrenabwendung durch Starten einer Bewegung, z. B. Abheben eines Werkstücks) [1] Wird umgangssprachlich als Not-Aus bezeichnet.	0	■ Unverzögertes Ausschalten der Versorgungsspannung ■ Stillsetzung durch natürliches Gegenmoment, Auslösen ungesteuerter Bremsen
	1	■ Einsatz bei Gefahr: Anlage wird ungesteuert stillgesetzt. ■ Anlage bleibt unter Spannung bis Stillstand eingetreten ist. ■ Mit Energieeinsatz Gefährdung abwenden (aktives Bremsen, Abheben von Walzen, ...)
	2	■ Die Anlage wird gesteuert stillgesetzt. ■ Die Energiezufuhr wird nicht abgeschaltet. ■ Nur für betriebsmäßiges Stillsetzen, nicht für Handlung im Notfall zugelassen.

Anforderungen

- Die Not-Aus-Einrichtung muss jederzeit verfügbar sein.
- Einmalige Betätigung muss zu unverzögertem, nicht verhinderbarem Abschalten bzw. Stillsetzen führen.
- Rückstellung der Not-Aus-Betätigung darf keinen Wiederanlauf verursachen.
- Stromkreise ausschließen, deren Abschaltung eine zusätzliche Gefährdung verursacht (z. B. Licht).
- Eine einzige Handlung durch eine Person muss Not-Aus ermöglichen.
- Not-Aus-Einrichtung darf ausreichende Schutzmaßnahmen sowie automatische Sicherheitseinrichtungen nicht ersetzen.
- Bedienelemente sind Taster (Pilz- oder Palmenkopf), Zugschalter, Trittschalter.
- Eindeutige Kennzeichnung (vorzugsweise rot); bei Maschinen rot mit gelbem Hintergrund.
- Schaltgerät muss nach Betätigung verklinken oder verrasten. Ausnahme: Geräte für Not-Aus-Betätigung und Wiedereinschaltung unter Aufsicht einer Person.
- Bedienelemente an den Gefahrenstellen und leicht zugänglich anordnen; ggf. auch an entfernten Stellen (z. B. Ausgang).

Beispiel

Anordnung in einer Kfz-Werkstatt:

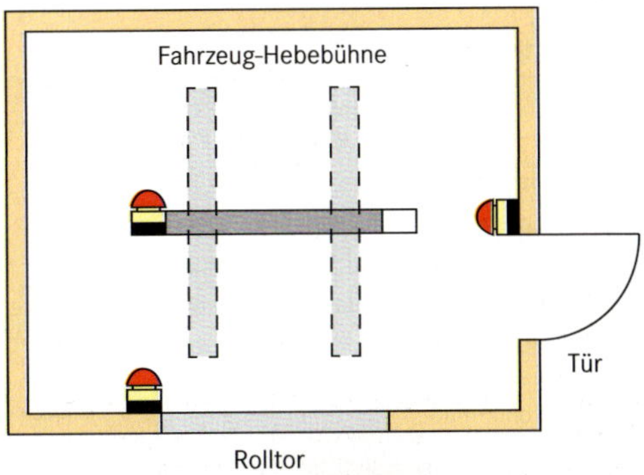

Bedienelement:

- Die Maschinenrichtlinie (Richtlinie 2006/42/EG) dient zur Angleichung der Rechts- und Verwaltungsvorschriften der EU-Mitgliedsstaaten für den Bereich Maschinen.
- Die Richtline ist durch die nationale **Maschinenverordnung** (9. ProdSV) in nationales Recht umgesetzt und muss durch den Maschinenhersteller mit Wirkung vom 29. Dezember 2009 angewendet werden.
- Ziel der Richtlinie/Verordnung ist die Realisierung grundlegender Sicherheits- und Gesundheitsschutzanforderungen beim Einsatz von Maschinen.
- Grundlegender Bestandteil im Rahmen der Entwicklung einer Maschine ist die Durchführung einer Risikoermittlung und Risikobeurteilung für die Maschine.
- Bei der Konstruktion sind die Ergebnisse dieser Risikoermittlung/-beurteilung zu berücksichtigen und entsprechend der Richtlinie/Verordnung zu reduzieren.
- In der Maschinenrichtlinie sind u. a. Definitionen enthalten
  - zu Maschine,
  - zu unvollständige Maschine,
  - zu Sicherheitsbauteilen (Bauteil mit Sicherheitsfunktion),
  - zum Anwendungsbereich der Richtlinie und
  - zu Ausnahmen (Maschinen oder Einrichtungen, die nicht unter die Maschinenrichtlinie fallen).

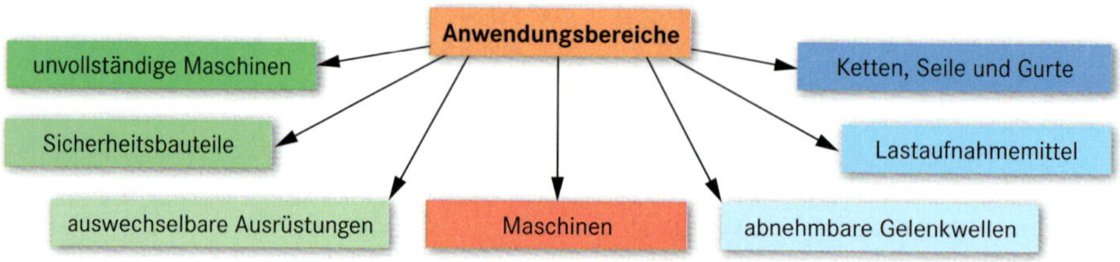

Richtlinienstruktur

- Die Maschinenrichtlinie ist in die drei Teile gegliedert:
  - Erwägungsgründe,
  - Rechtstexte und
  - Anhänge.
- Der **erste Teil** (Erwägungsgründe) ist **nicht rechtsverbindlich.**
- Der **zweite Teil** (Rechtstext) und der **dritte Teil** (Anhänge) sind **rechtsverbindliche** Ausführungen, die im Fall der Anwendung der Maschinenrichtlinie zu berücksichtigen sind.

Teil 1 (Erwägungsgründe)
Beinhaltet Erläuterungen zum Zweck der Richtlinie.

Teil 2 (Rechtstexte)
Definiert die rechtlichen Anforderungen für das Inverkehrbringen von Maschinen im europäischen Binnenmarkt.

Teil 3 (Anhänge)
Dient zur Verdeutlichung und Klarstellung der Aussagen, die in den Artikeln zum Rechtstext gemacht werden.

Rechtstexte (Auszüge)

Artikel	Inhalt
1	Anwendungsbereich
2	Begriffsbestimmungen
3	Spezielle Richtlinien
5	Inverkehrbringen und Inbetriebnahme
7	Konformitätsvermutung und harmonisierte Normen
9	Besondere Maßnahmen für Maschinen mit besonderem Gefahrenpotenzial
12	Konformitätsbewertungsverfahren für Maschinen
13	Verfahren für unvollständige Maschinen
15	Installation und Verwendung der Maschinen
16	CE-Kennzeichnung
17	Nicht vorschriftsmäßige Kennzeichnung
23	Sanktionen
25	Aufgehobene Rechtsvorschriften
27	Ausnahmen
28	Inkrafttreten

Anhänge (Auszüge)

Anhang	Inhalt
I	Grundlegende Sicherheits- und Gesundheitsschutzanforderungen für die **Konstruktion** und den **Bau** von Maschinen
V	Liste der Sicherheitsbauteile
VI	Montageanleitung für eine unvollständige Maschine
VII	Technische Unterlagen für Maschinen
IX	EG-Baumusterprüfung

Ausnahmen

- Sicherheitsbauteile, die als Ersatzteile zum Ersetzen identischer Bauteile bestimmt sind
- Hochspannungsausrüstungen
- Maschinen zu Forschungszwecken
- Elektrische und elektronische Erzeugnisse (z. B. Haushaltsgeräte, informationstechnische Geräte, Transformatoren)

Merkmale

- Ausgangspunkt für die Sicherheit von Maschinen ist die Maschinenrichtlinie 2006/42/EG (seit 29.12.2009).
- Die anzuwendenden Sicherheitsnormen werden eingeteilt in
  - Sicherheitsgrundnormen (**Typ A**-Normen),
  - Sicherheitsgruppennormen (**TYP B1**- und **Typ B2**-Normen) und
  - Maschinenspezifische Fachnormen (**Typ C**-Normen).
- Typ A-Normen
  - sind für alle Maschinen verbindlich und
  - beinhalten u. a. Anleitungen zur Ermittlung von Risiken, Verfahrenweisen und Reihenfolgen zur Vermeidung von Risiken.
- Typ B1-Normen beinhalten allgemeine Sicherheitsaspekte und dazu gehörende Lösungen (z. B. Ausgestaltung von Schutzzäunen).
- Typ B2-Normen beinhalten normative Anforderungen an spezielle Schutzeinrichtungen (z. B. NOT-AUS-Taster).
- Typ C-Normen beschreiben spezifische Risiken und Maßnahmen zur Reduzierung dieser Risiken von einzelnen Maschinen bzw. Maschinengattungen.
- Eine Typ C-Norm für eine Maschinenart hat Vorrang vor einer Typ A- oder Typ B-Norm.

Hierarchie Sicherheitsnormen

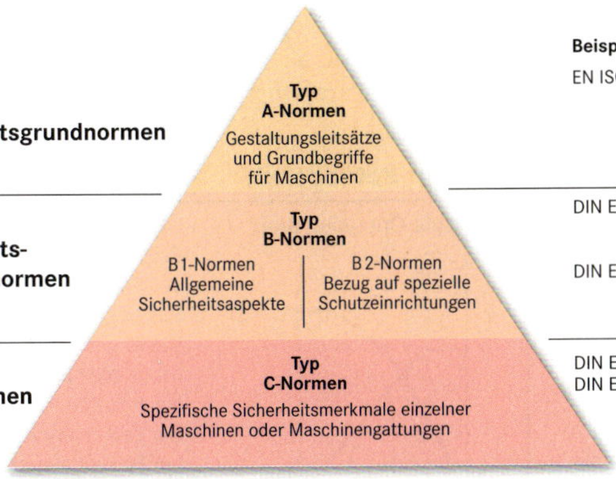

Beispiele:

EN ISO 12100	Sicherheit von Maschinen Grundsätzliche Terminologie, Methodologie Sicherheit von Maschinen – Technische Leitsätze
DIN EN ISO 13849-1	Sicherheit von Maschinen – sicherheitsbezogene Teile von Steuerungen – Teil 1: Allgemeine Gestaltungsleitsätze
DIN EN 62061/IEC 62061	Funktionale Sicherheit sicherheitsbezogener elektrischer, elektronischer und programmierbarer Steuerungssysteme
DIN EN ISO 10218	Industrieroboter – Sicherheit
DIN EN ISO 11553-1	Sicherheit von Maschinen – Laserbearbeitungsmaschinen

Risikobeurteilung

- Im Rahmen der Maschinenkonstruktion gibt es eine definierte Vorgehensweise, um die geforderte Sicherheit zu erreichen.
- Am Anfang steht dabei die **Risikobeurteilung**, die Aussagen darüber liefert, welche Risiken von der Maschine bzw. den einzelnen Teilen der Maschine ausgehen.
- Abhängig von der Höhe des Risikos werden dann entsprechende Maßnahmen (z. B. konstruktive Änderungen) zur größtmöglichen **Risikominderung** unter Berücksichtigung verschiedener Faktoren definiert.
- Diese Vorgehensweise ist ein iterativer (wiederholender) Prozess.
- Die **Rangfolge** der Maßnahmen zur Risikoreduzierung ist dabei wie folgt zu realisieren
  - Reduzierung durch den Entwurf (höchste Priorität)
  - Reduzierung durch Schutzeinrichtungen und ergänzende Schutzmaßnahmen
  - Reduzierung durch Bereitstellung der Benutzerinformation über das Restrisiko (niedrigste Priorität)
- Werden **elektrische** oder **elektronische Steuerungen** (z. B. SPS) zur Steuerung von sicherheitsrelevanten Funktionen eingesetzt, ist der Entwurf dieser Steuerungen ein Bestandteil des Entwurfsprozesses für die Maschine.
- Das sicherheitsrelevante Steuerungssystem stellt somit die Sicherheitsfunktionen bereit.
- Die erreichbare **Sicherheitsstufe** eines sicherheitsrelevanten Steuerungssytems wird dabei eingestuft nach
  - EN IEC 62061 in **SIL1** bis **SIL3** (**S**afety **I**ntegrity **L**evel: Sicherheitsstufe) oder
  - EN ISO 13849-1 in **PLa** bis **PLe** (**P**erformance **L**evel: Leistungsklasse).

Vorgehensweise

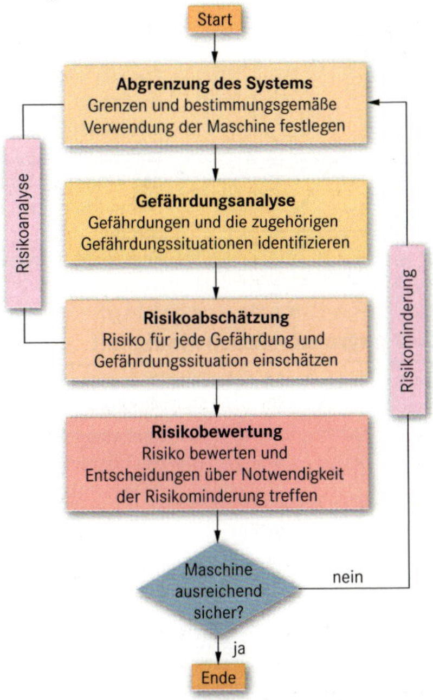

- Sichere Antriebsfunktionen sind Teil der funktionalen Sicherheit von Maschinen und Anlagen.
- Die **Stopp-Kategorien** sind definiert in Stopp-Kategorie 0, 1 und 2.
- Die zugehörigen **Stopp-Funktionen** sind festgelegt mit **STO** (**S**afe **T**orque **O**ff), **SS1** (**S**afe **S**top **1**) und **SS2** (**S**afe **S**top **2**).
- Sichere **Bewegungsfunktionen** sind
  - die sichere Überwachung von kinematischen Größen (z. B. Beschleunigung, Geschwindigkeit, Weg),
  - kurze Reaktionszeiten zur Reduzierung der Nachlaufwege und
  - variable Grenzwerte, die zur Laufzeit angepasst werden können.

Sicher abgeschaltetes Moment

STO (**S**afe **T**orque **O**ff)

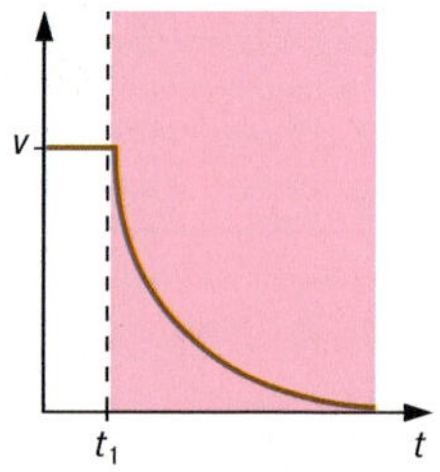

- Energieversorgung zum Motor wird direkt im Servoverstärker sicher unterbrochen.
- Der Antrieb kann keine gefährlichen Bewegungen erzeugen.
- Wird STO bei einem bewegten Antrieb aktiviert, trudelt der Motor unkontrolliert aus.
- Entspricht Stopp-Kategorie 0

Sichere Bewegungsrichtung

SDI (**S**afe **D**irection)

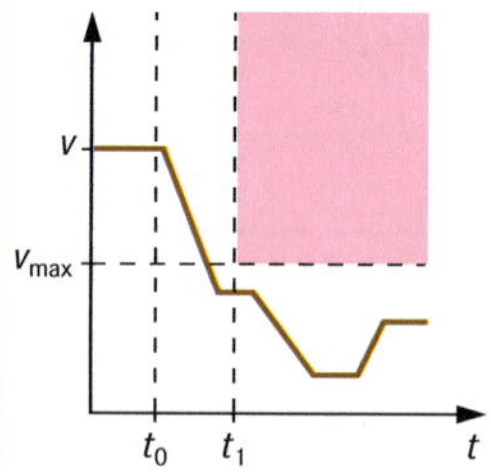

- Die Bewegung des Antriebs kann nur in eine definierte Richtung erfolgen.
- Bei Störung der definierten Drehrichtung wird der Antrieb sicher abgeschaltet.

Sicherer Stopp 1

SS1 (**S**afe **S**top **1**)

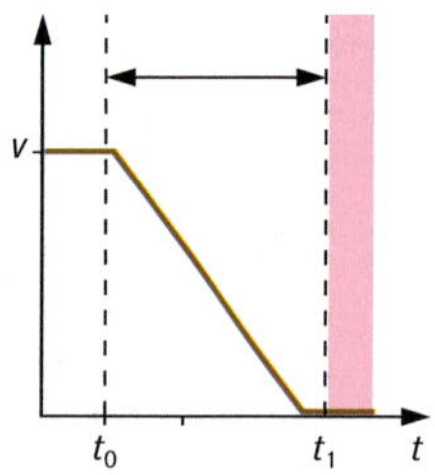

- Der Antrieb wird geregelt heruntergefahren.
- Danach wird die Energiezufuhr zum Motor sicher unterbrochen.
- Der Antrieb kann im Stillstand keine gefährlichen Bewegungen erzeugen.
- Entspricht Stopp-Kategorie 1

Sicherer Betriebshalt

SOS (**S**afe **O**perating **S**top)

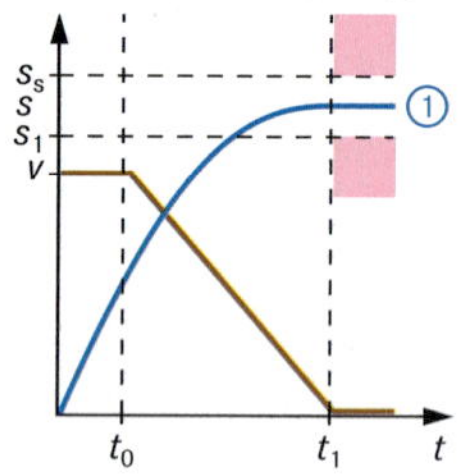

- Überwacht wird die erreichte Stopp-Position der Achse.
- Verhindert ein Verlassen des Positionsfensters ①.
- Die Regelfunktionen des Antriebs bleiben dabei vollständig erhalten.
- Bei Verlassen des überwachten Postionsfensters wird der Antrieb sicher abgeschaltet.

Sicherer Stopp 2

SS2 (**S**afe **S**top **2**)

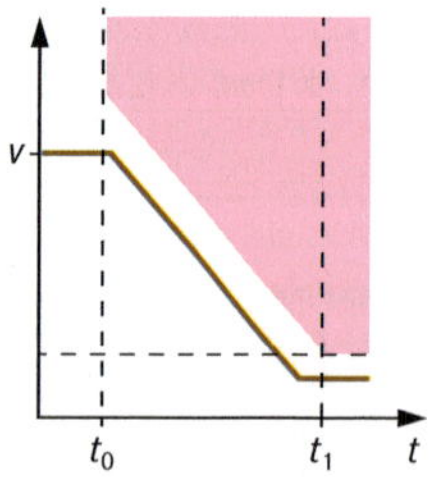

- Der Antrieb wird geregelt heruntergefahren.
- Danach der „Sichere Betriebshalt" eingeleitet.
- Im „Sicheren Betriebshalt" bleiben die Regelfunktionen des Antriebs vollständig erhalten (durch den Motor fließt Strom).
- Entspricht Stopp-Kategorie 2

Sichere Bremsansteuerung

SBC (**S**afe **B**rake **C**ontrol)

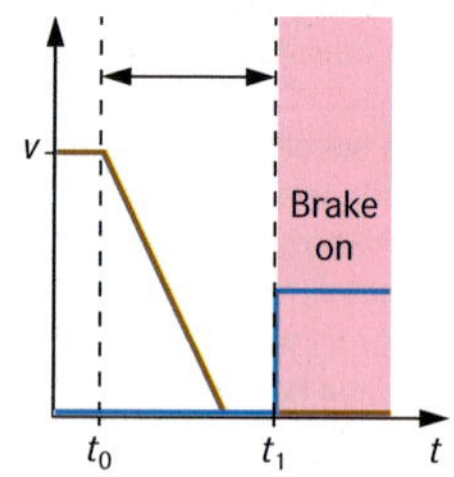

- Sichere Ansteuerung von Bremsen.
- Verhindert z. B. einen Absturz von hängenden Lasten.
- Muss ggf. um die Ansteuerung einer externen Arbeitsbremse ergänzt werden.

Sicher begrenzte Geschwindigkeit

SLS (**S**afety **L**imited **S**peed)

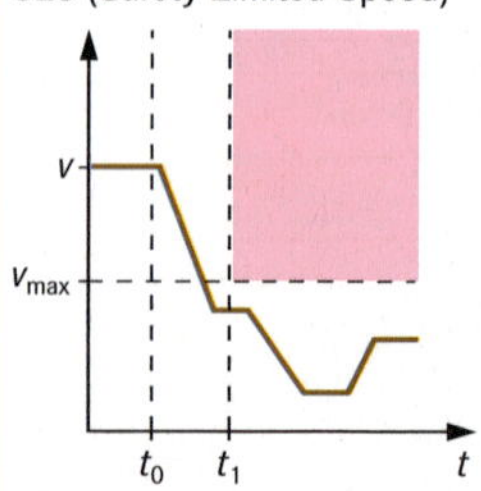

- Überwacht den Antrieb auf Einhaltung einer definierten Maximalgeschwindigkeit.
- Bei Überschreiten des Geschwindigkeitsgrenzwertes wird der Antrieb sicher abgeschaltet.

Sicherer Geschwindigkeitsbereich

SSR (**S**afe **S**peed **R**ange)

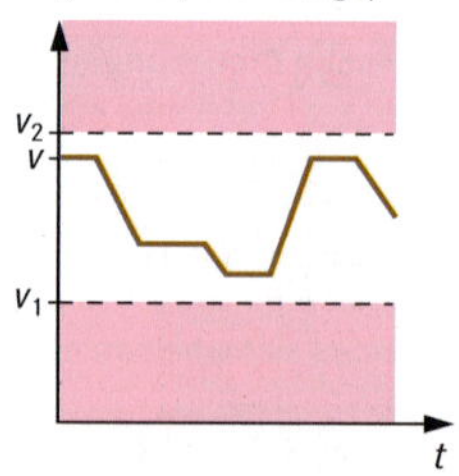

- Überwachung auf eine Minimalgeschwindigkeit.
- Es darf ein maximaler Geschwindigkeitswert nicht überschritten und ein minimaler Geschwindigkeitswert nicht unterschritten werden.

Grenzwert bzw. Überwachungsbereich; *v*: Geschwindigkeit, *S*: Position

Anwendung

- Anforderung an sichere Maschinensteuerung ermitteln
- Validierung (Nachweis über erfüllte Anforderungen), ob Maschinensteuerung die Sicherheitsanforderungen erfüllt
- Sicherheit wird durch mehrere Einflussgrößen beeinflusst.
- DIN EN ISO 13849-1 ist eine harmonisierte Norm und anerkannt zur Erfüllung der Maschinenrichtlinie.

Einflussgrößen

- Ziel-Performance Level:
  - Mögliche Schwere von Verletzungen
  - Häufigkeit und Dauer der Gefährdungen
  - Möglichkeiten der Gefahrenvermeidung
- Ist-Performance Level:
  - Ausführung der Steuerung (Steuerungskategorie)
  - Zuverlässigkeit $\boldsymbol{MTTF_d}$ (**M**ean **T**ime to **D**angerours **F**ailure)
  - Diagnosedeckungsgrad ***DC*** (**D**iagnostic **C**overage)
  - Fehler mit gemeinsamer Ursache ***CCF*** (**C**ommon **C**ause **F**ailure)

Bewertungsablauf

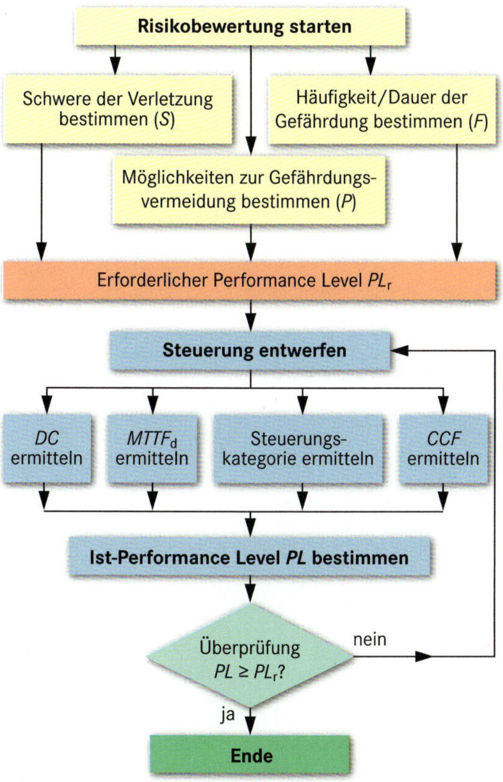

Erforderlicher Performance Level (PL_r)

Risikograph

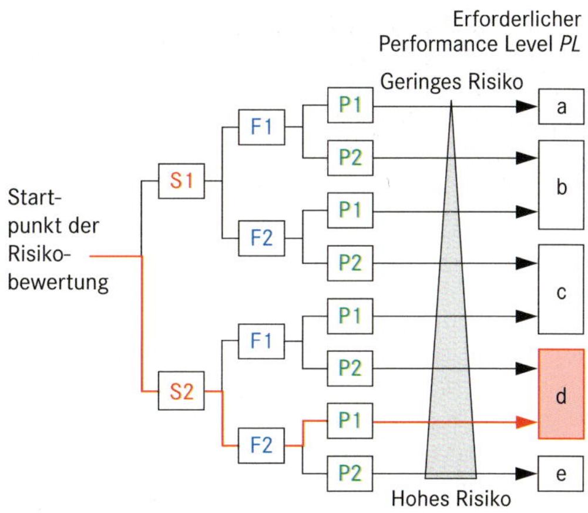

S Schwere der Verletzung
S1: Leicht (z. B. Prellung, Schnittverletzung)
S2: Schwer (z. B. Amputation, Tod)

F Häufigkeit und/oder Dauer der Gefährdung
F1: Selten bis öfter bzw. von kurzer Dauer
F2: Häufig bis dauernd bzw. von langer Dauer

P Möglichkeit zur Vermeidung der Gefährdung
P1: Möglich unter bestimmten Bedingungen
P2: Kaum möglich

Ausfälle aufgrund gemeinsamer Ursache (*CCF*)

Bewertung	Einzel-Anforderung	Bewertung
Ziel: - Vermeidung systematischer Einflüsse und systematischer Fehler - Vermeidung von Ausfällen mehrerer Komponenten aufgrund einer Ursache Ablauf: - Bewertung von Einzelanforderungen - Summierung der Einzelbewertungen - *CCF* ist ab Steuerungskategorie 2 zu berücksichtigen, Ziel: *CCF* > 65 %	physikalische Trennung zwischen den Sicherheitskreisen und zu anderen Kreisen	15 %
	Diversität (Anwendung unterschiedlicher Technologien)	20 %
	Erfahrung mit Entwurf/Applikation	20 %
	Beurteilung/Analyse	5 %
	Kompetenz/Ausbildung	5 %
	Umwelteinflüsse (EMV, Temperatur, ...)	35 %
	CCF: Summe erfüllter Anforderungen	Σ

Diagnose-Deckungsgrad (*DC*)

- Steuerungen können einzelne, gefährliche Ausfälle selbsttätig erkennen.
- Bewertung wie viel der gefährlichen Ausfälle erkannt werden = Diagnose-Deckungsgrad *DC*.

Einfache Systeme:

$$DC = \Sigma\lambda_{DD} / \Sigma\lambda_{Dtotal}$$

Komplexe Systeme:

$$DC_{avg} = \frac{\frac{DC_1}{MTTF_{d1}} + \frac{DC_2}{MTTF_{d2}} + \dots + \frac{DC_N}{MTTF_{dn}}}{\frac{1}{MTTF_{d1}} + \frac{1}{MTTF_{d2}} + \dots + \frac{1}{MTTF_{dn}}}$$

λ_{DD}: Fehlerrate der erkannten gefährlichen Ausfälle
λ_{Dtotal}: Fehlerrate aller gefährlichen Ausfälle

DC_{avg}	Deckungsgrad
< 60 %	ohne
60 % ... < 90 %	niedrig
90 % ... < 99 %	mittel
≥ 99 %	hoch

Steuerungskategorien

Kat.	Anforderungen an die Steuerungskategorien eines SRP	Vorgesehen Architektur
B	▪ nach Norm gebaut ▪ müssen den zu erwartenden Einflüssen standhalten	Einkanalig ohne Test oder Überwachung der Sicherheitsfunktion
1	Zusätzlich zu Kategorie B: ▪ Anwendung bewährter Bauteile und Sicherheitsprinzipien	
2	Zusätzlich zu Kategorie B und Sicherheitsprinzipien (Kat. 1): ▪ Prüfung der Sicherheitsfunktion durch die Maschinensteuerung in regelmäßigen Abständen	Einkanalig mit Testeinrichtung für die Sicherheitsfunktion
3	Zusätzlich zu Kategorie B und Sicherheitsprinzipien (Kat. 1): ▪ Kein Verlust der Sicherheitsfunktion durch einen einzelnen Fehler ▪ Erkennung einzelner, aber nicht aller Fehler	Mehrkanalig mit Überwachung der Sicherheitsfunktion
4	Zusätzlich zu Kategorie B und Sicherheitsprinzipien (Kat. 1): ▪ Kein Verlust der Sicherheitsfunktion durch einen einzelnen Fehler ▪ Kein Verlust der Sicherheitsfunktion durch eine Fehleranhäufung	Mehrkanalig mit höherer Überwachung der Sicherheitsfunktion

Erreichter Performance Level

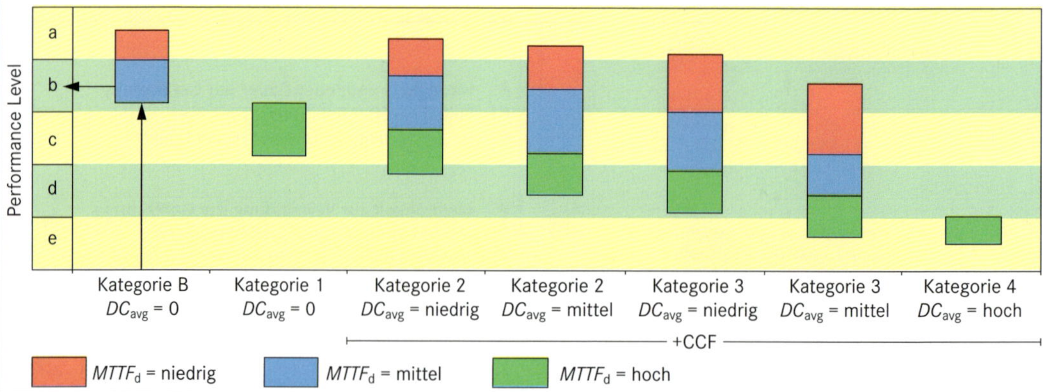

Begriffe

Abk.	Bedeutung	Abk.	Bedeutung
CCF	**C**ommon **C**ause **F**ailure: Anteil der Fehler mit gemeinsamer Ursache	$MTTF_d$	**M**ean **T**ime **t**o Dangerous **F**ailure: Mittlere Zeit bis zu einem gefährlichen Fehler
DC	**D**iagnostic **c**overage: Diagnosedeckungsgrad	*PL*	**P**erformance **L**evel: Leistungsniveau
DC_{avg}	Average Diagnostic Coverage: Durchschnittlicher Diagnosedeckungsgrad	PFH_D	**P**robability of dangerous **f**ailure per **h**our: Wahrscheinlichkeit gefährlicher Ausfälle pro Stunde
HFT	**H**ardware **F**ehler**t**oleranz	*SFF*	**S**afe **F**ailure **F**raction: Anteil sicherer Ausfälle
SRP	**S**afety **R**elated **P**orts		

Anwendung

- DIN EN 62061 ist eine harmonisierte Norm, die bei Einhaltung als anerkannte Maßnahme zur Erfüllung der Maschinenrichtlinie gilt.
- Risikoabschätzung und Validierung (Nachweis über erfüllte Anforderungen) von sicherheitsbezogenen elektrischen, elektronischen oder programmierbaren Steuerungssystemen
- Davon abweichend wird in der Prozessindustrie (Chemie, Verfahrenstechnik) häufig DIN EN 61508 angewendet, um SIL zu realisieren. Diese ist jedoch keine harmonisierte Norm.

Einflussgrößen

Verschiedene Einflussgrößen können die durchschnittliche Zeit bis zum nächsten Fehler (*MTBF*: Mean Time Between Failure) reduzieren:

- Ausfälle aufgrund gemeinsamer Ursache *CCF* (Common Cause Failure); eine störende Einflussgröße soll sich auf möglichst wenige Funktionen auswirken.
- Anteil der Ausfälle, die zu einem sicheren Zustand führen (*SFF*: Safe Failure Fraction)
- Hardware Fehlertoleranz: Fähigkeit des Systems auch bei Auftreten eines oder mehrerer Fehler, die geforderte Funktion auszuführen

Risikoabschätzung

- Aus der Addition von drei Größen (*F, W, P*) wird die Risikoklasse bestimmt.
- Aus der Risikoklasse und möglichen Auswirkungen der Gefahren ergibt sich der SIL.

Häufigkeit und/oder Aufenthaltsdauer ***F***		Eintrittswahrscheinlichkeit des Gefährdungsereignisses ***W***		Möglichkeit zur Vermeidung ***P***	
≤ 1 Stunde	5	sehr hoch	5	unmöglich	5
> 1 Stunde bis ≤ 1 Tag	5	wahrscheinlich	4	selten	3
> 1 Tag bis ≤ 2 Wochen	4	möglich	3	wahrscheinlich	1
> 2 Wochen bis ≤ 1 Jahr	3	selten	2		
> 1 Jahr	2	vernachlässigbar	1		

Auswirkung	Tod, Verlust von Auge oder Arm	Permanent, Verlust von Fingern	Reversibel, medizinische Behandlung	Reversibel, Erste Hilfe
Schadensausmaß	4	3	2	1
Klasse $K = F + W + P$				
4	SIL 2	–[1]	–[1]	–[1]
5 ... 7	SIL 2	–[1]	–[1]	–[1]
8 ... 10	SIL 2	SIL 1	–[1]	–[1]
11 ... 13	SIL 3	SIL 2	SIL 1	–[1]
14 ... 15	SIL 3	SIL 3	SIL 2	SIL 1

SIL Einstufung der Steuerung

Zuverlässigkeitsanforderung

SIL	Wahrscheinlichkeit eines gefahrbringenden Ausfalls pro Stunde (PFH_D)
3	$\geq 10^{-8} \dots 10^{-7}$
2	$\geq 10^{-7} \dots 10^{-6}$
1	$\geq 10^{-6} \dots 10^{-5}$

Begrenzung der SIL-Einstufung

	Hardware Fehlertoleranz (HFT)		
SFF	0	1	2
< 60 %	–[1]	SIL 1	SIL 2
60 % ... < 90 %	SIL 1	SIL 2	SIL 3
90 % ... < 99 %	SIL 2	SIL 3	SIL 3[2]
99 %	SIL 2	SIL 3[2]	SIL 3[2]

[1] nicht zulässig [2] zu SiL4 siehe IEC 61508-1

Validierung

- Kombinationen von *SFF* und Hardware-Fehlertoleranz begrenzt SIL-Einstufung der Steuerung.
- Die Zuordnung von Hardwarefehlertoleranz, Steuerungskategorie, *DC*, PFH_D und *SFF* ergibt den erreichten SIL.
- Häufig erfolgt die Validierung mit Softwareunterstützung.

SIL Einstufung

PFH_D	Kat	*SFF*	HFT	*DC*	SIL
$\geq 10^{-6}$	≥ 2	≥ 60 %	≥ 0	≥ 60 %	1
$\geq 2 \cdot 10^{-7}$	≥ 3	≥ 0 %	≥ 1	≥ 60 %	1
$\geq 2 \cdot 10^{-7}$	≥ 3	≥ 60 %	≥ 1	≥ 60 %	2
$\geq 3 \cdot 10^{-8}$	≥ 4	≥ 60 %	≥ 2	≥ 60 %	3
$\geq 3 \cdot 10^{-8}$	≥ 4	≥ 90 %	≥ 1	≥ 90 %	3

Kategorie, *DC*: vgl. Performance Level

Merkmale

- Die elektrische Ausrüstung einer Maschine muss u. a. unter Berücksichtigung der
  - **physikalischen Umgebungsbedingungen** (z. B. Umgebungsbedingen am Aufstellort),
  - **Betriebsbedingungen** (z. B. Dauerbetrieb),
  - **elektrischen Versorgung** (z. B. Anschlussleistung),
  - Transport und Lagerung

  ausgelegt sein.
- Die Anforderungen an die elektrische Ausrüstung sind Teil der Gesamtanforderungen an die Sicherheit von Maschinen und daher im Rahmen der **Risikobeurteilung** der Maschine zu bewerten.
- Die eingesetzten elektrischen Komponenten müssen somit
  - für den vorgesehenen Einsatz geeignet sein (Auswahl geeigneter Komponenten),
  - die jeweiligen Normen erfüllen und
  - entsprechend der Vorgaben der Lieferanten angewendet werden.
- **Spezielle Anforderungen** (z. B. Wartungsvorgaben oder Errichtungsanforderungen) sind grundsätzlich zwischen dem Maschinenhersteller und dem Maschinenbetreiber zu vereinbaren.

Übersicht

Ausrüstungsaspekte

- **Netzanschluss**
  - Anschluss an das externe Schutzerdungs-System
  - Netz-Trenneinrichtung
  - Ausschalteinrichtungen zur Verhinderung von unerwartetem Anlauf
  - Einrichtungen zum Trennen der elektrischen Ausrüstung
  - Schutz vor unbefugtem, unbeabsichtigtem und/oder irrtümlichem Schließen
- **Elektrische Schutzmaßnahmen**
  - Basisschutz (Schutz gegen elektrischen Schlag/direktes Berühren)
  - Fehlerschutz (Schutz bei indirektem Berühren)
  - Schutz durch PELV
- **Potenzialausgleich**
  - Schutzleitersystem
  - Funktions-Potenzialausgleich
  - Begrenzung der Auswirkungen hoher Ableitströme
- **Geräteschutz**
  - Überstrom/Überhitzung (Motoren)/anormale Temperaturen
  - Unterbrechung der Versorgung/Spannungseinbruch und Spannungswiederkehr
  - Motor-Überdrehzahl
  - Erdschluss-/Fehlerstrom
  - Drehfeldüberwachung
  - Überspannungen durch Blitzschlag/Schalthandlungen
- **Steuerungskreise**
  - Steuerstromkreise/Steuerfunktionen, Steuerfunktionen im Fehlerfall
  - Schutzverriegelungen
- **Bedienerschnittstelle/an der Maschine montierte Steuergeräte**
  - Drucktaster/Leuchtdrucktaster
  - Anzeigeleuchten und Anzeigen
  - Drehbare Bedienelemente
  - Starteinrichtungen
  - Geräte für NOT-HALT/NOT-AUS
  - Geräte zur Freigabesteuerung
- **Schaltgeräte**
  - Anordnung/Aufbau/Gehäuse
  - Schutzgrad
  - Gehäuse, Türen und Öffnungen
  - Zugang zu Schaltgeräten
- **Elektrische Verbindungen**
  - Anschlussklemmen
  - Leiter/Isolierung
  - Strombelastbarkeit im Normalbetrieb
  - Spannungsfall in Leitern/Kabeln/Leitungen
  - Flexible Leitungen
  - Schleifleitungen und Schleifringkörper
- **Verdrahtungstechnik**
  - Anschlüsse und Leitungsverlauf
  - Identifizierung von Leitern
  - Verdrahtung innerhalb/außerhalb von Gehäusen
  - Leitungskanäle/Verbindungskästen
- **Elektromotoren**
  - Motorgehäuse/Motorabmessungen
  - Motoranordnung und -einbauräume
  - Kriterien für die Motorauswahl
  - Schutzgeräte für mechanische Bremsen
- **Kennzeichnung**
  - Warnschilder/Funktionskennzeichnung
  - Kennzeichnung der Ausrüstung
  - Referenzkennzeichen (Betriebsmittelkennzeichen)
- **Sonstiges**
  - Zubehör
  - Arbeitsplatzbeleuchtung

Übersicht

IP-Code	IM-Code	IC-Code	IK-Code
■ DIN EN 60034-5: 2007-09 ■ Schutzarten aufgrund der Gesamtkonstruktion von drehenden elektrischen Maschinen ■ **IP:** **I**nternational **P**rotection	■ DIN EN 60034-7: 2001-12 ■ Klassifizierung der Bauarten, der Aufstellungsarten und der Klemmkasten-Lage ■ **IM:** **I**nternational **M**ounting	■ DIN EN 60034-6: 1996-08 ■ Einteilung der Kühlverfahren ■ **IC:** **I**nternational **C**ooling	■ DIN EN 50102: 1997-09 ■ Schutzarten durch Gehäuse für elektrische Betriebsmittel gegen äußere mechanische Beanspruchungen ■ **IK:** K ist die phonetische Ableitung von „CA" (casser = zerbrechen)

Einteilung der Kühlverfahren (IC-Code)

■ Bezeichnungssystem (Beispiel)

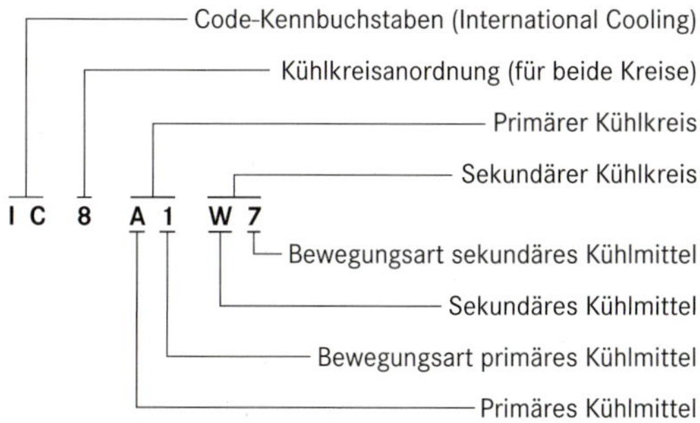

■ **Beispiel:** IC 6 (Fremdinnenkühlung)
Die Kühlluft wird durch ein Fremdluftgebläse durch den Motor geblasen.

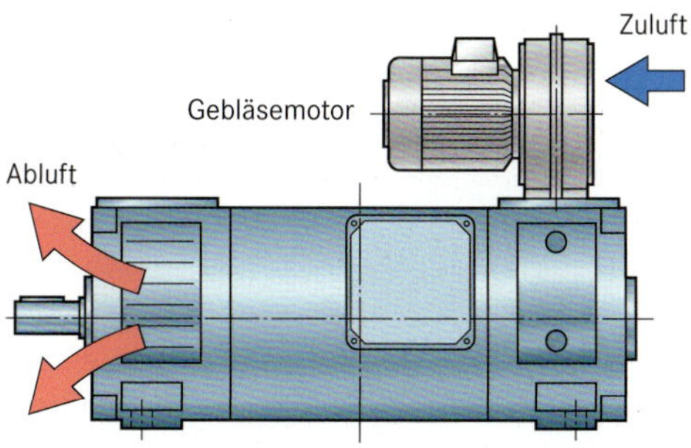

Kennziffern für Kühlkreisanordnung	
0	Freier Kühlkreis
1	Kühlkreis mit Zuführung über Rohr oder Kanal
2	Kühlkreis mit Abführung über Rohr oder Kanal
3	Kühlkreis mit Zu- und Abführung über Rohre oder Kanäle
4	Oberflächenkühlung
5	Eingebauter Wärmetauscher (umgebendes Kühlmittel)
6	Angebauter Wärmetauscher (umgebendes Kühlmittel)
7	Eingebauter Wärmetauscher (zugeführtes Kühlmittel)
8	Angebauter Wärmetauscher (zugeführtes Kühlmittel)
9	Getrennter Wärmetauscher (umgebendes oder nicht umgebendes Kühlmittel)

Kennbuchstaben für das Kühlmittel	
A	Luft
F	Frigen
H	Wasserstoff
N	Stickstoff
C	Kohlendioxid
W	Wasser
U	Öl
S	Alles andere

Kennziffern für Bewegungsart des Kühlmittels	
0	Freie Kühlung
1	Eigenkühlung
2, 3, 4	Nicht festgelegt
5	Eingebaute, unabhängige Baugruppe
6	Angebaute, unabhängige Baugruppe
7	Getrennte, unabhängige Baugruppe oder Kühlmittel-Betriebsdruck
8	Antrieb durch relative Bewegung
9	Antrieb durch sonstige Bewegungsarten

Schutz gegen äußere mechanische Beanspruchung (IK-Code)

■ Bezeichnungssystem (Beispiel)

[1] 1 J (Joule) = 1 Nm

IK	Energie in Joule[1]
IK 00	0
IK 01	0,15
IK 02	0,2
IK 03	0,35
IK 04	0,5
IK 05	0,7
IK 06	1
IK 07	2
IK 08	5
IK 09	10
IK 10	20

■ **Beispiel:**
Schlagprüfung mit Freifallhammer

■ Auftreffende Energie:
$W = m \cdot g \cdot h$

■ Weitere Prüfgeräte:
Pendelhammer und Federhammer
(DIN EN 60068-2-2: 2008-05, Teil 62 und 63)

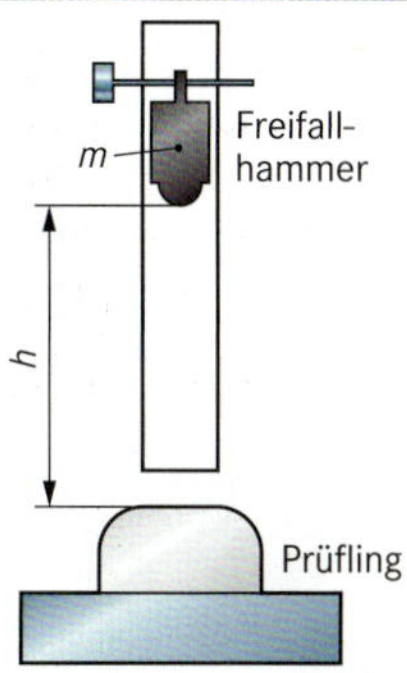

Anforderungen

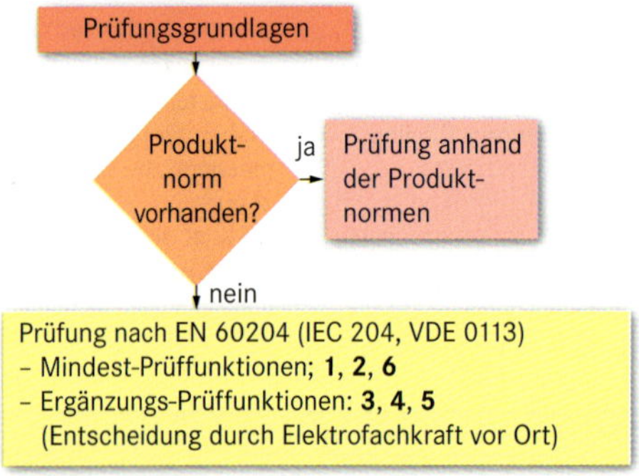

- Prüfung z. B. für
  - Metallbearbeitungs- und -verarbeitungsmachinen
  - Druck-, Papier- und Kartonmaschinen
  - Montagemaschinen, Förder- und Handhabungstechnik (Roboter, Regalbedienungsgeräte)
  - Kompressoren, Pumpen, Kräne
- **Prüffristen:** Wiederholungsprüfung maximal 4 Jahre (DGUV Vorschrift 3) bzw. verkürzt oder verlängert in Abhängigkeit vom Ergebnis einer Risikoanalyse (BetrSichV).
- Weitere Normen (z. B. DIN EN 1037: 1996): Sicherheit von Maschinen, Vermeidung von unerwartetem Anlauf.
- **Checkliste** beim Berufsgenossenschaftlichen Institut für Arbeitsschutz (BGIA Handbuch 02/2007).

Prüfgeräte

- Die Geräte sind mit einer Anzeige-, Eingabe- und Messeinheit ausgerüstet.
- Über die **Eingabeeinheit** erfolgt die
  - Auswahl der jeweiligen Messaufgabe,
  - Konfiguration an die jeweilige Messaufgabe und
  - Messbereichsauswahl.
- In einem **Messwertspeicher** können die erfassten Messwerte von mehreren Maschinen aufgezeichnet und über eine Datenschnittstelle zwecks **Protokollerstellung** ausgegeben werden.
- Die ordnungsgemäße Funktionsfähigkeit der Prüfgeräte ist zu überprüfen.

Gerätebeispiel:

Funktionen

1. Besichtigung und Überprüfung der elektrischen Ausrüstung auf Übereinstimmung mit der Dokumentation

- Feststellen des ordnungsgemäßen Zustandes
- Überprüfen der
  - Übereinstimmung der elektrischen Ausrüstung mit der vorhandenen Dokumentation (z. B. Bedienungsanleitung in Landessprache, Wartungs-, Einstell-, Instandhaltungsanleitung, Installations-/Stromlaufpläne, Schnittstellenverbindungen [für Fachpersonal verständlich]).
  - Daten zur Auswahl von Art, Kennwerten, Bemessungsstromstärke der Überstrom-Schutzeinrichtungen.

2. Überprüfung der Bedingungen für den Schutz durch automatische Abschaltung

- Durchgängigkeit des Schutzleitersystems (bevorzugt mit Prüfstromstärke 10 A aus SELV-Versorgung mit 24 V Wechsel- oder Gleichspannung)
- Impedanz der Fehlerschleife nach DIN EN 60204-1 durch Messung oder Berechnung

3. Isolationswiderstandsprüfung

- Der Isolationswiderstand zwischen den Leitern aller Stromkreise und dem Schutzleitersystem muss bei einer Messspannung von 500 V DC ≥ 1 MΩ sein.
(Bei Sammelschienen und Schleifringsystemen ≥ 50 kΩ).

4. Hochspannungsprüfung (Isolationsfestigkeit)

- Maximale Prüfspannung: zweifacher Wert der Bemessungsspannung (oder 1000 V, 50 Hz oder 60 Hz, 1 s)

Hinweis: Baugruppen oder Geräte, die nicht dafür bemessen sind oder anhand der zugehörigen Produktnorm bereits geprüft sind, werden vor der Prüfung abgetrennt.

5. Schutz gegen Restspannung

- Berührbare aktive Teile einer Maschine mit einer Spannung von mehr als 60 V während des Betriebes.
- Nach dem Abschalten der Versorgungsspannung muss die Restspannung auf einen Wert von max. 60 V innerhalb von 5 s abgesunken sein.

6. Funktionsprüfungen

- Alle elektrischen Stromkreise, die eine Sicherheitsfunktion gewährleisten, wie z. B
  - Erdschlussüberwachung und
  - Stopp-/Steuerungsfunktionen.

Hinweis: Durch Steckverbinder abgetrennte Komponenten sind vor der Durchführung der Funktionsprüfung wieder zu verbinden!

Nachprüfungen sind erforderlich, wenn ein Teil der Maschine und der zugehörigen Ausrüstung ausgewechselt, geändert oder instandgesetzt wurde.

Merkmale

- Maschinelle **B**ild**v**erarbeitungs**s**ysteme (**BVS**) erfassen die Eigenschaften von Prüfobjekten visuell und vergleichen diese mittels Software auf vorgegebene Eigenschaften.
- Bildverarbeitungssysteme bestehen aus den Komponenten
  - Beleuchtung ①,
  - Optik ②,
  - Kamera ③ und
  - Auswerteeinrichtungen (Soft- und Hardware) ④.

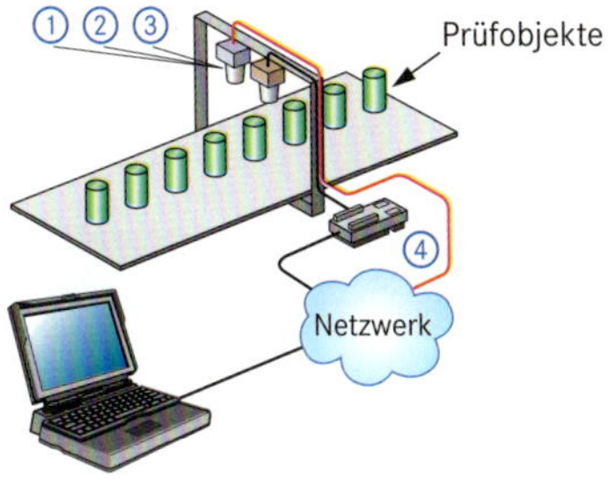

Verarbeitungsablauf

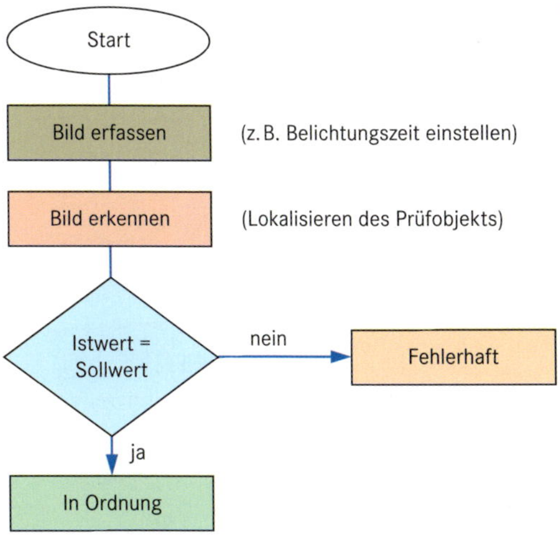

Anwendungen

Angewendet werden BVS u. a. für
- Prüfaufgaben (Kontrolle von Lötstellen, Überprüfung von Formteilen, Aufdruckkontrolle),
- Vermessung (Überprüfung der Maßhaltigkeit, Positionskontrolle) und
- Fehlererkennung (Erkennen von Verunreinigungen, Rissen, Kratzern, Fehlfarben, fehlenden Teilen).

Beispiel:
Positionserkennung und Durchmesser von Aufnahmebohrungen ⑤

Beleuchtung

- Die Auswahl der optimalen Beleuchtung ist abhängig vom Anwendungsfall.
- Als Beleuchtungsverfahren werden **Auflichtbeleuchtung** und **Hintergrundbeleuchtung** eingesetzt.
- Kameras erfassen lediglich das Licht, das von den Prüfobjekten reflektiert wird.
- Als Lichtquellen werden eingesetzt
  - Gasentladungslampen (z. B. Xenon-Lampen für große Lichtmengen über einen kurzen Zeitraum bei hohen Bandgeschwindigkeiten),
  - LEDs (gleichförmiges Licht, lange Lebensdauer) oder
  - Laser (Vermessung von Höhenunterschieden und Profilen).

Beispiel: Auflichtbeleuchtung ⑥ mit LED-Ringleuchte ⑦

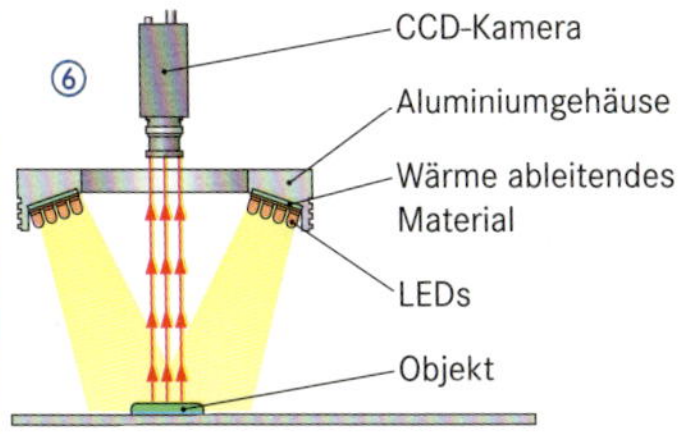

Beleuchtungseinflüsse

Abhängig von der Art des zu prüfenden Gegenstandes sind folgende Beleuchtungseinflüsse zu berücksichtigen:
- Beleuchtungswinkel
- Wellenlänge des Lichts
- Lichtausbreitung
- Oberfläche und Geometrie des Gegenstandes
- Steuerung der Beleuchtung

Beispiel:
Leiterplattenaufnahme mit

fluoreszierendem Ringlicht (Bildintensität unbrauchbar)

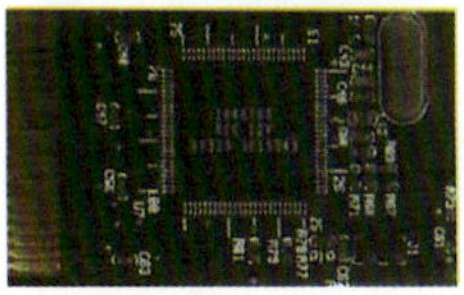

Hochleistungs-LED (Bildintensität brauchbar)

Objektive

- Objektive nehmen die vom Prüfobjekt reflektierten Lichtstrahlen auf und erzeugen ein Abbild auf dem Sensorchip der Kamera.
- Meist werden Objektive mit fester Brennweite eingesetzt.
- Auswahlkriterien für Objektive sind u. a.
  - Sensorgröße und Bildkreisdurchmesser,
  - Pixelgröße und optische Auflösung und
  - Objektauflösung und Abbildungsmaßstab.

Kameras

- Als Kameras werden eingesetzt
  - Flächenkameras (erzeugen zweidimensionales Abbild) und
  - Zeilenkameras (erfassen nur eine einzelne Zeile).
- Die Sensortypen in den Kameras sind
  - **CCD**-Sensoren (**C**harge-**C**oupled **D**evice) und
  - **CMOS**-Sensoren (**C**omplentary **M**etal-**O**xide **S**emiconductor).

3D-Druck
3D Printing

Merkmale

- 3D ist die Abkürzung für dreidimensional.
- 3D-Druck ist ein Produktionsverfahren, bei dem physische 3D-Objekte durch schichtenweisen Materialauftrag von formlosen Stoffen erzeugt werden.
- Das Verfahren
  - zählt zu den additiven Fertigungsverfahren und
  - benötigt keine zusätzlichen formgebenden Fertigungswerkzeuge.
- Die Herstellung der Objekte erfolgt auf Basis digitaler 3D-CAD-Daten.

Anwendungen

- **Rapid Prototyping** (schneller Prototypenbau): Modellherstellung zu Anschauungszwecken und Vermeidung von Entwicklungsfehlern
- **Rapid Tooling** (schneller Werkzeugbau): Herstellung von Prototypen und Vorserien für Werkzeuge und Formen (z. B. Spritzgussformen)
- **Rapid Manufacturing** (schnelle Fertigung): Herstellung von Produkten mit (Klein-)Seriencharakter (z. B. Zahnimplantate, Hörgeräte)
- **Special Manufacturing** (spezielle Fertigung): Formenherstellung, die mit Zerspanung nicht machbar ist

Druckverfahren

Stereolithographie (STL)

- Material:
  - Lichtaushärtender Kunststoff in Wannenbad (z. B. Epoxidharz)
- Schichtenerzeugung:
  - Laserstrahl belichtet die der Form entsprechenden Bereiche, die dabei aushärten.
  - Objektplattform wird entsprechend der gewählten Schichtdicke abgesenkt.
  - Neues, flüssiges Material wird gleichmäßig über die Oberfläche verteilt und erneut belichtet.
- Schichtdicken: 10 µm bis 100 µm
- Vorteile:
  - Sehr hohe Auflösung (nm-Bereich)
  - Hohlräume möglich
- Nachteile:
  - Geringe Materialauswahl
  - Teilweise Stützstrukturen erforderlich

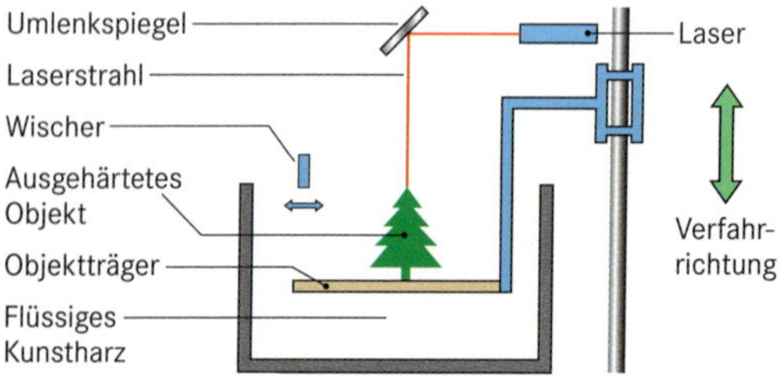

Schmelzschichtung (Fused Deposition Modelling – FDM)

- Material:
  - Diverse Kunststoffe (z.B. **A**crylnitril-**B**utadien-**S**tyrol, PolyLactic Acid, Nylon), Wachs und Metalle, die bei niedrigen Temperaturen schmelzen.
- Schichtenerzeugung:
  - Schichtenweiser Materialauftrag durch Extrudieren des drahtförmigen Werkstoffs (Filament).
- Schichtdicken: 25 µm bis 1200 µm
- Vorteile:
  - Große Materialpalette
  - Gleichzeitige Verwendung mehrerer (unterschiedlicher) Materialien durch mehrere Extruder.
  - Heizdüse in der Fertigungsebene frei verfahrbar.
- Nachteile:
  - Auflösung abhängig von Extrusionsbreite
  - Düsen können verstopfen
  - Objekte bei Standard-Kunststoffen nicht sehr belastbar

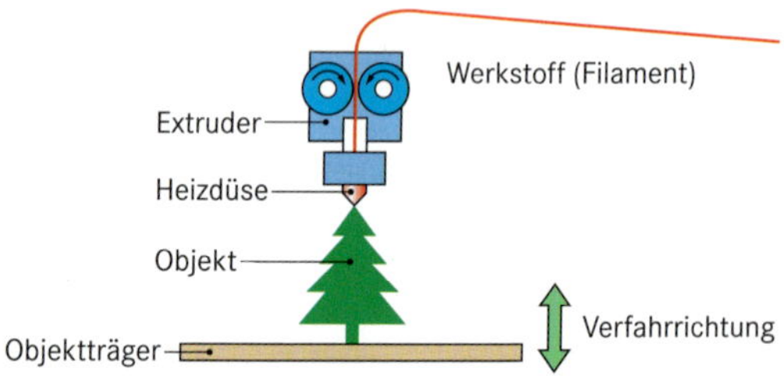

Selektives Lasersintern (SLS) Selektives Laserschmelzen (SLM)

- Material:
  - Pulverförmige Rohmaterialien aus Kunststoff, Metall, Metall-Polymeren, Quarz-/Zirkonsand.
- Schichtenerzeugung:
  - Schichtenweise Bestrahlung und Aushärtung des Pulvers (siehe STL) mittels Laser.
- Schichtdicken: 20 µm bis 100 µm
- Vorteile:
  - Thermisch und mechanisch hochbelastbare Objekte möglich
  - Thermisch nicht belastetes Pulver kann wiederverwendet werden
- Nachteile:
  - Stützstrukturen bei Metallen
  - Materialspannungen durch Temperaturdifferenzen

Weitere Druckverfahren

- **M**ulti**J**et-**M**odeling (**MJM**):
  - Material: Polymere (z. B. ABS)
  - Verwendet InkJet-Druckknöpfe, die Polymere schichtweise ausdrucken und mit UV-Licht aushärten
  - Mehrere Druckknöpfe mit unterschiedlichen Materialien möglich
  - Typische Auflösung liegt bei 600 dpi.
- **S**elective **D**eposition **L**aminating (**SDL**):
  - Verwendet Papierseiten, die lagenweise mittels Klebstoff aufeinander geklebt werden
  - Objektform wird für jede Seite mittels Messer ausgeschnitten
  - Farbige 3D-Objekte möglich

Prüfen und Messen, Montieren

4

Messtechnik

Montage

Grundbegriffe der Messtechnik
Basic Terms in Measurement Techniques

- **Messen**
  Experimenteller Vorgang zur Ermittlung eines speziellen Wertes einer physikalischen Größe als Vielfaches einer Einheit oder eines Bezugswertes
- **Messgröße**
  Durch Messung erfasste physikalische Größe, z. B. Spannung
- **Messwert**
  Speziell zu ermittelnder Wert der Messgröße in Zahlenwert und Einheit, z. B. 12 kWh
- **Messprinzip**
  Nutzung einer charakteristischen physikalischen Erscheinung zur Messung, z. B. Drehmomentbildung beim elektrodynamischen Motorzähler zur Messung der elektrischen Arbeit
- **Messverfahren**
  Praktische Anwendung und Auswertung eines Messprinzips
- **Direktes Messverfahren**
  Messwertlieferung durch unmittelbaren Vergleich mit einem Bezugswert derselben Messgröße, z. B. Massenvergleich mit Gewichten
- **Indirektes Messverfahren**
  Rückführung des gesuchten Messwertes auf andere physikalische Größen, z. B. drehzahlproportionale Arbeit beim Motorzähler
- **Messeinrichtung** (Messanordnung)
  Besteht aus einem oder mehreren zusammenhängenden Messgeräten mit Zusatzeinrichtungen und Zubehör
- **Analoges Messverfahren**
  Eindeutige punktweise stetige Darstellung der Messgröße, z. B. stetig verschiebbarer Zeiger
- **Digitales Messverfahren**
  Zahlenmäßige Darstellung der Messgröße bei gegebenem kleinsten Messschritt
- **Zählen**
  Ermittlung der Anzahl von gleichartigen Elementen oder Ereignissen, die bei der Untersuchung eines Vorganges auftreten
- **Prüfen**
  Feststellung, ob Prüfgegenstand eine oder mehrere vereinbarte oder vorgeschriebene Bedingungen erfüllt

Skalensymbole
Scale Symbols

Beispiel:

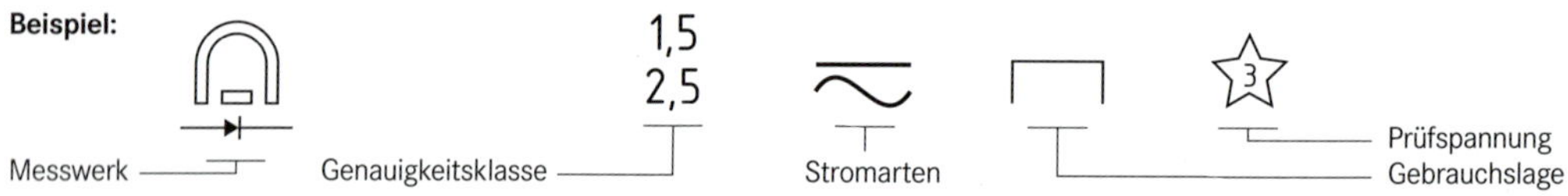

Messwerke

- Drehspulmesswerk mit Dauermagnet, allgemein
- Eingebauter Zusatz:
  - Gleichrichter
  - nicht isolierter Thermoumformer
  - isolierter Thermoumformer
- Drehspul-Quotientenmesswerk
- Drehmagnetmesswerk
- Drehmagnet-Quotientenmesswerk
- Elektrodynamisches Messwerk, eisenlos
- Elektrodynamisches Messwerk, eisengeschlossen
- Elektrodynamisches Quotientenmesswerk, eisenlos
- Dreheisenmesswerk
- Dreheisen-Quotientenmesswerk
- Induktionsmesswerk
- Hitzdrahtmesswerk
- Bimetallmesswerk
- Elektrostatisches Messwerk
- Vibrationsmesswerk
- Magnetische Schirmung

Stromarten

- Gleichstrom
- Wechselstrom
- Gleich- und Wechselstrom
- Drehstrominstrument mit einem Messwerk
- mit zwei Messwerken
- mit drei Messwerken

Prüfspannungen

- Prüfspannung 500 V
- Prüfspannung höher als 500 V, z. B. 2000 V
- Keine Spannungsprüfung

Nennbedingungen

- 1,5 – Klassenzeichen für Anzeigefehler, z. B. ±1,5 %, bezogen auf den Messbereich-Endwert

Gebrauchslagen

- 60° – Schräge Gebrauchslage Neigungswinkel, z. B. 60°
- Waagerechte Gebrauchslage
- Senkrechte Gebrauchslage

Hinweise

- Getrennter Nebenwiderstand
- Getrennter Vorwiderstand
- Getrennter Scheinwiderstand

Besonderer Hinweis

- Achtung! Gebrauchsanweisung beachten

Genauigkeitsklasse[1]

z. B. Nennbedingung 25 °C,

- 25°C – Einflussbereich 15 bis 25 °C und 25 bis 35 °C

[1] Feinmessgeräte: Klassen 0,1; 0,2; 0,5 Betriebsmessgeräte: Klassen 1; 1,5; 2,5

Begriffe

- Messen ist das Ermitteln (vergleichen) des Wertes einer physikalischen Größe mit einer festgelegten gleichartigen **Bezugsgröße**.
- Die **Messgröße** ist eine physikalische Größe, die durch eine Messung erfasst wird.
- **Messwert** ist der zu ermittelnde Wert der Messgröße (Produkt aus Zahlenwert und Einheit).
- **Messergebnisse** sind die Messwerte einer Messgröße einschließlich der Messunsicherheit oder Fehlergrenzen.
- **Messverfahren** werden unterschieden in
  - analoge Messverfahren,
  - digitale Messverfahren,
  - direkte Messverfahren und
  - indirekte Messverfahren.

Messverfahren

Einteilung

analog	digital	direkt	indirekt
Messwert der Messgröße ist eine eindeutig, punktweise stetige Darstellung (z. B. Drehspulmessgerät).	Messwert der Messgröße ist eine zahlenmäßige mit fest gegebenen kleinsten Schritten quantisierbare Darstellung (z. B. Digitalspannungsmesser).	Messwert der Messgröße wird durch Vergleich mit Bezugswert derselben Messgröße gewonnen (z. B. Längenmessung mit Maßstab).	Messwert der Messgröße wird auf andersartige physikalische Größen zurückgeführt (z. B. Widerstandsbestimmung durch Stromstärke und Spannungsmessung).

Messwerte und Messergebnisse

- Messwerte sind mit Messfehlern behaftet.
- Die Ursachen hierfür sind u. a.
  - **systematische** Messfehler (erfasste Ursachen),
  - **zufällige** Messfehler (nicht erfasste Ursachen) und
  - **grobe** Messfehler (vermeidbare Ursachen).
- Die Angabe eines Messergebnisses beinhaltet auch die Angabe der Messunsicherheit (Toleranz).

Messwert	Vollständiges Messergebnis
$x = x_w + e_r + e_s$	$y = M \pm u$
x: Messwert x_w: wahrer Wert e_r: zufällige Messabweichung e_s: systematische Messabweichung	y: Messgröße M: Messergebnis u: Messunsicherheit Beispiel: 2,5 V ± 0,3 V

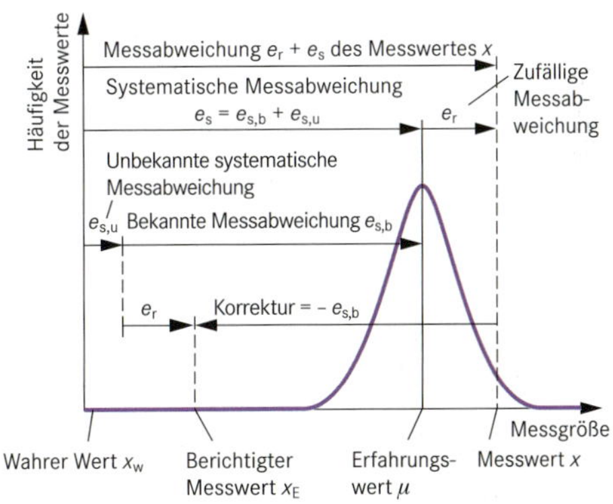

Eichen, Kalibrieren

- Bei der **Kalibrierung** wird der Zusammenhang zwischen dem Messwert der Ausgangsgröße und dem zugehörigen wahren Wert der als Eingangsgröße vorliegenden Messgröße ermittelt.
- Es erfolgt bei der Kalibrierung kein Eingriff in das Messgerät zwecks Einstellung.
- Kalibrieren dient zur Erstellung einer Korrektionstabelle oder zur Ermittlung von Kalibrierfaktoren.
- Bei der **Eichung** werden Messgeräte nach den gesetzlich vorgegebenen Eichvorschriften (Eichgesetz) überprüft. Dabei wird u. a. überprüft, ob die Beträge der Messabweichung die Eichfehlergrenzen nicht überschreiten.
- Die Gültigkeit der Eichung ist zeitlich befristet.
- Die Eichung kann nur bei Geräten erfolgen, die von der PTB (Physikalisch Technischen Bundesanstalt) eine entsprechende Zulassung haben.

Kennzeichnungsbeispiele

Hauptstempel für nationale Eichung

Messgeräte-Eichzeichen (z. B. Elektrozähler)

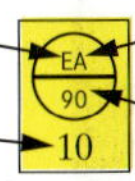

EG-Ersteichung

Definitionen

Begriff	Bedeutung
Wahrer Wert x_W	Es handelt sich um den Wert der physikalisch vorliegt. Dieser kann aufgrund von Messfehlern in der Praxis nicht exakt ermittelt werden.
Angezeigter Messwert x_a	Wert der Messgröße und die Ausgabe eines Messgerätes
absoluter Fehler F	$F = x_a - x_w$
relativer Fehler f	$f = \frac{F}{x_w}$
Echteffektivwert/True RMS	Einfache Messgeräte sind auf vorgegebene Strom-/Spannungsformen (DC oder Sinusform) geeicht. Abweichende Kurvenformen wie bei Oberschwingungsbelastung führen zu Messfehlern. Geräte mit True RMS berücksichtigen unterschiedliche Kurvenformen.

Fehlerursachen

Systematische Fehler	Zufällige Fehler	Grobe Fehler
■ Sie ergeben bei Wiederholung der Messung gleiche Abweichungen (Größe und Vorzeichen). ■ Sie entstehen z. B. durch unvollkommene Messgeräte oder Messverfahren. ■ Beispiel: 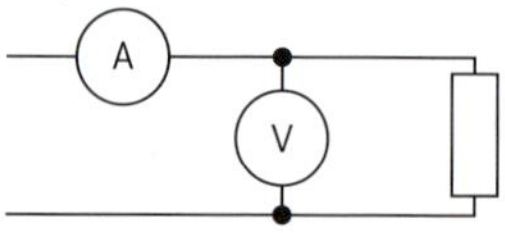 Spannungsrichtige Messung führt zu systematischem Messfehler bei Strommessung	■ Bei wiederholenden Messungen ergeben sich auch bei konstanten Bedingungen unterschiedliche Abweichungen. ■ Ursachen sind nicht erfassbare Änderungen bei Messgeräten, Messobjekt oder Beobachter. ■ Die Messwerte streuen und die Fehler unterscheiden sich in Betrag und Vorzeichen. ■ Beispiel: – letztes Bit bei Digitalanzeigen – Ableseungenauigkeit bei Zeigerinstrumenten	■ Sind im allgmeinen vermeidbare Fehler ■ Sie sind von Vorzeichen und Betrag nicht zu bestimmen. ■ Beispiele: – Irrtümer – Fehlüberlegungen – Missverständnisse – Schreibfehler bei der Dokumentation – Programmierfehler bei der Auswertungen

Messgenauigkeit (Beispiele)

Digitales Multimeter	Anzeige	Fehlerrechnung
 	■ 4stellige Anzeige ■ Messbereich: 2000 V (größtmögliche Anzeige = 1 999,9 V) ■ Anzeigenumfang: 19 999 Digits (20 000 Messschritte á 0,1 V)	■ Fehler: +/– 0,5 %, +/– 4 Digits[1)] ■ Anzeige: 600,0 V ■ minimaler Messwert: $600\ \text{V} - 600\ \text{V}\ \frac{0{,}5}{100} - 0{,}4\ \text{V} = 596{,}6\ \text{V}$ ■ maximaler Messwert: $600\ \text{V} + 600\ \text{V}\ \frac{0{,}5}{100} + 0{,}4\ \text{V} = 603{,}4\ \text{V}$
	[1)] Digit: kleinster anzuzeigender Messschritt (im Beispiel 0,1 V)	
Analoges Multimeter	**Anzeige**	**Fehlerrechnung**
 	■ Maximalwert je nach Messbereichseinstellung ■ Ablesefehler minimieren, durch senkrechten Blick auf den Zeiger (Zeiger und Zeigerspiegelbild in Deckung) ■ Je nach Messaufgabe lineare/logarithmische Skala benutzen. ■ Absoluter Fehler ist im ganzen Messbereich gleich. ■ Relativer Fehler wird umso kleiner, je weiter die Skala ausgenutzt wird.	■ Güteklasse gibt den absoluten Fehler an. ■ $F = \frac{\text{Güteklasse}}{100} \cdot MBEW$ $MBEW$: Messbereichsendwert Beispiel: ■ Güteklasse 2,5 ■ Messbereichsendwert = 1,5 A $F = \frac{2{,}5}{100} \cdot 1{,}5\ \text{A}$ $F = 0{,}0375\ \text{A}$ ■ Anzeige: 0,9 A Minimaler Messwert 0,9 A – 0,0375 A = 0,8625 A Maximaler Messwert 0,9 A + 0,0375 A = 0,9375 A

Gleichspannung

Messschaltung

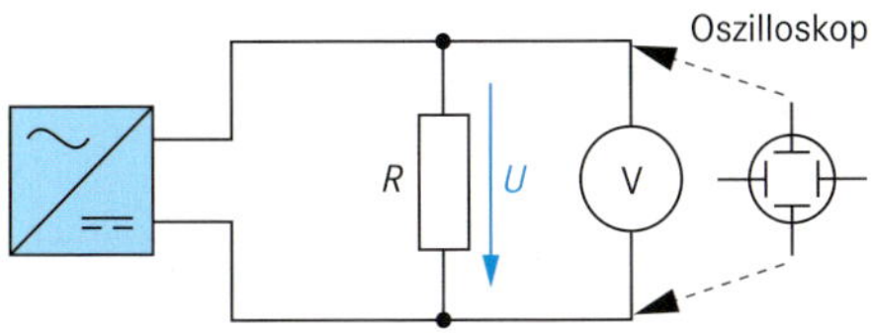

Form der Messspannung:

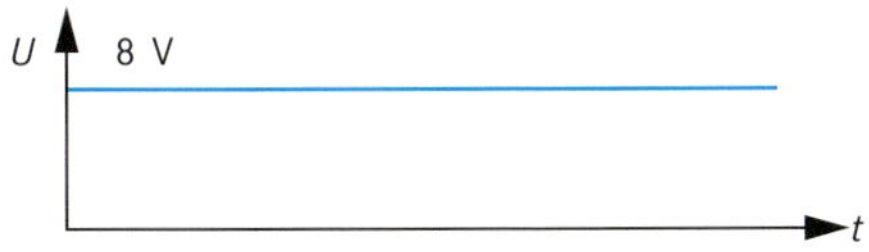

Messergebnisse:
Drehspulmessinstrument

Gleichspannungsbereich  $U = 8$ V

Oszilloskop:

Stellung DC
$A_Y = 2$ V/cm $U = 8$ V

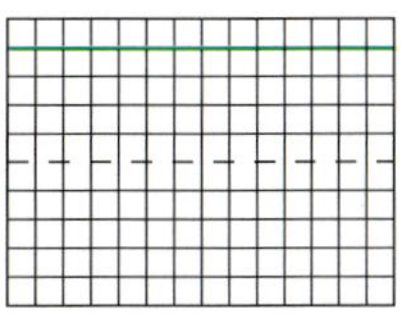

Stellung AC
$A_Y = 2$ V/cm $U = 0$ V

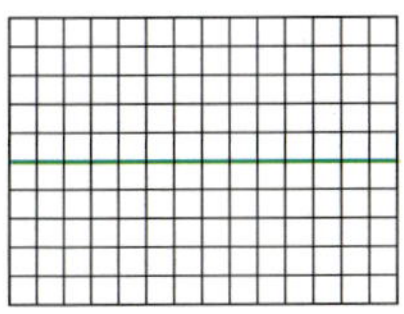

Wechselspannung

Messschaltung

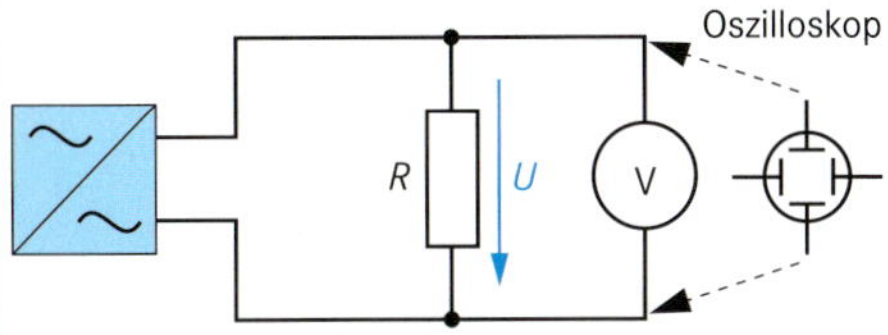

Form der Messspannung:

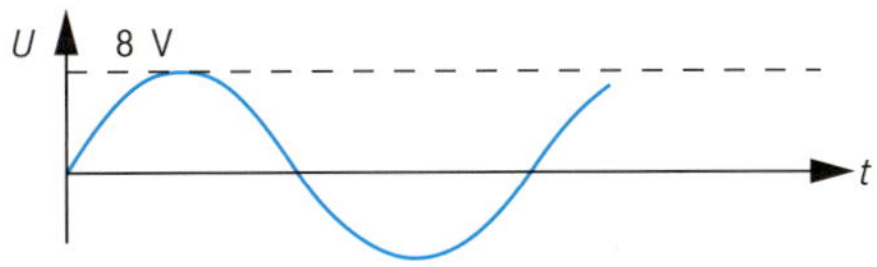

Messergebnisse:
Drehspulmessinstrument

Gleichspannungsbereich  $U = 0$ V

Wechselspannungsbereich  $U = 5{,}7$ V Effektivwert

Oszilloskop:

Stellung AC bzw. DC
$A_Y = 2$ V/cm $\hat{u} = 8$ V

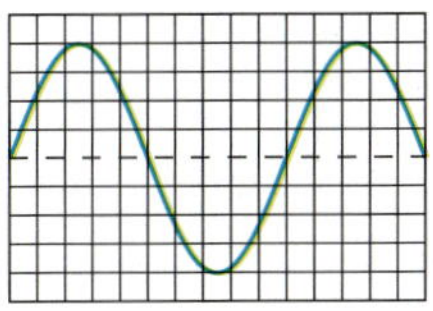

Stromstärke und Spannung

- Das Stromstärkemessgerät wird in Reihe direkt in den Stromkreis geschaltet.

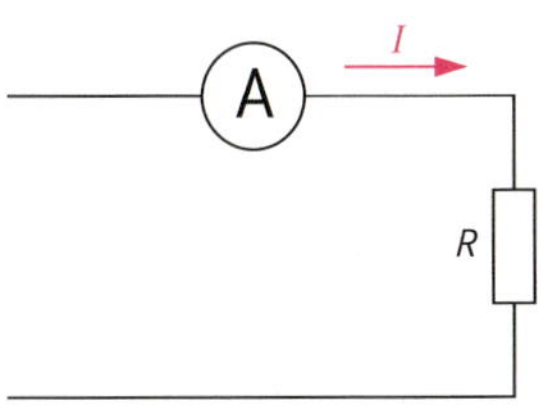

- Das Spannungsmessgerät wird parallel geschaltet.

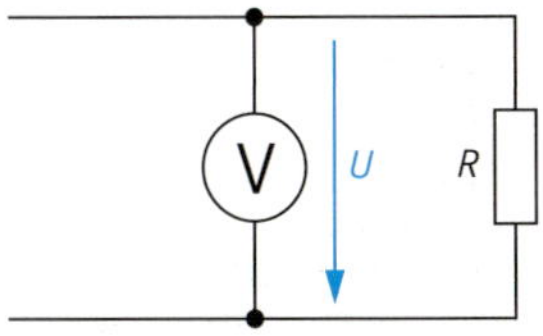

Leistung (Wirkleistung)

- Im Leistungsmessgerät werden Spannung und Stromstärke gleichzeitig gemessen, das Produkt gebildet und als Leistung angezeigt.
  Es sind drei bzw. vier Anschlüsse vorhanden.

Beispiel:
Messung einer Geräteleistung (z. B. Monitor) im Wechselstromkreis.

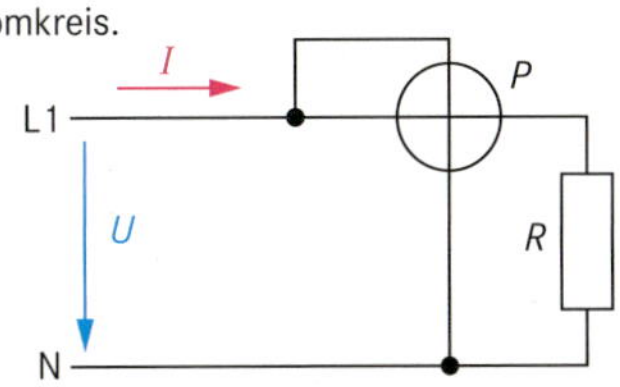

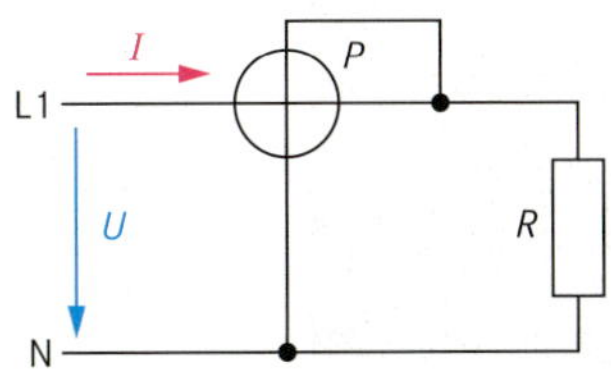

Stromstärke- und Spannungsmessung

Messschaltung	Messgrößen		Auswerteformel
Spannungsfehlerschaltung (für große Widerstände) 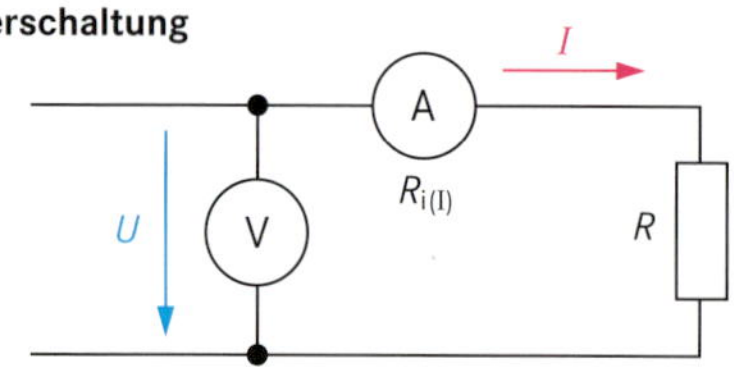	U: gemessene Spannung	V	
	I: gemessene Stromstärke	A	$R = \frac{U - I \cdot R_{i(I)}}{I}$
	$R_{i(I)}$: Widerstand des Stromstärkemessgerätes	Ω	
Stromfehlerschaltung (für kleine Widerstände) 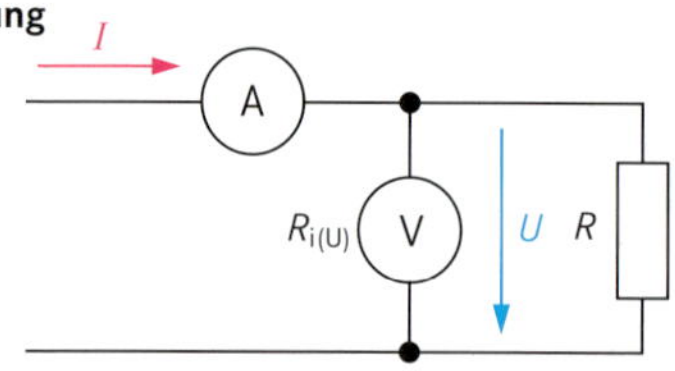	U: gemessene Spannung	V	
	I: gemessene Stromstärke	A	$R = \frac{U}{I - \frac{U}{R_{i(U)}}}$
	$R_{i(U)}$: Widerstand des Spannungsmessgerätes	Ω	

Direkte Widerstandsmessung

Arbeitsweise	Prinzipschaltung
■ Die Stromstärke wird gemessen und angezeigt. ■ Auf der Skala sind entsprechend der Stromstärke die dazugehörigen Widerstände angegeben. ■ Die Anzeige 0 Ω erhält man bei Vollausschlag. ■ Aufgrund der Alterung der Spannungsquelle muss der Nullpunkt nachgestellt werden. 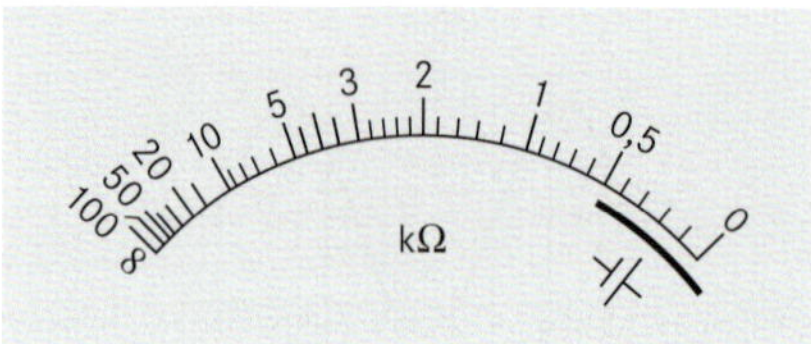	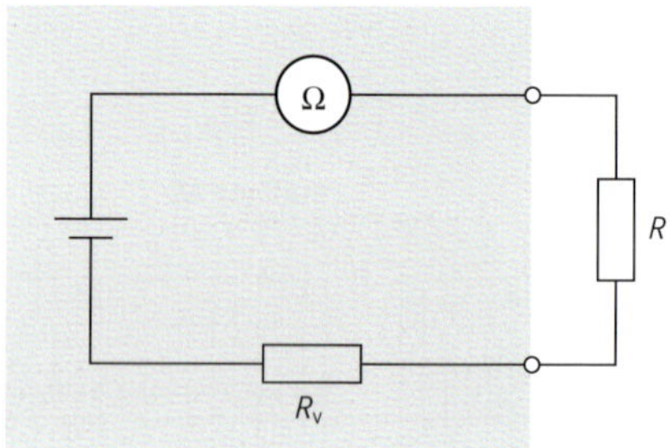

Messbrücken

Wheatstone-Messbrücke	Eigenschaften	Anwendungen
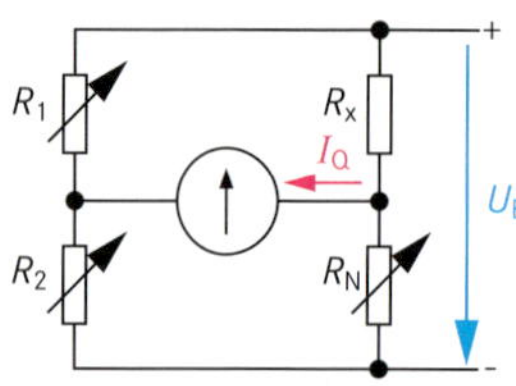	■ Messbedingung $I_Q = 0$ A (abgeglichene Brücke): $R_X = R_N \cdot \frac{R_1}{R_2}$ ■ Messgenauigkeit hängt u. a. von der Messgeräteempfindlichkeit und Genauigkeit der Vergleichswiderstände ab.	■ Einsatz zur Widerstandsmessung für $R_X = 1\ \Omega \ldots 1\ M\Omega$ bis zu einer Messgenauigkeiten von 0,02 %. ■ Ausschlagmessbrücken ($I_Q \neq 0$ A) für Gleich- oder Wechselstrom zur Messung anderer physikalischer Größen
Wien-Messbrücke 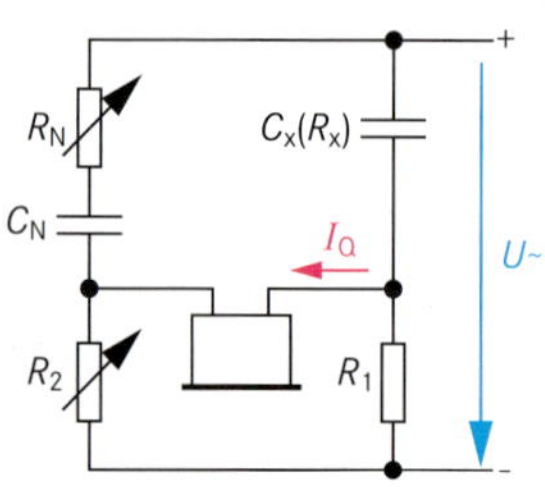	■ Messbedingung $I_Q = 0$ A (Tonlosigkeit): $\tan \varphi_x = \tan \varphi_N$ $C_x = C_N \cdot \frac{R_1}{R_2}$ $\tan \delta_x = \omega \cdot C_N \cdot R_N$ $R_x = R_N \cdot \frac{R_2}{R_1}$ ■ Brückenabgleich durch R_N, der auch parallel zu C_N geschaltet werden kann.	■ Kapazitätsmessungen für $C_X = 1$ nF…100 µF bei NF und bei HF $C_X \geq 100$ pF mit Fehlergrenzen bis 0,1 % ■ Verlustfaktor (tan δ)-Messungen bis 1 % Messgenauigkeit ■ Wien-Maxwell-Messbrücke zur Messung größerer Kapazitäten bei kleiner Spannung

Prinzip

Stufenweise Signalzuführung

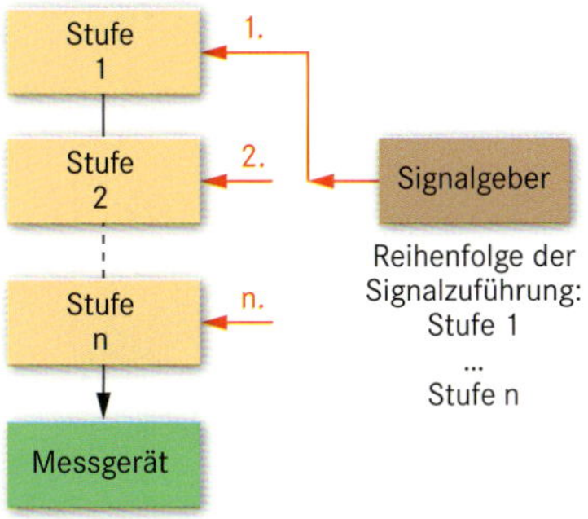

- Das Messgerät befindet sich am Ende einer Signalkette.
- Signale werden den einzelnen Stufen zugeführt.
- Signalgeber darf keine unzulässige Belastung für die Stufen verursachen.

Stufenweise Signalmessung

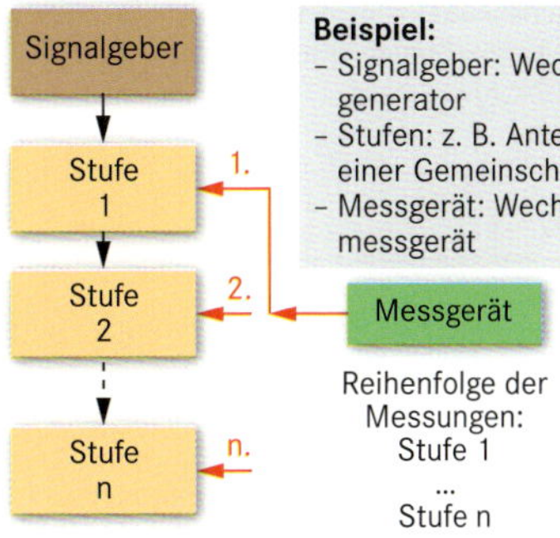

Beispiel:
- Signalgeber: Wechselspannungsgenerator
- Stufen: z. B. Antennensteckdosen einer Gemeinschaftsantennenanlage
- Messgerät: Wechselspannungsmessgerät

- Das Signal wird der Eingangsstufe zugeführt.
- Der Signalgeber muss so an die Eingangsstufe angepasst sein, dass keine Verfälschungen auftreten.
- Das Signal wird nach den einzelnen Stufen gemessen.

Merkmale

- Voraussetzungen:
  Gerät, Baugruppe, Stufe muss sich im Betriebszustand befinden.
- Anwendung:
  Signale durchlaufen mehrere Stufen.
- Signalgeber:
  Generatoren für Spannungen, Impulse, Logikpegelgeber, …
- Messgeräte:
  Spannungsmessgerät, Oszilloskop, Logikanalysator, …

Statische Fehlersuche
Static Fault Locating

Durchgangsprüfung

- Anwendung:
  Reihenschaltung von Widerständen, Leitungen usw.
- Messgeräte:
  Einfaches Widerstandsmessgerät oder Durchgangsprüfer
- Auswertung:
  Durchgang ①…② vorhanden, ja/nein

Fehlerfall: R_3 hat Unterbrechung
①…⑥: Messpunkte

Fälle	Reihenfolge der Durchgangsmessung →			
A	① nein	② nein	③ nein	④ ja
B	⑥ ja	⑤ ja	④ ja	③ nein
C	③ ja	④ nein		

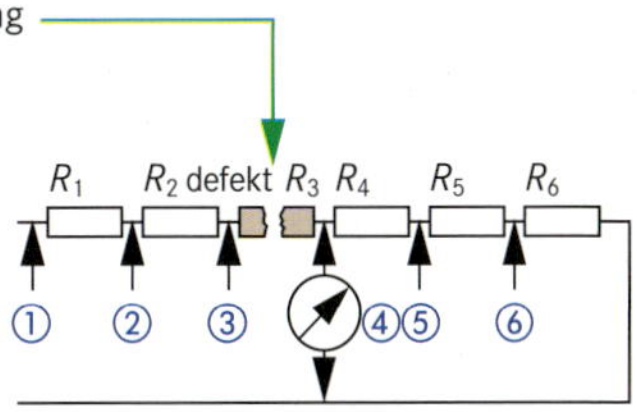

Fehler gefunden

Schlussprüfung

- Anwendung:
  Parallelschaltung von Widerständen, Geräten, Anlagen usw.
- Messgeräte:
  Einfaches Widerstandsgerät, Durchgangsprüfer
- Unterbrechungen ①… vornehmen, Messgerät beobachten.
  Auswertung: Schluss vorhanden, ja/nein; Ausschlag ändert sich, wenn defektes Element abgetrennt wird

Fehlerfall: R_3 hat Schluss
①…⑥: Unterbrechungen herstellen

Fälle	Reihenfolge der Schlussmessung →			
A	① ja	② ja	③ nein	
B	⑥ ja	⑤ ja	④ ja	③ nein
C	② ja	③ nein		

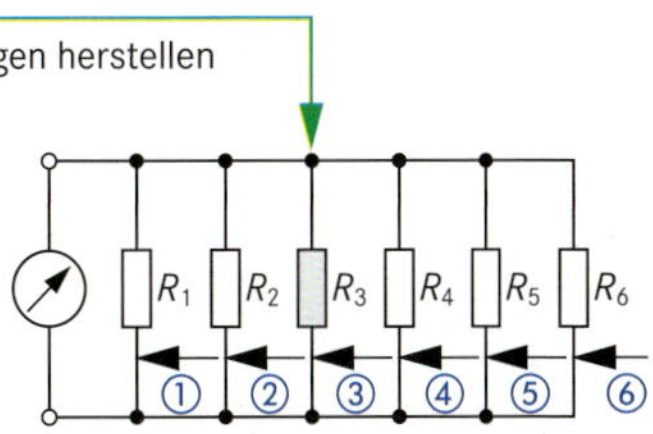

Fehler gefunden

Was ist zu prüfen

- Elektrische Geräte mit Bemessungsspannung
  bis 1000 V (Wechselspannung)
  bis 1500 V (Gleichspannung)
- Z. B.: Laborgeräte, Mess-/Steuer-/Regelgeräte, Haushaltsgeräte, Elektrowerkzeug, Verlängerungsleitung, ...

Wann ist zu prüfen

- nach Instandsetzung
- nach Änderung
- wiederkehrend nach festegelegten Prüffristen
- Der Arbeitgeber muss eine Gefährdungsbeurteilung durchführen und Prüffristen festlegen.
- Prüffristen aus der DGUV Vorschrift 3 dienen nur noch als Erfahrungswert und ersetzen die Prüffristermittlung nicht!

Sichtprüfung

Prüfen auf sichtbare Mängel und Eignung für den Einsatzort:

- Schäden an Anschlussleitung
- Schäden an Isolierung
- Mängel Knick-, Biegeschutz
- Bestimmungsgemäße Verwendung von Stecker und Leitungen
- Mängel an Zugentlastung
- Gehäuse/Schutzabdeckung unbeschädigt
- Anzeichen von Überlastung
- Unzulässige Eingriffe
- Verschmutzung
- Zustand von Luftfiltern
- Dichtigkeit von Behältern für Wasser, Luft, ...
- ...

Messungen

Schutzleiterwiderstand

- Ordnungsgemäßer Zustand der elektrischen Verbindung zwischen Geräteanschluss und allen mit dem Schutzleiter verbundenen berührbaren leitfähigen Teilen.
- Bei Messung Anschlussleitungen bewegen.

Betriebsstrom	Grenzwert
> 16 A	berechneter Widerstand des Schutzleiters
< 16 A	abhängig von Leitungslänge

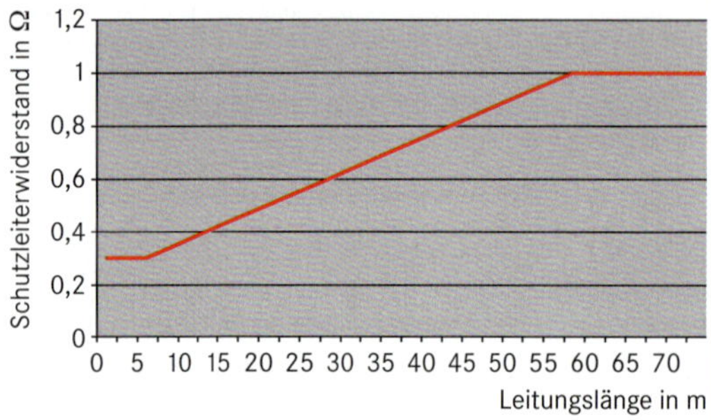

Isolationswiderstand

- Messung zwischen aktiven Teilen und jedem berührbaren leitfähigem Teil
- Grenzwerte:

Prüfobjekt		Grenzwert
Aktive Teile, die nicht zu SELF- oder PELV-Stromkreisen gehören, gegen den Schutzleiter und die mit den Schutzleiter verbundenen berührbaren leitfähigen teilen.	allgemein	1,0 MΩ
	Geräte mit Heizelementen	0,3 MΩ
	Geräte mit Heizelementen und P > 3,5 kW	0,3 MΩ [1]
Aktive Teile gegen die nicht mit dem Schutzleiter verbundenen berührbaren leitfähigen Teile (hauptsächlich bei Schutzklasse II, aber auch bei Schutzklasse I möglich)		2,0 MΩ
Aktive Teile die nicht zu SELV- oder PELV-Stromkreisen gehören, gegen berührbare leitfähige Teile mit der Schutzmaßnahme SELV/PELV (außer Geräte der Schutzklasse III)		
Bei der Instandsetzung/Änderung zwischen den aktiven Teilen eines SELV-/PELV-Stromkreises und den aktiven Teilen des Primärstromkreises		
Aktive Teile mit der Schutzmaßnahme SELV/PELV		0,25 MΩ

[1] Wird der Grenzwert verletzt, ist die Prüfung dennoch bestanden, falls der Schutzleiterstrom den Grenzwert einhällt.

Schutzleiterstrom

- Messung mit direktem Verfahren oder Differenzstromverfahren.
- Ersatzableitstromverfahren nur in Sonderfällen
- Grenzwerte:
  - allgemein: 3,5 mA
  - Geräte mit eingeschaltetem Heizelement < 3,5 kW: 1 mA/kW; max. 10 mA
  - Bei Überschreitung prüfen, ob ggf. Produktnormen andere Werte vorgeben.

Berührungsstrom

- Messung an jedem berührbaren leitfähigen Teil, das nicht mit dem Schutzleiter verbunden ist.
- Messung mit direktem oder Differenzstromverfahren
- Ersatzableitstromverfahren nur in Sonderfällen
- Grenzwerte
  - allgemein 0,5 mA
  - Geräte mit Schutzklasse III: Messung nicht erforderlich

weitere Prüfschritte

- Nachweis sicherer Trennung (SELF und PELF)
- Wirksamkeit weiter Schutzeinrichtungen
- Funktionsprüfung
- Aufschriften (Typenschild, Sicherheitshinweise)

Auswertung und Dokumentation

- Die Prüfung ist bestanden, wenn alle Einzelprüfungen bestanden sind.
- Durchgefallene Prüflinge kennzeichnen und Betreiber informieren
- Dokumentation mit Prüfplakette oder elektronische Systeme inkl. Messwerte und Prüfgerät

Messwandler: Transformator zur Speisung von Messgeräten, Elektrizitätszählern, Schutzrelais u.ä.

Begriffe	Stromwandler	Spannungswandler
U-/I-Wandler	Wandler, bei dem der Sekundärstrom dem Primärstrom proportional ist.	Wandler, bei dem die Sekundärspannung der Primärspannung proportional ist.
Bürde	Admittanz *Y* des Sekundärkreises in S	Impedanz *Z* des Sekundärkreises in Ω
Bemessungsgrößen, Normwerte (primär)	Bemessungsstromstärken in A **10** 12,5 **15** **20** 25 **30** 40 **50** 60 **75** sowie dezimale Teile oder Vielfache	■ Bemessungsspannungen bis 1 kV in V 230/400 277/480 400/690 1000 (gegen Neutralleiter/zwischen Außenleiter) ■ Bemessungsspannungen über 1 kV in kV 3,6 7,2 12 (17,5) 24 36 40,5 (Spannung zwischen Außenleitern)
(sekundär)	1 2 **5** Bei im Dreieck geschalteten Sekundärwicklungen sind auch die durch 3 geteilten Werte genormt.	Europa: **100** 110 200 (bei erweiterten Sekundärkreisen) USA/Kanada: 120 (Verteilungsnetze) 115 (Übertragungsnetze) 230 (bei erweiterten Sekundärkreisen)
Bemessungsleistung	Wert der Scheinleistung in VA bei festem Leistungsfaktor, Bemessungsbürde und sekundärer Bemessungsstromstärke.	Der Wert der Scheinleistung in VA ist festgelegt bei festem Leistungsfaktor, Bemessungsbürde und sekundärer Bemessungsspannung.
	Normwerte bei Leistungsfaktor 0,8 induktiv: **10** 15 **25** 30 **50** 75 **100** 150 **200** 300 400 **500**	
Anschlussbezeichnungen (primär) (sekundär)	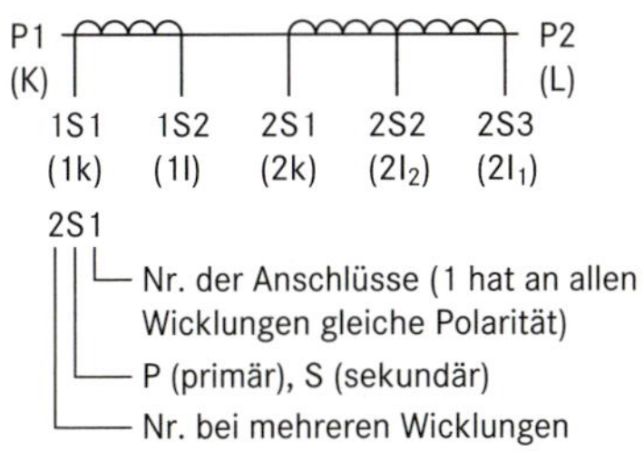	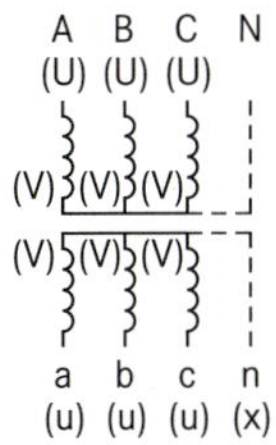 mehrere Sekundärwicklungen 1a, 2a, ..., 1b, 2b, ... Sekundärwicklung mit Anzapfungen a1, a2, ..., b1, b2, ... Anschluss zur Erdschlusserfassung (Dreieckschaltung) da, dn

Messen von Mischspannungen und Mischströmen
Measuring of Pulsating Voltages and Pulsating Currents

- Elektrische Spannungen und Ströme werden je nach Messwerk durch den arithmetischen Mittelwert (AV) oder durch den Effektivwert (RMS) charakterisiert.

Formfaktor: $F = \frac{I_{RMS}}{I_{AV}}$ $F = \frac{U_{RMS}}{U_{AV}}$

- Der Formfaktor gibt das Verhältnis von Effektivwert zu arithmetischem Mittelwert an. Als Crest-Faktor (Scheitelfaktor) gilt das Verhältnis von Spitzenwert zu Effektivwert.

Scheitelfaktor: $F_{Crest} = \frac{\hat{\imath}}{I_{RMS}}$ $F_{Crest} = \frac{\hat{u}}{U_{RMS}}$

Spannungsform	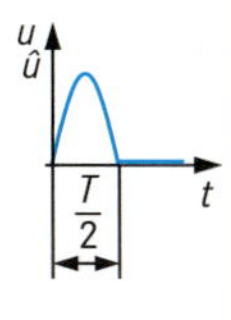	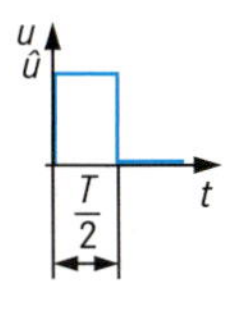	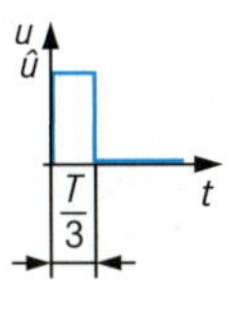	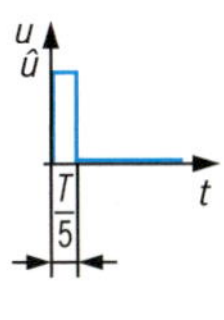	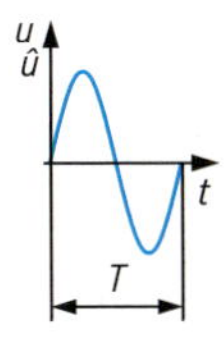	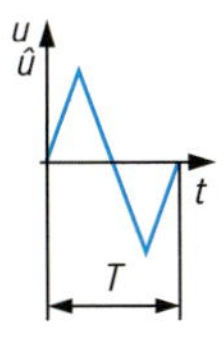	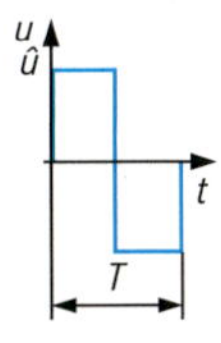
U_{AV}	$0{,}318 \cdot \hat{u}$	$0{,}5 \cdot \hat{u}$	$0{,}333 \cdot \hat{u}$	$0{,}167 \cdot \hat{u}$	[1] $0{,}636 \cdot \hat{u}$	[1] $0{,}5 \cdot \hat{u}$	[1] $1{,}0 \cdot \hat{u}$
U_{RMS}	$0{,}5 \cdot \hat{u}$	$0{,}707 \cdot \hat{u}$	$0{,}578 \cdot \hat{u}$	$0{,}408 \cdot \hat{u}$	$0{,}707 \cdot \hat{u}$	$0{,}578 \cdot \hat{u}$	$1{,}0 \cdot \hat{u}$
F	1,57	1,41	1,73	2,45	1,11	1,16	1,0
F_{Crest}	2,0	1,41	1,73	2,45	1,41	1,73	1,0

[1] Nach Gleichrichtung

Merkmale

- Stromwandler sind ein wesentlicher Bestandteil u. a. in der Mess- und Regelungstechnik.
  Sie werden eingesetzt zur Erfassung von Wechsel- und Gleichströmen **beliebiger Kurvenform**.
- Die Messsignalauswertung erfolgt in den jeweils nachgeschalteten Auswerteeinrichtungen.
- Die verfügbaren Stromwandler beinhalten, je nach geforderter Genauigkeit, unterschiedliche Prinzipien für den Sensorteil wie
  - Hall-Effekt,
  - Fluxgate (magnetische Flussmessung) und
  - Luftspule (Rogowski Spule).
- Zu den wesentlichen Funktionen zählt die detailgetreue Wiedergabe der gemessenen Stromstärke mit engen Toleranzen und über einen großen Messstromwertebereich.
- Der Messkreis ist galvanisch vom Auswertekreis getrennt.
- Die Baugrößen richten sich nach der Höhe der zu messenden Stromstärke.
- Neben den Durchsteckwandlern (Transformatorprinzip) gibt es für den Aufbau auf Flachbaugruppen entsprechend kleine Bauformen zur Direktmontage.
- Die Auswahl eines Stromwandlers erfolgt anwendungsspezifisch anhand der jeweils gestellten Messanforderung.

Auswahlkriterien

Elektrisch	Mechanisch	Thermisch	Umgebung
- Zu messende Stromart (DC/AC, Frequenz) - Externe Spannungsversorgung - Messbereich - Ansprechzeit - Stromsteilheit - Spannungssteilheit - Isolationsfestigkeit	- Gehäuseabmessungen - Masse - Materialien - Gehäusebefestigung (Leiterplatte, Stromschiene) - Elektrische Anschlüsse, Durchführungsöffnung	- Maximaler Effektivwert - Thermische Widerstände - Lastprofil der zu messenden Größe - Kühlung - Lager-/Transporttemperatur	- Elektromagnetische Störungen durch benachbarte Leitungen - Externe Magnetfelder - Temperatureinflüsse - Vibrationen - Chemische Einflüsse

Hall-Effekt-Wandler

- Basis für diese Wandlertypen ist ein **Hall-Element**, das in dem Luftspalt eines Magnetkreises zur Erfassung der magnetischen Flussdichte angebracht ist. ③
- Die Realisierung erfolgt als **Open Loop**- oder **Closed Loop**-Messkreis.
- Bei Open Loop liefert das Sensorelement eine Hallspannung, die proportional zur gemessenen Stromstärke I_p ist (**direkte Abbildung**).
- Vorteil: einfache Auswerteelektronik, (Günstiges Preis-/Leistungsverhältnis)
- Nachteil: Kleiner Frequenzbereich und die geringere Messgenauigkeit
- Bei Closed Loop wird durch eine **Kompensationsspule** ② auf dem Magnetkreis der primäre magnetische Fluss des zu messenden Stroms durch einen Strom in der Spule kompensiert.
- Die Kompensationsstromstärke wird durch eine elektronische Auswertung soweit nachgeregelt, bis das Hallelement keinen magnetischen Fluss mehr „erkennt".
- Vorteile:
  - Große Bandbreite (bis zu 100 kHz) durch Stromtransformator-Effekt
  - Hohe Genauigkeit
  - Keine Drift der Verstäkung
  - Verstärkung nur abhängig von der Windungszahl
  - Einfügungsinduktivität ist vernachlässigbar
- Nachteile:
  - Externe Stromversorgung muss die Kompensationsstromstärke liefern
  - Elektronik ist für die Leistungsendstufe erforderlich

Closed Loop Prinzip

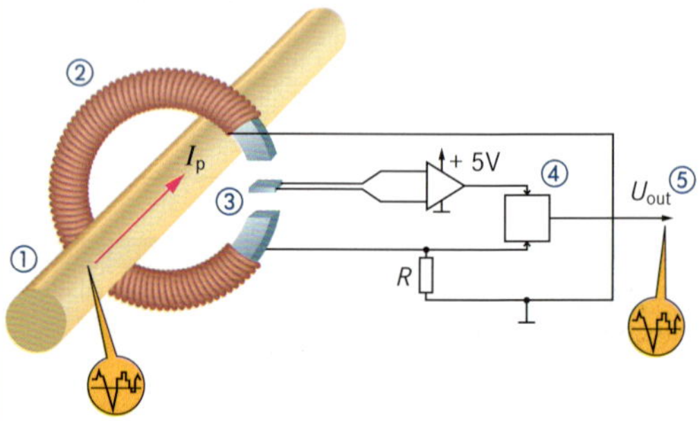

① Messleiter ② Magnetkreis und Kompensationsspule
③ Hall-Element ④ Auswerteelektronik ⑤ Ausgang

Beispiele für Leiterplattenmontage

Durchsteckwandler

SMD-Bauform (direkt über Leiterbahn)

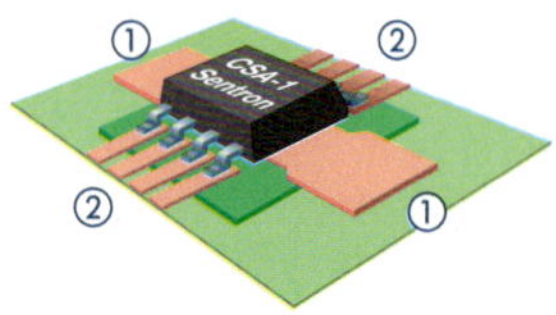

① Messstromanschlüsse
② Auswerteausgänge und externe Stromversorgung

- Messgerät zur Darstellung zeitlicher Spannungsverläufe
- Kennliniendarstellung (eine Spannung wirkt auf X-Ablenkung)
- Mit Wandlervorsätzen können auch andere physikalische Größen erfasst werden.

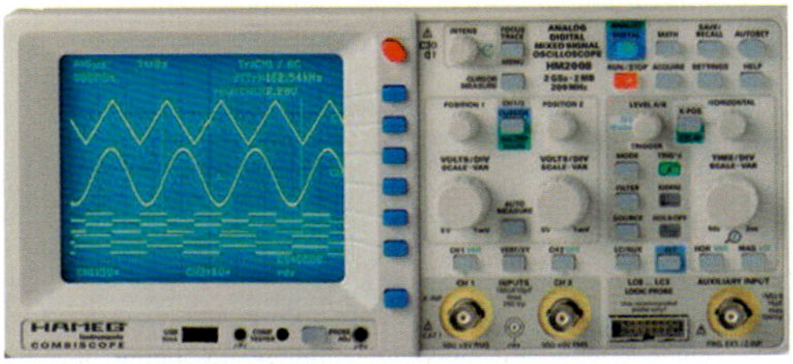

digital
- Darstellung einzelner Messpunkte (begrenzte Auflösung)
- Bei hohen Frequenzen können durch Aliasing (zu geringe Abtastrate) nicht vorhandene überlagerte Signale angezeigt werden.
- Möglichkeit von mehrfarbiger Darstellung, Rechen-, Speicherfunktionen, ...

analog
- kontinuierliche Darstellung
- nur periodisch widerkehrende Signale darstellbar (keine einmaligen Verläufe)
- einfarbige Bildschirmdarstellung

Bedienelemente

Beschriftung	Bedeutung
POWER	Netzschalter, Ein-Aus, Rasterbeleuchtung
INTENS HELLIGK	Helligkeitssteuerung des Oszillogrammes
FOCUS	Schärfeeinstellung des Oszillogrammes
INPUT A (B)	Eingangsbuchse für Kanal A (Kanal B), oft Kanal 1 und 2
AC-DC-GND	Eingang: über Kondensator - direkt - auf Masse - geschaltet
CHOP	Strahlumschaltung mit Festfrequenz von einem Vertikalkanal zum anderen
ALT	Strahlumschaltung am Ende des Zeitablenk- zyklus von einem Vertikalkanal zum anderen
INVERT CH.B	Messsignal auf Kanal B wird invertiert
ADD	Addition der Signale von Kanal A und B
POSITION ↕	Vertikale Bildverschiebung
↔	Horizontale Bildverschiebung

Beschriftung	Bedeutung
X-MAGN	Dehnung der Zeitablenkung
Triggerung: A; B EXT TRIG Line	Zeitablenkung wird getriggert durch ▪ Signal von Kanal A (B) ▪ externes Signal ▪ Signal von der Netzspannung
LEVEL NIVEAU	Einstellung des Triggersignalpegels
AUTO	Endstellung der LEVEL-Einstellungen; Automatische Triggerung der Zeitablenkung beim Spitzenpegel. Ohne Triggersignal ist die Zeitablenkung frei laufend.
+ / -	Triggerung auf positiver bzw. negativer Flanke des Triggersignals
TIME/DIV ZEIT/Skt	Zeitmaßstab in µs/DIV oder ms/Skt oder ms/cm
VOLTS/DIV V/SkT; V/cm	Vertikalabschwächer für Kanal A und B in mV/DIV oder mV/Skt oder V/cm
CAL	Eichpunkt für Maßstabsfaktoren bei Rechtsanschlag

Funktionen Digitaloszilloskop

- **Pre-Trigger**
  Durch fortlaufende Messwertspeicherung können Signale vor dem Triggerzeitpunkt dargestellt werden.

- **Speicher**
  Die speicherung der Messwerte ermöglicht die Darstellung von einmaligen Signalverläufen.

- **Mathematische Funktion**
  Die Eingangsgrößen können z. B. addiert oder subtrahiert werden.

- **Zoom**
  Nach der Messung können Signalverläufe gezoomt werden.

- **Cursormessung**
  Mit Hilfe eines Cursors können die Messwerte eines Punktes genau ermittelt werden (Ablesefehler = 0).

- **Externe Schnittstellen**
  z. B. für Fernbedienung, externe Datenspeicherung-/über-tragung

Auswahlkriterien

Allgemein
- Eingangsempfindlichkeit
- Eingangsimpedanz
- Eingangskopplung
- Anstiegzeit
- Bandbreite
- Anzahl Kanäle
- Triggermöglichkeiten
- Baugröße

Digitaloszilloskop
- Abtastrate
- Speichertiefe
- Binäre Wortlänge
- Schnittstellen
- Displayauflösung

Spannungs- und Strommessung mit dem Zweikanaloszilloskop

Beispiel:
Da beide Y-Ablenksysteme eine gemeinsame Masse besitzen, müssen die Messleitungen einen gemeinsamen Bezugspunkt (z. B. Ⓒ) haben.

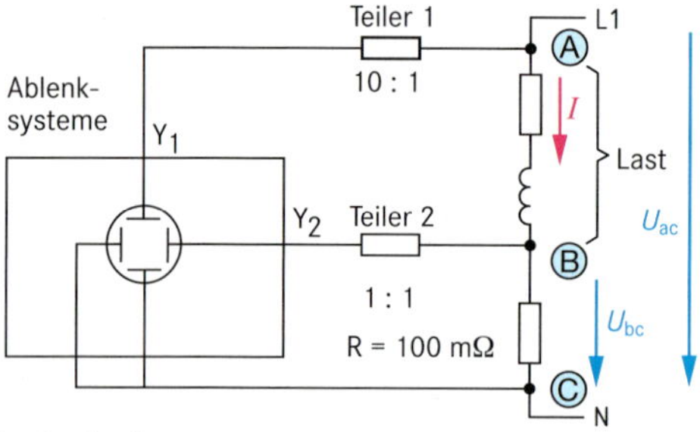

$k_x = 2\,\frac{\text{ms}}{\text{Skt}}$; $k_{Y1} = 10\,\frac{\text{V}}{\text{Skt}}$; $k_{Y2} = 0{,}2\,\frac{\text{V}}{\text{Skt}}$ [1)]

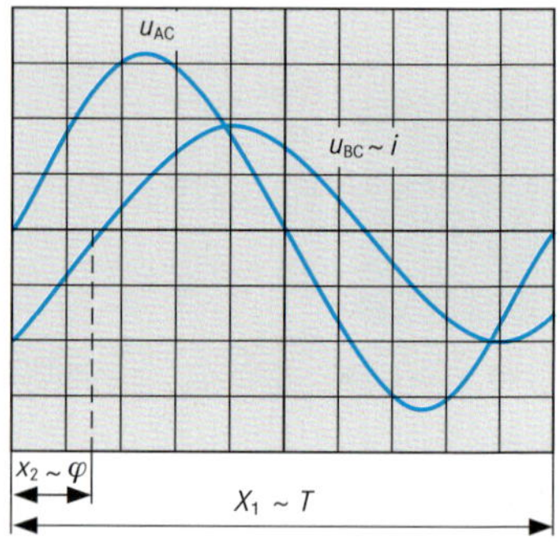

In der Praxis gilt:

$u_{AC} \gg u_{BC}$ und damit $u_{AB} \approx u_{AC}$

Die Spannung u_{AB} kann mit einem Zweikanaloszilloskop auch als Differenzspannung gemessen werden.

Dabei ist
- für beide Kanäle der gleiche Vertikal-Maßstab einzustellen ($k_{Y1} = k_{Y2}$).
- ein Y-Eingangssignal zu invertieren.
- die Addition beider Y-Signale (Add) zu veranlassen.

Auswertung: $T = X_1 \cdot k_x = 10\,\text{Skt} \cdot 2\,\frac{\text{ms}}{\text{Skt}} = 20\,\text{ms}$

$f = \frac{1}{T} = \frac{1}{20\,\text{ms}} = 50\,\text{Hz}$

$\hat{u}_{AC} = Y_1 \cdot k_{Y1} \cdot k_{T1} = 3{,}1\,\text{Skt} \cdot 10\,\frac{\text{V}}{\text{Skt}} \cdot \frac{10}{1} = 310\,\text{V}$

$\hat{u}_{BC} = Y_1 \cdot k_{Y2} \cdot k_{T2} = 2\,\text{Skt} \cdot 0{,}2\,\frac{\text{V}}{\text{Skt}} \cdot \frac{1}{1} = 400\,\text{mV}$

$\hat{i} = \frac{\hat{u}_{BC}}{R_{Mess}} = \frac{400\,\text{mV}}{100\,\text{m}\Omega} = 4\,\text{A}$

$\varphi = X_2 \cdot k_X \cdot \frac{360°}{20\,\text{ms}} = 1{,}5\,\text{Skt} \cdot 2\,\frac{\text{ms}}{\text{Skt}} \cdot \frac{360°}{20\,\text{ms}} = 54°$

[1)] k_X Ablenkfaktor in X-Richtung; k_{Y1}; k_{Y2} Ablenkfaktor in Y-Richtung für Kanal 1; 2

Messung im Niederspannungsnetz

- Bei Geräten mit Anschluss an das Niederspannungsnetz werden Oszilloskope vorzugsweise über Trenntransformatoren versorgt. So kann jeder Punkt des geerdeten Niederspannungsnetzes mit der Masse des Oszilloskops verbunden werden.
- Die Abbildung zeigt, wie gefahrenreich die Messung ist. Die Massebuchsen der Frontplatte und ein metallisches Gehäuse nehmen Netzpotenzial an.
- Um die Berührungsgefahr zu beseitigen, ist das Oszilloskop mit isolierenden Materialien abzudecken oder die Messspannung über einen Trennverstärker (z. B. mit Optokoppler) zu führen.

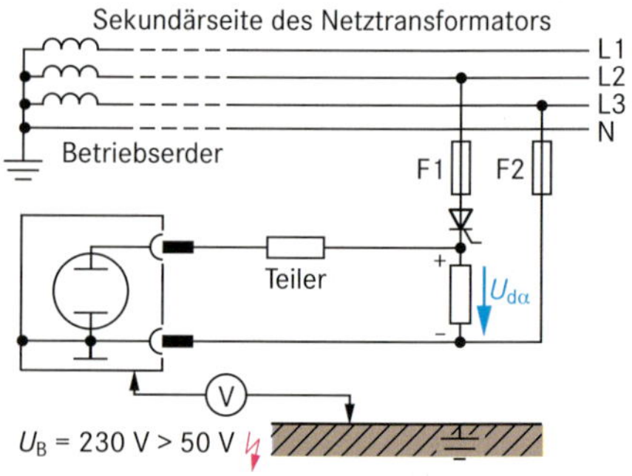

Kennliniendarstellung einer Diode

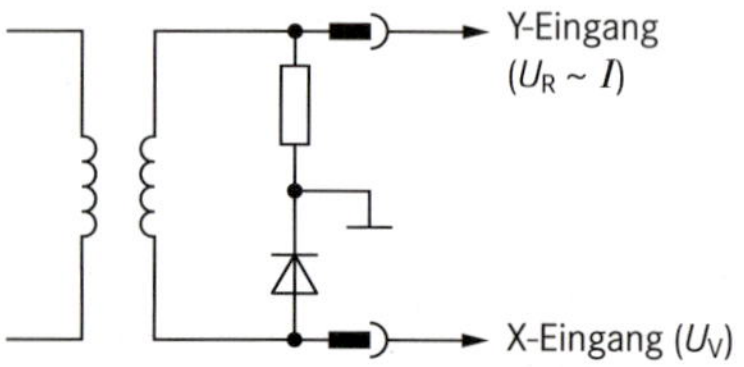

Beispiel:
Diodenkennlinie

$k_x = 0{,}5\,\frac{\text{V}}{\text{Skt}}$; $k_y \triangleq 5\,\frac{\text{mA}}{\text{Skt}}$

- Einstellung „X über Y“ wählen.

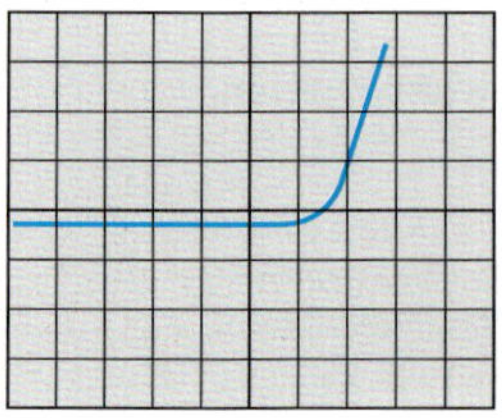

Funktion und Aufbau

- Ein Datenlogger ist ein Aufzeichnungsgerät, das in der Lage ist Messwerte kontinuierlich zu erfassen und in zyklischen Abständen aufzuzeichnen.
- Datenlogger bestehen aus einem **Mikrocontroller** ①, einem **Datenspeicher** ② sowie einer **Kommunikationsschnittstelle** ③
- Die zu messenden Größen (analog/digital) werden mit Hilfe von
  - externen Sensoren ④ oder
  - den im Gerät eingebauten speziellen Sensoren (z. B. Temperatursensor)

  erfasst und gespeichert.
- Externe analoge Signale ⑤ werden dazu in digitale Werte gewandelt.
- Als Datenspeicher dienen folgende Medien:
  - Speicherkarte (z. B. SD-Karte)
  - Festplatte
  - USB-Stick oder
  - EEPROM
- Auf einem Display lassen sich Statusmeldungen des Datenloggers anzeigen.
- Die Messwerte können auf unterschiedlichen Wegen zum auswertenden Computer übertragen werden:
  - Auslesen über die Schnittstelle (RS 232, USB, LAN, Bluetooth) direkt aus dem Speicher des Datenloggers.
  - Anschluss des Wechselspeichers (z. B. SD-Karte) direkt am Computer
  - Übertragung der Daten per Funk
- Die Auswertung der Daten erfolgt entweder mit Hilfe einer speziellen Software oder aber die Daten werden direkt vom Datenlogger in ein anzeigbares Datenformat (z. B. PDF-Format) aufbereitet.
- Über die Schnittstelle ⑥ erfolgt auch die Konfiguration des Datenloggers (Start und Ende der Messung, Messintervalle, usw.).
- Die Energieversorgung erfolgt in der Regel über ein Netzteil und/oder ist über Batterien gepuffert.

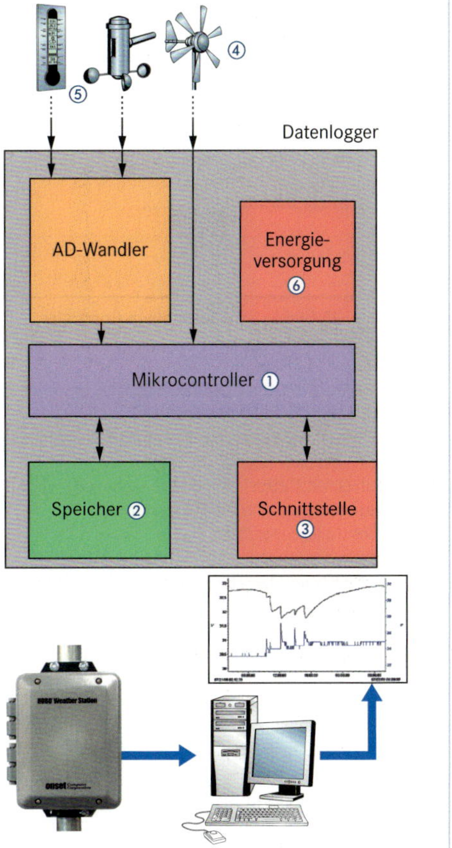

Auswahlkriterien

Messwerterfassung	Geräteeigenschaften	Datenauswertung
▪ Anzahl der Messkanäle	▪ Art der Energieversorgung	▪ Alarmausgänge vorhanden
▪ Speichergröße	▪ Abmessungen	▪ Möglichkeit zur Fernabfrage
▪ Auflösung der Analogmesswerte	▪ Art des Speichers	▪ Präzise interne Uhr
▪ Größe der Messintervalle	▪ Schnittstelle	▪ Art der Datenauswertung
▪ Messgenauigkeit	▪ Standardisierte Eingänge	▪ ISO-Zertifizierung
▪ Größe des Messbereiches	▪ Schutzart	

Einsatzbereiche

- Klimaüberwachung
- Medikamentenüberwachung
- Überwachung der Kühlkette
- Feuchtigkeitsmessung (z. B. Schadensanalyse)
- Elektrische Größen (Spannung, Stromstärke, elektrische Arbeit)
- Druck-, Licht-, Bewegungsmessungen
- Schallmessungen
- Beschleunigungsmessung (z. B. Erschütterungen)
- Umweltmessungen (z. B. CO, CO_2, UV)
- Positionsmessungen (GPS-Daten)
- Sporadisch auftretende Fehler analysieren
- Auswertung eines Datenstromes zur Fehleranalyse

Datenauswertung

- Die Auswertung und Analyse der Daten erfolgt mit speziellen Softwareprogrammen, die z. B. den Verlauf der Messwerte über die Zeit darstellen.
- Über- bzw. Unterschreitung von Grenzwerten lassen sich so einfach anzeigen und dokumentieren.

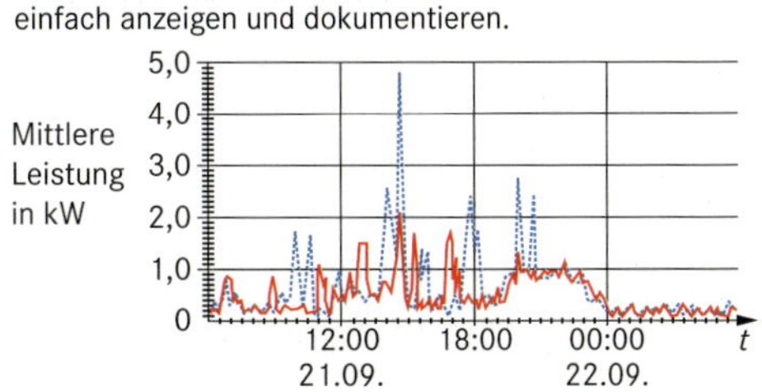

Entwicklung

- Bussystem zur externen parallelen Datenübertragung z. B. zwischen Messgeräten und Computern
- Das Bussystem ist durch die IEEE 488.1 sowie IEC 488.2 standardisiert
- Zur Gewährleistung der Systemkompatibilität kommunizieren die Messgeräte mit standardisierten Befehlen nach **SCPI** (**S**tandard **C**ommands for **P**rogrammable **I**nstrumentation).

Schnittstelle

24-poliger GPIB Centronics Steckverbinder

Aufbau

- Maximal 15 Geräte können an einen Controller angeschlossen werden.
- 8-Bit paralleler Datenbus
- Signalleitungen zur Kommunikationssteuerung
- Signalpegel: TTL (negative Logik)
- Jedem Gerät wird eine von 30 Adressen zugewiesen (per DIP-Schalter oder Firmware).
- Nur ein Gerät (Talker) ist gleichzeitig sendeberechtigt und sendet an die übrigen Geräte (Listener). Der Controller steuert die Kommunikation.
- Übertragungsgeschwindigkeit: max. 1 MByte/s (max. 8 MByte/s mit High-Speed GPIB (HS488))
- Das langsamste Gerät bestimmt die Übertragungsgeschwindigkeit.
- Die Kommunikation zwischen den Geräten erfolgt über ein 3-Phasen-Handshake: Bereit – Daten gültig – Daten akzeptiert
- Die GPIB-Leitungen sind in der Regel mit einer stapelbaren Steckerausführung erhältlich. Hiermit wird das Durchschleifen von einem Gerät zum nächsten erleichtert, z. B. wenn das Gerät nicht über zwei Anschlüsse verfügt.

- Die Geräte können als Bus- ①, Sternnetz ② oder als Kombination aus beiden aufgebaut werden.

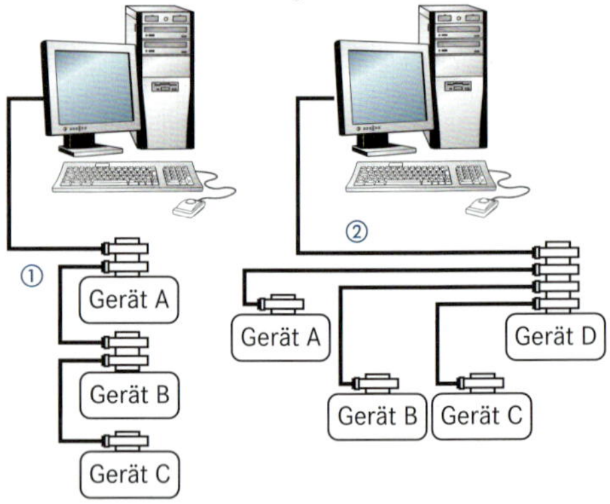

- Leitungslänge zwischen
  - den Geräten ≤ 2 m
  - Controller und Gerät ≤ 20 m

Pinbelegung

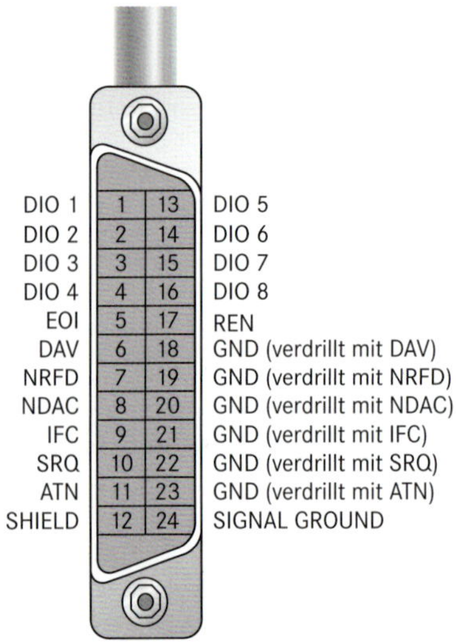

Die Leitung besteht aus 24 paarweise verdrillten Einzeladern.

Signal[1]	Name	Beschreibung	Gruppe
DIO 1 – DIO 8	Data In/Out	acht Datenleitungen	Daten
NRFD	Not Ready for Data	Der Listener teilt mit, dass die Daten auf DIO 1 bis DIO 8 noch nicht verarbeitet werden können.	Handshake
DAV	Data Valid	Daten auf DIO 1 bis DIO 8 sind gültig; wird vom Talker gesetzt.	
NDAC	Not Data Accepted		
ATN	Attention	Mit diesem Signal wird die Übertragung eines Kommandos (z. B. Adresse) auf den Datenleitungen angezeigt.	Protokoll
EOI	End of Identify	Zeigt das Ende einer Nachricht an	
IFC	Interface Clear	Der Controller setzt den Bus zurück	
REN	Remote Enable	Der Remote-Modus wird vom Controller freigegeben.	
SRQ	Service Request	Busteilnehmer teilen dem Controller einen Übertragungswunsch mit.	

[1] Signale in negativer Logik mit Standard TTL-Pegel

Entwicklung

- **PXI** (**P**CI e**X**tensions for **I**nstrumentation) ist ein offener Industriestandard, der die seit 1998 ständig wachsenden Anforderungen an komplexe Mess- und Automatisierungssysteme erfüllt.
- Die Geräte basieren als PXI-Module auf dem Standard CompactPCI bzw. als PXI-Express-Module auf CompactPCI Express-Standard.
- Die **PXISA** (**PXI S**ystem **A**lliance) ist ein Industriekonsortium zur Förderung der PXI-Spezifikation sowie zur Überwachung der Kompatibilität.

PXI-Peripherie-Module

- Analoge/Digitale Ein- und Ausgänge
- Oszilloskope und Multimeter
- Datenerfassungsgeräte
- Signalgeneratoren
- Schaltfunktionen

Modulgrößen

- 6 Höheneinheiten (233,35 mm x 160 mm)
- 3 Höheneinheiten (100 mm x 160 mm)

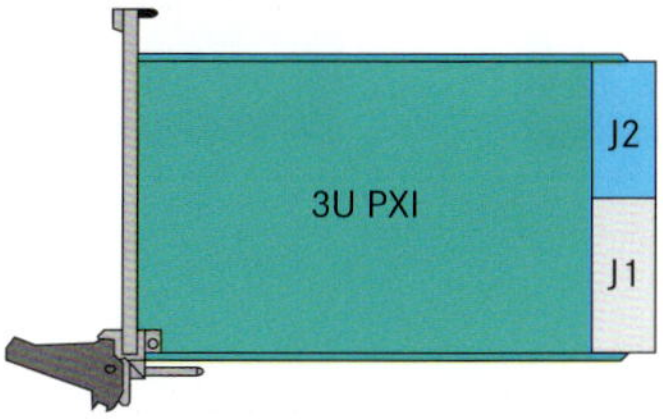

Hardwarearchitektur

- Eine PXI-System besteht aus folgenden Komponenten:
  - Chassis ①
  - System-Controller ②
  - PXI-Peripheriemodul ③
- Das Chassis ist ein genormtes mechanisches Gehäuse zur Aufnahme von 4 bis maximal 18 Modulen.
- Auf dem ersten Steckplatz ganz links ⚠ befindet sich der System-Controller.
- Die Ansteuerung des Systems erfolgt entweder über einen externen Rechner oder über einen im System integrierten Controller.
- Über eine spezielles MXI-4-Verbindungsmodul (Measurement extensions for Instrumentation) können mehrere Chassis miteinander verbunden werden.
- Das Chassis und die PXI-Module werden in der Bauform 6U und 3U gefertigt (6 bzw. 3 Höheneinheiten).

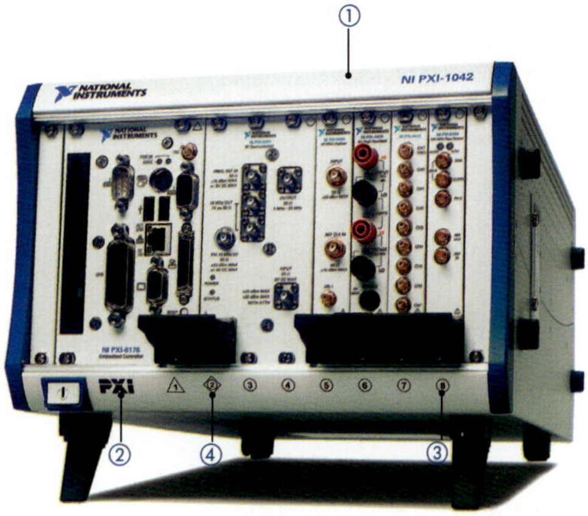

Elektrische Eigenschaften

- Der **PXI-Backplane** auf der Rückseite beinhaltet
  - die Verbindung des PCI-Bus sowie
  - die Synchronisation und Kommunikation der Module.
- Bestandteile der PXI-Backplane:
  - **System-Referenz-Takt**
    Er wird zur Synchronisation mehrerer Module verwendet. Die Taktfrequenz ist vom Chassis abhängig. Die Genauigkeit kann durch den Einsatz eines Star-Trigger-Moduls erhöht werden.
  - **PCI-Bus**
    Kompatibel zum PCI-Bus im Desktop-PC. Hier sind jedoch sieben anstatt drei Peripherieslots in jedem Bus-Segment möglich.
  - **Local Bus**
    13 Busleitungen, die zur Kommunikation benachbarter PXI-Module miteinander dienen. Die maximal zulässige Messspannung liegt bei 42 V.

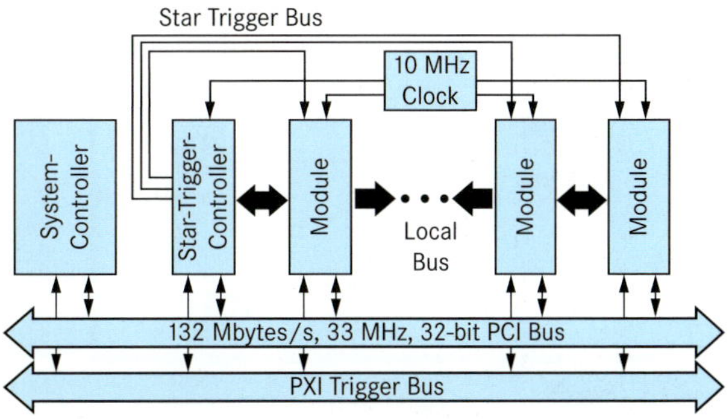

  - **PXI-Trigger Bus**
    8 Triggerleitungen zur Synchronisation der Module untereinander (z. B. Master an Slave Messmodul).
  - **Star-Trigger Bus**
    Unabhängige Triggerleitung zu jedem Steckplatz zur High-Speed-Synchronisation. Dazu ist ein zusätzliches spezielles Modul im Star-Trigger-Steckplatz ◇2 ④ erforderlich.

Eigenschaften

- LabVIEW ist eine grafische Programmierumgebung zur Erstellung von Prüf-, Mess- und Regelungsanwendungen.
- Die Programmierung erfolgt mit Hilfe einer grafischen datenflussorientierten Programmierumgebung.
- Das Programm gliedert sich in ein **Frontpanel** (Benutzeroberfläche) und ein **Blockdiagramm** (Datenflussmodell).
- Die Anbindung der Messgeräte an die Software LabVIEW erfolgt entweder mit Hilfe spezieller Treiber oder dem direkten Zugriff über die unterstützten Schnittstellen (z. B. GPIB).

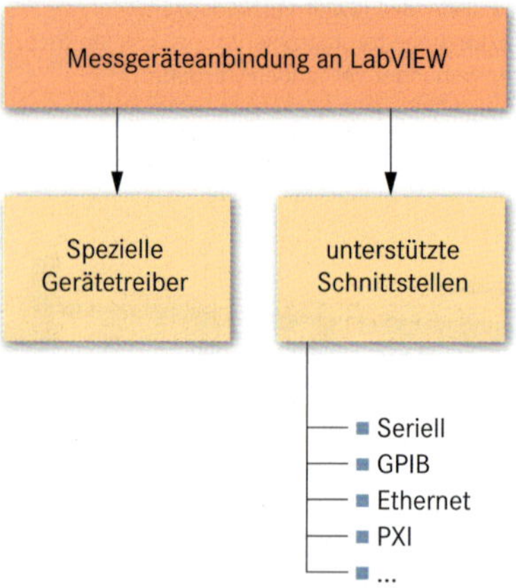

Anwendungsbereiche

- Datenerfassung und Signalverarbeitung
- Gerätesteuerung
- Automatisierte Prüf- und Validierungssysteme
- Industrielle Mess-, Steuer- und Regelungssysteme
- Motorsteuerung
- Datenüberwachung und Alarmierung

Vorteile

- Grafische Programmierung mit Hilfe von Funktionsblöcken
- Umfangreiche Unterstützung von Messgeräten
- Unterstützung zahlreicher Schnittstellen (z. B. RS232, USB, GPIB)
- Integration unterschiedlicher I/O-Funktionen
- Unterstützung von Desktop- (z. B. Windows, Linux, Mac) und Echtzeitbetriebssystemen (z. B. VxWorks)
- Bibliotheken mit erweiterten Analyse- und Darstellungsfunktionen, z. B.:

- Signalverlauf

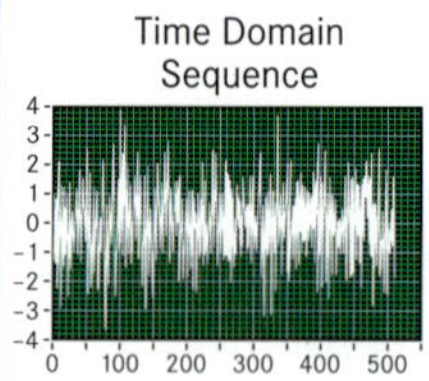

- Fourieranalyse

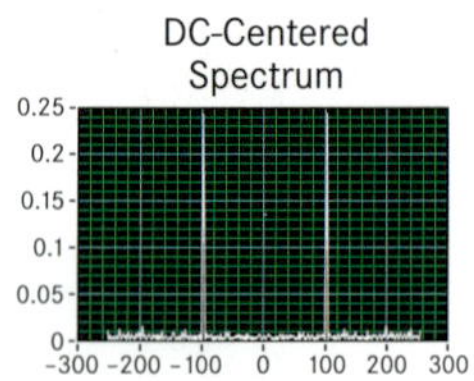

Programmoberfläche

Blockdiagramm

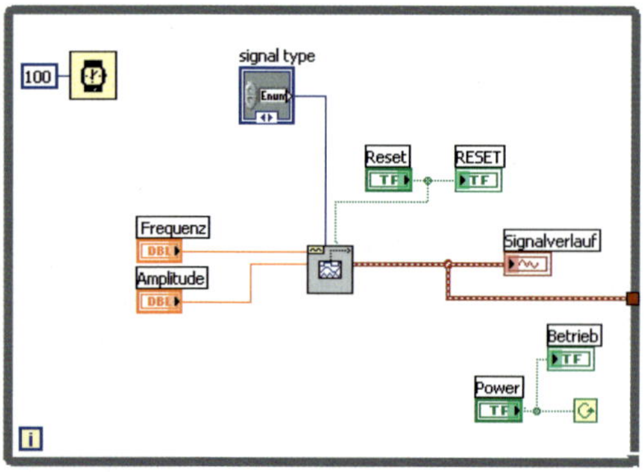

Funktionspalette mit den verfügbaren Funktionen, z. B.
- Programmstrukturen
- Datenerfassung
- Instrument I/O
- Mathematische Funktionen

Frontpanel eines virtuellen Messgerätes

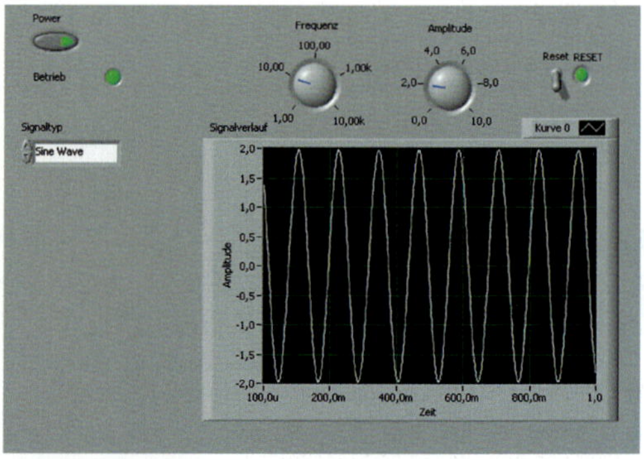

Elementepalette mit den verfügbaren Bedien- und Anzeigeelemente, z. B.
- Schalter
- LED
- Drehregler
- Kurvendiagramme

Logikanalysator
Logic Analyzer

Merkmale

- Logikanalysatoren zeichnen eine Vielzahl digitaler Signale parallel auf.
- Er dient zur Analyse von Betriebsabläufen in digitalen Schaltungen (Mikrocomputern).
- Er besteht aus aktiven Tastköpfen, Triggereinstellung, Aufzeichnungsspeicher, Referenzspeicher und Anzeigeeinrichtung.
- Signale an den Tastköpfen werden zeitlich nacheinander in den Aufzeichnungsspeicher geschrieben.
- **Synchrone Taktung:** Taktsignal wird der zu prüfenden Schaltung entnommen, z. B. Signal **ALE** (**A**ddress **L**atch **E**nable) beim Mikrocomputer.
- Dient zum Überprüfen des ordnungsgemäßen Programmablaufes im Mikrocomputer.
- **Asynchrone Taktung:** Taktsignal wird vom Logikanalysator zur Verfügung gestellt.
- Das Taktsignal muss höher sein als die höchste vorkommende Signalfrequenz.
- Dient zum Überprüfen des zeitlichen Signalverlaufs und der Zeitdifferenzen zwischen einzelnen Signalen (Hardware-Analyse)
- Triggereinrichtung erlaubt Auswahl bestimmter Ereignisse, ob deren Erscheinen aufgezeichnet werden soll oder durch bestimmte weitere Triggerbedingungen aktiviert werden sollen
- Signalaufzeichnung erfolgt im Transitional-Verfahren (Signale nur im Speicher abgelegt, wenn Änderung des Eingangssignales vorliegt)
- Referenzspeicher wird zur Vergleichsmessung verwendet
- Darstellung der Signale als Timing-, Hexadezimal-, Oktal- oder Binär-Diagramm
- Über entsprechende Ergänzungen können Signale in disassemblierter Form dargestellt werden

Blockschaltbild

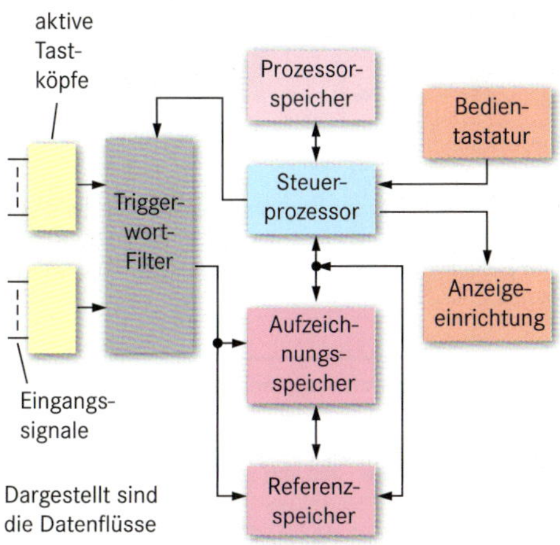

Signalabtastung

Asynchron

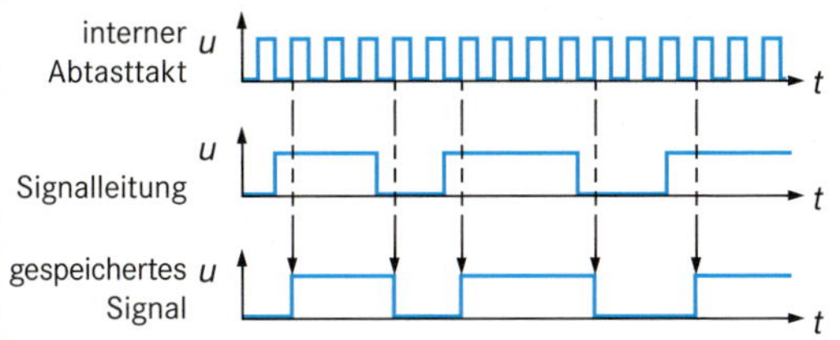

Synchron

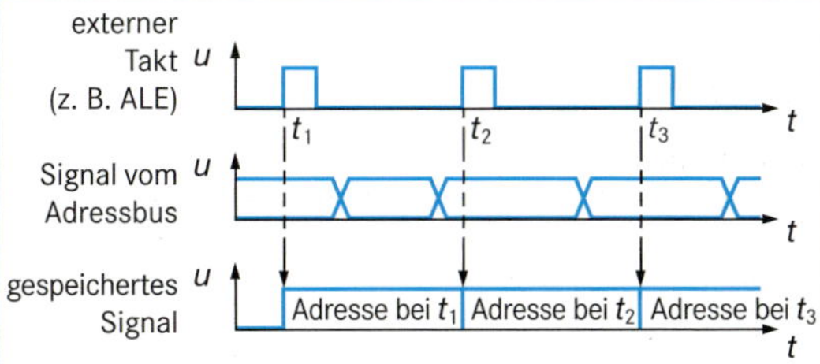

Signalgenerator
Signal Generator

Merkmale

- Signalgeneratoren werden verwendet zum Erzeugen von digitalen oder analogen Signalfolgen.
- Die Datenfolge bzw. der Kurvenverlauf ist programmierbar über eine Eingabetastatur oder serielle Schnittstelle mittels Steuerkommandos.
- Die Datenausgabe wird von der Ablaufsteuerung überwacht.
- Möglich sind Einzelimpulse (Pulsbreite einstellbar), Impulsfolgen mit einmaliger oder wiederholter Ausgabe (seriell oder parallel)

Aufbau

Digitaler Signalgenerator

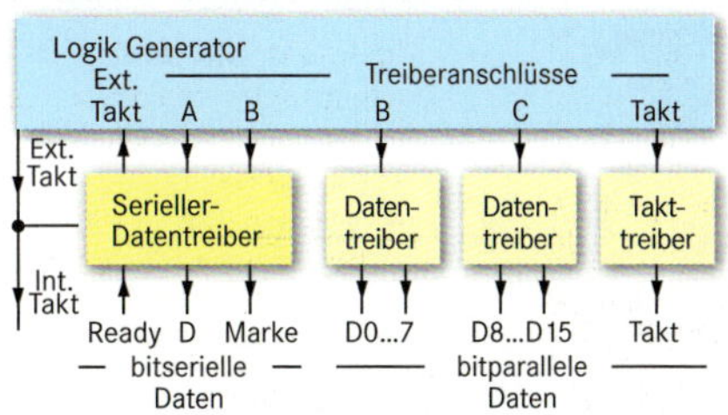

Grundlagen

- Das Prüfen informationstechnischer Verkabelungen (Kupfer- und LWL) an Standorten dient zur Feststellung des übertragungstechnischen Leistungsvermögens der Installation.
- Prüfverfahren sind u.a. definiert in DIN EN 61 935 und werden verwendet für die
  - **Abnahmemessung** nach vereinbarten Grenzwerten,
  - Überprüfung einer vorhandenen Installation auf Unterstützung einer bestimmten Netzanwendung und
  - **Fehlersuche** im Störungsfall.
- Diese Prüfverfahren sind **nicht** für konfektionierte Kabelgarnituren oder Komponenten geeignet.
- In DIN EN 50 346 sind u. a. festgelegt:
  - Prüfparameter
  - Prüfverfahren
  - Prüfsystem
  - Prüfgeräte
  - Kalibrierung
  - Interpretation der Prüfergebnisse
  - Dokumentation
- Zu prüfende Verkabelung können sein:
  - **Übertragungsstrecken** oder
  - **Verkabelungsstrecken.**
- Prüfungen auf Übertragungsstrecken dienen zur Fehlersuche, auf Verkabelungsstrecken zur Überprüfung des Leistungsvermögens.

Bezugsebenen

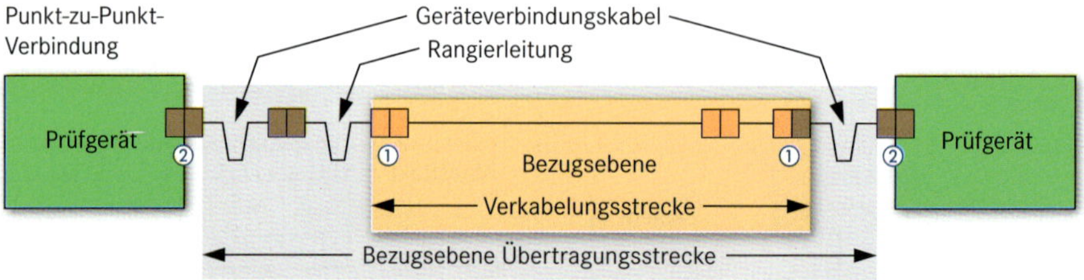

① Leistungsvermögen der **Verkabelungsstrecke beinhaltet** die Verbindungen an den Anschlusspunkten.

② Leistungsvermögen der **Übertragungsstrecke beinhaltet nicht** die Verbindungseinrichtungen an der Übertragungs- und Endeinrichtung.

Prüfparameter für symmetrische Kupferverkabelung

- Verdrahtungsplan
- Länge
- Laufzeit
- Laufzeitunterschied
- Dämpfung (Einfügedämpfung)
- Dämpfungsabweichung
- Nahnebensprechdämpfung (NEXT, zwischen Paaren und leistungssummiert)
- Ausgangsseitige Fernnebensprechdämpfung (ELFEXT, zwischen Paaren und leistungssummiert)
- Dämpfungs-Nahnebensprechdämpfungs-Verhältnis (ACR, zwischen Paaren und leistungssummiert)
- Rückflussdämpfung
- Erdunsymmetriedämpfung am nahen Ende (LCL)
- Kopplungsdämpfung
- Gleichstrom-Schleifenwiderstand
- Widerstandsunterschied

Prüfparameter für Lichtwellenleiter-Verkabelung

- Laufzeit
- Länge
- Abstand zwischen Komponenten
- Dämpfung
- Rückflussdämpfung

Prüfverfahren für LWL

Schritt 1:
Optische Leistung wird als **Bezugsleistungs**messung (P_1) aufgezeichnet.

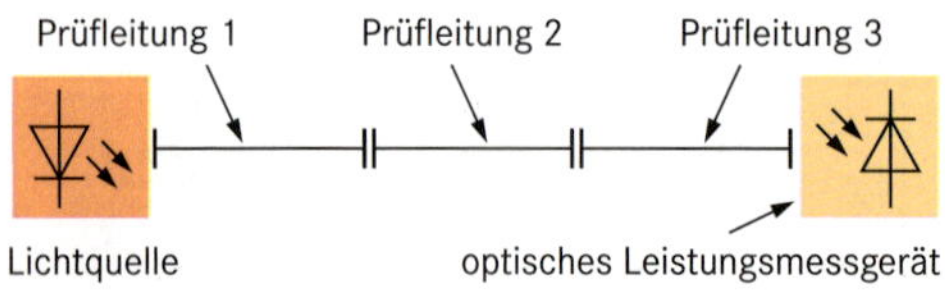

Schritt 2:
Optische Leistung wird als **Prüfleistungs**messung (P_2) aufgezeichnet.

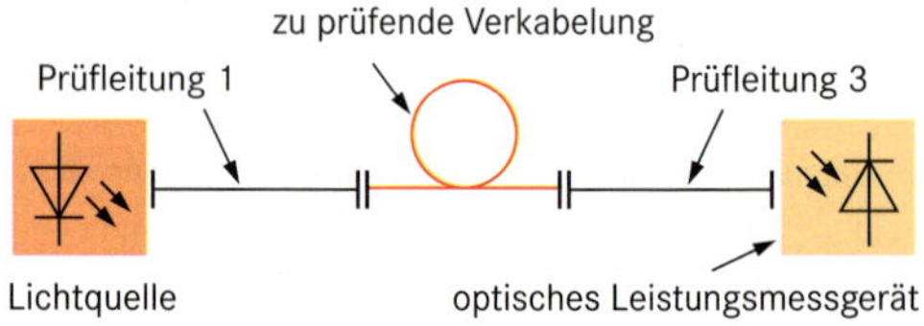

Schritt 3: Berechnung der Dämpfung mit $\boldsymbol{L} = \boldsymbol{P_1} - \boldsymbol{P_2}$ (in dB)

Grundlagen

- Bei der Messung an symmetrischen Datenleitungen wird zwischen der Messung im Labor und der Messung im Feld unterschieden.
- Die Messung im Labor dient zur Prüfung und Weiterentwicklung einzelner Komponenten (z. B. Rangierverteiler).
- Bei der Messung im Feld, d. h. am Installationsort, wird die fachgerechte Installation der Datenleitung und der Anschlüsse zu Abnahmezwecken überprüft.
- Die erforderlichen Messungen für eine installierte Verkabelung sind in DIN EN 61 935-1 festgelegt.
- Die Messungen dienen entweder zur Abnahme der Anlage oder zur Fehlersuche.
- Bei der Abnahmemessung wird die Installationsstrecke auf deren Leistungsfähigkeit und die Einhaltung der Grenzwerte überprüft.
- Bei der Fehlersuche wird die gesamte Übertragungsstrecke gemessen.

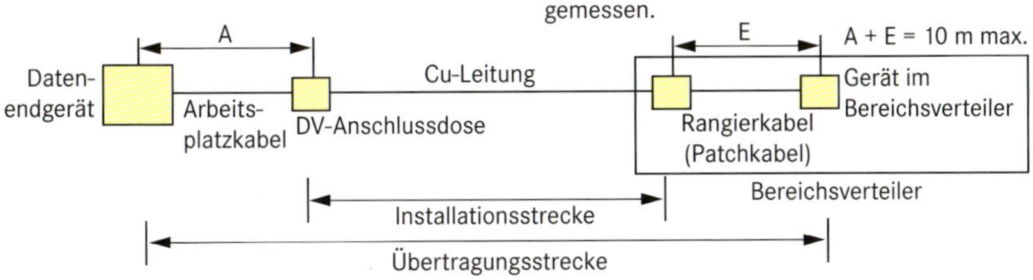

Messen in Kupfernetzen

Messprinzipien

- Die Messungen müssen für spätere Vergleiche dokumentiert werden.
- Das Messgerät sollte die Anforderungen der aktuellen Standards als Referenzwert in der Software integriert haben (z. B. DIN EN 50 173).
- Der Messaufbau besteht aus dem Messgerät ① und der Remote Einheit ②.
- Die spezifischen Parameter der zu messenden Verbindung müssen erfasst werden. Am Messgerät ist ein Nullabgleich durchzuführen.
- Die Dokumentation der Messwerte ist als Kurvenverlauf für jedes Adernpaar eines Links (Datendose - Kabelverbindung - Patchfeld) getrennt aufzuführen.

Durchzuführende Messungen mit allen Adern

- Prüfung der Adernreihenfolge
- Gleichstromwiderstand
- Wechselstromwiderstand (Impedanz)
- Länge des Links, TDR-Wert (Time-Domain-Reflektor-Methode)
- Dämpfung
- Nahes Nebensprechen, NEXT (Near End Crosstalk)
- Rausch-Signal-Abstand, ACR-Wert (Attenuation to Crosstalk Ratio)

Messen in Lichtwellenleiternetzen

Messprinzipien

- Für die Messung einer LWL-Strecke müssen vorab folgende Angaben ermittelt werden:
  - Typ, Dämpfung und numerische Apertur der Faser (z. B. Multimode G50/125)
  - Steckertyp
  - ungefähre Länge der Strecke
- Das Messgerät muss zur Messung der verschiedenen Fasertypen auf eine Wellenlänge von 850, 1310 und 1550 nm umschaltbar sein.

Durchzuführende Messungen

- Rückstreumessung: ODTR-Messung (Optical Domain Time Reflectometer)
- Messung der Länge, Dämpfung sowie Anzahl und Lage der Spleißstellen.

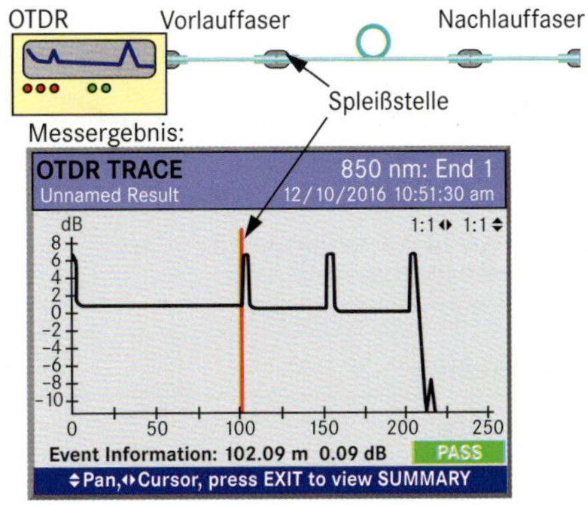

Die Messung wird auf beiden Seiten mit einer Vor- und Nachlauffaser (100 m) durchgeführt.

- Einfügedämpfung:
  Messung der Gesamtdämpfung einer LWL-Strecke

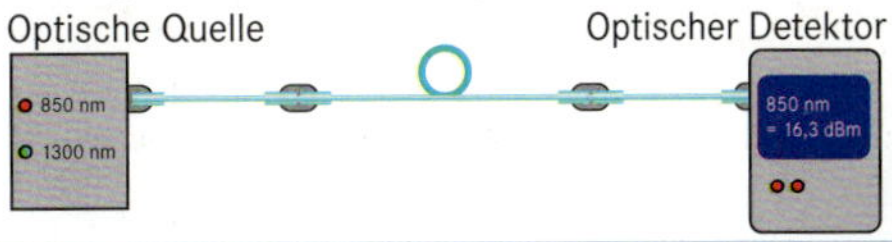

Messprinzip

- Die Messanordnung besteht aus dem Messgerät ① (Senden, Empfangen, Auswerten) und der Remote-Einheit ②.
- Die Messergebnisse werden mit Normwerten verglichen und als erfüllt (pass) oder nicht erfüllt (fail) gekennzeichnet.
- **Channel Link:** Messung der Übertragungsstrecke ohne Steckverbinder
- **Permanent Link:** Messung der Übertragungsstrecke mit Steckverbinder auf beiden Seiten

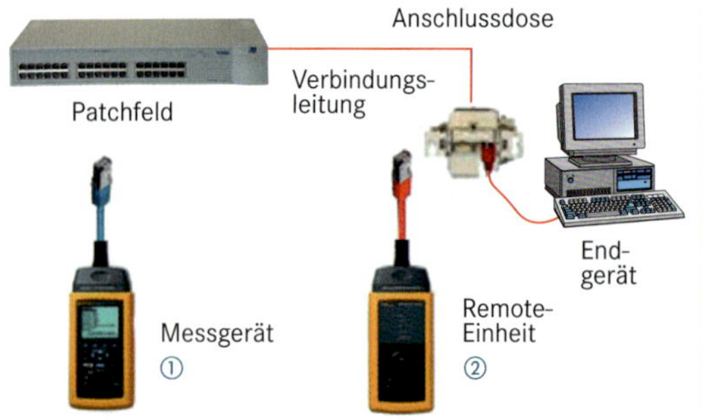

Dämpfung

- **Leitungsdämpfung**
  - Logarithmisches Maß in dB
  - Abhängig von Länge, Frequenz, Wirkwiderstand, induktivem und kapazitivem Belag der Leitung
- **Rückflussdämpfung** (return loss)
  - Leitung wird mit einem Widerstand abgeschlossen

Die Dämpfung der Übertragungsstrecke ändert sich z. B. durch Klemmen oder Anschlüsse in Dosen; Signale werden teilweise reflektiert.

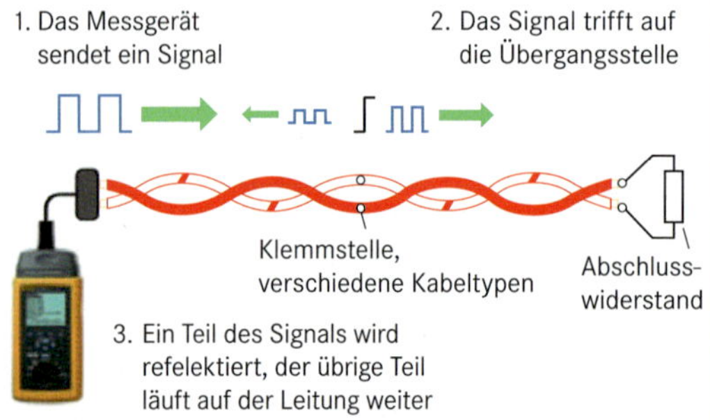

Laufzeit und Länge

- Offener Ausgang
- Über die Signallaufzeit wird die Länge der einzelnen Adernpaare ermittelt und angezeigt.

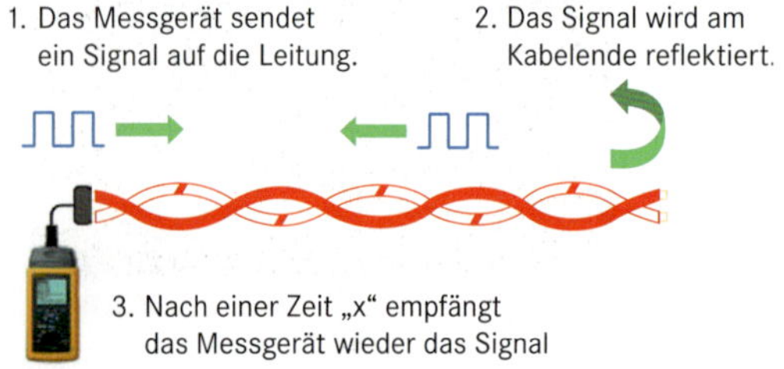

Nebensprechen

- **Nebensprechen** (crosstalk)
  - Das sendende Signal (Leitung 1) induziert eine Spannung in die Leitungspaare 2, 3 und 4.
  - Durch die Kabeldämpfung wird das Nebensprechen mit zunehmender Leitungslänge geringer.

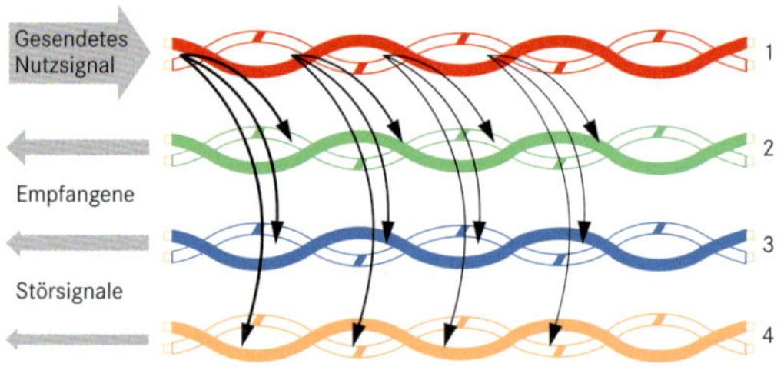

- **Nahes Nebensprechen** (**NEXT**, near end crosstalk)
  - NEXT entsteht zwischen anliegenden Leitungspaaren, z. B. Leitungspaar 1 und 2,
  - ist frequenzunabhängig und verursacht die häufigsten Fehler in Datennetzen.
- **Fernes Nebensprechen** (**FEXT**, far end crosstalk)
  - wird am fernen Ende gemessen und entspricht dem Nahen Nebensprechen (NEXT).

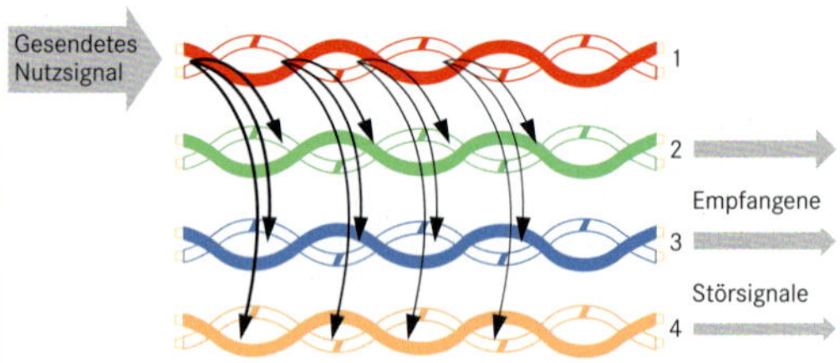

- **Längenabhängiges Nebensprechen am fernen Ende** (**ELFEXT**, equal level far end crosstalk)
  - Den ELFEXT-Wert erhält man, wenn man die Differenz zwischen FEXT und Dämpfung bildet.
  - Der ELFEXT-Wert ist längenunabhängig und kann mit verschieden langen Leitungen verglichen werden.

Rausch-Signal-Abstand

- **ACR: A**ttenuation to **C**rosstalk **R**atio
- Differenz aus dem NEXT-Wert ① und der Dämpfung (ACR = NEXT – Dämpfung)
- Abstand zwischen Nutzsignal und Störsignal
- Je größer der ACR-Wert, desto besser kann das Nutzsignal erkannt werden.
- Der ACR-Wert ist ein Maßstab für die Qualität der gesamten Verbindung.

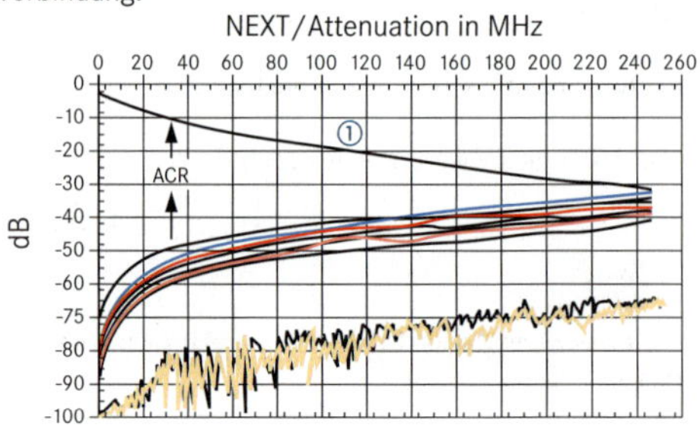

Merkmale

- Digitale Übertragungssysteme (z. B. ATM, SDH) arbeiten mit hohen Bitraten, die netzweit synchronisiert werden müssen.
- Damit möglichst keine Störungen in der Datenübertragung entstehen, werden sehr hohe Anforderungen an die Takt-Synchronisation in den Systemen gestellt.
- Systemtypische Einflüsse, wie z. B.
  - Interferenzen (impulsartiges Rauschen)
  - Phasenrauschen (thermisches Rauschen)
  - Verzögerungsschwankungen
  - Bit-Stopfen (stuffing)

  führen zur Entstehung von **Jitter** (zittern) und/oder **Wander** (wandern) beim Nutzsignal
- Diese Erscheinungen erzeugen z. B. **Bitfehler**, **Frequenzbeeinflussung** und damit Datenverlust auf den Übertragungswegen.

Definition

- Jitter ist die Bezeichnung für die periodische oder stochastische Abweichung (**zeitliche Instabilität**) der entscheidenden Zeitpunkte eines digitalen Signals vom idealen Wert.
- Praktisch entspricht dieses dem zu frühen oder zu späten Auftreten des Taktes im Vergleich zu einem Referenztakt (Frequenzbereich der Phasenabweichung > 10 Hz).
- Wander
  - ist ein sehr langsamer Jitter
  - nach ITU-T G.810 festgelegt auf 10 Hz Frequenzbereich in der Phasenabweichung

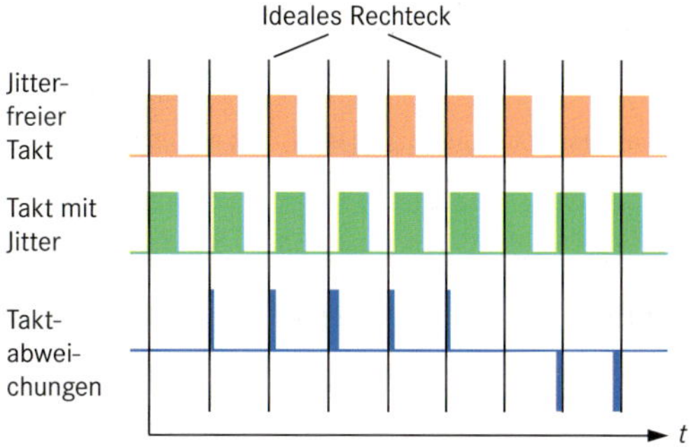

Parameter

- **U**nit **I**nterval (**UI**) (Einheits-Intervall)
  - ist das Maß für die Jitter-Amplitude
  - 1 UI entspricht der Amplitude eines Taktintervalles
  - ist unabhängig von der Bitrate und der Signalcodierung
- Peak-to-peak value ($\mathbf{UI_{pp}}$)
  - Ein Spitze-Spitze-Wert als der Abstand zwischen dem höchsten und niedrigsten Wert der Jitter-Amplitude.
- Phase hits (Phasen-Spitzen)
  sind Jitter-Spitzen, die einen Amplitudenwert übersteigen.
- **RMS** (**R**oot-**M**ean-**S**quare)-Jitter
  ist ein Anzeichen für die Rauschenergie des Jitter, gemessen über einen festgelegten Zeitraum.

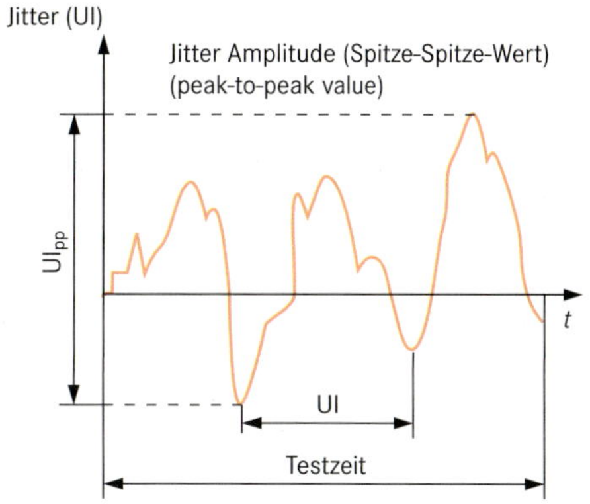

Augendiagramm

- Es dient zur optischen Darstellung des Jitter auf einem Oszilloskop
- Enthält die überlagerte Darstellung aller Bits einer seriellen Übertragungsstrecke, die über einen festgelegten Zeitraum übertragen wurden.
- Logische 1: positiv verrundetes Rechteck ①
- Logische 0: negativ verrundetes Rechteck ②
- Die Anzeige gibt Aufschluss über die Signalamplitude und den Jitter.
- Ein **offenes** Auge (Linien möglichst schmal) zeigt einen **geringeren** Jitter.

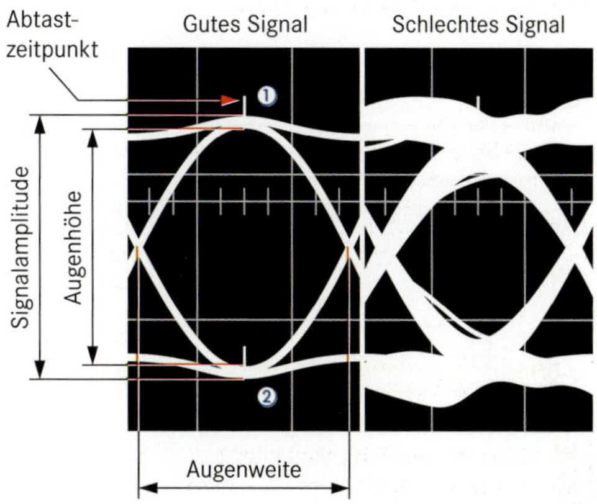

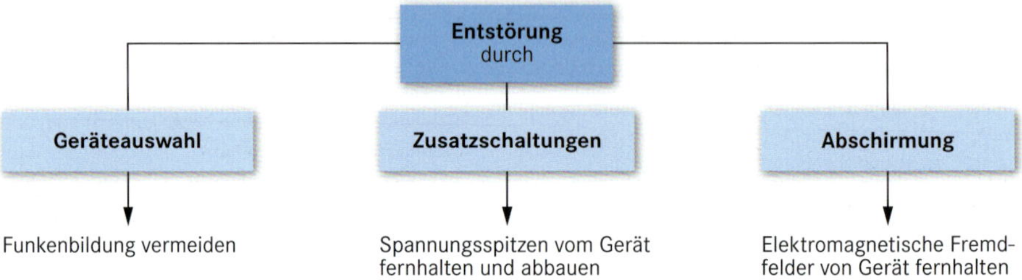

Maßnahmen

- Kurzschlussläufer statt Kommutatorläufermotoren einsetzen.
- Elektrische Geräte mit Drosselspulen, Siebgliedern, Widerständen und Funkenlöscheinrichtungen beschalten.
- Leitungen, Geräte und Räume mit Metallfolien umgeben.

Beispiel: Starter für Leuchtstofflampen mit eingebautem Entstörkondensator (Folienwickelkondensator)

Begriffe

- **Funkstörung** ist eine hochfrequente Störung (0,15 MHz ... 300 MHz) des Funkempfanges.
- Eine **Dauerstörung** ist eine Funkstörung, die länger als 200 ms andauert.
- **Grenzwertpegel** L siehe Diagramme
- Die **Knackrate** N ist die Anzahl der Funkstörungen pro Minute.
- Die **Knackstörung** ist eine Funkstörung, die weniger als 200 ms dauert. Der Grenzwertpegel L_Q ist wie folgt zu berechnen:

  $L_Q = L + 44$ für $N < 0{,}2$
  $L_Q = L + 20 \log_{10} \frac{30}{N}$ für $0{,}2 < N < 30$
  $L_Q = L$ für $30 < N$

  Dabei ist die Einheit für L_Q
  db (µV) für 0,15 MHz < 1 < 30 MHz
  dB (pW) für 30 MHz < 1 < 300 MHz

- Der **Funkstörgrad** ist eine frequenzabhängige Grenze für Funkstörungen
  0 funkstörfrei
  N funkentstört (Normalstörgrad)
  K funkentstört (Kleinststörgrad)
  G grobentstört (Einsatz beschränkt)

Funkschutzzeichen mit Angabe des Störgrades

Grenzwertpegel

a: **Haushaltsgeräte**
b: **Halbleiterstellglieder**
1: am Netz
2: am Verbraucher

c: **Elektrowerkzeuge**
1: bis 700 W
2: 700 W ... 1 000 W
3: 1000 W ... 2 000 W

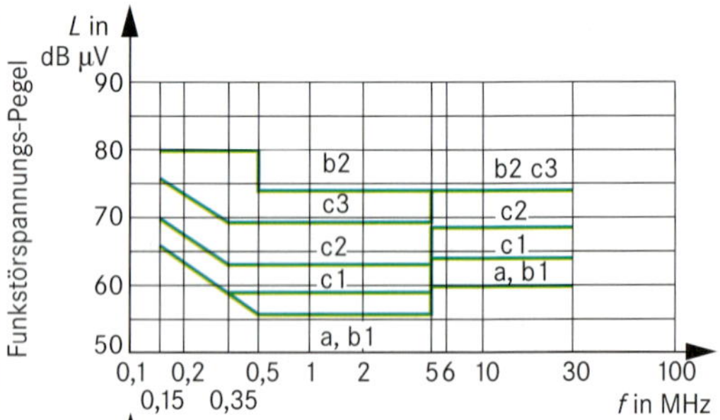

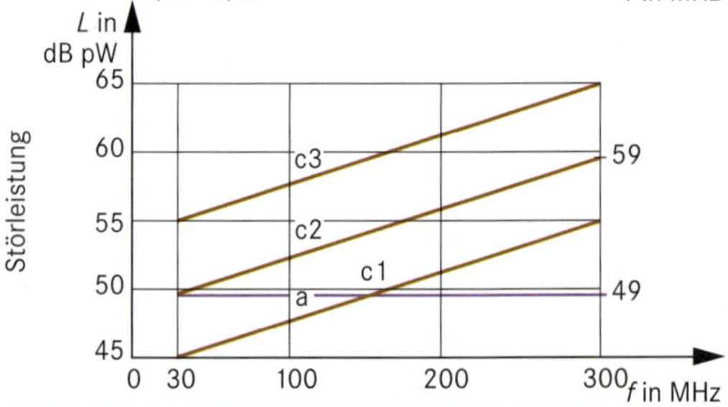

Schaltungen

Beispiel: Funkentstörung am Wechselstrommotor

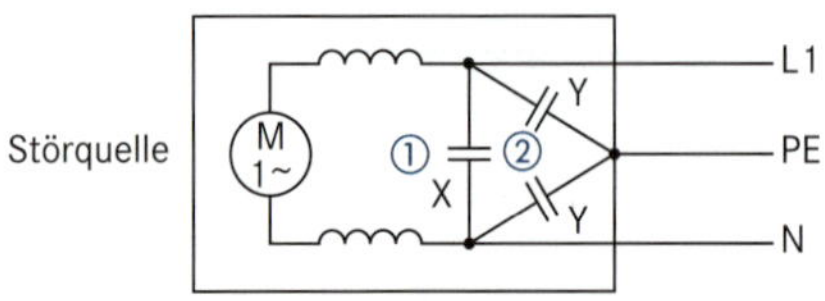

Beispiel: Funkenlöschung bei Schaltern

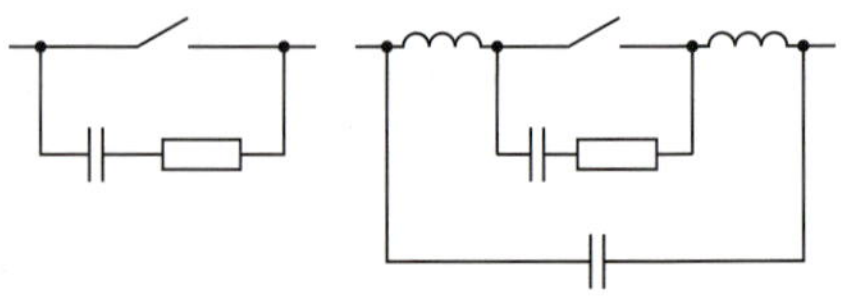

Es ist nur die Verwendung spezieller Funkentstörkondensatoren nach DIN VDE 0565 zulässig:

- **Klasse X**, parallel zum Netz ①
  X 1 für Spitzenspannung $u_{max} \geq 1200$ V,
  X 2 für $u_{max} < 1200$ V
- **Klasse Y**, Schaltung zwischen Außenleiter und Neutralleiter sowie Außenleiter und Schutzleiter. ②

Merkmale

- **L**icht**w**ellen**l**eiter **K**ommunikations**s**ysteme (**LWLKS**) werden eingesetzt im Nah- und Weitverkehrsbereich sowie im LAN-Bereich (**FTTH: F**ibre **T**o **T**he **H**ome, **FTTD: F**ibre **T**o **T**he **D**esk, Ethernet usw.).
- Bestandteile sind u. a. Sendeelemente auf Basis von **LED** (**L**ight **E**mitting **D**iode), Laserdioden (**L**ight **A**mplification by **S**timulated **E**mission of **R**adiation), optische Verstärker und Pumplaser.
- Wesentliche Eigenschaft dieser Komponenten ist die Erzeugung von energiereichen und schmalbandigen optischen Strahlungen im sichtbaren und unsichtbaren Wellenlängenbereich, die über Lichtwellenleiter (Kunststofffaser oder Glasfaser) übertragen werden.
- Diese optische Strahlung (zugänglich z. B. am Kabelende), stellt primär eine Gefahrenquelle für das menschliche Auge und die menschliche Haut dar.
- Der Grund dafür ist die Fokussierung des kohärenten (gleichförmigen) Lichtstrahls durch die Augenlinse auf die Netzhaut.
- Die Höhe der Gefährdung ist u. a. abhängig von der Wellenlänge, dem Betrachtungsabstand zur Austrittsquelle, der Betrachtungsdauer und der Strahlungsleistung.

Definitionen

- Zum Schutz gegen diese Gefährdung sind Maßnahmen zu treffen, die die Bereiche Betrieb, Wartung, Instandhaltung, Entwicklung und Herstellung abdecken.
- **MZB** (**M**aximal **z**ulässige **B**estrahlung) definiert den Grenzwert von Laserstrahlung (400 nm bis 1400 nm), dem Personen ausgesetzt werden dürfen, ohne schädliche Folgen zu erleiden.
- **GZB** (**G**renzwerte **z**ugänglicher **B**estrahlung) ist der Maximalwert zugänglicher Strahlung, der innerhalb einer bestimmten Klasse zugelassen ist (abgeleitet aus MZB).
- Grundsätzlich sind sämtliche Systeme auf Basis optischer Übertragungstechnik zu bewerten und zu klassifizieren.
- Für Lasersysteme sind deshalb Laserklassen festgelegt.
- **Zusätzlich** sind für LWLKS **Gefährdungsgrade** definiert.
- Standorte mit **uneingeschränktem Zugang**: 1, 1M, 2 oder 2M haben.
- Standorte mit **eingeschränktem Zugang**: 1, 1M, 2, 2M oder 3R haben.
- Standorte mit **kontrolliertem Zugang**: 1, 1M, 2, 2M, 3R oder 3B haben.
- Die erforderlichen Schutzmaßnahmen ergeben sich aus dem Gefährdungsgrad und einer kategorisierten Zugänglichkeit des jeweiligen Standortes.
- Folgende Schutzmaßnahmen (in der Reihenfolge) sind einzuhalten
  1. technische (z. B. Abschirmung)
  2. organisatorische (z. B. Betriebsanweisung)
  3. persönliche (z. B. Schutzbrillen)

Laser-Klassifizierung

Steigende Gefährdung ↓

Laser-Klasse	Wellenlänge in nm	Potenzielle Gefahren	**G**renzwerte **z**ulässiger **B**estrahlung (**GZB**)
1	alle	Augensicher (auch bei längerer Bestrahlung)	40 μW im blauen Spektralbereich 40 μW im roten Spektralbereich
		Gekapselte Laser höherer Leistung	Kein Strahlaustritt
1M	302,5 ... 4000	Augensicher für das freie Auge (Augenschaden möglich bei Betrachtung mit Lupen)	wie Klasse 1 (Messblende für das freie Auge)
2	400 ... 700	Augensicher innerhalb 0,25 s (Lidschlussreflex) (auch bei Betrachtung mit Lupen)	max. 1 mW
2M	400 ... 700	Augensicher innerhalb 0,25 s (Lidschlussreflex)	wie Klasse 2; max. 1 mW auf Netzhaut
3R	400 ... 700 302,5 ... 1×10^6	Praktisch keine Gefahr bei kurzzeitiger unabsichtlicher Bestrahlung Gefahr bei unsachgemäßer Verwendung	5-facher Wert von Klasse 2 im sichtbaren Bereich 5-facher Wert von Klasse 1 außerhalb des sichtbaren Bereichs
3B	200 ... 1×10^6	Gefahr für Augen durch direkten Strahl und spiegelnde Reflexionen; geringfügige Hautverletzungen nahe der Leistungsobergrenze	< 500 mW
4	alle	Gefahr für Augen durch direkten und diffus reflektierten Strahl; Gefahr für Haut; Brandgefahr	nach oben hin offen

Kennzeichnung

Zugänglicher Gefährdungsgrad	Standort: uneingeschränkt	Standort: eingeschränkt	Standort: kontrolliert
1	nein	nein	nein
1M	nein	ja	nein
2	ja	ja	ja
2M	ja	ja	ja
3R	nicht zulässig	ja	ja
3B	nicht zulässig	nicht zulässig	ja
4	nicht vorgesehen		

Beispiel

Laser Klasse 2
Standort uneingeschränkt, eingeschränkt oder kontrolliert

allg. Gefahrensymbol

LASERSTRAHLUNG
NICHT IN DEN STRAHL BLICKEN
LASER KLASSE 2
NACH EN 60825-1;2001
P ≤ 1 mW; λ= 632,8 nm

Hinweisschild (zusätzlich)

Oberschwingungen

- Nichtlineare Geräte (Energiesparlampen, Schaltnetzteile, Drucker, PCs, ...) verursachen Oberschwingungen, weil sie nicht kontinuierlich, sondern impulsartig Energie aus dem Netz beziehen.
- Die Oberschwingungen sind ganzzahlige Vielfache der Grundschwingung von 50 Hz.
- **Beispiel:**

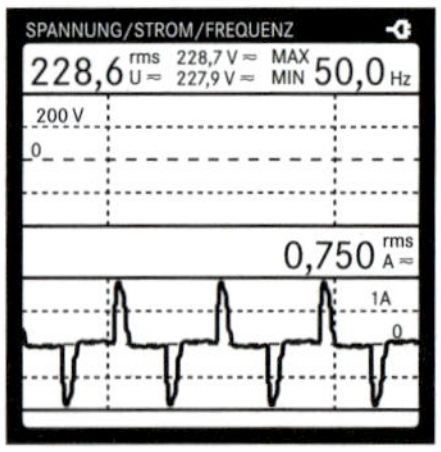

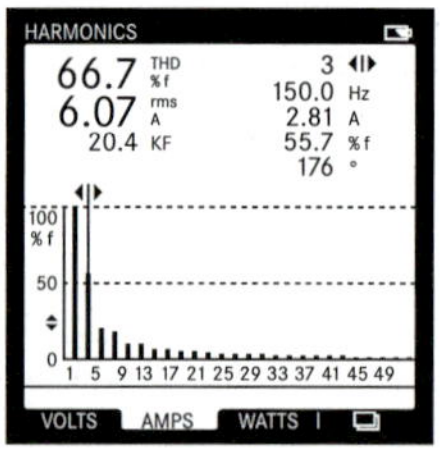

- Ein Maß für die Störung ist der Gesamtverzerrungsfaktor **THD** (**T**otal **H**armonic **D**istortion).
- Im N-Leiter addieren sich die Ströme der Oberschwingungen, so dass die Stromstärke im N-Leiter erheblich größer wird als die Stromstärken in den Außenleitern L1, L2 und L3.

Vorschriften für Energie-Netze

In den Vorschriften der DIN EN 6100-2-2, 2-4 sowie in der DIN EN 50160 sind einzuhaltende Grenzwerte für Oberschwingungen in öffentlichen und industriellen Netzen festgelegt. Folgende Klassen werden unterschieden:

Klasse 1: Netze mit sensiblen Geräten (Laborgeräte, ...)
Klasse 2: Öffentliche Netze
Klasse 3: Industrienetze

Grenzwerte von Oberschwingungen in Netzen

Ordnungszahl n			Frequenz in Hz	Klasse 1	Klasse 2	Klasse 3
				in % der Netzspannung		
5	ungeradzahlig	nicht durch 3 teilbar	250	3	6	8
7			350	3	5	7
11			550	3	3,5	5
13			650	3	3	4,5
17			750	2	2	4
19			850	1,5	1,5	4
23			1150	1,5	1,5	3,5
25			1250	1,5	1,5	3,5
3		durch 3 teilbar	150	3	5	6
9			450	1,5	1,5	2,5
15			750	0,3	0,3	2
21			1050	0,2	0,2	1,75
2	geradzahlig		100	2	2	3
4			200	1	1	1,5
6			300	0,5	0,5	1
8			400	0,5	0,5	1
10			500	0,5	0,5	1

Vorschriften für Geräte

- Oberschwingungsgrenzwerte für Geräte sind in der DIN EN 61000-3-2 festgelegt. Sie müssen von Herstellern durch entsprechende schaltungstechnische Maßnahmen eingehalten werden.
- Die Geräte werden in Klassen eingeteilt.

Geräteklassen

Klasse	Geräte
A	▪ Symmetrische dreiphasige Geräte ▪ Haushaltsgeräte (ausgenommen Geräte der Klasse D) ▪ Elektrowerkzeuge (ausgenommen Geräte der Klasse B) ▪ Beleuchtungseinsteller (Dimmer) für Glühlampen bis 1000 W ▪ Audio-Einrichtungen und ▪ Geräte, die nicht in eine der drei Klassen fallen
B	▪ Tragbare Elektrowerkzeuge
C	▪ Beleuchtungseinrichtungen einschließlich Beleuchtungsreglern ▪ ausgenommen Dimmer bis 1000 W
D	▪ Personal-Computer und Monitore ▪ Fernsehgeräte mit einer Eingangsleistung von 75 W bis 600 W

- Für Geräte der Klasse D sind die in der nachfolgenden Tabelle aufgeführten Grenzwerte einzuhalten.

Grenzwerte von Oberschwingungen für Geräte der Klasse D

Ordnungszahl der Oberschwingung n	Maximal zulässige Stromstärke der Oberschwingung pro Leistung in mA/W	Maximal zulässige Stromstärke der Oberschwingung in A
3	3,4	2,30
5	1,9	1,14
7	1,0	0,77
9	0,5	0,40
11	0,35	0,33
$11 \leq n \leq 39$	3,86/n	s. Klasse A

Ausgleichsströme im TN-C-System

- Bei vernetzten EDV-Geräten in TN-C-Systemen kann es zu Ausgleichsströmen über die Abschirmungen der Verbindungsleitungen kommen.
- Ein Spannungsunterschied ΔU entsteht auf dem für beide Systeme gemeinsamen PEN-Leiter.
- **Folgen:**
  - Induktive Einspeisung von Störimpulsen in die Datenleitung (Störungen, Datenverlust)
  - Brandgefahr
  - Zerstörung elektronischer Bauteile
- **Abhilfe:**
  Aufbau eines TN-S-Systems mit getrenntem PE-und N-Leiter. Für die Systeme gibt es nur einen zentralen Erdungspunkt.

Merkmale

- Umweltprüfungen werden in Form von **Umweltsimulationen** für Komponenten, Geräte und Systeme druchgeführt und dienen zum Nachweiß der
  - **Funktionsfähigkeit** (Entwicklungsbereich) und
  - **Langzeittauglichkeit** (praktischer Einsatz)

  unter bestimmten, definierten Umweltbedingungen.
- Die Inhalte und Vorgehensweisen für die Umweltsimulationen sind abhängig vom geplanten Einsatzfall der technischen Einrichtung (z. B. ortfester/mobiler Einsatz).
- Die Definition der Umweltanforderungen ist somit ein fester Bestandteil der Produktentwicklung und wird bei der Lastenhefterstellung mit berücksichtigt.
- Die Teststrategie für komplette Geräte wird dabei unterschieden nach
  - **HALT** (**H**ighly **A**ccelerated **L**ife **T**est: hoch beschleunigter Lebensdauer Test) und
  - **HASS** (**H**ighly **A**ccelerated **S**tress **S**creen hoch beschleunigter Belastungstest).
- Der HALT-Test wird in der Phase der Produktentwicklung eingesetzt und identifiziert die Funktions- und Zerstörungsgrenzen des Prüflings. Damit werden die schwächsten Komponenten, die zum Ausfall des Prüflings führen, identifiziert und können im Redesign geändert werden.
- Der HASS-Test wird in der Phase der Produktendkontrolle zur Überprüfung der Einhaltung der Grenzwerte verwendet.
- Die Grenzwerte entsprechen dabei den Werten, bei denen im HALT-Test noch das ordnungsgemäße Funktionieren des Prüflings gewährleistet ist.
- Normen, nach denen die Prüfungen durchgeführt werden, sind unter anderem die DIN EN 60 068.

Prüfbereiche

Klimatische Prüfung
DIN EN 60 068-2-1 Prüfung A: Kälte
DIN EN 60 068-2-2 Prüfung B: Trockene Wärme
DIN EN 60 068-2-14 Prüfung N: Temperaturwechsel

Mechanische Prüfung
DIN EN 60 068-2-6 Prüfung Fc: Schwingen, sinusförmig
DIN EN 60 068-2-64 Prüfung Fh: Schwingen, Breitbandrauschen (digital geregelt) und Leitfaden
DIN EN 60 068-2-75 Prüfung Eh: Hammerprüfungen

Chemische Prüfung
IEC/EN/DIN EN 60 068-2-11 - Salznebel
IEC/EN/DIN EN 60 068-2-42 - Schwefeldioxid

Biologische Prüfung
DIN EN 10 993-1 2008 Biologische Beurteilung von Medizinprodukten - Teil 1: Beurteilung und Prüfung

Brandverhalten
IEC 60 332-3-24 /DIN VDE 0472 - Teil 804 C): Brandfortleitung am Kabelbündel

HALT-Test

- Alle betriebsrelevanten Funktionen werden während des Testlaufs überwacht.
- Die **Intensität** der Prüfungen wird **stufenweise** erhöht.
- Kontrolliert werden dabei z. B.
  - Änderung der Eingangsspannung
  - Änderung der Ausgangsbelastung
  - Ein-/Ausschalten der Netzspannung
- **Stufentemperaturprüfung** testet die Betriebsgrenzwerte zunächst mit Kältebelastung und danach mit Wärmebelastung (falls möglich bis zur Zerstörung).
- **Schneller Temperaturwechsel** realisiert extreme Temperaturwechsel mit bis 80 K/min. Die Grenzwerte liegen innerhalb der Betriebsgrenzwerte (5 K).
- **Schwingprüfungen** regen den Prüfling mit 2 Hz bis 10 kHz auf einem Schwingprüfstand in sechs Achsen gleichzeitig an (stochastisches Breitbandrauschen; Beschleunigung mit stufenweiser Erhöhung um $5 \cdot g_{rms}$[1)]). Damit werden sowohl massenintensive Bauelemente (z. B. SMD) als auch kleine Bauelemente erfasst.
- **Kombinationsprüfungen** realisieren gleichzeitig rauschförmiges Schwingen und extreme Temperaturwechsel (künstliche Alterung des Prüflings).

[1)] = root-mean-square acceleration (Effektive Beschleunigung)

Temperatur- und Klimaprüfschrank

Technische Daten

Temperaturbereich	-42 °C ... +180 °C
	-72 °C ... +180 °C
Aufheizgeschwindigkeiten	3,0 ... 4,0 K/min
Abkühlgeschwindigkeiten	2,3 ... 4,0 K/min
Temperaturänderung linear	1,0 K/min
Maximale Wärmekompensation	1500 ... 4200 W
Leistungsdaten für Klimaprüfungen	
Temperaturbereich	+10 °C ... +95 °C
Taupunkttemperatur	+4 °C ... +94 °C
Feuchtebereich	10 ... 98 % relat. F.
Maximale Wärmekompensation	400 ... 500 W

Kombinierte Vibrationsprüfung mit schnellem Temperaturwechsel

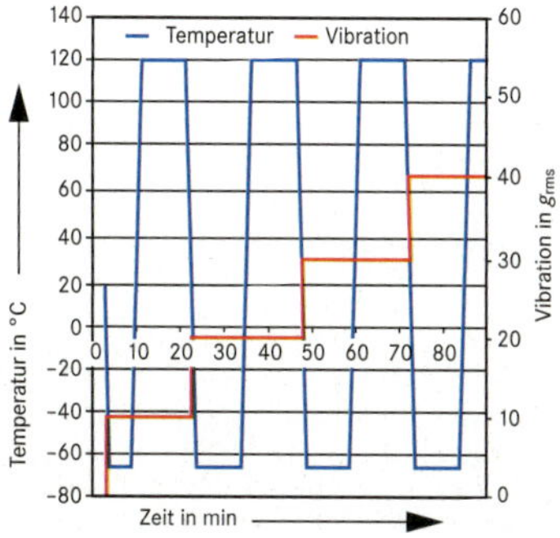

Merkmale

- Die **EMV-Richtlinie 2014/30/EG** berücksichtigt ein breites Spektrum an elektrischen und elektronischen Apparaten, Geräten und Systemen (Betriebsmittel).
- Es ist im Einzelfall zu klären, ob für ein vorliegendes Betriebsmittel diese Richtlinie zur Anwendung kommt.
- Anhand des Ablaufdiagramms können die entsprechenden Festlegungen ermittelt werden.
- Weitere Vorgehensweisen bzw. Einzelfestlegungen für den jeweiligen Fall sind umzusetzen, damit eine Konformitätserklärung erstellt werden kann.

Anmerkung:
Grundsätzliche Ausnahmen für die Anwendung der EMV-Richtlinie bestehen für

- Betriebsmittel ohne elektrische oder elektronische Teile
- Funkanlagen und Telekommunikationseinrichtungen (Richtlinie 1999/5/EG)
- Luftfahrttechnische Erzeugnisse (Verordnung 1592/2002)
- Funkgeräte von Funkamateuren (UIT-Zulassung).

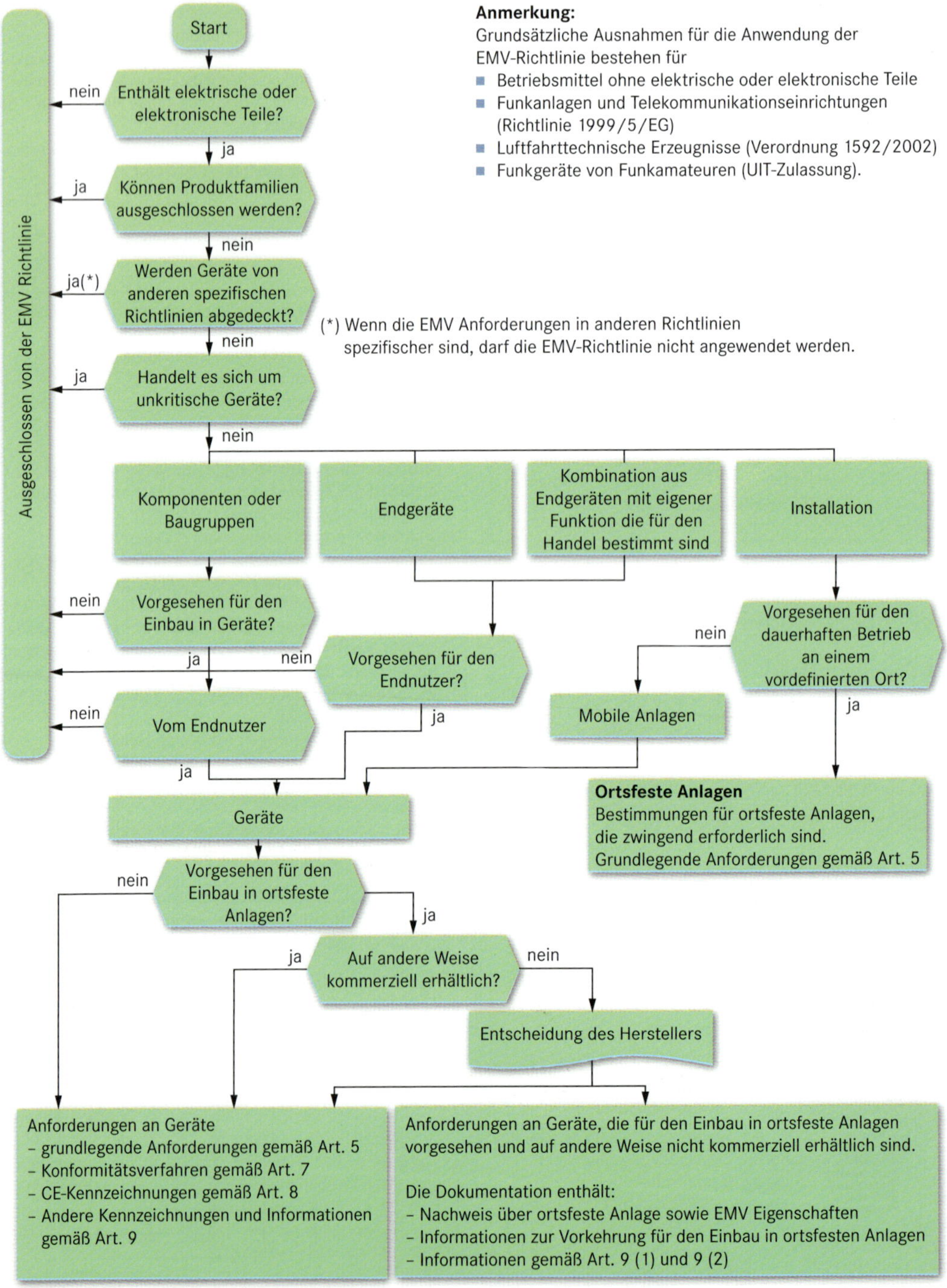

(*) Wenn die EMV Anforderungen in anderen Richtlinien spezifischer sind, darf die EMV-Richtlinie nicht angewendet werden.

Merkmale

- Durch die EMV-Prüfung wird das Verhalten eines Gerätes/Systems unter elektromagnetischen Bedingungen überprüft.
- Die Prüfung wird in die beiden Kategorien
  - **Störfestigkeit** (electromagnetic immunity) und
  - **Störaussendung** (emission)

  eingeteilt.
- **Störfestigkeit** beschreibt die Unempfindlichkeit des Gerätes gegen äußere elektromagnetische Beeinflussungen.
- **Störaussendung** beschreibt die elektromagnetische Ausstrahlung des bestimmten Gerätes in die Umwelt.
- Für die Kopplung zwischen Störquelle und Störsenke gibt es vier Modelle.
- Die Störungen können auftreten als
  - **leitungsgebundene Störung** und/oder
  - **feldgebundene Störung.**
- Für die EMV-Prüfung des spezifischen Gerätes/Systems sind die anzuwendenden Normen aus der Vielzahl der vorliegenden Normen auszuwählen.
- Grundlage für die Auswahl sind z. B. die
  - zu erwartenden Umgebungsbedingungen (Störgrößen),
  - Eigenschaften des Gerätes (Systems),
  - geforderte Zuverlässigkeit des Gerätes (Systems),
  - vertraglichen Bedingungen und
  - Marktanforderungen (EU-Richtline, CE-Kennzeichnung).
- Die Normen für die EMV-Prüfung sind gegliedert in die Normengruppen
  - **Produktfamilien/Produktnormen,**
  - **Fachgrundnormen und**
  - **Grundnormen.**
- Produktfamilien-/Produktnormen
  - beziehen sich auf eine spezielle Produktfamilie oder ein spezielles Produkt (berücksichtigen die spezifischen Eigenschaften).
  - Für die Prüf- und Messmethoden wird auch auf diese Normen verwiesen, sie haben Vorrang vor der Fachgrundnorm.
- Fachgrundnormen
  - definieren EMV-Anforderungen (einschließlich Prüfmethoden und Grenzwerte) für Produkte in einer bestimmten Umgebung (Industrie, Wohnbereich) und
  - verweisen für Prüf- und Messmethoden auf die Grundnormen.
- Grundnormen
  - beschreiben allgemeine Festlegungen (Begriffsdefinitionen, Beschreibung der Störphänomene, Mess- und Prüfmethoden) und
  - enthalten keine Festlegungen für Grenzwerte und keine produktspezifischen Regelungen.

Kopplungsmodelle

Impedanzkopplung (galvanische Kopplung)

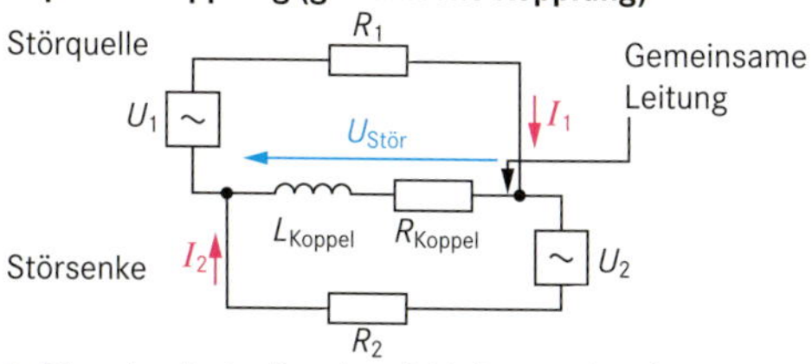

- Die galvanische Kopplung ist leitungsgebunden.
- Die Kopplungsimpedanz ist frequenzabhängig und entsteht durch gemeinsame Nutzung eines Leiterabschnittes durch zwei Stromkreise.
- **Beispiele:**
  Gemeinsame Rückleitung von Schaltkreisen auf einer Flachbaugruppe; Stromversorgungsleitungen (Erdschleifen)

Kapazitive Kopplung

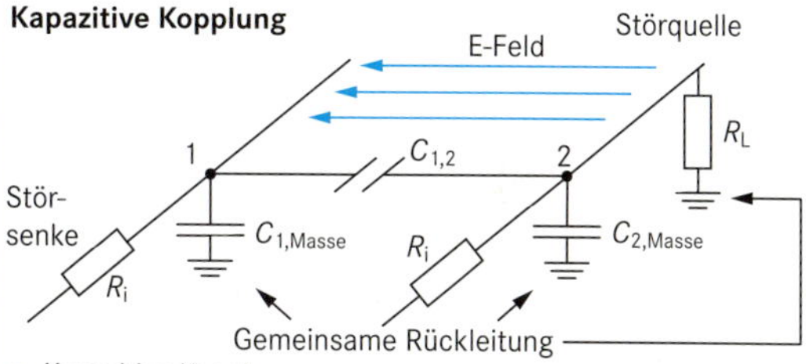

- Kapazitive Kopplung
  - tritt auf zwischen Stromkreisen, deren Leiter auf unterschiedlichen Potenzialen liegen und
  - wird dargestellt durch Koppelkapazität ($C_{1,2}$), über die Verschiebungsströme von der Störquelle auf die Störsenke eingekoppelt werden und über die gemeinsame Masseverbindung wieder zurückfließen.
- **Beispiel:** parallele Busleitungen

Induktive Kopplung

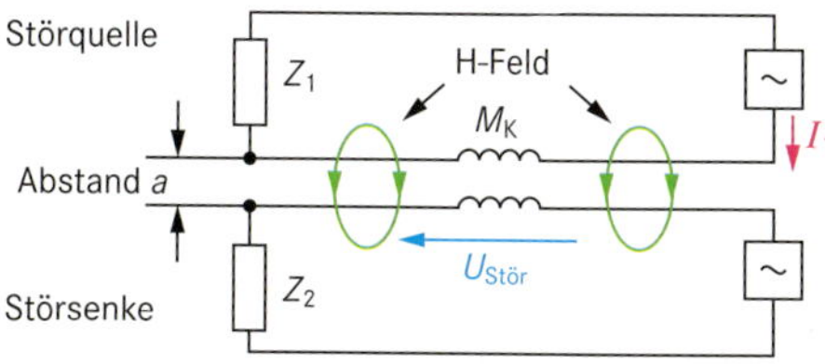

- Die Beeinflussung entsteht durch elektrischen Wechselstrom, der ein Magnetfeld erzeugt.
- Dieses Magnetfeld induziert in benachbarten parallel laufenden Leiterschleifen Störspannungen.
- Sie wird dargestellt über die Koppelinduktivität M_K, die von der Geometrie der Stromkreise abhängig ist.
  Beispiel: Stromversorgungsleitung (hohe Ströme) parallel zur Signalleitung (niedrige Pegel).

Strahlungskopplung

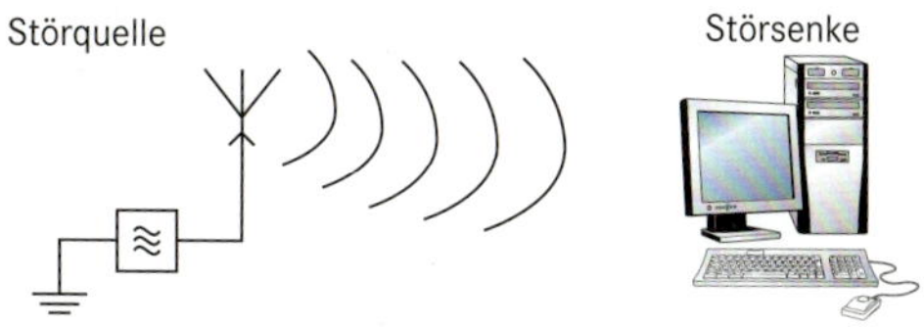

- Die Strahlungskopplung erfolgt über elektromagnetische Wellen (Fernfeld).
- Elektrische und magnetische Felder können dabei nicht mehr getrennt betrachtet werden (keine quasistationären Felder).
- Der Grenzabstand zwischen Nah- und Fernfeld ist frequenzabhängig (ca. 3 m bei 10 MHz).
  Beispiel: Sendeanlagen, Mikrowellengeräte

Merkmale

- Festigkeit gegen elektrostatische Entladung (**ESD**: **E**lectro**s**tatic **D**ischarge) ist eine der Prüfungen, die im Rahmen der EMV-Prüfung getestet wird.
- Grund dafür ist, dass dieses Phänomen in Form von **Reibungselektrizität** (z. B. Gehen auf nicht leitendem Fußboden) fast alltäglich auftritt und somit eine Gefährdung bei Berührung von elektronischen Geräten darstellt.
- Die Höhe der erzeugten Spannung ist dabei abhängig von der Luftfeuchtigkeit und den Materialien, die aneinander gerieben werden (z. B. synthetische Stoffe bei 50 % Luftfeuchtigkeit ca. 8 kV).
- Obwohl die **Entladedauer** sehr kurz ist, kann eine Schädigung oder eine Vorschädigung von Halbleiterbauelementen verursacht werden.

Prüfvorgaben nach IEC 61000-4-2

- Prüfpunkte:
  Alle Punkte, die im Normalbetrieb vom Anwender berührt werden können; nicht notwendig auf Pins von geöffneten Steckverbindern oder Punkte, die nur während Instandhaltungsarbeiten zugängig sind.
- Entladungsmethode:
  Kontaktentladung wird bevorzugt; Entladung über Luftstrecke, wenn Kontaktpunkt nicht zugänglich.
- Beide Verfahren, **direkte Entladung** und **indirekte Entladung** über Koppelfläche, sind erforderlich.
- Nicht geerdete Einrichtungen sollten zwischen den Prüfpulsen über Entladungswiderstände oder durch Ionisation entladen werden.
- Anzahl der Entladungen:
  Normal 10 Entladungen in jeder Polarität auf jeden Punkt; EN 55025 fordert insgesamt 200 Entladungen, 50 für jeden Punkt
- Testdurchführung:
  Testgenerator ist senkrecht zur Oberfläche vom **EUT** (**E**quipment **U**nder **T**est) zu führen; bei Luftstreckenentladung muss die Spitze so dicht wie möglich herangeführt werden.
- Testschwellen:
  Abhängig von Anforderungen, wobei z. B. bei 6 kV Kontaktentladung auch die Werte mit 2 kV und 4 kV erfüllt werden müssen.

Standardentladekurve bei 4 kV

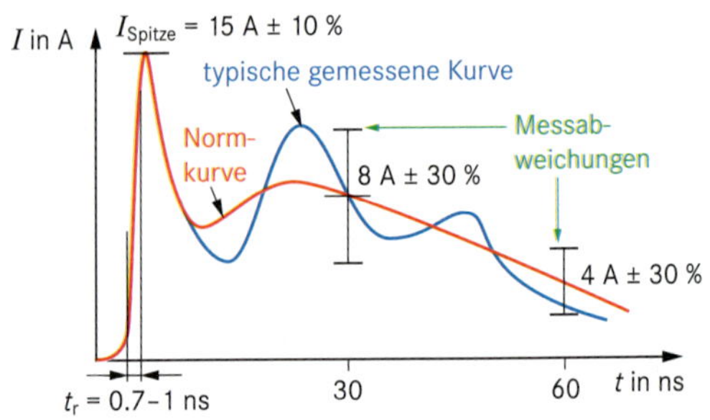

Prüfschärfegrad (Umgebungsbedingungen)	Prüfspannung in kV	
	Kontaktentladung	Luftstreckenentladung
1 (35 % r.F., antistatisch)	2	2
2 (10 % r.F., antistatisch)	2	2
3 (50 % r.F., antistatisch)	6	8
4 (10 % r.F., antistatisch)	8	15

r.F.: relative Feuchte

Testaufbau

Testobjekt: Schaltschrank

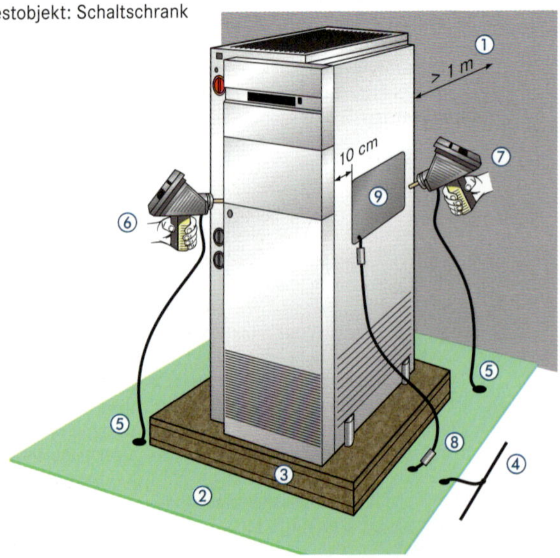

① Abstand zwischen **EUT** (**E**quipment **U**nder **T**est: zu testende Einrichtung) und benachbarter leitender Umgebung > 1 m.

② Bezugserdungsplatte (GRP: Ground Refrence Plane) mindestens 1 m^2, mit mindestens 0,5 m allseitig um EUT herum.

③ Isolierendes Podest (Holzpalette) mit 10 cm Höhe

④ Schutzerdung

⑤ Niederohmiger Rückleiter vom Testgenerator zur Bezugserdungsplatte; Leitung von der zu testenden Einrichtung wegführend.

⑥ Direkte Entladung auf EUT

⑦ Indirekte Entladung auf EUT über vertikale Koppelplatte

⑧ Verbindungsleitung zwischen Koppelplatten mit 470 kΩ an jeder Seite

⑨ Vertikale Koppelplatte

Merkmale

- Schaltschränke werden eingesetzt zur Aufnahme von Geräten (u. a. elektrische Betriebsmittel).
- Je nach Aufgabenstellung werden in einem Schrank unterschiedliche Funktionseinheiten kombiniert wie z. B.
  - Steuerungen,
  - Leistungsschalter,
  - Frequenzumrichter
- Die Aufstellung erfolgt in der Regel in der unmittelbaren Nähe der zu steuernden Einrichtung (z. B. Maschine).
- Zu den wesentliche Aspekten, die beim Entwurf bzw. der Ausführung des Aufbaus zu berücksichtigen sind, gehören u. a. die Anforderungen aus
  - der elektrischen Sicherheit (z. B. Berührungsschutz, Schutzpotenzialausgleich),
  - der elektromagnetischen Verträglichkeit (Störaussendung und Störempfindlichkeit),
  - den Temperaturbedingungen (Entwärmung bzw. Klimatisierung).
- Die anzuwendenden Normen sind immer unter Berücksichtigung der jeweiligen Anwendung festzulegen.

Schrankaufbau

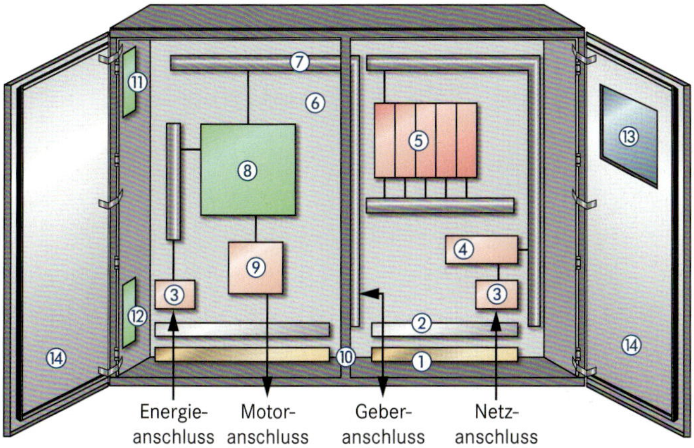

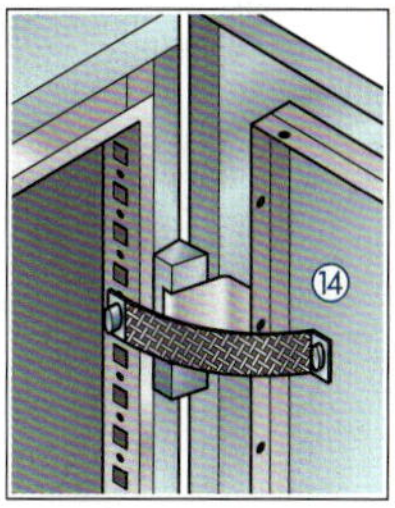

Masseband
(z. B. Türanschluss)

① Erdungsschiene
② Klemmleiste
③ Netzfilter
④ Netzteil
⑤ Speicherprogrammierbare Steuerung
⑥ Montageplatte
⑦ Kabelkanal
⑧ Motorsteuerung
⑨ Ausgangsfilter
⑩ Trennwand
⑪ Lüfteraustritt
⑫ Lüftereintritt
⑬ Sichtfenster
⑭ Tür

Planungshinweise zur Elektromagnetischen Verträglichkeit

- Vorrangig ist eine **Frequenz- und Pegelbetrachtung** der einzubauenden Komponenten und Verträglichkeitsbetrachtung der Komponenten zueinander durchzuführen.
- Daraus sind die entsprechenden **Entkopplungsmaßnahmen** festzulegen, wie z. B.
  - räumliche Trennung (Frequenzen bis 10 MHz),
  - räumliche Trennung und Schirmung (Frequenzen über 10 MHz) und
  - EMV-geschirmte Gehäuse (Frequenzen > 1 GHz)
- **Metallene Teile** sind flächig und gut leitend miteinander zu verbinden.
- Die **Schaltschranktür** über mehrere Massebänder (keine Einzeldrahtverbindung) möglichst kurz mit dem Schrankrahmen (Gehäuse) verbinden.
- **Montageplatten** (sofern vorhanden) in verzinkter Ausführung und als gemeinsamen Sternpunkt für das Erdpotenzial verwenden.
- Bei Einbau von Leistungsgeräten und elektronischen Steuerungen **räumliche Trennung** (ggf. über zusätzliche Schirmwand mit großflächiger Kontaktierung) realisieren.
- **Leistungsleitungen** und **Steuerleitungen** räumlich getrennt verlegen (auch bei der Schrankeinführung).
- Zuleitung zu Antrieben als **geschirmte Kabel** ausführen. Den Schirm beidseitig großflächig erden.
- Signalleitungen nur von einer Ebene bzw. Seite in den Schrank einführen und die Schirme unmittelbar am Schrankeingang mit **Schirmungsschiene** verbinden.
- Geschirmte Leitungen nur mit **metallenen** oder metallisierten **Steckern** ausrüsten.
- **Leitungstrennstellen** von geschirmten Leitungen mit durchgehender Schirmanbindung realisieren.
- **Leitungslängen** möglichst kurz halten, um Koppelkapazitäten und Koppelinduktivitäten gering zu halten.
- Adern von **Reserveleitungen** mindestens an einem Leitungsende auf ein Potenzial legen (vorzugsweise erden).
- Alle **geschalteten Induktivitäten** (Schütze, Bremsmagnete usw.) mit Entstörgliedern (z. B. R-C-Glieder) beschalten.
- **Funkentstörfilter** mit flächigem Kontakt zur Erde (Montageplatte) unmittelbar in der Nähe des störenden Gerätes (kurze Leitungsverbindung) montieren.
- **Netzfilter** für Versorgungsspannung unmittelbar an der Kabeleinführung montieren und großflächig mit der Schrankerde verbinden.
- Schutz gegen **Überspannung** (z. B. Blitzeinschlag) durch entsprechende Wahl des Aufstellortes bzw. geeignete Gebäudeausrüstung sicherstellen.

Merkmale

- Elektronische Systeme werden zum Schutz gegen Umwelteinflüsse (z. B. Staub, Hitze, Kälte, Feuchtigkeit) in der Regel in Schaltschränke oder Gehäuse eingebaut.
- Bedingt durch die damit verbundene Leistungsdichte innerhalb des Schrankes entstehen Temperaturen, die die Lebensdauer der eingebauten Komponenten verkürzen.
- Zum Schutz der Komponenten ist eine entsprechende Kühlung bzw. Klimatisierung des Schrankes erforderlich.
- Die Wärmeabfuhr kann dabei auf verschiedene Arten realisiert werden und ist abhängig von der abzuführenden Wärmemenge.
- Grundsätzlich erfolgt die Wärmeübertragung nach drei Prinzipien:
  - Konvektion
  - Wärmeleitung
  - Strahlung

Wärmeübertragung

- **Konvektion**
  - Transportiert thermische Energie mittels Teilchen, die die Wärme mitführen (Materialtransport)
  - Tritt in der Regel bei Flüssigkeiten und Gasen (z. B. Luft) auf

Beispiel: Schaltschrank

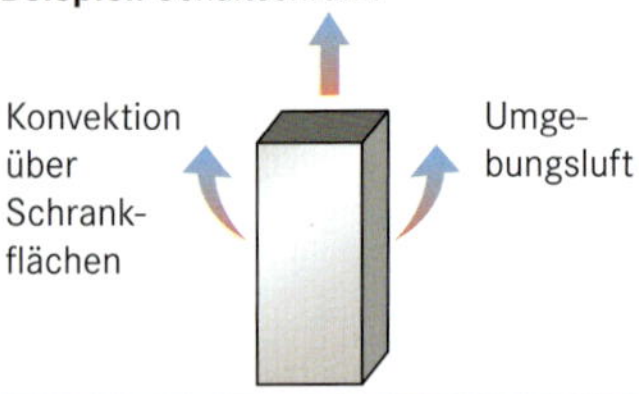

- **Wärmeleitung**
  - Transportiert thermische Energie **ohne** Transport von Teilchen
  - Energie wird durch ungeordnete Teilchenstöße übertragen
  - Gute Wärmeleiter sind z. B. Metalle

Beispiel: Kühlkörper

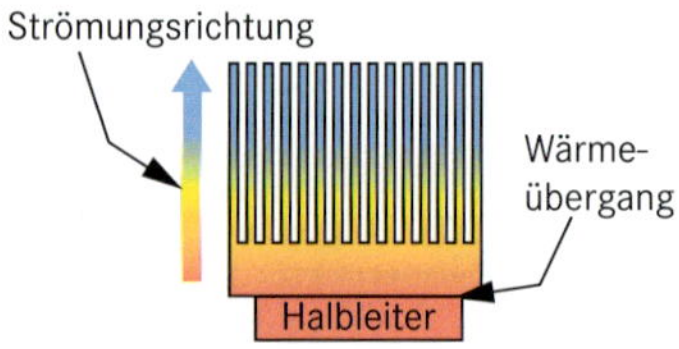

- **Wärmestrahlung**
  - Transportiert thermische Energie **ohne** Transport von Teilchen
  - Ist auch im Vakuum vorhanden
  - Je heißer ein Körper, desto intensiver die Strahlung (z. B. Sonne)

Beispiel: Glühlampe

Vorauswahl Schrankkühlverfahren

- Die Vorauswahl für das einzusetzende Kühlverfahren ist abhängig von der
  - Umgebungstemperatur am Aufstellort bzw.
  - gewünschten (erforderlichen) Innentemperatur und
  - erforderlichen Schutzart (IP-Klasse) des Schrankes.

T: Temperatur

$T_{\text{Innen soll}} > T_{\text{Umgebung max}}$ → Schutzart höher als IP 54
- ja: Anwendung von
  - Luft/Luft-Wärmetauscher
- nein: Anwendung von
  - Luftein-/austrittsgitter oder Kiemenblech bzw.
  - Dachentlüftung/Filterlüfter

$T_{\text{Innen soll}} \leq T_{\text{Umgebung max}}$ → Kühlwasserkreislauf am Aufstellort vorhanden?
- ja: Anwendung von
  - Luft/Wasser-Wärmetauscher
- nein: Anwendung von
  - Kühlgerät
  - Rückkühlanlage

Effektive Schaltschrankoberfläche

- Die effektive Schaltschrankoberfläche ist die wirksame Oberfläche des Schrankes unter Berücksichtigung des Aufstellortes im Raum. Die Formeln zur Berechnung der effektiven Oberfläche berücksichtigen deshalb die spezifischen Aufstellbedingungen (siehe Tabelle).

Einzelgehäuse allseitig freistehend	$A = 1{,}8 \times H \times (B + T) + 1{,}4 \times B \times T$
Einzelgehäuse für Wandanbau	$A = 1{,}4 \times B \times (H + T) + 1{,}8 \times T \times H$
Anfangs- oder Endgehäuse freistehend	$A = 1{,}4 \times T \times (H + B) + 1{,}8 \times B \times H$
Anfangs- oder Endgehäuse für Wandanbau	$A = 1{,}4 \times H \times (B + T) + 1{,}4 \times B \times T$
Mittelgehäuse freistehend	$A = 1{,}8 \times B \times H + 1{,}4 \times B \times T + T \times H$
Mittelgehäuse für Wandbau	$A = 1{,}4 \times B \times (H + T) + T \times H$
Mittelgehäuse für Wandbau, abgedeckte Dachflächen	$A = 1{,}4 \times B \times H + 0{,}7 \times B \times T + T \times H$

A: Effektive Schaltschrankoberfläche in m^2
B: Schaltschrankbreite in m
H: Schaltschrankhöhe in m
T: Schaltschranktiefe in m

Filterlüfter

- **Außentemperatur ist niedriger als Innentemperatur**
- Die erzeugte Wärme wird über die Schaltschrankwände nach außen abgeführt.
- Konvektion entsteht als **freie Konvektion** (freie Luftströmung) oder **erzwungene Konvektion** (z. B. durch Einsatz von Lüftereinschüben).

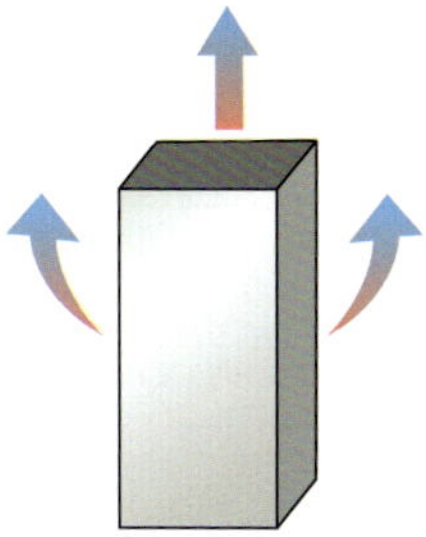

Luft/Luft-Wärmetauscher

- **Außentemperatur ist niedriger als Innentemperatur**
- Sie verfügen über zwei vollständig getrennte Luftkreisläufe mit Wärmetauscher (indirekte Schaltschrankkühlung).
- Die eingebauten Komponenten sind somit gegen Umgebungseinflüsse geschützt.

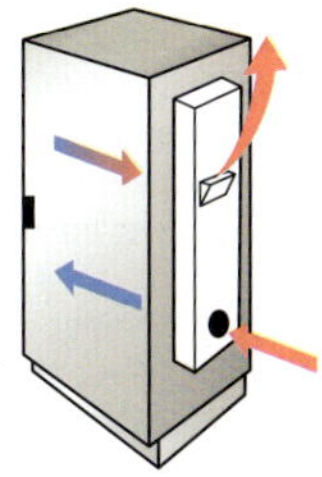

Luft/Wasser-Wärmetauscher

- **Innentemperatur ist niedriger als Außentemperatur**
- Kühlung der Innenluft erfolgt über ein außen am Schrank installiertes Kühlgerät.
- Wärme wird über Wärmerücklaufleitung zur Wärmerückgewinnungsanlage transportiert und dort wieder gekühlt.
- Zu beachten sind
  - Qualität des Kühlwassers (z.B. Wasserhärte)
  - Kühlwasserrichtlinie (VGB-R 455P).

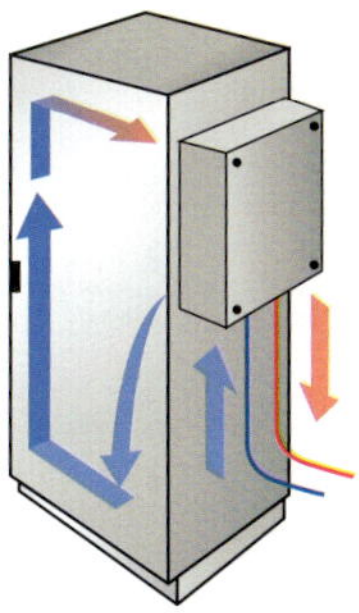

Schaltschrankkühlgeräte

- **Innentemperatur ist niedriger als Außentemperatur**
- Arbeitsprinzip: Kältekompressionsmaschine
- Kühlmedium: Kältemittel
- Die Innentemperatur kann konstant gehalten werden.
- Kühlende Luft wird am Verdampfer entfeuchtet.
- Die Menge des anfallenden Kondenswassers ist abhängig von der relativen Luftfeuchte, der Lufttemperatur im Schaltschrank und am Verdampfer und der im Schrank vorhandenen Luftmenge.

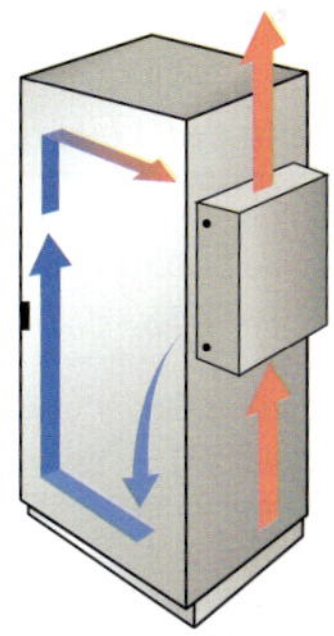

Filterlüfter

- **Außentemperatur ist niedriger als Innentemperatur**
- Eingesetzt bei kleinen abzuführenden Wärmeleistungen
- Ungünstig bei Staubanfall, Feuchtigkeit oder chemischen Stoffen in der Umgebungsluft, da diese lediglich über Filtermatten angesaugt wird.

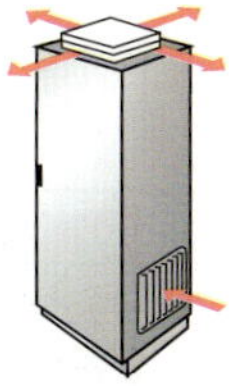

Dimensionierungsbeispiel

Vorgaben:

1. P_V = 940 W P_S = 340 W => $P_V - P_S$ = 600 W
2. T_U = 30 °C T_I = 50 °C => ΔT = 20 °C = 20 K

Ergebnis (aus Nomogramm):

3. Erforderlicher Volumenstrom: V_{min} 90 m³/h

Nomogramm

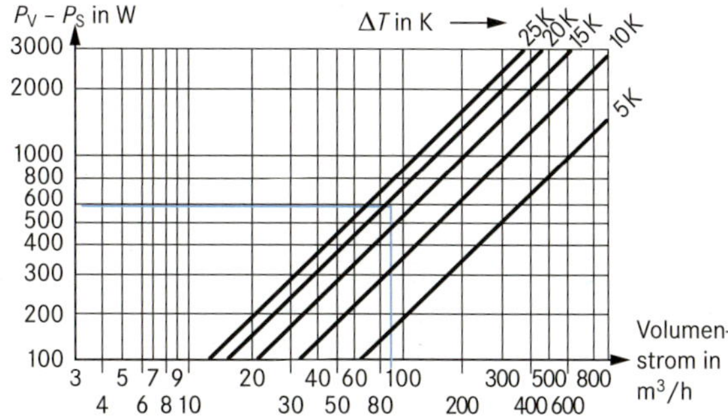

P_V: Wärmeabgabe der Geräte im Schrank
P_S: Strahlungsleistung Schrank
V: Luftfördermenge (Volumenstrom) Filterlüfter
ΔT: Differenz Schrankinnentemperatur und Umgebungstemperatur ($\Delta T = T_I - T_U$)

Schaltschrankheizungen

- Schaltschrankheizungen werden eingesetzt, wenn die internen Geräte für einen bestimmten minimalen Temperaturbereich spezifiziert sind, der praktische Einsatz aber niedrigere Außentemperaturen erwarten lässt
- Ziel: Erreichen der Mindesttemperatur und Vermeidung von Kondenswasser

Merkmale

- Durchgehend computergestützter Prozess von der Schaltung über das eiterplattenlayout bis hin zur Fertigung (**EDA E**lectronic **D**esign **A**utomation).
- Die Softwarelösungen umfassen in der Regel folgende Funktionsmodule:
  - Schaltplaneditor ①
  - Schaltungssimulation
  - Layouteditor auf mehreren Layern (Ebenen) ②
  - Autorouter
  - Bauteilbibliotheken
  - Schnittstelle zum Datenexport für die Fertigung
- Die Ausgabe der gedruckten Leiterplatte **PCB** (**P**rinted **C**ircuit **B**oard) ist in Abhängigkeit von den nachfolgenden Fertigungsmaschinen in unterschiedlichen Dateiformaten möglich.
- Softwareauswahl:
  - Altium Designer
  - EAGLE (**E**infach **A**nzuwendender **G**rafischer **L**ayout **E**ditor)
  - Pulsonix
  - Target 3001

Vorteile des Leiterplattenentwurfs

- Kompakter Aufbau der Schaltung
- Kurze Leitungswege
- Vermeidung von Kreuzungspunkten
- Layout ist jederzeit variabel
- Steckverbinder usw. lassen sich an bestimmten Positionen definieren
- Verwendung von realen Bauteildaten zur einfachen Bestückung
- Kostenersparnis, z. B. durch einfache Wiederverwendungsmöglichkeiten

Designregeln

- Bauteile so anordnen, dass kurze Leiterbahnen entstehen.
- Richtungsänderung der Leiterbahnen im 45°-Winkel
- Bauteilgruppen bilden (z. B. Spannungsversorgung)
- Abstände zum Leiterplattenrand einhalten
- Anzahl der Durchkontaktierungen (Via) minimieren
- Bauteile mit vorgegebener Position zuerst platzieren (Klemmen, Steckverbinder usw.)
- Kupferflächen zur Abschirmung erstellen

Entwurfsschritte

Auswahl der Bauteilbibliotheken	Herstellerspezifisch: Pins, Rastermaß, Gehäuse
↓ Entwurf des Schaltplans	Länge, Breite und Anzahl der Layer
↓ Fehlerprüfung; eventuelle Simulation der Schaltung	**ERC**: **E**lectrical **R**ule **C**heck Verdrahtung der Bauteile, fehlende Anschlüsse, usw.
↓ Festlegung des Leiterplattenformates	Länge, Breite und Anzahl der Layer
↓ Positionierung der Bauelemente	Steckverbinder am Rand anordnen, Kreuzung der Leiterbahnen berücksichtigen
↓ Routing der Leiterbahnen	Routing per Hand oder mit Hilfe einer Autorouterfunktion (Autorouter parametrieren)
↓ Parametrierung der Leiterbahnen	Breite der Leiterbahn, Zuordnung zum Layer
↓ Fehlerprüfung des Designs	**DRC**: **D**esign **R**ule **C**heck Abstand und Breite der Leiterbahnen, SMD-Pads, Lötstoppmaske, usw.
↓ Ausgabe der Fertigungsdaten	In Abhängigkeit der Leiterplattenfertigung, z. B. im Gerber-Format

Beispielentwurf

Schaltplan ①

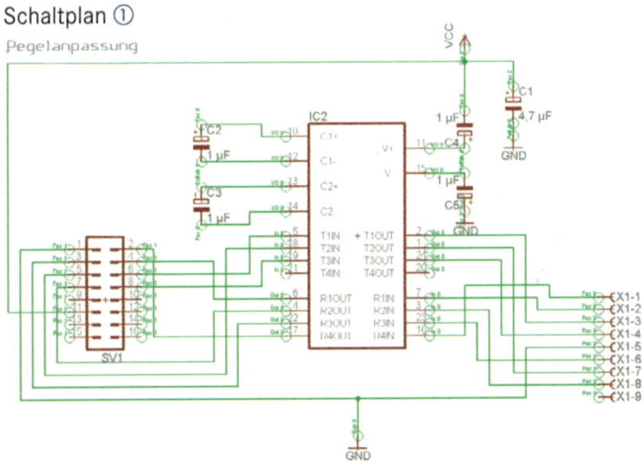

Leiterplatte ②

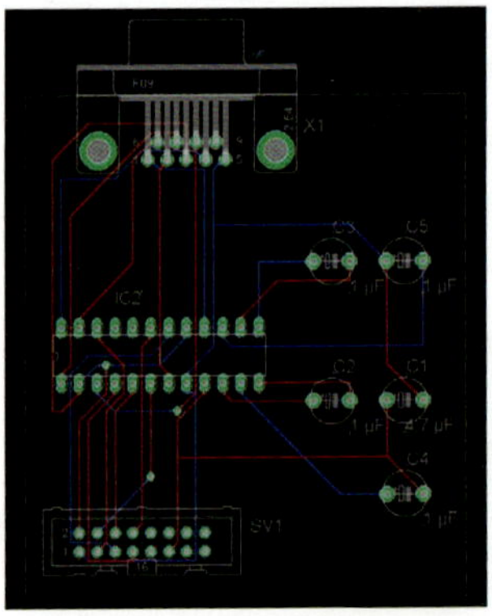

Merkmale

- Leiterplatten dienen zur Aufnahme von Bauelementen und den elektrisch leitenden Verbindungen zwischen diesen und den Anschlüssen nach außen.
- Die Art der Leiterplatten kann grundsätzlich eingeteilt werden in
  - **starre** Leiterplatten,
  - **starr-flexible** Leiterplatten und
  - **flexible** Leiterplatten.
- Die jeweils einzusetzenden Materialen sind abhängig von den Anwendungsbedingungen, wie z. B.
  - Umgebungsbedingungen (Temperatur, Luftfeuchtigkeit, chemische Anforderungen),
  - mechanische Stabilität (u. a. Schwingungsbeanspruchung),
  - elektrische Eigenschaften (u. a. Stromstärke) und
  - Hochfrequenzeigenschaften.
- Der Aufbau der **Basismatrialen** besteht in der Regel aus mehren Materialschichten (z. B. mehrere Lagen verpresstes epoxidgetränktes Glasfasergewebe).
- Bedingt durch die hohe Dichte von Leiterbahnen auf den Leiterplatten sind diese in der Regel mit mehreren Kupferlagen ausgestattet (**multilayer**).
- Normen zum Thema Leiterplatten werden von DIN, IEC und dem **IPC** (**I**nstitute for Interconnecting and **P**ackaging Electronics **C**ircuits; heute: Association Connecting Electronics Industries) erstellt (zusätzlich herstellereigene Standards).

Starre Leiterplatten

- Starre Leiterplatten sind die Standardbauform im Elektronikbereich.
- Die verwendeten Materialien unterscheiden sich in
  - der Art des Verstärkungsmaterials (z. B. Papier, Glasgewebe, Keramikfüllstoffe) und
  - in dem verwendeten Harz (z. B. Phenol, Epoxy).
- Die spezifischen Daten der verschiedenen Laminate sind u. a. gekennzeichnet durch
  - Glasübergangstemperatur (T_G)
  - Dielektrizitätskonstante (ε_r)
  - Oberflächenwiderstand,
  - Volumenwiderstand
  - Kriechstromfestigkeit (**CTI**: **C**onductive **T**racking **I**ndex)
- Die Oberflächen der Leiterplatten sind u. a. verfügbar in
  - **HAL**-Bleifrei (**H**ot **A**ir **L**evelling: Eintauchen in flüssiges Zinn)
  - Zinn (sehr gute Löteigenschaften)
  - Nickel Gold (sehr gute Bondeigenschaften)
- Die Schichtdicke der Kupferkaschierung liegt bei Standardmaterial bei 35 µm oder 70 µm.
- Multilayer mit bis zu 40 Lagen sind verfügbar.
- Die **Materialbezeichnungen** stammen in der Regel von den jeweiligen Laminatherstellern.
- Die Abmessungen der Leiterplatten sind standardisiert oder als Sonderformat herstellbar.
- Im industriellen Bereich wird als Basismaterial der Typ **FR**4 (**F**lame **R**etardant: flammwidrig), ein Epoxidharz
  - Glasgewebe - Verbundwerkstoff, eingesetzt.
- Eine erhöhte Wärmabfuhr (z.B. bei Einsatz von Leistungsbauteilen) ist durch die Anwendung von Leiterplatten mit integrierten Aluminium- oder Kupferkernen (**Metallkernleiterplatte**) realisierbar.

Multilayer LP

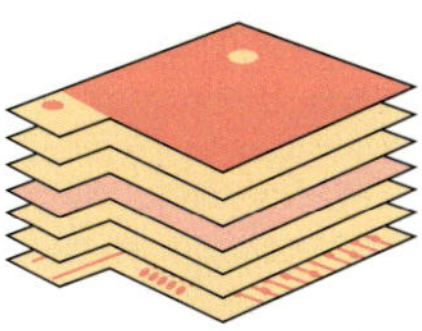

Dickkupfer LP

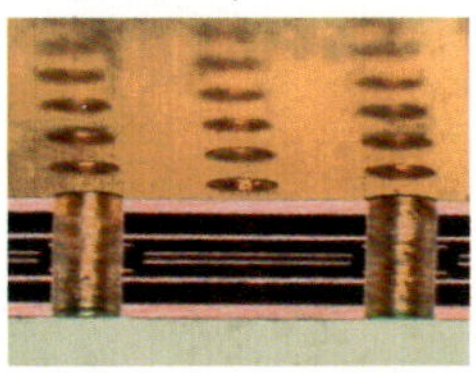

Aluminiumkern LP

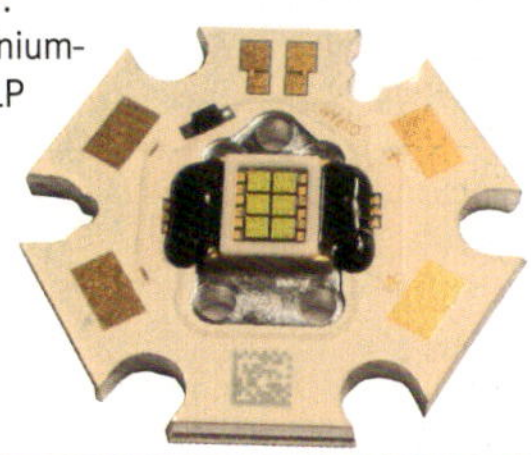

Flexible Leiterplatten

- Die Leiterplatte besteht aus **flexiblem Material** und kann somit leicht an konstruktive Vorgaben angepasst werden (z. B. 3-D-Aufbau).
- Bestückungen erfolgen überwiegend mit SMD-Bauteilen (Durchkontaktierungen möglich).
- Bei verklebten Laminaten werden die Kupferkaschierungen mittels Kleber mit der Trägerfolie verbunden.
- Bei **kleberlosen Laminaten** wird die Kupferkaschierung direkt mit der Trägerfolie verbunden (bietet hohe Material und Zuverlässigkeitsanforderungen)
- Als **Trägerfolie** wird u. a. Polyimid (extrem hitzebeständig und hohe Zugfestigkeit) eingesetzt.
- Die **Folienstärke** beträgt 25 µm, die Kupferauflage beträgt 4 µm bis 35 µm; ggf. vorhandene Kleberschichten liegen bei 50 µm. Die Gesamtstärke der Standardleiterplatte liegt somit bei maximal 135 µm.
- Leiterplatten mit bis zu 30 Lagen sind herstellbar.
- Anwendungsbereiche u. a. im Flugzeug- und Automobilbau, Mobilfunk- und PC-Technik.

Beispiel: Lagenaufbau 2-lagig (double layer)

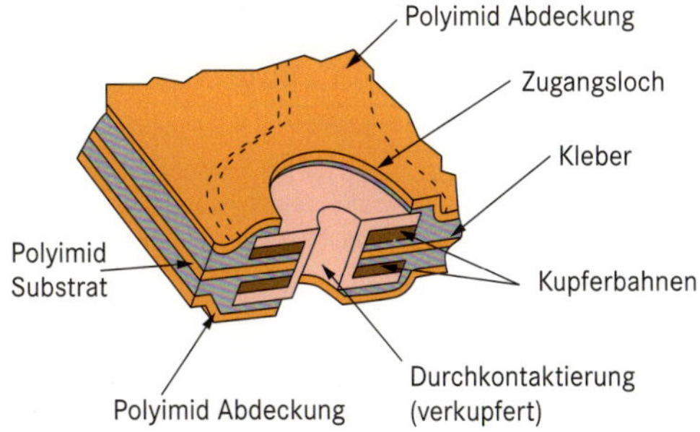

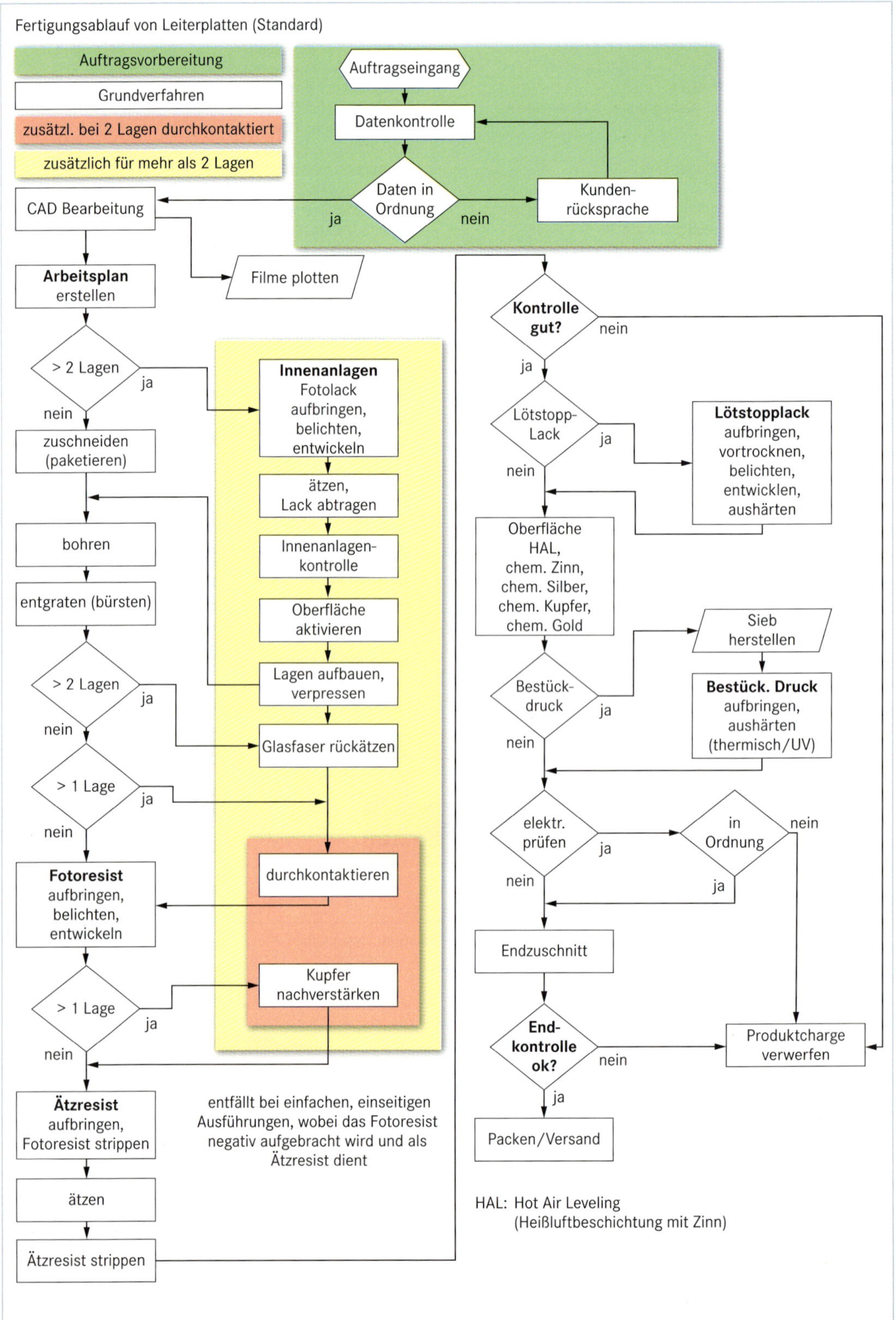
Fertigungsablauf von Leiterplatten (Standard)
Auftragsvorbereitung
Grundverfahren
zusätzl. bei 2 Lagen durchkontaktiert
zusätzlich für mehr als 2 Lagen
Auftragseingang
Datenkontrolle
Daten in Ordnung
ja
nein
Kunden-rücksprache
CAD Bearbeitung
Filme plotten
Arbeitsplan erstellen
> 2 Lagen
ja
nein
zuschneiden (paketieren)
Innenanlagen Fotolack aufbringen, belichten, entwickeln
ätzen, Lack abtragen
Innenanlagen-kontrolle
Oberfläche aktivieren
Lagen aufbauen, verpressen
Glasfaser rückätzen
bohren
entgraten (bürsten)
> 2 Lagen
ja
nein
> 1 Lage
ja
nein
durchkontaktieren
Fotoresist aufbringen, belichten, entwickeln
Kupfer nachverstärken
> 1 Lage
ja
nein
Ätzresist aufbringen, Fotoresist strippen
entfällt bei einfachen, einseitigen Ausführungen, wobei das Fotoresist negativ aufgebracht wird und als Ätzresist dient
ätzen
Ätzresist strippen
Kontrolle gut?
nein
ja
Lötstopp-Lack
ja
nein
Lötstopplack aufbringen, vortrocknen, belichten, entwicklen, aushärten
Oberfläche HAL, chem. Zinn, chem. Silber, chem. Kupfer, chem. Gold
Bestück-druck
ja
nein
Sieb herstellen
Bestück. Druck aufbringen, aushärten (thermisch/UV)
elektr. prüfen
ja
nein
in Ordnung
nein
ja
Endzuschnitt
End-kontrolle ok?
nein
ja
Produktcharge verwerfen
Packen/Versand
HAL: Hot Air Leveling
(Heißluftbeschichtung mit Zinn)

Merkmale

- Die Herstellung einer Leiterplatte umfasst eine Reihe von
  - mechanischen und
  - chemischen

  Produktionsschritten.
- Die einzuhaltenden Genauigkeitsgrenzen z. B für die Anordnung der Anschlussflächen von integrierten Schaltkreisen ergeben sich aus der Art der Anschlüsse der Chips.

Produktionsschritte

Beispiel: doppelseitige, durchkontaktierte Leiterplatte

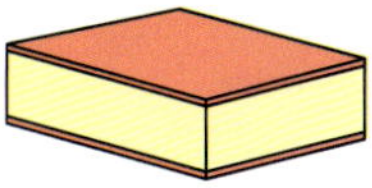

SCHRITT 01:
Zuschneiden des Basismaterials.

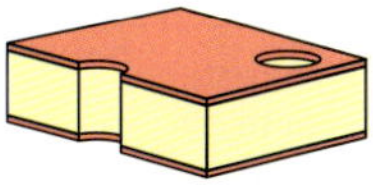

SCHRITT 02:
Bohren des zugeschnittenen Basismaterials.

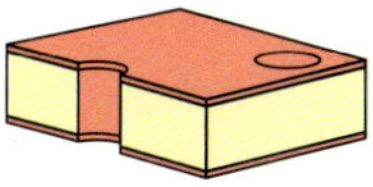

SCHRITT 03:
Durchkontaktieren des gebohrten Materials. Lochinnenwände mit Kupfer chemisch beschichten.

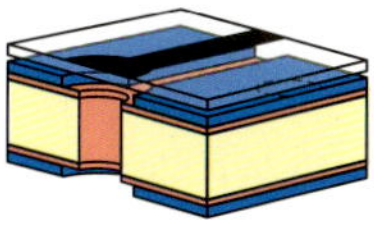

SCHRITT 04:
Fotoresist belichten
Durchkontaktiertes Material wird mit fotosensiblen Galvanoresist laminiert, anschließend belichtet und entwickelt (späteres Leiterbild frei von Resist).

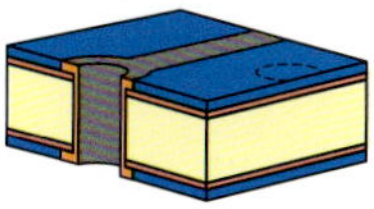

SCHRITT 05:
Leiterbildaufbau
Auf den galvanoresistfreien Flächen wird galvanisch Kupfer aufgebaut.
Am Ende dieses Arbeitsschrittes werden die aufgebauten Kupferflächen mit einem metallischen Ätzresist beschichtet (i. d. R. Bleizinn).

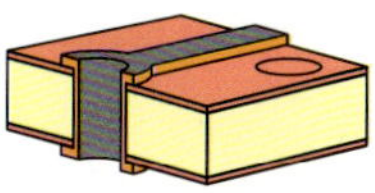

SCHRITT 06:
Fotoresist strippen
Der Fotoresist wird entfernt.

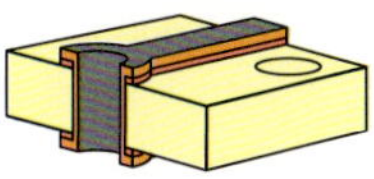

SCHRITT 07:
Ätzen
Mittels eines alkalischen Ätzmediums wird die ätzresistfreie Kupferleitschicht entfernt.

SCHRITT 08:
Ätzresist strippen
Der metallische Ätzresist wird vom Leiterbild entfernt.

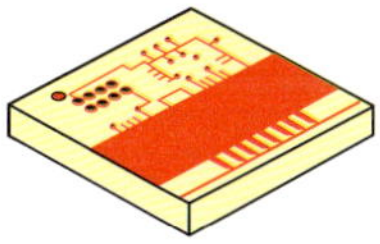

SCHRITT 09:
Abkleben
Auf der geätzten Leiterplatte wird ein Klebestreifen so aufgeklebt, dass nur die zu vergoldenden Flächen mit den Galvanobädern in Berührung kommen können.

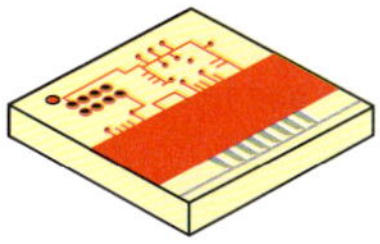

SCHRITT 10:
Vernickeln
Auf den Stecker wird eine Nickelsperrschicht galvanisch aufgebracht, um ein spätere Diffusion der Gold- und Kupferschicht zu verhindern.

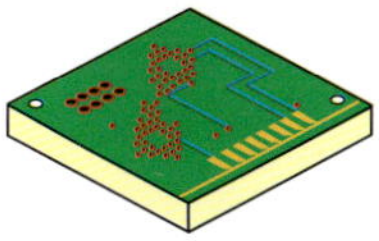

SCHRITT 12:
Lötstopplack
Der fotosensible Löstopplack wird ganzflächig auf die Leiterplatte gedruckt und getrocknet.
Die freizustellenden Flächen werden bei der folgenden Belichtung abgedeckt und somit bei der Entwicklung ausgewaschen.
In einem Trockenofen wird der Lötstopplack gehärtet.

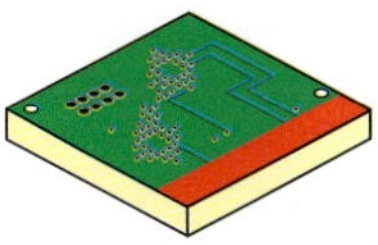

SCHRITT 13:
Hot Air Levelling (HAL)
Der Goldstecker wird mit einem Klebeband gegen die folgende Verzinnung geschützt.
Die Leiterplatten werden mit Flussmittel benetzt und anschließend in der vertikalen Heißluftverzinnungsanlage mit Bleizinn beschichtet.

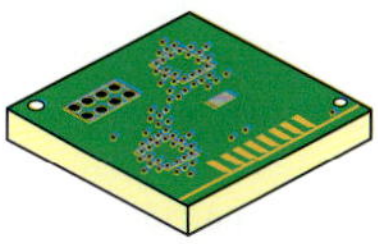

SCHRITT 14:
Kennzeichnungsdruck
Im Siebdruckverfahren wird der Bestückungsdruck auf die Leiterplatte gedruckt und anschließend im Ofen gehärtet

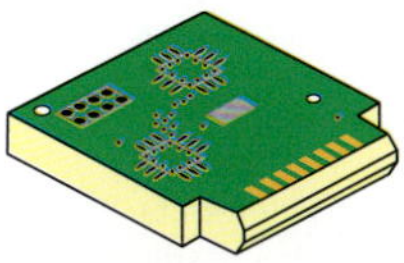

SCHRITT 15:
Kontur fräsen
Die Kontur der Leiterplatte wird gemäß der CAD-Daten auf CNC-gesteuerten Bohr/Fräsautomaten gefräst. Der Goldstecker wird beidseitig angefast.
Nach Reinigung werden die fertigen Leiterplatten in Folie luftdicht verschweißt.

Merkmale

- Beim Löten von bestückten Leiterplatten (Flachbaugruppen) werden die Anschlüsse der Bauelemente mit den auf der Leiterplatte vorhandenen leitenden Verbindungen (Leiterbahnen) mittels Lötzinn verbunden.
- Die Lötstellen erfüllen somit mindestens die Funktionen:
  - elektrische Verbindung zu den leitenden Verbindungen
  - mechanische Stabilisierung der Bauelemente auf der Leiterplatte.
- Die **Qualität** der Lötverbindung, als wesentliches Merkmal der gesamten Flachbaugruppe, trägt in hohem Maße zur **Gesamtzuverlässigkeit** (Funktionsfähigkeit, Lebensdauer, Ausfallrate) der Flachbaugruppe bei.
- Die eingesetzten **Lötverfahren** sind dabei u. a. abhängig von
  - der Art der Flachbaugruppe (ein- oder zweiseitig),
  - der Art der Bestückung (SMD, bedrahtet, gemischt) und
  - den spezifischen Vorgaben der Bauelementehersteller.
- Neben dem Lötverfahren mit bleihaltigen Loten (Sn-37Pb-Basis) wird in zunehmenden Maße das **bleifreie Löten** (RoHS-Richtlinie) gefordert und realisiert. Dieses Verfahren erfordert **bleifreie Lote** (z. B. Sn- 0,7 Cu) und, gegenüber bleihaltigen Loten, eine um ca. 20 °C bis 30 °C höhere Löttemperatur.
- Die Lötung erfolgt in Lötöfen oder Lötstraßen.

Lötverfahren

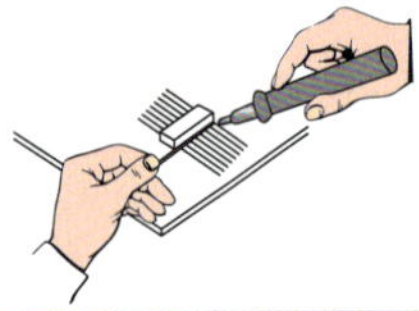	**Handlötung** (manual soldering) - Schwierig: vielpolige Bauelemente und Temperaturkontrolle
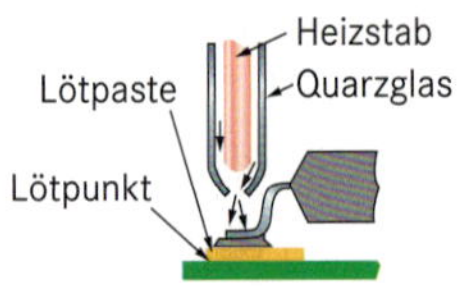	**Heißluftlötung** (hot air soldering) - Einzelne Bereiche lötbar - Hohe Temperaturstabilität erreichbar
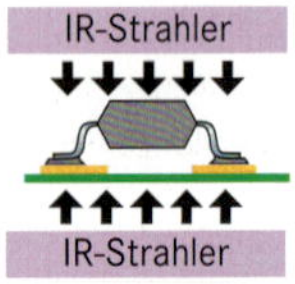	**Infrarot-Schmelzlötung** (infrared reflow soldering) - Geringe Betriebskosten - Kurze Lötzeiten - Thermische Belastung durch abgedeckte Bereiche
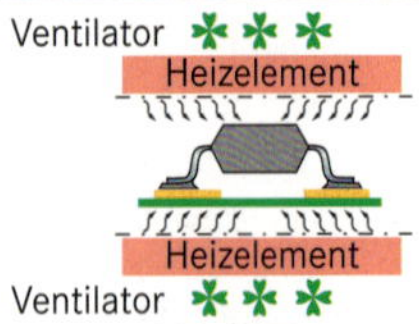	**Strahlungs-Schmelzlötung** (convection reflow soldering) - Relativ geringe thermische Beanspruchung - Längere Lötzeit als Infrarot-Schmelzlötung
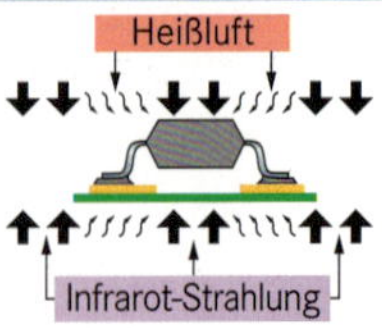	**Strahlungs-Infrarot-Schmelzlötung** (convection-infrared reflow soldering) - Kürzerer Zeitbedarf als Strahlungs-Schmelzlötung
	**Schutzgasschmelzlötung** (vapour phase reflow soldering) - Geringe thermische Belastung - Gleichmäßige Erwärmung - Hohe Betriebskosten
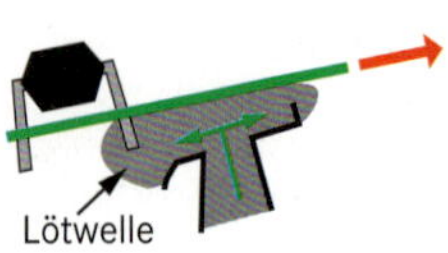	**Schwalllötung** (flow wave soldering) - Hohe Fertigungsrate - Schwierig bei bestimmten Gehäuseformen

Kombination aus Reflow- und Flow-Lötung

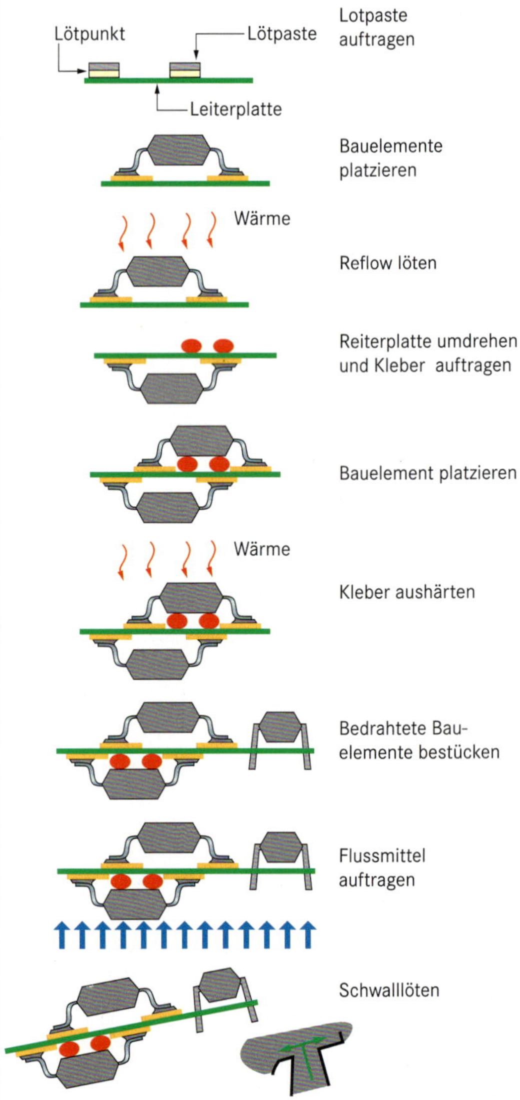

Anmerkung: Prüfschritte sind nicht dargestellt

Merkmale

- Die Prüfung von Flachbaugruppen ist der letzte Schritt im Rahmen der Fertigung, bevor die Baugruppen an den Endkunden ausgeliefert werden.
- Damit die entsprechenden **Qualitätsvereinbarungen** (u. a. auch die **Produkthaftung**) eingehalten werden können, sind entsprechende Prüfungen durchzuführen.
- Diese Prüfungen sollen u. a. Fehler bei der Fertigung offenbaren.
- Beispiele für **Fehler**, die entstehen können, sind u. a.
  - fehlende, nicht bestückte Bauelemente,
  - fehlerhafte Lötstellen (kalte Lötstellen),
  - unerwünschte Verbindungen (Leiterkurzschluss),
  - fehlende Verbindungen (Leiterunterbrechung) und
  - falsch eingesetzte gepolte Bauelemente (z. B. Dioden).
- Neben fertigungsbedingten Prüfungen gibt es eine Reihe weiterer Prüfungen, mit der die fehlerfreie Gesamtfunktionalität der Flachbaugruppe überprüft und nachgewiesen wird.
- Eine Vielzahl von Prüfungen wird auf Prüfanlagen (**Prüfautomaten**) realisiert.
- Prüfautomaten sind mit den entsprechenden Prüfmitteln ausgerüstet und können für die jeweilige Prüfaufgabe eingerichtet werden.
- Damit Flachbaugruppen mit geringem Aufwand geprüft werden können, ist bereits im Entwicklungsprozess die spätere **Prüfbarkeit** zu berücksichtigen (z. B. durch Anordnung zusätzlicher Prüfpunkte auf der Baugruppe).

Prüfungsarten

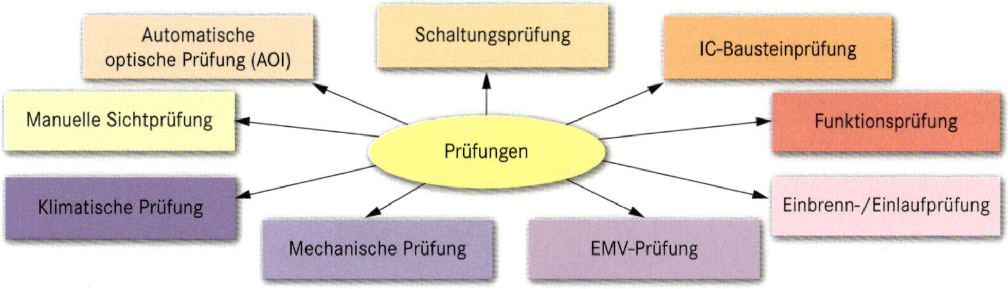

Manuelle Sichtprüfung
- Überprüfung der Vollständigkeit und Anordnung der Bauelemente
- Sichtkontrolle der Lötstellen, Leiterbahnen, Steckverbinder
- Keine Überprüfung von verdeckten leitenden Bahnen, und verdeckten Lötstellen (z. B. BGA-Gehäuse) möglich
- Sehr zeit- und kostenintensiv

Automatische optische Prüfung
- **AOI**: **A**utomatic **O**ptical **I**nspection
- Überwiegend automatisierte Überprüfung der Bestückung, Anordnung und Lötstellenausführung durch Einsatz von optischen Instrumenten (z. B. Mikroskop, Lasertechnik, Lichtleiter)
- Anwendung von Röntgen- und Computertomografie bei verdeckten Lötstellen und leitenden Bahnen
- Erfordert die Erstellung von Prüfprogrammen mit entsprechenden Erkennungsalgorithmen

IC-Bausteinprüfung
- Auch als **Boundary Scan** (Grenzpfadabtastung) bezeichnet bietet die Möglichkeit entsprechend ausgerüstete ICs mittels elektrischer Schnittstelle durch Datenein- und -ausgabe auf der Baugruppe zu testen

Funktionsprüfung
- Beinhaltet den Test der Bauelemnte auf reale Funktionsfähigkeit
- Erfolgt durch Anregung des jeweiligen Bauelementes mit entsprechenden elektrischen Signalen und der zugehörigen Auswertung
- Bietet auch die Möglichkeit Belastungstest (z. B. bei Leistungstransistoren) zu realiseren

Schaltungsprüfung (in-circuit test)
- Überprüfung von richtiger Bauelementanordnung und Bauelementwert, Kurzschlüssen und Unterbrechungen von leitenden Verbindungen und Bauelementen
- Prüfverfahren wird unterschieden in **Flying Probe-Test** und **Adapter-Test**
- Flying Probe-Test verwendet einzelne, bewegliche Testnadeln, die mit beweglichem Arm über die Testpunkte geführt und entsprechend kontaktiert werden
- Adapter-Test verwendet Nadelkissen (bis zu 500 Nadeln), die auf das jeweilige Layout der Baugruppentestpunkte ausgelegt werden. Die Prüfung erfolgt durch ensprechende elektrische Ansteuerung der Nadeln und Auswertung der gemessenen Ergebnisse
- Adapter-Test ist preiwerter und schneller als Flying Probe-Test

Klimatische Prüfung/mechanische Prüfung
- Realisieren die für den Einsatz spezifizierten Umgebungsbedingungen (u. a. Temperatur, Feuchtigkeit)
- Funktionsfähigkeit der Baugruppen wird während des Tests laufend kontrolliert

EMV-Prüfung
- Überprüft die Einhaltung der spezifizierten Grenzwerte für die Störausstrahlung und Störempfindlichkeit der Baugruppe (u. a. zur CE-Kennzeichnung)

Einbrenn-/Einlaufprüfung (Burn-In/Run-In)
- Dauerprüfung für bestimmten Zeitraum unter Last bei Burn-In mit normalen Temperaturbedingungen (voraltern), bei Run-In mit wechselnden Temperaturbedingungen (frühzeitige Ausfallerkennung)

Merkmale

- Als **Reparatur** wird in diesem Zusammenhang der Austausch von defekten Bauelementen auf Flachbaugruppen bezeichnet.
- Der Begriff **Überarbeitung** (rework) wird verwendet, wenn Baugruppen im Rahmen der Fertigungsprüfung als fehlerhaft erkannt wurden und manuell nachgearbeitet werden müssen.
- Während für die Reparatur das vermeintlich defekte Bauelement zuvor erkannt werden muss, ist für die Überarbeitung in der Regel das Prüfprotokoll ausschlaggebend, in dem das Bauelement verzeichnet ist.
- Schwierigkeiten bereiten bei der Reparatur die eindeutige Identifikation der Bauelemente, sofern keine Bestückungsunterlagen vorhanden sind.
- Einfache Bauelemente (zweipolige Gehäuse) sind relativ einfach zu erkennen, während Transistoren oder höher integrierte Schaltkreise nur mit erhöhtem Aufwand zu erkennen sind.
- Wesentlicher Vorgang sowohl bei der Reparatur als auch bei der Überarbeitung ist das **Nachlöten**, **Entlöten** und **Einlöten** von Bauelementen.
- Bedingt durch die Vielzahl von Gehäuseformen und Packungsdichten sind entsprechende Werkzeuge für diese Vorgänge erforderlich.
- Ein wesentlicher Aspekt ist die Berücksichtigung der Löttemperatur, insbesondere bei **bleifreien Lötvorgängen**.
- Besondere Vorsicht ist erforderlich bei der Handhabung von **elektrostatisch gefährdeten** Bauelementen.
- Für die Einhaltung von Arbeitsschutzvorschriften ist u. a. die **Lötrauchabsaugung** erforderlich und das Rauchen, Essen und Trinken ist zu unterlassen.

Handwerkzeuge

- Bei kleineren Repaturen/Nacharbeiten kommt in der Regel der Lötkolben zum Einsatz.
- Entscheidend für die Auswahl des Lötkolbens ist die **Heizleistung** und die erforderliche **Temperaturregelung**, damit die Lötstellen vorschriftsmäßig ausgeführt und die Bauelemente nicht zerstört werden.
- Je nach Lötanwendung ist dieser mit der entsprechen- Spitze auszurüsten.
- Das einzusetzende Lötzinn und das Flussmittel sind entsprechend der Vorbehandlung der Lötstelle auszuwählen.
- Beim **Auslöten** ist das Absaugen des vorhandenen Lots von der Lötstelle erforderlich.
- Dazu kann u. a. **Entlötlitze** (flexible Kupferlitze, mit Flussmittel getränkt), eine Entlötstation mit Vakuumabsaugung des Lots oder eine geformte Lötspitze (speziell bei durchkontaktierten Bauelementen) eingesetzt werden.

Ordnungsgemäße Lötstellen

Durchkontaktiertes Bauelement

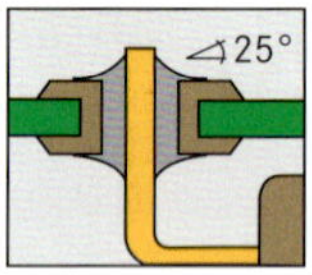

SMD IC Anschluss

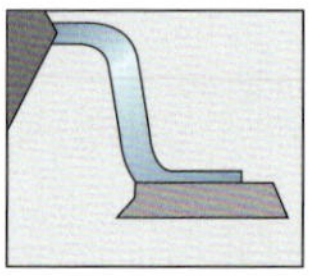

Lötgerät

SMD Pinzette

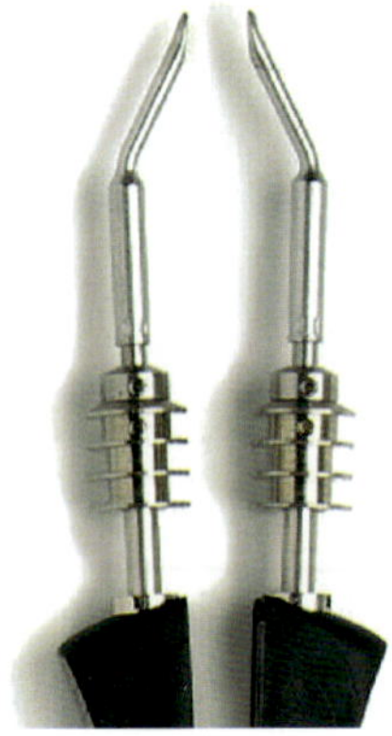

Rework-System (BGA/SMD)

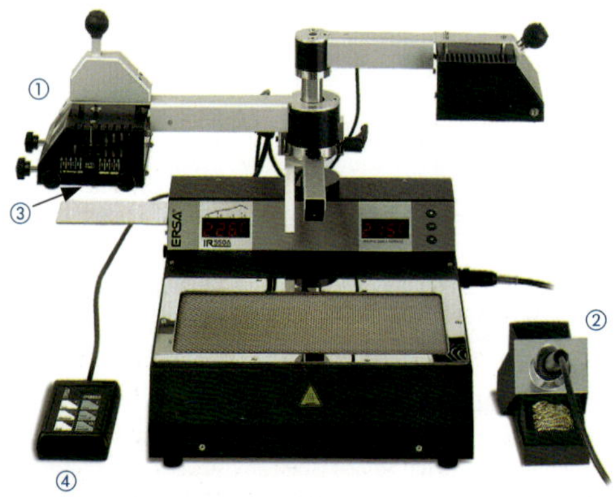

Mikroprozessorgeregeltes Rework System ausgerüstet mit

- Hochleistungs-IR-Dunkelstrahler für gleichförmige **Bauteilerwärmung** ①
- Blendensystem am Obenstrahler
- Temperaturerfassung am Bauteil mit berührungslosem IR-Sensor (Temperatur- Kalibrierung auf Lotschmelze durch Kalibrierungs-Funktion)
- Frei programmierbare Temperaturprofile
- Integrierte Lötstation zum Anschluss von Löt- und Entlötwerkzeugen ②
- Integrierter Kühlventilator zur aktiven Bauteilkühlung an der Lötposition
- Integrierte Vakuumpipette zum einfachen Entlöten ③
- Parametereinstellung über externe Tastatur ④
- PC-Software zur Dokumentation der Lötvorgänge und Lötparameter

Merkmale

- Das 19"-Aufbausystem umfasst mechanische und elektromechanische Bauteile, die maßlich aufeinander abgestimmt sind.
- Es dient zur Aufnahme von **Flachbaugruppen**, **Kassetten** und **Einschüben**, die mit elektrischen und/oder elektronischen Komponenten bestückt sind.
- Die Bezeichnung leitet sich ab aus der maximalen äußeren Breite eines Baugruppenträgers mit 482,6 mm (einschließlich Befestigungsflansch).
- Die Breite hinter dem Befestigungsflansch ist festgelegt auf max. 449 mm (einschließlich Schrauben).
- Die Breite der **Baugruppenträgeröffnung** wird durch **Teilungseinheiten** (TE) festgelegt: 1 TE = 5,08 mm ($^2/_{10}$").
- Die **Baugruppenträgerhöhe** wird durch ein Vielfaches einer Höheneinheit (HE) definiert: 1 HE = 44,45 mm (13/4").
- Die **Tiefe** ist nicht festgelegt und u.a. abhängig von der Baugruppenlänge oder den rückseitigen Eingangs-/Ausgangsbaugruppen.
- Die **Steckplatzbreite (Slot)**, in den eine Baugruppe eingesteckt werden kann, ist das Vielfache einer horizontalen Teilungseinheit und hängt ab von der „Dicke" (Angabe in TE) der Baugruppe.
- Je nach Anforderung können die Baugruppenträger mit speziellem Zubehör wie z. B. zusätzlicher EMV-Schutz in Form von horizontalen Abdeckblechen ausgerüstet werden.

Komponenten

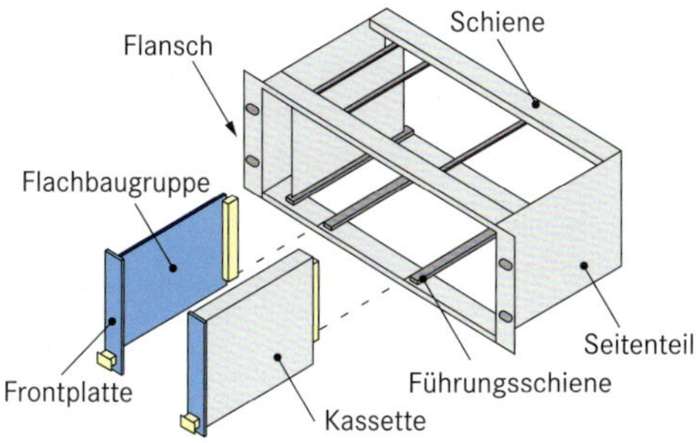

Abmaße

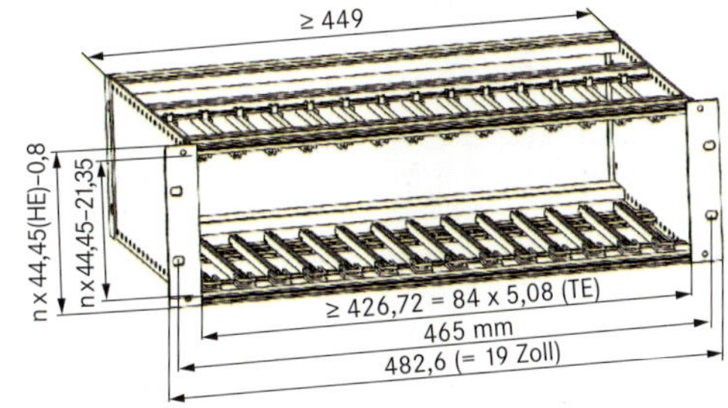

Maße in mm

Grundmaße Frontansicht

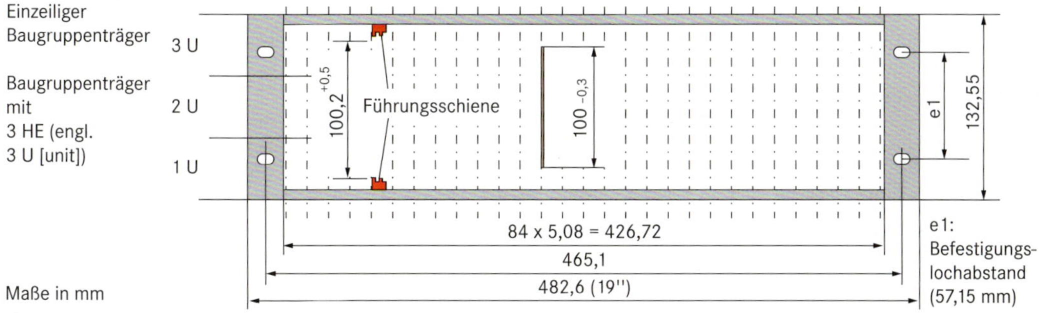

Maße in mm

Führungsschienen

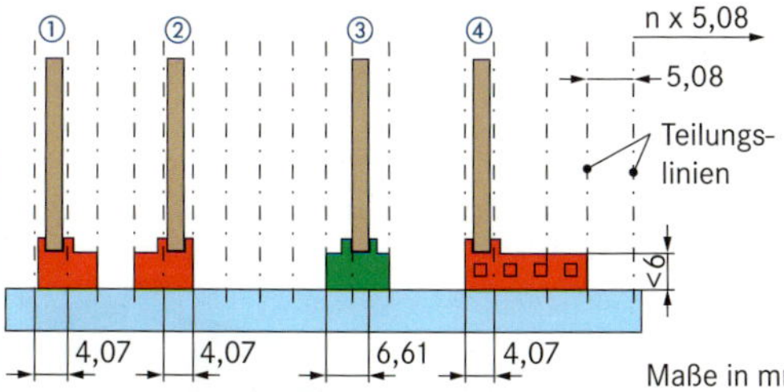

Maße in mm

① Führungsschiene für Steckbaugruppen
② Spiegelbildlich zu 1, z. B. Ausbau von rechts
③ Führungsschienen mit versetzter Position
④ Führungsschiene mit Codierkeilen und Zentrierpin

Codierungen/Zentrierung

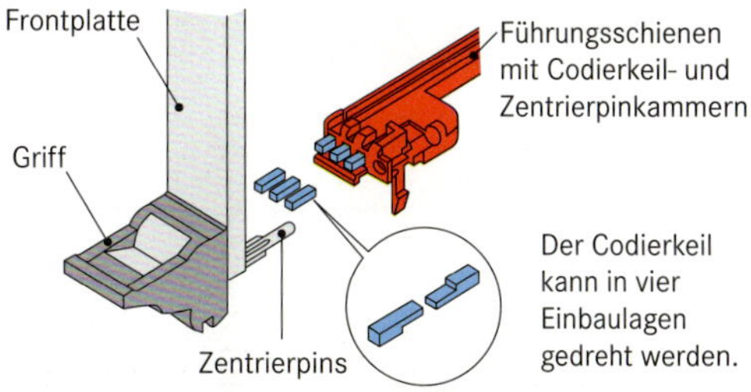

- Codierkeile ermöglichen eine Codierung der jeweiligen Baugruppe für einen spezifischen Einbauplatz.
- Zentrierpins dienen der richtigen Positionierung der Frontplatte.

Merkmale

- Elektrische Steckverbinder sind in der Elektrotechnik ein wesentlicher Bestandteil zur Herstellung elektrisch leitender Verbindungen unterschiedlicher Komponenten.
- Wesentliche **Kriterien** für die Auswahl eines Steckverbinders sind u. a.
  - Anzahl der Kontakte,
  - Strombelastbarkeit und
  - Spannungsfestigkeit.
- Im **industriellen Bereich** werden für die Verbindung von Flachbaugruppen mit dem jeweiligen Aufbausystem Steckverbinder nach DIN EN 60603 eingesetzt.
- Diese Steckverbinderfamilie zeichnet sich u. a. durch eine große Vielfalt an Anschlusstechniken und Kontaktvarianten aus.
- Definitionsgemäß sind diese Verbinder festgelegt auf eine **maximale Betriebsfrequenz** von 3 MHz.

Bauform

Beispiel: Bauform C

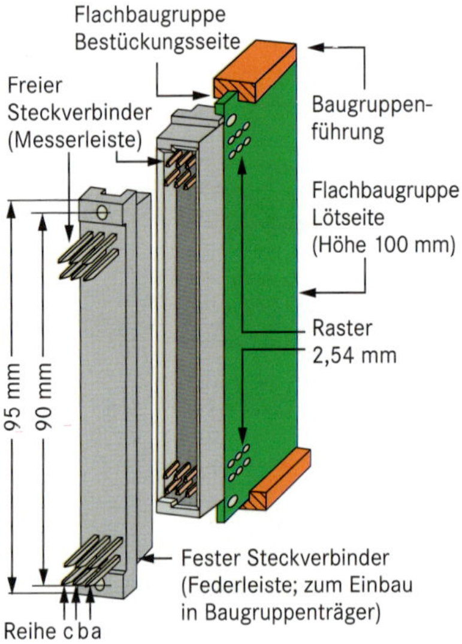

Messerleiste
96-polig

Federleiste
96-polig

Kenndaten

Anzahl Kontakte	16 ... 96
Anschlussraster	2,54 mm
Bemessungsstromstärke	2 A max.
Luftstrecke	> 1,2 mm
Kriechstrecke	> 1,2 mm
Prüfspannung	1 kV
Durchgangswiderstand	< 15 mΩ
Isolationswiderstand	> 1 TΩ
Temperaturbereich	- 65 °C bis +125 °C

Obere Grenztemperatur einschließlich Kontakterwärmung und Erwärmung durch Umgebungstemperatur

Bezeichnungsschema

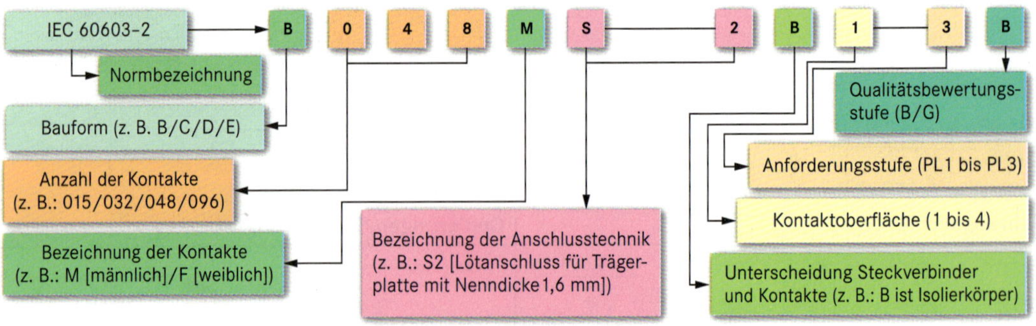

Verbindungstechniken

Durchkontaktierung

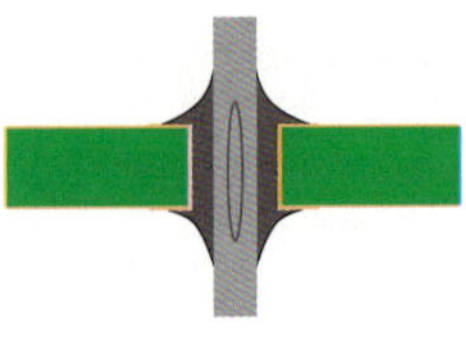

Handlötung

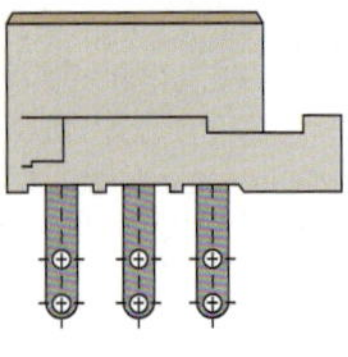

Wickeltechnik (wire wrap)

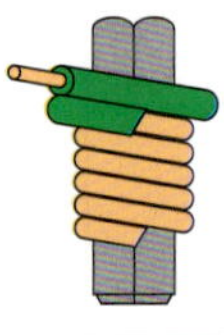

Schneidklemmtechnik

Einpresstechnik

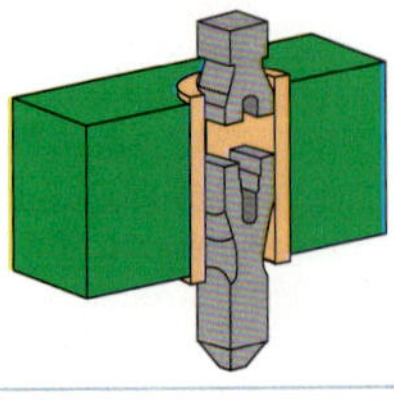

Elektrische Steckverbinder

Electrical Connectors

Merkmale

- Steckverbinder sind Bauelemente, an die elektrische Leiter angeschlossen werden.
- Sie sind geeignet mit einem passenden Gegenstück Verbindungen herzustellen und/oder zu trennen.
- Sie sind Betriebsmittel, die bei bestimmungsgemäßer Verwendung (unter elektrischer Spannung) **nicht** gesteckt oder gezogen werden dürfen.
- Im Gegensatz dazu dürfen **Steckvorrichtungen** unter Spannung oder Last gesteckt oder getrennt werden.
- Steckerverbinder dienen u. a. zur Verbindung von
  - Flachbaugruppen mit Rückwandleiterplatten (fester Steckverbinder),
  - baugruppeninterner Aufnahme von Teilbaugruppen und
  - Kabelzuführungen/-abgängen (freier Steckverbinder).
- Die Auswahl bzw. Festlegung eines Steckverbinders erfolgt anhand einer Reihe von Anforderungskriterien z. B. Bemessungsspannung, Kontaktanzahl.
- Steckverbinder werden nicht mit dem CE-Konformitätszeichen versehen (siehe Niederspannungs- und EMV-Richtlinie).

Anforderungs-/Auswahlkriterien

Anforderungs-/Auswahlkriterien

Elektrische Anforderungen
- Bemessungsspannung
- Bemessungsstromstärke
- Bemessungsisolationsspannung
- Frequenz
- Isolierung
- Kontaktwiderstand
- Prüfspannung
- Stehwechselspannung
- Schaltleistung

Mechanische Anforderungen
- Bauform, Gehäuseart
- Dichtung
- Kontaktanzahl/-art
- Codierung
- Kontaktanordnung
- Montageart
- Steck-/Ziehkräfte
- Steckzyklen
- Verriegelungsart
- Verbindungsart
- Zugentlastung

Umweltanforderungen
- Betauung
- Fremdstoffe fest, flüssig oder gasförmig
- Schwingung
- Schlag
- Strahlung
- Temperatur

Die aufgeführten Kriterien sind Beispiele. Detaillierungen sind im Anwendungsfall erforderlich.

Isolationsstrecken

- Bei der Festlegung eines Steckverbinders ist auf eine ausreichende Bemessung der **Luft- und Kriechstrecken** (Mindestisolationsstrecke) zu achten.
- Damit ist gewährleistet, dass Personen oder Sachwerte vor den Auswirkungen von elektrischen Spannungen oder Strömen durch Funktionsversagen der Betriebsmittel geschützt sind.
- Überspannungskategorien sind eingeteilt in vier Kategorien (I bis IV) und beinhalten Aussagen zu möglichen Überspannungen, z. B.
  - Kategorie I: keine Überspannungen
  - Kategorie IV: Blitzüberspannungen
- Kriechstrecken sind eingeteilt in vier Verschmutzungsgrade, z. B.
  - Verschmutzungsgrad 1: keine oder nur trockene, nichtleitfähige Verschmutzung.

Ermittlung der Luft- und Kriechstrecken

Art des Netzes und größte Netzspannung festlegen

Luftstrecke
1. Überspannungskategorie bestimmen
2. Verschmutzungsgrad festlegen
3. Bemessungsstoßspannung (Tabellenwerte) ermitteln
4. Mindestluftstrecke (Tabellenwerte) ermitteln

Kriechstrecke
1. Bemessungsspannung in Abhängigkeit vom Leiternetz bestimmen (Tabellenwerte)
2. Mindestkriechstrecke in Abhängigkeit vom Verschmutzungsgrad bestimmen (Tabellenwerte)

Merkmale

- Crimpen (pressen, eindrücken) dient zur Herstellung von **lötfreien** elektrischen Verbindungen in der Elektrotechnik.
- Dazu werden der Verbinder und die Anschlussleitung **mechanisch** miteinander **verpresst**.
- Die einmal hergestellte Verbindung ist nur durch Zerstörung lösbar.
- Voraussetzung für eine ordnungsgemäße Verbindung ist die korrekte Auswahl der Komponenten Leiter, Verbinder, Werkzeug und Werkzeugeinstellung.
- Bei **gasdichten** Verbindungen kann unter normalen atmosphärischen Bedingungen weder ein flüssiges noch ein gasförmiges Medium in die Crimpstelle eindringen.
- **Ausziehkraft** ist die Kraft, die erforderlich ist, um den vercrimpten Leiter aus dem Verbinder zu ziehen.
- Die Messung der Ausziehkraft liefert Aussagen über die mechanische Festigkeit und Haltekraft der Crimpverbindung.
- Die jeweilige **Crimpform** wird bestimmt durch den Verbinder und den anzuschließenden Leiter.
- Zur manuellen Fertigung von Crimpverbindungen werden Handwerkszeuge eingesetzt, die u. a. über wechselbare Crimpeinsätze und Zwangsführungen für die vollständig durchgeführte Crimpung verfügen.

Crimpverbindung

Korrekte Verbindung | Abisolierter Leiter ragt in die Kontaktzone | Isolierung nicht korrekt erfasst

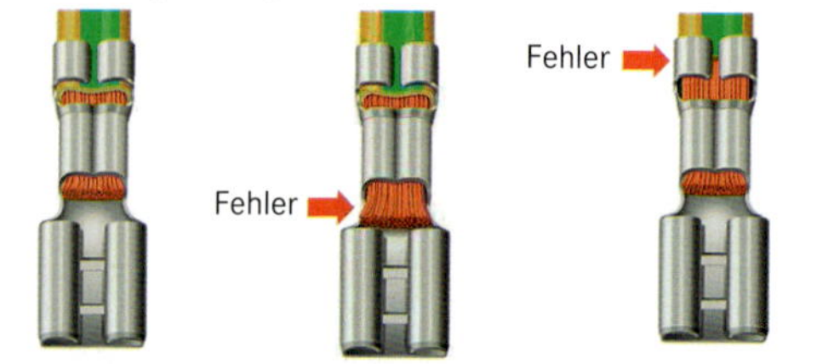

Handcrimpzange

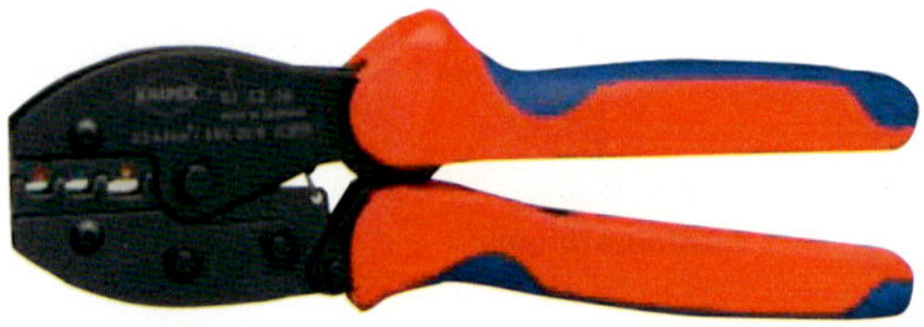

Crimpprofil  Crimpquerschnitt: 0,5 mm² bis 10 mm²

Gasdichtheit

- **Nicht ausreichende** Verpressung führt zur Oxidation und somit zur Erhöhung des Übergangswiderstandes.
- **Korrekte Verpressung** wird erreicht durch ausreichenden Druck beim Crimp-Vorgang.

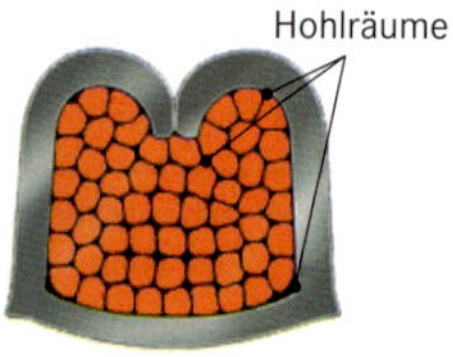

Schliffbild

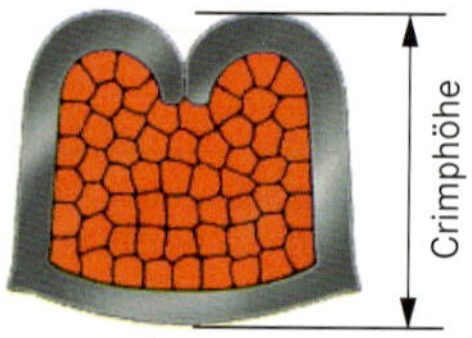

Schliffbild

Crimphöhe

- Der elektrische Leitwert (G) und die Auszugskraft (F) werden durch die Crimphöhe definiert.
- Zwischen beiden Idealzuständen liegt der optimale Bereich.
- Messungen erfolgen z. B. mit Crimphöhenmessschieber.

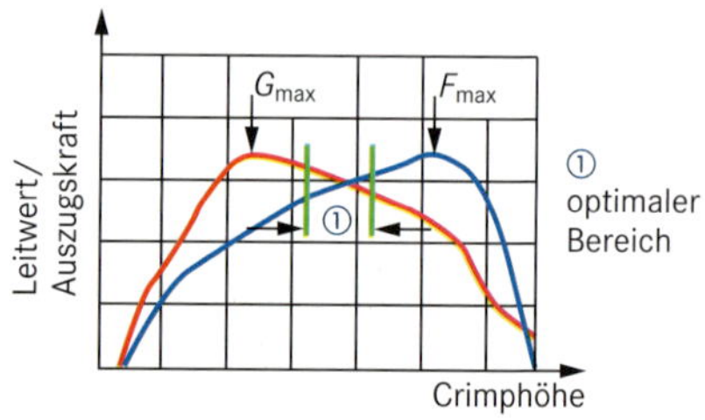

Crimpverbinder und Schliffbilder

Aderendhülse	Vierkant-Crimpung	Flachsteckverbinder	F-Crimpung
	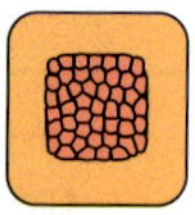		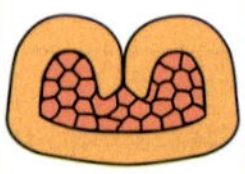
Kabelschuh (unisoliert)	W-Crimpung	Stoßverbinder	Sechskant-Crimpung
	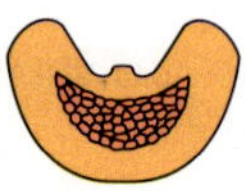		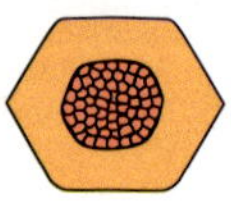

Farbcode isolierte Aderendhülsen

Zuordnung der genormten Leiterquerschnitte zu farbigen Isolierungen (DIN 46288)

Querschnitt in mm²			Querschnitt in mm²		
0,14		grau	4		grau
0,25		gelb	6		gelb
0,34		türkis	10		rot
0,50		weiß	16		blau
0,75		grau	25		gelb
1		rot	35		rot
1,5		schwarz	50		blau
2,5		blau			

Merkmale

Kabelschuhe werden eingesetzt zur Verbindung von Leitern an Schraubanschlüssen. Sie unterscheiden sich in den mechanischen Abmessungen, der Bauform und den zulässigen Einsatzbereichen (Verbindungen von Kupferleitern, Aluminiumleitern, Kombination Kupfer- und Aluminiumleiter oder Edelstahlausführungen).

Einteilung

Grundsätzlich können Kabelschuhe wie folgt eingeteilt werden:
- Presskabelschuhe (DIN 46235) ①
- Rohrkabelschuhe (handelsübliche Normalausführungen) ② und
- Quetschkabelschuhe (DIN 46234) ③.

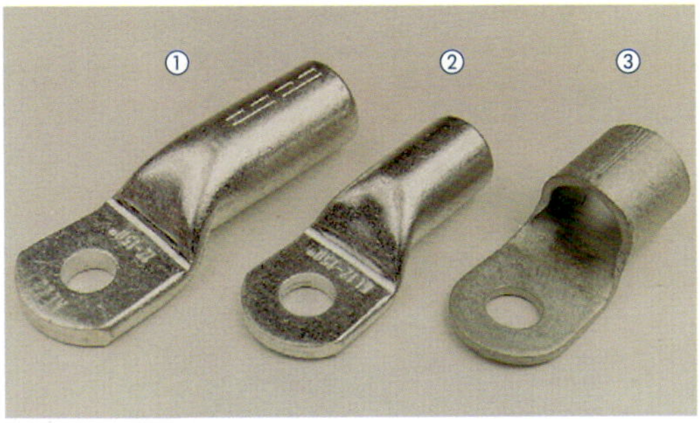

- **Presskabelschuhe**

  Die Norm erlaubt die Verwendung dieser Kabelschuhe für die Pressverbindung von ein-, mehr-, fein- und feinstdrähtigen Kupferleitern.

  Anwendungen: Vornehmlich bei Installationen im Bereich der Versorgungsnetzbetreiber.

  Der Hersteller und der Einsatz des Presskabelschuhs ist an den eingeprägten Markierungen zu erkennen.

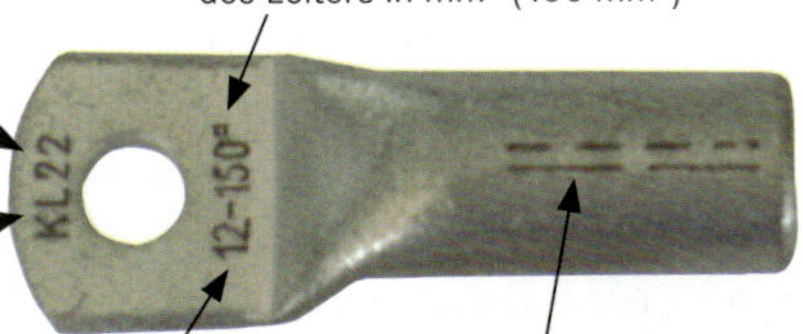

- **Rohrkabelschuhe**

  Diese werden auch als handelsübliche Normalausführung bezeichnet. Sie sind kürzer als Presskabelschuhe und haben andere Rohrabmessungen.

  Es gibt keine Unterschiede bei der Haltbarkeit der elektrischen und mechanischen Verbindung gegenüber den Presskabelschuhen.

- **Quetschkabelschuhe**

  Diese bestehen aus geformten Blechen mit einer Lötnaht.

  Anwendung für mehr-, fein- und feinstdrähtige Leiter.

  Im Gegensatz zu Presskabelschuhen nach DIN 46235 **nicht** für eindrähtige Massivleiter.

Pressformen

Bei DIN-Kabelschuhen sind die Presswerkzeuge mit Kennziffereinsätzen zu verwenden (DIN 48083).

Für die Verarbeitung von Rohrkabelschuhen sind die Verarbeitungsangaben der Hersteller einzuhalten.

- **Sechskantpressung**

  Dieses ist die häufigste Verpressung, sowohl für Kupfer- als auch für Aluminiumleiter. Es entsteht **keine** gasdichte Verpressung.

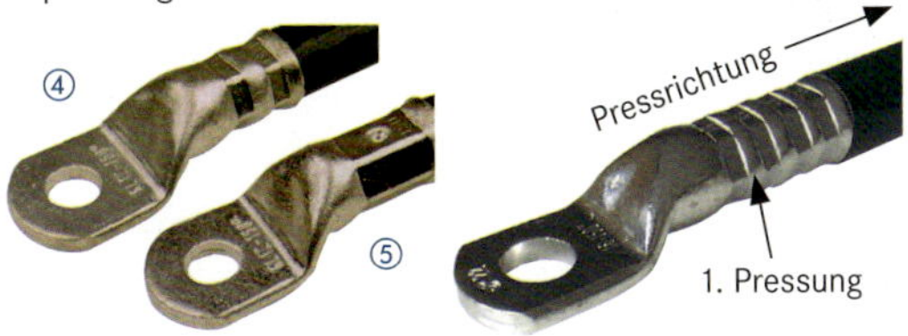

④ Schmalpressung
⑤ Breitpressung

- **Ovalpressung**

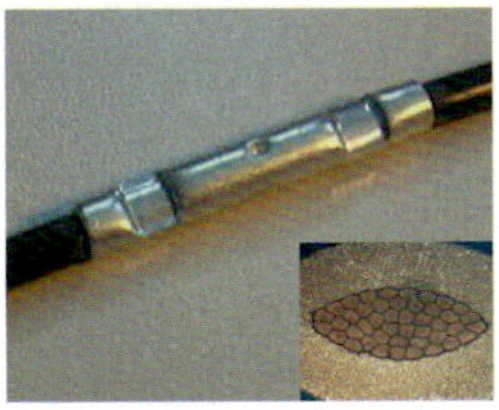

Die Verbindung ist gasdicht. Keine Oxidation zwischen den Einzeldrähten unter normalen atmosphärischen Bedingungen. Dauerhaft hoher Leitwert.

- **Kerbung**

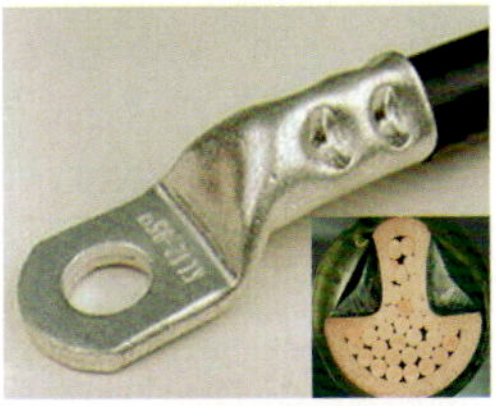

Sie wird angewendet für fein- und feinstdrähtige Leiter (häufig im Schaltschrankbau). Nur für Kupferleiter. Keine genormte Pressform.

- **Dornpressung**

Angewendet bei der Verbindung mit Quetschkabelschuhen. Geeignet für isolierte Kabelschuhe. Keine genormte Pressform.

Verbindung von Aluminium- und Kupferleitern

Hierfür sind spezielle Pressverbinder (Al/Cu-Kabelschuhe bzw. Kabelverbinder) einzusetzen und die materialspezifischen Verabeitungsvorgaben (Werkzeuge und Pressvorgaben je Materialseite) unbedingt einzuhalten.

Beispiel: Al/Cu-Reduzierverbinder

Aluminium

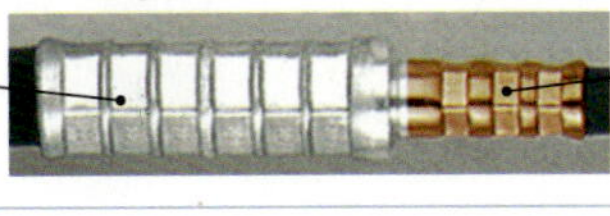

Kupfer

Merkmale

- Wire-wrap (Drahtwickel) dient zur elektrischen Verbindung eines **massiven runden** Leiters mit einem massiven Vierkantstift.
- Der Leiter wird dabei in mehreren Windungen durch das Werkzeug unter **mechanischer Spannung** fest um den Stift gewickelt.
- An den Kanten des Stifts entsteht eine **korrosionsfreie** und **gasdichte** Verbindung.
- Der Leiter muss eine genügend hohe **Bruchdehnung** aufweisen (mind. 15 % bei 0,5 mm bzw. 20 % bei größerem Durchmesser).
- Wickeleinsätze werden unterschieden nach **Standard-**, **Modifizierter Standard-** und **K.A.A.**-Einsatz (**K**ombiniert **A**bschneiden und **A**bisolieren).
- Für korrekte Verbindungen sind der Wickeleinsatz, der Leiterdurchmesser und der Stiftdurchmesser aufeinander abzustimmen (Tabellenwerte).
- Als Werkzeug werden handgeführte und maschinelle Werkzeuge eingesetzt.
- Die **Qualitätsprüfung** erfolgt durch Abzugskraft- und Abwickelprüfung (u. a. Wickelverschiebung und Sprödigkeit des Leiters, z. B. durch Überdehnung).

Wickeleinsatz

Aufbau

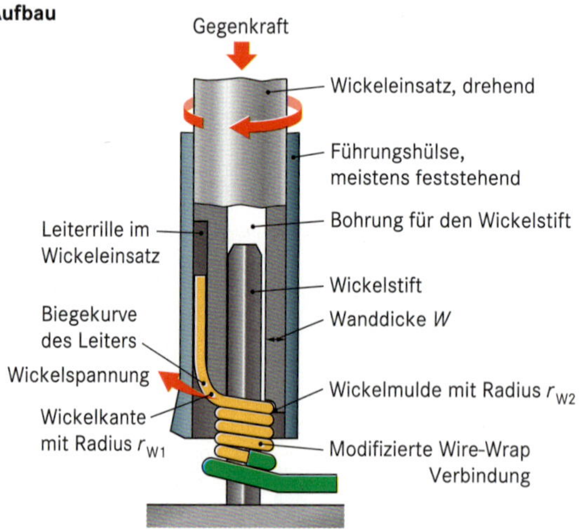

Wickelarten

Standard

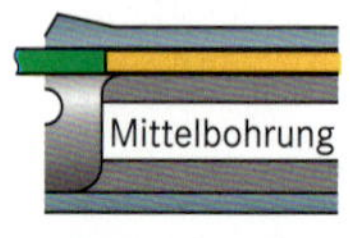

Nur der blanke Leiter wird um den Stift gewickelt.

Standard Modifiziert

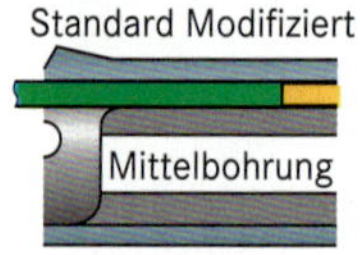

Zusätzlich wird ca. eine Windung des isolierten Drahtes aufgewickelt

K.A.A.

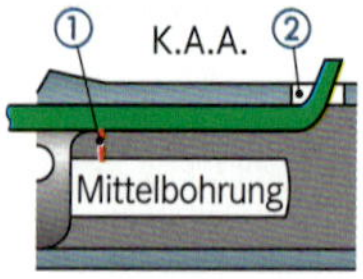

Das Drahtende wird in einem Arbeitsgang abgeschnitten, abisoliert und gewickelt (Drahtverarbeitung von der Rolle; nur bei leicht haftender Isolation)

① Abisoliermesser ② Abschneidefenster

Arbeitsschritte (maschinell)

Abisoliertes Drahtende in Wickeleinsatz einführen

Wickeleinsatz über Wickelstift führen und wickeln

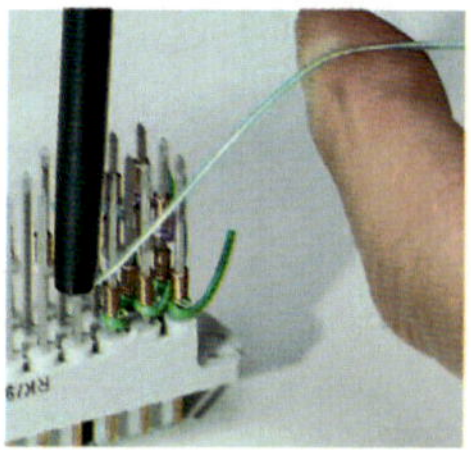

Arbeitsschritte (manuell)

Handwicklung/Entdrahtung

- Erfolgt mit Handwickelstift
- Kombinierte Werkzeuge ermöglichen
  - abisolieren,
  - wickeln und
  - entdrahten.
- Anwendung u. a. bei Verdrahtungsänderungen bzw. Verdrahtungsergänzungen.

Fehlerhafte Wickel

Ungenügende Isolationsbewicklung

Leiter zu kurz in Wicklungseinsatz eingeführt

Auseinandergezogene Wicklung

Werkzeug beim Wickeln nicht richtig geführt

Überwicklung

Schlecht angepasster Wickeleinsatz

Schweineschwänzchen am Ende der Wicklung

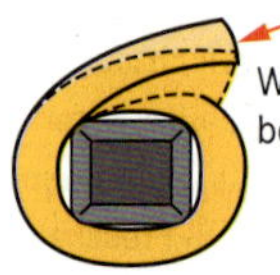

Wickeleinsatz beschädigt

Spleißen

Herstellen einer nicht lösbaren Verbindung von Lichtwellenleitern durch Schmelzspleiß

Vorbereitung des LWL → **Faser schneiden** → **Schmelzspleiß erstellen** → **Spleiß schützen**

Vorbereitung des LWL

1. Ablängen mit Spezialschere für Kevlarfasern
2. Bewehrung/Mantel entfernen ①
3. Füllelemente z. B. Röhrchen entfernen

Faser schneiden

1. Faserbeschichtung (Coating) mit Spezialwerkzeug ② entfernen
2. Faser mit Alkohol reinigen
3. Faser in Cleaver (Schneidgerät) einlegen
4. Faser einritzen und brechen

Schmelzspleiß erstellen

1. Spleißmaschine verwenden ③
2. Fasern einlegen und ausrichten
3. Fasern erhitzen und fügen
4. automatischer Schweißablauf

Spleiß schützen

- erhitzte Fasern sind spröde
- Sicherung z. B. durch
  - Klebemasse in Aluprofil
  - Schrumpfschlauch mit Draht und Kleber
  - Spleißkassette für mehrere Fasern ④

Werkzeuge

① einstellbares Abmantelungswerkzeug für simplex und duplex LWL

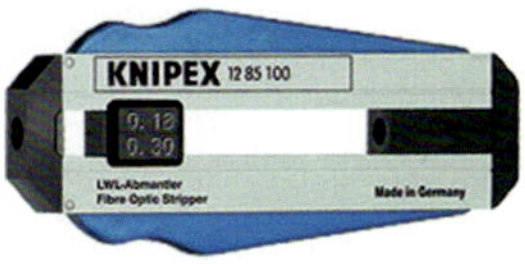

② Absetzwerkzeug zum Entfernen des Primärcoating

③ automatisches Spleißgerät

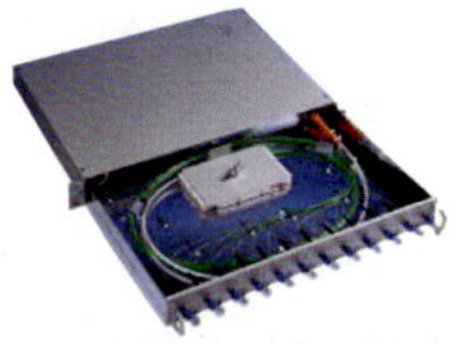

④ Spleißkassette zum Schutz der Spleißstelle vor mechanischer Beschädigung

Steckverbinder montieren

Vorbereitung des LWL → **Vorbereitung der Stecker** → **Steckermontage** → **Faserbehandlung**

Vorbereitung des LWL

1. Ablängen mit Spezialschere für Kevlarfasern
2. Mantel entfernen ①
3. Primärcoating entfernen ②
4. Faser reinigen

Vorbereitung der Stecker

1. Knickschutz ⑤ über LWL ziehen
2. Crimphülse ⑥ über LWL ziehen

Steckermontage

1. Faser einführen
2. Zweikomponenten-Kleber mischen und Faser fixieren
3. Knickschutz und Crimphülse überziehen
4. Crimpen

Faserbehandlung

1. überstehende Faser anritzen und abbrechen
- Körnung 9 μ, 3 μ, 0, μ 3
- zwischen Körnungswechsel reinigen

Steckverbinder

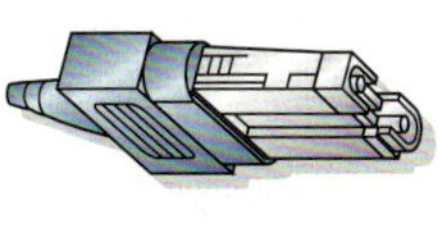

FDDI-Steckverbinder für Duplexverbindung (zwei Fasern/Übertragungsrichtung je Steckverbinder)

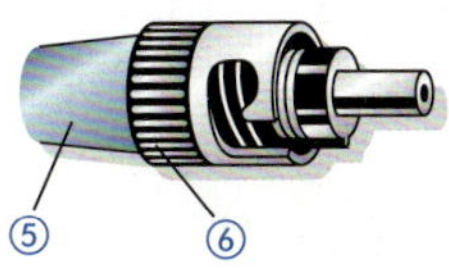

ST-Steckverbinder für Simplexverbindung (eine Faser je Steckverbinder)

Merkmale

- Die Gehäusebauformen richten sich u. a. nach der
  - Größe des zu umhüllenden Chips,
  - der Anzahl der Anschlüsse,
  - dem zur Verfügung stehenden Einbauplatz und
  - der auftretenden Verlustleistung.
- Die Materialien sind abhängig von
  - den Produktkosten des ICs und
  - dem vorgesehenen Einsatzbereich.
- Hauptsächlich werden als Material
  - Kunststoff (Massenware),
  - Keramik (höhere Temperaturbereiche) und
  - Metall (hermetisch dicht, Hochfrequenz) verwendet.

Einteilung

Durchkontaktierte Bauform	
Außenseitige PIN-Anordnung	Flächige PIN-Anordnung
Einseitig SIP/ZIP	PGA
Zweiseitig DIP/VDIP/CERDIP	
Vierseitig QUIP	

Oberflächenmontierte Bauform	
Außenseitige PIN-Anordnung	Flächige PIN-Anordnung
Zweiseitig SOP/SOJ/SSOP/TSOP/DTP	Ball FBGA/BGA
Vierseitig QUIP/QFP/QTP/TQFP	Land FLGA

BGA: **B**all **G**rid **A**rray
DIP: **D**ual **I**nline **P**ackage
DTP: **D**ual Inline **T**hin **P**ackage
CERDIP: **Cer**amik **DIP**
FBGA: **F**lat **B**all **G**rid **A**rray
FLGA: **F**ine Pitch **L**and **G**rid **A**rray
LQFP: **L**ow Profile **Q**uad **F**lat **P**ackage
PGA: **P**in **G**rid **A**rray
PLCC: **P**lastic **L**eaded **C**hip **C**arrier
QFP: **Q**uad **F**lat **P**ackage
QTP: **Q**uad **T**hin **P**ackage
QUIP: **Qu**ad **I**nline **P**ackage
SIP: **S**ingle **I**nline **P**ackage
SOJ: **S**mall **O**utline **J**-shape leads
SOP: **S**mall **O**utline **P**ackage
SSOP: **S**hrinked **S**mall **O**utline **P**ackage
TQFP: **T**hin **Q**uad **F**lat **P**ackage
TSOP: **T**hin **S**mall **O**utline **P**ackage
VDIP: **V**ery Thin **D**ual **I**nline **P**ackage
ZIP: **Z**igzag **I**nline **P**ackage

Bauformen

DIP

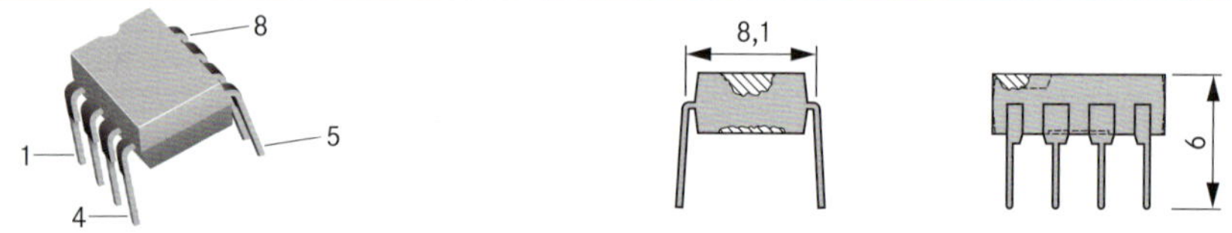

LQFP

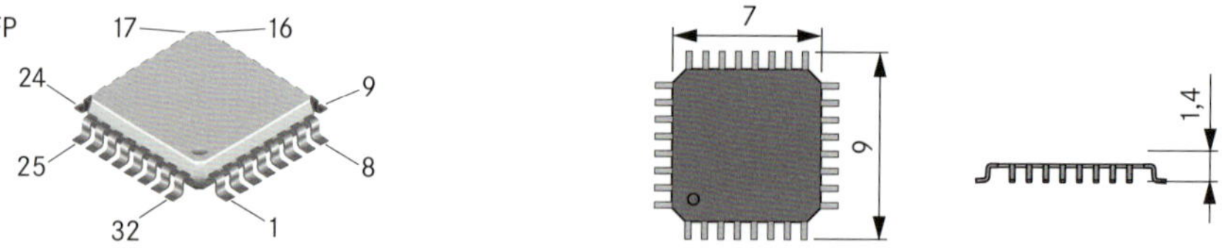

PLCC

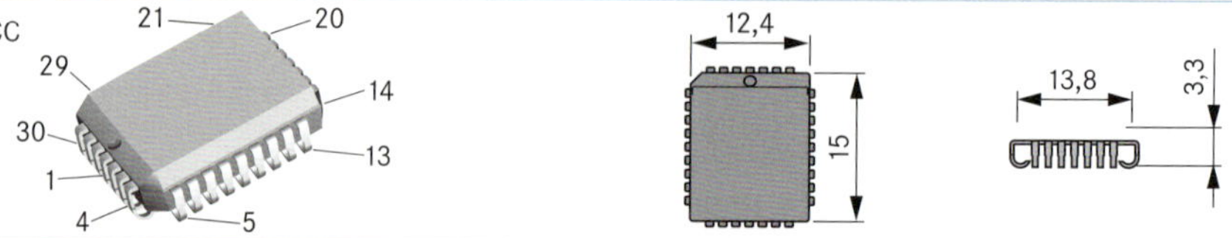

FBGA

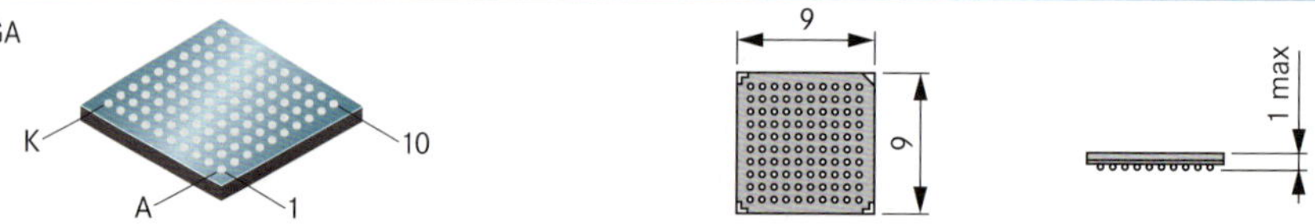

Maße in mm ohne Toleranzen

Merkmale

- Halbleiterbauelemente sind empfindlich gegen die Beeinflussung durch **statische Elektrizität**.
- Statische Elektrizität entsteht durch ein Ungleichgewicht elektrischer Ladungen an der Oberfläche von Materialien.
- Dieses Ungleichgewicht erfolgt in der Regel durch Berühren und Trennen von Materialien (**triboelektrische** Aufladung).
- Die Höhe der dabei entstehenden Spannung ist unter anderem abhängig von den Materialeigenschaften und der umgebenden Luftfeuchtigkeit.
- Beim Ausgleich dieser unterschiedlichen Potenziale entstehen elektrostatische Entladungen (**ESD: E**lectro **S**tatic **D**ischarge).
- Werden diese Entladungen in einen Halbleiter eingeleitet, so entstehen
  - dauerhafte Schäden (Totalausfall) oder
  - eine Veränderung der charakteristischen Werte (Vorschädigung), die zu einem Frühausfall führen.
- Die Schädigungen werden vermieden, wenn entsprechende Maßnahmen bei
  - Fertigung,
  - Lieferung, Lagerung,
  - Verarbeitung, Prüfung und
  - Reparatur

  berücksichtigt werden.
- Maßnahmen sind mindestens:
  - Geeignete Bekleidung (keine Kunststoffe)
  - Leitfähige Verpackungsmaterialien
  - Entsprechend ausgestattete Arbeitsplätze
  - Unterweisung der Mitarbeiter

ESD-Empfindlichkeit

Halbleitertyp	Spannung in Volt
VMOS	30 ... 1 200
Mosfet, GaAsfet, EPROM	100 ... 300
JFET	150 ... 7 000
OP-AMP	190 ... 2 500
Schottky Diode	300 ... 2 500
Film Widerstand	300 ... 3 000
Schottky TTL	1 000 ... 2 500

Spannungen

Vorgang	Relative Luftfeuchtigkeit	
	10–25 %	65–90 %
Laufen über Teppich	35 000 V	1500 V
Laufen über Kunststoffbelag	12 000 V	250 V
Arbeiter am Arbeitsplatz	6 000 V	100 V
Aufnehmen einer Plastiktüte vom Arbeitsplatz	20 000 V	1200 V
Stuhl mit Schaumsitz	18 000 V	1500 V

Arbeitsplatzausstattung

Beispiel: EPA (ESD Protected Area): ESD-geschützter Bereich

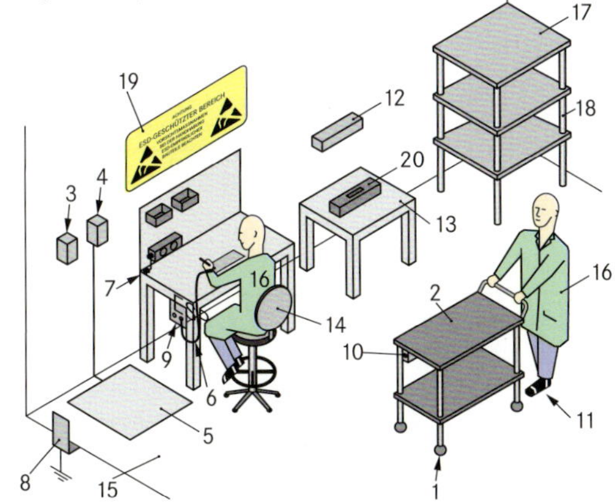

ESD Schutzelemente	Ableitwiderstand in Ω
Arbeitsoberflächen, Lagerregale, Transportwagen und Karren	$1 \times 10^4 \leq R_p \leq 1 \times 10^{10}$
Fußböden	$R_g \leq 1 \times 10^9$ (1 GΩ)
Sitzgelegenheit	$R_g \leq 1 \times 10^{10}$ (10 GΩ)
Kleidung	$R_p \leq 1 \times 10^{12}$ (1000 GΩ)
Handgelenkbänder	$R_p \leq 1 \times 10^5$ (100 GΩ)

R_p: Punkt-zu-Punkt-Widerstand
R_g: Erdungspunkt (EPA-Erde)

19

1 Erdungsfähige Rollen
2 Erdungsfähige Oberfläche
3 Prüfgerät für das Handgelenkerdungsband, muss außerhalb der EPA ausliegen
4 Prüfgerät für das Schuhwerk, muss außerhalb der EPA ausliegen
5 Schuhelektrode für Schuhwerkstester
6 Handgelenkband und -kabel (Handgelenkerdungsband)
7 EPA-Erdungskabel
8 EPA-Erde
9 Erdanschlusspunkt (EBP)
10 Erdanschlusspunkt des Wagens
11 ESD-Schutzschuhwerk
12 Ionisator
13 Arbeitsoberflächen
14 Sitzgelegenheit mit erdungsfähigen Füßen und Beinen
15 Fußboden
16 Kleidung
17 Regal mit geerdeter Oberfläche
18 Erdungsfähiges Regal
19 EPA-Schild
20 Maschine

Merkmale

- Elektronische Halbleiterbauelemente funktionieren nur dann einwandfrei, wenn die im Datenblatt spezifizierten Werte eingehalten werden.
- Ein wesentlicher Parameter hierbei ist die Einhaltung der vorgegebenen maximalen **Sperrschicht-Temperatur** des Halbleiterkristalls.
- Zur Abfuhr von thermischer Verlustleistung werden Kühlkörper eingesetzt.
- Diese werden bestimmt durch:
  - Wärmeleitfähigkeit des Materials
  - Größe und Farbe der Oberfläche
  - Masse des Kühlkörpers
  - Einbaulage und Einbauort
  - Art der Montage und Art der Isolation des Halbleiters auf dem Kühlkörper
  - Temperatur und Geschwindigkeit der umgebenden Luft (fallweise erhebliche Unterschiede)

Thermisches Ersatzschaltbild

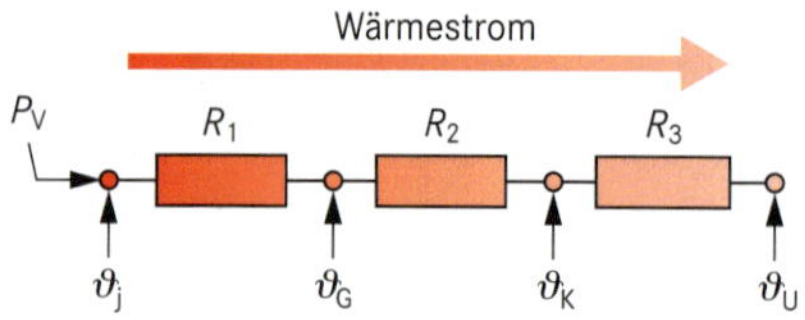

P_V: Verlustleistung
R_1: Innerer Wärmewiderstand Halbleiter
R_2: Kontaktflächenwiderstand Halbleiter zum Kühlkörper
R_3: Wärmewiderstand Kühlkörper
ϑ_j: Sperrschicht-Temperatur
ϑ_G: Gehäusetemperatur
ϑ_K: Kühlkörpertemperatur
ϑ_U: Umgebungstemperatur

Wärmewiderstand

Berechnung des erforderlichen Wärmewiderstandes des Kühlkörpers bei gegebener Verlustleistung und dem zulässigen Temperaturgefälle.

Bei **normaler** Kühlung

$$R_{thK} = \frac{\vartheta_j - \vartheta_U}{P_V} - (R_{thG} + R_{thM})$$

$$R_{thK} = \frac{\Delta\vartheta}{P_V} - (R_{thG} + R_{thM})$$

R_{thK}: Thermischer Widerstand Kühlkörper (in Kelvin/Watt)
R_{thG}: Thermischer Widerstand Gehäuse
R_{thM}: Thermischer Widerstand Montage (Verbindung zwischen Kühlkörper und Halbleitergehäuse
$\Delta\vartheta$: Temperaturdifferenz zwischen Sperrschicht und Umgebung (in Kelvin)

Bei **verstärkter** Kühlung (z. B. mit Ventilator)

$$R_{thKv} \sim a \cdot R_{thK}$$

a: Proportionalitätsfaktor (abhängig von der Strömungsgeschwindigkeit der Luft)

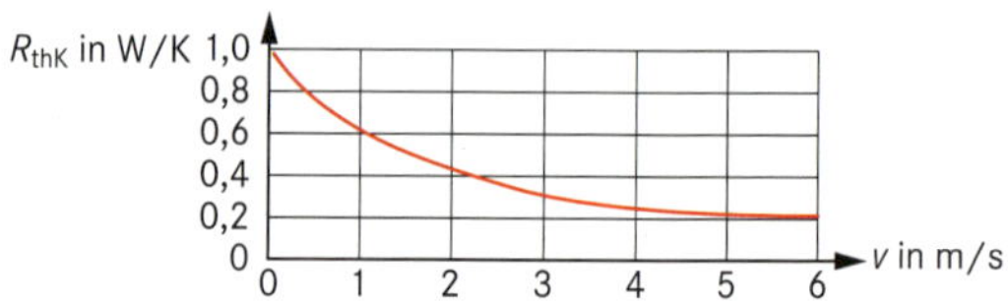

Bauformen

Rippenkühlkörper (z. B. für TO 22 Gehäuse)

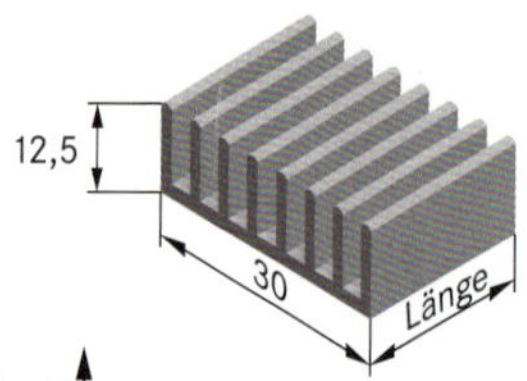

Maße in mm

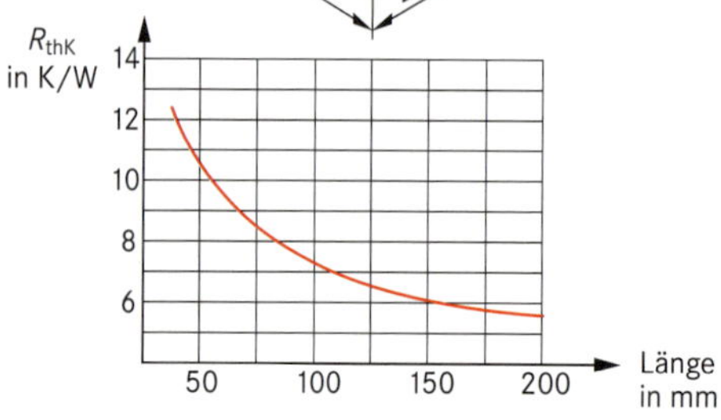

Stiftkühlkörper (z. B. für Prozessoren)

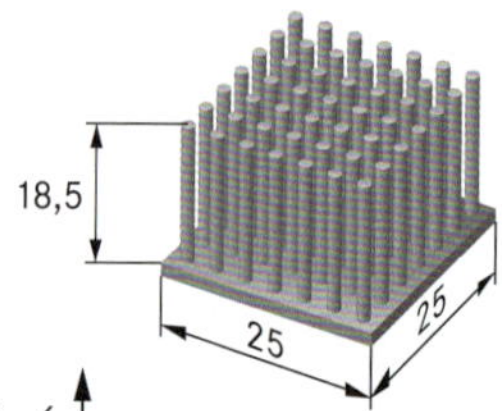

Maße in mm

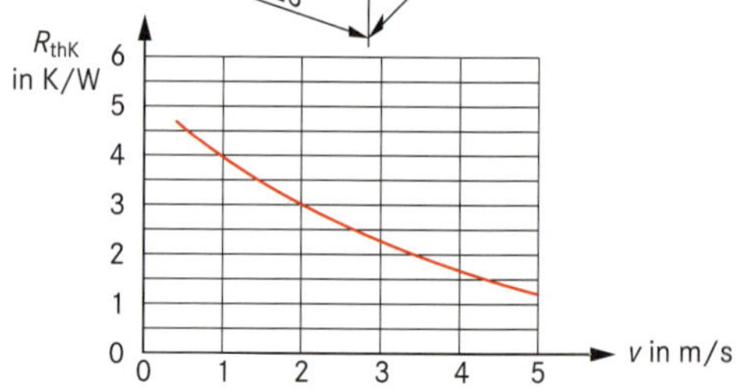

Kommunikationstechnik

5

Prinzip

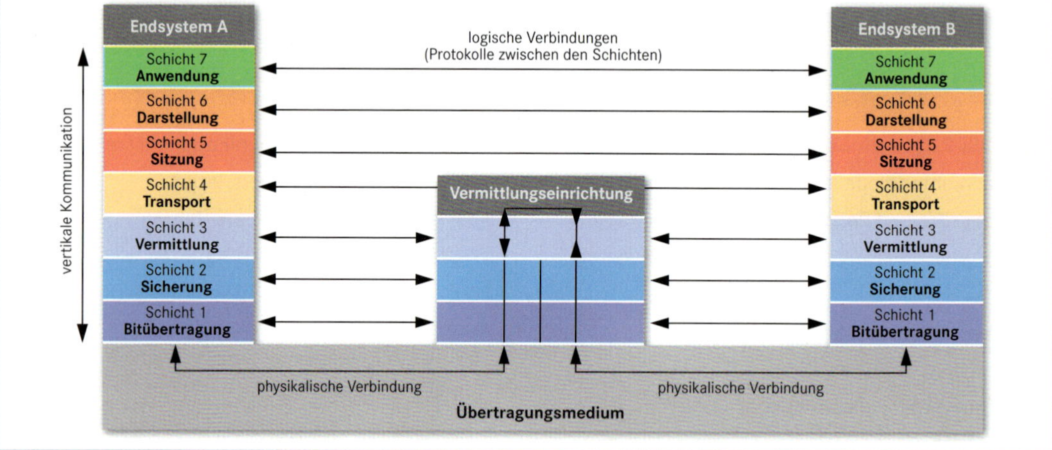

Erläuterungen

- OSI-7 Schichtenmodell ist Referenzmodell für herstellerunabhängige Kommunikationssysteme.
- Jede Schicht bietet der darüberliegenden Schicht definierte Dienste an und realisiert seinerseits die Dienste für die darunterliegende Schicht.
- Schichteneinteilung erfolgt mit definierten Schnittstellen.
- Einzelne Schichten können ohne große Gesamtsystemänderungen ausgetauscht und angepasst werden.
- Schichten 1...4 sind die transportorientierten Schichten (physikalischer Datentransport bis zu den physikalischen Endpunkten der Systeme).
- Schichten 5 ... 7 sind anwendungsorientierte Schichten (Handhabung der Schnittstellen).
- Übertragungsmedium (Verbindungskabel) ist nicht im OSI-Modell festgelegt.

Bitübertragungsschicht	
Schicht 1 **(Physical)**	■ Zuständig für den physikalischen Transport der digitalen Informationen. ■ Spezifiziert Schnittstellen (mechanisch, elektrisch, optisch, Funk) und deren Übertragungseigenschaften und Funktionen zum Übertragungsmedium.
Datensicherungsschicht	
Schicht 2 **(Link)**	■ Zuständig für den unverfälschten Datentransport über einen einzelnen Übermittlungsabschnitt. ■ Flusssteuerung überwacht die vollständige und richtige Übertragung der Daten von der darunter liegenden Schicht.
Vermittlungsschicht	
Schicht 3 **(Network)**	■ Zuständig für die Überbrückung geografischer Entfernungen zwischen den Endsystemen durch Einbeziehung von Vermittlungssystemen. ■ Steuert die zeitlich und logisch getrennte Kommunikation zwischen verschiedenen Endsystemen.
Transportschicht	
Schicht 4 **(Transport)**	■ Zuständig für die Erweiterung von Verbindungen zwischen Endsystemen zu Teilnehmerverbindungen. ■ Bildet die Verbindungsschicht zu den anwendungsorientierten Schichten.
Sitzungsschicht	
Schicht 5 **(Session)**	■ Zuständig für den geordneten Ablauf des Dialoges zwischen den Endsystemen. ■ Festlegen und verwalten der Berechtigungsmarken für die Kommunikation.
Darstellungsschicht	
Schicht 6 **(Presentation)**	■ Zuständig für den gemeinsamen Zeichensatz und die gemeinsame Syntax. ■ Umwandeln der lokalen Syntax in die für den Transport festgelegte Syntax und umgekehrt.
Anwendungsschicht	
Schicht 7 **(Application)**	■ Zuständig für die Steuerung der untergeordneten Schichten. ■ Übernimmt die Anpassung an die jeweilige Anwendung. ■ Stellt dem Anwenderprogramm die Verbindung zur Außenwelt zur Verfügung.

Referenzmodell	LAN-Anwendung					WAN-Anwendung
ISO - OSI Schicht	IEEE-Local Area Network	TCP/IP	TCP/IP-Protokollstruktur		SNA	
Anwendungsschicht	Höhere Protokolle	Process/ Application Layer	FTP SMTP Telnet SNMP	NFS XDR RPC	Transaction Services	Anwendungen
Darstellungsschicht					Presentation Services	
Kommunikationssteuerungs (sitzungs)-schicht					Data Flow Control	
Transportschicht		Host-to-Host-Layer	TCP	UDP	Transmission Control	
Vermittlungsschicht		Internet-Layer	Routing, IP	ICMP	Path Control	X.25 PLP
Sicherungsschicht	2d-Bridging 2c-Secure Data Exchange; 2b-Logical Link Control (Verbindungssteuerungsschicht); 2a-Media Access Control (MAC) (Medienzugriffsschicht)	Network Access oder Local Network Layer	ARP; X.25 Arcnet TOKEN BUS (IEEE 802.4) Ethernet CSMA/CD (IEEE 802.3) TOKEN RING (IEEE 802.5) FDDI	RARP	Data Link Control	LAPB; FRAME RELAY; HDLC; PPP; SDLC
Bitübertragungsschicht	Physical Layer				Physical Layer	X.21 bis; EIA/TIA-232 EIA/TIA-449 V.24/V.35/G.703 HSSI/EIA-530

Abkürzungen

ARP	Address Resolution Protocol	**OSI**	Open Systems Interconnection
CD	Collision Detection	**PLP**	Packed Layer Protocol
CSMA	Carrier Sense Multiple Access	**PPP**	Point-to-Point Protocol
EIA	Electronic Industry Association	**RARP**	Remote Address Resolution Protocol
FDDI	Fibre Distributed Data Interface	**RPC**	Remote Procedure Call
FTP	File Transfer Protocol	**DLC**	Synchronous Data Link Control Protocol
HDLC	High Level Data Link Control	**SNA**	Systems Network Architecture (IBM)
HSSI	High Speed Serial Interface	**SMTP**	Simple Mail Transfer Protocol
IEEE	Institute of Electrical and Electronic Engineers	**SNMP**	Simple Network Management Protocol
ICMP	Internet Control Message Protocol	**TCP**	Transport Control Protocol
IP	Internet Protocol	**Telnet**	Terminal Emulation
ISO	International Standardization Organisation	**TIA**	Telecommunication Industry Association
LAPB	Link Access Protocol Balanced	**UDP**	User Datagram Protocol
NFS	Network File System	**XDR**	External Data Representation

Funktionelle Einteilung einer Datenstation

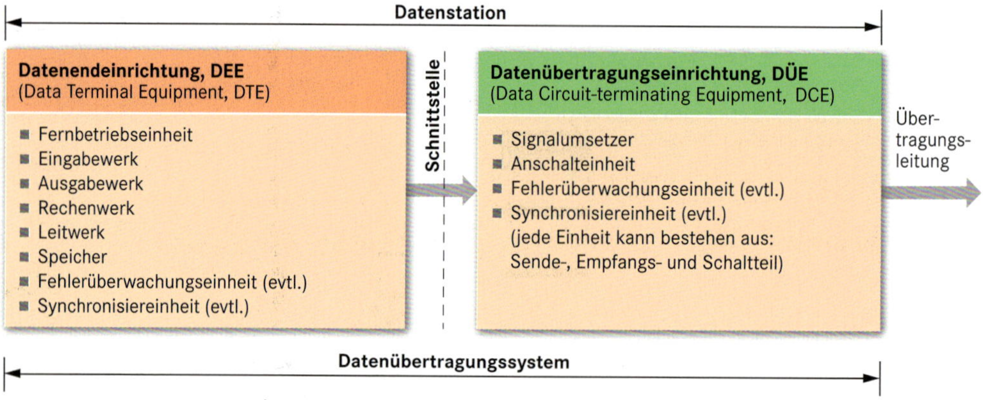

Schrittgeschwindigkeit

$v_s = \frac{1}{T_s}$ $[v_s]$ Baud[1] Baud in $\frac{1}{s}$

T_s: Schrittdauer $[T_s] = s$

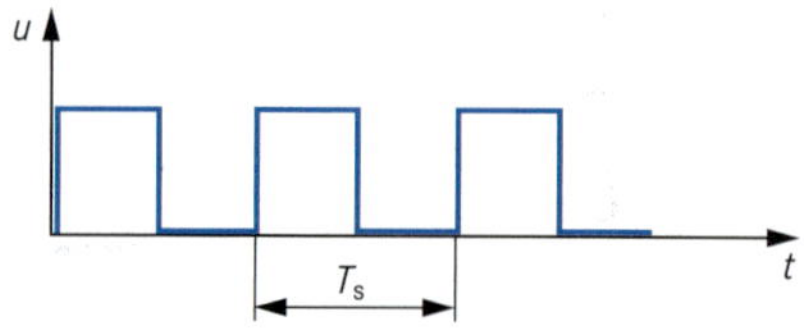

[1] Abkürzung von Baudot, franz. Telegrafentechniker

Zeichengeschwindigkeit

$v_z = \frac{1}{T_z}$ $T_z = Z \cdot T_s$

T_z: Übertragungsdauer eines Zeichenrahmens
Z: Anzahl der Einheitsschritte in einem Zeichenrahmen

Beispiel:

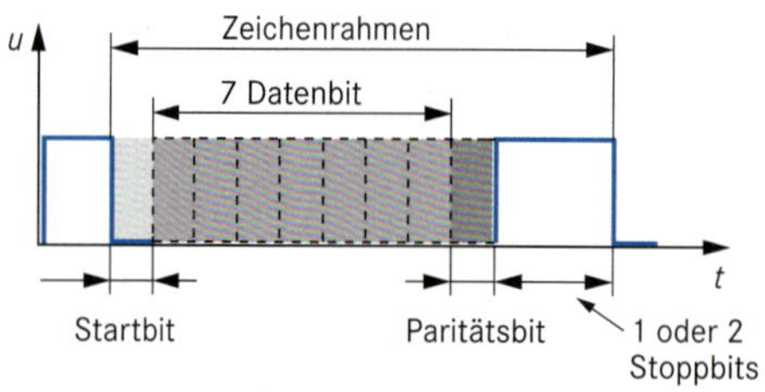

1 Sta. + 7 Dat. + 1 Par. + 1 Sto.: Z = 10

Übertragungsgeschwindigkeit (Baudrate)

$v_ü = v_s \cdot \text{lb}\, n$ $[v_ü] = \frac{\text{bit}}{\text{s}}$

$v_ü = Z \cdot v_z \cdot \text{lb}\, n$

$n = 2$ (binäre Übertragung)

lb: Logarithmus zur Basis 2
lg: Logarithmus zur Basis 10

Z: Anzahl der Einheitsschritte in einem Zeichenrahmen
v_z: Zeichengeschwindigkeit

$\text{lb}\, n = \frac{\lg n}{\lg 2}$

Beispiele

bit/s	Zeichen/s	Bitdauer in µs
1 200	120	833
2 400	240	416
4 800	480	208
9 600	960	104
19 200	1 920	52

Wirkungsgrad (Datendurchsatz)

$$n_ü = \frac{n_{Dat}}{n_{Sta} + n_{Dat} + n_{Par} + n_{Sto}}$$

n_{Dat}: Anzahl der Datenbits
n_{Sta}: Startbit
n_{Par}: Paritätsbit
n_{Sto}: Anzahl der Stoppbits

Maximale Datenübertragungsrate

Im **rauschfreien** Kanal (Nyquist-Theorem)

$$C = 2 \cdot B\, \text{lb}\, (M)$$

C: Übertragungsrate (bit/s)
B: Bandbreite (Hz) z. B. 3 000 Hz bei TK-Leitung
M: Anzahl Signalpegel (bei Digitalsignal = 2)

Im **nicht rauschfreien** Kanal (nach Shannon)

$$C = B \cdot \text{lb}\, (1 + SN)$$

SN: Verhältnis Signal zu Rauschen (noise)
(Angabe in absoluten Werten, nicht in dB;
z. B. 1 000 für 30 dB)

Anwendung

- Digitale Signale werden bei der Übertragung im Basisband nicht moduliert.
- Signale werden als rechteckförmige Impulse auf den Leitungen übertragen.
- Es wird eine hohe Bandbreite oberhalb 0 Hz auf den Leitungen (Übertragungswegen) benötigt.
- Bei galvanischer Kopplung zwischen Sender und Empfänger dürfen die Signale Gleichstromanteile beinhalten.
- Bei galvanischer Trennung zwischen Sender und Empfänger (Übertragerkopplung), wird Gleichstromfreiheit der Signale durch spezielle Codierung der Signale erreicht.
- Taktinformationen können in der Signalcodierung enthalten sein und werden auf der Empfängerseite zurückgewonnen.

NRZ-Code (Non Return to Zero)

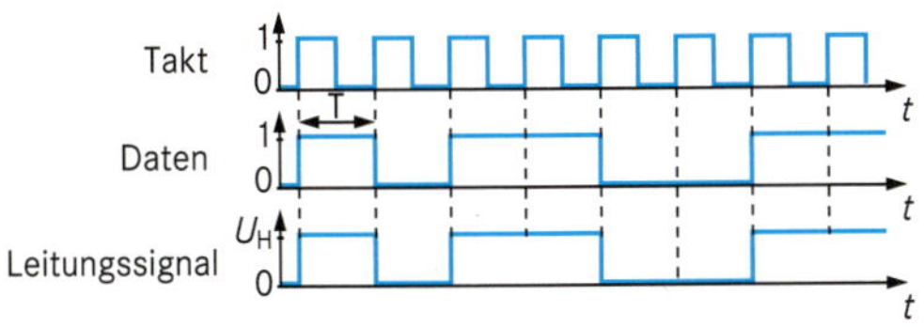

log. 0 ≙ 0-Signal   log. 1 ≙ $+U_H$-Signal

- Leitungssignal nicht gleichstromfrei
- Keine Taktrückgewinnung auf der Empfängerseite

RZ-Code (Return to Zero)

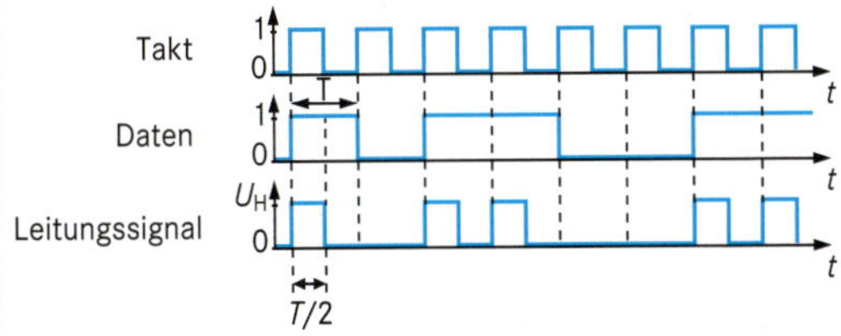

log. 0 ≙ 0-Signal   log. 1 ≙ $+U_H$-Signal während T/2

- Leitungssignal nicht gleichstromfrei
- Taktinformation nur bei 1-Signalen mitübertragen

AMI (Alternate Mark Inversion), Bipolar-Verfahren

Tastverhältnis 1:1

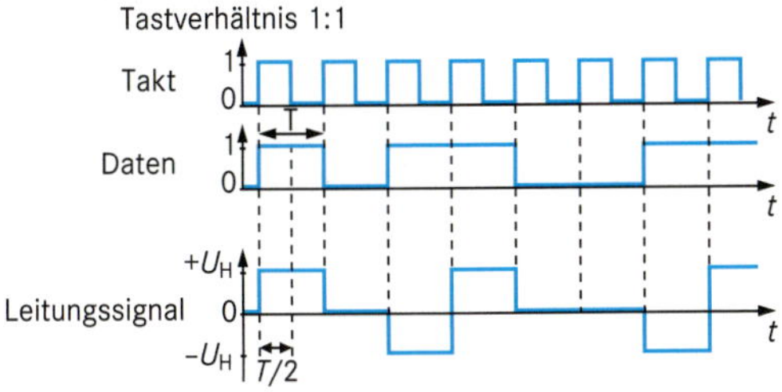

log. 0 ≙ 0-Signal   log. 1 ≙ alternierend $+U_H$-Signal und $-U_H$-Signal

- Signal ist gleichstromfrei
- Taktinformation nur in 1-Signal

Tastverhältnis 1:2

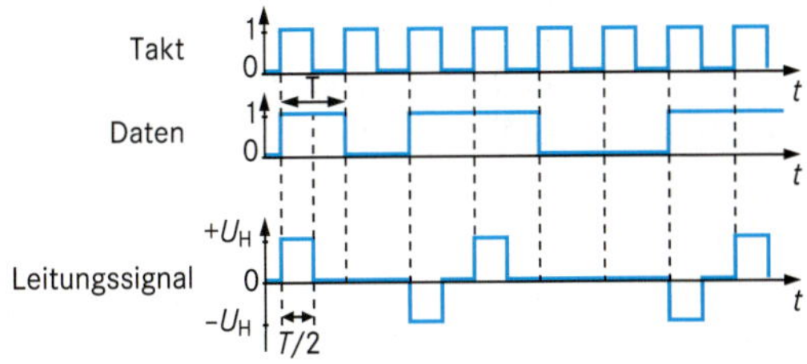

log. 0 ≙ 0-Signal   log. 1 ≙ alternierend $+U_H$-Signal und $-U_H$-Signal bei T/2

- Signal ist gleichstromfrei
- Taktinformation nur in 1-Signal

Manchester-Code

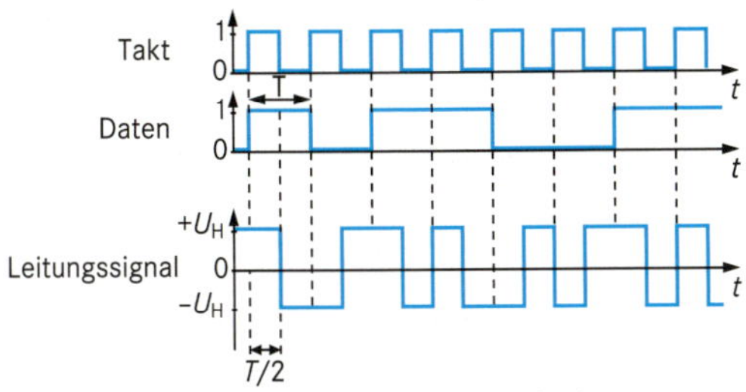

log. 0 ≙ Wechsel von $-U_H$-Signal nach $+U_H$-Signal bei T/2   log. 1 ≙ Wechsel von $+U_H$-Signal nach $-U_H$-Signal bei T/2

- Signal ist gleichstromfrei und selbsttaktend

Differenzial-Manchester-Code

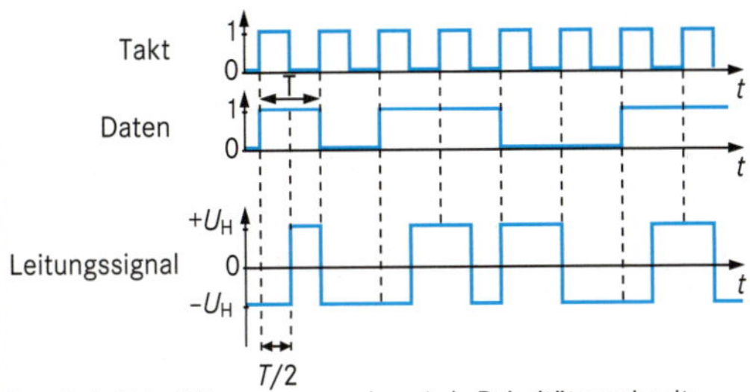

log. 0 ≙ Polarität wechselt am Schrittanfang   log. 1 ≙ Polarität wechselt nicht am Schrittanfang

- Signal ist gleichstromfrei und selbsttaktend

Klassifikation

Einteilungskriterien

- **Vermittlungstechnik**
  - Paketvermittelnde/
  - Leitungsvermittelnde Netze
  - Festgeschaltete Leitungen
- **Dienste**
  - Dienstspezifische Netze (Telex)
  - Diensteintegrierende Netze (ISDN)
- **Übertragungsmedien**
  - Kupfer
  - Glasfaser
  - Funk
- **Übertragungsverfahren**
  - Seriell
  - Parallel
  - Synchron
  - Asynchron
- **Netztopologie**
  - Sternstruktur
  - Baumstruktur
  - Ringstruktur
  - Busstruktur
- **Kommunikationsrichtung**
  - Simplex
  - Halbduplex
  - Vollduplex
- **Übertragungstechnik**
  - Analoge Netze
  - Digitale Netze
- **Übertragungsbandbreite**
  - Schmalbandnetz
  - Breitbandnetz

Netztopolgien

Bus (Linie)

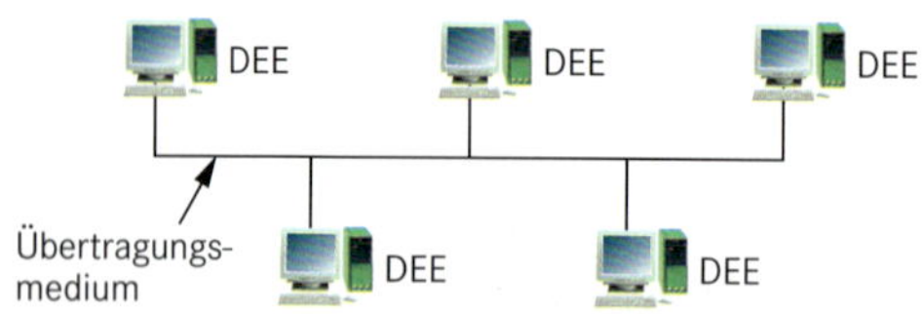

- Stationen verwenden ein einziges Übertragungsmedium
- Datenaustausch erfolgt direkt zwischen den Stationen

Ring

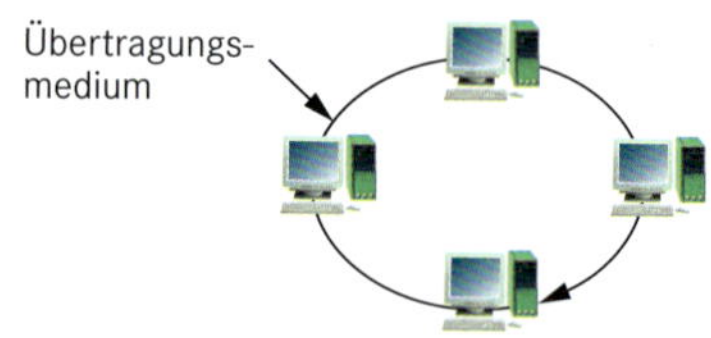

- Stationen sind ringförmig untereinander verbunden
- Datenaustausch erfolgt von Station zu Station

Stern

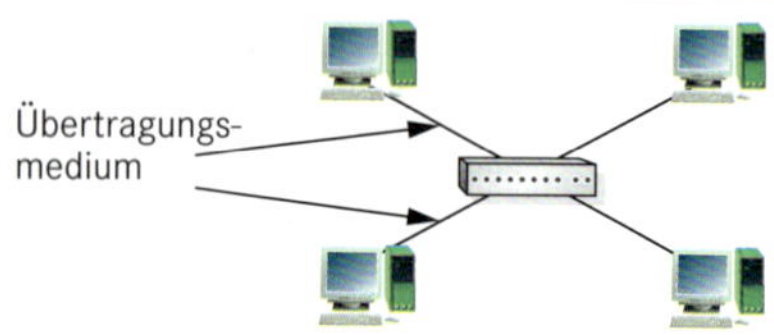

- Stationen sind sternförmig an eine Zentrale angeschlossen
- Datenaustausch erfolgt immer über die Zentrale

Baum

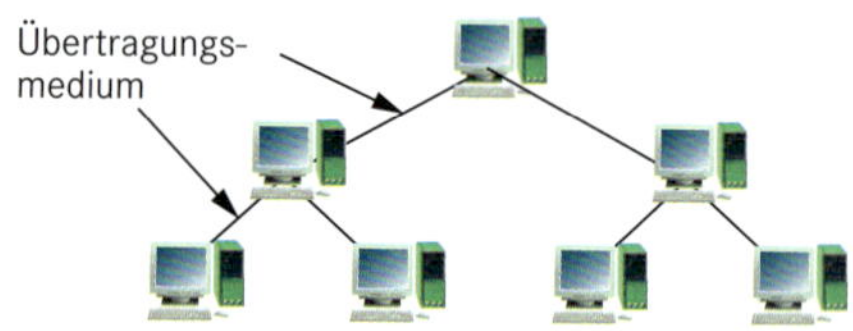

- Stationen sind jeweils mit der darüberliegenden Station verbunden
- Datenaustausch erfolgt über die jeweiligen Pfade.

Vermascht

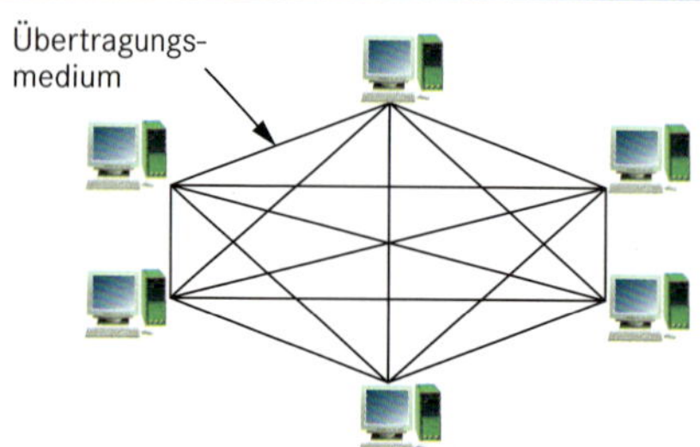

- Stationen sind mehrfach direkt untereinander verbunden
- Datenübertragung erfolgt als Punkt-zu-Punkt-Verbindung

Beispiele

Bus (Linie):
- Lokale Netzwerke (**LAN: L**ocal **A**rea **N**etwork)
- **MAN** (**M**etropolitan **A**rea **N**etwork)
- Token Bus Netzwerk
- Mikroprozessor-Bus (z. B. PCI oder **CAN: C**ontroller **A**rea **N**etwork)

Ring: Lokale Netzwerke als Token-Ring

Stern: Lokale Netzwerke mit Hub oder Switch

Baum:
- Lokale Netzwerke
- Terminalnetzwerke
- Fernsehverteilungsnetze

Vermascht:
- Telekommunikationsetze (voll- oder teilvermascht)

Verfahren

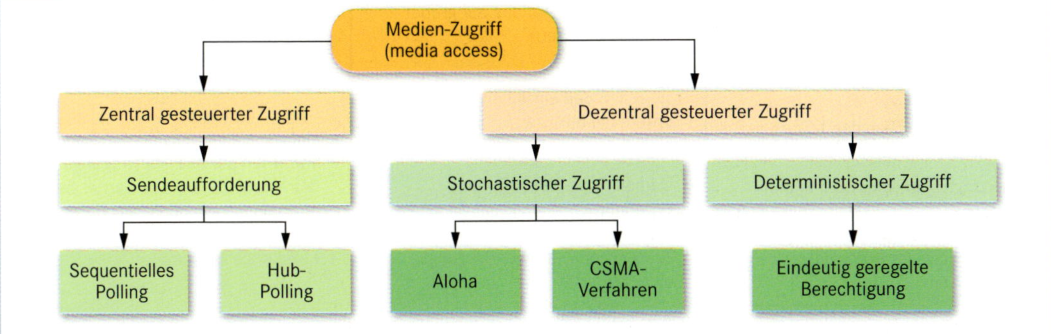

Zentrale Verfahren

- Zentral gesteuerter Zugriff
  - setzt eine Station (Zentrale) im Netzwerk als Verwalter für die Kommunikation zwischen den vorhandenen Stationen voraus,
  - verwendet **Sequentielle**- und **Hub**-Polling-Methoden.
- Bei sequentiellem Polling ruft die Zentrale die einzelnen Stationen zeitlich nacheinander zur Übertragung der Daten auf.
- Bei Hub-Polling erfolgt der Aufruf zur Datenübertragung von einer Station zur nächsten.

Dezentrale Verfahren

- Dezentral gesteuerte Zugriffsverfahren
  - werden unterschieden in **stochastische** (zufallsgesteuerte) und **deterministische** (vorhersagbare) Verfahren,
  - verwenden keinen zentralen Koordinator für die Steuerung der Kommunikation.
- Angewendete stochastische Verfahren sind
  - Aloha,
  - CSMA-Verfahren,
  - Verfahren mit eindeutig geregelter Berechtigung (z. B. priorisierte Teilnehmerklassen).

CSMA-Verfahren

CSMA/CD

- Bei **CSMA/CD** (**C**arrier **S**ense **M**ultiple **A**ccess/**C**ollision **D**etection: Abhören des Trägers mit Mehrfachzugriff/**Kollisionserkennung**)
  - kann jede Station unabhängig von den anderen eine Datenübertragung starten,
  - können **Kollisionen** auftreten, wenn Stationen gleichzeitig mit der Aussendung beginnen,
  - wird die Übertragung durch vorheriges Abhören des Übertragungsmediums auf Vorhandensein einer Übertragung überwacht,
  - stellt die sendende Station, die eine Kollision von Daten erkennt, die eigene Übertragung durch Aussenden eines **jam**-Signals ein,
  - beginnt die erneute Übertragung nach Ablauf einer zufälligen Wartezeit,
  - ist die Laufzeitlänge der Datenpakete mindestens gleich dem zweifachen Stationsabstand.

CSMA/CA

- Bei **CSMA/CA** (**C**arrier **S**ense **M**ultiple **A**ccess/Collision Avoidance: Abhören des Trägers mit Mehrfachzugriff/**Kollisionsvermeidung**)
  - wird Übertragungswunsch den anderen Stationen durch Aussenden eines **RTS**-Signals (**R**eady **t**o **S**end) angezeigt,
  - führt ein von einer anderen Station empfangenes RTS-Signal zum Aufschub des eigenen Sendewunsches,
  - übermitteln die mit RTS angesprochenen Stationen ein **CTS**-Signal (**C**lear **t**o **S**end) und reservieren damit die Verbindung,
  - wird das Ende der Übertragung mit **ACK**-Signal (**Ack**nowledge) allen Stationen angezeigt.
- Anwendung z. B. bei Wireless LAN

Leistungsmerkmale

Eigenschaft / Verfahren	Effizienz bei geringem Verkehr	Effizienz bei hohem Verkehr	Determinismus (vorhersagbar)	Priorisierung (vorrang)	Robustheit
CSMA/CD	+	–	–	0	+
CSMA/CA	+	+	+	+	+
Token Ring	+	+	+	+	0
Token Bus	0	+	+	0	0
TDMA	–	+	+	–	–
Polling	–	0	+	–	0
Punkt-zu-Punkt-Verbindung	0	–	+	0	+

TDMA: Time Division Multiple Access

+: gut 0: normal –: weniger gut

Lokale Netze	Möglichkeiten	Standard
▪ Sind räumlich abgegrenzt ▪ Werden von einem Betreiber verwaltet und organisiert ▪ Ermöglichen einen direkten Datenaustausch zwischen den Teilnehmern des Netzes ▪ Übertragungsmedien sind Kupferleitungen, Lichtwellenleiter oder Funkwellen. Sie bieten unterschiedliche Übertragungsgeschwindigkeiten und Reichweiten	▪ Zentrale Datenhaltung auf großen Massenspeichern ▪ Elektronischer Datenaustausch zwischen den einzelnen Stationen untereinander bzw. mit der Zentralstation ▪ Gemeinsame Nutzung von Programmen, Geräten und Kommunikationsschnittstellen zu externen Datenübertragungseinrichtungen	▪ Standardisiert nach IEEE 802 (Institute of Electrical and Electronic Engineers) in verschiedenen Normenreihen (z. B. IEEE 802.3, IEEE 802.16) ▪ Unterschieden anhand der Zugriffsverfahren auf das Übertragungsmedium (z. B. CSMA/CD: Carrier Sense Multiple Access/Collision Detection: Trägerkennung mit Mehrfachzugriff/Kollisionserkennung)

IEEE 802.3

- Bei lokalen, leitungsgebundenen Netzen ist Ethernet die bevorzugt eingesetzte Technologie.
- Gründe dafür sind u.a.
  - stabile und verfügbare Standards,
  - große Produktvielfalt,
  - hohe Konfigurationsflexibilität,
  - große Marktakzeptanz und
  - niedrige Produktkosten.

OSI-Referenzmodell[1]		IEEE-Standard		
Schicht	Funktion	Schicht	Funktion	Standardisiert durch
3	Vermittlungsschicht (Network-Layer) (Packet)	3 (HILI)	Netzwerkverwaltung Netz-/Netz-Verwaltung (Higher-Layer-Interface)	IEEE 802.1
2	Sicherungsschicht (Data-Link-Layer) (Frame)	2b (LLC)	Logische Verknüpfungssteuerung (Logical-Link-Control)	IEEE 802.2
		2a (MAC)	Mediumszugriff-Steuerung (Medium-Access-Control)	IEEE 802.3
1	Bitübertragungsschicht (Bitstrom) (Physical-Layer)	1 (Phy)	Elektronischer und mechanischer Aufbau (Physical-Layer)	Ethernet siehe 802.3 Varianten

IEEE 802.3 Varianten

10 Mb/s	1000 Mb/s (1 Gb/s)	40 Gb/s
10BASE[1] -5, -2, -T, -F, -FL, -FB, -FP	1000BASE[1] -X, -SX, -LX, -CX, -T, -KX	40GBASE[1] -KR4, -CR4, -SR4, -LR4, -FR
100 Mb/s	**10 Gb/s**	**100 Gb/s**
100BASE[1] -T2, -T4, -TX, -FX, -SX	10GBASE[1] -SR, -LR, -ER, -SW, -LW, -EW, -LX4, -CX4, -T, -LRM, -KX4, -KR	100GBASE[1] -CR10, -SR10, -LR4, -ER4

[1] Erläuterungen siehe unter Ethernet-Bezeichnungen

IEEE 802.xxx

IEEE 802.5	IEEE 802.11	IEEE 802.15	IEEE 802.16
Token Ring	Wireless LAN	Wireless Personal Area Network (WPAN)	Broadband Wireless Access

IEEE 802.17	IEEE 802.18	IEEE 802.19	IEEE 802.20	IEEE 802.21	IEEE 802.22
Resilient Packet Ring Access Protocol	LAN/MAN Radio Regulatory	Wireless Coexistance Technical Advisory Group	Mobile Broadband Wireless Access	Media Independent Handover Services	Wireless Regional Networks (WRANs)

[1] OSI; Open System Interconnection: Referenzmodell für allgemeine herstellerunabhängige Kommunikationsstruktur 1983 von der ISO (International Standard Organisation) festgelegt.

Merkmale

- Die Standards beinhalten eine Reihe von Festlegungen für z. B.
  - Datenübertragungsraten (z. B. 100 Mbit/s),
  - logische Schnittstellen und Funktionen,
  - Hardwarekomponenten (z. B. Steckverbindungen, Kupferleitungen, Lichtwellenleiter)
  - Signalcodierung (Basisband, keine Modulation)
- Die Varianten werden durch die Kapitelangabe aus den Standarddokumenten gekennzeichnet (z. B. IEEE 802.3 Clause 40).
- Die Bezeichnungsversion mit Buchstaben (z. B. IEEE 802.3ab) wurde abgeschafft.
- Das **CSMA/CD**-Verfahren (**C**arrier **S**ense **M**ultiple **A**ccess/**C**ollision **D**etection: Trägererkennung mit Mehrfachzugriff/Kollisionserkennung) ist lediglich bei Übertragungsmedien, die von mehreren Teilnehmern genutzt werden, erforderlich (shared medium).
- Aktuelle Realisierungen von Ethernet verwenden Punkt-zu-Punkt Verbindungen im Vollduplex zwischen den Teilnehmern (somit kein CSMA/CD erforderlich).
- Die Originalversionen der Ethernet Standards sind unter http://standards.ieee.org/about/get/802/802.3.html kostenlos abrufbar.
- Das nachfolgend gezeigte Schema wird überwiegend zur Einteilung bzw. Unterscheidung verwendet.

Bezeichnungsschema

10G Base LRM n

Datenübertragungsrate	
10	10 Mbit/s
100	100 Mbit/s
1000	1000 Mbit/s
10G	10 Gbit/s
40G	40 Gbit/s
100G	100 Gbit/s

Modulationsart
Base

Übertragungsmedium bzw. Wellenlänge	
C	Twinaxial **C**opper
E	**E**xtra long wavelength (1550 nm) bzw. **E**xtended Reach
F	**F**iber
K	Bac**k**plane
L	**L**ong wavelength (1310 nm) bzw. **L**ong Reach
S	**S**hort wavelength (850 nm) bzw. **S**hort Reach
T	**T**wisted Pair

Reichweite bzw. PCS-Codierung	
R	64B/66B (Sc**r**ambled)
X	4B/5B, 8B/10B (E**x**ternal sourced coding)
e	Energy **E**fficient Ethernet

M: **M**ultimode

Anzahl der – Aderpaare (pairs) bzw. – Datenpfade (lanes)	
ohne Kennzeichnung	1 Aderpaar bzw. 1 Datenpfad
4	4 Aderpaare bzw. 4 Datenpfade
10	10 Aderpaare bzw. 10 Datenpfade bzw. 10 km

Bac**k**plane	Rückwandverbindung	**L**ong wavelength	Lange Wellenlänge
Base	Basisband	PCS (Physical Coding Sublayer)	Obere Teilschicht des Physical Layers
Energy **E**fficient Ethernet	Energieeffizientes Ethernet	**S**hort wavelength	Kurze Wellenlänge
Extended reach	Erweiterte Reichweite	**S**hort reach	Kurze Reichweite
Extra long wavelength	Extra lange Wellenlänge	Sc**r**ambled	Verwürfelt
E**x**ternal sourced coding	Externe Codierung	Twinaxial **C**opper	Koaxialkabel (spezielle Bauform)
Fiber	Lichtwellenleiter	**T**wisted Pair	
Long reach	Hohe Reichweite		

Beispiele

Bezeichnung	Merkmale	Bezeichnung	Merkmale
10Base-T IEEE 802.3i (Clause 14)	10 Mbit/s; 2 Aderpaare (twisted pair; Cat. 3 oder höher); Vollduplex; max. 100 m	1000Base-SX IEEE 802.3z (Clause 38)	1000 Mbit/s; 2 LWL Multimode; Vollduplex; 1 Wellenlänge (850 nm); 200 m bis 500 m
10Base-FL IEEE 802.3j (Clause 15)	10 Mbit/s; 2 LWL Multimode; 1 Wellenlänge (850 nm); max. 2000 m	1000Base-T IEEE 802.3ab (Clause 40)	1000 Mbit/s; 4 Aderpaare (twisted pair; Cat. 6_a); Vollduplex; je Aderpaar 250 Mbit/s pro Richtung; 100 m
100Base-TX IEEE 802.3u (Clause 24)	100 Mbit/s; 2 Aderpaare (twisted pair; Cat. 5 oder höher); Vollduplex; max. 100 m	10GBase-T IEEE 802.3an (Clause 55)	10 Gbit/s; 4 Aderpaare (twisted pair); Vollduplex; je Aderpaar 2,5 Gbit/s pro Richtung; 100 m
100Base-FX IEEE 802.3u (Clause 24)	100 Mbit/s; 2 LWL Multimode; 1 Wellenlänge; 1310 nm; bei Vollduplex max. 400 m	40GBase-LR4 IEEE 802.3ba (Clause 87)	40 Gbit/s; 2 LWL Singlemode; Vollduplex; 4 Wellenlängen (WDM) je 10 Gbit/s pro Richtung; 10 km
1000Base-CX IEEE 802.3z (Clause 39)	1000 Mbit/s; 2 Adern, gemeinsamer Rückleiter (Twinaxialkabel); Vollduplex; max. 25 m	100GBase-ER4 IEEE 802.3ba (Clause 88)	100 Gbit/s; 2 LWL Singlemode; Vollduplex; 4 Wellenlängen (WDM) je 25 Gbit/s pro Richtung; 40 km

Merkmale

- Es handelt sich um die Bezeichnung für eine **serielle** Datenübertragung zwischen mehreren Teilnehmern, die an einem gemeinsam genutzten Medium über Netzwerkkarten angeschlossen sind.
- Die Datenübertragung erfolgt dabei im **Rahmenformat** (Frames).
- Die Zuteilung der Sendeerlaubnis wird durch **CSMA/CD** (**C**arrier **S**ense **M**ultiple **A**ccess/**C**ollision **D**etection: Trägererkennung mit Mehrfachzugriff/Kollisionserkennung) gesteuert.
- Ethernet ist verfügbar in verschiedenen Übertragungsgeschwindigkeiten (10 Mbit/s, 100 Mbit/s, 1000 Mbit/s und 10 Gbit/s).
- 100 bit Ethernet überträgt die Daten auf dem physikalischen Medium im **Basisband** als Manchester-Kodierung.
- Die existierenden **Rahmenformate** stammen aus der Entwicklungsgeschichte und werden bezeichnet als
  - IEEE 802.3 (Ethernet 802.2)
  - IEEE 802.3 SNAP (Ethernet SNAP)
  - Ethernet Version II (Ethernet II)
  - IEEE 802.3 RAWS (Novell Proprietary)
- Jeder zu übertragende Rahmen beginnt mit einer **Präambel** (Rahmeneinleitung) und dient zur Synchronisation der angeschlossenen asynchron betriebenen Netzwerkbaugruppen.

Rahmenformate

Präambel

10101010	10101010	10101010	10101010	10101010	10101010	10101010	10101011
Synchronisationsteil							SFD

SFD: Start Frame Delimiter (Anfangsrahmen Begrenzen)

IEEE 802.3

8 Byte	6 Byte	6 Byte	2 Byte	1 Byte	1 Byte	1 Byte	43 Byte bis 1497 Byte	4 Byte
Präambel	Dest. MAC	Source MAC	Length	DSAP	SSAP	Control	DATA	FCS
	Datalink Header			Logical Link Control			Data und CRC	

IEEE 802.3 SNAP

8 Byte	6 Byte	6 Byte	2 Byte	1 Byte	1 Byte	1 Byte	5 Byte	38 Byte bis 1492 Byte	4 Byte
Präambel	Dest. MAC	Source MAC	Length	DSAP	SSAP	Control	SNAP	DATA	FCS
	Datalink Header			Logical Link Control			SNAP	Data u. CRC	

Ethernet II

8 Byte	6 Byte	6 Byte	2 Byte	46 Byte bis 1500 Byte	4 Byte
Präambel	Dest. MAC	Source MAC	Type	DATA	FCS
	Datalink Header			Data und CRC	

IEEE 802.3 RAWS

8 Byte	6 Byte	6 Byte	2 Byte	46 Byte bis 1500 Byte	4 Byte
Präambel	Dest. MAC	Source MAC	Length	FFFF gefolgt von Daten	FCS
	Datalink Header			Data und CRC	

Implementierung der Fa. Novell

Rahmendefinitionen

- **Destination MAC** (**D**estination **M**edium **A**ccess **C**ontrol: Zieladresse)
  - definiert die Zieladresse (Netzwerkkarte), zu der die Daten gesendet werden sollen
  - beinhaltet in den ersten drei Byte die Kennzeichnung des **Kartenherstellers**, wobei niederwertigste Bit des ersten Bytes nachfolgendes definiert:
    Bit = 0 bedeutet Adresse für **individuelle** Zielstation,
    Bit = 1 bedeutet Adresse für **logische Gruppe** von Zielstationen und das **zweite Bit** zur Unterscheidung zwischen lokaler und globaler Adresse verwendet wird
  - definiert mit den folgenden drei Byte den Typ der Netzwerkkarte
  - Sonderfall: alle 48 Bit = 1 bedeutet **Broadcasting** (Rundsendung) an alle Stationen

- **Source MAC** (**S**ource **M**edium **A**ccess **C**ontrol: Absender-Adresse)
  - beinhaltet die Absender-Adresse mit drei Byte als feste Kennung für den Kartenhersteller

- **Length** (Länge)
  - dient zur Angabe der Anzahl von Byte im Logical Link Control (LLC) Feld

  Hinweis: Ethernetrahmen dürfen nicht kürzer als 64 Byte bzw. länger als 1518 Byte sein.

- **DSAP** (**D**estination **S**ervice **A**ccess **P**oint: Dienstzugangspunkt)
  - entspricht einem Zeiger auf dem Pufferspeicher im empfangenden Netzwerkadapter zur Ablage der Daten

- **SSAP** (**S**ource **S**ervice **A**ccess **P**oint: Dienstausgangspunkt)
  - definiert die Quelle des sendenden Prozesses

- **Control Byte** (Kontroll-Byte)
  - spezifiziert den Type des LCC-Rahmens

- **Data** (Daten)
  - beinhaltet die Daten (Header und Daten) der höher liegenden Protokollschichten von z. B. TCP/IP oder IPX/SPX

- **FCS** (**F**rame **C**heck **S**equence: Rahmenprüfbits)
  - dient zur Sicherung der übertragenen Bits gegen Verfälschung mittels **CRC-Verfahren** (**C**yclic **R**edundancy **C**heck)
  - verwendet Generatorplynom $G(x) = x^{32} + x^{26} + x^{23} + x^{22} + x^{16} + x^{12} + x^{11} + x^{10} + x^{8} + x^{7} + x^{5} + x^{4} + x^{2} + x + 1$

- **SNAP**
  - beinhaltet auf den ersten drei Byte die Herstellerkennung (wie in der Absender-Adresse), die normalerweise auf null gesetzt ist
  - die folgenden zwei Byte beinhalten eine Kennung zum Ethertyp, um die Anwärtskompatibilität zu Ethernet II zu erhalten

- **Type** (Typenfeld)
  - kennzeichnet den Typ des darüber liegenden Protokolls
  - Werte sind grundsätzlich größer als 05DC (Hex) bzw. 1500 Dez. zur Kennzeichnung, ob der nachfolgende Rahmen ein Ethernet II-Rahmen oder z. B. ein 802.3 Rahmen ist

- **Novell-Daten-Rahmen**
  - beginnen in den Anwender-Daten mit einem IPX-Protokollkopf
  - diese beinhalten in den ersten beiden Bytes optional eine Prüfsumme (FFFF)
  - zeigen damit an, dass die Prüfsumme nicht verwendet wird
  - damit unterscheiden die Netzwerkkarten zwischen Novell-Rahmen und anderen Rahmen

Ethernet Parameter

Parameter	Bezeichnung Formel	Einheit	100Base-TX	100Base-FX	1000Base-SX
Übertragungsrate	u	bit/s	100 000 000		1 000 000 000
Lichtgeschwindigkeit	c	m/s	299 792 458		
Ausbreitungskoeffizient	n		0,75	0,68	0,68
Maximale Segmentlänge	l_{max}	m	100	450	550
Maximale Signalaufzeit	$t_{max} = l_{max}/n \cdot c$	µs	0,445	2,207	2,698
Dauer eines Bits	$t_{bit} = 1/u$	µs/bit	0,01	0,01	0,001
Länge eines Bits	$l_{bit} = n \cdot c \cdot t_{bit}$	m/bit	2,248	2,038	0,203
Anzahl Bits pro Segment	$b_{Segment} = l_{max}/l_{bit}$		44,48	220,80	2709,35
Dauer von 64 Bytes	$t_{64Byte} = t_{bit} \cdot 8 \cdot 64$	µs	5,12	5,12	0,51

Grundlagen

- Gigabit Ethernet ist eine Erweiterung des 10 Mbit/ 100 Mbit-Ethernet Standards auf eine Übertragungsrate von 1 Gbit/s
- IEEE-Spezifikation beinhaltet die unteren beiden Schichten des OSI-Modells
- Übertragungsmedien sind Lichtwellenleiter und Kupferkabel
- Arbeitet bei **Kupferkabel** im Halb- und im Vollduplexbetrieb
- Rahmenformat wie bei 10 Mbit/100 Mbit-Ethernet (64 Byte Rahmengröße automatisch auf 512 Byte verlängert)
- **Cat 5 (Category)** Übertragung verwendet 4B/5B Leitungscodierung (4 Bit auf 5 Bit umgesetzt)
- Verwendet 4 Aderpaare [pro Aderpaar 125 Mbit Symbolrate, 5-stufige Pegelcodierung (PAM 5) mit 2 Bit pro Symbol]
- Bei **Einsatz auf Cat. 5 (Category)** ist die Leistungsfähigkeit der Verkabelung zu berücksichtigen:
  - **FEXT** (**F**ar-**E**nd Cross **T**alk: Fernübersprechen)
  - **Return Loss** (Rücklaufverluste)
  - **NEXT** (**N**ear-**E**nd Cross **T**alk: Nahübersprechen)
  - **Attenuation** (Dämpfung)
- **Delay** (Laufzeitverzögerung)
- Anwendungsbereiche sind z. B.:
  - Kopplung von Switches
  - Verbindung von Switch mit Servern

Übertragungsmedien

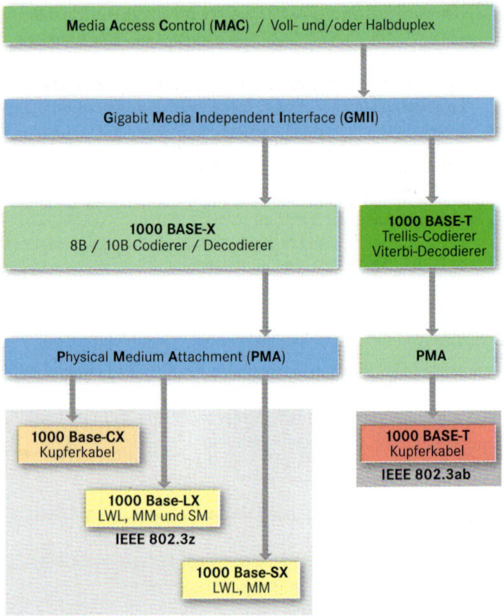

Medien-Spezifikationen

Transceiver-Typ	Medien-Typ	Bandbreiten-Längen-Produkt in MHz x km	Zulässige Länge in m	Typische Anwendung
1000 Base-CX	Kupferkabel, 150 Ω, symmetrisch, geschirmt	–	25	Verkabelungsschrank
1000 Base-LX (1300 nm)	LWL MM 62,5 µm LWL MM 50 µm LWL MM 50 µm LWL SM 10 µm	500 400 500 –	2 bis 550 2 bis 550 2 bis 550 2 bis 5000	Horizontale Verkabelung Kurzes Backbone Kurzes Backbone Gelände Backbone
1000 Base-SX (850 nm)	LWL MM 62,5 µm LWL MM 62,5 µm LWL MM 50 µm LWL MM 50 µm	160 200 400 500	2 bis 220 2 bis 274 2 bis 500 2 bis 550	Horizontale Verkabelung Horizontale Verkabelung Kurzes Backbone Kurzes Backbone
1000 BASE-T	Cat 5 Kupferkabel	–	100	Horizontale Verkabelung

MM: **M**ulti-**M**ode Faser **SM**: **S**ingle-**M**ode Faser (Mono-Mode)

Anwendung

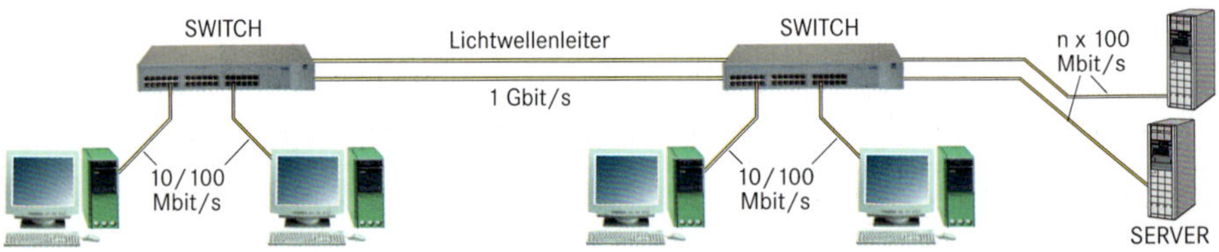

Merkmale

- 10 Gbit-Ethernet ist die Erweiterung der Ethernet-Technologie auf eine Übertragungsrate von 10 Gbit/s
- Standard ist spezifiziert in IEEE 802.3ae und 802.3an
- Arbeitet nur im **Vollduplex-Betrieb** als **Punkt-zu-Punkt Verbindung** (ohne Kollisionen)
- Verwendet als **Übertragungsmedium**
  - **LWL** (Single- und Multi-Mode mit Wellenlängen 850 nm, 1310 nm, 1550 nm).
  - **Kupferkabel** (4 Paare, Twisted Pair, 55 m über Klasse E/Cat 6 und 100 m über Klasse F/Cat 7
- Kupferkabel **Übertragungsparameter** (pro Aderpaar):
  - 2,5 Gbit/s bei 833 Mega-Symbolen/s (1,25 ns Symboldauer)
  - 3 bit Nutzdaten pro Symbol
- Verwendet **16-stufige Pulsamplitudenmodulation** als Leitungscodierung
- Amplitudenwerte liegen zwischen +1 V und -1 V
- Amplitudenabstand zwischen zwei benachbarten Signalen beträgt 0,13 V
- **Bitfehlerrate** spezifiziert auf max. 1 x 10^{-12} pro Sekunde über alle unterstützten Klassen und Entfernungen

Architektur

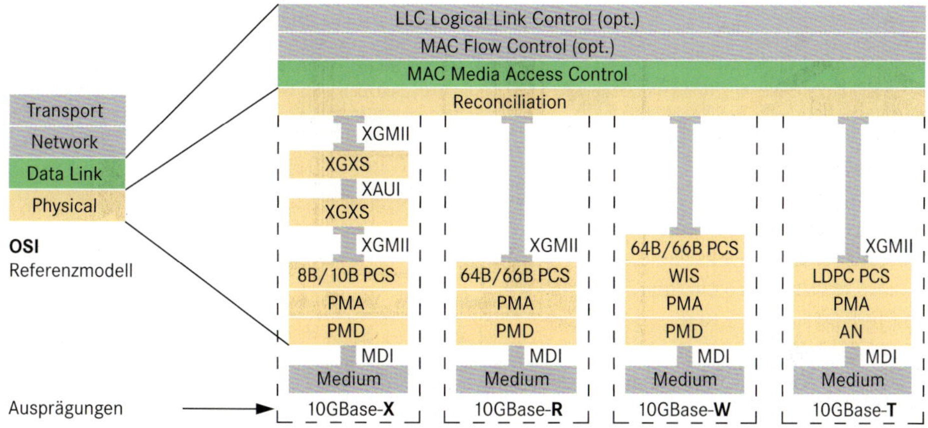

AN: Auto **N**egotiation
LDPC: **L**ow **D**ensity **P**arity **C**heck
MDI: **M**edium **D**ependet **I**nterface
PMA: **P**hysical **M**edium **A**ttached
PCS: **P**hysical **C**oding **S**ublayer
PMD: **P**hysical **M**edium **D**ependant
WIS: **WAN** **I**nterface **S**ublayer
XAUI: **X** **A**ttachment **U**nit **I**nterface
XGMII: **X** **M**edium **I**ndependant **I**nterface
XGXS: **XGMII** **EX**tender **S**ublayer

X entspricht der römischen 10

Bezeichnungsschema

Bezeichnung	Wellenlänge in nm	Codierung	Typ	Multi-Mode Fibre	Single-Mode Fibre
10GBase-S R	850	64b/66b	seriell	65 (300) m	nicht unterstützt
10GBase-S W	850	64b/66b	SONET/SDH	65 (300) m	nicht unterstützt
10GBase-L X 4	1310	8b/10b	WWDM	300 m	10 km
10GBase-L R	1310	64b/66b	seriell	nicht unterstützt	10 km
10GBase-L W	1310	64b/66b	SONET/SDH	nicht unterstützt	10 km
10GBase-E R	1550	64b/66b	seriell	nicht unterstützt	40 km
10GBase-E W	1550	64b/66b	SONET/SDH	nicht unterstützt	40 km
10GBase-T	–	64b/65b	–	–	–

Wellenlängen-Multiplex: 1 → serielle Übertragung;
n → Anzahl der Wellenlängen (4 für WWDM)

Codierung: **X** → LAN 8B/10B; **R** → LAN 64B/66B Blockcodierung; **W** → WAN

Wellenlänge: **S**(hort) → 850 nm; **L**(ong) → 1310 nm; **E**(xtra long) → 1550 nm

T: Kupferkabel (4 Paare, Twisted Pair)

Merkmale

- **WLAN** (**W**ireless **LAN**: drahtloses LAN) sind lokale Netzwerke, die auf Funkbasis arbeiten.
- Endgeräte werden mit Funkeinrichtungen ausgerüstet.
- Der Zugang zu ortsfestem LAN erfolgt über Zugangspunkte (**AP**: **A**ccess **P**oint).
- Wireless LAN sind spezifiziert nach **IEEE 802.11**, dem **DECT**-Standard oder nach **HIPER** LAN (**Hi**gh **Per**formance LAN) oder **WPAN** (**W**ireless **P**ersonal **A**rea **N**etwork: drahtloses persönliches Netzwerk).
- WLAN-Funktionen sind auf OSI-Schicht 1 und 2 geregelt.
- Gegen **externe Störungen** sind Maßnahmen im Funkkanal und in den Kommunikationsprotokollen realisiert.
- Die **Reichweiten** dieser Netzwerke sind durch HF-Leistungsbeschränkungen begrenzt.
- Bedingt durch die Übertragung der Daten über eine Luftschnittstelle sind besondere **Schutzmaßnahmen** gegen Abhören (z. B. hochwertige Verschlüsselung) vorzusehen.
- **Vorteile** von WLAN-Einrichtungen sind u. a.
  - weltweite Standardisierung,
  - lizenzfreier Betrieb,
  - große Flexibilität (anpassbar z. B. an Baulichkeiten) und
  - einfache Administration in den Endgeräten.

IEEE 802.11

- In WLAN nach IEEE 802.11 sind eine Reihe von Einzelspezifikationen enthalten, die unterschiedliche Anforderungen abdecken.
- Als Grundlage sind folgende Architekturelemente spezifiziert:
  - **BSS** (**B**asic **S**ervice **S**et: Basis-Dienstelement) ist das grundlegende Architekturelement.
  - **STA** (**Sta**tion: Station) ist das Mitglied eines BSS
  - **IBSS** (**I**ndependent **BSS**: unabhängiges BSS) ist ein BSS, in dem die Kommunikation der STA direkt untereinander erfolgt
  - **DS** (**D**istribution **S**ystem: Verteilungssystem) ist das Element zur Verbindung mehrerer BSS untereinander oder der Zugang zum Festnetz.
  - **AP** (**A**ccess **P**oint: Zugangspunkt) ist der Zugang zum DS; nutzt das Wireless Medium (WM) sowie das Distributed System Medium (DSM).
  - **ESS** (**E**xtended **S**ervice **S**et: erweiterte Dienstelemente) ist die Zusammenschaltung mehrerer BSS über DS.
  - **Portal** realisiert den Übergang zu einem anderen LAN.
- Grundsätzlich wird bei IEEE 802.11 das CSMA/CA-Verfahren angewendet (Kollisionsvermeidung).

IEEE 802.11 Standards

Standard	Inhalt
802.11	1 Mbit/s und 2 Mbit/s im 2,4 GHz Band
802.11ac	bis 6,933 Gbit/s im 5 GHz Band
802.11ad	bis 6,75 Gbit/s im 60 GHz Band
802.11b	11 Mbit/s im 2,4 GHz Band
802.11c	Wireless Bridging
802.11e	Quality of Service und Streaming-Erweiterung für IEEE 802.11a/g/h
802.11g	54 Mbit/s im 2,4 GHz Band
802.11h	54 Mbit/s im 5 GHz Band mit Frequency Selection (DFS) und Transmit Power Control (TPC)
802.11i	Authentifizierung und Verschlüsselung für IEEE 802.11a/g/h

Standard	Inhalt
802.11k	System Management
802.11n	bis 600 Mbit/s im 2,4 und 5 GHz Band
802.11p	Drahtloser Zugang für Fahrzeugeinsatz
802.11r	Schneller Zellenwechsel
802.11s	Erweiterte Dienste vermaschter Netze
802.11t	Leistungsvorhersage, Testmethoden
802.11u	Vernetzung mit nicht 802 Netzwerken
802.11v	Netzwerk-Management
802.11w	Geschützte Managementrahmen
802.11z	Erweiterung für Direktverbindungsaufbau

Buchstaben: l, o, q und x sind nicht verwendet, um Verwechselungen zu vermeiden

Betriebsarten

ad hoc-Mode (IBSS)

Infrastructur-Mode

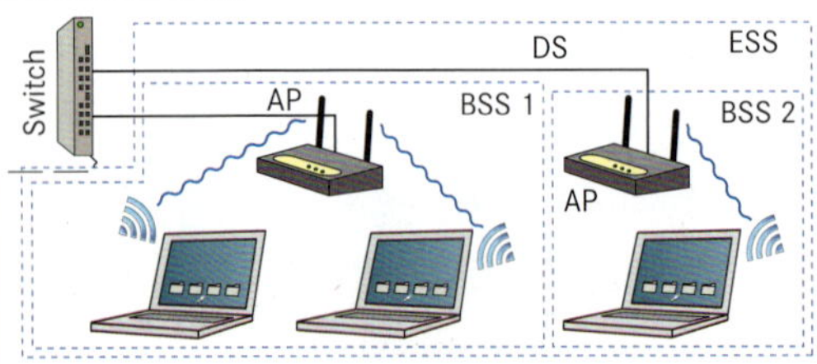

Typische Daten (Europa)

Bezeichnung	802.11a/h	802.11b	802.11g	802.11n
Frequenzbereich in GHz laut Bundesnetzagentur	5,150 ... 5,725	2,40 ... 2,4835	2,40 ... 2,4835	2,40 ... 2,4835 5,150 ... 5,725
Datenrate brutto (Mbit/s)	54	11	54	bis 600
Codierung	OFDM	DSSS CCK	OFDM CCK DSSS	OFDM CCK DSSS
Kanäle (max.) (in Europa)	19	13	13	13[1)] 19[2)]
ohne Überlappung	19	3	3	13[1)] 19[2)]

[1)] im 2,4 GHz-Band [2)] im 5 GHz-Band

OFDM: **O**rthogonal **F**requency **D**ivision **M**ultiplex
CCK: **C**omplementary **C**ode **K**eying
DSSS: **D**irect **S**equence **S**pread **S**pectrum

Grundlagen

- Die **Einrichtung** (Anwendung) von WLAN-Technik erfordert eine **detaillierte Planung** u. a. in den Bereichen
  - der einzusetzenden WLAN-Technik,
  - des Aufbaus und
  - des Betriebes.
- Die einzusetzende **WLAN-Technik** wird bestimmt durch
  - Leistungsanforderungen und
  - Verfügbarkeit der Systemtechnik (Stabilität des Standards).
- Der **Aufbau** (Architektur) eines WLANs ist in hohem Maße abhängig von
  - betrieblichen Anforderungen und
  - örtlichen Gegebenheiten.
- Beim **WLAN-Betrieb** sind neben den funktionalen Aspekten die Anforderungen an die systemtechnische Sicherheit (z. B. Manipulation von außen und innen) zu berücksichtigen.
- Hierzu gehören neben den **technischen Maßnahmen** auch die entsprechenden **organisatorischen Maßnahmen** in Form von Anwendungs- und Sicherheitsrichtlinien (Security Policy), die jedem Anwender bekannt sein müssen und eingehalten werden müssen.

Ablauf

1. Klärung

Anforderungen spezifizieren

- Welche Anwendungen sollen betrieben werden, wie viele Anwender (Anwendergruppen) sind zu berücksichtigen
- Welche Zugriffs- bzw. Durchsatzzeiten sind erforderlich
- Welche rechtlichen Grundlagen sind zu berücksichtigen
- Welche Sicherheitsmaßnahmen sind erforderlich
- Zukünftige Änderungen (Erweiterungen/Rückbauten) festlegen
- ...

2. Standortbesichtigung

Objektbesichtigung durchführen

- Gebäudestruktur (Wand- und Deckenaufbau) ermitteln
- Einrichtungen (Mobiliar) feststellen
- Raumgrößen und auszuleuchtende Flächen erfassen.
- vorhandene Funknetze ermitteln
- Verkabelungswege und Aufstellmöglichkeiten der Access Points ermitteln.
- Umweltbedingungen (Temperatur, Staub, Feuchte, ...) ermitteln.
- Energieversorgung klären
- ...

3. Planen

Planung/Projektierung durchführen

- Funkausleuchtung berechnen, simulieren, modellieren
- WLAN-Standards auswählen und festlegen
- Ortsfeste Verkabelung planen
- Aufstellorte der APs festlegen
- Energieversorgung (Spannungen, Leistungsbedarf) ermitteln
- Schutzmaßnahmen (Zugangsschutz, Bitzschutz, ...) festlegen
- Baustellenbelieferung und Montageablauf festlegen
- ...

4. Beschaffen

Beschaffung organisieren

- Ausschreibung für zu liefernde Geräte, Materialien, Bauleistungen, erstellen und herausgeben
- Angebote einholen und auswerten
- Lieferanten beauftragen
- Materialien auf Baustelle ausliefern und sachgerecht lagern
- ...

5. Realisieren

Montage/Einrichtung/ Inbetriebsetzung durchführen

- Technik installieren
- Schutzmaßnahmen einbauen
- Systeme einrichten
- Abnahmemessung realisieren (Funkausleuchtung, Datendurchsatz, ...)
- Redundanzmaßnahmen überprüfen
- ...

6. Betreiben

Betrieb/Überwachung/Wartung

- Aktive Überwachung (Monitoring) des Systems auf Funktionstüchtigkeit
- Störfallerkennung und Behebung
- Sabotageerkennung betreiben
- Zyklische Wartungsmaßnahmen (Sicherheitsüberprüfung) durchführen
- Umbauten, Rückbauten vorbereiten
- ...

Funkausleuchtung

- Ein wesentlicher Aspekt bei der Einrichtung eines WLANs ist die **Funkausleuchtung** innerhalb bzw. außerhalb von Gebäuden.
- Die Funkwellen des WLANs können durch lokale Gegebenheiten in der Ausbreitung gestört werden.
- **Störfaktoren** sind u. a.
  - Abschattung durch Wände oder Büroschränke,
  - Reflexion durch große Metallteile und
  - erhöhte Dämpfung durch Wände und Decken
- Insgesamt kommt es durch diese Eigenschaften zu **Ausbreitungsverzögerungen** und **Mehrwegausbreitung** der ausgesendeten Funksignale.
- Eine sorgfältige Auswahl der einzusetzenden **Antennen** und der **Aufstellstandorte** der Access Points ist daher erforderlich.
- Die **Antennenarten** unterscheiden sich durch die Abstrahlcharakteristik (Antennengewinn).

Beispiel: Büroraum

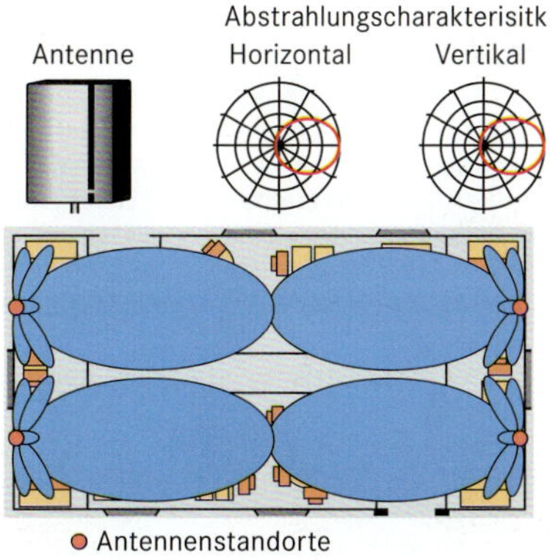

Grundlagen

- WLANs auf Basis IEEE 802.11 sind mit geringem Aufwand schnell aufzubauen und bieten eine große Flexibilität in der Konfigurierbarkeit.
- **Nachteilig** ist allerdings die **Angreifbarkeit** der Systeme, da die Übertragung der Daten über die Luftschnittstelle erfolgt.
- Diese Schnittstelle wird als **shared medium** (geteiltes Medium) verwendet und ist somit jedem Angreifer zugänglich.
- **Angriffe** bzw. Beeinflussungen auf diese Systeme sind mit relativ **einfachen Mitteln** realisierbar und ermöglichen Manipulationen in unterschiedlichster Art und Weise.
- Die erforderlichen **Schutzmaßnahmen** werden anhand der möglichen Gefährdungen ermittelt und sind auf **unterschiedlichen Ebenen** zu realisieren.

Gefährdungen

Gefährdungen

Höhere Gewalt
- Ausfall oder Störung eines Funknetzes
- Ausfall oder Störung in der Stromversorgung
- Witterungsbedingte Störungen

Vorsätzliche Handlungen
- Vertraulichkeitsverlust schützenswerter Informationen
- Auswertung von Verbindungsdaten der drahtlosen Kommunikation
- Angriffe auf WLAN-Komponenten
- Abhören der WLAN-Kommunikation

Organisatorische Mängel
- Fehlende oder unzureichende Regelungen
- Unzureichende Kenntnis über Regelungen
- Unzureichende Kontrolle der IT-Sicherheitsmaßnahmen
- Fehlende oder unzureichende Planung des WLAN-Einsatzes
- Unzureichende Regelungen zum WLAN-Einsatz
- Ungeeignete Auswahl von WLAN-Authentifikationsverfahren

Menschliche Fehlhandlung
- Nichtbeachtung von IT-Sicherheitsmaßnahmen
- Fehlerhafte Administration des IT-Systems
- Konfigurations- und Bedienungsfehler
- Ungeeigneter Umgang mit Passwörtern
- Fehlerhafte Konfiguration der WLAN Infrastruktur

Technisches Versagen
- Unkontrollierte Ausbreitung der Funkwellen
- Unzuverlässige oder fehlende WLAN-Sicherheitsmechanismen

Schutzmaßnahmen

- Die **Absicherung** von WLANs
  - ist **gesetzlich erforderlich** (verhindern von Missbrauch durch Unbekannte)
  - kann unter Anwendung verschiedener Maßnahmen realisiert werden und ist u. a. abhängig von der Größe des Netzwerkes
- Grundlegende Maßnahmen für ein **SOHO**-WLAN (**S**mall **O**ffice **H**ome **O**ffice) sind
  - WLAN-Geräte nur **kabelgebunden konfigurieren**
  - **Benutzername** und **Passwort** für das WEB-Interface am Access Point (Router) **ändern**
  - **Starke Passwörter** verwenden (max. Länge nutzen, Buchstaben und Symbole verwenden)
  - Aktuelle Firmware des Geräteherstellers installieren
  - **Zugriffskontrollliste** (ACL) aktivieren und nur eingetragene MAC-Adressen vom AP zulassen (MAC-Filter)
  - **Leistungsfähige Verschlüsselung** (WPA: Wi-Fi protected Access oder WPA2) aktivieren;
    falls nur WEP von den Geräten unterstützt wird, dann mit 128 Bit Schlüssellänge verwenden
  - **SSID ändern** in unverfänglichen Namen (z. B. WLAN), damit keine Rückschlüsse auf Anwender oder Einsatzort möglich sind und die Aussendung abschalten
  - **Fernkonfiguration** im Access Point **abschalten**
  - WLAN-**Reichweite begrenzen** durch Einstellung der Sendeleistung (überprüfen mit frei verfügbaren Programmen wie z. B. NetStumble)
  - **Schlüssel** zur Verschlüsselung **regelmäßig ändern**
  - Firewall einrichten
  - Backup der Einstellungen auf externem Medium speichern (z. B. Memory Stick)
  - **LOG-Dateien** regelmäßig auf unbekannte MAC-Adressen **überprüfen,** um Zugriffe durch Fremde zu erkennen

Sicherheitsmechanismen

- Die **grundsätzlichen Sicherheitsmechanismen**, die in Form von Verfahren und Kommunikationsprotokollen angewendet werden, dienen zur Sicherstellung der
  - **Vertraulichkeit** (confidentiality)
  - **Integrität** (integrity) und
  - **Authentizität** (authenticity)

  der Daten im WLAN.
- **Vertraulichkeit:** Informationen (Daten) nur für Berechtigte zugänglich machen
- **Integrität:** Datensicherheit (Schutz vor Verlust) und Fälschungssicherheit (Schutz vor vorsätzlicher Veränderung)
- **Authentizität:** Sichere Zuordnung einer Information zum Absender
- Zur Anwendung kommen dafür
  - **WEP** (**W**ired **E**quivalent **P**rivacy)
  - **WPA** oder WPA2 (**Wi-Fi P**rotected **A**ccess) und/oder
  - IEEE 802.11i
- **WEP** ist in der Anfangsphase der WLAN-Technik angewendet worden, bietet allerdings keinen hinreichenden Schutz und wird somit als **ungenügend** eingestuft.
- **WPA** ist ein Standard
  - der von der Wi-Fi Alliance veröffentlicht wurde
  - wird unterschieden in WPA-Personal (kleines WLAN im Bereich SOHO) und WPA-Enterprise (größere WLAN im Unternehmensbereich)
- **WPA** für SOHO-Anwendungen verwendet für die
  - Verschlüsselung: **TKIP** (**T**emporal **K**EY **I**ntegrity **P**rotocol)
  - Integritätsprüfung: **Michael** (MIC: Message Integrity Check)
  - Authentisierung: **PSK** (**P**re-**s**hared **K**eys)
- Bei größeren Netzen erfolgt die Authentisierung und das Schlüsselmanagement mit **IEEE 802.1x.**
- **WPA2** ist **nicht abwärtskompatibel** zu den vorhandenen Verfahren; verwendet **CCMP** (**C**ounter mode with **C**BC-**MAC P**rotocol) [CBC-MAC: Cipher Block Chaining Message Authentication Code]

Merkmale

- **WiMAX** (**W**orldwide **I**nteroperability for **M**icrowave **A**ccess: Weltweite Interoperabilität für Netzzugang auf Mikrowellen-Basis) ist der Vermarktungsname (WiMAX-Forum) für den Standard IEEE 802.16
- Dieser Standard definiert eine Technologie
  - für eine Funktechnik (Radio interface)
  - mit einem drahtlosen Breitband-Zugang zur Anbindung von Endkunden.
- Die Anschlüsse sind vorgesehen für
  - stationären Betrieb (fixed)
  - portablen Betrieb (mobile)
  - wandernden Betrieb (roaming)
- Betrieb ist dabei möglich
  - ohne Sichtverbindung (**N**on **L**ine **o**f **S**ight)
  - mit Sichtverbindung (**L**ine **o**f **S**ight) zur Basisstation
- Verwendete Frequenzbereiche liegen zwischen 2 GHz und 68 GHz
- Reichweiten bis zu 50 Kilometer
- Wird als Alternative zu DSL und Leitungsmodems eingesetzt
- Der Physical-Layer beinhaltet mehrere Sub-Standards, um eine leichte Anpassung an die jeweiligen landesspezifischen Vorgaben und Einschränkungen für die Nutzung von Frequenzbändern zu ermöglichen
- WiMAX 2.0 ist eine Erweiterung mit höherem Datendurchsatz (300 Mbit/s downlink, 135 Mbit/s uplink) unter Verwendung der MIMO-Technologie und einer Kanalbandbreite von 20 MHz
- Wird bevorzugt in Ländern und Regionen eingesetzt, in denen keine drahtgebundene Infrastruktur vorhanden ist bzw. aufgebaut wird

Standard-Übersicht

Frequenzband in GHz	10 ... 66	2 ... 11	2 ... 6
Anwendung	Rücktransportverbindung (Backhaul)	Drahtloses DSL Rücktransportverbindung	Mobiles Internet
Kanalanforderungen	Sichtverbindung	Keine Sichtverbindung	Keine Sichtverbindung
Bitrate in Mbit/s	32 ... 134	bis zu 75	bis zu 15
Modulationsprinzip	QPSK, 16 und 64 QAM	OFDM 256 Unterträger QPSK, 16 und 64 QAM	Skalierbares OFDM
Kanal-Bandbreite in MHz	20, 25, 28	1,5 u 20 (wählbar)	802.16a mit Unterkanälen
Zellradius (typ.) in km	1,6 ... 4,8	6,4 ... 9,6 (max. 48, abhängig von Masthöhe und Sendeleistung)	1,6 ... 4,8

Netzaufbau

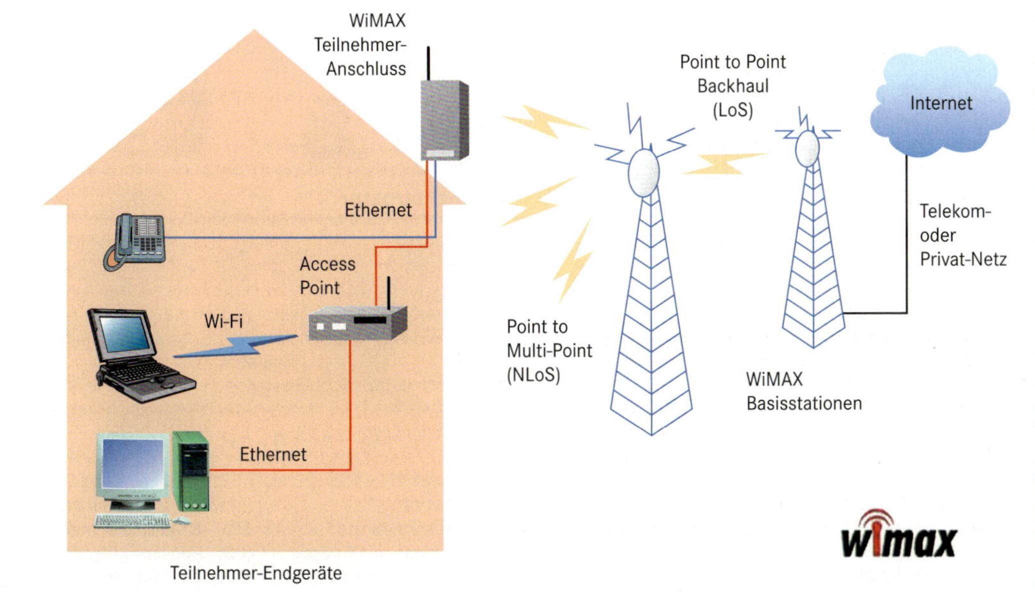

Merkmale

- **FC** (Faserkanal) ist ein Hochgeschwindigkeitsübertragungskanal mit Datenraten von 133 Mbit/s, 266 Mbit/s, 531 Mbit/s und 1,062 Gbit/s
- Übertragungsmedium sowohl Kupfer (STP) als auch LWL
- Kupferübertragung erfordert zwei Aderpaare, eines zum Senden, eines zum Empfangen, deshalb ‚full duplex' möglich
- Übertragungsentfernungen:
  - Kupfer maximal 47 m zwischen zwei Knoten
  - LWL (9 µm single mode bzw. 50/60 µm multimode) maximal 10 km
- Mischung der Medien ist möglich.

Topologien

- Topologien können sein:
  - Punkt-zu-Punkt-Verbindung
  - **Arbitrated Loop** (gesteuerter Ring)
  - **Fabric-Switching** (Fibre Channel Switching)
- Punkt-zu-Punkt-Verbindungen verlangen gleiche Datenraten bei den Teilnehmern.
- Bei Switching Ports können unterschiedliche Datenraten gefahren werden.
- Übertragung ist protokollunabhängig

Dienste

- Dienste werden in Klassen eingeteilt:
  - **Service Class 1** (Dienstklasse)
    Punkt-zu-Punkt-Verbindung mit Standleitung;
    Anwendung bei Kopplung von Servern mit Massenspeichern
  - **Service Class 2** (Dienstklasse 2)
    Verbindungslose Übertragung, gesteuert über Rahmenaufbau, mit Rückmeldung;
    Anwendung in gemischten Systemen mit Netzwerken und Massenspeichern
  - **Service Class 3** (Dienstklasse 3)
    Ähnlich wie Klasse 2; Anwendung für ‚one to many' (einer für viele); keine Rückmeldung über versendete Daten; keine Datenwiederholung
  - **Service Class 4** (Dienstklasse 4)
    Verbindungsgesteuerter Dienst mit garantierter Bandbreite und garantiertem Zeitverhalten; isochrone Datenübertragung für realtime Video und Daten

Anwendung

Übertragung großer Datenmengen wie z. B. bei Bilddaten, 3-D Rendering, CAD-Daten, Video-Erstellung, Massenspeicherkopplung mit Netzwerken

Topologie

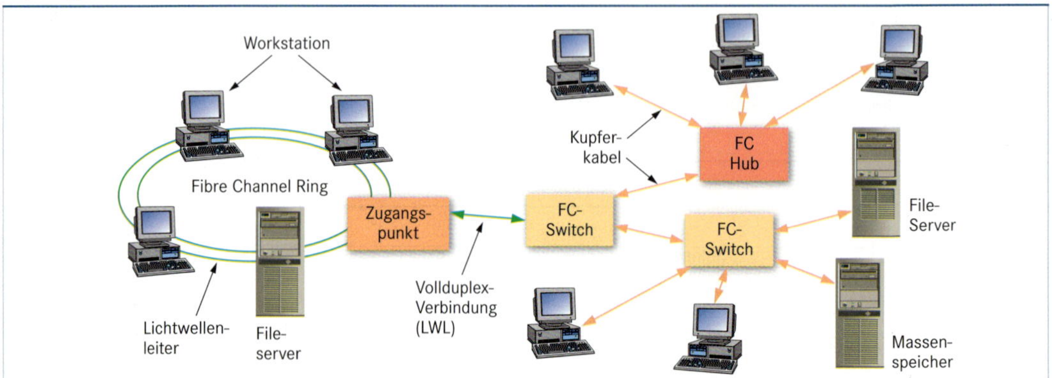

Kommunikationsstruktur

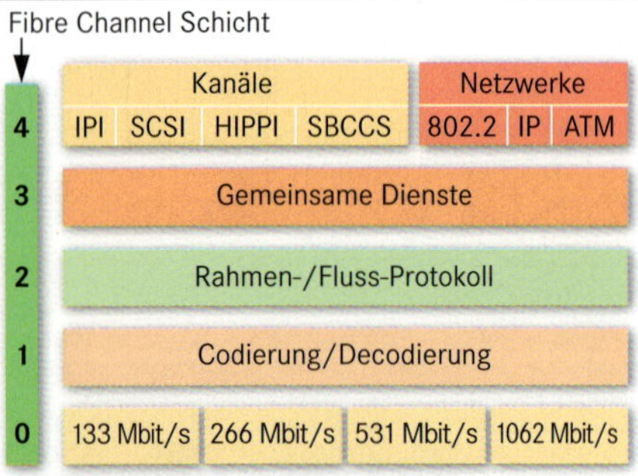

IPI: Intelligent Peripheral Interface
HIPPI: High Performance Parallel Interface

Rahmenstruktur

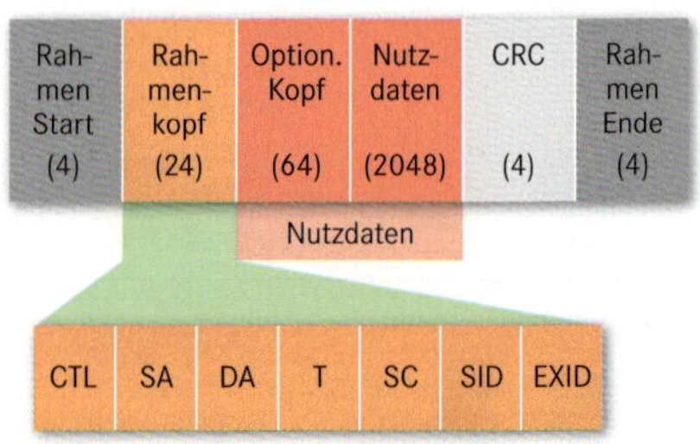

CTL: Control
SA: Source Address
DA: Destination Address
T: Type

(n) entspricht Anzahl der Bytes
SC: Sequence Counter
SID: Sequence Identifier
EXID: Exchange Identifier

Merkmale

- **ATM** ist eine verbindungsorientierte Multiplex- und Vermittlungstechnik
- Findet Anwendung im Bereich **globaler Netze** und lokaler **multimediafähiger Netze**
- Ist eine Kombination der Vorteile von **paket**- und **leitungsvermittelnden** Netzen (paketvermittelt bietet variable Datenraten; leitungsvermittelt bietet Echtzeit)
- Ist derzeit die Grundlage für **B-ISDN** (**B**reitband **ISDN**)
- Dient zur Übertragung von digital codierten Informationen, wie z. B.
  - Sprache
  - Stand- und Bewegungsbilder
  - Daten und Texte
  - Datenströme jeder Kapazität (z. B. **Video on Demand** Video auf Anfrage)
- Arbeitet mit Nutz- und Steuerungskanälen, über die **Nutzzellen** und **Steuerungszellen** übertragen werden
- Zellen haben das einheitliche Format mit 53 Byte (Kopffeld 5 Byte, Informationsfeld 48 Byte)
- Im **Kopffeld** sind die Adressierungsdaten zur Vermittlung enthalten.
- Die Vermittlungsknoten werten lediglich die Adressinformationen (mit Hardwareschaltungen) aus, wodurch die hohe Vermittlungsgeschwindigkeit erreicht wird.
- Für die Teilnehmer-Schnittstelle (**UNI: U**ser **N**etwork **I**nterface) sind Datenraten spezifiziert mit 2, 34, 140, 155 und 622 Mbit/s.
- Zwischen den Netzknoten (**NNI: N**etwork **N**ode **I**nterface) und dem Übergang zwischen Netzen verschiedener Betreiber (**BICI: B**roadband **I**nter**c**arrier **I**nterface) sind Datenraten mit 34, 140, 155 und 622 Mbit/s festgelegt.
- ATM arbeitet nach OSI-Referenzmodell auf der Schicht 1 und Teilen von Schicht 2.

Schichtenmodell

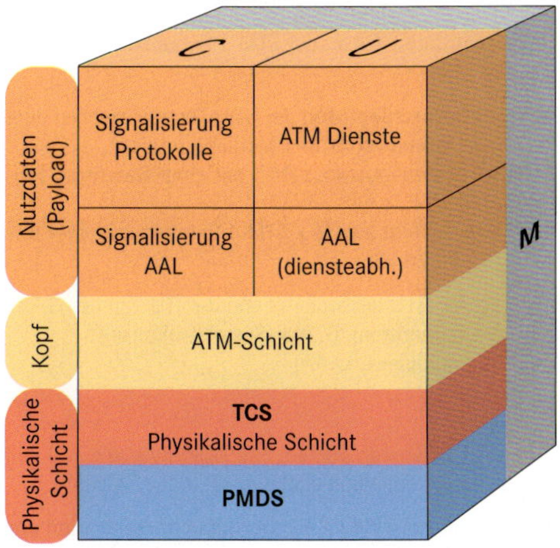

- **U-Plane** (**U**ser-Plane: Anwender-Säule) enthält Regeln und Protokolle für die Übertragung der Nutzinformationen über ATM-Verbindungen.
- **C-Plane** (**C**ontrol-Plane: Signalisierungssäule) enthält Regeln und Protokolle für die Übertragung der Steuerung, die für die Signalisierung benötigt werden.
- **M-Plane** (**M**anagement-Säule) enthält Regeln und Protokolle für die Übertragung der Managementinformationen der Nutz- und Signalisierungsverbindungen.
- **ATM**-Schicht realisiert den dienstunabhängigen Transport von ATM-Zellen sowie die Identifikation virtueller ATM-Verbindungen.
- **AAL**-Schicht (**ATM A**daptation **L**ayer: ATM Anpassung) realisiert Funktionen zur Unterstützung unterschiedlicher Telekommunikationsdienste; bildet die ATM-Zellen.

Physikalische Schicht

- Die physikalische Schicht ist wegen der Abhängigkeit vom Übertragungsmedium in zwei Schichten unterteilt.
- **TCS** (**T**ransmission **C**onvergence **S**ublayer) erzeugt beim Senden
  - Prüfsumme für den Zellkopf (**HEC: H**eader **E**rror **C**heck); wird auf Empfangsseite zur Fehlererkennung verwendet;
  - Leerzellen für einen kontinuierlichen Zellenstrom
- Leerzellen werden besonders markiert und an der Empfangsseite wieder entfernt.
- **PMDS** (**P**hysical **M**edium **D**ependent **S**ublayer) realisiert:
  - Leitungscodierung
  - Timing und Synchronisation auf dem Signalniveau

Zellenaufbau

Beispiel: UNI-Schnittstelle

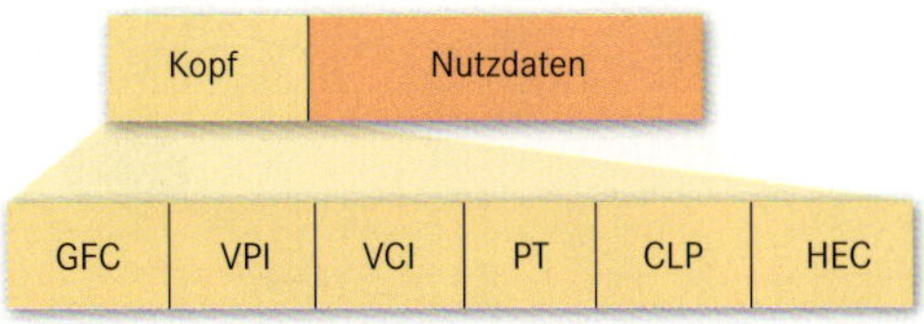

GFC: **G**eneric **F**low **C**ontrol (Flusskontrolle)
VPI: **V**irtual **P**ath **I**dentifier (virtuelle Pfadkennung)
VCI: **V**irtual **C**hannel **I**dentifier (virtuelle Kanalkennung)
PT: **P**ayload **T**ype (Nutzlastkennung)
CLP: **C**ell **L**oss **P**riority (Zellen Verlustpriorität)
HEC: **H**eader **E**rror **C**ontrol (Kopfprüfsumme)

Einteilung

- SDH zur Übertragung mehrerer logischer Kommunikationskanäle über einen physikalischen Übertragungsweg (Kabel) wird die **Multiplextechnik** angewendet.
- Anwendung hauptsächlich auf Fernleitungen, um Kosten für Übertragungskabel gering zu halten
- Grundsätzliche Multiplexprinzipien sind:
  - **Frequenzmultiplex** (Leitungsbandbreite wird in mehrere Frequenzbereiche aufgeteilt)
  - **Zeitmultiplex** (Übertragungskanälen werden einzelne Zeitabschnitte zugeteilt)

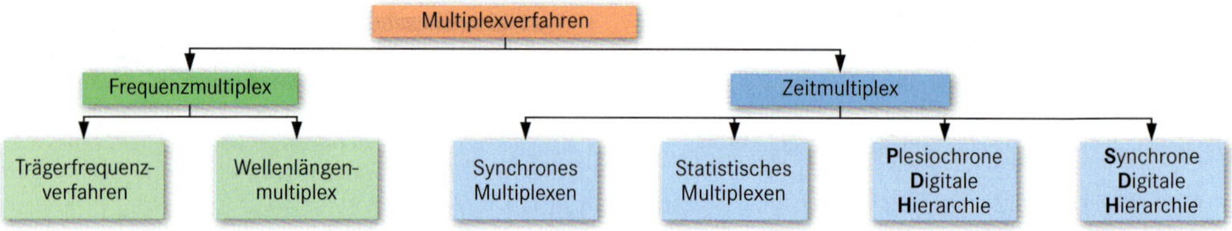

PDH: „fast" synchrone Multiplextechnik; Vorgänger der SDH-Technik

Synchrone Digitale Hierarchie

- Die **S**ynchrone **D**igitale **H**ierarchie (**SDH**)-Technik ist eine spezielle digitale, transparente, zeitsynchrone Multiplex-Übertragungstechnik für Weitverkehrsnetze.
- Übertragungsmedium sind Lichtwellenleiter und Richtfunkstrecken (niedrige Bitraten).
- Datenströme mit unterschiedlichen (niedrigeren) Datenraten werden auf einheitliche, standardisierte höhere Datenraten für den Transport umgesetzt (gemultiplext), bzw. am Empfangsort wieder entnommen (demultiplext).
- Zentrale Elemente eines SDH-Systems sind u. a.:
  - **Terminalmultiplexer** (fassen Eingangssignale mit unterschiedlichen Datenraten zusammen)
  - **Add Drop Multiplexer**
  - **Regeneratoren**
- SDH-Strecken können als **Ring-** oder **Maschenstruktur** aufgebaut werden.
- Netzweit wird mit einem **Mastertakt** gearbeitet.
- Mastertakt wird in kleinen Netzen von einem Multiplexknoten erzeugt.
- Bei größeren Netzen (internationale Verbindungen) werden spezielle, hochgenaue Taktgeneratoren (z. B. GPS oder Caesium-Zeitnormale) eingesetzt. Verwendet zur Übertragung zwischen den Netzknoten (Multiplexern) strukturierte Zeitrahmen. Zeitrahmen werden als Synchronous Transport Module (STM-1, da erste Multiplexerstufe) bezeichnet.
- Die Gesamtdatenrate an der STM-1 Schnittstelle beträgt 155,520 Mbit/s.
- **Höhere Hierarchiestufen** der SDH-Technik werden durch Zusammenfassen von STM-1 Modulen erreicht.
  - **STM-4** besteht aus 4 x STM-1 mit einer Datenrate von 622,080 Mbit/s
  - **STM-16** besteht aus 16 x STM-1 Rahmen mit einer Bitrate von 2488,320 Mbit/s
- SDH-Technik ist standardisiert von der ITU-T in der G-Reihe:
  - G.707 (Datenraten), G.708 (Signalstrukturen) G.709 (Multiplexstruktur)

Rahmenaufbau

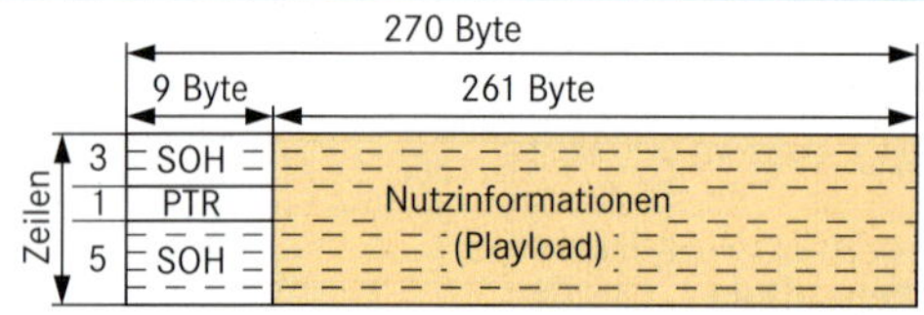

SOH (**S**ection **O**verhead): Transportinformation
PTR (**Point**er): Anfangsadresse der Nutzinformation

- Jeder STM-1 Rahmen besteht aus 2430 Byte, die in 9 Zellen zu je 270 Byte eingeteilt sind.
- In jeder Zelle sind 9 Byte für die Rahmenorganisation und die Steuerung reserviert.
- Die Nutzlast (Payload) ist in 261 Byte pro Zelle enthalten.
- Insgesamt werden pro Sekunde 8000 Rahmen übertragen (125 µs pro Rahmen).

Netzstruktur Ring

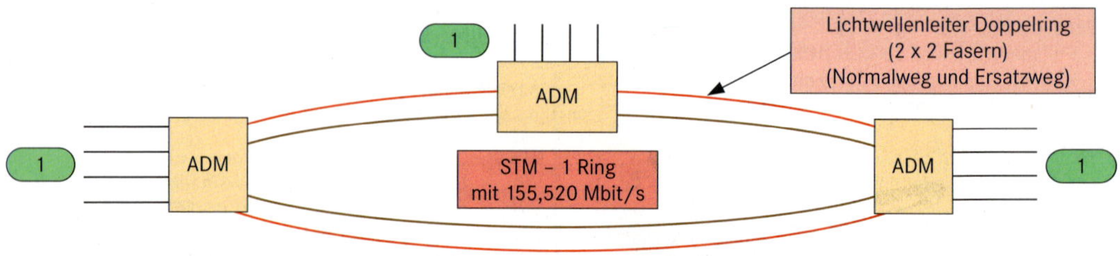

ADM: **A**dd **D**rop **M**ultiplexer

(1) Zubringersignale (z. B.: 2 Mbit, 64 kBit)

U/UTP Cat.5

U: **U**nshielded (ungeschirmt)
UTP: **U**nshielded **T**wisted **P**air (ungeschirmtes Aderpaar)

Außenmantel FR/PVC[1] grau

Ader 0,94 mm Ø, PE

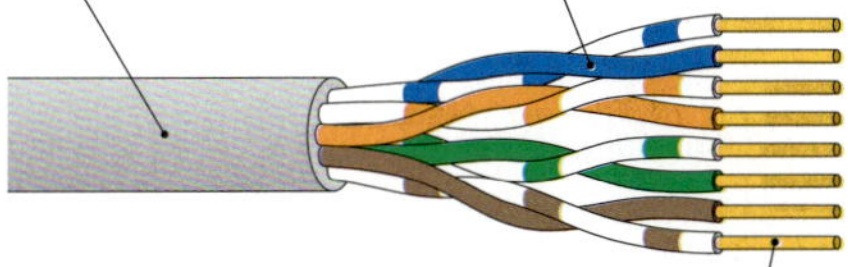

Innenleiter AWG24 Cu-Draht blank

PE: **Poly**e**thylen**

AWG: **A**merican **W**ire **G**auge

F/UTP Cat.5/Cat.5e

F: **F**oiled (Gesamtschirm Folie)
UTP: **U**nshielded **T**wisted **P**air (ungeschirmtes Aderpaar)

Außenmantel FRNC/LSOH[3] orange

Abschirmung Aluminium-Polyesterfolie

Polyester-folie

Ader 1,0 mm Ø, PE-Foam-Skin

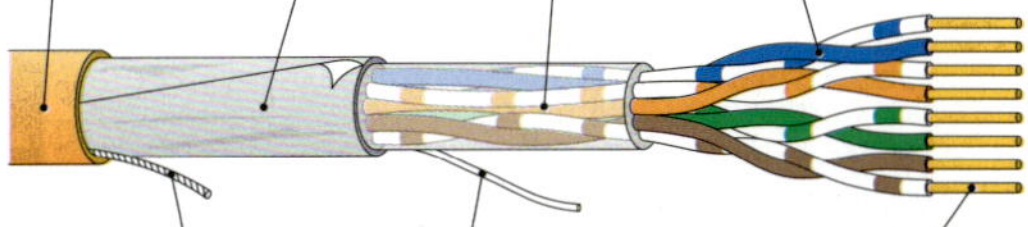

Aufreiss-zwirn

Beilaufdraht Cu-Draht verzinnt

Innenleiter AWG24 Cu-Draht blank

AWG: **A**merican **W**ire **G**auge

U/FTP Cat.6

U: **U**nshielded (ungeschirmt)
FTP: **F**oiled **T**wisted **P**air (Folienschirm je Aderpaar)

Außenmantel FRNC/LSOH[3] orange

Schirm-abnahmeleiter CU verzinnt

Ader 1,3 mm Ø

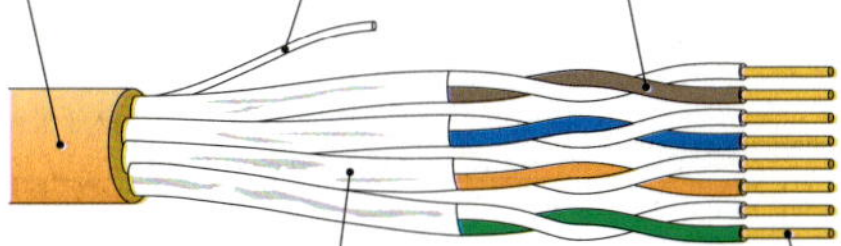

Folienschirm Aluminium PETP[2]-Folie

Innenleiter AWG 23 Cu blank

AWG: American Wire Gauge

S/FTP Cat.7_A

S: **S**hielded (Gesamtschirm Schirmgeflecht)
FTP: **F**oiled **T**wisted **P**air (Folienschirm je Aderpaar)

Außenmantel FRNC/LSOH[3] orange

Ader 1,6 mm Ø

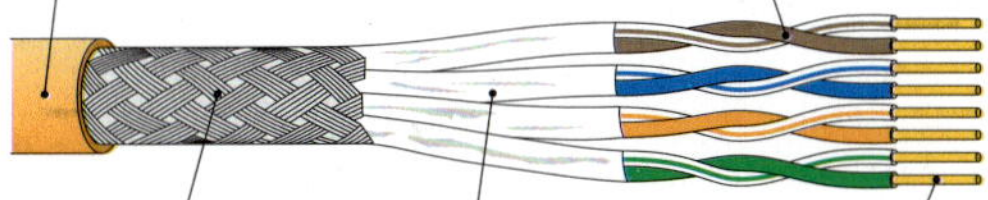

Abschirmung Cu-Geflecht verzinnt

Abschirmung Paar Aluminium PETP[2]-Folie

Innenleiter AWG22 Cu-Draht blank

AWG: American Wire Gauge

[1] **FR**/PVC: **F**lame **R**etardant/Polyvinylchlorid (flammwidrig/Polyvinylchlorid)
[2] **PETP**: **P**oly**e**thylen**tere**p**h**thalat
[3] **FRNC**/LSOH: **F**lame **R**etardant **N**on **C**orrosive/Low Smoke Zero Halogen (flammwidrig, nicht korrosiv/raucharm, halogenfrei)

Anschlussbelegung

RJ 45	EIA/TIA 568A	EIA/TIA 568B
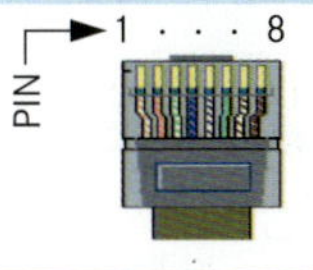	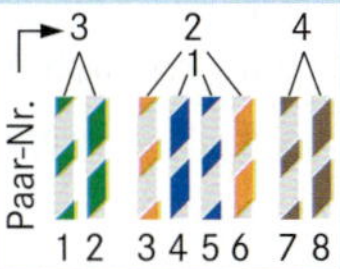	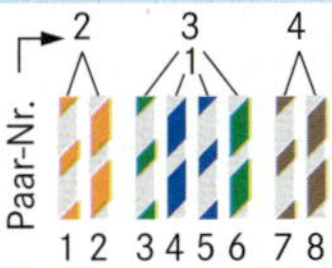

EIA/TIA: Electr.-/Telecomm. Ind. Association

GG 45

- Datenraten ab 10 Gbit/s erfordern geschirmte Steckverbinder (Cat. 7)
- Verfügbar sind TERA, GG 45 und EC 7
- GG 45 Buchse ist kompatibel zu RJ 45 Stecker

GG 45 Stecker

GG 45 Buchse

Kontaktbelegung Endgerät

Dienst	Steckeranschluss-Nr.			
	1 und 2	3 und 6	4 und 5	7 und 8
Analoges Telefon	n	n	T/R	n
ISDN, Token Ring	n	T	R	n
10Base-T (802.3)	T	R	n	n
100Base-TX (802.u)	T	R	n	n
FDDI 100 Mbit/s (TP)	T	O	O	R
ATM User Device	T	O	O	R
ATM Network Equipm.	R	O	O	T
1000Base-T 10GBase-T 40GBase-T	B	B	B	B

T: Transmit; R: Receive; B: Bidirectional; O: Optional
n: nicht verwendet

Grundlagen

- Anwendungsneutrales **Verkabelungssystem** dient zur Vereinheitlichung des Aufbaues von Kabelnetzwerken für die **Integration unterschiedlicher Dienste** (z. B. Sprache, Daten)
- Kategorie: Definiert die Anforderungen an die eingesetzten Komponenten (z. B. Datenkabel, Steckverbinder)
- Klasse: Definiert die Leistungsmerkmale der gesamten Übertragungsstrecke.
- Verkabelungsstruktur wird eingeteilt in:
  - **Tertiären Bereich** (Stockwerk, horizontal) mit Einteilung in **Übertragungsstrecke** und **Installationsstrecke** (permanent link)
  - **Sekundären** Bereich (Stockwerksverbindung, vertikal)
  - **Primären** Bereich (Gebäudeverbindung)
- Eingesetzt werden Kupferkabel mit einem Nenn-Wellenwiderstand von 100 Ω und einem Gleichstrom-Schleifenwiderstand von z. B. 25 Ω (Klasse E) oder Lichtwellenleiter (Mehrmoden oder Einmoden) für 850 nm, 1300 nm, 1310 nm und 1550 nm Wellenlänge
- Steckverbindungen: Bis Cat.6 RJ45
  Für Cat.7/7a GG45 oder TERA
- Jeder Arbeitsplatz soll mind. zwei Informationstechnische Anschlüsse erhalten (Anschluss 1: Kupfer, symmetrisch, Category 5, s. u.; Anschluss 2: wie zuvor oder LWL)
- **Tertiäre** Verkabelung mit Kupferkabel oder LWL
- **Sekundäre** Verkabelung mit Kupfer oder LWL
- **Primäre** Verkabelung erfolgt mit LWL
- **Parameter** für Übertragungs- und Installationsstrecken sind abhängig von der Verkabelungsklasse und spezifisch festgelegt
- Höhere Klasse unterstützt jeweils niedrigere Klassen
- Installationsverfahren zur Berücksichtigung der Elektromagnetischen Verträglichkeit, Erdung und Potenzialausgleich sind in EN 50174 und EN 50310 festgelegt

Übertragungsstrecken-Klassifikation

Kupfer-Verkabelung

Category (Cenelec/ISO)	Class (Cenelec/ISO)	Frequenzbereich in MHz	Netz-Anwendung
–	A	0,1	Analoge Sprache
Cat. 3	B	1	Digitales Telefon
Cat. 4	C	16	Einfache Datendienste
Cat. 5	D	100	100Base-T 1000Base-T
Cat. 6	E	250	100Base-T 1000Base-T
Cat. 6A	EA	500	10GBase-T
Cat. 7	F	600	10GBase-T Breitband Kabel-TV
Cat. 7A	FA	1000	10GBase-T >10GBase-T

A: Augmented (verstärkt)

Category (Cenelec/ISO)	Class (Cenelec/ISO)	Frequenzbereich in MHz	Netz-Anwendung
Cat. 8.1	I	1600 (2000)	40GBase-T; Anmerkung: - Steckertyp: RJ45 - Kabel: mindestens F/UTP - Übertragungsstrecke: max. 30 m - Nur rückwärtskompatibel zu Cat. 6A und niedriger - Nicht kompatibel zu Cat. 7 und Cat. 7A
Cat. 8.2	II	1600 (2000)	40GBase-T; Anmerkung: - Steckertyp: ARJ45 (Augmented RJ45) oder Tera 8 - Kabel: mind. S/FTP oder F/FTP - Übertragungsstrecke: max. 30 m - Voll rückwärtskompatibel

Verkabelungsstruktur

Prinzip

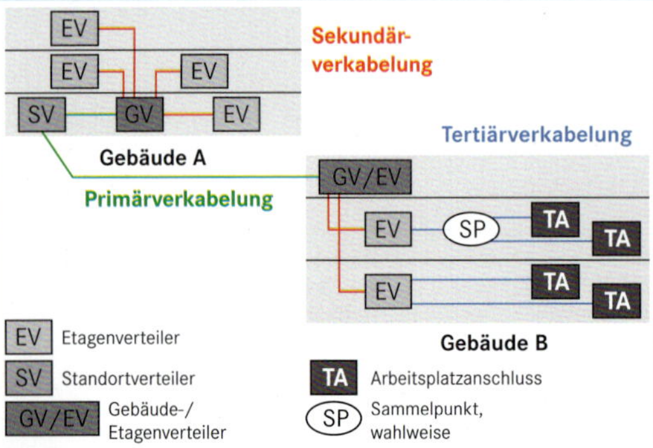

Symmetrische Tertiärverkabelung

Anwendung: Kupferkabel mit Etagenverteiler

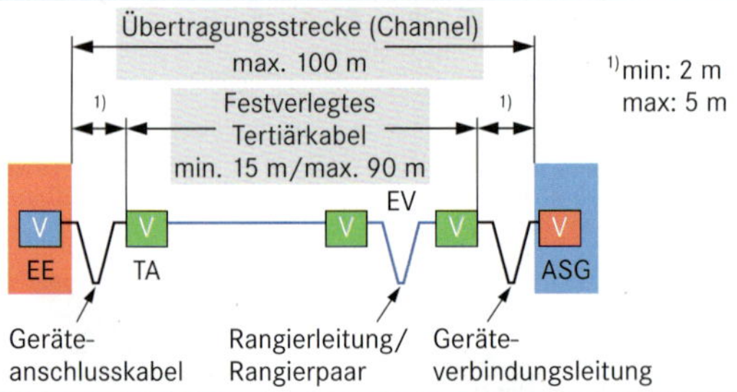

V: Verbindung (Stecker/Buchse)
EE: Endgerät Arbeitsplatz
TA: Arbeitsplatzanschluss
EV: Etagenverteiler
ASG: Gerät im Etagenverteiler

Dämpfungs- und Übertragungsfaktoren

Schaltung	Dämpfungsfaktor D	Übertragungsfaktor, Verstärkungsfaktor T
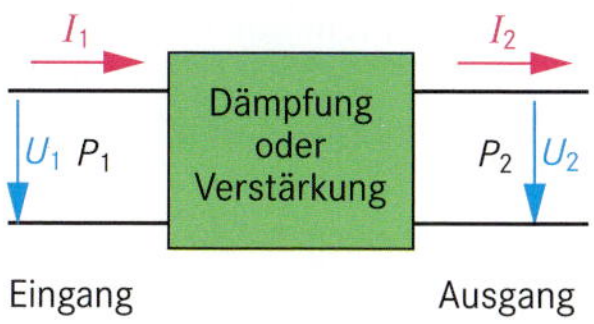	Stromdämpfungsfaktor $D_I = \frac{I_1}{I_2}$ Spannungsdämpfungsfaktor $D_U = \frac{U_1}{U_2}$ Leistungsdämpfungsfaktor $D_P = \frac{P_1}{P_2}$	Stromübertragungsfaktor $T_I = \frac{I_2}{I_1}$ Spannungsübertragungsfaktor $T_U = \frac{U_2}{U_1}$ Leistungsübertragungsfaktor $T_P = \frac{P_2}{P_1}$

Dämpfungs- und Übertragungsmaße

Schaltung (Einzelglied)	Dämpfungsmaß a	Übertragungsmaß, Verstärkungsmaß $-a$
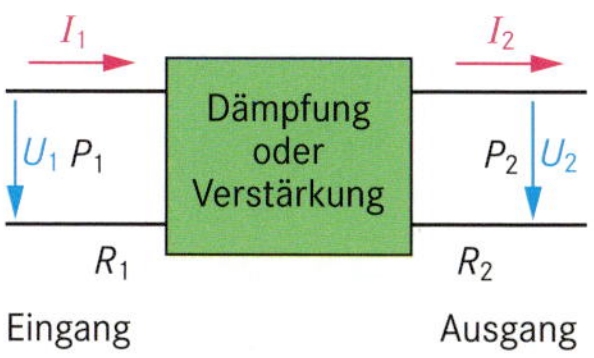	**Leistungsdämpfungsmaß** $a_p = \lg \frac{P_1}{P_2}$ B B: Bel $a_p = 10 \cdot \lg \frac{P_1}{P_2}$ dB dB: dezi Bel **Spannungsdämpfungsmaß** $a_u = 20 \cdot \lg \frac{U_1}{U_2}$ dB $R_1 = R_2$ **Stromdämpfungsmaß** $a_i = 20 \cdot \lg \frac{I_1}{I_2}$ dB $R_1 = R_2$	**Leistungsübertragungsmaß** $-a_p = 10 \cdot \lg \frac{P_2}{P_1}$ dB **Spannungsübertragungsmaß** $-a_u = 20 \cdot \lg \frac{U_2}{U_1}$ dB $R_1 = R_2$ **Stromübertragungsmaß** $-a_i = 20 \cdot \lg \frac{I_2}{I_1}$ dB $R_1 = R_2$

Zusammenhang zwischen Dämpfungsfaktoren und Dämpfungsmaßen

Dämpfungsmaß in dB	a	0	1	3	6	10	20	30	40
Leistungsdämpfungsfaktor	D_p	1	1,26	2	4	10	100	1000	10000
Spannungsdämpfungsfaktor	D_u	1	1,12	1,41	2	3,16	10	31,6	100

Absoluter Pegel L_{abs}

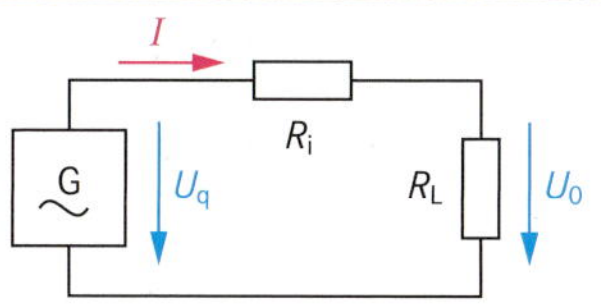	Der Pegel 0 dB liegt bei der Leistung P_0 = 1 mW oder der Spannung U_0 = 775 mV vor. (I = 1,29 mA) P_0: Bezugsleistung U_0: Bezugsspannung	$L_{Pabs} = 10 \lg \frac{P}{P_0}$ dBm $L_{Uabs} = 20 \lg \frac{U}{U_0}$ dBu $R_L = 600\ \Omega$

Pegelplan

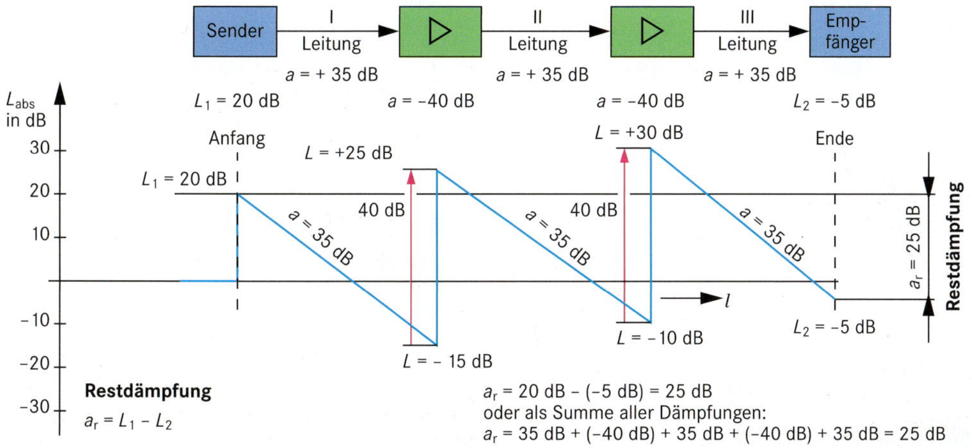

Restdämpfung
$a_r = L_1 - L_2$

a_r = 20 dB - (-5 dB) = 25 dB
oder als Summe aller Dämpfungen:
a_r = 35 dB + (-40 dB) + 35 dB + (-40 dB) + 35 dB = 25 dB

Übertragungseigenschaften

Niedrige Frequenzen	Hohe Frequenzen
■ Die Übertragungseigenschaften sind bestimmt durch - **Leiterwiderstand**, - **Isolationswiderstand** und - **Betriebskapazität**. ■ Der Leiterwiderstand ist abhängig von - dem Leiterquerschnitt, - der Leiterlänge und - der Qualität des Kupfers. ■ Der Isolationswiderstand - wird bestimmt durch den verwendeten Isolierstoff und - wird kleiner bei zunehmender Länge. ■ Die Betriebskapazität - ergibt sich aus den Kapazitäten der Einzeladern untereinander und gegen den Kabelschirm und - steigt linear mit der Kabellänge (längenabhängig).	Bei hohen Frequenzen sind zu berücksichtigen: ■ **Wellenwiderstand** (setzt sich u.a. zusammen aus Kapazitäts- und Induktivitätsbelegen der Leitung; ist unabhängig von der Leitungslänge) ■ **Leitungsdämpfung** (abhängig von Leiterwiderstand und Betriebskapazität; nimmt linear mit der Leitungslänge zu) ■ **Nebensprechen** (gegenseitige Beeinflussung benachbarter Adernpaare durch Induktionsspannungen; abhängig von der Frequenz; unabhängig von der Leitungslänge) ■ **Übersprechdämpfung** (**ACR: A**ttenuation **C**ross **R**atio; Verhältnis des Nutzsignalpegels am Empfängereingang zum Störpegel) ■ **Erdunsymmetrie** (verursacht durch mechanische Unsymmetrien im Kabel oder unterschiedliche Wirkwiderstände)

Beeinflussungen und Gefährdungen

- Nachrichtenkabel werden beeinflusst durch Energieanlagen, Blitzeinschlag, Feuchtigkeit und Brände.
- **Gefährdende elektrische Beeinflussungen** in unsymmetrischen Kreisen von Kabeln (Leiter gegen Erde) werden hervorgerufen durch **Langzeiteinflüsse** (z. B. dauernde Betriebsströme von Bahnanlagen) und/oder **Kurzzeiteinflüsse** (z. B. Erdkurzschlüsse in Energieanlagen).
- **Störende elektrische Beeinflussungen** treten in symmetrischen Kreisen (Leiter gegen Leiter) des Nachrichtenkabels auf.
- Grundlage für **gefährdende** und **störende** Beeinflussung sind **induktive Kopplungen** bei Parallelführung von Energiekabeln oder galvanische Kopplung (gleiche Leitungsabschnitte).
- **Kapazitive Kopplungen** sind für geschirmte Nachrichtenkabel unkritisch, für Fernmeldefreileitungen jedoch möglich (DIN VDE 0228-1).
- **Fremd**- und **Geräuschspannungen** sind **niederfrequente Störungen**.
- **Fremdspannungen** bestehen aus einem Frequenzgemisch mit Oberschwingungen und Grundschwingungen. Es handelt sich um die **effektive Spannungssumme** aus allen Amplituden. Gestört werden hauptsächlich **Signalkreise**.
- Bei **Geräuschspannungen** werden alle Frequenzanteile entsprechend der Empfindlichkeit des menschlichen Ohres im Zusammenhang mit der Übertragungscharakteristik des Fernhörers betrachtet (Bezugsfrequenz ist 800 Hz).
- **Hochfrequente Störungen** entstehen durch Sendeanlagen oder Schaltvorgänge (z. B. Thyristorschalter).
- Für Kabelanlagen sind **Grenzwerte für die zulässigen Beeinflussungsspannungen** zum Schutz von Personen und entsprechende Schutzmaßnahmen festgelegt.

Beeinflussungsspannungen

Gefährdende Spannungen nach	DIN VDE 0228	ITU K.21
Langzeitbeeinflussung von Nachrichtenkreisen ohne Abschluss durch Trennübertrager	65 V	60 V
Langzeitbeeinflussung von Nachrichtenkreisen mit Abschluss durch Trennübertrager	250 V	150 V
Kurzzeitbeeinflussung (max. 0,5 s) von Nachrichtenkreisen mit spannungssicheren Abschlusskreisen	300 V (öffentl. Netze)/500 V	430 V
Bewertete Störspannung		
Fernsprechkreise des öffentlichen Verkehrs	0,5 mV	0,5 mV
Fernsprechkreise des nichtöffentlichen Verkehrs	2,5 mV	2,5 mV

Brandverhalten

Aspekt	Deutsche Norm	Internationale Norm
Einaderbrennprüfung	DIN EN 50265	
Einkabelbrennprüfung	DIN EN 50265	IEC 60331-1
Mehrkabelbrennprüfung	DIN EN 50265	IEC 60332-3
Korrosivität	DIN EN 50267	IEC 60754-2
Halogenfreiheit von Materialien	DIN VDE 0472-815	
Rauchgasdichte	DIN EN 50268	IEC 61034
Toxizität	DIN 53436	in Vorbereitung
Isolationserhalt	DIN VDE 0472-814	IEC 60331

Verwendung

Verwendung		Hausverlegung					Außen-verlegung	Erdkabel
Koaxialkabel Impedanz 75 Ω		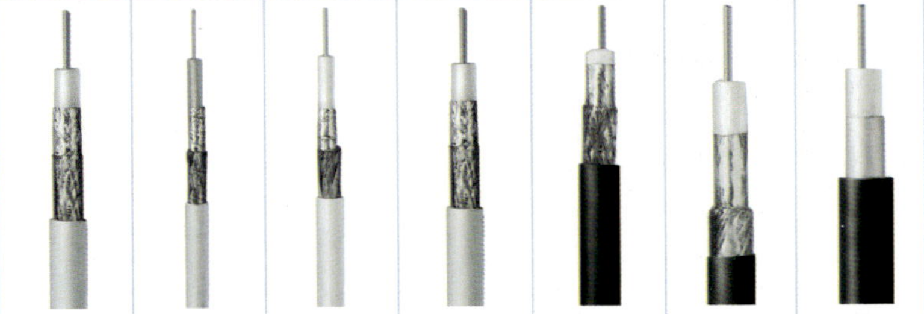						
Innenleiter	Ø in mm	0,75 Cu	0,4 Staku	1,13 Cu	0,75 Cu	1,13 Cu	1,63 Cu	1,1 Cu
Isolation	Ø in mm	3,2 Cell-PE	2,65 PE	4,8 Cell-PE	4,8 PE	4,8 Cell-PE	7,2 Cell-PE	7,25 PE
Außenleiter	Ø in mm	3,8 Al + CuSn 1)	3,3 Al + CuSn 1)	5,3 Al + CuSn 1)	5,5 Al + CuSn 1)	5,3 Al + CuSn 1)	7,9 Al + CuSn 1)	7,5 Cu
Außenmantel	Ø in mm	5,0 PVC weiß	4,1 PVC weiß	6,8 PVC weiß	6,8 PVC weiß	6,8 PE schwarz	10,4 PE schwarz	10,2 PE schwarz
Kupferanteil	in kg/km	10,6	3,6	14,0	8,3	30,0	42,0	41,0
Biegeradius	in mm	≥ 25	≥ 30	≥ 35	≥ 35	≥ 35	≥ 50	≥ 110
Dämpfung in dB/100 m bei 20 °C	5 MHz	2	4	1	3	1	1	1
	50 MHz	7	10	4	6	4	3	4
	100 MHz	9	15	6	9	6	4	5
	450 MHz	18	32	13	19	12	9	12
	1000 MHz	28	48	21	29	19	14	19
	2050 MHz	40	72	31	43	28	21	30
	3000 MHz	50	88	39	53	36	28	-
Gleichstromwiderstand in Ω/km		≤ 90	≤ 375	≤ 45	≤ 100	≤ 30	≤ 20	≤ 25,5
Schirmungs-maß in dB	47-108 MHz	≥ 70	≥ 70	≥ 75	≥ 70			
	108-470 MHz	≥ 75	≥ 75	≥ 75	≥ 75	≥ 90	≥ 90	≥ 90
	1000-2400 MHz	≥ 65	≥ 65	≥ 65	≥ 65			

1) Folie beidseitig mit Aluminium beschichtet + verzinntes Kupfergeflecht
2) **IEC: I**nternational **E**lectrotechnical **C**ommission

F-Stecker

IEC-Stecker 2)

schraubbar	crimpbar	IEC-Stecker

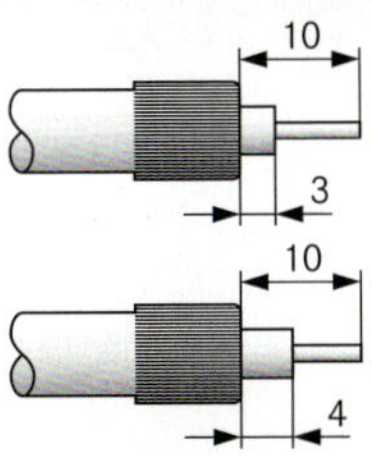		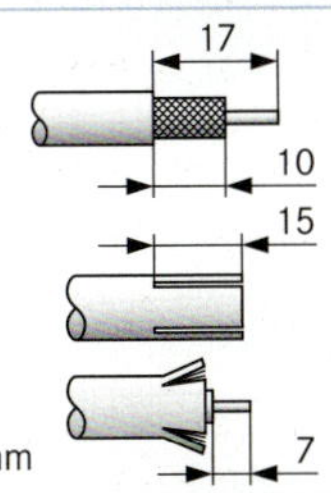 Maße in mm

Aufbau und Kenndaten | Modenausbreitung

Mehrmoden-Stufenfaser

Stufenindex-Profil

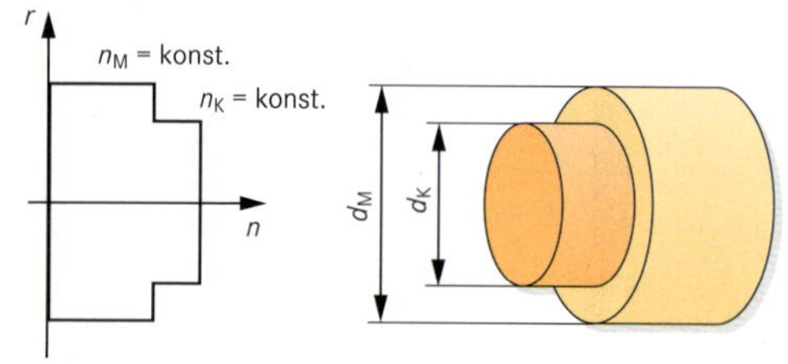

Typische Werte:
n_M = 1,517 (Mantel)
n_K = 1,527 (Kern)

n: Brechzahl

Typische Werte:
d_K: 100 µm, 200 µm, 400 µm

d_M: 200 µm, 300 µm, 500 µm

Multimode

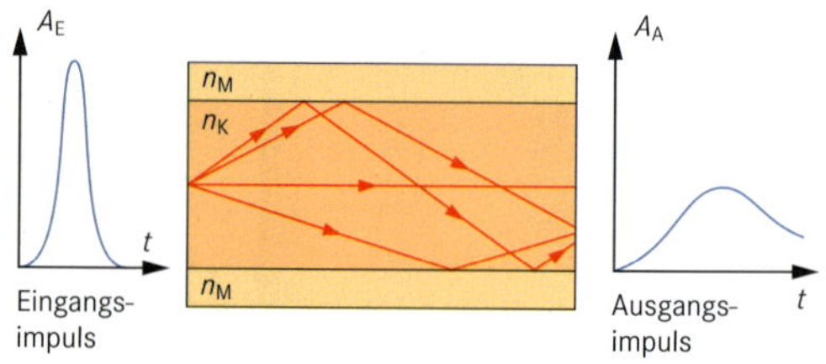

- Große Laufzeitunterschiede der Lichtstrahlen
- Starke Impulsverbreiterung
- Bandbreite-Reichweite-Produkt
  $B \cdot l > 100$ MHz · km
- Einsatzbereich: Kurzstrecken, in Gebäuden

Mehrmoden-Gradientenfaser

Gradientenindex-Profil

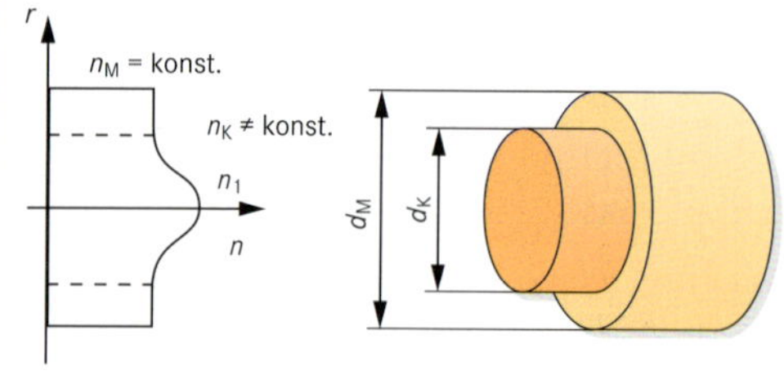

Typische Werte:
n_M = 1,417 (Mantel)
n_K = 1,457 (Kern)

Typische Werte:
d_K = 50 µm
d_M = 125 µm

Multimode

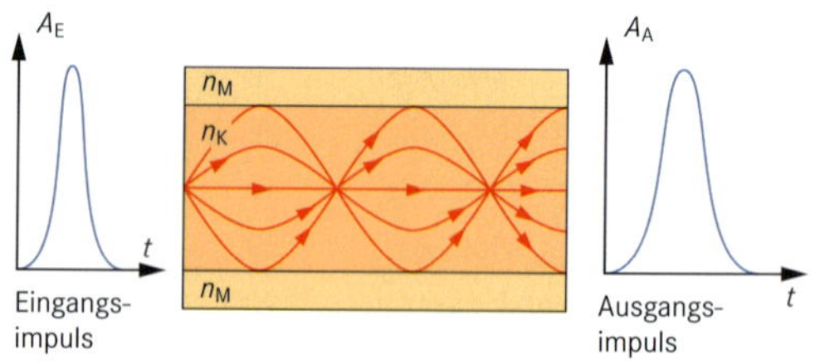

- Geringe Laufzeitunterschiede der Lichtstrahlen
- Geringe Impulsverbreiterung
  $B \cdot l > 1$ GHz · km
- Einsatzbereich: Ortsnetz, Bezirksnetz

Einmoden-Stufenfaser

Stufenindex-Profil

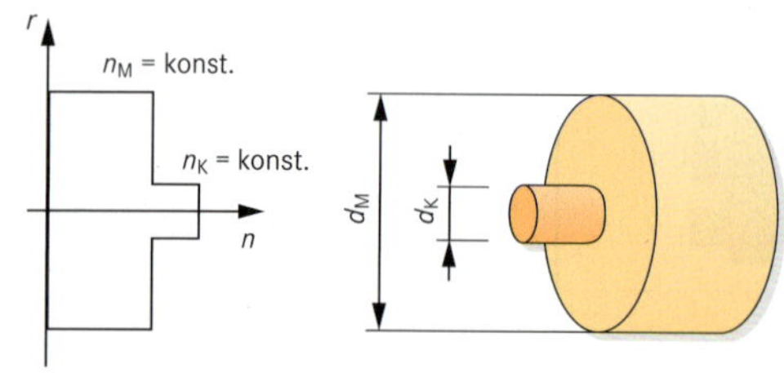

Typische Werte:
n_M = 1,417 (Mantel)
n_K = 1,457 (Kern)

Typische Werte:
d_K = 10 µm
d_M = 125 µm

Singlemode

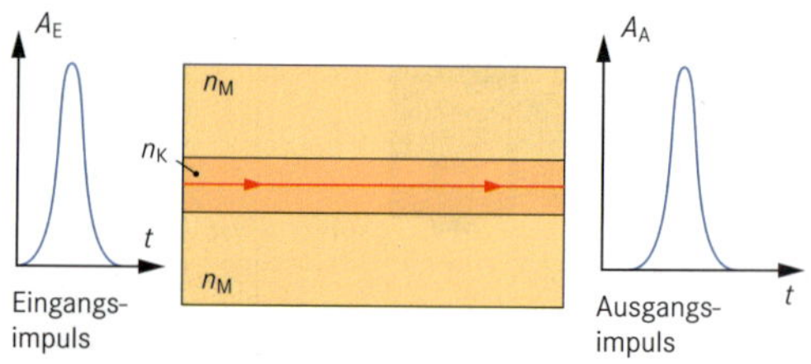

- Keine Laufzeitunterschiede, da nur eine Ausbreitungsrichtung
- Formtreue Impulsübertragung
  $B \cdot l > 10$ GHz · km
- Einsatzbereich: Fernverkehr

Aufbau

Anwendungen	Beispiel	Aufbau
▪ Verbindung zwischen Endverteilern und/oder Endgeräten ▪ kurze Übertragungswege ▪ direkte Steckermontage möglich (häufig vorkonfektioniert)	Duplex-Patchkabel (innen) 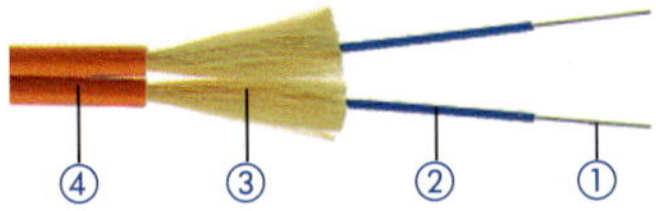	① LWL-Faser mit Primärcoating (Primärbeschichtung) ② Sekundärcoating ③ Zugentlastung (Aramid oder Glasfaser) ④ Außenmantel (ggf. mit Nagetierschutz) ⑤ nummerierter Mantel ⑥ Polyesterfolie ⑦ LWL-Faserbündel mit Primärcoating ⑧ mit Gel gefüllte Zentralbündelader
▪ Verbindung zwischen Haupt- und Nebenverteiler ▪ direkte Steckermontage je Faser möglich ▪ aufspleißbar für Kabelendverteiler	Breakout-Innenkabel mit Kompaktadern 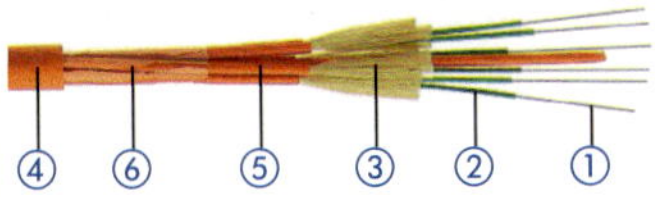	
▪ Telekommunikations-/Kabelfernsehanwendung ▪ Computernetzwerke ▪ große Entfernungen/Datenmengen	Zentral-Bündeladerkabel (außen) 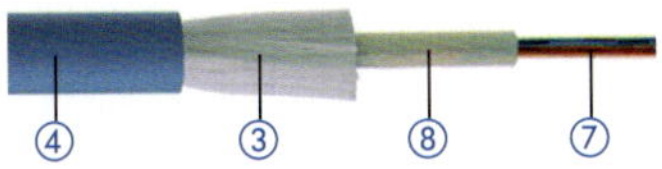	

Kurzbezeichnung

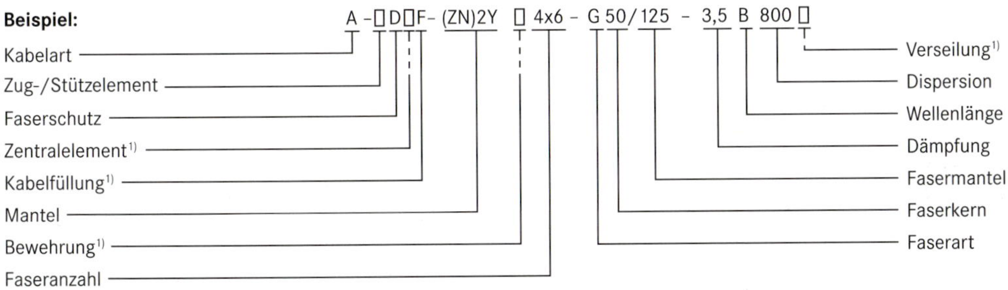

[1] kann je nach Kabeltyp entfallen □ Platzhalter

Kabelart	
A	Außenkabel
AT	Breakoutkabel
I	Innenkabel
Zug-/Stützelement	
(ZS)	metallisches Zug-/Stützelement in der Kabelseele
Faserschutz	
B	Bündelfaser (trocken)
D	Bündelfaser (Gelfüllung)
F	Faser
H	Hohlader (trocken)
V	Vollader
W	Hohlader (Gelfüllung)
Zentralelement	
S	Seele aus Metall
Kabelfüllung	
F	Hohlräume der Verseilung mit Gelfüllung

Mantel	
(ZN)	nichtmetallische Zugentlastung
H	halogenfrei
Y	PVC
2Y	PE
11Y	PU
(D)2Y	Foam-Skin-PE
(L) 2Y	Schichtenmantel AL-Band/PE
Bewehrung	
B	allgemein Bewehrung
BY	zusätzliche PVC-Hülle
B2Y	zusätzliche PE-Hülle
V	PVC-Mantel
11Y	PU
H	halogenfrei
Faseranzahl	
a	Anzahl der Volladern
a x b	Anzahl der Bündeladern (a) x Faserzahl (b)

Faserart	
E	Singlemode
G	Gradientenindex
K	Stufenindex (Glas/Plastik)
P	Plastikfaser
S	Stufenindex (Glas/Glas)
Faserkern	
Faserdurchmesser in µm	
Fasermantel	
Manteldurchmesser in µm	
Dämpfungskoeffizient	
in dB/km	
Wellenlänge	
B	850 nm
F	1300 nm (Monomode), 1310 nm (Singlemode)
H	1550 nm (Singlemode)
Dispersion – Sonderarten	
LG	Lagenverseilung
SZ	SZ-Verseilung

Festnetze

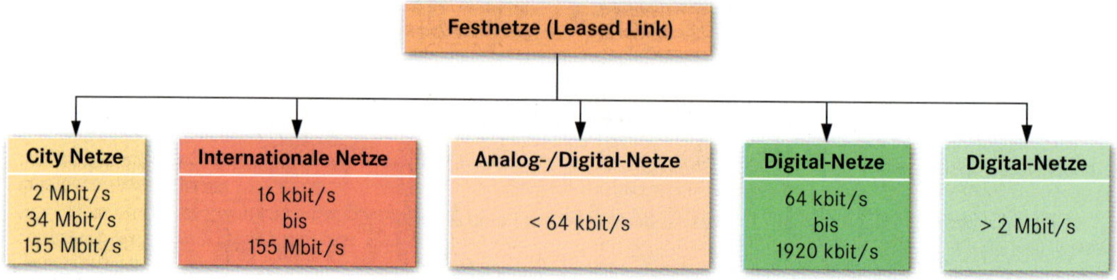

- **City-Netze**
  - Hochgeschwindigkeitsnetze für Kommunikation in Wirtschaftszentren
  - Netzaufbau als **Ringstruktur** mit Verfügbarkeiten von bis zu 99,0 %
  - Im Zugangsbereich niedrigere Geschwindigkeiten möglich
  - **Punkt- zu Punkt-Verbindungen** für Übertragung von Sprache und Fax (analog und digital)
  - Kopplung von LANs über Multi-Protocol-Router
- **Internationale Netze**
  - Exklusive transparente weltweite Übertragungskanäle
  - Sprach-, Daten- und Videoübertragungen
  - Kopplung von LANs oder Rechenzentren
  - Weltweite **Internet-/Intranet**-Netzplattform
  - Dialoganwendung
  - **Sprachübertragung analog** mit 16 kbit/s
  - **Digitale Übertragung** mit n x 64 kbit/s bis 155 Mbit/s
- **Digital-Netze 64 kbit/s bis 1920 kbit/s**
  - Sprach- und Datenkommunikation mit ISDN-Endgeräten mit einem oder zwei 64 kbit/s Kanälen (B-Kanal)
  - Verbindung geeignet für die Datenübertragung zwischen PCs oder Anbindung PC an Host-Rechner
  - Geeignet für die Verbindung kleinerer TK-Anlagen
  - Über X.21 Schnittstellen ist die Anschaltung von EDV-Anlagen zur Übertragung mittlerer Datenmengen realisierbar
  - Standardmäßige Verfügbarkeit von 98,8 % kann durch ISDN-Backup auf 99,5 % erhöht werden.
- **Digital-Netze > 2 Mbit/s**
  - **Unstrukturierte Verbindung** arbeitet mit einer Nettobitrate von 2,048 Mbit/s. Geeignet für Netze mit großen Datenmengen.
  - **Telefondienstgeeignete Verbindung** arbeitet mit Nettodatenrate von 1984 Mbit/s und Signallaufzeit von 12 ms
  - Verbindung mit 1,92 Mbit/s für bittransparente Übertragung von Sprache, Daten und Video

Vermittelnde Netze

- **T-InterConnect**
  - Zugang zum Internet
- **T-Net-ATM**
  - **Vermittelter ATM** Service mit Zugangsgeschwindigkeiten von 2,34 und 165 Mbit/s
  - Übertragung von Sprache, Daten und Video mit flexibler Bitrate
  - Bitraten sind für die Übertragungsrichtungen definierbar
  - Aufbau mehrerer Verbindungen zu unterschiedlichen Kommunikationspartnern mit verschiedenen Anwendungen über einen einzigen Teilnehmeranschluss
  - Verkehrskategorien mit **konstanter Bitrate** (**CBR: C**onstant **B**it **R**ate) für geringe Verzögerungen (z. B. bei Anschaltung einer TK-Anlage) und **variabler Bitrate** (**VBR: V**ariable **B**it **R**ate) für hohe Zuverlässigkeit (geringe Datenfehler bzw. Verlustrate)
- **Datex-P**
  - **Paketorientierte Übermittlung** von Daten mit **garantierter Vollständigkeit und Richtigkeit** der Daten
  - Tarifgestaltung entweder entfernungs- und zeitabhängig oder nach festem Datenvolumen
  - Asynchrone **Einwahl vom D1 Funknetz** möglich
  - Gateway zu FrameLink Plus
- **Telex**
  - Weltweit verbreitete Textkommunikation mit 400 Zeichen/Minute (**Minitelex** oder **T-Online Telex**)
- **FrameLink Plus**
  - Dient zum Aufbau **individueller Weitverkehrsnetze** von Unternehmen zur Daten- und Sprachübertragung
  - **Verbindungsorientierter Datenübermittlungsdienst**, basierend auf Fast Packet Switching der Frame Relay Technik
  - Ständig **garantierte Bandbreiten**
  - Datendurchsatz je Verbindung ist bis zur maximalen physikalischen Anschlussgeschwindigkeit möglich
  - **Nationale Portgeschwindigkeiten**: 19,2 kbit/s bis zu 2 Mbit/s (Garantierte Bandbreiten 4 kbit/s bis 1024 kbit/s)
  - **Internationale Portgeschwindigkeiten**: 64 kbit/s bis 2 Mbit/s (Garantierte Bandbreite wie oben)
  - Netzverfügbarkeit von 99,99 %
  - Intergration von Sprache und Fax gegeben
- **Satellitennetze** (z. B. **BGAN: B**roadband **G**lobal **A**rea **N**etwork)
  - dienen der weltweiten Abdeckung von Kommunikationsanforderungen
  - werden von verschiedenen Betreibern (z. B. Inmarsat, Iridium) angeboten
  - ermöglichen die Übertragung von Sprache, Daten (BGAN-Modem ca. 492 kbit/s), Telefax und Internet-Verbindungen
  - arbeiten auf Basis geostationärer Satelliten
  - Abrechnung erfolgt anhand der übertragenen Datenvolumina oder der Kanalzeit.

Prinzip

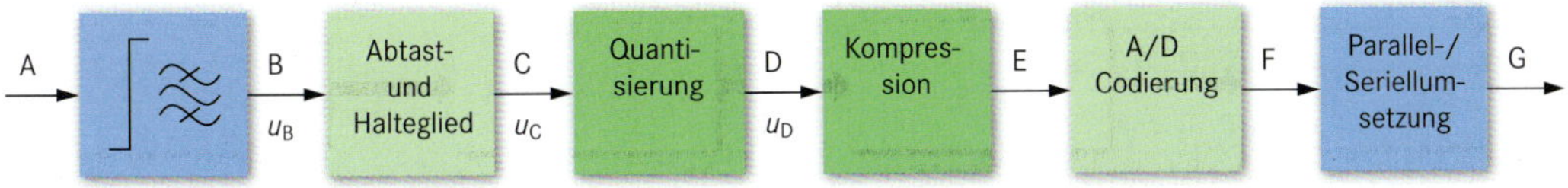

Erläuterungen (Sprachsignale)

A: Analoges Signal als Eingangssignal.

B: Sprachsignal auf 3,4 kHz begrenzt (Bandbreite *B*).

C: **Abtastung**: Erzeugung eines PAM-Signals (zeitdiskret amplituden-analog), Abtastfrequenz $f \geq 2 \cdot B$ (8 kHz, CCITT); Signalspeicherung

D: **Quantisierung**: Zuordnung der Analogwerte zu diskreten Werten, 256 Quantisierungsabschnitte

E: **Kompandierung** (nichtlineare Quantelung): Kleine Quantisierungsstufen in der Mitte und große am Ende des Aussteuerbereichs (vgl. Kompressionskennlinie).

F: **Codierung**: 256 Code-Wörter, PCM-Bitrate, 64 kbit/s je Sprachkanal

G: Serielle Bitfolge zur Signalübertragung

Kompressionskennlinie

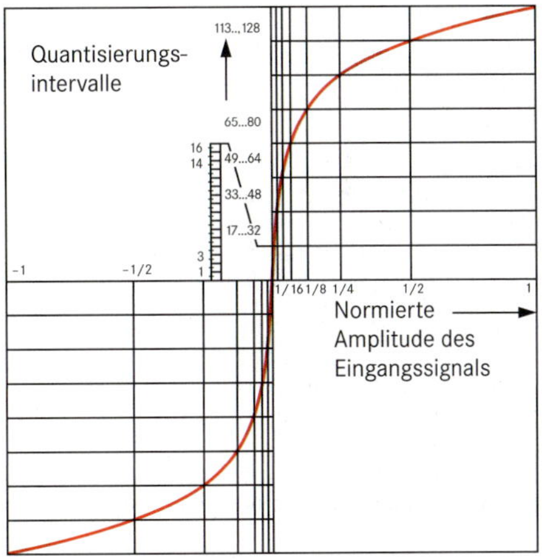

Quantisierung eines Signals und Zuordnung zu Code-Wörtern

Stufe	Code-wort
8	111
7	110
6	101
5	100
4	011
3	010
2	001
1	000

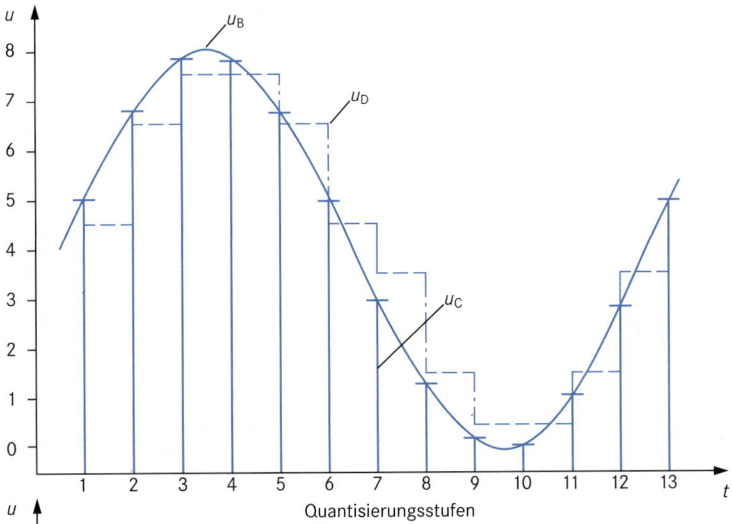

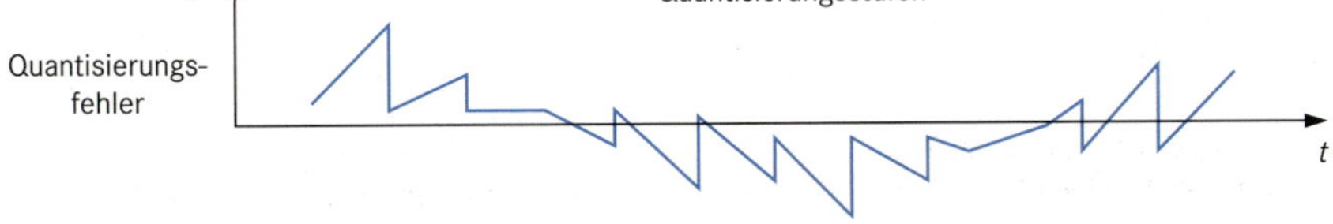

Amplitudenumtastung, ASK (Amplitude Shift Keying)

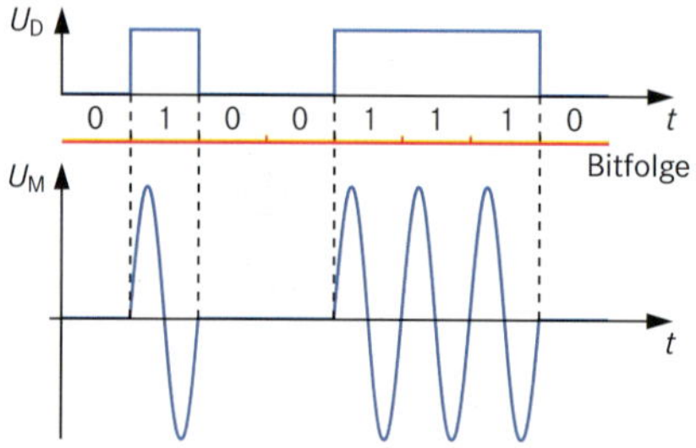

- Amplitude des Trägers wird geändert (Ein- und Ausschalten des Trägers, **ON-Off-Keying**, OOK, digitale Glasfasersysteme).

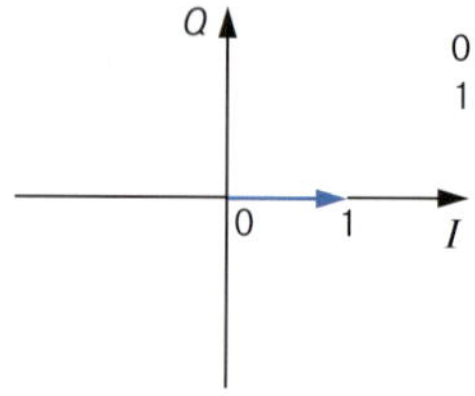

0 ≙ Amplitude 1
1 ≙ Amplitude 2

I-Vektor: In Phase Vektor (horizontale Komponente)

Q-Vektor: Quadratur Phase Vektor (vertikale Komponente)

Frequenzumtastung, FSK (Frequency Shift Keying)

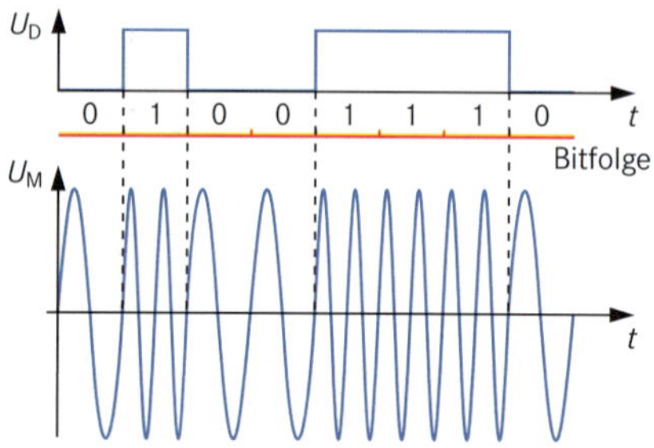

- Umschaltung von zwei Oszillatoren (Phasensprünge)
- Umschaltung eines Oszillators (phasenkontinuierliche FSK, **CPFSK**, **C**ontinuous **P**hase **F**requency **S**hift **K**eying)

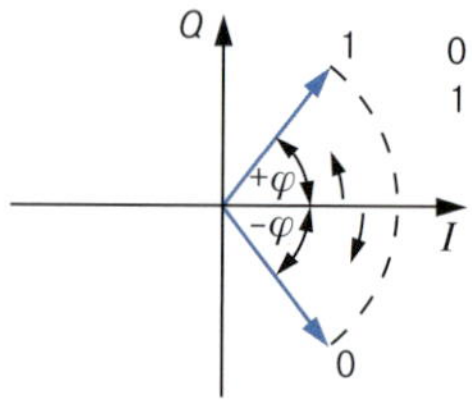

0 ≙ Frequenz 1
1 ≙ Frequenz 2

Phasenumtastung, PSK (Phase Shift Keying)

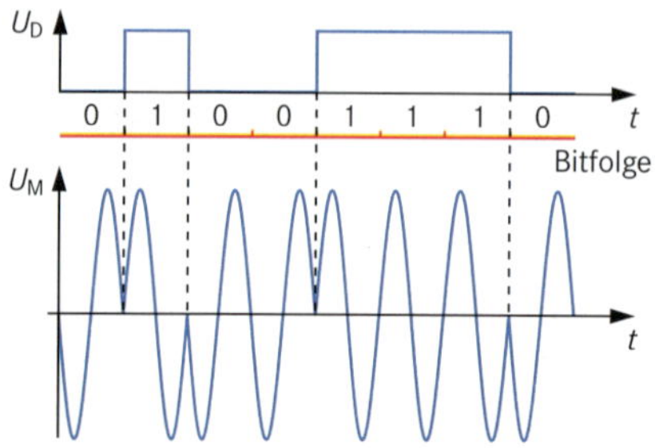

- Umschaltung zwischen zwei verschiedenen Phasen (**binäre PSK, BPSK**)

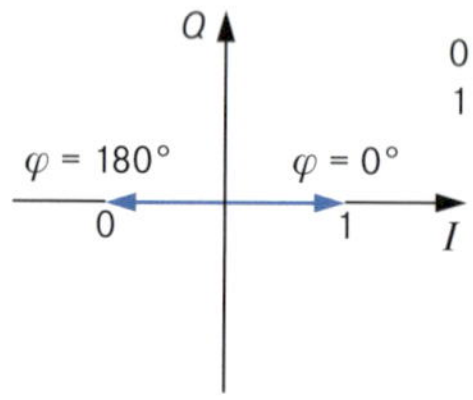

0 ≙ Phase 1
1 ≙ Phase 2

Höherwertige Verfahren der Phasenumtastung

- **Quadrature PSK, QPSK (Vierphasenumtastung)**

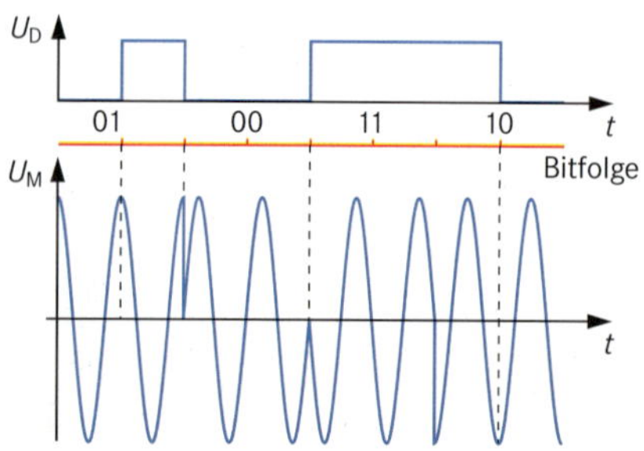

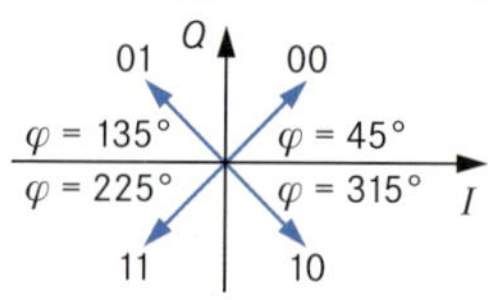

Zusammenfassung von je 2 Bits (Dibit) für vier verschiedene Phasenlagen (Satellitenübertragung).

Bit	Phase	*I*-Komp.	*Q*-Komp.
00	45°	+1	+1
01	135°	−1	+1
11	225°	−1	−1
10	315°	+1	−1

- **8-PSK** (Zusammenfassung von 3 Bits)
  000 ≙ 45°; 001 ≙ 90°; 010 ≙ 135° usw. (360°/8 = 45°)
- **16-PSK** (360°/16 = 22,5°)

Anwendung: UMTS (4-PSK)
EDGE: **E**nhanced **D**ata Rates for GSM **E**volation (8-PSK)

Merkmale

- Die **ADSL**-Technik (**A**symmetric **D**igital **S**ubsciber **L**ine) wird angewendet, um digitale Signale mit hoher Geschwindigkeit zu übertragen.
- Der zur Verfügung stehende Frequenzbereich wird in 224 einzelne Kanäle von jeweils 4,3 kHz unterteilt und die Daten auf einzelne Träger mit unterschiedlichen digitalen Verfahren aufgeprägt (moduliert).

  Dabei werden zwei Kanäle unterschieden:
  - **Upstream**-Kanal (Aufwärtskanal) Sendekanal vom Teilnehmer
  - **Downstream**-Kanal (Abwärtskanal) Empfangskanal zum Teilnehmer

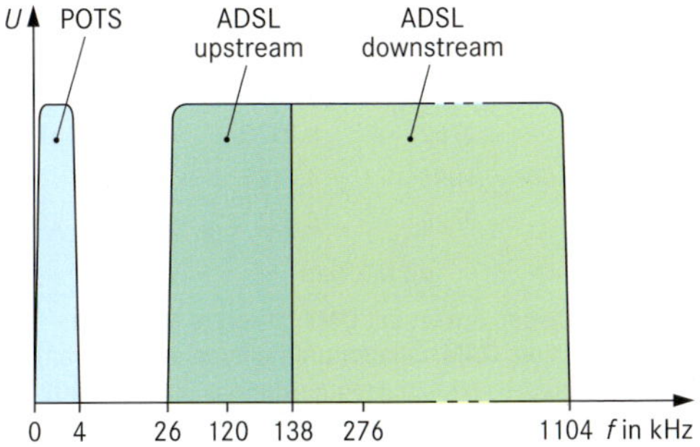

- Mit **POTS** (**P**lain **O**ld **T**elephone **S**ervice) wird der Frequenzbereich für analoge Sprachsignale bezeichnet.
- Für die jeweils angewendete Technik werden vom Netzbetreiber Datenübertragungsraten angegeben. Diese sind jedoch nicht konstant. Sie hängen im Wesentlichen ab von der
  - Leitungsdämpfung,
  - Entfernung des Nutzers bis zur Vermittlungsstelle und
  - induktiven Signalübertragung zwischen den Leitungen (Übersprechen).

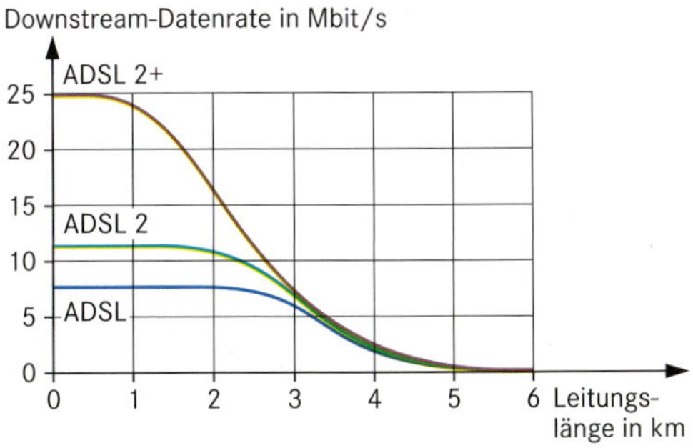

- Da unterschiedliche Frequenzbereiche verarbeitet werden müssen, setzt man Weichen ein, die als **Splitter** oder **Breitbandanschlusseinheit** bezeichnet werden (**BBAE**).
- Auf der Teilnehmerseite wird ein DSL-Modem verwendet, das heute häufig in einem Router integriert ist.
- Das Modem wird auch als **NTBBA** (**N**etzwerk**t**erminationspunkt **B**reit**b**and**a**ngebot) bezeichnet und ist der Netzabschluss (Netzschnittstelle) des Betreibers. Die im NTBBA enthaltenen elektronischen Schaltungen setzen die DSL-Signale von der Netzschnittstelle auf eine für den PC geeignete Schnittstelle um (Modulation bzw. Demodulation).

DSL-Installation mit externen Komponenten

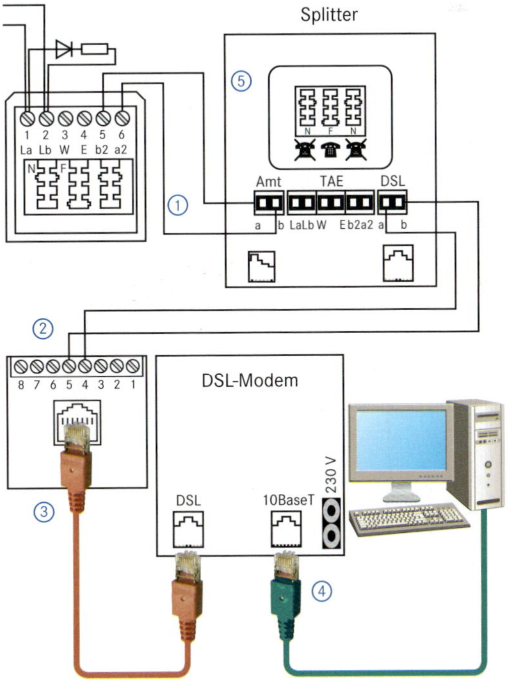

- TK-Anschlussdose TAE ①
- Verbindungsleitung ②
- Datensteckdose RJ45 ③
- DSL-Modem ④
- Splitter ⑤

DSL-Installation mit Router

Technische Weiterentwicklungen haben zu einer höher integrierten Gerätetechnik geführt, sodass nur noch ein IP-basierter Anschluss und ein Router erforderlich sind.

Routerbeispiel:
- IP-basierter TK-Anschluss (TAE) ①
- Integrierter WLAN-Router ②
- Glasfaser-Anschluss ③
- DECT-Basisstation
- Analogtelefon-Anschluss ④
- Ethernet-LAN-Anschlüsse (1 Gbit/s und 100 Mbit/s) ⑤
- USB-Anschluss für Drucker oder Speichermedien ⑥
- UMTS-Zugang über USB-Modem bei DSL-Ausfall

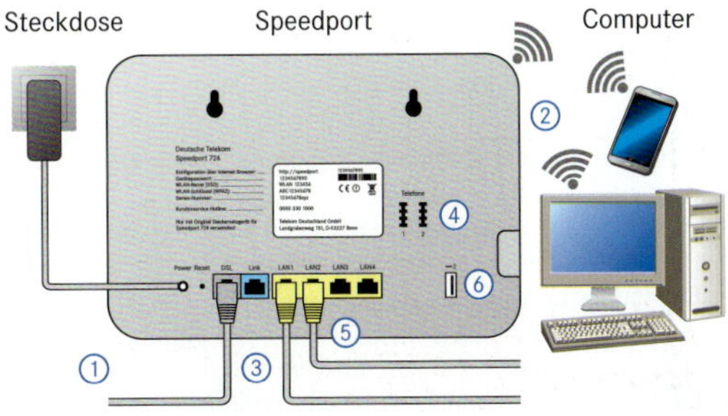

Merkmale

- VDSL-Techniken werden besonders in hybriden Netzen (Glasfaser-/Kupferkabelnetzen) für Datenraten bis 100 Mbit/s bei Downstream (Downlink) und Upstream (Uplink) eingesetzt.
- Die Datenrate von 100 Mbit/s ist ein theoretischer Wert ①. Die tatsächliche Datenrate hängt von der Entfernung sowie von der Länge und Qualität der Kupferleitung vom Kabelverzweiger ② bis zum Teilnehmeranschluss ab.

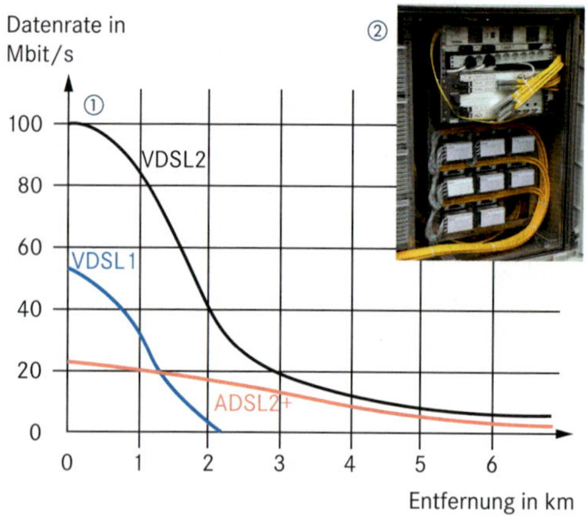

- Das schnelle VDSL-Übertragunsverfahren wird auch als Breitband-Internet bezeichnet und bei **Triple Play** eingesetzt (gemeinsames Angebot von Internet, Telefonie (VoIP) und Fernsehen (IPTV)).
- VDSL1 hat sich in Deutschland nicht durchgesetzt. Es ist nicht kompatibel zu VDSL2.
- VDSL2 reicht bis zum Frequenzbereich von 30 MHz, ist zu ADSL, ADSL2 und ADSL2+ abwärtskompatibel und kann mit symmetrischer oder asymmetrischer Übertragung arbeiten.
- Die symmetrische Übertragung wird vor allem von Unternehmen genutzt, die nicht nur Informationen aus dem Internet beziehen, sondern auch als Informationsanbieter agieren.

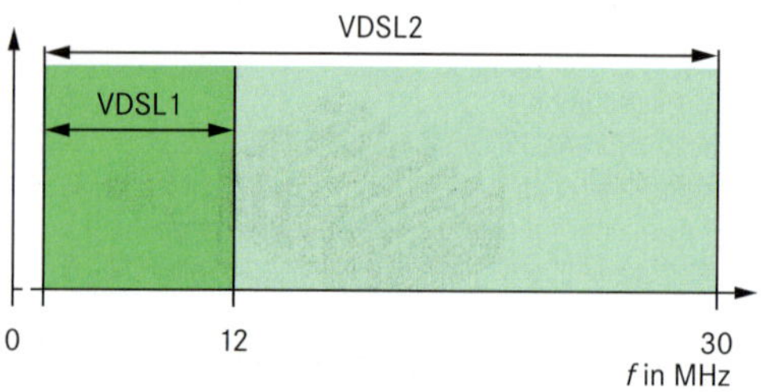

- VDSL2 ermöglicht garantierte Datenraten (**QoS: Q**uality **o**f **S**ervice).
- Das Netz wird vorwiegend in Baumstruktur aufgebaut. Die DSL-Vermittlungsstelle (**DSLAM: D**igital **S**ubscriber **L**ine **A**ccess **M**ultiplexer) befindet sich nicht in der Ortsvermittlungsstelle, sondern in den Kabelverzweigern (KVz, Ortsverteiler), z. B. am Straßenrand (FTTC).
- Ein DSLAM kann ca. 100 Haushalte versorgen.

VDSL-Profile und Frequenzen

- In den Profilen sind u. a. die Grenzfrequenz, der Trägerabstand und die Signalstärke definiert.
- Der Netzbetreiber legt sein jeweiliges Profil fest.
- Zusätzlich zum Profil gibt es einen Frequenzbandplan, in dem die gemeinsame Nutzung der Frequenzen mit POTS, ISDN, ADSL ... festgelegt ist.

Profil	Bandbreite in MHz	Anzahl der genutzten Frequenzen ③	Frequenzabstand in kHz ④	Übertragungspegel in dBm[2]	Max. Datenrate ⑤ [1]
8a	8,832	2047	4,3125	+ 17,5	50
8b	8,832	2047	4,3125	+ 20,5	50
8c	8,5	1971	4,3125	+ 11,5	50
8d	8,832	2047	4,3125	+ 14,5	50
12a	12	2782	4,3125	+ 14,5	68
12b	12	2782	4,3125	+ 14,5	68
17a	17,6604	4096	4,3125	+ 14,5	100
30a	30	3478	8,625	+ 14,5	200

[1] symmetrisch [2] dB Milliwatt

- Die Modulation erfolgt mit **DMT** (**D**iscrete **M**ultitone **T**ransmission, **QAM: Q**uadratur**a**mplituden**m**odulation). Dabei wird der genutzte Frequenzbereich in bis zu 4096 Träger unterteilt ③. Die Bandbreite beträgt 4,3125 bzw. 8,625 kHz ④.
- Der gesamte Frequenzbereich wird in unterschiedliche Downstream- und Upstream-Bereiche aufgeteilt ⑤.
- In Deutschland wird der Frequenzbereich bis mindestens 138 kHz für POTS (analoges Telefon) und ISDN ausgeblendet, um gegenseitige Störungen zu vermeiden.

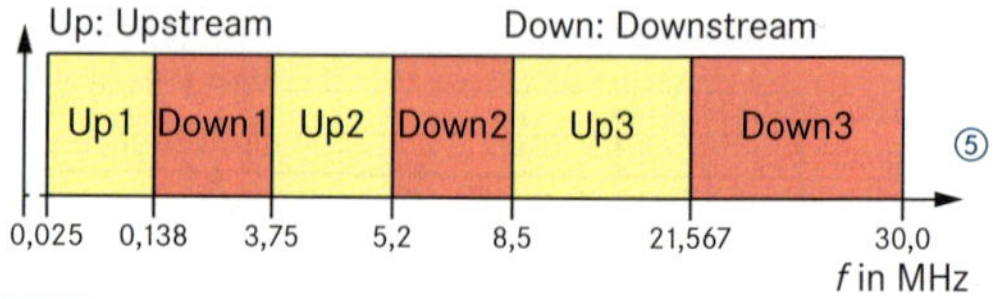

Netzarchitekturen

- **FTTN** (**F**iber-**t**o-**t**he-**n**ode, node: Knoten)
  Das Glasfaserkabel ist weit entfernt vom Endkunden, bis zu mehreren Kilometern.
- **FTTC** (**F**iber-**t**o-**t**he-**c**abinet, cabinet: Schrank)
  Das Glasfaserkabel endet in einer Straße (am Bürgersteig), typischerweise 300 m von dem Standort des Kunden. Die endgültige Anschlussleitung ist aus Kupfer (städtischer Bereich ⑥).
- **FTTP** (**F**iber-**t**o-**t**he-**p**remises, premises: Gelände)
  Glasfaserkabel reicht bis zum Gelände
- **FTTB** (**F**iber-**t**o-**t**he-**b**uilding, building: Gebäude)
  Glasfaserkabel reicht bis zur Grenze des Gebäudes
- **FTTH** (**F**iber-**t**o-**t**he-**h**ome, home: Wohnraum)
  Glasfaserkabel reicht bis zur Grenze des Wohnraums ⑦

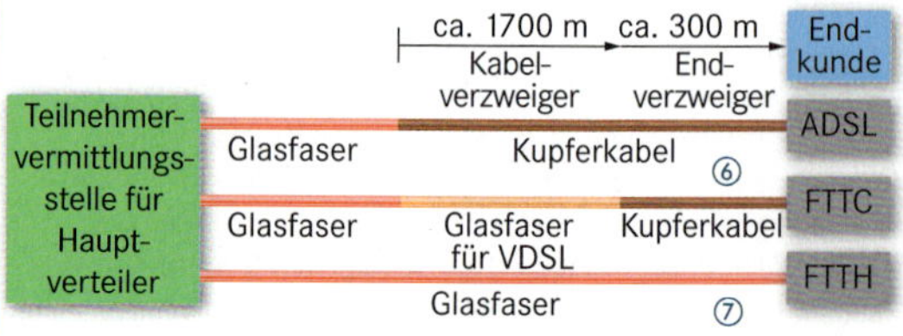

Merkmale

- **UMTS** (**U**niversal **M**obile **T**elecommunications **S**ystem: Universelles mobiles Telekommunikations System) wird als **Mobilfunk der dritten Generation** (3G) bezeichnet und wurde von **ETSI** (**E**uropean **T**elecommunication **S**tandards **I**nstitut: Europäisches Telekommunikations Standardisierungs Behörde) spezifiziert.
- International wird UMTS von der ITU mit **IMT** (**I**nternational **M**obile **T**elecommunication: Internationale Mobile Kommunikation) bezeichnet.
- UMTS erlaubt weltweit angeglichene drahtlose **paketorientierte** Kommunikation mit im Wesentlichen zwei Endgerätetypen.
- Endgeräte müssen in der Lage sein, im **Multi-Band-Betrieb** arbeiten zu können.
- Insgesamt realisiert UMTS ein modulares Kommunikationskonzept mit terrestrisch festen und mobilen Bestandteilen und auch satellitengestützten Bestandteilen.
- Luftschnittstelle **UTRA** (**U**niversal **T**errestrial **R**adio **A**ccess: Universeller terrestrischer Funkzugriff) wird realisiert über
  - **W-CDMA** (**W**ideband **C**ode **D**ivision **M**ultiple **A**ccess) für Versorgung größerer Bereiche
  - **TD-CDMA** (**T**ime **D**ivision **CDMA**) für lokale Gebiete
- **Angebotene Dienste** sind:
  - Sprachübertragung (hohe Qualität)
  - E-Mail Versand
  - SMS (short message service)
  - Informationsdienste (Nachrichten, Wetter, Verkehr)
  - Internet-Zugriff (mittels WAP)
  - electronic shopping
  - Multimedia-Dienste (interaktiv)
  - Verteildienste, breitbandig (Video- und Audiodaten in Echtzeit)
  - Bildtelefonie und
  - elektronische Finanzdienstleistungen (electronic bankingelectronic cash, Börsendienste)
- **Gebietseinteilung** erfolgt in vier Bereichen:
  - **Piko-Zelle, Heim-Zelle:** Hohe Teilnehmerzahlen, hoher Kommunikationsverkehr, Radius ca. 500 m, Datenrate bis 2 Mbit/s
  - **Mikro-Zelle:** Innerstädtischer Betrieb, erhöhter Kommunikationsaufwand, Radius ca. 3 km, Datenrate bis 384 kbit/s
  - **Makro-Zelle:** Außerstädtische Gebiete, niedriges Verkehrsaufkommen, höhere Mobilität der Teilnehmer, Datenrate deutlich über 144 kbit/s
  - **Welt-Zelle:** Uneingeschränkte Mobilität (Kommunikation auch aus Flugzeugen), Übertragungsraten noch oberhalb 144 kbit/s

Gebietseinteilung

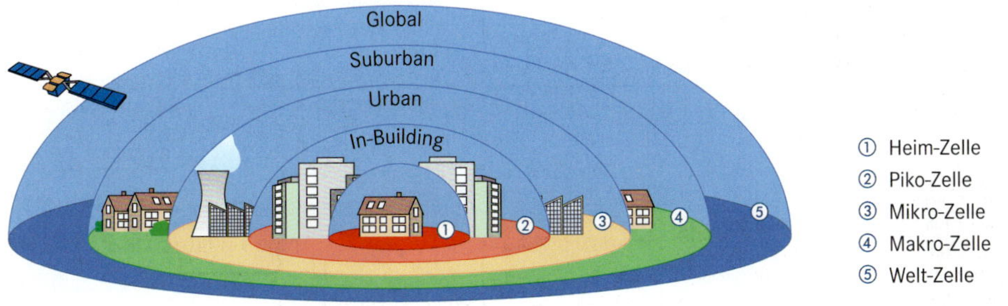

Frequenzbereichseinteilung

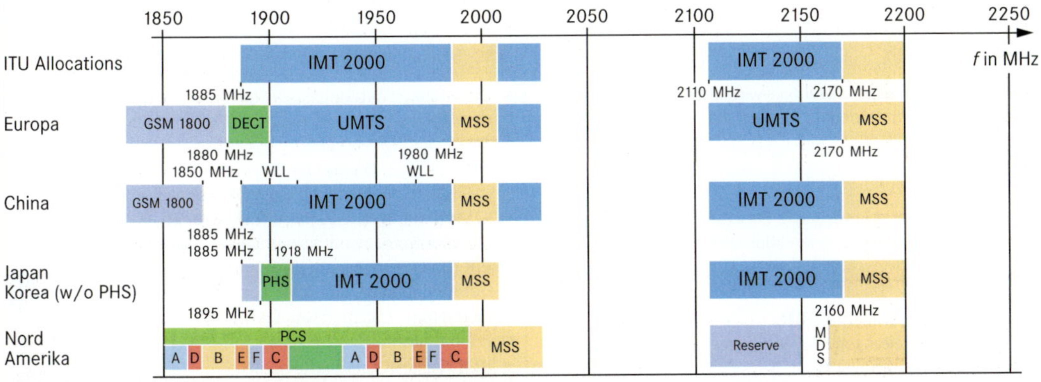

Dargestellt ist der Stand Jahr 2000. Ab Jahr 2010 kommen die Bänder **MSS** (**M**obile **S**atellite **S**ystem) und **PCS** (**P**ersonal **C**ommunication **S**ystem) hinzu: 806 ... 960 MHz; 1710 ... 1885 MHz und 2500 ... 2690 MHz.

Merkmale

- **GSM: G**lobal **S**ystem for **M**obile Communication (Mobilfunksystem).
- Weltweit sind drei Frequenzbänder für GSM freigegeben:
  - GSM 900 (Up: 890 MHz...915 MHz/Down: 935 MHz... 960 MHz)
  - GSM 1800 (Up: 1710 MHz...1785 MHz/Down: 1805 MHz... 1880 MHz)
  - GSM 1900 (Up: 1850 MHz...1910 MHz/ Down: 1930 MHz... 1990 MHz)
- Dienste im GSM orientieren sich an den Diensten im ISDN
- Neben Sprachdiensten werden auch Datendienste angeboten, z. B. GPRS: General Packet Radio Service (Paketorientierter Datendienst)
- Versorgungsgebiet ist in Funkbereiche aufgeteilt (Funkzelle max. 35 km Durchmesser)

Netzarchitektur

Wabenförmige Anordnung der Funkzellen

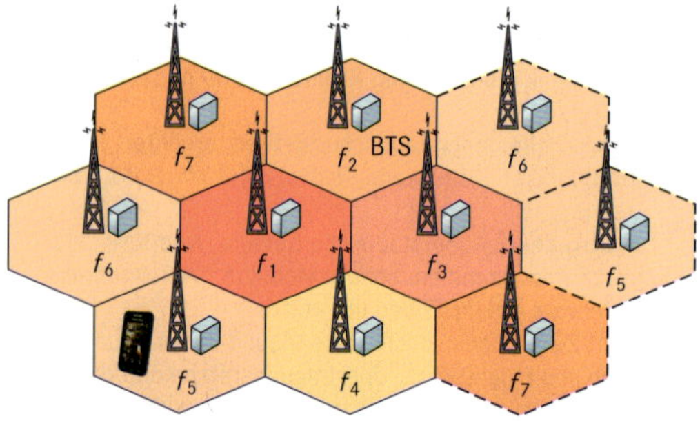

f_1 ... f_7: Funkzellen mit fest zugeteilten Frequenzbündeln. Wegen begrenzter Reichweite können Frequenzbündel in anderen Zellen wieder verwendet werden.

Technische Daten

Funkübertragung erfolgt nach **TDMA**-Prinzip (**T**ime **D**ivision **M**ultiple **A**ccess: Zeitschlitz mit Vielfachzugriff)

Frequenzen	
Uplink (UL) Mobilstation → Basisstation	890 ... 915 MHz
Downlink (DL) Basisstation → Mobilstation	935 ... 960 MHz
Kanalraster	200 kHz
Trägerfrequenzen (gesamt)	2 x 124
Bitrate (gesamt)	270,833 kBit/s
Sprachkanal	13 kBit/s
Anzahl Sprachkanäle/Träger	8
Modulationsverfahren	GMSK
Modulationsindex	0,3

Netzkonfiguration

Endgeräte	Radiosystem	Vermittlungstechnik	Registerfunktionen

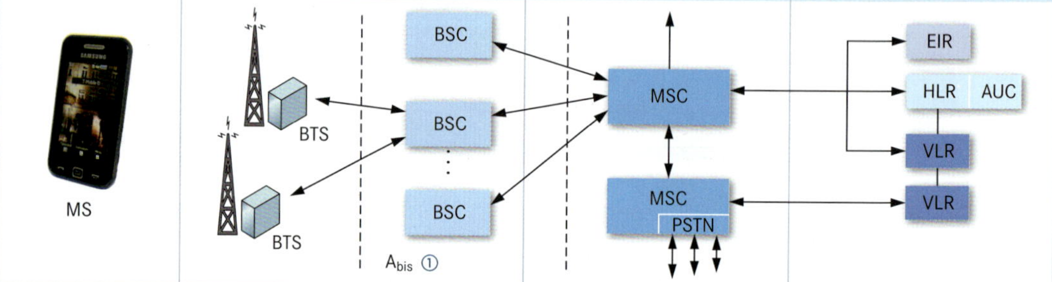

MS (Mobile Station)

Teilnehmereinrichtung; Teilnehmer wird unabhängig vom Gerät über **SIM** (**S**ubscriber **I**dentity **M**odule: Teilnehmer Erkennungs-Modul) identifiziert.

BTS (Base Transceiver Station)

Basisstation versorgt jeweils eine Funkzelle und wickelt Funkverkehr mit Mobilstationen über Luftschnittstelle ab.

BSC (Base Station Controller)

- Steuert eine oder mehrere BTS
- Ist über Datenleitungen (A_{bis}-Schnittstelle) ① mit den BTS verbunden
- Verwaltet die Funkkanäle
- Steuert HF-Leistung der Basis- und Mobilstationen und Handover zwischen BTS

MSC (Mobile Switching Centre)

- Mobilfunkvermittlungsstelle verwaltet die BSCs und stellt den Übergang in das Drahtnetz (PSTN-Public Switched Telephone Network) her.
- Führt zentrale Steuerung durch, z. B. für
  - Gesprächsaufbau und Gesprächsabbau
  - Location Update (Orts-Aktualisierung)
  - Handover (Gesprächsweitergabe)
- **EIR** (**E**quipment **I**dentity **R**egister): Geräte-Kennungsverzeichnis
- **HLR** (**H**ome **L**ocation **R**egister): Heimat-Standortverzeichnis
- **VLR** (**V**isitor **L**ocation **R**egister): Besucher-Standortverzeichnis
- **AUC** (**Au**thentication **C**enter): Authentisierungszentrum

Merkmale

- **GPRS** (**G**eneral **P**acket **R**adio **S**ervice) ist eine Erweiterung des **circuit switched** zum **packet switched** GSM-Netz
- Realisiert die **Funk-Datenübertragung** mit bis zu 171,2 kbit/s
- Arbeitet als **paketorientierter** Dienst
- Datenstrom wird dabei in Pakete aufgeteilt, die über momentan freie GSM-Kanäle übertragen werden
- Empfänger setzt die Datenpakete in der richtigen Reihenfolge wieder zusammen
- Für GPRS ist das GSM-Netz erweitert worden um
  - **paketorientiertes Protokoll** für die Luftschnittstelle
  - **Core Netzwerk**, auf Internet-Protokoll basierendes Netzwerk, das über Standardschnittstellen an GSM angeschlossen wird.
- Standards (ETSI) für GPRS sind spezifiziert in z. B.:
  - GSM 02.60 (GPRS Überblick)
  - GSM 03.60; 03.64; 03.61; 03.62 (Systemarchitektur und Dienste-Definitionen)
- GPRS ist erster Dienst im Rahmen der **GSM-Phase 2+**
- Bietet Zugang zu paketorientierten Datendiensten wie z. B. Internet oder Intranet
- Codierungsverfahren auf der Luftschnittstelle ist in vier Gruppen eingeteilt (**CS 1** bis **CS 4**)
- CS 1: Geringster Datenrate, beste Fehlerkorrektur
- CS 4: Höchster Datenrate ohne Fehlerkorrektur
- **Nettodatenrate** wird bestimmt durch:
  - Verfügbarkeit von Zeitschlitzen (speziell in Spitzenzeiten)
  - Qualität der Funkübertragung (Wiederholung von fehlerhaften Datenpaketen)
  - Verhältnis von Overhead- zu Nutz-Daten
- GSM-Netze mit GPRS-Funktionen enthalten neue Netzelemente wie
  - **SGSN** (**S**erving **G**PRS **S**upport **N**ode)
  - **GGSN** (**G**ateway **G**PRS **S**upport **N**ode)
  - **BG** (**B**order **G**ateway)
  - **PTM-SC** (**P**oint-**t**o-**M**ultipoint **S**ervice **C**entre)

Datenrate

Kanal-Codierungsverfahren	CS 1	CS 2	CS 3	CS 4
Einfacher Zeitschlitz (kbit/s)	9,05	13,4	15,6	21,4
Achtfacher Zeitschlitz (kbit/s)	72,0	107,2	124,8	171,2

Endgeräteklassen

Class	Merkmal
A	Sprach- und Datenverbindungen **gleichzeitig**
B	**Entweder** Sprach- oder Datenverbindung (automatische Umschaltung)
C	Manuelle Auswahl von Sprach- oder Datenverbindung

Referenzmodell

Schnittstellenspezifikationen:
C, D, E, Gb, Gd, Gf, Gi, Gn, Gp, Gr, Gs, R, Um

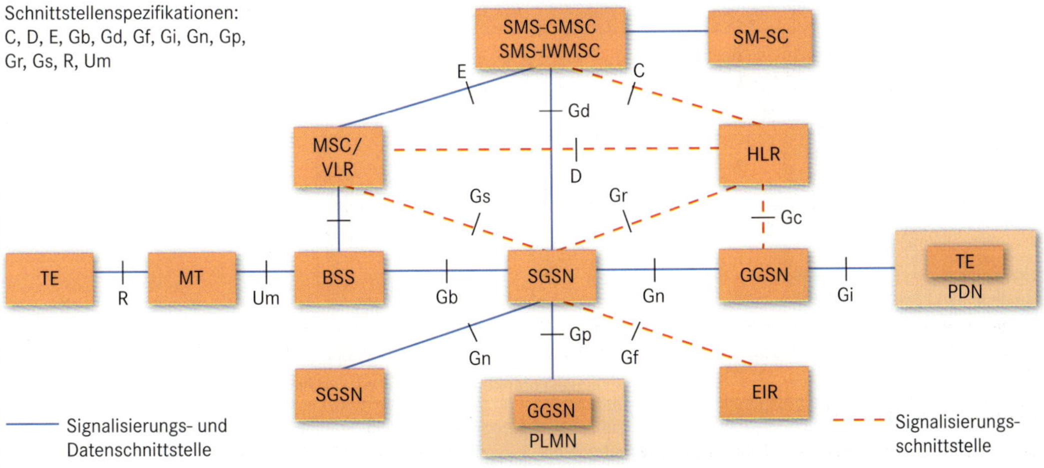

BSS: **B**ase **S**tation **S**ubsystem
EIR: **E**quipment **I**dentity **R**egister
GGSN: **G**ateway **G**PRS **N**ode
HLR: **H**ome **L**ocation **R**egister
MSC/VLR: **M**obile **S**witching **C**entre/ **V**isitors **L**ocation **R**egister
MT: **M**obile **T**erminal
PDN: **P**ublic **D**ata **N**etwork
PLMN: **P**ublic **L**and **M**obile **N**etwork
SGSN: **S**erving **G**PRS **S**upport **N**ode
SMS-GMSC: **S**hort **M**essage **S**ervice-**G**ateway **M**essage **S**ervice **C**entre
SMS-IWMSC: **S**hort **M**essage **S**ervice-**I**nter**w**orking **M**essage **S**ervice **C**entre
SM-SC: **S**hort **M**essage-**S**ervice **C**entre
TE: **T**erminal **E**quipment

Merkmale

- Industrielle Kommunikationsnetze sind **Kommunikationsverbindungen**, die im Industriebereich zur Kopplung von z. B. Speicherprogrammierbaren Steuerungen (SPS) oder Antriebssteuerungen eingesetzt werden.
- Als **Übertragungsmedium** kommen die aus anderen Anwendungsbereichen bekannten Medien zum Einsatz, wie
  - Kupferleitungen,
  - Lichtwellenleiter (Glasfaser, Plastikfaser) und
  - Funk.
- Als **Kommunikationsstruktur** werden bevorzugt realisiert
  - Linie (Bus), Stern und Ring (einfach und redundant)
- Als **gemeinsame Basis** für die verschiedenen Kommunikationslösungen werden verwendet
  - die Ethernet-Übertragungstechnik,
  - das Buszugriffsverfahren (CSMA/CD),
  - die TCP-/IP- und UDP-Protokolle,
  - Funktionen aus der Informationstechnik (z. B. Webserver und File-Transfer).

Unterschiede

- Wesentliche Unterschiede zur IT-Kommunikation sind die in industriellen Netzen **härteren Anforderungen** u. a. an die
  - Gerätetechnik (z. B. Umweltbedingungen) und
  - eingesetzte Kommunikationssoftware (z. B. Echtzeitverhalten, Sicherheit, Verfügbarkeit).
- Speziell für die Übertragung **sicherheitsgerichteter** Informationen bestehen hohe Anforderungen an die **Korrektheit** und **Zuverlässigkeit** der Daten, damit keine **gefährdenden Funktionen** aufgrund fehlerhafter oder fehlender Daten entstehen.
- Bedingt durch diese Anforderungen gibt es industrielle Netzwerke mit **spezifischen Applikationsprotokollen**.
- Diese Applikationsprotokolle beinhalten Maßnahmen, die geeignet sind, fehlerhafte Datenübertragungen zu erkennen bzw. zu unterbinden.

Sicherheitsgerichteter Protokollaufbau

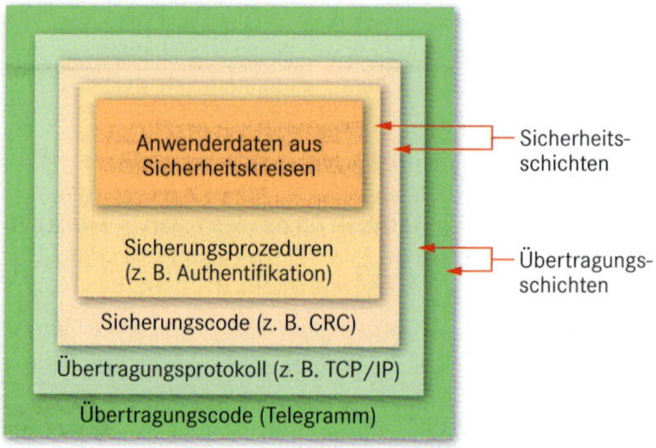

Sicherheitsmaßnahmen

Maßnahme zur Fehler-Offenbarung / Möglicher Fehler	laufende Nummer	Zeitmarke	Zeiterwartung	Empfangsbestätigung	Kennung für Sender und Empfänger	Datensicherung	Redundanz mit Kreuzvergleich	Unterschiedliche Datensicherung für sichere und nicht sichere Nachrichten
Wiederholung einer Nachricht	X	X					X	
Verlust einer Nachricht	X			X			X	
Einfügung einer Nachricht	X			X[2)]	X[3)]		X	
Falsche Reihenfolge einer Nachricht	X	X					X	
Verfälschung einer Nachricht				X		X	[4)]	
Verzögerung einer Nachricht		X	X[1)]					
Vermischung von sicherheitsrelevanten und nicht sicherheitsrelevanten Nachrichten				X[2)]	X			X

[1)] Grundsätzlich erforderlich (Ruhestromprinzip)
[2)] anwendungsabhängig
[3)] nur für Sender-Kennung (erkennt nur Einfügung einer ungültigen Quelle)
[4)] eingeschränkt möglich (nur bei seriellem Bus)

Fehlerbedeutung			
Wiederholung	Wiederholen alter, nicht aktueller Nachrichten zur falschen Zeit	Verzögerung	a) Betriebsmäßiger Datenaustausch überlastet die Übertragungsstrecke, so dass die Sicherheitsfunktion verzögert oder verhindert wird b) Einzelner Busteilnehmer täuscht falsche Nachrichten vor und verursacht Überlastung der Übertragungsstrecke
Verlust	Löschen einer Nachricht		
Einfügung	Einfügen einer zusätzliche Nachricht		
Falsche Reihenfolge	Verändern bzw, vertauschen der Reihenfolge von Nachrichten		
Verfälschung	Verfälschen einer Nachricht durch Kommunikationsteilnehmer oder durch Fehler auf dem Übertragungsmedium	Vermischung	Vermischen von sicherheitsrelevanten und nicht sicherheitsrelevanten Nachrichten

Merkmale

- Weltumspannendes Netzwerk von Computern
- Zusammenschluss voneinander unabhängiger internationaler, nationaler, regionaler und lokaler Subnetze.
- Austausch von Daten über Internetdienste (WWW, E-Mail, FTP usw.)
- Nichtkommerzielle Nutzung
- Einheitliche Netzwerktopologie (**TCP/IP**, **T**ransmission **C**ontrol **P**rotocol/**I**nternet working **P**rotocol)
- Keine zentrale Verwaltung oder Koordinierung.

Internetdienste

- **E-Mail** (**E**lectronic **Mail**)
  Elektronisches Versenden oder Empfangen von Nachrichten. Die Nachricht kann gespeichert, ausgedruckt oder sofort beantwortet werden. Alle Teilnehmer besitzen eine elektronische Postadresse mit „Nutzername @ (gesprochen „ät") Servername".
  Beispiel: Schulservice@westermann.de
- **WWW** (**W**orld-**W**ide-**W**eb)
  Multimediale Benutzeroberfläche des Internets. Angebote und Informationen können geladen, gespeichert, gedruckt, angehört werden. Die Informationen können durch Text, Bilder, Symbole, Ton- und Videosequenzen übermittelt werden.
- **Telnet**
  Programm, mit dem man sich bei einem beliebigen Host (Gastgeber, Hauptcomputer) einwählen kann, um dort Programme abzuarbeiten, Datenbanken zu durchforschen usw. Der eigene PC arbeitet dann wie ein Terminal des Gastgeber-Computers.
- **FTP** (**F**ile-**T**ransfer-**P**rotocol)
  Abkürzung für ein Verfahren zum Datentransfer im Internet. Ermöglicht Datenübertragung zwischen zwei Rechnern mit Internetverbindung. Anwendung zur Veröffentlichung von Internetseiten oder Laden von Dateien öffentlicher FTP-Server (Universitäten, große Firmen, ...).
- **Usenet** (**Use**rs **Net**work), **News**
  Im Internet finden sich Gruppen (Newsgroups) zum Gedanken- und Meinungsaustausch zusammen. Diskussionsbeiträge und Ratschläge zu unterschiedlichsten Themen werden ausgetauscht.
- In **Diskussionsforen** stellt jeder seine Nachricht für alle anderen als elektronische Post zur Verfügung („schwarzes Brett").
- **News-Server** sind Computer, auf deren Festplatten die Nachrichten der Diskussionsforen gespeichert sind und abgerufen werden können.

Adressierung

IP-Adresse (**I**nternet **P**rotocol)	**DNS** (**D**omain **N**ame **S**ystem)
Jeder Rechner hat eine eindeutige numerische IP-Adresse (32 Bit). Je 8 Bit werden als Dezimalzahl dargestellt. **Beispiel:** 10110011 11000001 10011010 00001011 179.193.154.11 Die IP-Adresse besteht (von links nach rechts) aus Klassen-, Netz- und Host (Teilnehmer)-Bits. Die Netzklasse bestimmt die Größe der Netznummer.	IP-Adressen sind schwer zu merken. Bei Rechnerumzug in ein anderes Netz ändert sich die IP-Adresse. Daher schwere Erreichbarkeit. Rechner werden mit symbolischen Adressen bezeichnet. Name-Server setzen eine symbolische Adresse in IP-Adresse um. Name-Server sind für abgegrenzte Bereiche (Domains) zuständig. Aufgliederung der Symbole erfolgt von rechts nach links.
IPv4	IPv6
■ 32-Bit-Adressen ■ Schreibweise dezimal in 4 Blöcken, mit Trennzeichen „.", z. B. 205.234.101.678 ■ Einteilung der Blöcke in Netzklassen findet nicht mehr statt. ■ Adressraum begrenzt, daher Ablösung durch IPv6	■ 128-Bit-Adressen ■ Schreibweise hexadezimal in 8 Blöcken, mit Trennzeichen „:", z. B. 2001:0db8:85a3:08d3:1319:8a2e:0370:7344 ■ Führende Nullen dürfen weggelassen werden ■ Aufeinanderfolgende Blöcke mit Wert 0 dürfen ausgelassen werden (zwei mal Doppelpunkt)

Top-Level-Domänen (Auswahl)

tld	Land	tld	Land	tld	Organisation
at	Österreich	it	Italien	com	Firmen
ca	Kanada	pl	Polen	edu	Bildungseinrichtungen
ch	Schweiz	ru	Russland	gov	Regierungseinrichtungen
de	Deutschland	se	Schweden	net	Netzwerkbetreiber
es	Spanien	tv	Tuvalu	org	sonstige Organisationen
eu	Europäische Union	uk	Großbritannien	int	Internationale Organisationen
fr	Frankreich	us	USA	info	Informationsdienste

Merkmale

- **VPN**
  - ist ein **geschlossenes** logisches Netzwerk zur **sicheren** Datenübertragung über öffentlich zugängliche Übertragungsnetzwerke (z. B. Internet), bei denen die Verbindungen durch einen öffentlichen **ISP** (**I**nternet **S**ervice **P**rovider) bereitgestellt werden
  - erzeugt zur Übertragung im Internet einen sogenannten **Tunnel** (Tunneling)
- Grundprinzip des Tunneling ist das Verpacken (encapsulation) von Anwendungspaketen in die Datenpakete des Transportprotokolls.
- Angewendete **Sicherheitsmechanismen** wie Identifikation, Authentifikation und Verschlüsselung der Daten verhindern den Zugang durch Unbefugte.
- **Vorteile** gegenüber echten privaten Netzen (z. B. Corporate Network) sind
  - höhere Flexibilität (u. a. eigene Adressierung)
  - niedrigere Kosten für die Übertragung

Anwendungen

- **Einsatzfelder** von VPN sind
  - **Remotezugriff** auf Unternehmensdaten über das öffentliche Internet durch Außendienstmitarbeiter oder Heimarbeiter
  - Verbindung von Netzwerken (Zweigstelle mit Unternehmenszentrale)
  - Verbinden von Computern über ein **Intranet** (firmeneigenes Netzwerk) zum Aufbau geschlossener Benutzergruppen

Protokolle

- Protokolle zur Implementierung eines VPN sind z. B.
  - **PPTP**
    (**P**oint-to-**P**oint **T**unnelling **P**rotocol: Punkt-zu-Punkt-Tunnel Protokoll)
  - **L2TP**
    (**L**ayer **2** **T**unneling **P**rotocol: Ebene 2 Tunnel Protokoll)
  - **IPSec**
    (**IP Sec**urity Protocol: Internet Sicherheits Protokoll)
- **PPTP**
  - Transport von IP, IPX oder Net BEUI über IP-Netzwerke
  - arbeitet auf Schicht 2 des OSI-Modells und nur über IP-Netzwerke
  - packt die Datenpakete in Rahmen des PPP (Point-to-Point Protokoll)
- **L2TP**
  - Transport von IP, IPX oder NetBEUI über beliebige Medien wie z. B. X25, Frame Relay, ATM (Punkt-zu-Punkt Datagramm Übertragung) oder IP-Netzwerke
  - arbeitet auf Schicht 2 des OSI-Modells
  - packt die Datenpakete in Rahmen des PPP
- **IPSec**
  - Transport von IP-Daten über ein IP-Netzwerk
  - arbeitet auf Schicht 3 des OSI-Modells
  - verwendet Transport- oder Tunnelmodus
  - Protokolle sind **AH** (**A**uthentication **H**eader: Authentifikations-Kopf) und/oder **ESP** (**E**ncapsulated **S**ecurity **P**ayload: verschlüsselter Kopf und Anhang)
  - kann auch als normales Transportprotokoll verwendet werden (nur Nutzlast verschlüsselt, Header bleibt original erhalten, ergibt geringere Bandbreitenbelastung)

Heimarbeiter-Anbindung

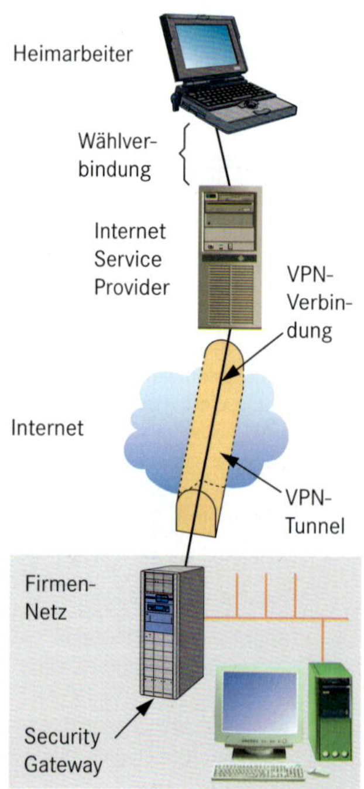

Protokoll-Struktur

PPTP

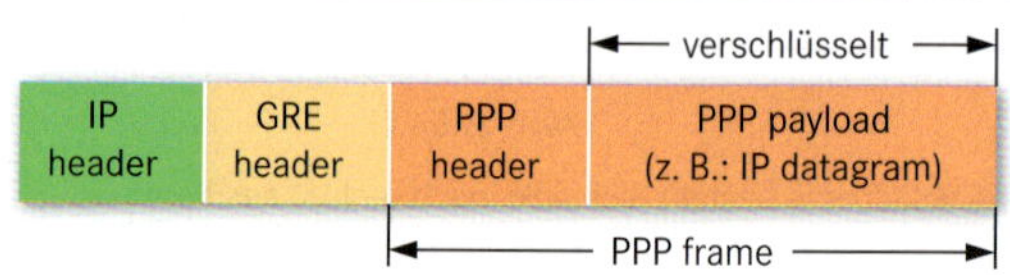

GRE: **G**eneric **R**outing **E**ncapsulation

L2TP

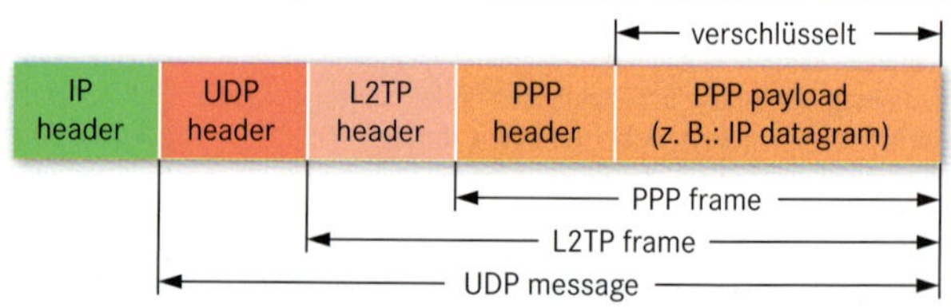

IPSec mit ESP (Tunnel)

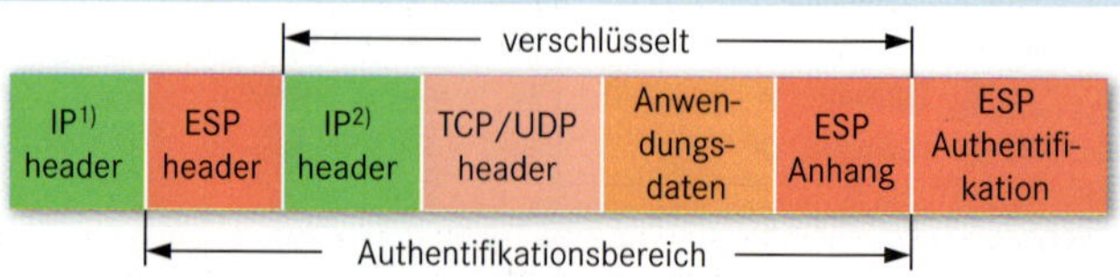

1) neuer Header 2) ursprünglicher Header

Merkmale

- Cloud Computing (‚Rechnen in der Wolke') bezeichnet das **dynamisch an den Bedarf** angepasste
  - **Anbieten**,
  - **Nutzen** und
  - **Abrechnen** von IT-Dienstleistungen

  über ein Netz.
- Angebot und Nutzung dieser Dienstleistungen erfolgen dabei ausschließlich über
  - definierte technische Schnittstellen und
  - Protokolle.

(Definition nach BSI [Bundesamt für Sicherheit in der Informationstechnik])

- Angebotene Dienstleistungen beinhalten das komplette Spektrum der Informationstechnik z. B.
  - Rechenleistung, Speicherplatz,
  - Plattformen und
  - Software.
- **Vorteile** u. a.:
  - Einsparungen bei eigener IT-Infrastruktur (z. B. bei IT-Systemen, Energiekosten, Personal)
  - Ressourcen können auf Anforderung genutzt werden
- **Nachteile** u. a.:
  - Datenschutz und -kontrolle bei Speicherung von Daten (insbesondere länderübergreifend)

Cloud-Arten

Private Cloud (Private Cloud)	**Public Cloud** (Öffentliche Cloud)	**Community Cloud** (Gemeinschafts-Cloud)
■ Cloud-Infrastruktur wird nur für eine Institution betrieben. ■ Sie kann von der Institution selbst oder einem Dritten organisiert und geführt werden. Kann im Rechenzentrum der eigenen oder einer fremden Institution stehen.	■ Die Services können von der Allgemeinheit oder einer großen Gruppe (z. B. ganze Industriebranche) genutzt werden. ■ Die Services werden von einem Anbieter (Provider) zur Verfügung gestellt.	■ Die Infrastruktur wird von mehreren Institutionen geteilt, die ähnliche Interessen haben (z. B. öffentliche Verwaltungen). ■ Kann von einer dieser Institutionen oder einem Dritten betrieben werden.

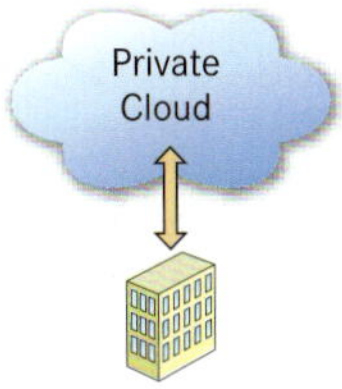

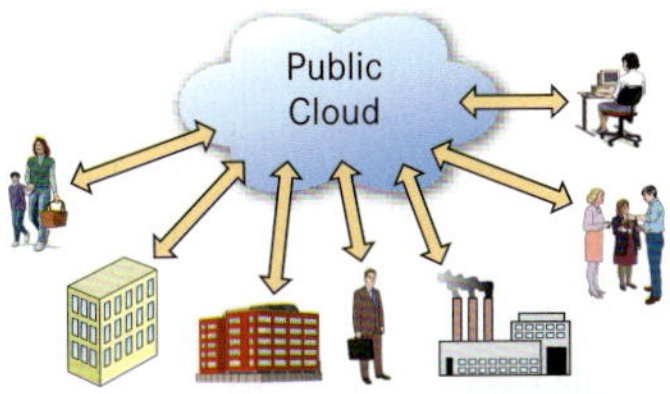

Hybrid Cloud (Gemischte Cloud)

- Mehrere Cloud-Infrastrukturen, die für sich selbst eigenständig sind, werden über standardisierte Schnittstellen gemeinsam genutzt (z. B. private Cloud in Verbindung mit öffentlicher Cloud)

Basis-Servicemodelle

IaaS ①
(**I**nfrastructure **as a S**ervice: Infrastruktur als Service)

- Hier werden IT-Ressourcen als Service zur Nutzung angeboten (z. B. Rechenleistung, Datenspeicher oder Netze).
- Der Cloud-Kunde kauft bzw. mietet diese virtualisierten (in hohem Maß standardisierten Services) und baut darauf eigene Services zum internen oder externen Gebrauch auf (z. B. Betriebssystem mit Anwendungen).

PaaS ②
(**P**latform **as a S**ervice: Plattform als Service)

- PaaS-Provider stellt komplette Infrastruktur bereit und bietet dem Kunden standardisierte Schnittstellen an, die von den Services des Kunden genutzt werden.
- Der Kunde hat keinen Zugriff auf die darunterliegenden Schichten (Betriebssystem, Hardware); kann aber auf der Plattform eigene Anwendungen laufen lassen.

SaaS ③
(**S**oftware **as a S**ervice: Software als Service)

- Vom Kunden gewünschte Anwendungen werden vom Provider bereitgestellt, aktualisiert und gewartet
- Beispiele: Finanzbuchhaltung, Textverarbeitung

Referenzarchitektur

- Gibt eine Übersicht über die Komponenten, die vom **Service Provider** vorzuhalten und zu managen sind.
- Zur Umsetzung der vielfältigen und komplexen Aufgaben wird die Anwendung von Vorgehensmodellen (z. B. ILTIL oder COBIT) empfohlen.

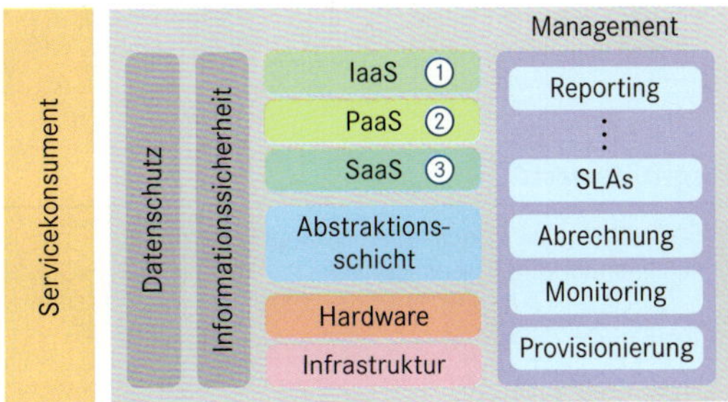

① ② ③ Externe Service Leistungen
Reporting: Berichterstattung (u. a. Störungsstatistik)
ALA (Service Level Agreement: Dienstgütevertrag)
Monitoring: Überwachung des Betriebes
Provisioning: Bereitstellung von Software und Hardware

Merkmale

- Fernwirksysteme dienen zur Überwachung und Steuerung geografisch ausgedehnter Prozesse unabhängig von den jeweils lokal ablaufenden Prozessen.
- Sie werden eingesetzt z.B. in
  - Energieverteilungsanlagen
  - Wasser-/Abwasseraufbereitungsanlagen
  - Verkehrssteuerung
  - Pipelineüberwachung oder
  - Gebäudemanagement.
- Fernwirksyteme bestehen aus **Unterstationen** (Fernwirkkopf) und mindestens einer **Leitzentrale**, die mit einem oder mehreren Bedienplätzen ausgerüstet sind.
- Die Unterstationen sind über Kommunikationsverbindungen mit der Leitzentrale verbunden.
- Eingesetzte Übertragungsmedien sind u. a.
  - Kupferleitungen (analoges oder digitales TK-Netz, GSM),
  - Lichtwellenleiter
  - Funkstrecken (Richtfunk, Radialfunk)
- Zur Sicherstellung eines ungestörten Betriebes muss die Informationsübertragung dabei mit
  - hoher Datensicherheit,
  - hoher Verfügbarkeit,
  - kurzer Übertragungszeit und

  erfolgen.
- Die Festlegung der zu verwendenden Protokolle für die Übertragung muss u. a. den Einfluss schwieriger Umgebungsbedingungen wie z. B.
  - elektromagnetische Beeinflussungen,
  - Erdpotenzialdifferenzen sowie
  - Stör- und Rauschquellen auf den Leitungen berücksichtigen.
- Schutzmaßnahmen für die zu übertragenden Daten sind u. a. zu treffen gegen
  - unerkannten Informationsverlust,
  - Entstehen von ungewollten Informationen,
  - unerkannte Bitfehler und
  - Trennung oder Störung zusammenhängender Informationen.
- Für die Datenübertragung werden drei unterschiedliche **Daten-Integritätsklassen** (I1, I2, I3) festgelegt, wobei die Anwendung jeder Klasse von der Art der Daten abhängt.

Kommunikationsstruktur

Beispiel:
Kläranlage

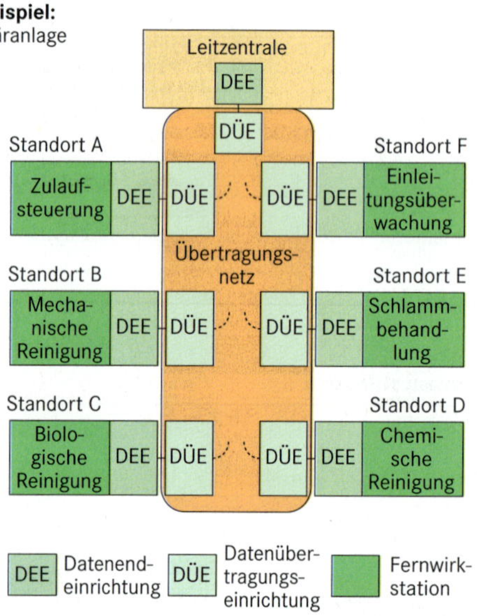

Integritätsklassen

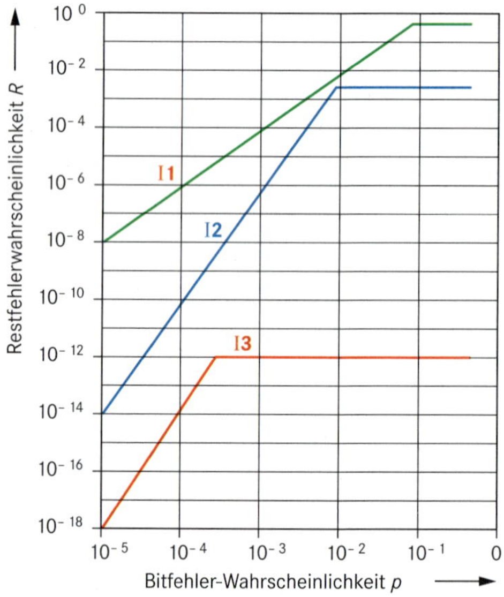

Integritätswerte

- Die mittlere Zeit T zwischen unerkannt fehlerhaften Nachrichten wird berechnet nach

$$T = \frac{n}{v \cdot R}$$

n: Telegrammlänge in Bit
v: Übertragungsgeschwindigkeit in bit/s
R: Restfehlerwahrscheinlichkeit

Anwendungsbeispiel	Integritätsklasse	Restfehlerrate	Zeit T (in Jahren)
Zyklisch aktualisierende Systeme	I1	10^{-6}	$2{,}6 \cdot 10^{-3}$
Ereignisgesteuerte Übertragung	I2	10^{-10}	26
Kritische Informationsübertragung	I3	10^{-14}	$260 \cdot 10^{3}$
Werte bei n = 100 bit, v = 1200 bit/s, $p = 10^{-4}$			

PC-Technik und Software

6

Von-Neumann-Architektur

- John v. Neumann: US-amerikanischer Mathematiker, 1903–1957
- Zeitlich nacheinander (sequenziell) werden die aus dem Speicher stammenden Befehle und Daten innerhalb einer bestimmten Zeit (**Taktzyklus**) verarbeitet. Die wichtigsten Phasen sind:
  - Laden des Befehls (FETCH)
  - Decodierung (DECODE)
  - Ausführen des Befehls (EXECUTE)
- Daten und der Programmcode (Befehle) befinden sich in einem **gemeinsamen** Speicher.

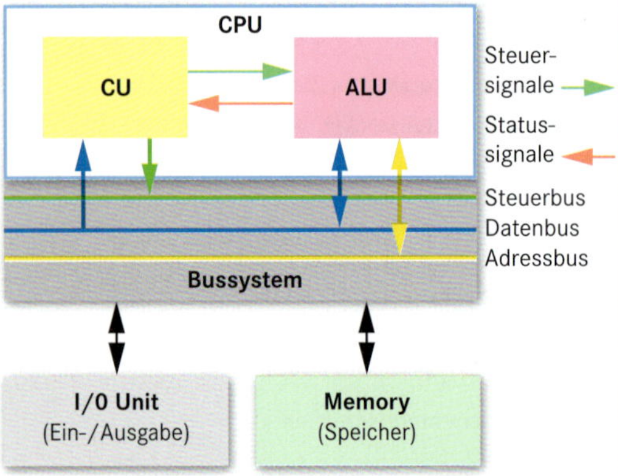

- **Funktionseinheiten:**
  - **CPU: C**entral **P**rocessing **U**nit, Prozessor
    Diese Einheit wird oft auch als Prozessorkern (Core) bezeichnet.
    Ein Mikroprozessor kann aus mehreren Kernen bestehen (Multi-Core-Prozessor).
  - **CU: C**ontrol **U**nit, Steuerwerk (Leitwerk)
    Steuerung von Prozessen und Abläufen im Innern und Kommunikation mit der „Außenwelt"; verantwortlich für die Zusammenarbeit der einzelnen Teile des Prozessors
  - **ALU: A**rithmetic **L**ogic **U**nit, Arithmetisch Logische Einheit (Rechenwerk)
    Durchführung arithmetischer und logischer Operationen
  - **I/O Unit:** Ein- und Ausgabeeinheit für Daten
  - **Memory**: Speicher für Daten und Befehle
  - **Bussystem**: Leitungen über die der Austausch der Adressen und Daten erfolgt.

Harvard-Architektur

- Daten und das Programm (Befehle) sind in voneinander **getrennten** Speicher- und Adressräumen abgelegt und werden über getrennte Busse gesteuert (Einsatz im Bereich der Mikrocontroller).
- Daten und Befehle können dadurch gleichzeitig (unabhängig) geladen bzw. geschrieben werden (schnellere Verarbeitung als bei der Von-Neumann-Architektur).

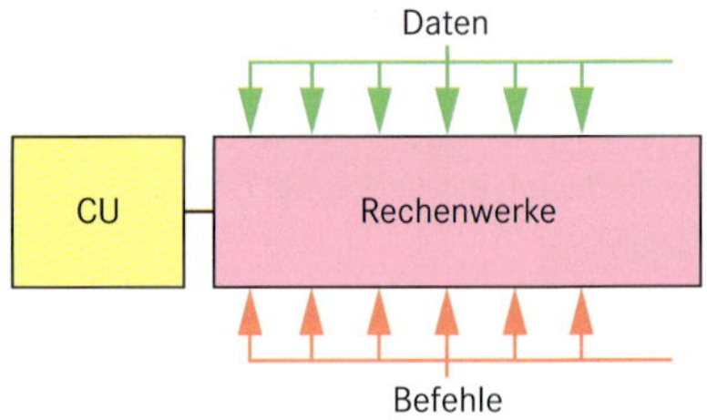

Cache

Damit der Prozessor bei der Verarbeitung bestimmter Prozesse nicht auf die „langsamen" Arbeitsspeicher und die Festplatte zugreifen muss, sind dem Prozessor Zwischenspeicher (Cache) zugeordnet.

- **L1-Cache (First Level-Cache)**
  Er ist ein kleiner Zwischenspeicher (16 kB bis 64 kB zwischen Prozessor und Arbeitsspeicher) für die am häufigsten benötigten Daten (Data-Cache) und Befehle (Code-Cache) und ist in der Regel auf dem Prozessorchip untergebracht. Durch ihn lässt sich die Anzahl der Zugriffe auf den langsamen Arbeitsspeicher reduzieren.
- **L2-Cache (Second-Level-Cache)**
  In ihm werden die Daten des Arbeitsspeichers (RAM) zwischengespeichert. Er ist entweder auf dem CPU-Chip integriert oder befindet sich als externer Baustein auf der Hauptplatine (z. B. 512 kB, Pentium III ... 3072 kB, Core 2 Duo).
- **L3-Cache (Third-Level-Cache)**
  Er ist in der Regel auf dem Prozessor-Chip integriert und unterstützt durch entsprechende Protokolle die Zusammenarbeit zwischen den Kernen.

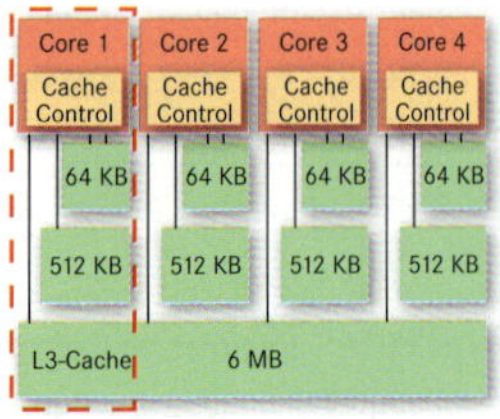

Bussysteme

- **BUS: B**idirectional **U**niversal **S**witch
- **Adressbus**
  Über ihn werden die Daten der Speicheradressen übertragen. Durch die Anzahl der Verbindungsleitungen wird festgelegt, wie viele Speicherplätze direkt adressiert werden können.
- **Datenbus**
  Über ihn werden Daten gesendet und empfangen. Je mehr Leitungen, desto mehr Daten können pro Taktzyklus verarbeitet werden.
- **Steuerbus**
  Mit ihm wird die Steuerung des Bussystems bewerkstelligt (z. B. Lese-/Schreib-Steuerung, Unterbrechungssteuerung (Interrupt), Buszugriffssteuerung, Reset, ...).

Leistungsmerkmale

- Die **Wortbreite** der Arbeits- oder Datenregister bestimmt die maximale Größe der zu verarbeitbaren Ganz- und Gleitkommazahlen.
- Der **Datenbus** bestimmt, wie viele Bits (4 ... 64 Bit) gleichzeitig aus dem Arbeitsspeicher gelesen werden können.
- Der **Adressbus** legt die maximale Größe einer Speicheradresse fest.
- Die Anzahl der Operationen pro Sekunde ist von der **Taktfrequenz** (clock rate, z. B. 3 GHz) und der Datenwortbreite abhängig (Vielfaches des Motherboard-Grundtaktes).
- Die **Verarbeitungsgeschwindigkeit** des ganzen Systems ist auch von der Größe der Caches und der Kapazität des Arbeitsspeichers abhängig.

Merkmale

- Mikroprozessoren bestehen aus einer Ansammlung von Logik-/Funktionseinheiten, die auf einem Halbleiterchip integriert und durch entsprechende Verbindungen zusammengeschaltet sind.
- Die Einteilung der Prozessoren erfolgt nach der verarbeitbaren Wortbreite in 4 Bit, 8 Bit, 16 Bit oder 32 Bit.
- Wesentliche Funktionseinheiten aller Prozessoren sind u. a.
  - die Arithmetik- und Logik-Einheit (**ALU**: **A**rithmetic and **L**ogic **U**nit),
  - der Befehlszähler und Befehlsdekoder (**PC**: **P**rogramm **C**ounter; **ID**: **I**nstruction **D**ecoder),
  - Registersätze (Register Sets).
- Das grundsätzliche Arbeitsprinzip bei der Programmbearbeitung läuft wie folgt ab:

Fetch	→	Decode	→	Execute	→	Write Back
Befehl abrufen		Befehl dekodieren		Befehl ausführen		Ergebnis zurückschreiben

- Um die Verarbeitungsleistung der Prozessoren zu steigern, sind in aktuellen Prozessor-Architekturen verschiedene Maßnahmen realisiert, wie z. B.
  - **ILP** (**I**nstruction **L**evel **P**arallelism: paralle Befehlsverarbeitung) und
  - **TLP** (**T**hread **L**evel **P**arallelism: parallele Aufgabenbearbeitung).
- Bei ILP werden mehrere Befehle in einer mehrstufigen Pipeline parallel verarbeitet.
- **Superskalare** Prozessoren verfügen über lange **Instruction Pipelines** und identische Ausführungseinheiten, die über einen Verteiler (**Scheduler**) mit den entsprechenden Teilaufgaben versorgt werden.
- Bei TLP (auch als **Multi-Threading** bezeichnet) werden die Ausführungseinheiten und die Speichereinheiten (Hauptspeicher, Cache-Speicher) auf die jeweiligen Threads (Aufgaben) aufgeteilt.
- Die wiederholte Bearbeitung von Datensätzen mit einem einzelnen Befehl (z. B. Summenbildung oder die Bearbeitung von Multi-Media-Daten) erfolgt über **Daten-Parallelisierung** (**Data Parallelism**).
- Diese Art der Bearbeitung wird von Funktionseinheiten ausgeführt, die auf die Bearbeitung von **Vektoren** optimiert sind.
- Die Art der Behandlung von Daten wird generell bezeichnet als
  - **SISD** (**S**ingle **I**nstruction **S**ingle **D**ata: Ein Befehl, ein Datensatz),
  - **SIMD** (**S**ingle **I**nstruction **M**ultiple **D**ata: Ein Befehl, mehrere Datensätze).

Beispiel

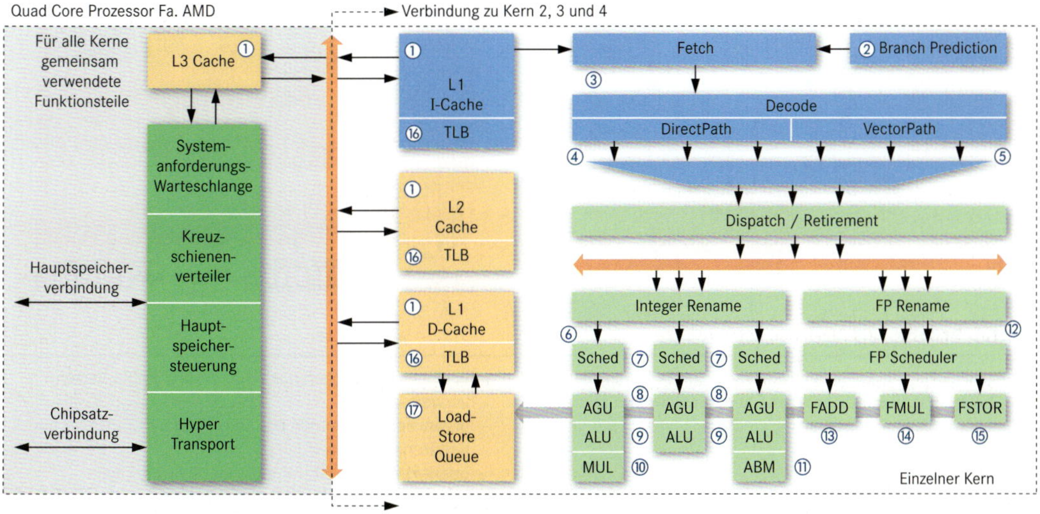

①	Cache	(schneller) Zwischenspeicher	⑨	**ALU** (**A**rithmetic **L**ogic **U**nit)	Arithmetik- und Logik-Einheit
②	Branch Prediction	Sprung-Vorhersage	⑩	**MUL** (**Mul**tiplication Unit)	Multiplikations-Einheit
③	Fetch-Decode Unit	Abruf-Dekodiereinheit	⑪	**ABM** (**A**dvanced **B**it **M**anipulation)	Verbesserte Bit-Bearbeitung
④	Direct Path	Direkter Pfad	⑫	**FPU** (**F**loating **P**oint **U**nit)	Fließkomma-Einheit
⑤	Vector Path	Vektor-Pfad	⑬	**FADD** (**F**loating **P**oint **Add** **U**nit)	Fließkomma-Additions-Einheit
⑥	Integer Unit	Festkomma-Einheit	⑭	**FMUL** (**F**loating **P**oint **Mul**tiply Unit)	Fließkomma-Multiplikations-Einheit
⑦	Integer Scheduler	Festkomma-Verteiler	⑮	**FSTOR** (**F**loating **P**oint **Stor**e **U**nit)	Fließkomma-Speichereinheit
⑧	**AGU** (**A**ddress **G**eneration **U**nit)	Adress-Erzeugungs-Einheit	⑯	**TLB** (**T**ranslation **L**ookaside **B**uffer)	Adress-Übersetzungs-Puffer
			⑰	Load Store Queue	Laden/Speichern-Warteschlange

Multi-Core Prozessor
Multi-Core Processor

Merkmale

- Multi-Core Prozessoren
  - beinhalten **mehrere Prozessorkerne** in einem Gehäuse,
  - ermöglichen die **parallele Verarbeitung** von Prozessen (threads),
  - erhöhen die Verarbeitungsleistung und
  - reduzieren den Energieverbrauch im Vergleich zu Einzelprozessoren.
- Weitere Bestandteile auf dem Multi-Core Chip sind u.a.
  - Cache-Speicher und
  - Hauptspeichercontroller.
- **Symmetrische** Multi-Core Prozessoren enthalten mehrere identische Kerne.
- **Asymmetrische** Multi-Core Prozessoren enthalten verschiedene Kerne, die u.a. unterschiedliche Funktionen (z.B. Grafikberechnung, Textverarbeitung) bearbeiten.
- In Desktop-, Laptop- und Serveranwendungen werden Prozessoren mit typisch 2 bis 4 Kernen eingesetzt.
- Für **spezielle Anwendungen** (z.B. Mobilfunk, Simulationsberechnungen) sind Multi-Core Prozessoren mit einer Vielzahl identischer Kerne (z.B. 100) verfügbar.
- Diese sind intern mit entsprechenden Bussystemen verbunden und können bedarfsweise zu **Clustern** zusammengefasst werden.
- Für die wirksame Ausnutzung ist eine
  - entsprechende Programmierung mit
  - entsprechender Compilerunterstützung

  erforderlich.
- Für den Anwendungsbereich **sicherheitsgerichteter** Systeme existieren Prozessoren, die neben der Multi-Core Architektur noch weitere Überwachungsfunktionen auf dem Chip enthalten.

Architekturen

Dual-Core

Externer Memory Controller
Beispiel: Intel

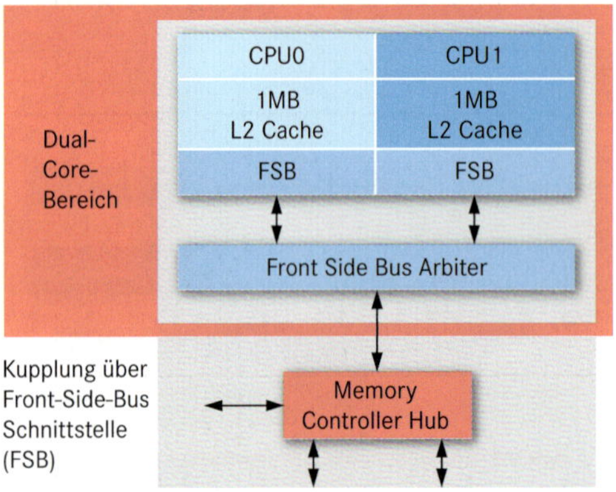

Quad-Core

Integrierter Memory Controller
Beispiel: AMD

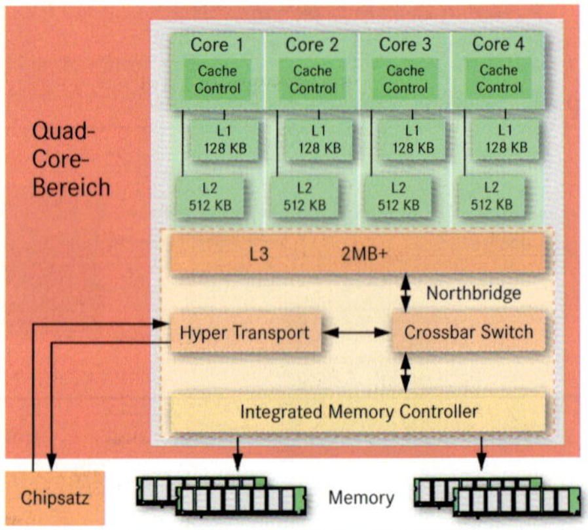

Funktionseinheiten

Die Architekturunterschiede liegen im Wesentlichen in der Anordnung bzw. in der Anzahl der Cache-Speicher und der Schnittstellen zum Hauptspeicher und zum Chipsatz auf dem Motherboard.

Quad-Core Merkmale:

- Zur Erhöhung der Verarbeitungsgeschwindigkeit ist z.B. im Quad Core ein zusätzlicher Cache (L3) integriert.
- **L1-Cache** ist unmittelbar am Rechenwerk angeordnet und kann somit sehr schnell Daten (Level 1 Data Cache) bzw. Befehle (Level 1 Instruction Cache) liefern. Falls L1 Cache Line aus dem L1 entfernt wird, wird sie im **L2-Cache** (Victim Cache) aufgefangen.
- L1- und L2-Caches operieren mit der Taktfrequenz der Kerne.
- **L3-Cache**
  - wird als Shared Cache für alle Kerne verwendet (puffert Daten aus L1 und L2),
  - wird von den Kernen nach dem Round-Robin-Verfahren verwendet,
  - organisiert zusammen mit dem Memory Controller die Kohärenz der Daten,
  - operiert mit der Taktfrequenz der Northbridge.
- **Memory Controller**
  - realisiert im Ganged Mode ein 128 Bit breites Speicherinterface,
  - im Unganged Mode stehen zweimal 64 Bit zur unabhängigen Adressierung von zwei Speicherbereichen zur Verfügung.
- **Crossbar Switch**
  - ist die zentrale Vermittlungsstelle zwischen Hypertransport-Interface, Memory Controller und L3 Cache,
  - wickelt die erforderliche Zusammenschaltung der Verbindungswege zwischen diesen ab.
- **Hypertransport**-Schnittstelle führt derzeit ein Port mit 16 Lanes zur Anbindung des Chipsatzes nach außen.

RISC – Reduced Instruction Set Computer

Merkmale

- Mikroprozessoren mit reduziertem Befehlssatz und vereinfachter interner Hardwareorganisation
- Ausgelegt auf hohe Verarbeitungsleistung
- Verfügen über einheitliches Befehlsformat
- Alle Befehle sind gleich lang
- Operationscode liegt immer an der gleichen Stelle
- Wenige Adressierungsarten
- Optimiert auf Lade- und Speicheroperationen
- Arbeitet mit Befehls-Pipeline (Warteschlange)
- Großer physikalischer Adressraum (z. B. 4 GB bei MIPS R3000)
- Beinhalten keinen Mikrosequenzer
- Befehle werden direkt decodiert
- Verfügen intern über eine Vielzahl von Registern zur schnellen Zwischenspeicherung von Daten
- Interne Struktur als **Harvard-Architektur** aufgebaut
- Offene Systeme sind z. B. **MIPS** (**M**icroprocessor without **I**nterlocked **P**ipe **S**tages: Mikroprozessor ohne verriegelte Warteschlange) und **SPARC** (**S**calable **P**rocessor **Arc**hitecture: Skalierbare Prozessorarchitektur)
- Eingesetzte Compiler arbeiten laufzeitoptimiert
- Anwendungen u. a. in Workstations (Hochleistungsrechner), Servern oder Maschinensteuerungen (Roboter) als Embedded Controller (eingebettete Controller)

Blockschaltbild

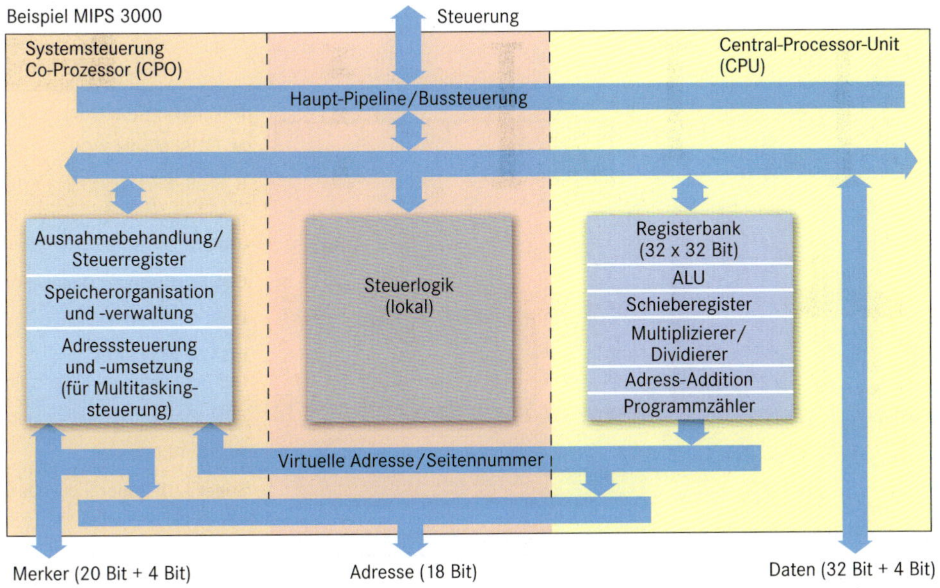

Befehls-Pipeline

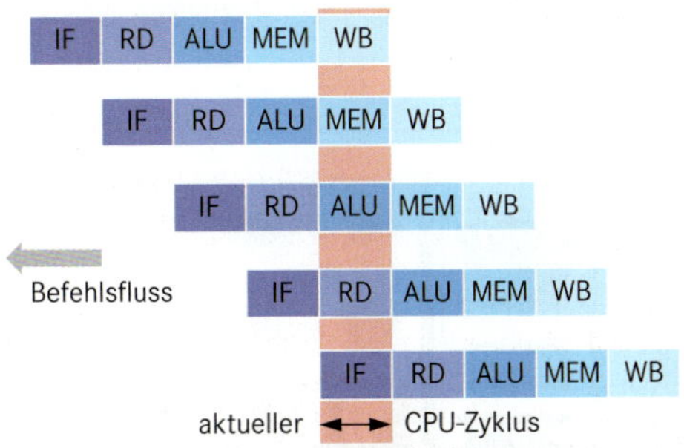

- **Pipeline** (Warteschlange) ermöglicht die parallele Ausführung mehrerer Maschinenbefehle und erhöht damit die Verarbeitungsgeschwindigkeit (Durchsatz)

IF	**I**nstruction **F**etch: Befehlsabruf; Übersetzen der virtuellen Adresse in physikalische Adresse für Speicherzugriff auf Instruction-Cache
RD	**R**egister **D**ecode: Lesen und Decodieren der Instruktionen, Operanden aus CPU-Registern lesen.
ALU	**ALU**-Operation: Angeforderte ALU-Operation wird durchgeführt
MEM	**Mem**ory-Access: Speicherzugriff; Zugriff auf den Hauptspeicher oder Daten-Cache
WB	**W**rite-**B**ack: Zurückschreiben; Ergebnis in CPU-Register schreiben

Merkmale

Das Mainboard (Hauptplatine) wird auch als Motherboard (Mutterplatine) bezeichnet und ist der Bauteileträger für die zentralen Komponenten eines PCs, wie z. B.

- Zentralprozessor (**CPU**: **C**entral **P**rocessing **U**nit),
- Chipsatz (chip set) bzw. **PCH** (**P**latform **C**ontroller **H**ub),
- Firmwarespeicher (firmware memory; BIOS) und
- Erweiterungssteckplätzen (Extension Slots).

Bussysteme

Die Verbindungen der Komponenten werden durch Bussysteme (parallele Verbindungen) oder serielle Verbindungen mit Kupferleiterbahnen realisiert, wie z. B.

- Daten- und Adressbus (data bus, address bus),
- Steuerbus (control bus) und
- Ein-/Ausgabe-/Erweiterungsschnittstellen.

Weiterentwicklungen

Im Rahmen von Weiterentwicklungen werden Funktionseinheiten zusammengefasst und in einem Chip (z. B. Platform Controller Hub) oder direkt auf dem CPU-Chip integriert (z. B. Speicher- oder Grafikcontroller).

Formfaktoren

Die mechanischen Abmessungen und Befestigungsmöglichkeiten sind durch Formate (Formfaktoren) festgelegt.

Bezeichnung	Abmessungen in mm	
	Länge	Breite
ATX (**A**dvanced **T**echnology E**x**tended)	305	244
MiniATX	284	208
EATX (**E**xtended **ATX**)	305	330
WTX (**W**orkstation **ATX**)	356	452

Aufbau

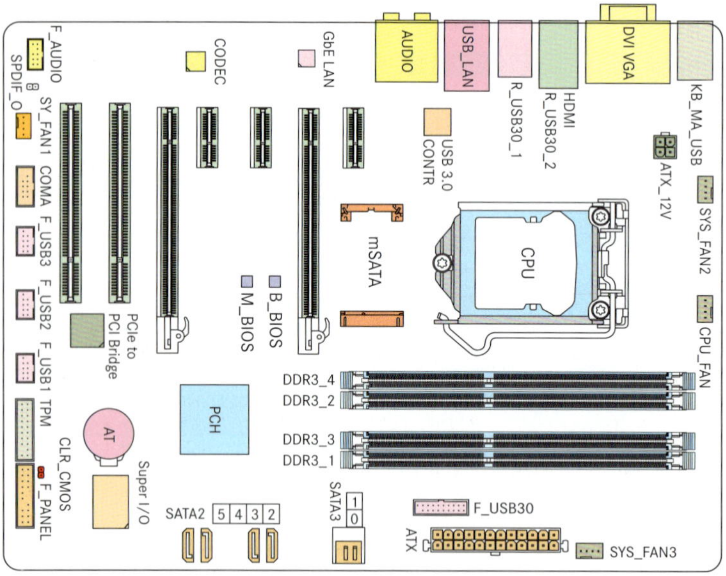

BAT: **Bat**tery (Batterie)

M_BIOS: **M**aster BIOS

B_BIOS: **B**ackup BIOS

CLR_CMOS: **Cl**ea**r CMOS** (CMOS Löschen)

CODEC: **Co**dierer/**Dec**odierer

DDR: **D**ouble **D**ata **R**ate

mSATA: **m**ini **SATA** (zur Aufnahme von Solid State Disk)

PCH: **P**latform **C**ontroller **H**ub

PCIEX: **PCI Ex**press

Super I/O: **Super I**nput/**O**utput (für serielle Schnittstelle/Tastatur/Maus)

SYS_FAN: **Sys**tem **FAN** (System Ventilator)

TPM: **T**rusted **P**latform **M**odule (sicheres Plattform Modul)

Rückseitige Anschlüsse

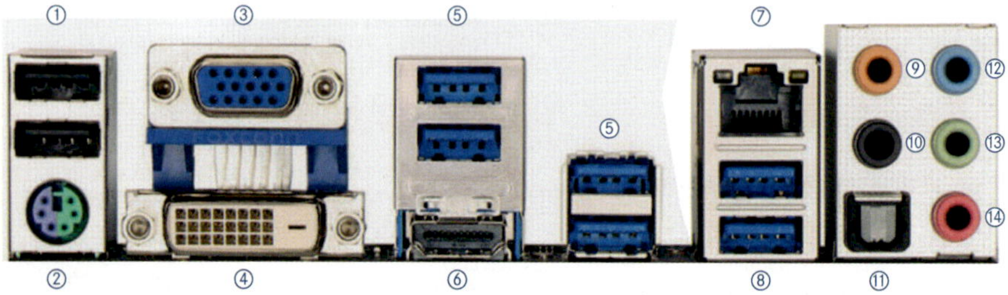

① USB 2.0 ② PS/2 Keyboard/Mouse ③ VGA Monitor ④ DVI-D Monitor ⑤, ⑧ USB 3.0/2.0

⑥ HDMI
⑦ LAN
⑨ Center/Subwoofer Speaker
⑩ Rear Speaker
⑪ Optical S/PDIF Out
⑫ Line In
⑬ Line Out
⑭ Microphone In

Chipsatz Intel 975x

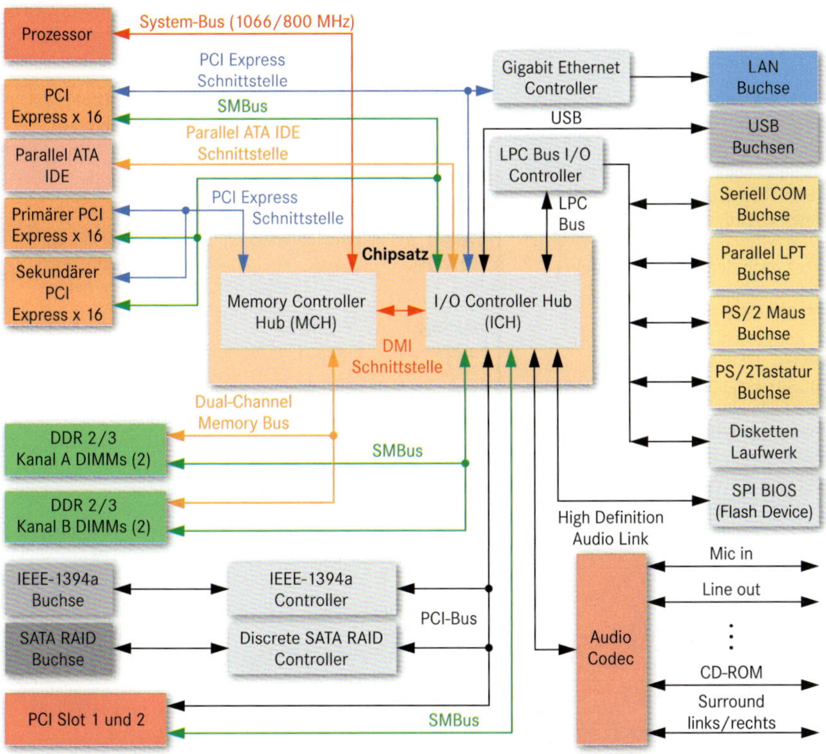

DMI:
Desktop **M**anagement **I**nterface (Schnittstelle)

LPC:
Legacy **P**ort **C**ontroller, entspricht dem seriellen ISA-Bus mit geringerer Leitungszahl, „alte" PC-Schnittstellen

PCI:
Peripheral **C**omponent **I**nterconnect, für die interne Erweiterung durch Steckkarten

SMBus:
System **M**anagement **Bus**, Steuerbus, der dem I²C-Bus entspricht

Systembus:
verbindet Zentralspeichereinheit mit Hauptspeicher und Cache (Datenbus, Steuerbus, Adressbus)

Erläuterungen

- **AT: A**dvanced **T**echnology; fortschrittliche Technologie, Bezeichnung für PCs mit 80286 Prozessor oder höher
- **ATA: AT-A**ttachment; Synonym für IDE
- **BIOS: B**asic **I**nput **O**utput **S**ystem; Basis-Eingangs-Ausgangs-System, im BIOS werden wichtige Einstellungen für den PC in einem wieder beschreibbaren Speicher (EEPROM, meist als Flash-Speicher, 64 oder 128 Byte) auf der Hauptplatine abgelegt.
- **Chipsatz:** Er dient der Unterstützung der CPU bei der Steuerung und dem Datentransfer der einzelnen Komponenten des Mainboards und der peripheren Geräte. Er besteht hauptsächlich aus den Komponenten MCH und ICH.
- **Codec: Co**der und **Dec**oder; Einrichtung, Verfahren oder Programm, mit denen Daten oder Signale digital codiert und decodiert werden können
- **COM: Com**munication; serielle Schnittstelle zum Anschluss von Peripheriegeräten mit geringem Datentransfer (z. B. Maus, Tastatur, Modem)
- **DDR-RAM: D**ouble **D**ata **R**ate **RAM**; Arbeitsspeicher, dessen Daten bei der ansteigenden und abfallenden Flanke gelesen werden (doppelte Datenrate)
- **DIMM: D**ual **I**nline **M**emory **M**odul; Speichermodul mit 64 Bit breitem Datenbus
- **EIDE: E**nhanced **IDE**-Schnittstelle; erweiterte IDE-Schnittstelle, andere Bezeichnungen Fast-ATA, ATA-2
- **IEEE-1394a: I**nstitute of **E**lectrical and **E**lectronics **E**ngineers; serielle Schnittstelle zur Kopplung peripherer Geräte (z. B externe Festplatten, Videogeräte) an einen Rechner oder zur Kopplung von Geräten untereinander
- **ICH: I**/O **C**ontroller **H**ub; früher als Southbridge bezeichnet
- **IDE: I**ntegrated **D**evice **E**lectronics; Schnittstelle für Geräte mit integriertem Controller, andere Bezeichnungen ATA, AT-Bus
- **LPT: L**ine **P**rin**t**er; parallele Schnittstelle zum Anschluss von Peripheriegeräten, z. B. Scanner, Drucker
- **MCH: M**emory **C**ontroller **H**ubs; früher als Northbridge bezeichnet
- **PCI Express (PCIe);** Schnittstelle für Peripheriegeräte an die CPU, höhere Datenrate als PCI
- **PS/2: P**ersonal **S**ystem/**2**; serielle Schnittstelle für Tastatur und Maus
- **RAID: R**edundant **A**rray **I**ndependent **D**isc; redundante Anordnung von unabhängigen Festplatten (virtueller Massenspeicher)
- **USB: U**niversal **S**erial **B**us; serieller Bus-Anschluss zum vereinfachten Anschalten von Peripheriegeräten (Geräte während des Betriebs einsteckbar), bis zu 127 Geräte

Einstellungen

- **BIOS: B**asic **I**nput **O**utput **S**ystem (Basis-Eingangs-Ausgangs-System)
- Im BIOS werden wichtige Einstellungen für den PC in einem wieder beschreibbaren Speicher (EEPROM, meist als Flash-Speicher, 64 oder 128 Byte) ① auf der Hauptplatine abgelegt. Der Speicher wird permanent durch einen Akku oder eine Batterie ② mit Spannung versorgt. Der Speicher ist oft mit der Echtzeituhr des Systems kombiniert.
- Nach dem Einschalten wird das Programm unmittelbar ausgeführt. Der Start des Betriebssystems wird eingeleitet.
- BIOS-Einstellungen können über das BIOS-Setup vorgenommen werden.
- Das BIOS-Setup kann kurz nach dem Start durch eine bestimmte Tastenkombination aufgerufen werden, z. B.
  - „Press F1 to enter SETUP“ oder
  - „Press DEL (deutsch: Entf) to enter SETUP“ (vom Hersteller abhängig)
- Es gibt verschiedene BIOS-Hersteller, z. B.: AMI, ATI, Award Software, Phoenix Technologies
- Es empfiehlt sich aus Sicherheitsgründen, die bestehenden Einstellungen vor der Änderung zu notieren oder auszudrucken (Taste „Druck“ oder „Print“).
- Beispiel BIOS-Hauptmenü (Hersteller Award):

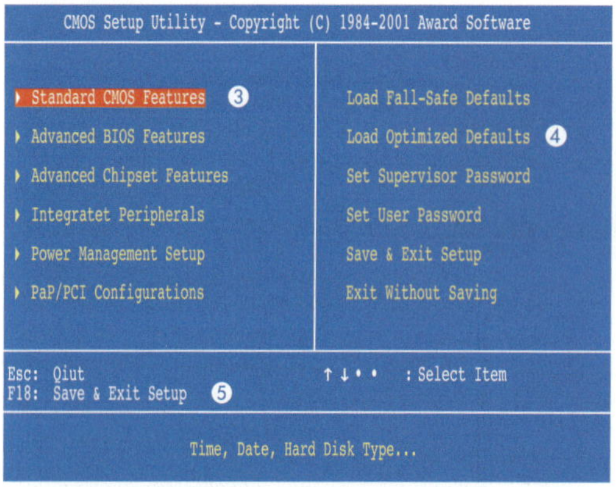

- Es sind Menüeinträge ③ mit Untermenüs vorhanden, bei denen der ausgewählte Eintrag farblich hervorgehoben wird. Der Menüpunkt wird durch „Enter“ gewählt.
- Allgemeine Steuerungsfunktionen ④ (z. B. Speichern der Einstellungen, Verlassen der BIOS-Einstellungen)
- Informationen zur Navigation innerhalb des Menüs ⑤, Bewegung um jeweils einen Schritt nach oben, unten, rechts und links
- Sicherheitsabfragen werden durch die Tasten „Y“ oder „N“ und anschließend durch „Enter“ durchgeführt.
  Achtung: Es wird die englische Tastaturbelegung verwendet, „Y“ und „Z“ sind vertauscht.

```
SAVE to CMOS an EXIT (Y/N)? Y
```

- Mit „ESC“ kann man das Menü bzw. jeden Dialog im BIOS verlassen.

Menüs und ihre Bedeutung (Auswahl)

Award	AMI	Bedeutung
Standard CMOS Features	Standard CMOS Setup	Einstellungen für Datum und Uhrzeit; Parameter für Laufwerke und Grafikkarte
Advanced BIOS Features	Advanced CMOS Setup	Besondere BIOS-Einstellungen: Bootreihenfolge, Cache- und Prozessoreinstellungen, Tastatur, Speicher
Advanced Chipset Features	Advanced Chipset Setup	Einstellungen für den Chipsatz: Speicherzyklus, AGP und PCI-Optionen, Onboardkomponenten
Integrated Peripherals	Peripheral Setup	Kommunikationssteuerung mit angeschlossenen Geräten: Festplatten, Parallelport usw.
Power Management Setup	Power Management Setup	Einstellungen der Stromsparfunktionen im PC
PnP/PCI Configu-ration	PCI/Plug and Play Setup	Verteilung der Systemressourcen für Erweiterungskarten (IRQ, DMA)

Wichtige Steuerungsfunktionen ④

Award	AMI	Bedeutung
Load Fail-Safe Defaults	Autoconfig. with Fail-Safe Settings	BIOS-Einstellungen werden auf Standardeinstellung zurückgesetzt
Load Optimized Defaults	Autoconfig. with optimal Settings	BIOS-Einstellungen werden auf Optimal-Einstellungen zurückgesetzt
Set Supervisor Password	Change Supervisor Password	Passwort für den Zugang zum BIOS-Setup wird festgelegt (Supervisor)
Set User Password	Change User Password	Passwort für den Zugang zum BIOS-Setup wird festgelegt (User)
Save & Exit Setup	Save Settings and Exit	Verlassen des BIOS-Setup, Speichern der Änderungen

CMOS-Speicher mit Spannungsquelle

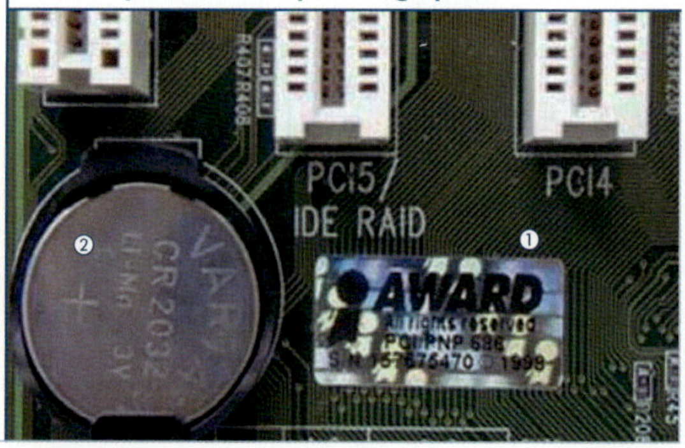

Prinzip und Funktion

- Es handelt sich bei UEFI um eine „Vereinheitlichte erweiterbare Firmware Schnittstelle“.
- Die Schnittstelle liegt zwischen der Firmware, den einzelnen PC-Komponenten und dem Betriebssystem.
- Vorgänger: **EFI** (**E**xtensible **F**irmware **I**nterface)

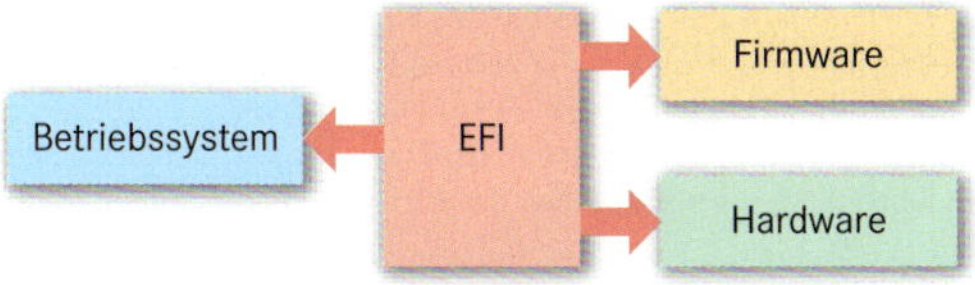

- Die **Firmware** (engl. firm = fest) ist eine Software, die in der Hardware funktional fest eingebettet ist (meist in einem nicht flüchtigen Speicher, Flash-Speicher).
- UEFI wird das traditionelle BIOS ersetzen. Auf den Windows-8-PCs wird UEFI bereits vorhanden sein. Für die Installation auf älteren PCs wird Windows 8 auch weiterhin das herkömmliche BIOS unterstützen.
- UEFI wird unterstützt von Linux, diversen Unix-Versionen, Windows Vista (SP1) und Windows 7 in den 64-Bit-Versionen.
- Gründe für eine BIOS-Ablösung:
  - Die Bedienung des Setup-Screens entspricht nicht mehr den zeitgemäßen Anforderungen (Bedienoberfläche, Einstellmöglichkeiten).
  - Größe der Boot-Festplatte < 2 TB
  - Lange Boot-Zeiten

Bedienoberfläche

- Der Unterbau von UEFI ist standardisiert. Die Hersteller (Asus, Gigabyte, MSI, AS Rock ...) verwenden aber unterschiedlich höher auflösende grafische Oberflächen zur leichten Bedienung mit der Maus. Textbasierte Darstellungen sind ebenfalls möglich.
- Angeboten werden auf der Bedienoberfläche aber auch wichtige Informationen.
  Beispiele: Prozessor, Speicher, Temperatur, Lüfterdrehzahl
- Die Auswahl des Boot-Laufwerks kann in der Regel per Drag and Drop erfolgen.

Textbasierte Bedienoberfläche (Beispiel)

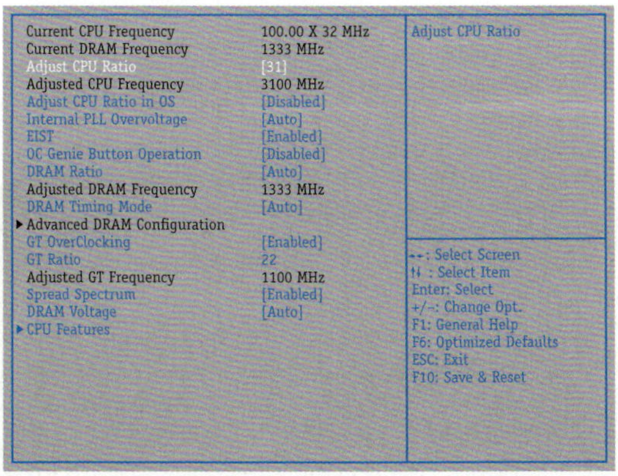

Techniken und Möglichkeiten

- Übergreifende Prinzipien:
  - Einfach veränder- und erweiterbar
  - Weniger Zeit zum Booten (angestrebt < 8 s)
- Mit dem integrierten Netzwerktreiber lässt sich über UEFI bereits der Netzwerkanschluss nutzen (z. B. Fernwartung).
- Grundfunktionen der Grafikkarte (**GOP**: **G**raphic **O**utput **P**rotocol) stehen beim PC-Start bereits zur Verfügung (höhere Auflösung).
- Es besteht durch Emulation Kompatibilität zu einem vorhandenen BIOS.
- Über eine Shell können EFI-Applikationen (.efi) aufgerufen werden.
- Treiber können integriert sein, so dass sie nicht vom Betriebssystem geladen werden müssen.
- Anstatt auf dem Betriebssystem können Netzwerk- und Speicherverwaltung auf der Firmware laufen.
- Installierte Betriebssysteme können problemlos ausgewählt werden (Boot-Loader nicht erforderlich).
- Boot-Möglichkeiten von Festplatten > 2 TB sind durch **GPT** (**G**UID **P**artition **T**able, GUID: Globally Unique Identifier) möglich.
- Eine Beschränkung auf vier primäre Partitionen pro Festplatte entfällt.

Grafische Bedienoberflächen (Beispiele)

① BIOS-Einstellungen ② Restart (PC startet neu)
③ Save CMOS (Änderungen im BIOS werden gespeichert)

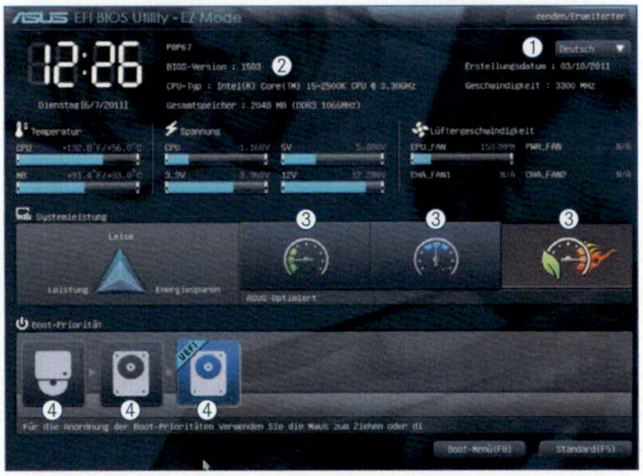

① Sprachwahl ② Systeminfos ③ Systemleistung
④ Boot-Priorität

Aufbau und Struktur

- Bei der Registry (Windows Registrierungsdatenbank) handelt es sich um eine Datenbank, in der wichtige Informationen über das Betriebssystem und die installierten Programme gespeichert sind.
- Die Einträge sind in einer Baumstruktur angeordnet und werden als **Schlüssel** (**keys**) bezeichnet. Sie stammen von **fünf Hauptschlüsseln** ab.
- In der Registry können die Schlüssel und ihre Werte angelegt, bearbeitet und gelöscht werden. Teile können exportiert und importiert werden.
  Vorsicht bei Änderungen: Gefahren durch Instabilität des Systems, Sicherheitskopien sind sinnvoll
- Neben direkten Änderungen können Programme verwendet werden, mit denen sich bestimmte Einstellungen bearbeiten lassen (z. B. Gratis-Tool von Microsoft: Tweak UI). Vor Änderungen sollte die ursprüngliche Registry gesichert werden.
- Ein Schutz vor ungewollten Änderungen durch Benutzer erreicht man durch die Funktion „Berechtigungen".

Registry-Editor

- Er wird standardmäßig zur Bearbeitung von Registry-Einträgen verwendet und wird über die Eingabe von **regedit** unter Start/Ausführen geöffnet.

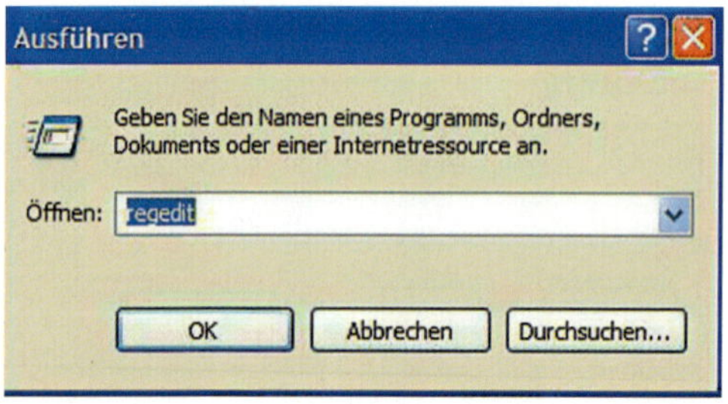

- Eine Schlüsselgruppe bzw. -kategorie kann geöffnet werden, inden man auf das Minuszeichen klickt ① ②.

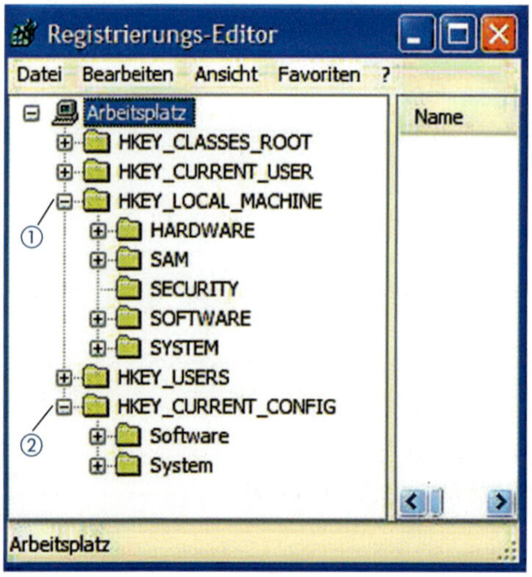

Fünf Schlüsseldateien

Name	Abkürzung
HKEY_CLASSES_ROOT	HKCR

- In dieser „Wurzel" sind alle Verknüpfungen von Dateitypen mit Anwendungen enthalten.
- Zusammengeführt sind HKEY_LOCAL_MACHINE\Software\Classes und HKEY_CURRENT_USER\Software\Classes.
- Jeder Dateityp verfügt über einen Unterschlüssel.
- In der Regel sind hier keine Änderungen erforderlich, da sich diese Einstellungen einfacher über den Explorer vornehmen lassen.

HKEY_CURRENT_USER	HKCU

- Es sind hier die benutzerspezifischen Konfigurationsdaten für aktuell angemeldete Benutzer gespeichert.
- Es handelt sich um einen Teil von HKEY_USERS.
- Der Unterschlüssel „Software" enthält benutzerbezogene Anwendungseinstellungen.
- Für jeden Softwarehersteller wird ein eigener Unterschlüssel angelegt (z. B. Microsoft).

HKEY_LOCAL_MACHINE	HKML

- Enthalten sind alle computerspezifischen Einstellungen (komplette Hardware- und Softwarekonfiguration, einschließlich der peripheren Geräte).

HKEY_USERS	HKU

- Enthalten sind die benutzerspezifische Konfigurationsdaten der Benutzer (Benutzerprofil), die sich im System angemeldet haben, z. B. die Liste der installierten Software.

HKEY_CURRENT_CONFIG	HKCC

- Gespeichert sind hier die Informationen über das jeweilige Hardwareprofil, mit dem der PC gestartet wurde.

- Die Daten werden in mehreren Dateien (Hives) in einem speziellen Datenbank-Format gespeichert.
  Beispiele:
  - HKEY_LOCAL_MACHINE bei Windows XP in den Verzeichnissen „%windir%\System32\Config"
  - HKEY_CURRENT_USER ist im Benutzerprofilverzeichnis gespeichert
- Da die Unversehrtheit dieser Dateien wesentlich für ein funktionierendes System ist, wird bei Windows automatisch eine Sicherheitskopie angelegt.

Registry Einträge finden

- Einträge können vom Typ her als Zeichenkette (REG_SZ ③), Binärwert (REG_BINARY) oder DWORD (REG_DWORD ④) vorkommen.
- Einträge können mit einem Doppelklick oder über das Untermenü (Rechtsklick) über „Ändern" angepasst werden.
- Beispiel für einen Suchvorgang zum Internetexplorer.
  Einstellung:
  Arbeitsplatz\HKEY_LOCAL_MACHINE\Software\Microsoft\InternetExplorer\Setup\7.0
  Ergebnis:

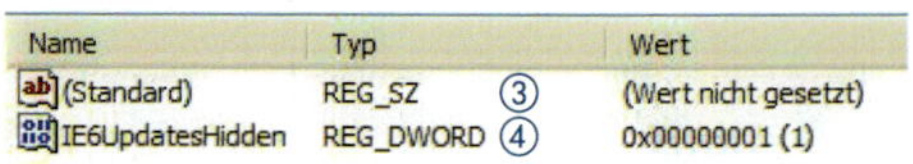

Begriffe

- **RAM: R**andom **A**ccess **M**emory
  Ein Speicher mit wahlfreiem Zugriff, der beliebig gelesen und beschrieben werden kann.
- **SRAM: S**tatic **RAM**
  - Bistabile Kippstufen in Form eines Flipflops pro Bit
  - Aufbau: 6-Transistor-Zelle in CMOS-Technologie
  - Der Speicherinhalt geht erst bei Abschaltung der Betriebsspannung verloren (flüchtiger Speicher).
- **DRAM: D**ynamic **RAM**
  Der Speicherinhalt muss nach kurzer Zeit wieder aufgefrischt werden (Refresh).
- **SDRAM: S**ynchronous **DRAM**
  - Der Speicher verfügt über einen Taktgeber, der mit dem Systemtakt synchronisiert ist (Taktfrequenzen z. B. 66 MHz, 100 MHz, 133 MHz).
  - Geringe Zugriffszeiten
  - Betriebsspannung 2,5 V
- **DDR-RAM: D**ouble **D**ata **R**ate **RAM (DDR-SDRAM)**
  - Daten werden auf der ansteigenden und abfallenden Flanke gelesen (doppelte Datenrate).
  - Betriebsspannung 1,8 V; 2,5 V
  - Varianten: DDR1 (Bezeichnung auch ohne Ziffer), DDR2, DDR3; 184 und 240 Kontakte
- **RDRAM: R**ambus **DRAM**
  - Speicher der Fa. Rambus mit hoher Datenrate, 10mal schneller als bei SDRAM.
  - Daten werden auf der ansteigenden und abfallenden Flanke gelesen.
  - Taktfrequenz bis 400 MHz
  - Betriebsspannung 2,5 V

Modulkennzeichnungen

- **Angaben**
  - Speicherkapazität (z. B. 256 MB, 512 MB, 1 GB, 2 GB, 4 GB)
  - Taktfrequenz (z. B. 100, 133, 400, 800 MHz)
  - Maximale Datenübertragungsrate (z. B. 1,6 GB/s)
- **Module mit SDRAM**
  Beispiele:
  - PC 100 (100 MHz Taktfrequenz)
  - PC 133 (133 MHz Taktfrequenz)
- **Module mit DDR-RAM**
  Beispiele:
  - PC 1600 (1600 MB/s max. Datenübertragungsrate)
  - PC 2100, PC 2700, PC 3200 oder höher
    Berechnung des Zahlenwertes für 2100:
    133 MHz Takt x 2 Flanken x 8 Byte = 2128

Beispiele für Kenndaten

	DDR2-RAM	DDR3-RAM	DDR4-RAM
Chip	DDR2-800	DDR3-800	DDR4-1600
Modul	PC2 6400	PC3 6400	PC4 12800
Taktfrequenz Speicher	200 MHz	100 MHz	200 MHz
I/O-Takt	400 MHz	400 MHz	800 MHz
Taktfrequenz Modul	800 MHz	800 MHz	1600 MHz
Datenübertragungsrate pro Modul	6,4 GB/s	6,4 GB/s	12,8 GB/s

SIMM

- **SIMM: S**ingle **I**nline **M**emory **M**odule
  - Verbundene Kontakte auf beiden Seiten des Moduls
  - Seitliche Einbuchtung
  - 8 Bit Datenbusbreite: 30 Kontakte, in der Regel auf zwei Speicherbänke aufgeteilt (einreihig)
  - 32 Bit Datenbusbreite: 72 Kontakte
  - Bestückung mit **DRAM** bzw. **EDO-RAM** (**E**xtended **D**ata **O**utput **RAM**, erweiterte Datenausgabe)
- **PS/2 SIMM: P**ersonal **S**ystem/**2 SIMM** (IBM-Bezeichnung, PC-Nachfolger)
  - Kerbe in der Mitte (einreihig)
  - 32 Bit Datenbusbreite: 72 Kontakte

DIMM

- **DIMM: D**ual **I**nline **M**emory **M**odule
  - Doppelreihiger Speicherbaustein, Kontakte auf beiden Seiten sind unabhängig voneinander
  - 64 Bit Datenbusbreite: 168 Kontakte
  - Betriebsspannungen 3,3 V (Kerbe mittig), 5 V (Kerbe links)
- **SO-DIMM**: **S**mall **O**utline **DIMM**
  - Kleine kompakte Module, z. B. für Notebooks
  - 32 Bit Datenbusbreite: 72 Kontakte
  - 64 Bit Datenbusbreite: 144 Kontakte
- **DIMM** mit **SD-RAM** (PC 100, PC 133)
  - 168 Kontakte auf beiden Seiten der Platine
  - zwei Kerben

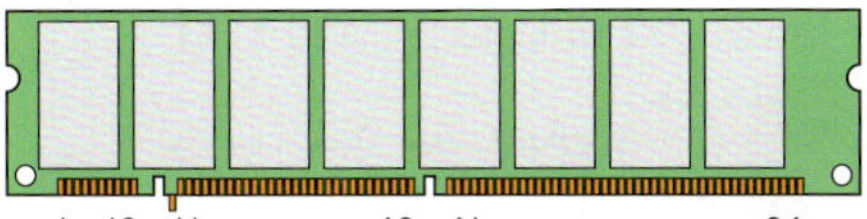

- **DIMM** mit **DDR-RAM** (PC 1600, PC 2100, ...)
  - 184 Kontakte auf beiden Seiten der Platine
  - eine Kerbe
  - Betriebsspannung 2,5 V bis 2,7 V

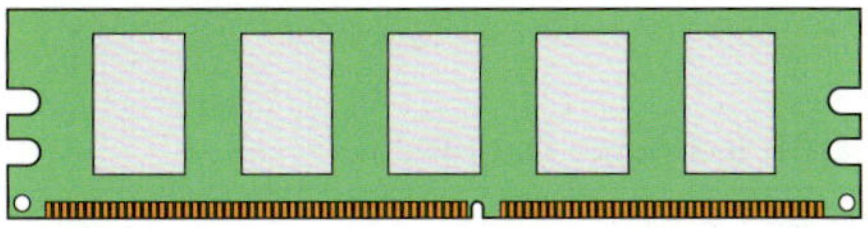

RIMM

- **RIMM: R**ambus **I**nline **M**emory **M**odule
  - 184 Kontakte auf beiden Seiten der Platine
  - 64 Bit Datenbusbreite, hohe Taktfrequenz bis 800 MHz
  - Betriebsspannung 2,5 V
- **RIMM** mit **RDRAM** (PC 800, PC 1600)

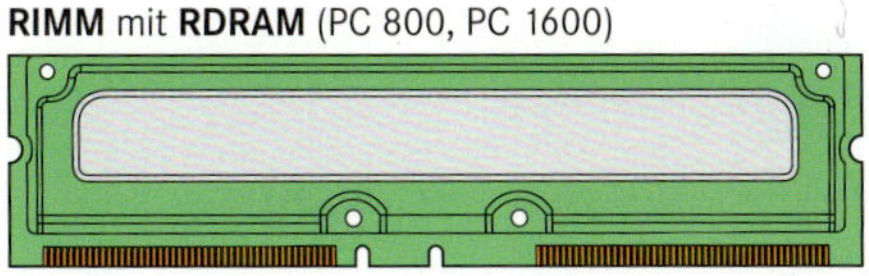

- **SO-RIMM: S**mall **O**utline **RIMM**
  - 160 Kontakte
  - Kleine kompakte Module mit geringem Platzbedarf, z. B. für Notebooks

SDRAM (Single Data Rate)

Beispiel: PC 133

- Chip-Kern (Memory Core), I/O-Buffer (im Speicherchip integrierter Zwischenspeicher) und der externe Speicherbus arbeiten mit gleicher Frequenz von 133 MHz.
- Nur bei aufsteigender Flanke werden Daten übertragen.

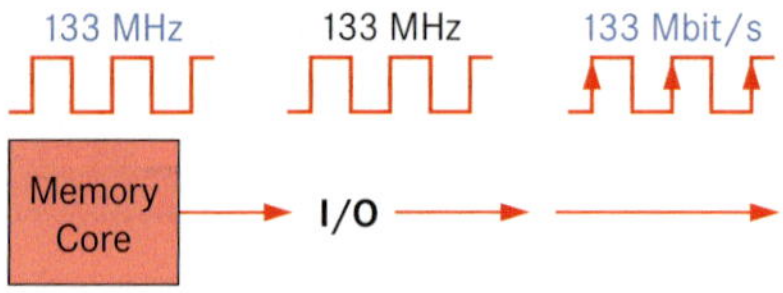

- Berechnung der Speicherbandbreite für PC 133:
  → 1 Bit · 133 MHz · 64 Bit = 8.512 Mbit/s
  1 Byte besteht aus 8 Bit.
  → 8.512 Mbit/s · (1B/8bit) = 1.064 MB/s = 1 GB/s

DDR1 (DDR I, Double Data Rate)

Beispiel: PC3200

- Chip-Kern, I/O-Buffer und externer Speicherbus arbeiten mit gleicher Frequenz von 200 MHz.
- Bei steigender und fallender Flanke werden Daten übertragen.

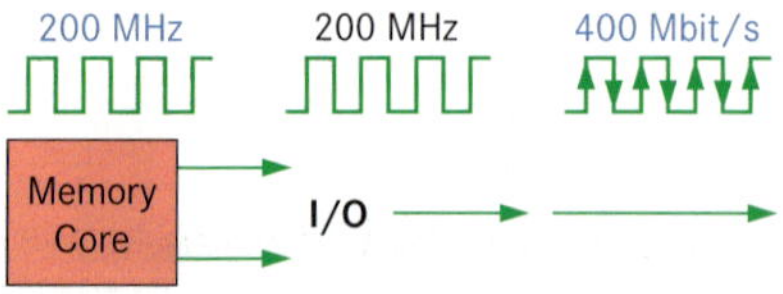

- Berechnung der Speicherbandbreite für DDR1-400:
  → 2 Bit · 200 MHz · 64 Bit = 25.600 Mbit/s
  → 3.200 MB/s (PC3200)
- Es werden Taktfrequenzen von 100 MHz, 133 MHz, 166 MHz und 200 MHz verwendet.
- Die Versorgungsspannung beträgt 2,5 V.

DDR2 (DDR II, Double Data Rate)

Beispiel: PC2-4200

- I/O-Buffer taktet mit doppelter Frequenz von 266 MHz.
- Bei steigender und fallender Flanke werden Daten übertragen.
- Die Schnittstelle zwischen Chip-Kern und I/O-Buffer ist auf vier Leitungen (Prefetch of 4) verbreitert.

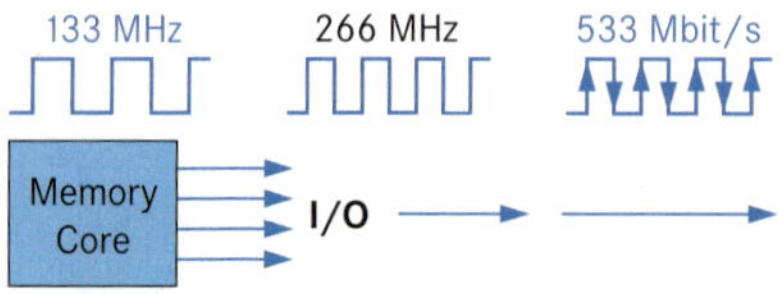

→ 2 Bit · 266 MHz · 64 Bit = 34.048 Mbit/s
→ 4.256 MB/s (PC4200)

- Taktfrequenzen 400 MHz, 533 MHz, 667 MHz
- Die Versorgungsspannung beträgt 1,8 V.
- Modulkontakte 200, 214, 240 und 244
- Geringere Leistung als bei DDR1 (247 mW gegenüber 527 mW).
- Die Chips sind um 50 % kleiner als bei DDR1.

DDR2-Varianten

Chip	DDR2-400	DDR2-533	DDR2-667	DDR2-800
Modul	PC2-3.200	PC2-4.200	PC2-5.300	PC2-6.400
Speicher-takt	100 MHz	133 MHz	166 MHz	200 MHz
I/O-Takt	200 MHz	266 MHz	333 MHz	400 MHz
Effektiver Takt	400 MHz	533 MHz	667 MHz	800 MHz
Bandbreite pro Modul	3,2 GB/s	4,2 GB/s	5,3 GB/s	6,4 GB/s
Bandbreite Dual-Channel	6,4 GB/s	8,6 GB/s	10,6 GB/s	12,8 GB/s

Bus-Terminierung

- **DDR1**
  - Der Terminierungswiderstand befindet sich am Ende der Busleitung auf dem Motherboard.
  - Störungen durch Reflexionen werden erst dort abgefangen (Nachteil).

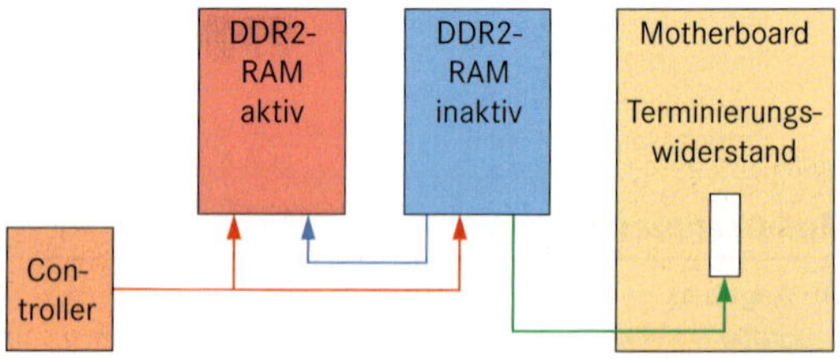

- **DDR2**
  - Die Terminierung erfolgt direkt auf dem Speichermodul (On-Die Termination).
  - Der Controller veranlasst, dass alle inaktiven Chips auf Terminierung umschalten (Vorteil).

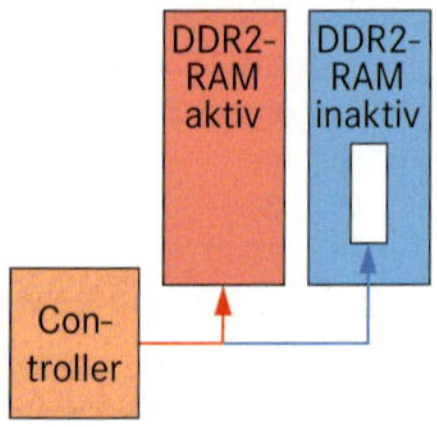

SPD (Serial Presence Detect)

- Standardisiertes Verfahren für die Erkennung der Speicherkonfiguration beim Booten eines PCs.
- Daten sind in einem EEPROM implementiert.
- Gespeicherte Daten:
  - Informationen über das Speichermodul
  - Speichergröße
  - Versorgungsspannung
  - Adressierung
  - Herstellerdaten, Codes und Teilenummern

DDR3

- Es handelt sich um eine Weiterentwicklung von DDR2.
- DDR3 arbeitet mit einem achtfachen Prefetch. Dadurch wird eine höhere Taktung des I/O-Puffers erreicht.

Nichtflüchtige Speicher
Non-Volatile Memory

EEPROM

- **E**lectrically **E**rasable **P**rogrammable **R**ead **O**nly **M**emory: elektrisch lösch- und programmierbare Nur-Lese-Speicher.
- Aufbau ähnlich der EPROM-Speicherzelle.
- Dünnere Oxydschicht zwischen schwebendem Gate und Auswahlgate.
- Elektronen können durch äußere elektrische Spannung in beide Richtungen verschoben werden.
- Nachteile: geringe Anzahl von Schreibvorgängen ($\leq 10^3 \dots 10^4$); lange Schreib- und Löschzeiten für die Datenbytes.
- Speicherinhalte bleiben nach Spannungsabschaltung erhalten.

NVRAM/FRAM

- **N**on **V**olatile **R**andom **A**ccess **M**emory: RAM mit unverlierbaren Daten.
- Bestehen aus SRAM-Zellen und angekoppelten EEPROM-Zellen.
- Solange Betriebsspannung vorhanden, wird RAM-Bereich aktiv.
- Bei Spannungsausfall werden Daten des RAM-Bereichs in EEPROM-Bereich automatisch übertragen.
- Nach Spannungsrückkehr werden Daten zurückgeschrieben.
- **FRAM** (**F**erroelectric **RAM**) bieten kürzere Schreibzeiten, geringeren Energiebedarf, höhere Anzahl an Schreib-/Lesezyklen als EEPROM. Anwendung z. B. in Smart Cards (Mobiltelefonen).

Flash EEPROM

- Speicherzellen sind ähnlich aufgebaut wie bei EEPROM.
- Oxydschichtdicke für schwebendes Gate ca. 120 nm.
- Ladungsträger zwischen schwebendem Gate und Substrat durch elektrische Spannung in beiden Richtungen verschiebbar.
- Löschen des Speicherinhaltes nur gesamt durch Löschimpuls möglich.
- Betriebsarten für die Bausteine werden über Kommandoregister gesteuert.
- Speicherinhalte bleiben nach Spannungsabschaltung erhalten.

ROM/PROM

- **R**ead **O**nly **M**emory: Nur-Lese-Speicher.
- **P**rogrammable **R**ead **O**nly **M**emory: programmierbarer Nur-Lese-Speicher.
- Informationen sind remanent gespeichert.
- **ROM:** Programmierung erfolgt beim Halbleiterhersteller durch Einbringen von leitenden Verbindungen zwischen Zeile und Spalte in der Speichermatrix.
- Anwendung von ROMs nur bei großen Stückzahlen günstig.
- **PROM:** Programmierung erfolgt beim Anwender durch Aufschmelzen der programmierbaren Verbindung zwischen Zeile und Spalte in der Speichermatrix.

ASIC – Anwendungsspezifische ICs
ASIC – Application Specific Integrated Circuits

Kundenspezifisch	Standardzellen	Gate Array	PLD
▪ ICs werden speziell für einen Kunden von einem Halbleiterhersteller angefertigt. ▪ Grundlage sind Logikpläne, die die Schaltfunktionen beschreiben. ▪ Funktionen werden als Transistorschaltungen auf Halbleiterkristall realisiert.	▪ Schaltfunktionen werden nicht auf Transistorebene entworfen. ▪ Halbleiterhersteller bieten Bausteinbibliotheken zur Umsetzung der Logikfunktionen. ▪ Bibliotheken enthalten z. B. Gatter, Schieberegister und Zähler als Makrozellen.	▪ Gatter-Felder sind vorgefertigte Schaltungen (Gatter). ▪ Kundenspezifische Schaltungen werden durch Aufbringen von Metallisierungsverbindungen realisiert. ▪ Neben Digitalschaltungen sind auch Analog-Arrays realisierbar.	▪ **P**rogrammable **L**ogic **D**evice: programmierbare Logikeinheiten. ▪ **PLA:** **P**rogrammable **L**ogic **A**rray. ▪ **PAL:** **P**rogrammable **A**rray **L**ogic. ▪ **FPLA:** **F**ield **P**rogrammable **L**ogic **A**rray. ▪ **EPLD:** **E**rasable **P**rogrammable **L**ogic **D**evice.
Silizium- Grundmaterial 	Ein-/Ausgabe-Treiber  Logikschaltungen	Ein-/Ausgabe-Treiber 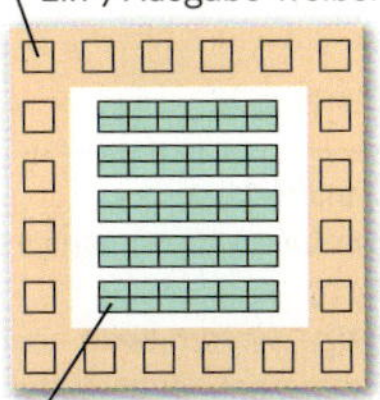 Gatterschaltungen	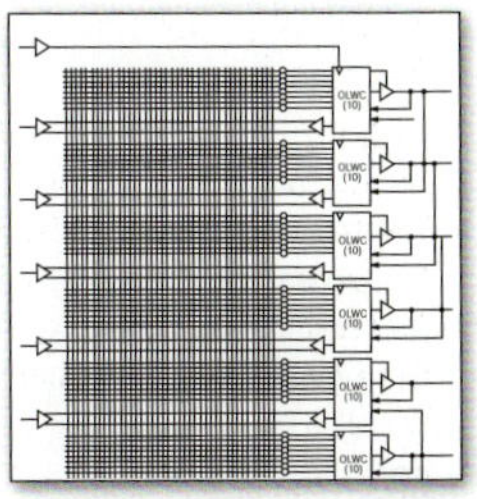

Aufbau

- Die Scheiben einer Festplatte sind über eine Zentralverankerung miteinander verbunden.
- Oberhalb und unterhalb jeder Scheibe befindet sich mindestens ein Arm mit einem Schreib- und Lesekopf.
- Der Arm kann an jeder beliebigen Stelle der Platte positioniert werden.

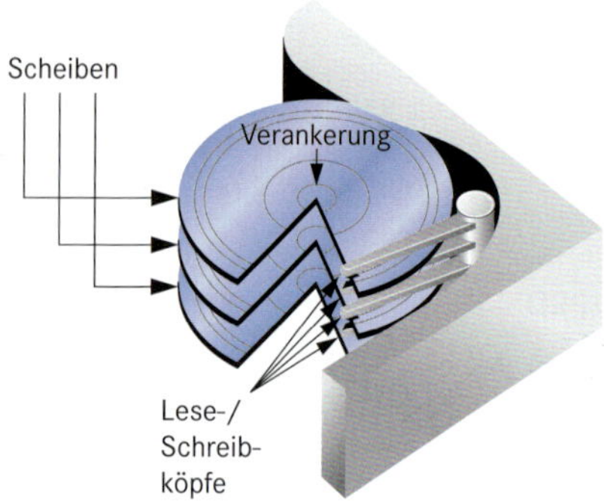

Partitionen

Eine Festplatte kann in einzelne in sich zusammenhängende Bereiche (Partitionen) aufgeteilt werden.
Sie wirken wie separate Laufwerke und werden deshalb durch fortlaufende eigene Buchstaben gekennzeichnet.

Vorteile:
- Organisation der Dateien
- Schnellerer Datenzugriff
- Datensicherung durch Verlagerung
- Effizientere Nutzung der Festplattenkapazität

Primärpartitionen

Gespeichert sind:
- Betriebssystem
- Anwendungsprogramme, Dateien usw.

Der PC wird von einer Primärpartition (C) aus gebootet.
Auf der Festplatte können mehrere Primärpartitionen für verschiedene Betriebssysteme eingerichtet sein. Es kann allerdings nur eine aktiv sein.

Physikalische Formatierung

Diese **Datenträgerorganisation** wird vom Hersteller durchgeführt.

Grundbausteine: Spuren, Sektoren und Zylinder.
- **Spuren:** Konzentrische Kreispfade auf jeder Scheibenseite; jede Spur erhält eine Nummer; die Spur 0 liegt am äußeren Rand.
- **Zylinder:** Der Spurensatz, der auf allen Seiten der Platten im gleichen Abstand von der Mitte angelegt wird, sind die Zylinder. Hardware und Software arbeiten häufig mit diesen Zylindern.
- **Sektoren:** Die Ausschnitte der Spuren werden als Sektoren bezeichnet. In ihnen kann eine bestimmte Datenmenge gespeichert werden.

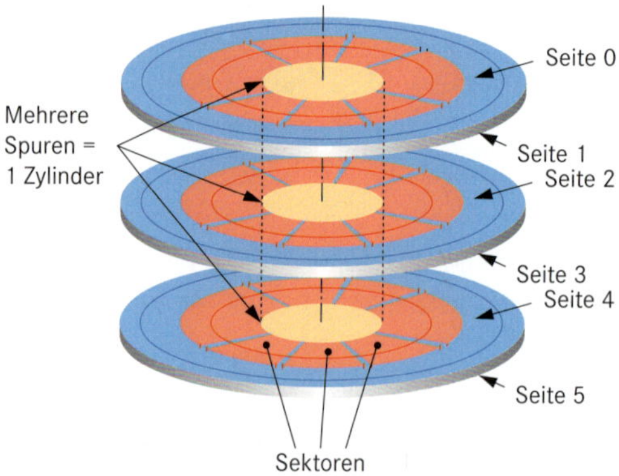

SMART

- **SMART: S**elf-**M**onitoring, **A**nalysis and **R**eporting **T**echnologie (Technologie zur Selbstüberwachung, Analyse und Statusmeldung)
- Die Festplatten protokollieren wichtige Systemwerte nach SMART. Die Auswertung kann mit entsprechender Software erfolgen.

Erweiterte Partitionen

Es handelt sich dabei um weitere physikalische Unterteilungen der Festplatte, für die eine logische Formatierung (logische Laufwerke) vorgenommen wird.

Logische Formatierung

Es handelt sich um die Einrichtung eines Dateisystems für Partitionen.

Aufgaben eines Dateisystems:
- Verwaltung der belegten und freien Speicher.
- Verwaltung der Verzeichnisse und Dateinamen.
- Festhalten, wo die unterschiedlichen Teile einer Datei auf der Festplatte gespeichert sind.

Dateisysteme

- **Microsoft**
  - **FAT 16**: **F**ile **A**llocation **T**able, Dateizuordnungstabelle für DOS, Windows, ... wird von nahezu jedem Betriebssystem unterstützt
  - **FAT 32**: Weiterentwicklung von FAT 16, wird von neueren Betriebssystemen unterstützt
  - **NTFS**: **N**ew **T**echnology **F**ile **S**ystem, seit Windows XP Standarddateisystem
  - **exFAT**: Version von FAT 32, Einsatz für Flash-Speicher
- **Apple**
  - **HFS**: **H**irarchical **F**ile **S**ystem, hierarchisches Dateisystem für Macintosh-Modelle ab 1986
  - **HFS+**: Weiterentwickelte Variante von HFS, Standard unter (Mac) OS X
- **Linux**
  - **EXT**: Extended File System (EXT2, 3, 4)
- **OS/2**
  - **HPFS**: **H**igh **P**erformance **F**ile **S**ystem

Partitionieren von Festplatten
Partitioning Hard Disks

Vorgang

- **Partitionieren** ist das Aufteilen eines Datenträgers (Festplatte) in einzelne, voneinander unabhängige Speicherbereiche.
- Die einzelnen Partitionen werden vom Betriebssystem wie **logische Laufwerke** behandelt, deren Verwaltung durch eigene **Dateisysteme** erfolgt.
- Ein Betriebssystem kann bis zu vier Partitionen verwalten ① : drei bootfähige Partitionen ② und eine **erweiterte Partition** ③.
- Die erweiterte Partition kann in nicht bootfähige logische Laufwerke ④ aufgeteilt werden.
- Jede primäre Partition und jedes logische Laufwerk können unabhängig voneinander formatiert werden und durch unterschiedliche Dateiformate (z. B. NTFS, FAT32) organisiert werden.
- Jede Partition erhält zur **Kennzeichnung** einen Buchstaben mit Doppelpunkt (C bis Z).
- Die Partitionierung kann durch Programme (z. B. bei DOS mit fdisk-Befehl) oder direkt über das Betriebssystem (Vista) erfolgen.

Beispiel

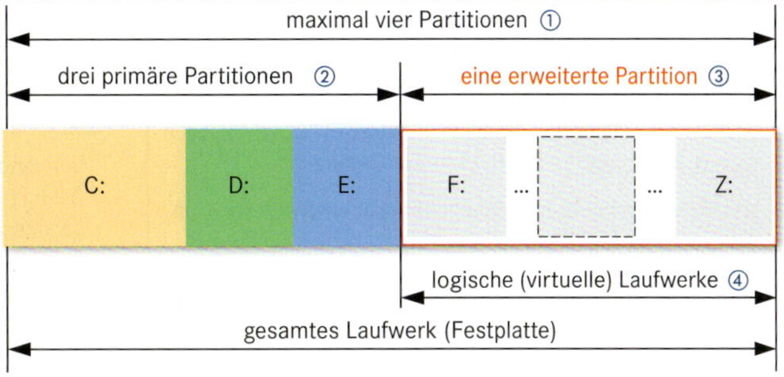

Die Kennzeichnungen A: und B: sind für Diskettenlaufwerke reserviert.

Gründe und Aufteilung

- Die Installation mehrerer Betriebssysteme ist möglich (z. B. Windows Vista, Windows 7 und Linux).
- In den einzelnen Partitionen können verschiedene Dateisysteme angelegt werden.
- Separate Partitionen können für die Speicherung bestimmter Daten (Texte, Bilder, ...) verwendet oder für Mitbenutzer reserviert werden.
- Datensicherheit wird durch Partitionierung erreicht. Wenn eine Partition Fehler aufweist, sind andere Partitionen nicht davon betroffen.
- Die Partition C: wird häufig für das Betriebssystem und die Programme verwendet.

SATA – Serial ATA

Merkmale

- **S**erial **A**dvanced **T**echnology **A**ttachment ist eine Weiterentwicklung (ab 2000) der parallelen ATA-Schnittstelle (parallel ATA, **PATA**) für Festplatten zu einer seriellen Schnittstelle.
- Vorteile gegenüber PATA:
  - vereinfachte Leitungsführung
  - Luftzirkulation im PC wird durch dünnere Leitungen weniger behindert
  - höhere Datentransferrate
  - Austausch von Datenträgern im laufenden Betrieb (Hot-Plug)
- Serial ATA ist nicht auf Festplatten beschränkt (auch z. B. für Bandlaufwerke, DVD-Laufwerke, DVD-Brenner).
- Es ist kein externer Taktgenerator zur Datensynchronisation erforderlich. Das Taktsignal wird aus dem Datensignal generiert.
- Versionen:
  - **Serial ATA 1.5 Gbit/s** (Serial ATA I bzw. 1), 150 MB/s
  - **Serial ATA 3.0 Gbit/s** (auch Serial ATA II bzw. 2), 300 MB/s, für Festplatten bis 3 TB; für externe Geräte: **eSATA** (**e**xternal **S**erial **ATA**), abgeschirmte Leitung bis 2 m, anderer Stecker
  - **Serial ATA 6.0 Gbit/s** (auch Serial ATA III bzw. 3), 600 MB/s
  - **mSATA** (**m**ini-**SATA**): Verkleinerter Anschluss, entspricht dem Mini-PCI-Express-Anschluss
  - **SATA Express 8 Gbit/s** und **16 Gbit/s** (in der Entwicklung)

Datenleitung und Steckverbinder

- 8 mm breit (1/4"), flexibel, 7 Adern, max. 6 m lang
- Punkt-zu-Punkt-Verbindung
- Terminierung nicht erforderlich
- Signalspannung 250 mV (LVDS: Low Voltage Differential Signaling), +250 mV und −250 mV
- **Beispiel:**

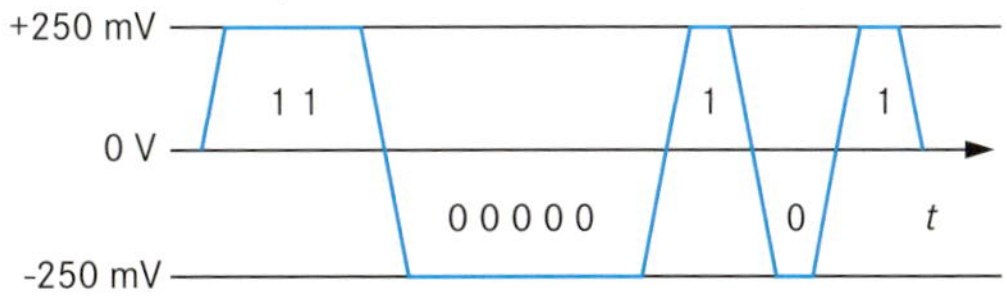

- Übertragungsfenster: 666 ps, Zeitspanne von ansteigender bis abfallender Flanke
- Steckverbinder: (Spannungsversorgung)
  - 15 Pins
  - 3 Spannungen: 3,3 V; 5 V; 12 V
  - Stecker für 2 1/2-Zoll-Notebook- und für 3 1/2-Zoll-Festplatte
  - 5 1/4"-Laufwerke

Merkmale

- **SSDs** (**S**olid **S**tate **D**isk) sind Speichermedien, die nur aus Halbleiterchips aufgebaut sind. Sie lassen sich wie Festplatten datenmäßig ansprechen.
- Vorteile gegenüber herkömmlichen Laufwerken: Mechanisch robust, kurze Zugriffszeiten, keine Geräusche
- Nachteile gegenüber herkömmlichen Laufwerken: Erheblich höherer Preis bei gleicher Kapazität.
- Aufgebaut sind die Speicherzellen in NAND-Technik (**NAND-Flash**).
- Die Speicherung der Bits erfolgt, indem man Ladungen in einer isolierten Zone eines Halbleiterbausteins (Flash-FET deponiert (Flash = Blitz).
- Ein integrierter Controller sorgt dafür, dass Daten gespeichert, gelesen und z. B. an den SATA-Anschluss (SATA 2 mit 3 Gbit/s oder SATA 3 mit 6 Gbit/s) weitergegeben werden.
- Lesevorgänge sind unbegrenzt möglich. Die erreichbaren Schreibzyklen liegen zwischen 100.000 und 5 Millionen. Um die Lebensdauer zu erhöhen, werden durch einen Controller im Speichermedium die Schreibvorgänge gleichmäßig auf alle Speicherzellen verteilt. Dazu wird mit der Speichersteuerung die Speicherhäufigkeit aller Blöcke überwacht. Fehlerhafte Blöcke werden ausgeblendet.
- Wenn eine herkömmliche Festplatte (**HDD**) mit einer SSD kombiniert ist, handelt es sich um eine **Hybridfestplatte** (**HHD**: **H**ybrid **H**ard **D**rive).

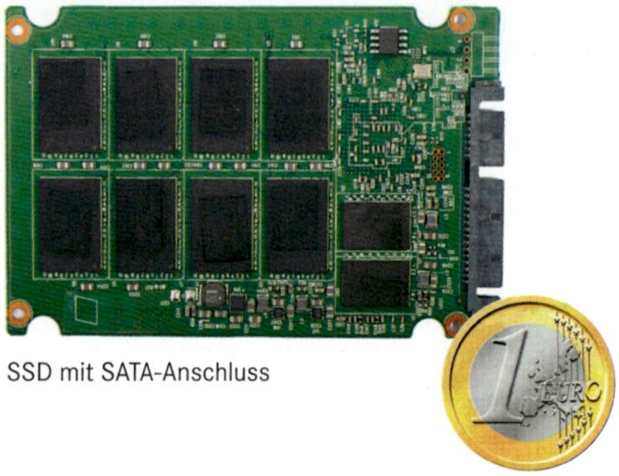

SSD mit SATA-Anschluss

Vergleich mit einer Festplatte (1,0" bis 3,5")

		MLC SSD	HDD
Kapazität in GB		≤ 600	≤ 3000
Datentransferrate in MB/s	Lesen	bis 500	bis 150
	Schreiben	≤ 440	≤ 150
Zugriffszeit in ms (mittlere)	Lesen	ca. 0,2	ca. 3,5
	Schreiben	ca. 0,4	ca. 3,5
Leistung in W	Ruhe	0,1 ... 1,3	≥ 4
	bei Zugriff	0,5 ... 5,8	≥ 6

Speicherchiparten

- **SLC**-Chips (**S**ingle **L**evel **C**ell) speichern 1 Bit pro Speicherzelle.
- **MLC**-Chips (**M**ulti **L**evel **C**ell) speichern 2 Bit pro Speicherzelle.
  - Verwendung hauptsächlich ab 64 GB
  - Beim Lesen sind sie langsamer und beim Schreiben schneller als SLC-Chips.
- **Asynchrone Speicherchips**: Daten werden bei der aufsteigenden Flanke des Taktsignals übertragen.
- **Synchrone Speicherchips**: Daten werden bei der auf- und absteigenden Flanke des Taktsignals übertragen (wie beim DDR-RAM).

Speicherorganisation

- Mehrere Speicherzellen werden zu einer **Page** zusammengefasst, die Kapazitäten von 4 kB oder 8 kB besitzen. Pages lassen sich einzeln beschreiben, können aber nicht einzeln gelöscht werden.
- Pages werden in **Blocks** zusammengefasst, die gelöscht werden können. Beispiele:
  - 128 Pages mit 4 kB ergeben einen Block von 512 kB.
  - 256 Pages mit 8 kB ergeben einen Block von 2 MB.
- Schritte zur Datenspeicherung (**Read-Modify-Write-Zyklus**):
  1. Daten des Blocks werden ausgelesen und noch benötigte Daten werden in einem Speicher (Cache) abgelegt.
  2. Daten im Block werden gelöscht.
  3. Neue bzw. gespeicherte Daten werden im gelöschten Block abgelegt.

Speicherbereinigung

- Da die Schnelligkeit der Datenspeicherung abhängig von der Anzahl der freien Pages ist, wird bei SSDs die **Garbage Collection** (wörtlich: „Müllabfuhr“, automatische Speicherbereinigung oder Freispeichersammlung) eingesetzt.
- Prinzip Garbage Collection:
  - Der Controller sammelt Daten aus nur teilweise beschriebenen Blocks.
  - Diese werden anschließend zu wenigen vollen Blocks zusammengefasst.
  - Die jetzt frei gewordenen Blocks werden gelöscht und können bei Bedarf sofort beschrieben werden.

Abnutzungsausgleich

- Die Lebensdauer einer SSD erhöht sich, wenn die Schreibzugriffe gleichmäßig verteilt werden. Deshalb wird ein Abnutzungsausgleich (**Wear Leveling**) hergestellt. Dazu führt die SSD eine interne Statistik darüber, welche Blocks wie oft beschrieben wurden.
- **Dynamic Wear Leveling**: Verteilung der Daten, die sich im Moment ändern oder geschrieben werden.
- **Static Wear Leveling**: Bei Leerlauf Verteilung abgelegter Daten auf verschiedene Blocks.

Merkmale

- **Drahtlose** Kommunikationsverbindung für **Kurzstrecken** auf Funkbasis
- Arbeitet im Bereich von 2,402 GHz bis 2,480 GHz (2,4 GHz **ISM-Band**)
- Frequenzband ist unterteilt in **79 Kanäle** mit je 1 MHz Abstand
- Übertragung erfolgt durch **Frequenzsprungverfahren** (**FHSS:** **F**requency **H**opping **S**pread **S**pectrum)
- Insgesamt werden 79 **HOPS** (Sprünge) mit einer maximalen **Hopping-Frequenz** von 1600 Hz realisiert
- **Hopping-Sequenz** wird über die Geräteadresse des Masters ausgewählt
- Kommunikation zwischen Master und Slave erfolgt im **T**ime **D**ivision **D**uplex (**TDD**)
- Sendeleistung ist in drei Klassen eingeteilt
  - **Klasse 1:** 100 mW (20 dBm); automatische Sendeleistungsanpassung ist erforderlich
  - **Klasse 2:** 2,5 mW (4 dBm)
  - **Klasse 3:** 1 mW (0 dBm)
- Reichweite 10 cm bis 10 m (100 m)
- Pro **Pico-Netz** werden 8 aktive Geräte (1 Master und 7 Slaves) unterstützt (zusätzlich sind noch bis zu 255 passive Slaves möglich)
- Pro System sind maximal 10 Pico-Netze möglich (**Scatter**-Netz)

Datenübertragungsarten

- Punkt zu Punkt (**SCO: S**ynchronous **C**onnection **O**riented)
- Punkt zu Multipunkt (**ACL: A**synchronous **C**onnection**l**ess)
- SCO dient der synchronen Sprachübertragung mit symmetrischen Datenraten (64 kbit/s)
- Sprachcodierung erfolgt mittels **C**ontinuous **V**ariable **S**lope **D**elta Verfahren (**CVSD**);
- ACL-Übertragung ist asynchron und verbindungsunabhängig
- Datenpakete können dabei auch 3 oder 5 Zeitschlitze beanspruchen (ohne Frequenzwechsel)
- Symmetrie der Datenraten wird vom Master festgelegt:
  - asymmetrisch: max. 721 kbit/s vorwärts und 57,6 kbit/s rückwärts
  - symmetrisch: 432,6 kbit/s in beiden Richtungen
- Maximal **7 Datenkanäle** und **3 Sprachkanäle** pro Pico-Netz

Schutzmaßnahmen

- Schutz gegen **Übertragungsstörungen** durch
  - **FEC**-Codierung (**F**orward **E**rror **C**orrection: Vorwärts-Fehlerkorrektur) und
  - **ARQ** (**A**utomatic **R**etransmission **Q**uery: Wiederholungs-anforderung)
- Header jedes Paketes ist grundsätzlich mit FEC geschützt
- Datenschutz für die Übertragung auf physikalischer Schicht durch **Authentifizierung** und **Verschlüsselung**
- Verschlüsselung erfolgt mit **Stream-Cipher**-Verfahren über Schlüssellängen von 40 Bit oder 60 Bit
- Jedes Bluetooth-Gerät verfügt über eine eindeutige **Geräte-Adresse** mit **48 Bit** (ähnlich MAC-Adresse bei LAN-Netzwerken):
  - **LAP** (**L**ower **A**ddress **P**art) 24 Bit
  - **UAP** (**U**pper **A**ddress **P**art) 8 Bit
  - **NAP** (**N**on Significant **A**ddress **P**art) 16 Bit
- **Profile** definieren die gemeinsame Basis für Geräte mit identischen Diensten und ermöglichen damit die Interoperabilität zwischen den Geräten
- Die **Leistungsaufnahme** der Geräte wird über Betriebsarten (Active, Sniff, Park, Hold) gesteuert.

Netzstruktur

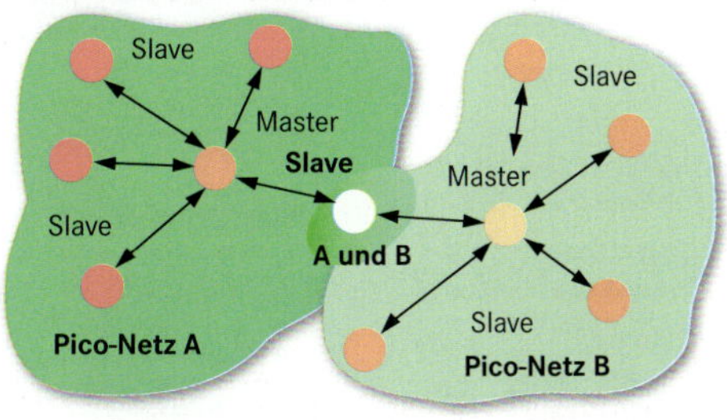

Time Division Duplex

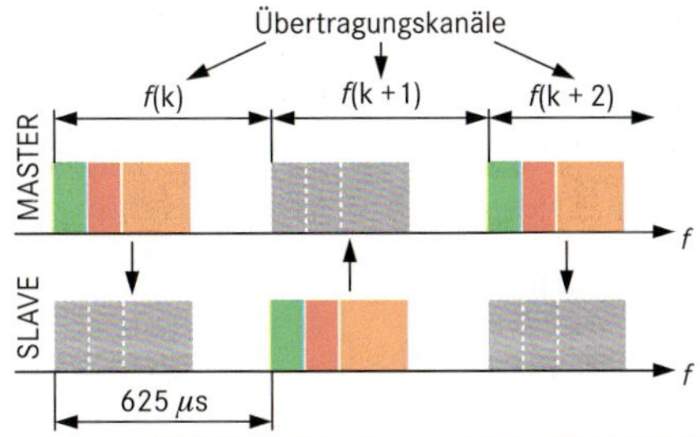

Rahmenformat

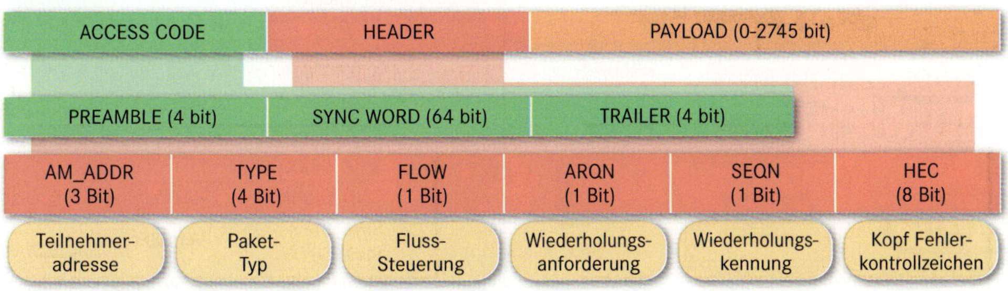

Merkmale

USB 2.0	USB 3.0
▪ Ist ein serieller Bus zur Anschaltung von Peripheriegeräten (z. B. Drucker) an den PC. ▪ Ist ausgelegt als kaskadierte Sterntopologie mit bis zu 127 Geräten (Functions, inkl. Hub). ▪ Übertragungsrate: brutto ca. 60 MByte/s ▪ Stromversorgung für Endgeräte wird im Kabel mitgeführt	▪ Ist die Erweiterung (SuperSpeed) von USB 2.0 ▪ Verwendet einen doppelten seriellen Bus ▪ Übertragungsrate: brutto ca. 500 MByte/s ▪ Stecker sind nur zum Teil kompatibel zu USB 2.0 ▪ USB 3.1 mit Datenübertragungsrate von 10 Gbit/s und neuer Typ C Steckverbindung

Topologie

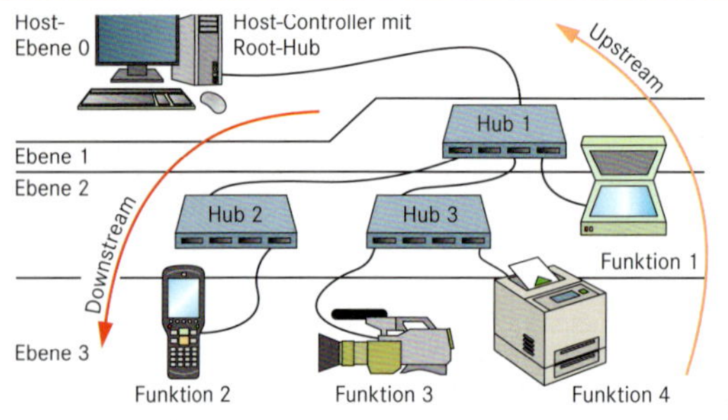

Stecker und Buchsen

Standard

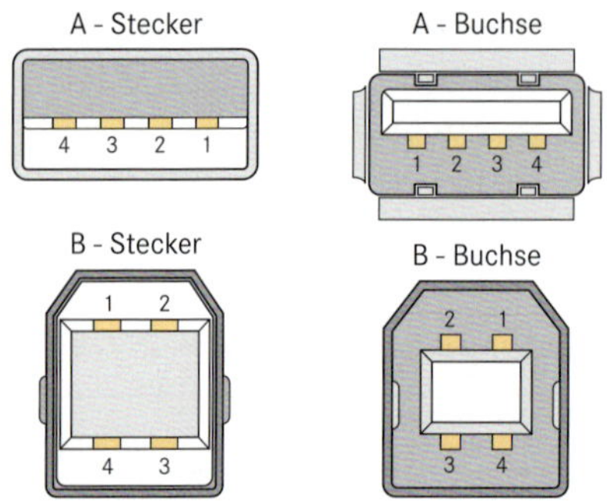

PIN Belegung
1 + V_{CC}
2 D –
3 D +
4 Gnd

Mini

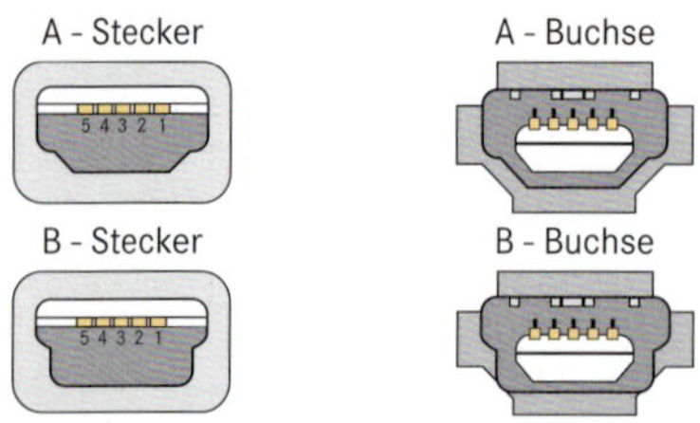

Micro

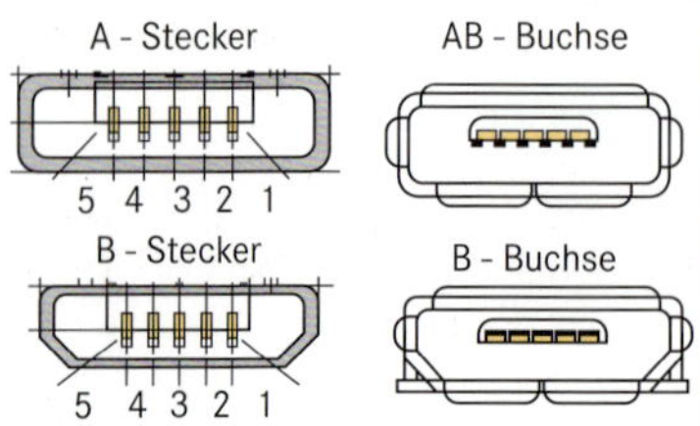

PIN-Belegung (Mini und Micro)

Pin	Typ A	Typ B
1	Vcc	
2	D –	
3	D +	
4	Gnd	n.c.
5	Gnd	

Kabelaufbau

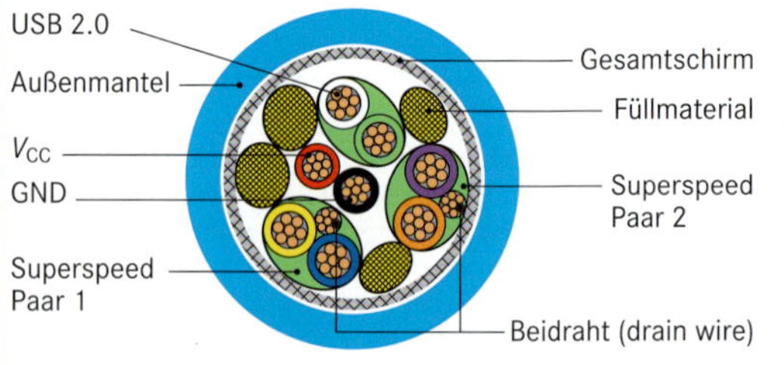

Aderfarbe	Signalname	Funktion
Rot	PWR	Stromversorgung ext. Geräte
Schwarz	GND_PWRrt	Stromversorgung Rückleiter
Weiß	UTP_D–	USB 2.0., negativ[1]
Grün	UTP_D+	USB 2.0., positiv[1]
Blau	SDP1–	Paar 1, negativ[2]
Gelb	SDP1+	Paar 1, positiv[2]
Purpur	SDP2–	Paar 2, negativ[2]
Orange	SDP2+	Paar 2, positiv[2]

[1] ungeschirmt [2] geschirmt

Stecker und Buchsen

Standard

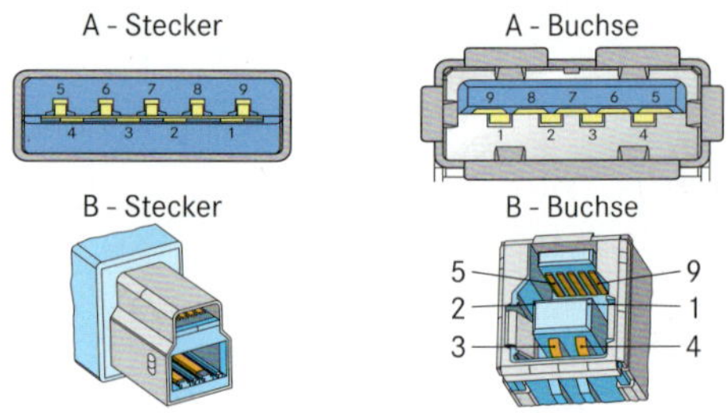

Pin-Nr.	Signalname	Funktion
1	UBUS	Stromversorgung
2 3	D– D+	USB 2.0 differenziell
4	Gnd	Stromversorgungsmasse
5 6	StdA_SSRX– StdA_SSRX+	Vom Gerät zum Host
7	GND_DRAIN	Rückleitung für Signaladern
8 9	StdA_SSTX- StdA_SSTX+	Vom Gerät zum Host
Shell	Shield	Schirmung

Merkmale

- IEEE 1394 definiert eine **serielle Schnittstelle** zur Kopplung peripherer Geräte (z. B externe Festplatten, Videogeräte) an einen Rechner oder zur Kopplung von Geräten untereinander.
- Verwendete Produktnamen sind FireWire (Apple), i.Link (Sony) und mLAN (Yamaha).
- Standard besteht aus mehreren Teilen: IEEE 1394a, IEEE 1394b und IEEE 1394c.
- Allgemeine Bezeichnungen sind FireWire 400 und FireWire 800.
- Basiert auf einer **seriellen Punkt-zu-Punkt**-Datenübertragung (peer to peer) zwischen benachbarten Geräten bzw. über mehrere Geräte hinweg zum Zielgerät.
- Erfordert keinen Host im System (Gegensatz: USB).
- Jedes Gerät kann die Masterfunktion übernehmen.
- Adressierung der Geräte in einem Bus durch 6 Bit; die einzelnen Busstränge werden über zusätzliche 10 Bit adressiert.
- Pro Bussystem sind 63 Geräte (Knoten) adressierbar.
- Geräte werden in Reihe (**Daisy Chain**) geschaltet.
- Bei Verwendung von Kupferverbindungskabeln können max. 17 Geräte (16 Kabelsegemente, je 4,5 m) in eine Reihe geschaltet werden (72 m Gesamtlänge).
- Durch Verwendung von Hubs (oder Mehrport-Geräten) können **Baumtopologien** aufgebaut werden.
- Max. sind 1023 Bussegmente über **Brücken** zusammen schaltbar.
- Realisiert Funktionen, wie z. B.:
  - **plug and play** (keine Adresseinstellung, keine Terminierung eforderlich),
  - **automatische Buskonfiguration** bei Hinzufügen oder Entfernen eines Gerätes,
  - **asynchroner** Datentransfer (zwischen zwei direkt adressierten Geräten, mit variablen Übertragungsintervallen und Handshake-Verfahren),
  - **isochroner** Datentransfer (feste, garantierte Übertragungsintervalle für jede teilnehmende Verbindung, ohne Wiederholung bei Datenverlust; 80 % der Bandbreite für einen oder mehrere isochrone Kanäle verfügbar),
  - bis zu 45 W elektrische Leistung bei Verwendung des 6- und 9-poligen Kabels übertragbar (**bus power**).
- **Übertragungsgeschwindigkeiten** (IEEE 1394a): **S 100** (98,304 Mbit/s), **S 200** (196,608 Mbit/s), und **S 400** (393,216 Mbit/s), bidirektional und halbduplex.
- IEEE 1394b ist abwärtskompatibel zu 1394a über bilinguale Verbindung; realisiert zusätzlich die Übertragungsgeschwindigkeit **S 800** mit 9-poliger Beta-Verbindung, bidirektional und vollduplex.
- IEEE 1394c realisiert Verbindungen mit S 800 (786,432 Mb/s) über Cat. 5e UTP.

Topologie

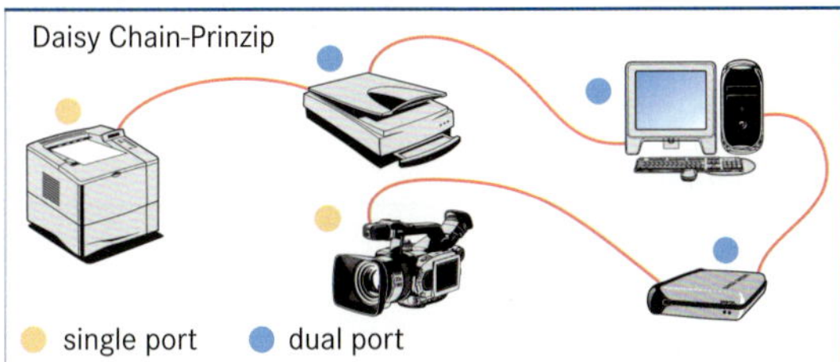

Übertragungszyklus

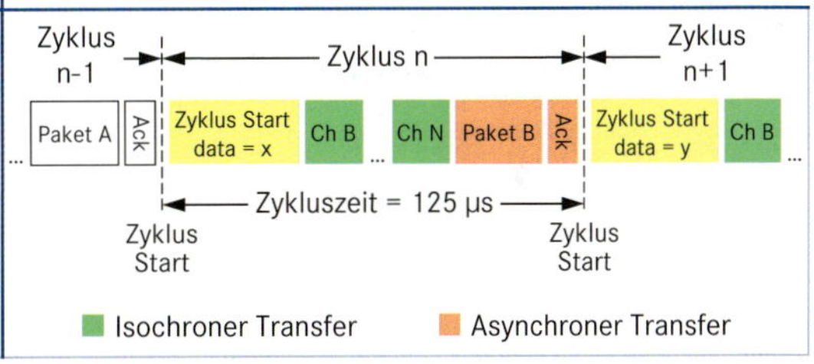

Verbindungskabel 6-polig

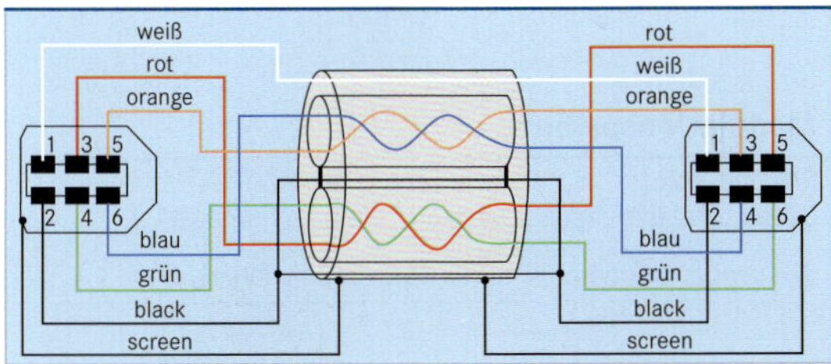

Übertragungsrichtung (DS-mode)

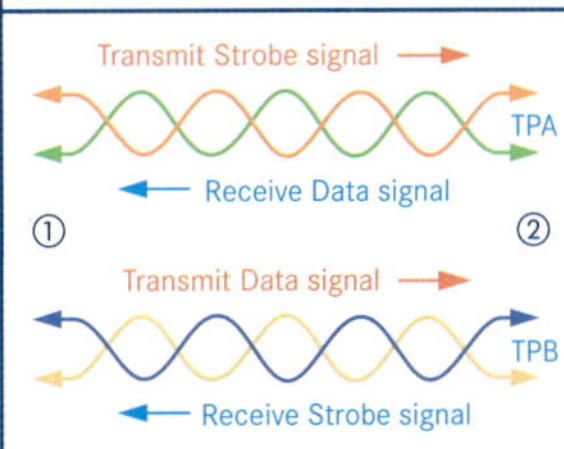

- Im DS-Mode werden Daten- und Strobesignale übertragen.
- Übertragung von ① nach ②: Strobe auf TPA und Daten auf TPB.
- Übertragung von ② nach ①: Strobe auf TPB und Daten auf TBA.

PIN-Nr. (Typ)			Bezeichnung	Funktion	Aderfarbe
(4-pin)	(6-pin)	(9-pin)			
–	1	8	Power	max. 30 V DC ohne Last	white
	2	6	Ground	Ground potential innerer Schirm	black
1	3	1	TPB –	Twisted Pair B	orange
2	4	2	TPB +	Twisted Pair B	blue
3	5	3	TPA –	Twisted Pair A	red
4	6	4	TPA +	Twisted Pair A	green
		6/9	A/B shield		
–	–	7	n.c.		
			Gehäuse	Äußerer Schirm	

Geräteschnittstellen

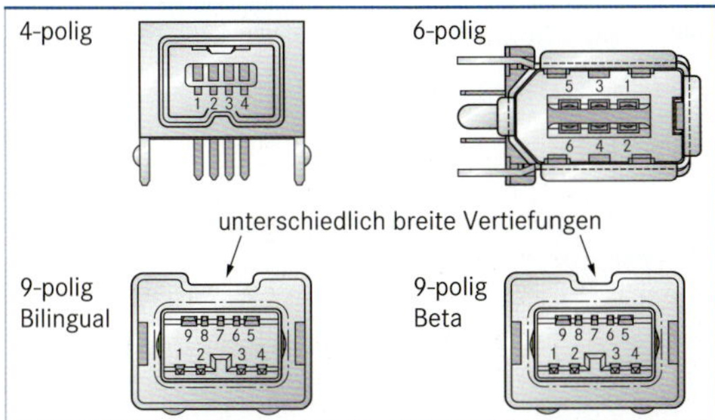

Merkmale

- **IrDA** – Vereinigung für Datenübertragung auf infraroter Basis definiert Standards (IrDA 1.0 und 1.1) für **serielle Datenübertragung** mittels **infrarotem Licht** in Sichtverbindung zwischen Sender und Empfänger.
- **Übertragungsraten** können (bei PC-interner Schnittstelle) im BIOS eingestellt werden.
- **Übertragungsstrecke** beträgt standardmäßig 1 m; größere Entfernungen sind möglich (abhängig von eingesetzten optischen Sendern und Empfängern).
- **Übertragungsart** ist halbduplex; Punkt-zu-Punkt und Punkt-zu Mehrpunkt.
- Grundstandard enhält Spezifikationen für Verbindungszugriff (Link Access Protocol: IrLAP), Verbindungssteuerung (Link Management Protocol: IrLMP) und Physical Interface.
- **Anwenderprotokolle** bieten spezifische Ausführungen für unterschiedliche Anwendungen.
- Durch spezielle Kodierung des optischen Signals wird eine energiesparende und gegenüber optischen Beeinflussungen (Tageslicht, Reflexionen) zuverlässige Übertragung erreicht.
- Preiswerte **kabellose Kopplung** u. a. zwischen PCs, Notebooks, PDAs, Kamera, Drucker, Mobile usw.

Protokoll-Stack

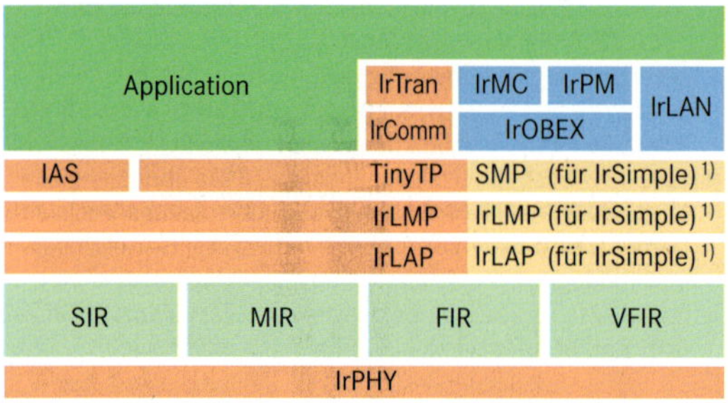

Erläuterungen

IrPHY	**IrDA Phy**sical Layer definiert die physikalischen Übertragungseigenschaften (z. B. Strahlungsstärke, Abstrahlwinkel, Datenrate).
IrLAP	**IrDA L**ink **A**ccess **P**rotocol definiert die Übertragungsrate und Datengröße.
IrLMP	**IrDA L**ink **M**anagment **P**rotocol regelt u. a. den Datenaustausch für mehrere paralell laufende Anwendungen.
Tiny TP	**IrDa T**ransport **P**rotocol verwaltet u. a. die Puffer für jede logische Verbindung.
IrCOMM	**Infrared Comm**unication Protocol emuliert u. a. die RS 232 Schnittstellenfunktion.
IrOBEX	**Infrared Ob**ject **Ex**change Protocol vereinheitlicht die Eigenschaften von Objekten zur Übertragung zwischen unterschiedlichen Geräten.
IrTran-P	**Infrared Tran**sfer **P**rotocol-Picture steuert die Übertragung von Bildern; verwendet UPF (Universal Picture Format).
IrMC	**Infrared M**obile **C**ommunication (mobile Kommunikationsgeräte) definiert die Objekt-Austauscheigenschaften bei mobilen Geräten (z. B. PDA)
IrFM	**Infrared F**inancial **M**essaging steuert elektronische Bezahlverfahren.
IrLAN	**Infrared LAN** definiert LAN-Verbindungen über IrDA.

1) **IrSimple:** regelt effiziente Übertragung großer Datenmengen (z. B. Bilddateien). Erfordert die unter 1) genannten Ergänzungen: **SMP** (**S**equence **M**anagement **P**rotocol), **Ir LMP** und **IrLAP** (**für IrSimple**). Damit werden hohe Übertragungsraten und vereinfachter Aufbau und Abbau der Verbindung erreicht (z. B. 1 MByte JPEG über VFIR mit IrSimple in 0,6 s).

Übertragungsraten

Bezeichnung		
SIR (**S**low)	kbit/s	2,4; 9,6; 19,2; 38,4; 57,6; 115,2
MIR (**M**edium)	kbit/s	576; 1152
FIR (**F**ast)	Mbit/s	4
VFIR (**V**ery **F**ast)	Mbit/s	16
UFIR (**U**ltra **F**ast)	Mbit/s	100 (in Entwicklung)

Optische Parameter

Abstrahlwinkel

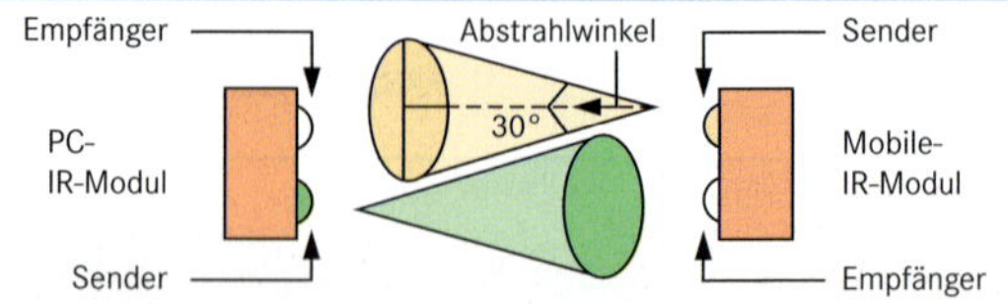

Leistungsparameter

Übertragungsrate in kbit/s	Betriebsart	Sendeleistung in mW/sr	Empfangsempfindlichkeit in µW/cm²
< 115,2	Standard	40	4
	Low Power	3,6	9
> 115,2	Standard	100	10
	Low Power	9	22,5

Modulationsarten

SIR und **MIR** (< 115,2 kbit/s) verwenden RZI
Daten „0“: Lichtimpuls; Daten „1“: Kein Lichtimpuls

SIR sendet Lichtimpuls mit 3/16 T (Impulsdauer)

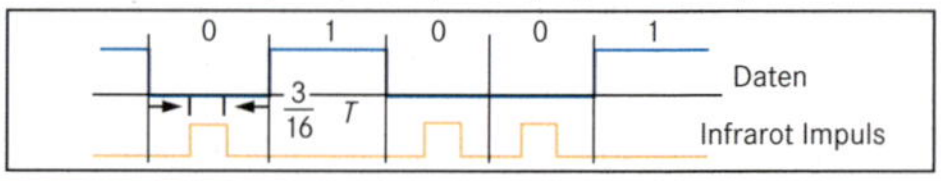

MIR sendet Lichtimpuls mit 1/4 T (Impulsdauer)

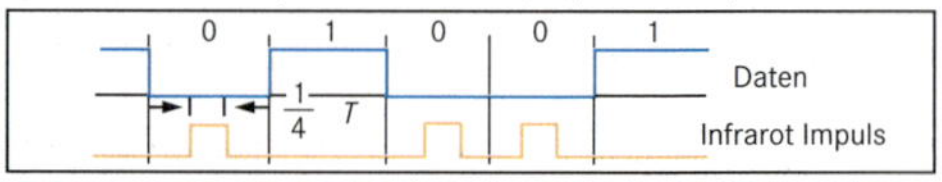

FIR verwendet **4 PPM** (**P**ulse **P**osition **M**odulation).
Jeweils 2 Datenbit werden einer bestimmten Pulsposition im Übertragungsraster zugeordnet.

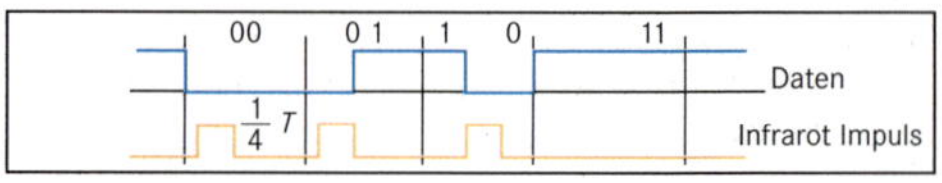

Funktion

- m.2 ist die Bezeichnung für einen 75-poligen Steckverbinder auf dem Mainboard zur Aufnahme kleiner Leiterplatten (add-on cards), z. B. **SSD** (**S**olid **S**tate **D**isc).
- Die Bauformgröße der Leiterplatten ①, die Lage der Kodierungen ②, die Kontaktbelegung und die zugeordneten Funktionen ③, die auf den Leiterplatten realisiert sind, sind von der PCI-SIG festgelegt.
- Die Leiterplatten können einseitig oder beidseitig mit unterschiedlichen Bauelementhöhen bestückt sein ④.
- Von den 75 Kontakten werden verwendet:
  - 8 Kontaktpositionen für die Leiterplattencodierung Form A bis M und
  - 67 Kontaktpositionen für die Signalübertragung.

Bezeichnungsschema

Typ XX XX - XX - X - X ← Angabe nur bei Leiterplatten mit zweifacher Codierung

①

Breite
12
16
22
30

Länge
16
26
30
42
60
80
110

④

	Bauelementhöhe max. Oberseite	Bauelementhöhe max. Unterseite
S1	1,2	0****
S2	1,35	0****
S3	1,5	0****
D1	1,2	1,35
D2	1,35	1,35
D3	1,5	1,35
D4	1,5	0,7
D5	1,5	1,5

② ③

Codierung	Pin	Funktion/Protokoll
A	8-15	2x PCIe x1 / USB 2.0 / I²C / DP x4
B	12-19	PCIe x2/SATA/USB 2.0/USB 3.0/HSCI/SSIC/Audio/UIM/I²C
C	16-23	Reserviert für spätere Anwendung
D	20-27	Reserviert für spätere Anwendung
E	24-31	2x PCIe x1 / USB 2.0 / I²C / SDIO / UART / PCM
F	28-35	Zukünftige Speicherschnittstelle
G	39-46	Generische Anwendung (nicht für M.2)
H	43-50	Reserviert für spätere Anwendung
J	47-54	Reserviert für spätere Anwendung
K	51-58	Reserviert für spätere Anwendung
L	55-62	Reserviert für spätere Anwendung
M	59-66	PCIe x4 / SATA

Beispiel: Steckverbinder mit M-Codierung

Leiterplatte: 2230-S3-B-M
(Codierung für B und M)

PCI - Peripheral Component Interfaces

Merkmale

- Der PCI-Bus ist ein paralleles taktsynchrones Bussystem auf dem Motherboard zur Verbindung von Peripheriekomponenten (z. B. SCSI, LAN) untereinander und mit der CPU.
- Ist unabhängig vom CPU-Typ.
- Überträgt Adressen und Daten im Zeitmultiplex (32 Bit oder 64 Bit).
- Devices (Geräte) am Bus werden unterschieden in Initiator und Target, wobei der Initiator die Aktionen steuert und verwaltet.
- Geräte verfügen über einen Konfigurationsspeicher, der die spezifischen Anforderungen des Gerätes beschreibt (z.B. Adressbereich).
- Wird allgemein unterschieden in PCI-Conventional und PCI-X.
- Verschiedene Versionen sind funktional kompatibel; spezifische Ausprägungen der Steckverbinder sind zu berücksichtigen.

Versionen und Steckverbinderausführung

Typ	I/O Spannung in V	Bezeichnung
PCI 33 PCI 66	5/3,3 3,3	PCI-Conventional
PCI-X 66 PCI-X 133 PCI-X 133	3,3 3,3 3,3	PCI-X (Mode 1)
PCI-X 266 PCI-X 533	1,5 1,5	PCI-X (Mode 2)

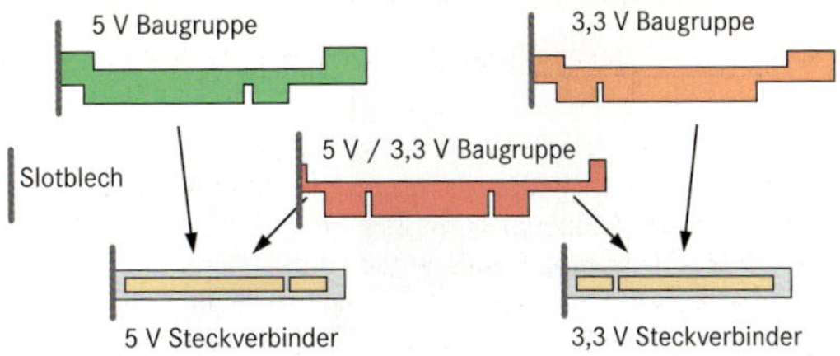

Merkmale

- Ist ein industrielles Rechnersystem und standardisiert von der **PICMG** (**P**CI **I**ndustrial **C**omputer **M**anufacturers **G**roup; in Europe: PICMG Europe)
- Besteht aus
  - passivem Rückwandbus (backplane),
  - PCI-Bus und
  - 19" Aufbautechnik.
- Besonderes Kennzeichen sind die hochpoligen Steckverbinder in 2 mm Stiftabstand (metrische Steckverbinder), wobei die Messerleisten in der Rückwandleiterplatte und die Federleisten auf den Baugruppen angeordnet sind.
- Die Steckverbinder sind in verschiedenen Typen (A, B, AB) verfügbar.
- Als Baugruppenformat werden das
  - einfache Europaformat (3U; 100 mm x 160 mm) und das
  - doppelte Europaformat (6U; 230 mm x 160 mm)

  verwendet.
- Die Anzahl der Steckverbinder ist abhängig von der Art der Baugruppe.
- Die CPU-Baugruppe enthält mindestens die Steckverbinder J1 und J2.
- Peripheriebaugruppen (z. B. I/O-Baugruppen) können auch nur mit dem Steckverbinder J1 ausgerüstet sein.
- Externe Signale (z. B. USB- oder Ethenetanschluss) werden über die Frontplatten herausgeführt.
- Über die Rückseite der Backplane könne zusätzliche Baugruppen angesteckt werden.
- Pro Rückwandbus-Einheit sind bis zu 8 PCI Einbauplätze realisierbar (über Brückenbaugruppen erweiterbar).
- **CompactPCI Serial** verwendet **serielle** Kommunikationsverbindungen (u. a. PCIe; SATA, USB, Ethernet) zwischen dem CPU-Board und den Peripheriebaugruppen.

Baugruppenformate

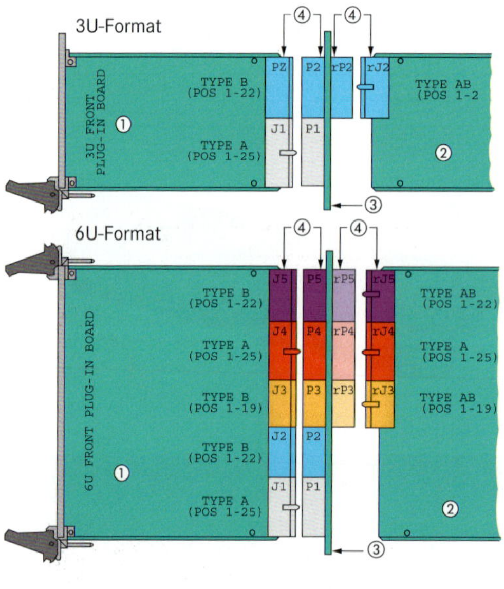

① Flachbaugruppe frontseitig
② Flachbaugruppe rückseitig
③ Backplane
④ Steckverbinder

Steckverbinderaufbau

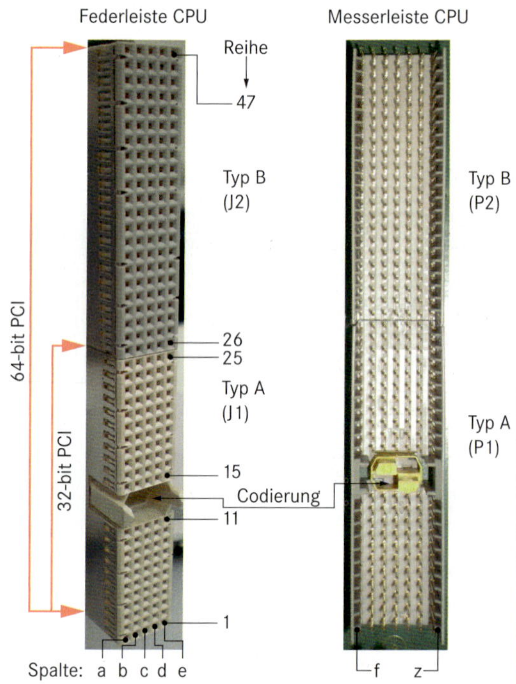

Aufbaubeispiel

CPU mit Backplane und rückseitiger Baugruppe

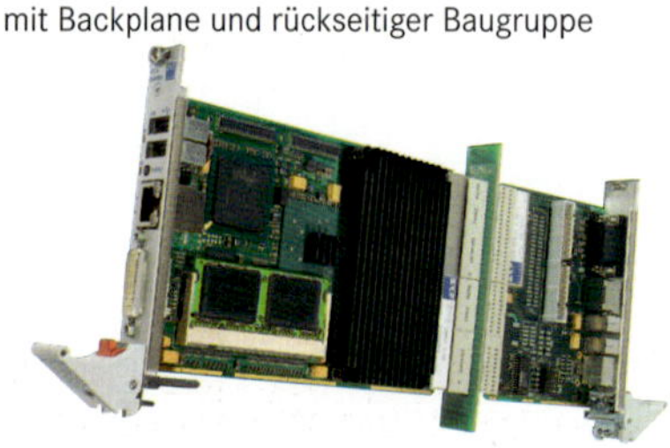

19" Gehäuse

Merkmale

- **PCIe**
  - dient zur Anbindung von Peripherie-Einheiten an die CPU.
  - ist der Ersatz des bisherigen PCI-Busses.
- Die Datenübertragung erfolgt im Gegensatz zum PCI in serieller Form über sogenannte **Lanes** (unidirektionale Leitungspaare), wobei jeweils ein Paar zum Senden und das andere Paar zum Empfangen dient (Punkt zu Punkt).
- Die Anzahl der Lanes ist skalierbar mit x1, x2, x4, x8, x12, x16 und x32.
- Die Datenübertragung erfolgt in Paketen.
- Version 1.0 realisiert pro Lane 2,5 Gigatransfer pro Sekunde und Richtung.
- Version 2.0 realisiert pro Lane 5 Gigatransfer pro Sekunde und Richtung.
- Beide Versionen verwenden 8 Bit/10 Bit Codierung.
- Version 3.0 realisiert pro Lane 8 Gigatransfer pro Sekunde und Richtung bei 8 Bit Codierung.

Verbindungsprinzip

Beispiel: PCIe x1 (Version 1.0)

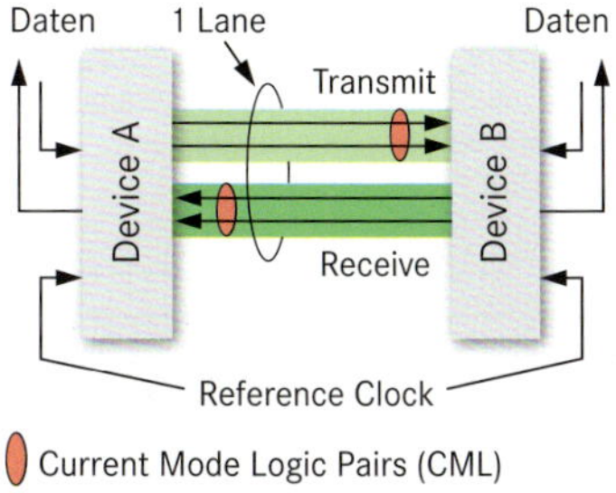

Datenraten

Version	Anzahl Lanes	Datenrate in MByte/s und Richtung
1,0		
PCIe x1	1	250
PCIe x8	8	2.000
2,0		
PCIe x1	1	500
PCIe x8	8	4.000
3,0		
PCIe x1	1	1.000
PCIe x8	8	8.000

Anwendung

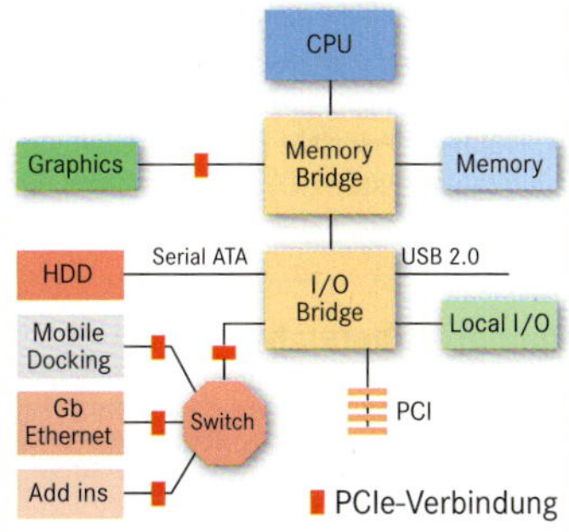

Steckverbinderbelegung PCIe 1x

Pin #	Side B Name	Side B Description	Side A Name	Side A Description
1	+12 V	12 V power	PRSNT1#	Hot plug presence detect
2	+12V	12 V power	+12V	12 V power
3	RSVD	Reserved	+12V	12 V power
4	GND	Ground	GND	Ground
5	SMCLK	SMBus (System Management Bus) clock	JTAG2	TCK (Test Clock), clock input for JTAG interface
6	SMDAT		JTAG3	TDI (Test Data Input)
7	GND	Ground	JTAG4	TDO (Test Data Output)
8	+3,3 V	3,3 V power	JTAG5	TMS (Test Mode Select)
9	JTAG1	TRSAT# (Test Reset) resets the JTAG interface	+3,3 V	3,3 V power
10	3,3 Vaux	3,3 V auxiliary power	+3,3 V	3,3 V power
11	WAKE#	Signal for link reactivation	PWRGD	Power good
Mechanical Key				
12	RSVD	Reserved	GND	Ground
13	GND	Ground	REFCLK+	Reference clock (differential pair)
14	HSOp(0)	Transmitter differential pair, Lane 0	REFCLK-	
15	HSOn(0)		GND	Ground
16	GND	Ground	HSIp(0)	Receiver differential pair, Lane 0
17	PRSNT2#	Hot plug presence detect	HSIn(0)	
18	GND	Ground	GND	Ground
End of the x1 Connector				

Mechanischer Aufbau

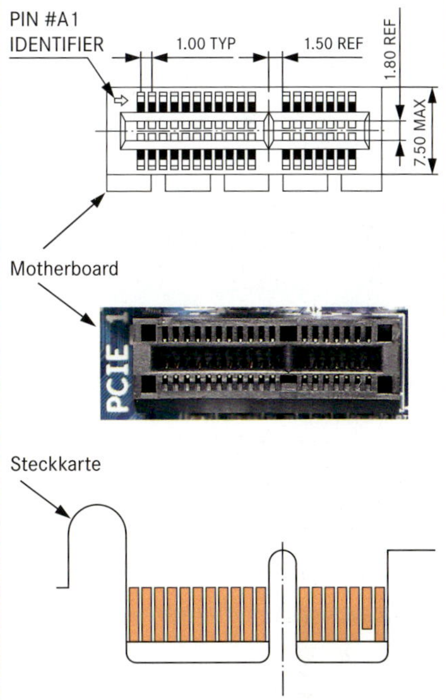

Steckverbinder PCIe x16

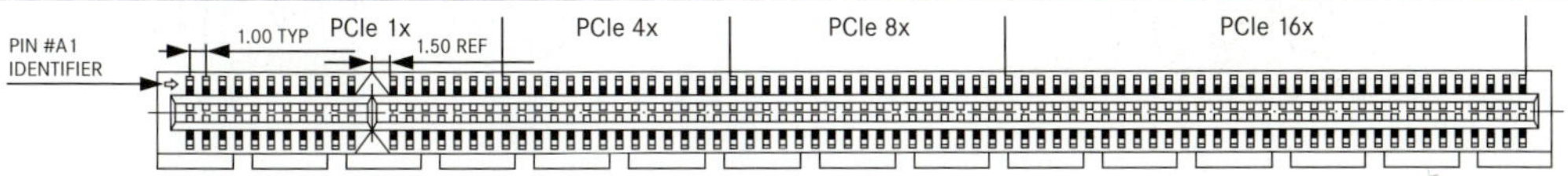

Merkmale

- SCSI ist ein geräteunabhängiger **paralleler Peripheriebus** (8 Bit oder 16 Bit breit).
- Dient zum Anschluss verschiedenartiger Peripheriegeräte (Festplatten, Scanner, Drucker) an Rechnersysteme (PC, Server).
- Bis zu 16 externe Geräte (SCSI-Devices) sind an ein Bussystem anschließbar.
- Geräte können **Initiatoren** und/oder **Targets** sein.
- Initiator veranlasst die Aktionen
- Target führt die Aktionen aus
- Anschluss an Rechner erfolgt über **Host-Adapter** (z. B. PC-Einsteckkarte).
- Adresseinstellung der Teilnehmer erfolgt mit Schaltern, Brücken oder softwaremäßig.
- Jede Adresse darf nur einmal vorkommen.
- **Höchste Priorität** (1) hat in allen Versionen die Ident-Adressse (ID) 7 (in der Regel der Host).
- Über die Entwicklungszeit entstanden mehrere Versionen (SCSI 1, SCSI 2, SCSI 3) mit unterschiedlichen Übertragungsgeschwindigkeiten, Kabellängen und Steckverbindern.

Version	Busgeschwindigkeit in MByte/s	Busbreite in Bit	Peripheriegeräte
SCSI-2	10	8	Scanner, CD-ROM
Ultra	20	8	Tape, DVD-drives
Ultra Wide	40	16	HDD
Ultra2	80	16	HDD
Ultra160	160	16	HDD
Ultra320	320	16	HDD

- Eine Weiterentwicklung von SCSI zu höheren Übertragungsraten ist nur mit einer seriellen Kopplung erreichbar (**SAS**: **S**erial **A**ttached **S**CSI).

Standard-Übersicht

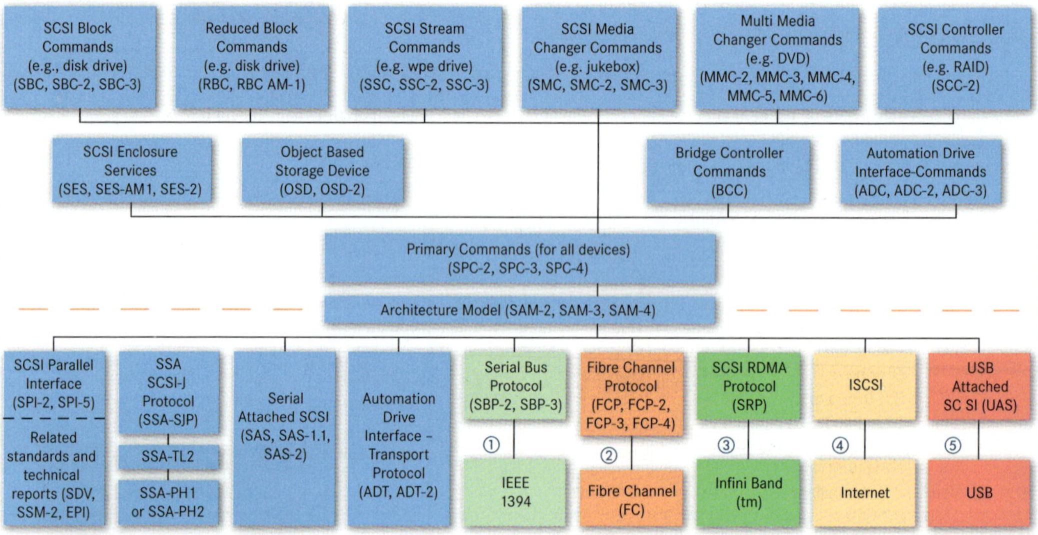

Zuständigkeiten:
① IEEE ② INCITS T11 ③ IETF ④ InfiniBand Trade Association ⑤ USB Implementers Forum
INCITS (**Inter**national **C**ommittee on **I**nformation **T**echnology **S**tandards) T10 (Technical Committee)

Anschaltung

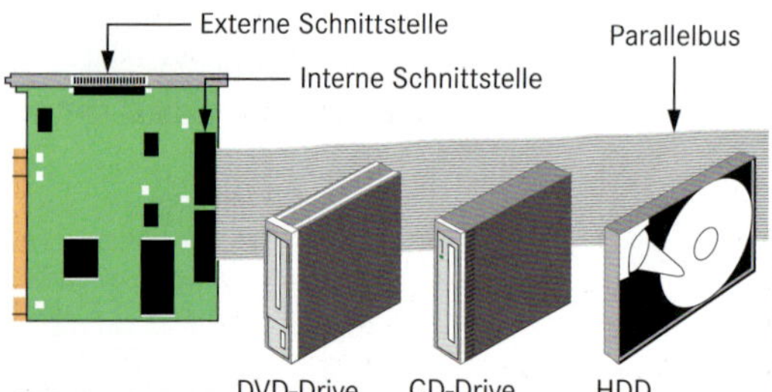

HBA
(**H**ost **B**us **A**dapter)

Steckverbinder

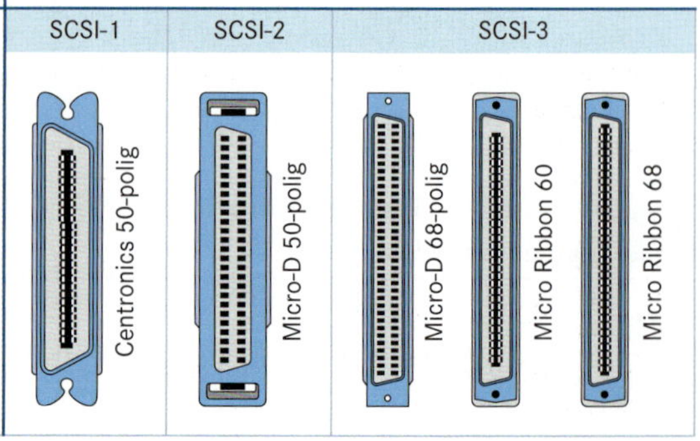

Merkmale

- SAS ist die Weiterentwicklung von SCSI.
- Verwendet ein **serielles Buskonzept** mit Punkt-zu-Punkt-Verbindungen.
- Pro Verbindung werden
  - zwei Aderpaare mit **LVDS** (Low Voltage Differential Signal),
  - im Vollduplex-Betrieb mit bis zu 6 Gbit/s pro Richtung (Receive und Transmit) verwendet.
- SAS-Laufwerke sind standardmäßig mit zwei getrennten Controllern über zwei Steckverbinder ausgerüstet und vermeiden somit den **„single point of failure“** (Ausfall aufgrund eines einzelnen Fehlers).
- Über Expander lassen sich 128 Geräte ansteuern
- Insgesamt können in einem System 16384 Geräte (128 Expander x 128 Geräte/Expander) betrieben werden.
- Geräte werden mit **WWN** (**W**orld **W**ide **N**ame) adressiert.
- Stecker und Kabelspezifikationen sind abgestimmt auf den Einsatz in Backplanes und ermöglichen den Einsatz in 1 U Servern, Blade-Servern und JBOD Speicherarrays (**JBOD: J**ust a **B**unch **o**f **D**isks).
- Auf der Protokollebene gibt es drei verschiedene Protokollvarianten:
  - **SSP** (**S**erial **S**CSI **P**rotocol) überträgt Steuerkommandos und Daten (SAS-Betrieb),
  - **SMP** (**S**erial **M**anagement **P**rotocol) dient der Steuerung der Expander,
  - **STP** (**S**ATA **T**unnelling **P**rotocol) ermöglicht den Betrieb von SATA-HDDs an SAS-Controllern.
- Ein Mischbetrieb von SATA- und SAS-HDDs ist an SAS-Controllern somit möglich (umgekehrt nicht!).

Standard-Übersicht

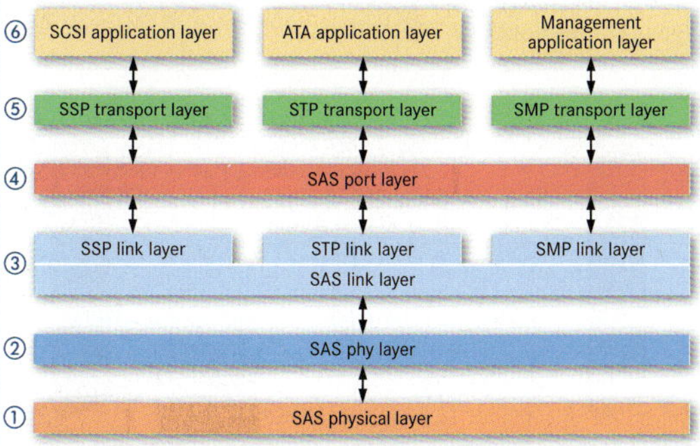

Inhalte (Beispiele)

① Steckverbinder, Kabel, elektrische Eigenschaften von Sender und Empfänger
② 8b/10b-Codierung, Bitreihenfolge, Rücksetzabläufe
③ CRC-Bildung, Adressrahmen, Erkennungsablauf
④ Port-Ebene (Verbindungsebene zwischen verschiedenen Transport- und Verbindungsebenen)
⑤ Rahmendefinition für SSP, STP und SMP
⑥ SCSI Protokolldienste, Betriebsartenparameter

Datenrahmen

4 Bytes	24 Bytes	Variable Länge	4 Bytes	4 Bytes
SOF	Header	Information Unit	CRC	EOF

SOF: Start of Frame (Rahmenanfang)
Header: Kopf (Daten-Vorspann)
Information Unit: Nutzdaten
CRC: Cyclic Redundancy Check (Prüfsumme)
EOF: End of Frame (Rahmenende)

Verbindungsprinzip

Beispiel: Narrow Link (schmale Verbindung)

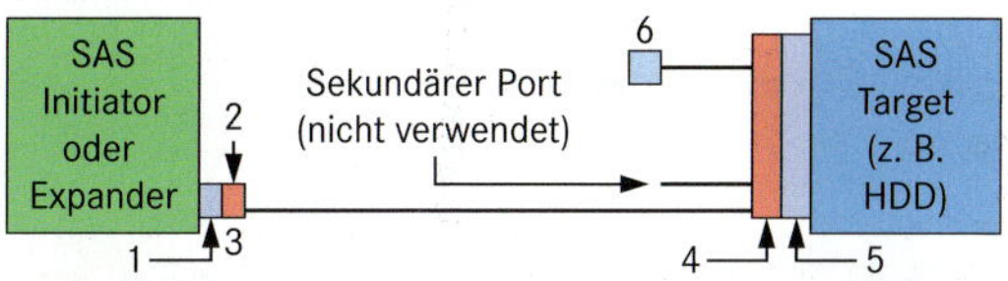

1: Host Steckverbinder
2: Host-Kabel Stecker
3: Primärer Port
4: Festplattenstecker
5: Festplattensteckverbinder
6: Stecker für Stromversorgung i.O. Anzeige (LED)

Steckverbinder Festplatte intern

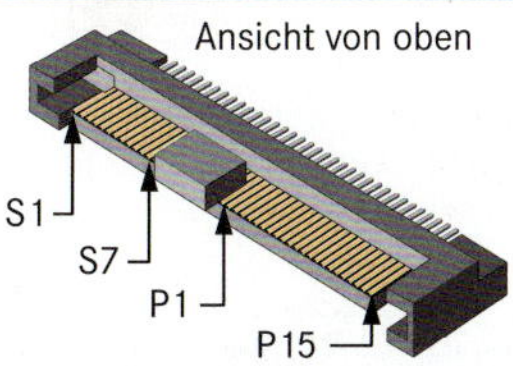

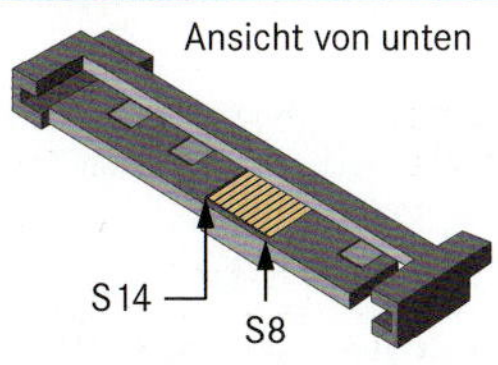

Primärer Port		Sekundärer Port	
PIN	Bezeichnung	PIN	Bezeichnung
S 1	Signal Ground	S 8	Signal Ground
S 2	RP +	S 9	RS +
S 3	RP –	S 10	RS –
S 4	Signal Ground	S 11	Signal Ground
S 5	TP –	S 12	TS +
S 6	TP +	S 13	TS –
S 7	Signal Ground	S 14	Signal Ground

RP: Receive Primary TP: Transmit Primary

Stecker Festplatte intern

Spannungsversorgung			
PIN	Bezeichnung	PIN	Bezeichnung
P 1	3,3 V	P 9	5 V
P 2	3,3 V	P 10	Ground
P 3	3,3 V	P 11	Ready LED
P 4	Ground	P 12	Ground
P 5	Ground	P 13	12 V Precharge
P 6	Ground	P 14	12 V
P 7	5 V Precharge	P 15	12 V
P 8	5 V		

RS: Receive Secondary TS: Transmitt: Secondary

Serielle Schnittstelle (RS-232)

Steckverbinder 25-polig

PC-Anschluss (DTE)	Stift	Signal	Stift	Signal	Endgerät (DCE)
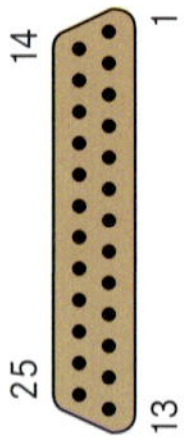	1	PG	13	SCTS	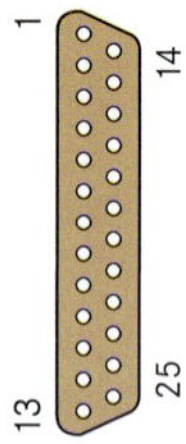
	2	TxD	14	STxD	
	3	RxD	15	TxC	
	4	RTS	16	SRxD	
	5	CTS	17	RxC	
	6	DSR	18	NC	
	7	SG	19	SRTS	
	8	DCD	20	DTR	
	9	Test	21	SQ	
	10	Test	22	RI	
	11	NC	23	CH/CI	
	12	SCD	24	XTC	
			25	NC	

Steckverbinder 9-polig

PC-Anschluss (DTE)	Stift	Signal	Endgerät (DCE)
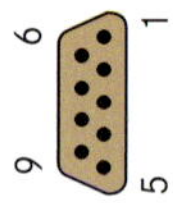	1	DCD	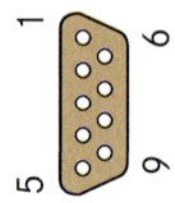
	2	RxD	
	3	TxD	
	4	DTR	
	5	GND	
	6	DSR	
	7	RTS	
	8	CTS	
	9	Test	

DTE: **D**ata **T**erminal **E**quipment (Datenendeinrichtung)
DCE: **D**ata **C**ommunication **E**quipment (Datenübertragungseinrichtung)

Verbindungsleitungen

Drei-Draht-Kopplung DTE-DTE

DTE	Anschlussbelegung	DTE

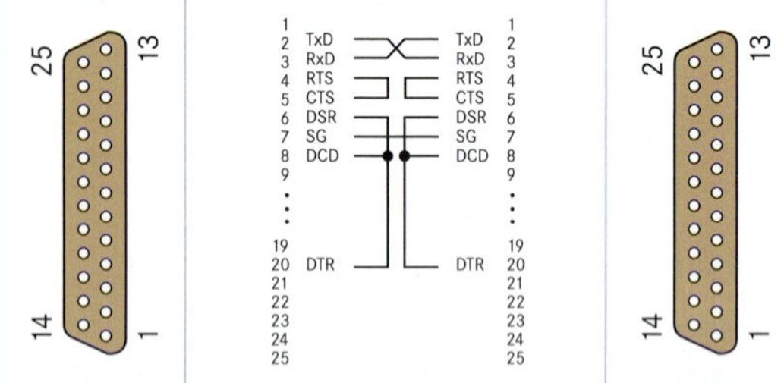

Vollständige Kopplung DTE-DTE

DTE	Anschlussbelegung	DTE

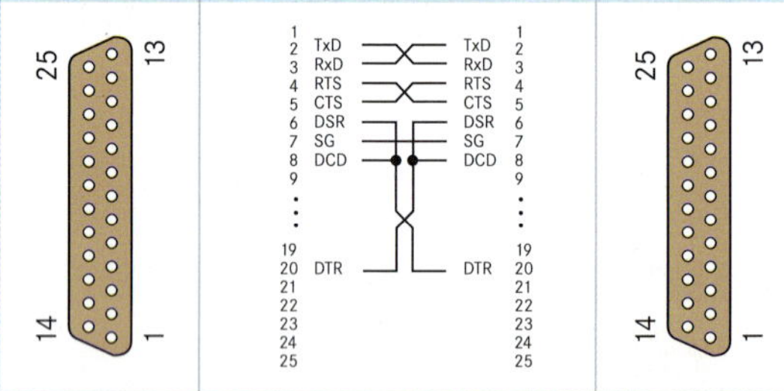

Drei-Draht-Kopplung DTE-DCE

DTE	Anschlussbelegung	DCE

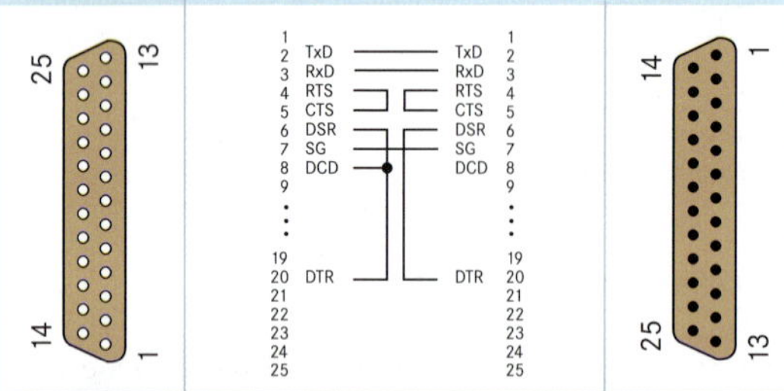

Vollständige Kopplung DTE-DCE

DTE	Anschlussbelegung	DCE

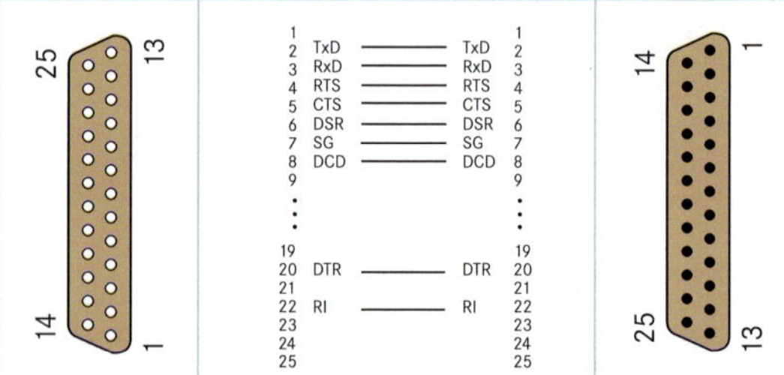

Adapter 25-polig auf 9-polig

25-polig	Anschlussbelegung	9-polig

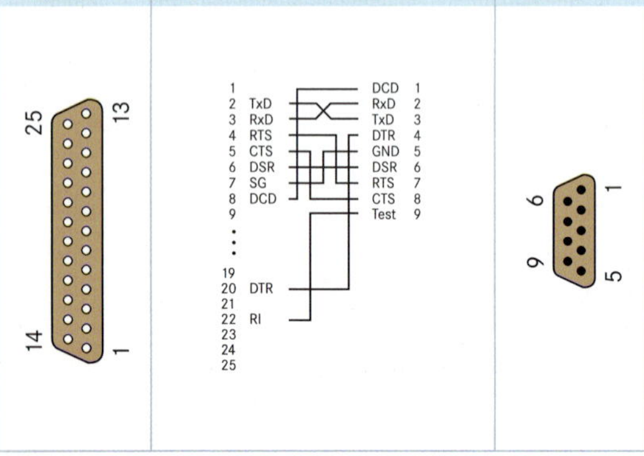

Anschluss nach X.24

15-polig	Stift	Signal	Stift	Signal
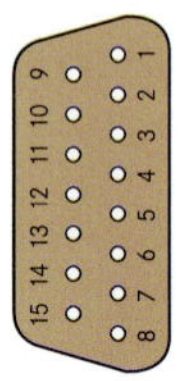	1	Betriebserde (G)	9	Rückleiter Kanal A (GA)
	2	Datenleitung senden (T)	10	Rückleiter Kanal B (GB)
	3	Steuerleitung (C)	11	Empfangsleitung Kanal B (RB)
	4	Empfangsleitung Kanal A (RA)	12	Meldeleitung Kanal B (IB)
	5	Meldeleitung Kanal A (IA)	13	Schrittakt Kanal B (SB)
	6	Schrittakt Kanal A (SA)	14	Bytetakt Kanal B (BB)
	7	Bytetakt Kanal A (BA)	15	frei
	8	Betriebserde (G)		

Definition

- Eine Schnittstelle ist festgelegt durch die
  - physikalischen Eigenschaften des Übertragungsmediums (Leitung, Funkstrecke),
  - Signale, die auf der Übertragungsstrecke ausgetauscht werden können,
  - Bedeutung der Signale (Semantik) und
  - Verbindungssysteme (Steckverbindungen).
- Die Kommunikation zwischen den **D**aten**e**nd**e**inrichtungen (**DEE**) erfolgt nach festgelegten Regeln (Protokollen):
  - **unidirektional** (nur in eine Richtung) oder
  - **bidirektional** (in zwei Richtungen).
- Unterschiede:

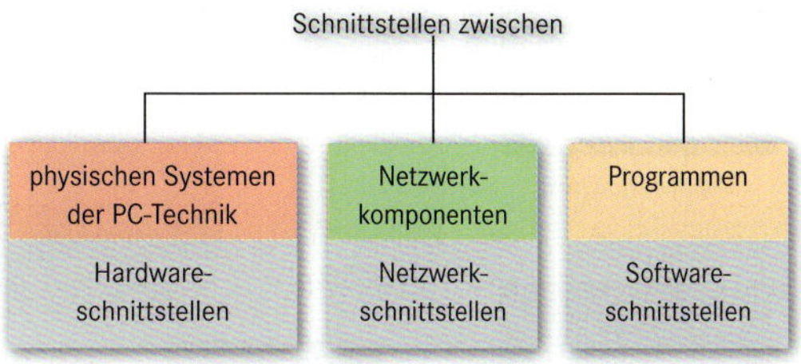

- Die Übertragung der Daten zwischen den Endeinrichtungen kann **seriell** (nacheinander) oder **parallel** erfolgen.
- Serieller Datenstrom

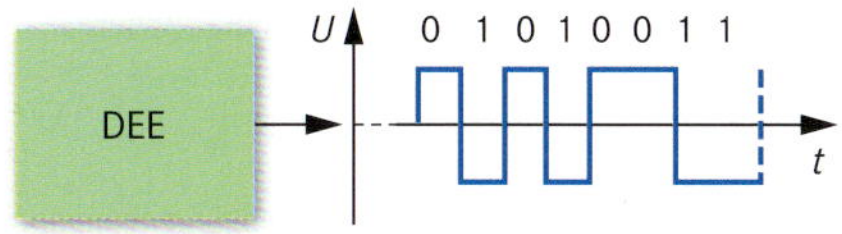

- Paralleler Datenstrom

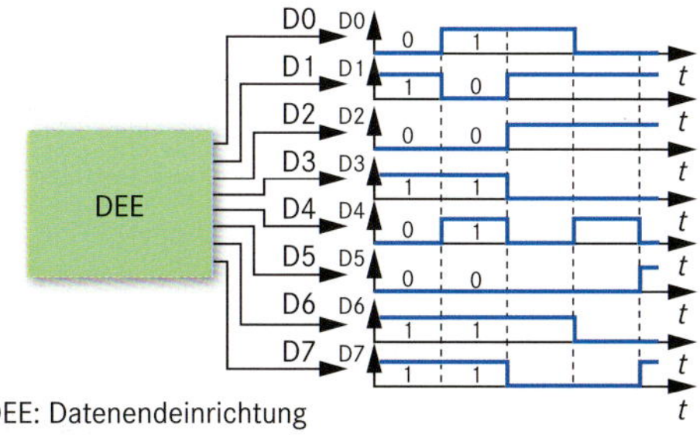

DEE: Datenendeinrichtung

V.24, RS-232

- Serielle Schnittstelle

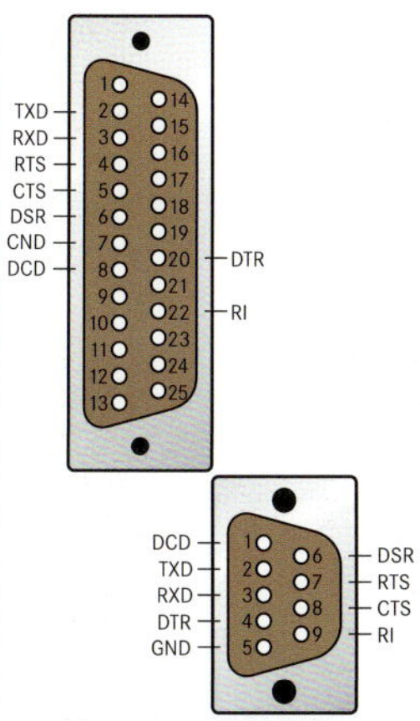

Signal	Bedeutung
DCD	Data Carrier Detect
RXD	Receive Data
TXD	Transmit Data
DTR	Data Terminal Ready
DSR	Data Set Ready
RTS	Ready to Send
CTS	Clear to Send
RI	Ring Indicator
GND	Ground

Signalname	Pegel	Betriebszustand
Datenleitung	−3 V ... −15 V +3 V ... +15 V	EIN (1) AUS (0)
Steuer- bzw. Meldeleitung	−3 V ... −15 V +3 V ... +15 V	AUS EIN

- Asynchroner Zeichenrahmen

Beispiel:

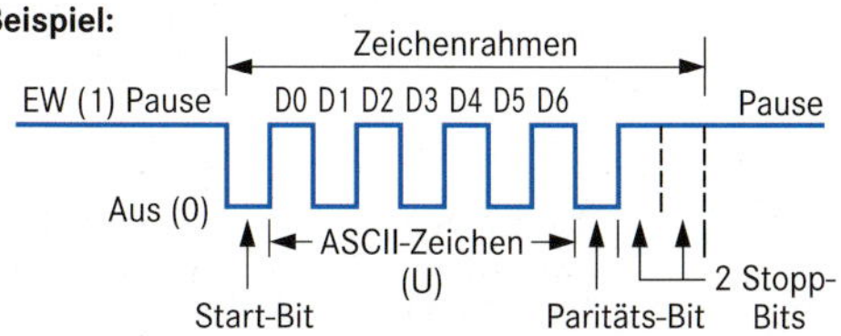

IEEE 1284

- Parallele Schnittstelle (Druckerschnittstelle)
- Steckverbindungen (Buchsenleiste)

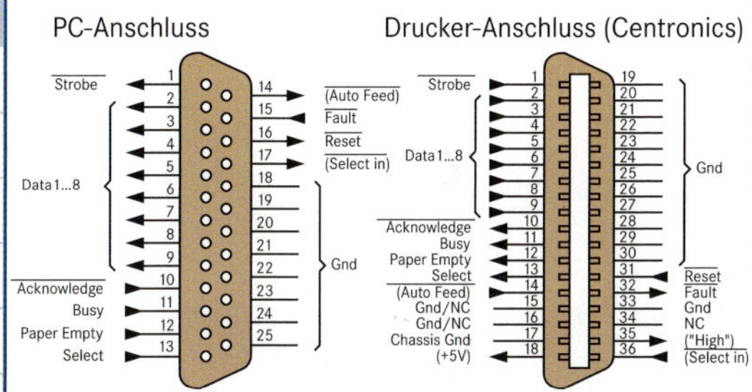

Signale in Klammern werden nicht von allen Druckern ausgewertet. Pfeile geben die Signalrichtung an.

- Signale und ihre Bedeutungen:

Signal	Bedeutung, Funktion
Strobe	Datenübergabe; Daten müssen bei 0-Signal gültig sein
Data 1...8	Datensignale 1...8
Acknow-ledge	Quittungssignal; Drucker empfangsbereit bei 0-Signal
Busy	Wartesignal: Drucker nicht empfangsbereit bei 1-Signal
Paper Empty	Meldung vom Drucker: Papier zu Ende
Select	Drucker ist online
(Auto feed)	automatischer Zeilenvorschub nach Zeilenende: Ein/Aus
Fault	Fehlermeldung
Reset	Drucker rücksetzen, initialisieren
Gnd	Ground: 0 V
NC	Not connected: nicht angeschlossen
(High)	+5 V, vom Drucker geliefert
(Select in)	Drucker auswählen

Merkmale und Anwendungen

- Nichtflüchtige Wechselspeicher (Flash-Speicherung)
- Kompatibel zu PC und Laptop (ggf. Kartenlesegerät)
- Vorwiegend eingesetzt in Kleingeräten: Digitalkamera, Videokamera, MP3-Player
- Es werden unterschieden:
  - Speicherkarten mit integriertem Controller (CF-, MMC- und SD-Karten)
  - Speicherkarten ohne Controller (SM-Karten)

Flash-Speicherung

- Die Bytes können einzeln adressiert und gelesen werden.
- Das Schreiben und Löschen kann nur blockweise erfolgen.
- Ein Überschreiben einzelner Daten ist nicht möglich. Bei jeder Änderung muss der Block komplett gelöscht werden. Zugriffszeit ca. 100 ns.
- Lebensdauer ca. 100.000 Schreib- und Löschzyklen.
- Hohe Widerstandsfähigkeit, geringe Energieaufnahme.

Die Speicherung erfolgt über das Floating-Gate ① des Flash-FETs. Es isoliert das Gate von der Source-Drain-Strecke. Wenn das Floating Gate geladen ist, ist der Stromfluss zwischen Drain und Source abgeschnürt (0-Zustand). Beim Programmieren wandern Elektronen zum Gate (Tunneleffekt; Blitz = Flash), es fließt Strom (0-Zustand).

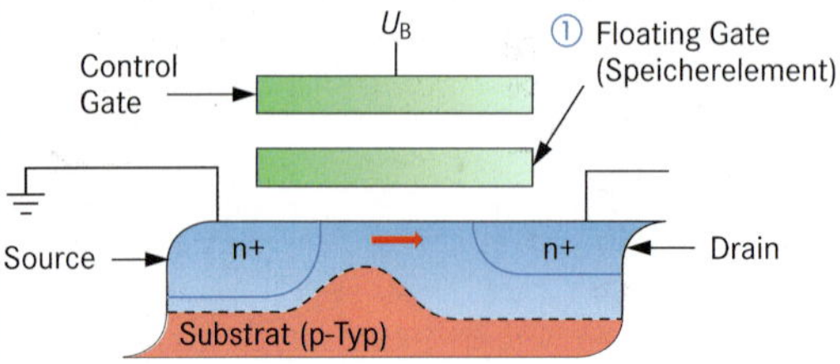

Arten

- CompactFlash (**CF**)
  - Typ I, Typ II, CFast Typ I und II
- Memory Stick (**MS**)
  - Memory Stick Select, Memory Stick PRO, Memory Stick PRO Duo, Memory Stick PRO-HG Duo, Memory Stick XC Duo, Memory Stick XC-HG Duo, Memory Stick Duo, Memory Stick Micro, Memory Stick HG Micro, Memory Stick XC Micro, Memory Stick XC-HG Micro
- MultiMediaCard (**MMC**)
  - MMCplus, MMCmobile, MMmicro, MMC DV
- Reduced Size MultiMedia Card (**RS-MMC**)
- Secure Digital Memory Card (**SD**)
  - SDHC, SDXC, miniSD, miniSDHC, microSD, microSDHC, microSDXC
- SmartMedia (**SM**)
- xD-Picture Card (**xD**)
  - xD Typ M, xD Typ M+, xD Typ H

Vergleich von Abmessungen

CompactFlash

SmartMedia

MultiMediaCard

microSD

SD Card

Memory Stick Pro

xD-Picture Card

Microdrive

- Magnetische Speicherung auf einer Miniaturfestplatte mit 3.600 Umdrehungen pro min
- Abmessungen in mm: 42,8 x 36,4 x 5
- Kapazität: 340, 512, 1.024, 2.200 MB
- Datenrate: max. 4,2 MB/s

Memory Stick

- Eigener Standard von Sony, Sticks werden auch von SanDisk und Lexar produziert
- Speicherkarte für Mobiltelefone, Digitalkameras, MP3-Player, PlayStation, Vaio-Notebooks, PDAs, Videokameras
- Flash Speicherung, Integrierter Controller
- Speicherkapazität 4 bis 128 GB
- Anschlüsse 10
- Abmessungen B x H x T in mm und Betriebsspannungen
  - Memory Stick: 21,5 x 50,0 x 2,8; 3,3 V
  - Memory Stick PRO: 21,5 x 50,0 x 2,8; 2,7 V - 3,6 V
  - Memory Stick PRO Duo: 20,0 x 31,0 x 1,6; 2,7 V - 3,6 V
  - Memory Stick Duo: 31,0 x 20,0 x 1,6
  - Memory Stick Micro: 12,5 x 15,0 x 1,2; 3,3 V
- Maximale Datenraten
  - Schreiben 14,4 Mbit/s
  - Lesen 19,6 Mbit/s
- Einige Sticks sind mit dem MagicGate-Kopierschutz ausgestattet.

CF Karte

- **CF: C**ompact **F**lash (CompactFlash)
- Neben dem Flash-**Speicher** befindet sich auf dem Chip ein Controller, der den Speicher verwaltet und die Schnittstelle realisiert.
- **Typ I**: 42,8 mm x 36,4 mm x 3,3 mm (Typ I Karten funktionieren auch im Typ II Slot)
- **Typ II**: 42,8 mm x 36,4 mm x 5 mm
- Anwendungen: Digitale Fotoapparate (professionelle Spiegelreflexkameras), PCs, Netzwerkkomponenten, PDAs (Personal Digital Assistants)
- Der Anschluss (50-polig, geschützte Kontakte) ist kompatibel mit der PATA Schnittstelle, Varianten bauen darauf auf.
- Angabe der **Datenübertragungsraten**
  - Standardkarten besitzen häufig keine Angaben. Sie beträgt dann etwa 10 MB/s. Bezeichnungsvarianten sind: Pro, Ultra, Extreme, Highspeed
  - Direkte Angabe in MB/s
  - Vielfaches bezogen auf die Lesegeschwindigkeit von CD-ROM-Laufwerken (1x ca. 150 kB/s), z. B. 80x bedeutet: 12 MB/s
- **Dateisystem** beliebig (FAT16/32 empfohlen)
- **Lesezugriff** < 1 ms
- **Schreibzugriff** 10 ms bis 35 ms
- Betriebsspannungen (CF I und CF II) 3,3 V ± 5 % oder 5 V ± 10 %, Stromstärke im Ruhezustand 0,5 mA bis 1 mA
- **Kapazität**: 2 MB bis 128 GB

XQD Karte

- Speicherkarte mit hoher Datenübertragungsrate: Lesegeschwindigkeit 400 MB/s, Schreibgeschwindigkeit 350 MB/s Mbyte/s (Serie G)
- Markteinführung 2011 (Sony), Nachfolger für Compact-Flash
- Anwendung: Professionelle Digitalfotografie (z. B. Serienfotos, Belichtungsreihen, RAW-Format) und Videoaufzeichnung (z. B. für 4K und 60p)

- PCI-Express Schnittstelle und USB 3.0
- Abmessungen: Dünner als eine CF-Karte; (BxTxH) 29,6 mm x 3,8 mm x 38,5 mm
- Masse: ca. 10 g
- Kapazität: 16 GB bis 128 GB
- Besondere Kartenlesegeräte erforderlich
- Datenübertragungsraten:

Serie	N	S	G
Lesegeschwindigkeit in MB/s	125	180	400
Schreibgeschwindigkeit in MB/s	80 (64 GB) 60 (32 GB)	180	350

SD Karte

Merkmale

- **SD: S**ecure **D**igital (Memory Card); sichere digitale Speicherkarte
- Auf Basis der älteren MMC-Karte (MultiMediaCard) entwickelt
- Flash Speicherung, integrierter Controller
- Standardspeicherkarte für Mobiltelefone, Digitalkameras, MP3-Player, mobile Navigationsgeräte, ...
- Bezeichnungen für Kartenformate:
  - **SD** für Standardformate
  - **SDHC** (**SD H**igh **C**apacity), SD 2.0
  - **SDXC** (**SD** e**X**tended **C**apacity), SD 3.0
  - Für kleinere Speicherkarten folgende Vorsilben: **mini**...; **micro** (Adapter für SD-Kartenformate)

Datenübertragungsraten, Leistungsklassen

- Die Zahl im rechts offenen Kreis (Speed-Klasse) kennzeichnet die folgenden Schreibgeschwindigkeiten (mindestens):

CLASS 2	16 Mbit/s (2 MB/s)
CLASS 4	32 Mbit/s (4 MB/s)
CLASS 6	48 Mbit/s (6 MB/s)
CLASS 10	80 Mbit/s (10 MB/s)

- **Schreibschutz**: Der Schieber an der Kartenseite ist kein mechanischer Schalter. Die Einstellung wird von der Gerätesoftware ausgewertet.

Kartenformate

	SD	SDHC	miniSD	miniSDHC	microSD	microSDHC
Merkmale	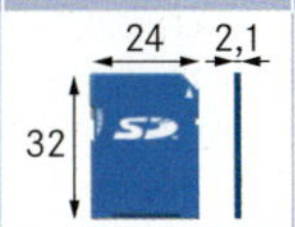		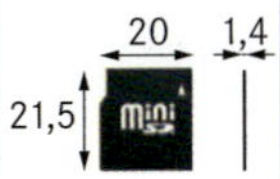	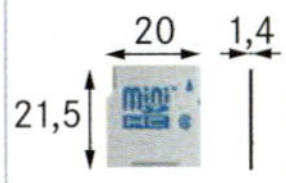	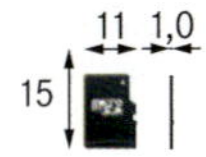	
	Abmessungen in mm		Abmessungen in mm		Abmessungen in mm	
Masse	ca. 2 g		ca. 1 g		ca. 0,5 g	
Pins	9-polig		11 Pins		8 Pins	
Spannung	2,7 V–3,6 V		2,7 V–3,6 V		2,7 V–3,6 V	
Schreibschutzschalter	ja		nein		nein	
Kopierschutz	CPRM 1)		CPRM 1)		CPRM 1)	
Kompatibilität	–		ja mit Adapter		ja mit Adapter	
Dateisystem	FAT16/32	FAT32	FAT16/32	FAT32	FAT16/32	FAT32
Kapazität	bis 2 GB	4 GB bis 32 GB	bis 2 GB	4 GB bis 32 GB	bis 2 GB	4 GB bis 32 GB

1) **CPRM: C**ontent **P**rotection for **R**ecordable **M**edia

- ExpressCard ist
  - Nachfolger für die bisher verwendete PC-Card,
  - dient zur modularen Erweiterung von Desktop- und Notebook-PCs.
- Verwendet zwei Formfaktoren (Maße kleiner als bei PC-Card).
- Kartendicke beträgt 5 mm
- Die Schnittstelle unterstützt
  - USB 2.0-Schnittstelle
  - eine PCI-Express Schnittstelle (single PCI-Express lane, x1, mit 2,5 Gbit/s je Richtung)
- **SMB** (**S**ide Band **M**anagement – **B**us) dient zur Steuerung getrennter Funktionen.
- Karten können im laufenden Betrieb gewechselt werden (hot-plug-fähig).
- Steckerverbindung besteht aus 26 Anschlüssen im Raster von 1 mm.
- Der elektrische Leistungsbedarf ist spezifiziert auf
  - 2,1 W für ExpressCard/54-Modul,
  - 1,6 W für ExpressCard/34-Modul.

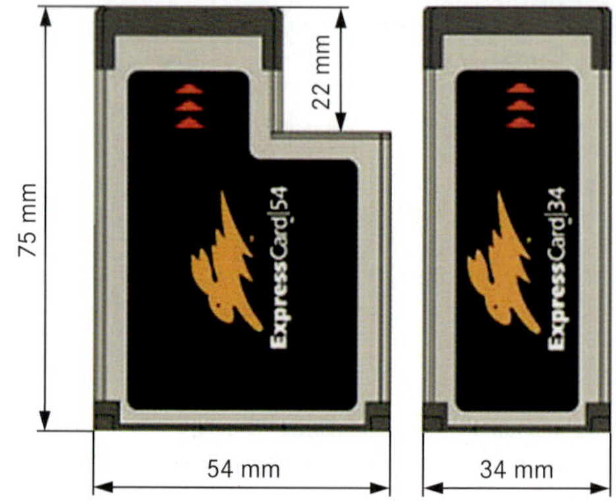

- ExpressCard/34-Module können in Steckplätze für ExpressCard/54-Module gesteckt werden.
- Einbauplätze sind nicht kompatibel zu PC-Card.

Steckplatz

Signal	Bedeutung
USBD+ USBD–	Differenzielle USB-Datenleitungen
SMB-DATA	Side Band Management – Bus Daten
SMB-CLK	Side Band Management – Bus Takt
PERn0 PERp0	Differenzielle PCI-Express Datenleitung (zum Host)
PETn0 PETp0	Differenzielle PCI-Express Datenleitung (zum Host)
WAKE#	Wecksignal von ExpressCard an PCI-Express Bus
PERST#	PCI-Express System-Reset
CPUSB#	USB-Erkennung

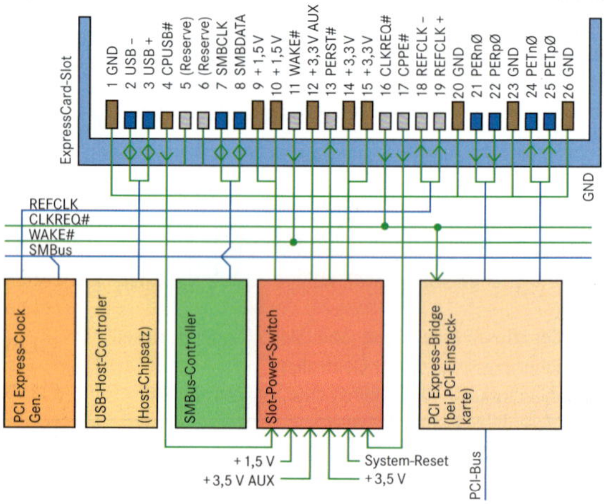

PCMCIA-Card

- PCMCIA: Personal Computer Memory Card International Association ist die Herstellervereinigung für scheckkartengroße PC-Erweiterungskarten
- Aktuelle Bezeichnung: PC-Card
- Verfügbar z. B. als Speicher-, E/A-, ISDN-, MODEM- oder Festplattenkarte
- Karten mit Versionsstand größer 2.x sind identisch mit dem **JEIDA**-Standard (**J**apanese **E**lectronic **I**ndustry **D**evelopment **A**ssociation).
- Version mit 32 Bit verwendet den gleichen Stecker (68 Pin) und wird als Cardbus-Interface bezeichnet.

Abmessungen

Version	Typ	Länge in mm	Breite in mm	Höhe in mm	
				Anschluss	Körper
1	–	85,6	54,0	3,3	3,3
2	I	85,6	54,0	3,3	3,3
2	II	85,6	54,0	3,3	5,0
2	III	85,6	54,0	3,3	10,5

Anschlüsse

Ansicht auf Steckverbinder der Karte

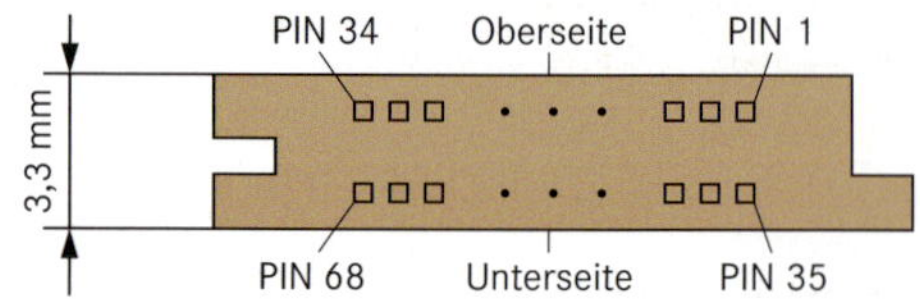

Kartengrößen

Kartenformate

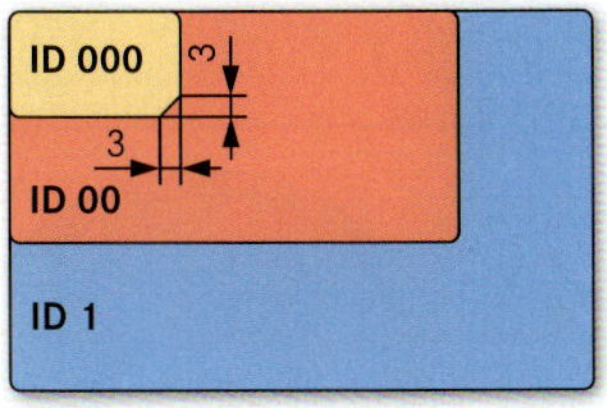

Kartenmaße

Kartenformat	Breite in mm	Höhe in mm	Dicke[1] in mm
ID 000	25	15	0,76
ID 00	66	33	0,76
ID 1	85,6	53,98	0,76
ID 2	105	74	0,76
ID 3	125	88	0,76

[1] Für Karten ohne Prägung und ohne magnetische Aufzeichnung dürfen andere Dickenwerte festgelegt werden.

Hochgeprägte Karten

Die geprägten Schriftzeichen sind für die Datenübertragung (durch Druckvorrichtung oder visuelles/maschinelles Lesen) bestimmt.

Identifikationsnummernzeile

Zeile für Schriftzeichen nach ISO 7811-1 mit maximal 19 Schriftzeichen-Positionen mit einer Nominaldichte von 7 Schriftzeichen je 25,4 mm. Die Zahl der benutzten geprägten Schriftzeichenpositionen hängt von den Erfordernissen der Anwender ab.

Namen- und Adressfeld

Vier Zeilen mit je 27 Schriftzeichen nach ISO 7811-1 mit einer Nominaldichte von 10 Schriftzeichen je 25,4 mm.

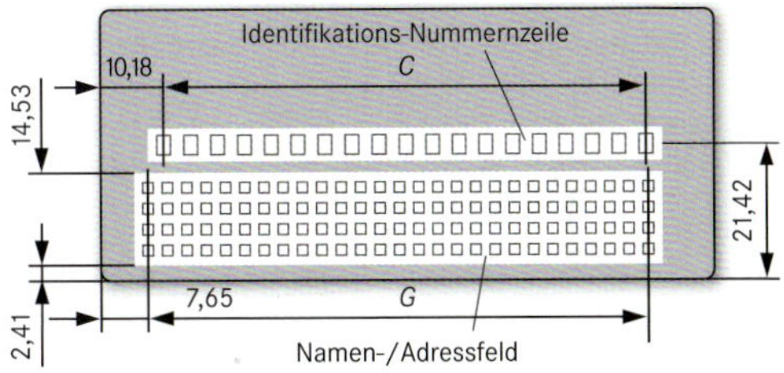

Größte kumulierte Grenzabweichung zwischen den Mittellinien des ersten und des letzten Schriftzeichens jeder Zeile +0,08 mm (Grenzabweichung von *C* und *G*).

Magnetstreifenkarten

Lage des Magnetstreifens

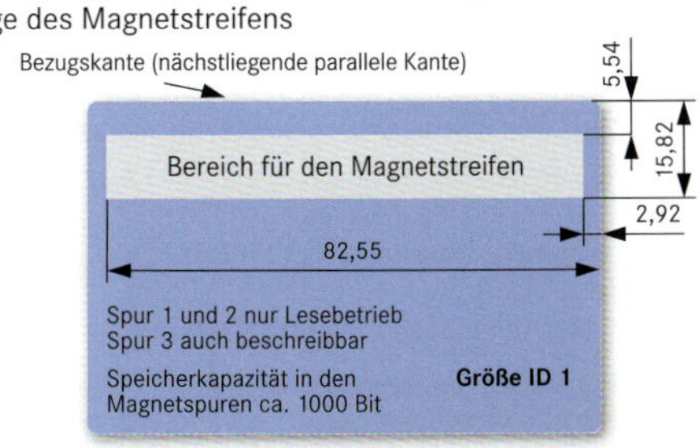

Lage der Spuren 1, 2 und 3

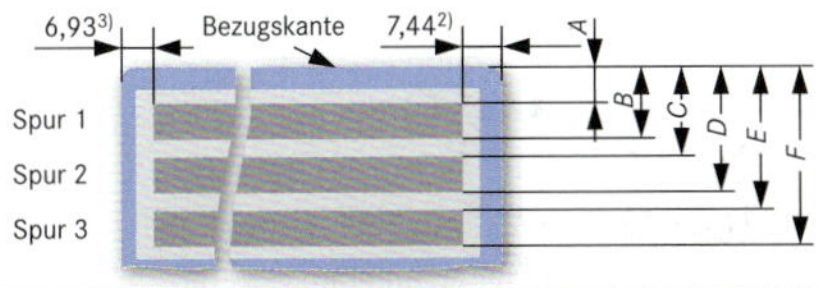

Maß	maximal	minimal	Maß	maximal	minimal
A	5,66	–	*D*	12,27[1]	11,76
B	8,97	8,46	*E*	12,52	12,01
C	8,97	8,46	*F*	15,82	15,32

[1] nur gültig, wenn Spur 3 vorhanden [2] 1. Bit [3] letztes Bit

Chip-Karten
Chip-Cards

- **Speicherchipkarten**
  Ohne Sicherheitslogik, z. B. Krankenversicherungskarte (meist EEPROM)
- **Intelligente Speicherchipkarten**
  mit festverdrahteter Sicherheitslogik, z. B. Telefonkarte
- **Prozessorchipkarte**
  Intelligente Chipkarte (smartcard) mit Mikroprozessor, RAM, ROM, EEPROM und seriellem Ein- und Ausgabeport.

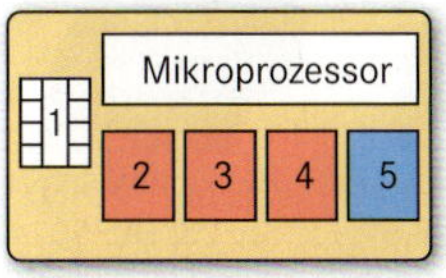

Prozessorchipkarte
1 Kontaktfelder des Chip
2 RAM
3 ROM
4 EEPROM
5 Serielle Ein-/Ausgabe-Schnittstelle

- **Cryptokarte mit mathematischem Coprozessor**

Kontaktbehaftete Karte

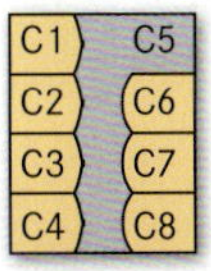

Kontaktbelegung	Kontakt	Signalname	Funktion
	C1	V_{CC}	Versorgungsspannung
	C2	RST	Reseteingang
	C3	CLK	Takteingang
	C4	RFU	Reserviert
	C5	GND	Masse
	C6	V_{PP}	Programmierspannung
	C7	I/O	Ein-/Ausgang, seriell
	C8	RFU	Reserviert

Kontaktlose Karte

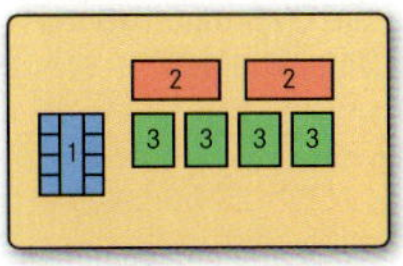

Energieübertragung meist induktiv, Datenübertragung induktiv oder kapazitiv
1 Interne Anschlüsse des Chip
2 Koppelspulen in der Chipkarte
3 Kapazitive Koppelflächen in der Chipkarte

CD

- **CD: C**ompact **D**isc
- Die spiralförmige Datenspur beginnt mit dem Einlaufbereich (lead-in) ①, der die Basisdaten (Inhaltsverzeichnis, Gesamtlänge, Tracks usw.) aufnimmt. Die Datenspur ② endet im Außenbereich mit dem Spurauslauf (lead-out) ③
- Die Datenspur wird von einem Laser abgetastet. Die Reflexionen des Laserstrahls durch die Lands ④ werden am Übergang zu den Pits ⑤ gestört. Jeder Übergang zwischen Lands und Pits und umgekehrt entspricht der logischen „1".
- Arten:
  - CD-ROM (CD-**R**ead-**O**nly-**M**emory), industriell, gepresste „klassische" CD
  - CD-R (**R**ecordable), einmal beschreibbar
  - CD-RW (**R**ewritable), mehrfach löschbar und wieder beschreibbar
- Speicherkapazität:
  650 MB (74 Minuten Musik bei Audio-CD) bis 879 MB

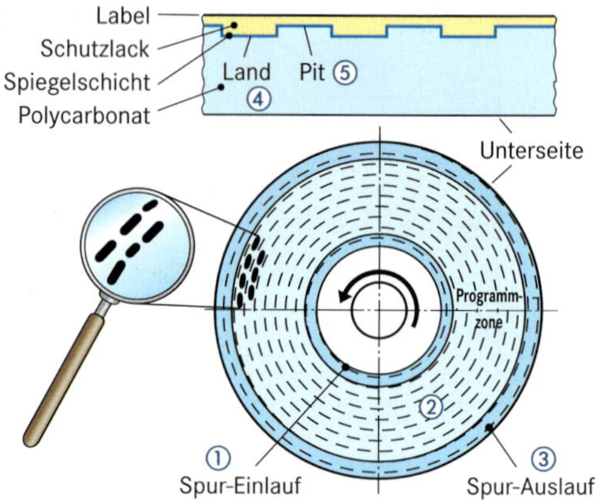

DVD

- **DVD: D**igital **V**ersatile **D**isc (digitale vielseitige Scheibe)
- Datenspuren wie bei der CD mit deutlich größerer Speicherkapazität
- Scheibendurchmesser: 12 cm, 18 cm
- Je nach Verwendungszweck werden DVD-Formate für spezielle Datenstrukturen eingesetzt:
  - **DVD-Video**
    Wiedergabe von bewegten Bildern und Ton, Datenkompression mit MPEG-2
  - **DVD-Audio**
    Wiedergabe von Standbildern und Ton hoher Qualität, unkomprimiert: PCM (lineare Pulscodemodulation), komprimiert: z. B. MP2 (MPEG-1 Audio) mit 192-256 kbit/s, DTS mit 448 kbit/s
  - **DVD-ROM**
    Lesen von Daten (Computerdaten), Speicherung der Dateien in beliebigen Ordnern
  - **Hybrid-DVD**
    Kombination aus DVD-Video, DVD-Audio und DVD-ROM
- Beschreibbare DVDs:
  - DVD-RAM (einmal beschreibbar)
  - Minus-Standard: DVD-R, DVD-RW, DVD-R DL
  - Plus-Standard: DVD+R, DVD+RW, DVD+R DL
    DL: Double (Dual) **L**ayer, zwei Datenschichten pro Seite
  - Wie bei CDs können DVDs in mehreren Sitzungen (Sessions) beschrieben werden.

- **DVD-5**, einseitig und einschichtig (4,7 GB)
  - Eine Aufzeichnungsebene
  - Etwa 2,2 Stunden Videoaufzeichnung möglich

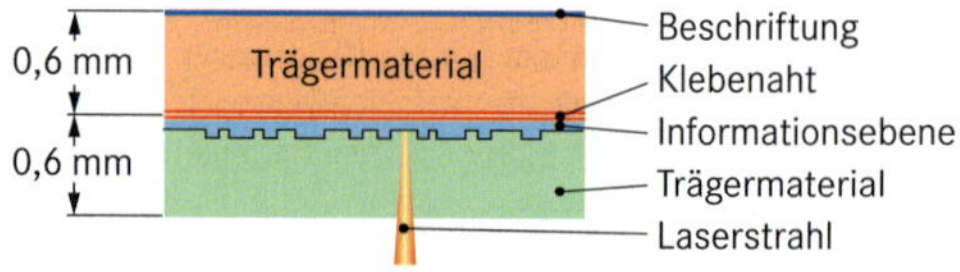

- **DVD-10**, beidseitig und einschichtig (9,4 GB)
  - Im Prinzip zwei zusammengeklebte einschichtige DVDs
  - Etwa 4 Stunden Videoaufzeichnung möglich
- **DVD-9**, einseitig und zweischichtig (8,5 GB)
  - Zwei Aufzeichnungsebenen
  - Etwa 4,4 Stunden Videoaufzeichnung möglich

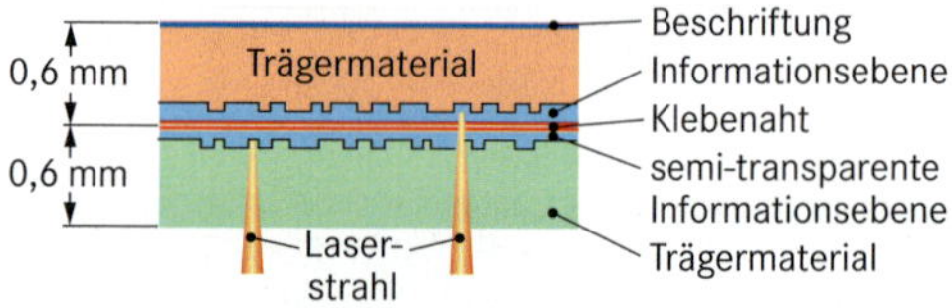

- **DVD-18**, beidseitig und zweischichtig (17 GB)
  - Im Prinzip zwei zusammengeklebte zweischichtige DVDs
  - Etwa 8 Stunden Videoaufzeichnung möglich

BD

- **BD: B**lu-ray **D**isc
- Verkürzter Name: Blauer Lichtstrahl (Blue ray)
- Nicht kompatibel zu CD und DVD
- 12 cm Durchmesser wie bei CD und DVD
- Im Vergleich zur DVD ist der Abstand des Lasers zum Datenträger verkleinert.
- Die Schutzschicht ist im Vergleich zur DVD verkleinert (0,1 mm). Sie ist empfindlicher gegen Schmutz.
- Die BD ist als Nachfolger gedacht für die DVD mit erhöhter Speicherkapazität zur Aufnahme von Videos im HDTV-Format.
- Speicherkapazitäten:
  - Eine Lage bis 27 GB
  - Zwei Lagen bis 54 GB

Vergleich optischer Datenspeicher

CD	DVD	Blu-ray Disc
Abstände der Pits		
1,6 µm	0,74 µm	0,32 µm
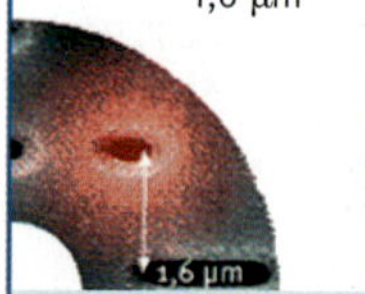	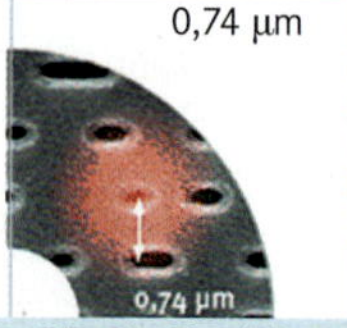	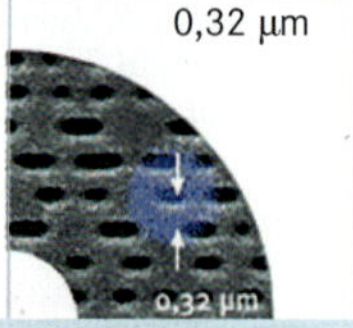
Speicherkapazität in GB, SL: Single Layer, DL: Double Layer		
0,68–0,8	SL: 4,7; DL: 8,5	SL: 25; DL: 50
Wellenlänge des Lasers, Laserspot-Durchmesser		
780 nm, Infrarot 2,1 µm	650 nm, Rot 1,3 µm	405 nm, Violett 0,6 µm

Einteilung

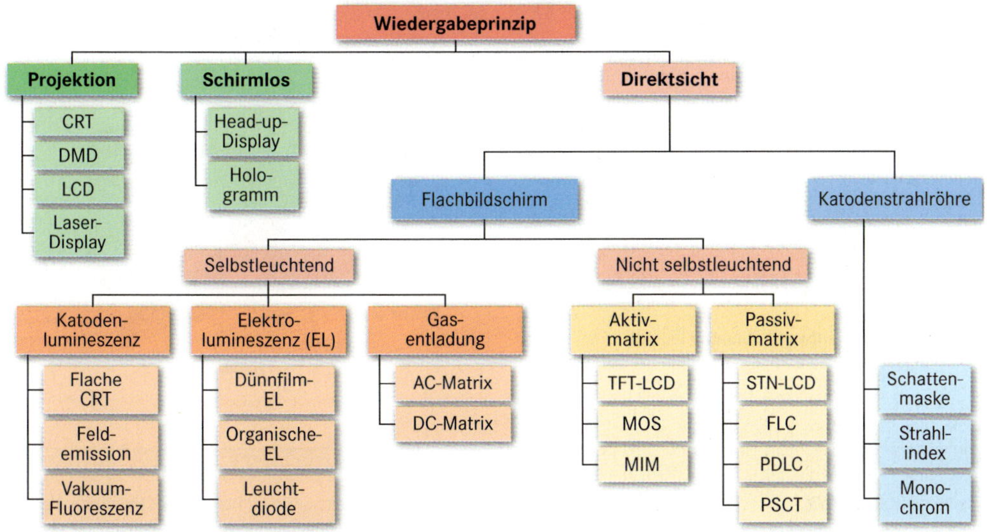

CRT: **C**athode **R**ay **T**ube (Kathodenstrahlröhre)
DMD: **D**ense **M**icromirror **D**isplay (Mikrospiegel)
LCD: **L**iquid **C**rystal **D**isplay (Flüssigkristall)
FLC: **F**erro **L**iquid **C**rystal (Ferroelektrisch)
MOS: **M**etall **O**xide **S**emiconductor (Metall-Oxid)
MIM: **M**etal **I**solator **M**etal (Metall Isolator Metall)
PDLC: **P**olymer **D**ispersed **L**iquid **C**rystal (Polymer dispergierter Flüssigkristall)
PSCT: **P**olymer **S**tabilized **C**holesteric **T**extured (Polymer stabilisierte cholestrische Textur)
STN: **S**uper **T**wisted **N**ematic (Super gedreht)
TFT: **T**hin **F**ilm **T**ransistor (Dünnschicht-Transistor)

LCD (Liquid Crystal Display)

- Flüssigkristall-Anzeigen
  - basieren auf organischen Komponenten mit stäbchenhaften **Molekülen** und benötigen externe Lichtquellen,
  - wirken nach dem **Durchlicht**- oder **Reflexionsverfahren** oder einer Kombination aus beidem,
  - bilden im Temperaturbereich von –20 °C bis +85 °C **Kristallstäbchen**, die verschiebbar sind.
- Durch Anlegen elektrischer Spannungen wird die Ausrichtung der Moleküle beeinflusst.
- **Normal-White Zelle** ist ohne Spannung weiß.
- **Normal-Black Zelle** ist ohne Spannung dunkel.
- **Passiv-Matrix**-Displays beeinflussen auch Nachbarzellen (geringer Kontrast).
- **Aktiv-Matrix**-Displays sind in jeder Zelle mit einem Dünnschichttransistor als Schalter ausgerüstet und werden als **TFT-Displays** (Thin-Film-Transistor) bezeichnet.

Leuchtverfahren

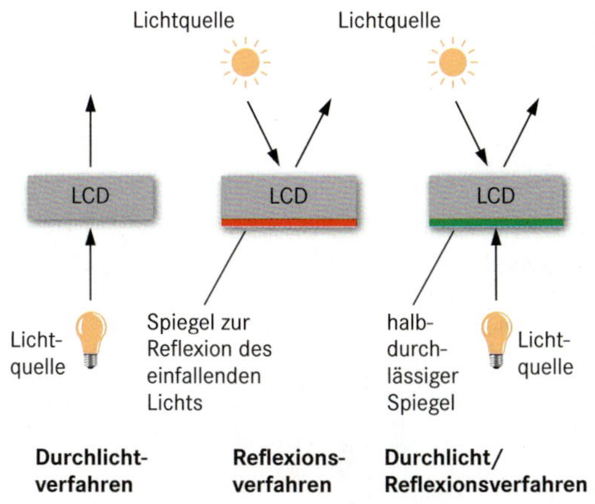

Funktion

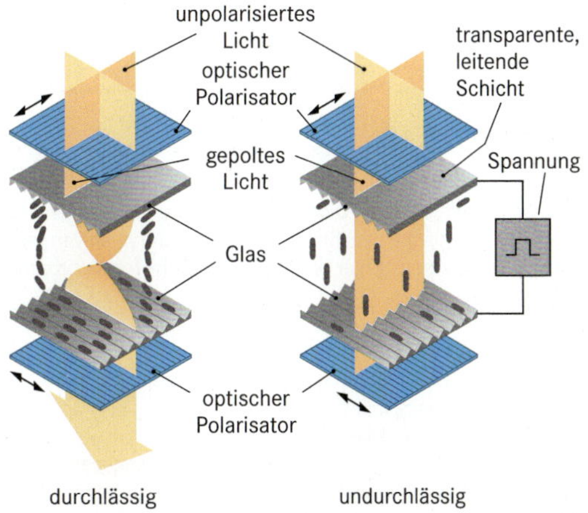

Flachbild-Anzeigen
Flatscreen Displays

TFT-LCD

Funktion

- **T**FT-LCD (**T**hin-**F**ilm-**T**ransistor LCD)
  - bestehen aus LC-Zellen mit einem integrierten **Dünnschicht-Transistor** pro Farbe in jeder Zelle und werden deshalb als **Aktiv-Matrix-Displays** bezeichnet,
  - sind in der Bauform wesentlich dünner als Passiv-Displays.
- Die Transistoren steuern den Grad der Molekülablenkung und somit die Helligkeit der einzelnen Farben.
- Die **Refresh-Rate** liegt annähernd bei der von Bildröhren.
- Defekte Pixel sind entweder dauernd leuchtend bei schwarzem Hintergrund oder dunkel bei weißem Hintergrund.

Aufbau

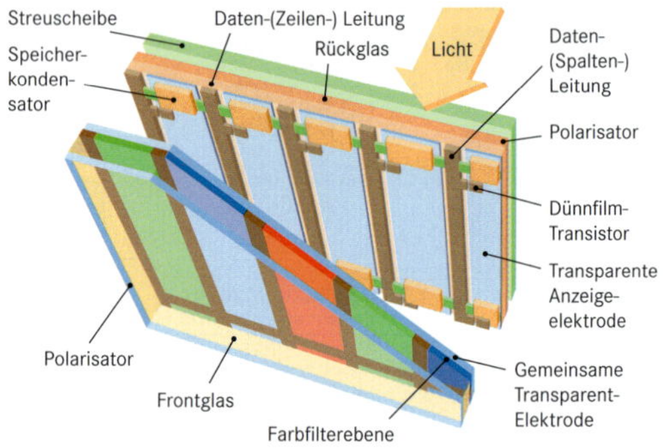

PLD

Funktion

- **P**lasma-**D**isplays (**PLD**)
  - sind selbstleuchtend,
  - beinhalten eine Mischung aus Edelgasen (Argon, Neon) zur **Plasmaerzeugung**,
  - verwenden Phosphor (rot, grün, blau) als Leuchtmittel,
  - werden über eine x/y-Matrix angesteuert,
  - erzeugen durch **Stoßionisation** frei bewegliche Ionen und Elektronen.
- Gebundene Elektronen im Plasma werden durch die freien Elektronen auf höheres Energieniveau angehoben und erzeugen bei Rückfall auf normales Niveau **Ultraviolett-Strahlung**, die den Phosphor zum Leuchten anregt.
- Die Steuerung der Helligkeit erfolgt durch zeitabhängige Anschaltung der Zellen (Pulsdauermodulation).

Zellen-Aufbau

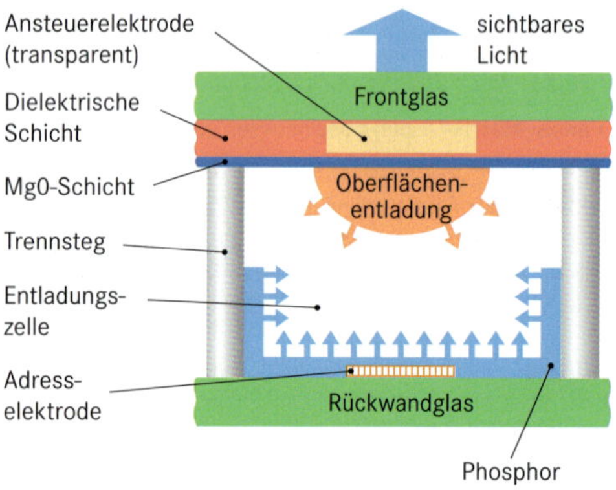

Display-Aufbau

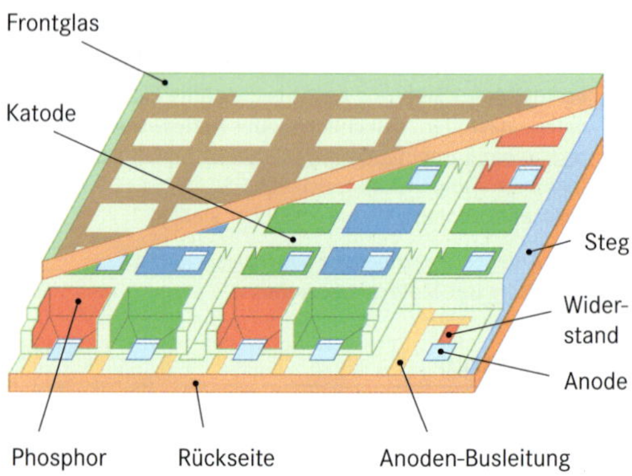

OLED

Funktion

- **O**rganic-**L**ight **E**mitting **D**iode (**OLED**) verwenden als Leuchtschicht organische Leuchtstoffe, in denen die positiven und negativen Ladungsträger beim Zusammentreffen sichtbares Licht erzeugen.
- OLED
  - sind selbstleuchtend (Elektrolumineszenz),
  - erfordern wenig Energie,
  - bieten hohe Kontrastverhältnisse,
  - sind als Passiv- und Aktiv-Matrix Displays eingesetzt (Mobiltelefone, Leuchtsymbole).

Zellen-Aufbau

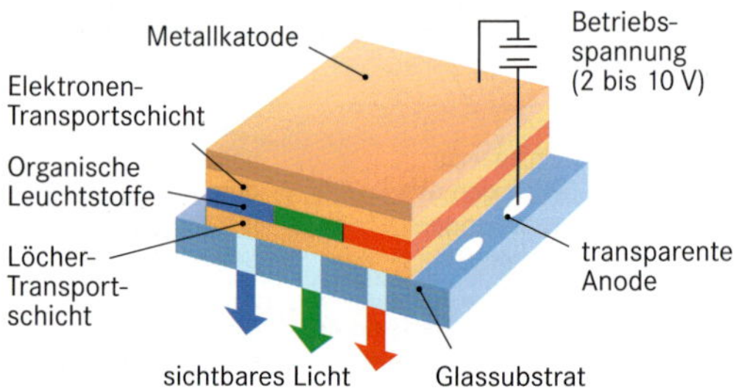

Tintenstrahldrucker

Thermo-Verfahren

- Druckdüsen mit Heizelementen
- Temperatur ca. 300 °C
- Dampfblase entsteht
- Tinte wird herausgespritzt (ca. 80 ms)
- Geschwindigkeit ca. 15 m/s
- Schussfrequenz bis 18 kHz

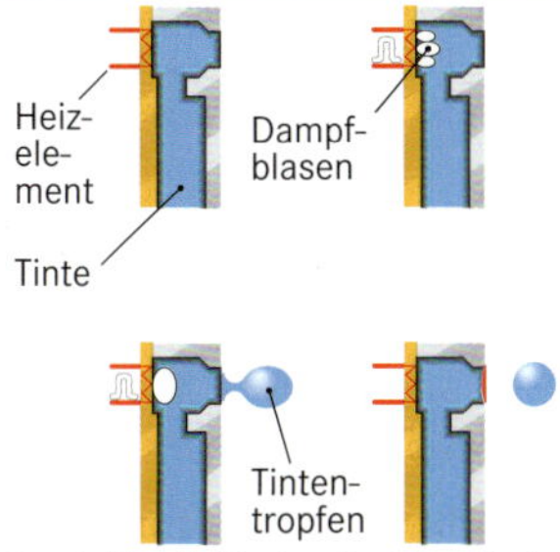

Druckdüse in Kartusche integriert

Piezoelektrisches Verfahren

- Druckdüse mit Piezo-Element
- Elektr. Spannung verformt das Element
- Zunächst Sog, dann Druck
- Tinte wird herausgedrückt
- Tropfengröße kann durch Spannung gesteuert werden

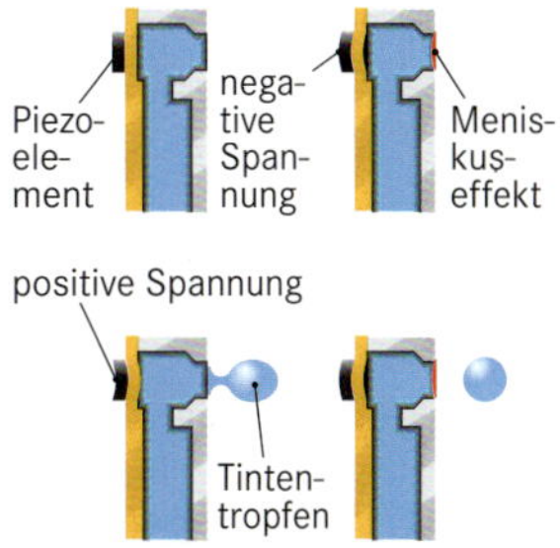

Druckdüsen befinden sich nicht in der Kartusche, sondern im Gerät

Druckvorgang

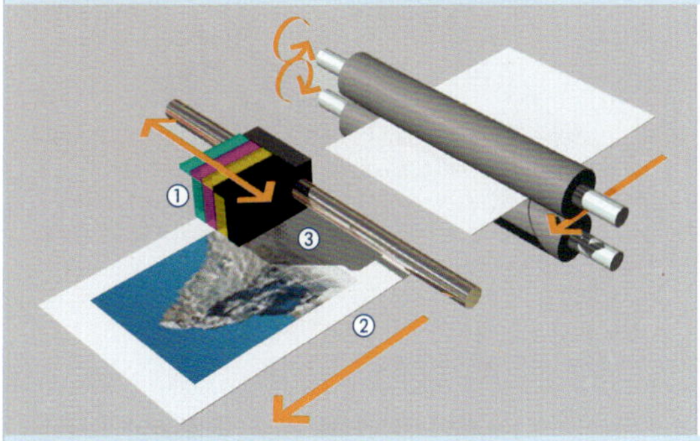

- Druckkopf bewegt sich zeilenweise über das Papier ①.
- Das Papier wird schrittweise in Längsrichtung durch den Drucker gezogen ②.
- Alle Druckfarben werden gleichzeitig auf das Papier gesprüht ③.
- Mehrere Druckpunkte bilden einen Rasterpunkt.
  Beispiel: Grüner Rasterpunkt besteht aus mehreren dicht nebeneinander oder übereinander gedruckten gelb- und cyanfarbigen Druckpunkten.

Druckauflösung (Auflösung):
Angabe in Druckpunkte pro Zoll (**dpi: D**ots **p**er **I**nch)
1 Zoll (Inch) = 2,54 cm

Beeinflussung der Druckqualität

- Erweiterung der vier Farben (CYMK) um weitere Farben (z. B. Cyan und Magenta) zur besseren Darstellung von Hauttönen.
- Für hochwertige Drucke sollte beschichtetes Papier verwendet werden, damit die Farbtropfen nicht zu tief eindringen.
- Das tiefe Eindringen der Tinte in das Papier kann durch vorheriges Aufbringen einer farblosen Flüssigkeit verringert werden.
- Größere farbige Flächen werden mit wenigen, aber größeren Tropfen schneller bedruckt.
- Die Tinte wird in mehreren Durchgängen aufgetragen.
  Ein Verlaufen der Tinte wird verringert.
- Pigmentierte Tinte verringert das zu tiefe Eindringen in das Papier.
- Für helle Farben (Farben mit geringer Sättigung) entstehen zwischen den Farbpunkten große störende weiße Flächen. Kleinere Druckpunkte verringern diese Störungen.
- Um das Verlaufen der Tinte aufgrund der Faserstruktur des Papiers zu verringern, wird schnelltrocknende Tinte eingesetzt.
- Neben diesen Hardwarelösungen werden von Herstellern verschiedene Softwarelösungen zur Steuerung der Druckpunkte eingesetzt.

Farblaserdrucker

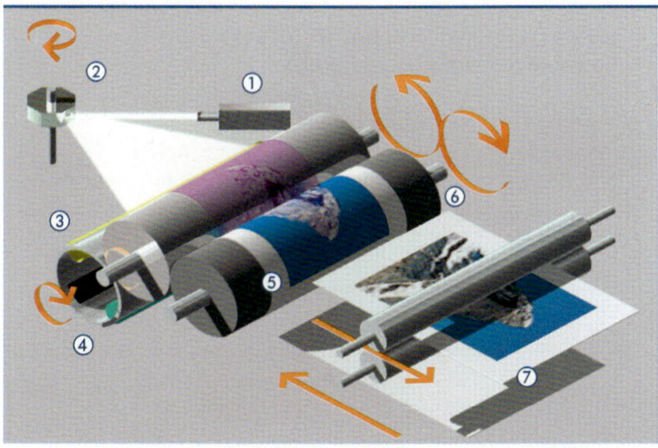

- Unbedrucktes Papier wird schrittweise zugeführt.
- Licht aus dem Laser ① gelangt über einen rotierenden Spiegel ② auf die lichtempfindliche Trommel ③.
- Die Trommel ist elektrostatisch aufgeladen.
- Sie dreht sich an der Tonerkartusche ④ vorbei.
  Der Toner gelangt durch elektrostatische Anziehungskräfte auf das Papier ⑤.
- Die Papiertrommel ⑥ läuft an der Belichtungstrommel vorbei.
- Für den Vierfarbendruck sind vier Durchläufe erforderlich.
- Am Ende wird das fertig bedruckte Papier ausgegeben ⑦.

Handscanner	Einzugscanner	Flachbettscanner	Trommelscanner	Dia- und Negativscanner
■ Die Vorlage wird manuell abgefahren. ■ Es entstehen Scanstreifen von einigen cm Breite. ■ Problem: Passgenaues Zusammenfügen der Streifen (Software).	■ Die Vorlage wird an den fest platzierten Sensoren entlang bewegt. ■ Problem: Vorlagen dürfen eine bestimmte Dicke nicht überschreiten.	■ Die Sensoren werden an der Vorlage entlang geführt. ■ Die Qualität des Scanners hängt von der Auflösung und der genauen Führung der Sensoren ab.	■ Die Vorlage wird innerhalb einer rotierenden Trommel von einer Lichtquelle abgetastet. ■ Problem: Vorlagen dürfen eine bestimmte Dicke nicht überschreiten.	■ Die durchscheinende Vorlage wird vom Licht abgetastet, das dann auf die Sensoren fällt. ■ Aufgrund der kleinen Vorlage ist eine hohe Auflösung erforderlich.

Arbeitsweise des Flachbettscanners

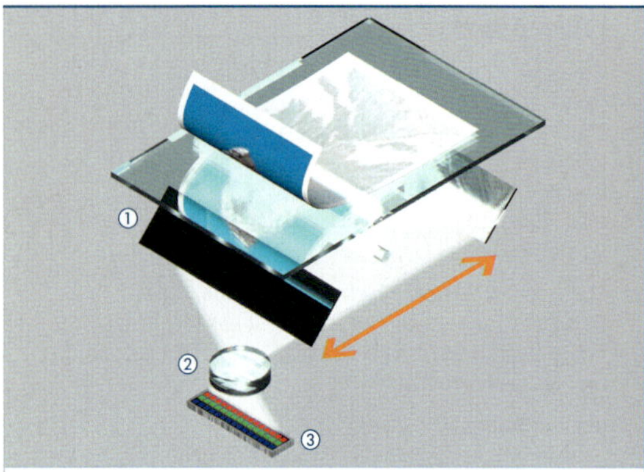

- Licht wird von der Aufsichtsvorlage reflektiert.
- Dieses gelangt dann über Spiegel ① und Linsen ② auf die lichtempfindlichen und zeilenmäßig angeordneten Sensoren ③ (CCD-Zellen, **CCD: C**harge **C**oupled **D**evice).
- Vor den Sensoren befinden sich Farbfilter für rotes, grünes und blaues Licht.
- Helligkeitsinformationen werden in den Sensoren in unterschiedlich große elektrische Ladungen umgewandelt, als Spannungen verstärkt und mit Hilfe von Analog-Digital-Umsetzern in einen Datenstrom umgeformt.

Arbeitsweise des Trommelscanners

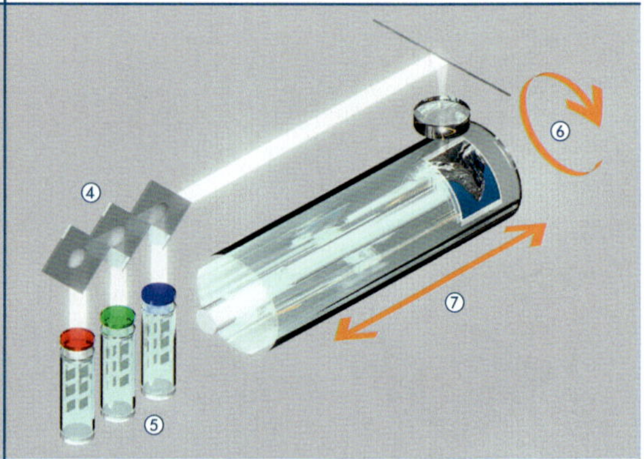

- Das von der Vorlage reflektierte oder durchgelassene Licht (je nach Vorlage) gelangt über Spiegel ④ an die Photomultiplier ⑤ (Sekundärelektronenvervielfacher).
- Durch Rot-, Grün- und Blaufilter erhält man die Farbinformationen der einzelnen Pixel.
- Die Trommel ⑥ rotiert, so dass die Vorlage zeilenweise abgetastet wird.
- Zusätzlich erfolgt nach jeder Zeile eine Bewegung der Trommel in Längsrichtung ⑦.
- Die Auflösung hängt von der Anzahl der Schritte bei der Trommelbewegung ab.

Auflösung

- **Optische Auflösung**
  Sie hängt von der Anzahl der CCD-Elemente ab.
  Einheit: Pixel pro Zoll: **ppi** (**p**ixel **p**er **i**nch)
  Punkte pro Zoll: **dpi** (**d**ots **p**er **i**nch)
  Beispiel: 600 ppi
  → auf einer Länge von 1 Zoll (2,54 cm) werden 600 Pixel erfasst.
- **Interpolierte Auflösung**
  Pixel werden durch Software berechnet. Ihre Zahl ist größer als die optische Auflösung und kann zu fehlerhaften Ergebnissen führen.

Beispiel:

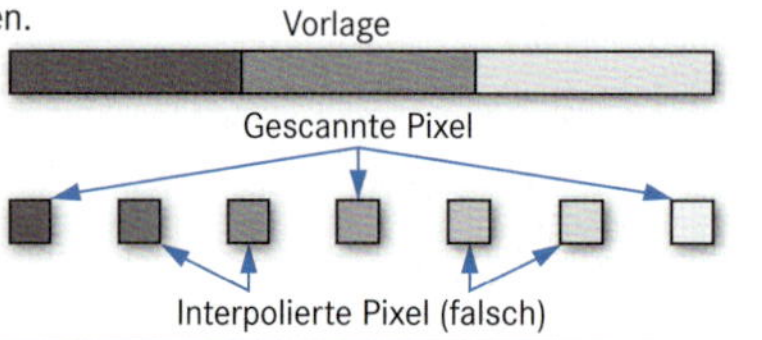

Schnittstelle

- Je nach PC- und Scannerausführung: Parallele Schnittstelle, USB- oder SCSI-Schnittstelle.
- Zwischen dem Scanner als Hardware und den Anwendungsprogrammen ist oft ein **TWAIN**-Treiber in Form einer Software-Schnittstelle erforderlich.

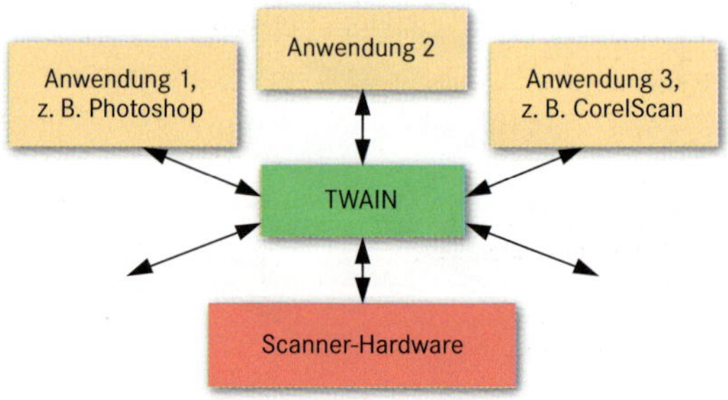

Anschlüsse (Beispiel)

- **Computer**
  15-polig D-Sub (RGB), DVI
- **Monitor**
  15-polig D-Sub (RGB), DVI
- **Maus/serielle Schnittstelle**
  9-polig D-Sub (RS232C), USB
- **Video** (PAL, SECAM, NTSC, HDTV)
  Video in, Audio in (Stereo), Audio out (Stereo), Cinch, Composite (S-VHS), Cinch/Miniklinke, Cinch

Auflösung

VGA:	640 x 480	(Video Graphics Array)
SVGA:	800 x 600	(Super VGA)
XGA:	1024 x 768	(Extended Graphics Array)
SXGA:	1280 x 1024	(Super XGA)
UXGA:	1600 x 1200	(Ultra XGA)
HDTV:	1920 x 1080	(High Definition Television)
QXGA:	2048 x 1536	(Quad XGA)

Ausleuchtung

Vergleich der Helligkeit: Die Helligkeit in der Projektionsmitte wird mit der Helligkeit am Rand verglichen. Je größer der Wert in %, desto gleichmäßiger ist die Ausleuchtung.

Gute Werte > 80 %

Kontrastverhältnis

Es handelt sich um ein Verhältniszahl, die aussagt, wie viel mal heller das projizierte Weiß gegenüber Schwarz ist. Je größer die Zahl, desto besser der Kontrast. Messung erfolgt mit einem Schachbrettmuster.

Gute Werte: 300:1, 400:1

Helligkeit

Die Angabe erfolgt durch den Lichtstrom in Lumen. Das Messverfahren ist durch ANSI festgelegt:
(**ANSI: A**merican **N**ational **S**tandards **I**nstitute)

Optimale Helligkeiten:

- Kleine Räume (ca. 2 m Bildbreite):
  ... 1400 Lumen (ANSI)
- Mittlere Räume (ca. 3 m Bildbreite):
  1400 ... 2000 Lumen (ANSI)
- Große bzw. sehr helle Räume (> 3 m Bildbreite):
  2000 Lumen (ANSI)

Keystone-Korrektur (Keystone-Shift)

Bei einer Aufwärtsprojektion treten Trapezverzerrungen auf (Keystone-Effekt).

Maßnahmen:

- Optische Korrektur (mechanische Einstellung)
- Digitale Korrektur: Durch die Umrechnung des Bildschirminhaltes kann sich die Bildschärfe und der Kontrast verringern (Auflösungsverlust).

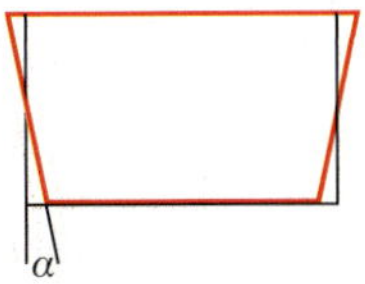

z. B.: $\alpha = 0 \ldots 12°$

LCD-Projektoren (transmissive)

LCD: Liquid **C**rystal **D**isplay

- Licht der Lichtquelle ① wird mit dichroitischen (selektiv lichtdurchlässig) Spiegeln ② in die Grundfarben Rot, Grün und Blau zerlegt.
- Für jede Grundfarbe (3 Panel) ist ein transmissives (lichtdurchlässiges) Polysilizium-LCD-Panel ③ (Psi-LCD) vorhanden (Diagonale: 0,7; 0,9; 1,3 oder 1,8 Zoll). Es entstehen einfarbige Teilbilder.
- Ein Prisma ④ mischt die Einzelbilder zu einem vollfarbigen Bild zusammen (additive Farbmischung), das durch ein Objektiv auf die Leinwand projiziert wird.

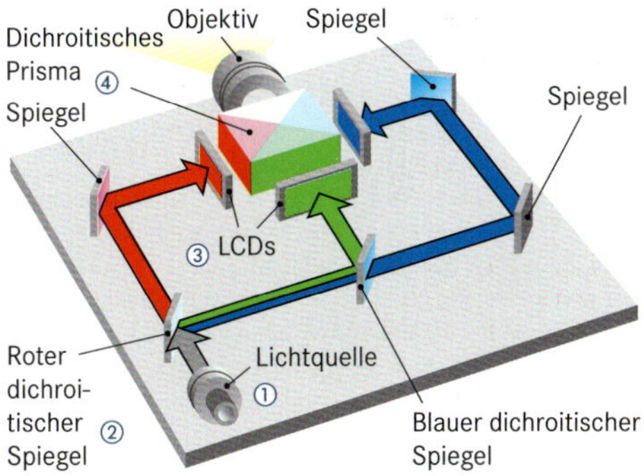

DLP-Projektoren

DLP: Digital **L**ight **P**rocessing

DLP

- Das Licht der Projektionslampe ① wird durch ein rotierendes Farbrad ② (3600 1/min, mindestens drei Farbsegmente für Rot, Grün und Blau; RGB) zerlegt. Es entstehen in schneller Folge rote, grüne und blaue Einzelbilder.
- Die Einzelbilder treffen auf den **DMD**-Chip (**D**igital **M**icromirror **D**evice, z. B. 15 x 13 mm). Auf der Chipoberfläche sind bis zu 2,4 Millionen beweglich gelagerte und einzeln angesteuerte Mikrospiegel ③ angebracht (16 µm, 14 µm, 12 µm).
- Die Speicherzellen (ähnlich SRAM) kippen über elektrostatische Anziehung die beweglichen Spiegel, so dass ein Bildpunkt hell oder dunkel projiziert werden kann. Die Spiegel können um etwa ±10° bis ±12° gekippt werden (20 µs).
- Die SRAM-Zellen werden zeilen- und spaltenweise mit einem Byte pro Pixel angesteuert (256 Helligkeitsabstufungen, 16,7 Millionen Farben).
- Durch die schnelle Folge der Einzelbilder entsteht für den Betrachter ein vollfarbiges Gesamtbild.

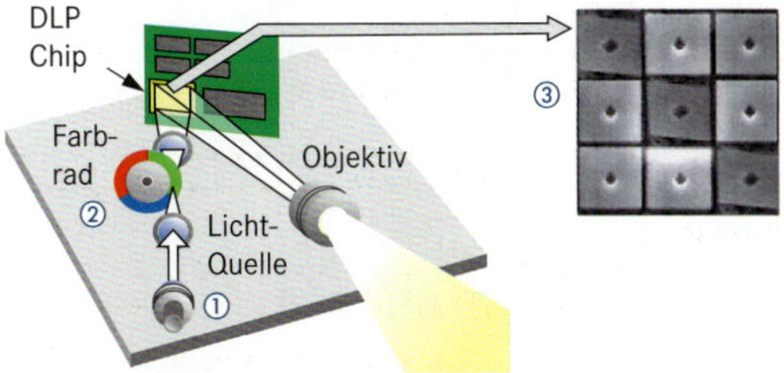

ATX-Format und ATX-Standards

- **ATX: A**dvanced **T**echnologie E**x**tended (Formfaktor)
- Es handelt sich um eine Norm für Gehäuse, Netzteile, Hauptplatinen und Steckkarten.
- Der ATX-Formfaktor wurde 1996 für den AT-Formfaktor (Advanced Technology) eingeführt.
  Motherboardabmessungen: 305 mm x 244 mm (12" x 9,6")
- Im ATX-Standard verfügen die Netzteile mindestens über folgende Stecker:
  - ATX 1.0: 20 Pin-Stecker und FDPC-Stecker
  - ATX 1.3: 20 Pin-Stecker, FDPC-Stecker und APC-stecker
  - ATX EPS: 24 Pin-Stecker, FDPC-Stecker und EPS-Stecker
  - ATX 2.0: 24 Pin-Stecker, FDPC-Stecker und PCI-Express-Stecker
  - ATX 2.2: 24 Pin-Stecker, FDPC-Stecker und PCI-Express-Stecker
- Ab ATX 2.0 sind zusätzlich SATA-Stecker vorhanden
- Die in den Abbildungen verwendeten Farben sind die gängigen Farben. Abweichungen sind möglich.
- Der 20-Pin-Stecker passt auch in die 24-Pin-Buchse (ggf. Adapter). Bei einem hohen Energieverbrauch ist eine stabile Funktion jedoch nicht gewährleistet.
- Der 24-Pin-Stecker passt auch in die 20-Pin-Buchse, wenn genügend Platz auf dem Motherboard vorhanden ist.

Netzteil

- Leistung *P* in Watt (W):
  Dabei muss beachtet werden, dassd die Gesamtstromstärke auf verschiedene Leitungen bzw. Geräte/Erweiterungskarten (z. B. Grafikkarte) verteilt wird.
- Eingangsgrößen AC:
  Wechselspannungsbereich *U* in Volt (V) und Frequenz *f* der Wechselspannung in Hertz (Hz)
- Ausgangsgrößen DC:
  Gleichspannung *U* in Volt (V), Polarität (+ oder –) gegenüber einem gemeinsamen Bezugspunkt (Masse), maximale Stromstärke *I* in Ampere (A)

ATX-Stecker für das Motherboard

- **20 Pin**

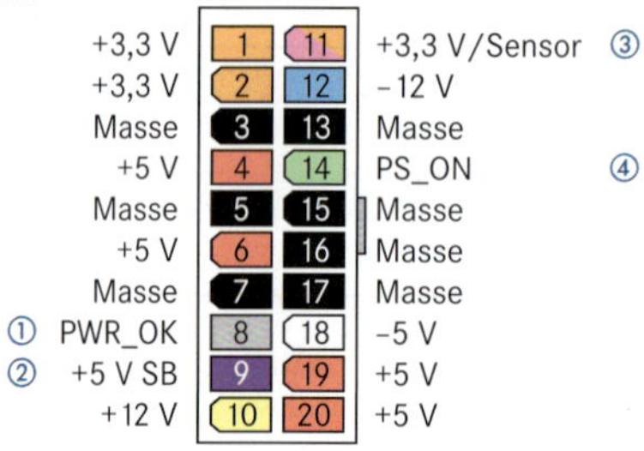

① Power OK (Indikationssignal + 5 V und + 3,3 V stabil)
② 5 V DC, Spannung für Stand By
③ Sensor-Anschluss für verschiedene Funktionen
④ Power Supply On, Netzteil wird eingeschaltet, wenn eine Verbindung mit Masse hergestellt wird (Steuereingang)
⑤ Reserve, meist unbelegt

- **24 Pin**

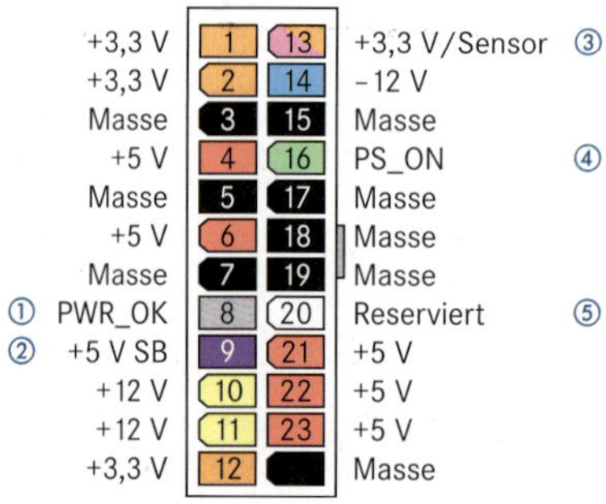

Stecker für die Spannungsversorgung von Peripheriegeräten des Motherboards

FDPC: Floppy **D**isk **P**ower **C**onnector
Spannungsversorgung für Peripheriegeräte, 3,5 "-Geräte, z. B. Diskettenlaufwerk

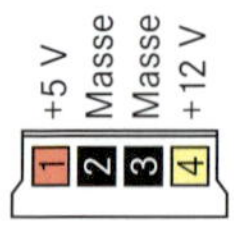

PPC: Power **P**eripheral **C**onnector (Molex-Stecker)
Spannungsversorgung für Peripheriegeräte, 5,25"-Geräte, z. B. Festplatte, CD-ROM, DVD-Laufwerk

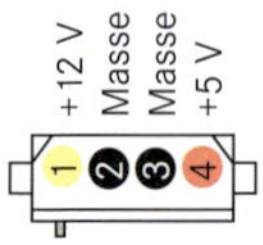

APC: Auxilary **P**ower **C**onnector, Aux Power Stecker für Hilfsspannungsversorgung (Pentium 4, Entlastung des Steckers für das Motherboard

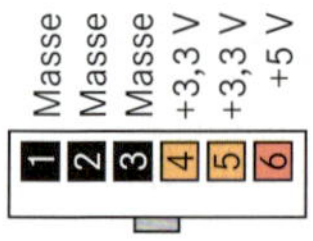

12 V Power
Zusätzliche Spannungsversorgung für Prozessoren ab 60 W

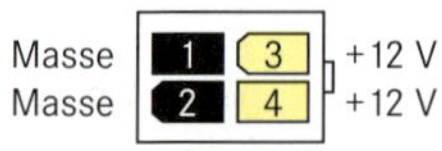

PCI-Express
12 V Spannungsversorgung für Erweiterungskarten PCI-Express

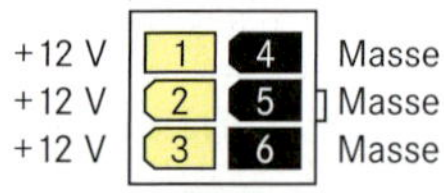

EPS Power: Extended **P**ower **S**upply
Erweiterte 12 V Spannungsversorgung für Multiprozessor-Motherboards

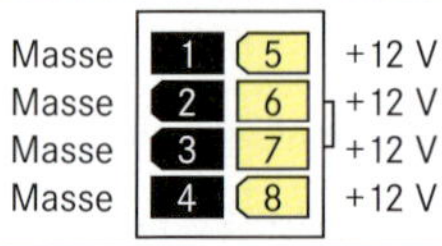

SATA Stecker
Spannungsversorgung für Serial-ATA-Geräte (z. B. Festplatte)

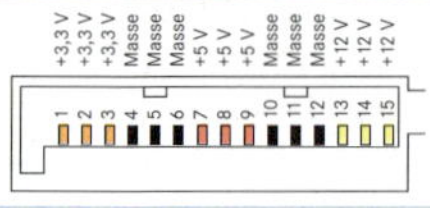

Wirkungsbereich

- Energy Star ist ein Gütezeichen für ein umweltbewusstes (energiesparsames) Gerät.
- Es handelt sich um eine US-amerikanische Produktbezeichnung für energiesparsame Geräte. Sie kennzeichnet, dass Energiesparkriterien der amerikanischen Umweltschutzbehörde **EPA** (**E**nviroment **P**rotection **A**gency) und des US-Department of Energy erfüllt werden.
- Energy Star wurde 2003 durch eine EU-Verordnung in Europa eingeführt.
- Ab 1. Juli 2009 gilt die Richtlinie Energy Star 5.0.
  Sie gilt für
  - Desktop-PCs
  - Notebooks
  - Thin Clients
  - Workstations
  - Kleine Server-Systeme

Betriebszustände

- **IDLE**
  Das System ist vollständig aktiv. Das Betriebssystem, alle Tools oder Anwendungen der Hersteller sind geladen.
- **Sleep**
  Dieser Energiesparmodus wird vom System nach einer vorgegebenen Zeit erreicht. Aus diesem Zustand kann das System innerhalb von maximal 5 Sekunden aktiviert werden.
- **Off Mode (Stand-by)**
  Es handelt sich um den Zustand des geringsten Energieverbrauchs.
- **Active State**
  Vom System werden einfache Aufgaben verrichtet.
  Der Prozessor, die Festwertspeicher und die Arbeitsspeicher sind aktiviert.
- **Typical Energy Consumption (TEC)**
  Es handelt sich um eine Methode, bei der man die Energieausnutzung eines Systems ermittelt bzw. Systeme miteinander vergleichen kann, wenn im Zeitraum eines Jahres definierte Aufgaben verrichtet werden.
  Die Angabe erfolgt in kWh.

Weitere Vorgaben

Bei Inaktivität Umschaltung in den Energiesparmodus:

- Monitor nach spätestens 15 Minuten
- Gesamtsystem nach 30 Minuten

Sleep-Mode:

- GBit-Netzwerkarte mit niedriger Datenübertragungsrate

Kenngrößen für Energy Star

Desktop-PCs

Kategorie	A	B	C	D
Prozessorkerne	–	2	≥ 2	≥ 2
TEC in kWh	≥ 148	≥ 175	≥ 209	≥ 234
Weitere Merkmale	weder B, C noch D	≥ 2 GB RAM	≥ 2 GB RAM oder diskrete GPU[1]	≥ 2 GB RAM oder diskrete GPU[1] > 128 Bit
Hauptspeicher	+ 1 kWh je zusätzlichem 1 GB			
Diskrete GPU[1]	+ 35 kWh für FB-Bus < 128 Bit; + 50 kWh für FB-Bus > 128 Bit;		+ 50 kWh für FB-Bus > 128 Bit;	
Zusätzliche HDD[2]	+ 25 kWh			
Netzteil	80 Plus Bronze			

Notebooks

Kategorie	A	B	C
TEC in kWh	≥ 40	≥ 53	≥ 88,5
Hauptspeicher	+ 0,4 kWh je zusätzlichem 1 GB		
Diskrete GPU[1]		+ 3 kWh für FB-Bus > 64-Bit;	
Zusätzliche HDD[2]	+ 3 kWh		

[1] GPU: Graphics Processing Unit (Prozessor auf Grafikkarte)

[2] HDD: Hard Disk Drive (Permanent-/Massenspeicher, Festplatte)

80 PLUS

- Es handelt sich hierbei um eine Initiative zur Förderung von PC-Netzteilen, die einen Wirkungsgrad > 80 % aufweisen.
- Die Wirkungsgrade (η) der Netzteile sind bei den Belastungen von 20 %, 50 % und 100 % festgelegt

80 PLUS	80 PLUS BRONZE	80 PLUS SILVER	80 PLUS GOLD
Belastung 20 %			
$\eta \geq 80$ %	$\eta \geq 80$ %	$\eta \geq 85$ %	$\eta \geq 87$ %
Belastung 50 %			
$\eta \geq 80$ %	$\eta \geq 85$ %	$\eta \geq 88$ %	$\eta \geq 90$ %
Belastung 100 %			
$\eta \geq 80$ %	$\eta \geq 82$ %	$\eta \geq 85$ %	$\eta \geq 87$ %

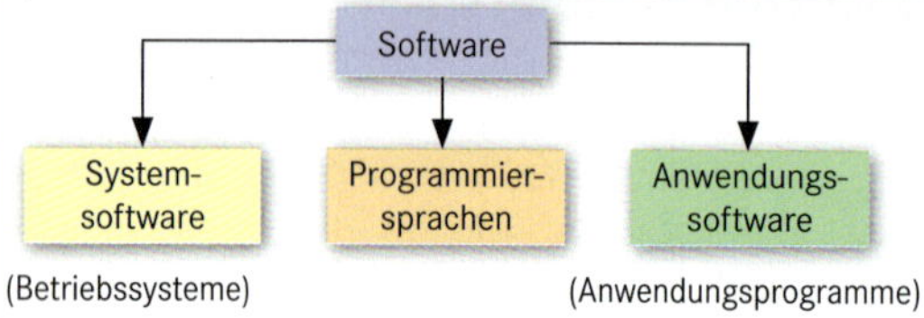

Unter Software versteht man Programme (Anweisungen in Form von Daten), die den Computer zur Ausführung von Aktionen veranlassen.

Dateiformate

Die innerhalb der Anwendersoftware erstellten Dateien werden am Ende des Dateinamens durch einen Punkt und das Dateiformat gekennzeichnet:

Beispiel: Dateiname. Dateiformat
Brief. doc

Anwendungssoftware zur Bürokommunikation

- Textverarbeitungsprogramme:
  z. B. Word (.doc, Document: Dokument)
- Kalkulationsprogramme:
  z. B. Excel (.xls, Excel Sheet: Arbeitsblatt in Excel)
- Datenbankprogramme:
  Erstellung relationaler Datenbanken, z. B. Access (Zugang). Dateiformate: .mdb; .adp; .ade
- Organisationsprogramme:
  z. B. Outlook (Ausblick) besteht aus Terminplaner, Adressverwaltung, Aufgabenliste (zu erledigende Aufgaben, Termine usw.), Journal (Dokumentation von Aktivitäten und Ereignissen), E-Mail-Programm
- Präsentationsprogramme:
  Programm zur Erstellung von Folien- und Bildschirmpräsentationen, z. B. PowerPoint.
  .ppt für PowerPoint-Präsentationen;
  .pot für Präsentationsvorlagen;
  .pps für Pack-and-go-Präsentationen (selbstlaufend);
  .ppa für Zusatzmodule
- Office-Programme (Office Pakete):
  Zusammenfassung verschiedener Programme zur Bürokommunikation, z. B. Access, Excel, Outlook, Word und PowerPoint.

Desktop-Publishing-Programme

DTP: Desk**t**op-**P**ublishing (Publizieren vom Schreibtisch)
Software zur Herstellung von Druckvorlagen. Eingebunden sind Texte, Grafiken, Formeln und Tabellen zu einem gemeinsamen Layout, z. B. Publisher, Quark Xpress, Corel Ventura, Page-Maker.

CAD

CAD: Computer-**A**ided **D**esign (Computergestütztes Zeichnen bzw. Konstruieren)

- Grafikprogramm (Vektorgrafik) für die Erstellung technischer Zeichnungen in professioneller Qualität.
- Mit Layertechnik (Schichten) können verschiedene Zeichnungsebenen unabhängig voneinander erstellt und kombiniert werden.
- Umfangreiche Programmbibliotheken (Zeichenvorlagen) erleichtern die Erstellung der Zeichnungen.

Grafiksoftware

Rastergrafiken, Pixel-Grafiken

- Bilder in Pixel-Formaten werden auch als Bitmaps bezeichnet.
- Die Speicherung erfolgt wie bei einem Mosaik.
  Jedes Pixel (Bildpunkt) wird mit Informationen über Lage (x-y-Achse) und Farbe gespeichert.
- Pixel-Grafiken verlieren beim Skalieren (vergrößern) stark an Qualität, da die Pixel vergrößert werden. Stufungen sind mitunter erkennbar.
- Anwendung: Wiedergabe von Fotos mit feinen Abstufungen
- Z. B. Photoshop, Photodraw

Beispiele für Dateiformate: .BMP (Bitmap); .JPEG (Joint Photographic Experts Group); .PDF (Portable Document Format); .TIF (Taged Image Format)

Vektor-Grafiken

- Bei Vektor-Grafiken werden geometrische Formen (z. B. Kreise, Rechtecke) gespeichert. Ein Rechteck besitzt z. B. einen Ursprungspunkt und eine Ausdehnung in Form von Längen- und Breitenangaben.
- Vektorgrafiken können deshalb ohne Qualitätsverlust frei gedreht und vergrößert werden (Skalierbarkeit).
- Anwendung im Konstruktionsbereich (CAD)
- Z. B. CorelDraw, Adobe Illustrator

Beispiele für Dateiformate: .AI (Adobe Illustrator); .CDR (Corel Draw); .EPS (Encapsulated Postscript)

Programmiersprachen

- **Algol** (Algorithmic Language)
  Algorithmische Formelsprache zur strukturierten Programmierung
- **Basic** (Beginners All Purpose Symbolic Instruction Code)
  Leicht erlernbare problemorientierte Programmiersprache in naturwissenschaftlichen und technischen Bereichen.
- **C** (entwickelt aus Basic Combined Programming Language)
  Maschinennahe Programmierung mit kompaktem Code für strukturierte Programmierung.
- **C++**
  Objektorientierte Variante von C
- **Cobol** (Common Business Oriented Language)
  Problemorientierte Programmiersprache für kaufmännische und administrative Bereiche, Programmcode ist lesbar wie englischer Text.
- **Fortran** (Formula Translation)
  Geeignet für die Programmierung mathematischer Formeln.
- **JAVA**
  Plattformunabhängige Programmiersprache, lässt sich mit Browsern ausführen, Anwendung im Internet.
- **Pascal** (benannt nach Blaise Pascal)
  Ursprünglich als Universalsprache gedacht, gute Strukturierung möglich, leichte Dokumentation, wenige Grundbefehle.
- **PL/1** (Programming Language No.1)
  Problemorientierte Programmiersprache von IBM. Anwendung auf Großrechnern, enthält Elemente von Fortran und Cobol.

Aufgaben

Grundsätzlich:
Verwaltung der technischen Komponenten eines Computers sowie Steuerung und Überwachung des Einsatzes der Software (Programme).

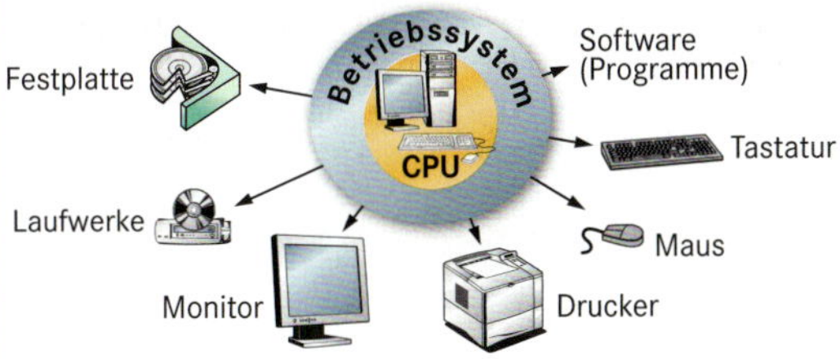

Wichtige Einzelaufgaben

- Starten und Beenden des Computerbetriebs
- Organisation und Verwalten der Arbeitsspeicher
- Verwalten der Dateien in den Verzeichnissen
- Steuern der Hardwarekomponenten (Soundkarte, Drucker, usw.)
- Organisieren und Verwalten der verschiedenen Speicher (z. B. Festplatten, CD-ROM)
- Laden und Kontrollieren der Anwenderprogramme (z. B. Weitergabe von Benutzereingaben, Verwalten von Benutzerrechten)
- Verwaltung und Bedienung mehrerer Nutzer (z. B. Zugriffsrechte, Nutzungsprofil)
- Bereitstellen von Dienstprogrammen (z. B. Datensicherung, Datenfernübertragung)
- **Präemptives Multitasking (Mehrprozessbetrieb)**
  Wenn mehrere Programme benutzt werden, aktiviert das System diese in so kurzen Abständen abwechselnd, so dass für den Benutzer der Eindruck der gleichzeitigen (parallelen) Abarbeitung entsteht.
- **Multithreading (Mehrprozessfähigkeit)**
  Mehrere Ausführungsstränge innerhalb eines Prozesses (Threads) werden ähnlich dem präemptiven Multitasking gleichzeitig abgearbeitet (parallel).
- **Multiusing (Mehrbenutzung)**
  Auf einem PC können sich unterschiedliche Nutzer eine individuelle Arbeitsumgebung schaffen, auf die nur sie passwortgeschützt zugreifen können.

Startvorgang (BOOT-Vorgang)

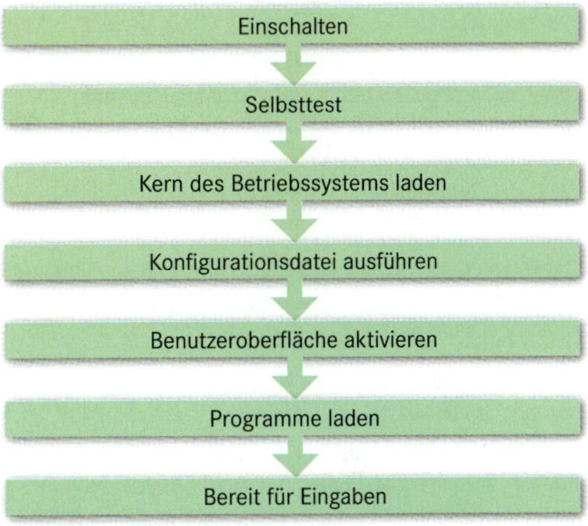

BIOS

BIOS: **B**asic **I**nput **O**utput **S**ystem
(Grundlegendes Eingabe-Ausgabe-System)

- Das BIOS ist ein grundlegendes Systemprogramm im PC, das nach dem Einschalten zur Verfügung steht.
- Es ist im Festwertspeicher (ROM) vom Hersteller abgelegt und dem Betriebssystem vorgelagert.

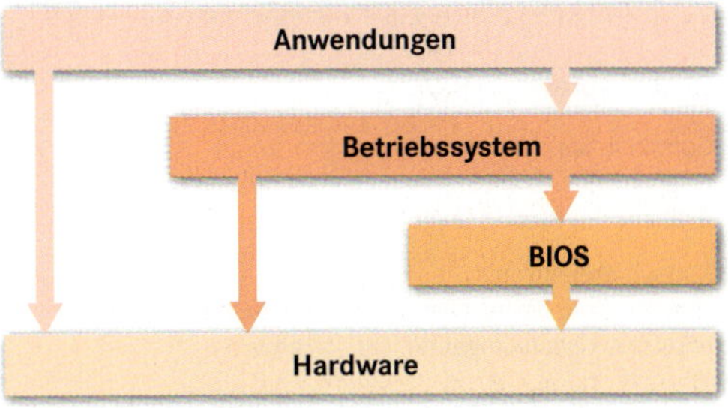

POST: **P**ower **O**n **S**elf **T**est

- Beim Booten führt das BIOS einen Selbsttest durch.
- Es sucht ein Betriebssystem und ruft dieses auf.
- Es lädt grundlegende Treiber (Laufwerk, Grafikkarte und Schnittstellen).

Betriebssysteme

Bei Personal Computern sind folgende Betriebssysteme verbreitet:

- **Windows** (Microsoft), am weitesten verbreitet
  Windows XP (**Exp**erience), Vista, 7, 8, 10
- **macOS** (Apple Macintosh)
  OS X 10.12
- **Linux** (**Linu**s Torwalds UNI**X**, Finnischer Software-Entwickler)
  Derivate: Red-Hat, Fedora, RHEL, Mandriva, SUSE

Sie verfügen über eine grafische Benutzeroberfläche und sind als 32 Bit- bzw. 64 Bit-Versionen erhältlich.

Hardwareanforderungen für Betriebssysteme

Betriebssystem	Empfohlene Systemvoraussetzungen
Windows XP Service Pack 3 Professional	▪ Pentium oder kompatibler Prozessor > 300 MHz Taktfrequenz ▪ Arbeitspeicher mindestens 128 MB ▪ Festplattenspeicher mind. 1,5 GB
Windows Vista Service Pack 2 Ultimate	▪ Prozessor mit mindestens 1 GHz ▪ Arbeitsspeicher mindestens 1 GB ▪ Festplattenspeicher mind. 15 GB
Windows 10	▪ Prozessor mit mindestens 1 GHz ▪ Arbeitsspeicher mindestens 2 GB (64 Bit) ▪ Festplattenspeicher mind. 20 GB (64 Bit)

Eigenschaften

- Firmware (engl. firm = fest) steuert die Grundfunktionen eines Gerätes.
- Sie ist die Verbindung zwischen der Gerätehardware (physikalischen Geräteteil) und den austauschbaren Programmen (z. B. BIOS eines PC).
- Die Firmware befindet sich z. B. in geräteinternen programmierbaren Speicherbausteinen: Flash-Speicher, EEPROM, EPROM, ROM
- Diese Speicher sind sehr häufig in Mikrocontrollern integriert.
- Firmware wird auch als Geräte- oder Embedded (eingebundene) Software bezeichnet.
- Es werden gerätespezifische Konfigurationen und Funktionen hinterlegt, die bei der Inbetriebnahme zur Initialisierung und zum Test der Hardware dienen.
- Im Fehlerfall erhöhen in der Firmware enthaltenen Fehlerbehandlungsroutinen die Betriebssicherheit der Geräte.
- Firmware lässt sich durch spezielle Programme aktualisieren, wodurch der Funktionsumfang des Gerätes verbessert wird bzw. Fehler behoben werden.
- Unter Linuxsystemen wird Firmware zur Gerätesteuerung auch in Form einer Datei (Firmwaredatei) auf der Festplatte gespeichert und bei jedem Neustart zum Gerät übertragen.
- Durch den Einsatz von Firmware ergeben sich Vorteile für den Benutzer des Gerätes, da sich die Funktionen der Hardware schneller an die veränderten Bedürfnisse der Technik anpassen lassen bzw. Fehler schneller beseitigt werden können.

Gerätebeispiele

- Computerbereich:
  Hauptplatine eines Computers, CD/DVD-Laufwerk, Grafikkarte, Router, Switch
- Konsumerelektronik:
  Mobiltelefon, Fernsehgerät, DVD-Player, Festplattenrekorder, Haushaltsgeräte, Digitalkamera
- Messtechnik: Oszilloskop, Mess- und Prüfsysteme
- Automobiltechnik:
  Steuergeräte zur Motorsteuerung, Bordcomputer, Fahrzeugassistenten (ESP, ABS usw.)

Open Firmware

- Open Firmware (OFW) ist im Standard IEEE 1275-1994 genormt und im Gegensatz zur herkömmlichen Firmware (BIOS) ein offener plattformunabhängiger Standard zur Definition der Bootumgebung für Computersysteme.
- Durch den Einsatz von OFW ist eine hardwareneutrale Definition einer Bootumgebung möglich, unabhängig vom verwendeten Prozessor.
- OFW unterstützt eine Kommandozeile (Bootprompt).
- Durch OFW ist das Booten von Plug-In Karten ohne eine betriebssystemspezifische Unterstützung bzw. den Einsatz von Maschinencode direkt auf der Karte möglich.
- OFW kommt in Rechnersystemen von Sun Microsystems und Apple zum Einsatz.

Schichtenmodell

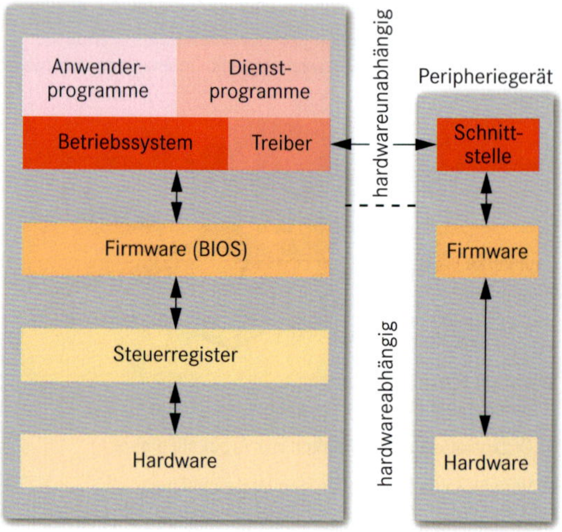

Firmwareaktualisierung

- Die im Gerät eingebettete Firmware lässt sich in der Regel durch spezielle Software aktualisieren (Upgrade).
- Hersteller stellen dazu für ihre Geräte Firmwareupdates zur Verfügung.
- Mit diesen Aktualisierungen werden Nachrüstungen möglich und Fehler behoben.
- Achtung: Ein Fehler während der Aktualisierung der Firmware (z. B. Stromausfall) kann zur Unbrauchbarkeit des Gerätes führen.

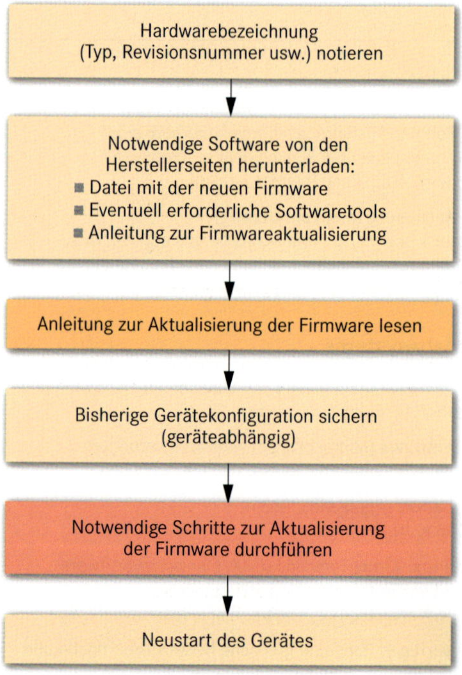

Name	Anwendung/Eigenschaften
Ada benannt nach Ada Byron	■ leichtes Programmieren durch klare Ausdrücke ■ gute Fehlererkennung ■ assemblernahe Programmierung ■ andere Programmiersprachen lassen sich leicht einbinden ■ echte Realtime-Sprache
Algol **Algo**rithmic-**L**anguage	■ algorithmische Formelsprache ■ strukturiertes Programmieren möglich ■ Ursprache für neuere Programmiersprachen ■ keine Realtime-Sprache
Basic **B**eginners **A**ll **P**urpose **S**ymbolic **I**nstruction **C**ode	■ leicht erlernbar ■ problemorientierte Sprache ■ Einsatz im technisch-wissenschaftlichen Bereich ■ vielfältige Abwandlungen verfügbar (GW-Basic, Turbo-Basic, ...) ■ bedingtes Realtime-Verhalten
C entwickelt aus Basic **C**ombined Programming Language	■ maschinennahe Programmierung ■ kompakter Code ■ Einsatz u. a. für Programmiersprachenentwicklung ■ Syntax sehr kompakt ■ strukturiertes Programmieren möglich ■ andere Programmiersprachen können eingebunden werden
C++	■ objektorientierte Variante von C
Cobol **Co**mmon **B**usiness **O**riented **L**anguage	■ problemorientierte Programmiersprache für kaufmännischen und administrativen Bereich ■ Programmcode ist lesbar wie englischer Text ■ entwickelt von der Mathematikerin Grace Murray Hopper ■ Cobol 85 ist standardisiert durch ANSI (ANSI-Cobol)
Fortran **For**mula **Tran**slation	■ geeignet für Programmierung mathematischer Formeln ■ keine leistungsfähigen Sprachelemente für Ein-/Ausgaben ■ Buchstaben oder Zahlenfolgen nur umständlich programmierbar ■ strukturiertes Programmieren kaum möglich ■ Realtime-Verhalten bedingt ■ große Programmbibliotheken
JAVA	■ baut auf C++ auf ■ kleiner, portabler und leichter anwendbar als C++ ■ plattformneutral ■ Programme werden in Bytecode compiliert
Lisp **Lis**t **P**rocessing	■ listenverarbeitende Sprache (Listen: Aufzählung von Zahlen oder Zeichenfolgen) ■ nicht prozedural (keine Aneinanderreihung von Befehlen) ■ Programmaufbau besteht aus Funktionen ■ Anwendung in der künstlichen Intelligenz
Modula Modulare Sprache	■ Anwendung in der Prozesstechnik, Text-, Datei-Verarbeitung ■ maschinennahe Programmierung ■ Syntax ähnlich Pascal ■ Ablaufgeschwindigkeit ähnlich C-Programmen ■ für PCs verfügbar
Pascal benannt nach Blaise Pascal (1623–1662)	■ ursprünglich als Universalsprache gedacht ■ gute Strukturierung möglich ■ leichte Dokumentation ■ wenige Grundbefehle ■ mit Turbo-Pascal annähernd Realtime-Programmierung
Pearl **P**rocess and **E**xperiment **A**utomation **R**ealtime **L**anguage	■ problemorientiert ■ rechnerunabhängig ■ Realtime Programmierung ■ Anwendung in Prozesssteuerung ■ Syntax ähnlich wie Pascal ■ unterstützt echtes paralleles Multitasking auf Multipozessor-Anlagen
PL/1 **P**rogramming **L**anguage No. **1**	■ problemorientierte Programmiersprache entwickelt von IBM ■ Anwendung auf Großrechnern ■ geeignet für technisch-wissenschaftliche und kaufmännische Anwendungen ■ enthält Elemente von Fortran und Cobol ■ weiterentwickelt zu PL/M
Prolog **Pro**gramming in **Log**ic	■ nichtalgorithmisch ■ anstelle von Prozeduren stehen Funktionen, die „wahr“ oder „falsch“ sein können ■ Anwendung bei der objektorientierten Programmierung
Simula **Simula**tion **La**nguage	■ erste objektorientierte Programmiersprache ■ einsetzbar für komplexe Anwendungen und zur Durchführung von Simulationen ■ entwickelt in Norwegen in den 60er Jahren
SMALLTALK	■ objektorientierte Programmiersprache ■ entwickelt von der Firma Rank Xerox (1970) ■ durch objektorientierte Entwicklungsumgebung (Editor, Compiler usw.) sehr benutzerfreundlich

Merkmale

- Betriebssystem mit Konzepten einer Entwicklung von AT+T aus den 70er Jahren.
- Es existieren mehrere Unix-artige Systeme (MAC OS X, HP-UX, AIX, Linux, ...)
- UNIX (Großbuchstaben) wird als Name für zertifizierte Systeme verwendet.
- UNIX ist ein eingetragenes Warenzeichen der Open Group (www.opengroup.org).

Eigenschaften

- **Multitaskingfähigkeit:**
  Mehrere Prozesse können gleichzeitig ausgeführt werden.
- **Multiuserfähigkeit:**
  Mehrere Bemutzer können gleichzeitig bedient werden (z. B. über serielle Terminals, X-Terminals oder weitere Rechner). Jeder Nutzer erhält einen eigenen Speicherbereich.

Komponenten

- **Kernel:**
  Er verwaltet die Prozesse und stellt das Dateisystem zur Verfügung.
- **Kommandointerpreter (Shell):**
  Er wird auch automatisch vom Login-Prozess gestartet und ermöglicht die Eingabe von Kommandos.

Timesharing in UNIX

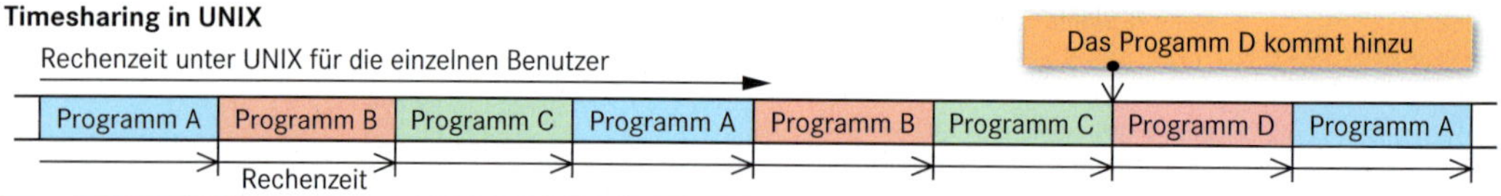

LINUX

Merkmale

- Linus Torvald begann 1991 in Finnland die Entwicklung eines Betriebssystems mit Unix als Vorbild (Linux).
- Quellcode ist veröffentlicht und wird von zahlreichen Programmierern weiterentwickelt (open source project).
- Herstellerunabhängiges Betriebssystem
- Auf mehreren Computersystemen lauffähig (Power Mac, PC, Sparks, ...)
- Multitasking-/Multiuserfähiges Betriebssystem
- Frei im Internet verfügbar.
- Über Distributoren zu kaufen, die eine Installationssoftware zur Verfügung stellen.

Befehle (Unix und Linux)

login	Anmeldung am System mit Angabe von Benutzername und Passwort.
logout	Abmelden des aktuellen Benutzers.
shutdown	Beenden des Betriebssystems, vor Ausschalten des Computers unbedingt notwendig.
chown	Ändern des Eigentümers einer Datei/Verzeichnis.
chmod	Ändern der Zugriffsrechte einzelner Dateien oder Verzeichnisse.
ps	(**proc**e**s**ses) zeigt alle laufenden Prozesse des angemeldeten Benutzers an.

kill	Beenden eines einzelnen Prozesses.
ls	(**l**i**s**t) zeigt den Inhalt des aktuellen Verzeichnisses an.
cd	(**c**hange **d**irectory) Wechsel des aktuellen Verzeichnisses
mkdir	(**m**a**k**e **dir**ectory) erstellt ein neues Verzeichnis.
rmdir	(**rem**ove **dir**ectory) löscht ein Verzeichnis.
cp	(**c**o**p**y) kopieren von Dateien
mv	(**mov**e) verschiebt Dateien/Verzeichnisse oder benennt sie um.
rm	(**rem**ove) löscht Dateien

Zugriffsrechte (Unix und Linux)

- Dateien und Verzeichnisse werden Eigentümern zugeordnet.
- Mehrere Nutzer können zu Gruppen zusammengefasst werden.
- Eigentümer kann Zugriffsrechte für jede seiner Dateien und Verzeichnisse bestimmen.
- Rechte können für Eigentümer, Gruppe und Allgemeinheit unterschiedlich vergeben werden.

Struktur

Filetyp	Lesen	Schreiben	Ausführen	Lesen	Schreiben	Ausführen	Lesen	Schreiben	Ausführen
	r	w	x	r	–	x	r	–	–
	Eigentümerrechte			Gruppenrechte			Rechte sonst. Nutzer		

Filetyp: – Datei, d Verzeichnis, l Link, s socket
Rechte: r read (Lesen), w write (Schreiben),
x execute (Ausführen), – keine Rechte

Beispiel

Anzeige nach Eingabe von ls

```
drwx------  2 paul freund  1024 Dec 17 13:16 data/
-rwxr-xr--  5 paul gast    1024 Feb 27 17:29 start
```

Der Benutzer „paul" ist Besitzer des Verzeichnisses „data" und darf dort lesen, schreiben und ausführen. Benutzer der Gruppe „freund" und andere haben in diesem Verzeichnis keine Rechte. Die Datei „start" gehört dem Benutzer „paul". Er darf lesen, schreiben, ausführen. Die Benutzergruppe „gast" darf nur lesen und ausführen, aber nicht schreiben. Andere Nutzer dürfen nur lesen.

Allgemeines

- Entwicklung Anfang der 70er Jahre in den Bell Laboratories von Dennis Ritchie.
- Maschinennahe Programmierung
- Betriebssystemunabhängig
- Seit 1989 Standard durch ANSI festgelegt.

Nomenklatur

- Groß-/Kleinschreibung wird unterschieden.
- Kommentare werden von /**Kommentar**/ eingeschlossen.
- Befehle mit „;" abschließen

Programmstruktur

Beispiel:

```
# include <stdio.h>      Bibliotheken einbinden
int main(void)           Beginn des
{                        Hauptprogramms
  int i;                 Variablendeklaration
    i = 1;               Programmcode
    print(„i =", i);
}                        Hauptprogrammende
```

Standardbibliotheken

<math.h>	Mathematische Funktionen
<ctype.h>	Charakterbildung
<signal.h>	Signalbehandlung
<stdio.h>	Ein-, Ausgabe-, Dateibehandlung
<string.h>	Zeichenfolge

Datentypen

char	ein Zeichen (z. B. ASCII-Code), meist 1 Byte
int	ganze Zahl (je nach Rechner 2 oder 4 Byte)
float	Gleitkommazahl (meist 4 Byte)
double	Gleitkommazahl (meist 8 Byte)
void	Leeres Element (z. B. bei Zeigern)

Vektoren/Felder arrays

char b [n]	Definition einer eindimensionalen Zeichenvariable b mit n Elementen
int c [n] [m]	Definition einer zweidimensionalen Integervariable c mit n x m Elementen
b [5]	Zugriff auf 5. Element des Vektors b

Bedingte Anweisungen, Verzweigung

if (*Bed.*) Code1 Else Code2	Wenn die Bedingung *Bed.* erfüllt, wird code1 ausgeführt, andernfalls code2. Else-Anweisung kann entfallen
switch (*var*) {case „x": code1 case „y": code2 default code3}	Wenn Variable *var* = „x", dann wird code1 ausgeführt und anschliessend code2. Wenn var = „y", dann wird nur code2 ausgeführt. Mit „code1 break" kann ausschließlich code1 ausgeführt werden. Wenn *var* weder „x" noch „y", dann Ausführung von code3.

Schleifen

Block (*Code*)	Umklammerter Code wird zu einem Verbund. Im Verbund können lokale Variablen deklariert werden.
while (*Bed.*) Code	Solange die Bedingung *Bed.* erfüllt ist, wird der Programmteil wiederholt. Erst Überprüfung, dann Ausführung.
do Code while (*Bed.*)	Solange die Bedingung *Bed.* erfüllt, wird der Programmteil wiederholt. Erst Ausführung, dann Überprüfung.
break	Innerste Schleife wird sofort verlassen.

Merkmale

Allgemeines

- C++ ist eine um objektorientiertes Programmieren erweiterte Variante von C.
- Für sehr große Softwarepakete geeignet.

Nomenklatur

- Kommentare können durch // eingeleitet werden und enden am Zeilenende.
- Deklarationen sind überall im Quellcode möglich.

Begriffe

Objekte
Sie fassen zusammengehörige Daten und Programmlogik zusammen.

Kapselung
Objekte können gegenseitig nur über definierte Schnittstellen kommunizieren. Zugriff oder Veränderungen interner Objektzustände ist ausgeschlossen.

Klassen
Gleichartige Objekte werden zu Klassen zusammengefasst. Aus den Klassen können während der Programmlaufzeit neue Objekte definiert werden.

Vererbungen
Objektarten werden auf Basis bestehender definiert Ergänzung oder Überlagerung vorhandener Definitionen möglich.

Kapselungsarten

- **public:**
  Alle Objekte können zugreifen.
- **private:**
  Nur Objekte der eigenen Klasse können zugreifen.
- **protected:**
  Nur Objekte der eigenen Klasse und Ausprägungen (→ Vererbung) können zugreifen.
- **package:**
  Alle Elemente eines Pakets haben Zugriff.

Klassendefinition

```
class name
  {
  private:
    // klasseninterne Komponenten
  public:
    // allgemein zugängliche Komponenten
  protected:
    // geschützte Abschnitte
  };
```

- **class:** Schlüsselwort zu Beginn einer Klassendefinition mit Name der Klasse (name).

Eigenschaften

- Mit **VHDL** können digitale Schaltungen und Systeme von der Definition bis zum Schaltungsentwurf beschrieben und simuliert werden.
- VHDL ist als IEC-Standard IEC 61691-1 weltweit normiert.
- VHDL beschreibt das Verhalten einer Schaltung auf einer höheren Abstraktionsebene ohne auf konkrete logische Bauelemente zurückzugreifen.
- Somit ist eine schnelle Entwicklung komplexer und großer Schaltungen (z. B. Mikrocontroller) möglich.
- Am Ende des Systementwurfs steht eine **Netzliste**. Diese Liste lässt sich entweder in eine Maske zur Herstellung eines Chips überführen oder sie kann z. B. in einen FPGA-Chip geladen werden.
- Die Hersteller von programmierbaren Bausteinen bieten zum Entwurf eines VHDL-Modells speziell auf die jeweiligen Chips abgestimmte Entwicklungs- und Simulationssoftware an.
- Neben der Hardwarebeschreibungssprache VHDL existieren noch Verilog und ABEL (Advanced Boolen Equation Language) als weitere Sprachen.

VHDL-Modell

- Der Code eines VHDL-Modells besteht aus den Teilen **Entity** (Einheit) und **Architecture** (Architektur).

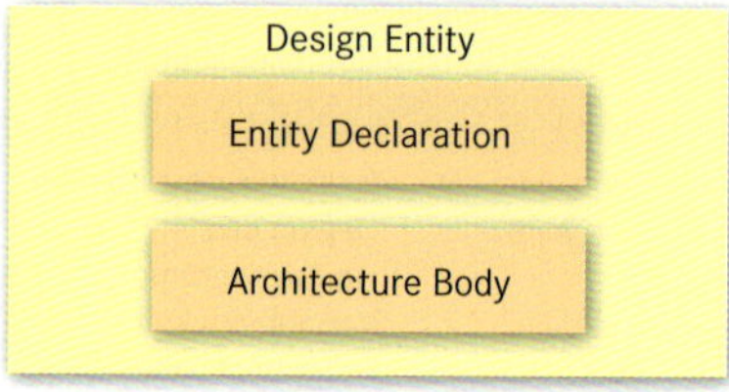

- Eine Entity bezeichnet hierbei ein in sich abgeschlossenes und zusammenhängendes System. Dort werden z. B. die Signale definiert, mit denen das VHDL-Modell mit der Umwelt kommuniziert.
- Die Architecture beschreibt hingegen die Funktion und den Inhalt des Systems und gehört immer zu einer bestimmten Entity.
- Eine Entity kann beliebig viele Architekturen enthalten, womit unterschiedliche Versionen eines Modells verwaltet werden können.

Sprachkonzepte

- In VHDL können alle Elemente innerhalb einer Architekturbeschreibung parallel ausgeführt werden (Konkurrente oder nebenläufige Anweisungen).
- Alle Komponenten und Prozesse laufen gleichzeitig.
- Innerhalb eines Prozesses werden die Anweisungen nacheinander (sequenziell) ausgeführt.
- Modul- und Hierarchiestrukturen erlauben dem Programmierer ein VHDL-Modell zu strukturieren.

Datentypen

- Als Standardtypen sind in VHDL folgende Datentpyen definiert:
  - BIT: '0' oder '1'
  - BOOLEAN: true oder false
  - INTEGER: -2147483647...+2147483647
  - REAL: -1,0E38...+1,0E38
- Zusätzlich können weitere eigene komplexe Datentypen definiert werden, z. B. einen 8-Bit breiten Datenbus: TYPE bus IS ARRAY (0 TO 7) OF BIT;

Syntaxregeln

- Allgemeine Regeln:
  - keine Unterscheidung von Groß-/Kleinschreibung
  - Umlaute (ä, ö, ü) sind nicht zulässig
  - Anweisungen werden mit ';' abgeschlossen
  - Kommentare werden mit '--' eingeleitet
- Operatoren

= gleich	/= ungleich
< kleiner als	<= kleiner gleich
> größer als	>= größer gleich

- Zuweisungen

:= Variablenzuweisung	<= Signalzuweisung

Programmbeispiel

- Einfaches NAND-Gatter mit zwei Eingängen
- Die Entity spezifiziert im Bereich PORT ① die elektrischen Anschlüsse (Signale) des Bausteins.
- Der Architecture-Abschnitt ② enthält die eigentliche Funktion einer Komponente. Dieser Abschnitt kann mehrere Abstraktionsebenen ein und derselben Komponente enthalten. Es ist jedoch nur eine Ebene gleichzeitig aktiv.
- Die Funktion des Bausteins besteht darin, dem Ausgangssignal y das Ergebnis der logischen Verknüpfung der Signaleingänge a und b zuzuweisen ③.

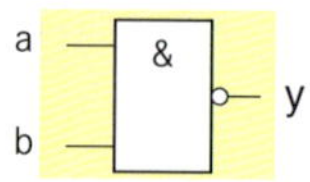


```
-- VHDL- Nand-Gatter

   library IEEE;
   use IEEE.std_logic_1164.ALL;

   entity nand_gatter is
①  port (
   a, b: in std_logic;
   y: out std_logic);
   end nand_gatter;

②  architecture behavior of nand-gatter
   is begin
③  y <= a nand b;
   end behavior

-- Ende VHDL-Code
```

Allgemeines

- **HTML** (**H**yper **T**ext **M**arkup **L**anguage)
- Beschreibungssprache für den Aufbau von Internetseiten (Web-pages)
- Es wird der logische Aufbau der Seite beschrieben. Das Aussehen kann je nach Größe des Programmfensters variieren.
- HTML-Dokumente haben die Dateiendung „htm" oder „html".
- Wird ergänzt durch Style

Ergänzungen

- **Dynamisches HTML,** HTML-Dokumente ändern sich während der Anzeige, Programmierung mit JavaScript
- **Stylesheets** beschreiben das Layout einer Seite mit Cascading Stile Sheets (css), so dass der Seiteninhalt in getrennter Datei gepflegt und gespeichert wird.
- **XHTML** (**Ex**tensible **H**yper**t**ext **M**arkup **L**anguage) löst den HTL-Standard ab, verwendet XML, Daten sind auch auf anderen Geräten darstellbar (z. B. Mobiltelefon)

Begriffe

- Befehle (**Tags**) befinden sich zwischen spitzen Klammern und können Parameter enthalten.
  `<BEFEHL Z=45>`
- Einzelbefehle weisen dem Bereich zwischen dem umgebenden Text eine Eigenschaft zu, z. B. Linie.
- Paarweise Befehle weisen dem eingeschlossenen Text eine Bedeutung zu. Sie bestehen aus einem Start- und Endtag.
- Mehrere paarweise Befehle können verschachtelt werden. Es ist auf die korrekte Reihenfolge der Endtags zu achten.

Beispiel:

```
<BEFEHL 1>  Starttag
   <BEFEHL 2>    Starttag
     Text
   </BEFEHL 2>   Endtag
     Text
</BEFEHL 1> Endtag
```

Dokumentstruktur

HTML-Dokumente haben eine feste Grundstruktur.

```
<html>
  <head>
    <title>Haupt-Überschrift</title>
  </head>
  <body>
    <h1>Haupt-&Uuml;berschrift</h1>
  </body>
</html>
```

<html>	Kennzeichnet das HTML-Dokument
<head>	Ermöglicht allgemeine Angaben zum Dokument (Titel, Autor, Stichwörter, ...)
<title>	Weist der Seite einen Titel zu
<body>	Umschließt den Quelltext für die eigentliche Internetseite

Befehle

Text-Formate	
<b> </b>	Fettdruck
<u> </u>	Unterstreichung
<i> </i>	Kursiv
<font size = ...>	Schriftgröße
Tabelle	
<table> </table>	Tabelle
<tr> </tr>	Tabellenzeile
<td> </td>	Tabellenspalte

Absatz-Formate	
<p>	Beginnt neuen Ansatz mit automatischem Zeilenwechsel
 	Fester Zeilenwechsel
<hx> </hx>	Überschrift verschiedener Hierarchie mit x = 1, 2, ...
<ul> </ul>	Liste mit Aufzählungspunkten
<ol> </ol>	Nummerierte Liste
<li>	Befehl für neue Listenelemente
<hr>	Trennlinie mit Absatzwechsel

Hyperlinks	
<a href="URL">*Text*</a>	Der *Text* ist ein Hyperlink auf die neue URL. URL kann absolut oder relativ sein.
<a href="mailto:*mailadresse*?*Betreff*">Text</a>	Der Text Hyperlink von Text erzeugt eine E-Mail an *mailadresse* mit dem Betreff *Betreff*.
Bilder	
<img src="URL" alt="*Text*">	Grafik wird von URL geladen/dargestellt. Bis die Grafik geladen ist, wird der *Text* angezeigt.
<a href="big.jpg"><img src="small.jpg" alt="Text">Bild_big (45k)</a>	Zeigt das Bild "small.jpg" als Hyperlink, nach Anklicken z. B. für kleine Vorschaubilder (Thumbnails). wird das Bild "big.jpg" geladen; Anwendung

- **UML**
  - ist **keine Programmiersprache**, sondern eine abstrakte **Beschreibungssprache,**
  - dient zur **Spezifikation**, **Visualisierung** und **Dokumentation** von Softwaremodellen unter Berücksichtigung verschiedener Systemaspekte,
  - verwendet **verschiedene Diagrammtypen**, die sich gegenseitig ergänzen,
  - ist ein Werkzeug für die **Systemanalyse** und das Software-Design,
  - ist **kein** Vorgehensmodell.
- Verwendete **Diagrammtypen** sind u. a.:
  - Use-Case-Diagrams (Anwendungsfalldiagramm)
  - Class Diagram (Klassendiagramm)
  - Collaboration Diagram (Interaktionsdiagramm)
  - Package Diagram (Paket-Diagramm)
  - State Chart Diagram (Zustandsdiagramm)
  - Activity Diagram (Aktivitätsdiagramm)
  - Employment Diagram (Einsatzdiagramm)
- Die grafische Darstellung soll
  - einfach,
  - übersichtlich und
  - verständlich

  sein.

Diagrammtypen

Use-Case-Diagramm

Beispiel: online Einkaufen

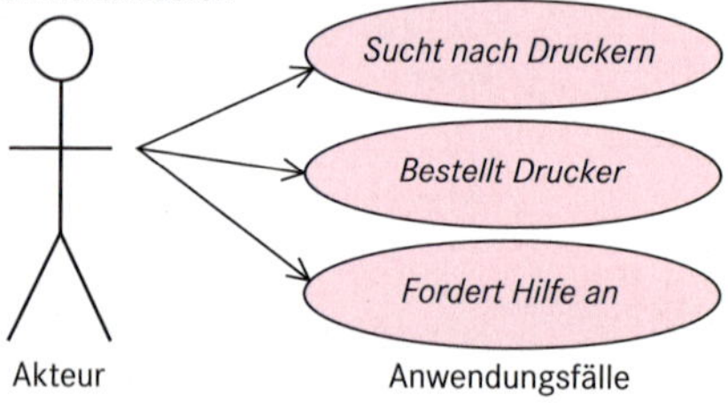

- Use-Case-Diagramme beschreiben **das äusserlich erkennbare Systemverhalten** aus Sicht des Anwenders (nicht aus der Sicht des Entwicklers).
- Sie beschreiben deshalb die entsprechende Anzahl an Anwendungsfällen, die in Verbindung mit einem **Akteur** (engl. **Actor**) stehen.
- Akteure können z. B. Personen, Organisationen, externe Systeme oder lokale Prozesse sein.

Klassendiagramm

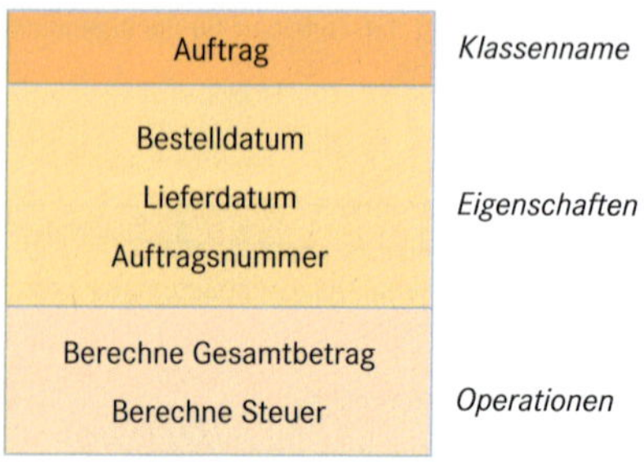

- Eine **Klasse** ist eine Menge von **Objekten**, in der die **Eigenschaften, Operationen** und die **Semantik** der Objekte definiert sind.
- Klassen werden durch Rechtecke dargestellt.
- Klassennamen (im Singular geschrieben), Eigenschaften und Operationen werden durch eine horizontale Linie getrennt.
- Klassen können unterteilt werden in: Meta-, Parametrisierbare-, Schnittstellen- und abstrakte Klassen.

Zustandsdiagramm

Beispiel: Weiterbildung

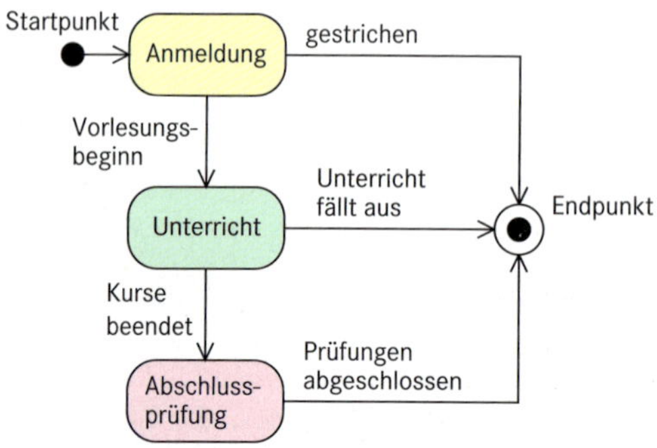

- Zustandsdiagramme visualisieren verschiedenartige **Zustände eines Objekts** und die Funktionen, die zu den Zustandsänderungen führen.
- Das Zustandsdiagramm beschreibt einen angenommenen Vorgang.
  Diese befindet sich zu jedem Zeitpunkt in einer Menge endlicher Zustände und besteht aus
  - einem Anfangszustand,
  - einer endlichen Menge von Zuständen,
  - einer endlichen Menge von Ereignissen,
  - einer endlichen Anzahl von Transitionen (Übergang von einem Zustand in den nächsten) und
  - einem oder mehreren Endzuständen.

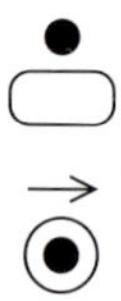

Symbol	Bedeutung	Symbol	Bedeutung	Symbol	Bedeutung
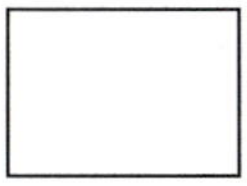	Verarbeitung, Verarbeitungs-einheit	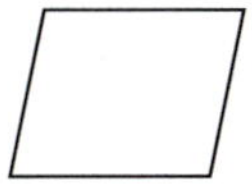	Daten, allgemein Datenträgerein-heit, allgemein	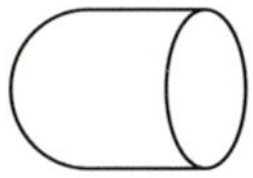	Daten auf Speicher auch mit direktem Zugriff, Datenträgereinheit
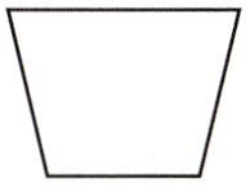	Manuelle Verarbeitung, Verarbeitungsstelle	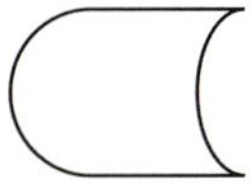	Maschinell zu ver-arbeitende Daten, Datenträgereinheit	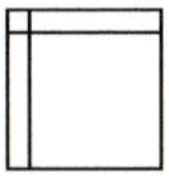	Daten im Zentralspeicher, Zentralspeicher
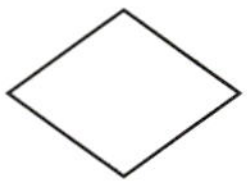	Verzweigung, Auswahleinheit	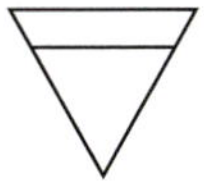	Manuell zu verar-beitende Daten, Manuelle Ablage (z. B. Archiv, Zieh-kanal)	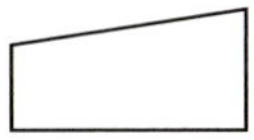	Manuelle optische oder akustische Eingabedaten, Eingabeeinheit
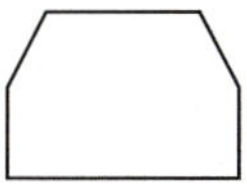	Schleifen-begrenzung Anfang	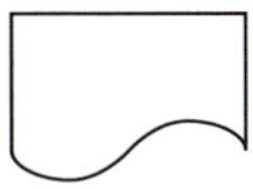	Daten auf Schrift-stück (z. B. auf Belegen, Mikro-film) Ein-/Ausga-beeinheit		Verbindung, Verarbeitungs-folge, Zugriffsmöglichkeit
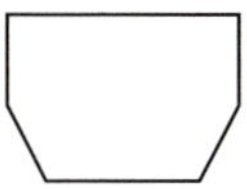	Ende		Daten auf Speicher mit nur sequen-ziellem Zugriff, Datenträgereinheit		Verbindung zur Datenübertragung, Datenübertra-gungsweg
	Synchronisie-rung paralleler Verarbeitungen	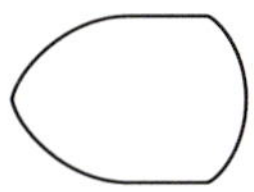	Maschinell erzeug-te optische oder akustische Daten, Ausgabeeinheit	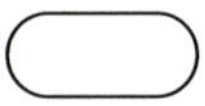	Grenzstelle (zur Umwelt), z. B. Anfang, Ende
	Sprung mit/ohne Rückkehr		Daten auf Karte (z. B. Magnetkarte)		Verbindungsstelle
					Verfeinerung
	Unterbrechung einer anderen Verarbeitung	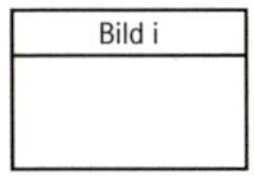	Hinweis auf ergänzende detaillierte Dar-stellungen	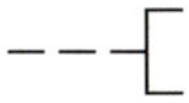	Bemerkung
	Steuerung der Verarbeitungsfolge von außen	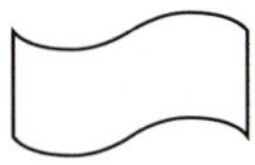	Daten auf Loch-streifen, Lochstreifeneinheit	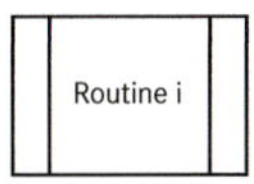	Hinweis auf weitere Dokumen-tationsstellen

Regeln zur Erstellung von Plänen

- Pfeile geben die Flussrichtung an.
- Zwischen Sinnbildern dürfen mehrere Verbindungen verlaufen.
- Kreuzungen von Verbindungslinien vermeiden.
- Hintereinander gezeichnete Sinnbilder gleicher Art bilden eine Einheit mehrerer gleichartiger Datenträger ①.
- Sinnbilder können miteinander verknüpft werden, z. B. zu einer Ausgabeeinheit. ②
- Innenbeschriftungen sollen weitere Abläufe erkennen lassen und eindeutig zuordnen.
- Bezeichnung erfolgt oben links des Sinnbildes.
- Durch einen Querstrich oben im Sinnbild wird auf eine detaillierte Darstellung derselben Dokumentation hingewiesen, z. B. schrittweise Verfeinerung eines Programmablaufs. ③
- Mit zusätzlichen senkrechten Linien in den Sinnbildern „Daten" und „Verarbeitung" wird auf eine Dokumentation an anderer Stelle hingewiesen.

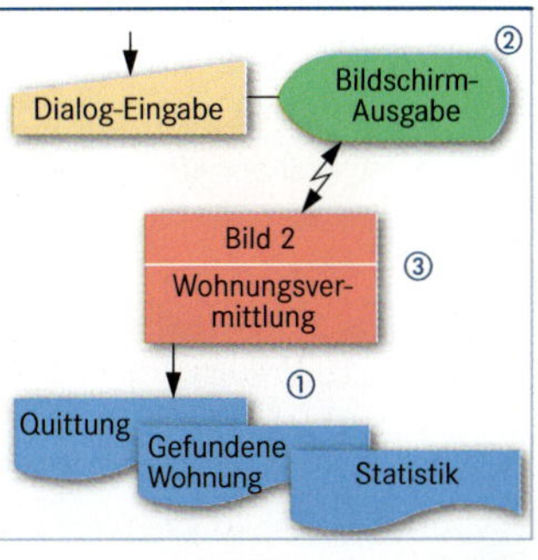

Übersicht

Programmablaufplan nach DIN 66 001	Nassi-Shneidermann Struktogramm DIN 66 261

Verarbeitung (allgemein, Strukturblock, Elementarblock)

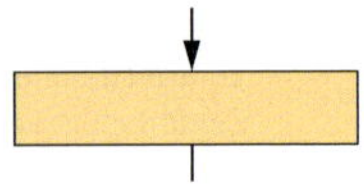

- Aufgabenkurzbeschreibungen
- Unterprogrammnamen
- Anweisungen, Programmiersprachenbefehle

Reihenfolge (Sequenz)

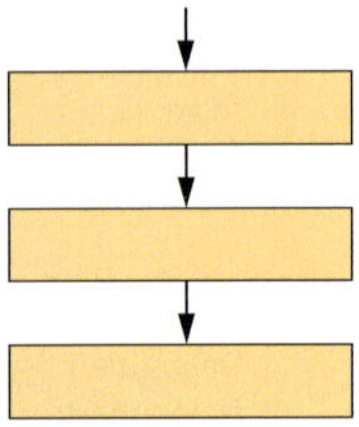
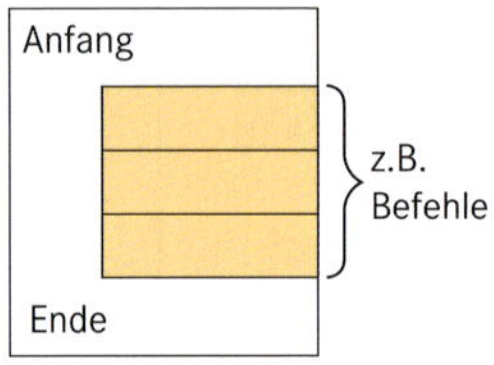

- Aneinanderreihung von mehreren Anweisungen oder Befehlen
- Aufzählung mehrerer nacheinander zu bearbeitender Aufgaben

Bedingte Verzweigung

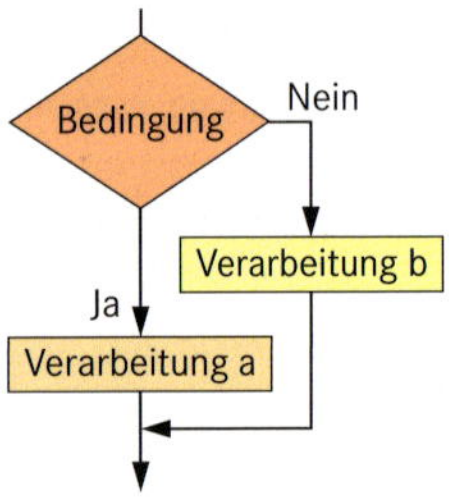

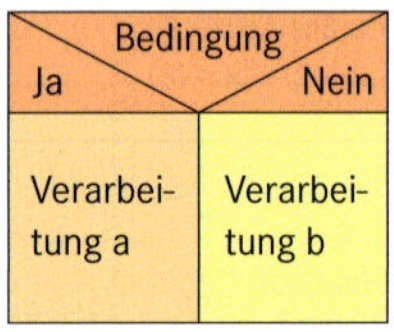

- Auswahl von einer Verarbeitung aus zwei möglichen Verarbeitungen, aufgrund einer logischen Entscheidung.
- Ist die Abfrage mit Ja beantwortet, dann Verarbeitung a, andernfalls Verarbeitung b. Diese Verzweigung wird auch als IF (wenn Bedingung erfüllt) THEN (dann Verarbeitung a) ELSE (sonst Verarbeitung b) Abfrage bezeichnet.

Fallabfrage, Fallunterscheidung

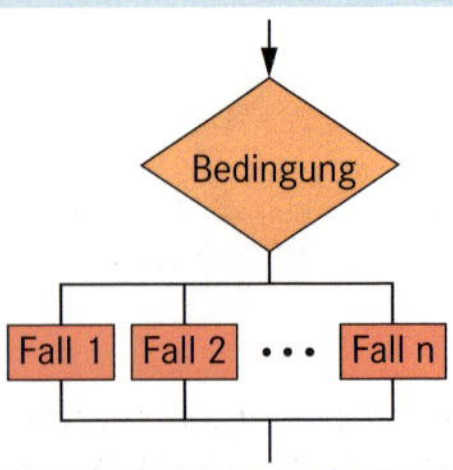

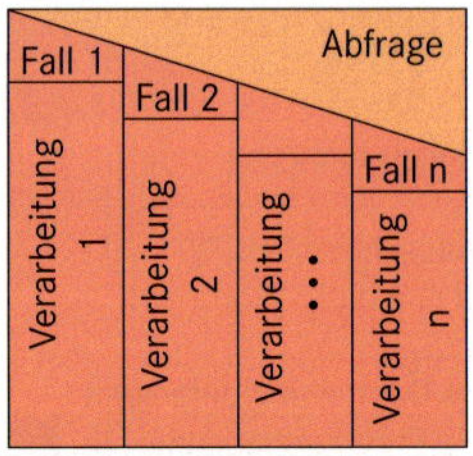

- Auswahl einer Möglichkeit aus mehreren Vorgaben (engl. Case-Block)

Wiederholung (kopfgesteuerte Schleife)

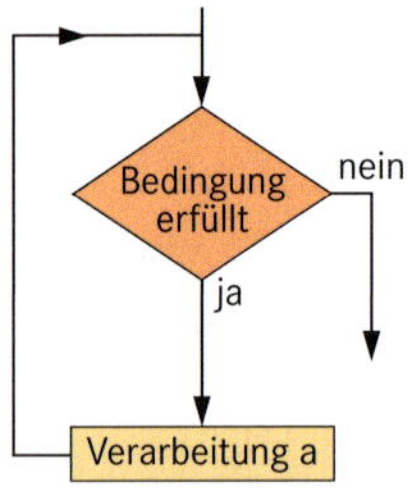

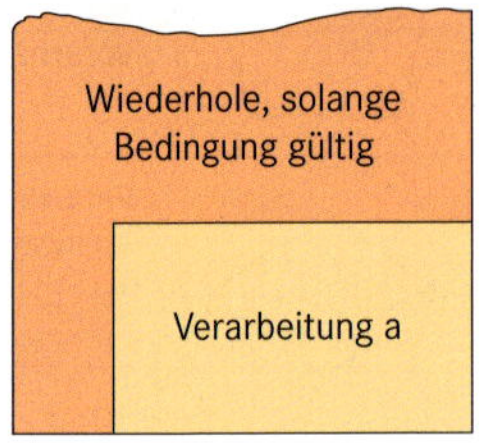

- Schleifendurchläufe
  Die Abfrage der Bedingung erfolgt vor der Durchführung der Verarbeitung a. Ist die Bedingung bei der ersten Abfrage schon **nicht** erfüllt, erfolgt **keine** Durchführung der Verarbeitung a (engl. WHILE-Schleife).

Wiederholung (fußgesteuerte Schleife)

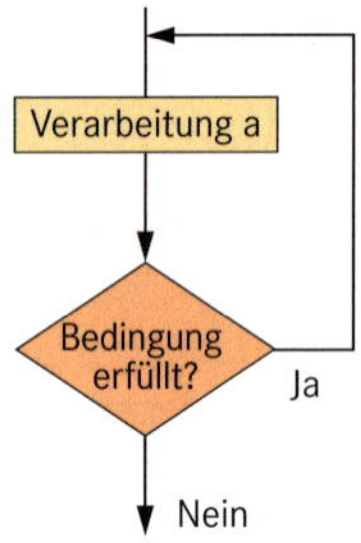

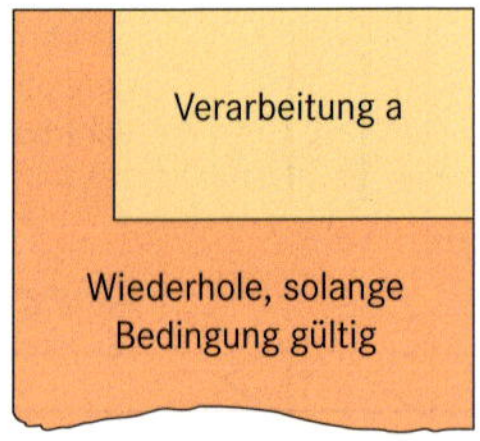

- Schleifendurchläufe
  Die Abfrage der Bedingung erfolgt nach dem Durchlauf der Verarbeitung a (engl. REPEAT- oder UNTIL-Schleife).

Schleife mit Unterbrechung

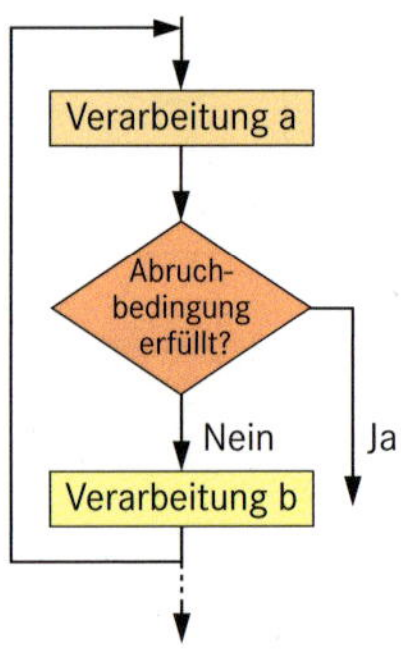

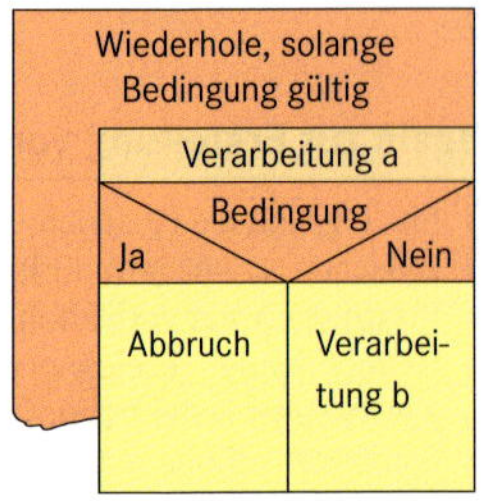

- Schleifendurchläufe
  Die Bedingung (Abbruch-Bedingung) wird während der Verarbeitung abgeprüft (engl. CYCLE-Schleife).

Allgemeine Prinzipien des Datenschutzes

Vertraulichkeit
Daten nur für Befugte!

Integrität
Keine Verfälschungen!

Revisionsfähigkeit
Wer hat wann welche Daten in welcher Weise verändert?

Verfügbarkeit
Zeitgerecht für eine ordnungsgemäße Verarbeitung!

Authentizität
Jederzeit ist eine Zuordnung zum Ursprung möglich!

Transparenz
Verfahrensweisen vollständig und aktuell dokumentiert (nachvollziehbar)!

Rechtsgrundlage: Bundesdatenschutzgesetz (Anlage zu § 9 BDSG)

Recht der Betroffenen auf ...

Benachrichtigung § 33

des Betroffenen über Speicherung, Datenart, Zweckbestimmung der Erhebung, Verarbeitung, Nutzung;
Identität der verantwortlichen Stelle.
Ausnahme:
Wenn Rechtsvorschriften bzw. Gesetze dafür bestehen.

Auskunft § 34

über
- gespeicherte Daten,
- ihre Herkunft und
- Zweck der Speicherung.

Berichtigung, § 35

wenn die
- Daten unrichtig sind.

Löschung, § 35

wenn die
- Speicherung unzulässig ist,
- Richtigkeit von der verantwortlichen Stelle nicht bewiesen werden kann oder
- Speicherung nicht mehr erforderlich ist.

Sperrung, § 35

wenn die
- Daten unrichtig sind,
- schutzwürdige Interessen beeinträchtigt würden,
- Richtigkeit von dem Betroffenen bestritten wird oder
- Löschung zu aufwändig wäre.

Technisch-organisatorischer Datenschutz (Anlage zu § 9 BDSG)

Kontrollmaßnahmen	Technische Realisierung
Zutritt Unbefugten wird der Zutritt zur Datenverarbeitungsanlage verwehrt.	Gebäude- bzw. Raumsicherung, Zutrittsvermerk, Schlüsselregelung, ...
Zugang Es wird verhindert, dass Unbefugte Daten nutzen.	Identifikation durch Passwort, Protokollierung der Zugänge, ...
Zugriff Es wird gewährleistet, dass nur auf die der Zugriffsberechtigung unterliegenden Daten zugegriffen werden kann.	Festlegung und Prüfung der Zugriffsberechtigten, Protokollierung von Zugriffen, zeitliche Verschlüsselung, ...
Weitergabe Es wird gewährleistet, dass bei der Weitergabe Daten nicht unbefugt gelesen, kopiert oder verändert werden können.	Festlegung der Transportwege, Quittierung, Verschlüsselung, ...

Kontrollmaßnahmen	Technische Realisierung
Eingabe Es muss nachträglich feststellbar sein, ob und von wem Daten eingegeben, verändert oder entfernt worden sind.	Dokumentation: Bevollmächtigter, Zeit, Änderungen, ...
Auftrag Es ist zu gewährleisten, dass die Daten nur entsprechend den Weisungen des Auftraggebers bearbeitet werden.	Auftragsbeschreibung, Lasten- und Pflichtenheft, ...
Verfügbarkeit Die Daten sind gegen zufällige Zerstörung oder Verlust zu schützen.	Gebäudeschutz, Diebstahlschutz, Datensicherung, ...
Organisation Die zu unterschiedlichen Zwecken erhobenen Daten müssen getrennt verarbeitet werden können.	Aufgabenteilung, Funktionstrennung, Richtlinien für Verfahren und Dokumentation, ...

Prinzip

Schädigende Einflüsse

- **Viren:**
  Eigenständiges Programmelement in einem Wirtsprogramm. Sie besitzen die Fähigkeit sich selbst zu kopieren und dadurch in ein zuvor nicht infiziertes Programm einzudringen.
  - Bootsektorviren setzen sich im Bootbereich fest und nehmen damit einen festen Platz in der Konfiguration des Betriebssystems ein.
  - Makroviren sind direkt im Dokument gespeichert.
- **Trojaner:**
  Programme (z. B. als Bildschirmschoner oder Tools) zum Einschmuggeln von getarnten Viren. Der Virus wird gesondert aktiviert.
- **Würmer:**
  Übertragen sich selbstständig von Rechner zu Rechner über Netze, z. B. als Anlage einer E-Mail
- **Wanzen:**
  Fehler in der Software (auch ohne Absicht), keine selbstständige Ausbreitung
- **Backdoor:**
  „Hintertür" in einem Anwenderprogramm für eine später erfolgende Manipulation
- **Manipulationen:**
  Absichtliche Verfälschungen in der Software
- **Hacker:**
  Personen, die in spielerischer, amateurhafter Weise Schwachstellen aufdecken
- **Cracker:**
  Personen, die professionell Schwachstellen aufdecken, um Schäden anzurichten

Sicherheitsmaßnahmen

Virenschutz durch
- Virenscanner (im Server, beim Client, im Netz)
- Laufwerke sperren
- Organisatorische Maßnahmen

Kryptographie durch
- Verschlüsselung
- Asymmetrische Verfahren (Public key: Öffentlicher Schlüssel, Private key: Privater Schlüssel)
- Signatur (Authentizität, Integrität)

Datensicherung
- Kontinuierlich (Spiegelfestplatten (RAID), Spiegelserver)
- Periodisch (Voll-/Komplettsicherung, Differenzsicherung)

Schutz vor Computerviren aus dem Internet

Einstellungen am PC

- Sicherheitsfunktionen aktivieren
- Aktuelles Virenschutz-Programm einsetzen, das im Hintergrund läuft
- Anzeige aller Dateitypen aktivieren
- Makro-Virenschutz von Anwenderprogrammen aktivieren
- Sicherheitseinstellungen am Browser auf gewünschte Stufe einstellen (z. B. Deaktivieren von aktiven Inhalten (ActiveX, Java, JavaScript) und Skript-Sprachen (z. B. Visual Basic)).

Verhalten beim Empfang von E-Mails

- Nicht sinnvolle E-Mails von unbekannten Absendern löschen (SPAM).
- Prüfen, ob der Text der Nachricht auch zum Absender passt.
- E-Mails mit gleichlautendem „Betreff" prüfen.
- Ausführbare Programme (*.COM, *.EXE), Skript-Sprachen (*.VBS, *.BAT) oder Bildschirmschonern (*.SCR) nicht durch „Doppelklick" öffnen.
- Vorsicht bei Dateien im HTML-Format.
- Datei-Anhänge nur von vertrauenswürdigen Absendern öffnen.

Verhalten beim Versenden von E-Mails

- Öfter prüfen, ob sich E-Mails im Postausgang befinden, die nicht vom Benutzer verfasst sind.
- Der Aufforderung zur Weiterleitung von Warnungen, Mails oder Anhänge an Freunde usw. nicht nachkommen.

Verhalten bei Downloads aus dem Internet

- Programme nur von vertrauenswürdigen Seiten laden.
- Angabe über die Größe der Datei mit der tatsächlichen Größe der Datei nach dem Download überprüfen.
- Vor der Installation Dateien mit aktuellem Viren-Schutzprogramm überprüfen.
- Gepackte Dateien erst entpacken und dann auf Viren überprüfen.

Firewall

Schutzmaßnahme (Filter), die einen unerlaubten Zugriff von außen auf ein privates Netzwerk verhindert.
- **Paketfilterung** (Packet Filter):
  Inhalte der Datenpakete werden nach festgelegten Regeln überprüft.
- **Application Gateway** (in Verbindung auch mit Proxy-Servern):
  PC oder Software, die die Verbindung zwischen zwei Netzen herstellt und Sicherheitsüberprüfungen vornimmt.

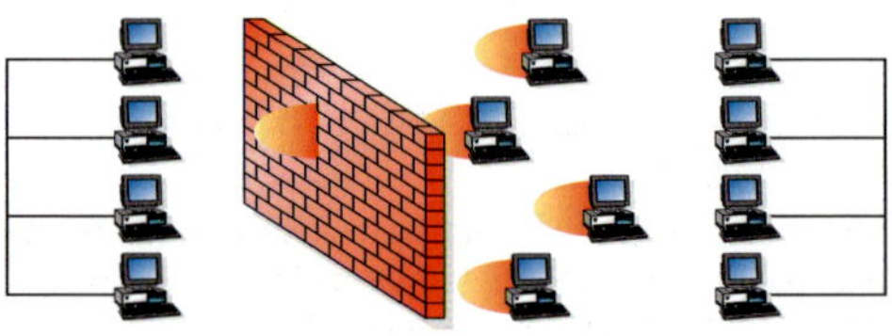

RAID-Systeme

- **RAID: R**edundant **A**rray of **I**ndependent **D**rive
- Prinzip:
  Festplatten sind über Controller bzw. Software zu Organisationseinheiten zusammengefasst
- Funktion:
  - Erhöhung der Lesegeschwindigkeit
  - Datensicherung
- Verschiedene Variationen von RAID-Systemen werden als **Raid-Level** bezeichnet (0 bis 5 und Kombinationen).

RAID 0

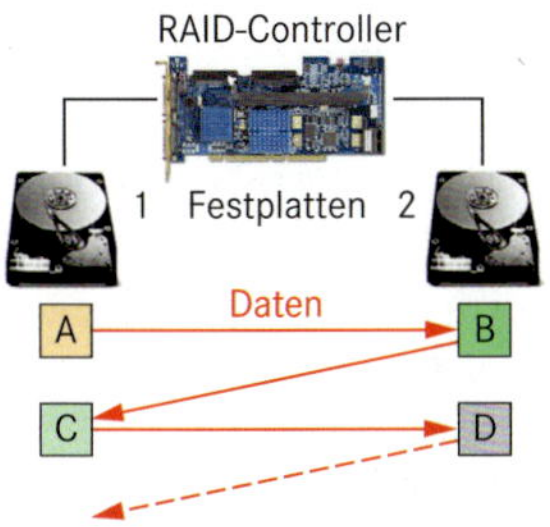

- Mindestens zwei gleichgroße Festplatten
- Daten werden in Datenblöcke (Stripes A, B, ...) aufgeteilt und wechselseitig geschrieben
- Lesegeschwindigkeit größer
- Datensicherheit ist geringer

RAID 1

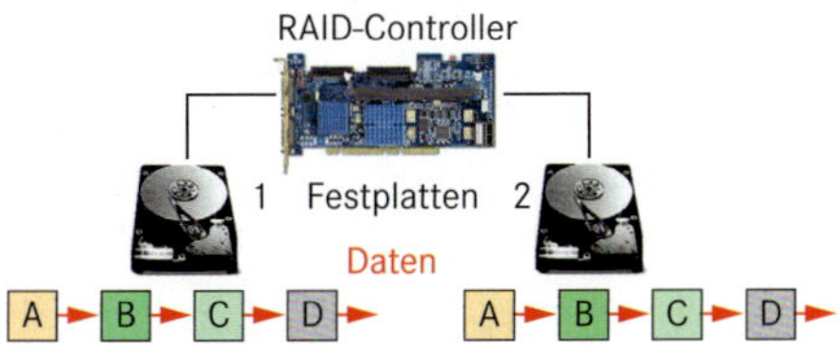

- Mindestens zwei Festplatten sind erforderlich.
- Unterschiedlich große Festplatten sind möglich, die Festplatte mit der kleineren Kapazität ist bestimmend.
- Daten der Festplatte 1 werden auf Festplatte 2 kopiert.
- Datensicherheit ist gewährleistet, fällt eine Festplatte aus, können die Daten von der gespiegelten Festplatte gelesen werden.

RAID 5

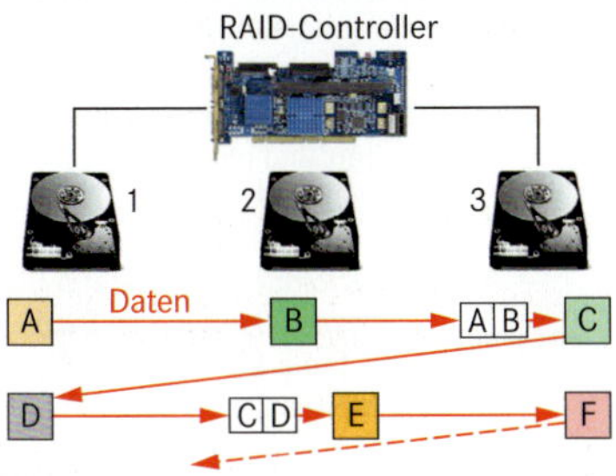

- Mindestens 3 Festplatten werden zu einem Laufwerk zusammengefasst.
- Neben den Daten (z. B. A und B) werden auf der Festplatte 3 aus den Daten A und B Parity-Daten (AB) gespeichert, die das Wiederherstellen verlorener Daten ermöglichen.

RAID 10 (RAID 0 + 1)

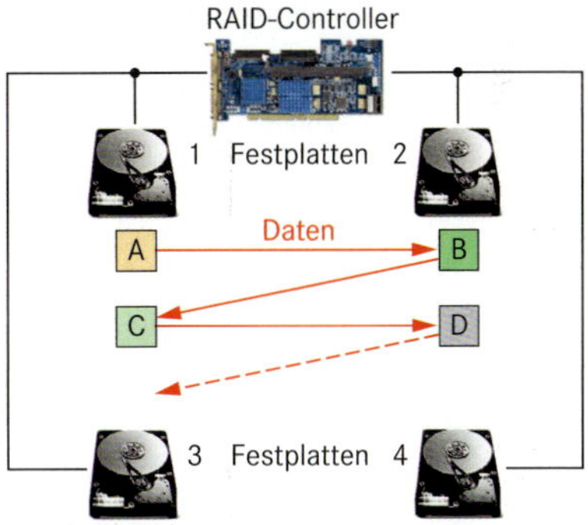

- Kombination aus RAID 0 und 1 mit mindestens 4 Festplatten
- Daten der Festplatten 1 und 2 werden auf Festplatten 3 und 4 gespiegelt
- Erhöhte Lesegeschwindigkeit und Datensicherheit

RAID 1.5

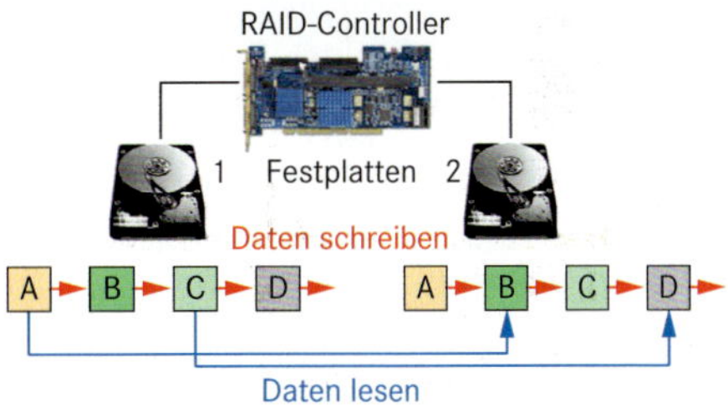

- Zwei identische Festplatten, die wie RAID 1 untereinander gespiegelt werden
- Beim Lesen wird auf beide Festplatten gleichzeitig zugegriffen (erhöhte Lesegeschwindigkeit)

Verschlüsselung (Encryption)

Symmetrisch

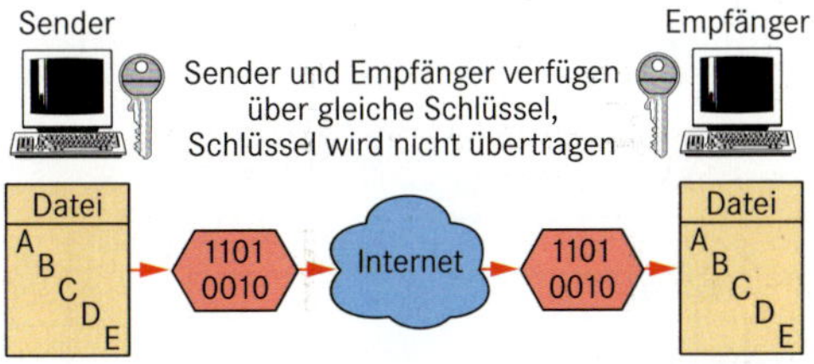

Asymmetrisch

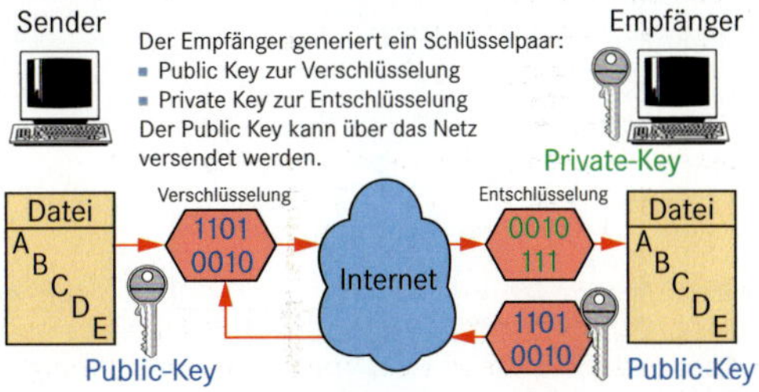

Aufgaben

Kryptografische Verfahren dienen zur Verschlüsselung von Daten und Informationen. Sie schützen diese gegen den Verlust von

- Verfügbarkeit (Vorenthalten von Informationen oder Beeinträchtigung von Funktionen),
- Vertraulichkeit (unbefugte Kenntnisnahme),
- Echtheit (Vortäuschen einer falschen Identität), Unversehrtheit (Verändern der Daten durch Manipulation),
- Verbindlichkeit (Nichterfüllen einer Zusage oder Anweisung).

Anwendung

Kryptografische Verfahren sind Bestandteil der Datensicherheit im Rahmen der Informationssicherheit und werden angewendet bei z. B.

- Datenübertragung über öffentliche und private Rechnernetze.
- Speicherung von Daten (auf Festplatten).
- Sprachkommunikation (z. B. GSM-Netze).
- Schutz von Endgeräten (PC-Servern, PCs gegen unerlaubte Zugriffe).
- Multi-Media-Kommunikation
- Chipkarten

Verschlüsselungsverfahren

Symmetrische Verschlüsselung

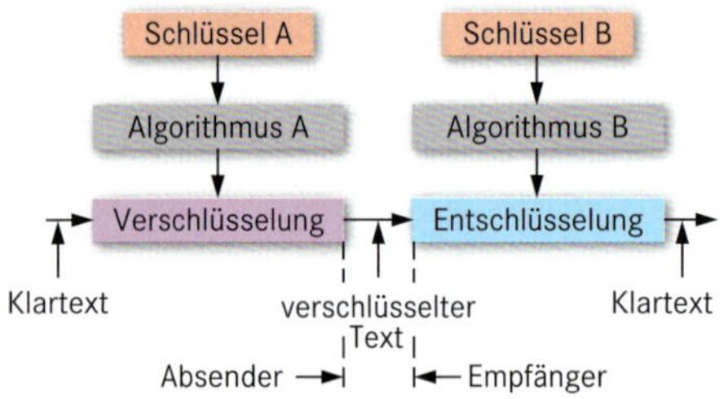

- Schlüssel sind auf beiden Seiten geheim zu halten (secret-key-Methode).
- Schlüssel A und Schlüssel B sind identisch.
- Algorithmen zum Ver-/Entschlüsseln sind identisch und umkehrbar.
- Anwendung findet der Data Encryption Standard (DES); veröffentlicht vom NBS (National Bureau of Standards, Amerika).
- Angewendet bei Banken und Versicherungen.

Unsymmetrische Verschlüsselung

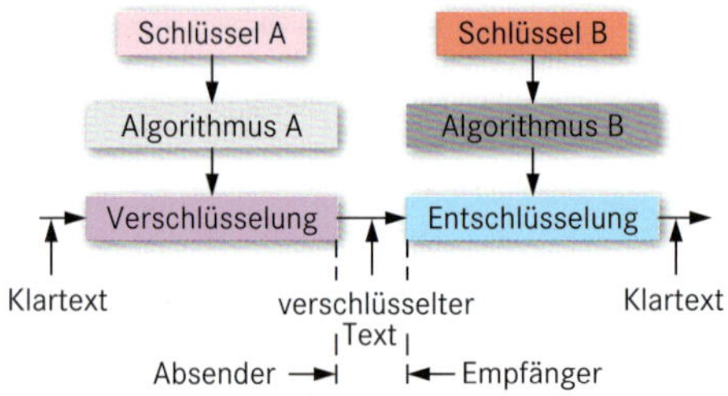

- Schlüssel A ist öffentlich.
- Schlüssel B ist geheim.
- Algorithmus A ist verschieden von Algorithmus B.
- Verfahren wird als public-key-System bezeichnet.
- Angewendet wird das RSA-Verfahren (benannt nach den Erfindern Rivest, Shamir und Adleman).

Data Encryption Standard (DES)

Funktion

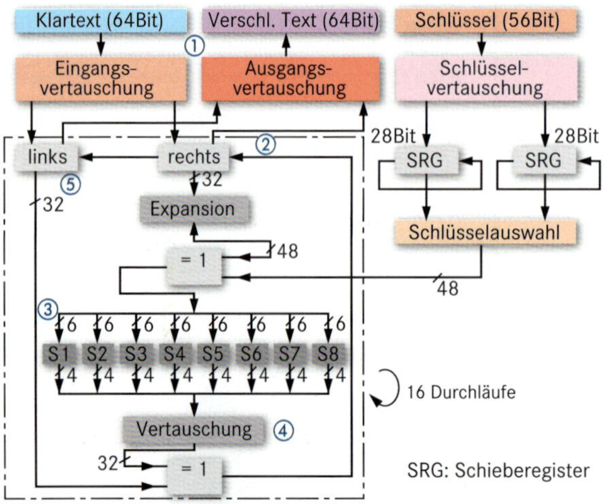

- DES verwendet 16 Durchläufe für die Verschlüsselung der 64 Bit Klartext.
- ① Vertauschen der Ein-/Ausgangsbits an festgelegte Bitpositionen.
- ② Rechter Teilblock wird auf 48 Bit erweitert und mit Teilschlüssel Exclusiv-Oder verknüpft.
- ③ Datenblock wird in acht 6 Bit breite Teilblöcke zerlegt und an S1 bis S8 gelegt. Die 6 Bit dienen als Adresse der 4 Bit breiten Datenblöcke in S1 bis S8.
- ④ Vertauschen des 32 Bit Datenblocks und Exclusiv-Oder verknüpfen mit dem linken Teil des Klartextes ergibt neuen rechten Teilblock des verschlüsselten Textes.
- ⑤ Rechter Teilblock wird zum neuen linken Teilblock.

Grundanforderungen

- Vorgehensmodelle beschreiben definierte Prozesse und dienen somit u. a.
  - zur Veranschaulichung der Abläufe,
  - Festlegung der Arbeitsweise,
  - Definition von Aufgaben und Teilaufgaben,
  - Festlegung von Schnittstellen,
  - Beschreibung von Rollen und Zuordnungen in Software-Entwicklungsprojekten.
- Abhängig vom Projektumfang und den Kundenanforderungen können entsprechende Vorgehensmodelle eingesetzt werden, wie z. B.
  - Qualitätsmodell des **SEI** (**S**oftware **E**ngineering **I**nstitute),
  - Rational Unified Process,
  - V-Modell XT (weiterentwickeltes V-Modell 97),
  - Extreme Programming.
- Hauptziel in allen Modellen ist es,
  - eine hohe Produktivität und
  - eine ausgezeichnete Qualität bei der Erstellung und Pflege der Produktsoftware zu erreichen.

V-Modell XT

- Das **V-Modell XT** (**V**: Vorgehensmodell) ist für alle IT-Projekte des Bundes einzusetzen und beschreibt u. a. Projekttypen:
  - Systementwicklungsprojekt eines Auftraggebers,
  - Systementwicklungsprojekt eines Auftragnehmers,
  - Einführung und Pflege eines organisationsspezifischen Vorgehensmodells.
- Bei Anwendung des V-Modells XT in Projekten werden
  - Projektrisiken minimiert,
  - Entwicklungsergebnisse qualitativ verbessert,
  - Gesamtkosten über den gesamten Systemlebenszyklus transparent und beherschbar,
  - Kommunikation für alle Beteiligten verbessert.

Einfachste Variante

Beispiel: Inkrementelle Systementwicklung

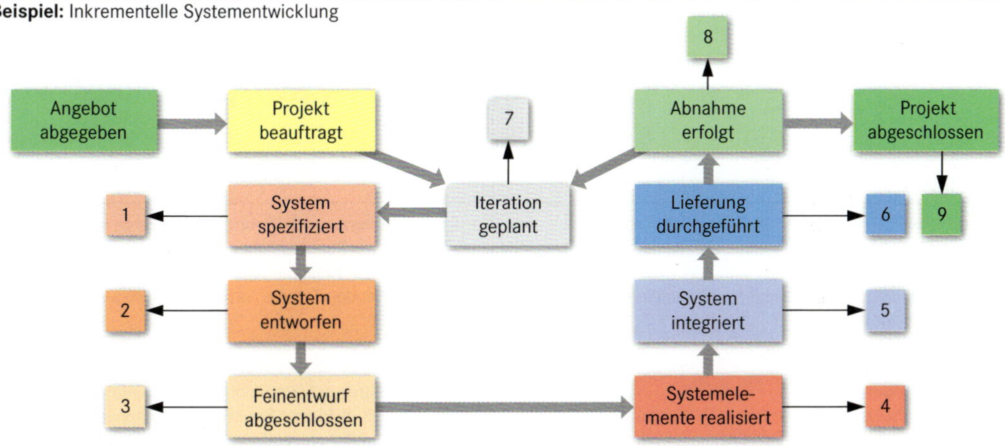

Dokumente (Beispiele)

1	▪ Gesamtsystemspezifikation ▪ Gefährdungs- und Systemsicherheitsanalyse ▪ Prüfspezifikation Systemelement	4	▪ Software-/Hardware-Einheiten ▪ Externe Software-/Hardware-Module ▪ Prüfprotokoll Systemelement
		5	▪ System/Segmente/Externe Einheiten ▪ Logistische Unterstützungsdokumente ▪ Prüfprotokoll Systemelement
2	▪ Systemspezifikation ▪ Prüfspezifikation Systemelement ▪ Implementierungs-, Integrations- und Prüfkonzepte	6	▪ Prüfprotokoll Dokument ▪ Prüfprotokoll Systemelemente
3	▪ Software-/Hardware-Architektur ▪ Software-/Hardware-Spezifikation ▪ Prüfspezifikation Systemelement	7	▪ Projekt-/QS-Handbuch
		8	▪ Abnahmeerklärung des Auftraggebers
		9	▪ Projektabschlussbericht

Merkmale

- Als **Firewall**-Systeme werden alle Schutzmaßnahmen bezeichnet, die einen unerlaubten Zugriff von außen auf ein **Privates Netzwerk** verhindern.
- Diese Systeme können in Form von Hardware, Software oder einer Kombination von beidem realisiert werden.
- Hauptsächlicher Anwendungsbereich liegt im Schutz von **Intranets** (firmenspezifischen Netzwerken), die mit unsicheren Netzwerken (z. B. **Internet** oder Remote-Zugriff über ISDN Router) verbunden sind.
- Firewalls werden auch zur Strukturierung eigener Netze verwendet, um **Domänen** mit unterschiedlichem Schutzbedarf zu realisieren.
- Die grundsätzliche Schutzfunktion eines Firewall-Systems ist das Blockieren von Kommunikationsdaten zwischen den Netzen, wenn bestimmte festgelegte Sicherheitskriterien verletzt werden.
- Firewall-Systeme sollen verhindern (**Schutzziel**):
  - Unerlaubten Zugriff auf Daten,
  - Datenverlust und
  - Einschleppen von Viren.
- Grundsätzlich werden diese Systeme nach ihrer Funktion unterschieden in
  - **Packet filter,**
  - **Application gateway und**
  - **Proxy server.**
- **DMZ** (**Dem**ilitarized **Z**one: entmilitarisierte Zone) ist ein abgegrenztes Netzwerk, das z. B. Dienste für Internet-Nutzer bereitstellt.
- Das eingesetzte Firewall-System stellt bei der Kopplung verschiedener Netze den **Common Point of Trust** (gemeinsamer Punkt des Vertrauens) dar.

Aufbau

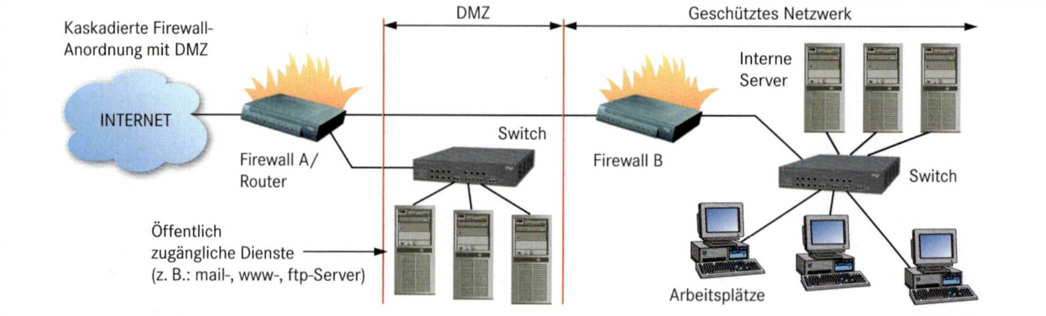

Packet filter

- **Packet filter** (Paketfilter) ist ein Softwarepaket, das in der Regel auf Routern läuft, die zur Netzwerkkopplung eingesetzt werden.
- Analysiert und kontrolliert alle ein- und ausgehenden Datenpakete auf der
  - **Netzzugangsebene,**
  - **Netzwerkebene und**
  - **Transportebene.**
- Wertet die Inhalte der Pakete aus und überprüft die Einhaltung der festgelegten Regeln.
- Geprüft werden die
  - **Quelladressen,**
  - **Zieladressen,**
  - **Portnummern** von **TCP**- und **UDP** Paketen und
  - Richtung des Datenverkehrs.
- Die zugehörigen Regeln werden vom Systemadministrator in entsprechenden Tabellen im Router (Verbindungsrechner) abgelegt.
- Die Erstellung der Überwachungstabellen ist zeitaufwändig und fehleranfällig, insbesondere bei größeren Netzen
- Dieses Verfahren schützt nicht gegen gezielte Datenverfälschung (z. B. **Address Spoofing:** Adressenvortäuschung).
- Es ist das schwächste Verfahren gegen unerlaubte Netzwerkeinbrüche.

Application gateway

- **Application Gateways** (Anwendungs-Verbinder) sind eigene Kommunikationrechner.
- Sie sind in der Regel mit zwei Netzwerkanschlüssen (auch zwei Adressen) ausgestattet (**dual homed gateway**).
- Eine Adresse gehört zum geschützten Netzwerk, die zweite Adresse ist die Ansprechadresse von außerhalb.
- Das Application Gateway trennt die Netze sowohl logisch als auch physikalisch.
- Da alle Kommunikationsabläufe über diesen einen Rechner laufen, bleiben die internen Netzwerkstrukturen nach außen hin verborgen.
- Jeder externe Kommunikationspartner benötigt auf dem Gateway eine Zugangskennung (**Identifikation** und **Authentisierung**).
- Ist der Partner akzeptiert, arbeitet das Gateway transparent für die weitere Kommunikation.
- Weitere Kontrollmechanismen sind:
  - **Passworterkennung** und -verwaltung
  - **Nutzerprofilüberwachung**
- Nutzerprofile sind z. B.:
  - Unterschiedliche Zugriffsrechte für verschiedene Personen oder Gruppen
  - Zeitpunkt des Zugriffs
- Application Gateways sind wegen der Vielfalt der Dienste zwar relativ langsam, bieten aber den höchsten Zugangsschutz.
- **Proxy** (sinngemäß: Stellvertreter-Funktionen) sind zusätzliche Softwarepakete, die u. a. zur Analyse und Kontrolle der Kommandos der Anwenderprotokolle eingesetzt werden.

Merkmale

- In technischen und kommerziellen Softwaresystemen spielt die Qualität der Software eine entscheidende Rolle für den Erfolg von Produkten oder Unternehmen.
- **Qualität** ist definiert als:
  Die Beschaffenheit einer Einheit bezüglich ihrer Eignung, festgelegte und abgeleitete Erfordernisse zu erfüllen.
- Die Qualität einer Software wird durch eine Reihe von **Eigenschaften** bestimmt.
- Hersteller und Benutzer haben unterschiedliche Anforderungen an die Software.
- Einzelne Eigenschaften können in negativer Wechselwirkung zu anderen stehen.
- Die zu erreichende Qualität in einer Software ist in einer **Qualitätszielbestimmung** festzulegen.

Qualitätseigenschaften

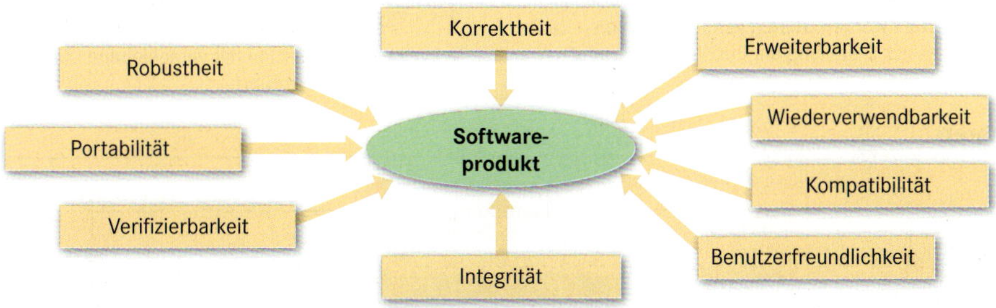

Korrektheit	Erweiterbarkeit
Übereinstimmung von Realisierung und Anforderung (exakte Erfüllung der Anforderungen).	Einfachheit der Anpassungsfähigkeit von Software an Spezifikationsänderungen.
Robustheit	Wiederverwendbarkeit
Verhalten gegen außergewöhnliche Bedingungen wie z. B. gegenüber Fehlprogrammierung, Fehlbedienung, Fehlerbehandlung.	Eigenschaft der Software, ganz oder teilweise für neue Anwendungen wieder verwendbar zu sein.
Portabilität	Kompatibilität
Einsetzbarkeit erstellter Software auf anderen Zielsystemen (andere Hard- und Software).	Einfachheit, mit der Software mit anderer Software verbunden werden kann.
Verifizierbarkeit	Benutzerfreundlichkeit
Aufwand, mit dem Abnahmeprozeduren während der Validations- und Betriebsphase durchgeführt werden können.	Einfachheit, mit der die Benutzung von Softwaresystemen (z. B. Bedienung, Art der Dateneingabe, Auswerten von Ergebnissen, Wiederaufsetzen nach Benutzerfehlern) erlernt werden kann.
Integrität	
Schutz der verschiedenen Komponenten gegen unberechtigten Zugriff und Veränderung.	

Software-Messung

- Software-Messung wird verwendet, um definierte **Eigenschaften** von Programmen zu **quantifizieren**.
- Software-Maße **(Metriken)** werden u. a. angewendet in den Bereichen:
  - Qualitätskontrolle
  - Komplexitätskontrolle
  - Aufwands-, Kosten- und Zeitabschätzung
  - Definition/Kontrolle der Einhaltung von Standards
  - Vergleich und Beurteilung von Produkten
  - Kontrolle des Software-Entwicklungsprozesses
- Die **Darstellung** von Messwerten erfolgt in der Regel in grafischer Form, z. B. in Linien-, Balken- oder Flächendiagrammen. Eine übersichtliche Darstellung der Werte unterschiedlicher Maße bietet das **KIVIAT**-Diagramm.

Maßtypen werden u. a. unterschieden in
- **Produktmaße** (Eigenschaften des Programms)
- **Prozessmaße** (Eigenschaften des Entwicklungsprozesses)
- **Projektmaße** (Projektsteuerung)

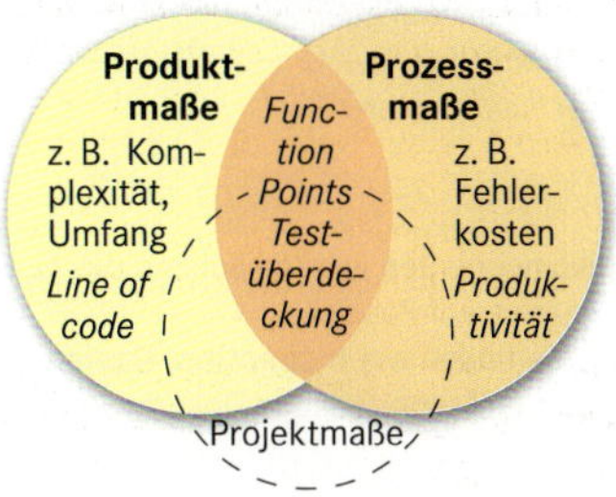

Merkmale

- Der Programmtest hat die Aufgabe, Fehlerwirkungen in der Software gezielt und systematisch aufzudecken.
- Er dient zum Nachweis der Korrektheit eines Programmes im Sinne der **Validation** und **Verifikation**.
- Die Validierung ist eine Prüfung auf Übereinstimmung von spezifischer Anforderung und implementierter Funktionalität.
- Die Verifikation ist ein formaler Beweis der Korrektheit eines Programmes mit mathematischen Hilfsmitteln.
- Die Basis für Programmtests sind alle Dokumente, aus denen Anforderungen ersichtlich werden, die an das Testobjekt gestellt werden. Hierzu gehören auch die Dokumente, die zur Erstellung der Testfälle verwendet wurden.
- Ein **Testfall** beinhaltet folgende Vorgaben:
  - Notwendige Vorbedingungen für die Ausführung des Testfalls
  - die Menge der Eingabewerte und die Menge der erwarteten Sollwerte
  - die Prüfanweisung, wie Eingaben an das Testobjekt übergeben und Sollwerte abzulesen sind
  - die erwarteten Nachbedingungen
- Das **Testkonzept** beschreibt
  - den Umfang
  - die Vorgehensweise
  - die erforderlichen Ressourcen und
  - die Zeitplanung

  der vorgesehenen Tests (z. B. Inhalt nach IEEE 829)
- Programmtests werden mit verschiedenen Methoden (Verfahren) durchgeführt.

Testverfahren

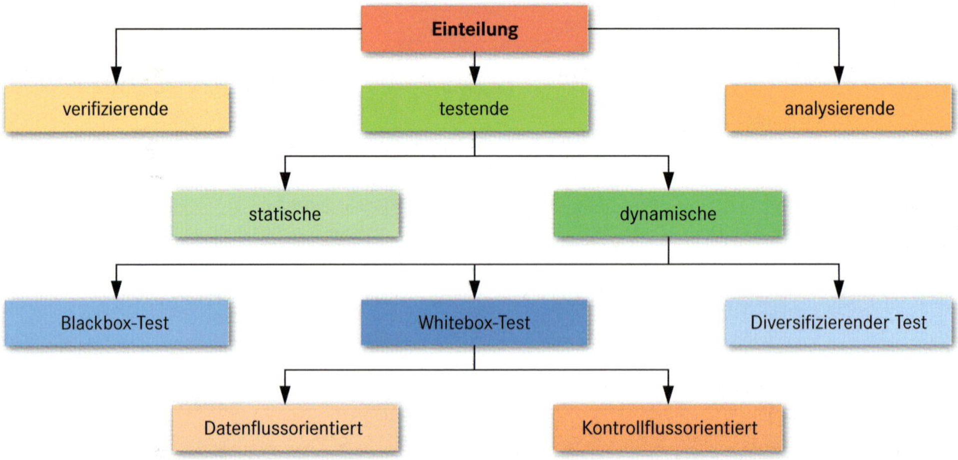

Verifizierende

- Stellen die Korrektheit des Programms sicher
- Werden unterschieden nach der eigentlichen Verifikation (s. o.) und der symbolischen Ausführung (Quellprogramm wird mit symbolischen Eingabewerten durch einen Interpreter getestet)

Analysierende

- Dienen zur Vermessung bzw. Darstellung von Systemkomponenten (z. B. Bindungsart)
- Verwenden **Metriken** zur Darstellung der Eigenschaften, wie z. B.
  - der strukturellen Komplexität
  - der Programmlänge
  - Anzahl der Kommentare

Statische

- Programmkomponenten werden anhand des Quellcodes getestet (Analyse auf Papier)
- Verwendet Methoden wie **Inspection, Review** und **Walkthrough** (Präsentation des Dokuments vor einer Gutachtergruppe)

Testende

- Sollen Fehler im Programm aufdecken
- Werden unterschieden nach dynamischen und statischen Testverfahren

Dynamische

- Übersetzte, ausführbare Programme werden mit konkreten Eingabewerten versehen und in einer realitätsnahen Umgebung getestet

Blackbox-Test

- Wird auch als funktionaler Test bezeichnet
- Testfälle werden aus der Spezifikation der Komponente abgeleitet (z. B. Test spezieller Werte)

Whitebox-Test

- Leitet die Testfälle aus dem Kontroll- oder Datenfluss ab. Verwendet z. B. **Anweisungs-, Zweig**- und **Datenkontextüberdeckung**.

Diversifizierender Test

- Vergleicht Ergebnisse verschiedener Programmversionen (z. B. **Mutationstest, Back-to-Back-Test**)

Merkmale

- Dienen zur
  - Beschreibung,
  - Speicherung und
  - Wiedergewinnung

  von Daten, die von Anwendern oder Anwendungsprogrammen gleichzeitig genutzt werden können.
- Bestehen aus
  - **Datenbasis** (Datenbank: data base), die die abgelegten Daten beinhalten und
  - **Datenbank-Verwaltungsprogramm** (Data Base Management System: DBMS) als Schnittstelle zum Benutzer.
- DBMS
  - speichert und
  - organisiert

  die abgelegten Daten entsprechend der vorgegebenen Beschreibung.
- Datenbanksysteme
  - können große Datenmengen effizient verwalten,
  - bieten parallelen Zugriff durch parallel arbeitende Benutzer auf einheitliche Datensätze,
  - verhindern Datenredundanz (mehrfaches Speichern derselben Daten),
  - realisieren Datenschutz und Datensicherheit
  - garantieren Datenkonsistenz und
  - ermöglichen beliebige Verknüpfungen der Daten nach inhaltlichen Gesichtspunkten.
- Grundprinzip von DBS beruht auf 3-Ebenen-Architektur (ANSI SPARC-Modell) mit
  - physischer und
  - logischer

  Datenunabhängigkeit.
- **Relationale** DBMS (RDBMS)
  - stellen die Inhalte in Beziehungen und Verhältnisse zueinander dar,
  - speichern die Inhalte in Zeilen und Spalten einer Tabelle ab und
  - stellen den Zugriff über Beziehungen untereinander her.
- Structured Query Language (SQL): Standardisierte, systemunabhängige Sprache für die Erstellung, Bearbeitung und Anfrage von Datenbanken.
- Beispiele für Datenbanksystem-Anwendungen:
  - Relationale DBS (Buchhaltungs-, Buchungs- Bibliothekssysteme)
  - Objektorientierte DBS (CAD-Systeme, CASETool-Daten)
  - Deduktive DBS (Expertenwissen)

3-Ebenen-Modell

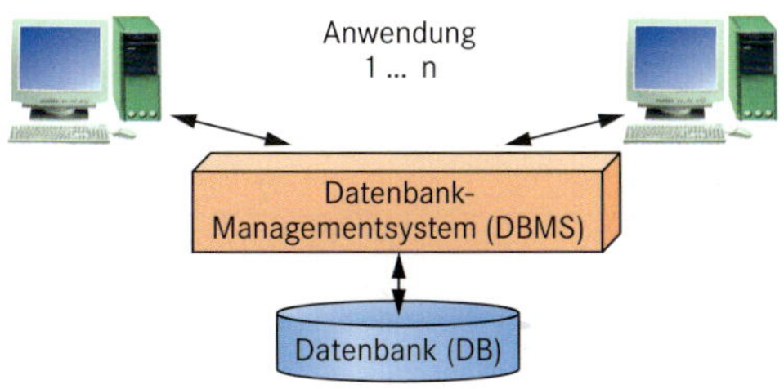

Begriffe

Data Dictionary:
Enthält alle Informationen über Struktur und Aufbau einer Datenbank (Informationsquelle für DB Administrator und abrufende Clients).

Open Data Base Connectivity (ODBC):
Standardisierte Softwareschnittstelle von Microsoft für Zugriff von Anwendungsprogrammen auf unterschiedliche Datenbanken.

Transaktion:
Bearbeitungsvorgang innerhalb der Datenbank.

Systemarchitektur-Komponenten

Beispiel:

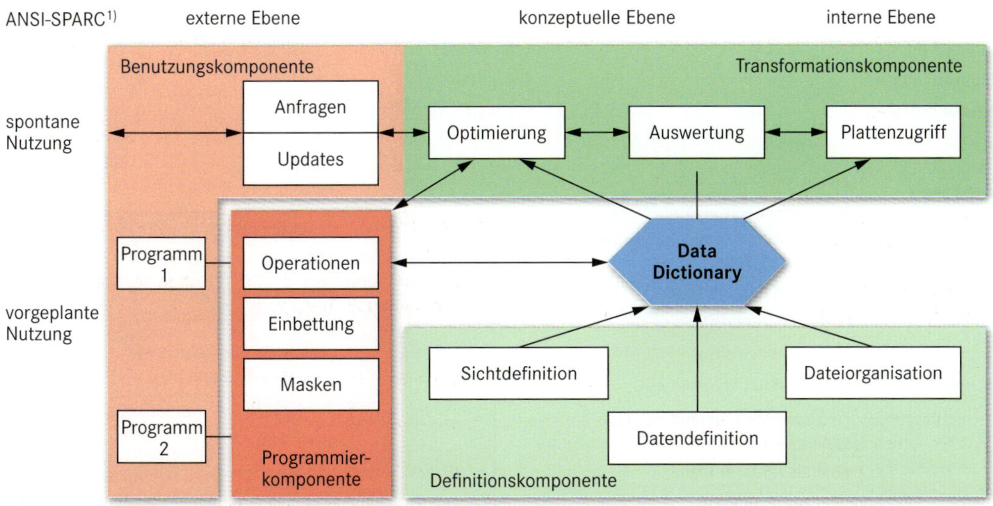

[1] (American Standards Institute-Standards Planning and Requirements Engineering Committee)

- **char** (character)
  Zeichen (Buchstabe, Ziffer, Satzzeichen) aus einem Zeichenvorrat (z. B. ASCII-Zeichensatz).
- **int** (integer)
  - **Ganze Zahl**, für Berechnungen und Zähl- oder Nummerierungszwecke,
  - können vorzeichenbehaftet oder vorzeichenlos sein,
  - auch als Integralzahl bezeichnet.
- **float**
  - **Gleitkommazahl**, durch Mantisse (Wert zwischen 0 und 1) und Exponent (Basis 10 oder 2) dargestellt,
  - auch als Gleitpunktzahl bezeichnet,
  - dient zur (genäherten) Darstellung reeller Zahlen.
- **wchar–t**
  - unterstützt die **erweiterten Zeichensätze**, die pro Zeichen mehr als ein Byte verwenden,
  - die effektive „Breite“ des Datentypes ist abhängig von der jeweiligen Implementierung des Compilers.
- **array**
  - ist ein **Datenfeld** mit einer Abfolge gleicher Datentypen,
  - ermöglicht einen schnellen Datenzugriff auf beliebige Werte durch Indexierung
- **pointer** (Zeiger)
  - dienen zur Aufnahme von Speicheradressen
  - die Adressen dienen dazu, Positionen von Daten im Speicher festzuhalten
  - über die Adressen kann auf die Daten zugegriffen werden
- **strings**
  - **Zeichenketten** werden als Array von Zeichen definiert
- **Referenz**
  - alternativer Name für ein Objekt
  - über den alternativen Namen kann das ursprüngliche Objekt innerhalb einer Funktion oder auch über Funktionsgrenzen hinweg verändert werden
- **Strukturen**
  - definieren einen Datenverbund aus mehreren einzelnen Elementen gleicher oder verschiedener Typen

Basis-Typen

Typ	Wertebereich	Anzahl Byte
char	– 128 bis + 127	1
int	-32768 bis + 32767	2
float	$3{,}4 \cdot 10^{-38}$ bis $3{,}4 \cdot 10^{+38}$	4
double (doppelt: doppelte Länge)	$1{,}7 \cdot 10^{-308}$ bis $1{,}7 \cdot 10^{+308}$	8
bool (Boolean: logischer Wert)	true (wahr) oder false (falsch)	1
wchar–t (wide character)	a ... z, A ... Z, 0 ... 9, Sonderzeichen	2

Modifizierte Typen

Typ	Wertebereich	Anzahl Byte
signed char[1]	– 127 bis + 127	1
signed int	-32768 bis + 32767	2
signed short int	-32768 bis + 32767	2
signed long int	-2147483648 bis + 2147483647	4
unsigned char[2]	0 bis 255	1
unsigned int	0 bis 65535	2
unsigned long int	0 bis 4294967295	4
long double	$3{,}4 \cdot 10^{-4932}$ bis $1{,}1 \cdot 10^{+4932}$	10

[1] signed: Werte mit Vorzeichen [2] unsigned: Werte ohne Vorzeichen

Operatoren

Symbol	Funktion	Symbol	Funktion
+	Addition (addition)	**==**	gleich mit (equal to)[1]
–	Subtraktion (subtraction)	**>=**	größer als oder gleich wie (greater than or equal to)
++	erhöhe um 1 (increment of[1]		
––	erniedrige um 1 (decrement of[1]	**<=**	kleiner als oder gleich wie (less than or equal to)
*	Multiplikation (multiplication)		
/	Division (division)	**!=**	nicht gleich wie (not equal to)
%	Modulus (modulus)[1]	**!**	nicht (not)
>	größer als (greater than)	**&&**	und (and)[1]
<	kleiner als (less than)	**II**	oder (or)[1]

[1] Anwendung in C

- **Bäume**
  - sind eine Art **dynamische Datenstruktur**,
  - werden verwendet zur hierarchischen Speicherung von Daten,
  - bestehen aus **Knoten** (nodes) und **Kanten** (edges), wobei die Knoten mittels der Kanten verbunden sind und
  - speichern die Daten in den Knoten.
- Die **dynamische Datenstruktur** ist gegeben durch die nicht von vornherein begrenzte Anzahl der zu speichernden Elemente.
- Die **Spitze** des Baumes wird gebildet durch die **Wurzel** (root), die keinen Vorgänger hat.
- Knoten können beliebig viel Nachfolger haben.
- Der Grad eines **Knotens** ist die Anzahl seiner Teilbäume.
- Der Grad eines **Baumes** ist der maximale Grad seiner Knoten.
- Ein **Blatt** ist ein Knoten mit dem Grad 0.
- Die Wurzel eines Unterbaumes eines Knotens Y nennt man ein **Kind** von Y (Y ist dann der Vater oder parent des Kindes).
- Kinder mit dem selben Vater nennt man Geschwister (sibling).
- **Binärbäume** sind Bäume mit folgenden besonderen Eigenschaften:
  - Jeder Knoten hat maximal zwei Nachfolger (linker und rechter Teilbaum),
  - alle Knoten im linken Teilbaum sind niederwertiger als der betrachtete Knoten,
  - alle Knoten im rechten Teilbaum sind höherwertiger als der betrachtete Knoten.
- **AVL-Bäume** (**A**delson-**V**elskii und **L**andies) sind Binärbäume, die sich in der Tiefe des linken Teilbaumes maximal um 1 von der Tiefe des rechten Teilbaumes unterscheiden (balanciert sind).
- Vorteilhaft ist die Abspeicherng von Bäumen
  - in Form von Zeigern,
  - beginnend mit den Knoten auf Ebene 1,
  - mit der Reihenfolge von links nach rechts.
- Vorteil von Bäumen bei der Speicherung von Daten ist der schnelle Zugriff auf die abgelegten Daten.

Allgemeiner Baum

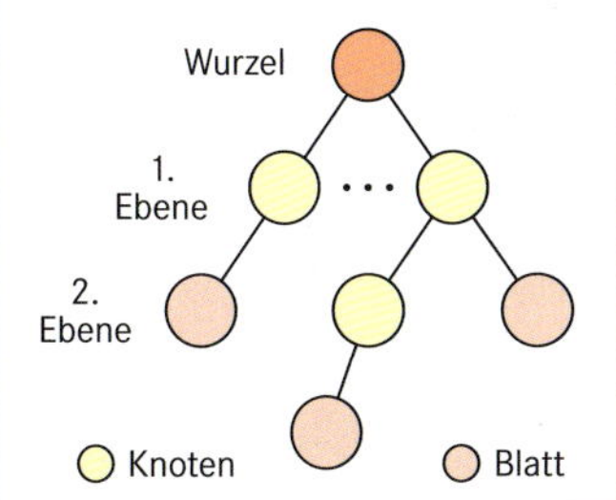

Binärer Baum

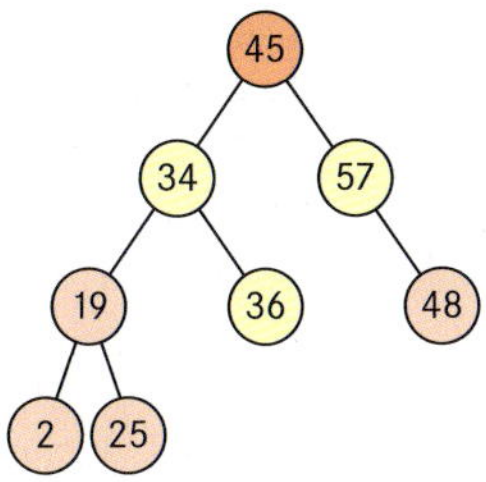

Vollständig Binärer Baum

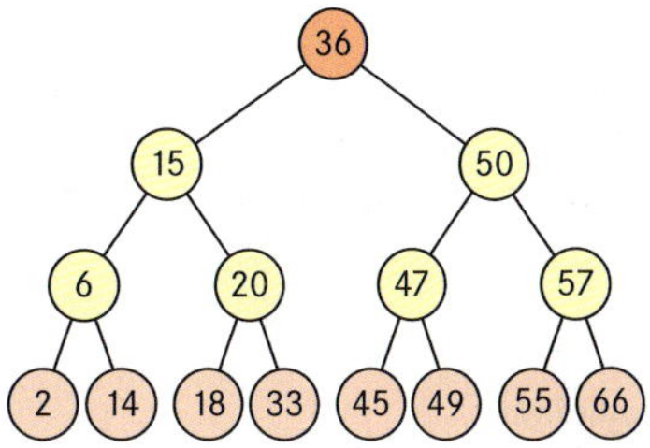

Operationen

Suchen

- Das Suchen eines bestimmten Elements in Binärbäumen beginnt an der Wurzel (Vergleich Schlüssel mit Wurzel).
- Bei Gleichheit ist Element gefunden.
- Wenn der Suchschlüssel kleiner ist, dann im linken Teilbaum suchen.
- Wenn der Suchschlüssel größer ist, dann im rechten Teilbaum suchen.
- Anwendung des Algorithmus bis gesuchtes Element gefunden (Knoten oder Blatt).
- Falls kein passendes Element gefunden wird, war die Suche negativ.

Traversieren

- Bei Anwendung bestimmter Operationen auf alle Knoten eines Binärbaumes kann ein rekursiver Algorithmus für das Traversieren (Durchlaufen) mit **Inorder, Preorder** oder **Postorder** angewendet werden, um die einzelnen Knoten des Baumes zu besuchen.
- Inorder (symmetrische Reihenfolge)
  - zuerst linker Teilbaum,
  - dann Wurzel,
  - abschließend rechter Teilbaum;
  - Ergebnis des vollständig Binären Baumes ist:
    2, 6, 14, 15, 18, 20, 33, 36, 45, 47, 49, 50, 55, 57, 66
- Preorder (Hauptreihenfolge)
  - zuerst die Wurzel,
  - dann linker Teilbaum,
  - abschließend rechter Teilbaum;
  - Ergebnis des vollständig Binären Baumes ist:
    36, 15, 6, 2, 14, 20, 18, 33, 50, 47, 45, 49, 58, 55, 66
- Postorder (Nebenreihenfolge)
  - zuerst linker Teilbaum,
  - dann rechter Teilbaum,
  - abschließend Wurzel;
  - Ergebnis des vollständigen Binären Baumes:
    2, 14, 6, 18, 33, 20, 15,45 49, 47, 50, 55, 66, 57

Sortieralgorithmen
Sorting Algorithms

- Sortieralgorithmen
  - dienen zur Anordnung von Schlüsselelementen in eine bestimmte Reihenfolge,
  - werden unterschieden nach Sortierverfahren, und
  - besitzen unterschiedliche Sortiergeschwindigkeiten.
- Auswahl des anzuwendenden Sortieralgorithmus erfolgt u. a. nach Kriterien wie
  - zu sortierende Arten (Integer-Zahlen),
  - Anzahl zu sortierender Datensätze,
  - Art der Sortierung (auf-/absteigend),
  - Art der Medien, auf denen sortiert wird.

Einteilung

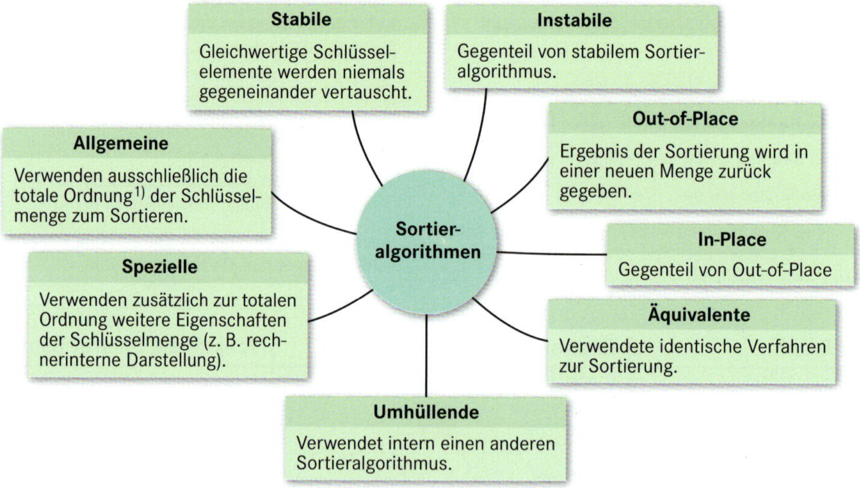

1) Totale Ordnung: Auf jedes Paar der Schlüsselelemente einer Menge kann eine Vergleichsoperation durchgeführt werden (<=, <, =, >, >=)

Beispiele

- **Insertion Sort** (Sortieren durch Einfügen)
  - trägt die Datensätze der Reihe nach in eine bereits sortierte Folge ein,
  - die richtige Stelle zum Einfügen wird von rechts her gesucht, bereits eingetragene Elemente um eine Position nach rechts verschoben und das neue Element auf die frei gewordene Position gesetzt.
- **Bubble Sort** (Sortieren durch Austausch)
  - bearbeitet die Daten in einer doppelten Schleife,
  - innere Schleife bearbeitet den gesamten unsortierten Bereich iterativ, wobei ein Element, das größer als der nachfolgende Nachbar ist, mit diesem vertauscht wird.
- **Quick Sort** (Sortieren durch Zerlegen)
  - arbeitet nach dem Prinzip Divide and Conquer (Teile und Herrsche),
  - beginnt mit der Auswahl eines Elements,
  - zerteilt das Feld in zwei unterschiedliche Teilfelder, wobei alle Elemente des linken Teilfeldes kleiner oder gleich den Elementen des rechten Teilfeldes sind,
  - sortiert die einzelnen Teilfelder rekursiv.
- **Radix Sort** (Sortieren nach Basis)
  - zerlegt die Schlüssel in mehrere Teilglieder (z. B. zur Basis 2 bei ganzen Zahlen oder Basis 256 bei Zeichen),
  - sortiert diese Teilglieder mit internem stabilen Sortierverfahren (z. B. Coutingsort).

Laufzeiten

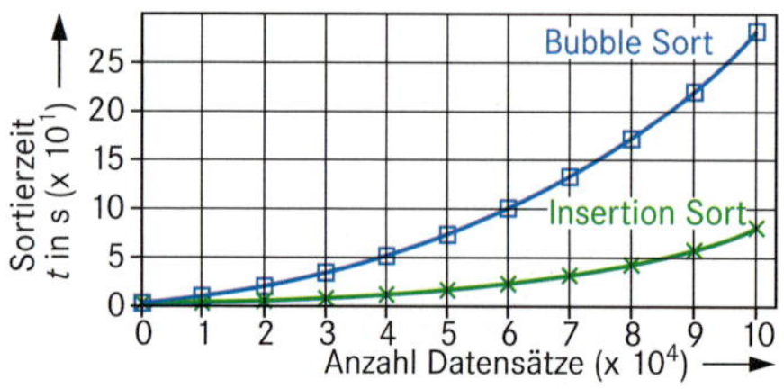

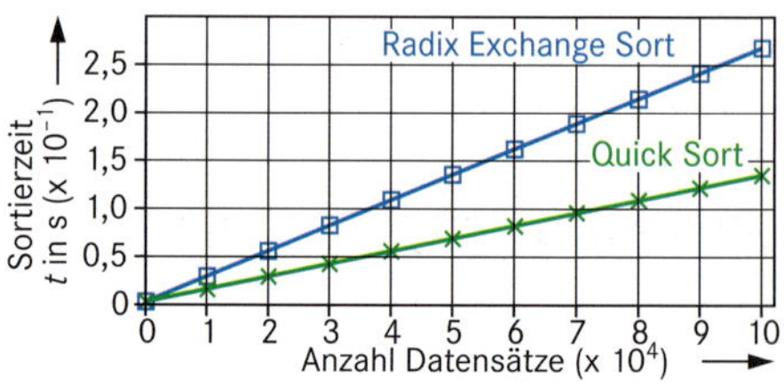

Elektrische Energieversorgung

7

Energiequellen und Komponenten

Schutz

Anschlusskomponenten

Geräteverbindung ⟷ Leitung ⟷ Netzanschluss

Geräteverbindung

Festanschluss

Leitungseinführung
- Tülle, Verschraubung

Knickschutz
- Tülle

Zugentlastung
- Klemmung
- Verschraubung

Steckanschluss

Schutzklasse (I, II)

Spannungsfestigkeit

Stifttemperatur
- kalt (max. 70 °C) Kaltgeräte ohne Wärmequelle
- warm (max. 120 °C)
- heiß (max. 155 °C)
- Heißgeräte mit innerer Wärmequelle (z. B. Waffeleisen)

Stromstärke
(0,2 A; 2,5 A; 6 A; 10 A; 16 A)

Anschluss der Leitung
- Löten, Klemmen, Stecken
- wiederanschließbar/ nicht wiederverschließbar

Befestigung der Steckvorrichtung
- Schrauben, Schnappen

Geräteverbindung

Steckanschlüsse	DIN EN 60320-1: 2016-04
■ I_r = 0,2 A ■ ϑ_{max} = 70 °C ■ Schutzklasse II	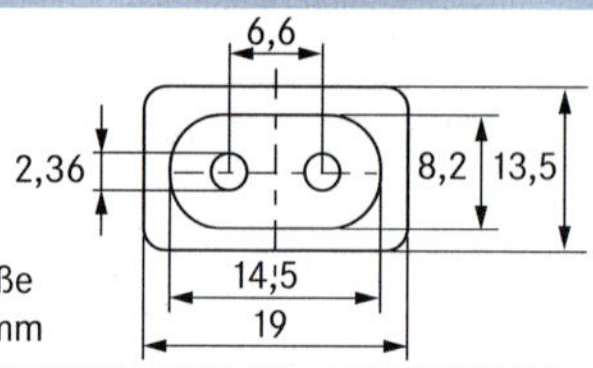 Maße in mm
■ I_r = 2,5 A ■ ϑ_{max} = 70 °C ■ Schutzklasse II	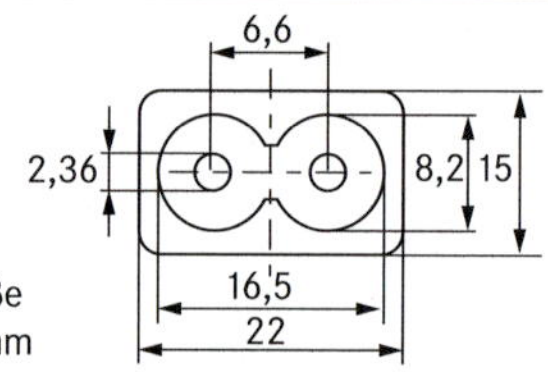 Maße in mm
■ I_r = 2,5 A ■ ϑ_{max} = 70 °C ■ Schutzklasse I	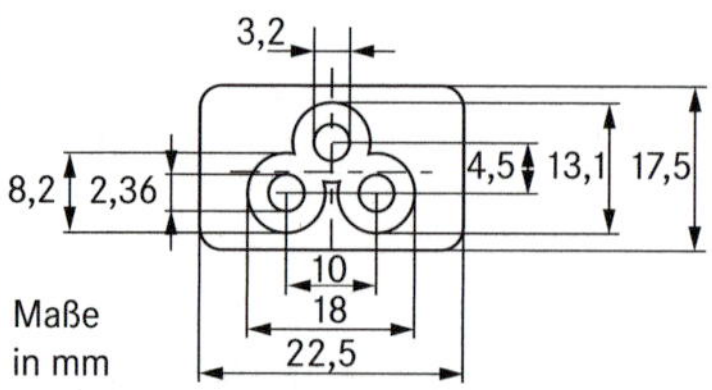 Maße in mm
■ I_r = 16 A ■ ϑ_{max} = 155 °C ■ Schutzklasse I	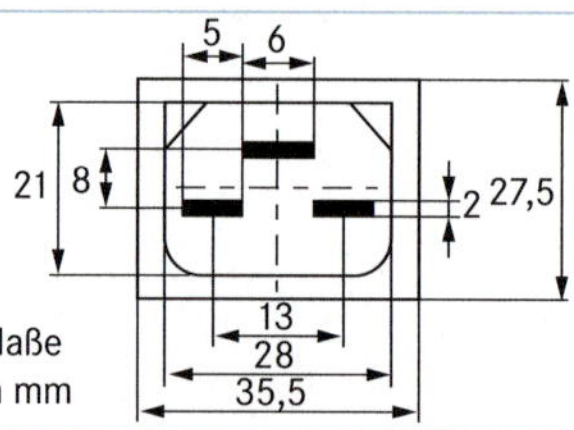 Maße in mm

Netzanschluss

Steckanschlüsse	DIN VDE 0620-1: 2016-01
■ Stecker sollten europäisch vereinheitlicht werden. ■ Diese Vorhaben war nicht erfolgreich. Als Ergebniss wurden verschiedene europäische Steckverbinder festgelegt (CEE-System). ■ CEE[1]: Commission on the Rules for the Approval of the Electrical Equipment (Europäische Behörde für die Regelung der Zulassung elektrischer Ausrüstungen)	
Eurostecker: ■ I_{max} = 2,5 A ■ Schutzklasse II ■ Typ: CEE 7/16	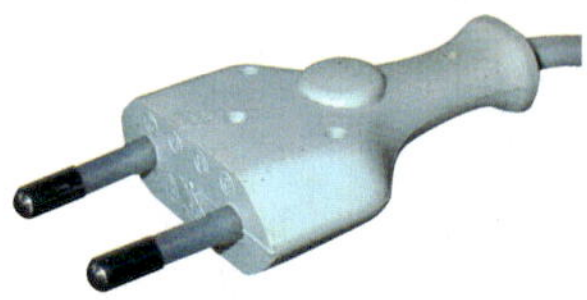
Konturenstecker: ■ I_{max} = 10 A ■ Schutzklasse II ■ ohne Schutzleiter ■ Typ CEE 7/17	
Schutzkontaktstecker: ■ I_{max} = 16 A ■ Schutzklasse I ■ Typ: CEE 7/4	

1) CEE: Communauté Economique Européene

Isolierte und blanke Leiter

Leiterbezeichnung		Zeichen	Farbe
Wechselstrom	Außenleiter	L1, L2, L3	1)
	Neutralleiter	N	bl
Gleichstrom	positiv	L+	1)
	negativ	L-	1)
	Mittelleiter	M	bl

Leiterbezeichnung	Zeichen	Bildzeichen	Farbe
Schutzleiter	PE	⏚	gnge
PEN-Leiter (Neutrall. mit Schutzfunktion)	PEN	⏚	gnge
Erde	E	⏚	1)

1) Farbe nicht festgelegt

Adern bei isolierten Leitungen und Kabeln

	für feste Verlegung		für ortsveränderliche Verbraucher	
Aderzahl	Leitungen mit Schutzleiter	Leitungen ohne Schutzleiter	Leitungen mit Schutzleiter	Leitungen ohne Schutzleiter
2	– –	bl br	– –	bl br
3	gnge bl br	– br sw gr	gnge bl br	– br sw gr
4	gnge – br sw gr	bl br sw gr	gnge – br sw gr	bl br sw gr
5	gnge bl br sw gr	bl br sw gr sw	gnge bl br sw gr	bl br sw gr sw

Farbkurzzeichen (DIN 47002):
schwarz (sw) black (BK), braun (br) brown (BN), blau (bl) blue (BU), grau (gr) grey (GR), gelb (ge) yellow (YE), grün (gn) green (GN)

Anwendungen
Aderkennzeichnung bei Leitungen und Kabeln für feste Verlegung und flexible Leitungen in

- Installationen elektrischer Anlagen,
- Verteilungssystemen,
- Energieversorgung von fest installierten und ortsveränderlichen Betriebsmitteln und
- Anschlussleitungen bei transportierbaren Betriebsmitteln.

Keine Gültigkeit der DIN VDE 0293-308 für

- Leitungen, Kabel und isolierte Leiter zur inneren Verdrahtung elektrischer Betriebsmittel und fabrikfertiger Schaltkombinationen,
- Leitungen und Kabel in Gleichstromanlagen,
- Leitungen und Kabel, die mehr Adern besitzen als in der Tabelle aufgeführt und
- umhüllte Freileitungen und isolierte Freileitungsseile.

Leitungskennzeichnung
Cable Marking

Typenkurzzeichen
Beispiel: H 03 VV – F 3 G 0,5

Kennzeichnung der Bestimmung (H)
H: Harmonisierter Typ
A: Anerkannter nationaler Typ

Bemessungsspannung in V (03)
03: 300/300 V;
05: 300/500 V;
07: 450/750 V

Isolier- und Mantelwerkstoff (VV)
B: Etylen-Propylen-Kautschuk
V: PVC
R: Natur- oder synthetischer Kautschuk
N: Chloropren-Kautschuk
S: Silikon-Kautschuk
J: Glasfasergeflecht
T: Textilgewebe
Q: Polyurethan
V2: PVC, wärmebeständig

Aufbauart
H: flache, aufteilbare Leitung
H2: flache, nicht aufteilbare Leitung

Leiterart (F)
U: eindrähtig
R: mehrdrähtig
K: feindrähtig Leitungen fest verlegt
F: feindrähtig Leitungen flexibel
H: feinstdrähtig
Y: Lahnlitzenleiter

Aderzahl (3)

Schutzleiter (G)
X: ohne gnge Schutzleiter
G: mit gnge Schutzleiter

Leiterquerschnitt in mm^2 (0,5)

Isolierte Leitungen für feste Verlegung

Bezeichnung	Abbildungen	Kurzzeichen	Ader-zahl	Verwendung
PVC-Einzeladern		H05V-U/K H07V-U/K	1 1	▪ Leitung für innere Verdrahtung von Geräten ▪ Geschützte Verlegung in und an Leuchten
Wärmebeständige PVC-Einzeladern		H05V2-K	1	▪ Verbindungsleitung für Energieanlagen, Schaltschränke ▪ Bei höheren Leiter- oder Umgebungstemperaturen bis +105 °C
Schadstofffreie Mantelleitung		NHMH-J	3 ... 7	▪ Feste Verlegung in Wohnbauten, öffentlichen Gebäuden und Industrieanlagen ▪ Schutz vor direkter Sonneneinstrahlung erforderlich
PVC-Mantelleitung		NYM	1 ... 7	▪ Industrie- und Hausinstallationen im Innen- und Außenbereich ▪ Schutz vor direkter Sonneneinstrahlung erforderlich
Halogenfreie Mantelleitung		NHXMH	1 ... 7	▪ Industrie; Hotels; Flughäfen, U-Bahnen u. a. ▪ Bei erhöhtem Schutz für Menschen und Sachwerte
PVC-Mantelleitung mit Tragseil, Zugentlastung		NYMT	3 ... 4	▪ Leitung mit selbsttragender Aufhängung ▪ Straßenbeleuchtung ▪ Hausanschluss über Dachständer
Spezial-PVC-Steuerleitung (geschirmt)		NSY	3 ... 7	▪ Steuer- und Signalleitung in Krankenhäusern und Labors ▪ Baubiologische Energieleitung im Wohnungsbau

Isolierte, flexible Leitungen

Bezeichnung	Abbildungen	Kurzzeichen	Ader-zahl	Verwendung
Spiralleitung		H05BQ-F	2 ... 3	▪ Elektrowerkzeuge ▪ Handlinggeräte ▪ Unterhaltungselektronik
PVC-Schlauchleitung		H03VV-F	2 ... 7	▪ Anschlussleitung bei geringer mechanischer Beanspruchung für Tisch- und Stehleuchten u. a.
Gummi-Schlauchleitung (schwere Ausführung)		H07RN-F	1 ... 7	▪ Anschlussleitung bei mittlerer mechanischer Beanspruchung für Elektrogeräte wie Heizplatten, Bohrmaschinen, Kreissägen u. a.
Gummi-Schlauchleitung (schwere Ausführung)		NSSHöU	1 ... 7	▪ Anschlussleitung bei großer mechanischer Beanspruchung im Bergbau und in Steinbrüchen ▪ Auf Baustellen für schwere Geräte und Werkzeuge

Übersicht

- Netzteile erzeugen aus Wechselspannung eine konstante Gleichspannung.
- Sie versorgen elektronische Komponenten (z. B. in PC, Fernseher, Telefonanlage, ...).

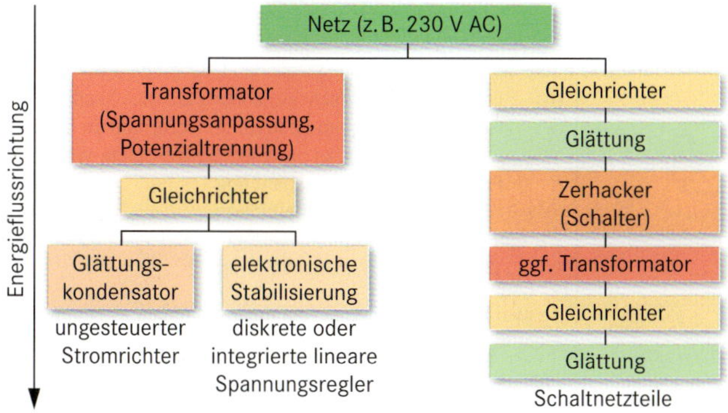

Ungesteuerte Gleichrichter:
- einfacher Aufbau
- Spannung ist stark vom Laststrom abhängig

Diskrete/integrierte, lineare Spannungsregler:
- gute Spannungskonstanz
- hohe Verlustleistung bei Differenzspannung zwischen Eingang und Ausgang

Schaltnetzteile:
- wegen hoher Schaltfrequenz nur kleine Transformatoren erforderlich

Auswahlkriterien

Montage	Funktionsprinzip	Funktionseigenschaften		Anschluss
▪ Einbau ▪ Aufbau ▪ 19"-Einsatz ▪ Hutschiene ▪ Reiheneinbaugerät	▪ Ungeregelt ▪ Geregelt – linear – getaktet	▪ Festwert ▪ *I*/*U*-Vorgabe ▪ Innenwiderstand ▪ Regelgenauigkeit ▪ Regelgeschwindigkeit ▪ Restwelligkeit ▪ Verlustleistung	▪ Ein-/Ausgangsspannungsbereich ▪ Leistung ▪ Überlast-/Kurzschlussverhalten ▪ Lüftung (natürlich, erzwungen) ▪ Ausgang erd-/massefrei	▪ Steckkontakt ▪ Klemmen (Schraub-, Steck-, Klemmtechnik) ▪ Buchsen

Stabilisierte Gleichspannungs-Versorgungsgeräte

- Stabilisierte Gleichspannungs-Versorgungsgeräte enthalten stetige Gleichstromsteller.
- Allen gemeinsam sind Netztransformator, Gleichrichter und Glättung (hier nicht dargestellt) zur Bildung der Eingangsgleichspannung U_1.

Schaltungsbeispiel

Versorgungsgerät mit integrierten einstellbaren Spannungsreglern für positive Ausgangsspannungen

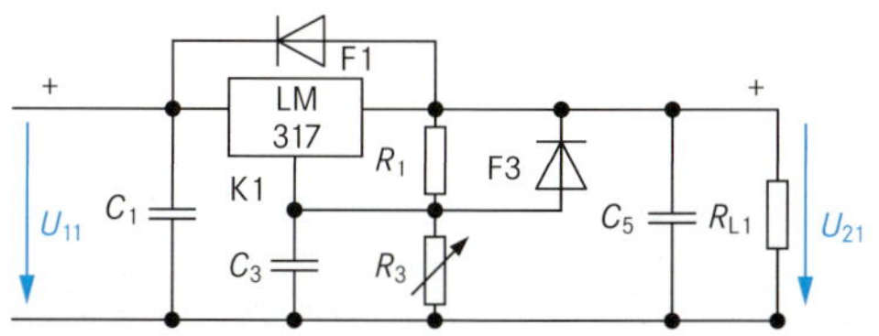

- Integrierte einstellbare Spannungsregler (z. B. K1, LM317) sind weit verbreitet.
- $U_{21} = 1{,}25\ \text{V} \left(1 + \frac{R_3}{R_1}\right)$ $\quad U_{11\text{max}} = 40\ \text{V}$
- Rückstromschutz durch F1
- Entladeschutz durch F3

Bauformen

Labornetzgerät	Hutschienenmontage	Einbaugerät
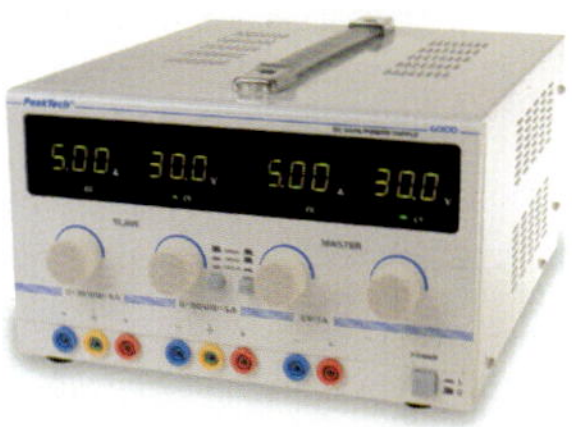		

- Gleichrichterschaltungen liefern pulsierende Gleichspannungen und -ströme.
- Schaltungen mit Glättungsdrosseln werden bis in MW-Bereich eingesetzt.
- Schaltungen mit Lade-(Glättungs-)-Kondensator sind bis 2 kW üblich.
- In der Elektronik beeinflusst der Netztransformator die Dimensionierung der Gleichrichterschaltung.

Gleichrichterschaltungen mit Netztransformator und Ladekondensator

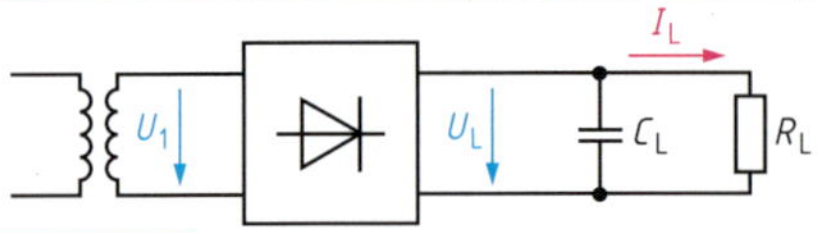

$$C_L = \frac{k \cdot I_L}{2 \cdot U_{BrSS} \cdot f}$$

U_1: Effektivwert der Wechselspannung am Gleichrichtereingang
U_L: Gleichspannung am Ladekondensator und an der Last
U_{BrSS}: Brummspannung an der Last (Spitze-Spitze-Wert)
f: Frequenz der Brummspannung
50 Hz bei Einpulsschaltungen
100 Hz bei Zweipulschaltungen
k: Verlustfaktor (Netztransformator)

Auswahl von Netztransformatoren

Kerntyp	Bemessungsleistung	Verlustfaktor k
M 42	4 W	0,63
M 55	15 W	0,56
M 65	33 W	0,51
M 75	55 W	0,48
M 85a	80 W	0,46

Auswahl von Brückengleichrichtern mit maximalem Glättungskondensator

Typ	U	I_{Lmax}	C_{Lmax}
B 40 C 800		0,8 A	2500 µF
B 40 C 1000		1,0 A	
B 40 C 1500/1000	40 V_{eff}	1,5 A	
B 40 C 3200/2200		3,2 A/2,2 A	5000 µF
B 40 C 5000/3300		5,0 A/3,3 A	10 000 µF

Siebschaltungen

- Sieb- oder Filterschaltungen sollen die Brummspannung möglichst stark verringern, ohne den Innenwiderstand deutlich zu erhöhen.
- Die LC-Siebung ist wegen des geringen Spulenwiderstandes R_{sp} sehr vorteilhaft, wird aber wegen Spulengröße und -gewicht weniger eingesetzt.

Siebkette aus *RC*-Gliedern

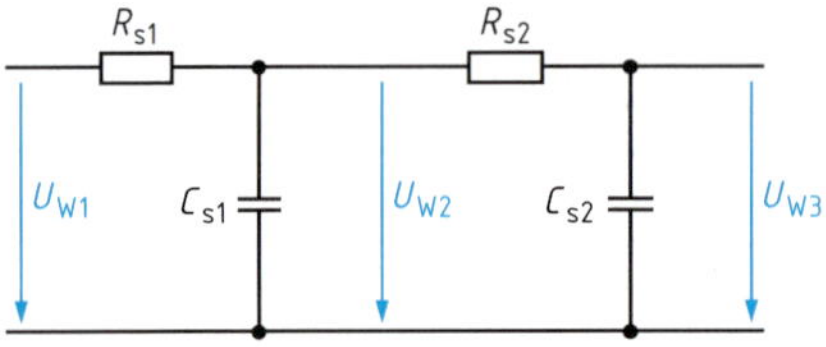

allgemein:

$$s = \frac{U_{W1}}{U_{W2}} = \frac{\sqrt{R_s^2 + X_c^2}}{X_C} = \sqrt{(2\pi \cdot f \cdot R_s \cdot C_s)^2 + 1}$$

$$s \approx 2\pi \cdot f \cdot R_s \cdot C_s$$

$$s_1 = \frac{U_{W1}}{U_{W2}} \qquad s_2 = \frac{U_{W2}}{U_{W3}} \qquad s_g = s_1 \cdot s_2$$

$$s_g = \frac{U_{W1}}{U_{W2}} \cdot \frac{U_{W2}}{U_{W3}}$$

s: Siebfaktor – auch Glättungsfaktor G –, Verhältnis von Brummspannungen U_W des Einganges zum Ausgang.
s_g: Gesamtsiebfaktor als Produkt der Einzelsiebfaktoren.
$s_g = s_1 \cdot s_2 \cdot \ldots s_n$
f: Frequenz der Brummspannung
50 Hz bei Einwegschaltungen
100 Hz bei Zweiwegschaltungen

Begrenzerschaltungen
Limiting Circuits

Störspannungsbegrenzer

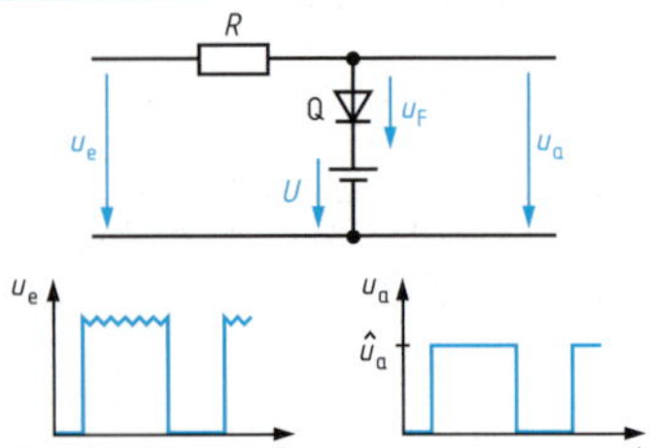

$\hat{u}_a = U + U_F$

Impulsformer

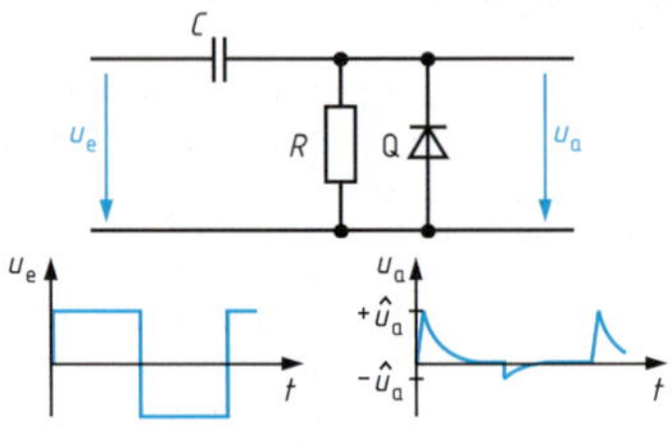

$+\hat{u}_a = U_e \qquad -\hat{u}_a = U_F$

Amplitudenbegrenzer

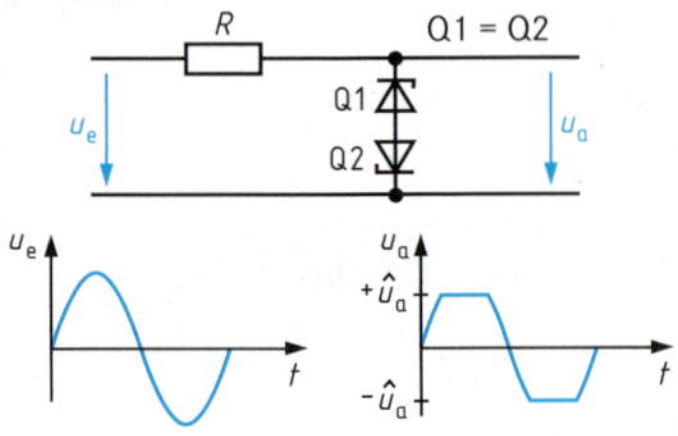

$\hat{u}_a = U_Z + U_F$

U_Z: Begrenzerspannungen der Z-Dioden $\qquad U_F$: Durchlassspannungen der Dioden

Schaltung	Bemerkungen	Schaltung	Bemerkungen
Ladekondensator 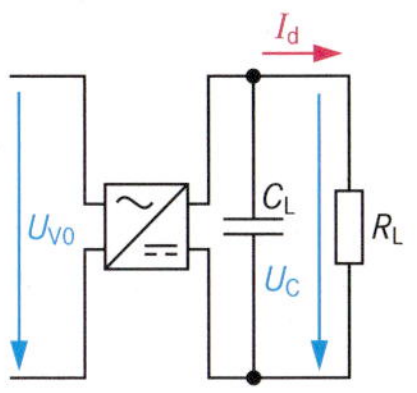	Spannungsglättung durch Ladekondensator C_L. Bei Belastung durch R_L entsteht als Wechselspannungsanteil die Brummspannung U_W. $C_L \approx \frac{k \cdot I_d}{p \cdot f \cdot U_W}$ $k = 0{,}25$ bei Einpuls- und $k = 0{,}2$ bei Zweipulsschaltungen.	**Glättungsdrossel** 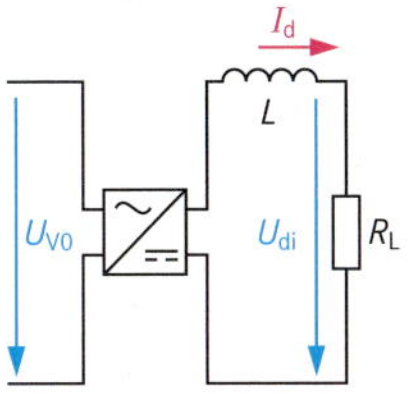	Stromglättung durch Glättungsdrossel L. Stromwelligkeit $w_I = \frac{I_w}{I_d}$ $L \geq \frac{\sqrt{Z^2 - R_L^2}}{p \cdot 2 \cdot \pi \cdot f}$ p: Pulszahl
RC-Siebglied 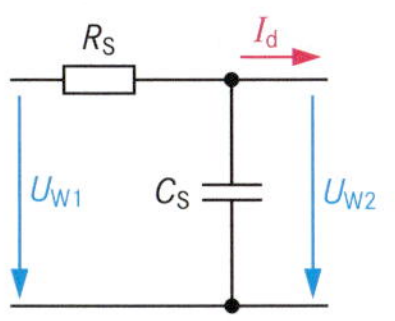	Frequenzabhängiger Spannungsteiler als Tiefpass. Siebfaktor $s = \frac{U_{W1}}{U_{W2}}$ $s \approx p \cdot 2 \cdot \pi \cdot f \cdot R_s \cdot C_s$ p: Pulszahl der Gleichrichterschaltung $s_G = s_1 \cdot s_2 \cdot ... \cdot s_n$	**LC-Siebglied** 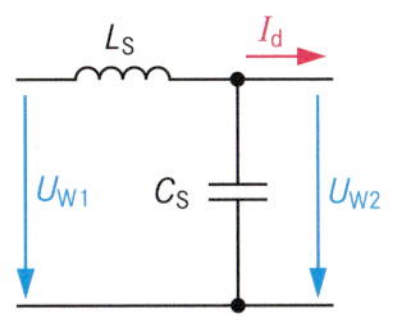	Tiefpass für höhere Lastströme. Siebfaktor $s = \frac{U_{W1}}{U_{W2}}$ $s \approx (p \cdot 2 \cdot \pi \cdot f)^2 \cdot L_s \cdot C_s$ p: Pulszahl der Gleichrichterschaltung $s_G = s_1 \cdot s_2 \cdot ... \cdot s_n$
RZ-Stabilisierung 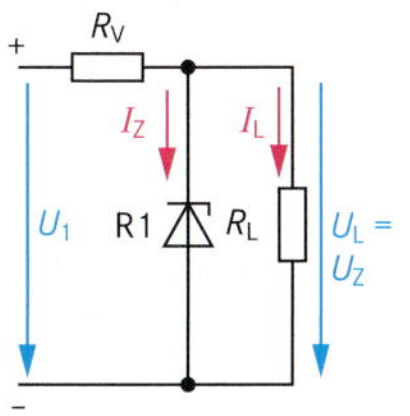	Der differenzielle Widerstand r_z von R1 wirkt bei Wechselspannungen glättend und bei Gleichspannungen stabilisierend. $G = \frac{\Delta U_1}{\Delta U_2} = 1 + \frac{R_v}{r_z}$ $R_{vmin} = \frac{U_{1max} - U_Z}{I_{Zmax} + I_{Lmin}}$ $R_{vmax} = \frac{U_{1min} - U_Z}{I_{Zmin} + I_{Lmax}}$ $I_{Zmin} \geq 0{,}1 \cdot I_{Zmax}$ $I_{Zmax} \leq \frac{P_{tot}}{U_Z}$	**RZ-Präzisions-Stabilisierung** 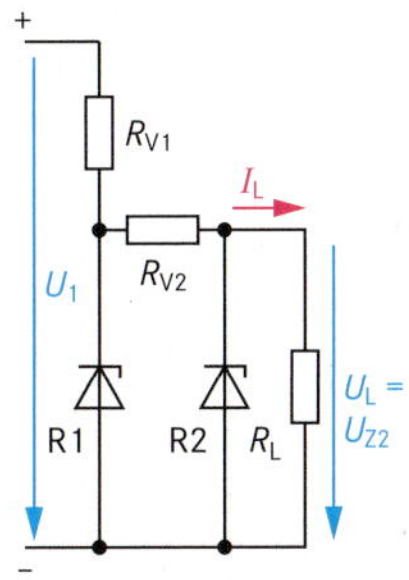	Glättungsfaktor G $G = G_1 \cdot G_2$ $G_1 \approx \frac{R_{v1}}{r_{z1}}$ $G_2 \approx \frac{R_{v2}}{r_{z2}}$
Konstantspannungsquelle mit Transistor 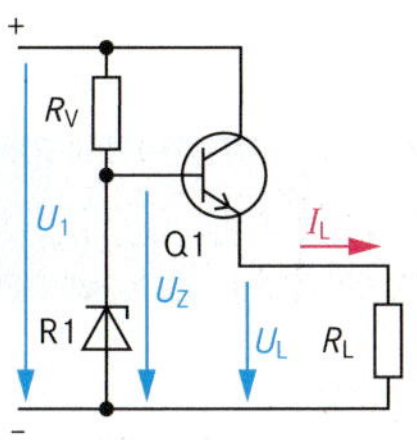	R1 bewirkt feste Basisspannung an Q1. $U_L = U_Z - U_{BE}$ $U_L = U_1 - U_{CE}$ $G \approx \frac{R_v}{r_z}$ $r_i = \frac{\Delta U_L}{\Delta I_L} \approx \frac{r_z}{\beta}$ β: Wechselstromverstärkung	**Integrierter Festspannungsregler** 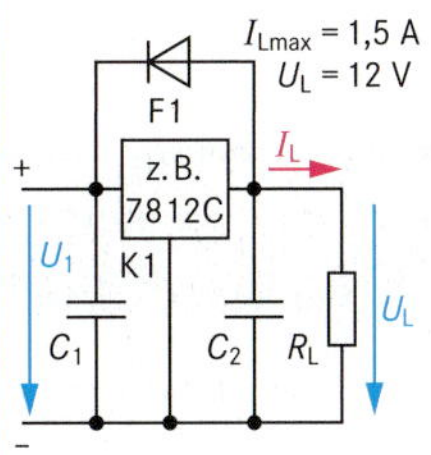	Festspannungsregler arbeiten als Konstantspannungsquelle mit Differenzverstärker. $U_1 \geq U_L + 2$ V $r_i \approx 20$ mΩ $G \approx 500 ... 5000$ Sehr verbreitet: Serie 78XX für pos., Serie 79XX für neg. Spannungen $C_1 = 470 ... 2200$ µF, $C_2 = 1 ... 10$ µF
Konstantstromquelle mit Transistor 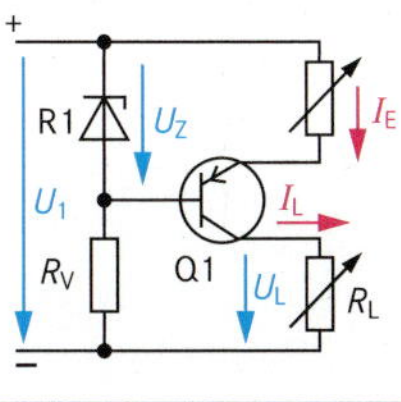	Da Q1 ein PNP-Transistor ist, liegt R_L an Masse. Die Stromeinstellung erfolgt mit dem Emitterwiderstand R_E. $I_E = \frac{U_Z - U_{EB}}{R_E} \approx I_L$ $r_i \approx 50 ... 500 \cdot r_{CE}$	**Konstantstromquelle mit Feldeffekttransistor** 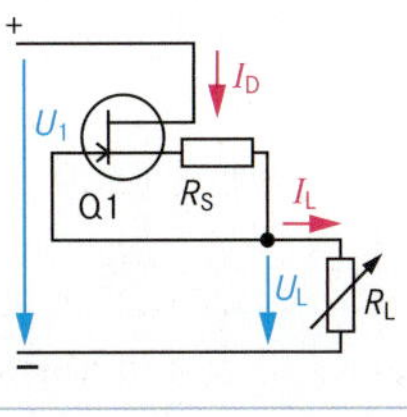	Steuerspannung $-U_{GS}$ wird am Source-Widerstand R_S abgenommen. Die I_D-U_{GS}-Kennlinie liefert für jeden Betrag von R_S den Konstantstrom I_L. $I_L = I_D = \frac{-U_{GS}}{R_s}$ $r_i = 20 ... 100 \cdot r_{DS}$

Umwandlungsarten der elektrischen Energie

Die Umwandlung elektrischer Energie ermöglicht einen Energiefluss zwischen Systemen mit unterschiedlicher Stromart.

Gleichrichten: Umwandeln von Wechselstrom in Gleichstrom. Energiefluss vom Wechsel- zum Gleichstromsystem.

Gleichstromumrichten: Umwandeln von Gleichstrom gegebener Spannung und Polarität in Gleichstrom anderer Spannung und/oder Polarität.

Wechselstromumrichten: Umwandeln von Wechselstrom gegebener Spannung, Frequenz und Phasenzahl in Wechselstrom anderer Spannung und/oder Frequenz und/oder Phasenzahl.

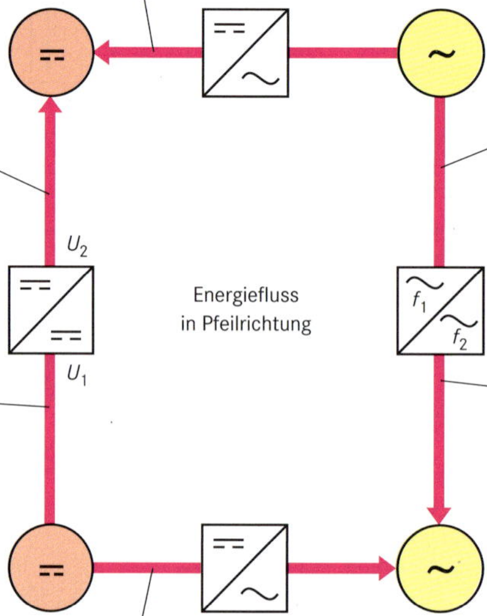

Gleichstromstellen: Gleichstromumrichten ohne Wechselspannungszwischenkreis.

Wechselstromstellen: Wechselstromumrichten mit Verstellung der Ausgangswechselspannung bei Vorgabe der Eingangswechselspannung. Die Grundschwingungen von Eingangs- und Ausgangsfrequenz sind gleich.

Wechselrichten: Umwandeln von Gleichstrom in Wechselstrom. Energiefluss vom Gleich- zum Wechselstromsystem.

Anwendungen

Schaltung	Gleichrichter	Wechselrichter	Gleichstromsteller
Netzgeführte Stromrichter ■ ungesteuert	Gleichspannung nur von Netzspannung und Last abhängig	–	–
■ gesteuert	Gleichspannung kann in der Größe verstellt werden	Nur bei eingeprägtem Gleichstrom möglich	–
Selbstgeführte Stromrichter	Gleichspannung/-strom in Größe und Polarität einstellbar	Gleichspannung/-strom in Größe und Polarität einstellbar	Je nach Anforderung sind nur Teile einer vollständigen Brückenschaltung erforderlich

Wechselstromsteller

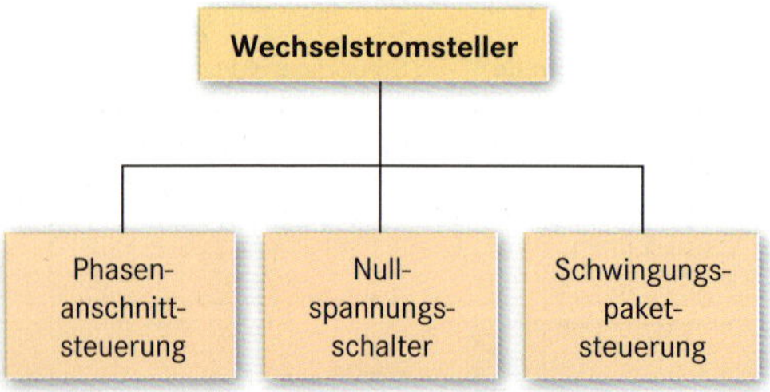

Wechselstromumrichter

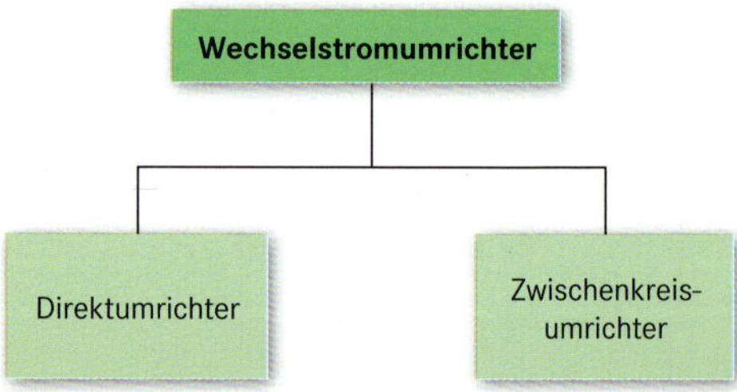

Ungesteuerte Stromrichter

- Leitfähigkeit der Dioden nur von Eingangsspannung und Laststrom abhängig.
- Es ist nur eine Leistungsrichtung möglich (Gleichrichter).

Bezeichnung	Schaltung	Spannungsverlauf	Eigenschaften
Einpuls-Mittelpunkt-Schaltung M1U	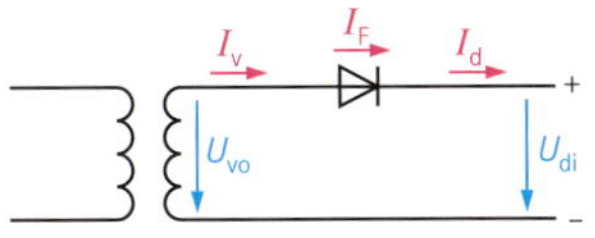	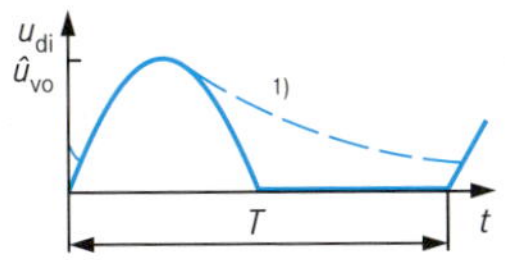	große Spannungswelligkeit $w_u = 1{,}21$ $U_{di}/U_{vo} = 0{,}45$
Zweipuls-Brücken-Schaltung B2U	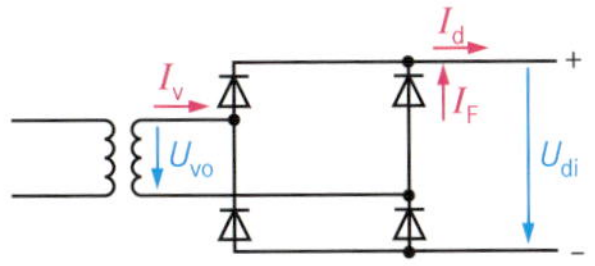	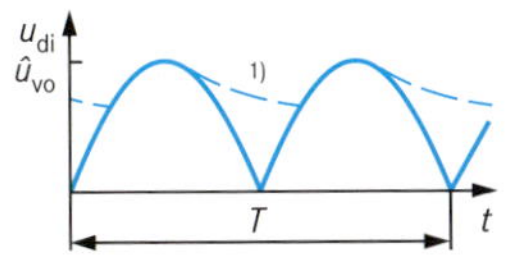	geringste Spannungswelligkeit bei zweiphasigem Anschluss $w_u = 0{,}48$ $U_{di}/U_{vo} = 0{,}9$
Sechspuls-Brücken-Schaltung B6U	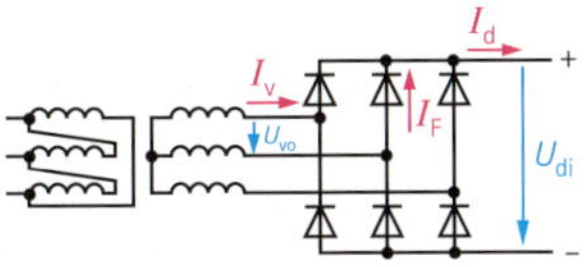	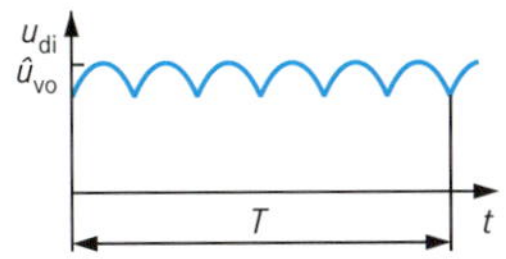	kleine Spannungswelligkeit $w_u = 0{,}04$ $U_{di}/U_{vo} = 1{,}35$

[1] Spannungsverlauf mit Glättungskondensator

Vollgesteuerte Stromrichter

- Alle Halbleiter können durch einen Zündimpuls in den leitenden Zustand gebracht werden.
- Strom kommutiert und verlischt bei Nulldurchgang.
- Nur eine Gleichstromrichtung möglich.
- Zwei Leistungsflussrichtungen möglich.

Zweipulsbrückenschaltung B2C

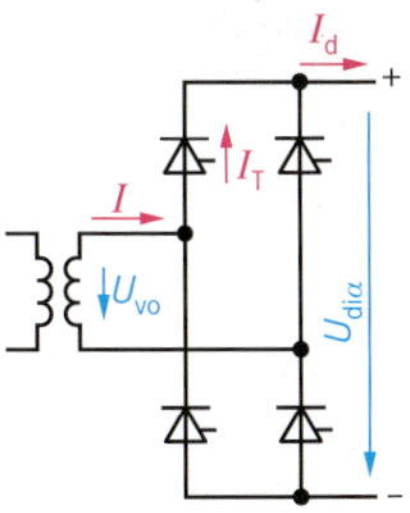

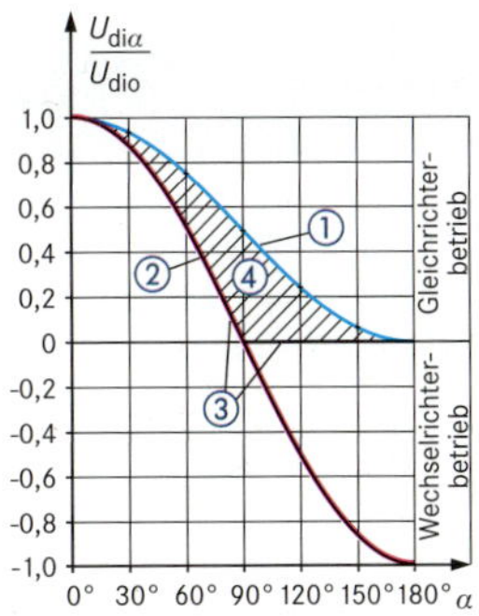

Sechspulsbrückenschaltung B6C

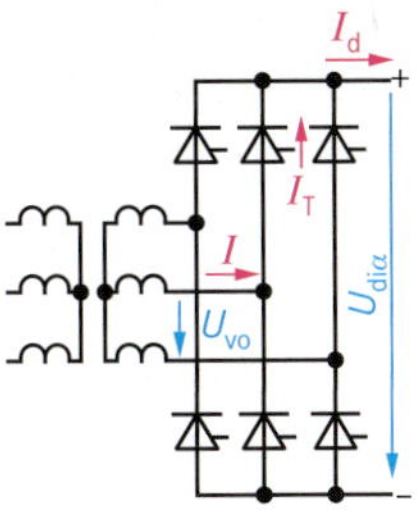

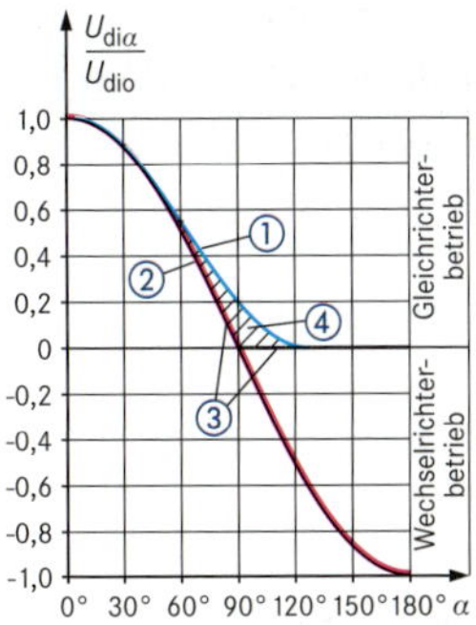

$\alpha = 60°$ Gleichrichter

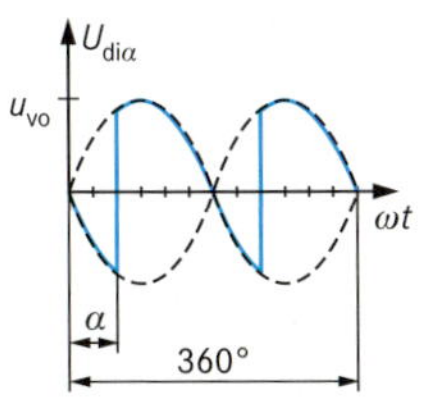

$\alpha = 120°$ Wechselrichter

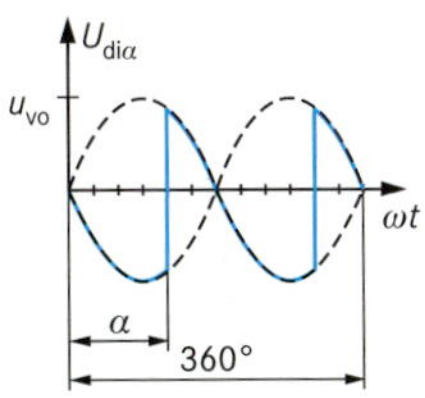

$\alpha = 60°$ Gleichrichter

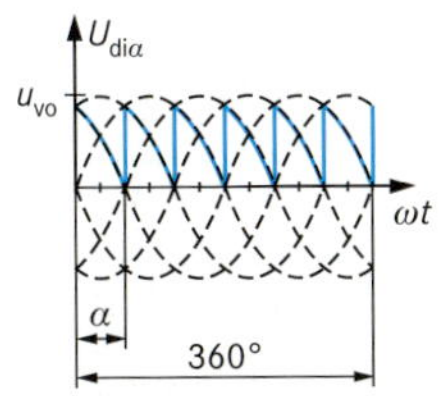

$\alpha = 120°$ Wechselrichter

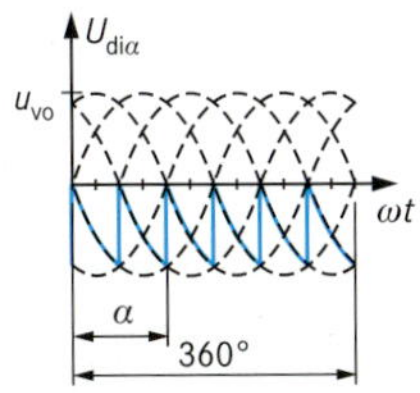

① Widerstandslast ② induktive Last ③ aktive Last bei nichtlückendem Strom ④ Stellbereich bei ohmsch-induktiver Last

Wechselrichter
Inverter

Schaltungsbeispiele	Ausgangsspannungen	Bemerkungen
Selbstgeführter Wechselrichter (einphasig) 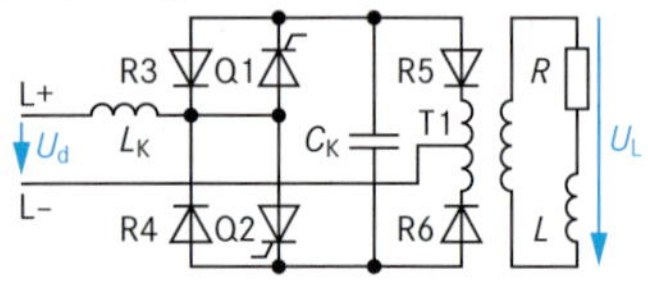	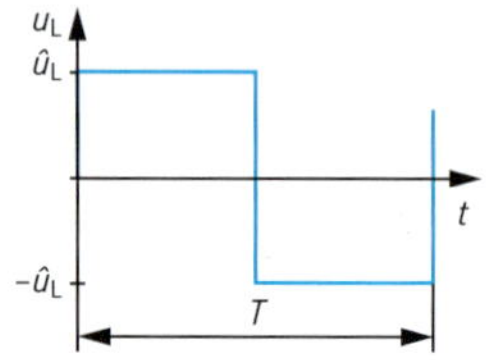	■ Wechselrichter in Mittelpunktschaltung versorgt durch Rücklaufdioden R3 und R4 beliebige Lasten mit nahezu rechteckförmiger Wechselspannung. ■ Einsatz z. B. als Notstromversorgung in Anlagen der Fernmeldetechnik.
Selbstgeführter Wechselrichter (dreiphasig) 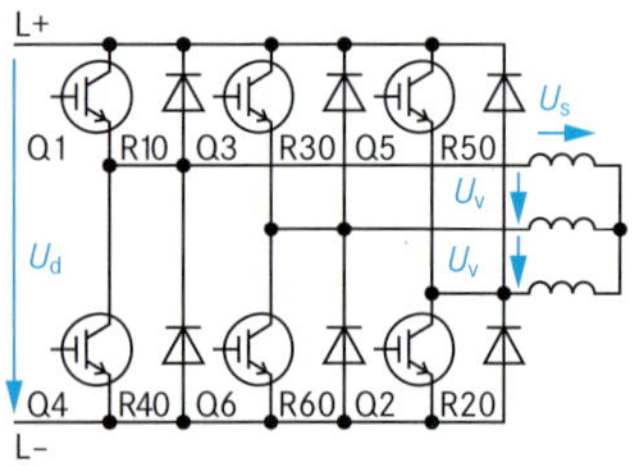	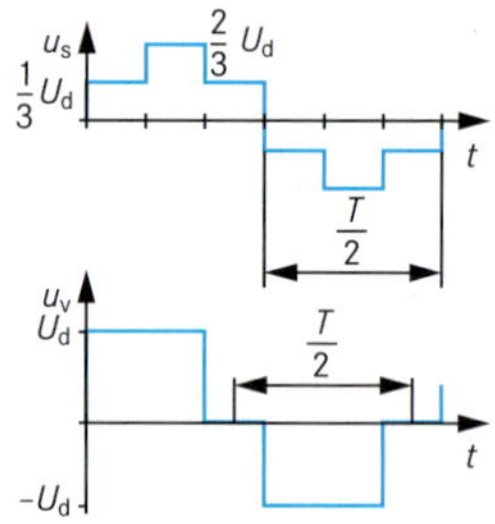	■ Anwendung bei drehzahlgeregelten Antrieben mit Drehstrommaschinen, oder USV Wechselrichtern. ■ Wechselrichter für Leistungen ab 10 kW mit IGBTs oder GTOs. ■ Spannungsdiagramme bei einem Stromflußwinkel der Ventile von $\Theta = 180°$.
Zwischenkreis-Umrichter (Pulsumrichter) 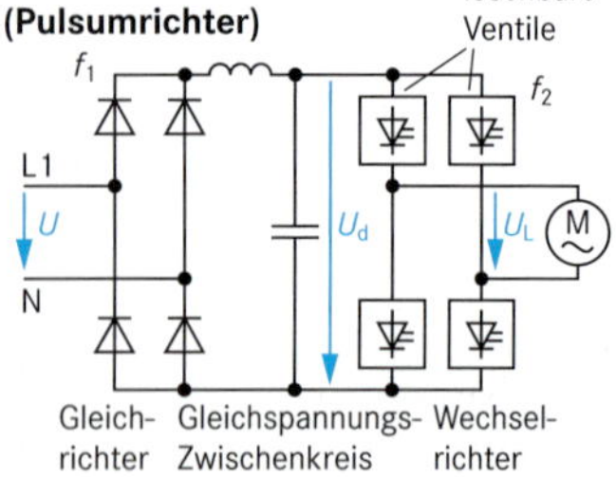	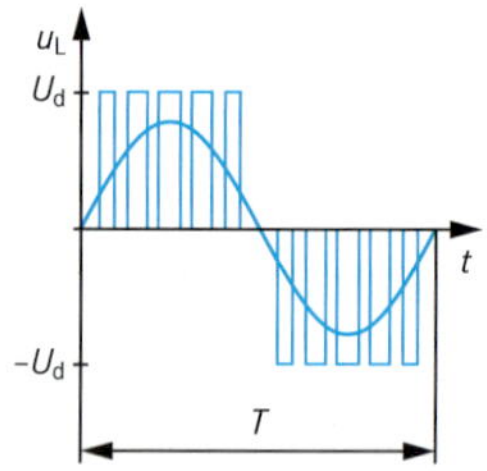	■ Durch spezielle Pulsbreitensteuerung kann die Wechselspannung stufenlos bezüglich Frequenz und Amplitude verstellt werden. ■ Die sinusförmige Grundschwingungsfrequenz liegt unterhalb der Pulsfrequenz (Unterschwingungsverfahren).

Spannungsvervielfacherschaltungen
Voltage Multiplier Circuits

Bezeichnung	Schaltung	Spannungsverlauf	Schaltungskennwerte			
			$\frac{U_{di}}{U}$	$\frac{\hat{u}_R}{U}$	$\frac{I_{FAV}}{I_d}$	$\frac{f_ü}{f}$
Einpuls-Verdoppler-Schaltung D1	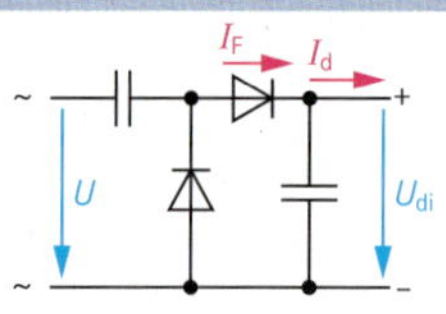	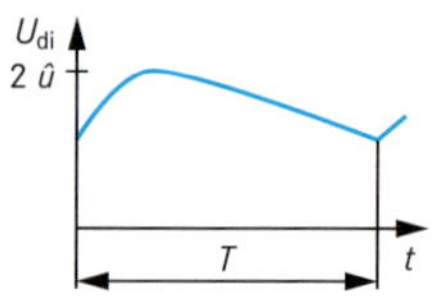	2,82	2,82	1,0	1
Zweipuls-Verdoppler-Schaltung D2	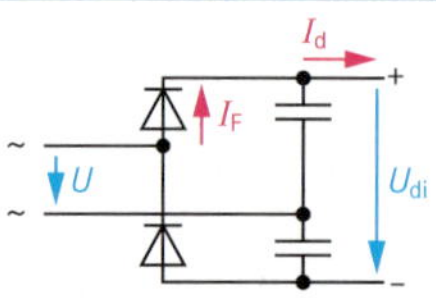	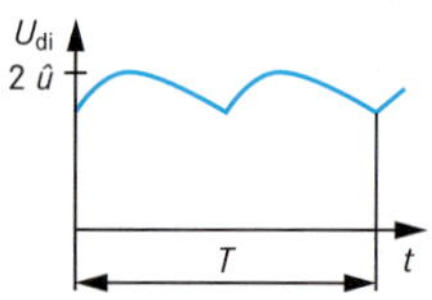	2,82	2,82	0,5	2
Einpuls-Vervielfacher-Schaltung V1	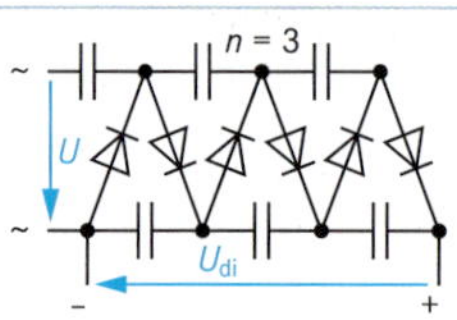	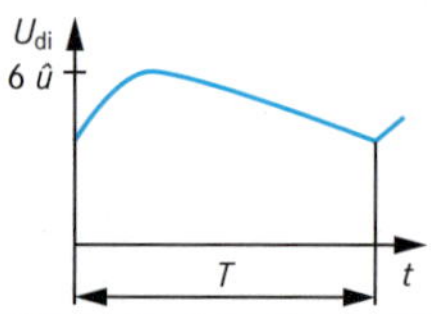	$n \cdot 2 \cdot \sqrt{2}$ Bsp.: für $n = 3$ 8,48	2,82	n Bsp.: für 2. Stufe 2	1

	Phasenanschnittsteuerung	Nullspannungsschalter	Schwingungspaketsteuerung
Beschreibung	Netzspannung wird erst bei Erreichen des Steuerwinkels α zugeschaltet. Dadurch wird der Spannungseffektivwert zwischen 0 und 100 % eingestellt.	Unabhängig vom Zeitpunkt des Steuersignals erfolgt die Einschaltung beim nächsten Spannungsnulldurchgang über der Schaltstrecke.	Einschaltung des Schalters erfolgt so, dass immer eine komplette Spannungsschwingung die Last versorgt.
Anwendung	▪ Einsatz im Dimmer ▪ Stellglied für Anker-/Erregerkreis von Gleichstrommotoren ▪ Zwischenkreiseinspeisung bei Frequenzumformern ▪ Hochspannungs-Gleichstrom-übertragung	▪ elektronisches Lastrelais ▪ beliebige Lasten ▪ Vermeidung von Ausgleichsvorgängen	▪ Heizungs-/Temperaturregelung z. B. bei Schmelz-, Trockenöfen, Elektroheizungen, Lötkolben usw.
Schaltverhalten	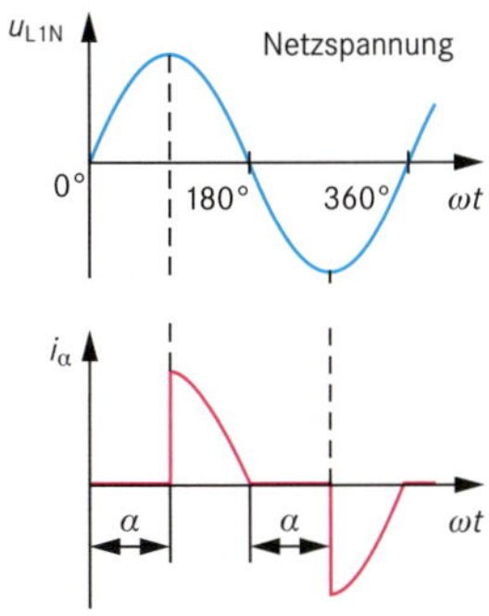 Laststrom bei α = 90°	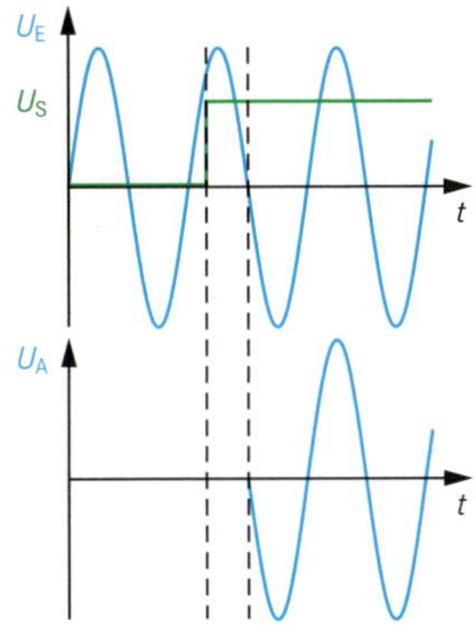	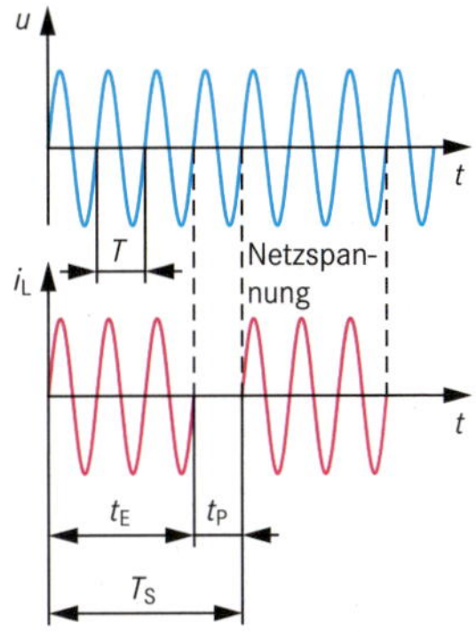
Eigenschaften	▪ Verursacht Stromoberschwingungen und Steuerblindleistung. ▪ Große Verbraucher nur mit Sondergenehmigung des VNB zu betreiben. ▪ nach TAB 2007 max. 1,7 kW Glühlampenleistung pro Außenleiter; bei induktivem Vorschaltgerät bzw. Motoren max. 3,4 kVA	▪ Prellfreies Schalten möglich ▪ Ausschaltung nach natürlichem Stromnulldurchgang ▪ geringe Funkstörung und Netzrückwirkungen ▪ hohe Schaltgeschwindigkeit ▪ geräuscharmes Schalten	▪ keine Stromoberschwingungen, keine Steuerblindleistung ▪ verursacht Flicker (optisch wahrnehmbare Beleuchtungsstärkeschwankung) durch schnelle Änderung der Netzspannung ▪ max. Anschlussleistung beschränkt; abhängig von Schalthäufigkeit und Netzform
Beispiel	W1C-Schaltung mit Triac als Dimmer 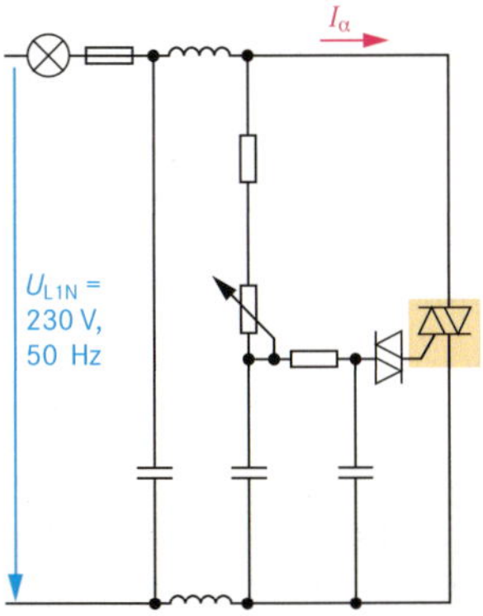	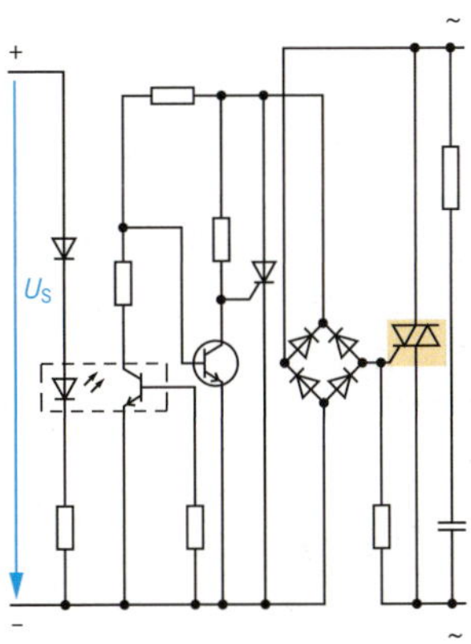	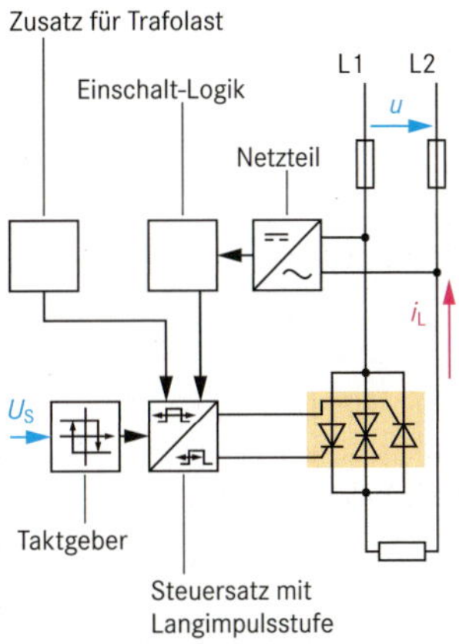

Überspannungsschutz

Überspannungen entstehen u. a. durch:

- Trägerstaueffekt (TSE) der Ventile
- Schalthandlungen an kapazitiven oder induktiven Lasten
- atmosphärische Einflüsse

Schaltungsbeispiele	Eigenschaften	Anwendungen
Kombinierter Schutz 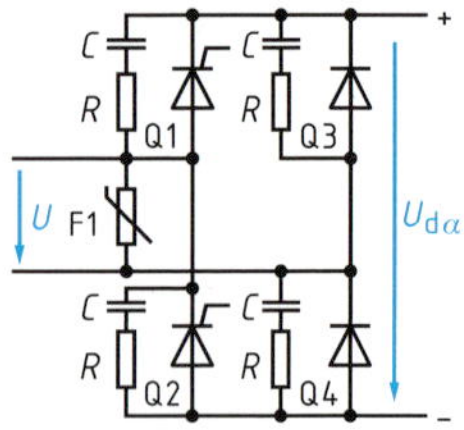	■ Schutz gegen TSE-Überspannungen durch *RC*-Einzelbeschaltung der Ventile. ■ Überspannungsbegrenzung der Eingangsspannung durch Varistor.	■ Schutz kleinerer Stromrichter und elektronischer Lastrelais vor Schaltüberspannungen. ■ Varistoren sind als TSE-Beschaltung nur für Thyristoren mit Rückstromspitzen < 20 A geeignet.

TSE-Beschaltung	*R*	*C*
125–249 V, 40–60 Hz	47– 68 Ω/ 6 W	0,22 μF, 600 V~
250–379 V, 40–60 Hz	68–100 Ω/ 6 W	0,1 μF, 600 V~
380–500 V, 40–60 Hz	100–150 Ω/10 W	0,1 μF, 600 V~

Überstromschutz

Schaltungsbeispiel	Kennlinien	Eigenschaften	Anwendungen
Strangsicherungen 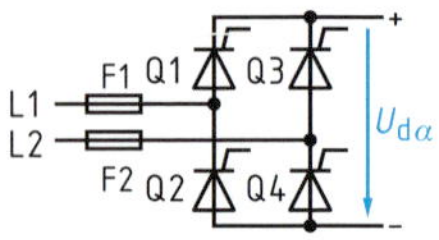	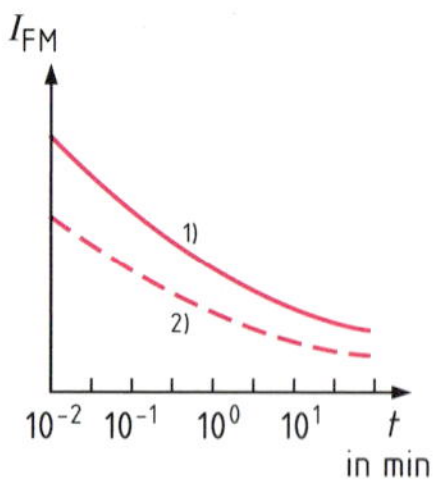	■ niedrige Ausrüstungskosten ■ zulässiger Ventilüberstrom kann nicht voll genutzt werden	■ Leistungsbereich bis etwa 20 kW
Zellensicherungen 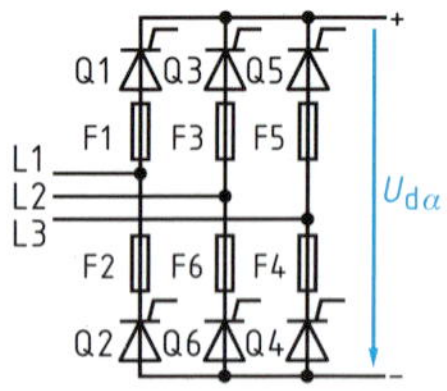		■ höhere Ausrüstungskosten gegenüber Strangsicherungen ■ bessere Ausnutzung	■ bei Gegenspannungsbetrieb ■ bei mehreren parallel geschalteten Ventilen pro Zweig

1) Grenzstromlinie des Ventils 2) Schmelzkennlinie der Sicherung

Kühlung

Wärmeableitung	Beispiele
Die Ableitung der Verlustwärme von Halbleiterventilen beeinflusst Belastbarkeit und Bauvolumen der Stromrichteranlagen.	

Beispiel: Ventil mit Druckgusskörper

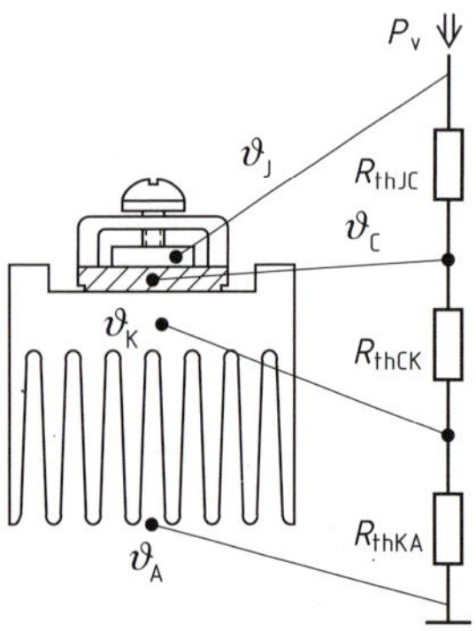

Stationärer Zustand:

$$R_{th} \neq f(t);\ [R_{th}] = \frac{K}{W}$$

$$P_v = \frac{\vartheta_J - \vartheta_A}{R_{thJA}}$$

$$R_{th} = R_{thJC} + R_{thCK} + R_{thKA}$$

Ersatzschaltbild für den Wärmewiderstand R_{th}

$R_{thK} = 60\ \frac{K}{W}$

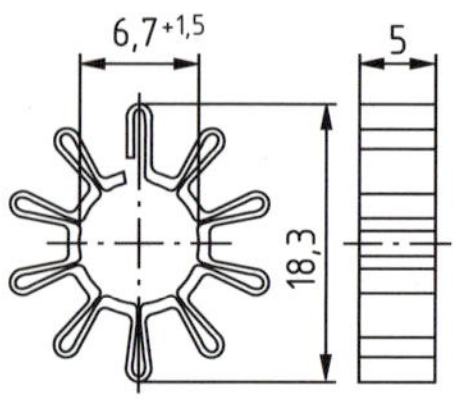

Federkühlkörper aus Federbronze, geschwärzt

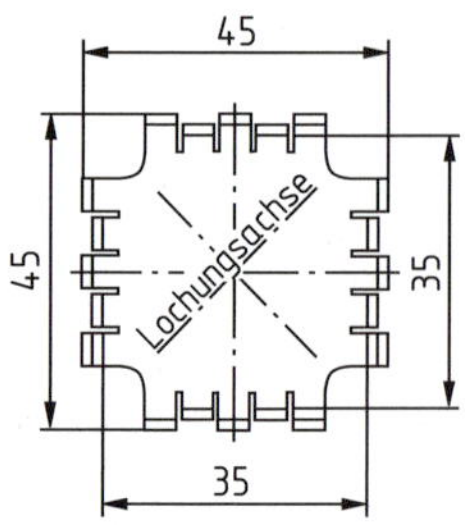

Fingerkühlkörper aus Aluminium $R_{thK} = 6\ \frac{K}{W}$

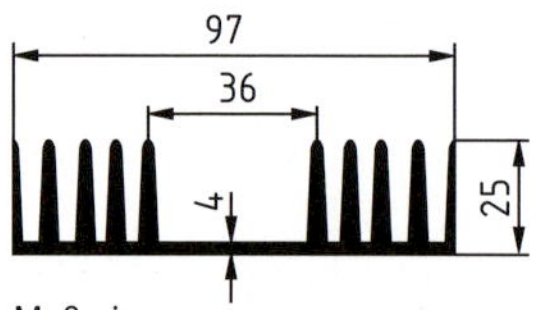

Rippenkühlkörper aus Aluminium-Druckguss als Stangenmaterial

Maße in mm

Prinzip einer Solarzelle

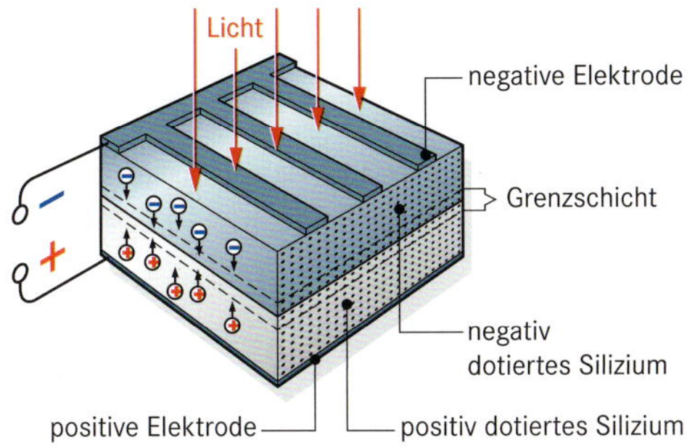

Spannungserzeugung
1. Lichtstrahlen dringen in Grenzschicht
2. Ladungstrennung erfolgt in der Grenzschicht

Kennwerte:
- Leerlaufspannung von ca. 550 mV je Solarzelle
- Kurzschlussstromstärke ca. 60 mA je Solarzelle
- Größe des Solarstroms je nach Einstrahlungsenergie
- Wirkungsgrad (bei direktem Sonnenlicht) ca. 11 bis 15 %

Netzunabhängige Energieversorgung mit Solarmodulen

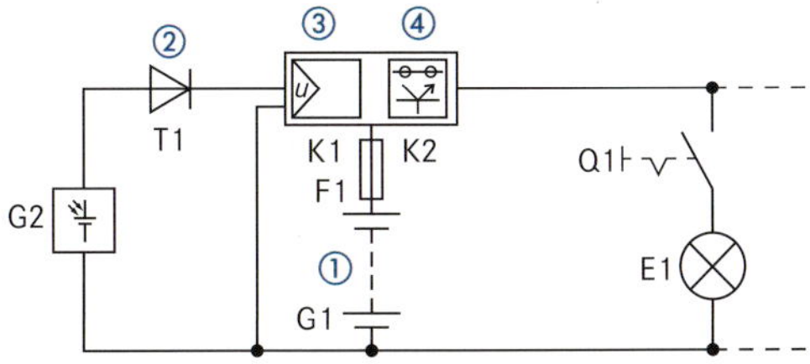

Akkumulator (Batterie) ①:
- Energiespeicherung für Dunkelphasen

Sperrdiode ②:
- Batterieentladung über Solarzelle wird während der Dunkelphase verhindert (Entladeschutz).

Spannungsregler ③:
- Spannungsbegrenzung, wenn Maximalspannung an der Batterie erreicht ist.

Regler zum Tiefentladeschutz ④:
- Zeitbegrenzte Ladespannung über die Batteriegasungsspannung hinaus.
  ↓
- Automatische Zurückschaltung, bis niedrigere Erhaltungsladespannung erreicht wird.
  ↓
- Erreichen der niedrigeren Spannung durch Entladen (Tiefentladung).
  ↓
- Erneute Ladung bis zur maximalen Ladespannung.

Anwendungen

- Direkter Betrieb von Ventilatoren und Bewässerungspumpen durch Solarmodule.
- Betrieb von 12 V-Netzen in Wohnmobilen und Segeljachten über Akkumulatoren.

Kennlinien von Solarzellen

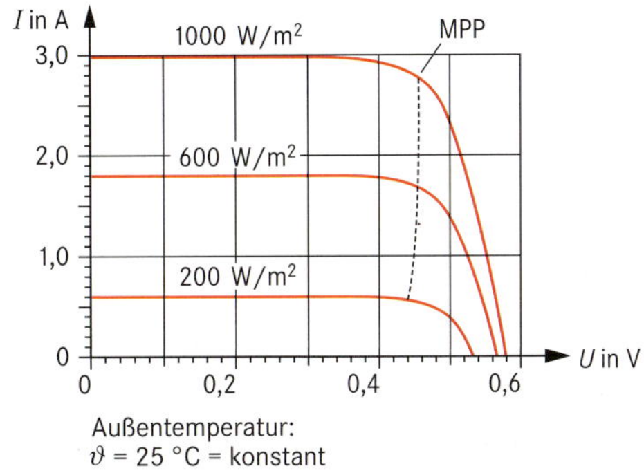

MPP: **M**aximum **P**ower **P**oint
Arbeitspunkt bei maximaler Leistungsabgabe

Kombinierte Energieversorgung mit Anschluss an VNB

Schaltungen:
- **in Reihe**, um eine höhere Spannung zu erreichen, z. B. U_0 = 80 Zellen x 0,55 V/Zelle = 44 V und/oder
- **parallel**, um eine höhere Stromstärke zu erreichen, z. B. I_k = 80 Zellen x 0,06 A/Zelle = 4,8 A.

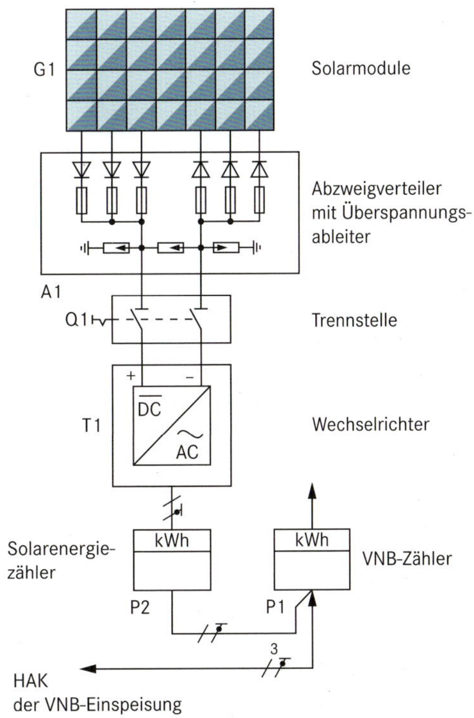

Errichten

- Fotovoltaikanlagen sind Eigenerzeugungsanlagen.
- Planer, Errichter, Anschlussnehmer und Betreiber müssen die Ausführung des Anschlusses und den Betrieb mit dem VNB abstimmen (TAB 2007).

Anwendungen:

- Verbesserung der Spannungsqualität für ausgewählte Verbraucher (z. B. Computer, sicherheitsrelevante Anlagen)
- Versorgung der Verbraucher auch bei Spannungsausfall für eine definierte, maximale Zeit

Beispiel: VFI SS 111
Stufe: 1 2 3

Stufe	Bedeutung
1	Abhängigkeit der Ausgangsspannung von der Eingangsspannung
2	Kurvenform der Ausgangsspannung
3	Ausgangsverhalten bei Lastsprüngen

Stufe 1

Bezeichnung	Eigenschaften	Beispiel	Beherrschbare Störungen
VFD (voltage and frequency dependent)	Alle Eingangsgrößen sind gleich den Ausgangsgrößen	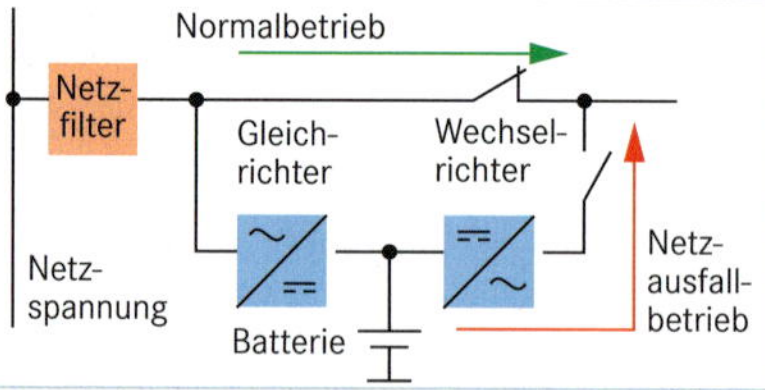	1. Netzausfall 2. Spannungsschwankung 3. Spannungsspitzen
VI (voltage independent)	Ausgangsspannung synchron zur Eingangsspannung (Kurvenform und Frequenz)	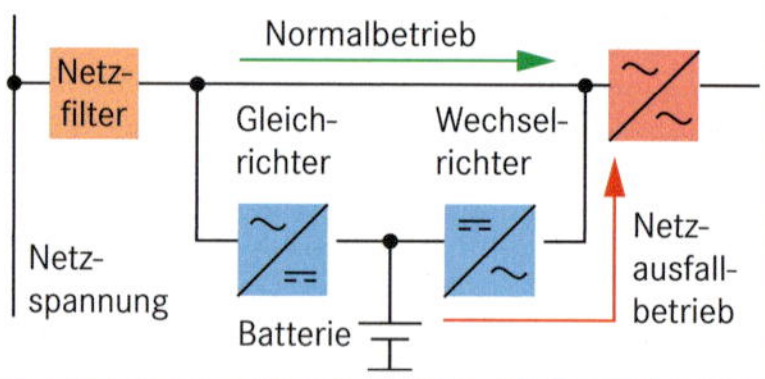	4. Unterspannungen 5. Überspannungen[1]
VFI (voltage and frequency independent)	Ausgangsspannung/-frequenz sind unabhängig von Schwankungen der Spannung/Frequenz am Eingang	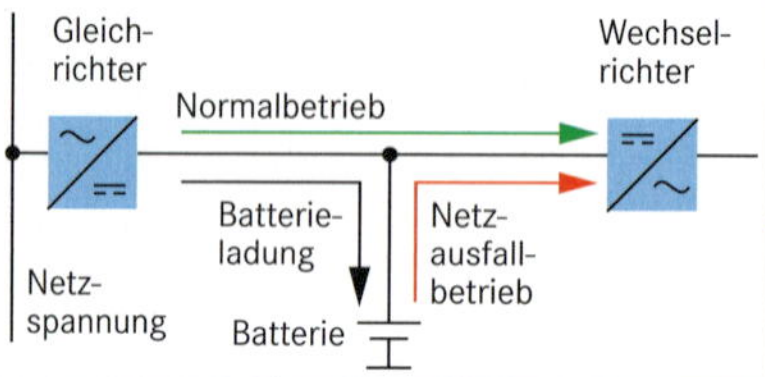	6. Blitzeinwirkungen[1] Spannungsgröße 7. Frequenzschwankungen 8. Spannungsverzerrung (Burst) 9. Spannungs-oberschwingung

[1] zusätzlicher Überspannungsschutz erforderlich

Stufe 2

1. Kennbuchstabe: Netzbetrieb 2. Kennbuchstabe: Batteriebetrieb	
S	Sinusform mit Verzerrung D < 8 % bei Referenzlast
X	bei linearer Last Güte nach Form „S“, sonst D > 8 % zulässig
Y	Form der Ausgangsspannung weicht von Vorgaben ab.

D: Verzerrung als Maß für Abweichung von der Sinusform.

Stufe 3

1. Ziffer: Netz-/Batterie-/Bypassbetrieb 2. Ziffer: Lastsprung (lineare Last) 3. Ziffer: Lastsprung (nichtlineare Last)	
1	sehr gute Eigenschaften, Ausgangsspannungsabweichung max. +/– 30 %; nach 0,1 s max. +/– 10 %
2	nach 1 ms max.+100 %; nach 10 ms max. +20 %/ –100 %; nach 0,1 s max. +/–10 %
3	nach 1 ms max.+100 %; nach 10 ms max. +20 %/ –100 %; nach 0,1 s max. +/–10 %/– 20 %
4	Genaue Eigenschaften sind beim Hersteller zu erfragen.

Auswahlkriterien für USV-Anlagen

- Maximal benötigte Leistung (mögliche zukünftige Lasterhöhung berücksichtigen)
- Überlastfähigkeit/-dauer (Motoranläufe, Auslöseenergie für Sicherungen/Sicherungsautomaten, ...)
- Klassifizierung
- Netzwerkanbindung für automatischen Shutdown angeschlossener Computer bei Ende der Autonomiezeit
- Rückwirkungen auf das speisende Netz (Stromoberschwingungen)
- Redundanz mehrerer Systeme
- Autonomiezeit (Batteriekapazität)
- Ein-/Ausgangsspannung (1- oder 3-phasig)
- 19"-Einbauvariante/Standgerät
- Umgebungstemperatur (Lebensdauer der Batterien)

Brennstoffzellen

Niedertemperaturzellen – Betriebstemperatur bis 200 °C

- **AFC** (**A**lkaline **F**uel **C**ell) – alkalische Brennstoffzelle
- **PAFC** (**P**hosphoric **A**cid **F**uel **C**ell) – phosphorsaure Brennstoffzelle
- **PEMFC** (**P**roton **E**xchange **M**embrane **F**uel **C**ell) – polymerelektrolyte-Membran-Brennstoffzelle
- **DMFC** (**D**irect **M**ethanol **F**uel **C**ell) – Methanol-Brennstoffzelle
  Bauweise als **SFC** (**S**mart **F**uel **C**ell)

Hochtemperaturzellen – Betriebstemperatur von 650 °C bis 1000 °C

- **MCFC** (**M**olton **C**arbonate **F**uel **C**ell) – Schmelzkarbonat-Brennstoffzelle
- **SOFC** (**S**olid **O**xide **F**uel **C**ell) – festoxidkeramische Brennstoffzelle

Hinweis:
Die verwendeten Elektrolyte ergeben sich aus den jeweiligen Bezeichnungen.

SFC-Brennstoffzelle

Funktion

- Direkte Energieumwandlung beim Zusammentreffen von Sauerstoff der Luft mit Methanol, wobei positiv geladene Wasserstoffionen zur Katode wandern.
  ↓
  Ladungstrennung, d. h. Aufbau einer elektrischen Spannung.
- Flüssiges Methanol in Tankpatrone ist der Energiespeicher ①.
- Elektrolyt in der Brennstoffzelle
  - trennt Anode und Katode ② und
  - ermöglicht elektrochemische Reaktion von Sauerstoff und Wasserstoff

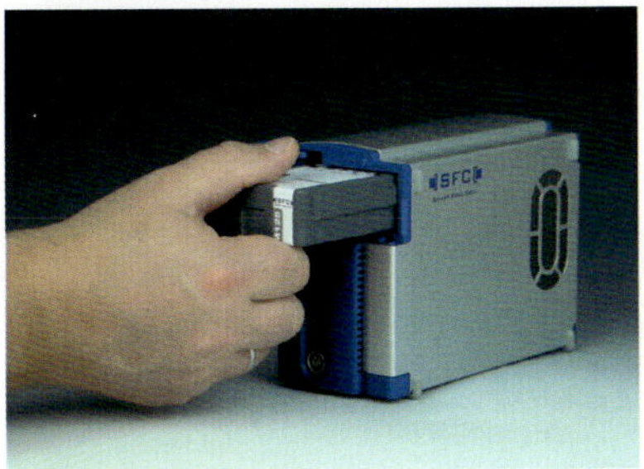

③

Prinzip

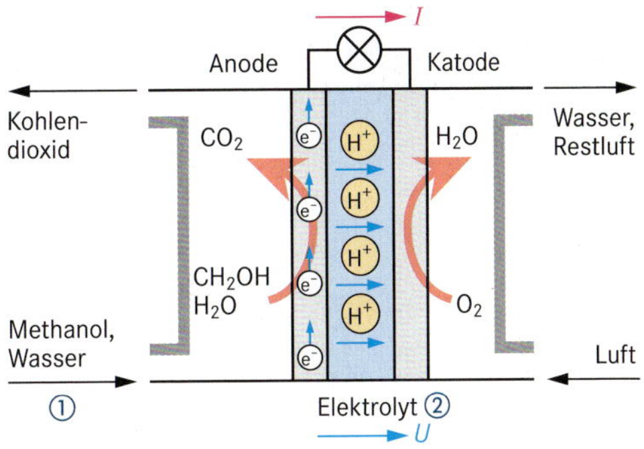

Beispiel:
P_{max} = 80 W; P_n = 25 W; U = 12 V
$t_{Betrieb}$ = 100 h bei 25 W
V_{Tank} = 2,5 l ; m = 10 kg

Anwendungen:
- Spannungsquelle ③ für mobile Geräte wie z. B. Laptops, Mobiltelefone und elektronische Geräte
- keine Ersatzakkus und Ladegeräte erforderlich

Systemvergleich verschiedener Spannungsquellen

Kenngrößen \ Art	AFC	PAFC	PEMFC	DMFC	MCFC	SOFC
Elektrolyt	Kalilauge	Phosphorsäure	Polymermembran	Kalilauge	Calziumcarbonat	Zirkonoxid
Brennstoff	Wasserstoff	Wasserstoff/ Erdgas	Wasserstoff/ Methanol	Methanol	Erdgas/ Kohlegas	Erdgas/ Kohlegas
Zellenspannung (Leerlaufspannung) in V	1,16	1,14	1,17	1,21	1,03	0,91
Betriebstemperatur in °C	90 bis 100	150 bis 200	50 bis 100	50 bis 100	600 bis 700	650 bis 1000
Wirkungsgrad in %	60	40	55	25	45	40
Systemleistung in kW	10 bis 100	50 bis 1000	<1 bis 250	<1,5	<1 bis 1000	<1 bis 3000
Anwendungsbereich	Transport	Kraftwerke	Fahrzeuge	Mobile Stromversorgung	Blockheizkraftwerk	Kraftwerk

Batteriearten

- **Industrie-Batterien:**
  Blei- und Nickel-Cadmium-Batterien
- **Starter-Batterien:**
  Bleiakkumulatoren in Kraftfahrzeugen, Schiffen
- **Geräte-Batterien:**
  Rund- und Knopfzellen als aufladbare Akkumulatoren und nichtaufladbare Primärbatterien

Zink-Kohle-Element

U_n in V	IEC-Bez.	C_n in mAh	Maße (max.) in mm d	h	l	b
1,5	R 6	1200	14,5	50,5	–	–
4,5	3 R 12	2700	–	67	62	22
1,5	R 14	3200	26,2	50	–	–
1,5	R 20	8000	34,2	61,5	–	–
9	6 F 22	400	–	48,5	26,5	17,5
6	4 R 22X	8500	–	115	67	67

Alkali-Mangan-Rundzellen und -Batterien

U_n in V	IEC-Bez.	C_n in mAh	Maße (max.) in mm d	h	l	b
1,5	LR 1	800	12	30,2	–	–
4,5	3 LR 12	6300	–	67	62	22
1,5	LR 41	30	79	3,6	Fotogeräte Uhren elektronische Geräte Fernbedienungen	
1,5	LR 55	25	11,6	2,1		
1,5	LR 54	50	11,6	3,1		
1,5	LR 43	80	11,6	4,2		
1,5	LR 44	115	11,6	5,4		
1,5	LR 9	185	16	6,2		

Umweltverträglich, keine spezielle Entsorgung.

Zink-Luft-Knopfzellen und -Batterien

U_n in V	IEC-Bez.	C_n in mAh	Maße in mm d	h	Verwendung
1,4	PR 70	70	5,8	3,6	Hörgeräte Personenrufgeräte
1,4	PR 48	240	7,9	5,4	
1,4	PR 44	570	11,6	5,4	
1,4	AR 40	75	67	172	universal
7	5 AR 40	90	181	180	Weidezaun

In spezieller Ausführung geeignet für Normal- und Spitzenlast- (Push Pull) Betrieb, d. h. mit konstantem Strom I_1 und zusätzlichem Pulsstrom I_2. Schadstoffe: 0 % Hg und 0 % Cd

Begriff	Erklärung
Ruhespannung, Leerlaufspannung	Klemmenspannung des unbelasteten Elements
Arbeitsspannung, Bemessungsspannung	Klemmenspannung bei Belastung
Entladeendspannung	minimal zulässige Betriebsspannung (halbe Bemessungsspannung)
Innenwiderstand	innerer Widerstand der Zelle

Kennbuchstaben nach IEC

Kurzzeichen	Bedeutung
A	Zink-Luft-Element – saurer Elektrolyt –
M, N	Quecksilberoxid-Element
L	Alkali-Mangan-Element
P	Zink-Luft-Element – KOH-Elektrolyt –
S	Silberoxid-Element

Beispiel: Entladekurve des Elements R 14

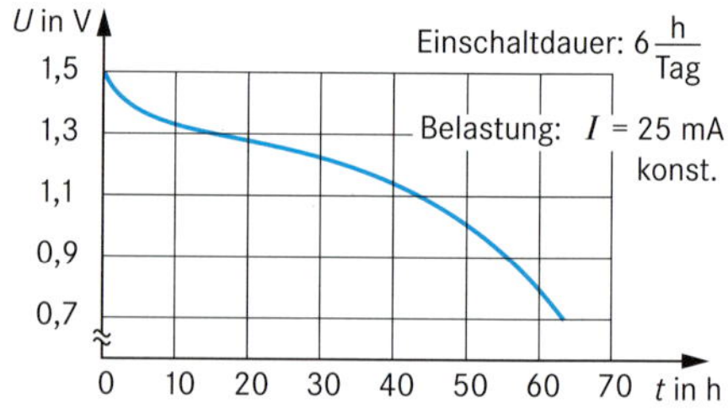

Silberoxid-Knopfzellen und -Batterien

U_n in V	IEC-Bez.	C_n in mAh	Maße in mm d	h	Verwendung
1,55	SR 62	9	5,8	1,7	Fotogeräte Uhren Taschenrechner
1,55	SR 64	16	5,8	2,7	
1,55	SR 43	115	11,6	4,2	
1,55	SR 44	170	11,6	5,4	
6,2	4 SR 44	145	13	25,2	
1,55	–	3400	26	50	Einsatz: $\vartheta \leq 165$ °C

Nicht umweltverträglich, spezielle Entsorgung.

Systemeigenschaften von Lithium-Zellen

Typ	Rundzelle	Knopfzelle
System	$Li\text{-}MnO_2$	$Li\text{-}MnO_2$
Energiedichte	400 bis 800 Wh/dm³	360 bis 660 Wh/dm³
U_o/U_n	3,2 V/3 V	3,2 V/3 V
C_n in mAh	400 bis 2000	25 bis 500

Begriff	Erklärung
Lecksicherheit	Schutz gegen Elektrolytaustritt, der durch konstruktive Maßnahmen erreicht wird
Entladeschlussspannung	Klemmenspannung, bei der das Element als entladen gilt
Selbstentladung	innerer Vorgang, der bei Lagerung die Betriebsdauer vermindert
Dauerentladung	ununterbrochene Stromentnahme

Merkmale

- Akkumulatoren (Sammler)
  - sind Speicher für elektrische Energie und
  - werden auch als **sekundäre Elemente** bezeichnet.
- Das Wirkprinzip basiert auf chemischen Reaktionen zwischen zwei Elektroden aus unterschiedlichen Materialien in Verbindung mit einem Elektrolyten.
- Beim **Aufladen** eines Akkus wird die von außen zugeführte elektrische Energie in chemische Energie umgewandelt und gespeichert.
- Beim **Entladen** wird die gespeicherte chemische Energie wieder in elektrische Energie umgewandelt und steht an den Elektroden (Polen) als Gleichspannung/-stromstärke zur Verfügung
- Als Elektrodenmaterialen kommen unterschiedliche Materialkombinationen zum Einsatz, z. B. Blei (Minuselektrode) und Bleioxid (Pluselektrode) beim Bleiakku.
- Daraus ergeben sich unterschiedliche **Leistungsmerkmale** der Akkumulatoren, wie z. B.:
  - Höhe der Zellen-Bemessungsspannung
  - Spezifische Energie (Wattstunden pro kg: Wh/kg)
  - Bemessungskapazität (Ladungsmenge in Ah)
  - Lade- und Entladestromstärke (-zeiten)
  - Lagerfähigkeit (Selbstentladung)
  - Wirkungsgrad
- Die Lebensdauer von Akkumulatoren ist abhängig von der Einhaltung der vom Hersteller vorgegebenen Behandlungsanweisungen (u. a. Ladetechnik).

Materialien und Anwendung

Bezeichnungen		Anwendungsbeispiele
Pb	Blei	Starterbatterien
NiCd[1]	Nickel Cadmium	Elektrowerkzeuge
NiH_2	Nickel Wasserstoff	Satelliten/Raumsonden
NiMH	Nickel Metallhydrid	elektronische Geräte
NiFe	Nickel Eisen	dezentrale Stromversorgung
Li-Ion	Lithium Ionen	Mobiltelefone
LiFe	Lithium Eisen	Modellbau/Elektrowerkzeuge
LiPo	Lithium Polymer	Modellbau

Bezeichnungen		Anwendungsbeispiele
LiMn	Lithium Mangan	Elektrowerkzeuge
$LiFePO_4$	Lithium Eisen Phosphat	Fahrzeuge
LiS	Lithium Schwefel	Solarflugzeuge
RAM	Rechargeable Alkaline Manganese	begrenzt wiederaufladbare Alkali-Mangan Zelle
$Na/NiCl_2$	Natrium Nickel Chlorid	Fahrzeuge, Waffensysteme

Lade-/Entladecharakteristik

Beispiel: Lithium Ionen Akkumulator

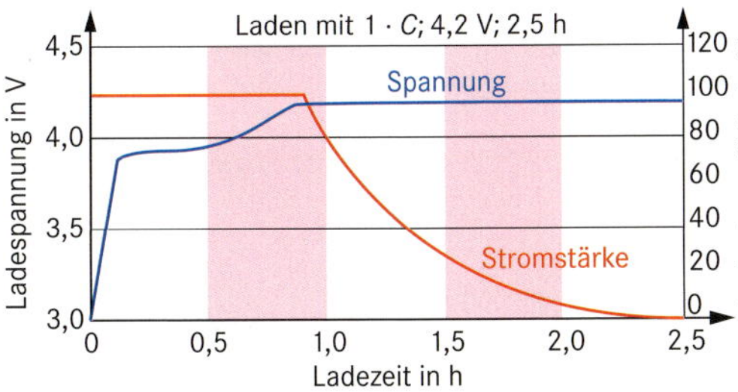

Ladeprinzip: **CCCV** (**C**onstant **C**urrent **C**onstant **V**oltage: konstanter Strom konstante Spannung)

C (Capacity): Kenngröße für die Bemessungskapazität des Akkumulators in Amperestunden (Ah)

Entladekurven: 0,2 · *C* bis 3,0 V bei verschiedenen Temperaturbedingungen

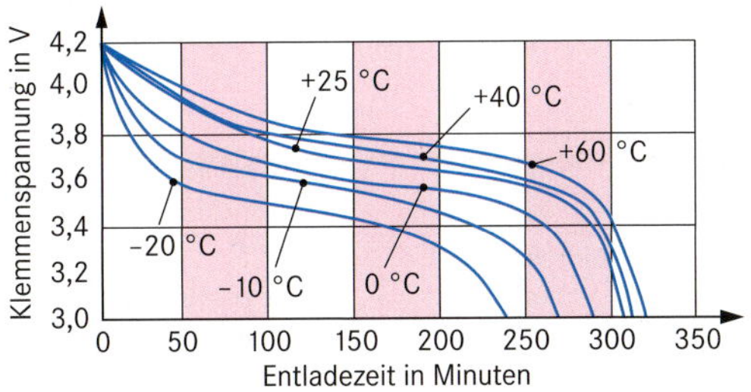

Die Entladedauer ist festgelegt auf 5 h. Kürzere Entladungszeiten ergeben, bedingt durch innere Verluste, eine geringere Kapazitätsentnahme.

Entladestromstärke: $I_n = \frac{C}{5\text{ h}} = 0{,}2\,\frac{C}{\text{h}}$ *C* in Ah

Kenndaten

Technologie / Parameter	NiCd[1]	Pb	NiMH	Li-Ion	LiPo	$LiFePO_4$
Zellen-Spannung in V	1,25	2,0	1,25	3,6	3,6	2,0
Ladestromstärke (optimal) in % der Kapazität	100	20	50	100	100	100
Spezifische Energie in Wh/kg[2]	45 ... 80	30 ... 50	60 ... 120	110 ... 160	100 ... 130	110
Betriebstemperatur Entladung in °C[2]	-40 ... +60	-20 ... +60	-20 ... +60	-20 ... +60	0 ... +60	-20 ... +60
Entladeschlussspannung in V	0	1,7	0,8	2,5	2,5	2
Selbstentladung pro Monat in %[2]	20	<10	30	10	10	3
Anzahl der Lade-/Entladezyklen[2]	800	300	500	1000	800	>1000
Schnellladezeit in Stunden[2]	1	8 ... 16	2 ... 4	2 ... 4	2 ... 4	2
Lagerzustand (empfohlen)	entladen	geladen	geladen	geladen	geladen	geladen

[1] Eingeschränkter Einsatz nach Batteriegesetz (BattG/Juni 2009) [2] Maßgebend sind die Herstellerangaben

Stationäre Bleibatterien
Stationary Lead-Acid Batteries

Anwendung

- Stationäre Bleibatterien werden u. a. eingebaut in
  - **USV**-Anlagen (**U**nterbrechungsfreie **S**trom**v**ersorgungs-Anlagen) oder
  - **BSV**-Anlagen (**B**atteriegestützte zentrale **S**trom**v**ersorgungssysteme).
- Die Bezeichnung von Bleibatterien erfolgt in der Regel nach der
  - Art der eingesetzten Gitteplatten und
  - der Anwendung.
- **Zu beachten**: Spezifische Transport- und Lagervorschriften, Anweisungen der Hersteller.

Arten (Beispiele)

Benennung	**OPZ** **O**rtsfeste **P**an**z**erplatten Batterie	**OGiV** **O**rtsfeste **Gi**tterplatten Batterie **V**erschlossen	**GroE** **Gro**ß**o**berflächen-**E**lektrode Batterie
Aufbau	Geschlossen	Verschlossen	Geschlossen
Positive Elektrode	Röhrchenplatte (Panzerplatte) (Blei-Zinn-Kalzium-Legierung)	Gitterplatte (Blei-Zinn-Kalzium-Legierung)	Massive Platte aus Reinblei
Negative Elektrode	Gitterplatte (Antimonarme Legierung mit Bleipaste)	Gitterplatte (Blei-Antimon-Legierung)	Gitterplatte (Blei-Kalzium-Legierung)
Elektrolyt	Schwefelsäure in flüssiger Form (Dichte: 1,24 kg/l)	- **SLA** (**S**ealed **L**ead **A**cid): Gelform, flüssige Schwefelsäure in Verbindung mit Kieselsäure - **AGM** (**A**bsorbent **G**lass **M**att): Flüssiger Elektrolyt in Glas-Vlies gebunden	Schwefelsäure in flüssiger Form (Dichte: 1,24 kg/l)
Eigenschaften	- Robuste Bauform - Großer Elektrolytvorrat - Hohe Zyklenfestigkeit (1500 Zyklen bei 80 % Entladetiefe) - Gute Hochstromeigenschaften	- Wartungsfrei - Kurze Wiederaufladezeit - Sehr gutes Zyklusverhalten (1600 Zyklen bei 60 % Entladetiefe - Temperaturbereich − 40 °C bis + 55 °C - Geringe Selbstentladungsrate	- Robuste Bauform - Hohe Betriebssicherheit - Großer Elektrolytvorrat - Extreme Hochstromeigenschaften (Beispiel: Kapazität bei 10-stündiger Entladung C_{10} = 2860 Ah)
Brauchbarkeitsdauer (Service Life)[1] in Jahren	10 bis 15	12	15 bis 18
Design-Lebensdauer (Design Life)[2] unter Laborbedingungen in Jahren	12 bis 18 (20 °C Umgebungstemperatur)	5 (40 °C Umgebungstemperatur) 20 (20 °C Umgebungstemperatur)	> 20
Einsatzbereiche	USV- und BSV-Anlagen Telekommunikationstechnik Sicherheitsbeleuchtung Regenerative Energien Solaranwendungen	USV- und BSV-Anlagen Antriebstechnik Telekommunikationstechnik Regenerative Energien	USV- und BSV-Anlagen EVU und Bahn Schaltanlagen Kraftwerke Schaltstationen
Beispiele:	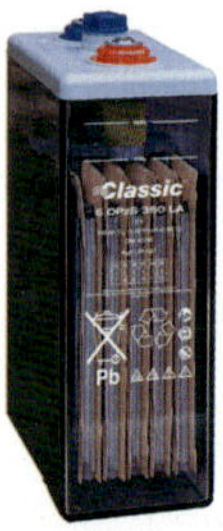		
Leistungsgewicht in kg pro kWh	35	30	100
Leistungsvolumen in Liter pro kWh	16	15	30

1) Ersatz für die Begriffe der Gebrauchsdauer, Gebrauchsdauererwartung, Praxisgebrauchsdauer
2) Ersatz für den Begriff zu erwartende Lebensdauer (nach ZVEI Merkblatt Nr. 23)

Merkmale

- Ladekennlinie für Akkumulatoren beschreiben den Verlauf von **Ladespannung** und **Ladestromstärke** in Abhängigkeit von der **Ladezeit**.
- Aufgrund der verschiedenen Akkumulatortechnologien (z.B. Blei- oder Lithiumakkumulator) gibt es unterschiedliche Ladekennlinien.
- In der Regel sind von den Batterieherstellern die Ladekennlinien vorgegeben.
- Anforderungen an Ladegeräte siehe z. B. DIN 41773 und DIN 41774 (Blei-Säure-Akkumulator).

Kurzzeichen für Ladekennlinien

Grund-Ladekennlinien werden mit den nachfolgend genannten Kennbuchstaben bezeichnet.

Buchstabe	Bedeutung
I	Konstantstromkennlinie
U	Konstantspannungskennlinie
W	Widerstandskennlinie
0 (null)	Selbsttätige Kennlinienumschaltung
a	Selbsttätige Abschaltung

Ladewirkungsgrad

- Der Ladewirkungsgrad ist das Verhältnis von **entnehmbarer** Ladungsmenge Q_{ela} zu **zugeführter** Ladungsmenge Q_{lad} (übliche Werte: 0,6 bis 0,8).
- Die Differenz von entnehmbarer zu zugeführter Ladungsmenge wird im Akkumulator in Wärme umgesetzt, trägt zu dessen Temperaturerhöhung bei und reduziert somit seine Brauchbarkeitsdauer.

$$\eta = \frac{Q_{ela}}{Q_{lad}}$$

Q_{ela} in Ah; Q_{lad} in Ah

Ladefaktor

- Der Ladefaktor kennzeichnet das Verhältnis von **eingeladener** Ladungsmenge Q_{lad} beim Laden zu **entnehmbarer** Ladungsmenge Q_{ela} beim Entladen.

$$LF = \frac{Q_{lad}}{Q_{ela}}$$

Beispiel:
Akkumulator mit 500 Ah wird auf 60 % entladen.

Entnommene Ladungsmenge	500 Ah · 0,4 = 200 Ah
Ladefaktor *LF*	1,2
Ladungsmenge	200 Ah · 1,2 = 240 Ah

- Typische Ladefaktoren:

Blei-Säure Akkumulator	1,05 bis 1,2
Nickel-Cadmium Akkumulator	1,3
Lithium-Ionen Akkumulator	1,001

Kennlinien (Beispiele)

- W-Kennlinie

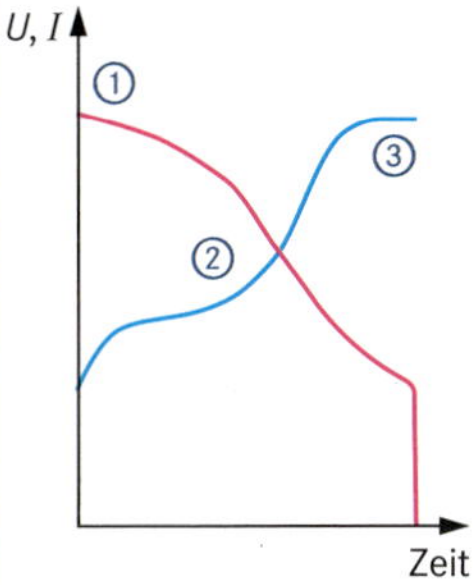

① Ladebeginn mit max. zulässiger Ladestromstärke
② Während der Ladung steigt die Zellenspannung an und die Ladestromstärke fällt ab.
③ Nach Erreichen der Zellenendspannung wird der Ladestrom von Hand (W-Kennlinie) oder automatisch (Wa-Kennlinie) abgeschaltet.

Anwendung: Geschlossene Blei-Säure Akkumulatoren

- I-Kennlinie

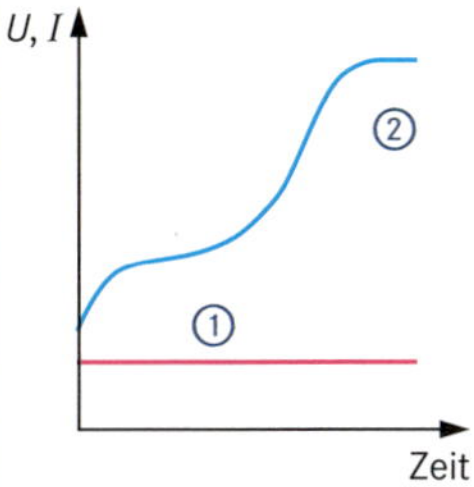

① Die Stromstärke wird während der gesamten Ladezeit konstant gehalten (I-Kennlinie).
② Nach Ende der Ladezeit erfolgt die Abschaltung per Hand oder automatisch (Ia-Kennlinie).

Anwendung: Inbetriebsetzungsladung

- IU-Kennlinie

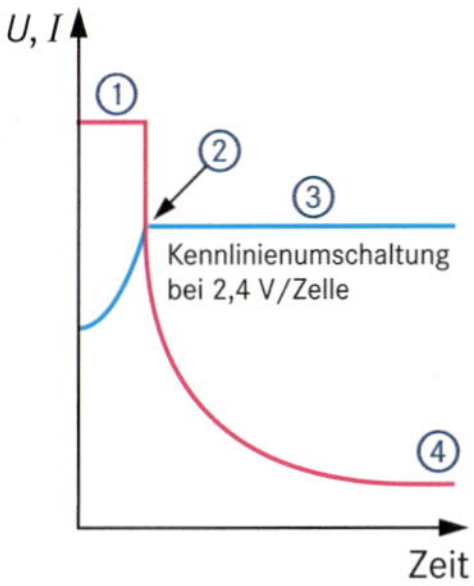

① Ladebeginn mit konstanter Stromstärke bis zum Erreichen der Gasungsspannung ②.
③ Umschaltung auf konstante Ladespannung.
④ Die Ladestromstärke sinkt bis auf einen Beharrungswert ab.

Anwendung: Schnelle Teilladung und Parallelladung von mehreren Akkumulatoren möglich.

- IUIa-Kennlinie

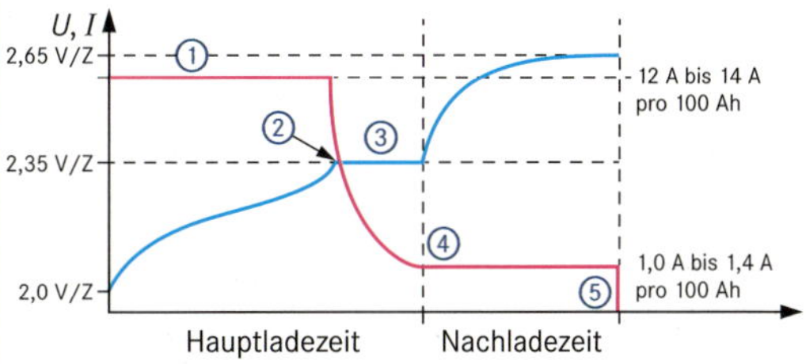

① Die Anfangsladung erfolgt mit konstanter Stromstärke bis zum Erreichen der Gasungsspannung.
② Automatische Umschaltung auf konstante Ladespannung ③, bis die Ladestromstärke auf einen festgelegten Wert abfällt.
④ Umschaltung auf konstante Ladestromstärke, die bis zur Volladung beibehalten wird.
⑤ Automatische Abschaltung nach Volladung.

Anwendung: Einzelladung von Fahrzeug-Antriebsakkumulatoren (geschlossene und verschlossene Akkumulatoren).

Merkmale

- Stationäre Batterien und Batterieanlagen dienen zur **Energiespeicherung** und werden eingesetzt in
  - Telekommunikationsanlagen,
  - Kraftwerksanlagen,
  - Sicherheitsbeleuchtungen und Alarmsystemen,
  - unterbrechungsfreien Stromversorgungen,
  - ortsfesten Dieselstartanlagen,
  - photovoltaischen Anlagen.
- Die verwendeten Batterien können wieder aufgeladen werden und werden deshalb als Batterien mit **sekundären Zellen** bezeichnet.
- Die Zellen werden nach Bauart unterschieden in
  - **geschlossene Zelle** (mit Gehäusedeckel und Öffnung im Deckel zur Gasentweichung),
  - **verschlossene Zelle** (vollständig verschlossen, mit Überdruckventil zur Gasentweichung bei zu hohem Innendruck; Elektrolyt kann nicht nachgefüllt werden),
  - **gasdichte Zelle** (verschlossene Zelle, die im Betrieb weder Gas noch Elektrolyt freisetzt; überdimensionierte negative Elektrode; keine H_2 Entwicklung; kein Nachfüllen des Elektrolyten möglich; Zelle wird während der gesamten Lebensdauer im verschlossenen Zustand betrieben).
- Bei Batterien oder Batterieanlagen entstehen **Gefahren** durch
  - elektrischen Strom,
  - austretende Gase und
  - Elektrolytenflüssigkeiten.
- Zur **Vermeidung dieser Gefahren** sind Batterieanlagen mit entsprechenden Schutzmaßnahmen auszurüsten.

Schutzmaßnahmen

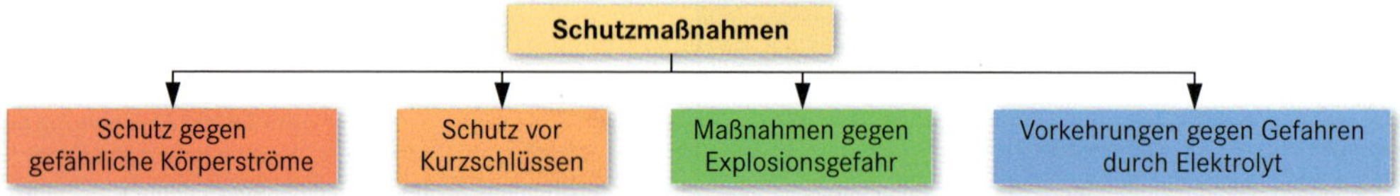

Direktes Berühren

- Schutz gegen **direktes Berühren aktiver Teile** ist durch folgende **Schutzmaßnahmen** realisierbar:
  - Isolierung aktiver Teile
  - Abdecken oder Umhüllen aktiver Teile
  - Einbau von Hindernissen
  - Einhalten von Schutzabstand
- Schutz durch Abdeckung oder Umhüllung muss nach Schutzart IEC 60529 P2X ausgeführt sein.
- Schutz durch **Hindernisse** oder durch **Abstand** ist z. B. bei Batterien mit DC 60 V bis 120 V zwischen den Polen bzw. gegen Erde die Unterbringung in **elektrischen Betriebsstätten**, bei höheren Spannungen die Unterbringung in **abgeschlossenen, elektrischen Betriebsstätten**.
- Batterien mit **Bemessungsspannungen bis zu DC 60 V** erfordern keinen Schutz gegen direktes Berühren, sofern die gesamte Anlage den Bedingungen für **SELV** (**S**afety **E**xtra **L**ow **V**oltage) und **PELV** (**P**rotective **E**xtra **L**ow **V**oltage) entspricht.

Indirektes Berühren

- **Schutz bei indirektem Berühren** (IEC 60364-4-41) kann wie folgt realisiert werden:
  - Automatische Abschaltung
  - Verwenden von Geräten der Schutzklasse II oder gleichwertiger Isolierung
  - Nichtleitende Räume (in besonderen Anwendungsgebieten)
  - Örtlicher, erdfreier Potenzialausgleich
  - Schutztrennung
- **Dauernd zulässige Berührungsspannung** ist festgelegt auf DC 120V (Grenzwert, IEC 60449).
- **Batteriegestelle oder -schränke** aus Metall müssen an den Schutzleiter angeschlossen oder gegen die Batterie und den Aufstellungsort isoliert sein.
- **Kriechstrecken** und **Sicherheitsabstände** sind nach IEC 60664, **Hochspannungsprüfung** mit AC 4000 V, 50 HZ, 1 Minute auszuführen.

Explosionsgefahr

- Während der Ladung, Erhaltungsladung und bei Überladung treten Gase aus allen Zellen aus.
- **Explosive Mischung** entsteht, wenn die Wasserstoffkonzentration mehr als 4 % Wasserstoff in der Luft übersteigt.
- **Batterieräume** und **Schränke** sind durch natürliche oder technische **Lüftung** unter dem oben genannten Grenzwert zu halten.

Elektrolyt

- **Bleibatterien:** Wässrige Lösung aus **Schwefelsäure.**
- **NiCd-Batterien:** Wässrige Lösung aus **Kaliumhydroxid.**
- Gefahr: **Starke Verätzungen** auf der Haut und in den Augen
- Schutz: Schutzbrille (Schutzschild), Schutzhandschuhe, Schürze zum Schutz der Haut.
- **Ausgetretener Elektrolyt** ist umgehend mit saugfähigen Materialien (neutralisierend) aufzunehmen.

Kurzschluss

- **Kurzschluss:** Gespeicherte Energie wird freigesetzt und kann zum Schmelzen von Metallen, zu Funkenbildung, zu Explosionen oder zum Verdampfen des Elektrolyten führen.
- Der **Isolationswiderstand** zwischen dem Batteriekreis und anderen leitfähigen örtlichen Teilen muss größer als 100 Ohm/V der Batteriespannung sein (Leckstrom < 10mA).

Wartungsarbeiten

- Bei **Arbeiten in der Anlage** darf nur isoliertes Werkzeug verwendet werden.
- Für **ungefährliche Wartungsarbeiten** sind Batterieanlagen wie folgt auszurüsten:
  - **Abdeckungen** für die Batteriepole
  - **Mindestabstand** von 1,5 m zwischen berührbaren, aktiven Leitern der Batterien, die ein Potenzial von mehr als DC 1 500 V führen
  - **Vorrichtung zur Auftrennung** von Zellengruppen

Installationen

Trockene Räume	Feuchte und nasse Bereiche, im Freien	Feuergefährdete Betriebsstätten	Explosionsgefährdete Betriebsstätten
Ab q = 1,5 mm² auch in nichtmetallenem Rohr auf und unter Putz	Nicht zulässig in Räumen mit Badewanne oder Dusche außerhalb der Bereiche 0, 1 und 2	In Kunststoffrohren auf und unter Putz	Nur in Schalt- und Verteileranlagen
– Über, auf, im und unter Putz – Im Mauerwerk		– Im Freien bei geschützter Verlegung – In Kabelkanälen	Unter Berücksichtigung der chemischen und thermischen Bedingungen
wie vorher: In Innenräumen, in Beton Im Erdreich gelten andere Belastungswerte			

Kenngrößen

Leitung	Maße[1]			max. Belastung		maximale Leitungslänge in m bei Δu (U_v)		
	q in mm²	Aderzahl	$d_{Außen}$ in mm	I in A	P in kW	Wechselstrom 4,0 %	Drehstrom 0,5 %	Drehstrom 4,0 %
H07V-U	1,5	1	3,3	16[2]	3,68	24,1	–	–
(NYA)	1,5	1	3,3	16[2]	11,07	–	–	48,5
	2,5	1	3,9	25[2]	5,75	25,7	–	–
	2,5	1	3,9	20[2]	13,84	–	–	64,8
	4	1	4,4	25[2]	17,3	–	–	82,9
	6	1	4,9	35[2]	24,22	–	–	88,8
	10	1	6,4	50[2]	34,6	–	12,9	103,6
H07V-R	16	1	7,3	63[2]	43,6	–	16,4	131,6
(NYA)	25	1	9,8	80[2]	55,36	–	20,2	161,9
NYM	1,5	3	10,5	16	3,68	24,1	–	–
	1,5	4	11,0	3 · 16	11,07	–	–	48,5
	2,5	3	11,5	25	5,75	25,7	–	–
	2,5	4	12,5	3 · 25	17,3	–	–	51,7
	4	4	14,5	3 · 35	24,22	–	–	59,2
	6	4	16,5	3 · 40	27,68	–	–	77,7
	10	4	19,5	3 · 63	43,6	–	10,3	82,3
	16	4	23,5	3 · 80	55,36	–	12,9	103,6
NYY	1,5	3	14,0	16	3,68	24,1	–	–
	1,5	4	16,0	3 · 16	11,07	–	–	48,5
	2,5	3	15,0	25	5,75	25,7	–	–
	2,5	4	17,0	3 · 25	17,3	–	–	51,7
	4	4	19,0	3 · 35	24,22	–	–	59,2
	6	4	20,0	3 · 40	27,68	–	–	77,7
	10	4	22,0	3 · 63	43,6	–	10,3	82,3
	16	4	25,0	3 · 80	55,36	–	12,9	103,6

[1] Wertangaben in den Spalten nur für gebräuchliche Leiterquerschnitte [2] Zuordnung der Überstrom-Schutzeinrichtungen nach Verlegeart B1, alle anderen Werte nach Verlegeart C bei Umgebungstemperatur 25 °C

Prinzip

- Durch den Stromfluss und den Leitungswiderstand ist die Spannung U am Verbraucher stets geringer als an der Quelle U_0.
- Die Differenz ist der Spannungsfall ΔU. Er wird oft in % angegeben (Δu).
- Der Spannungsfall ist abhängig von der Stromstärke, der Leitungslänge, der Leitfähigkeit und dem Leiterquerschnitt.

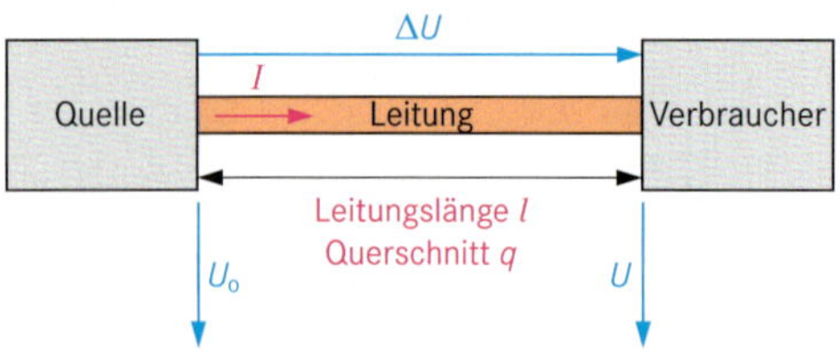

ΔU: Spannungsfall

q_n: Normquerschnitt $\qquad \varkappa_{Cu} = 56 \cdot \frac{m}{\Omega \cdot mm^2}$

$\varkappa$: Elektrische Leitfähigkeit

- Normquerschnitte in mm^2

1,5	2,5	4	6	10
16	25	35	50	70

Einflussfaktoren *f*

f_1: Erhöhte Umgebungstemperatur

f_2: Gehäufte Leitungsverlegung

f_3: Vieladrig belastete Leitungen (Zahl belasteter Adern)

f_4: Auswirkung von Oberschwingungen

Ermittlung des Leiterquerschnitts

I_b: Stromstärke im Betriebszustand

Wechselstrom:

$I_b = \frac{S}{U}$

Drehstrom:

$I_b = \frac{S}{\sqrt{3} \cdot U}$

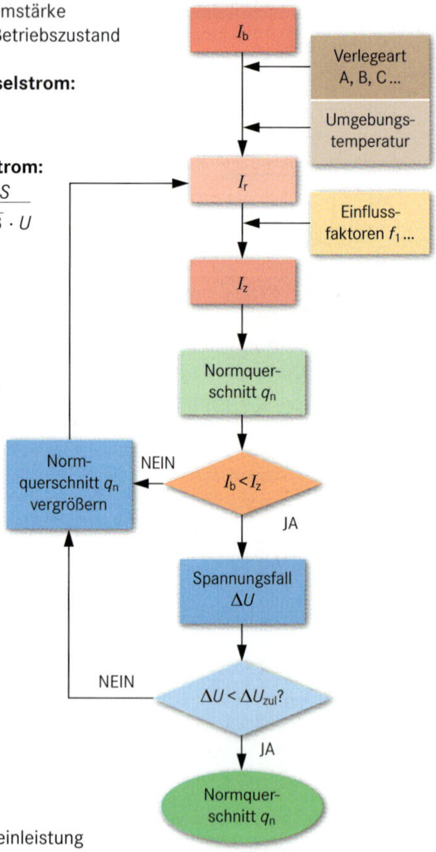

S: Scheinleistung
U: Bemessungsspannung

- Umgebungstemperatur 25 °C
- Zulässige Bemessungstemperatur am Leiter 70 °C

I_r: Stromstärke unter idealen Bedingungen
I_Z: Stromstärke bei realen Bedingungen

q_n: Normquerschnitt
ΔU: Spannungsfall
ΔU_{zul}: Zulässiger Spannungsfall

Berechnungsformeln

Kenngröße	Art des Netzes		
	Gleichstrom	Wechselstrom	Drehstrom
Spannungsfall in V, unverzweigtes Netz	$\Delta U = \frac{2 \cdot l \cdot I}{\varkappa \cdot q}$	$\Delta U = \frac{2 \cdot l \cdot I \cdot \cos\varphi}{\varkappa \cdot q}$	$\Delta U = \frac{\sqrt{3} \cdot l \cdot I \cdot \cos\varphi}{\varkappa \cdot q}$
Spannungsfall in V, verzweigtes Netz	$\Delta U = \frac{2}{\varkappa \cdot q} \cdot \Sigma (I \cdot l)$	$\Delta U = \frac{2 \cdot \cos\varphi_m}{\varkappa \cdot q} \cdot \Sigma (I \cdot l)$	$\Delta U = \frac{\sqrt{3} \cdot \cos\varphi_m}{\varkappa \cdot q} \cdot \Sigma (I \cdot l)$
Verlustleistung in W	$P_v = \frac{2 \cdot l \cdot I^2}{\varkappa \cdot q}$	$P_v = \frac{2 \cdot l \cdot I^2}{\varkappa \cdot q}$	$P_v = \frac{3 \cdot l \cdot I^2}{\varkappa \cdot q}$
maximale Leitungslänge in m	$l = \frac{\Delta u \cdot U_N \cdot q \cdot \varkappa}{2 \cdot 100\,\% \cdot I}$	$l = \frac{\Delta u \cdot U_N \cdot q \cdot \varkappa}{2 \cdot 100\,\% \cdot I \cdot \cos\varphi}$	$l = \frac{\Delta u \cdot U_N \cdot q \cdot \varkappa}{\sqrt{3} \cdot 100\,\% \cdot I \cdot \cos\varphi}$

Spannungsfall in % $\quad \Delta u = \frac{\Delta U}{U_N} \cdot 100\,\%$ $\qquad$ Verlustleistung in % $\quad P_{V\%} = \frac{P_V}{P} \cdot 100\,\%$

Einflussfaktoren

Die Bemessungsstromstärke I_n eines Überstrom-Schutzorgans einer Leitung hängt neben der Verlegeart noch von folgenden **Faktoren** (f) ab:

- Erhöhte Umgebungstemperatur f_1
- Gehäufte Leitungsverlegung f_2
- Zahl der belasteten Adern f_3
- Auswirkung von Oberschwingungen f_4

Die Faktoren f_1 bis f_4 sind aus Tabellen der DIN VDE 0298-4 zu entnehmen.

Berechnungsformel: $I_z = f_1 \cdot f_2 \cdot f_3 \cdot f_4 \cdot I_r$

I_Z: Zulässige Strombelastbarkeit unter realen Bedingungen
I_r: Bemessungsstromstärke ohne Berücksichtigung der Einflussfaktoren (ideale Bedingungen)

Ablaufschema

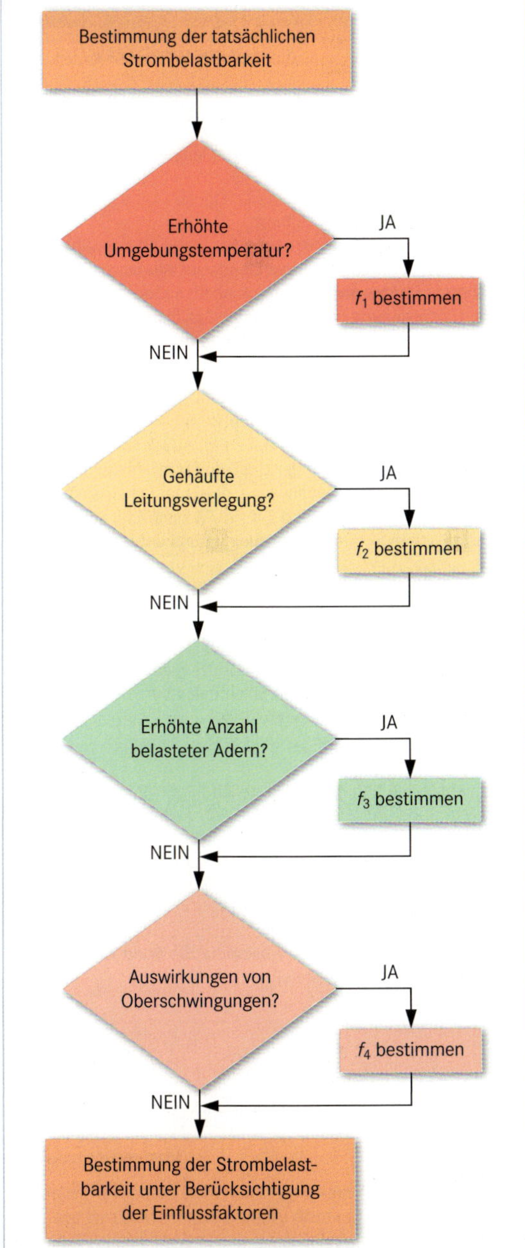

Werte der Einflussfaktoren

Faktor f_1 (bei einer von 30 °C abweichenden Umgebungstemperatur) [1]

ϑ in °C	10	15	20	25	30	35
f_1	1,22	1,17	1,12	1,06	1,0	0,94
ϑ in °C	40	45	50	55	60	65
f_1	0,87	0,79	0,71	0,61	0,50	0,35

Zulässige bzw. empfohlene Betriebstemperatur am Leiter 70 °C.

[1] Bei einer veränderten Umgebungstemperatur müssen für die Berechnung der Strombelastbarkeit die Stromstärkenwerte für 30 °C zugrundegelegt werden.

Faktor f_2 (gehäufte Leitungsverlegung)

Verlegung	Anzahl der mehradrigen Leitungen					
	1	2	3	4	6	9
gebündelt im Elektroinstallationsrohr/-kanal	1,0	0,8	0,7	0,65	0,57	0,5
Einlagig direkt auf der Wand oder dem Fußboden	1,0	0,85	0,79	0,75	0,72	0,7
in gelochter Kabelwanne	1,0	0,88	0,82	0,79	0,76	0,73
auf einer Kabelpritsche	1,0	0,87	0,82	0,8	0,79	0,78

Faktor f_3 (Verlegung vieladrig belasteter Leitungen)

belastete Adern	2	3	5	7	10	14	19	24
f_3	1,0	1,0	0,75	0,65	0,55	0,5	0,45	0,4

Faktor f_4 (Auswirkung von Oberschwingungen) [2]

Wirkleistungsanteil der Geräte mit Oberschwingungen zur Gesamtwirkleistung in Prozent	0 % … 10 %	11 % … 22 %	23 % … 30 %	31 % … 34 %	35 % … 38 %	39 % … 41 %
f_4	1,00	0,86	0,70	0,67	0,61	0,56

[2] Durch den Einfluss von Oberschwingungen kann die Stromstärke im Neutralleiter über der Stromstärke in den Außenleitern liegen. Für diesen Fall ist der Außenleiterstrom zur Bestimmung des Bemessungsquerschnitts maßgeblich.

Bezeichnung	Verlegung	Leitungstyp	Anwendungen
In wärmegedämmten Wänden und im Elektro-Installationsrohr/-kanal			
A1	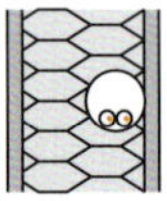 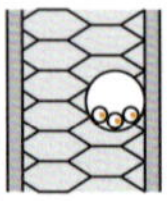	H07-U/-R/-K H07V3-U/-R/-K	▪ Aderleitungen im Elektro-Installationsrohr oder in Formleisten oder Formteilen ▪ Ein- oder mehradrige Kabel oder Mantelleitungen in Türfüllungen oder Fensterrahmen
A2	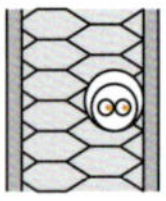 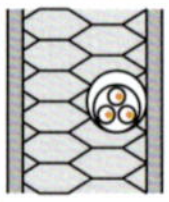	NYM, NYMT, NYBUY, NYY, N05VV-U/-R	▪ Mehradrige Kabel oder mehradrige Mantelleitung im Elektro-Installationsrohr
Auf Wänden im Elektro-Installationsrohr/-kanal			
B1	 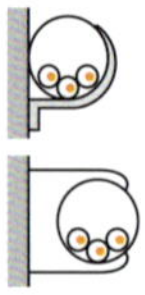	H07V-U/-R/-K H07V3-U/-R/-K	▪ Aderleitungen im Elektro-Installationsrohr im belüfteten Kabelkanal im Fußboden ▪ Ein- oder mehradrige Kabel oder Mantelleitung im offenen oder belüfteten Kabelkanal ▪ Aderleitungen, einadrige Kabel oder Mantelleitungen
B2	 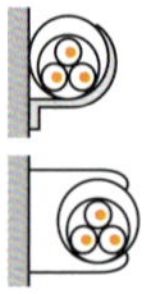	NYM, NYMT, NYBUY, NYY, N05VV-U/-R	▪ Mehradrige Kabel oder Mantelleitung: Verlegung für beide Arten: Direkt auf einer Wand oder im Abstand < 0,3 · *d* (*d*: Außendurchmesser des Elektro-Installationsrohres); in abgehängtem Elektro-Installationskanal; im Fußbodenleisten-kanal; Unterflurverlegung im Kanal; im Elektro-Installationsrohr im Mauerwerk/Beton bei spez. Wärmewiderstand 2 K · m/W
Auf einer Wand			
C	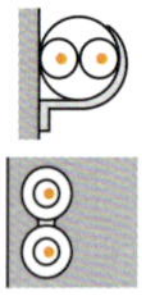 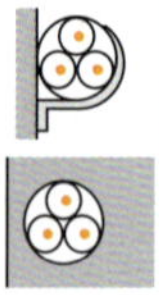	NYM, NYMT, NYIF, NYBUY, NYDY, N05VV-U/-R	▪ Ein- oder mehradrige Kabel oder Mantelleitung: Auf einer Wand oder im Abstand < 0,3 · *d* (*d*: Außendurchmesser des Kabels/der Leitung); unter der Decke oder mit Abstand von der Decke; auf nicht gelochter Kabelwanne; direkt im Mauerwerk oder Beton bei spez. Wärmewiderstand 2 K · m/W ohne/mit zusätzlichem mechanischen Schutz; Stegleitung im und unter Putz
In der Erde			
D	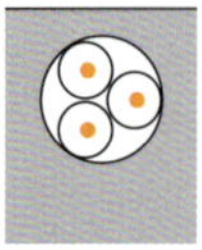	NYCY, NYY, NA2XY	▪ Ein- oder mehradrige Kabel oder Mantelleitung im Elektro-Installationsrohr oder Kabelschacht im Erdboden ▪ Ein- oder mehradrige Kabel ohne/mit zusätzlichem mechanischen Schutz direkt im Erdboden: Höhere Strombelastbarkeit möglich (Stromwerte aus Tabelle mal Faktor 1,17)
Frei in der Luft			
E	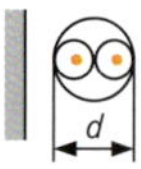 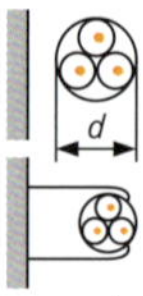	NYM, NYMT, NYIF, NYBUY, NYDY, N05VV-U/-R	▪ Ein- oder mehradrige Kabel oder Mantelleitung: Auf einer Wand oder im Abstand > 0,3 · *d* (*d*: Außendurchmesser des Kabels/der Leitung); auf gelochter Kabelwanne, Kabelkonsolen, Kabelpritschen oder abgehängt an einem Tragseil
F	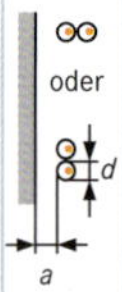 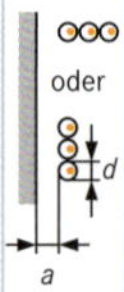 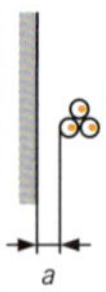	NYY	▪ Einadrige Kabel mit Berührung im Abstand *a* zur Wand ≥ *d* (*d*: Außendurchmesser des Kabels)
G	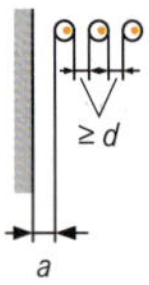 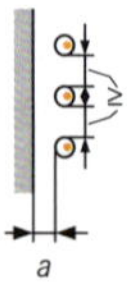	NYY blanke Leiter	▪ Einadrige Kabel ohne Berührung im Abstand zueinander und zur Wand ≥ *d*

Verlegearten und Strombelastbarkeit von Leitungen für feste Verlegung in Gebäuden

- **Zulässige Betriebstemperatur am Leiter 70 °C bei der Umgebungstemperatur von 25 °C**[1)]

I_r[2)]: Zulässige Strombelastbarkeit der Leitung
I_n: Bemessungsstromstärke der zugehörigen Überstrom-Schutzorgane in A
A1 bis G: Referenzverlegearten

q_n in mm^2	A1				A2				B1				B2			
	Belastete Adern															
	2		3		2		3		2		3		2		3	
	I_r	I_n	I_r	I_n	I_r	I_n	I_r	I_n	I_r	I_n	I_r	I_n	I_r	I_n	I_r	I_n
	Kupfer															
1,5	16,5	16	14,5	13	16,5	16	14,0	13	18,5	16	16,5	16	17,5	16	16	16
2,5	21	20	19,0	16	19,5	16	18,5	16	25	25	22	20	24	20	21	20
4	28	25	25	25	27	25	24	20	34	32	30	25	32	32	29	25
4	–	–	–	–	–	–	–	–	–	–	–	–	–	–	–	–
6	36	35	33	32	34	32	31	25	43	40	38	35	40	40	36	35
10	49	40	45	40	46	40	41	40	60	50	53	50	55	50	49	40
10	–	–	–	–	–	–	–	–	–	–	–	–	–	–	50[3)]	50
16	65	63	59	50	60	50	55	50	81	80	72	63	73	63	66	63
25	85	80	77	63	80	80	72	63	107	100	94	80	95	80	85	80
35	105	100	94	80	98	80	88	80	133	125	117	100	118	100	105	100
50	126	125	114	100	117	100	105	100	160	160	142	125	141	125	125	125
70	160	160	144	125	147	125	133	125	204	200	181	160	178	160	158	125
95	193	160	174	160	177	160	159	125	246	200	219	200	213	200	190	160
120	223	200	199	160	204	200	182	160	285	250	253	250	246	200	218	200
	Aluminium															
25	66	63	60	50	61	50	56	50	83	63	74	63	75	63	65	63
35	81	63	74	63	75	63	68	63	102	80	91	80	91	80	81	80
50	98	80	89	80	91	80	82	63	125	100	110	100	110	100	97	80
70	125	125	113	100	114	100	103	100	159	125	140	125	138	125	122	100
95	150	125	136	125	137	125	125	125	191	160	170	160	166	160	147	125
120	173	160	157	125	159	125	143	125	222	200	197	160	191	160	169	160

q_n in mm^2	C				E				F						G			
	Belastete Adern																	
	2		3		2		3		2		3		3		3		3	
	I_r	I_n	I_r	I_n	I_r	I_n	I_r	I_n	I_r	I_n	I_r	I_n	I_r	I_n	I_r	I_n	I_r	I_n
	Kupfer																	
1,5	21	20	18,5	16	23	20	19,5	16	–	–	–	–	–	–	–	–	–	–
2,5	29	25	25	25	32	32	27	25	–	–	–	–	–	–	–	–	–	–
4	38	32	34	32	42	40	36	35	–	–	–	–	–	–	–	–	–	–
4	–	–	35[3)]	35	–	–	–	–	–	–	–	–	–	–	–	–	–	–
6	49	40	43	40	54	50	46	40	–	–	–	–	–	–	–	–	–	–
10	67	63	60	50	74	63	64	63	–	–	–	–	–	–	–	–	–	–
10	–	–	63[3)]	63	–	–	–	–	–	–	–	–	–	–	–	–	–	–
16	90	80	81	80	100	100	85	80	–	–	–	–	–	–	–	–	–	–
25	119	100	102	100	126	125	107	100	139	125	121	100	117	100	155	125	138	125
35	146	125	126	125	157	125	134	125	172	160	152	125	145	125	192	160	172	160
50	178	160	153	125	191	160	162	160	208	200	184	160	177	160	232	200	209	200
70	226	200	195	160	246	200	208	200	266	250	239	200	229	200	298	250	269	250
95	273	250	236	200	299	250	252	250	322	315	292	250	280	250	361	315	330	315
120	317	315	275	250	348	315	293	250	373	315	340	315	326	315	420	400	384	315
	Aluminium																	
25	87	80	77	63	94	80	82	63	103	100	92	80	89	80	118	100	104	100
35	109	100	95	80	117	100	101	100	129	125	115	100	111	100	147	125	131	125
50	125	125	116	100	143	125	124	100	157	125	140	125	135	125	179	160	161	160
70	160	160	148	125	183	160	159	125	203	200	183	160	175	160	230	200	207	200
95	206	200	180	160	222	200	193	160	249	200	224	200	215	200	280	250	255	250
120	239	200	280	250	258	250	224	200	289	250	261	225	251	250	326	315	298	250

1) Diese Temperatur wird bei Verlegungen in Deutschland angenommen.
2) Anstatt I_r wird I_Z gesetzt, wenn weitere Einflussfaktoren berücksichtigt werden müssen.
3) Gilt nicht für die Verlegung auf einer Holzwand.

Verlegearten und Strombelastbarkeit von Leitungen für feste Verlegung in Gebäuden

- **Zulässige Betriebstemperatur am Leiter 70 °C bei der Umgebungstemperatur von 30 °C**

I_r[1]: Zulässige Strombelastbarkeit der Leitung
I_n: Bemessungsstromstärke der zugehörigen Überstrom-Schutzorgane in A
A1 bis G: Referenzverlegearten

q_n in mm²	A1				A2				B1				B2			
	Belastete Adern															
	2		3		2		3		2		3		2		3	
	I_r	I_n	I_r	I_n	I_r	I_n	I_r	I_n	I_r	I_n	I_r	I_n	I_r	I_n	I_r	I_n
Kupfer																
1,5	15,5	13	13,5	13	15,5	13	13	13	17,5	16	15,5	13	16,5	16	15	13
2,5	19,5	16	18	16	18,5	16	17,5	16	24	20	21	20	23	20	20	20
4	26	25	24	20	25	25	23	20	32	32	28	25	30	25	27	25
6	34	32	31	25	32	32	29	25	41	40	36	35	38	35	34	32
10	46	40	42	40	43	40	39	35	57	50	50	50	52	50	46	40
16	61	50	56	50	57	50	52	50	76	63	68	63	69	63	62	50
25	80	80	73	63	75	63	68	63	101	100	89	80	90	80	80	80
35	99	80	89	80	92	80	83	80	125	125	110	100	111	100	99	80
50	119	100	108	100	110	100	99	80	151	125	134	125	133	125	118	100
70	151	125	136	125	139	125	125	125	192	160	171	160	168	160	149	125
95	182	160	164	160	167	160	150	125	232	200	207	200	201	200	179	160
120	210	200	188	160	192	160	172	160	269	250	239	200	232	200	206	200
Aluminium																
25	63	63	57	50	58	50	53	50	79	63	70	63	71	63	62	50
35	77	63	70	63	71	63	65	63	97	80	86	80	86	80	77	63
50	93	80	84	80	86	80	78	63	118	100	104	100	104	100	92	80
70	118	100	107	100	108	100	98	80	150	125	133	125	131	125	116	100
95	142	125	129	125	130	125	118	100	181	160	161	160	157	126	139	125
120	164	160	149	125	150	125	135	125	210	200	186	160	181	160	160	160

q_n in mm²	C				E				F						G			
	Belastete Adern																	
	2		3		2		3		2		3		3		3		3	
	I_r	I_n	I_r	I_n	I_r	I_n	I_r	I_n	I_r	I_n	I_r	I_n	I_r	I_n	I_r	I_n	I_r	I_n
Kupfer																		
1,5	19,5	16	17,5	16	22	20	18,5	16	–	–	–	–	–	–	–	–	–	–
2,5	27	25	24	20	30	25	25	25	–	–	–	–	–	–	–	–	–	–
4	36	35	32	32	40	40	34	32	–	–	–	–	–	–	–	–	–	–
6	46	40	41	40	51	50	43	40	–	–	–	–	–	–	–	–	–	–
10	63	63	57	50	70	63	60	50	–	–	–	–	–	–	–	–	–	–
16	85	80	76	63	94	80	80	80	–	–	–	–	–	–	–	–	–	–
25	112	100	96	80	119	100	101	100	131	125	114	100	110	100	146	125	130	125
35	138	125	119	100	148	125	126	125	162	160	143	125	137	125	181	160	162	160
50	168	160	144	125	180	160	153	125	196	160	174	160	167	160	219	200	197	160
70	213	200	184	160	232	200	196	160	251	250	225	200	216	200	281	250	254	250
95	258	250	223	200	282	250	238	200	304	250	275	250	264	250	341	315	311	250
120	299	250	259	250	328	315	276	250	352	315	321	315	308	250	396	315	362	315
Aluminium																		
25	83	80	73	63	89	80	78	63	98	80	87	80	84	80	112	100	99	80
35	103	100	90	80	111	100	96	80	122	100	109	100	105	100	139	125	124	100
50	125	125	110	100	135	125	117	100	149	125	133	125	128	125	169	160	152	125
70	160	160	140	125	173	160	150	125	192	160	173	160	166	160	217	200	196	160
95	195	160	170	160	210	200	183	160	235	200	212	200	203	200	265	250	241	200
120	226	200	197	160	244	200	212	200	273	250	247	200	237	200	308	250	282	250

[1] Anstatt I_r wird I_Z gesetzt, wenn weitere Einflussfaktoren berücksichtigt werden müssen.

Niederspannungs-Sicherungen

Diazed-Sicherungssystem (D-System)	**Neozed-Sicherungssystem** (DO-System)	**NH-Sicherungssystem**
AC und DC: bis 100 A und 500 V	**AC:** bis 100 A und 400 V **DC:** bis 100 A und 250 V	**AC:** bis 1250 A und 400 V, 500 V bzw. 690 V **DC:** bis 1250 A und 250 V bzw. 440 V
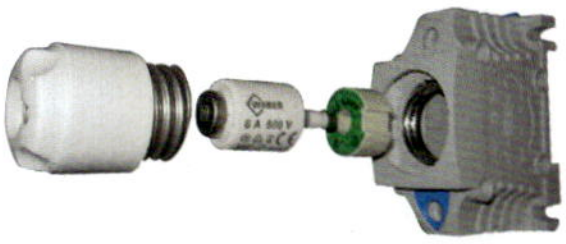		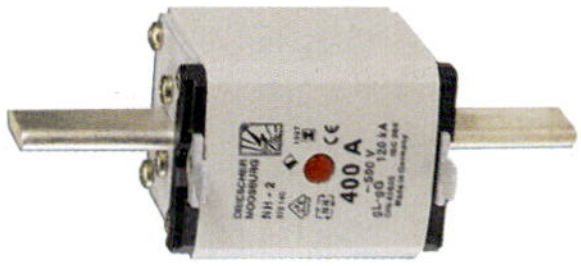

D- und D0-Sicherungssystem

Sicherung und Passeinsatz		Sockel	Gewindegröße der Schraubkappe	
Bemessungsstromstärke in A	Kennfarbe	Bemessungsstromstärke in A	Diazed	Neozed
2	rosa	25	D II (E 27)	D0 1 (E 14)
4	braun			
6	grün			
10	rot			
13	schwarz			
16	grau			
20	blau			D0 2 (E 18)
25	gelb			
32/35/40	schwarz	63	D III (E 33)	
50	weiß			
63	kupfer			
80	silber	100	D IV (R ¼")	D0 3 (M 30 x 2)
100	rot			

Anwendungsbereiche von Sicherungen

Funktionsklassen

g: Ganzbereichssicherungen können
- Bemessungsstromstärke dauernd führen,
- Bemessungsstromstärke von kleinster Schmelzstromstärke bis zur Bemessungsausschaltstromstärke schalten.

a: Teilbereichssicherungen können
- Bemessungsstromstärke dauernd führen,
- Ströme oberhalb eines bestimmten Vielfachen ihrer Bemessungsstromstärke bis zur Bemessungsausschaltstromstärke schalten.

Schutzobjekte

B: Bergbau- und Anlagenschutz
G: Schutz für allgemeine Zwecke
M: Motorenschutz
R: Halbleiterschutz
Tr: Transformatorenschutz

Betriebsklassen

gG: Ganzbereichs-Kabel- und Leitungsschutz[1]
aM: Teilbereichs-Schaltgeräteschutz in Motorenstromkreisen
aR: Teilbereichs-Halbleiterschutz
gR: Ganzbereichs-Halbleiterschutz
gB: Ganzbereichs-Bergbauanlagenschutz

[1] gL: Frühere Bezeichnung für Leitungsschutz

NH-Sicherungssysteme

A: Sicherungen mit Sicherungseinsätzen und Messerkontaktstücken
B: Sicherungen mit Sicherungseinsätzen und Messerkontaktstücken mit Schlagvorrichtung
C: Sicherungsleisten
D: Sicherungsteile für Sammelschienenmontage
E: Sicherungen mit Sicherungseinsätzen für Schraubanschluss
F: Sicherung mit Sicherungseinsätzen für zylindrische Kontaktklappen und weitere Sicherungssysteme **G**, **H**, **I**, **J** und **K** laut DIN VDE 0636-2

NH-Sicherungen

Baugröße	Unterteile	Einsätze	Gesamtlänge in mm	maximale Bemessungsleistungsabgabe P_n in W				
	Bemessungsstromstärke in A			gG			aM	
				400 V AC	500 V AC	690 V AC	400 V und 500 V AC	690 V AC
000	160	2 ... 160	78,5	6	7,5	12	7	6,5
00	160	6 ... 160	78,5	12	12	12	7,5/12	11
0	160	6 ... 160	125	12	16	25	13	10
1	250	80 ... 250	135	18	23	32	18	22
2	400	125 ... 400	150	28	34	45	35	40
3	630	315 ... 630	150	40	48	60	50	53
4	1000	500 ... 1000	200	–	90	90	80	80
4a	1250	500 ... 1250	200	90	110	110	110	110

Eigenschaften

- Hauptschalter zum Trennen und Freischalten von elektrischen Anlagen
- Mögliche Montage an Sammelschienen mit rechteckiger Klemmenausführung (Klemmschiene)
- Anschluss von Leitern mit Querschnitten von z. B. 0,75 mm² ≤ q ≤ 32 mm²
- Bemessungsstromstärken z. B. 0,3 A ≤ I_n ≤ 63 A
- Farbige Schaltstellungsanzeige z. B. im Betätigungsgriff

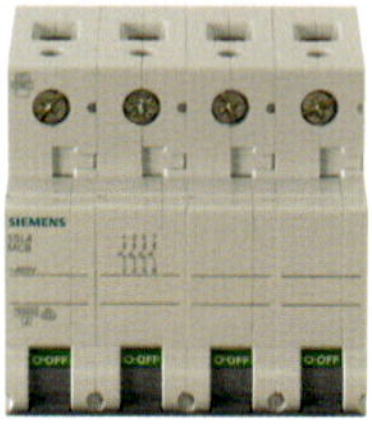

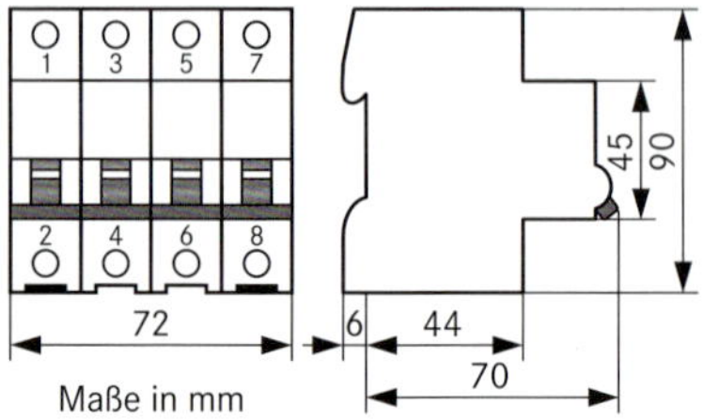

Anschlüsse

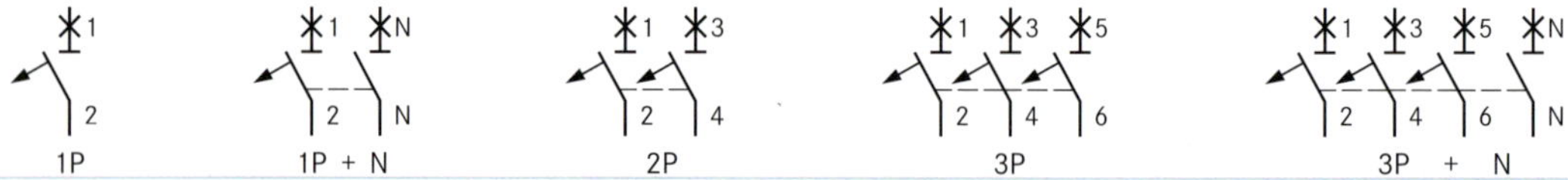

Auslösebedingungen

DIN VDE 0100-430

Bedingungen:

1. $I_b \leq I_n \leq I_z$
2. $I_2 \leq 1{,}45 \cdot I_z$

Nach der 2. Bedingung ist I_2 die Stromstärke, bei der spätestens nach einer Stunde der LS-Schalter abschalten muss. Sie darf maximal das 1,45-fache der maximalen Strombelastbarkeit der Leitung bzw. des Kabels betragen.

I_b: Betriebsstromstärke des Stromkreises
I_z: Zulässige Belastbarkeit der Leitung
I_n: Bemessungsstromstärke der Überstrom-Schutzeinrichtung
I_2: Ansprechstromstärke der Überstrom-Schutzeinrichtung (großer Prüfstrom)

Kennlinien

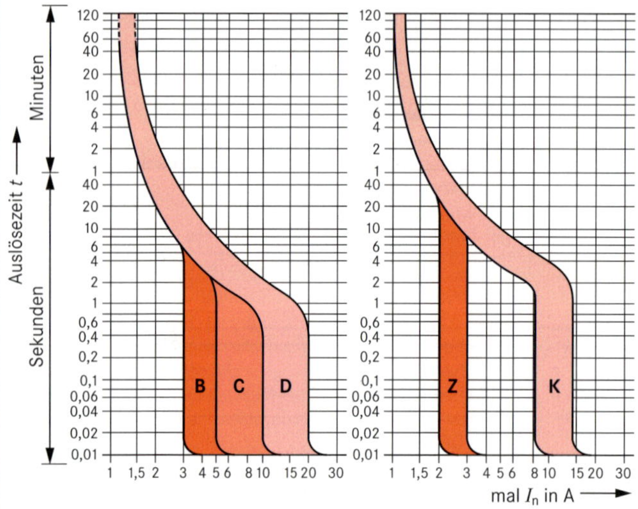

Auslöseverhalten

- **Thermische Auslösung** (Überstromschutz):
  - B, C, D: $1{,}13 \cdot I_n$ bis $1{,}45 \cdot I_n \rightarrow t_a \leq 1$ h
  - Z, K: $1{,}05 \cdot I_n$ bis $1{,}2 \cdot I_n \rightarrow t_a \leq 1$ h
- **Magnetische Auslösung** (Kurzschlussschutz):
  - B: $3 \cdot I_n$ bis $5 \cdot I_n \rightarrow t_a \leq 0{,}1$ s
  - C: $5 \cdot I_n$ bis $10 \cdot I_n \rightarrow t_a \leq 0{,}1$ s
  - D: $10 \cdot I_n$ bis $20 \cdot I_n \rightarrow t_a \leq 0{,}1$ s
  - K: $8 \cdot I_n$ bis $14 \cdot I_n \rightarrow t_a \leq 0{,}2$ s
  - Z: $2 \cdot I_n$ bis $3 \cdot I_n \rightarrow t_a \leq 0{,}2$ s

Maximale Abschaltzeiten

- **Endstromkreise**
  - TN-System: $t_a \leq 0{,}4$ s
  - TT-System: $t_a \leq 0{,}2$ s
- **Verteilungsstromkreise:**
  - TN-System: $t_a \leq 5$ s
  - TT-System: $t_a \leq 1$ s

Diese maximal zulässigen Abschaltzeiten gelten für alle im Stromkreis eingesetzten Überstrom-Schutzeinrichtungen.

Auslösecharakteristiken

- Auslösecharakteristik **B**:
  - Leitungsschutz in Hausinstallationen für Licht- und Steckdosenstromkreise
- Auslösecharakteristik **C**:
  - Leitungsschutz für Geräte mit höheren Einschaltströmen, z. B. Lampengruppen und Motoren
- Auslösecharakteristik **D**:
  - Leitungsschutz für Geräte mit sehr hohen Einschaltströmen, z. B. Schweißtransformatoren und Motoren
- Auslösecharakteristik **Z**:
  - Überstromschutz von Leitungen
  - Steuerstromkreise ohne Stromspitzen
  - Messstromkreise mit Wandlern
  - Halbleiterschutz
- Auslösecharakteristik **K**:
  - Stromkreise mit hohen Stromspitzen durch Motoren, Transformatoren, Kondensatoren (Elektromagnetischer Auslöser hält hohe Einschaltstromspitzen aus.)

Begriffe und Größen

- RCD: Fehlerstrom-Schutzeinrichtung (FI-Schutzschalter) löst aus, wenn ein Fehlerstrom als Differenzstrom zwischen zufließendem und abfließendem Strom zum Versorgungsnetz auftritt.
- I_n: Bemessungsstromstärke, maximal zulässige Stromstärke für die Fehlerstrom-Schutzeinrichtung
- $I_{\Delta N}$: Bemessungsdifferenzstromstärke, Fehlerstromstärke, z. B. 30 mA, mit Auslösung spätestens nach 300 ms (meistens schon bei 200 ms).
  Bei größeren Fehlerstromstärken erfolgt die Auslösung der Schutzeinrichtung bei t < 300 ms.

Fehlerströme

Typ/Verlauf	AC Wechselstrom sensitiv	A Pulsstrom sensitiv	B Allstrom sensitiv
Auslösung	Sinusförmiger Wechselstrom	Sinusförmiger Wechselstrom und pulsierender Gleichstrom	Wechselströme und Gleichströme
Verwendung	In Deutschland nicht zugelassen	Hausinstallationen	Frequenzumrichter und Photovoltaikanlagen
Kennzeichen (für alle Typen)	K — **K**urzzeitverzögerte Abschaltung: niedrige Ausschaltverzögerung von ca. 10 ms		S — **S**elektive Abschaltung: zeitverzögerte Abschaltung in Kombination mit weiteren RCDs möglich

Arten

- **RCDs** - Typ A, netzspannungsunabhängig zum Auslösen bei Wechsel- und pulsierenden Gleichfehlerströmen
  Ohne eingebaute Überstrom-Schutzeinrichtung:
  - **RCCB** (**R**esidual **C**urrent operated **C**ircuit-**B**reaker) nach DIN EN 61008-1 und DIN EN 61008-2-1

  Mit eingebauter Überstrom-Schutzeinrichtung:
  - **RCBO** (**R**esidual **C**urrent operated Circuit-**B**reaker with **O**vercurrent Protection) nach DIN EN 61009-1 und DIN EN 61009-2-1
- **RCDs** - Typ B+[1], netzspannungsunabhängig zum Auslösen bei Wechsel- und pulsierenden Gleichfehlerströmen, netzspannungsabhängig bei glatten Gleichfehlerströmen
  Ohne eingebaute Überstrom-Schutzeinrichtung:
  - **RCCB** nach DIN VDE 0664-400

  Mit eingebauter Überstrom-Schutzeinrichtung:
  - **RCBO** nach DIN VDE 0664-401
- **PRCD** (**P**ortable **R**esidual **C**urrent **D**evice) ortsveränderlich **ohne Überstromschutz** nach DIN VDE 0661-10

[1] Typ B+ für vorbeugenden Brandschutz

- **Fehlerstrom-Schutzschalter mit LS-Schalter (FI/LS-Schaltern, RCBOs)**
  - Schutzauslösung in Einphasen-Wechselstromkreisen
  - gleichzeitig Schutz gegen Kurzschluss und Überlast
  - Fehlerschutz zum Schutz gegen elektrischen Schlag
  - vorbeugender Brandschutz
  - Ausführung: 1-polig und 2-polig
  - LS-Auslösecharakteristik: B und C
  - Bemessungsstromstärken: 6 A bis 32 A
  - Auslöse-Empfindlichkeit: 10 mA oder 30 mA bei den 16 A-Schaltern bzw. 30 mA bei allen übrigen
  - Kombination (FI/LS) → Unerwünschtes Abschalten aufgrund betriebsbedingter Ableitströme wird vermieden.

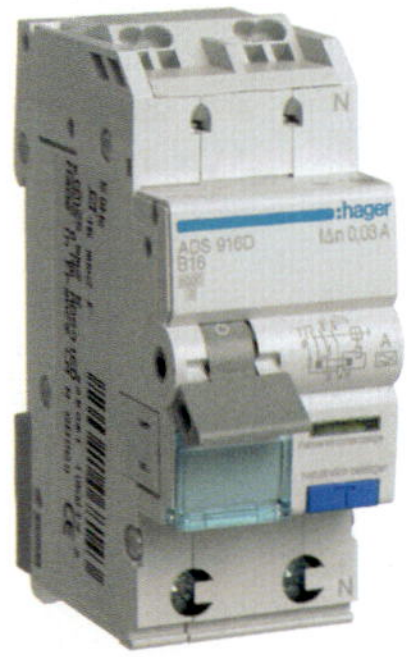

Abmessungen

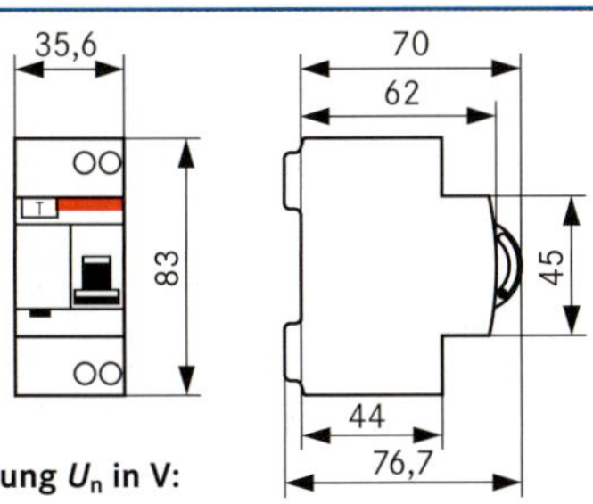

Maße in mm

Bemessungsspannung U_n in V:

230	400	500	660	690

Bemessungsstromstärke I_r in A:

10	13	16	20	25	32	40	63
80	100	125	160	200	225	250	

Maximaler Erdungswiderstand

$I_{\Delta N}$	R_A in Ω bei maximale Berührungsspannung	
	50 V AC	25 V AC
10 mA	5 000	2 500
30 mA	1 666	833
100 mA	500	250
300 mA	166	83
500 mA	100	50

RCD mit Kurzschlussvorsicherung								
I_r in A	16	25	40	63	100	125	160	225
I_k in kA	1,5	1,5	1,5	2	3,5	2	4	4
Maximale Kurzschlussvorsicherung in A								
NH (gG)	63	80	80	100	125	125	160	224
Neozed	63	80	80	100	-	-	-	-
Diazed (gG)	50	63	63	80	100	-	-	-

Fehlerstromformen und geeignete Fehlerstromschutzeinrichtungen

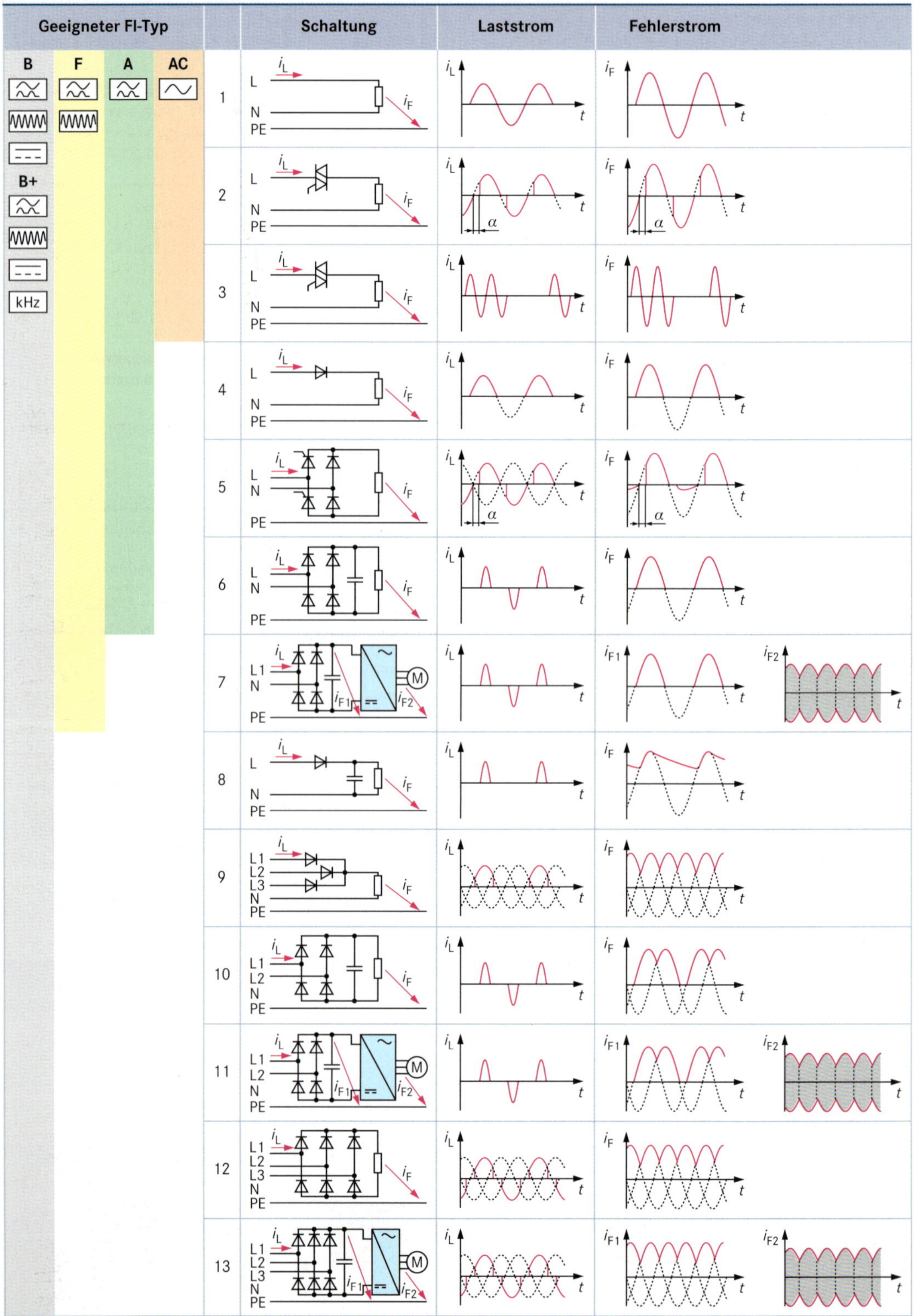

Merkmale

- **Schutz von Stromkreisen**: Innerhalb von elektrischen Betriebsmitteln gegen Kurzschluss bzw. Überlast eingesetzt.
- **Auslösprinzipien**:
  - thermisch (**TO**: **T**hermal **O**perated)
  - magnetisch (**MO**: **M**agnetic **O**perated)
  - thermisch-magnetisch (**TM**: **T**hermal-**M**agnetic)
  - hydraulisch-magnetisch (**HM**: **H**ydraulic-**M**agnetic)
  - elektronisch (**EL**: **El**ectronic)
  - elektronisch-hybrid (**EH**: **E**lectronic-**H**ybrid)
- **Anwendungen**:
  - Wechselspannungen bis 440 V
  - Gleichspannungen bis 250 V
  - Bemessungsstromstärke bis 125 A
  - Bemessungskurzschlussstromstärke
  - Ausschaltvermögen typisch 300 A bis 3 kA

Betätigungsart

Kennbuchstabe	Betätigungsart
M	- Selbsttätige Unterbrechung und manuelle Rückstellung - Option: Manuelle Auslösung für Testzwecke - Nicht geeignet für regelmäßige Schalthandlungen (EIN-/AUS-Schaltungen)
R	- Selbsttätige Unterbrechung und manuelle Rückstellung
S	- Selbsttätige Unterbrechung und manuelle Rückstellung - Manuelle Auslösung (sowie manuelle Rückstellung) - Manuelle Betätigung zum regelmäßigen EIN-/Ausschalten zulässig
J	- Selbsttätige Unterbrechung und selbsttätige Rückstellung - Schalter „pumpt“, solange Überlast vorhanden ist

Arten

Auslöseprinzip	TO	MO/MH	TM
Auslösekennlinien	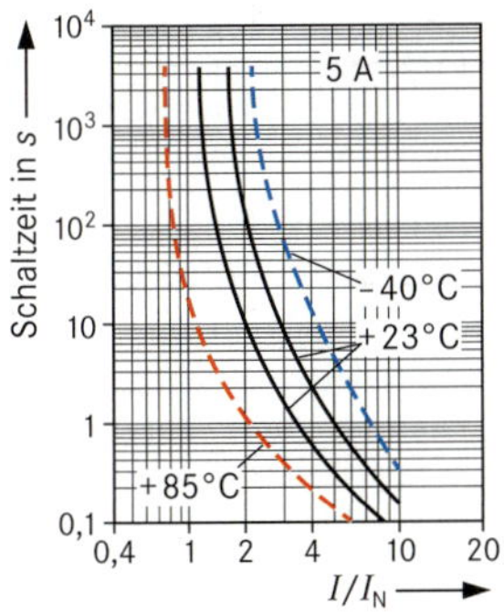	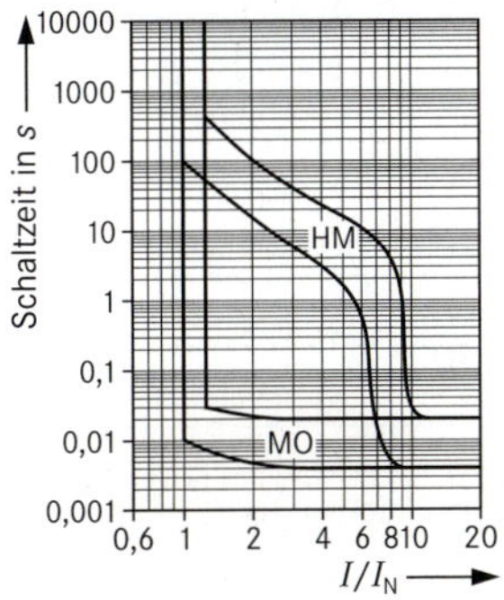	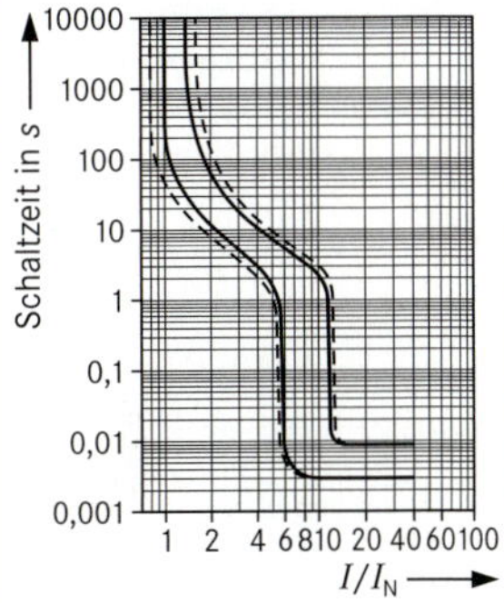
Schutzfunktion und Ansprechverhalten	- Bimetall (reagiert auf Erwärmung bei einem definierten Auslösestrom) - Löst bei ansteigender Überlast schnell aus - Bei geringer Überlaststromstärke dauert es länger, bis der Schutzschalter auslöst.	- Auslösung erfolgt durch das Magnetsystem des Schutzschalters unverzögert (MO) bzw. verzögert (HM) - Separate Kennlinie für Wechsel- bzw. Gleichstrom - Weitgehend unabhängig von Temperaturschwankungen - Reagiert empfindlich gegen Einschaltstromstöße (MO)	- Bimetall und Magnetsystem - Magnetische Auslösung: Zeitlich unverzögert bei Kurzschluss und hohen Überlaststromstärken - Thermische Auslösung: Zeitverzögert entsprechend der Überlast
Funktionsschaltbild	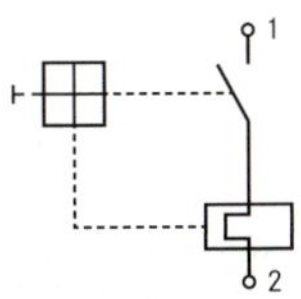	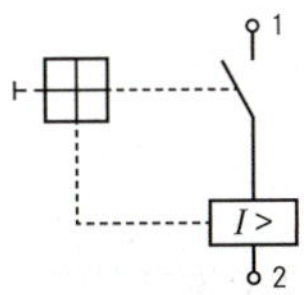	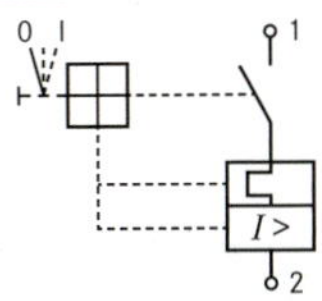
Anwendung	Motoren, Trafos, Magnetventile, Bordnetze, Niederspannungsleitungen	Stromversorgungen, Schaltanlagen, Steuer- und Regeltechnik, Telekommunikation, Mobilfunkstationen	Telekommunikationsanlagen, Stromversorgungen, Industrie-, Schalt- und Steueranlagen, Schienenfahrzeuge
Beispiele			

Wirkung des elektrischen Stromes auf den menschlichen Körper (VDE V 0140-479-1)

Wechselstrom (50/60 Hz)

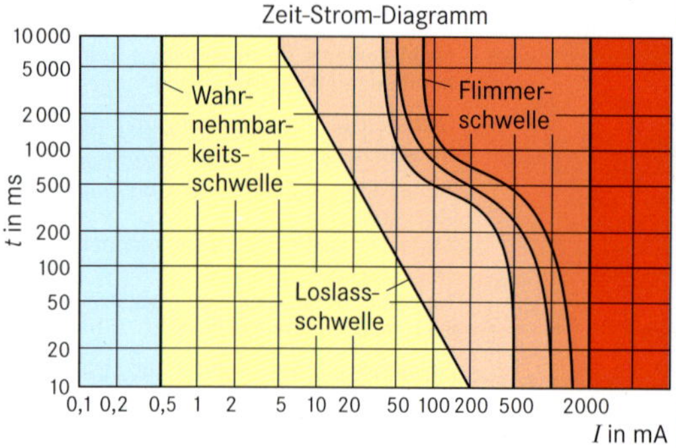

Gefährdungsbereiche für erwachsene Personen und Stromweg „Hand zu Hand" und „linke Hand zum Fuß"

- Keine Auswirkungen
- Keine schädigenden Auswirkungen
- Keine Beschädigung der Organe, Muskelverkrampfungen, der Spannung führende Leiter kann unter Umständen nicht mehr losgelassen werden.
- Mögliches Herzkammerflimmern
- Wahrscheinliches Herzkammerflimmern
- Herzkammerflimmern
- Herzstillstand und Atemstillstand, schwere Verbrennungen

Gleichstrom

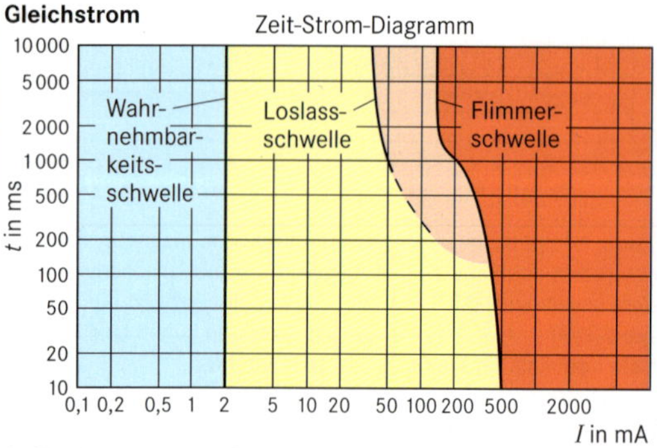

Gefährdungsbereiche für erwachsene Personen und Stromweg „linke Hand zu beiden Füßen"

- Keine Wahrnehmung
- Keine physiologisch gefährliche Wirkung
- Mögliche Störungen durch Impulse im Herzen
- Herkammerflimmern, Verbrennungen

Elektrischer Widerstand des menschlichen Körpers

Ersatzschaltbild	Erklärung
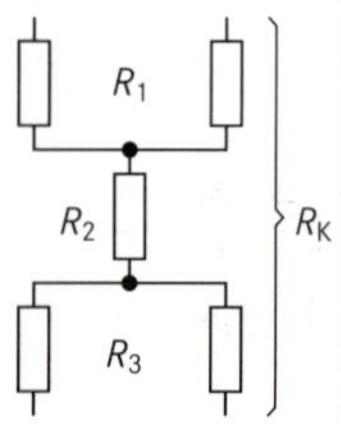	Teilwiderstände R_1: Hände/Arme R_2: Körperrumpf R_3: Beine/Füße R_K: innerer Körperwiderstand mit Durchschnittswerten ▪ bei 25 V ca. 3250 Ω ▪ bei 50 V ca. 2625 Ω ▪ bei 230 V ca. 1350 Ω

Begriffe

L1 L2 L3	**Außenleiter:** Leiter, die Spannungsquellen mit Betriebsmitteln verbinden.
N	**Neutralleiter:** Leiter, der mit dem Mittel- oder Sternpunkt verbunden ist.
PE	**Schutzleiter:** Leiter, der Körper von Betriebsmitteln, leitfähige Teile, Haupterdungsklemme und Erde verbindet.
PEN	**PEN-Leiter:** Leiter, der die Funktionen von Neutral- und Schutzleiter vereinigt.
U_o	**Wechselspannung** (Effektivwert) z. B. zwischen Außenleiter und N-Leiter bzw. Erde
U_B	**Berührungsspannung**
U_L	**Höchstzulässige Berührungsspannungen:** 50 V AC, 120 V DC
U_F	**Fehlerspannung:** Spannung, die im Fehlerfall zwischen Körpern oder zwischen Körpern und der Bezugserde auftritt.
I_F	**Fehlerstromstärke:** Stromstärke, die aufgrund eines Isolationsfehlers entsteht.
I_K	**Kurzschlussstromstärke:** Stromstärke, die bei direkter Verbindung von zwei Außenleitern oder zwischen Außenleiter und Neutralleiter entsteht. **Erdschluss:** Leitende Verbindung eines Außenleiters mit der Erde (auch einpoliger Kurzschluss).
I_b	**Betriebsstromstärke** eines Stromkreises
I_n	**Bemessungsstromstärke** (Nennstromstärke) eines Verbrauchsmittels oder Überstrom-Schutzorgans
$I_{\Delta N}$	**Bemessungsfehlerstromstärke** der RCD
t_a	Abschaltzeiten der Überstrom-Schutzorgane in **Endstromkreisen** bei **Betriebsstromstärke** $I_b \leq 32$ A **TN-Systeme:** ▪ $t_a \leq 0{,}4$ s für 120 V < $U_0 \leq$ 230 V ▪ $t_a \leq 0{,}2$ s für 230 V < $U_0 \leq$ 400 V ▪ $t_a \leq 0{,}1$ s für U_0 > 400 V **TT-Systeme:** ▪ $t_a \leq 0{,}2$ s für 120 V < $U_0 \leq$ 230 V ▪ $t_a \leq 0{,}07$ s für 230 V < $U_0 \leq$ 400 V ▪ $t_a \leq 0{,}04$ s für U_0 > 400 V **IT-Systeme:** ▪ Körper mit PE-Leiter verbunden und gemeinsame Erdungsanlage → Abschaltzeiten wie im TN-System ▪ Körper in Gruppen oder einzeln geerdet → Abschaltzeiten wie im TT-System

Basisschutz und Fehlerschutz

Sicherheitskleinspannung SELV[1]

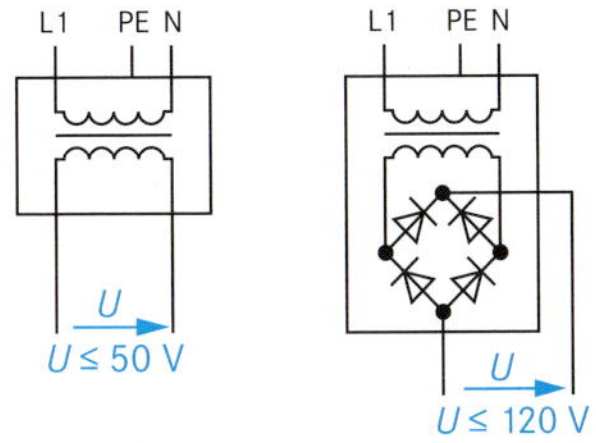

Keine Verbindung mit Erde, Schutzleiter oder aktiven Teilen anderer Stromkreise, **sichere Trennung**

Funktionskleinspannung PELV[2] bzw. FELV[3]

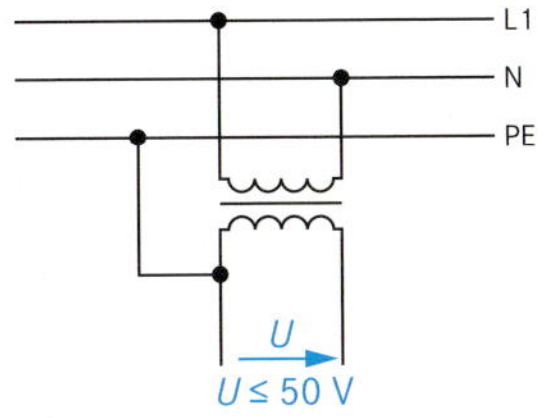

Hinweis:
- Bei FELV ist wie bei PELV aus Funktionsgründen Kleinspannung erforderlich, jedoch werden im Unterschied zu PELV nicht alle Bedingungen bei der Isolierung angeschlossener Betriebsmittel erfüllt.
- Erdung und Verbindung mit Schutzleiter anderer Stromkreise ist zulässig.

PELV: **sichere Trennung**; FELV: **ohne sichere Trennung**, FELV als eigenständige Schutzmaßnahme nicht anerkannt (DIN VDE 0100-470).

[1] = **S**afety **E**xtra **L**ow **V**oltage [2] = **P**rotective **E**xtra **L**ow **V**oltage [3] = **F**unctional **E**xtra **L**ow **V**oltage

Basisschutz

Isolierung aktiver Teile

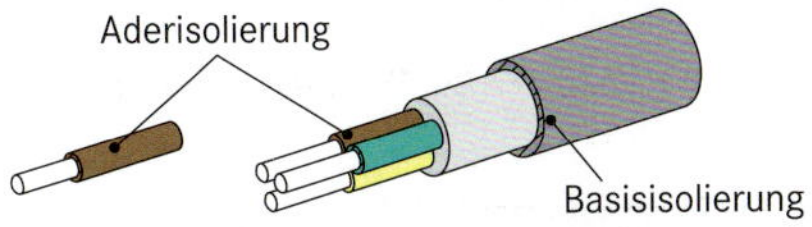

Abdeckungen und Umhüllungen

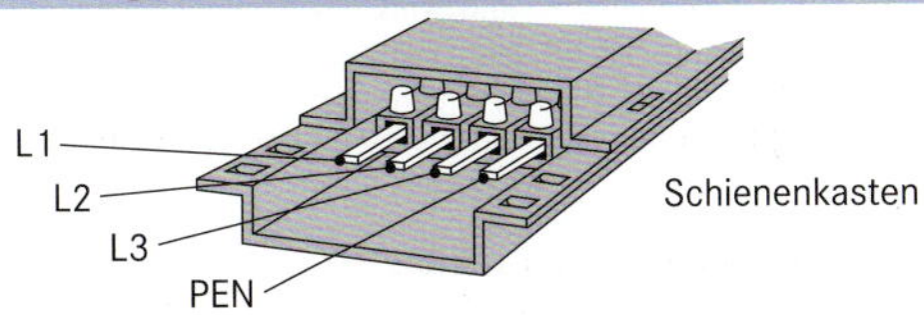

Hindernisse

z. B. Barrieren, Schranken

Anordnung außerhalb des Handbereichs

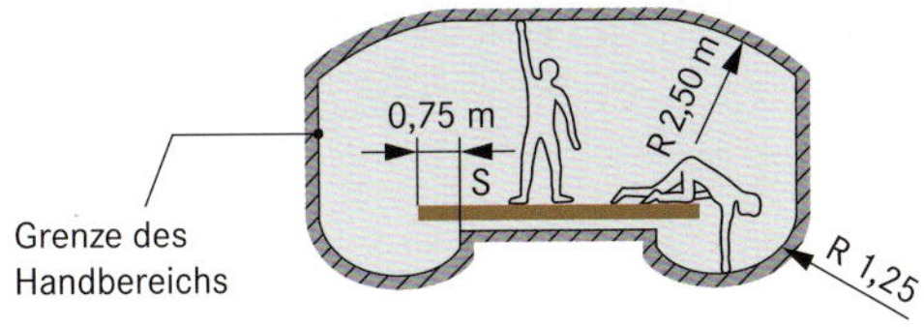

Zusätzlicher Schutz durch RCD ($I_{\Delta N} \leq 30$ mA)

Fehlerschutz

Schutzpotenzialausgleich

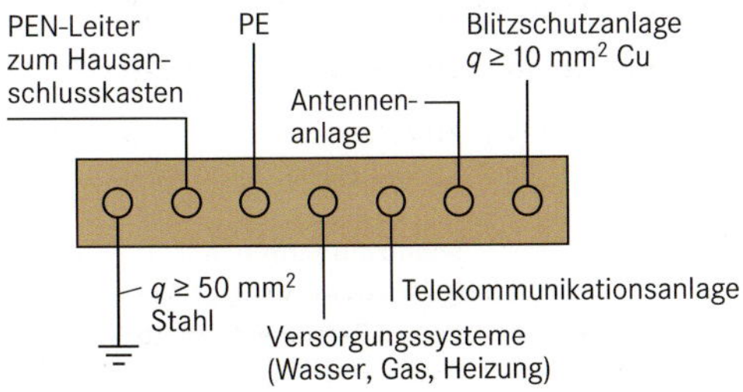

Doppelte oder verstärkte Isolierung

- Vollisolierung
- Isolierungsumkleidung
- Isolierauskleidung
- Zwischenisolierung

Nicht leitende Umgebung

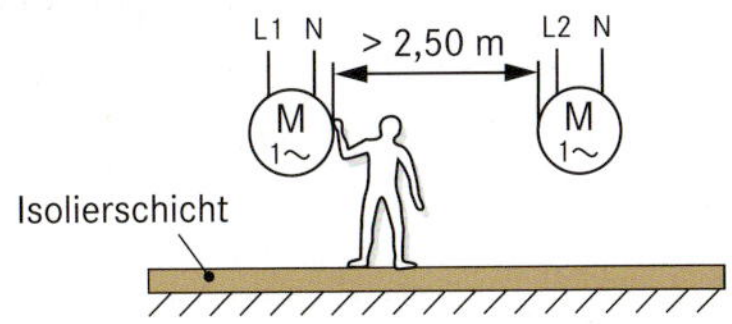

Schutztrennung

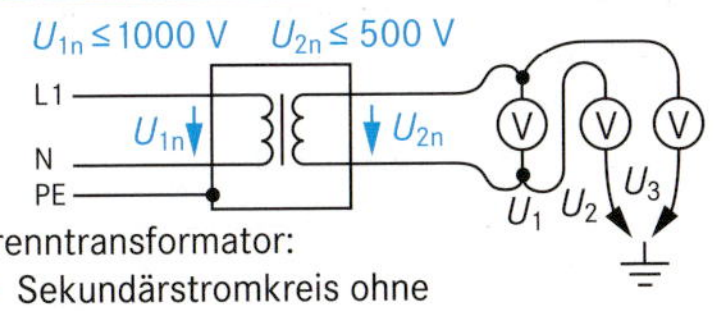

Spannungsmessungen:
U_1 = 250 V
U_2 = 0 V
U_3 = 0 V

Trenntransformator:
- Sekundärstromkreis ohne Verbindung zu anderem Stromkreis oder Erde
- $l_{2max} \leq 500$ m; $U_{2n} \cdot l_2 \leq 100\,000$ Vm

Schutz elektrischer Betriebsmittel

Schutzklassen

I	II	III
Schutzmaßnahme mit Schutzleiter - Gerät mit Metallgehäuse z. B. Motor	Doppelte oder verstärkte Isolierung (Schutzisolierung) - Geräte mit Kunststoffgehäuse z. B. Handbohrmaschine	Kleinspannung (SELV, PELV) - Geräte mit Bemessungsspannungen bis 50 V AC und 120 V DC z. B. elektrische Handleuchten

Fehlerschutz (Schutz bei indirektem Berühren)

TN-C-System

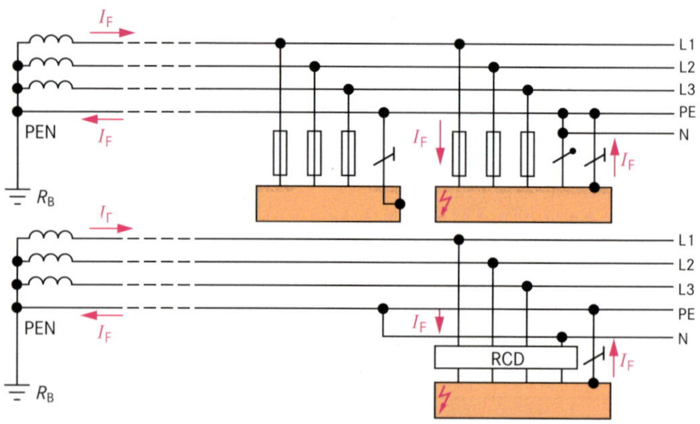

Schutzeinrichtungen:
- Schmelzsicherungen
- Leitungsschutz-Schalter
- RCD

Prinzip:
Fehlerstrom I_F wird zum Kurzschlussstrom und fließt über PE- und PEN-Leiter zur Quelle.

Abschaltung:
innerhalb der für I_a angegebenen Zeiten

Abschaltbedingung:
$Z_S \cdot I_a \leq U_o$

RCD:
$I_a = I_{\Delta N}$, Abschaltzeit $t_a \leq 0{,}2$ s; bei selektivem RCD-Schutz $t_a \leq 0{,}5$ s

TT-System

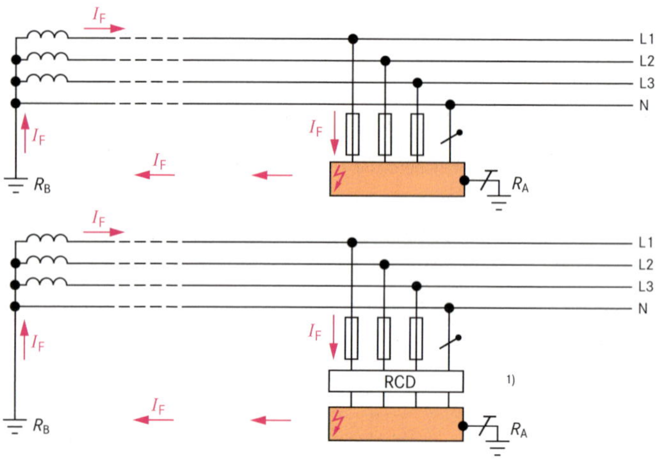

Schutzeinrichtungen:
- Schmelzsicherungen
- Leitungsschutz-Schalter
- RCD (Erforderlich, wenn bei einem Fehler der Erdschlussstrom zu niedrig ist, um das Überstrom-Schutzorgan in der geforderten Zeit abzuschalten.)

Prinzip:
Fehlerstrom I_F wird zum Erdschlussstrom und fließt über Erder (Erde) zur Quelle.

Abschaltung:
gewährleistet bei RCD, da Fehlerstrom niedrig.

Abschaltbedingung:
$R_A \cdot I_a \leq U_L$

RCD:
$I_a = I_{\Delta N}$ wie im TN-C-System

IT-System

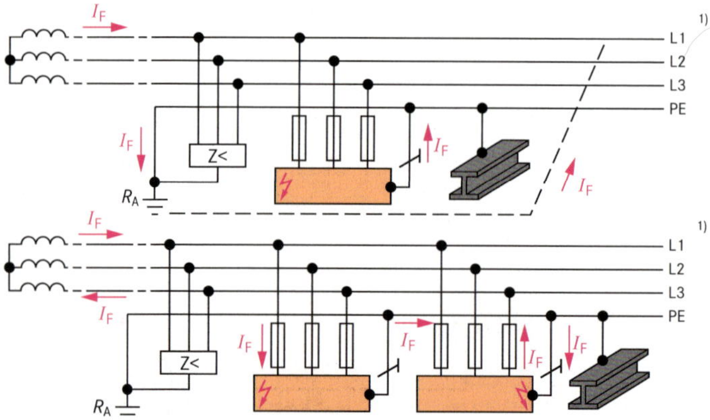

Schutzeinrichtungen:
- Schmelzsicherungen
- Leitungsschutz-Schalter
- Isolationsüberwachungseinrichtung
- RCD

Prinzip der Isolationsüberwachung:
- Einfachfehler: Fehleranzeige durch Meldung, I_d ($\triangleq I_F$) ist Fehlerstrom (Ableitstrom).
- Doppelfehler: Abschaltung durch Überstrom-Schutzorgane innerhalb 0,2 bzw. 5 s

Abschaltbedingung:
$R_A \cdot I_d \leq U_L$

[1] Auch mit Neutralleiter möglich

Isolationswächter

Anwendung

- Messung/Überwachung des Isolationswiderstandes in isolierten Netzen (IT)
- Isolationsüberwachung einzelner Betriebsmittel (z. B. Generator)
- Meldung bei unterschrittenem Grenzwert.

Grenzwerte

$R_{ISO} < 250\ \Omega/V$ und $R_{ISO} < 15\ k\Omega$	minimaler Isolationswiderstand R_{ISO} des Netzes (zwischen aktivem Leiter und Erde)
$I_m < 10\ mA$	maximaler Messstrom I_m (bei $R_F = 0\ \Omega$)
$U_m < 120\ V$	maximale Messspannung U_m (bei 1,1 U_n und $R_F = \infty$)

Standardfunktionen

- Prüfeinrichtung zur Sicherstellung einwandfreier Funktion (Isolationswiderstand wird kurzzeitig künstlich verringert)
- Bei Grenzwertverletzung optische Meldung im Gerät oder extern verschaltet
- Akustische Meldung rücksetzbar (quittierbar) aber nicht abschaltbar

optionale Zusatzfunktionen

- Ansprechwert (R_{an}) fest oder einstellbar
- Hystereseverhalten (Meldung bei steigendem R_{ISO}) oder Speicherverhalten (Meldung wird erst durch Quittierung zurückgesetzt)
- Vorwarnung bei Schwellwert größer als R_{an}
- interne/externe Anzeige von R_{ISO}

U_m: Messspannung, die während der Messung an den Messanschlüssen liegt.

I_m: Messstrom, der aus dem Überwachungsgerät zwischen Netz und Erde fließt.

R_F: Isolationswiderstand im überwachten Netz, einschließlich aller angeschlossenen Objekte gegen Erde

R_{an}: Wert des Isolationswiderstandes, dessen Unterschreitung überwacht wird.

Funktionsweise

- Der Netzspannung wird zwischen L und PE/N eine Gleichspannung überlagert.
- Bei sinkendem R_{ISO} steigt der Gleichstrom
- Ab voreingestelltem Grenzwert erfolgt die Auslösung der Störmeldung

Anschluss/Schaltung

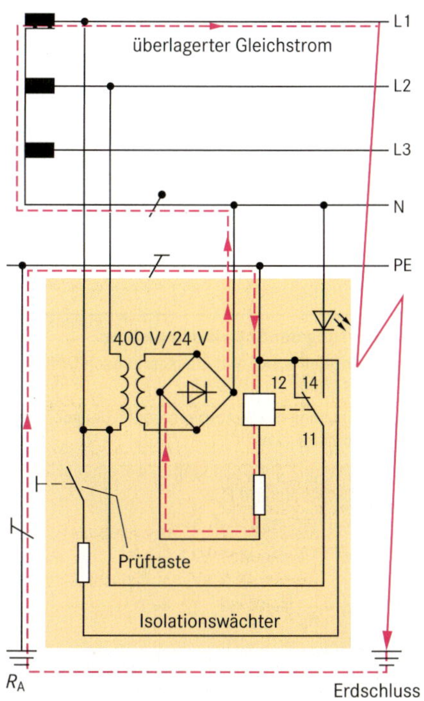

Funktionsdiagramm

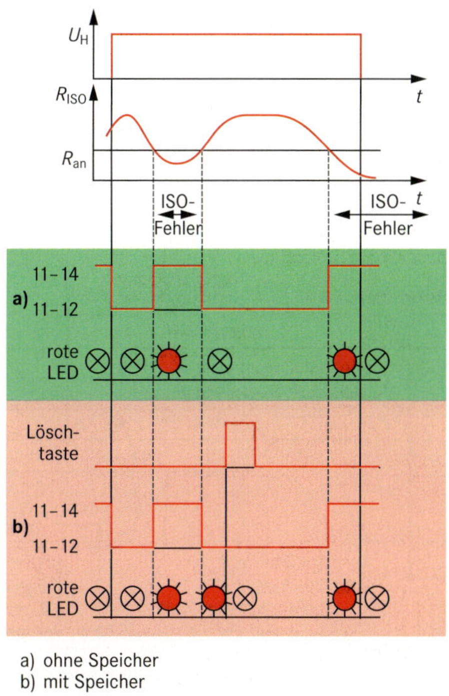

a) ohne Speicher
b) mit Speicher

Isolationswiderstand

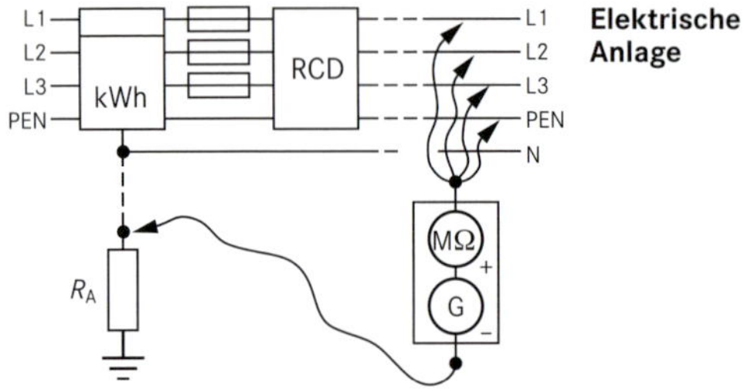

Messung des Isolationswiderstandes:

- Anlage vom Netz trennen und Außenleiter überbrücken.
- Messung von R_{iso} zwischen Außenleiter und Neutralleiter sowie Neutralleiter und PE-Leiter.
- Messung zwischen 2 Außenleitern nicht erforderlich.
- Werte für R_{Iso} ohne angeschlossene Verbraucher bei folgenden Nennspannungen:
  - SELV, PELV → $R_{Iso} \geq 0{,}5\ M\Omega$
  - $U_0 \leq 500\ V \rightarrow R_{Iso} \geq 1{,}0\ M\Omega$
  - $U_0 > 500\ V \rightarrow R_{Iso} \geq 1{,}0\ M\Omega$

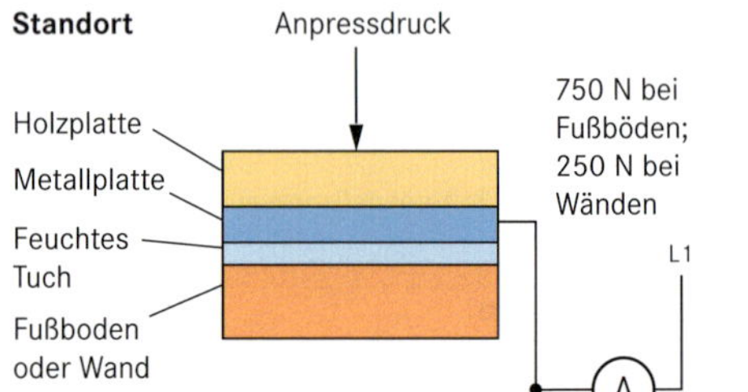

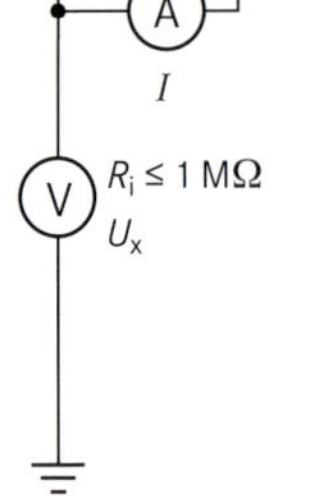

Fußbodenimpedanz Z_x:

- Messung von I und U_x
- Berechnung von Z_x

$$Z_x = \frac{U_x}{I}$$

Mindestwerte für Z_x (R_{iso}) in Wechselspannungsanlagen

- 50 kΩ bis AC 500 V
- 100 kΩ ab AC 500 V

Erdungswiderstand

Messarten

- **Zweileitermessung:** Der Widerstand zwischen dem zu messenden Erder R_E und einem bekannten Erder R_{PEN} des TN-Systems wird gemessen und vom bekannten Widerstand R_{PEN} subtrahiert.
  Anwendung: In dicht bebauten Gebieten, wo keine Sonden oder Hilfserder gesetzt werden können.
- **Dreileitermessung:** Aus Messstrom und Spannungsfall zwischen Hilfserder und Sonde (Verwendung von Erdspießen) ergibt sich der Erdungswiderstand. Direkte Anzeige auf dem Display.
  Anwendung: Fundamenterder, Baustellenerder, Blitzschutzerder
- **Messung mit zwei Stromzangen:** Mit einer Stromzange wird ein Messstrom in die Erdschleife induziert, mit einer zweiten Zange wird in einem Abstand von $a > 0{,}25$ m die Stromstärke durch den Erder gemessen.
  Anwendung: Praxisgerechte Messung in Erdungsanlagen mit untereinander verbundenen Erdern, z. B. der Blitzschutzanlage (Aufbau der Schaltungen nach Angaben der Messgerätehersteller).

Spannungstrichter eines Staberders

U_0: Erderspannung

U_s: Schrittspannung

I: Stromtärke

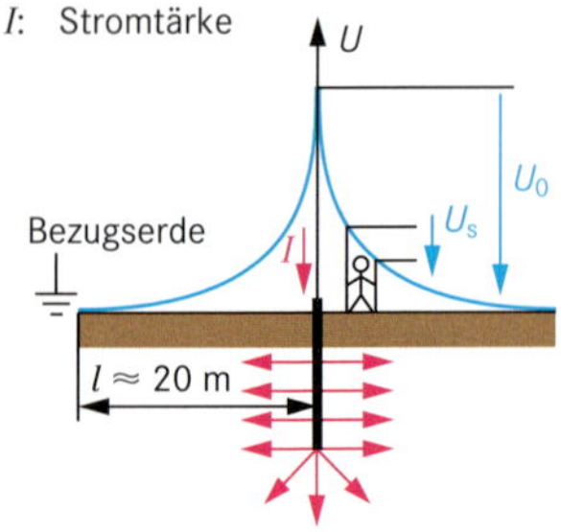

Schleifenimpedanz („Schleifenwiderstand")

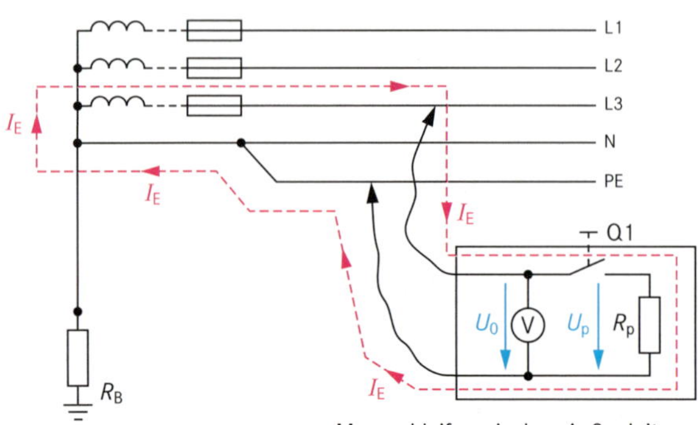

Messschleife zwischen Außenleiter und Schutzleiter

Messung der Schleifenimpedanz:

- Anzeige von Z_s mit Messgerät nach DIN EN 61557-3
- Messung der Netzspannung U_0 bei geöffnetem Schalter Q1
- Messung der Spannung U_p bei eingeschaltetem Lastwiderstand R_p
  Bestimmung von Z_s nach:
  $\Delta U = U_0 - U_p$ und $\Delta U = Z_s \cdot I_E$

$$I_E = \frac{U_0}{R_p + Z_s} \qquad (Z_s \ll R_p)$$

$$I_E \approx \frac{U_0}{R_p} \rightarrow Z_s \approx \frac{\Delta U \cdot R_p}{U_0}$$

Hausanschlussraum mit Schutzpotenzialausgleich

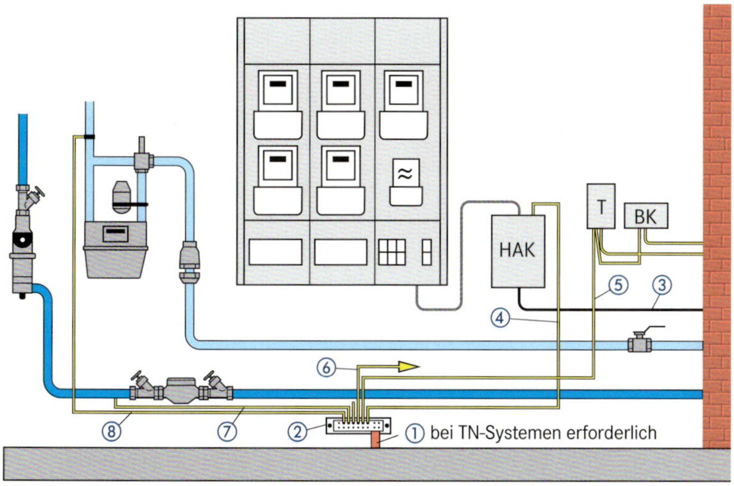

① Anschlussfahne des Fundamenterders

② Haupterdungsschiene (PAS)

③ Hauseinführungsleitung des VNB

PA-Leiter:
④ zum Hausanschlusskasten (HAK)

⑤ zur Telekommunikations- und BK-Anlage

⑥ Blitzschutzanlage

⑦ Wasserversorgungs- und Wasserentsorgungsanlage

⑧ Gasversorgungsanlage

Haupterdungsschiene

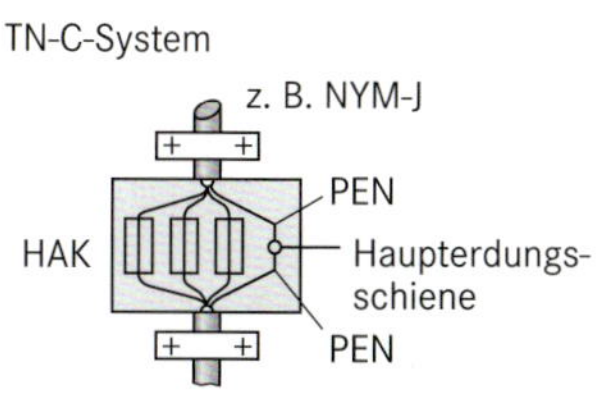

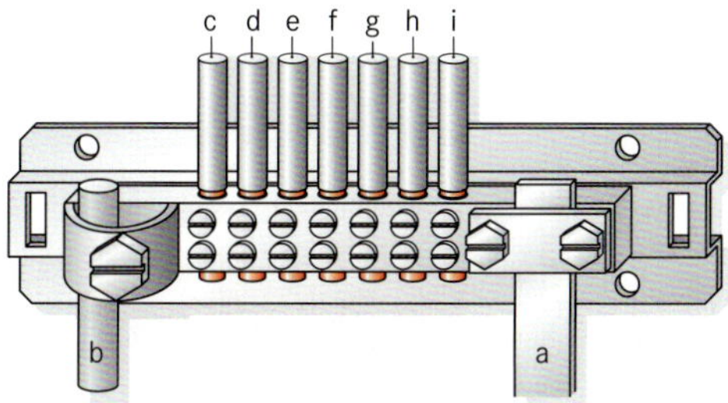

a Fundamenterder
b Blitzschutzanlage
c Heizungsanlage
d PE-Leiter zum HAK
e PE-Leiter zur PE-Schiene
f TK-Anlage
g Antennenanlage
h Gasversorgungsanlage
i Wasserversorgungsanlage

Zusätzlicher Schutzpotenzialausgleich bei leitender Standfläche

Darstellung	Erklärung	Anwendung (DIN VDE 0100...)
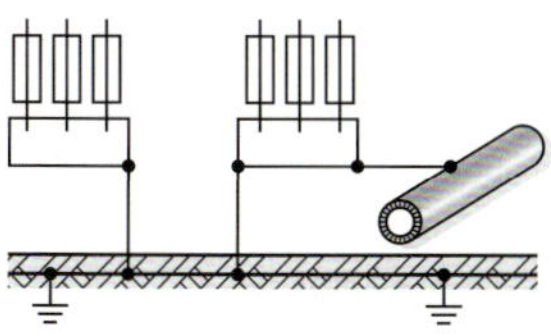	Schutzpotenzialausgleichsleiter zwischen Körpern und leitfähigen Teilen, die innerhalb des Handbereichs liegen	▪ Schutzleitermaßnahmen (-410) ▪ Baderäume (-701) ▪ Schwimmbäder (-702) ▪ landwirtschaftliche Betriebe (-705) ▪ feuergefährdete Betriebe (-482) ▪ mobile Ersatzstromversorgungsanlagen (-551)

Leiterquerschnitte für Schutzpotenzialausgleichsleiter

Verbindung mit der Haupterdungsschiene		Verbindung für zusätzlichen Schutzpotenzialausgleich
Material	Mindestquerschnitt in mm²	Zwischen zwei Körpern von elektrischen Betriebsmitteln: $q_{PE1} \leq q_{PE2} \rightarrow q_P \geq q_{PE1}$ q_{PE}: Querschnitt des jeweiligen Schutzleiters q_P: Querschnitt des Schutzpotenzialausgleichsleiters
Kupfer	6	
Aluminium	16	Zwischen Körpern eines elektrischen Betriebsmittels und einem metallenen Konstruktionsteil: $q_P \geq 2{,}5\ mm^2$ bei mechanischem Schutz des Leiters, z. B. durch Elektroinstallationsrohr $q_P \geq 4\ mm^2$ bei Leitern ohne mechanischen Schutz
Stahl	50	

Störursachen

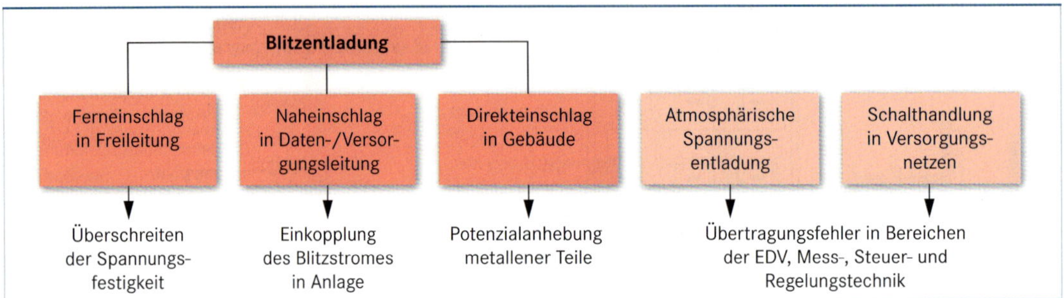

Schutzgeräte

Installationsort	Schutzmaßnahme	Funktion der Schutzmaßnahme	Schutzgerät/ Anforderungsklasse	Überspannungsbegrenzung	Abb.
Hauptverteilung zwischen HAK und Zähler	Blitzschutz, Schutzpotenzialausgleich	Schutz gegen Eindringen von Blitzströmen	Blitzstromableiter, Typ 1 (Grobschutz)	$U \leq 6$ kV	①
Unterverteilung vor RCD	Überspannungsschutz in Verteileranlage	Schutz gegen Überspannung zwischen L und PE sowie N und PE	Überspannungsschutzgerät, Typ 2 (Mittelschutz)	$U \leq 4$ kV	②
Steckdose, Geräteanschluss	Überspannungsschutz am Endgerät	Geräteschutz	Überspannungsschutzgerät, Typ 3 (Feinschutz)	$U \leq 1,5$ kV	③

Blitzstromableiter ①

- Blitzstromableiter in separatem Gehäuse
- Einbau in Schaltanlage nicht möglich

Überspannungsschutzgerät ②

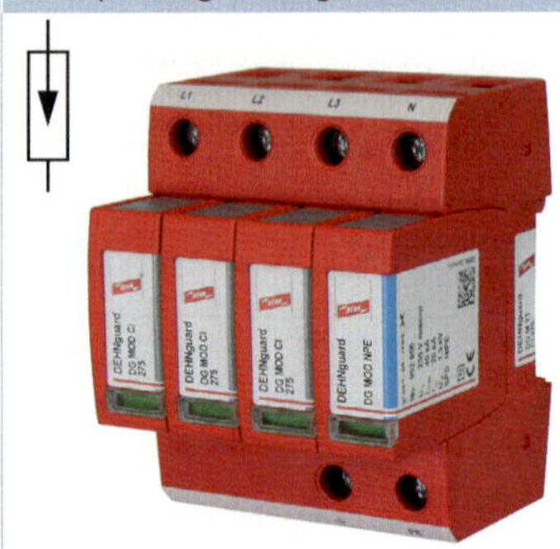

- Montage im Verteiler
- Anzeige bei Auslösung der Vorsicherung
- Überspannungsschutzgerät mit Meldekontakten (Wechsler) einsetzen

Geräteschutzadapter ③

- Montage am Endgerät
- Schutz gegen Überspannungen
- Adapter mit Schutzschaltung einbauen

Schutzgeräte vor Endgeräten

- Einbau z. B. im TN-System
  - bei Kabelkanälen mit sichtbarer Kontrollanzeige
  - bei Einbau in Installationsdosen
  - als Steckdoseneinsatz

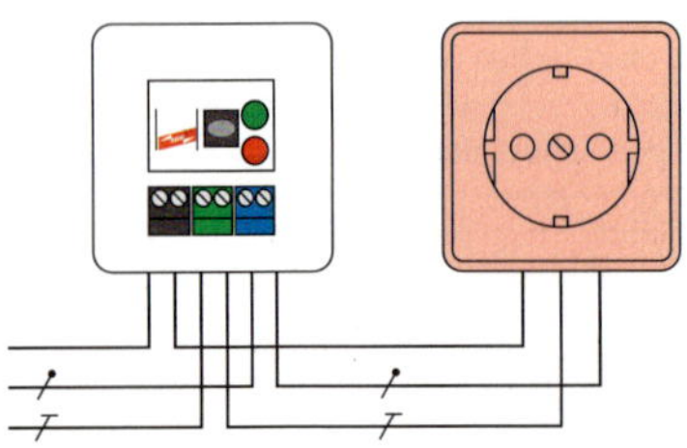

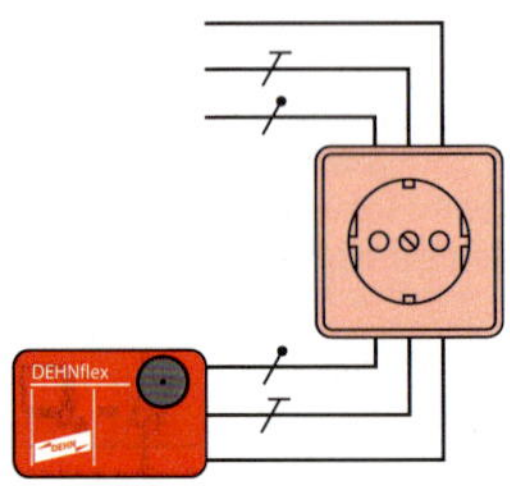

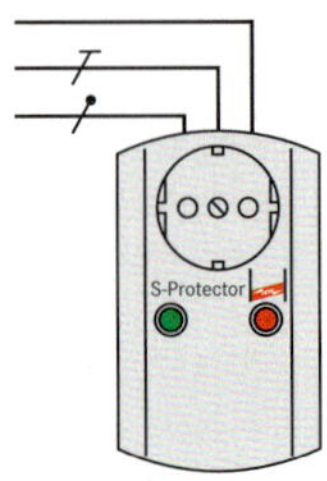

Voraussetzungen

- Zündwillige Gemische aus Sauerstoff und brennbaren Stoffen (Gase, Dämpfe, Stäube) und
- Zündquelle mit ausreichender Zündenergie

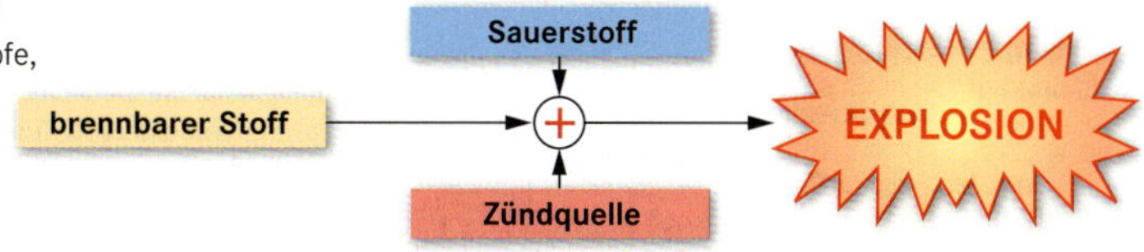

Schutzkonzepte

Primär	Sekundär	Tertiär
■ Bildung einer explosionsfähigen Atmosphäre vermeiden durch: - Substitution brennbarer Stoffe - Inertisierung (Sauerstoff verdrängen durch z. B. Stickstoff oder Kohlendioxid) - Konzentration des brennbaren Stoffes begrenzen - natürliche oder technische Lüftung	■ Zündung der explosionsfähigen Atmosphäre verhindern. ■ Beispielmaßnahmen: - EX-Zonen geben Wahrscheinlichkeit und Dauer des Auftretens von EX-Atmosphäre an. - Explosionsgeschütze Geräte vermeiden die Bildung einer wirksamen Zündquelle.	■ Anlagen halten einer Explosion stand und stellen keine Gefahr dar. ■ Beispielmaßnahmen: - explosionsdruckstoßfeste Geräte halten einmalig Explosionsdruck aus - explosionsfeste Anlagen halten Explosionsdruck mehrmals ohne Beschädigung stand.

Explosionskenngrößen (Auswahl)

- Stoffe unterscheiden sich bezüglich ihrer Explosionseigenschaften.
- Für die Beurteilung der Explosionsgefahr sind die Explosionskenngrößen erforderlich.
- Sie werden für Stäube und Gase/Dämpfe unterschieden und sind aus Stoffdatenblättern oder Datenbanken zu entnehmen.

Gase und Dämpfe	Stäube
■ **Zündtemperatur** gibt an, ab welcher Temperatur ein zündfähiges Gemisch explodiert. Die Zündtemperaturen sind in Temperaturklassen (T1 ... T6) eingeteilt. ■ **Explosionsgruppen** geben an, welche Zündenergie (z. B. bei Funken) nötig ist, um das Gemisch zu zünden. Sie sagt auch aus, welche Zündspaltweiten vor Ausbreitung der Explosion schützt.	■ **Glimmtemperatur** gibt an, ab welcher Temperatur sich eine 5 mm dicke Staubschicht entzünden kann. Sie reduziert sich mit zunehmender Staubdicke. Geräte müssen mindestens 75 K kühler als die Glimmtemperatur sein. ■ **Mindestzündtemperatur** gibt an, bei welcher Temperatur das Staub-Luftgemisch zündet. Gerätetemperatur darf maximal $^2/_3$ der Mindestzündtemperatur sein.

Kenngrößen von Gasen und Dämpfen

Temperaturklasse	Explosionsgruppen				Zündtemperatur der Stoffe
	I	II A	II B	II C	
T1	Methan	Aceton, Aethan, Ethylacetat, Ammoniak, Benzol (rein), Essigsäure, Kohlenoxyd, Methanol, Propan, Toluol	Stadtgas (Leuchtgas)	Wasserstoff	> 450 °C
T2	-	Ethylalkohol, i-Amylacetat, n-Butan, n-Butylalkohol	Ethylen	Acetylen	300 °C ... 450 °C
T3	-	Benzin, Dieselkraftstoff, Flugzeugkraftstoff, Heizöl, n-Hexan	-	-	100 °C ... 300 °C
T4	-	Acetaldehyd, Ethylether	-	-	135 °C ... 200 °C
T5	-	-	-	-	100 °C ... 135 °C
T6	-	-	-	Schwefelkohlenstoff	85 °C ... 100 °C

Zoneneinteilung

Gerätegruppe I		Gerätegruppe II				
für den Einsatz unter Tage		Häufigkeit vorhandener explosionsfähiger Atmosphäre	brennbare Gase, Dämpfe und Nebel	Gerätekategorie	brennbare Stäube	Gerätekategorie
M1	Betrieb bei EX-Atmosphäre	ständig, langzeitig	Zone 0	II 1G	Zone 20	II 1D
M2	Abschaltung beim Auftreten explosionsfähiger Atmosphäre	gelegentlich	Zone 1	II 2G	Zone 21	II 2D
		selten, kurzzeitig	Zone 2	II 3G	Zone 22	II 3D

Zündschutzarten

	Schutzart, Kurzzeichen		Zone	Funktionsprinzip, Anwendung
Gase/Dämpfe	erhöhte Sicherheit 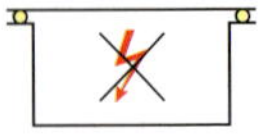	e eb[1]	1	■ Nur bei Geräten einsetzbar, die im Normalbetrieb keine Funken bilden. Funkenbildung bei Fehlern wird durch verstärkte Konstruktion vermieden. ■ Verstärkte Ausführung von Querschnitten, mechanischer Beständigkeit, elektrostatischer Ableitfähigkeit, ... ■ Anwendung bei Geräten mit nichtfunkenden Komponenten z. B. Kurzschlussläufer-Motoren, Klemmendosen, ...
	druckfeste Kapselung 	d db[1]	1	■ Gehäuse hält möglichen Explosionen stand. ■ Über definierte Spalte baut sich der Explosionsdruck nach außen ab und begrenzt bei der Explosionsausbreitung die Energie. So wird die Zündung der EX-Atmosphäre außerhalb des Gerätes vermieden. ■ Anwendung bei funkenden Geräten, z. B: Stecker, Schalter, Leuchten
	Überdruck-Kapselung 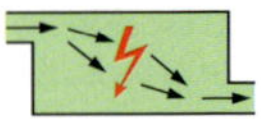	px pxb[1] py pyb[1] pz pzb[1]	1 1 2	■ Gehäuse wird mit Luft oder inertem Gas gespült, so dass innerhalb keine EX-Atmosphäre besteht. ■ Elektrische Komponenten werden erst nach vorgegebener Spülzeit zugeschaltet. Bei Ausfall der Spülung oder Öffnen des Gehäuses erfolgt eine Abschaltung. ■ Anwendung z. B. von Standardgeräten (Schütze, Drucker, Regler, große Motoren ...) in explosionsgefährdeten Bereichen.
	Eigensicherheit 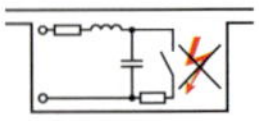	ia ib ic	0 1 2	■ Die Energie im eigensicheren Stromkreis ist so gering, dass die Zündenergie der Gase/Dämpfe nicht erreicht wird. ■ Mögliche Funken bei Kurzschluss oder Leiterunterbrechung führen nicht zur Explosion. ■ Anwendung bei Mess-, Steuer- und Regelungsanwendungen
	Ölkapselung 	o ob[1]	1	■ Zündfähige Komponenten werden in einem Ölbad gehalten. ■ Der Zündfunke ist damit von der EX-Atmosphäre entkoppelt und wird bei seiner Ausbreitung vom Ölbad gekühlt. ■ Anwendung z. B. bei Transformatoren, Anlasswiderständen
	Sandkapselung 	q qb[1]	1	■ Zündfähige Komponenten werden in einem Gehäuse von Sand oder Glaskörnern umgeben. ■ Zündfunke muss durch die Zwischenräume und verliert Energie. ■ Anwendung bei elektronischen Schaltungen, Kondensatoren, ...
	Vergusskapselung 	ma mb mc	0 1 2	■ Zündfähige Komponenten werden vergossen. ■ Die EX-Atmosphäre wird so von der Zündquelle entkoppelt. ■ Anwendung, z. B. bei elektronischen Schaltungen
	„n"	nA nC nR	2 2 2	■ Reduzierte Anforderungen für Zone 2 ■ Ausschließlich für nichtfunkende Betriebsmittel ■ Anwendung z. B. bei Leuchten, Klemmdosen, ...
	optische Strahlung 	op opA[1] opB[1] opB[1]	0 1 2	■ Optische Strahlung wird entweder in der Energie begrenzt (Vergleichbar mit Eigensicherheit), gegen Beschädigung geschützt oder so abgesperrt, dass sie nicht zündwirksam wird. ■ Anwendung z. B. bei Laserübertragungen, LWL-Anbindungen, ...
Staub	Schutz durch Gehäuse	ta tb tc	20 21 22	■ Gehäuse wird vor Eindringen explosionsfähiger Atmosphäre geschützt. ■ Oberflächentemperatur wird begrenzt. ■ Anwendung bei Klemmkästen, Leuchten, Motoren

■ Zündschutzarten werden einzeln oder kombiniert angewendet. [1] Alternatives Kurzzeichen der Zündschutzart

Kennzeichnung explosionsgeschützter Betriebsmittel

Beispiel:

① **CEAG** **eLLK 98766/36**
CEAG Sicherheitstechnik GmbH. Senator-Schwartz-Ring 26, 59494 Soest
② S. Nr.: D 123456 ③ 2009 ④ Ex ⑤ II 2 G ⑥ CE 0102

PTB 12 ATEX 1243 ⑦	⑩ 110-254 V 50-60 Hz
Ex ed IIC T4 Gb ⑧	⑩ 110-230 V DC
⑨ Lampe: G 13 81-IEC-1305-2	⑩ Ta ≤ 50 °C

Typenschild nach ATEX-Richtlinie 2014/34/EU und Norm

① Herstellername, -anschrift (ggf. Internetadresse) und Logo
② Seriennummer
③ Baujahr
④ Kennzeichnung für explosionsgeschützte Geräte in Verbindung mit ⑤
⑤ Gerätegruppe
⑥ CE-Zeichen mit Nr. der Prüfstelle für Fertigungsüberwachung
⑦ Prüfnummer
⑧ Zündschutzart, Temperaturklasse, **EPL** (**E**quipment **P**rotection **L**evel)
⑨ Betriebsmittelkennzeichnung
⑩ Betriebsparameter

Kennzeichnung

IP 2 3 C H

Kennbuchstaben (**I**nternational **P**rotection) — IP

1. Kennziffer — 2
(Schutz gegen Eindringen von Fremdkörpern und Staub)

2. Kennziffer — 3
(Schutz gegen Eindringen von Wasser)

Wird eine Kennziffer nicht angegeben, so ist sie durch ein X zu ersetzen.

H — Ergänzender Buchstabe (Schutz gegen Zugang zu gefährlichen Teilen)

C — Zusätzlicher Buchstabe

Ergänzender/zusätzlicher Buchstabe kann entfallen. Mehrere Buchstaben sind in alphabetischer Reihenfolge zu nennen.

1. Kennziffer	Bildzeichen[1]	Beschreibung	2. Kennziffer	Bildzeichen[1]	Beschreibung
0		Kein Schutz	0		Kein Schutz
1		Schutz gegen Eindringen großer Fremdkörper (*d* ≥ 50 mm)	1		Schutz gegen senkrecht fallendes Wasser (Tropfwasser)
2		Schutz gegen Eindringen mittelgroßer Fremdkörper (*d* ≥ 12 mm)	2		Schutz gegen schräg fallendes Wasser (Tropfwasser) bis zu 15° Neigung
3		Schutz gegen Eindringen kleiner Fremdkörper (*d* ≥ 2,5 mm)	3		Schutz gegen Sprühwasser mit maximal 60° zur Senkrechten
4		Schutz gegen Eindringen kornförmiger Fremdkörper (*d* ≥ 1 mm)	4		Schutz gegen Spritzwasser aus allen Richtungen
5		Schutz gegen Staubablagerungen (staubgeschützt) und vollständiger Berührungsschutz	5		Schutz gegen Wasserstrahl aus allen Richtungen
6	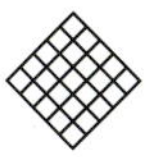	Schutz gegen Eindringen von Staub (staubdicht), vollständiger Berührungsschutz	6		Schutz gegen starken Wasserstrahl aus allen Richtungen
			7		Schutz bei zeitweiligem Untertauchen
			8	 	Schutz bei dauerndem Untertauchen
			9		Schutz gegen Hochdruck und hohe Strahlwassertemperaturen

zusätzlicher Buchstabe	Beschreibung	ergänzender Buchstabe	Beschreibung
A	Schutz gegen Zugang mit Handrücken	H	Hochspannungs-Betriebsmittel
B	Schutz gegen Zugang mit Finger	M	Schutz gegen Wasser geprüft bei bewegten Teilen
C	Schutz gegen Zugang mit Werkzeug	S	Schutz gegen Wasser geprüft bei stillstehenden, beweglichen Teilen
D	Schutz gegen Zugang mit Draht	W	Schutz vor festgelegten Wetterbedingungen, mit zusätzlichen Schutzmaßnahmen

[1] Übliche Kennzeichnung bei Leuchten; sie geben ungefähr den Schutz der 2. Kennziffer wieder.

Niederspannungsschaltanlagen
Low-Voltage Switchgear and Controlgear Installations

DIN EN 61439-1: 2012-06

Bauformen

Schaltgerätekombinationen

- **Äußere Bauform**
  - offen
  - Tafelbauform
  - geschlossen
    - Schrank
    - Pult
    - Kasten
    - Schienenverteiler
- **Aufstellung**
  - **Ort**
    - innen
    - außen
  - **Art**
    - fest
    - beweglich
- **Schutzmaßnahme gegen**
  - Direktes Berühren
    - Isolieren
    - Abdecken
    - Hindernisse
  - Indirektes Berühren
    - Abschaltung
    - Schutzisolieren
- **Einbauten**
  - fest
  - herausnehmbar
  - **Umhüllung**
    - Metall
    - Isolierstoff
- **Typ**
  - Energie-Schaltgerätekombination
  - Installationsverteiler
  - Baustromverteiler
  - Kabelverteilerschrank
  - Schienenverteiler

Bemessungsgrößen (Auswahl)

- **Spannung U_n**,
  gewährleistet einwandfreie Funktion
- **Isolationsspannung U_i**,
  Prüfspannung für Luft- und Kriechstrecken
- **Stoßspannungsfestigkeit U_{imp}**,
  berücksichtigt transiente Überspannungen
- **Strom der Schaltgerätekombination I_{nA}**,
  Stromtragfähigkeit der Hauptsammelschiene oder Summe der Bemessungsströme von parallelen Einspeisungen
- **Kurzzeitstrom I_{cw}**,
  Belastbarkeit durch Kurzschlussströme für definierte Zeiträume (typisch z. B. 0,2 s; 1 s; 3 s)
- **Belastungsfaktor *RDF***,
  Prozentwert des Bemessungsstroms, mit dem die Abgänge dauernd und gleichzeitig belastet werden können.
- **Frequenz f_n**

Bauartnachweis

- Hersteller muss nachweisen, dass die Bauart der Normenreihe DIN EN 61439 entspricht.
- Verwendung von Komponenten (Gehäuse, Einbauten, ...), die vom ursprünglichen Hersteller geprüft wurden.
- Der Bauartnachweis für das Endprodukt enthält **Konstruktionsnachweise**:
  - Festigkeit von Werkstoffen und Teilen,
  - Schutzart von Umhüllungen,
  - Luft- und Kriechstrecken,
  - Schutz gegen elektrischen Schlag und Durchgängigkeit des Schutzleiters,
  - Einbau der Betriebsmittel,
  - innere Stromkreise und Verbindungen und
  - Anschlüsse für von außen eingeführte Leiter.

  Verhaltensnachweise:
  - Isolationseigenschaften,
  - Erwärmung,
  - Kurzschlussfestigkeit,
  - Elektromagnetische Verträglichkeit und
  - mechanische Funktion
- Nachweise werden durch Prüfung, Berechnung oder Einhaltung von Konstruktionsregeln erbracht.

Beispiele

Energieverteiler

- Hohe Leistungen, z. B. Industrieanlagen
- Modularer Aufbau ermöglicht Umbauarbeiten im Betrieb

Installationsverteiler

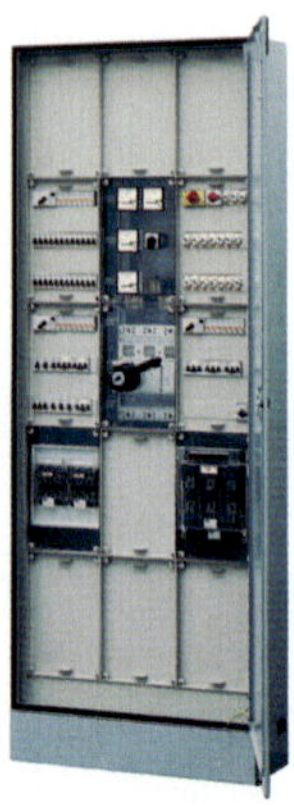

- Kleine Leistungen, z. B. Haus-/Lichtverteilung in Bürogebäuden

Schienenverteiler

- Energieverteilung in Gebäuden
- Energieabgriff über Schienenkästen mit Sicherungseinsatz, Steckdose, ...

Betrieb und Umfeld

8

Abnahmebereitschaft	
Zustand, in dem alle Bedingungen von Seiten des Auftraggebers und Auftragnehmers erfüllt sind, die für die Durchführung der Abnahme erforderlich sind.	
Abnahmeerklärung; Abnahmebestätigung	
Bestätigung durch den Abnahmeberechtigten, dass vertraglich vereinbarte Lieferungen und Leistungen erbracht sind.	
Abnahmephase	
Projektphase, in der eine oder mehrere Abnahmen erfolgen.	
Abwicklungsmanagement	
Aufgabengebiet innerhalb des Projektmanagements, das sich auf die auftrags- bzw. vertragsgerechte Realisierung des Projektziels (Objektes) erstreckt.	
Auftragsverhandlung	
Verhandlung zwischen Auftraggeber und Anbieter zur Festlegung der für den Fall der Auftragserteilung zum Auftrag gehörenden Lieferungen und Leistungen beider Seiten sowie der sonstigen vertraglichen Bedingungen.	
Freigabe	
Erlaubnis zur Durchführung nachfolgender Arbeiten festgelegten Inhalts.	
Nachforderungsmanagement (engl.: claim management)	
Aufgabengebiet innerhalb des Projektmanagements zur Übrwachung und Beurteilung von Abweichungen bzw. Änderungen und deren wirtschaftlichen Folgen zwecks Ermittlung und Durchsetzung von Ansprüchen.	
Restleistungen (engl.: pending points)	
Zum Auftragsumfang gehörende, nicht planmäßig erbrachte Liefer- und Leistungsanteile von untergeordneter Bedeutung, die erst nachträglich erbracht werden.	
Projektabschluss	
Beendigung aller Tätigkeiten, die mit dem Projekt in Zusammenhang stehen.	
Projektabwicklung	
Aufgabendurchführung vom Anfang bis zum Ende eines Projekts.	
Projektaudit	
Von einem unabhängigen Auditor systematisch durchgeführte Projektanalyse.	
Projektgegenstand	
Durch die Aufgabenstellung gefordertes materielles oder immaterielles Ergebnis der Projektarbeit.	
Projekthandbuch	
Zusammenstellung von Informationen und Regelungen, die für die Planung und Durchführung eines bestimmten Projekts gelten sollen.	
Projektinformationsmanagement	
Aufgabengebiet innerhalb des Projektmanagements, das sich mit der Erfassung, Weiterleitung, Be- und Verarbeitung, Auswertung und Speicherung der Projektinformationen befasst.	
Projektinfrastruktur	
Alle materiellen und immateriellen Einrichtungen und Hilfsmittel, die zur Durchführung eines Projekts notwendig sind.	

Projektkalkulation	
Ermittlung der voraussichtlichen kostenwirksamen Projektleistungen und ihre Bewertung.	
Projektmanagementhandbuch	
Zusammenstellung von Regelungen, die innerhalb einer Organisation generell für die Planung und Durchführung von Projekten gelten.	
Projektmanagement-Instrumentarium	
Gesamtheit der Arbeitsmittel, Methoden, Verfahren und Vorgehensweisen, die dem Projektmanagement zur Verfügung stehen. Unter diesen werden diejenigen im Einzelfall ausgewählt, die der Durchführung der Aufgaben dienen sollen.	
Projektbeobachtung (engl.: project monitoring)	
Fortlaufende Erfassung von Ist-Werten der Projektabwicklung einschließlich Berichterstattung.	
Projektplan; Projektmanagementplan	
Gesamtheit aller im Projekt vorhandenen Pläne.	
Projektrisiko	
Risiko, durch das der vorgesehene Ablauf oder Ziele des Projekts gefährdet werden.	
Projektziel	
Gesamtheit von Einzelzielen, die durch das Projekt erreicht werden sollen, bezogen auf Projektgegenstand und Projektablauf.	
Risikoanalyse; Projektrisikoanalyse	
Teil einer Projektanalyse, der sich auf das Projektrisiko bezieht.	
Risikomanagement	
Aufgabengebiet innerhalb des Projektmanagements zur Ausschaltung, Vermeidung oder Verringerung von Projektrisiken.	
Sistierung	
Vom Auftraggeber formell geforderter Stillstand in der Auftrags- bzw. Projektabwicklung, bei dem zunächst offenbleibt, ob der Auftrag bzw. das Projekt weitergeführt wird.	
Teilabnahme	
Abnahme einer Teillieferung oder Teilleistung aus dem Vertrag, die funktions- bzw. objektbezogen oder aufgrund besonderer Umstände abgegrenzt wird.	
Übergabe	
Nach Form, Inhalt und Durchführung vertraglich vereinbarte oder durch Rechtsvorschriften geregelte Abgabe von Lieferungen und Leistungen an den Empfänger.	
Übernahme	
Nach Form, Inhalt und Durchführung vertraglich vereinbarte oder durch Rechtsvorschriften geregelte Entgegennahme von Lieferungen und Leistungen von einem Abgebenden.	
Vertragsmanagement	
Aufgabengebiet innerhalb des Projektmanagements zur Steuerung der Gestaltung, des Abschlusses, der Fortschreibung und der Abwicklung von Verträgen zur Erreichung der Projektziele.	
Vorabangebot; Richtangebot; Schätzangebot	
Angebot mit vorläufigem Charakter zum Abstecken des Rahmens.	

Projektstrukturierung
Project Structuring

Merkmale

- Zur Verbesserung der **Übersichtlichkeit** und **Steuerbarkeit** werden Projekte in der Regel in überschaubare und handhabbare Teilaufgaben zerlegt.
- Bedingt durch unterschiedliche Anforderungen und Sichtweisen erfolgt die Zerlegung in eine
  - **Produktstruktur**,
  - **Projektstruktur**,
  - **Kontenstruktur**.
- Diese Strukturierungen sind die Grundlage für die **Projektplanung** und **Projektkontrolle** im Rahmen des **Projektmanagements**.
- Alle Plandaten und Istdaten des Projekts müssen auf diese Strukturkomponenten beziehbar bzw. daraus ableitbar sein.
- Je sorgfältiger die Planung zu Beginn des Projekts durchgeführt wird, desto größer ist der Projekterfolg.

Produktstruktur

- Die **Produktstruktur**
  - ist eine Gliederung des Produkts/Systems aus technischer Sicht,
  - enthält alle zu entwickelnden Produkt-/Systemteile (z. B. Hard- und Software) und beschreibt die **Realisierungsstruktur**,
  - wird top-down bis auf die kleinste in sich geschlossene Komponente gegliedert und
  - kann in grafischer Form als **Produktstrukturplan** und/oder in tabellarischer Form erstellt werden.
- Abhängig von der Art des Projekts kann der Produktstrukturplan ausgerichtet sein als
  - **Funktionsstrukturplan** (beschreibt die Funktionen des geplanten Produkts/Systems),
  - **Anlagenstrukturplan** (beschreibt die technischen Komponenten innerhalb einer Anlagenentwicklung) oder
  - **Systemstrukturplan** (beschreibt die Komponenten von z. B. Hardware-/Software-Entwicklungen).

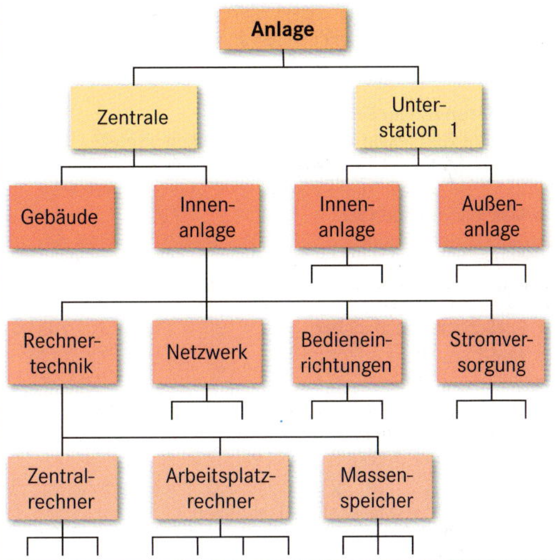

Projektstruktur

- Die **Projektstruktur**
  - beinhaltet eine **aufgabenmäßige Strukturierung** des Projekts (**was** ist zu **tun**),
  - umfasst alle für die Realisierung des Vorhabens erforderlichen Aufgabenpakete und wird auch **Aufgabenbaum** genannt und
  - wird soweit detailliert, bis einzelne Arbeitspakete einer Arbeitsgruppe oder einzelnen Mitarbeitern zugeordnet werden können.

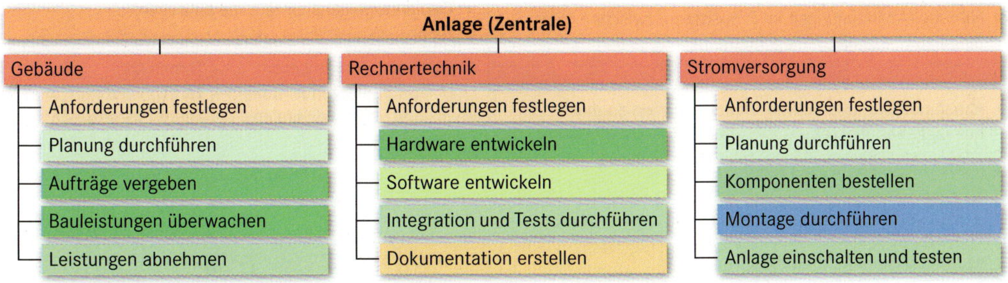

Kontenstruktur

- Die **Kontenstruktur**
  - beinhaltet eine **Konteneinteilung** aus kaufmännischer Sicht,
  - kann entsprechende Unterkontenbildung oder Kontenzusammenfassung beinhalten,
  - kann grundsätzlich aufgebaut sein nach Art des Auftrages als **vertriebsorientiert** (Kundenauftrag) oder **entwicklungsorientiert** (interner Entwicklungsauftrag) und
  - kann gegliedert sein z. B. nach **Kostenverursacher**, **Kostenkomponenten** oder orientiert am **Terminplan**.

Projektphasen

Projektstart

Frage: Was soll gemacht werden?

- Ziele für das Projekt festlegen (Abstimmung mit Auftraggeber und Projektteam)
- Ziele schriftlich fixieren und bestätigen lassen.
- Mehrere Lösungsmöglichkeiten analysieren.
- Die umzusetzende Lösung festlegen.

Anforderungen an Projektziele:

- Leitlinie für Messgröße aller Aktivitäten im Projekt
- Akzeptierbar für alle Beteiligten
- Messbar, überprüfbar
- Abnahmekriterien für Projektende
- Widerspruchsfrei
- Realistisch und machbar
- Möglichst Ziele vorgeben – keine Lösungen

Planung

Frage: Wie, wann und was soll gemacht werden?

- Inhaltliche und terminliche Struktur erstellen
- Zwischenziele (Meilensteine) festlegen
- Kostenrahmen festlegen
- Projektverantwortlichkeiten definieren
- Arbeitspakete und Aufgaben mit Verantwortung vergeben

Realisierung

- Organisation erstellen (Kompetenzen und Stellen zuweisen, Arbeitsumgebung bereitstellen, ...)
- Personalbetreuung (Personalauswahl, Fortbildung, Verantwortung, Entlohnung)
- Führung (Abstimmungen im Projektteam zwischen allen Beteiligten, Konfliktmanagement, ...)

Abschluss

- Abnahmetests durchführen, Dokumentation an den Auftraggeber übergeben
- Produktdokumentation prüfen
- Projektziele und Ergebnisse vergleichen
- Projektteam mit allen Ressourcen auflösen oder in neue/andere Projekte überführen
- Projektabschluss feiern

Review durchführen:

- Abschlusskalkulation erstellen
- Analyse des Projektablaufs (Stärken/Schwächen in Projektentwicklung, Projektmanagement, Projektleitung, ...)
- Verbesserungspotenzial ermitteln und dokumentieren
- Ergebnisse der Projektanalyse dokumentieren

Projektsteuerung/-controlling

- Haupttätigkeit der Projektleitung gegebenenfalls mit Kontrollteams
- Aufgabe für Verantwortliche von Teilaufgaben
- Ständige Kontrolle von Soll- und Ist-Zuständen (Kosten, Projektfortschritt, Qualität, Dokumentation, ...)
- Korrekturmaßnahmen veranlassen
- Nutzung von Analysemethoden: z. B. Projektstatusanalyse (Termine), Kostentrend-Analyse, Meilenstein-Trendanalyse)
- Änderungsmanagement

Terminverfolgung:

- z. B. mit Projektstrukturplan aus der Planung
- Kritischer Pfad (Ablauf mit kürzester zeitlicher Reihenfolge) ist besonders intensiv zu überwachen.

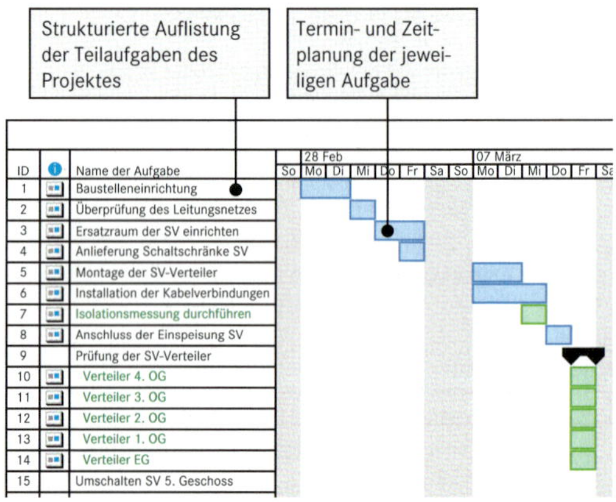

Meilenstein-Trendanalyse:

- Geplante Meilensteintermine eintragen
- Im Projektverlauf korrigierte Meilensteintermine eintragen
- Ergebnis: gerade Linien → Termin OK
  steigende Linien → Termin verzögert
  fallende Linien → Termin vorgezogen

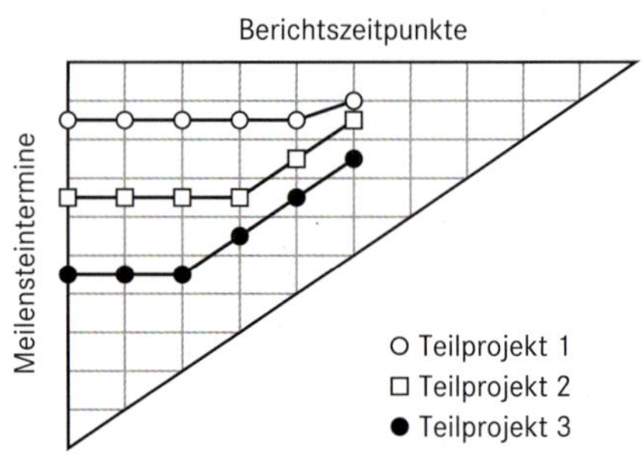

DIN EN ISO 9001: 2015-11

Inhalt

- Die DIN EN ISO 9001 legt die **Mindestanforderungen** an ein Qualitätsmanagementsystem für eine Organisation fest.
- Sie ist die Grundlage für eine **Zertifizierung** des Qualitätsmangementsystems in einer Organisation.

1	**Anwendungsbereich**
2	**Normative Verweisungen**
3	**Begriffe**
4	**Kontext der Organisation**
4.1	Verstehen der Organisation und ihres Kontextes
4.2	Verstehen der Erfordernisse und Erwartungen interessierter Parteien
4.3	Festlegen des Anwendungsbereichs des Qualitätsmanagementsystems
4.4	Qualitätsmanagementsystem und seine Prozesse
5	**Führung**
5.1	Führung und Verpflichtung
5.1.1	Allgemeines
5.1.2	Kundenorientierung
5.2	Politik
5.2.1	Festlegung der Qualitätspolitik
5.2.2	Bekanntmachung der Qualitätspolitik
5.3	Rollen, Verantwortlichkeiten und Befugnisse in der Organisation
6	**Planung**
6.1	Maßnahmen zum Umgang mit Risiken und Chancen
6.2	Qualitätsziele und Planung zu deren Erreichung
6.3	Planung der Änderungen
7	**Unterstützung**
7.1	Ressourcen
7.1.1	Allgemeines
7.1.2	Personen
7.1.3	Infrastruktur
7.1.4	Prozessumgebung
7.1.5	Ressourcen zur Überwachung
7.1.6	Wissen der Organisation
7.2	Kompetenz
7.3	Bewusstsein
7.4	Kommunikation
7.5	Dokumentierte Information
7.5.1	Allgemeines
7.5.2	Erstellen und Aktualisieren
7.5.3	Lenkung dokumentierter Information
8	**Betrieb**
8.1	Betriebliche Planung und Steuerung
8.2	Anforderungen an Produkte und Dienstleistungen
8.2.1	Kommunikation mit den Kunden
8.2.2	Bestimmen von Anforderungen für Produkte und Dienstleistungen
8.2.3	Überprüfen der Anforderungen für Produkte und Dienstleistungen
8.2.4	Änderungen von Anforderungen an Produkte und Dienstleistungen
8.3	Entwicklung von Produkten
8.3.1	Allgemeines
8.3.2	Entwicklungsplanung
8.3.3	Entwicklungseingaben
8.3.4	Steuerungsmaßnahmen für die Entwicklung
8.3.5	Entwicklungsergebnisse
8.3.6	Entwicklungsänderungen
8.4	Steuerung von extern bereitgestellten Prozessen, Produkten und Dienstleistungen
8.4.1	Allgemeines
8.4.2	Art und Umfang der Steuerung
8.4.3	Informationen für externe Anbieter
8.5	Produktion und Dienstleistungserbringung
8.5.1	Steuerung der Produktion und Dienstleistungserbringung
8.5.2	Kennzeichnung und Rückverfolgbarkeit
8.5.3	Eigentum der Kunden oder der externen Anbieter
8.5.4	Erhaltung
8.5.5	Tätigkeiten nach der Lieferung
8.5.6	Überwachung von Änderungen
8.6	Freigabe von Produkten
8.7	Steuerung nichtkonformer Ergebnisse
9	**Bewertung der Leistung**
9.1	Überwachung, Messung, Analyse und Bewertung
9.1.1	Allgemeines
9.1.2	Kundenzufriedenheit
9.1.3	Analyse und Bewertung
9.2	Internes Audit
9.3	Managementbewertung
9.3.1	Allgemeines
9.3.2	Eingaben für die Managementbewertung
9.3.3	Ergebnisse der Managementbewertung
10	**Verbesserung**
10.1	Allgemeines
10.2	Nichtkonformität und Korrekturmaßnahmen
10.3	Fortlaufende Verbesserung
	Anhang A und B informativ

Merkmale

- **QFD** (**Q**uality **F**unction **D**eployment)
  - ist eine strukturierte Methode zur systematischen und ganzheitlichen Produkt- und Qualitätsplanung.
  - wird angewendet zur gezielten Umsetzung von **Kundenwünschen** (Forderungen) in Produktmerkmale und in Prozessabläufe,
  - hat bei konsequenter Anwendung einen hohen Einfluss auf die Qualität und
  - wird eingesetzt in den Phasen von der **Produktidee** bis zur **Prozessplanung.**
- Ziele von QFD sind:
  - Gewinnung zufriedener Kunden
  - Optimierung des Kundennutzens
  - Verbesserung der relativen Wettbewerbsposition
  - Gewinnung von Marktanteilen
- Aus der Orientierung an den Kundenwünschen (Stimme des Kunden) werden alle Anforderungen an das Produkt in Form eines Lastenheftes für alle betroffenen Abteilungen innerhalb einer Firma zur Realisierung als verbindlich vorgegeben.

Qualitätshaus

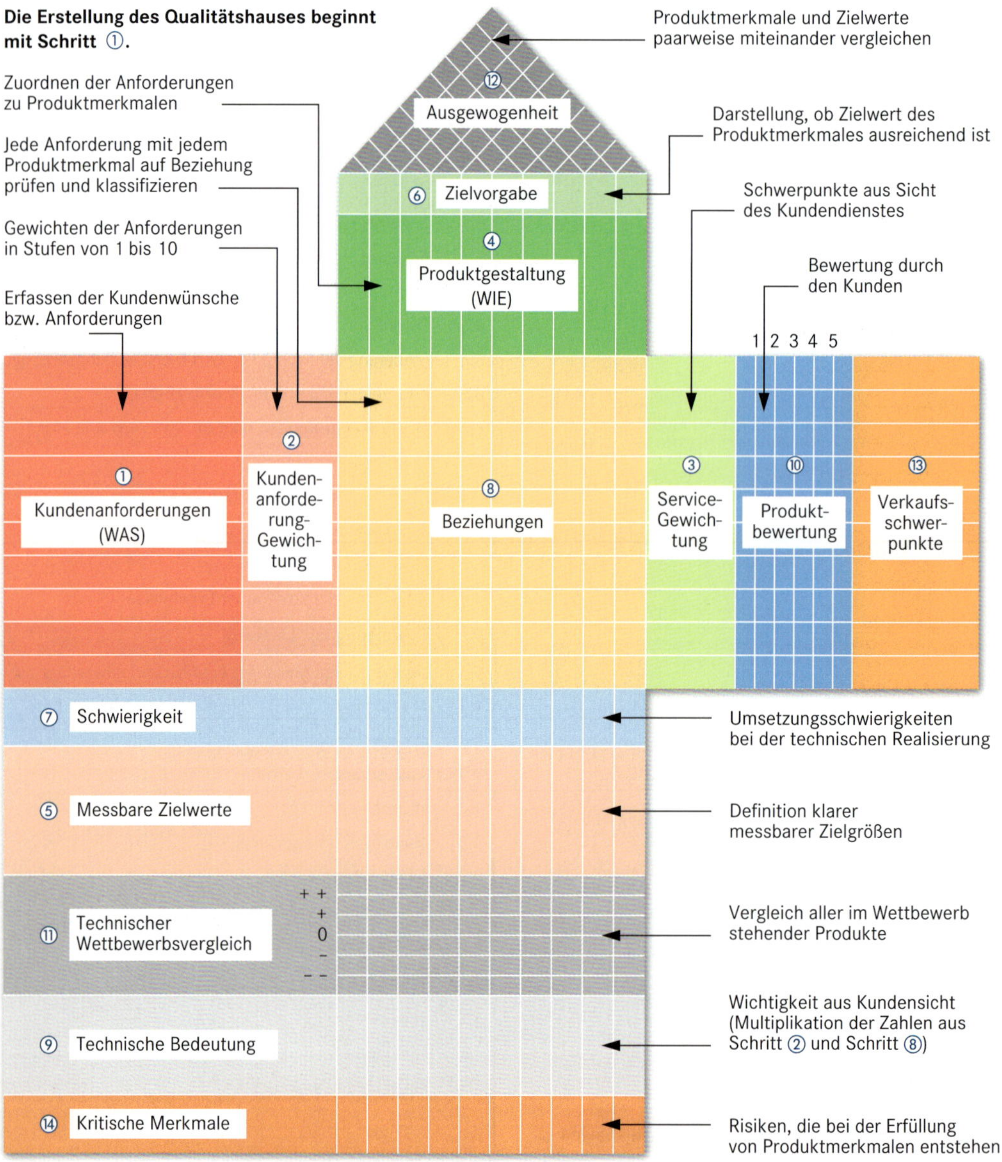

Lastenheft, Pflichtenheft
Requirement Specification, System Specification

Lastenheft

Definition

DIN VDI/VDE 3694: 91-04

- Das Lastenheft enthält alle Forderungen des Auftraggebers (Kunden) an die Lieferungen und/oder Leistungen eines Auftragnehmers.
- Die Forderungen sind aus Anwendersicht einschließlich aller Randbedingungen zu beschreiben. Diese sollten quantifizierbar und prüfbar sein.
- Im Lastenheft wird definiert, was für eine Aufgabe vorliegt und wofür diese zu lösen ist.

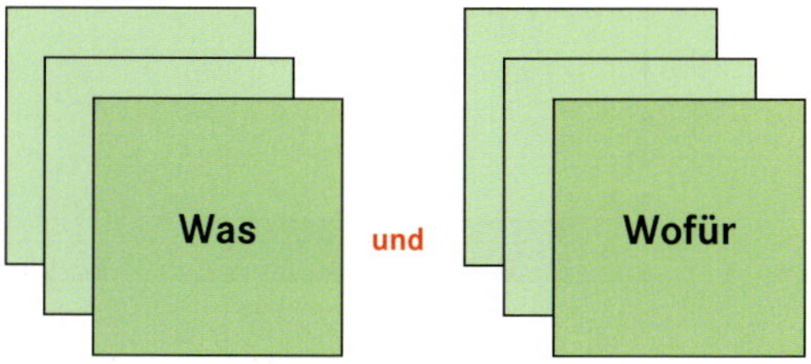

Pflichtenheft

Definition

DIN VDI/VDE 3694: 91-04

- Das Pflichtenheft enthält das vom Auftragnehmer erarbeitete Realisierungsvorhaben auf der Grundlage des Lastenheftes.
- Das Pflichtenheft enthält als Anlage das Lastenheft.
- Im Pflichtenheft werden die Anwendervorgaben detailliert und in einer Erweiterung die Realisierungsforderungen unter Berücksichtigung konkreter Lösungsansätze beschrieben.
- Im Pflichtenheft wird definiert, wie und womit die Forderungen zu realisieren sind.

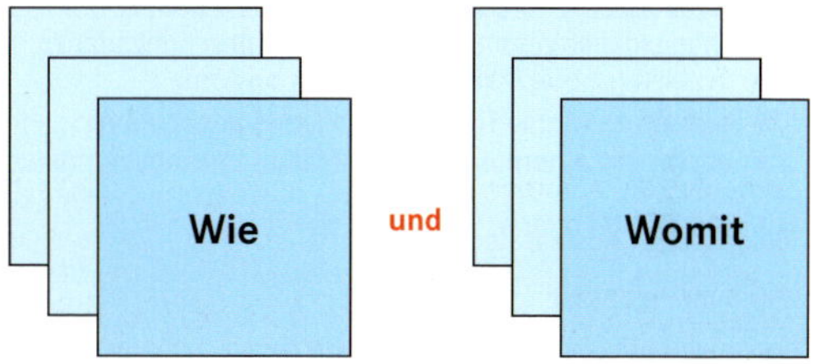

Voraussetzungen für die Erstellung

- Guten Kontakt zwischen allen Beteiligten herstellen
- Wesentliche Anforderungen durch Markt-, Kunden- und Umfeldanalyse ermitteln

Funktion

- „Roter Faden" während des Ablaufs der Entwicklung, Produktion, ...

Durchführung

- Keine allgemeingültigen Vorgaben
- Umfang und Inhalt ist stark von der Zielsetzung abhängig
- Z. B. Ermittlung der
  - Anforderungsträger
  - Produktfaktoren aus Kundensicht
  - Kaufentscheidende Faktoren
  - Anforderungen aus dem Umfeld
  - Anforderungen aus dem Unternehmen
  - Anforderungen des Vertriebs
  - Anforderungen von Lieferanten und von Kooperationspartnern
  - Produktionsprofile

Vorteile

- Einheitliche Vorgabe für alle am Entwicklungsprozess Beteiligten
- Weniger Missverständnisse und Versäumnisse durch eine systematische Dokumentation
- Rechtsverbindliche Festlegungen

Nachteile

- Hoher Aufwand
- Individuelle Erstellung (keine Standardisierung)
- Statische Problemlösungsstruktur

Einsatzbereiche

- Dokumentation der Anforderungen als Abschluss der Planung eines Produktes bzw. einer Dienstleistung
- Prinzipiell für alle Produkte bzw. Dienstleistungen einsetzbar

Wesentliche Bestandteile (Beispiele)

- Name des Prozesses, Projektes, Vorhabens, ...
- Verfasser des Pflichtenheftes
- Version
- Ablage der Datei, Dokumentation
- Ziele
  Beschreibung, Nutzen für den Auftraggeber (Kunden), aktuelle Situation (z. B. bisheriges System)
- Anforderungen
  - **Vollständigkeit**
    Alle Details der Anforderungen sind zu definieren. Es sollten so wenig wie möglich Aspekte als selbstverständlich eingeschätzt werden.
  - **Eindeutigkeit**
    Damit keine Missverständnisse entstehen, sind die Anforderungen möglichst mit einfachen Worten zu definieren.
  - **Testbarkeit**
    Alle Anforderungen müssen überprüfbar sein. Dieses ist eine Voraussetzung für die Abnahme durch den Auftraggeber.
- Schnittstellen
  (Verbindungen zu anderen Systemen, Projekten usw.)
- Randbedingungen
- Service- und Wartungshinweise
  (Kontaktadressen)
- Unterschriften
  (Projektauftraggeber/Projektleiter/...)

Zuverlässigkeit, Ausfall, Verfügbarkeit
Reliability, Failure, Availability

- Bei technischen Systemen ist Zuverlässigkeit definiert als die Beschaffenheit einer Einheit (z. B. Bauelement, Baugruppe, Anlage) bezüglich ihrer Eignung während oder nach vorgegebenen Zeitspannen bei vorgegebenen Anwendungsbedingungen die Zuverlässigkeitsforderung zu erfüllen (DIN 40 041).

- Zur Berechnung der vorausgesagten Zuverlässigkeit werden zahlreiche Zuverlässigkeitsmodelle angewendet, z. B.:
  - Fehlerbaumanalyse (Analyse potenzieller Störfälle)
  - Monte-Carlo-Simulation (Simulationsmodelle mit Zufallsvariablen)

Ausfall, Ausfallrate

- Der **Ausfall** ist die Beendigung der Funktionsfähigkeit einer Einheit im Rahmen der zugelassenen Beanspruchung.

- Die **Ausfallrate** λ (failure rate) ist der Anteil ausgefallener Bauelemente (oder Systeme) während einer Beanspruchungsdauer geteilt durch die Beanspruchungsdauer.

- Die Ausfallrate wird in **fit** (**f**ailure **i**n **t**ime) angegeben. 1 fit entspricht **einem** Ausfall in 1 Million Betriebsstunden.

Beispiele für Ausfallraten:

Pentium Prozessor	300 fit
Bestückte Leiterplatte	800 bis 4000 fit
Maschinenlötstelle	0,01 fit

- Das Ausfallverhalten von technischen Bauelementen und Geräten wird u.a. durch eine „Badewannenkurve" beschrieben
  - Phase A: Frühausfälle
  - Phase B: Zufallsausfälle **(konstante Ausfallrate)**
  - Phase C: Verschleißausfälle

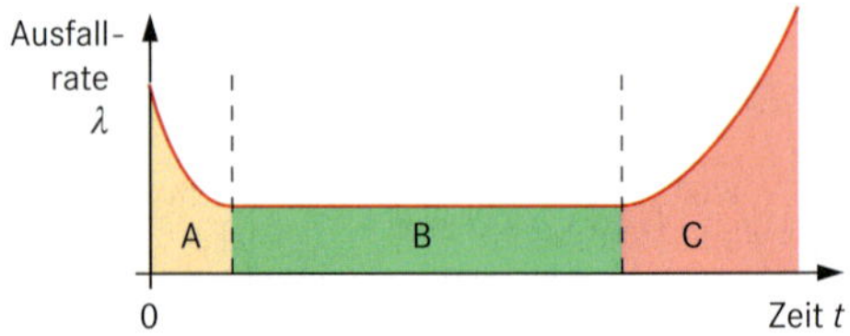

- *MTBF* (**M**ean **T**ime **B**etween **F**ailure) ist die mittlere Betriebsdauer zwischen zwei Ausfällen $MTBF = \frac{1}{\lambda}$

Verfügbarkeit

- Die **Momentane Verfügbarkeit** ist die **Wahrscheinlichkeit**, eine Einheit zu einem vorgegebenen Zeitpunkt der geforderten Anwendungsdauer in einem funktionsfähigen Zustand anzutreffen.

- Die **Stationäre Verfügbarkeit** ist die mittlere Betriebsdauer zwischen zwei Ausfällen dividiert durch die Summe von mittlerer Betriebsdauer zwischen zwei Ausfällen und mittlerer Störungsdauer.

Bei konstanter Ausfallrate und Instandsetzungsrate ist die stationäre Verfügbarkeit definiert als

$$P_A = \frac{MTBF}{MTBF + MDT}$$

P_A: **P**oint **A**vailability (Stationäre Verfügbarkeit)
MTBF: **M**ean **T**ime **B**etween **F**ailure (mittlere Betriebsdauer zwischen zwei Ausfällen)
MDT: **M**ean **D**own **T**ime (mittlere Störungsdauer)

Lebenszykluskosten
Life Cycle Costs

- Lebenszykluskosten **LCC** (**L**ife **C**ycle **C**osts) sind alle Kosten einer Anlage oder eines Systems, die während der gesamten Lebenszeit der Anlage oder des Systems entstehen.

- Die Berechnung der Lebenszykluskosten dient als Vergleichsmaßstab für Varianten von Anlagen oder Systemen und ist Basis der Wirtschaftlichkeitsbetrachtung.

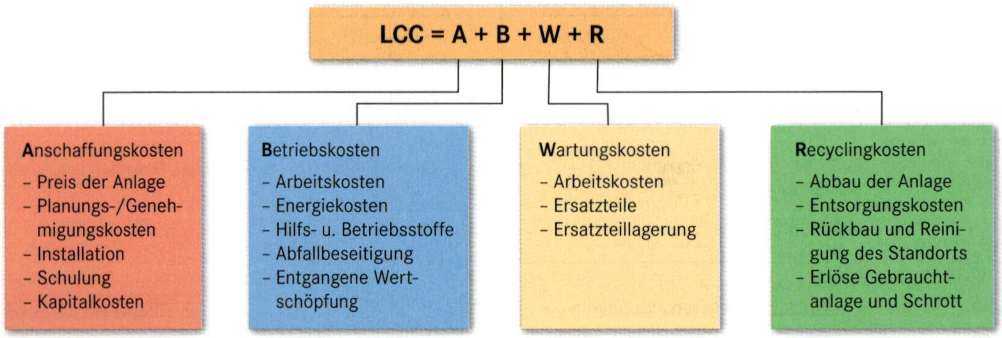

Merkmale

- Sie dienen zur Erhöhung der **Verfügbarkeit** von technischen Systemen (Redundanz: Überfluss).
- Je nach Anforderung sind die Redundanzmittel einzelne Komponenten (z. B. verdoppeltes Netzteil) oder komplette Systeme (z. B. verdoppelte Server).
- Es wird unterschieden in
  - heiße Redundanz,
  - warme Redundanz und
  - kalte Redundanz.
- **Heiße Redundanz** (hot standby):
  - Redundanzmittel ist ständig im Betrieb (aktiv, parallel)
  - Unterliegt funktionsbedingter Beanspruchung (gleiche Beanspruchung wie die Primäreinheit)
- **Warme Redundanz** (warm standby):
  - Redundanzmittel ist bis zum Ausfall der funktionierenden Primäreinheit oder bis zu seinem eigenen Ausfall geringer als das Primärelement belastet
- **Kalte Redundanz** (cold standby):
  - Redundanzmittel ist bis zum Ausfall der funktionierenden Primäreinheit keiner Belastung ausgesetzt (unbelastete Redundanz)

Definitionen (DIN EN 13306)

- **Redundanz (Redundancy)**
  Vorhandensein von mehr als einem Mittel in einer Einheit zu einem gegebenen Zeitpunkt zur Ausführung einer geforderten Funktion.
- **Ausfall (Failure)**
  Beendigung der Fähigkeit einer Betrachtungseinheit, eine geforderte Funktion zu erfüllen.
- **Ausfallrate (Failure Rate)**
  - Anzahl der Ausfälle einer Einheit während eines gegebenen Zeitbereiches dividiert durch diesen Zeitbereich.
  - Wird ermittelt aus der Beobachtung einer Vielzahl gleicher Komponenten oder Systeme. Die Einheit ist h^{-1} (z. B. $20 \cdot 10^{-6}\,h^{-1} \Rightarrow 20$ Ausfälle in 10^6 h).
  - Ist ein Kennwert für die Zuverlässigkeit.

Nicht reparierbare Einheit	Reparierbare Einheit
$\lambda = \frac{1}{MTTF}$	$\lambda = \frac{1}{MTBF}$

MTTF: Mean Time To First Failure
MTBF: Mean Time Between Failures

Einzelsystem

Beispiel: Einzelner e-mail Server

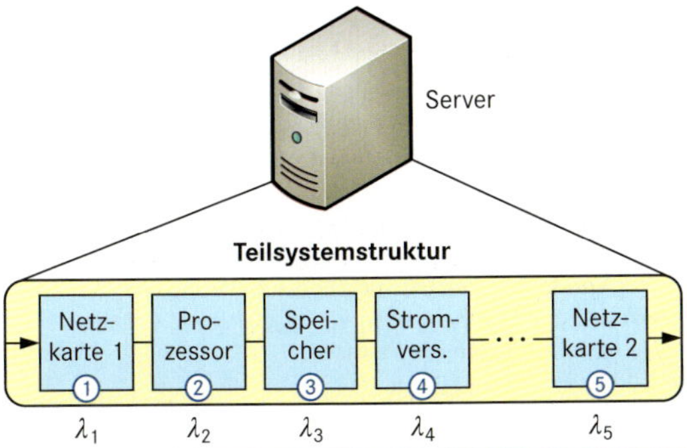

- Server ist funktionstüchtig, wenn die Teilsysteme ① bis ⑤ funktionieren (nicht ausgefallen sind)
- Gesamtfunktion entspricht einer logischen Reihenschaltung der Teilsysteme (Seriensystem)

Teilsystemausfallraten:
$\lambda_1 = 3 \cdot 10^{-6}\,h^{-1}$ $\lambda_2 = 8 \cdot 10^{-6}\,h^{-1}$ $\lambda_3 = 5 \cdot 10^{-6}\,h^{-1}$
$\lambda_4 = 9 \cdot 10^{-6}\,h^{-1}$ $\lambda_5 = 8 \cdot 10^{-6}\,h^{-1}$

Gesamtausfallrate:
Summe der Teilsystemausfallraten
$\lambda_S = \lambda_1 + \lambda_2 + \lambda_3 + \lambda_4 + \lambda_5$
$\lambda_S = 28 \cdot 10^{-6}\,h^{-1}$

Mittlere Zeit zwischen zwei Ausfällen (*MTBF*):

$$MTBF_S = \frac{1}{\lambda_S} = \frac{1}{28 \cdot 10^{-6}\,h^{-1}} = \frac{10^6\,h}{28} = 35714{,}285\,h$$

Mittlere Zeit zwischen zwei Ausfällen entspricht ca. 4,07 Jahre (1 Jahr = 8760 h)

Doppelsystem

Beispiel: Redundanter e-mail Server

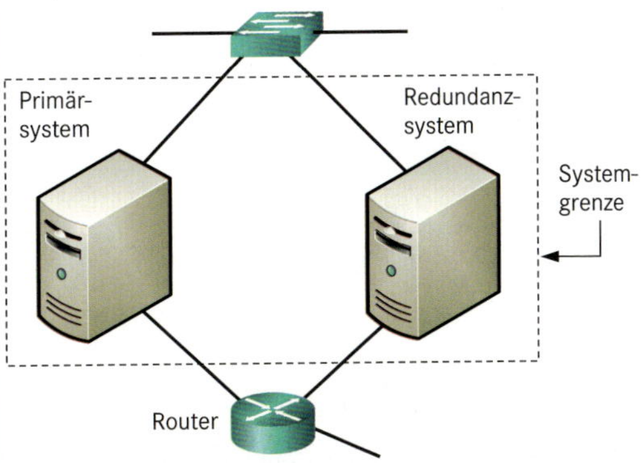

- Beide Server mit identischer Ausfallrate λ_S

Heiße Redundanz

- Gesamtfunktion entspricht einer logischen Parallelschaltung

$$MTBF_{RS} = \frac{2}{\lambda_S} - \frac{1}{2 \cdot \lambda_S} = \frac{3}{2 \cdot \lambda_S}$$
$$= \frac{3}{2 \cdot 28 \cdot 10^{-6}\,h^{-1}} = 53571{,}428\,h$$

Mittlere Zeit zwischen zwei Ausfällen entspricht ca. 6,11 Jahre (1 Jahr = 8760 h)

Kalte Redundanz

$$MTBF_{RS} = \frac{2}{\lambda_S}$$
$$= \frac{2}{28 \cdot 10^{-6}\,h^{-1}} = 71428{,}571\,h$$

Mittlere Zeit zwischen zwei Ausfällen entspricht ca. 8,15 Jahre (1 Jahr = 8760 h)

MTBF: Mean Time Between Failure
RS: Redundantes System

Merkmale

- Die Entwicklungsbewertung dient als Überprüfung (**Verifizierung**) einer Entwicklungsleistung.
- Es wird dabei ermittelt, ob die am Anfang definierten Entwicklungstätigkeiten
  - geeignet,
  - angemessen und
  - wirksam

  sind, die festgelegten Ziele zu erreichen.
- Im Rahmen der Bewertung erfolgt ein **Soll-Ist-Abgleich** von festgelegten, mit den jeweils zu dem Zeitpunkt erreichten Zielen.
- Der **Zeitpunkt** der Bewertung(en) wird im Rahmen der Entwicklungsplanung festgelegt und kann z. B. erfolgen nach
  - Erstellung des Lastenheftes (Lastenheftreview),
  - Erstellung des Pflichtenheftes (Pflichtenheftreview),
  - Aufbau der Prototypen (Prototypenreview).
- Die **Inhalte** der Bewertung orientieren sich u. a. an
  - den Anforderungen an das Produkt (System),
  - bereits in früheren Projekten gemachten Erfahrungen (**Lernkurve**) und
  - dem Entwicklungsprozess.
- Entwicklungsbewertung ist eine **beratende Tätigkeit** und dient zur Anregung für das Entwicklungsteam ggf. bestimmte Aspekte zur Produkt- und Prozessverbesserung zu optimieren.
- Kreative Neuentwicklungen sind nicht gewollt.
- Die Entwicklungsbewertung dient **nicht** zur **Kritik** an einer Entwicklungsleistung bzw. einem Entwicklerteam.
- Die **Zusammensetzung** des Bewertungsteams muss sich an der Entwicklungsaufgabe orientieren.
- Es sind entsprechende Erfahrungsträger bzw. fachkundige Mitarbeiter (ggf. auch der Kunde) einzubeziehen.
- Entwicklungsbewertungen sind nicht zu verwechseln mit dem Projektmanagement.
- Der Projektleiter kann aus den Ergebnissen der Bewertung Entwicklungsentscheidungen (ggf. auch Korrekturen) ableiten und umsetzen, damit die Entwicklungsziele (u. a. Funktionalität, Termin, Kosten) erreicht werden.

Ablauf Entwicklungsbewertung

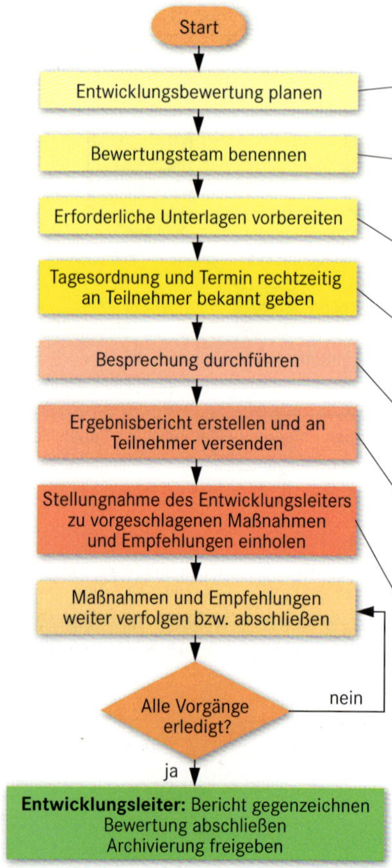

Empfohlene Termine: Immer vor Entscheidungen, die wesentlichen Einfluss auf die Entwicklungsrichtung haben (Kosten, Termine, Produkteigenschaften).

Kompetente Fachleute, die nicht an der Entwicklung beteiligt sind; Entwicklungsleiter; Projektmitarbeiter zur Vorstellung des Entwurfs und zur Klärung von Fragen; Schriftführer; Besprechungsleiter mit Entwicklungserfahrung und Fachwissen.

Entwicklungsplan; Entwicklungsannahmen; Studien; Spezifikationen; Wettbewerberinformationen; Normen; Kostenschätzungen; Fragen- und Checklisten.

Datum; Ort; Zeitpunkt; Zweck und Ziel; Projektname; Teilnehmer und Funktionen; Themen (z. B. bisherige Ergebnisse früherer Bewertungsdurchsprachen; offene Punkte)

Ziele der Durchsprache erläutern (Sitzungsleiter); Präsentation der Lösung; Fragen ansprechen und klären; Empfehlungen aufzeichnen; Maßnahmen definieren und personengebunden beauftragen.

Teilnehmerliste; Fragen und Stellungnahmen; Liste der Empfehlungen und dringende Maßnahmen (mit Namen und Termin); Liste der Referenzdokumente; neue offene Punkte; Entwicklungshistorie fortschreiben; ggf. Patentansprüche ableiten; Wissen konservieren.

Ergebnisse durch Entwicklungsleiter bewerten und **annehmen** oder **begründet ablehnen** (z. B. weil nicht praktikabel); Unklarheiten (unterschiedliches Verständnis) klären.

Merkmale

- Die Fehlerbaumanalyse **FTA** (**F**ault **T**ree **A**nalysis) dient zur systematischen Ermittlung der logischen Verknüpfung von Komponenten- und Teilsystemausfällen, die zu einem **unerwünschten Ereignis** (TOP-EVENT) führen.
- Die Vorgehensweise bei der Fehlerbaumanalyse umfasst dabei alle möglichen Ausfallkombinationen, die zu dem unerwünschten „Top"-Ereignis (z. B. Totalausfall) führen.
- Die **Ausfallkombinationen** werden durch einen endlichen Grafen mit endlich vielen Eingängen und einem Ausgang (Top-Ereignis) dargestellt.
- FTA basiert auf der mathematischen Theorie der Boolschen Algebra.
- Ziel ist die Ermittlung von **Zuverlässigkeitskenngrößen** wie z. B.:
  - Eintrittshäufigkeit der Ausfallkombinationen
  - Nichtverfügbarkeiten des Systems/Produkts bei den gestellten Anforderungen
  - Aufstellen eines grafischen Systemmodells

Ablaufvorgang

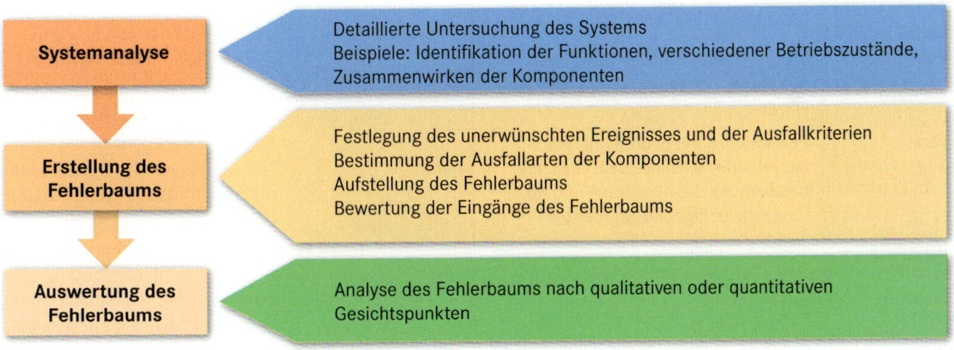

Bildzeichen

	**Standardeingang** steht für Funktionselementausfall, wenn primäres Versagen möglich ist.
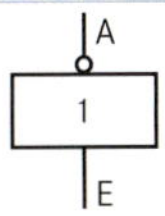	**NICHT-Verknüpfung** steht für Negation
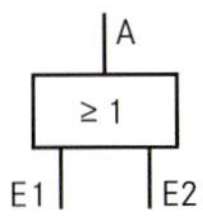	**ODER-Verknüpfung** steht für logische Vereinigung
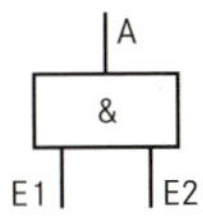	**UND-Verknüpfung** steht für logischen Durchschnitt
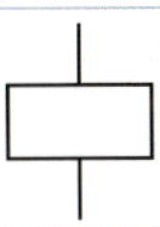	**Kommentar** Beschreibung von Ein-, Ausgängen und Verknüpfungen
	**Übertragung-Eingang** **Übertragung-Ausgang** Abbruch bzw. Fortsetzung des Fehlerbaums an anderer Stelle

Struktur

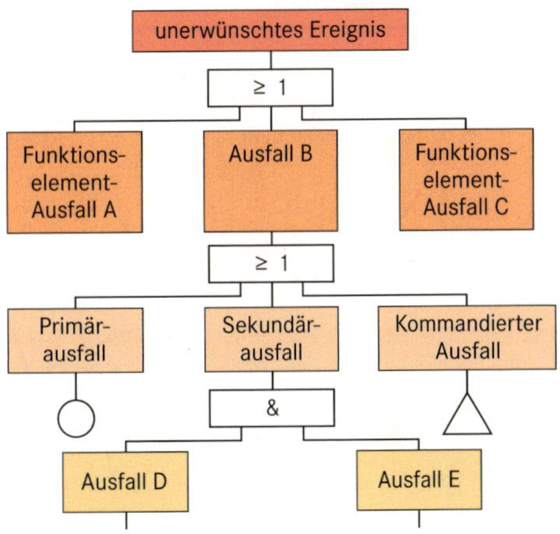

Primärausfall
Ausfall ist durch innewohnende Schwäche verursacht.

Sekundärausfall
Folgeausfall eines Teilsystems (Komponente) durch unzulässige Einsatzbedingungen oder Umgebungsbedingungen.

Kommandierter Ausfall
Ausfall infolge einer falschen oder fehlenden Ansteuerung oder Ausfall einer Hilfsquelle.

Instandhaltungselemente

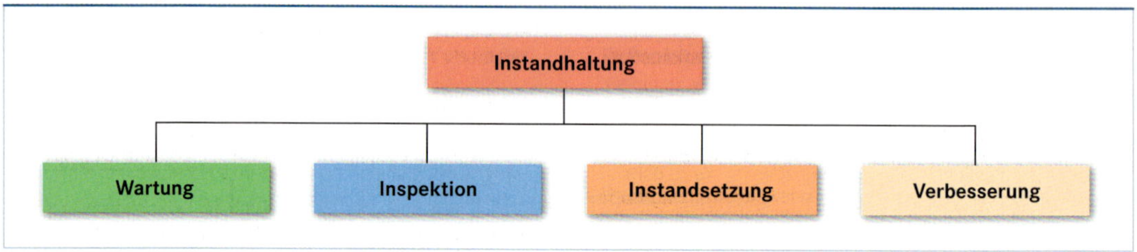

Begriffe

Instandhaltung	Kombination aller Maßnahmen (technisch, administrativ, Management) zur Erhaltung oder Wiederherstellung des funktionsfähigen Zustandes
Wartung	Maßnahmen zur Verzögerung des Abbaus von vorhandenem Abnutzungsvorrat
Inspektion	Feststellung und Beurteilung des Istzustandes einschließlich Ursachenbestimmung der Abnutzung und Ableitung notwendiger Konsequenzen
Instandsetzung	Wiederherstellung des funktionsfähigen Zustandes (außer Verbesserungen)
Verbesserung	Kombination aller Maßnahmen zur Steigerung der Funktionsfähigkeit, ohne die geforderte Funktion zu ändern

Abnutzung	Abbau des Abnutzungsvorrates durch physikalische/chemische Einwirkungen (z. B. Verschleiß, Alterung, Rost, ...)
Abnutzungsvorrat	Vorrat möglicher Abnutzung bei gleichzeitiger Funktionserfüllung
Funktion	Durch den Verwendungszweck bedingte Aufgabe (z. B. Pumpen von mind. 50 l/min)
Fehler	Zustand, in dem das System unfähig ist, die geforderte Funktion zu erfüllen
Fehleranalyse	Nach Fehlerdiagnose (Erkennung, Ortung, Ursachenermittlung) erfolgt eine Prüfung, ob eine Verbesserung machbar und wirtschaftlich ist
Schwachstelle	System, bei dem ein Ausfall häufiger auftritt, als dies nach der geforderten Verfügbarkeit zu erwarten ist

Einfluss der Instandhaltung

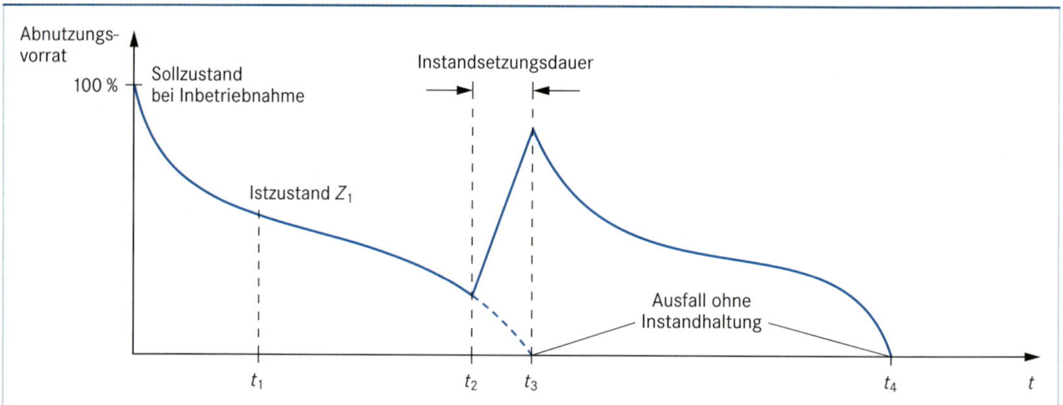

Instandhaltungsstrategien

vorbeugend		störungsbedingt
zeitorientiert Instandhaltungsmaßnahmen in festen Zeitabständen (z. B. durch Hersteller vorgegeben).	**zustandsorientiert** Instandhaltungsmaßnahmen abhängig vom technischen Zustand des Systems; erfordert Überwachung, Inspektionen oder Abnutzungsmodelle.	**ereignisorientiert** Instandhaltungsmaßnahmen bei Störungen des Systems.
RCM (**R**eliability **C**entered **M**aintenance) zuverlässigkeitsorientierte oder auch vorausschauende Instandhaltung kombiniert die o. g. Strategien zu einem wirtschaftlichen Optimum.		

Merkmale

- Zu der Lieferung eines Produkts an einen Kunden gehört nebem dem eigentlichen Produkt die zugehörige Kundendokumentation.
- Unter dem Begriff Kundendokumentation werden Dokumente definiert, die sich auf die **technischen Eigenschaften** und die **Anwendungsvorschriften** bzw. **Anwendungsregeln** beziehen.
- Zu diesen Dokumenten gehören z. B.
  - Betriebs-/Bedienungsanleitungen
  - Montagerichtlinien/-anweisungen
  - Sicherheitshandbücher (allgemeine, spezielle)
  - Reparatur-/Austauschanweisungen
  - Prüfanweisungen.
- Die Grundlagen für diese Dokumente entstammen aus verschiedenen Rechtsbereichen
- Die **Form** der Anleitung muss sicherstellen, dass der Anwender sie dann lesen kann, wenn es erforderlich ist.
- **Landesspezifische Sprachen** sind in der Regel nur bei sicherheitsrelevanten Teilen der Dokumente erforderlich (Abweichungen sind vertraglich zu regeln).
- Verantwortlich für das Vorhandensein, die Richtigkeit, die Vollständigkeit und Verständlichkeit ist der Hersteller (auch bei Übersetzungen).
- Identifikation des Produktherstellers (Postadresse) am Produkt ist teilweise erforderlich.
- Zeitraum für die Aufbewahrung der Unterlagen: u. a. mindestens 10 Jahre nach letztmaligem In-Verkehr-Bringen.
- Aufbewahrungsart:
  Keine Vorgaben ob digitalisiert oder in Papierform (vorzugsweise, da schnell verfügbar).

Anforderungen

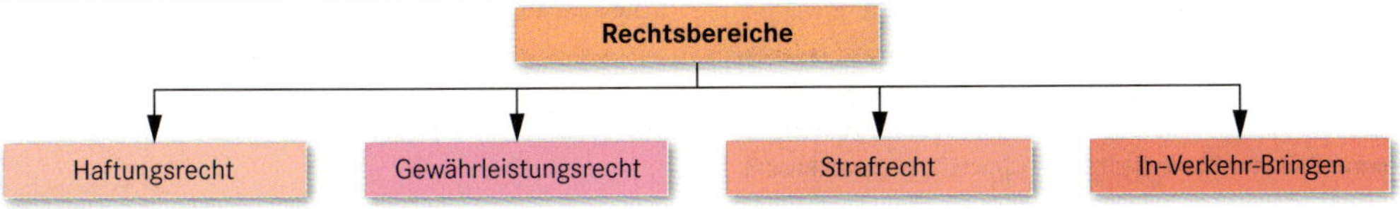

Haftungsrecht
- Enthält keine Regelungen für Kundendokumentation
- Wird wirksam, wenn der Endkunde tatsächlich einen Schaden erleidet und entsprechende **Schadenersatzansprüche** an den Hersteller gestellt werden.
- Um die Haftungsansprüche zu vermeiden, muss der Hersteller nachweisen, dass er seine **Instruktionspflichten** erfüllt hat.
- Vorbeugende Maßnahme seitens des Herstellers: Verständliche Kundendokumente!

Gewährleistungsrecht
- Kommt zur Anwendung bei einem **Sachmangel**.
- Ein Sachmangel kann z. B. eine fehlerhafte Montageanleitung für die Installation eines Schaltgerätes sein.
- Sachmängel können Ansprüche begründen auf
  - Nacherfüllung
  - Nachbesserung
  - Minderung
  - Wandelung
  - Schadenersatz.

Strafrecht
- Kommt dann zur Anwendung, wenn ein **Personenschaden** entsteht, weil in der Dokumentation nicht ausreichend auf entsprechende Gefahren und deren Vermeidung hingewiesen wurde.
- Die Mangelhaftigkeit in der Anleitung kann u. a. **grobe Fahrlässigkeit** sein, wie z. B. der Hinweis auf Anwendung isolierter Werkzeuge fehlt.
- Die Folgen aus einem strafrechtlichen Vorgang betreffen immer die verantwortliche natürliche Person (z. B. den Verfasser des Dokumentes), nicht eine Firma.

In-Verkehr-Bringen
- EU-Richtlinien und nationale Gesetze stellen Anforderungen an die Dokumentation aus Sicht der **Produktsicherheit**.
- Aussagen zu Inhalten sind nicht vorgegeben.
- Gefährdungsanalysen und Risikobewertungen durch den Hersteller sind zwingend erforderlich.
- Produktsicherheitsrichtlinien in Deutschland umgesetzt durch: Geräte- und Produktsicherheitsgesetz (ProdSG) und entsprechende Verordnungen.

Gliederungsbeispiel

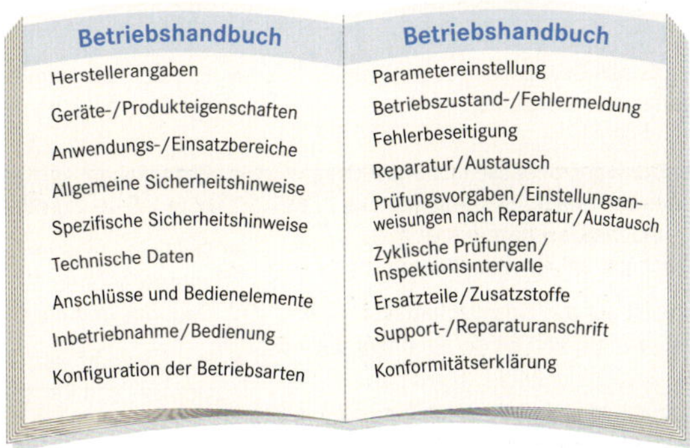

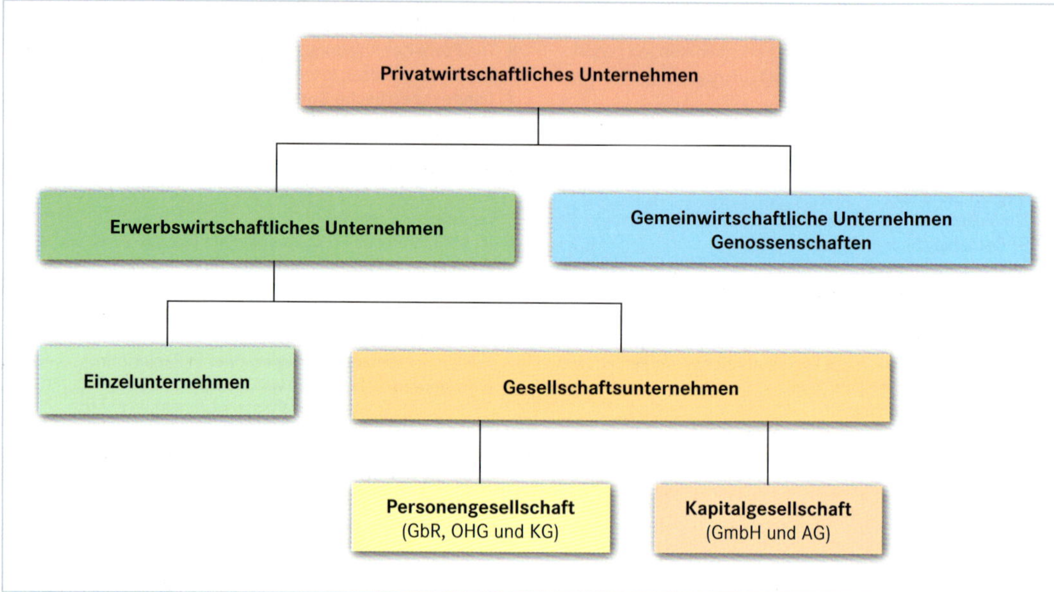

Unternehmen/Unternehmung

Marktwirtschaftliche Einheit mit
- selbstständiger Wirtschaftsplanbestimmung,
- Verfolgung des erwerbswirtschaftlichen Prinzips (Gewinnmaximierung) bei eigenem Risiko.

Ein Unternehmen kann aus mehreren Betrieben bestehen.

Betrieb

Örtlich begrenzte Wirtschaftseinheit zur Erstellung von Sachgütern und Dienstleistungen.
Durch Kombination der Produktionsfaktoren werden die Leistungen unter Beachtung des Wirtschaftlichkeitsprinzips erstellt und vertrieben.

Rechtsform einer Unternehmung

Die Rechtsform legt die Unternehmensstruktur mit externer und interner Wirksamkeit fest.

- Extern werden die Rechtsbeziehungen zwischen der Unternehmung mit außenstehenden Personen, anderen Unternehmen und dem Staat festgelegt.
- Intern werden durch die Rechtsform u. a. die Rechte und Pflichten der einzelnen Gesellschafter zueinander festgelegt.
- Im Rahmen der inneren Organisation wird durch die Rechtsform u.a. die Leitungsbefugnis vorgegeben.

Rechtsform	Gründung/Führung	Merkmale
Einzelunternehmung	▪ Einzelne Person gründet und leitet das Unternehmen. ▪ Eigentümer ist voll verantwortlich und haftet mit seinem Gesamtvermögen.	▪ Kein Eintrag ins Handelsregister. ▪ Kein Mindestkapital erforderlich.
Gesellschaft bürgerlichen Rechts (GbR) auch BGB-Gesellschaft	▪ Mindestens zwei Gesellschafter gründen und leiten die GbR. ▪ Bei gemeinsamen Gesellschaftsvermögen besteht gemeinsame Haftung.	▪ Kein Eintrag ins Handelsregister, daher kein offizieller Firmenname. ▪ Es reicht ein formfreier Gesellschaftsvertrag ohne Vorgabe von Mindestkapital.
Gesellschaft mit begrenzter Haftung (GmbH)	▪ Gesellschafter legen im Gesellschaftsvertrag die Höhe des Stammkapitals (mindestens 25.000 €) und die Geschäftsführer fest. Grundsätzlich genügt ein Gesellschafter. ▪ Die Haftung ist auf das Gesellschaftsvermögen beschränkt. Von diesem ist die Kreditwürdigkeit abhängig. ▪ Anteil eines Gesellschafters, auch Stammkapital beträgt mindestens 250 €.	▪ Gesellschaftsvertrag (auch Satzung) muss notariell beurkundet werden. ▪ Die Eintragung ins Handelsregister ist vorgeschrieben. Dadurch wird die GmbH zur juristischen Person. ▪ Pro Geschäftsjahr sind eine Bilanz sowie eine Gewinn- und Verlustrechnung zu erstellen.

AGB – Allgemeine Geschäftsbedingungen
General Standard Terms and Conditions

Merkmale

AGB
- werden von einer Vertragspartei einseitig aufgestellt, ohne dass vorher die einzelnen Punkte im Einzelnen zwischen den Vertragsparteien ausgehandelt worden sind;
- können von einzelnen Wirtschaftsbereichen bzw. Unternehmen aufgestellt werden (z. B. Groß- und Einzelhandel, Transportunternehmen, Banken).

Ausführung:
Oft in klein gedruckter Form auf der Rückseite von Angeboten bzw. Verträgen

Absichten

- Vereinfachung von Massenverträgen durch vorformulierte Verkaufsbedingungen, Pflichten usw.
- Risikobegrenzung für den Verkäufer durch Einschränkung von Vertragspflichten

Vereinbarungsbeispiele:
Liefer- und Zahlungsbedingungen, Zahlungsweise, Erfüllungsort, Gerichtsstand, Lieferzeit, Eigentumsvorbehalt, Gewährleistungsansprüche bei Mängeln, Verpackungs- und Befördrungskosten.

Schutz gegenüber unangemessener Benachteiligung durch AGB

- Verkäufer muss auf AGB hinweisen.
- AGB müssen für die Käufer leicht erreichbar und gut lesbar sein.
- Käufer muss den AGB zusatimmen.
- Persönliche Absprachen haben Vorrang (auch mündliche Absprachen);

Problem: Beweis unter Umständen schwierig

- Auschluss oder Einschränkung von Reklamationsrechten sowie Haftung bei grobem Verschulden ist verboten.
- Verbot von Preiserhöhungen inenrhalb der ersten vier Monate. Danach sind begründete Erhöhungen möglich.
- Rücktritt bzw. das Recht auf Schadenersatz bei zu später Lieferung darf nicht ausgeschlossen werden.

Rechtsgeschäfte
Legal Transactions

Einteilung

Mehrseitige Rechtsgeschäfte (Verträge)

Sie werden rechtswirksam durch
- mindestens **zwei** übereinstimmende Willenserklärungen (Antrag und Annahme).

Beispiele für Vertragsarten:
- Darlehensvertrag
- Dienstvertrag
- Kaufvertrag
- Leihvertrag
- Mietvertrag
- Pachtvertrag
- Reisevertrag
- Schenkung
- Tauschvertrag
- Werklieferungsvertrag

Einseitige Rechtsgeschäfte

Sie werden rechtswirksam durch
- die Willenserklärung einer Person.

Empfangsbestätigung erforderlich

Empfangsbestätigung nicht erforderlich

Rechtsgeschäft

wird erst wirksam, wenn sie der anderen Person zugeht.

Beispiele:
Kündigung, Mahnung

wird gültig, ohne dass sie einer anderen Person zugeht.

Beispiel:
Testament

Nichtigkeit von Rechtsgeschäften

Ein Rechtsgeschäft ist von Anfang an ungültig bei einer **Willenserklärung**
- von Geschäftsunfähigen,
- von beschränkt Geschäftsfähigen gegen den Willen des gesetzlichen Vertreters,
- die bei Störung der Geistesfähigkeit abgegeben wurde,
- die gegenüber einer anderen Person, mit deren Einverständnis nur zum Schein (Scheinvertrag) abgegeben wurde,
- die nicht ernst gemeint war,
- die nicht in der vorgeschriebenen Form abgeschlossen wurde,
- die gegen Gesetze verstößt,
- die gegen gute Sitten verstößt.

Anfechtung von Rechtsgeschäften

Rechtsgeschäfte können im Nachhinein durch Anfechtung ungültig werden.
Sie sind jedoch bis zur Klärung gültig!

Anfechtungsgründe bei:
- Irrtum
  - in Erklärungen (z. B. Mengenbestellung)
  - über die Eigenschaften einer Person oder Sache
  - bei der Übermittlung (z. B. falsche Weitergabe)
- Drohungen zur Abgabe einer Willenserklärung.
- Arglistiger Täuschung, z. B. gebrauchter PKW wird als unfallfrei angegeben, obwohl dieses nicht zutrifft.

Merkmale

- Die Organisationsformen in Firmen und Unternehmen haben sich in der Vergangenheit entwickelt von der
  - Funktions-Organisation über die
  - Ablauf-Organisation zur
  - **Geschäftsprozess-Organisation.**
- Diese heute überwiegend angewendete Form einer Unternehmens-Organisation ist u. a. entstanden durch
  - zunehmenden Konkurrenzdruck,
  - Internationalisierung des Handels,
  - kurze Produktlebenszyklen und
  - Kostenoptimierung.
- Vorteile (Ziele) dieser **Prozessorientierung** sind u. a.
  - strikte Kundenorientierung,
  - funktionsüberschreitende Verkettung wertschöpfender Aktivitäten,
  - Flexibilität in der Reaktion auf Kundenanforderungen,
  - Kostentransparenz und
  - wenige definierte Schnittstellen im Durchlauf.
- Der Begriff Prozess beschreibt dabei alle Aktivitäten
  - die inhaltlich abgeschlossen und
  - zeitlich und sachlogisch aufeinander folgend ein betriebswirtschaftliches Objekt bearbeiten.
- In der Regel binden Geschäftsprozesse auch die Aktivitäten von Zulieferern, Kunden und ggf. von Konkurrenten mit ein.
- Grundsätzlich gibt es die drei Prozesstypen:
  - Kernprozesse
  - Supportprozesse (unterstützende Prozesse)
  - Managementprozesse
- Kernprozesse
  - haben direkten Bezug zum Produkt oder der Dienstleistung,
  - tragen zur direkten Wertschöpfung des Unternehmens bei und
  - werden vom externen Kunden direkt wahrgenommen.
- Supportprozesse
  - sind für den Ablauf der Kernprozesse notwendig,
  - werden vom externen Kunden nicht direkt wahrgenommen, und
  - bringen keine direkte Wertschöpfung.
- Managementprozesse
  - steuern und koordinieren die Supportprozesse, und
  - sorgen insgesamt für das Zusammenspiel aller Teilprozesse.
- Grundsätzlich erzeugen die in einem Prozess strukturiert verbundenen Aktivitäten das für einen externen Kunden gewünschte Resultat.
- Beispiele für Geschäftsprozesse sind u. a.
  - Bearbeitung eines Kundenauftrages
  - Abwicklung einer Reklamation
  - Durchführung einer Entwicklung

Übersicht

Beispiele:

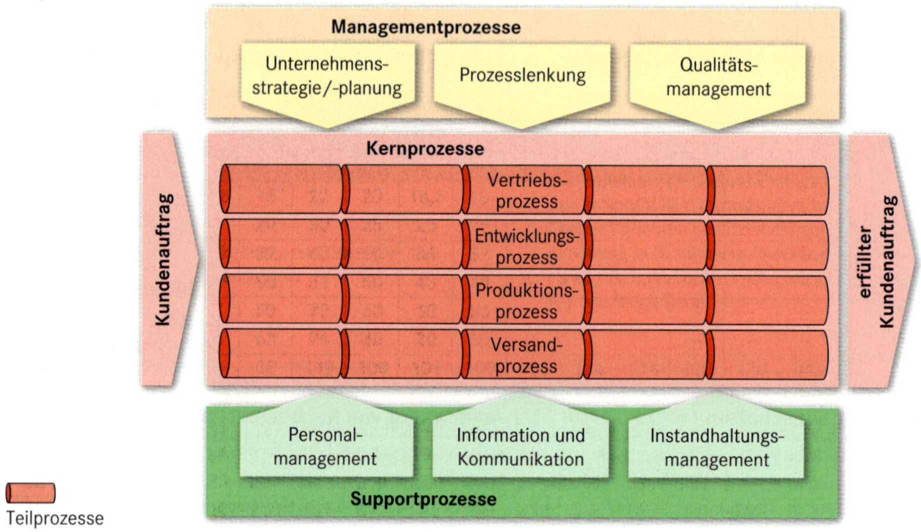

Geschäftsprozessmodelle

- Geschäftsprozessmodelle sind in der Regel unternehmensspezifisch zu modellieren.
- Grundlage für die Modellierung ist dabei immer die Definition der **Kernleistung** eines Unternehmens.
- Große Unternehmen mit mehreren Geschäftseinheiten verwenden in der Regel standardisierte Modelle.
- Die durchgängige Prozesslandschaft ermöglicht damit einen effizienten Leistungsaustausch.

Grundsätze

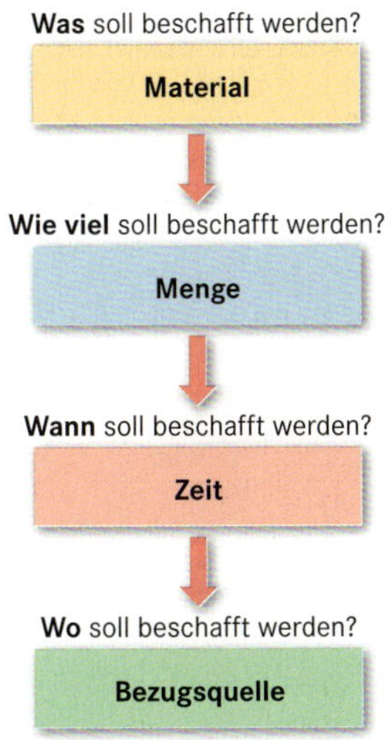

Anfrage

Form

Es ist keine bestimmte Form vorgeschrieben, z. B.
- mündlich, telefonisch
- schriftlich (Brief, Fax, E-Mail)

Rechtliche Bedeutung

Sie ist stets unverbindlich, eine Kaufverpflichtung besteht nicht.

Unterscheidung

- **Allgemein** gehaltene Anfrage
  Beispiele:
  Warenprobe, Muster, Katalog, Preisliste
- **Bestimmt** gehaltene Anfrage
  Beispiele:
  Artikelnummer, Beschaffenheit, Lieferzeit, Zahlungsbedingung, Lieferbedingung

Aufbau einer bestimmt gehaltenen Anfrage

1. Grund
2. Gewünschte Ware
3. Erforderliche Menge
4. Preis, Lieferungs- und Zahlungsbedingungen
5. Gewünschter Liefertermin

Angebotsvergleich

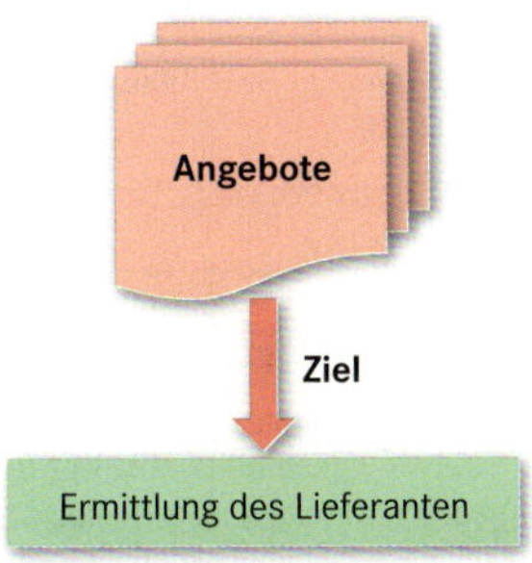

Beschaffungskreislauf

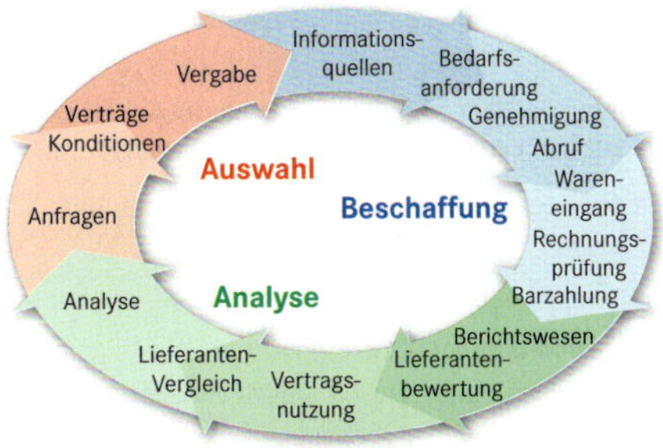

Entscheidungen

quantitativ	qualitativ
■ Listenpreis ■ Liefermenge ■ Lieferzeit ■ Lieferrabatt ■ Lieferskonto ■ Zahlungsziel ■ Bezugskosten – Verpackungskosten – Transportkosten – …	■ Warenqualität ■ Zuverlässigkeit des Lieferanten ■ Verhalten bei Reklamationen ■ Kulanz ■ Kundendienst, Service ■ …
Ziel ↓ Möglichst günstiger Einstandspreis	**Ziel** ↓ Möglichst „reibungslose" Beschaffung

Beschaffung und Lager

Lager als „Gelenkstelle"

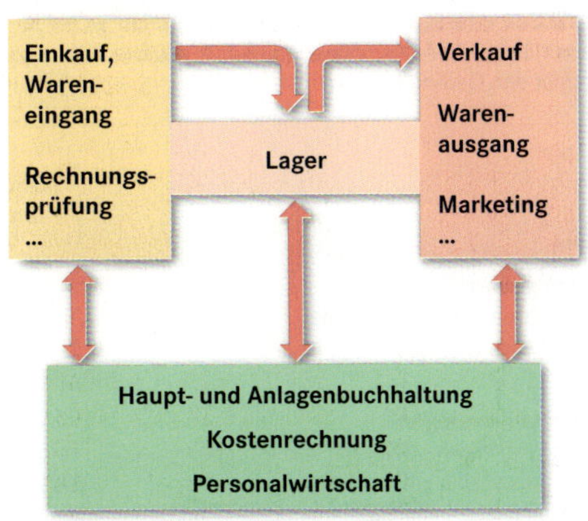

Aufgabe:
- Sicherung und Ausweitung eines ertraggewährleistenden Anteils des Absatzmarktes
- Aufzeichnung sämtlicher Geschäftsvorfälle
- Pflicht zur Buchführung und Bilanzierung (s. HGB)

Funktion:
- Führungs- und Kontrollinstrument; es umfasst das betriebswirtschaftliche Zahlenmaterial eines Unternehmens.

Verknüpfung betrieblicher Funktionsbereiche

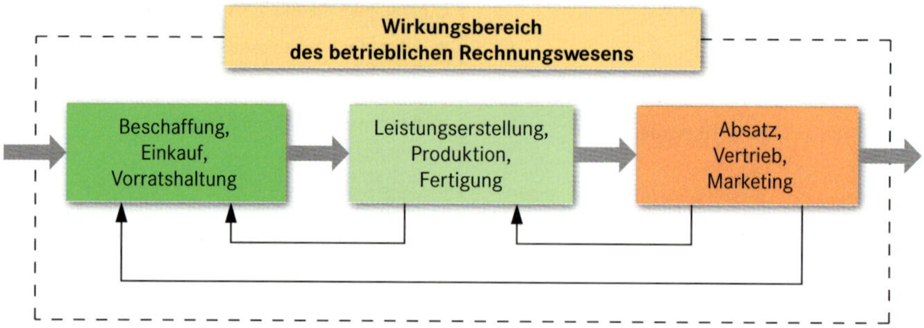

Buchführung

Aufgaben
- Darlegung von Vermögenshöhe und Zusammensetzung des betrieblichen Vermögens sowie betrieblicher Schulden.
- Ermittlung und Dokumentation des betrieblichen Erfolges (Misserfolges) innerhalb einer Zeitspanne.
- Grundlage der betrieblichen Kosten- und Leistungsrechnungen.
- Ermittlung von Kennzahlen zur Abschätzung der betrieblichen Liquidität und Rentabilität.
- Bemessungsgrundlage zur Ermittlung anfallender Steuern.
- Wiedergabe der wirtschaftlichen Unternehmensverhältnisse bei Gesprächen u. a. mit Kreditgebern, Auftraggebern oder Behörden.

Gesetzliche Vorgaben

Handelsrecht:
Grundsätze ordnungsgemäßer Buchführung (GOB), u. a. mit Verpflichtung zur
- Erstellung des Jahresabschlusses,
- Aufbewahrung der Handelsbücher für 10 Jahre,
- Bewertung als Hauptaufgabe der Inventur unter Beachtung des Gläubigerschutzes.

Steuerrecht:
Abgabenordnung (AO) u. a. für neugegründete Betriebe in der Anfangsphase und Kleingewerbetreibende. Buchführungspflicht auch für Gewerbetreibende mit
- Umsatz > 260.000 €,
- Gewinn aus Gewerbebetrieb im Wirtschaftsjahr > 25.000 €.

Gewinn- und Verlustrechnung (GuV)/Bilanz
- Eine GuV erfasst am Ende eines Wirtschaftsjahres auf je einer Seite alle Aufwendungen und Erträge. Die Differenz ergibt den Gewinn bzw. Verlust.
- Jahresabschluss gilt als Ergebnis der Buchführung am Ende des Wirtschaftsjahres. Kernpunkte sind dabei Bilanz und GuV.

Beispiel:

Bilanz der Firma ...
zum 31.12.20..

Aktiva			Passiva
I.: Anlagevermögen u. a. Grundstücke, Gebäude, technische Anlagen	400.000,00 €	**I.: Eigenkapital** z. B. Nennbeträge der Gesellschaftsanteile, Privateinlagen/-entnahmen	250.000,00 €
II.: Umlaufvermögen u. a. Vorräte wie Roh-, Hilfs- und Betriebsstoffe, Erzeugnisse	600.000,00 €	**II.: Verbindlichkeiten** z. B. gegenüber Kreditinstituten und Lieferanten, Anzahlungen	750.000,00 €
Summe	**1.000.000,00 €**	**Summe**	**1.000.000,00 €**

Ablauf

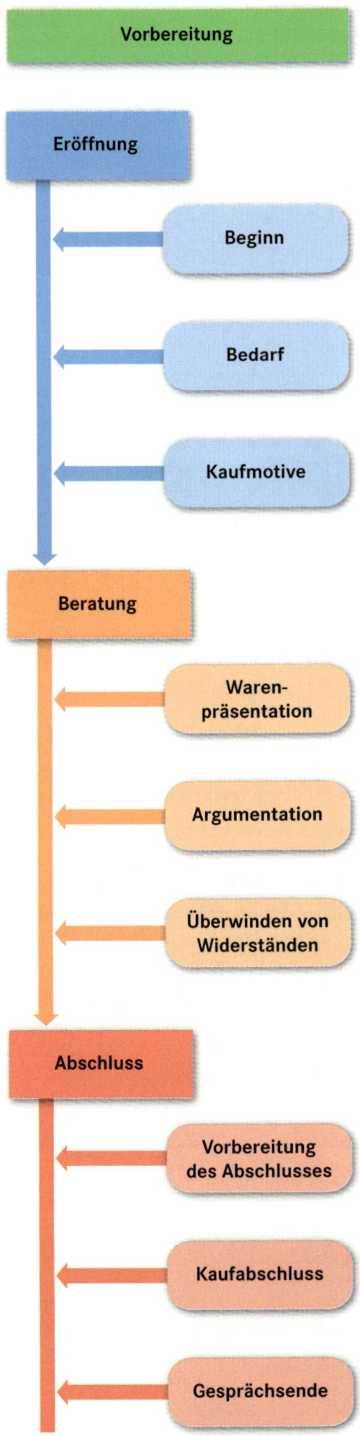

Erläuterungen

Vorbereitung
- Intensive Auseinandersetzung mit dem Gesprächsziel und dem möglichen Kunden
- Gesprächsstrategie entwickeln

Beginn
- Kunden zur Kenntnis nehmen (Blickkontakt)
- Kontakt aufnehmen, ihn positiv ansprechen
- Beratung anbieten
- Fachkundige Erstinformationen

Bedarf
- Offene Fragen zum Bedarf stellen
- Offene Fragen zum Nutzen stellen
- Präzisierung der Wünsche vornehmen
- Keine peinlichen oder indiskreten Fragen stellen
- Fragen nach Preisvorstellungen noch vermeiden

Kaufmotive
- Aufmerksam zuhören, Verständnisfragen stellen
- Kaufmotive erforschen
- Kaufmotive rationaler und emotionaler Art unterscheiden
- Argumente kundenorientiert und motivationsfördernd einbringen

Warenpräsentation (evtl. Originiale oder Modelle)
- Präsentation dem Auffassungsvermögen des Kunden anpassen
- Auswahl und Vergleich ermöglichen
- Unterstützende Materialien (Prospekte usw.) zur Veranschaulichung einsetzen
- Vielfältige Sinne ansprechen
- Beginn mit mittlerer Preisklasse

Argumentation
- Preis-Nutzen-Relation herausstellen
- Entscheidungshilfen vorbereiten
- Kenntnisse über Produkte gezielt einsetzen

Überwinden von Widerständen
- Argumente des Kunden wahrnehmen
- Argumentationsketten aufbauen (Behauptung mit Begründung)
- Qualitätsbestimmende Merkmale und Eigenschaften hervorheben
- Nutzungsargumente betonen
- Zusatzangebote, Serviceleistungen hervorheben

Vorbereitung des Abschlusses
- Einwände beachten und eventuell entkräften
- Dem Kunden die Entscheidung überlassen

Kaufabschluss
- Zügige Abwicklung
- Kaufentscheidung positiv herausstellen
- Zufriedenheit artikulieren

Gesprächsende
- Dank aussprechen und Verabschiedung
- Wunsch für weitere Besuche zum Ausdruck bringen

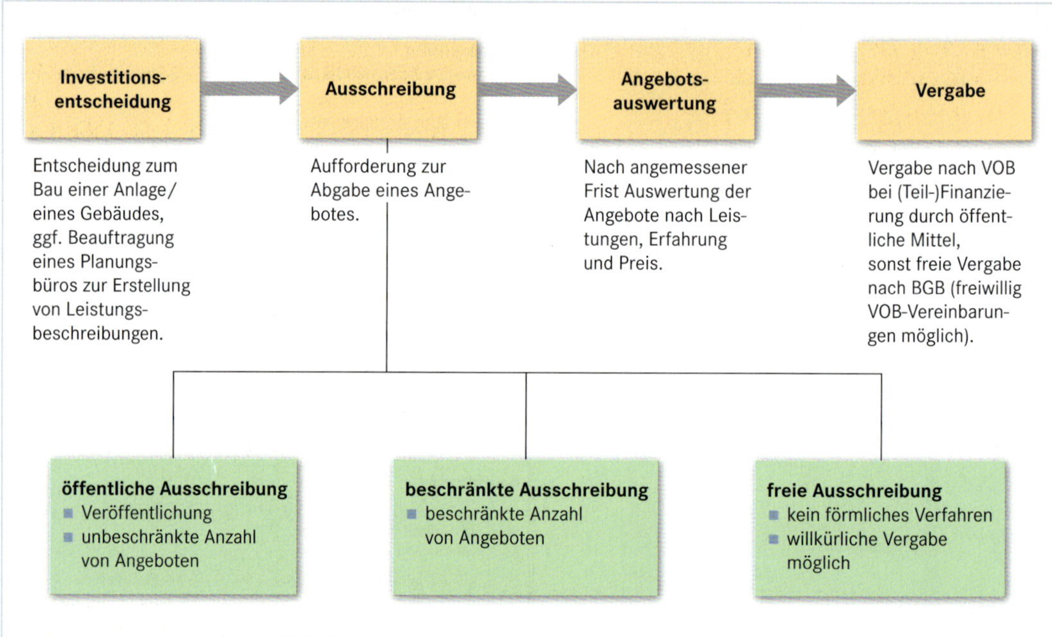

Grundlagen des Werklieferungs- bzw. Bauvertragsrechts

Bürgerliches Gesetzbuch (BGB)	Verdingungsordnung für Bauleistungen (VOB)
▪ Buch 1 legt Rechtsbegriffe fest (z. B. Rechtsgeschäfte, Verträge, ...). ▪ Vertragsinhalte können zwischen den Vertragspartnern frei vereinbart werden (Vertragsfreiheit). ▪ Allgemeine Geschäftsbedingungen (AGB) besitzen nur Gültigkeit, wenn der Kunde/Bauherr damit einverstanden ist. ▪ Werklieferungsvertrag - Errichtung der Anlage durch Elektrofachmann mit Materialien, die er selbst liefert. - Unternehmer hat bestelltes Werk ordnungsgemäß herzustellen und an den Besteller (Bauherrn) zu übergeben. - Besteller muss das ordnungsgemäß hergestellte Werk abnehmen und den vereinbarten Werklohn bezahlen.	▪ Die allgemein gehaltenen BGB-Bestimmungen über den Werkvertrag kommen immer zur Anwendung, sofern die Vertragspartner nichts anderes vereinbart haben. ▪ Bei Bauaufträgen ist üblicherweise die vom DIN herausgegebene VOB Vertragsgrundlage der Bauverträge. ▪ Verdingung ist die Vergabe von Aufträgen von Privatleuten oder der öffentlichen Hand aufgrund einer öffentlichen oder beschränkten Ausschreibung. ▪ Bauleistungen sind Arbeiten jeder Art, die Gebäude/Anlagen entstehen lassen, instandhalten, ändern oder beseitigen. ▪ VOB gibt eine verschuldensunabhängige Gewährleistungspflicht vor. Im Falle eines Schadenersatzes gelten Haftungsbegrenzungen.

Marktanteil nach Auftraggebern

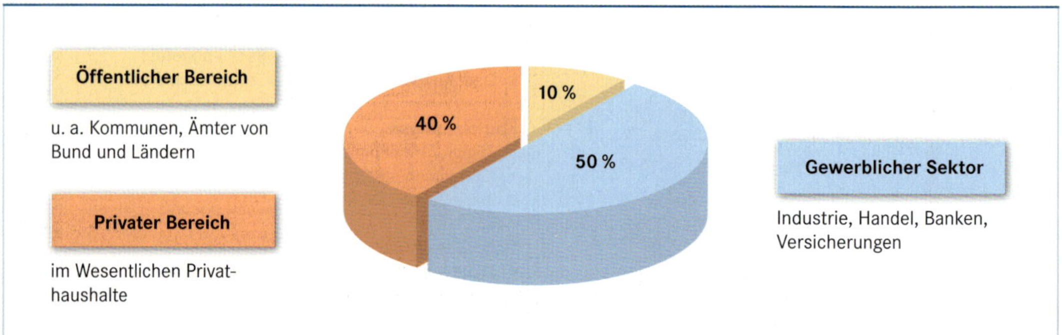

Merkmale

Prinzipien einer soliden Betriebsführung:

- einwandfreie Wertarbeit,
- tragbare und angemessene Preisgestaltung,
- Kostenrechnung und Kalkulation (Teilgebiete des betrieblichen Rechnungswesens),
- Ermittlung der Selbstkosten,
- marktgerechte Preisgestaltung bei Leistungs- oder Produktionseinheiten.

Zuschlagskalkulation

Sie eignet sich besonders für Betriebe mit unterschiedlichen Produkten bzw. Leistungen (z. B. Montagebetrieb).
Dabei werden die gesamten Jahreskosten auf die Kundenleistungen bzw. das Produkt umgelegt und aufgeteilt nach:

- **Einzelkosten**
  Diese zeichnen sich durch Auftragsnähe aus. Sie sind direkt verrechenbar (Material, Lohn).
- **Gemeinkosten**
  Sie haben keinen unmittelbaren Auftragsbezug und können nur indirekt (aus Betriebsabrechnungen; BAB) ermittelt werden.
- **Zuschlagsätze**
  Sie sind Prozentsätze, mit denen die Gemeinkosten anteilig auf die Einzelkosten pro Auftrag umgelegt werden.

Beispiel:

	100,00 €	Materialkosten
+	5,00 €	5 % Materialgemeinkosten
=	105,00 €	**Materialgesamtkosten**
+	500,00 €	Arbeitslohn
+	35,00 €	7 % Lohngemeinkosten
+	150,00 €	Produktionssonderkosten
=	790,00 €	**Herstellungskosten**
+	23,70 €	3 % Zuschlag für Verwaltung und Vertrieb
=	813,70 €	**Selbstkosten**
+	40,69 €	5 % Zuschlag für Gewinn und Wagnis
=	854,39 €	**Nettopreis des Angebotes**
+	162,33 €	19 % Umsatzsteuer
=	**1016,72 €**	**Bruttopreis des Angebotes**

Kostenrechnungsarten

Vollkostenrechnung

- Alle Kosten werden dem Produkt bzw. der Leistung (auch Kostenträger) zugerechnet.
- Die Genauigkeit der Kalkulation ist umso besser, je differenzierter die Zuschlagsätze der einzelnen Kalkulationen sind.
- Nachteil: Durch Ermittlung der Zuschlagsätze aus dem zurückliegenden Geschäftsjahr werden laufende Veränderungen der betrieblichen Gegebenheiten nicht erfasst. Dennoch ist die Vollkostenrechnung im Handwerk noch dominierend.

Teilkostenrechnung

- Die Mängel der Vollkostenrechnung werden vermieden, indem man dem Produkt oder Auftrag nur die variablen Kosten anlastet.
- **Variable Kosten** steigen oder sinken mit der Veränderung der Auftragslage linear, progressiv oder degressiv.
- **Fixe Kosten** sind unabhängig vom Beschaffungsgrad. Der Fixkostenanteil ist dann am geringsten, wenn der Betrieb maximal ausgelastet ist.

Deckungsbeitragsrechnung

- **Deckungsbeitrag** ist bei der Teilkostenrechnung die Differenz von Auftragserlös und variablen Kosten.
- **Gewinn** entsteht dann, wenn im Abrechnungszeitraum die Deckungsbeiträge höher sind als die Fixkosten.
- **Konkurrenzsituation** erfordert die Kenntnis der unteren Kosten- und Preisgrenze.
- **Kalkulatorischer Ausgleich** liegt dann vor, wenn Aufträge mit relativ hohem Deckungsbeitrag solche ausgleichen, bei denen nur ein geringer Teil der Fixkosten gedeckt wird.

Beispiel:

Auftrag	Erlös	variable Kosten	Deckungsbeitrag (D)	fixe Kosten (F)	Gewinn (=D–F)
1	9 500,00 €	6 500,00 €	3 000,00 €	–	–
2	11 500,00 €	7 500,00 €	4 000,00 €	–	–
3	6 000,00 €	4 500,00 €	1 500,00 €	–	–
4	8 500,00 €	6 000,00 €	2 500,00 €	–	– ①
Summe	35 500,00 €	24 500,00 €	11 000,00 €	11 100,00 €	**–100,00 €**
⋮	⋮	⋮	⋮	⋮	⋮
5	10 000,00 €	9 000,00 €	1 000,00 €	–	– ②
Summe	45 500,00 €	33 500,00 €	12 000,00 €	11 100,00 €	**900,00 €**

Aufträge 1 ... 4 ergeben Verlust ①.
Ausführung des 5. Auftrages führt zum Gewinn ②.

Mängelarten

Falsche Lieferung	
Menge Quantitätsmangel, zu viel bzw. zu wenig geliefert.	**Art** Gattungsmangel, andere Ware geliefert als bestellt.
Sach- oder Qualitätsmangel	
Beschaffenheit Die Ware ist beschädigt, verdorben, ...	**Güte** Die zugesicherte Eigenschaft fehlt.

Erkennbarkeit

Offener Mangel
- sofort erkennbar

Versteckter Mangel
- nicht sofort erkennbar,
- stellt sich später heraus

Arglistig verschwiegener Mangel
- vom Verkäufer bewusst verschwiegen

Gewährleistung

- Die Gewährleistung ist ein **gesetzlich verankertes Recht** (24 Monate für bewegliche, 36 für unbewegliche Sachen), vom Vertragspartner (Übergeber) ein Einstehen für Mängel an der Sache zu fordern.
- Eine Gewährleistung kann nicht durch AGB beschränkt werden.
- Der Übergeber (z. B. Verkäufer) trägt innerhalb der ersten sechs Monate ab Übergabe die Beweislast dafür, dass die Mängel nicht schon bei Übergabe vorhanden waren.
- Gewährleistung gilt nicht bei Verschleiß und Abnutzung.

Garantie

- Die Garantie ist ein **vertraglich eingeräumtes Versprechen** – in der Regel des Herstellers (und nicht des Vertragspartners) – für Mängel, die an einer Sache während der Garantiezeit auftreten, entsprechend der Garantieerklärung einzustehen.
- Mängel werden während der festgelegten Garantiezeit behoben.
- Garantieleistungen können, müssen aber nicht kostenlos sein.

Rechte des Käufers bei mangelhafter Lieferung

Bedingung: Mangel wurde rechtzeitig gemeldet.

Vorrangig: Nacherfüllung (§ 439 BGB)

Nachbesserung ← **Wahlrecht des Käufers** → **Neulieferung**

Zusätzlicher Anspruch besteht, wenn ein Verschulden vorliegt.

Schadenersatz neben der Leistung

Nachrangig
In der Regel erst nach dem erfolglosen Ablauf einer zur Nacherfüllung gesetzten Frist.

Rücktritt vom Vertrag (Wandlung)	**Minderung des Kaufpreises**	**Schadenersatz statt Leistung**	**Ersatz vergeblicher Aufwendungen**
§ 440, 323, 326 BGB	§ 441 BGB	§ 280, 281, 440 BGB	§ 284 BGB
Gilt nicht bei geringfügigen Mängeln		Gilt nicht bei geringfügigen Mängeln	

Voraussetzungen

Eine angemessene Nachfrist ist entbehrlich, wenn
- der Verkäufer die Nacherfüllung verweigert,
- zwei Nacherfüllungsversuche fehlgeschlagen sind und
- für Verkäufer bzw. Käufer Nacherfüllung unzumutbar ist.

Eine angemessene Nachfrist ist entbehrlich, wenn
- der Verkäufer die Nacherfüllung verweigert,
- zwei Nacherfüllungsversuche fehlgeschlagen sind und
- für Verkäufer Nacherfüllung unzumutbar ist.

Druckmedien (Printmedien)

Fachbücher

- Der Inhalt ist systematisch, übersichtlich und im Zusammenhang dargestellt.
- Fachbücher sind gut geeignet zur Vorbereitung und Nachbereitung an beliebigen Orten.
- Dauerhafte und individuell eingefügte Markierungen erleichtern den Zugriff und die Handhabbarkeit.
- Fachbücher können auch über das Stichwortverzeichnis als Nachschlagewerk verwendet werden. Das Quellen- und Literaturverzeichnis liefert Hinweise zu weiterführender Literatur.

Fachzeitschriften

- Behandelt werden begrenzte Gebiete oder nur Teile eines Fachgebietes.
- Fachzeitschriften sind aktuelle Informationsquellen. Mitunter kann es sinnvoll sein, die reinen Fachaufsätze getrennt zu sammeln und zu archivieren.

Lexikon, Tabellenbuch, Handbuch

- Einzelne Fachgebiete sind geordnet, übersichtlich, anschaulich und mitunter in Tabellenform dargestellt. Ein schneller Zugriff auf wesentliche Informationen soll dadurch erleichtert werden.
- Sie eignen sich in der Regel zum Nachschlagen bestimmter Sachverhalte oder Themen. Alphabetische oder themenbezogene Gliederungen kommen vor.
- Ein sinnvoller Zugriff auf Themen oder Begriffe erfolgt in der Regel über das Stichwortverzeichnis.

Firmenunterlagen

Diese Informationsquellen sind in der Regel auf eine bestimmte Zielgruppe ausgerichtet, z. B.:

Käufer → Produktwerbung, Selbstdarstellung

Service → Technische Informationen und Bedienungsanleitungen

Multimedia

- Informationsquellen mit diesem Merkmal enthalten neben Textinformationen auch akustische Informationen und Videosequenzen. Die Datenträger sind in der Regel CDs und DVDs. Mit Hilfe des Computers lassen sich einzelne Programmelemente bzw. Seiten abrufen (über Links) und dem eigenen Auffassungsvermögen (Schnelligkeit, Wiederholung, Standbild, usw.) anpassen.
- Der Benutzer kann aufgefordert werden, aktiv in die Darbietung einzugreifen (interaktiv).
- Bestimmte Teile lassen sich ausdrucken und können dann wie eine reine Textinformation benutzt werden.

Internet

Internet-Dienste:

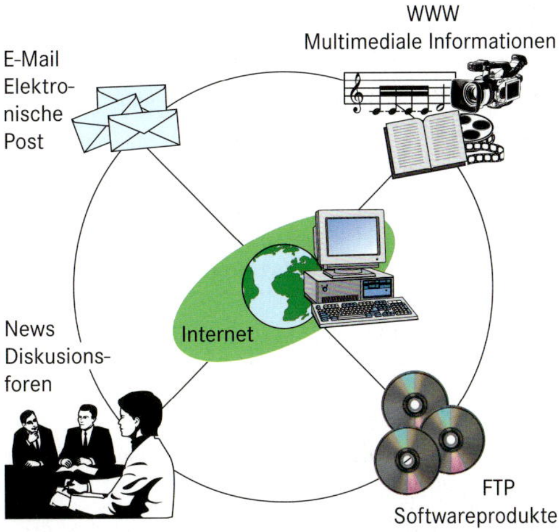

E-Mail

Elektronisches Versenden oder Empfangen von Nachrichten (Electronic Mail).
Die Nachricht kann gespeichert, ausgedruckt oder sofort beantwortet werden.
Alle Teilnehmer besitzen eine elektronische Postadresse, z. B.: **Schulservice@westermann.de.**

WWW (World-Wide-Web)

Multimediale Benutzeroberfläche des Internets.
Angebote und Informationen können aufgerufen, gespeichert oder ausgedruckt werden. Die Informationen können umfassen: Texte, Bilder, grafische Symbole, Ton- und Videosequenzen,
z. B.: **http://www.westermann.de**

FTP (File-Transfer-Protokoll)

FTP ist eine Abkürzung für ein Verfahren zum Datentransfer im Internet. Mit diesem Verfahren können aus dem weltweiten Softwarepool des Internets die unterschiedlichsten Dateien direkt kopiert werden. Hochschulen und größere Firmen bieten entsprechende Software über ihre FTP-Server an,
z. B.: **ftp://ftp.mcafee.com/**
(Hauptverzeichnis des Rechners der Firma McAfee)

News

- Im Internet finden sich Gruppen (Newsgroups) zum Gedanken- und Meinungsaustausch zusammen.
- Diskussionsbeiträge und Ratschläge zu unterschiedlichsten Themen werden ausgetauscht. In Diskussionsforen stellt jeder Teilnehmer seine Nachricht, Fotos, Dateien usw. für alle anderen als elektronische Post zur Verfügung („schwarzes Brett“).
- News-Server sind Computer, auf deren Festplatten die Nachrichten der Diskussionsforen gespeichert sind und abgerufen werden können.

Elemente einer Suchstrategie

- Ist das Internet die geeignete Informationsquelle?
- Führen gedruckte Publikationen schneller zum Ziel?
- Internetrecherche weltweit oder im deutschsprachigen Raum durchführen?
- Suchbegriff gründlich überdenken und präzisieren
- Entscheidung für eine Suchmaschine, Meta-Suchmaschine oder ein Web-Verzeichnis (Katalog) fällen
- Suche durch weitere Begriffseinengung verfeinern
- Einengung durch mathematische Zeichen oder boolesche Operationen möglich

Web-Verzeichnisse, Web-Kataloge

- Diese Verzeichnisse bzw. Kataloge werden von Fachleuten erstellt und nach Themen sortiert
- Sie enthalten Sammlungen von Webseiten-Adressen
- Schritt für Schritt kann man sich der speziellen Thematik nähern
- Verzeichnisse bzw. Kataloge enthalten die „Wertvorstellungen“ der jeweiligen Verfasser
- Bei nichthierarchischen Web-Verzeichnissen ist eine netzartige Struktur aufgebaut, deren Elemente durch Links verknüpft sind.
- Die Bewertung der Beiträge kann manuell (Voting), automatisch (Ranking) oder durch Auswertung der Zugriffe erfolgen.

Funktion von Suchmaschinen

- Mit Programmen werden Dokumente (Text, Bild, Ton, Video) automatisch im Internet analysiert und indiziert.
- Der Index enthält die Datenstruktur sowie Informationen über das Dokument.
- Wenn ein Suchbegriff in die Suchmaschine eingegeben wird, liefert diese auf Grund ihrer Indizierung **(indexbasierte Suchmaschine)** eine Liste von Verweisen auf relevante Dokumente und Kurzinformationen zum Dokument.

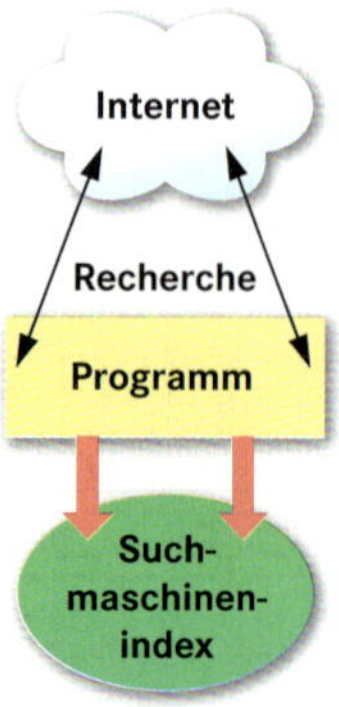

- Suchmaschinen können Informationsquellen nach unterschiedlichen Arten von Daten durchsuchen (z. B. Text, Bild, Ton, Video). Bei der Suche nach Textdokumenten wird ein Textfragment mit dem Suchbegriff angezeigt. Bei einer Bildsuche wird in der Regel eine Miniaturansicht der passenden Bilder angezeigt.

Beispiele

Google Deutschland

Google
http://www.google.de

Bing

Bing (Microsoft)
http://www.bing.com

Metasuchmaschinen

- Ihre Aufgabe besteht darin, die Suchanfrage an mehrere andere Suchmaschinen gleichzeitig weiterzuleiten. Die Ergebnisse werden gesammelt und aufbereitet.
- Anfragen werden langsamer beantwortet als eine direkte Anfrage bei einer einzelnen Suchmaschine, da die Antwort aller Suchdienste abgewartet wird (Servicequalität).

Eingrenzungen der Suchaufträge

Die nachfolgenden Operatoren werden nicht von allen Suchmaschinen unterstützt. Auch kann die Schreibweise abweichen.
Deshalb: Bedienungsanleitung beachten.

Operator	Erklärung	Beispiel
AND	Die verknüpften Suchbegriffe müssen vorkommen.	Festplatte AND Einbau
+	Der Begriff direkt ohne Leerzeichen nach dem Pluszeichen muss vorkommen.	Buch+IT
OR	Mindestens einer der Begriffe muss vorkommen (häufig Standardoperator)	Shareware OR Freeware
–	Begriff direkt ohne Leerzeichen nach dem Minuszeichen soll nicht vorkommen.	Betriebssystem -Windows
NOT	Der nach dem NOT folgende Begriff soll nicht vorkommen.	CD-ROM NOT Sony
NEAR	Die Begriffe sollen nahe beieinander auftauchen (logisches UND).	Microsoft NEAR Office
„...“	Phrasensuche: Es werden genau die in Anführungszeichen gesetzten Begriffe gesucht.	„Internet Explorer 7.0“
(...) {...} [...]	Klammern werden für komplexe Abfragen mit booleschen Operatoren verwendet.	Software AND (Adobe OR Corel)
title: url: link:	Sucheinschränkungen für Titel, Domäne, Link	title:DVB-S2
*, %	Platzhalter für eine unbestimmte Anzahl beliebiger Zeichen.	Auto*, Ergebnis: Automat, Automobil, ...

Internetquellen bewerten

Da jeder im Internet Veröffentlichungen vornehmen kann, gilt: Das Suchergebnis muss bewertet werden.
Beispiele für **Bewertungskriterien**:

URL
- Dienst entsprechend dem Protokoll (http, ftp, news, ...)
- Nationalität (.de, .at, ...)
- Kontext (.edu, .org, ...)

Seriosität
- Verfasser (kommerziell, privat, wissenschaftliches Institut, ...)
- Aktualität (Datum der Erstellung)
- Präsentation (Übersichtlichkeit, Verständlichkeit, ...)
- Vollständigkeit

Lerntypen

- Sehtyp (**visuell**)
- Hörtyp (**auditiv**)
- Gesprächstyp (**verbal**)
- Fühltyp (**haptisch**)

Diese Lerntypen treten in der Regel nicht in reiner Form auf. Vorherrschend sind Mischformen. Je nach Lerntyp sind entsprechende Lehr- und Lernmethoden anzuwenden, damit das Lernergebnis im Langzeitgedächtnis verankert wird.

Ziel:
Erkennen, zu welchem Lerntyp man selbst gehört, und in diesem Rahmen die Lernfähigkeit verbessern.

Behaltensquote

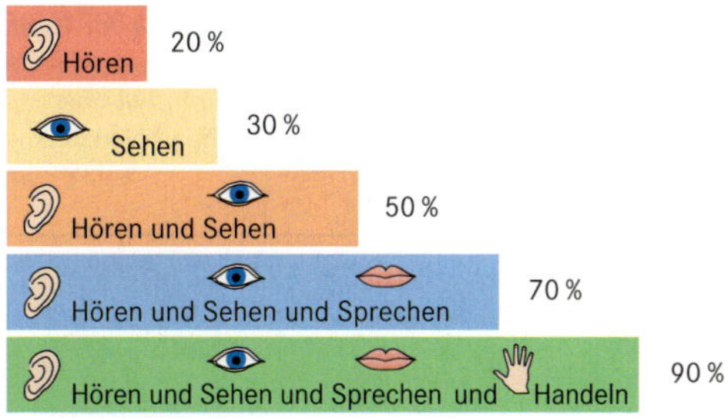

Kurzzeitgedächtnis:
Speicherung der Information ca. 30 bis 60 Sekunden lang.

Langzeitgedächtnis:
Lebenslange Speicherung.
Ziel von Lernprozessen: Gewünschte Informationen in das Langzeitgedächtnis transformieren.

Verbesserung der Lernfähigkeit

- Sich die eigenen **Lernmotive** verdeutlichen
- Entspannte und angemessene **Lern-/Arbeitsatmosphäre** herstellen.
- Lern- bzw. Arbeitsplatz den individuellen Bedürfnissen anpassen:
  - Schreibtisch, Arbeitsfläche für die Lernaufgabe herrichten
  - bequeme Sitzhaltung einnehmen
  - für ausreichende Beleuchtung sorgen
  - Materialien bereitlegen
  - Ablenkung vermeiden
- **Überblick** über die Aufgabe verschaffen
- **Zeitbedarf** abschätzen
- **Strukturen** des Lernstoffs herausarbeiten (Element, Beziehungen und Abhängigkeiten zwischen den Elementen)
- Informationen auf den **Kerngehalt** reduzieren
- **Merktechniken** und **Visualisierungen** während des Lernprozesses verwenden
- Ergebnis bzw. **Zusammenfassung** festhalten
- **Rückbesinnung** auf den Lernprozess und das Lernergebnis vornehmen
- **Beseitigung von Lernblockaden**
  Negative Einstellungen durch positive Lerneinstellungen ersetzen (entspannteres Lernen)

  Ich kann mich nicht konzentrieren.
  - Ich bin ruhig und ausgeglichen!

  Das habe ich noch nie gekonnt.
  - Was andere können, kann ich auch!

Text verarbeiten und behalten

- Gelesenes nachsprechen
- Text mit eigenen Worten wiedergeben
- Über Gelesenes nachdenken
- Unterstreichungen und Markierungen mit gleichbleibender Bedeutung verwenden
- Einfache und sich wiederholende Markierungen benutzen.
  Beispiele:
  !: wichtig, bedeutsam
  !!: sehr wichtig, sehr bedeutsam
  ?: bedenklich, fragwürdig
  ??: sehr bedenklich, sehr fragwürdig
- Text durch Grafiken und Bilder veranschaulichen (Visualisierungen vornehmen)
  Beispiele:
  Flussdiagramm, Mind-Map, Struktogramm, Tabelle, ...
- Theoretische Sachverhalte mit praktischen Möglichkeiten verbinden
- Sich den Text in Form von Bildern vorstellen, den Text gedanklich „ausmalen“
- Individuelle Merkhilfen erfinden (Eselsbrücken).
- Pausen einhalten. Damit erhöht sich der Lernwirkungsgrad und der Behalteneffekt
- Ablenkungen vermeiden (akustisch, optisch, ...)
- Je nach Lerntyp: Hintergrundmusik verwenden

Lernen mit der Projektmethode

Weitgehend selbstorganisiertes Lernen in Gruppen.
Ablauf:
1. Projektinitiative
2. Projektskizze (Absichten, Vorhaben)
3. Projektplan (Schritte, Zeitbedarf, Aufgabenverteilung: „Wer macht was bis wann“)
4. Durchführung
5. Abschluss (Ergebnis, kritische Betrachtung des gesamten Projekts)

Lernen durch Rollenspiele

Probehandeln in simulierten Situationen.
Ablauf:
1. Einführung in die Rolle (Lehrkraft, Leiter, ...)
2. Erarbeitung des Rollenprofils
3. Darstellung der Rolle
4. Herausführen aus der Rolle (Lehrkraft, Leiter, ...)
5. Reflexion über die gespielte Rolle
6. Feedback durch Beobachter

Modelle

- Im täglichen Umgang der Menschen untereinander ist Kommunikation (communicare: mitteilen) ein selbstverständlicher Vorgang, bei der Informationen (Zeichen) zwischen Sendern und einem Empfänger ausgetauscht werden.

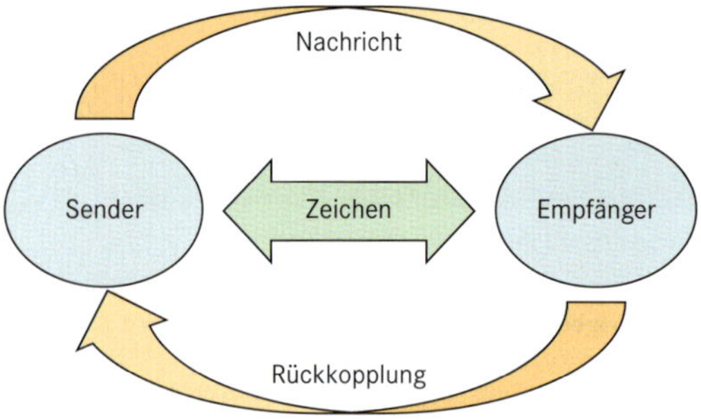

- Mit Kommunikationsmodellen lässt sich erklären, was Kommunikation ist, wie sie abläuft, welche Störungen vorkommen und wie man diese beseitigen kann. Je nach Forschungsansatz gibt es verschiedene Modelle.

Modell der Nachrichtenübertragung

In diesem Modell orientiert man sich an den technischen Aspekten der Signalübertragung und verwendet mathematische Theorien der Kommunikation der Mathematiker Warren Weaver (1894 - 1978) und Claude E. Shannon (1916 - 2001).

Kommunikation läuft damit wie folgt ab:

- Die codierte Nachricht wird vom Sender ausgesendet.
- Auf dem Weg zum Empfänger können „Störungen" die Nachricht verändern.
- Die Nachricht enthält sprachliche und nichtsprachliche (nonverbale) Anteile.
- Der Empfänger decodiert die Nachricht entsprechend seiner Wahrnehmung, mit seinem eigenen „Vorrat" an Decodiermöglichkeiten.
- Eine ungestörte Kommunikation kann nur dann stattfinden, wenn Sender und Empfänger den angewendeten Code aufeinander abstimmen.

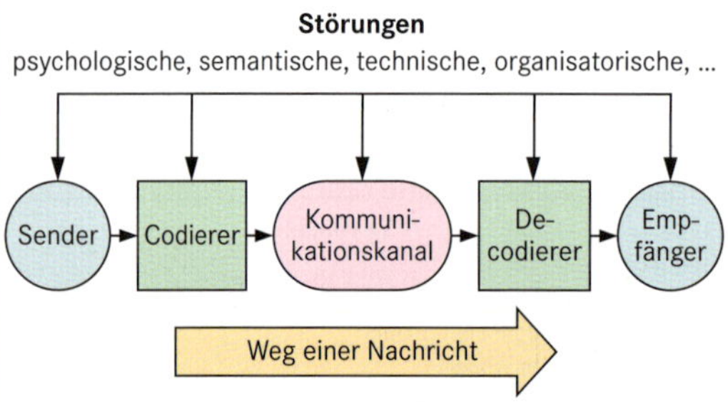

- Auf Grund der mehr „technischen" Sichtweise der Kommunikation werden die sozialen Aspekte der Kommunikation mit diesem Modell nicht berücksichtigt.

Modell der vier Seiten

Das Vier-Seiten-Modell ist vom Kommunikationspsychologen Friedemann Schulz von Thun (geb. 1944) entwickelt worden. Danach kann eine Nachricht im Kommunikationsprozess vier Seiten (Aspekte, Ebenen) besitzen:

Sachebene	**Appell**
Selbstoffenbarung	**Beziehungsebene**

- **Erklärungsbeispiel**

  Bevor in einer Reparaturwerkstatt für IT-Geräte ein Auszubildender das Gerät aufschraubt, sagt der Werkstattleiter laut und deutlich: „Sicherheitsaspekte beachten!"

  Der Werkstattleiter hat also eine Nachricht gesendet, die der Auszubildende empfangen hat. Je nach Vorerfahrungen mit dem Auszubildenden, den vorherrschenden Stimmungen usw. kann diese Nachricht auf verschiedene Weise vom Auszubildenden aufgenommen (decodiert) werden als:

- **Sachebene**

  Erinnerung an die Gefährlichkeit, reine Sachinformation („worüber ich informiere")

- **Appell**

  Aufforderung, dass auf jeden Fall Sicherheitsmaßnahmen einzuhalten sind („wozu ich dich veranlassen möchte")

- **Selbstoffenbarung**

  Ausdruck von Sorge und Angst, damit nichts passiert („was ich von mir selbst kundgebe")

- **Beziehungsebene (Beziehungsbotschaft)**

  Verantwortung und Fürsorgepflicht („was ich von dir halte, oder wie wir zueinander stehen")

- **Verallgemeinerung**

  Diese vier Interpretationsmöglichkeiten zeigen, dass man beim Aufnehmen von Nachrichten gewissermaßen mit „vier Ohren" hören kann. Je nach Absicht des Senders können die verschiedenen Aspekte unterschiedlich stark in Erscheinung treten (codiert sein) bzw. wahrgenommen werden.

Vier-Ohren-Modell

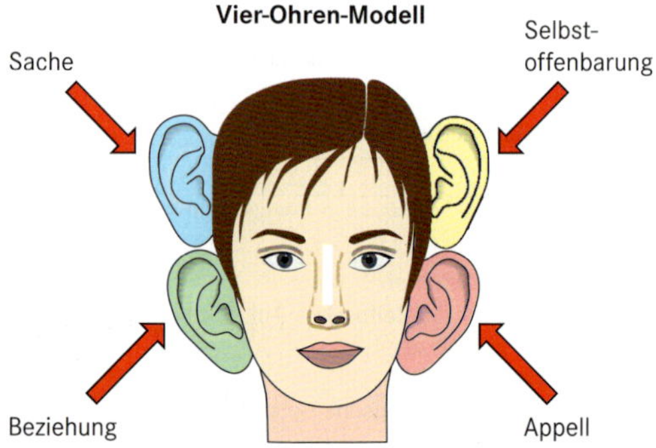

Traditionelle Organisationseinheiten

- Abläufe und Vorgänge sind eindeutig festgelegt. Jeder weiß genau, wer was wie zu tun hat.
- Die Aufgaben werden den einzelnen Mitarbeitern vom jeweiligen Vorgesetzten zugeteilt.
- Es gibt klare Kontrollmechanismen zur Sicherung der vorschriftsmäßigen Arbeitsdurchführung und der zu erwartenden Qualität.
- Kommunikation und übergreifende Problemlösungen mit anderen Abteilungen oder sonstigen Unternehmensbereichen erfolgen über den Vorgesetzten oder durch eine ausdrücklich von diesem bestimmte Person.
- Organisationseinheiten sind dauerhaft installiert. Sie haben klar umrissene Aufgaben- und Kompetenzbereiche.

Phasen der Teamentwicklung

Kontaktphase

Vorgesetzte und Teammitglieder:
- Klärung gegenseitiger Erwartungen, Ziele, Rahmenbedingungen

Notwendige Voraussetzungen der Beteiligten:
- Offenheit, Ehrlichkeit und Engagement

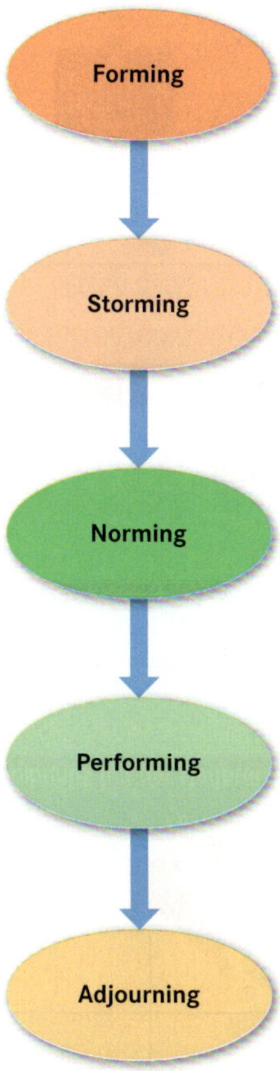

Forming
- Erstes Kennenlernen
- Individuelle Verhaltensmuster werden erprobt

Storming
- Gegensätzliche Meinungen werden deutlich
- Konflikte entstehen
- Machtkämpfe

Norming
- Widerstände sind überwunden
- Eingespielte Verhaltensweisen
- Regeln werden akzeptiert

Performing
- Geklärte Rollen
- Konzentration auf die Aufgaben
- Effektive Arbeit mit höchster Leistung

Adjourning
- Auflösung der Strukturen durch Zu- und Abgänge
- Neubeginn

Teamarbeit

- Teams sind Arbeitsgruppen, die sich mit Hilfe des Teamleiters selbst organisieren.
- Innerhalb eines Teams gibt es keine Hierarchiestufen. Jeder beteiligt sich nach persönlichen Fähigkeiten und Fertigkeiten an der gemeinsamen Aufgabe.
- Die Arbeit erfolgt in fach- und abteilungsübergreifenden Gruppen.
- Unterschiedliches Spezialistenwissen und unterschiedliche Erfahrungen werden im Team zur gemeinsamen Lösung komplexer Aufgaben kombiniert.
- Zwischen den Teams eines Unternehmens bestehen rege Kontakte. Informationen werden offen ausgetauscht.
- Teams werden nicht auf Dauer installiert, sondern für bestimmte Vorhaben oder Projekte zusammengestellt.
- Wenn das gemeinsame Ziel erreicht oder die gemeinsame Aufgabe gelöst ist, können die einzelnen Mitglieder neuen Teams zugeordnet werden.

Voraussetzungen an die Beteiligten:

Flexibilität + **Selbstantrieb** + **Eigenverantwortung**

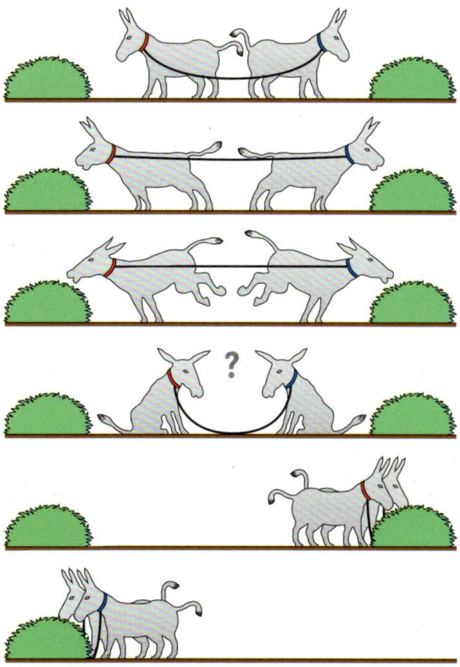

Visualisierungs-Regeln

- Zuhörer müssen alle Materialien gut sehen und Texte gut lesen können, evtl. Sitzordnung ändern. Materialien zielgerichtet einsetzen
- Wirkung der Materialien bedenken (Pausen zum Betrachten einplanen)
- Texte übersichtlich und gut lesbar gestalten (Größe, Form, Farbe, Druckbuchstaben). Weniger ist oft mehr!
- Innere Ordnung muss durch Überschriften und Textanordnung deutlich werden
- Dramaturgie durch geeignete Reihenfolge der Elemente herstellen
- Verknüpfung verbaler Aussagen mit bildhaften Darstellungen
- Blickkontakt während des Medieneinsatzes herstellen
- Wenn Medien nicht mehr benötigt werden, diese entfernen

Vorteile

- Sprachaussagen werden anschaulicher und verständlicher
- Zusammenhänge werden deutlicher
- Kernaussagen treten deutlich hervor
- Redeanteil lässt sich verkürzen
- Struktur tritt hervor
- Bilder können komplexe Zusammenhänge auf „einen Blick" verdeutlichen

Visualisierung durch MindMap

- Bildhafte Darstellung von Gedankengängen (bildhafte Gedankenstütze).
- Grafische Strukturierung von Sachverhalten, Zusammenhängen, Ideen und Denkprozessen (Überblick).
- MindMaps lassen sich einzeln oder durch Gruppen erstellen.
- Innere Ordnung: Vom Abstrakten zum Konkreten, vom Allgemeinen zum Speziellen.
- Vielseitig verwendbar, fördert Kreativität.
- Viel auf einen „Blick", nichts geht „verloren". Geringer Aufwand.

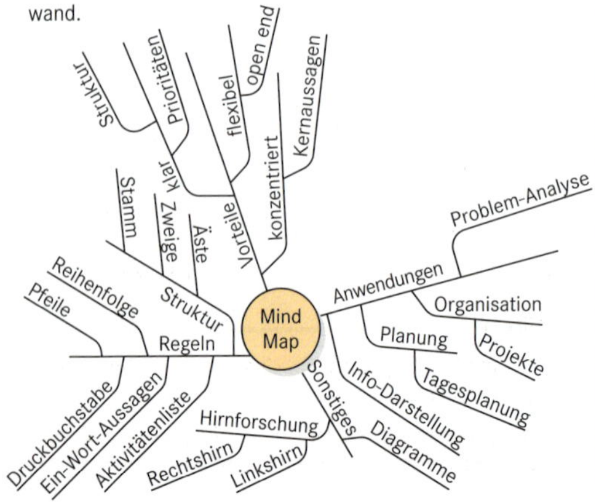

Möglichkeiten

Text:	Unterstützung der Sprache durch Folien, Plakate, Karten.
Tabellen:	„Ordnung" von Zahlen
Bilder:	Veranschaulichung komplexer Beziehungen, Assoziationen wecken
Schaubilder:	Strukturen und Abhängigkeiten
Symbole:	Reduzierung auf das „Wesentliche"

Anordnung und Gestaltung von Textkarten

Reihung

Themenstruktur wird deutlich

Rhythmus

Erfassung von Zusammenhängen

Betonung

Blick wird auf wichtige Aussagen gelenkt

Ballung und Streuung

Bearbeitungsschwerpunkte treten hervor

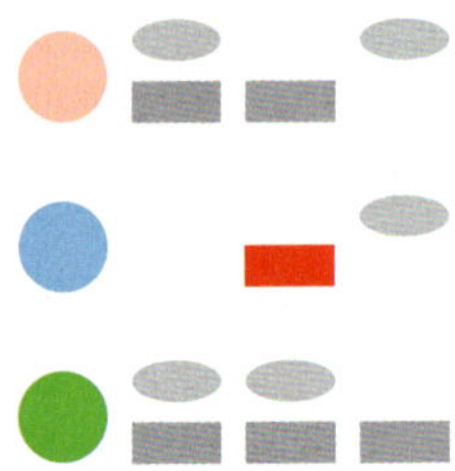

Symmetrie und Asymmetrie

Ähnlichkeiten und Unterschiede treten hervor

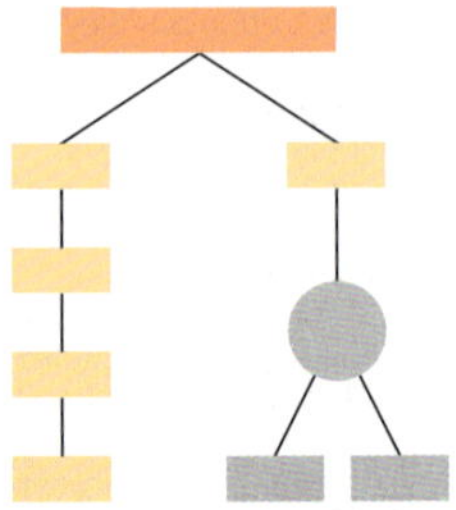

Dynamik

Offene Struktur

Beschreibung

- Informationsübermittlung an einen bestimmten Adressatenkreis.
- Adressaten zeigen im Wesentlichen passives und konsumierendes Informationsverhalten.
- Hohe Behaltensrate wird erreicht durch Kombination von visuellen und verbalen Informationen.
- Vertiefung und Festigung der Präsentation wird erreicht durch
  - Dialog
  - Diskussion
  - Beantwortung zusätzlicher Fragen

Ziele

- Information
- Motivation
- Darstellung komplexer Sachverhalte
- Überzeugen
- Repräsentieren
- Aufbau eines Images
- Handlungen auslösen

Voraussetzungen

- Geeignete technische Hilfsmittel
  - Metaplanwand und -karten, Nadeln, Stifte, ...
  - Flipchart mit Papier, Stifte, ...
  - Schreibtafel mit Kreide, Karten, Plakate, Klebeband, ...
  - Overhead-Projektor mit Folien, Stifte, Tuch zum Löschen, ...
  - PC, Software, Daten-/Video-Projektor mit Leinwand, Laserpointer, ...
- Übung im Umgang mit den technischen Hilfsmitteln

Vorbereitung

1. Ziel bzw. Absicht formulieren
2. Sammeln von Ideen, Informationen, Materialien
3. Auswählen geeigneter Materialien im Hinblick auf das Ziel
4. Sortieren der Materialien: Kernaussagen, Hintergrundinformationen
5. Gewichtung, Strukturierung
6. Geeignete Methoden und Medien für die Präsentation auswählen.
7. Besonderheiten der Adressaten und des Raumes beachten.
8. Informationen wirkungsvoll aufbereiten.
9. Präsentationsmanuskript erstellen
10. Abfolge „durchspielen“, Probelauf, Test, ...

Medien

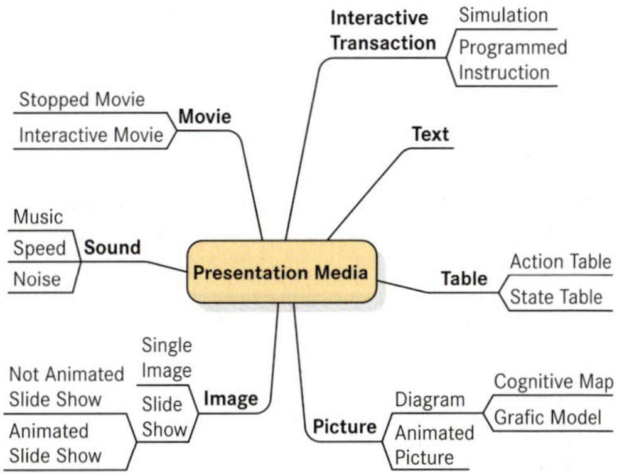

Durchführung

- „**Roten Faden**“ einhalten
- Zusammenspiel zwischen **verbalen Aussagen** und **Visualisierungen** einhalten
- Dramaturgie und Dynamik durch **Sprache** und geeignete Medien
- Funktion von **Sprechpausen**:
  Gelegenheit zum Atmen, eigene Gedanken neu ordnen, Denkpausen für Zuhörer, Aufmerksamkeit und Spannung
- Medien nacheinander (z. B. durch Aufdecken) präsentieren (**Abfolge**).
- Verschiedene menschliche Sinne ansprechen
- **Haltung, Körpersprache**
  - Stehend:

    Leicht geöffnete Füße auf gleicher Höhe, Gewicht gleichmäßig verlagern, nicht schaukeln oder wippen, mit Händen und Armen ruhig die Visualisierung unterstützen
  - Sitzend:

    Aufrechte Haltung, Arme und Hände ruhig halten, nicht mit Gegenständen spielen
- Nicht zum Medium, sondern zu den Zuhörern sprechen (**Konzentration**).

Planvolle Arbeitsorganisation

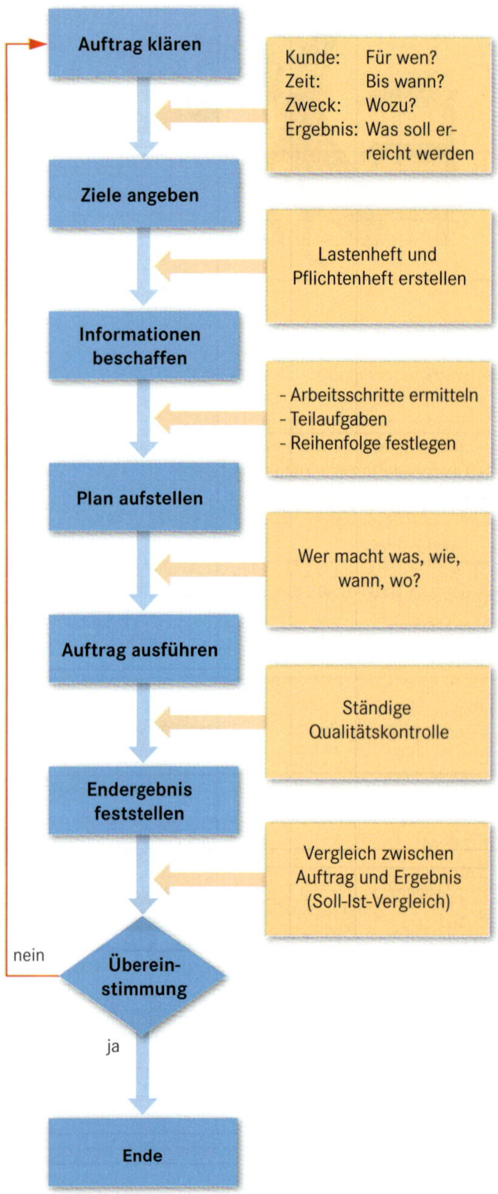

- **Ziele ergonomischer[1] Arbeitsorganisation**
  - Arbeitsprozesse an menschliche Bedürfnisse anpassen
  - Individueller Gesundheitsschutz
  - Humane Arbeitsplatzgestaltung

- **Gefahren nichtergonomischer[1] Arbeitsorganisation**
  - Körperliche Beschwerden
  - Gefährdung des Sehvermögens, Hörvermögens, ...
  - Psychische Belastungen

[1] Ergonomie = Wissenschaft von der menschlichen Arbeit

Regeln

- **Vermeidung von psychischen Beanspruchungen**
  Abbau von
  - Monotonie
  - sinnlosen Wiederholungen
  - sinnentleerter Arbeit
  - hohem Arbeitstempo und Arbeitsverdichtung
  - Informationsüberflutung
  - sozialer Isolation
  - Lärmbelästigung

- **Vermeidung von einseitiger Arbeit**
  durch
  - Mischarbeit (abwechslungsreiche Arbeit) und
  - Pausen.

- **Arbeit soll**
  - ausführbar,
  - erträglich,
  - zumutbar und
  - persönlichkeitsfördernd sein.

- **Beachtung der Leistungskurve**

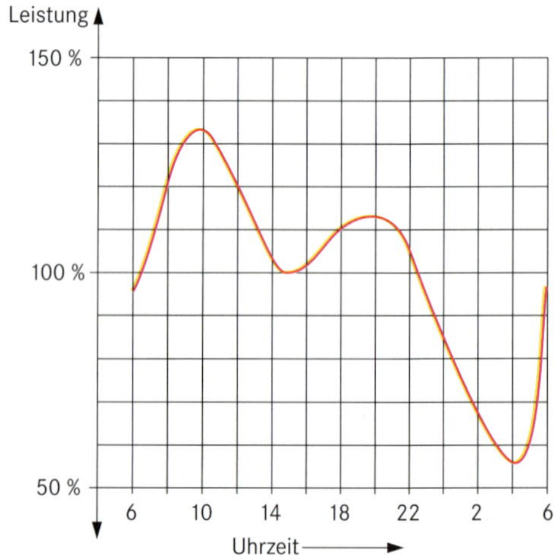

- **Aktivitätsplanung (60:40 Regel)**

60 % für geplante Aktivitäten
20 % für unerwartete Aktivitäten (Reserve, Puffer)
20 % für geplante Aktivitäten (kreative Zeit)

- **Bewertung der Aufgaben nach Wichtigkeit**
  - Äußerst wichtig
    → Ich tue es selbst und delegiere nicht!
  - Durchschnittlich wichtig
    → Ich versuche es fallweise zu delegieren!
  - Weniger wichtig, unwichtig
    → Ich delegiere, verkürze den Aufwand oder streiche das Vorhaben!

Entstehung

- In Deutschland existieren u. a. in den Bereichen **Arbeitsschutz** und **Umweltrecht** eine Reihe von Gesetzen, Vorschriften, Regelungen, Richtlinien und Verordnungen, die auf der Basis von Internationalem Recht, EU-Richtlinien und EU-Verordnungen erstellt wurden.
- **Änderungen**, **Weiterentwicklungen** oder **Neuerstellungen** im Internationalen Recht, in den EU-Richtlinien und EU-Verordnungen haben direkten Einfluss auf die Deutsche Gesetzgebung.

Anwendungsbereiche

- Zu den wesentlichen technisch orientierten Anwendungsbereichen gehören
  - Arbeitsschutz und Anlagensicherheit
  - Chemikalien- und Gefahrstoffrecht
  - Störfall- und Immissionsschutzrecht
  - Umweltmanagement, -schutz und -recht
  - Wasser-, Boden- und Abfallrecht
  - Gefahrguttransport Straße und Schiene
  - Baurecht und Brandschutz
  - Strahlenschutz und Kernenergierecht
  - Gentechnik und Biotechnologie

Rangfolge

	Beispiele:
Internationales Recht **EU-Richtlinien** **EU-Verordnungen**	RL 89/391 Rahmenrichtlinie Arbeitsschutz RL 89/654 Arbeitsstättenrichtlinie RL 2001/95 Allgemeine Produktsicherheit RL 2006/95 Niederspannungsrichtlinie
Vorschriften des Bundes (Gesetze, Verordnungen, Verwaltungsvorschriften)	**ProdHaftG**: **Prod**ukt**haft**ungs**g**esetz **ProdSG**: **Prod**ukt**s**icherheits**g**esetz **1. ProdSV**: **Prod**ukt**s**icherheits**v**erordnung (Bereitstellung elektrischer Betriebsmittel ...
Vorschriften der Länder (Gesetze, Verordnungen, Verwaltungsvorschriften, Richtlinien)	Landesabfallgesetze, Landessonderabfallverordnungen Landesbauordnungen Landesimmissionsschutzgesetze
Autonomes Satzungsrecht der Unfallversicherer	**DGUV**-Regeln, -Vorschriften, -Informationen, -Grundsätze wie z. B. - DGUV Vorschrift 3: Elektrische Anlagen und Betriebsmittel - DGUV Regel 103-012 (alt GUV-R A3): Arbeiten unter Spannung an elektrischen Anlagen und Betriebsmitteln (**DGUV**: **D**eutsche **G**esetzliche **U**nfall**v**ersicherung e.V.)
Technische Regeln und Richtlinien staatlicher Ausschüsse	**TRBS**: **T**echnische **R**egeln für **B**etriebs**s**icherheit **ASR**: Technische **R**egeln für **A**rbeits**s**tätten **RAB**: **R**egeln zum **A**rbeitsschutz auf **B**austellen **TROS**: **T**echnische **R**egeln zur Arbeitsschutzverordnung zu künstlicher **o**ptischer **S**trahlung
Schriftenreihen, Merkblätter, nicht technische Richtlinien	**LAGA**: Schriften der **L**änder**a**rbeits**g**emeinschft **A**bfall **KAS**: Schriften der **K**ommission für **A**nlagen**s**icherheit
Sonstige Regeln der Technik	EN- und DIN-Normen, VDE-Bestimmungen, VDI-Richtlinien, VdS-Richtlinien, BauA-Veröffentlichungen, Berufsgenossenschaftliche Vorschriften, Regeln, Informationen und Grundsätze, Firmenspezifische Anordnungen usw.

Gefährdung bei Elektroinstallationsarbeiten

- Umgang mit elektrischen Betriebsmitteln
- Arbeiten in gefährdeten Bereichen (z. B. große Höhe)
- Äußere Umwelteinwirkungen und Maschinen (z. B. beim Schleifen)
- Art der Baustelleneinrichtung (z. B. Erste-Hilfe-Material)

Gesetzliche Regelung im Arbeitsschutzgesetz (**ArbSchG**) und Betriebssicherheitsverordnung (**BetrSichV**) zur

- Regelung der grundlegenden Pflichten des Arbeitgebers,
- Festlegung der Pflichten und Rechte des Arbeitnehmers und
- Überwachung des Arbeitsschutzes durch die zuständigen Behörden und/oder **Berufsgenossenschaften** (**BG**).

Pflichten des Arbeitgebers

- Elektrische Anlagen und Betriebsmittel
  - nach den elektrotechnischen Regeln betreiben,
  - nur von einer Elektrofachkraft bzw. unter deren Aufsicht errichten, ändern und instandhalten,
  - auf einen ordnungsgemäßen Zustand prüfen und Mängel unverzüglich beseitigen.
- Erforderliche persönliche Schutzkleidung dem Arbeitnehmer zur Verfügung stellen.
- Sicherheitsrelevante Arbeitsgeräte (z. B. Leitern) in ausreichender Anzahl und technisch einwandfreiem Zustand zur Verfügung stellen.

Pflichten des Arbeitnehmers

- Sicherheitstechnische Bestimmungen am Arbeitsplatz einhalten und Anweisungen befolgen.
- Vor Arbeitsbeginn alle sicherheitsrelevanten Arbeitsgeräte und Hilfsmittel überprüfen.
- Elektrotechnische Bestimmungen einhalten.
- Bei Übertragung der Unternehmerpflichten an die Elektrofachkraft deren Einhaltung kontrollieren. Die Übertragung muss schriftlich bestätigt werden.
- Persönliche Schutzausrüstung tragen.

Elektrotechnische Fachkräfte

Anlagenverantwortlicher
Verantwortlich für den Betrieb einer elektrischen Anlage (Elektrofachkraft)
DIN VDE 0105-100

Elektrofachkraft
Maßnahmen und Entscheidungen in eigener Verantwortung. Voraussetzung ist eine Fachausbildung.

Verantwortliche Elektrofachkraft
Fach- und Aufsichtsverantwortung bei Übertragung durch den Unternehmer.
DIN VDE 1000-10

Arbeitsverantwortlicher
Für jede Arbeit benannt; verantwortet die Durchführung der Arbeiten.
VDE 0105-100

Persönliche Schutzausrüstung

Zusätzlich zur Arbeitsschutzbekleidung muss je nach Arbeitsgefährdung folgende Schutzausrüstung getragen werden:

- **Kopfschutz** – Schutzhelm DIN EN 397
- **Augenschutz** – Schutzbrille DIN EN 166
- **Schallschutz** – Gehörschutzstöpsel bis 110 dB (A) bzw. Gehörschutzkapseln bis 120 dB (A)
- **Fußschutz** – Sicherheitsschuhe DIN EN ISO 20345
- **Handschutz** – Sicherheitshandschuhe DIN EN 60903
- **Atemschutz** – Filtergeräte DIN 3179
- **Absturzschutz** – Sicherheitsgeschirr (Halte- bzw. Auffanggurt) EN 358/EN 361

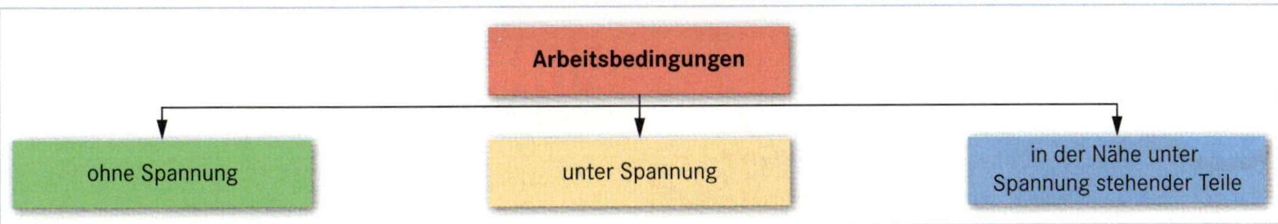

Arbeit ohne Spannung

Der Arbeitsverantwortliche veranlasst das
- Aufstellen des Sicherheitsschildes und
- Befolgen der Sicherheitsregeln.

5 Sicherheitsregeln

1. **Freischalten**
   Das Anlagenteil muss allpolig und allseitig abgeschaltet werden.
2. **Gegen Wiedereinschalten sichern**
   Nur die an der Anlage tätigen Personen dürfen das betreffende Anlagenteil wieder in Betrieb nehmen.
3. **Spannungsfreiheit feststellen**
   Durch Messung mit Messgerät oder zweipoligem Spannungsprüfer vergewissern, dass keine Spannung gegen Erde am betreffenden Anlagenteil vorhanden ist.
4. **Erden und Kurzschließen**[1)]
   Von der Erdungsklemme ausgehend alle Leiter untereinander verbinden.
5. **Benachbarte, unter Spannung stehende Teile abdecken und abschranken**
   Abdecken oder Abschranken verhindern, dass Anlagenteile nicht berührt werden können.

[1)] In Anlagen mit Bemessungsspannungen bis 1 kV darf unter bestimmten Umständen hiervon abgewichen werden (vgl. DIN VDE 0105-100)

Maßnahmen vor Wiedereinschalten nach beendeter Arbeit

1. Werkzeug und Hilfsmittel entfernen.
2. Gefahrenbereich verlassen.
3. Kurzschließen und Erdung zuerst an der Arbeitsstelle, dann an den übrigen Stellen entfernen ①.
4. Anlagenteile und Leitungen ohne Erdungsseil dürfen nicht berührt werden.
5. Entfernte Schutzverkleidungen und Sicherheitsschilder wieder anbringen.
6. Schutzmaßnahmen an den Schaltstellen erst nach Freimeldung von den Arbeitsstellen aufheben.

①

Arbeiten unter Spannung

Ausführung nur unter folgenden Bedingungen:
- Keine Brand- oder Explosionsgefahr
- Keine ungünstigen Witterungsverhältnisse (z. B. hohe Luftfeuchtigkeit)

Voraussetzungen für Elektrofachkraft und Werkzeug:
- Spezielle Ausbildung
- Vorgeschriebene persönliche Schutzausrüstung
- Geeignetes Werkzeug für die Betriebsspannung
- Regelmäßige Überprüfung von Werkzeug und Schutzausrüstung
- Spezielle Anweisung an die ausführende Person durch den Verantwortlichen

Arbeiten in der Nähe unter Spannung stehender Teile

Arbeiten in elektrischen Anlagen, bei denen Personen mit Körperteilen, Werkzeug oder anderen Gegenständen in die Annäherungszone gelangen können, die Gefahrenzone aber nicht erreichen.

- **Annäherungszone**
  - hängt ab von der Bemessungsspannung U_N und
  - wird begrenzt durch den Abstand D_V von unter Spannung stehenden Teilen.

  Dabei müssen alle unter Spannung stehenden Anlagenteile sicher abgedeckt werden (vgl. Sicherheitsregel 5).

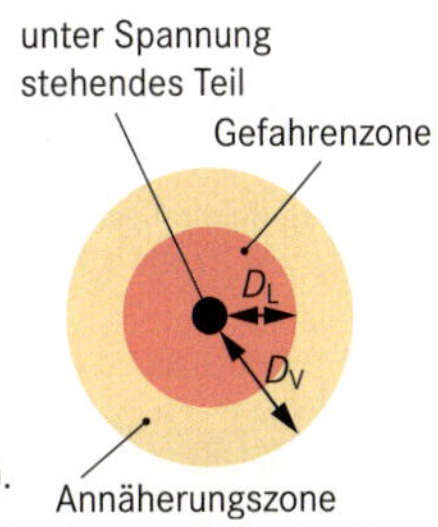

Arbeiten von Nicht-Elektrofachkräften innerhalb der Annäherungszone dürfen nur unter Aufsicht von Elektrofachkräften durchgeführt werden.

- **Gefahrenzone**
  - ist der Bereich, der durch Abstand D_L begrenzt wird und
  - in dem **keine Arbeiten** vorgenommen werden dürfen.
- **Richtwerte für die Abstände D_V und D_L** (Auswahl)

Bemessungsspannung U_N in kV	Mindestabstände in Luft	
	D_V in mm	D_L in mm
≤ 1	300	–
6	1120	90
10	1150	120
20	1220	220
110	2000	1000

- **Besondere Anforderungen**
  - Elektrofachkraft muss Zusatzqualifikation besitzen.
  - Arbeitsverantwortliche muss vor Ort die Arbeitenden einweisen und beaufsichtigen.
  - Arbeitsstelle muss nach außen durch Abschrankungen und Schilder kenntlich gemacht werden.

Logo: Erste Hilfe

Rettungsdienste:

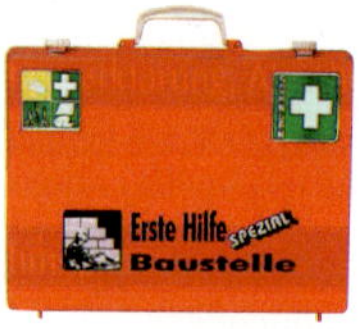

Erste-Hilfe-Kasten

Notfall-Rettungskette

1. Sofortmaßnahme
2. Notruf
3. Erste Hilfe
4. Rettungsdienst
5. Krankenhaus

Notruf
- Wo ist was geschehen?
- Was ist geschehen?
- Wie viele Verletzte gibt es?
- Welche Verletzungen sind vorhanden?
- Warten auf Rückfragen!

Kostenfreie Rufnummer
110 und 112

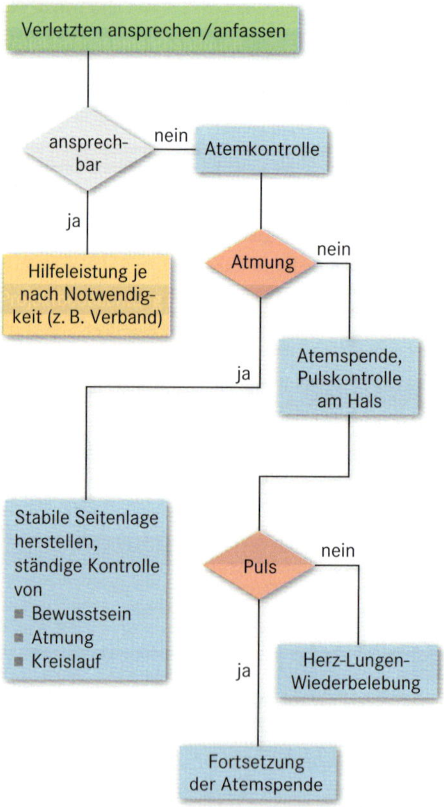

	Versagen der Atmung/ Atemstillstand	Herzversagen/ Herzstillstand	Kreislaufversagen/Schock	Starke Blutung
Symptome	▪ Flache, unregelmäßige Atmung bzw. keine Atembewegung mehr wahrnehmbar ▪ keine Atemgeräusche hörbar ▪ bläuliche Verfärbung der Haut (Lippen, Ohrläppchen) ▪ Bewusstlosigkeit	▪ Bewusstlosigkeit ▪ erweiterte Pupillen ▪ blaue oder weißliche (blasse) Verfärbung der Haut	▪ Schwacher, beschleunigter Puls ▪ feuchte, blasse, kalte Haut ▪ Unruhe, Angst	▪ Bei Verletzung der Schlagader pulsierender Blutaustritt ▪ hellrote Farbe des Blutes
Maßnahmen	▪ Verletzten in stabile Seitenlage bringen ▪ Mund- und Rachenraum von Fremdkörpern (Speisereste, Erbrochenes) säubern ▪ Atmung überwachen ▪ Bei Atemstillstand mit der Atemspende beginnen	▪ Sofort mit Herzdruckmassage beginnen ▪ Achtung: Ersthelferausbildung ist hierfür unbedingt erforderlich	▪ Schocklage herstellen (Oberkörper flach legen, Beine schräg nach oben) ▪ Achtung: Schocklage nicht bei Verletzung der Beine oder Wirbelsäule ▪ vor Unterkühlung schützen ▪ durch Ansprache beruhigend wirken ▪ Atmung und Puls kontrollieren	▪ Druckverband anlegen, sterile Auflage (Einmalhandschuh verwenden!) ▪ leichte Blutung aus Nase: Kopf nach vorne neigen, Kinn in die Hand stützen lassen, kalter Umschlag auf den Nacken ▪ bei verletzter Schlagader die Ader abdrücken bzw. abbinden

Versicherungsschutz

- Die Berufsgenossenschaften sind die Träger der gesetzlichen Unfallversicherung für die Unternehmen der Privatwirtschaft und deren Beschäftigte
- Sie haben die Aufgabe, Arbeitsunfälle und Berufskrankheiten sowie arbeitsbedingte Gesundheitsgefahren zu verhüten.
- Der Versicherungsschutz erstreckt sich auf:
  - **Arbeitsunfälle**
  - **Wegunfälle**
  - **Berufskrankheiten**
- Die Berufsgenossenschaft und die Unfallkassen sind in der **DGUV** (**D**eutschen **G**esetzlichen **U**nfall**v**ersicherung) als gemeinsamem Dachverband organisiert.
- Das bestehende Vorschriften- und Regelwerk wurde ab dem 01.05.2014 in ein neues Bezeichnungssystem überführt. Dabei werden vier Kategorien unterschieden:
  - DGUV-Vorschriften
  - DGUV-Regeln
  - DGUV-Informationen
  - DGUV-Grundsätze

DGUV
Deutsche Gesetzliche Unfallversicherung
Spitzenverband

- Jede Publikation erhält eine eigene, in der Regel sechsstellige Kennzahl:
  - Vorschriften 1 bis 99
  - Regeln 100 bis 199
  - Informationen 200 bis 299
  - Grundsätze 300 und aufwärts

  Jeweils die zweite und dritte Stelle jeder Kennzahl zeigt die Zugehörigkeit in einem der 15 Fachbereiche der DGUV an.

Ausgewählte DGUV-Vorschriften

Bezeichnung	Titel, Erläuterungen
DGUV Vorschrift 1	Grundsätze der Prävention
DGUV Vorschrift 3	Elektrische Anlagen und Betriebsmittel
	Geregelt ist in der Vorschrift die Prüfung von in Betrieben verwendeten Elektrogeräten.
DGUV Vorschrift 6	Arbeitsmedizinische Vorsorge
	Arbeitsmedizinische Vorsorgeuntersuchungen sind aufgeführt.
DGUV Vorschrift 9	Sicherheits- und Gesundheitsschutzkennzeichnung am Arbeitsplatz
	Die Vorschrift enthält Gefahrensymbole, Gebots- und Verbotszeichen sowie Vorschriften über die Kennzeichnung von Fluchtwegen, Erste-Hilfe-Einrichtungen usw.

Verhalten bei Unfällen

Betriebsanweisung zum Verhalten bei Unfällen:

Verhalten bei Unfällen

Ruhe bewahren

1. Unfall melden
   - Telefon (Tel.-Nr. einfügen) oder/und ....
   - **Wo** geschah es?
   - **Was** geschah?
   - **Wie viele** Verletzte?
   - **Welche** Arten von Verletzungen?
   - **Warten** auf Rückfragen!
2. Erste Hilfe
   - Absicherung des Unfallortes
   - Versorgung der Verletzten
   - Anweisungen beachten
3. Weitere Maßnahmen
   - Rettungsdienste einweisen
   - Schaulustige entfernen

- Die **Betriebsanweisung** ist eine Anweisung an die Beschäftigten im Rahmen der Pflichten des Arbeitsgebers innerhalb des Arbeitsschutzgesetzes.
- Es wird darin das arbeitsplatz- und tätigkeitsbezogene Verhalten im Betrieb geregelt, mit dem Ziel, Unfall- und Gesundheitsverfahren zu vermeiden.

Hinweise zum Ausfüllen einer Unfallanzeige

- Die **Beschreibung des Unfallgeschehens** soll genaue Angaben zum Unfall und zu den näheren Umständen enthalten.
  Beispiele: wo, wie, warum, unter welchen Umständen, Angabe der beteiligten Geräte oder Maschinen
- **Wichtige Angaben** sind:
  Betriebsteil bzw. Organisationseinheit, in dem sich der Unfall ereignete.
  Beispiele: Büro, Werkstatt, Verkauf, Lager
- **Tätigkeit**, die die verletzte Person ausübte.
  Beispiele: Kundenberatung, Leitungsinstallation, Reparatur eines Servers in der Werkstatt
- **Umstände**, die den Verlauf des Unfalls besonders kennzeichnen (unfallauslösende Umstände, welche Arbeitsmittel wurden benutzt bzw. an welchen Maschinen und Anlagen wurde gearbeitet).
  Beispiele: ... beugte sich zu weit zur Seite, dadurch rutschte die Leiter weg, ... rutschte auf dem Fußboden aus, ...
- **Arbeitsbedingungen**, die mit dem Unfall im Zusammenhang stehen könnten.
  Beispiele: Hitze, Kälte, Lärm, Staub
- **Gefahrstoffe**, die mit dem Unfall im Zusammenhang stehen.
  Beispiele: Akkusäure, Lösungsmittel
- **Verletzte Körperteile** genau bezeichnen
  Die Unfallbeschreibung kann auf der Rückseite des Vordrucks oder auf einem separaten Beiblatt erfolgen.

Grundlagen

- Die **Bildschirmarbeitsverordnung** (BildscharbV) wurde durch die DGUV Information 215-410 konkretisiert.
- **DGUV Information 215-410**
  Ein Leitfaden als praktische Hilfen für die Gestaltung der Arbeit an Bildschirm- und Büroarbeitsplätzen (im Rahmen der Schriftenreihe „Prävention")
- **DIN EN ISO 9241**
  Ergonomie der Mensch-System-Interaktion, Ergonomische Anforderungen für Bürotätigkeiten mit Bildschirmgeräten
- **DIN EN 1335-1: 2002-08**
  Büromöbel – Büro-Arbeitsstuhl (Maße; Bestimmung der Maße)
- **DIN EN 527-1: 2011**
  Büromöbel – Büroarbeitstische

Sehraum

- Der Sehraum ist der Bereich, in dem Objekte durch Augen- und Kopfbewegungen wahrgenommen werden.

  A: bevorzugt B: zulässig

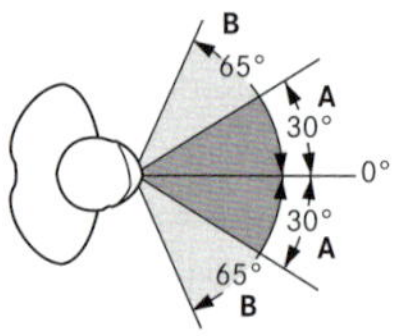

Greifraum

- Abmessungen für den Greifraum werden bestimmt aus den Maßen für die „Reichweite nach vorn" und die „Schulterbreite"
- DIN 33 402-2:2005-12, Ergonomie – Körpermaße des Menschen

  A: Bevorzugter Greifraum B: Zulässiger Greifraum

  A_b: beidhändig
  A_l: linke Hand
  A_r: rechte Hand

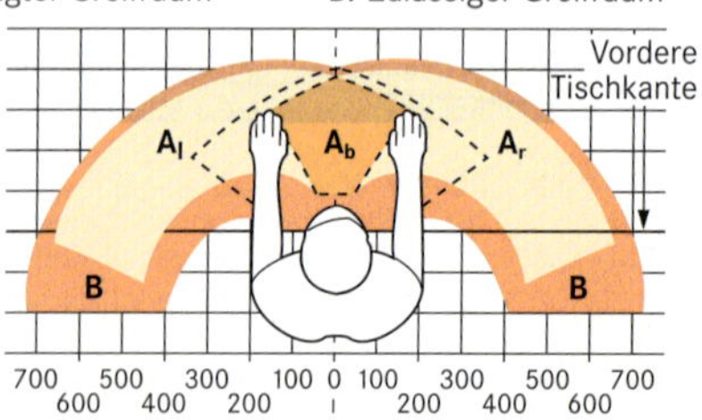

Beispiel für einen Büroarbeitsplatz

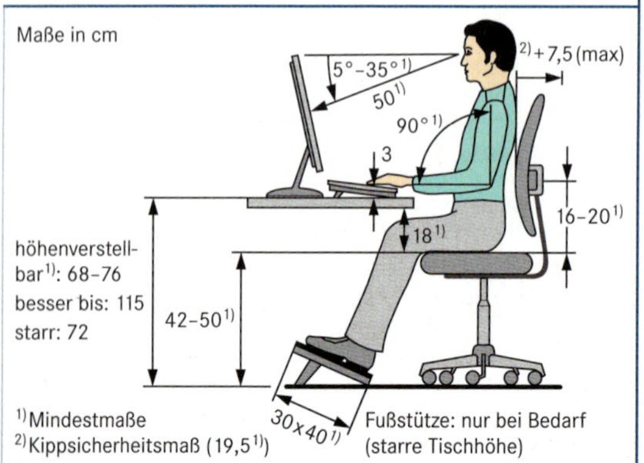

[1] Mindestmaße
[2] Kippsicherheitsmaß (19,5[1])

Ergonomische Anforderungen

- **Bildschirmgeräte**
  - Bildschirmdiagonale: 19 bis 21 Zoll (bei Grafik)
  - Bildschirm frei von Reflexionen und Blendungen
  - Bildschirm frei drehbar und neigbar (25 bis 30 Grad)
  - Bild stabil, flimmerfrei, ohne Verzerrungen
  - Zeichen scharf, deutlich und ausreichend groß, keine „verwaschenen" Konturen
    Zeichenbreite: mind. 50 % der Schrifthöhe
    Strichstärke: 10 % ... 20 % der Zeichenhöhe
    Zeichenabstand: mind. 15 % der Schrifthöhe
    Zeilenabstand: mind. 15 % der Schrifthöhe
    Rasterung: mind. 5 x 7 Punkte
  - Schrifthöhe

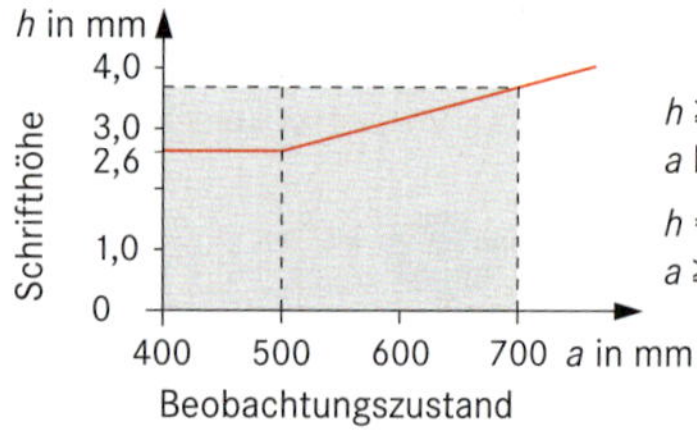

$h \geq 2{,}6$ mm bei a bis 500 mm

$h = a/190$ mm bei $a \geq 500$ mm

  - Helligkeit und Kontrast leicht der Umgebung anpassbar
  - Kontrast:
    Helle Zeichen auf dunklem Grund 5:1 bis 10:1
    Dunkle Zeichen auf hellem Grund: > 5:1
  - Farbwahl der Funktion angepasst (Verzicht auf gesättigte Farben bei großen Flächen)
- **Tastatur**
  - Ergonomische Bedienung
  - Vor Bildschirmgerät getrennt neigbar (bis 15 Grad)
  - Variabel anzuordnen
  - Auflegen der Hände möglich
  - Reflexionsarme Oberfläche (20 bis 50 %)
  - Tastendurchmesser 12 mm bis 15 mm
  - Tastenhub 2 mm bis 4 mm
- **Arbeitstisch**
  - Schreibfläche mindestens 1600 mm x 800 mm mit reflexionsfreier Oberfläche
  - Abgerundete Ecken, Tischplatte max. 30 mm stark
  - Ausreichender Raum für ergonomisch günstige Arbeitshaltung
  - Beinraum ohne Einschränkungen
  - Kabelkanäle zur einwandfreien Führung der Gerätezuleitungen
- **Arbeitsstuhl**
  - Ergonomisch gestaltet sowie stand- und kippsicher
  - Fünf Rollen, gegen unbeabsichtigtes Wegrollen gesichert
  - Rollenwiderstand angepasst an Fußbodenbelag
  - Sitzflächenhöhe 40 cm bis 50 cm, verstellbar
  - Verstellbare Armauflagen
- **Arbeitsumgebung**
  - Ausreichender Raum für wechselnde Arbeitshaltungen und Bewegungen
  - Beleuchtung der Sehaufgabe und an das Sehvermögen angepasst
  - Lichtschutzvorrichtungen verhindern Blendungen und Reflexionen
  - Kein Lärm durch Arbeitsmittel
  - Keine erhöhten Wärmebelastungen durch Arbeitsmittel

Funktion

- Die Brandschutzordnung soll das Verhalten der Personen innerhalb eines Gebäudes oder Betriebes im Brandfall regeln. In ihr werden Maßnahmen zur Verhütung von Bränden angegeben. Sie gilt als Hausordnung bzw. allgemeine Geschäftsbedingung.
- Die Brandschutzordnung steht im Zusammenhang mit einem Branschutzplan
- Die DIN 14096: 2013-01 enthält Vorgaben für eine Brandschutzordnung und ist in die Teile A, B und C gegliedert.

DIN 14096, Teil A

- Es handelt sich um einen **Aushang**, der sich an **alle** im Gebäude aufhaltenden **Personen** (Beschäftigte, Besucher usw.) richtet.

Brandschutzordnung Teil A

Brände verhüten

Offenes Feuer verboten

Verhalten im Brandfall

Ruhe bewahren

Brand melden Wo brennt es? Was passiert? Wieviele Verletzte? Welche Arten von Verletzungen?	Druckknopfmelder Pförtner 211	
In Sicherheit bringen	Gefährdete Personen warnen Hilflose mitnehmen Türen schließen Gekennzeichneten Fluchtwegen folgen Auf Anweisungen achten	
Löschversuch unternehmen	Feuerlöscher benutzen Brandschutzmittel benutzen	

DIN 14096, Teil B

- Teil B richtet sich vor allem an die **Mitarbeiter des Betriebes** und wird allen Miarbeitern in schriftlicher Form ausgehändigt.
- Aufgeführt sind wichtige Regeln zur Verhinderung von Brand- und Rauchausbreitung, zur Freihaltung der Flucht- und Rettungswege und Regeln über das Verhalten im Brandfall.

DIN 14096, Teil C

- Teil C richtet sich an die **Mitarbeiter des Betriebes**, die mit **Brandschutzaufgaben** betraut sind (Fachkräfte für Arbeitssicherheit, Sicherheitsbeauftragte, Brandschutzbeauftragte usw.)

Regeln zum Verhindern von Brand und Rauch

- **Brandverhütung**

Rauchen und Umgang mit offenem Licht und Feuer ist in allen Gebäudeteilen verboten.

- **Brand- und Rauchausbreitung**

Brandschutztür – Brandschutztüren befinden sich in den Fluren zwischen Alt- und Neubau.

Rauchschutztür – Sie dürfen nicht durch Verkeilen, Anbinden oder vorgestellte Gegenstände offengehalten werden.

Rauchabzug – Rauchabzugseinrichtungen befinden sich im Alt- und Neubau. Sie werden durch Rauchmelder ausgelöst.

- **Fluchtwege**

Feuerwehrzufahrt – Zufahrten und Aufstellflächen für Feuerwehr-Einsatzfahrzeuge sind unbedingt freizuhalten.

Flucht- und Rettungswege sind unbedingt freizuhalten.

Hinweise und Verbotsschilder dürfen nicht verdeckt oder verstellt werden.

- **Meldeeinrichtungen**

Nächstgelegenes Telefon oder Druckknopfmelder in den Fluren und Treppenhäusern.

- **Löscheinrichtungen**

Feuerlöscher in den Fluren

Löschdecke in den Fluren zwischen Alt- und Neubau

- **Verhalten im Brandfall**

Ruhe bewahren!
Keine Panik durch unüberlegtes Handeln!

- **Brand melden**

Feuerwehr
Telefon 112
Wo brennt es
Was brennt

Einschlagen des Glases und betätigen des Druckknopfes

- **Meldeeinrichtungen**

Gefahrenbereich über gekennzeichnete Fluchtwege verlassen. Behinderte und verletzte Personen mitnehmen.

Aufzüge nicht benutzen.
Verqualmte Räume gebückt verlassen.
Am Sammelplatz einfinden.

- **Löschversuche unternehmen**

Feuerlöscher benutzen. Von vorne nach hinten und von unten nach oben löschen. Mehrere Löscher gleichzeitig einsetzen.

Personen mit brennender Kleidung am Fortlaufen hindern, sofort auf den Boden legen und die Flammen mit Löschdecken, ... ersticken.

Brände

- Brände werden nach den brennenden Stoffen in **Brandklassen** eingeteilt. Diese Klassifizierung ist notwendig, um geeignete Löschmittel zu verwenden.
- In der Europäischen Norm **DIN EN 2: 2005-01** werden die Brandklassen A, B, C, D und F unterschieden.
- Die Farbe der Symbole ist nicht festgelegt. Üblich ist Schwarz auf weissem Grund, bei Handfeuerlöschern häufig Weiß auf rotem Grund.

Brandklasse A

Brände von festen Stoffen, hauptsächlich organisch; Verbrennung erfolgt normalerweise unter Glutbildung

- **Beispiele**: Holz, Papier, Kohle, Heu, Stroh, Kunststoffe, Textilien, Autoreifen
- **Löschmittel**: Wasser, wässrige Lösungen, Schaum, ABC-Pulver[1], Gase, Löschdecken

Brandklasse B

Brände von flüssigen oder flüssig werdenden Stoffen; auch Stoffe, die durch Temperaturerhöhung flüssig werden

- **Beispiele**: Benzin, Öle, Alkohol, Teer, Wachs, viele Kunststoffe, Ether, Lacke, Harz, Fette
- **Löschmittel**: Wasser, wässrige Lösungen, Schaum, ABC-Pulver[1], Gase, Löschdecken

Brandklasse C

Brände von Gasen

- **Beispiele**: Methan, Propan, Butan, Acetylen, Wasserstoff, Erdgas, Stadtgas
- **Löschmittel**: ABC-Pulver[1], BC-Pulver, Kohlenstoffdioxid nur in Ausnahmefällen (hierfür gibt es sehr selten speziell konstruierte Sonderfeuerlöscher mit Gasstrahldüse), Gaszufuhr durch Abschiebern der Leitung unterbinden
- **Hinweis**: Brände von Gasen sind in der Regel erst dann zu löschen, wenn die Gaszufuhr unterbunden werden kann, da sich sonst ein explosionsfähiges Gas-Luft-Gemisch bilden kann.

1) Trockenlöschmittel in Pulverform, sehr fein zerteilter Feststoff

Brandklasse D

Brände von Metallen

- **Beispiele**: Aluminium, Magnesium, Natrium, Kalium, Lithium und deren Legierung
- **Löschmittel**: Metallbrandpulver (D-Pulver), Trockener Sand, trockenes Streu- oder Viehsalz, trockener Zement, Grauguss-Späne
- **Hinweis**: Niemals Wasser als Löschmittel verwenden

Brandklasse F

Brände von Speiseölen/-fetten (pflanzliche oder tierische Öle und Fette) in Frittier- und Fettbackgeräten und anderen Kücheneinrichtungen und -geräten

- **Beispiele**: Speiseöle und Speisefette
- **Löschmittel**: Fettbrand-Löscher mit Speziallöschmittel zur Verseifung, Pulver-Löscher nur bedingt
- **Hinweis**: Niemals Wasser als Löschmittel verwenden

Einsatz von Handfeuerlöschern

- Feuerlöscher mindestens all zwei Jahre prüfen lassen.
- Sicherheitsabstände zu elektrischen Anlagen einhalten.
- Alle Mitarbeiter in die Bedienung der Feuerlöscher einweisen
- Brände **immer in Windrichtung** bekämpfen.

- **Flächenbrände** immer von unten nach oben bekämpfen.

- **Tropfbrände** immer von oben nach unten ablöschen.

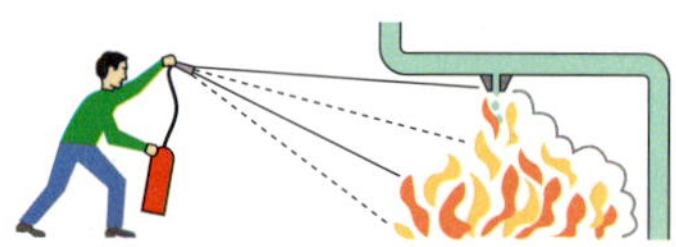

- Bei **mehreren Feuerlöschern**, alle gleichzeitig einsetzen.

Ökodesign-Richtlinie 2009/125/EG

- Beim Ökodesign (**EcoDesign**) handelt es sich um einen umfassenden Ansatz für Produkte mit dem Ziel, die Umweltbelastungen über den gesamten Lebenszyklus (von der Produktion bis zur Entsorgung) durch verbessertes Produktdesign zu verringern sowie Energie und andere Ressourcen einzusparen.

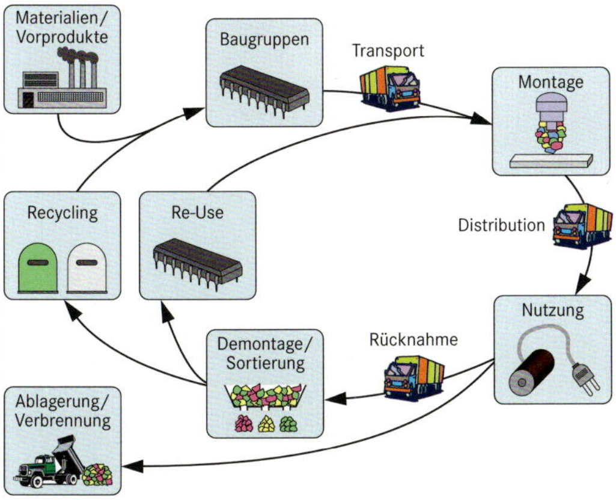

- Die **EcoDesign** wurde 2007 in Deutschland mit dem **EBPG** (**E**nergie**b**etriebene-**P**rodukte-**G**esetz) in nationales Recht umgesetzt.

Entsorgungswege der Altgeräte

- Vom Umweltbundesamt ist die privatwirtschaftlich organisierte Stiftung **EAR** (**E**lektro-**A**ltgeräte-**R**egister) betraut worden (06.07.2005), die Hersteller von Elektro- und Elektronikgeräten zu registrieren. Ohne Registrierung dürfen Hersteller nicht mehr am Markt teilnehmen.
- EAR vergibt **Registrierungsnummern** an die Hersteller, nimmt Meldungen über in Verkehr gebrachte Mengen an, berechnet daraus die Entsorgungsverpflichtung des einzelnen Herstellers und erhebt entsprechende Gebühren.
- EAR koordiniert auch die Bereitstellung der Sammelbehälter und die Abholung der Altgeräte bei den öffentlich-rechtlichen Entsorgungsträgern. Es wird zwischen privat oder ausschließlich kommerziell genutzten Geräten unterschieden.

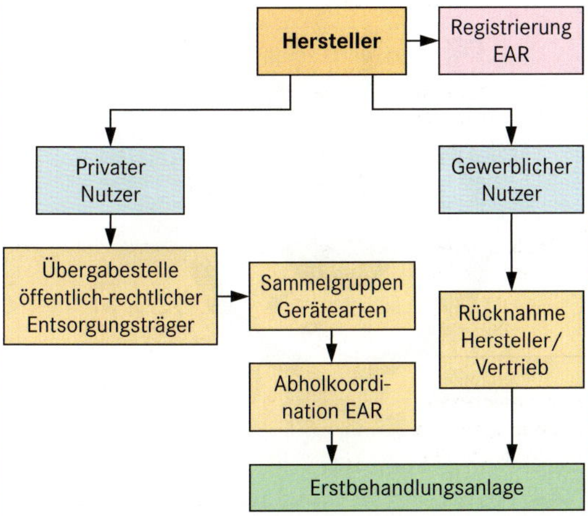

EG(EU)-Richtlinien

Rechtsakte der Europäischen Union

WEEE 2022/96/EG	Altgeräteentsorgung (**W**aste of **E**lectrical and **E**lectronic **E**quipment) 
RoHS 2002/95/EG	Beschränkung der Verwendung bestimmter gefährlicher Stoffe in Elektro- und Elektronikgeräten (**R**estriction **o**f **H**azardous **S**ubstances)
94/62/EG	Verpackungen und Verpackungsabfälle
BattV 2006/66/EG	Verordnung über die Rücknahme und Entsorgung gebrauchter Batterien und Akkumulatoren (**Batt**erie**v**erordnung)

Verordnung des Europäischen Parlaments und des Rates

(EG) Nr. 842/2006	F-Gase-Verordnung Verordnung über bestimmte fluorierte Treibhausgase
(EG) Nr. 1907/2006 (REACH)	Registrierung, Bewertung, Zulassung und Beschränkung chemischer Stoffe

Gesetze (Deutschland)

ElektroG **Elektro**- und Elektronikgesetz	Gesetz über das Inverkehrbringen, die Rücknahme und die umweltverträgliche Entsorgung von Elektro- und Elektronikgeräten
KrW-/AbfG **Kr**eislauf**w**irtschafts und **Abf**all**g**esetz	Gesetz zur Förderung der Kreislaufwirtschaft und Sicherung der umweltverträglichen Beseitigung von Abfällen
ChemG **Chem**ikaliengesetz	Gesetz zum Schutz vor gefährlichen Stoffen

Verordnungen (Deutschland)

VerpackV Verpackungsverordnung	Verordnung über die Vermeidung und Verwertung von Verpackungsabfällen
BattV Batterieverordnung	Verordnung über die Rücknahme und Entsorgung gebrauchter Batterien und Akkumulatoren
ChemVerbotsV Chemikalien-Verbotsverordnung	Verordnung über Verbote und Beschränkungen des Inverkehrbringens gefährlicher Stoffe, Zubereitungen und Erzeugnisse nach dem Chemikaliengesetz
GefStoffV Gefahrstoffverordnung	Verordnung zum Schutz vor gefährlichen Stoffen

Verpackungsverordnung

- Verordnung über die Vermeidung und Verwertung von Verpackungsabfällen (VerpackV)
- Zielsetzung:
  - Umweltbelastungen verringern
  - Wiederverwendung oder Verwertung von Verpackungen fördern
- Geltungsbereich: Bundesrepublik Deutschland
- Erste Fassung: 12.06.1991
- Letzte Neufassung: 21.08.1998
- Letzte Änderung: 02.04.2008 (Inkrafttreten 01.01.2009) Alle Hersteller und Vertreiber von Gütern in Verpackungen, die beim privaten Endverbraucher landen, werden verpflichtet, sich am flächendeckenden Rücknahmesystem der Verpackung zu beteiligen (auch Versandhandel).

Transport-Verpackung
Fässer
Kanister
Säcke
Paletten
usw.

Umverpackung (Doppelverpackung)
Folien
Kartonagen
usw.

Verkaufsverpackung (Einzelverpackung)
Becher
Dosen
Flaschen
Tragetaschen
usw.

Geschäft

Rücknahme der Verpackung durch:

Hersteller und Vertreiber | **Vertreiber** | **Hersteller und Vertreiber**

Wiederverwertung

oder

Stoffliche Verwertung (Recycling)

Duales System
Gebrauchte Verpackungen werden beim Verbraucher gesammelt und der stofflichen Verwertung (Recycling) zugeführt.

Grüner Punkt
Hersteller, die sich am dualen System beteiligen, kennzeichnen ihre Produkte mit dem grünen Punkt.

DER GRÜNE PUNKT

Kreislaufwirtschaft

1

Abfälle verringern

- **Produktion:**
  - „Abfallstoffe" der Produktion wieder zuführen.
  - „Abfallarme" Produktion durch Materialeinsparung, Einsatz langlebiger Produkte, „sparsame" Verpackung usw.
- **Verbraucher:**
  Veränderung der Einstellungen gegenüber Abfällen (jeder kann etwas zur Verringerung beitragen).

2

Abfälle verwerten

- **Recycling:**
  Wiederverwertung von Abfallstoffen
  - im gleichen Produktionskreislauf,
  - in einem anderen Produktionsprozess.
- **Energetische Verwertung:**
  Abfälle als Ersatzbrennstoffe umweltverträglich nutzen.

3

Abfälle verwerten

- **Trennung:**
  Sortengerechte Trennung und Lagerung
- **Lagerung:**
  Umweltschonende Lagerung auf entsprechenden Deponien.
- **Verbrennung:**
  Umweltschonende Verbrennung

Arbeitsweise Duales System
Verpackungen im Kreislauf

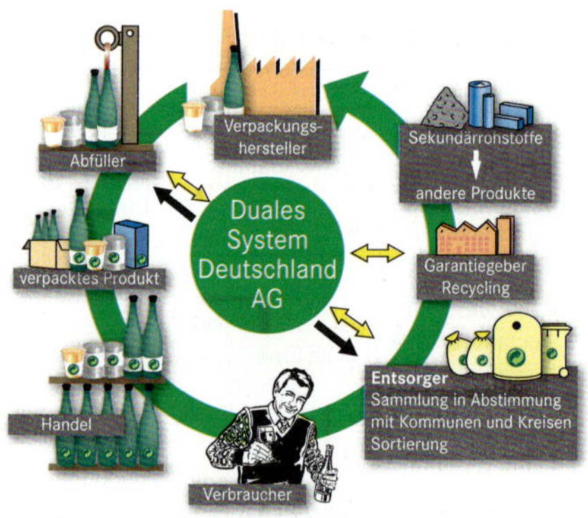

⇔ Vertragsbeziehungen
➡ Finanzierung über Lizenzentgelte für den Grünen Punkt

Recycling-Code

- Der Recycling-Code wird zur Kennzeichnung verschiedener Materialien zwecks Rückführung in den Verwertungskreislauf verwendet.
- Das Recyclingsymbol besteht aus drei (oft grünen) Pfeilen und einer Nummer, die das Material kennzeichnet. Die Kürzel für Kunststoffe basieren auf den genormten Kurzzeichen der Kunststoffe.

Allgemeines Symbol

Beispiel: PVC

PVC

Recyclingcode		
01	PET	Polyethylenterephtalat
02	HDPE	Polyethylen hoher Dichte
03	PVC	Polyvinylchlorid
04	LDPE	Polyethylen niedriger Dichte
05	PP	Polypropylen
06	PS	Polystyrol
07	0	andere Kunststoffe
20	PAP	Wellpappe
21	PAP	sonstige Pappe
22	PAP	Papier
40	FE	Stahl
41	ALU	Aluminium
50	FOR	Holz
51	FOR	Kork
60	TEX	Baumwolle
61	TEX	Jute
70	GL	Farbloses Glas
71	GL	Grünes Glas
72	GL	Braunes Glas
80	-	Papier + Pappe/verschiedene Metalle
81	-	Papier + Pappe/Kunststoffe
82	-	Papier + Pappe/Aluminium
83	-	Papier + Pappe/Weißblech
84	-	Papier + Pappe/Kunststoff/Aluminium
85	-	Papier + Pappe/Kunststoff/Aluminium/Weißblech
90	-	Kunststoff/Aluminium
91	-	Kunststoff/Weißblech
92	-	Kunststoff/verschiedene Metalle
95	-	Glas/Kunststoff
96	-	Glas/Aluminium
97	-	Glas/Weißblech
98	-	Glas/verschiedene Metalle

Elektro- und Elektronikgerätegesetz ElektroG: 2005-03

Elektro- und Elektronikgerätegesetz

- EG-Richtlinie 2002/95 „Beschränkung der Verwendung bestimmter gefährlicher Stoffe in Elektro- und Elektronikgeräten" (RoHS[1])
- EG-Richtlinie 2002/96 „Elektro- und Elektronikalt-/schrottgeräte" (WEEE[2])

Beschränkung der Verwendung bestimmter gefährlicher Stoffe in Elektro- und Elektronikgeräten	
Giftige Substanzen dürfen in der Elektronik nur noch in maximal festgelegten Gewichtsprozenten verwendet werden.	
Cadmium	0,01
Blei	0,1
Quecksilber	
sechswertiges Chrom	
Polybromierte Biphenyle (PBB)	
Polybromierte Diphenylether (PBDE)	
Ausnahmen bestehen für Ersatzteile von Elektro- und Elektronikgeräten, die vor dem 1.6.2006 auf den Markt gebracht wurden.	

Elektro- und Elektronikalt-/schrottgeräte

Alle Hersteller von Elektro- und Elektronikgeräten in Deutschland müssen die Rücknahme und Entsorgung der Geräte sicherstellen, die nach dem 13.8.2005 in Verkehr gebracht wurden.

Gruppen	Beispiele
große Haushaltsgeräte	Backofen, Kühlschrank, Elektrische Heizgeräte
kleine Haushaltsgeräte	Staubsauger, Toaster, Bügeleisen, Haartrockner
Informations- und Kommunikationsgeräte	Computer, Drucker, Faxgeräte, Kopiergeräte, Telefone, Mobiltelefone
Geräte der Unterhaltungselektronik	Radiogeräte, Fernseher, HiFi-Anlagen, Videokamera
Leuchtmittel	stabförmige Leuchtstofflampen, Kompaktleuchtstofflampen
Elektrowerkzeuge	Bohrmaschinen, Nähmaschinen, Rasenmäher, Schweiß- und Lötwerkzeuge
Spiel- und Freizeitgeräte	Videospielkonsolen, Fitnessgeräte, Geldspielautomaten
Überwachungsgeräte	Rauchmelder, Thermostate
Ausgabesysteme	Geldautomaten, Getränkeautomaten

Elektro- und Elektronikgeräte müssen für die getrennte Sammlung mit einem sichtbaren, erkennbaren und dauerhaften Symbol - durchgestrichener Abfallbehälter - gekennzeichnet sein.

[1] **RoHS**: **R**estriction **o**f the use of certain **h**azardous **s**ubstances in electrical and electronic equipment
[2] **WEEE**: **W**aste **E**lectrical and **E**lectronic **E**quipment

- Die Gefahrstoffverordnung (**GefStoffV**) dient dem Schutz vor gefährlichen Stoffen und ist im Arbeitsschutz verankert.
- Bei der Beurteilung der Gefährdung sind die physikalisch-chemischen und toxischen Eigenschaften sowie besondere Eigenschaften im Zusammenhang mit bestimmten Tätigkeiten unabhängig voneinander zu beurteilen.
- Um die Gefahren beim Arbeiten mit Gefahrstoffen abschätzen zu können, werden sie gekennzeichnet.
- Die auf dieser Seite abgebildeten Gefahrensymbole werden zunehmend durch die Symbole auf der nächsten Seite ersetzt (Global Harmonisiertes System, GHS, ab 20.01.2009).

Kennzeichnung gefährlicher Stoffe (Beispiele)

Gefahrenbezeichnung; Gefahrensymbol	Kennbuchstabe; Hinweise auf besondere Gefahren
Sehr giftig 	**T +** (T: toxic) R26 R27 R28 R39
Reizend 	**Xi** (X: für Andreaskreuz i: irritating) R26 R37 R38 R41 R43
Explosionsgefährlich 	**E** (E: explosive) R2 R3
Hochentzündlich 	**F +** (F: flammable) R12
Ätzend 	**C** (C: corrosive) R34 R35
Umweltgefährlich 	**N** (N: nocious) R54 R55 R56
Brandfördernd 	**O** (O: oxidizing) R8 R9 R11

Hinweise auf besondere Gefahren Risiko-Sätze (R-Sätze)

R1	In trockenem Zustand explosionsgefährlich
R2	Durch Schlag, Reibung, Feuer oder andere Zündquellen explosionsgefährlich
R3	Durch Schlag, Reibung, Feuer oder andere Zündquellen besonders explosionsgefährlich
R4	Bildet hochempfindliche explosionsgefährliche Metallverbindungen
R5	Beim Erwärmen explosionsfähig
R6	Mit und ohne Luft explosionsfähig
R7	Kann Brand verursachen
R8	Feuergefahr bei Berührung mit brennbaren Stoffen
R9	Explosionsgefahr bei Mischung mit brennbaren Stoffen
R10	Entzündlich
R11	Leichtentzündlich
R12	Hochentzündlich
R13	Hochentzündliches Flüssiggas
R14	Reagiert heftig mit Wasser
R15	Reagiert mit Wasser unter Bildung leichtentzündlicher Gase
R16	Explosionsgefährlich in Mischung mit brandfördernden Stoffen
R17	Selbstentzündlich an der Luft
R18	Bei Gebrauch Bildung explosionsfähiger/leichtentzündlicher Dampf-Luftgemische möglich
R19	Kann explosionsfähige Peroxide bilden
R20	Gesundheitsschädlich beim Einatmen
R21	Gesundheitsschädlich bei Berührung mit der Haut
R22	Gesundheitsschädlich beim Verschlucken
R23	Giftig beim Einatmen
R24	Giftig bei Berührung mit der Haut
R25	Giftig beim Verschlucken
R26	Sehr giftig beim Einatmen
R27	Sehr giftig bei Berührung mit der Haut
R28	Sehr giftig beim Verschlucken
R29	Entwickelt bei Berührung mit Wasser giftige Gase
R30	Kann bei Gebrauch leicht entzündlich werden
R31	Entwickelt bei Berührung mit Säure giftige Gase
R32	Entwickelt bei Berührung mit Säure sehr giftige Gase
R33	Gefahr kumulativer Wirkungen
R34	Verursacht Verätzungen
R35	Verursacht schwere Verätzungen
R36	Reizt die Augen
R37	Reizt die Atmungsorgane
R38	Reizt die Haut
R39	Ernste Gefahr irreversiblen Schadens
R40	Irreversibler Schaden möglich
R41	Gefahr ernster Augenschäden
R42	Sensibilisierung durch Einatmen möglich
R43	Sensibilisierung durch Hautkontakt möglich
R44	Explosionsgefahr bei Erhitzung unter Einschluss
R45	Kann Krebs erzeugen
R46	Kann vererbbare Schäden verursachen
R47	Kann Missbildungen verursachen
R48	Gefahr ernster Gesundheitsschäden bei längerer Exposition

Hinweise

- **GHS**: **G**lobally **H**armonised **S**ystem of Classification and Labelling of Chemicals
- Die GHS-Verordnung wird auch als CLP-Verordnung (Classification, Labelling and Packing) bezeichnet.
- Die Verordnung ist ab 20.01.2009 in der EU in Kraft getreten und löst schrittweise bestehende Verordnungen ab.
- Zwischen der CLP-Verordnung und der REACH-Verordnung (s. unten) gibt es Berührungspunkten. Die REACH-Verordnung gilt in erster Linie für Stoffe und Stoffgemische. Die von ihr aufgestellten Pflichten sind in weiten Teilen an Mengenschwellen gebunden. Demgegenüber unterliegen alle Chemikalien vor dem Inverkehrbringen generell der Einstufungs- und Kennzeichnungspflicht nach GHS.

Gefahrenpiktogramme

Bezeichnung	Piktogramm	Kodierung
Explodierende Bombe		GHS01
Flamme		GHS02
Flamme über einem Kreis		GHS03
Gasflasche		GHS04
Ätzwirkung		GHS05
Totenkopf mit gekreuzten Knochen		GHS06
Ausrufezeichen		GHS07
Gesundheitsgefahr		GHS08
Umwelt		GHS09

Übergangsfristen

- Hinsichtlich der Übergangszeiten orientiert sich die CLP-Verordnung weitgehend an den Fristen zur Umsetzung der REACH-Verordnung.

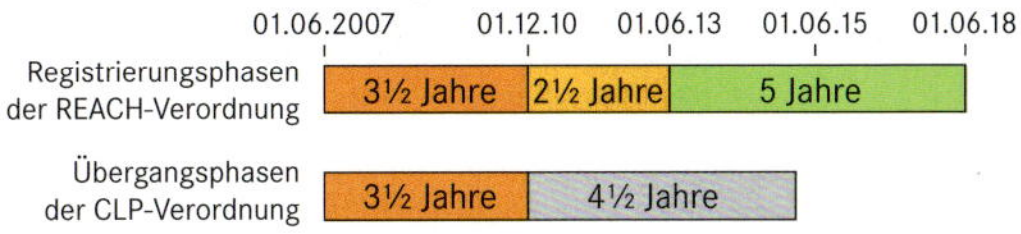

Gefahrenklassen

Gefahrenklasssen werden in Gefahrenkategorien unterteilt. Um den Schweregrad der einzelnen Gefärdungen zu erkennen, werden Gefahrenpiktogramme, Signalwörter und Gefahrenhinweise angegeben.

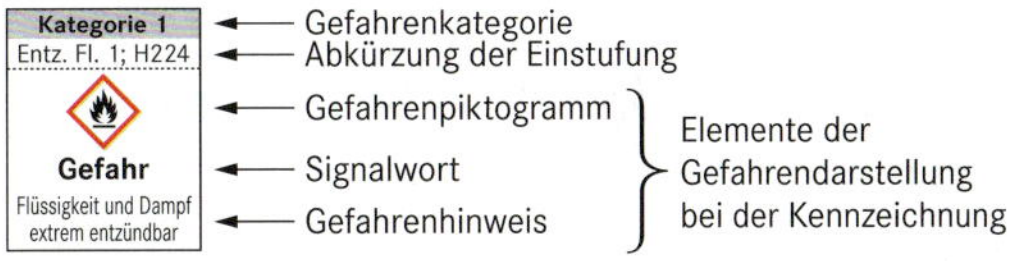

Gefahrenhinweise

Es handelt sich um einen standardisierten Text, der die Art und gegebenenfalls den Schweregrad der Gefährdung beschreibt. Gefahrenhinweise sind mit den R-Sätzen nach Gefahrstoffverordnung vergleichbar. Beispiel:

H 3 01
- 01 → laufende Nummer
- 3 → Gruppierung 2 = Allgemein, 3 = Gesundheitsgefahren, 4 = Umweltgefahren
- H → steht für Gefahrenhinweis (**H**azard Statement)

Sicherheitshinweise

Sicherheitshinweise beschreiben in standardisierter Form die empfohlenen Maßnahmen zur Begrenzung oder Vermeidung schädlicher Wirkungen. Sie sind mit den Sätzen der Gefahrstoffverordnung vergleichbar. Beispiel:

P 1 02
- 02 → laufende Nummer
- 1 → Gruppierung 1 = Allgemein, 2 = Vorsorgemaßnahmen, 3 = Empfehlungen, 4 = Lagerhinweise, 5 = Entsorgung
- P → steht für Sicherheitshinweis (**P**recautionary Statement)

REACH-Verordnung
REACH Regulation

- EU-Chemikalienverordnung für die Registrierung, Bewertung, Zulassung und Beschränkung von Chemikalien (ab 01.06.2007 in Kraft getreten)
- **REACH:** **R**egistration, **E**valuation, **A**uthorisation and Restriction of **C**hemicals
- Grundsatz: Eigenverantwortlichkeit der Industrie
- Innerhalb der EU dürfen danach nur solche chemischen Stoffe in den Verkehr gebracht werden, die vorher registriert worden sind.
- Die Vorregistrierung erfolgt durch die Europäische Agentur für chemische Stoffe in Helsinki (**EACH: E**uropean **C**hemicals **A**gency). Sie dient der Bildung von Foren für Hersteller und Importeure von gleichen Stoffen.
- Die Vorregistrierung ist der eigentlichen Registrierung vorgeschaltet.
- Die Registrierung umfasst
  - die Einstufung und Kennzeichnung,
  - Informationen zu Herstellung und Verwendung/en,
  - Leitlinien für die sichere Verwendung des Stoffes usw.
- Für die Kommunikation in einer Lieferkette dient das Sicherheitsblatt (Registrierungsnummer, Beschränkung der Verwendung, usw.).

Begriffsbestimmung

- Quelle:
  Ergänzung der Richtlinie 2010/30/EU des Europäischen Parlamnets und des Rates im Hinblick auf die Kennzeichnung von Fernsehgeräten in Bezug auf den Energieverbrauch vom 28.09.2010
- **Fernsehapparat**
  ist ein Gerät, das vorwiegend zur Anzeige und zum Empfang audiovisueller Signale verwendet wird mit
  - Bildschirm,
  - einem oder mehreren Signalempfängern (Tuner/Receiver) sowie mögliche
  - Komponenten mit Zusatzfunktionen für Datenspeicherung (z. B. Festplatte) und/oder -anzeige (z. B. DVD-Laufwerk) als Einheit oder getrennt sind.
- **Videomonitor**
  ist ein Gerät zur Anzeige eines Videosignals auf einem integrierten Bildschirm, gespeist aus unterschiedlichen Quellen, einschließlich Fernsehsignalen. Fakultativ können Audiosignale von einer externen Quelle wiedergegeben und gesteuert werden.

Energieeffizienzklassen (EEI)

Energieeffizienzklasse	Energieeffizienzindex
A+++ höchste Effizienz	$EEI < 0{,}10$
A++	$0{,}10 \leq EEI < 0{,}16$
A+	$0{,}16 \leq EEI < 0{,}23$
A	$0{,}23 \leq EEI < 0{,}30$
B	$0{,}30 \leq EEI < 0{,}42$
C	$0{,}42 \leq EEI < 0{,}60$
D	$0{,}60 \leq EEI < 0{,}80$
E	$0{,}80 \leq EEI < 0{,}90$
F	$0{,}90 \leq EEI < 1{,}00$
G geringste Effizienz	$1{,}00 \leq EEI$

Berechnungsformeln: $EEI = \frac{P}{P_{ref}(A)}$

$$P_{ref}(A) = P_{basic} + A \cdot 4{,}3224 \text{ W/dm}^2$$

P: Leistung des Fernsehgerätes im Ein-Zustand, gerundet auf eine Dezimalstelle

A: Sichtbare Bildschirmfläche in dm²

P_{basic} in W	Gerät, Ausstattung
20	Fernsehapparate mit einem Signalempfänger und ohne Festplatte
24	Fernsehapparate mit Festplatte(n)
24	Fernsehapparate mit zwei oder mehr Signalempfängern
28	Fernsehapparate mit Festplatte(n) und zwei oder mehr Signalempfängern
15	Videomonitore

Jährlicher Energieverbrauch E im Ein-Zustand in kWh:

$$E = 1{,}46 \cdot P \cdot h$$

Label

- Nutzung:
  - Freiwillig: ab 20.12.2010
  - Verpflichtend: ab 30.11.2011

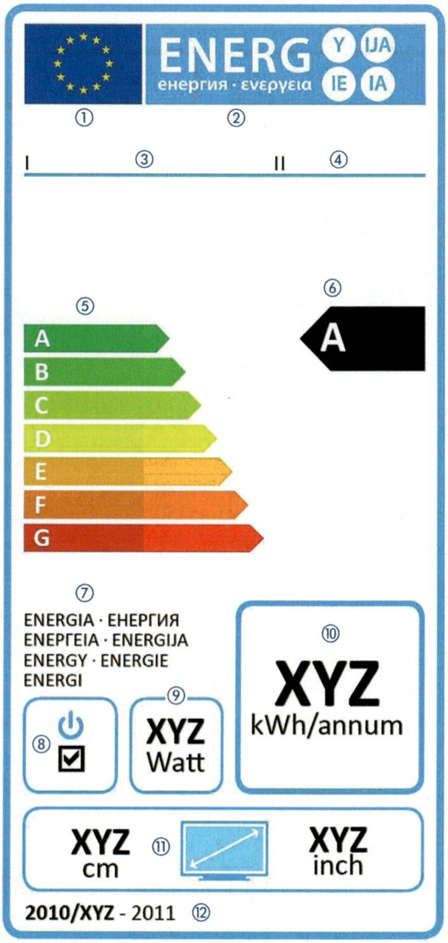

- Elemente des Labels:

①	EU-Logo	⑦	Energie
②	Etiketten-Logo	⑧	Schalter-Logo (ja/nein)
③	Name oder Warenzeichen des Lieferanten	⑨	Text zur Leistung im Ein-Zustand
④	Modellkennung des Lieferanten	⑩	Text zum jährlichen Energieverbrauch in kWh/Jahr [1)]
⑤	Skala A bis G	⑪	Bildschirmdiagonale
⑥	Energieeffizienzklasse	⑫	Bezugszeitraum

[1)] Täglich vierstündiger Betrieb an 365 Tagen

- Weitere Kennzeichnung:
  Geräte, die neben energiesparenden Eigenschaften weiteren strengen Umweltanforderungen des Europäischen Umweltzeichens entsprechen, tragen zusätzlich das EU Eco-Label (stilisierte Blume).

Merkmale

- **CE**-Richtlinien (**C**omité **E**uropéen) sind Richtlinien,
  - die im EU-Wirtschaftsraum verbindlich sind,
  - werden vom Rat der EU erlassen,
  - müssen in allen Ländern der EU in nationales Recht umgesetzt werden.
- Sie definieren grundlegende **Sicherheits**- und **Gesundheitsanforderungen** für technische Produkte.
- Ziel der CE-Kennzeichnung ist der freie Warenverkehr in der Europäischen Gemeinschaft.
- Die CE-Kennzeichnung ist
  - gesetzlich vorgeschrieben,
  - darf nur auf Produkten angebracht werden, für die sie rechtlich vorgeschrieben ist.
- Gültigkeit der CE-Kennzeichnung besteht in
  - allen EU-Mitgliedsländern und in
  - Norwegen, Island, Liechtenstein und Schweiz.
- CE-Richtlinien werden in Deutschland in deutsche Gesetze umgesetzt.
- Die grundlegenden Anforderungen können durch harmonisierte Normen konkretisiert werden.
- CE-konforme Produkte werden mit dem CE-Symbol gekennzeichnet.
- Die Überwachung auf Einhaltung der CE-Kennzeichnung erfolgt z. B. durch staatliche Marktaufsichtsbehörden.

CE-Richtlinien

Richtlinien-Benennung (Stand: Oktober 2016)	Bezeichnung EU (Umsetzung in D)
General Product Safety (Allgemeine Produktsicherheit)	2001/95/EC (ProdSG)
Lifts (Aufzüge)	2014/33/EU (12. ProdSV)
Pressure Equipment (Druckgeräte)	2014/68/EU (14. ProdSV)
Simple Pressure Vessels (Einfache Druckbehälter)	2014/29/EU (6. ProdSV)
Electromagnetic Compatibility (EMC) (Elektromagnetische Verträglichkeit)	2014/30/EU (EMV Gesetz)
Radio Equipment and Telecommunications Terminal Equipment (Funk- und Telekommunikation)	1999/5/EG (FTEG)
Equipment Explosives Atmospheres (ATEX) (Geräte in Ex-Bereichen)	2014/34/EU (11. ProdSV)
Noise Emission in the Environment (Geräuschemissionen)	2005/88/EG (32. BImSchG)

Richtlinien-Benennung (Stand: Oktober 2016)	Bezeichnung EU (Umsetzung in D)
Machinery (Maschinenrichtlinie)	2006/42/EG (9. ProdSV)
Medical Devices (Medizinprodukte)	2007/47/EG (Medizinproduktegesetz MPG)
Measuring Instruments (Messgeräte)	2014/32/EU (Eichordnung)
Non-automatic Weighing Instruments (Nichtselbsttätige Waagen)	2014/31/EU (Eichordnung)
Low Voltage (Niederspannungsrichtlinie)	2014/35/EU (1. ProdSV)
Personal Protective Equipment (PPE) (Persönliche Schutzausrüstung)	2016/425/EU (8. ProdSV)
Restriction of certain Hazardous Subtances (RoHS)	2011/65/EU (ElektroStoffV)
Cableway Installations Designed to Carry Person (Seilbahnen)	2000/9/EG (Bundeslandspezifische Umsetzung)
Ecodesign Requirements for Energy-Related Products (Ökodesign Richtlinie)	2009/125/EG (Energieverbrauchsrelevante-Produkte-Gesetz EVPG) (Allgemein: Ökodesign-Richtlinie)

ProdSG: Produktsicherheitsgesetz

ProdSV: Produktsicherheitsverordnung

Sicherheitsnormen

- Die Normen-Typen im Bereich Sicherheitstechnik sind hierarchisch gegliedert in
  - **A**-Normen,
  - **B**-Normen (B1 und B2),
  - **C**-Normen.
- A-Normen (**Grundnormen**) beschreiben
  - allgemeine Aspekte,
  - Grundbegriffe,
  - Gestaltungsleitsätze.
- B-Normen (**Gruppennormen**) beschreiben Sicherheitsaspekte für Produktgruppen.
  - B1-Normen behandeln spezielle **Sicherheitsaspekte** (z. B. Sicherheitsabstände, elektrische Sicherheit von Maschinen).
  - B2-Normen zu **Sicherheitseinrichtungen** (z. B. Verriegelungseinrichtungen, Zweihandschaltung, trennende Schutzeinrichtungen).
- C-Normen (**Produktnormen**) formulieren Sicherheitsanforderungen für
  - eine spezielle Maschine oder
  - Maschinenbauart.
- Sie haben Vorrang gegenüber einer A- oder B-Norm und können Bezug nehmen auf A- oder B-Normen.
- Existiert keine C-Norm, kann die Konformität auf Grund der A- oder B-Norm nachgewiesen werden (wenn damit die Maschinenrichtlinie erfüllt wird).

- Die Bestimmungen der DIN VDE 0100 behandeln das „Errichten von Niederspannungsanlagen".
- Die Deutschen Normen der Reihe DIN VDE 0100 stehen im Zusammenhang mit den CENELEC. Es sind die Harmonisierungsdokumente der Reihe HD 384 ... und die internationalen Normen der Reihe IEC 60364-... (Electrical installations of buildings)

Normenübersicht

Gruppe 100	**Anwendungsbereich**
VDE 0100-100	Allgemeine Grundsätze, Bestimmungen allgemeiner Merkmale, Begriffe
Gruppe 200	**Begriffe**
VDE 0100-200	Begriffe
Gruppe 400	Schutzmaßnahmen
VDE 0100-410	Schutz gegen elektrischen Schlag
VDE 0100-420	Schutz gegen thermische Einflüsse
VDE 0100-430	Schutz bei Überstrom
VDE 0100-442	Schutz von Niederspannungsanlagen bei Erdschlüssen in Netzen mit höherer Spannung
VDE 0100-443	Schutz bei Überspannungen infolge atmosphärischer Einflüsse oder von Schaltvorgängen
VDE 0100-444	Schutz bei Störspannungen und elektromagnetischen Störgrößen
VDE 0100-450	Schutz gegen Unterspannung
VDE 0100-460	Trennen und Schalten
VDE 0100-482	Brandschutz bei besonderen Risiken und Gefahren
Gruppe 500	**Auswahl und Errichtung elektrischer Betriebsmittel**
VDE 0100-510	Allgemeine Bestimmungen
VDE 0100-520	Kabel- und Leitungsanlagen
VDE 0100-530	Schalt- und Steuergeräte
VDE 0100-534	Überspannungs-Schutzeinrichtungen
VDE 0100-537	Geräte zum Trennen und Schalten
VDE 0100-540	Erdungsanlagen, Schutzleiter und Schutzpotenzialausgleichsleiter
VDE 0100-550	Steckvorrichtungen, Schalter und Installationsgeräte
VDE 0100-551	Niederspannungsstromerzeugungseinrichtungen
VDE 0100-557	Hilfsstromkreise
VDE 0100-559	Leuchten und Beleuchtungsanlagen
VDE 0100-560	Einrichtungen für Sicherheitszwecke
VDE 0100-570	Koordinierung elektrischer Einrichtungen
Gruppe 600	**Prüfungen**
VDE 0100-600	Prüfungen
Gruppe 700	**Anforderungen für Betriebsstätten, Räume und Anlagen besonderer Art**
VDE 0100-701	Räume mit Badewanne oder Dusche
VDE 0100-702	Becken von Schwimmbädern und anderen Becken
VDE 0100-703	Räume und Kabinen mit Saunaheizungen
VDE 0100-704	Baustellen
VDE 0100-705	Elektrische Anlagen von landwirtschaftlichen und gartenbaulichen Betriebsstätten
VDE 0100-706	Leitfähige Bereiche mit begrenzter Bewegungsfreiheit
VDE 0100-708	Caravanplätze, Campingplätze und ähnliche Bereiche
VDE 0100-709	Marinas und ähnliche Bereiche
VDE 0100-710	Medizinisch genutzte Bereiche
VDE 0100-711	Ausstellungen, Shows und Stände
VDE 0100-712	Solar-Photovoltaik (PV) Stromversorgungssysteme
VDE 0100-714	Beleuchtungsanlagen im Freien
VDE 0100-715	Kleinspannungsbeleuchtungsanlagen
VDE 0100-717	Ortsveränderliche oder transportable Baueinheiten
VDE 0100-718	Bauliche Anlagen für Menschenansammlungen
VDE 0100-719	Lichtwerbeanlagen
VDE 0100-721	Elektrische Anlagen von Caravans und Motorcaravans
VDE 0100-722	Stromversorgung von Elektrofahrzeugen
VDE 0100-723	Unterrichtsräume mit Experimentiereinrichtungen
VDE 0100-724	Elektrische Anlagen in Möbeln und ähnlichen Einrichtungsgegenständen, z. B. Gardinenleisten, Dekorationsverkleidung
VDE 0100-729	Bedienungsgänge und Wartungsgänge
VDE 0100-730	Elektrischer Landanschluss für Fahrzeuge der Binnenschifffahrt
VDE 0100-731	Elektrische Betriebsstätten und abgeschlossene elektrische Betriebsstätten
VDE 0100-732	Hausanschlüsse in öffentlichen Kabelnetzen
VDE 0100-737	Feuchte und nasse Bereiche und Räume und Anlagen im Freien
VDE 0100-739	Zusätzlicher Schutz bei direktem Berühren in Wohnungen durch Schutzeinrichtungen mit $I_{\Delta n}$ = 30 mA in TN- und TT-Netzen
VDE 0100-740	Vorübergehend errichtete elektrische Anlagen für Aufbauten, Vergnügungseinrichtungen und Buden auf Kirmesplätzen, Vergnügungsparks und für Zirkusse
VDE 0100-753	Fußboden- und Decken-Flächenheizungen
Gruppe 800	
VDE 0100-801	Energieeffizienz

Stand der Auflistung: September 2016
Änderungen sind bei www.beuth.de einzusehen. Nicht angegeben sind Normenentwürfe und gegebenenfalls Beiblätter.

Technische Dokumentation und Formeln

9

Dokumentation

Formeln

Blattformate

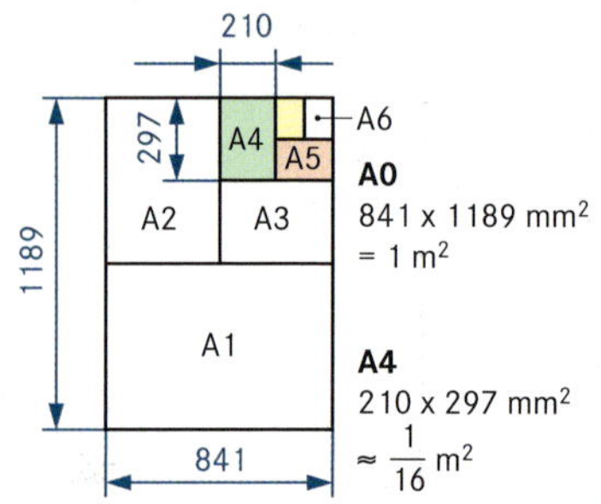

Maße in mm

Schriftfeld

nach EN ISO 7200: 2004-05

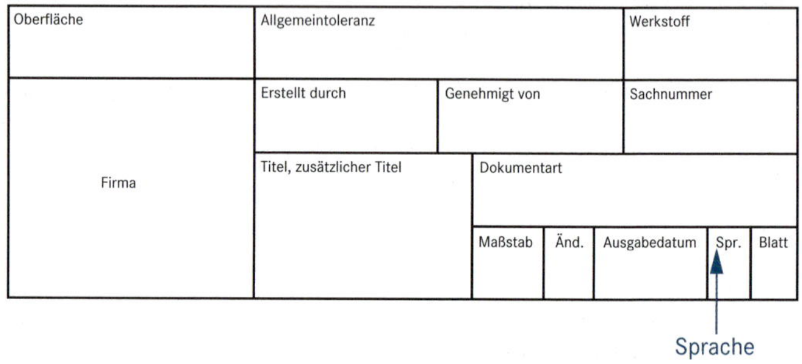

Darstellungsarten

Dimetrische Projektion

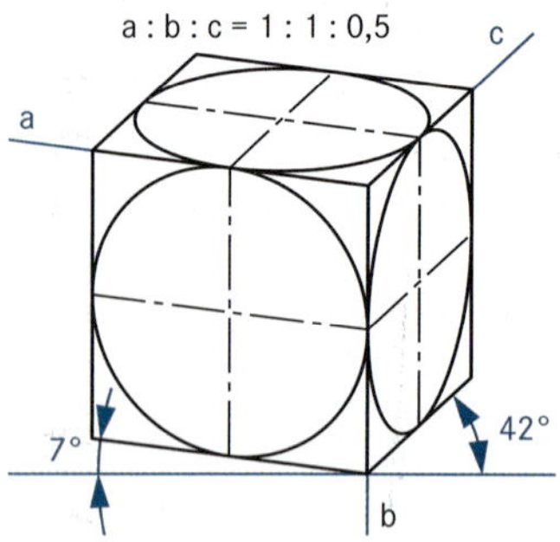

Drei Ansichten

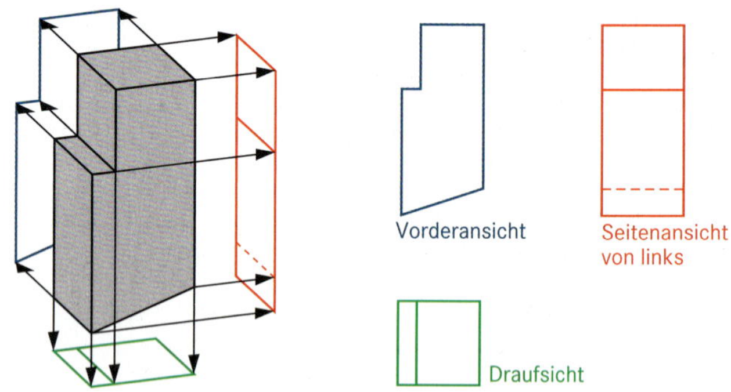

Linien

Linienart	Volllinie		Strichlinie		Strichpunktlinie		Freihandlinie	Zickzacklinie	Strich-Zweipunktlinie
	breit	schmal	breit	schmal	breit	schmal	schmal	schmal	schmal
Kennbuchstabe	A	B	E	F	J	G	C	D	K
Linienbreiten in mm	1 0,7 0,5	0,5 0,35 0,25	1 0,7 0,5	0,5 0,35 0,25	1 0,7 0,5	0,5 0,35 0,25	0,5 0,35 0,25	0,5 0,35 0,25	0,5 0,35 0,25
Anwendungsbeispiele	sichtbare Körperkanten ②, Gewindebegrenzung ⑤	Maßlinie ③, Maßhilfslinie ⑧, Schraffur ④, Gewindelinie ⑥	Kennzeichnung von Oberflächenbehandlung ⑩	verdeckte Körperkanten ⑨	Schnittverlauf ⑪	Mittellinie ⑬	Bruchlinie ⑦	Bruchlinie (alternativ zu C)	angrenzende Teile ①, Grenzstellung beweglicher Teile ⑫

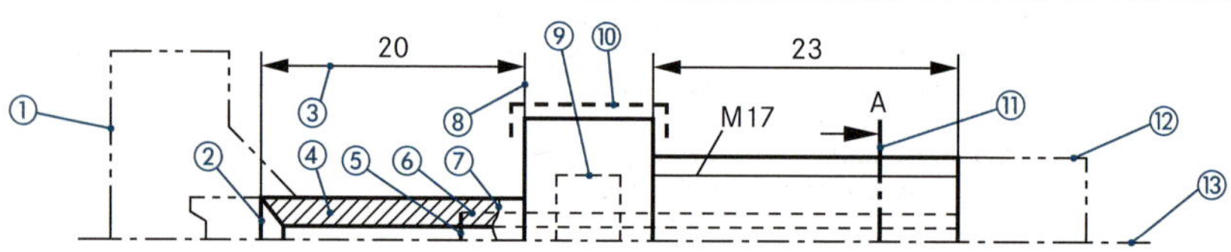

Strukturierung

- Zur Kennzeichnung der elektrischen Betriebsmittel werden diese in eine Struktur eingebunden.
- Mit Hilfe dieser Struktur ist die Information über das System und dessen Dokumente organisiert, eine Navigation im System ist möglich und **Referenzkennzeichen** können gebildet werden.
- Die Strukturierung erfolgt in einer hierarchischen Baumstruktur:
  - **Produktionsbezogen** (Vorzeichen: -)
    Die Struktur gibt den mechanischen und technischen Aufbau des Systems wieder.
  - **Funktionsbezogen** (Vorzeichen: =)
    Die Objekte werden entsprechend der Funktion unabhängig von der Realisierung beschrieben.
  - **Ortsbezogen** (Vorzeichen: +)
    Die räumliche Anordnung der Objekte (Platz, Raum, Gebäude, Gelände, usw.) wird strukturiert.
- Alle Objekte eines Systems sollten mindestens nach dem Produktaspekt strukturiert werden.
- Vorgehensweise zur Strukturierung:
  1. Abgrenzung und Benennung der Objekte
  2. Strukturierungsprinzip festlegen (Produktbezogen)
  3. Teilobjekte bestimmen (Schaltfeld 1)
  4. Unterteilung der Teilobjekte (Leistungsschalter)
  5. Klassifizierung und Kennzeichnung (-Q01 -QA1)

Referenzkennzeichnung

Beispiel: Produktionsbezogene Struktur mit Referenzkennzeichen einer Umspannstation

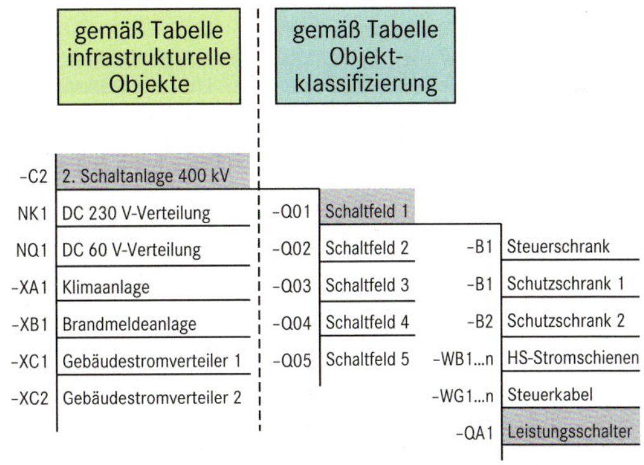

- Das Referenzkennzeichen eines Objektes besteht aus dem Vorzeichen (-, =, +), einem Kennbuchstaben für die betreffende Klasse bzw. Unterklasse und einer Nummer zur eindeutigen Identifizierung.
  Beispiel: -QA1 Leistungsschalter 1
  -Q01 -QA1 Leistungsschalter 1 im Schaltfeld 1

Klassen für infrastrukturelle Objekte

Objekte	Kennbuchstabe	Beschreibung	Beispiele
... für gemeinsame Aufgaben	A	Objekte, die mehreren Infrastrukturklassen zugeordnet werden.	Fernwirkanlage, zentrale Leittechnikanlage
... für Hauptprozesseinrichtungen	B ... U	Die Buchstaben B bis U sind in der nebenstehenden Tabelle aufgeführt.	400/230 V Energieverteilung
... die nicht dem Hauptprozess zuzuordnen sind	V	Objekte für die Lagerung von Materialien	Fertigwarenlager, Mülllager, Rohmateriallager
	W	Objekte mit administrativen oder sozialen Aufgaben	Büro, Garage, Kantine
	X	Objekte mit Hilfsaufgaben neben dem Hauptprozess	Alarmanlage, Brandschutzanlage, Beleuchtungseinrichtung, Elektroenergieverteilung, Gasversorgung, Klimaanlage, Wasserversorgung
	Y	Objekte mit Informations oder Kommunikationsaufgaben	Antennenanlage, Computernetzwerk, Lautsprecheranlage, Telefonanlage
	Z	Objekte zur Unterbringung technischer Anlagen	Fabrikgelände, Gebäude, Straße, Zaun

Energieverteilstation	
Buchstabe	Spannungswerte
B	> 420 kV
C	380 kV ... ≤ 420 kV
D	220 kV ... < 380 kV
E	110 kV ... < 220 kV
F	60 kV ... < 110 kV
G	45 kV ... < 60 kV
H	30 kV ... < 45 kV
J	20 kV ... < 30 kV
K	10 kV ... < 20 kV
L	6 kV ... < 10 kV
M	1 kV ... < 6 kV
N	< 1 kV
P	Schutzpotenzialausgleich
T	Anlagen zum Umspannen

Kennbuchstaben zur Objektklassifizierung

Kennbuchstabe	Hauptaufgabe/-zweck	Beispiele
A	Hauptaufgabe lässt sich nicht eindeutig bestimmen	Schaltschrank, Sensorbildschirm
B	Umwandeln einer physikalischen Größe in Signal zur Weiterverarbeitung	Bewegungsmelder, Fotozelle, Fühler, Messrelais, Messwiderstand, Rauchmelder
C	Speichern von Energie bzw. Information	Festplatte, Kondensator, Pufferbatterie, RAM, Speicher
E	Kühlen, Heizen, Beleuchten, Strahlen	Boiler, Heizung, Lampe, Laser, Leuchte, Mikrowellengerät
F	Direktes Schützen von Personen oder Einrichtungen	Leitungsschutz-Schalter, Überspannungsableiter, RCD, Sicherung, SH-Schalter
G	Erzeugen von Energie, Materialfluss oder Signalen	Batterie, Brennstoffzelle, Dynamo, Generator, Lüfter, Solarzelle, Ventil
K	Verarbeiten von Signalen oder Informationen	Binärbaustein, Frequenzfilter, Hilfsschütz, Regler, Schaltrelais, Transistor, Zeitrelais
M	Bereitstellen von mechanischer Energie zu Antriebszwecken	Elektromotor, Stellantrieb
P	Darstellen von Information	Ampere- bzw. Voltmeter, Drucker, Klingel, Lautsprecher, LED, Uhr, Zähler
Q	Schalten und Variieren von Energie, Signal- und Materialfluss	Leistungsschalter, Motoranlasser, Leistungstransistor, Schütz, Stromstoßschalter, Thyristor, Trennschalter
R	Begrenzen oder Stabilisieren von Energie-, Informations- oder Materialfluss	Begrenzer, Diode, Drosselspule, Widerstand
S	Umwandeln manueller Betätigung in Signale	Steuerschalter, Tastschalter, Tastatur, Wahlschalter
T	Umwandeln von Energie bzw. Signalen unter Beibehaltung von Energieart bzw. Informationsgehalt	Antenne, Frequenzwandler, Gleichrichter, Ladegerät, Netzgerät, Transformator, Verstärker, Wandler, Wechselrichter
U	Halten von Objekten in einer definierten Lage	Isolator, Kabelpritsche, Mast, Montageschiene
V	Verarbeiten oder Behandeln von Material oder Produkten	Abscheider, Filter
W	Leiten oder Führen von Energie oder Signalen	Bussystem, Kabel, Leiter, Lichtwellenleiter, Sammelschiene
X	Verbinden	Klemme, Klemmleiste, Steckdose, Stecker, Verbinder

Unterklassen

Zur eindeutigen Beschreibung können weiterhin **Unterklassen** gebildet werden, die ebenfalls durch Kennbuchstaben gekennzeichnet werden.

Die Unterklassen müssen von Anwendern festgelegt und dokumentiert werden, wobei die Buchstaben I und O wegen der Verwechslungsgefahr mit den Ziffern 1 und 0 nicht benutzt werden sollen.

Beispiel:
Ist für einen Leistungstransformator die Klassenbezeichnung T nicht ausreichend, kann zusätzlich die Unterklasse A (Leistung transformieren) eingeführt werden.

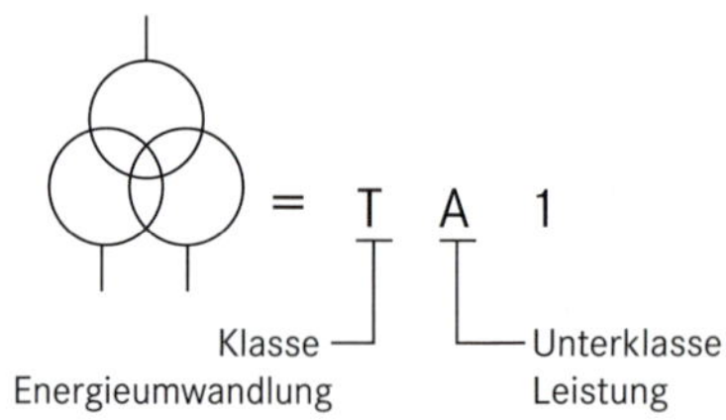

Die nachfolgende Tabelle zeigt beispielhaft die Unterklassen für die Klasse T (Umwandeln):

Buchstaben	Beispiele
Unterklassen B (Auszug)	
BA	Messrelais (Spannung), Schutzrelais (Spannung)
BC	Messrelais (Strom), Schutzrelais (Strom)
BG	Bewegungsmelder, Näherungsschalter
Unterklassen F (Auszug)	
FA	Überspannungsableiter
FB	Fehlerstrom-Schutzschalter
FC	Sicherung, LS-Schalter
Unterklassen R (Auszug)	
RA	Diode, Widerstand
RB	Glättungskondensator
RF	Filter, Tiefpass
Unterklassen T (Auszug)	
TA	DC/DC-Wandler, Transformator
TB	Wechselrichter, Gleichrichter
TF	Verstärker, Messumformer

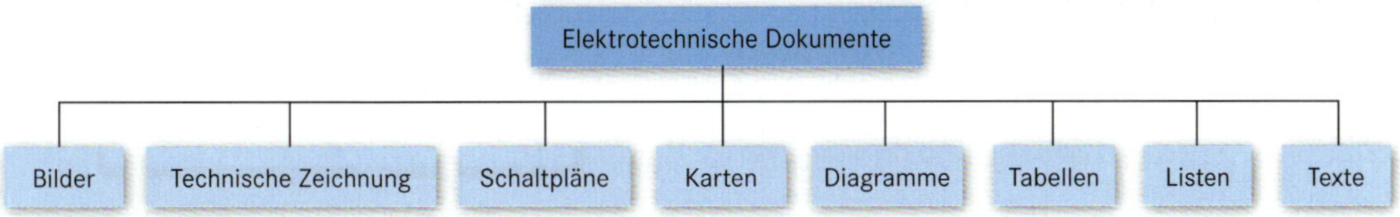

Funktionsbezogene Dokumente

Übersichtsschaltplan:
Vereinfachte Darstellung einer Schaltung, die die Arbeitsweise und die Gliederung einer elektrischen Einheit zeigt

Blockschaltplan: ①
Übersichtsschaltplan mit Blocksymbolen

Netzwerkkarte:
In Landkarte eingezeichneter Übersichtsschaltplan

Funktionsschaltplan:
Prozeßorientierte Darstellung z. B. einer Steueraufgabe

Logik-Funktionsschaltplan:
Funktionsschaltplan mit binären Schaltzeichen

Ersatzschaltplan:
Funktionsschaltplan als äquivalente Schaltung

Funktionsplan: ②
Steuerungs- oder Regelungssystem durch ein Diagramm beschrieben

Stromlaufplan: ③
Ausführliche Darstellung einer Schaltung, aus der ihre Funktion zu erkennen ist

Ortsbezogene Dokumente

- Lageplan
- Installationsplan ④
- Installationsschaltplan
- Gruppenzeichnung
- Anordnungsplan

Verbindungsbezogene Dokumente

- Verdrahtungsplan, -tabelle
- Geräteverdrahtungsplan, -tabelle
- Verbindungsplan, -tabelle
- Anschlussplan, -tabelle, Klemmenplan
- Kabelplan, -tabelle, -liste

Außerdem verwendet man
- Ablaufdiagramme, Zeitablaufdiagramme
- Anschlussfunktionspläne
- Programmpläne, -tabellen, -listen

Funktionsplan (Ausschnitt) ②

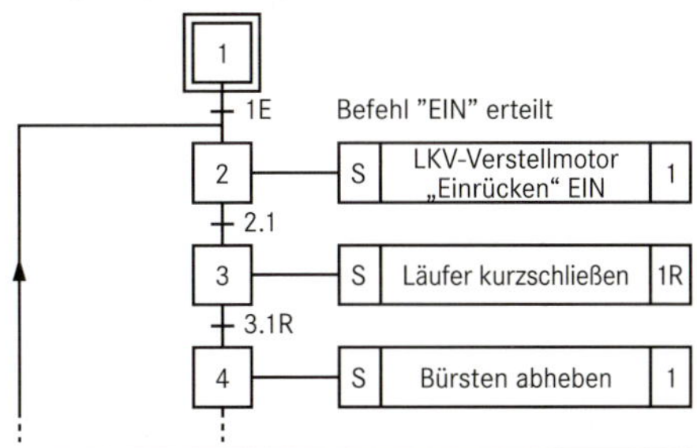

Stromlaufplan ③

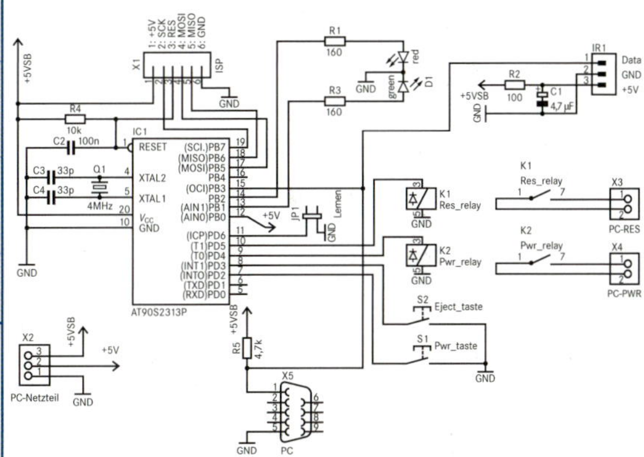

Installationsplan (Ausschnitt) ④

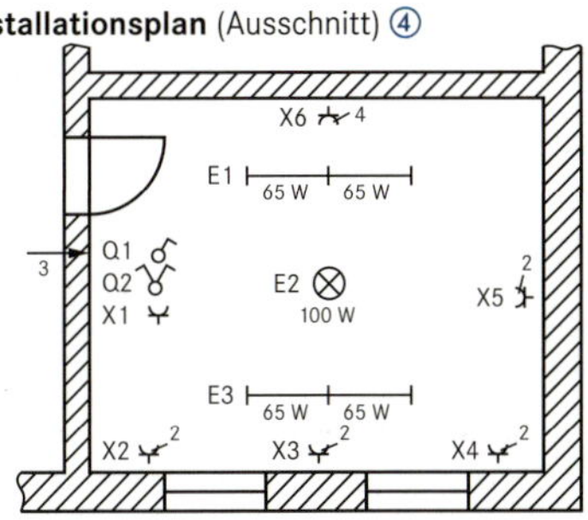

Verlegeart:
NYM auf Abstandsschellen mit Abzweigdosen

Montagehöhe über OKFB
Steckdosen 1,05 m

Schutz bei ind. Berühren:
Abschaltung durch LS-Schalter

Zusätzlicher Schutz im Bad:
RCD-Schutzeinrichtu
$I_{\Delta n}$ = 30 mA

Leistung:
Steckdosen 4 kW

M 1:100

Blockschaltplan ①

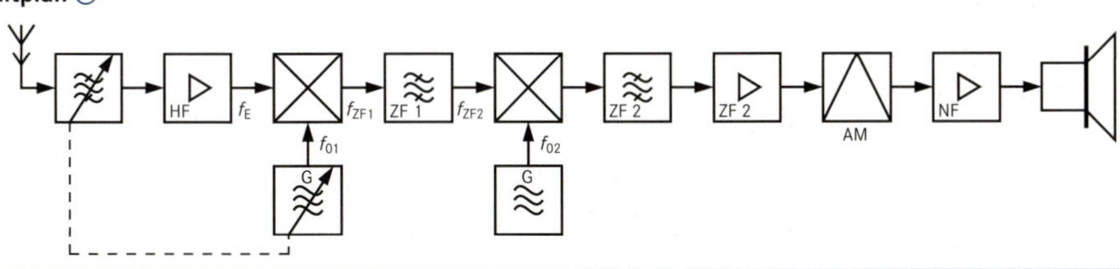

Symbolelemente	
Schaltzeichen	**Benennung**
Form 1 Form 2 Form 3	Betriebsmittel, Komponente, Funktionseinheit, Funktion
Form 1 Form 2	Hülle, Gehäuse, Kolben, Kessel
	Begrenzungslinie einer Gruppe zusammengehöriger Objekte
	Schirm, Abschirmung
Arten von Strömen und Spannungen	
	Gleichstrom
∼ 50 Hz	Wechselstrom, 50 Hz
Wechselstrom	
	Niedrige Frequenzen
	Mittlere Frequenzen
	Hohe Frequenzen
Impulsformen	
	Positiver Impuls
	Wechselstrom-Impuls
	Positive Schrittfunktion
Erde, Masse, Äquipotenzial	
	Erde
	Fremdspannungsarme Erde
	Schutzerde
	Masse Gehäuse

Symbolelemente	
Schaltzeichen	**Benennung**
Leiter	
	Leiter, Gruppe von Leitern, Leitung, Kabel, Stromweg, Übertragungsweg
Form 1 Form 2 3	Einpolige Darstellung, drei Leiter, Anzahl der Leiter durch kleine Striche oder durch einen Strich mit einer Zahl angezeigt
	Leiter, bewegbar
	Leiter, geschirmt
	Leiter, koaxial
Verbinder	
	Buchse Pol einer Steckdose
	Steckverbindung, zwei Buchsen durch einen Stecker verbunden
	Steckverbindung mit Adapter
	Buchse und Stecker, Steckverbindung
Anschlüsse und Leiterverbindungen	
	Verbindung von Leitern
	Anschluss (z. B. Klemme)
Form 1 Form 2	Abzweig von Leitern
Form 1 Form 2	Doppelabzweig von Leitern

Symbolelemente	
Schaltzeichen	**Benennung**
Veränderbarkeit	
	nicht linear, nicht inhärent
	trimmbar
Wirkungsrichtung	
	Senden
	Empfangen
Wirkungen von Abhängigkeiten	
	Thermische Wirkung
	Verzögerung
Mechanische Stellteile	
Form 1 Form 2	Wirkverbindung, allgemein; Mechanische, pneumatische und hydraulische Wirkverbindung
	Verzögerte Wirkung
Antriebsarten	
	Betätigung durch elektromagnetischen Antrieb
	Notschalter
	Handantrieb, allgemein
Verschiedenes	
	Bewegbarer Kontakt (z. B. Schleifkontakt)
	Umsetzer, Umformer, Umrichter
	Ideale Stromquelle
	Ideale Spannungsquelle

Halbleiterbauelemente
Semiconductors

DIN EN 60617-5: 1997-08

Schaltzeichen	Benennung
Halbleiterdioden	
	Halbleiterdiode, allgemein
	Leuchtdiode, allgemein
	Kapazitätsdiode, Varactor
	Durchbruch-Diode, Z-Diode
	Breakdown-Diode Gegeneinander geschaltete Z-Dioden
	Tunneldiode, Esaki-Diode
	Rückwärts-Diode Unitunneldiode
	Bidirektionale Diode
Thyristoren	
	Thyristordiode rückwärts sperrend
	Thyristordiode, rückwärts leitend
	Thyristordiode, bidirektional, Diac
	Thyristortriode, Thyristor allgemein
	Thyristortriode, rückwärts sperrend, Anode gesteuert (N-Gate)
	Thyristortriode, rückwärts sperrend, Kathode gesteuert (P-Gate)

Schaltzeichen	Benennung
Thyristoren	
	Abschalt-Thyristortriode
	Abschalt-Thyristortriode, Anode gesteuert (N-Gate)
	Thyristortetrode, rückwärts sperrend
	Thyristortriode, bidirektional, Triac
	Thyristortriode, rückwärts leitend
	Thyristortriode, rückwärts leitend, Anode gesteuert (N-Gate)
Transistoren	
	PNP-Transistor
	NPN-Transistor
	Unijunction-Transistor mit Basis vom P-Typ
	NPN-Transistor mit zwei Basisanschlüssen
	Sperrschicht-Feldeffekt- Transistor (JFET) mit N-Kanal
	Sperrschicht-Feldeffekt-Transistor (JFET) mit P-Kanal
	Isolierschicht-Feldeffekt-Transistor (IGFET), Anreicherungstyp
	Insulated Gate Bipolar Transistor (IGBT)

Schaltzeichen	Benennung
Transistoren	
	Isolierschicht-Feldeffekt- Transistor (IGFET), Anreicherungstyp, Substratanschluss
	Isolierschicht-Feldeffekt- Transistor (IGFET), Substrat intern mit Source verbunden
	Isolierschicht-Feldeffekt-Transistor (IGFET), Verarmungstyp
Sensoren	
	Diode, lichtempfindlich, Photodiode
	Widerstand, lichtempfindlich Photowiderstand
	Photoelement, Photozelle
	Optokoppler, Leuchtdiode und Phototransistor
	Hall-Generator
	Widerstand, magnetfeldempfindlich
	Magnetischer Koppler
	Ionisationskammer
	Halbleiterdetektor
	Zählrohr

Passive Bauelemente
Passive Components

DIN EN 60617-4: 1997-08

Schaltzeichen	Benennung
Widerstände	
	Widerstand, allgemein
	Widerstand, veränderbar, allgemein
U	Widerstand, spannungsabhängig, Varistor

Schaltzeichen	Benennung
Kondensatoren	
	Kondensator, allgemein
	Kondensator, gepolt, Elektrolyt-Kondensator
	Kondensator, veränderbar

Schaltzeichen	Benennung
Induktivitäten	
	Induktivität, Spule, Wicklung, Drossel bevorzugte Form
	frühere Form
	Induktivität mit Magnetkern

Symbol	Bedeutung
	Gleichstrom-Umrichter
	Gleichrichter
	Gleichrichter in Brückenschaltung
	Wechselrichter
	Gleichrichter/Wechselrichter (umschaltbar)
	Wechselstrom-umrichter
U const	Spannungs-konstanthalter
	Primärzelle Primärelement Akkumulator
G	Generator, allgemein
	Heizquelle, allgemein
	Verbrennungs-Heizquelle
G	Fotoelektrischer Generator

Signalumformer

Symbol	Bedeutung
	Signalumformer, allgemein
	Analog/Digital-Umsetzer
	Wechsel-Gleich-Spannungs-Umformer
	Gleichspannung-Pulsspannung-Umformer

Steller und Regelgeräte

Symbol	Bedeutung
*	Regler (Asteriskus * muss durch Buchstaben bzw. Grafik ersetzt werden)
P	P-Regler
	Regler, der entsprechend der Kurve regelt
	Dreipunktregler mit schaltendem Ausgang
PD	Zweipunktregler mit schaltendem Ausgang
PID	PID-Regler mit steigendem Ausgangssignal bei steigendem Eingangssignal
PI	PI-Regler mit fallendem Ausgangssignal bei steigendem Eingangssignal
*	Steller (hat nur einen Eingang)
U	Spannungssteller

Maschinenarten

Symbol	Bedeutung
*	Maschine, allgemein An die Stelle des Sterns (*) muss eines der folgenden Kennzeichen ingetragen werden: C Umformen G Generator GS Synchrongenerator M Motor MG Als Generator oder als Motor nutzbare Maschine MS Synchronmotor
M 1~	Wechselstom-Reihenschlussmotor, einphasig
M	Linearmotor
M	Schrittmotor
M	Gleichstrom-Reihenschluss-motor
M	Gleichstrom-Nebenschluss-motor
G	Gleichstrom-Doppelschluss-generator, mit Anschlüssen und Bürsten
M 3~	Drehstrom-Reihenschlussmotor
MS 1~	Synchronmotor, einphasig
M 1~	Asynchronmotor, einphasig, mit Käfigläufer, Enden für eine Anlaufwicklung herausgeführt
M 3~	Drehstrom-Linearmotor, Bewegung in nur einer Richtung
M 3~	Drehstrom-Asynchronmotor mit Käfigläufer

Sensoren

Symbol	Bedeutung
Δl	Dehnungsmess-streifen
ϑ	Widerstands-thermometer, Bolometer
ϑ / I	Messumformer Temperatur in elektrischen Strom
n	Drehzahlgeber

Thermoelemente

Symbol	Bedeutung
Form 1 Form 2	Thermoelement

Ventile und magnetische Geräte

Symbol	Bedeutung
	Absperrorgan, offen
	geschlossen

Schutzeinrichtungen

Symbol	Bedeutung
	Sicherung, allgemein
	Sicherung; breite Seite kennzeichnet den netzseitigen Anschluss
	Sicherung mit mechanischer Auslösemeldung (Schlagbolzensicherung)
	Sicherung mit Meldekontakt und drei Anschlüssen
	Sicherungsschalter
	Dreipoliger Schalter mit selbsttätiger Auslösung durch den Schlagbolzen jeder einzelnen Sicherung
	Sicherungstrennschalter
	Sicherungs-Lasttrennschalter
D II / 10A	Schraubsicherung, dargestellt 10 A, Typ D II, dreipolig
00 / 25A	Niederspannungs-Hochleistungs-Sicherung (NH), dargestellt 25 A, Größe 00
S	Selektiver Hauptleitungsschutz-Schalter
	Blitzstromableiter
	Funkenstrecke
	Überspannungsableiter
	Überspannungsableiter in einer Gasentladungsröhre

Aufzeichnende Messgeräte

Symbol	Bedeutung
*	Messgerät, anzeigend, allgemein
V	Spannungsmessgerät
A	Amperemeter, Stromstärkemessgerät
W	Wattmeter, Leistungsmessgerät
var	Blindleistungsmessgerät
$\cos\varphi$	Leistungsfaktormessgerät
Hz	Frequenzmessgerät
n	Drehzahlmessgerät
	Galvanometer
	Synchronoskop
φ	Phasenwinkelmessgerät
	Oszilloskop
V / U_d	Differenzialspannungs-, Gleichspannungsmessgerät
A / $I\sin\varphi$	Blindstrommessgerät
Ω	Widerstandsmessgerät
Θ	Thermometer, Pyrometer
	Messwerk mit Spannungspfad
	Messwerk mit einem Strompfad
	Messwerk zur Summen- oder Differenzbildung
	Messwerk zur Produktbildung
	Messwerk zur Quotientenbildung
	Kreuzzeigerinstrument

Zähler

Symbol	Bedeutung
h	Betriebsstundenzähler
Ah	Amperestundenzähler
Wh	Wattstundenzähler, Elektrizitätszähler
Wh	Mehrtarif-Wattstundenzähler, Zweitarifzähler dargestellt
Wh / $P>$	Wattstundenzähler, der nur zählt, wenn ein vorgegebener Wert überschritten wird
Wh	Wattstundenzähler mit Übertragungseinrichtung
varh	Blindverbrauchszähler
0	Impulszähler mit elektrischer Rückstellung auf Null

Messrelais

Symbol	Bedeutung
$m<3$	Phasenausfallrelais in einem Dreiphasensystem
$U=0$	Nullspannungsrelais
$I>$	Überstromrelais, verzögert
	Näherungsempfindliche Einrichtung, kapazitiv, reagiert auf Näherung eines Festkörpers

Kontakte
Contact

DIN EN 60617-7: 1997-08

Kennzeichen

Symbol	Bedeutung
◖	Schütz-Funktion
×	Leistungsschalter-Funktion
—	Trennschalter-Funktion
Ō	Lasttrennschalter-Funktion
■	Selbsttätige Ausschaltung
▽	Endschalter-Funktion
◁	Funktion „selbsttätiger Rückgang“
○	Funktion „nichtselbsttätiger Rückgang“

Symbolelemente

Symbol	Bedeutung
Form 1 Form 2	Schließer, Schaltfunktion, allgemein Schalter
	Öffner
	Wechsler mit Unterbrechung
	Wechsler mit Mittelstellung „Aus“
Form 1 Form 2	Wechsler ohne Unterbrechung Folgeumschaltglied
	Zwillingsschließer
	Wischer mit Kontaktgabe bei Betätigung
	Voreilender Schließer
	Nacheilender Schließer
	Nacheilender Öffner
	Schließer, anzugverzögert abfallverzögert
	Öffner, anzugverzögert abfallverzögert

Melde- und Signaleinrichtungen
Alarm- and Signalling Devices

DIN EN 60617-8: 1997-08

Gefahrenmelde-, Melde-Signaleinrichtungen

Symbol	Bedeutung
	Kennzeichen: Hilferuf (z. B. an Polizei) Differenzialprinzip
	Uhr, allgemein Nebenuhr
	Passierschloss für Schaltwege in Sicherheitsanlagen
	Lichtsender Gleichlichtsender
	Lichtempfänger mit Hell-Schaltung und Kontaktausgang
	Lichtschranke – Lichtsender mit Wechsellicht – Lichtempfänger in Dunkelschaltung mit Kontaktausgang
	Leuchtmelder mit Glimmlampe
	Melder mit Fühleinrichtung, z. B. für Blinde
	Temperaturmelder
	Rauchmelder, selbsttätig, lichtabhängiges Prinzip
	Erschütterungsmelder, Tresorpendel
	Ruhestromschleife, als Brandfühler
	Polizeimelder, mit Sperrung und mit Fernsprecher
	Brandmelder
	Brandmelder, Polizeimelder, Laufwerk mit Sperrung Polizeimelder mit Sperrung
⊗	**Leuchte, allgemein** Leuchtmelder, allgemein
	Leuchtmelder, blinkend
	Sichtmelder, elektromechanisch, Schauzeichen, Fallklappe
	Horn, Hupe
	Wecker, Klingel
	Gong, Einschlagwecker
	Sirene
	Schnarre, Summer

Neben dem Schaltzeichen darf die Farbe nach DIN IEC 757 angegeben werden:

RD	rot	BU	blau	GN	grün
YE	gelb	WH	weiß		

Schalter – Schaltgeräte

Symbol	Bezeichnung
	Schließer mit selbsttätigem Rückgang
	Schließer mit nicht selbsttätigem Rückgang
	Öffner mit selbsttätigem Rückgang
	Grenzschalter, Endschalter (Schließer)
	Grenzschalter, Endschalter, mechanische Betätigung in beiden Richtungen
	Öffner mit selbsttätiger thermischer Betätigung (Thermokontakt, z. B. Bimetall)
	Gasentladungsröhre mit Thermokontakt, Starter für Leuchtstofflampe
	Schütz mit selbsttätiger Auslösung
	Schütz (Öffner, Leistungskontakt)
	Leistungsschalter
	Trennschalter, Leerschalter
	Lasttrennschalter
	Laststrennschalter mit selbstätiger Auslösung
	Erdungsschalter, allgemein
	Quecksilberschalter mit drei Anschlüssen
	Handbetätigter Schalter
	Druckschalter, Taster
	Berührungsempfindlicher Schalter
	Näherungsempfindlicher Schalter
	Motorschutzschalter, dreipolig, mit thermischer und magnetischer Auslösung
	Fehlerstrom-Schutzschalter, vierpolig
	Leitungsschutz-Schalter
	Schließer betätigt dargestellt
	Pilz-Notdrucktaster mit zwangsläufiger Betätigung und Selbsthaltung des Öffners
	Tastschalter mit Schließer, handbetätigt
	Stellschalter mit Schließer, handbetätigt (**Ausschalter**)
	Stellschalter mit drei Schaltstellungen, Zweiwegschließer, handbetätigt, (**Gruppenschalter**)

Elektromagnetische Antriebe

Symbol	Bezeichnung
Form 1 Form 2	Elektromechanischer Antrieb, Relaisspule
	Elektromechanischer Antrieb mit Rückfallverzögerung
	Elektromechanischer Antrieb mit Ansprechverzögerung
	Elektromechanischer Antrieb mit Ansprech- und Rückfallverzögerung
	Elektromechanischer Antrieb eines Stützrelais
	Elektromechanischer Antrieb eines polarisierten Relais
	Elektromechanischer Antrieb eines Thermorelais
	Fortschaltrelais Stromstoßrelais
	Antrieb eines elektronischen Relais
	Tonfrequenz-Rundsteuerrelais
	Stellschalter mit zwei Betätigungsstücken, handbetätigt (**Serienschalter**)
	Stellschalter mit zwei Schaltstellungen, Umschaltglied, Wechsler, handbetätigt (**Wechselschalter**)
	Kreuzschalter

Nachrichtentechnik

Symbol	Bezeichnung
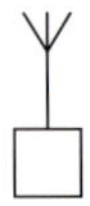	Funkstelle, allgemein
	Antenne, allgemein
	Ferritantenne
	Dipolantenne
	Faltdipolantenne Schleifendipolantenne
	Parabolantenne
	Koaxial-Hohlleiter
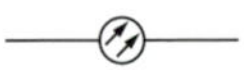	Lichtwellenleiter (LWL), allgemein Lichtwellenleiterkabel, allgemein
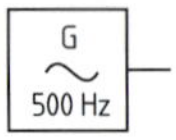	Sinusgenerator, 500 Hz
	Sägezahngenerator, 500 Hz
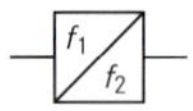	Frequenzumsetzer, Umsetzung von f_1 nach f_2
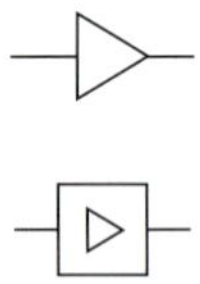	Verstärker, allgemein Form 1 Form 2
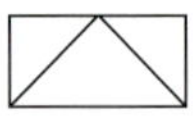	Modulator, allgemein Demodulator, allgemein Diskriminator, allgemein
	Begrenzer
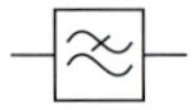	Tiefpass
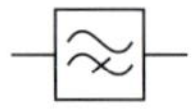	Hochpass
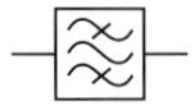	Bandpass
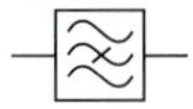	Bandsperre
	Fernsprecher, allgemein
	Fernsprecher für zwei oder mehr Amtsleitungen oder Nebenstellenleitungen
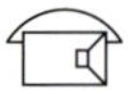	Fernsprecher mit Lautsprecher
	Hörer, allgemein
	Lautsprecher, allgemein
	Mikrophon, allgemein

Hydraulik und Pneumatik

Symbol	Bezeichnung
Funktionselemente	
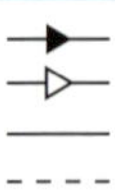	Hydrostrom Druckluftstrom Arbeitsleitung Steuerleitung
Kompressor	
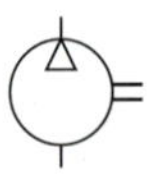	Kompressor mit konstantem Verdrängungsvolumen, eine Stromrichtung
Hydropumpe	
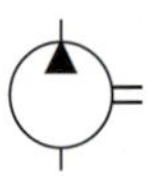	Hydropumpe mit konstantem Verdrängungsvolumen, eine Stromrichtung
Motoren	
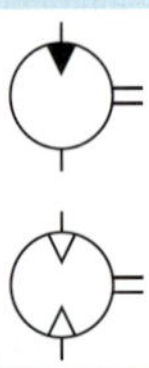	konstanter Hydromotor, eine Förderrichtung konstanter Pneumatikmotor, zwei Förderrichtungen
Zyinder	
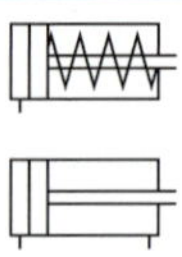	**einfach wirkend,** Rückhub durch Feder **doppelt wirkend,** einseitige Kolbenstange
Wegventile	
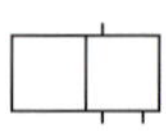	**Grundsinnbild** 2-Stellungs-Wegeventil; Anschlüsse werden mit kurzen Linien markiert
Kurzbezeichnung der Wegeventile	
	3/2-Wegenventil (Beispiel) Die erste Zahl legt die Anzahl der gesteuerten Anschlüsse fest und die zweite Zahl die Anzahl der Schaltstellungen.
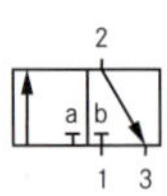	3 Anschlüsse (1 ... 3) ↑ 3/2-Wegeventil ↓ 2 Schaltstellungen a b
Wegeventile: Bauarten	
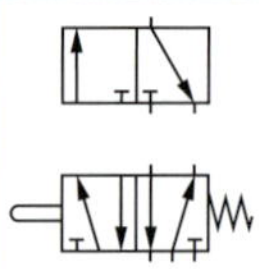	3/2-Wegeventil, Sperr-Ruhestellung 5/2-Wegeventil, mit Taster gegen Rückholfelder wirkend
Sperrventile	
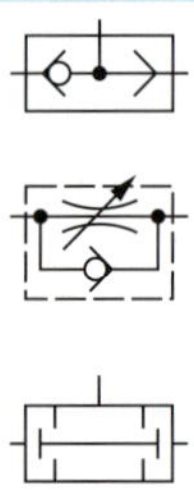	Wechselventil Drosselrückschlagventil verstellbar Zweidruckventil
Stromventile	
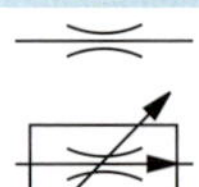	Drosselventil, fest Stromregelventil, verstellbar
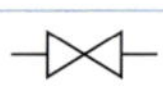	Absperrventil

Symbolaufbau

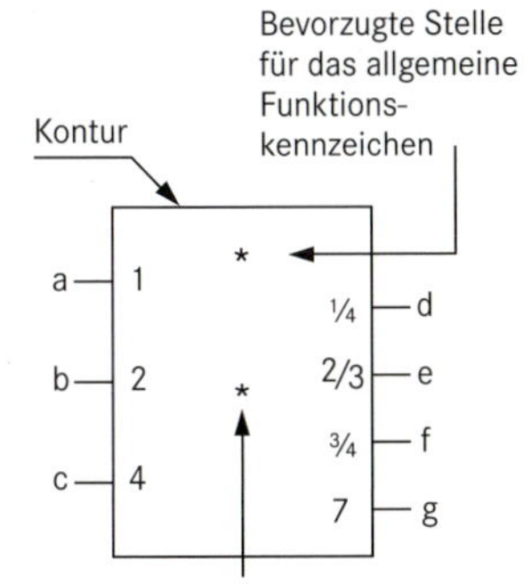

Alternative Stelle für das allgemeine Funktionskennzeichen

Konturen

	Element-Kontur als Quadrat dargestellt
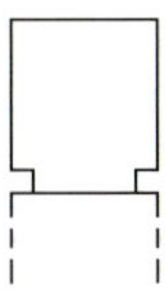	Steuerblock-Kontur
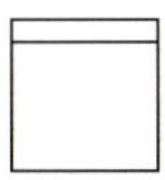	Ausgangsblock-Kontur

Anordnung mehrerer Elemente

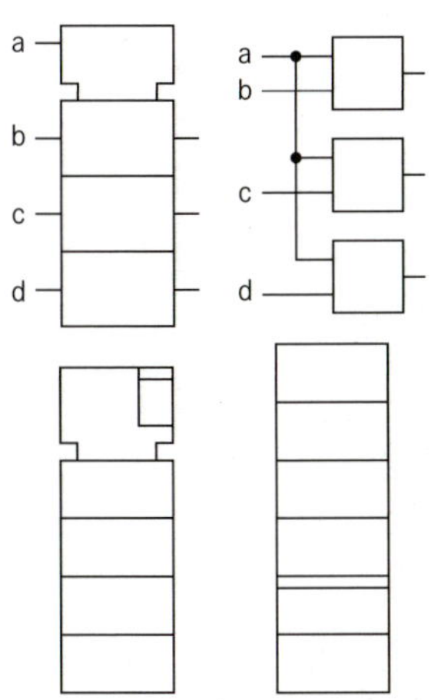

Kennzeichen an Eingängen, Ausgängen und anderen Verbindungen

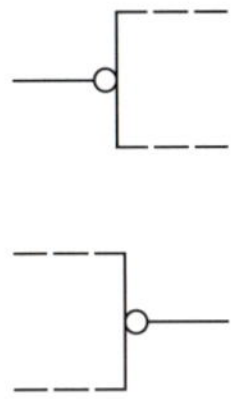	Negation Eingang Ausgang
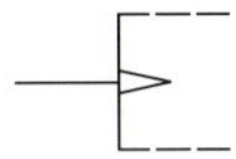	Dynamischer Eingang
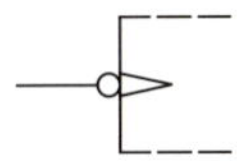	Dynamischer Eingang mit Negation
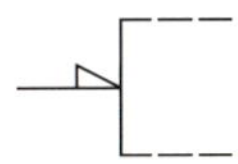	Polaritätsindikator, Eingang (Negation)
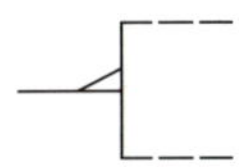	Polaritätsindikator, Ausgang Signalflussrichtung von rechts nach links
Beispiel: 	vom externen 1-Zustand zum externen 0-Zustand

Kennzeichen innerhalb der Kontur

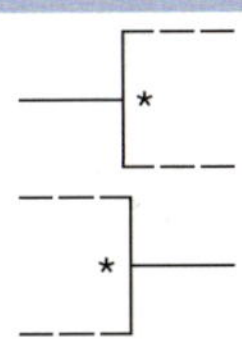	Eingang Ausgang
* muss ersetzt werden durch nachfolgende Schaltzeichen	
	Retardiert Schwellwert Hysterese
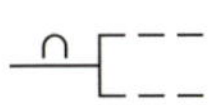	Analoger Eingang
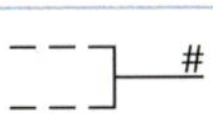	Digitaler Ausgang

Kombinatorische Elemente

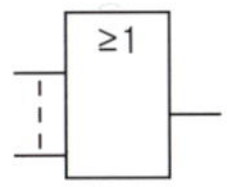	ODER-Element, allgemein
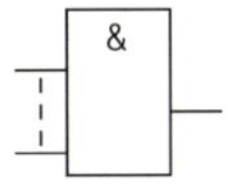	UND-Element, allgemein
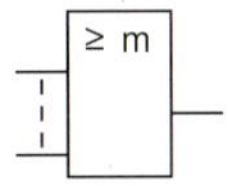	Schwellwert-Element, allgemein
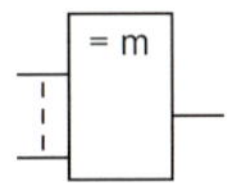	(m aus n)-Element, allgemein
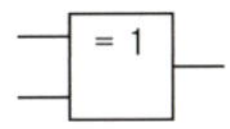	Exklusiv-ODER Element, Antivalenz-Element, allgemein
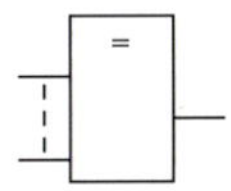	Äquivalenz-Element, allgemein
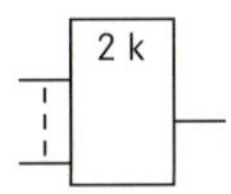	GERADE Element, PARITÄTS Element, allgemein
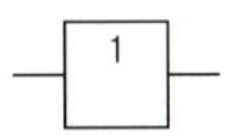	Buffer ohne besondere Verstärkung am Ausgang, allgemein
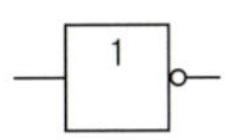	NICHT-Element, Inverter (in einem Schaltplan mit einheitlicher Logik-Vereinbarung)
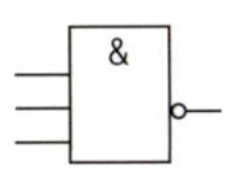	UND mit negiertem Ausgang, NAND
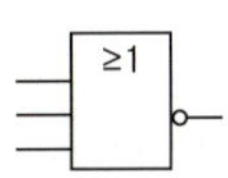	ODER mit negiertem Ausgang, NOR

Bistabile Elemente

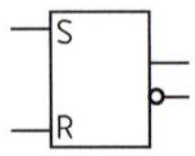

RS-Flipflop

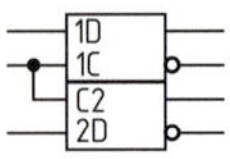

D-Flipflop, einzustandsgesteuert, zweifach

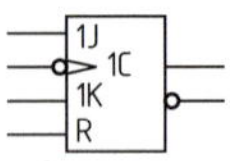

JK-Flipflop, einflankengesteuert

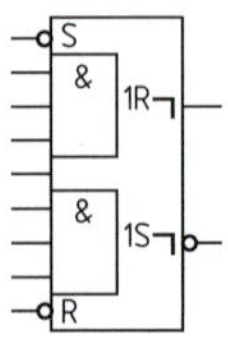

RS-Flipflop, zweizustandsgesteuert

Spezielle Schalteigenschaften bistabiler Elemente

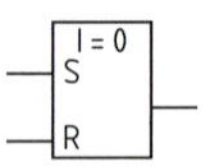

RS-bistabiles-Element mit dem Anfangszustand 0

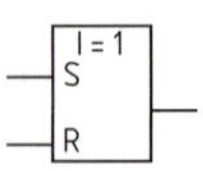

RS-bistabiles-Element mit dem Anfangszustand 1

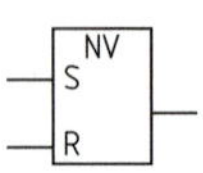

RS-bistabiles-Element, nullspannungsgesichert

Monostabile Elemente

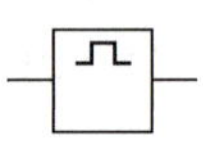

Monostabiles Element, nachtriggerbar

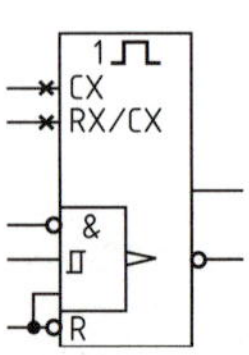

Monostabiles Element, nicht nachtriggerbar

Astabile Elemente

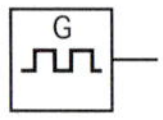

Astabiles Element, z. B. Taktgenerator

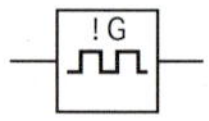

Gesteuertes astabiles Element, synchron gestartet

Elemente mit Hysterese

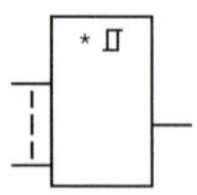

Element mit Hysterese, allgemein

Codierer, Code-Umsetzer

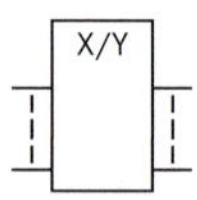

Codierer, Code-Umsetzer, allgemein

Speicher

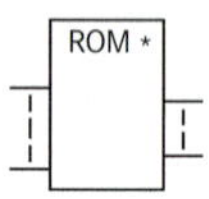

Nur-Lese-Speicher, allgemein

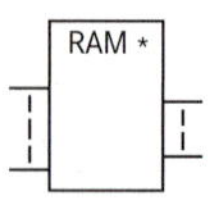

Schreib-Lese-Speicher, allgemein

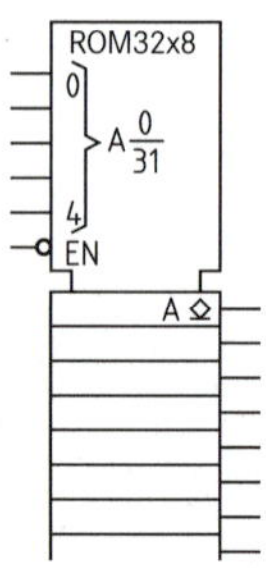

Nur-Lese-Speicher, 32 x 8 Bit

Digitale Verzögerungselemente

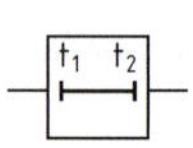

Verzögerungselement mit Angabe der Verzögerungszeiten

Schieberegister und Zähler

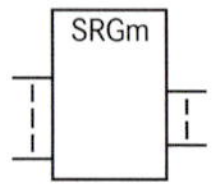

Schieberegister, allgemein

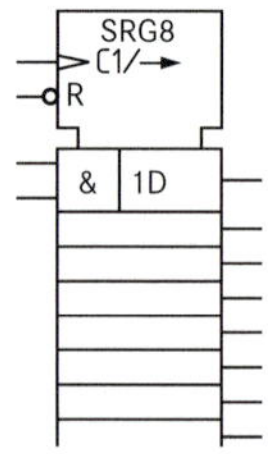

Schieberegister, 8 Bit, mit paralleler Ausgabe

Arithmetische Elemente

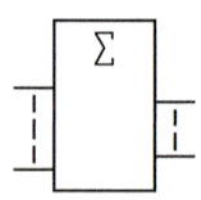

Addierer, allgemein

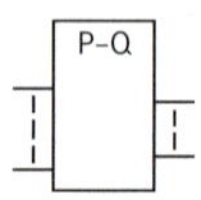

Subtrahierer, allgemein

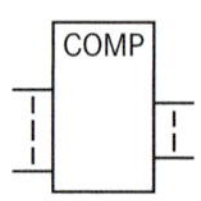

Zahlenkomparator, allgemein

Verstärker

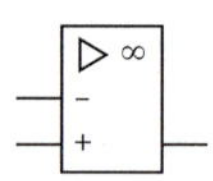

Operationsverstärker

Vergleicher (Komparator)

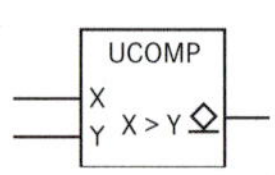

Spannungsvergleicher

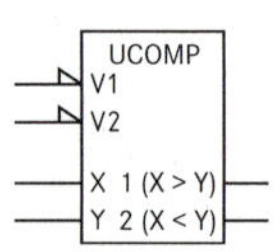

Spannungsvergleicher

Operation	Regeln und Gesetze				
Addieren $a + b = c$ **Subtrahieren** $a - b = c$	**Kommutativgesetz:** $a + b = b + a$ **Assoziativgesetz:** $(a + b) + c = a + (b + c)$	**Vorzeichenregeln:** $a + (-b) = a - b$; $a - (-b) = a + b$; $a - (b + c) = a - b - c$; $a - (b - c) = a - b + c$			
Multiplizieren $a \cdot b = c$ **Dividieren** $a : b = c$	**Kommutativgesetz:** $a \cdot b = b \cdot a$ **Assoziativgesetz:** $a \cdot (b \cdot c) = (a \cdot b) \cdot c$ **Klammerregeln:** $-(a + b - c) = -a - b + c$; $+(a + b - c) = a + b - c$	**Distributivgesetz:** $a \cdot (b + c) = ab + ac$; $(a + b) \cdot (c + d) = ac + ad + bc + bd$; ← Ausklammern; Ausmultiplizieren → **Dividieren:** $\frac{a}{b} : \frac{c}{d} = \frac{a \cdot d}{b \cdot c}$	**Vorzeichenregeln:** $(+a) \cdot (+b) = ab$; $(-a) \cdot (+b) = -ab$; $(+a) \cdot (-b) = -ab$; $(-a) \cdot (-b) = ab$ **Multiplizieren:** $\frac{a}{b} \cdot \frac{c}{d} = \frac{a \cdot c}{b \cdot d}$		
Potenzieren $a^n = c$	$a^n \cdot a^m = a^{n+m}$	$a^n \cdot b^n = (a \cdot b)^n$	$\frac{a^n}{b^n} = \left(\frac{a}{b}\right)^n$	$\frac{a^n}{a^m} = a^{n-m}$	$(a^n)^m = a^{n \cdot m}$
Radizieren $\sqrt{a} = c$	$\sqrt[n]{ab} = \sqrt[n]{a} \cdot \sqrt[n]{b}$	$\sqrt[n]{\frac{a}{b}} = \frac{\sqrt[n]{a}}{\sqrt[n]{b}}$	$\sqrt[n]{b^m} = b^{\frac{m}{n}}$	$\sqrt[m]{\sqrt[n]{b}} = \sqrt[m \cdot n]{b}$	$\frac{1}{\sqrt[n]{a^m}} = a^{-\frac{m}{n}}$

Potenzen

Zehner	Binäre	Hexadezimale
$10^0 = 1$	$2^0 = 1$	$16^0 = 1$
$10^1 = 10$	$2^1 = 2$	$16^1 = 16$
$10^2 = 100$	$2^2 = 4$	$16^2 = 256$
$10^3 = 1000$	$2^3 = 8$	$16^3 = 4096$
$10^{-1} = 1/10$	$2^{-1} = 1/2$	$16^{-1} = 1/16$
$10^{-2} = 1/100$	$2^{-2} = 1/4$	$16^{-2} = 1/256$
$10^{-3} = 1/1000$	$2^{-3} = 1/8$	$16^{-3} = 1/4096$

Logarithmieren

Multiplizieren	Potenzieren
$\log (c \cdot d) = \log c + \log d$	$\log c^n = n \cdot \log c$
Dividieren	**Radizieren**
$\log \frac{c}{d} = \log c - \log d$	$\log \sqrt[m]{c} = \frac{1}{m} \log c$

Dreieck

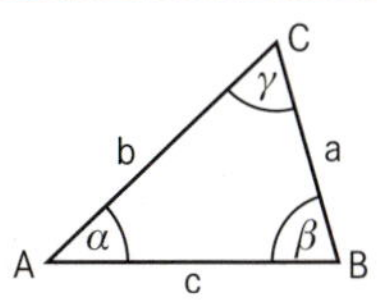

$\alpha + \beta + \gamma = 180°$

$A = \frac{g \cdot h}{2}$

Umfang:
$U = a + b + c$

Sinussatz: $\frac{\sin \alpha}{a} = \frac{\sin \beta}{b} = \frac{\sin \gamma}{c}$

Kosinussatz:
$a^2 = b^2 + c^2 - 2\,bc \cdot \cos \alpha$
$b^2 = a^2 + c^2 - 2\,ac \cdot \cos \beta$
$c^2 = a^2 + b^2 - 2\,ab \cdot \cos \gamma$

Komplexe Zahlen

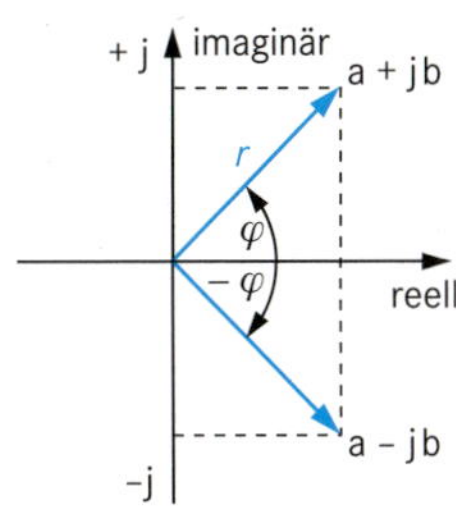

$z = a + jb$

$a = r \cdot \cos\varphi$

$b = r \cdot \sin \varphi$

$z = r\,(\cos \varphi + j \cdot \sin\varphi)$

$z = r \cdot e^{j\varphi}$

$r = \sqrt{a^2 + b^2}$

$j = \sqrt{-1}$

Trigonometrie

Einheitskreis

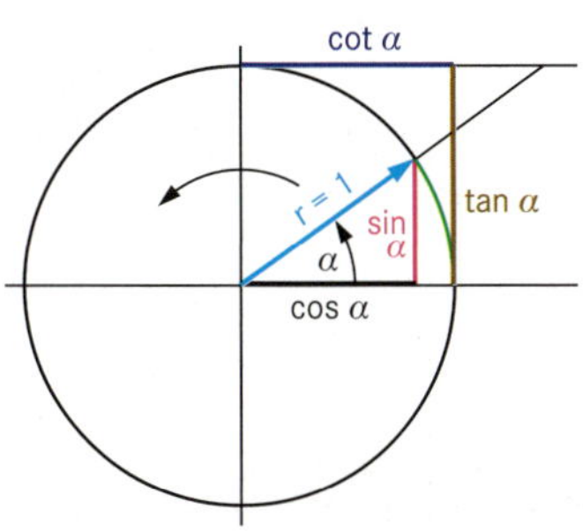

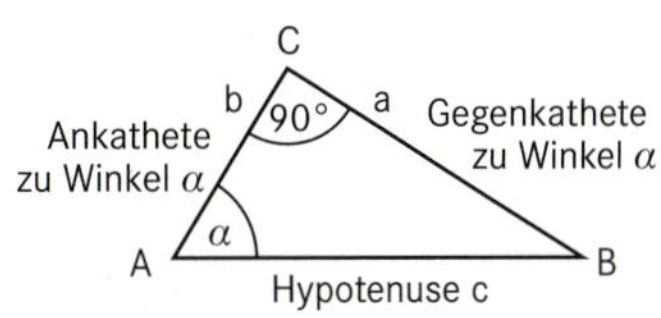

Satz des Pythagoras
$c^2 = a^2 + b^2$

Grad- und Bogenmaß

$\frac{\alpha_G}{\alpha_B} = \frac{360°}{2 \cdot \pi} = \frac{57{,}3°}{1\ \text{rad}}$

Winkelfunktionen:

$\sin \alpha = \frac{a}{c}$ $\quad \tan \alpha = \frac{a}{b}$

$\cos \alpha = \frac{b}{c}$ $\quad \cot \alpha = \frac{b}{a}$

$\sin(-\alpha) = -\sin \alpha$
$\cos(-\alpha) = \cos \alpha$
$\tan(-\alpha) = -\tan \alpha$
$\cot(-\alpha) = -\cot \alpha$

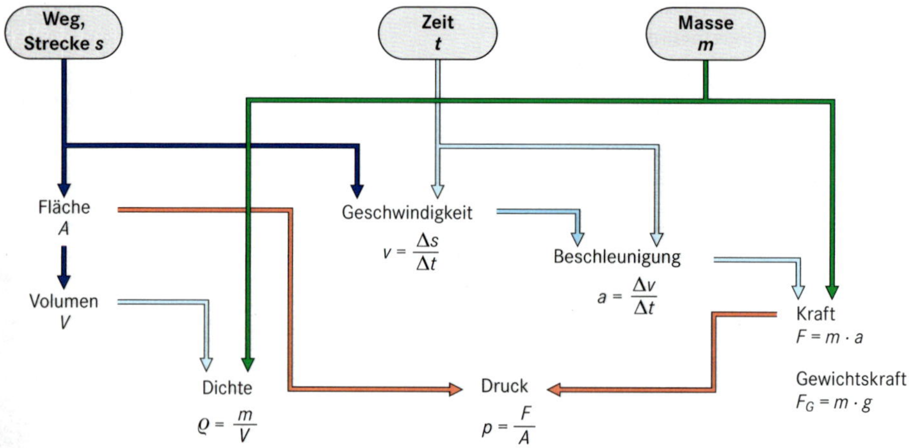

Geradlinig gleichmäßige Beschleunigung		
Kraft	$F = m \cdot a$	
Geschwindigkeit	$v = a \cdot t$	$v = \sqrt{2 \cdot s \cdot a}$
Beschleunigung	$a = \frac{v}{t}$	$a = \frac{2 \cdot s}{t^2}$
Wegstrecke	$s = \frac{a \cdot t^2}{2}$	
Arbeit und Kraft		
Allgemein	$W = F \cdot s$	
Hubarbeit	$W = F_G \cdot s$	$W = m \cdot g \cdot s$
Federspannarbeit	$W = \frac{F_F \cdot s}{2}$	
Beschleunigungsarbeit	$W = \frac{m \cdot v^2}{2}$	
Reibungsarbeit	$W = F_R \cdot s$	
Reibung	$F_R = \mu \cdot F_N$	
Schiefe Ebene	$F_H = \frac{F_G \cdot h}{l}$	
Leistung und Wirkungsgrad		
Leistung	$P = \frac{W}{t}$	$P = F \cdot v$
Wirkungsgrad	$\eta = \frac{W_{ab}}{W_{zu}}$ $W_V = W_{zu} - W_{ab}$ $P_V = P_{zu} - P_{ab}$	$\eta = \frac{P_{ab}}{P_{zu}}$
Gesamtwirkungsgrad	$\eta_{ges} = \eta_1 \cdot \eta_2 \cdot \ldots \cdot \eta_n$	
Antriebe		
Riemenantrieb	$d_1 \cdot n_1 = d_2 \cdot n_2$	
Zahnradantrieb	$z_1 \cdot n_1 = z_2 \cdot n_2$	
Schneckenantrieb	$z_1 \cdot n_1 = z_2 \cdot n_2$	

Gleichförmige Kreisbewegung			
Kraft	$F = m \cdot \omega^2 \cdot r$	$F = m \cdot \frac{v^2}{r}$	
Geschwindigkeit	$v = d \cdot \pi \cdot n$	$v = \frac{2 \cdot \pi \cdot r}{T}$	
Beschleunigung	$a_r = \frac{v^2}{r}$		
Winkelgeschwindigkeit	$\omega = 2 \cdot \pi \cdot f$	$f = \frac{1}{T}$	$n = \frac{1}{T}$
Energie			
Energieerhaltung	$E = W$		
Potenzielle Energie	$E_P = m \cdot g \cdot s$		
Spannenergie	$E_S = \frac{F_F \cdot s}{2}$		
Kinetische Energie	$E_K = \frac{m \cdot v^2}{2}$		
Drehmoment			
Drehmoment	$M = F \cdot r$		
Hebel	$F_1 \cdot s_1 = F_2 \cdot s_2$		
Feste Rolle	$F_1 = F_2$		
Lose Rolle	$F_1 = \frac{F_2}{2}$		
Flaschenzug	$F_1 = \frac{F_2}{n}$		
Leistung und Drehmoment	$P = 2 \cdot \pi \cdot n \cdot M$		
Hydraulik			
Hydrostatischer Druck	$p = \varrho \cdot g \cdot h$		
Hydraulische Anlagen	$\frac{F_1}{A_1} = \frac{F_2}{A_2}$		

Zusammenhang zwischen Größen

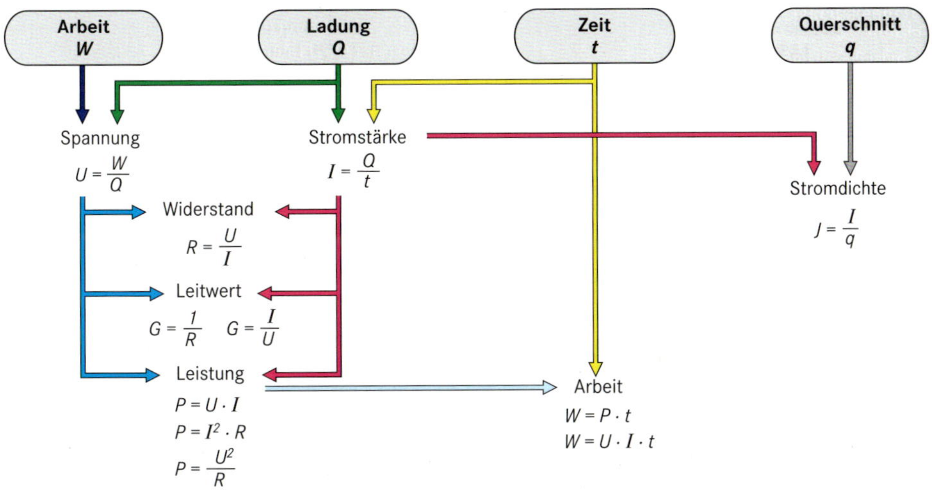

Elektrischer Stromkreis

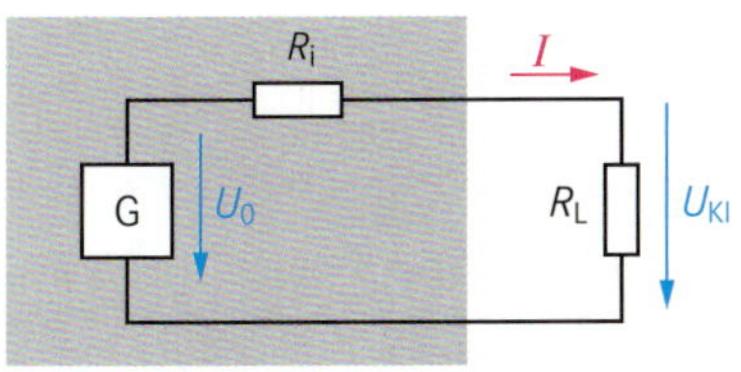

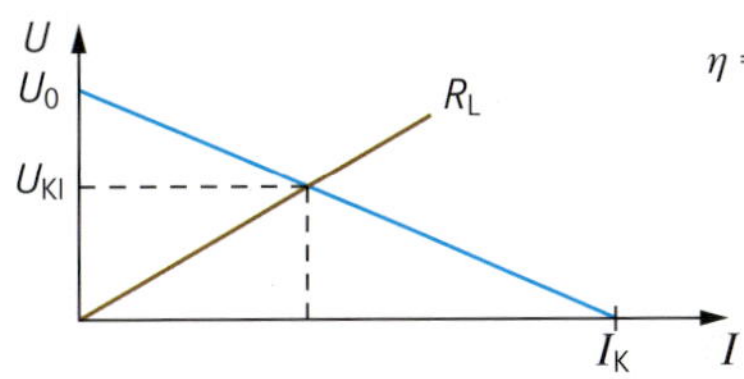

Wirkungsgrad

$$\eta = \frac{1}{1 + \frac{R_i}{R_L}}$$

Fälle	Belastungs-widerstand R_L	Stromstärke I	Klemmen-spannung U_{Kl}	abgegebene Leistung P_L	Wirkungsgrad η
Leerlauf	$R_L = \infty$	$I = 0$	$U_{Kl} = U_0$	$P_L = 0$	$\eta = 0$
Belastung	$0 < R_L < \infty$	$I = \frac{U_0}{R_i + R_L}$	$U_{Kl} = U_0 - I \cdot R_i$	$P_L = \frac{U_0^2 \cdot R_L}{(R_i + R_L)^2}$	$\eta = \frac{R_L}{R_i + R_L}$
Anpassung	$R_L = R_i$	$I = \frac{I_K}{2}$	$U_{Kl} = \frac{U_0}{2}$	$P_L = \frac{U_0^2}{4 \cdot R_i}$	$\eta = \frac{1}{2}$
Kurzschluss	$R_L = 0$	$I = I_K = \frac{U_0}{R_i}$	$U_{Kl} = 0$	$P_L = 0$	$\eta = 0$

Elektrischer Widerstand

Ohmsches Gesetz	Differentieller Widerstand	Leiterwiderstand	Widerstand und Temperatur
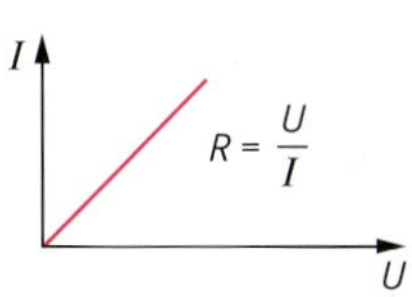 $R = \frac{U}{I}$	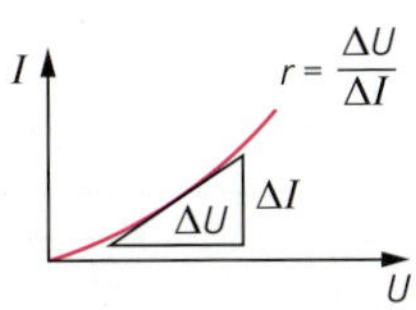 $r = \frac{\Delta U}{\Delta I}$	$R = \frac{\varrho \cdot l}{q}$ $\varkappa = \frac{1}{\varrho}$ $R = \frac{l}{\varkappa \cdot q}$ Kreisfläche: $q = \frac{d^2 \cdot \pi}{4}$	$R_\vartheta = R_{20} + \Delta R$ $\Delta R = R_{20} \cdot \alpha \cdot \Delta\vartheta$ $R_\vartheta = R_{20} (1 + \alpha \cdot \Delta\vartheta + \beta \cdot \Delta\vartheta^2)$

Stromverzweigung
(Erstes Kirchhoffsches Gesetz)

$\Sigma I = 0$

Parallelschaltung

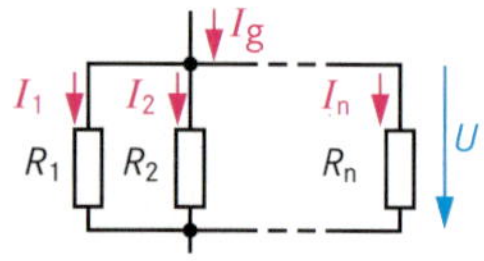

$U = U_1 = U_2 = \ldots = U_n$

$I_g = I_1 + I_2 + \ldots + I_n$

$\frac{1}{R_g} = \frac{1}{R_1} + \frac{1}{R_2} + \ldots + \frac{1}{R_n}$ $\quad G_g = G_1 + G_2 + \ldots + G_n$

$\frac{I_1}{I_2} = \frac{R_2}{R_1}$ $\quad \frac{I_1}{I_n} = \frac{R_n}{R_1}$ $\quad \frac{I_1}{I_g} = \frac{R_g}{R_1} \ldots$

$P_g = P_1 + P_2 + \ldots + P_n$

$P_1 = U \cdot I_1$ $\quad P_2 = U \cdot I_2$ $\quad P_g = U \cdot I_g \ldots$

Maschenregel
(Zweites Kirchhoffsches Gesetz)

$\Sigma U = 0$

Reihenschaltung

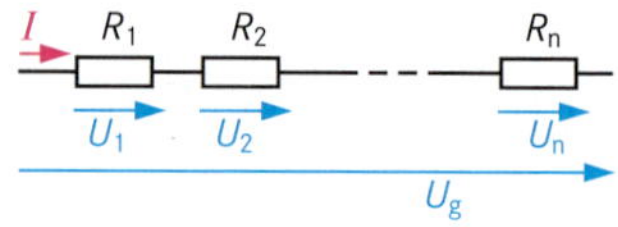

$U_g = U_1 + U_2 + \ldots + U_n$

$I = I_1 = I_2 = \ldots = I_n$

$R_g = R_1 + R_2 + \ldots + R_n$

$\frac{U_1}{U_2} = \frac{R_1}{R_2}$ $\quad \frac{U_1}{U_n} = \frac{R_1}{R_n}$ $\quad \frac{U_1}{U_g} = \frac{R_1}{R_g} \ldots$

$P_g = P_1 + P_2 + \ldots + P_n$

$P_1 = U_1 \cdot I$ $\quad P_2 = U_2 \cdot I$ $\quad P_g = U_g \cdot I \ldots$

Messbereichserweiterung

Strommessung	Spannungsmessung
$n = \frac{I}{I_M}$ $\quad R_p = \frac{R_i}{(n-1)}$	$n = \frac{U}{U_M}$ $\quad R_v = (n-1) \cdot R_i$

Gruppenschaltung

Beispiel:

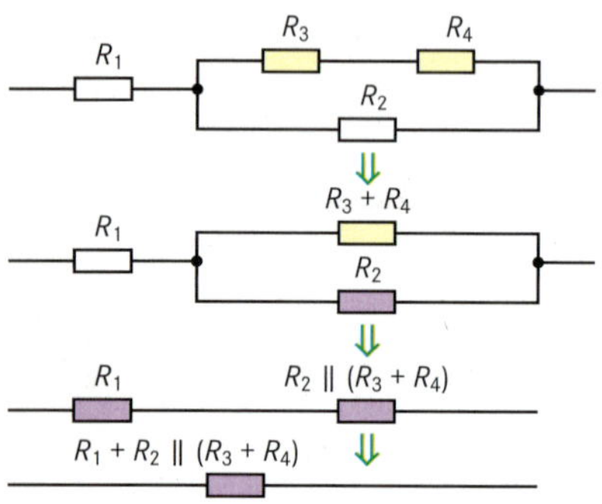

Stern-Dreieck-Umwandlung

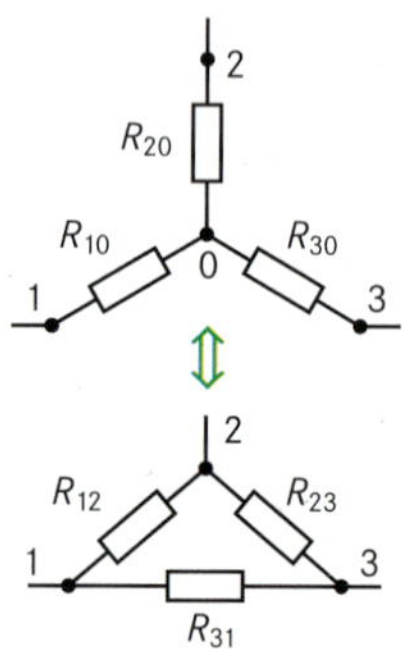

$R_{10} = \frac{R_{12} \cdot R_{31}}{R_{12} + R_{23} + R_{31}}$

$R_{20} = \frac{R_{12} \cdot R_{23}}{R_{12} + R_{23} + R_{31}}$

$R_{30} = \frac{R_{23} \cdot R_{31}}{R_{12} + R_{23} + R_{31}}$

$R_{12} = \frac{R_{10} \cdot R_{20}}{R_{30}} + R_{10} + R_{20}$

$R_{23} = \frac{R_{20} \cdot R_{30}}{R_{10}} + R_{20} + R_{30}$

$R_{31} = \frac{R_{10} \cdot R_{30}}{R_{20}} + R_{10} + R_{30}$

Spannungsteiler

unbelastet

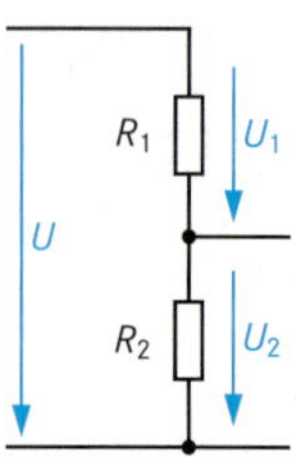

$\frac{U_2}{U} = \frac{R_2}{R_1 + R_2}$

belastet

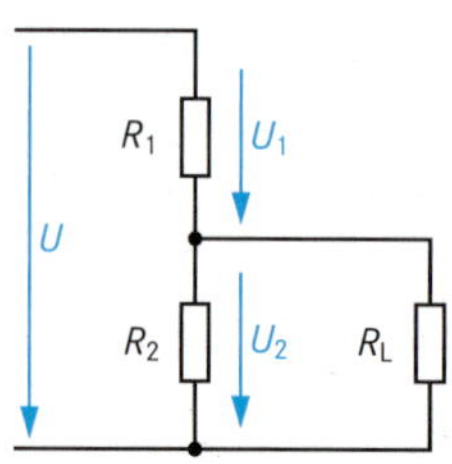

$\frac{U_2}{U} = \frac{R_2 \cdot R_L}{R_1 (R_2 + R_L) + R_2 \cdot R_L}$

Brückenschaltung

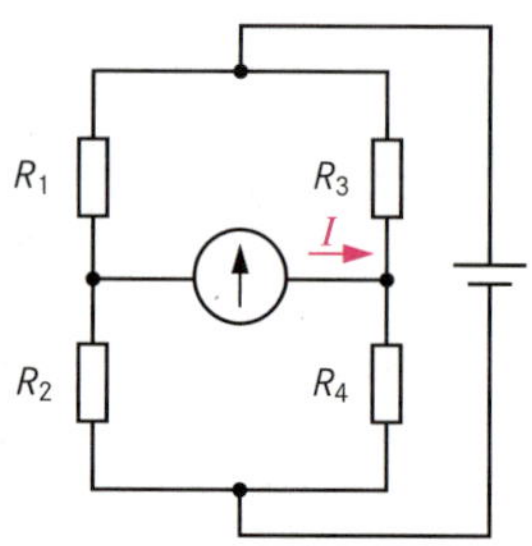

Abgleichbedingung:

$\frac{R_1}{R_2} = \frac{R_3}{R_4}$

$\Downarrow$

$I = 0$

Elektrisches Feld

Elektrische Feldstärke	$E = \frac{F}{Q}$	$E = \frac{U}{d}$
Elektrische Flussdichte	$D = \frac{Q}{A}$	
Verknüpfung	$D = \varepsilon \cdot E$	$\varepsilon = \varepsilon_0 \cdot \varepsilon_r$
Kraft zwischen Ladungen	$F = \frac{Q_1 \cdot Q_2}{4\pi \cdot \varepsilon \cdot l^2}$	

Kondensator, Kapazität

Kapazität	$C = \frac{Q}{U}$	$C = \frac{\varepsilon \cdot A}{d}$
	$\varepsilon = \varepsilon_0 \cdot \varepsilon_r$	
Elektrische Feldkonstante	$\varepsilon_0 = 8{,}86 \cdot 10^{-12}\ \frac{\text{As}}{\text{Vm}}$	
Stromstärke	$I_c = C \cdot \frac{\Delta U}{\Delta t}$	
Elektrische Energie	$W_{el} = \frac{1}{2} \cdot C \cdot U^2$	

Schaltungen mit Kondensatoren

Parallelschaltung	Reihenschaltung
$Q_g = Q_1 + Q_2 + ... + Q_n$	$Q_g = Q_1 = Q_2 = ... = Q_n$
$U = U_1 = U_2 = ... = U_n$	$U_g = U_1 + U_2 + ... + U_n$
$C_g = C_1 + C_2 + ... + C_n$	$\frac{1}{C_g} = \frac{1}{C_1} + \frac{1}{C_2} + ... + \frac{1}{C_n}$

RC-Schaltung

Zeitkonstante	$\tau = R \cdot C$
Einschaltvorgang (Aufladung)	Ausschaltvorgang (Entladung)
$u_C = U \cdot (1 - e^{-\frac{t}{\tau}})$	$u_C = U \cdot e^{-\frac{t}{\tau}}$
$i_C = \frac{U}{R} \cdot e^{-\frac{t}{\tau}}$	$i_C = -\frac{U}{R} \cdot e^{-\frac{t}{\tau}}$
Tiefpass/Hochpass	$f_g = \frac{1}{2\pi \cdot R \cdot C}$

Strom und Magnetfeld

Leiter im Magnetfeld	
Kraftwirkung	$F = B \cdot I \cdot l \cdot z$
Induktionsspannung	$U = B \cdot l \cdot v \cdot z$
Spule im Magnetfeld	
Drehmoment	$M = \frac{F \cdot a \cdot \sin\alpha}{2}$
Kraftwirkung	$F = 2 \cdot N \cdot B \cdot l \cdot I$
Induktionsspannung	$U = N \cdot \frac{\Delta \Phi}{\Delta t}$

Magnetisches Feld

Magnetische Feldstärke	$H = \frac{\Theta}{l}$	$\Theta = I \cdot N$ Durchflutung
Magnetische Flussdichte	$B = \frac{\Phi}{A}$	
Verknüpfung	$B = \mu \cdot H$	$\mu = \mu_0 \cdot \mu_r$
Kraft zwischen stromdurchflossenen Leitern	$F = \frac{\mu_0 \cdot I_1 \cdot I_2 \cdot l}{2\pi \cdot a}$	
Tragkraft von Magneten	$F = \frac{B^2 \cdot A}{2\mu_0}$	

Spule, Induktivität

Induktivität	$L = \frac{\mu \cdot N^2 \cdot A}{l}$	$L = A_L \cdot N^2$
	$\mu = \mu_0 \cdot \mu_r$	
Magnetische Feldkonstante	$\mu_0 = 1{,}257 \cdot 10^{-12}\ \frac{\text{Vs}}{\text{Am}}$	
Spannung	$U_L = L \cdot \frac{\Delta I}{\Delta t}$	
Magnetische Energie	$W_{mag} = \frac{1}{2} \cdot L \cdot I^2$	

Schaltungen mit Spulen

Parallelschaltung	Reihenschaltung
$I_g = I_1 + I_2 + ... + I_n$	$I = I_1 = I_2 = ... = I_n$
$U_g = U_1 = U_2 = ... = U_n$	$U_g = U_1 + U_2 + ... + U_n$
$\frac{1}{L_g} = \frac{1}{L_1} + \frac{1}{L_2} + ... + \frac{1}{L_n}$	$L_g = L_1 + L_2 + ... + L_n$

RL-Schaltung

Zeitkonstante	$\tau = \frac{L}{R}$
Einschaltvorgang	Ausschaltvorgang
$u_L = U \cdot e^{-\frac{t}{\tau}}$	$u_L = -U \cdot e^{-\frac{t}{\tau}}$
$i_L = \frac{U}{R} \cdot (1 - e^{-\frac{t}{\tau}})$	$i_L = \frac{U}{R} \cdot e^{-\frac{t}{\tau}}$
Tiefpass/Hochpass	$f_g = \frac{R}{2\pi \cdot L}$

Magnetischer Kreis

Magnetischer Widerstand	$R_m = \frac{\Theta}{\Phi}$
Magnetischer Leitwert	$\Lambda = \frac{1}{R_m}$
Magnetischer Gesamtwiderstand	$R_m = R_{m1} + R_{m2} + ... + R_{mn}$
Gesamtdurchflutung	$\Theta_g = \Theta_1 + \Theta_2 + ... + \Theta_n$

Wechselspannung und Wechselstrom
Alternating Voltage and Alternating Current

Sinusform

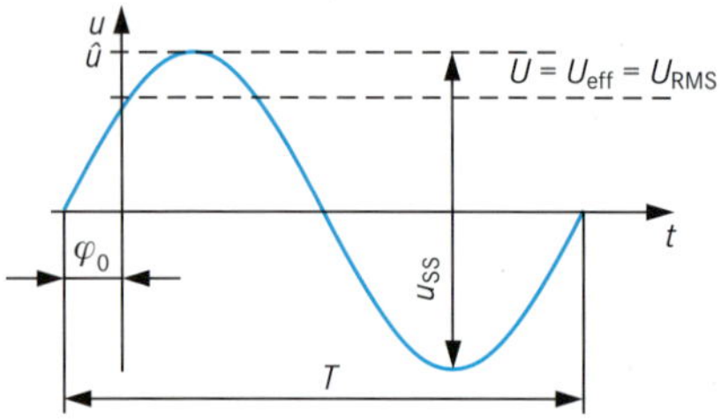

$u = \hat{u} \cdot \sin(\omega \cdot t + \varphi_0)$

$\omega = 2\pi \cdot f$ $\quad f = \frac{1}{T}$ $\quad \frac{\alpha_B}{\alpha_G} = \frac{2\pi}{360°}$

$U = \frac{\hat{u}}{\sqrt{2}}$ $\quad I = \frac{\hat{\imath}}{\sqrt{2}}$ $\quad u_{ss} = 2 \cdot \hat{u}$, $i_{ss} = 2 \cdot \hat{\imath}$

$U = \frac{u_{ss}}{2\sqrt{2}}$ $\quad I = \frac{i_{ss}}{2\sqrt{2}}$

eff: Efektivwert
RMS: Root Mean Square

Rechteckform

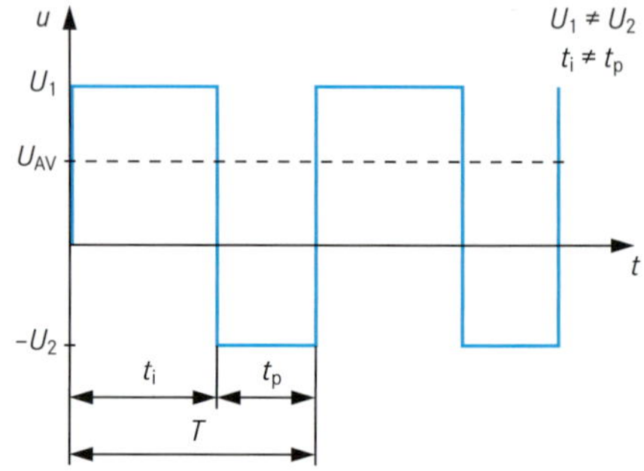

$g = \frac{t_i}{T}$ $\quad T = t_i + t_p$

$U_{AV} = \frac{U_1 \cdot t_i + U_2 \cdot t_p}{T}$ $\quad f = \frac{1}{T}$ $\quad$ AV: Average

Addition phasenverschobener Spannungen

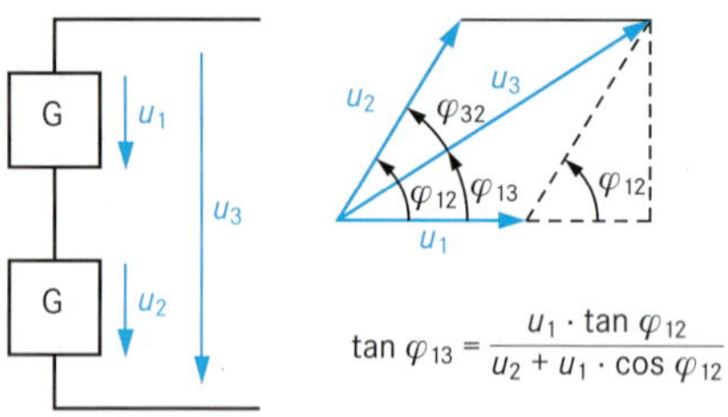

$\tan \varphi_{13} = \frac{u_1 \cdot \tan \varphi_{12}}{u_2 + u_1 \cdot \cos \varphi_{12}}$

$u_3^2 = u_1^2 + u_2^2 - 2 \cdot u_1 \cdot u_2 \cdot \cos(180° - \varphi_{12})$

Impulsform

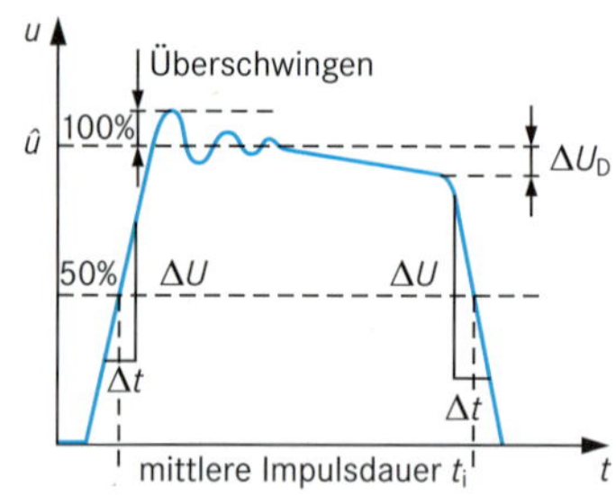

$D = \frac{\Delta U_D}{\hat{u}}$

$S = \frac{\Delta U}{\Delta t}$

Gleichgerichtete sinusförmige Spannung

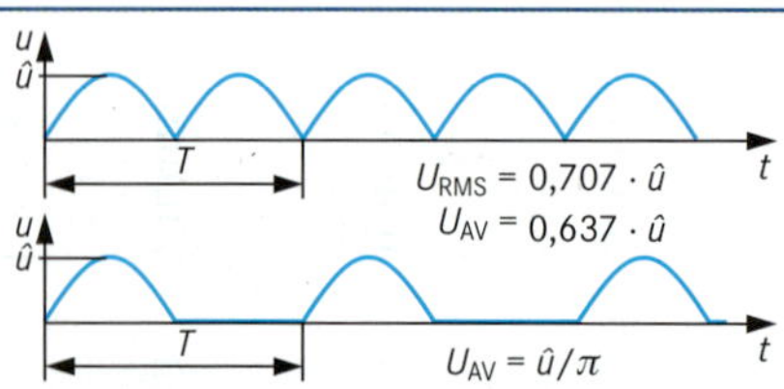

$U_{RMS} = 0{,}707 \cdot \hat{u}$
$U_{AV} = 0{,}637 \cdot \hat{u}$

$U_{AV} = \hat{u}/\pi$
$U_{RMS} = 0{,}353 \cdot \hat{u}$ $\quad U_{AV} = 0{,}318 \cdot \hat{u}$

Impulsverformung

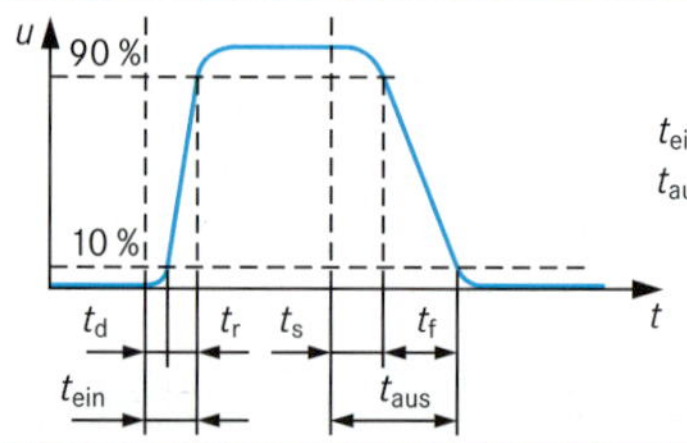

$t_{ein} = t_d + t_r$
$t_{aus} = t_s + t_f$

Stern- und Dreieckschaltung im Drehstromnetz, symmetrische Belastung
Star-delta Circuit, Symmetrical Load

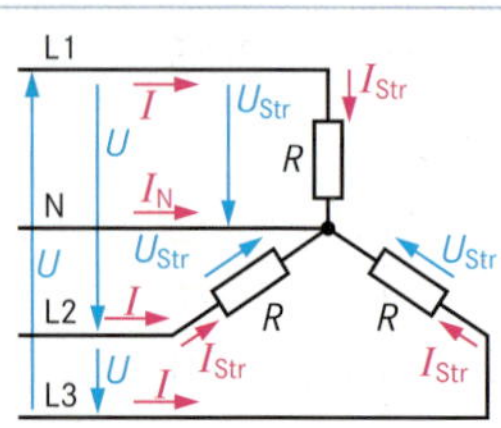

$U_{str} = \frac{U}{\sqrt{3}}$
$I = I_{Str}$
$S = \sqrt{3} \cdot U \cdot I$
$S = \sqrt{P^2 + Q^2}$
$P = \sqrt{3} \cdot U \cdot I \cdot \cos \varphi$
$Q = \sqrt{3} \cdot U \cdot I \cdot \sin \varphi$

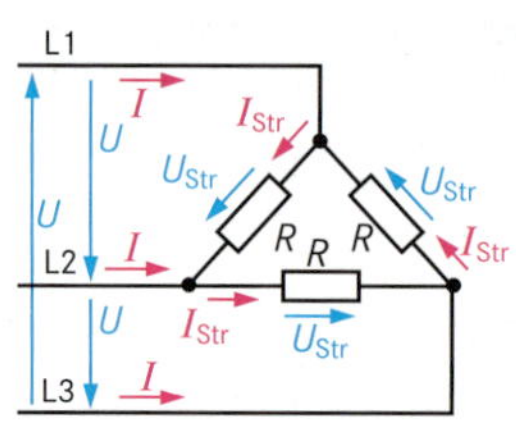

$U = U_{Str}$
$I = \sqrt{3} \cdot I_{Str}$
$S = \sqrt{3} \cdot U \cdot I$
$S = \sqrt{P^2 + Q^2}$
$P = \sqrt{3} \cdot U \cdot I \cdot \cos \varphi$
$Q = \sqrt{3} \cdot U \cdot I \cdot \sin \varphi$

Kapazitiver Blindwiderstand

$X_C = \frac{1}{2\pi \cdot f \cdot C}$ $\omega = 2\pi \cdot f$

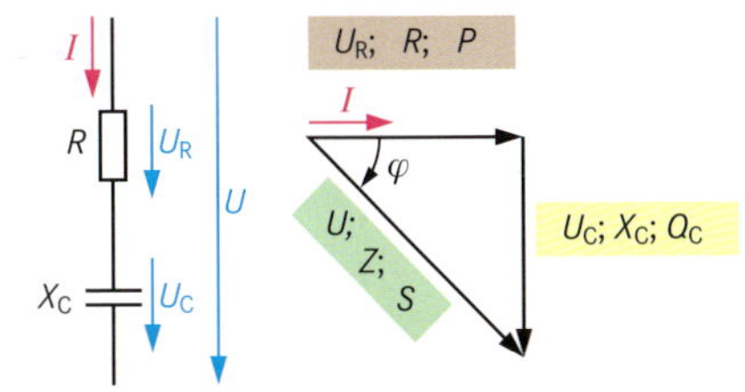

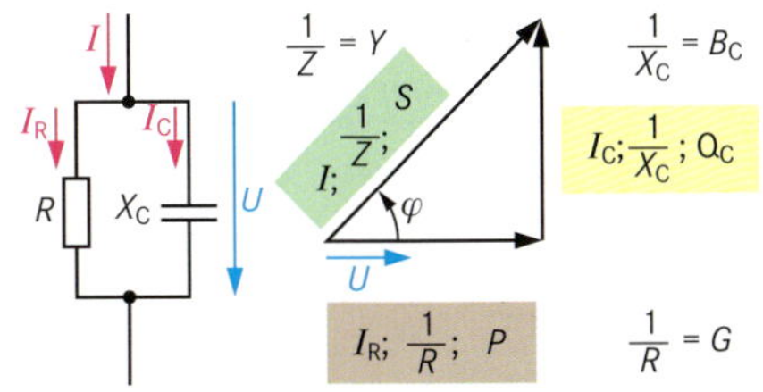

Induktiver Blindwiderstand

$X_L = 2\pi \cdot f \cdot L$ $\omega = 2\pi \cdot f$

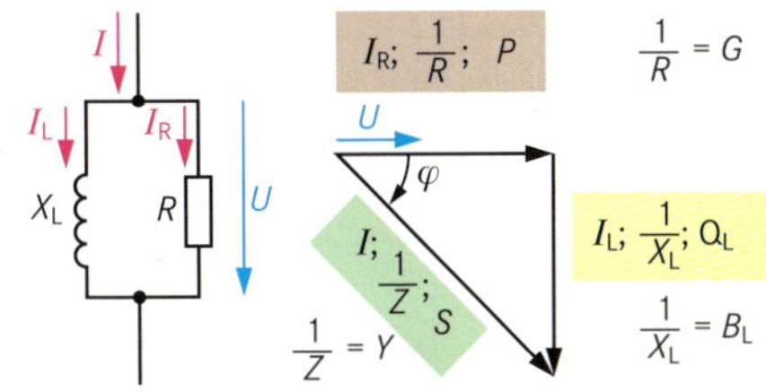

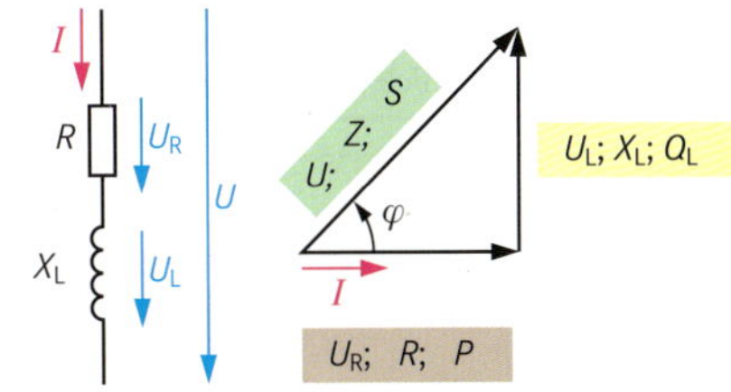

$\tan \varphi = \frac{\text{Gegenkathete}}{\text{Ankathete}}$ $\cot \varphi = \frac{\text{Ankathete}}{\text{Gegenkathete}}$ $\sin \varphi = \frac{\text{Gegenkathete}}{\text{Hypotenuse}}$

$\cos \varphi = \frac{\text{Ankathete}}{\text{Hypotenuse}}$ $(\text{Hypotenuse})^2 = (\text{Ankathete})^2 + (\text{Gegenkathete})^2$

Spannungen		Stromstärken		Leistungen	
Kapazitive Blindspannung	$U_C = I_C \cdot X_C$	Kapazitiver Blindstrom	$I_C = \frac{U_C}{X_C}$	Kapazitive Blindleistung	$Q_C = U_C \cdot I_C$
Induktive Blindspannung	$U_L = I_L \cdot X_L$	Induktiver Blindstrom	$I_L = \frac{U_L}{X_L}$	Induktive Blindleistung	$Q_L = U_L \cdot I_L$
Wirkspannung	$U_R = I_R \cdot R$	Wirkstrom	$I_R = \frac{U_R}{R}$	Wirkleistung	$P = U_R \cdot I_R$
Gesamtspannung	$U = I \cdot Z$	Gesamtstrom	$I = \frac{U}{Z}$	Scheinleistung	$S = U \cdot I$

RCL-Schaltungen

RCL-Circuits

Reihenschaltung

$U_L > U_C$	$X_L > X_C$	$Q_L > Q_C$

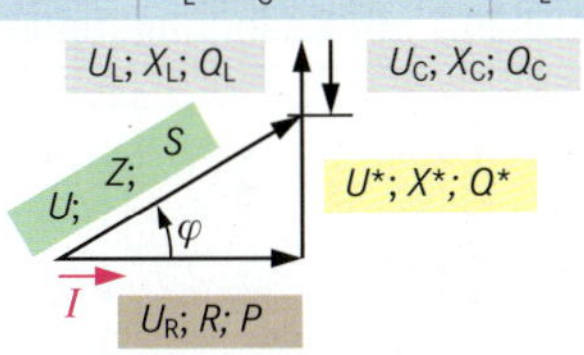

$U_L < U_C$	$X_L < X_C$	$Q_L < Q_C$

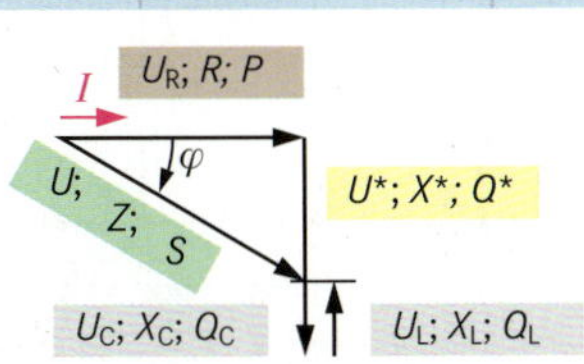

Parallelschaltung

$I_C > I_L$	$X_C < X_L$	$Q_C > Q_L$

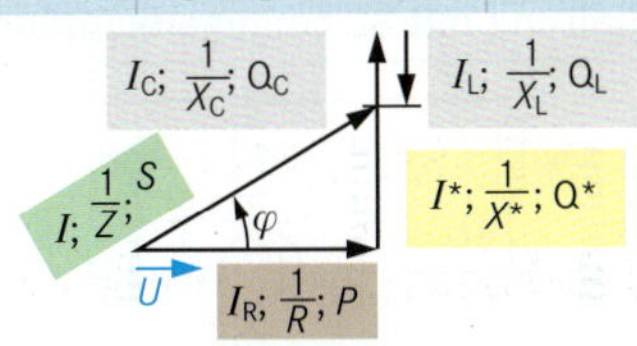

$I_C > I_L$	$X_C < X_L$	$Q_C > Q_L$

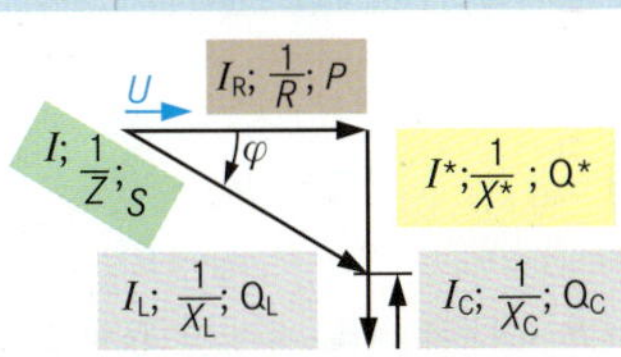

Bipolare Transistoren

NPN

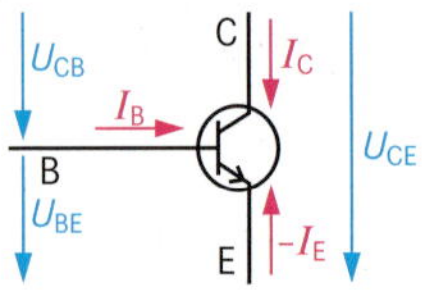

$\Sigma I = 0 \qquad I_E = I_C + I_B$

$B = \dfrac{I_C}{I_B}$

$P_{tot} = U_{CE} \cdot I_C + U_{BE} \cdot I_B$

$\Sigma U = 0$

$U_{CE} = U_{BE} + U_{CB}$

Bei PNP: Umkehrung der Vorzeichen I und U

Wechselstromkenngrößen:

$r_{BE} = \dfrac{\Delta U_{BE}}{\Delta I_B} \qquad r_{CE} = \dfrac{U_{CE}}{I_C} \qquad \beta = \dfrac{\Delta I_C}{\Delta I_B}$

Emitterschaltung mit Vorwiderstand

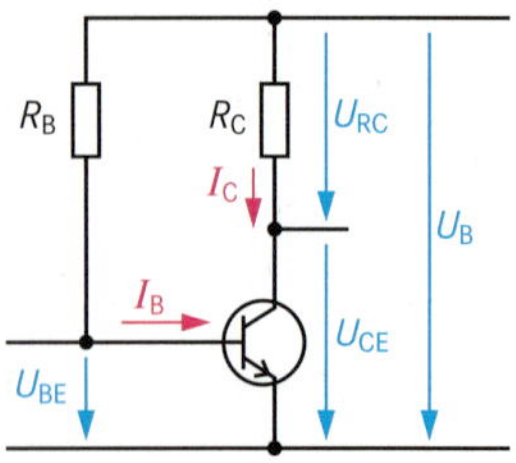

$U_B = U_{RC} + U_{CE}$

$R_B = \dfrac{U_B - U_{BE}}{I_B}$

$R_C = \dfrac{U_B - U_{CE}}{I_C}$

$r_e = R_B \parallel r_{BE}$

$r_a = R_C \parallel r_{CE}$

Emitterschaltung mit Basisspannungsteiler

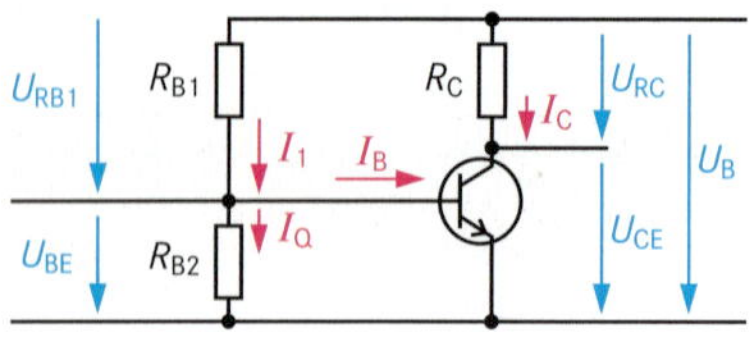

$I_1 = I_B + I_Q \qquad I_C = B \cdot I_B \qquad m = \dfrac{I_Q}{I_B}$

$U_{RB1} = I_1 \cdot R_{B1} \qquad R_{B1} = \dfrac{U_B - U_{BE}}{I_1}$

$U_{CE} = U_B - I_C \cdot R_C \qquad R_{B2} = \dfrac{U_B - U_{RB1}}{I_Q}$

$U_{RC} = I_C \cdot R_C$

$r_e = r_{BE} \parallel R_{B1} \parallel R_{B2} \qquad r_a = R_C \parallel r_{CE}$

Emitterschaltung mit Stromgegenkopplung

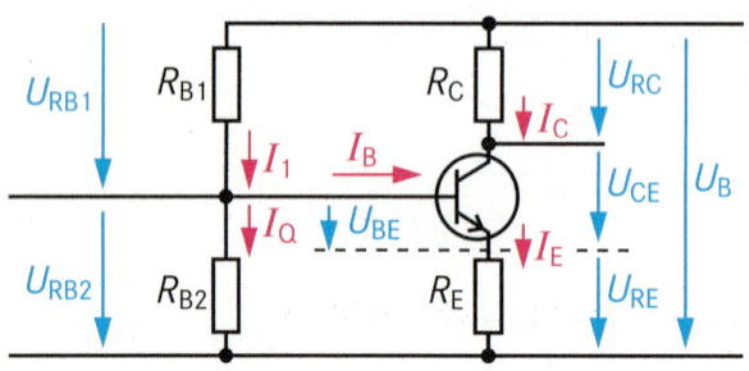

$U_{RB1} = U_B - U_{RB2} \qquad R_{B1} = \dfrac{U_{RB1}}{I_1} \qquad R_E = \dfrac{U_{RE}}{I_E}$

$U_{RB2} = U_{BE} + U_{RE} \qquad R_{B2} = \dfrac{U_{RB2}}{I_Q} \qquad R_C = \dfrac{U_{RC}}{I_C}$

$U_{RE} = U_B - U_{RC} - U_{CE} \qquad U_{RC} = U_B - U_{CE} - U_{RE}$

$r_e = (r_{BE} + \beta \cdot R_E) \parallel R_{B1} \parallel R_{B2} \qquad r_a = R_C \parallel r_{CE}$

Unipolare Transistoren (FET)

Sperrschicht FET, N-Kanal

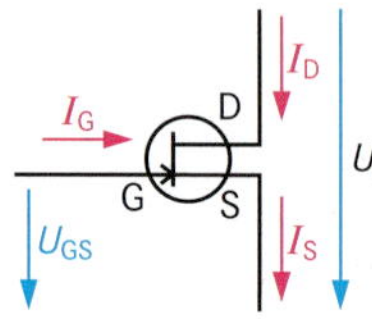

Isolierschicht FET, N-Kanal-MOS-FET

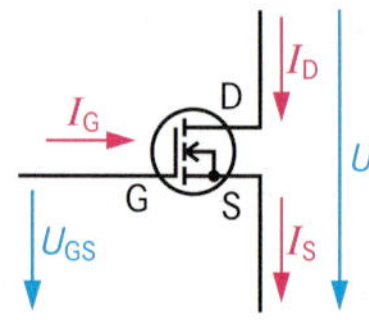

$I_G = 0 \qquad I_D = I_S \qquad S = \dfrac{\Delta I_D}{\Delta U_{GS}} \qquad r_{DS} = \dfrac{\Delta U_{DS}}{\Delta I_D}$

Sourceschaltung mit Sourcewiderstand

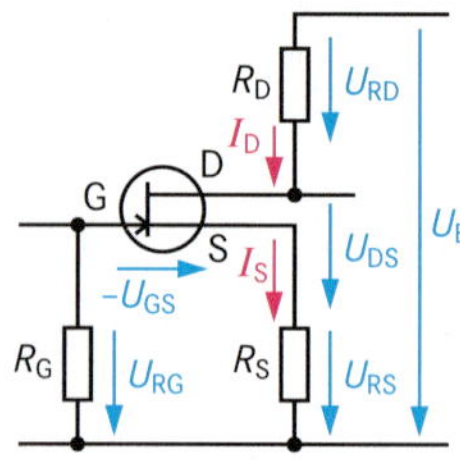

$U_B = U_{RD} + U_{DS} + U_{RS}$

$U_{RS} = -U_{GS}$

$R_D = \dfrac{U_B - U_{DS} - U_{RS}}{I_D}$

$R_S = \dfrac{U_{RS}}{I_S}$

$r_e = R_G \parallel r_{GS}$

$r_a = R_D \parallel r_{DS}$

Sourceschaltung mit Basisspannungsteiler

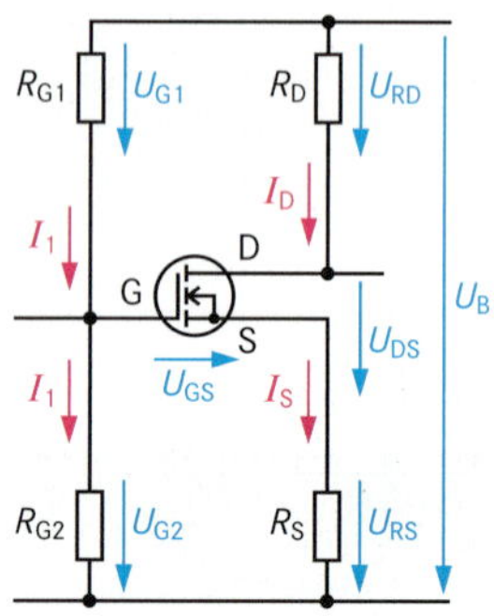

$U_{G2} = U_{GS} + U_{RS}$

$R_S = \dfrac{U_{RS}}{I_S}$

$R_{G1} = \dfrac{U_B - U_{G2}}{I_1}$

$R_{G2} = \dfrac{U_{RS} + U_{GS}}{I_1}$

$U_{G2} = U_{GS} + U_{RS}$

$r_e = R_{G1} \parallel R_{G2}$

$r_a = R_D$

Dual-Gate-MOS-FET mit Spannungsteiler

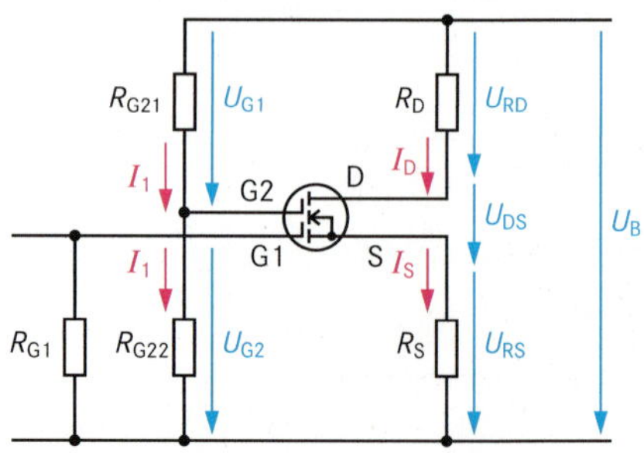

$U_{G1} = -U_{RS} \qquad U_{GS2} = U_{G2} - U_{RS}$

$U_{G2} = I_1 \cdot R_{G22} \qquad U_{G2} = U_B - I_1 \cdot R_{G21}$

Bipolarer Transistor als Schalter

Belastung gegen U_B	Eingang 1-Signal, Ausgang 1-Signal
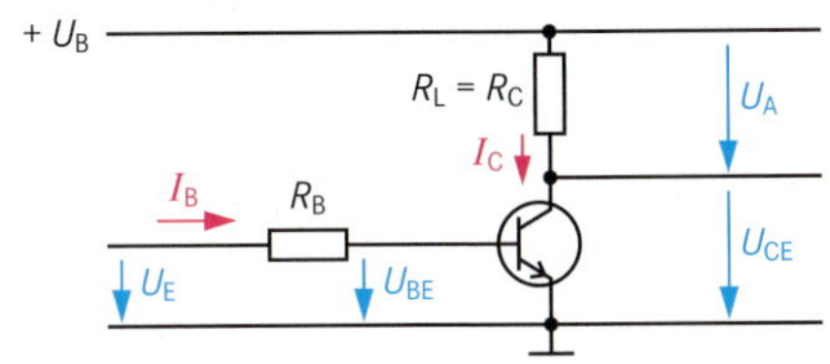	$U_{BE} \approx 0{,}7\ \mathrm{V}$ $\quad U_A \approx U_B \quad U_{CE} = U_{CEsat} \approx 0\ \mathrm{V}$ $I_{Bü} = m \cdot I_B \quad I_L = I_C \approx \frac{U_B}{R_C}$ $R_B = \frac{U_E - U_{BE}}{I_{BÜ}} \quad R_C = \frac{U_B - U_{CEsat}}{I_C}$ $P_v = U_{CEsat} \cdot I_C + U_{BE} \cdot I_{Bü}$

Differenzverstärker

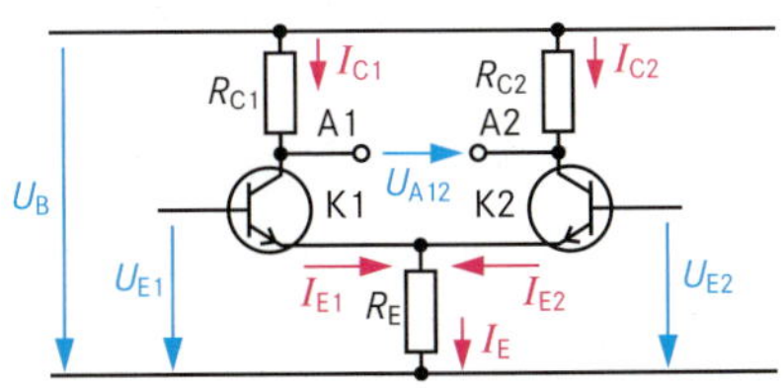

Spannungsverstärkung $v_U = -\frac{U_{A1} - U_{A2}}{U_{E1} - U_{E2}} = \frac{U_{A12}}{U_D}$

$-U_{A1} = v_U \cdot U_{E1} \qquad -U_{A2} = v_U \cdot U_{E2} \qquad I_E = I_{E1} + I_{E2}$

Darlington-Schaltung

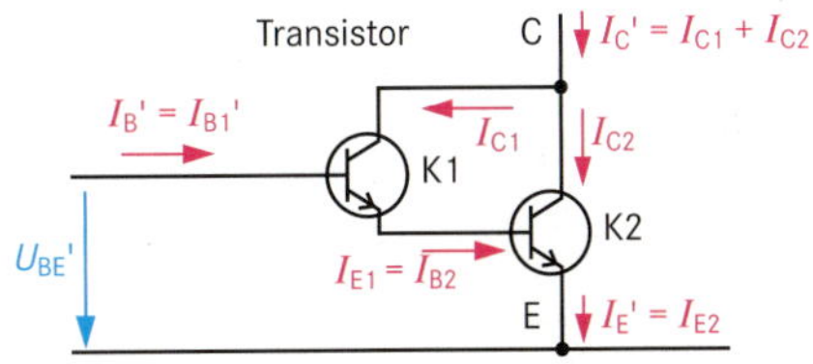

$U_{BE}' = U_{BE1} + U_{BE2} \qquad r_{BE}' = 2 \cdot r_{BE1}$

$B' = B_1 \cdot B_2 \qquad \beta' = \beta_1 \cdot \beta_2 \qquad r_{CE}' = r_{CE2} \,\|\, \frac{2 r_{CE1}}{\beta_2}$

Wechselstrommäßige Betrachtung von Transistoren

Bipolare Transistoren

Emitterschaltung

$R_B = \frac{R_{B1} \cdot R_{B2}}{R_{B1} + R_{B2}}$

$r_e = \frac{r_{BE} \cdot R_B}{r_{BE} + R_B} \qquad r_a = \frac{r_{CE} \cdot R_C}{r_{CE} + R_C}$

$v_u = -\beta \frac{R_c}{r_{BE}} \qquad v_i = \beta \qquad v_p = v_u \cdot v_i$

$f_{gu} = \frac{1}{2\pi C_{K,e} \cdot r_e} \qquad f_{go} = \frac{1}{2\pi C_{BE} \cdot r_{BB}}$

Kollektorschaltung

$R_B = \frac{R_{B1} \cdot R_{B2}}{R_{B1} + R_{B2}}$

$r_e = \frac{(r_{BE} + \beta \cdot R_E) \cdot R_B}{r_{BE} + \beta \cdot R_{BE} + R_B} \qquad r_a = \frac{\frac{r_{BE}}{\beta} \cdot R_E}{\frac{r_{BE}}{\beta} + R_E}$

$v_u = \frac{\beta \cdot R_E}{\beta \cdot R_E + r_{BE}} \qquad v_i \approx \beta \qquad f_{go} < f_\beta$

Basisschaltung

$r_e = \frac{\frac{r_{BE}}{\beta} \cdot R_E}{\frac{r_{BE}}{\beta} + R_E} \qquad r_a = \frac{r_{CE} \cdot R_C}{r_{CE} + R_C}$

$v_i \approx \frac{\beta}{\beta + 1} = \alpha$

$v_u = \beta \cdot R_C / r_{BE} \qquad f_{go} \approx \beta \cdot f_\beta$

Unipolare Transistoren

Sourceschaltung mit Sperrschicht-FET

$r_e = \frac{r_{GS} \cdot R_G}{r_{GS} + R_G}$

$r_a = \frac{r_{DS} \cdot R_D}{r_{DS} \cdot R_D} \qquad v_i \rightarrow \infty$

$S = \frac{\Delta I_D}{\Delta U_{GS}} \qquad v_u = \frac{\Delta U_{DS}}{\Delta U_{GS}}$

$v_u = -S \cdot r_a \qquad \varphi = 180°$

Drainschaltung mit Sperrschicht-FET

$r_e \approx R_G$

$r_a \approx \frac{1}{S}$

$v_u = \frac{S \cdot R_S}{1 + S \cdot R_S} \leq 1$

$\varphi = 0°$

Sourceschaltung mit Isolierschicht-FET

$r_e = \frac{R_{G1} \cdot R_{G2}}{R_{G1} + R_{G2}} \qquad v_u = -S \cdot r_a \quad$ mit $r_a \approx R_D$

$r_a = \frac{r_{DS} \cdot R_D}{r_{DS} + R_D} \qquad v_u \approx -S \cdot R_D$

$\varphi = 180°$

Rauschen

Rauschleistung, Rauschspannung

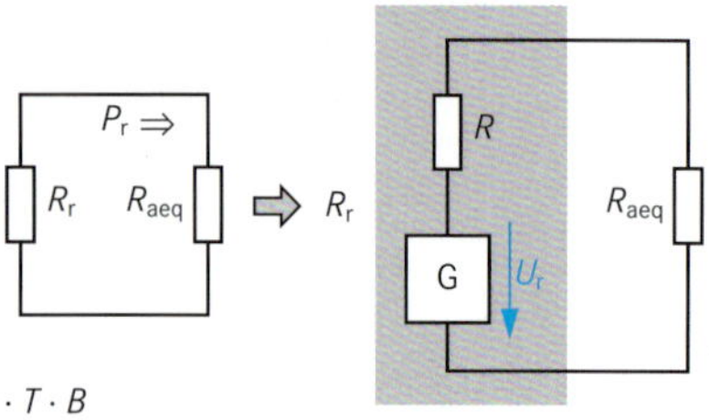

$P_r = k \cdot T \cdot B$

$U_r = \sqrt{4 \cdot k \cdot T \cdot B \cdot R}$

$k = 1{,}38 \cdot 10^{-23}$ Ws/K

T in Kelvin

B in Hz (Bandbreite)

Rauschabstandsmaß

$a_r = 10 \cdot \lg \frac{P_s}{P_r}$ dB $\qquad a_r = 20 \cdot \lg \frac{U_s}{U_r}$ dB

Rauschzahl *F*

$F = \frac{P_{se}}{P_{re}} : \frac{P_{sa}}{P_{ra}} \qquad F = \frac{P_{se}}{P_{re}} \cdot \frac{P_{ra}}{P_{sa}}$

Eingangsgrößen: P_{se}; P_{re}

Ausgangsgrößen: P_{sa}; P_{ra}

Rauschzahl a_F

$a_F = 10 \cdot \lg F$ dB

Oszillatoren

Meißner-Oszillator

$f_0 = \frac{1}{2\pi \cdot \sqrt{L_1 \cdot C_1}}$

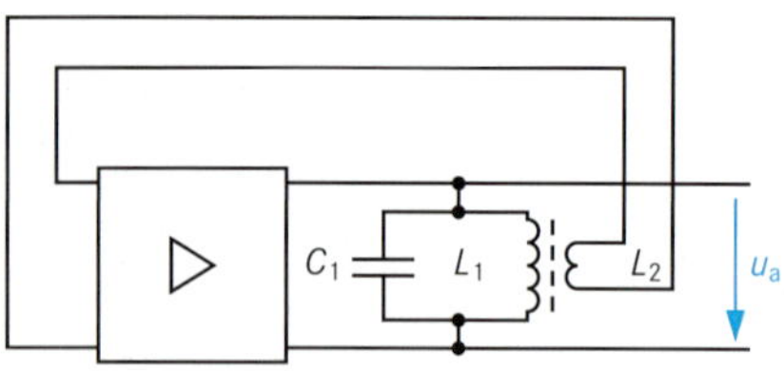

Colpitts-Oszillator

$f_0 = \frac{1}{2\pi \cdot \sqrt{L \cdot C}} \qquad C = \frac{C_1 \cdot C_2}{C_1 + C_2}$

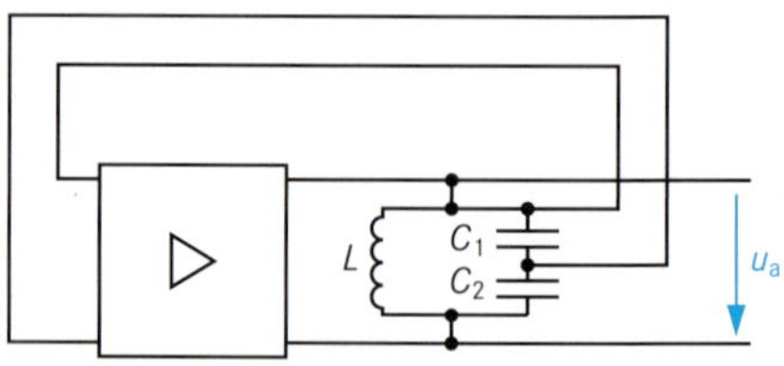

Elektromagnetische Wellen

Schwingung

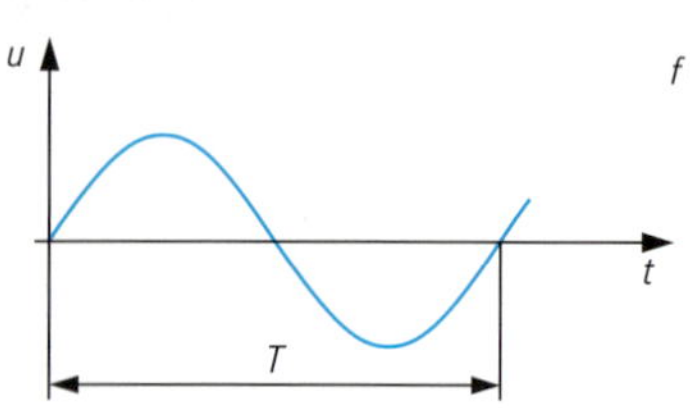

$f = \frac{1}{T}$

Wellen

c: Ausbreitungsgeschwindigkeit

$\lambda = \frac{c}{f} \qquad \lambda = c \cdot T$

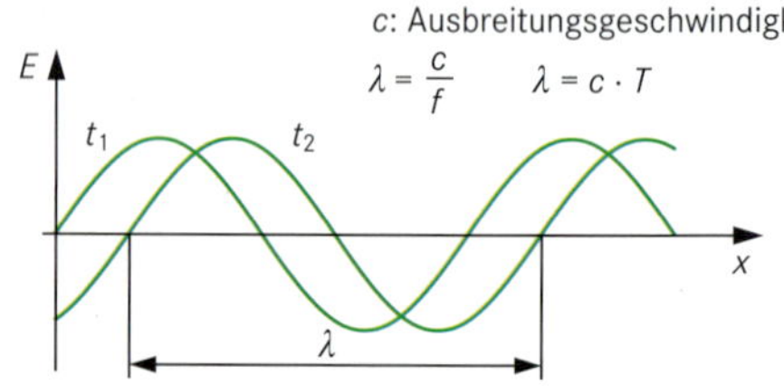

HF-Leitung

Ersatzschaltbild

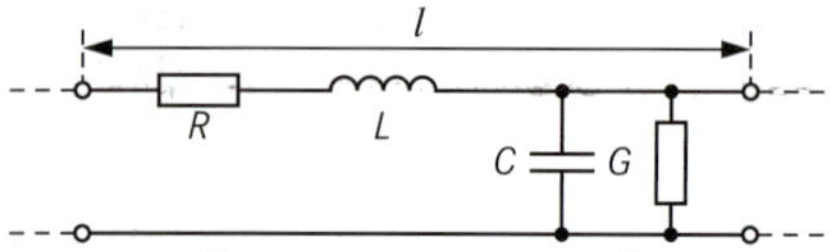

$R' = \frac{R}{l} \qquad G' = \frac{G}{l}$

$L' = \frac{L}{l} \qquad C' = \frac{C}{l}$

Wellenwiderstand

tiefe Frequenzen
$(R > \omega \cdot L)$

$Z = \sqrt{\frac{R}{\omega \cdot C}}$

hohe Frequenzen
$(R < \omega \cdot L)$

$Z = \sqrt{\frac{L}{C}}$

Paralleldrahtleitung

$Z = \frac{\ln \frac{2a}{d}}{\sqrt{\varepsilon_r}} \cdot 120\ \Omega$

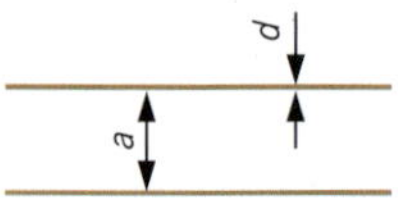

Leitung als Übertragungsstrecke

Ausbreitungsgeschwindigkeit

$v = \frac{c}{\sqrt{\varepsilon_r}}$

c: Lichtgeschwindigkeit
$c = 3 \cdot 10^8$ m/s
ε_r: Permittivitätszahl

Verkürzungsfaktor

$K = \frac{1}{\sqrt{\varepsilon_r}}$

Bei Koaxialkabel: 0,65 ... 0,82

Die fettgedruckten Begriffe entsprechen den Seitenüberschriften

Symbole

A

C

F

G

H

T

U

V

X

Z

ABB Deutschland, Mannheim: 378.1;

AMSYS GmbH & Co. KG, Mainz: 142.2;

Bachofen AG, Uster: 155.1, 155.2, 155.3, 175.1, 175.3, 175.4, 176.2, 176.3, 176.4, 181.1;

Berufsgenossenschaft Energie Textil Elektro Medienerzeugnisse (ETEM), Köln: 425.1;

Cooper Tools GmbH, Besigheim: 244.1, 244.2, 244.3;

DEHN + SÖHNE GmbH + Co. KG., Neumarkt i.d.OPf.: 388.1, 388.2;

dreamstime.com, Brentwood: 317.1 (Modestil);

Druwe & Polastri, Cremlingen/Weddel: 62.1, 62.2;

Dzieia, Michael Dr. , Darmstadt : 377.1, 377.2;

E-T-A Elektrotechnische Apparate GmbH, Altdorf: 381.1, 381.2, 381.3;

ERSA GmbH, Wertheim: 238.1, 238.2;

Europäische Zentralbank, Frankfurt: 304.2, 316.4;

Festo AG & Co. KG, Esslingen: 176.1;

Fluke Deutschland GmbH, Kassel: 211.1;

fotolia.com, New York: 304.1 (Gudellaphoto);

Google Inc., Mountain View: 416.1;

Gustav Klauke GmbH, Remscheid: 243.1, 243.10, 243.11, 243.12, 243.2, 243.3, 243.4, 243.5, 243.6, 243.7, 243.8, 243.9;

Hager Tehalit Vertriebs GmbH & Co. KG, Blieskastel: 379.1;

Helukabel GmbH, Hemmingen: 354.1, 354.10, 354.11, 354.12, 354.13, 354.2, 354.3, 354.4, 354.5, 354.6, 354.7, 354.8, 354.9;

Hübscher, Heinrich, Lüneburg: 296.1, 298.1, 298.2, 326.1;

IBM Deutschland, Ehningen : 316.9;

IDEAL INDUSTRIES GmbH, Ismaning: 219.1;

Keller AG für Druckmesstechnik, Jestetten: 142.1;

KNIPEX-Werk C. Gustav Putsch KG, Wuppertal: 245.2;

L-com Global Connectivity, North Andover: 214.1;

Microsoft Corporation, Redmond : 416.2;

National Instruments Germany, München: 215.1;

Network Power/Exide Technologies, Büdingen: 368.1, 368.2, 368.3;

Olympus Europa GmbH, Hamburg: 316.2, 316.8;

Panasonic Industrial Europe GmbH, Hamburg: 316.5;

Petersen, Sebastian, Helmstedt: 233.2, 240.1, 240.2;

PHOENIX CONTACT GmbH & Co. KG, Blomberg: 388.3;

Samsung Electronics GmbH, Schwalbach am Taunus: 316.3;

SanDisk GmbH, Ratingen: 316.1, 316.6, 316.7;

SATAGear, Clearwater: 303.1;

Schneider-Albert, Gabriela, Troisdorf: 309.1, 309.2;

SFC Smart Fuel Cell AG, Brunnthal-Nord: 365.1;

Siemens AG, München: 127.1, 127.2, 161.1, 392.3;

Stemmer Imaging GmbH, Puchheim: 199.1, 199.2, 199.3;

Vertretung der Europäischen Kommission in Deutschland, Berlin: 327.1;

Weiss Umwelttechnik GmbH, Reiskirchen-Lindenstruth: 225.1;

Wickert, Harald, Emmelshausen: 232.1;

Xilinx, Inc., San Jose: 125.1.;

boje5 Grafik & Werbung, Braunschweig: Coverfoto.

Alle weiteren Infografiken: Lithos, Wolfenbüttel.

ASCII-Code

DIN 66003: 1999-02

Zeile \ Spalte	00		01		02		03		04		05		06		07	
00	NUL	0 0	DLE	10 16	SP	20 32	0	30 48	@	40 64	P	50 80	`	60 96	p	70 112
	P000 0000	000	P001 0000	020	P010 0000	040	P011 0000	060	P100 0000	100	P101 0000	120	P110 0000	140	P111 0000	160
01	SOH	01 1	DC$_1$	11 17	!	21 33	1	31 49	A	41 65	Q	51 81	a	61 97	q	71 113
	P000 0001	001	P001 0001	021	P010 0001	41	P011 0001	061	P100 0001	101	P101 0001	121	P110 0001	141	P111 0001	161
02	STX	02 2	DC$_2$	12 18	“	22 34	2	32 50	B	42 66	R	52 82	b	62 98	r	72 114
	P000 0010	002	P001 0010	022	P010 0010	042	P011 0010	062	P100 0010	102	P101 0010	122	P110 0010	142	P111 0010	162
03	ETX	03 3	DC$_3$	13 19	#	23 35	3	33 51	C	43 67	S	53 83	c	63 99	s	73 115
	P000 0011	003	P001 0011	023	P010 0011	043	P011 0011	063	P100 0011	103	P101 0011	123	P110 0011	143	P111 0011	163
04	EOT	04 4	DC$_4$	14 20	$	24 36	4	34 52	D	44 68	T	54 84	d	64 100	t	74 116
	P000 0100	004	P001 0100	024	P010 0100	044	P011 0100	064	P100 0100	104	P101 0100	124	P110 0100	144	P111 0100	164
05	ENQ	05 5	NAK	15 21	%	25 37	5	35 53	E	45 69	U	55 85	e	65 101	u	75 117
	P000 0101	005	P001 0101	025	P010 0101	045	P011 0101	065	P100 0101	105	P101 0101	125	P110 0101	145	P111 0101	165
06	ACK	06 6	SYN	16 22	&	26 38	6	36 54	F	46 70	V	56 86	f	66 102	v	76 118
	P000 0110	006	P001 0110	026	P010 0110	046	P011 0110	066	P100 0110	106	P101 0110	126	P110 0110	146	P111 0110	166
07	BEL	07 7	ETB	17 23	’	27 39	7	37 55	G	47 71	W	57 87	g	67 103	w	77 119
	P000 0111	007	P001 0111	027	P010 0111	047	P011 0111	067	P100 0111	107	P101 0111	127	P110 0111	147	P111 0111	167
08	BS	08 8	CAN	18 24	(	28 40	8	38 56	H	48 72	X	58 88	h	68 104	x	78 120
	P000 1000	010	P001 1000	030	P010 1000	050	P011 1000	070	P100 1000	110	P101 1000	130	P110 1000	150	P111 1000	170
09	HT	09 9	EM	19 25	)	29 41	9	39 57	I	49 73	Y	59 89	i	69 105	y	79 121
	P000 1001	011	P001 1001	031	P010 1001	051	P011 1001	071	P100 1001	111	P101 1001	131	P110 1001	151	P111 1001	171
10	LF	0A 10	SUB	1A 26	*	2A 42	:	3A 58	J	4A 74	Z	5A 90	j	6A 106	z	7A 122
	P000 1010	012	P001 1010	032	P010 1010	052	P011 1010	072	P100 1010	112	P101 1010	132	P110 1010	152	P111 1010	172
11	VT	0B 11	ESC	1B 27	+	2B 43	;	3B 59	K	4B 75	[	5B 91	k	6B 107	{	7B 123
	P000 1011	013	P001 1011	033	P010 1011	053	P011 1011	073	P100 1011	113	P101 1011	133	P110 1011	153	P111 1011	173
12	FF	0C 12	FS	1C 28	,	2C 44	<	3C 60	L	4C 76	\	5C 92	l	6C 108	¦	7C 124
	P000 1100	014	P001 1100	034	P010 1100	054	P011 1100	074	P100 1100	114	P101 1100	134	P110 1100	154	P111 1100	174
13	CR	0D 13	GS	1D 29	–	2D 45	=	3D 61	M	4D 77	]	5D 93	m	6D 109	}	7D 125
	P000 1101	015	P001 1101	035	P010 1101	055	P011 1101	075	P100 1101	115	P101 1101	135	P110 1101	155	P111 1101	175
14	SO	0E 14	RS	1E 30	.	2E 46	>	3E 62	N	4E 78	^	5E 94	n	6E 110	~	7E 126
	P000 1110	16	P001 1110	036	P010 1110	056	P011 1110	076	P100 1110	116	P101 1110	136	P110 1110	156	P111 1110	176
15	SI	0F 15	US	1F 31	/	2F 47	?	3F 63	O	4F 79	_	5F 95	o	6F 111	DEL	7F 127
	P000 1111	17	P001 1111	037	P010 1111	057	P011 1111	077	P100 1111	117	P101 1111	137	P110 1111	157	P111 1111	177

Erklärung: ASCII-Zeichen — DLE; 20 — Wert hexadezimal; 16 — Wert dezimal; Wert binär — P001 0000; 020 — Wert oktal

LSB (**L**east **S**ignificant **B**it: niederwertiges Bit)

MSB (**M**ost **S**ignificant **B**it: höchstwertiges Bit)

P: Paritätsbit (P = 0 oder P = 1 muss vereinbart sein; vgl. DIN 66022).

Steuerzeichen

Befehl	Art des Befehls	Bedeutung englisch	Bedeutung deutsch
NUL	-	NULL	Null, Nichts
SOH	TC	START OF HEADING	Kopfzeilenbeginn
STX	TC	START OF TEXT	Textanfangszeichen
ETX	TC	END OF TEXT	Textendezeichen
EOT	TC	END OF TRANSMISSION	Ende der Übertragung
ENQ	TC	ENQUIRY	Aufforderung zur Datenübertragung
ACK	TC	ACKNOWLEDGE	Positive Rückmeldung
BEL	-	BELL	Klingelzeichen
BS	FE	BACKSPACE	Rückwärtsschritt
HT	FE	HORIZONTAL TABULATION	Horizontal-Tabulator
LF	FE	LINE FEED	Zeilenvorschub
VT	FE	VERTICAL TABULATION	Vertikal-Tabulator
FF	FE	FORM FEED	Formularvorschub
CR	FE	CARRIAGE RETURN	Wagenrücklauf
SO	-	SHIFT OUT	Dauerumschaltungszeichen
SI	-	SHIFT IN	Rückschaltungszeichen
DLE	TC	DATALINE ESCAPE	Datenübertragungsumschaltung
DC 1...4	DC	DEVICE CONTROL 1...4	Gerätesteuerzeichen 1...4
NAK	TC	NEGATIVE ACKNOWLEDGE	Negative Rückmeldung
SYN	TC	SYNCHRONOUS IDLE	Synchronisierung
ETB	TC	END OF TRANSMISSION BLOCK	Ende des Übertragungsblocks
CAN	-	CANCEL	Ungültig
EM	-	END OF MEDIUM	Ende der Aufzeichnung
SUB	-	SUBSTITUTE	Substitution
ESC	-	ESCAPE	Umschaltung
FS	IS	FILE SEPARATOR	Hauptgruppen-Trennzeichen
GS	IS	GROUP SEPARATOR	Gruppentrennzeichen
RS	IS	RECORD SEPARATOR	Untergruppen-Trennzeichen
US	IS	UNIT SEPARATOR	Teilgruppen-Trennzeichen
SP	-	SPACE	Leerzeichen
DEL	-	DELETE	Löschen